BASTEI
LÜBBE

JUDE DEVERAUX

Die Ascotts

Aus dem Amerikanischen von Erika Saupe
und Bodo Baumann

BASTEI LÜBBE

BASTEI-LÜBBE-TASCHENBUCH
Band 25026

Einmalige Sonderausgabe
Titel der amerikanischen Originalausgaben:
THE VELVET PROMISE (Judith)
HIGHLAND VELVET (Alicia)
VELVET SONG (Clarissa)
VELVET ANGEL (Fiona)

Printed in West Germany, April 1988
Einbandgestaltung: Roberto Patelli
Titelzeichnung: Norma, Barcelona
Satz: ICS Communikations-Service GmbH, Bergisch Gladbach
Druck und Bindung: May & Co., Darmstadt
ISBN 3-404-25026-5

Der Preis dieses Bandes versteht sich einschließlich
der gesetzlichen Mehrwertsteuer

Die Ascotts

Judith

Prolog

Judith Revedoune sah von dem Folianten auf und starrte zu ihrem Vater hinüber. Helen, ihre Mutter, saß neben ihr, aber Judith hätte auch allein keine Angst vor dem Mann gehabt, der ihr Vater war und der in all den Jahren alles getan hatte, um ihr Furcht einzuflößen. Seine Augen waren rot umrändert und lagen tief in den Höhlen. Judith wußte, daß die Trauer über den Tod seiner geliebten Söhne sein Gesicht grimmig und finster gemacht hatte. Zwei Söhne, die unbeherrschte und grausame Männer gewesen waren, Ebenbilder ihres Vaters.

Judith betrachtete Robert Revedoune eher neugierig als ängstlich. Er hatte sich nie viel um seine einzige Tochter gekümmert. Er hatte für Frauen nichts mehr übrig, seit seine erste Gemahlin gestorben war und seine zweite, die vor ihm zitterte, ihm nur eine Tochter geschenkt hatte.

»Was willst du von mir?« fragte Judith ruhig.

Robert musterte seine Tochter, als sähe er sie zum ersten Mal. Das Mädchen war in aller Abgeschiedenheit aufgewachsen, in den ihr und der Mutter zugeteilten Räumen, zwischen ihren Büchern und Stickrahmen.

Zufrieden stellte er jetzt fest, daß sie aussah wie Helen, als diese so jung gewesen war. Judith hatte auch diese merkwürdigen Augen. Goldfarbene Augen, die manche Männer ganz verrückt machen konnten. Er fand sie eher beunruhigend. Judith hatte schweres kastanienbraunes Haar. Ihre Stirn war hoch, drückte Klugheit und Energie aus, wie ihr Kinn. Ihre Nase war gerade und ihre Lippen üppig.

Ja, sie ist genau richtig dafür, dachte er. Er konnte ihre Schönheit für sich ausnutzen.

»Du bist das einzige Kind, das ich noch habe«, sagte Robert Revedoune. Seine Stimme war rauh vor Zorn über das unerbittliche Schicksal. »Du wirst heiraten und mir Enkelsöhne schenken.«

Judith starrte ihn entsetzt an. Heiraten? Ihre Mutter hatte sie auf ein Leben im Kloster vorbereitet. Nicht, indem sie das Mädchen viel beten und fromme Lieder singen ließ, sondern sie hatte nur die einzige Karriere im Auge gehabt, die für ein Mädchen aus adeligem Hause möglich war: Judith sollte noch vor ihrem dreißigsten Lebensjahr Äbtissin sein.

Eine Äbtissin war eine angesehene Persönlichkeit. Der Unterschied zwischen ihr und einer gewöhnlichen Frau war etwa so wie der zwischen einem König und seinem Diener. Eine Äbtissin verfügte über Besitz, über ausgedehnte Ländereien, Güter, Dörfer und Ritter. Man ging zu ihr, um sich bei ihr Rat und Hilfe zu holen. Eine Äbtissin hatte zu bestimmen und war niemandem untertan.

Judith konnte die Bücher für große Besitztümer führen, sie konnte mit kühnem Verstand Streitigkeiten schlichten und Gespräche führen. Sie wußte, wieviel Weizen angebaut werden mußte, um eine bestimmte Anzahl Menschen zu ernähren. Sie konnte lesen und schreiben, alles für den Empfang eines Königs vorbereiten und ein Hospital leiten. Alles, was sie für das Amt einer Äbtissin wissen mußte, hatte man ihr beigebracht.

Und nun sollte sie das alles vergessen, um die unterdrückte Frau irgendeines Mannes zu werden?

»Ich will das nicht!« Ihre Stimme klang beherrscht, aber ihre Ablehnung hatte die gleiche Wirkung, als hätte sie geschrien.

Robert Revedoune war einen Moment verwirrt. Noch nie hatte eine Frau es gewagt, ihm die Stirn zu bieten! Noch nie hatte sich eine erlaubt, ihn so anzusehen. Solche Blicke kannte er nur von Männern.

Als er sich von seiner Überraschung erholt hatte, versetzte er Judith einen wütenden Schlag, so hart, daß sie durch den halben Raum taumelte.

Sie lag am Boden, und aus ihrem Mundwinkel sickerte Blut. Doch der Blick, mit dem sie ihn ansah, war noch immer furchtlos. Es lag sogar etwas wie Abscheu, ja, Haß darin. Und für Sekunden war Robert Revedoune die eigene Tochter nicht ganz geheuer.

Helen war sofort neben Judith. Doch während sie neben der Tochter niederkniete, krampfte sich ihre Hand um den kleinen Dolch, den sie an der Seite trug.

Als er das bemerkte, verflog Revedounes Unsicherheit. Seine Frau war ein Weib, das er richtig einschätzen konnte. Auch wenn sie sich jetzt vor Mutterliebe wild gebärdete in ihren Augen las er Angst und Schwäche.

Er packte ihren Arm. Der Dolch fiel ihr aus der Hand. Und während sich seine harten Finger in Helens Oberarm gruben, starrte er lächelnd auf seine Tochter nieder.

Grimmig schüttelte er sein Weib, als wäre sie eine Stoffpuppe. Er stieß sie zu Boden und grinste höhnisch, als sie gekrümmt zu seinen Füßen lag.

Dann ging sein Blick wieder zu Judith hin, die fassungslos seine Brutalität mit angesehen hatte. »Wie ist jetzt deine Antwort, Mädchen? Heiratest du oder nicht?«

Judith nickte, benommen. Dann lief sie zu ihrer bewußtlosen Mutter.

1. Kapitel

Das Mondlicht warf bizarre Schattenbilder auf die Steinquader des alten Turms, der sich, drei Stockwerke hoch, über der niedrigen, zerbröckelnden Mauer erhob, die ihn umgab.

Die Burg war nahezu zwei Jahrhunderte vor dieser feuchtkalten Aprilnacht des Jahres 1501 erbaut worden. Jetzt herrschte Frieden, und Verteidigungsbauten wurden nicht mehr gebraucht.

Sein Urgroßvater hatte in dieser Burg gelebt, als man noch Verteidigungen nötig gehabt hatte, und so war Nicolas Valence zu dem Schluß gekommen, daß sie auch für ihn und weitere Generationen ausreichen würde.

Ein massives Torhaus überragte die verfallenden Mauern und den alten Turm. Dort oben hockte ein einsamer Wachposten. Er schlief, neben sich einen halbgeleerten Krug Wein. Im unteren Stockwerk der Burg ruhten die Hunde und die müden Kriegsknechte. An den Wänden stapelten sich ihre Waffen, unbrauchbar, verrottete, rostige Haufen. Schmutzig und staubig wie die Eichenbohlen des Fußbodens.

Das war der Besitz der Valences, eine armselige, unnütz gewordene Verteidigungsanlage, über die man in ganz England voller Spott und Hohn redete. Man behauptete grinsend, wenn die Burg so stark sei wie der Wein, den man dort trinke, könne Nicolas Valence gegen ganz England antreten. Aber niemand machte einen Angriff, denn es gab keinen Grund dafür.

Vor vielen Jahren schon hatte Nicolas den größten Teil seines Landbesitzes an jüngere, eifrigere und mittellose Ritter abtreten müssen. Ihm war nur die halbverfallene Burg geblieben, ein bißchen Land und ein paar Bauerngehöfte, die ihn und seine Familie mehr schlecht als recht ernährten.

Hinter dem Fenster ganz oben im Turm brannte Licht. Es schimmerte aus einem Raum, der kalt und feucht war. Auch im heißesten Sommer blieben die Mauern klamm, und das Moos, das zwischen den Ritzen wuchs, verdorrte nie. Spinnen und Käfer krochen über den Fußboden. Und doch enthielt dieses Zimmer das wertvollste dieser alten Burg.

Lilian Valence saß vor ihrem Spiegel und war dabei, ihre hellen Wimpern mit schwarzer Paste zu färben, einem Schönheitsmittel, das ihr jemand aus Frankreich mitgebracht hatte.

Sie lehnte sich zurück und betrachtete sich kritisch. Lilian konnte ihr Aussehen richtig einschätzen. Sie wußte, welche Vorzüge sie hatte und wie sie diese gut ausnutzen konnte.

Sie war ohne Zweifel sehr hübsch, besonders der Mund und die schmale Nase. Ihre mandelförmigen, leuchtend blauen Augen waren ihre stärkste Waffe. Sie hatte blondes Haar, das sie immer mit Zitronensaft und Essig spülte. Ihre Magd Ela hatte sie so frisiert, daß die neue Haube aus Frankreich Lilians Gesicht anmutig umrahmte. Die Kopfbedeckung war aus schwerem Brokat und mit Samt unterlegt.

Lilian zog die Lippen auseinander und musterte ihre Zähne. Sie waren ihr größter Makel, dunkel, unregelmäßig und faul. Lilian verstand es jedoch, sie weder beim Lächeln noch beim Sprechen zu zeigen. Sie sprach immer sehr leise und hielt den Kopf dabei gesenkt. Dieses Verhalten war für sie sogar von Vorteil, denn es gefiel den Männern. Es ließ sie glauben, daß sie schüchtern und sich ihrer Schönheit gar nicht bewußt war. Und jeder hatte den Wunsch, diesem scheuen Reh die Freuden des Lebens beizubringen.

Lilian erhob sich und strich ihr Kleid über dem schlanken Leib glatt. Sie hatte nur kleine Brüste und sehr schmale Hüften. Doch sie gefiel sich so, weil sie dadurch im Vergleich zu anderen Frauen jung und unberührt wirkte.

Ihre Kleidung nahm sich in dem kargen Raum ungewöhnlich üppig aus. Lilian trug ein Hemd aus feinstem Leinen, das fast durchsichtig war, darüber ein reichgefälteltes Kleid aus demselben schweren Brokat wie die Haube. Es hatte einen tiefen, viereckigen Ausschnitt und schmiegte sich eng an ihren Oberkörper. Der blaue Brokat war mit weißem Kaninchenfell verziert. Um die Taille hatte Lilian einen Gürtel aus blauem Leder geschlungen, der mit großen Granaten, Smaragden und Rubinen besetzt war.

Lilian löste den Blick noch immer nicht von ihrem Spiegelbild, als Ela ihr den mit Kaninchenfell gefütterten Umhang um die Schultern legte.

»Herrin, Ihr könnt nicht zu ihm gehen. Nicht, wenn Ihr ...« Ela sprach schnell und gehetzt.

»Weil ich einen anderen heiraten werde?« fragte Lilian und lächelte zufrieden vor sich hin. Diese Farben Blau und Hellbraun standen ihr ausgezeichnet, das würde kein Mann übersehen können. »Was hat meine Heirat mit dem zu tun, was ich jetzt vorhabe?«

»Ihr wißt, daß es Sünde ist. Ihr könnt Euch nicht mit einem Mann treffen, der nicht Euer Gemahl ist ...«

Lilian stieß ein kurzes Lachen aus, während sie die Falten ihres Umhangs ordnete. »Soll ich etwa zu dem reiten, der von mir nicht auserwählt wurde?« fragte sie spöttisch. Ehe Ela etwas erwidern konnte, erklärte sie: »Du mußt mich nicht begleiten. Ich kenne den Weg. Und für das, was Gavin und ich vorhaben, brauchen wir niemanden.«

Ela war schon zu lange Lilians Magd, um über diese Worte entsetzt zu sein. Ihre Herrin tat immer, was sie wollte. »Ich komme mit, aber nur, um zu sehen, daß Ihnen auf dem Weg nichts zustößt.«

Lilian tat, als höre sie nicht, was die ältere Frau sagte. Sie nahm eine Kerze aus dem Leuchter neben ihrem Bett und ging damit zur Tür.

»Verhalte dich still!« warnte sie und atmete auf, als die Tür leise aufschwang. Sie raffte ihren weiten Rock mit der freien Hand und dachte: Bald werde ich dieses alte Gemäuer verlassen und in einem richtigen Haus wohnen.

»Vorsichtig!« raunte Lilian gleich darauf und drückte sich mit Elas gegen die feuchte Wand an der Wendeltreppe. Einer der Wachposten ihres Vaters war am Fuße der Stufen aufgetaucht. Doch der Mann verschwand gleich wieder aus ihrem Blickfeld.

Lilian löschte hastig die Kerze und hoffte, daß keiner Elas erschrecktes Keuchen gehört hatte, als sich die tiefe Finsternis über sie senkte.

»Komm!« befahl sie. Sie hatte jetzt keine Zeit, auf Elas Angst Rücksicht zu nehmen.

Sie verließen den Turm und eilten zu der Stelle, wo zwei Pferde auf sie warteten. Lilian lächelte zufrieden, als sie sich auf den schwarzen Hengst schwang, den der Stallbursche für sie gesattelt hatte. Ich werde den Knecht gut belohnen, weil er die Wünsche seiner Herrin so brav erfüllt, nahm sie sich vor.

Ela jammerte verzweifelt, als Lilian auf ihrem Hengst davonjagte. Ich kann mich nicht darum kümmern, daß sie zu dick ist, um auf ihr Pferd zu kommen, dachte Lilian. Gavin wartet auf mich.

Sie näherte sich der Pforte beim Fluß, die man für sie offengelassen hatte. Alles klappte.

Es hatte am Tag geregnet, und der Boden war naß und schwer. Doch Lilian meinte, einen ersten Hauch von Frühling in der Luft zu spüren. Das regte ihre Sinne an und ihre leidenschaftlichen Gefühle.

Als sie sicher war, daß niemand den Hufschlag ihres Pferdes hörte, beugte sie sich vor und raunte dem schwarzen Hengst zu: »Lauf, bring mich zu ihm! Bring mich zu meinem Liebhaber!«

Der Hengst bewegte den Kopf, als habe er sie verstanden. Er streckte sich und jagte los. Lilian genoß den Wind, der ihr Gesicht traf. Gavin! Gavin! Gavin!

Sie dachte an seine starken Hände auf ihrem Körper, die sie vor Sehnsucht immer ganz schwach machten. An sein Gesicht männlich und schön, an seine leuchtenden Augen.

»Ah, mein Guter!« rief Lilian dem Hengst zu. »Langsamer

jetzt!« Sie zog an den Zügeln. Nun, wo sie sich dem Treffpunkt näherte, fiel ihr ein, daß sie Gavin heute von ihrer bevorstehenden Hochzeit erzählen mußte. Er würde sehr wütend sein.

Der scharfe Wind trieb ihr die Tränen in die Augen. Lilian unterdrückte sie nicht. Tränen würden alles erleichtern. Sie wußte, daß Gavin Tränen haßte und hatte sich in den letzten zwei Jahren dieser Schwäche nie hingegeben, wenn sie mit ihm zusammen war. Tränen setzte sie nur dann ein, wenn sie ihren Willen um jeden Preis erreichen wollte.

Lilian seufzte. Warum konnte sie nicht offen mit Gavin sprechen? Warum mußte man bei Männern immer so vorsichtig sein? Er liebte sie. Deshalb mußte er doch verstehen, daß sie nicht anders handeln konnte. Aber sie kannte Gavin gut genug. Wenn sie ihm die Wahrheit sagte, würde sie ihn verlieren. Wo sollte sie aber einen anderen Liebhaber finden?

Der Gedanke an seinen muskulösen, fordernden Körper ließ Lilian die Hacken in die Flanken des Pferdes stoßen. Sie würde alles daran setzen, um Gavin Ascott zu behalten, diesen Mann, der seinesgleichen suchte, diesen Ritter . . . Er sollte immer ihr gehören!

Warum mußte sie sich mit einem Mann vermählen, der ihren Ekel erregte, mit diesem Edmund Chatworth mit blatternarbiger Haut, fett und häßlich, verweichlicht und unmännlich? Weil Edmund ein Earl war. Er war reich und besaß viel Land. Er hatte Besitztümer in Irland, Wales und Schottland und, wie es hieß, sogar in Frankreich.

Lilian wußte nicht genau, wie reich er war, aber sie würde es bald erfahren. Edmunds Geist war so träge wie sein Körper, und es würde nicht lange dauern, bis sie ihn und auch seinen Besitz beherrschte. Sie würde ihn mit ein paar Hurenweibern bei Laune halten und ablenken.

Lilian hatte zwar eine Schwäche für den attraktiven Gavin, aber das hatte ihren kühl funktionierenden Verstand keinesfalls getrübt.

Wer war dieser Gavin Ascott schon? Ein unwichtiger Baron, arm und ohne Einfluß. Ein großartiger Kämpfer, ein starker schöner Mann, aber er konnte ihr nicht den Luxus bieten, den Edmund ihr gewährleisten würde.

Wie würde ein Leben mit Gavin sein? Die Nächte versprachen ihr Leidenschaft und Ekstase, aber Lilian wußte, daß es keiner Frau gelingen konnte, Gavin zu beherrschen. Wenn sie seine Frau wurde, würde er erwarten, daß sie zurückgezogen lebte und Hausfrauenpflichten erfüllte. Er würde als Gemahl so fordernd und bedingungslos sein wie als Liebhaber.

Sie trieb ihr Pferd an. Sie wollte alles – Edmunds Besitz, seine gesellschaftliche Stellung und Gavins Leidenschaft. Lilian lächelte, als sie die goldene Brosche zurechtrückte, die ihren Umhang zusammenhielt. Gavin liebte sie. Davon war sie fest überzeugt. Und sie war schön genug, um diesen Mann zu halten.

Ein paar Tränen zur rechten Zeit ... Gavin würde ihr dann glauben, daß sie gezwungen war, Edmund zum Gemahl zu nehmen. Gavin war ein Ehrenmann. Er würde begreifen, daß sie sich dem Willen ihres Vaters nicht widersetzen konnte.

Gavin stand reglos da und wartete. Da war nur ein leichtes Zucken in seinem Wangenmuskel.

Im Licht des Mondes wirkte sein Gesicht kantig und wie aus Stein. Seine Lippen waren fest zusammengepreßt. Seine grauen Augen waren dunkel, fast so schwarz wie sein Haar, das sich bis auf den Kragen seiner wollenen Jacke ringelte.

Nur durch seine strenge Erziehung als Ritter gelang es ihm, nach außen hin so beherrscht zu wirken. In ihm war jedoch alles in Aufruhr.

An diesem Morgen hatte er erfahren, daß die Frau, die er liebte, einen anderen heiraten wollte. Sie würde mit diesem anderen schlafen und seine Kinder gebären. In seinem ersten Zorn hatte Gavin zur Burg von Nicolas Valence reiten wollen, um sich von Lilian schwören zu lassen, daß alles ein Irrtum war. Doch sein Stolz hatte ihn zurückgehalten.

Dieses Treffen heute abend war schon vor Wochen verabredet worden. Deshalb zwang er sich zu warten, bis er sie wiedersah, sie wieder in den Armen hielt und von ihren süßen Lippen hörte, was er hören wollte. Sie würde keinen anderen zum Mann nehmen – nur ihn. Dessen war er sicher.

Gavin starrte in die Nacht und lauschte ungeduldig auf das Geräusch von Pferdehufen. Aber alles blieb still. Die Finsternis war schwarz und undurchdringlich.

Damals war es auch eine so finstere Nacht gewesen, als er und Lilian sich zum ersten Mal auf dieser Lichtung getroffen hatten. Er war Lilian auf der Hochzeit einer ihrer Schwestern begegnet. Obwohl die Ascotts und Valences Nachbarn waren, sahen sie sich selten. Lilians Vater war ein Trunkenbold, der sich kaum um seinen Besitz kümmerte. Er hatte genug zum Leben und zwang sein Weib und seine fünf Töchter, armseliger als mancher Bedienstete zu leben. Da sich seine Brüder geweigert hatten, dieser Hochzeit beizuwohnen, hatte Gavin die Pflicht übernommen.

Lilian war ihm wie ein Perle in diesem verkommenen und verlotterten Haushalt erschienen. Er hatte zuerst gar nicht glauben können, daß sie zu den fetten, häßlichen Töchtern Valences gehören sollte. Seine süße, unschuldige Lilian. Sie trug so hübsche Kleider, benahm sich so sittsam und anmutig, und ihre Schönheit ...

Er hatte sie nur fassungslos anstarren können, wie es auch andere junge Männer getan hatten. Ihr blondes Haar, ihre blauen Augen und ihr kleiner Mund, auf dem er so gern ein Lächeln weckte. Noch ehe er ein einziges Wort mit ihr gesprochen hatte, war es um ihn geschehen gewesen.

Er hatte Mühe gehabt, durch all die Verehrer bis zu Lilian vorzudringen. Sein Ungestüm schien sie zu überraschen. Doch ihr gesenkter Blick und ihre sanfte Stimme hatten ihn nur noch mehr in Bann geschlagen. Sie war so scheu, so unschuldig gewesen – sie war für ihn alles, was er sich erhoffte: eine Frau, die mädchenhaft und doch leidenschaftlich war.

In jener Nacht hatte er sie gebeten, seine Frau zu werden. Nach einem überraschten Blick hatte Lilian die Lider gesenkt und gemurmelt, daß er ihren Vater fragen müsse.

Gleich am nächsten Tag war Gavin bei Nicolas Valence erschienen und hatte um Lilians Hand angehalten. Doch der hatte abgewinkt und war ihm mit der Ausrede gekommen, daß Lilian von ihrer Mutter gebraucht werde. Für Gavin hatte es sich angehört, als habe jemand dem Trunkenbold diese Antwort eingeredet. Aber er konnte Valence durch nichts umstimmen.

Enttäuscht und wütend, weil er die Frau, die er haben wollte, nicht bekam, war Gavin gegangen. Doch er war nicht weit geritten, als er Lilian begegnete. Sein Herz hatte bei ihrem Anblick wild geklopft, als er sie mit offenen Haaren und in einem blauen Samtkleid vor sich sah.

Als er ihr berichtet hatte, daß ihr Vater ihn abgewiesen habe, hatten Tränen in Lilians Augen geglänzt. Gavin war sofort vom Pferd gesprungen und hatte sie in seine Arme gerissen, um sie zu trösten.

Er konnte nicht mehr sagen, wie es gekommen war. Die Leidenschaft hatte sie einander in die Arme getrieben. Sie hatten nackt im Gras gelegen und sich geliebt . . .

Gavin lauschte in die Stille. Das dumpfe Geräusch von Pferdehufen drang an seine Ohren. Endlich kam sie! Er war sofort neben ihrem Pferd, und sie ließ sich in seine Arme gleiten.

»Gavin«, flüsterte sie. »Mein Geliebter!« Wie in Panik klammerte sie sich an ihn.

Gavin tastete über ihre Wangen und spürte die Tränen unter seinen Fingern. Er preßte sie so fest an sich, daß sie nach Atem rang.

»Was ist? Wer hat dir weh getan?« Lilian spielte die Verzweifelte mit allem Geschick, und die Nacht war zu dunkel, um zu erkennen, wie unecht ihre Tränen waren.

»Es ist . . . eine Qual! Ich weiß nicht, wie ich es ertragen soll«, klagte sie. Mit einem Schluchzen sah sie zu ihm auf. »Dann ist es also wahr?« stieß Gavin hervor. Sein Kinn wurde ganz kantig.

Lilian wischte sich mit einem Finger die Tränen aus dem Augenwinkel und senkte den Kopf. »Mein Vater läßt sich nicht umstimmen. Ich habe sogar jegliches Essen verweigert, um ihn . . . ach, ich kann dir nicht sagen, was sie mit mir getan haben. Es war schrecklich . . .«

Lilian merkte, wie Gavin erstarrte. »Ich werde zu ihm gehen!«

»Nein!« schrie sie und umklammerte seinen Arm. »Das darfst du nicht tun. Ich . . . es ist zu spät. Die Verlobung ist beschlossen. Niemand kann jetzt noch etwas tun . . .« »Wie kann er sein eigen Fleisch und Blut an einen Mann wie Chatworth geben!« fuhr Gavin grimmig auf.

Lilian täuschte einen neuen Tränenstrom vor und jammerte: »Er will mich dir nicht zur Frau geben. Das hat er dir selbst erklärt. Wie soll ich mich wehren? Ich werde gezwungen, einen Mann zu heiraten, den ich nicht liebe!« Sie sah ihn so unglücklich an, daß Gavin sie an seine Brust zog.

»Ich weiß nicht, wie ich es ertragen soll, dich zu verlieren«, schluchzte sie. »Du bist der Inhalt meines Lebens. Mein Licht, mein Atem. Ich werde sterben, wenn ich ohne dich sein muß.« »Sag das nicht! Du verlierst mich nicht. Du weißt, daß ich dich so liebe wie du mich!«

Lilian sah unter Tränen zu ihm auf. »Würdest du das auch noch sagen, wenn unsere Liebe eine schwere Prüfung erfahren muß?« Sie lächelte hoffnungsvoll.

»Eine Prüfung?« Gavin runzelte die Stirn.

»Wirst du mich weiterhin lieben – auch wenn ich Edmund heirate?«

»Du willst dich auf diese Heirat einlassen!« Gavin schrie diese Worte heraus. »Die Frau dieses Mannes werden?«

»Was habe ich für eine Wahl?« Lilian löste sich aus seinen Armen. »Du haßt mich. Laß mich gehen. Mein Anblick allein erregt dich schon und macht dich zornig«, flüsterte sie.

Sie war schon bei ihrem Pferd, als Gavin aus seiner Erstarrung erwachte. Er war mit einem Satz bei ihr, riß sie an sich und preßte seinen Mund auf ihre Lippen.

Es waren keine Worte mehr nötig. Ihre Körper verstanden sich auf besondere Weise.

Lilian war nicht länger das scheue Reh. Sie war plötzlich wieder die leidenschaftliche Frau, die Gavin nur zu gut kannte. Ihre kleinen Hände zerrten ungeduldig an seiner Kleidung und gaben nicht eher Ruhe, bis er nackt vor ihr stand.

Ein rauhes Lachen kam aus Lilians Kehle, als sie seinen muskulösen Körper betrachtete. Er hatte breite Schultern und schmale Hüften. Er war so, wie sie einen Mann liebte, kräftig und stark.

Sie spürte ein heißes Brennen zwischen ihren Schenkeln, das nach Erfüllung verlangte. Ihre Hände, die nach Gavin griffen, waren wie gierige Krallen.

Gavin zog sie an sich und küßte ihren kleinen Mund, der sich unter dem Druck seiner Zunge bereitwillig öffnete. Lilian spürte seine nackte Haut durch den Stoff ihres Kleides, und das reizte sie noch mehr.

Einen Moment duldete sie Gavins zärtliches Streicheln, seine Küsse auf ihrem Hals. Sie hatten die ganze Nacht, und er wollte sie mit aller Hingabe lieben.

»Nein!« keuchte sie dann und riß sich von ihm los. Hastig streifte sie ihren Umhang ab und warf ihn zu Boden. Sie wehrte Gavins Hände ab, die ihren Gürtel öffnen wollten. »Du bist mir zu langsam.«

Einen Moment schien er verärgert. Doch als ein Stück Kleidung nach dem anderen zu Boden fiel und dann Lilians herrlicher nackter Körper zum Vorschein kam, war nur noch Begierde in ihm.

Lilian zog ihn mit sich ins Gras. »Nimm mich! Schnell!« drängte sie. »Worauf wartest du noch?« Ihre Hände umklammerten seine Lenden. Sie war es, die in diesem Liebesspiel alles beherrschte. Anfangs hatte Gavin immer geglaubt, ihr weh zu tun, bis er erkannte, daß sie gerade diese geballte Kraft an ihm liebte.

Kaum hatten sie den Augenblick der höchsten Lust erlebt, da rollte sich Lilian zur Seite. »Ich muß zurück!« erklärte sie und griff nach ihren Kleidungsstücken.

Gavin lag da und rührte sich nicht. Er spürte einen seltsamen schalen Geschmack auf der Zunge, als er beobachtete, wie sich Lilian die Strümpfe über die schlanken Beine streifte.

Bald wird sie in den Armen eines anderen liegen, ging es ihm durch den Kopf. Er hatte plötzlich den Wunsch, ihr weh zu tun, so wie sie ihm weh getan hatte.

»Ich habe auch eine Ehe angeboten bekommen«, sagte er. Lilian hielt mitten in der Bewegung inne und sah ihn an. Ungläubigkeit lag in ihrem Blick.

»Robert Revedounes Tochter.«

»Er hat keine Tochter nur Söhne«, sagte Lilian. Revedoune war einer der Getreuen des Königs. Ein Earl, gegen den Edmunds Besitz wie der Acker eines Tagelöhners war. Während der Zeit, die Gavin an der Grenze nach Schottland Dienst getan hatte, war es Lilians Hauptbeschäftigung gewesen, in Erfahrung zu bringen, wer die reichsten Männer Englands waren. Danach hatte sie sich dann auch für Edmund Chatworth entschieden.

»Hast du nicht gehört, daß seine Söhne vor zwei Monaten an der Seuche gestorben sind?«

Lilian starrte Gavin an. »Ich habe nie etwas von einer Tochter gehört.«

»Sie heißt Judith, und sie ist jünger als ihre Brüder. Sie soll von ihrer Mutter für ein Leben im Kloster erzogen worden sein. Sie lebt ganz von der Außenwelt abgeschlossen im Haus ihres Vaters.«

»Und dir hat man angeboten, sie zu heiraten? Sie wird das Erbe ihres Vaters antreten – sie ist eine reiche Frau. Eine so gute Partie hat man dir . . .« Lilian hielt inne, denn sie hätte beinahe verraten, daß sie ihn für arm und unbedeutend einstufte.

Gavin wandte sich ihr zu, und Lilian konnte sehen, daß sein Gesicht wie versteinert war. »Warum hat man einem Ascott eine solche Partie angeboten? War es das, was du fragen wolltest?« Seine Stimme klang hart.

Die Ascotts waren einmal so wohlhabend gewesen, daß sie damit den Neid König Heinrichs des Vierten geweckt hatten. Er hatte die ganze Familie als Verräter beschuldigt und alles unternommen, um ihre Macht zu brechen.

Das hatte er so gründlich getan, daß die Ascotts jetzt, nach fast hundert Jahren erst, allmählich anfingen, Stücke des verlorenen Besitzes wieder an sich zu bringen.

Doch die Ascotts waren stolz und konnten nicht vergessen, was man ihnen angetan hatte.

»Das Land der Revedounes grenzt im Norden an unseres«, sprach Gavin ungerührt weiter. »Revedoune fürchtet die Schotten, und er scheint zu glauben, daß ihm nichts geschehen kann, wenn er sich mit meiner Familie verbündet. Und da die Ascotts starke Söhne hervorgebracht haben – so hörte man ihn sagen –, hofft er, daß er aus einer Ehe mit seiner Tochter nur Enkelsöhne kommen werden.«

Lilian hatte sich inzwischen fertig angekleidet. Sie drehte sich zu Gavin um. »Und durch die Tochter fällt sein Titel an dich, nicht wahr? Du wirst dann ein Earl.«

Gavin kehrte ihr den Rücken zu. Er hatte bis jetzt keinen Gedanken an so etwas verschwendet. Es wunderte ihn, daß ausgerechnet Lilian, die immer so unschuldig und selbstlos war, zuerst an diesen Titel dachte.

»Wirst du sie heiraten?« fragte sie und ließ ihn nicht aus den Augen.

Gavin erhob sich und griff auch nach seiner Kleidung. »Ich habe mich noch nicht entschieden. Es ist erst zwei Tage her . . .« »Hast du sie gesehen?« unterbrach Lilian ihn.

»Wen? Die Erbin?«

Lilian ballte die Hände. Wie umständlich Männer manchmal sein konnten. Sie beherrschte ihren Ärger und spielte wieder die Enttäuschte.

»Sie ist bestimmt sehr schön. Und wenn du sie heiratest, wirst du mich vergessen.«

Gavin wußte nicht, warum er sie nicht in seine Arme riß und küßte. Er hatte gehofft, daß sie ihm an diesem Abend versicherte, daß sie Edmund Chatworth niemals heiraten würde.

»Ich habe sie noch nie gesehen, und ich weiß auch nicht, was werden wird«, erklärte er.

Lilian preßte ärgerlich die Lippen zusammen, als er ihre Hand, nahm und sie zu ihrem Pferd führte. »Ich liebe dich, Gavin«, versicherte sie ihm mit versagender Stimme. »Was auch geschieht, ich werde nie aufhören, dich zu lieben und mich nach dir zu sehnen.«

Er hob sie in den Sattel. »Du mußt zurück sein, ehe jemand entdeckt, daß du das Haus verlassen hast. Und es wäre doch schlimm, wenn dem ehrenwerten Chatworth zu Ohren kommen würde, was du des Nachts tust.«

»Du bist gemein und grausam, Gavin!« zischte Lilian ihn an. Sie vergaß jetzt ihre Rolle. »Es wäre dir gleichgültig, wenn man mich straft, weil ich auf mein Herz gehört habe.«

Er sagte nichts. Lilian beugte sich vor und küßte ihn. Doch sie merkte, daß Gavin mit seinen Gedanken ganz woanders war. Sie hatte plötzlich Angst vor ihm, weil er so finster wirkte.

Sie riß an den Zügeln und galoppierte los.

2. Kapitel

Es war sehr spät, als Gavin die Umrisse von Ascott Castle vor sich auftauchen sah. Wenn ihnen der gierige und machthungrige König auch allen Besitz genommen hatte, diese Burg war ihnen geblieben.

Seit über vierhundert Jahren war sie der Sitz der Ascotts. Generationen hatten die Burg ausgebaut und gegen Feinde befestigt. Mit ihren mehr als vier Meter dicken Mauern wirkte sie stark und trutzig.

Im äußeren Burghof waren die Unterkünfte für die Leibeigenen und Kriegsknechte untergebracht. Dieser Teil der Burg war auch der beste Schutzwall für den inneren Hof, in dem die vier Ascott-Brüder mit ihrer persönlichen Dienerschaft wohnten.

Das Castle mit diesen beiden Festungsringen erhob sich zudem noch oben auf einem Berg, der sich hinter einem breiten Fluß erhob. Auf dem oberen Teil des Berges stand kein Baum. Das war zum Schutze gegen Feinde gedacht. Von keiner Seite her konnte sich jemand unbemerkt heranschleichen.

Und die Ascotts hatten ihre Burg vierhundert Jahre lang erfolgreich gegen einen habgierigen König und andere Feinde verteidigt.

Freude und Stolz lagen in Gavins Blick, als er jetzt die Mauern betrachtete. Er ritt auf den Fluß zu, stieg vom Pferd und führte es durch das seichte Wasser. Außer dem mächtigen Portal war dies der einzige Zugang zur Burg. Das Tor war durch ein Fallgitter geschlossen, das man an langen Seilen herunterließ.

Da Gavin nicht wollte, daß die Wachen sich jetzt mitten in der Nacht fünf Mann Unterstützung holen mußten, um das Gitter hochzuziehen, ritt er ein Stück an der hohen Mauer entlang bis zum rückwärtigen Eingang.

Auf der Mauer patrouillierten die ganze Nacht Wachposten. Gavin nickte den Männern freundlich zu, die ihn einließen. Zu seiner Verwunderung stellte er fest, daß im Innenhof allerhand Treiben herrschte.

»Was ist passiert?« fragte er den Stalljungen, der ihm sein Pferd abnahm.

»Die Herren sind gerade aus dem Dorf zurückgekehrt. Dort hat es gebrannt.«

»Schlimm?«

»Nein, Sire. Nur ein paar Häuser der Händler.« Der Junge zuckte gleichmütig die Achseln.

Gavin betrat das Haus. In der Halle waren die Ritter und Männer der Gefolgschaft gerade dabei, ihre Schlafplätze für die Nacht zu richten.

Gavin grüßte einige von ihnen, während er die breite Eichentreppe hinaufeilte. Im dritten Stockwerk waren seine Räume.

»Da ist ja unser widerspenstiger Bruder!« rief Raine ihm fröhlich zu. »Miles, was glaubst du? Reitet er des Nachts in der Gegend herum, um sich seiner Pflichten zu entziehen? Das halbe Dorf wäre niedergebrannt, wenn wir so wären wie er.«

Raine war der dritte der Ascott-Brüder und auch der kleinste und stämmigste. Er war ein kräftiger Mann. Wenn man ihn jetzt sah, wie er Gavin mit blitzenden Augen anlachte, wobei sich tiefe Grübchen in seinen Wangen zeigten, hätte man nicht gedacht, daß er auf dem Schlachtfeld finster und furchterregend wirken konnte.

Gavin verzog keine Miene, als er seinen jüngeren Bruder musterte. Miles, dessen Kleidung rußgeschwärzt war, goß Wein in einen Zinnbecher und reichte ihn Gavin.

»Hast du irgendwelche schlechten Nachrichten bekommen?«

wollte er wissen. Miles war der jüngste von ihnen, ein ernster junger Mann mit wachen grauen Augen, denen nichts entging. Ihn sah man nur selten lächeln.

Gavin nahm den Wein und sank in einen der geschnitzten Stühle aus Walnußholz. Mit abwesendem Blick starrte er ins Feuer.

Sie befanden sich in einem großen Raum mit einem Fußboden aus schweren Eichendielen. Darauf lagen Teppiche aus dem Orient. An den Wänden hingen große Gobelins mit Jagdszenen.

Alle drei Brüder trugen einfache, in dunklen Farben gehaltene Kleidung, weiße Leinenhemden, eng auf den Körper geschnitten und am Hals locker zusammengezogen. Darüber bis zu den Hüften reichende Wollwesten. Die Hosen aus dunklem Wollstoff verbargen die kräftigen Muskeln kaum. Gavin hatte bis zum Knie reichende Stiefel an und ein Schwert an seiner Seite, dessen Griff mit Edelsteinen besetzt war.

Er hob jetzt seinen Becher an die Lippen und trank den Wein in durstigen Zügen. Dann sah er stumm zu, wie Miles das Trinkgefäß von neuem füllte. Er wollte auf keinen Fall zugeben, daß er wegen Lilians Heirat unglücklich war, nicht einmal vor seinen Brüdern.

Als Gavin kein Wort sprach, wechselten Miles und Raine einen schnellen Blick. Sie wußten, wo ihr Bruder gewesen war und welche Neuigkeit ihn so verstimmt hatte.

Raine war Lilian einmal begegnet. Er fand sie kühl und berechnend, aber er ahnte, daß sie für seinen betörten Bruder das Idealbild war. Er empfand nur Mitleid für Gavin.

Miles hatte dafür nicht das geringste Verständnis. Ihm war Liebe fremd. Die Frauen waren in seinen Augen alle gleich, dienten alle nur einem Zweck.

»Robert Revedoune hat heute wieder einen Boten geschickt«, sagte er in das Schweigen hinein. »Ich glaube, er hat Angst, daß er es nicht mehr erlebt, wenn seine Tochter ihm einen Enkel schenkt. Er sieht sich schon ohne Erben den letzten Atemzug tun.«

»Ist er denn krank?« fragte Raine.

»Davon habe ich nichts gehört«, meinte Miles. »Der Mann ist nur halb wahnsinnig vor Trauer um seine beiden Söhne, ihm ist nun nur noch diese Tochter geblieben. Ich . . . man hat mir erzählt, daß er seine Frau regelmäßig schlägt, weil sie ihm keine Söhne geboren hat.«

Raine runzelte die Stirn. Er fand es grausam, eine Frau zu schlagen.

»Wirst du ihm endlich die Antwort geben?« drängte Miles, als Gavin weiterhin schwieg.

»Einer von euch kann sie doch nehmen«, fuhr Gavin auf. »Holt Stephen aus Schottland. Oder wie ist es mit dir, Raine?«

»Revedoune will den ältesten von uns für seine Tochter«, erklärte Raine mit einem Grinsen. »Ich wäre nur zu gern bereit, aber . . .«

»Was soll diese Feilscherei?« fuhr Miles wütend auf. »Du bist siebenundzwanzig. Du bist es, der eine Frau braucht. Diese Judith Revedoune ist reich und sie bringt dir einen Titel ein. Du wirst ein Earl. Vielleicht können wir Ascotts durch sie wieder zu dem werden, was wir einmal waren.«

Lilian war für ihn verloren. Je eher er diese Tatsache hinnahm, desto schneller würde er darüber hinwegkommen. Gavin straffte sich in den Schultern. »Also gut, ich stimme dieser Heirat zu.«

Raine und Miles atmeten erleichtert auf. Dann sagte Miles: »Ich habe den Boten warten lassen, weil ich hoffte, diese Antwort von dir zu bekommen.«

Miles hatte kaum den Raum verlassen, da fing Raine an, seinen Bruder aufzuziehen. »Ich habe gehört, sie soll nur so groß sein.« Er hielt die Hand ein Stück über die Gürtellinie. »Und sie soll Pferdezähne haben . . .«

Der Wind fuhr durch die Ritzen im Mauerwerk des alten Turmes. Das mit Öl bestrichene Papier vor den Fensteröffnungen hielt die Kälte nicht ab.

Lilian hatte es jedoch warm unter der mit Gänsedaunen gefüllten Bettdecke, obwohl sie nackt darunter lag.

»Meine Herrin!« flüsterte Ela und beugte sich über das Lager. »Er ist da.«

Schlaftrunken drehte Lilian sich um. »Wie kannst du es wagen, mich zu wecken«, fuhr sie die Dienerin an. »Von wem redest du?«

»Der Mann von den Revedounes. Er . . .«

»Revedoune?« Lilian setzte sich auf. Sie war jetzt ganz wach. »Gib mir mein Kleid und hol den Mann her.«

»Hierher?« Ela war entsetzt. »Das könnt Ihr nicht tun, Herrin! Man könnte Euch hören.«

»Hast recht«, meinte Lilian abwesend. »Es ist zu riskant. Hilf mir beim Anziehen. Ich werde mich mit ihm unter der Ulme im Küchengarten treffen.«

»Jetzt? Mitten in der Nacht? Aber . . .«

»Geh schon! Sag ihm, daß ich gleich komme.« Lilian griff nach ihrem Morgenmantel. Er war aus dickem rotem Samt und mit Eichhornfell gefüttert. Sie schlang den Gürtel um die Taille und schlüpfte in die warmen Fellschuhe.

Es war ein Monat vergangen, seit sie Gavin zum letzten Mal gesehen hatte. Kein einziges Wort war von ihm während all der Zeit gekommen.

Nur ein paar Tage nach jener Nacht im Wald hatte sie erfahren, daß er diese reiche Erbin heiraten würde. Und jetzt ging die Kunde von dem großen Hochzeitsfest durch das ganze Land.

Eine lange Reihe Gäste war geladen. Der gesamte Adel würde zusammenströmen. Je mehr Lilian davon gehört hatte, desto eifersüchtiger war sie geworden.

Es war ihr größter Wunsch, neben einem Bräutigam wie Gavin sitzen zu können und einem Turnier zuzusehen, das zu Ehren ihrer Hochzeit ausgetragen wurde. Für ihre Hochzeitsfeier wurden nicht solche Vorbereitungen getroffen.

Doch soviel sie auch von den Festlichkeiten erfahren hatte, niemand konnte ihr etwas von Judith Revedoune erzählen. Vor zwei Wochen war Lilian dann die Idee gekommen, sich jemanden zu kaufen, der ihr von dieser Judith einen Bericht geben könnte. Und nun war dieser Mann hier.

Lilian spürte, wie ihr Herz vor Aufregung hastig klopfte, während sie durch den verwilderten Garten lief. Diese Judith ist bestimmt häßlich wie eine Kröte. Es muß so sein, warum erfährt man sonst nichts über sie?

»Ich begrüße Euch ergeben, meine Lady«, sagte der Spion, als Lilian sich ihm näherte. »Eure Schönheit kann sogar den Mond verblassen lassen.« Er griff nach ihrer Hand und küßte sie.

Lilian war von diesem Benehmen angeekelt. Doch er war der einzige gewesen, der etwas über die Familie Revedoune ausplaudern wollte. Und der Preis, den er dafür gefordert hatte, war eine Unverschämtheit.

Er war ein schmieriger Mann, aber seine Liebespraktiken waren nicht schlecht.

»Was gibt es für Neuigkeiten?« fragte Lilian ungeduldig und entzog ihm ihre Hand. »Hast du sie gesehen?«

»Nicht . . . aus der Nähe jedenfalls nicht –«

»Was soll das? Hast du sie gesehen oder nicht?« Lilian starrte ihn ärgerlich an.

»Ich sah sie. Aber sie wird sehr bewacht . . .« Er wollte ihre Gunst und wußte, daß er die Wahrheit vorbringen mußte. Er hatte Judith Revedoune gesehen, als sie mit einigen ihrer Frauen ausgeritten war. Aber er hatte nicht erkennen können, welche der Reiterinnen die reiche Erbin gewesen war.

»Warum wird sie bewacht? Ist sie so einfältig, daß man sie nicht allein läßt?«

Dem Mann war die Frau, die ihn so ausfragte, plötzlich unheimlich. Die Kälte in ihren Augen konnte einen erschrecken.

»Es gibt Gerüchte. Man sieht sie nie ohne Begleitung, entweder mit den Frauen oder mit ihrer Mutter. Man hat sie schließlich für ein Leben im Kloster erzogen und . . .«

»Kloster?« Lilian merkte, wie die Anspannung in ihr nachließ. Im allgemeinen wurden häßliche, mißgebildete oder geistig zurückgebliebene Töchter reicher Familien in Klöster geschickt. »Dann willst du also sagen, daß sie nicht normal ist?«

»Warum versteckt man sie sonst so, meine Lady? Und zwar von Kindheit an. Robert Revedoune ist ein harter Mann. Seine Frau hinkt, seit er sie die Treppe hinuntergestoßen hat. Er würde nie wollen, daß die ganze Welt seine Tochter sieht, die häßlich wie die Nacht ist.«

»Aber du bist nicht sicher, daß das der Grund ist?«

Er lächelte und fühlte sich jetzt etwas sicherer. »Welchen Grund sollte es sonst haben? Wenn er sich ihrer nicht schämen müßte, würde er sie doch aller Welt zeigen, oder? Dann hätte er sie doch schon vor dem Tod seiner Söhne vermählt. Wer läßt seine einzige Tochter ins Kloster gehen?«

Lilian starrte nachdenklich in die Dunkelheit. Ihr Schweigen machte den Mann mutig. Er griff nach ihrer Hand und zog sie zu sich heran.

»Ihr habt keinen Grund, sie zu fürchten, meine Lady«, raunte er ihr ins Ohr. »Es gibt keine schöne Braut, die Lord Gavin von Euch ablenkt.«

Lilian stieß ärgerlich die Luft aus. Wußten so viele Leute von ihr und Gavin? Sie hob stolz den Kopf und tat so, als hätte sie die letzte Bemerkung nicht gehört.

»Du hast deine Sache gut gemacht und wirst deinen Lohn bekommen.«

Er beugte sich nieder und küßte sie. Lilian wich zurück und ließ sich nicht anmerken, wie angewidert sie war.

»Nicht heute nacht«, flüsterte sie verheißungsvoll. »Morgen. Ich muß bestimmte Vorbereitungen treffen, daß wir genug Zeit haben.« Sie tätschelte seinen Schenkel und lächelte, als er vor Begierde stöhnte. »Jetzt muß ich gehen.«

Ihr Gesicht war nicht mehr freundlich, als sie ihm den Rücken kehrte. Sie hatte noch etwas zu erledigen, ehe sie wieder ins Bett ging.

Der Stallbursche würde sich glücklich schätzen, ihr zu Diensten sein zu können. Sie war nicht gewillt, zuzulassen, daß ein Mann wie dieser Spion so ungeniert von ihr und Gavin sprach . . . Er würde für seine Unverfrorenheit bezahlen müssen.

»Guten Morgen, Vater«, sagte Lilian lächelnd, als sie sich niederbeugte und einen Kuß auf die pockennarbige Wange des schmuddeligen alten Mannes hauchte.

Sie befanden sich im zweiten Stockwerk des Turmes, in einem

Raum, den sie die große Halle nannten. Er wurde zum Essen, für Zusammenkünfte und als Schlafstätte für die Gefolgsleute benutzt.

Lilian sah den leeren Krug ihres Vaters und winkte einem vorbeikommenden Knecht. »He du, bring meinem Vater frisches Bier!«

Nicolas Valence drückte der Tochter dankbar die Hand. »Du bist die einzige, die sich um mich kümmert, meine süße Lilian. All die anderen – deine Mutter und deine Schwestern – verbieten mir, daß ich trinke. Aber du verstehst, daß es mir guttut.«

Lilian wandte sich ab. »Das tue ich, liebster Vater. Ich liebe dich doch.« Sie lächelte ihn an.

Wieder einmal, wie schon so oft, fragte sich Nicolas, wie er und seine hagere Frau eine so hübsche Tochter haben konnten. Lilian gab ihm die Flaschen, die ihm die anderen fortnahmen. Sie war eine brave Tochter, und er dankte es ihr, indem er ihr Geld für Kleider gab.

Lilian trug Gewänder aus Seide. Ihre Schwestern dagegen mußten die groben selbstgewebten Stoffe nehmen. Er tat alles für Lilian. Hatte er nicht auch diesem Gavin Ascott erklärt, daß er sie ihm niemals zur Frau geben würde? Sie war zu Höherem geboren. Und bald würde sie einen Earl heiraten.

Er griff nach seinem Krug und hob ihn an die Lippen.

»Vater, ich wollte dich um einen Gefallen bitten«, schmeichelte Lilian.

Valence nahm einen weiteren Schluck. Die Wünsche seiner Tochter waren oft schwer zu erfüllen. Deshalb wich er schnell auf ein anderes Thema aus.

»Hast du schon gehört, daß gestern nacht ein Mann von der Mauer gefallen ist? Ein Fremder – keiner scheint zu wissen, woher er kam.«

Lilians Gesicht veränderte sich. Nun würde dieser Spion keinem mehr von Gavin erzählen können und auch nichts darüber, daß sie ihn nach dieser Judith Revedoune ausgefragt hatte.« Gleichmütig zuckte sie die Achseln.

»Ich möchte zu dieser Hochzeit. Du weißt, diese Revedoune heiratet Gavin . . .«

»Du willst zu der Hochzeit von der Tochter eines Earl eingeladen werden?« fragte Valence verwundert. »Wie soll ich das erreichen?«

Lilian schickte den Knecht fort, der ihrem Vater Bier nachschenken wollte. Dann beugte sie sich lächelnd zu dem alten Mann hinunter.

»Ich habe mir einen Plan ausgedacht . . .«

3. Kapitel

Die Flammen züngelten an dem Stein hinauf und fraßen sich mit gierigen Feuerzungen in die Holzverkleidung über dem Laden des Händlers.

Die Luft war voller Qualm und Rauch, und die Männer und Frauen, die in langer Kette standen, um sich die Wassereimer weiterzureichen, waren rußgeschwärzt.

Gavin stand mit nacktem Oberkörper auf einer Leiter und schlug mit einer Axt den Schuppen nieder, der neben dem brennenden Haus war. Man merkte Gavins kraftvollen Schlägen nicht an, daß er schon zwei ganze Tage mit der Bekämpfung des Brandes beschäftigt war.

Der Ort, in dem die Häuser brannten, gehörte den Ascotts. Eine fast vier Meter hohe Mauer, die sich von der Burg herunterzog, schloß das Dorf ein.

Die Steuern, die sie von den Bewohnern bekamen, dienten zum Lebensunterhalt der vier Brüder. Als Gegenleistung schützten sie mit ihren Gefolgsleuten und Rittern die Leute, die darin wohnten.

»Gavin!« schrie Raine seinem Bruder durch das Knacken und Knistern der Flammen zu, »komm von dort weg! Das Feuer ist zu dicht neben dir!«

Doch Gavin überhörte die Warnung des anderen. Er hatte keinen Blick für die brennende Wand, die jeden Moment auf ihn niederstürzen konnte.

Er schlug noch wütender auf den Schuppen ein und warf die brennenden Bretter zur Seite, wo ein Mann sie mit Wasser übergoß.

Raine wußte, daß es keinen Zweck hatte, an Gavins Vernunft zu appellieren. Er beobachtete mit angehaltenem Atem die Feuerwand neben dem Bruder. Bedrohlich wankte sie leicht hin und her.

Als das brennende Holz dann plötzlich in sich zusammenfiel, war Gavin mit einem Satz von der Leiter. Raine hechtete vor und riß ihn von den niederstürzenden Balken fort.

»Verdammt!« schimpfte Gavin, als der Körper des Bruders ihn zu Boden preßte. »Du erdrückst mich!«

Raine richtete sich schwerfällig auf. Seine Glieder schmerzten von dem stundenlangen Einsatz. Mit einem grimmigen Lächeln sagte er: »Ist das der Dank dafür, daß ich dir das Leben gerettet habe? Warum bist du so lange auf der Leiter geblieben? Nur ein paar Sekunden noch, dann wärst du bei lebendigem Leibe geröstet worden.«

Gavin fuhr sich über sein verschmutztes Gesicht und sah zu dem brennenden Haus hinüber. Das Feuer wütete jetzt innerhalb der Steinmauern und griff nicht weiter um sich.

Nachdem er sich vergewissert hatte, daß die anderen Gebäude nicht gefährdet waren, wandte sich Gavin seinem Bruder wieder zu.

»Warum hast du mich zurückgerissen?« brummte er und bewegte seine schmerzende Schulter.

Raine blitzte ihn wütend an. »Meinst du, ich lasse zu, daß du in den Flammen umkommst?«

Gavin grinste. Seine Zähne leuchteten in dem rußgeschwärzten Gesicht. »Also gut. Danke. Aber jetzt muß ich weitermachen.« Er ging zu den Männern hinüber, die Eimer um Eimer Wasser in die Flammen gossen.

Raine zuckte die Schultern und wandte sich ab. Gavin war es, der von seinem sechzehnten Lebensjahr an auf dem Besitz der Ascotts zu bestimmen hatte. Und er nahm seine Verantwortung sehr ernst. Er würde bis zum letzten Atemzug kämpfen, wenn es um den Besitz ging. Und er war gerecht. Ob es sich um den niedrigsten Diener oder den gemeinsten Dieb handelte, er maß alle nach den gleichen Maßstäben.

Sehr spät in der Nacht kehrte Gavin in die Burg zurück. Er ging in den Raum, der der Familie als Speisesaal diente. Erst seit kurzem hatte man dieses Zimmer eingerichtet. Auf dem Boden lagen dicke Teppiche. Die Wände waren getäfelt. Der Raum wurde von einem mächtigen Kamin beherrscht, der eine ganze Wand einnahm. Und über dem Kaminsims war das Wappen der Ascotts eingemeißelt.

Raine saß schon am Tisch. Er hatte bereits gebadet und sich saubere Kleidung angezogen. Vor ihm stand ein silbernes Tablett mit gebratenem Schweinefleisch, frischem Brot und getrockneten Äpfeln und Birnen. Zufrieden nickte er seinem Bruder zu und zeigte auf den großen Holzbottich mit dem dampfend heißen Wasser, der vor dem prasselnden Feuer im Kamin stand.

Gavin spürte erst jetzt die Müdigkeit in allen Gliedern. Er streifte schnell seine Kleider vom Körper und stieg in den Bottich. Das warme Wasser tat seiner mit Schürf- und Brandwunden bedeckten Haut gut.

Eine Magd tauchte aus der Tiefe des Raumes auf und schickte sich an, ihm den Rücken einzuseifen.

»Wo ist Miles?« fragte Raine, der mit bestem Appetit kaute. »Ich hab ihn zu den Revedounes geschickt. Er erinnerte mich daran, daß heute die Verlobung stattfinden sollte. Na, und er ist als mein Stellvertreter hingeritten.« Gavin beugte sich vor, während ihm der Rücken gewaschen wurde. Er sah seinen Bruder nicht an.

Raine verschluckte sich fast an einem Stück Brot. »Was . . . was hast du gemacht?«

»Miles als Stellvertreter zu der Verlobungsfeier bei den Revedounes geschickt«, wiederholte Gavin ruhig.

»Hast du den Verstand verloren?« fuhr Raine auf. »Es geht nicht um einen Pferdehandel, sondern um eine Frau!«

Gavin starrte ihn an. Sein Gesicht wirkte ausdruckslos. »Das weiß ich. Das mußt du mir nicht sagen. Wenn sie keine Frau wäre, würde man mich nicht drängen, sie zu heiraten.«

»Drängen?« Raine lehnte sich in seinem Stuhl zurück. Er konnte sich vorstellen, was in Gavin vorging. Während seine drei Brüder frei und ungebunden durchs Land reiten, auf Burgen Feste feiern und sogar Reisen bis ins Heilige Land machen konnten, war er an seine Pflichten gebunden.

Er war siebenundzwanzig Jahre alt, und außer dem vor kurzem aufflackernden Aufstand in Schottland, war Gavin in den vergangenen elf Jahren kaum einmal von zu Hause fortgekommen.

»Judith Revedoune ist eine Lady, Gavin«, sagte Raine. »Ihr hat man beigebracht, daß sie von einem Mann Höflichkeit und Achtung erwarten kann. Du hättest selbst zu ihr gehen und ihr sagen sollen, daß du sie zur Frau nehmen möchtest.«

Gavin streckte den Arm aus, damit das Mädchen ihn waschen konnte. Das Vorderteil ihres groben Wollkleides war naß geworden, und der Stoff klebte an ihren vollen Brüsten. Er lächelte und hielt den Blick der Magd fest. Verlangen nach diesem Frauenkörper stieg in ihm auf.

Mißmutig wandte er sich zu Raine um. »Aber ich will sie ja gar nicht heiraten. Sie kann kaum so naiv sein, daß sie glaubt, ich würde sie nicht nur ihres Besitzes wegen heiraten.«

»Das darfst du ihr niemals sagen. Du mußt sie hofieren und . . .«

Gavin erhob sich aus dem Wasser und blieb stehen, während das Mädchen auf einen Schemel stieg, um warmes Wasser über ihn auszugießen und die Seife abzuspülen.

»Sie wird mir angehören«, erklärte Gavin gleichmütig. »Sie wird tun, was ich sage. Ich habe genug hochgeborene Damen kennengelernt. Ich weiß, wie sie sind. Sie sitzen in ihren Kemenaten, nähen und sticken und plappern unaufhörlich. Dabei essen sie Honigfrüchte und werden fett und unansehnlich. Sie sind faul und träge und dumm und noch dazu verwöhnt, weil sie immer alles bekommen haben. Ich werde ihr Nadeln und Seide zum Sticken geben, und dann wird sie zufrieden sein.«

Raine saß reglos da und dachte an die Frauen, die er auf seinen Reisen durchs Land kennengelernt hatte. Die meisten waren so, wie Gavin es eben beschrieben hatte. Doch da waren auch Damen gewesen, die klug und temperamentvoll waren, die ihren Männern mehr gaben als andere Frauen.

»Und was ist, wenn sie bei der Verwaltung des Besitzes mitreden will?«

Gavin verließ die Wanne und nahm das weiche Baumwolltuch, das das Mädchen ihm gab. »Das werde ich nicht zulassen. Nicht hier bei mir. Sie wird ihre Pflichten bekommen. Erfüllt sie sie nicht, wird sie es bereuen.«

4. Kapitel

Sonnenlicht fiel in breiter Bahn durch die offenen Fenster ins Zimmer. Es war ein herrlicher Frühlingstag, und die Luft war von Düften erfüllt.

Es war ein schöner Raum, der fast die Hälfte des ganzen vierten Stockwerks einnahm. Die nach Süden gehenden Fenster machten ihn warm und hell. Doch die Einrichtung war karg zu nennen. Robert Revedoune gab kein Geld für Dinge aus, die er frivol nannte. Dazu gehörten auch Teppiche und Wandbehänge.

An diesem Morgen wirkte der Raum jedoch nicht so nüchtern wie sonst. Über jedem Stuhl lagen ein Kleid oder Stoffe in leuchtenden Farben. Die Gewänder waren allesamt neu, ausnahmslos prächtig und aus bestem Material. Sie gehörten zu Judiths Aussteuer.

Da gab es Seide aus Italien, Samt aus dem Orient, Kaschmir aus Venedig, Baumwollstoffe aus Tripolis. Juwelen schimmerten auf dem Stoff, auf Schuhen, Gürteln und Bordüren. Rubine, Perlen, Smaragde. Zum Teil waren die Gewänder mit Pelz besetzt. Teure Pelze wie Hermelin und Luchs.

Judith saß allein inmitten der Pracht. Sie saß so reglos, daß jemand, der ins Zimmer kam, sie nicht bemerkt hätte, wenn nicht ihre Person selbst alles überstrahlt hätte.

Ihre zierlichen Füße steckten in grünen Lederschuhen, die mit Pelz gefüttert waren. Das Oberteil ihres Kleides schmiegte sich eng an ihren Oberkörper. Ihre Hände, die aus den langen, weiten Ärmeln hervorsahen, waren wie aus Elfenbein.

Die Taille war so schmal, das ein Mann sie mit seinen Händen umschließen konnte. Der tiefe Halsausschnitt zeigte einen Teil der schon fraulich runden Brüste. Der Rock war wie eine weit fallende Glocke, und er schwang bei jedem ihrer Schritte anmutig hin und her.

Der Stoff war mit Goldfäden durchwirkt und glänzte im Sonnenlicht. Um Judiths Taille schlang sich ein Gürtel aus feinstem goldenem Leder, mit Smaragden besetzt. Ein Mantel aus dunkelgrünem Taft lag um ihre Schultern. Er war ganz mit Hermelin besetzt.

Jede andere Frau wäre beim Anblick eines so herrlichen Gewandes in Begeisterung ausgebrochen. Judith betrachtete sich jedoch mit ernster Miene.

Sie war von ungewöhnlicher Schönheit. Doch das war ihr nicht bewußt. Sie hatte einen Körper, der jeden Mann den Atem anhalten ließ.

Ihr langes kastanienbraunes Haar fiel in weichen Locken bis über ihre Taille hinunter. Stolz trug sie ihren Kopf, das hübsche Kinn vorgereckt. Auch jetzt, wo sie an die schrecklichen Dinge dachte, die vor ihr lagen, wirkten ihre Lippen voll und rund wie Rosenknospen. Aber ihre Augen zogen jeden Blick zuerst an. Sie waren tiefbraun mit einem goldenen Schimmer.

Judith drehte den Kopf und sah in den herrlichen Tag hinaus. Zu jeder anderen Zeit wäre sie glücklich über das schöne Wetter gewesen. Sie wäre ausgeritten, über die Felder galoppiert.

Statt dessen saß sie da und wagte nicht, sich zu rühren, um das Kleid nicht zu zerknittern. Doch das war nicht der wirkliche Grund. Judith war in schwere Gedanken versunken. Heute war ihr Hochzeitstag ein Tag, vor dem ihr schon seit langem graute. Sie wußte, daß mit diesem Tag ihre Freiheit und die glückliche Zeit ihres Lebens zu Ende gingen.

Die Tür flog plötzlich auf, und zwei Mägde kamen ins Zimmer. Ihre Gesichter waren vom Laufen erhitzt, denn sie waren in der Kirche gewesen, um einen Blick auf den Bräutigam zu werfen.

»Herrin, er ist ein schöner Mann«, berichtete Maud aufgeregt.

»Er ist groß, hat dunkles Haar, dunkle Augen und Schultern . . .« Sie streckte die Arme weit aus und seufzte dramatisch. Betrübt betrachtete sie ihre unglückliche Herrin.

»Und er geht so . . .« Joan straffte sich in den Schultern und machte ein paar weitausgreifende Schritte durch den Raum.

»Ja, er ist ein stolzer Mann«, bestätigte Maud. »So stolz wie alle Ascotts sind. Sie tun gerade so, als würde ihnen die ganze Welt gehören.«

Judith zeigte nicht einmal die Spur eines Lächelns. Maud brachte Joan mit einer Handbewegung zum Schweigen, als diese den Bericht fortsetzen wollte.

»Meine Herrin«, sagte sie leise, »kann ich etwas für Euch tun? Es ist noch Zeit, bis Ihr zur Kirche aufbrechen müßt. Vielleicht . . .«

Judith schüttelte den Kopf. »Mir kann jetzt niemand mehr helfen. Geht es meiner Mutter gut?«

»Ja, sie ruht sich noch aus, bevor sie zur Kirche fährt. Es ist ein weiter Weg und ihr Arm . . .« Maud hielt inne, weil sie ihre junge Herrin nicht noch trauriger machen wollte.

Judith gab sich die Schuld daran, daß ihre Mutter einen gebrochenen Arm hatte. Das wußte auch Maud, und sie wollte sie nicht wieder daran erinnern. Sie hätte sich ohrfeigen mögen, weil sie nicht überlegt hatte, was sie sagte. »Seid Ihr schon bereit?« fragte sie sanft.

»Mein Körper ist bereit. Doch meine Gedanken noch längst nicht. Kümmert ihr beide euch um meine Mutter?«

Die beiden starrten sie verblüfft an. »Aber, Herrin . . .«

»Ich will allein sein«, fuhr Judith ungeduldig dazwischen. »Wahrscheinlich ist es das letzte Mal, daß ich für mich sein kann.« Ihr Blick wurde abwesend, als sie aus dem Fenster sah.

Joan wollte ihre junge Herrin aus der melancholischen Stimmung reißen, doch Maud hinderte sie daran. Aber Joan begriff Judith nicht. Sie war reich, und heute war ihr Hochzeitstag. Sie wurde mit einem gutaussehenden, jungen Rittersmann vermählt. Warum war sie dann nicht glücklich? Joan schüttelte den Kopf und ließ sich von Maud aus dem Zimmer ziehen.

Seit Wochen waren die Vorbereitungen für die Hochzeit nun schon im Gange. Das Fest würde ihren Vater die Einkünfte eines ganzen Jahres kosten.

Judith wußte das, denn sie führte ihm die Bücher. Mehrere tausend Ellen Stoff waren allein für die mächtigen Baldachine nötig, die die Gäste vor eventuellen Regenschauern schützen sollten. Tausend Schweine, dreihundert Kälber, hundert Ochsen, viertausend Wildbretpasteten, dreihundert Fässer Bier. Und so ging die Liste weiter.

Und das alles für etwas, das sie gar nicht wollte. Eine Hochzeit. Ihre Hochzeit!

Judith war nicht wie andere Mädchen, für die sich alles um Ehe und Liebe drehte. Ihre Mutter hatte ihr nicht eingeredet, daß dies das ganze Glück der Erde sei.

Fehlgeburten und ein Mann, der jede Gelegenheit genutzt hatte, sie zu züchtigen und zu strafen, hatten Helen Revedounes Illusionen zerstört. Ihr einziges Glück war ihr Kind. Für dieses Kind wollte sie wie eine Löwin kämpfen. Sie hatte sich nie gegen die Grobheiten ihres Ehegemahls gewehrt. Doch sie tat alles, um ihre Tochter vor den Gemeinheiten dieses Mannes zu schützen.

Sie forderte, daß Robert Revedoune seine Tochter in ein Kloster gab. Aber es war ihm gleichgültig, was aus Mutter und Kind wurde. Er hatte die Söhne aus seiner ersten Ehe. Ihn interessierte die Frau nicht, die nur Fehlgeburten gehabt hatte und ihm keine Söhne schenken konnte.

»Laß sie zu den Nonnen gehen«, hatte er lachend erklärt. Um seinem Eheweib dann zu beweisen, daß er Forderungen nicht ausstehen konnte, hatte er sie die Treppe hinuntergestoßen.

Obwohl Helen nach diesem Sturz, bei dem sie sich das eine Bein zweimal gebrochen hatte, hinkte, fand sie, daß sich ihr Einsatz gelohnt hatte.

Sie lebte zurückgezogen mit ihrer geliebten Tochter und fühlte sich manchmal wie eine Witwe, denn Revedoune mied die beiden Frauen wie die Pest.

Es waren glückliche Jahre, in denen Helen ihr Kind für ein Leben als Nonne erzog.

Nun war alles umsonst gewesen. Judith mußte heiraten. Sie mußte sich einem Mann unterordnen. Judith wußte nicht, was es bedeutete, die Frau eines Mannes zu sein.

Sie konnte nicht gut nähen und schon gar nicht stricken. Sie war es nicht gewohnt, brav und still dazusitzen und Diener für sich arbeiten zu lassen. Aber was noch schlimmer war: Unterwürfigkeit und Ergebenheit waren ihr fremd.

Eine verheiratete Frau mußte den Blick gesenkt halten, mußte sich in allem nach den Wünschen des Mannes richten und dergleichen mehr. Judith war dazu erzogen worden, Befehle zu geben als Äbtissin, als eine Frau, die Männern gleichgestellt war.

Judith hatte vor dem Vater und den Brüdern nie den Blick gesenkt. Sie hatte sich nicht geduckt, wenn er wütend die Fäuste gegen sie erhob. Zur allergrößten Verwunderung hatte Revedoune das hingenommen. Er schien sich sogar darüber zu amüsieren.

Das Mädchen hatte einen für Frauen ungewöhnlichen Stolz. Ihr Gang war aufrecht und selbstbewußt. Aber kein Mann würde dulden, daß sie über das Verhältnis des Königs zu den Franzosen sprach oder eine eigene Meinung äußerte.

In all den Jahren hatte Helen Revedoune ständig in der Angst gelebt, daß sie ihre Tochter nicht gut genug verstecken und eines Tages ein Mann sie sehen könnte, der dann bei dem Vater um Judiths Hand anhielt. Der Gedanke an eine Trennung war ein Alptraum für sie.

Judith hätte mit zwölf Jahren ins Kloster eintreten müssen, doch Helen wollte ihren einzigen Lebensinhalt nicht hergeben. Nun mußte sie erkennen, daß ihr Egoismus verhängnisvolle Folgen hatte.

Nur wenige Monate blieben Judith, sich auf eine Ehe mit einem ihr fremden Mann vorzubereiten. Sie hatte ihn noch nie gesehen, aber das machte ihr nichts aus.

Judith kannte keine Männer außer ihrem Vater und ihren Brüdern. Es graute ihr vor einem Leben mit einem Mann, der seine Frau nur haßte und sie schlug, der ungebildet war und sich nur seiner Kräfte brüstete. Würde sie in zehn Jahren auch so eingeschüchtert sein wie ihre Mutter?

Judith erhob sich. Der schwere goldene Stoff ihres Gewandes raschelte. Nein, dieser Mann, den sie heiraten mußte, sollte nie erleben, daß sie ihn fürchtete. Sie wollte sich ihre Gefühle nicht anmerken lassen und immer stolz und aufrecht vor ihm stehen.

In diesen Minuten, die sie allein in ihrer Kemenate war, ließ Judith jedoch resignierend die Schultern hängen. Sie hatte Angst vor diesem Fremden, auch wenn ihre Mägde so begeistert von ihm erzählt hatten.

Sie hatte oft gehört, wie die Mädchen von ihren Liebsten sprachen, strahlend und glücklich. Gab es wirklich Männer, die zärtlich sein konnten, die Liebe schenkten?

Ich werde abwarten, nahm Judith sich vor. Wenn er zu mir freundlich ist, werde ich es auch sein. Aber sie schwor sich auch, daß sie es nicht hinnehmen würde, wenn dieser Mann sie so behandelte wie ihr Vater ihre Mutter.

»Herrin!« Joan kam aufgeregt ins Zimmer gestürzt. »Sir Raine und Sir Miles sind draußen . . .!« Als sie den verwunderten Blick von Judith sah, fügte sie hinzu: »Das sind die Brüder Eures künftigen Gatten. Sir Raine möchte Euch vor der Hochzeit sprechen.«

Judith nickte und wartete dann auf den Eintritt der Besucher. Ihr künftiger Gemahl zeigte nicht das geringste Interesse an ihr. Sogar zur Verlobungsfeier hatte er einen Stellvertreter geschickt. Und jetzt kam er wieder nicht selbst, sondern beauftragte seine Brüder.

Sie holte tief Luft und versuchte das Zittern zu ignorieren, das ihren ganzen Körper erfassen wollte. Sie war nervöser als sie sich eingestehen wollte.

Raine und Miles stiegen die Wendeltreppe hinab. Sie waren seit dem vergangenen Abend bei den Revedounes. Gavin hatte sich so lange wie möglich geweigert, an die bevorstehende Hochzeit zu denken.

Auf Raines Forderung hin, daß er seiner Braut einen Besuch abstatten müsse, hatte er erklärt: »Ich werde sie bis ans Ende meines Lebens sehen müssen. Warum soll ich diesen Alptraum jetzt schon erleben?«

Als Miles von der Verlobung zurückkehrte, war es nicht Gavin, sondern Raine gewesen, der ihn über die reiche Erbin ausgefragt hatte. Doch Miles war wie immer schweigsam gewesen. Raine meinte zu spüren, daß er irgend etwas verheimlichte. Nachdem er Judith nun gesehen hatte, wußte er es.

»Warum hast du Gavin nichts gesagt?« fragte er. »Du weißt doch, was er erwartet und . . .«

Miles ließ ihn nicht ausreden. Sein Gesicht war ernst, aber in seinem Blick lag noch die Bewunderung für die künftige Schwägerin.

»Es tut ihm sicherlich gut, wenn er erkennen muß, daß er sich auch einmal irrt«, meinte er.

Raine unterdrückte ein Lachen. Er fand es auch nicht richtig, daß Gavin den jüngsten Bruder oft noch wie ein Kind behandelte. Und so konnte er Miles' Rachegefühl verstehen.

»Wenn ich daran denke, daß er mir angeboten hat, sie an seiner Stelle zu heiraten. Ich schwöre dir, wenn ich sie vorher gesehen hätte, wäre ich bereit gewesen, um sie zu kämpfen. Meinst du, daß es dafür zu spät ist?«

Selbst wenn Miles eine Antwort gegeben hätte, Raine hätte sie nicht gehört, denn er war mit seinen Gedanken bei Judith. Ein einziger Blick in ihre goldbraunen Augen hatte ihn betört.

Er war kaum in der Lage gewesen, ein Wort hervorzubringen. Er konnte sie nur voller Bewunderung anstarren. Sie hatte nicht gekichert und war nicht so schüchtern gewesen wie andere Mädchen. Ruhig und gelassen hatte sie vor ihnen gestanden.

Miles hatte ihn anstoßen müssen, damit er sie ansprach, denn in seiner Phantasie hatte sich Raine vorgestellt, wie er Judith auf seine Arme hob und auf einem feurigen Rappen entführte.

Gewaltsam riß sich Raine von seinen Gedanken los. »Weißt du was, Miles? Wir beide werden Gavin eine Lehre erteilen.«

»Was hast du vor?« Miles war sofort begeistert.

»Wenn ich mich recht erinnere, haben wir eben eine gräßliche Hexe gesehen, mit verfaulten Zähnen und einem viel zu fetten Hinterteil.«

Miles grinste. »So ein altes Weib stand vorhin tatsächlich an der Treppe. Aber das werden wir unserem lieben Bruder nicht verraten. Wir lügen also nicht einmal.«

Sie klopften sich gegenseitig auf die Schultern und waren sich einig.

Es war noch immer recht früh am Morgen, als Judith von ihren Dienerinnen gefolgt in die große Halle im zweiten Stock des Hauses hinunterging.

An den Wänden des hohen Raumes hingen kostbare Gobelins. Von der Tür an bis zum anderen Ende der Halle war ein dicker Teppich aus Rosenblättern und Lilien gelegt worden. Auf ihm würde Judith gehen, wenn sie aus der Kirche zurückkehrte – als verheiratete Frau.

Maud war hinter ihrer Herrin. Sie trug die Schleppe des hermelinbesetzten Mantels. Judith blieb kurz stehen, ehe sie das Haus verließ. Nach einem tiefen Atemzug schritt sie weiter.

Als sie in den strahlenden Sonnentag hinaustrat, brauchte sie eine Weile, um sich an das helle Licht zu gewöhnen. Sie sah die vielen Leute, die gekommen waren, um die Hochzeit anzusehen.

Die Jubelrufe verwirrten sie. Das hatte sie nicht erwartet. Aber die Schönheit der jungen Braut begeisterte alle.

Judith lächelte und nickte den hohen Gästen, den Kaufleuten und Bauern, den Knechten und Mägden freundlich zu. Der Weg zur Kirche kam einer Prozession gleich und zeigte allen den Reichtum und den hohen Stand des Earls Robert Revedoune.

Später würde er mit Genugtuung erzählen, wieviel andere Earls, Barone und Ritter gekommen waren, um ihm zur Hochzeit seiner Tochter die Ehre zu erweisen.

Die Spielleute am Anfang des Zuges bahnten der schönen Braut den Weg. Judith wurde von ihrem Vater auf einen prächtigen weißen Hengst gehoben. Robert Revedounes zufriedene Miene beim Anblick seiner schönen Tochter entging Helen nicht.

Judith ritt im Damensitz. Sie liebte das nicht sehr, doch ließ sie sich nichts anmerken. Anmutig ordnete sie ihr Gewand.

Ihre Mutter ritt hinter ihr, flankiert von Miles und Raine. Die Menge der Gäste reihte sich in den Brautzug ein.

Die Musikanten begannen zu spielen, und der Zug setzte sich in Bewegung. Robert Revedoune hielt den weißen Hengst am Zügel und schritt gemessen dahin.

Judith spürte, wie sie immer unruhiger wurde. Der Gedanke, wie wohl ihr künftiger Gatte sein würde, zermarterte ihr Hirn immer mehr.

Aufrecht und stolz saß sie auf dem Pferd. Ihr Blick war auf die Kirchentür gerichtet, vor der zwei Gestalten standen. Der Priester und der Mann, dem sie angetraut werden sollte.

Gavin spürte nicht die geringste Neugierde. Ganz im Gegenteil. Ihm grauste vor der Braut. Seine Brüder hatten ihm von ihr erzählt, und demnach mußte sie häßlich sein wie die Sünde und ziemlich einfältig.

Er versuchte nicht in die Richtung zu sehen, aus der sich der Brautzug näherte. Doch der Jubel der Menge und die Musik der Spielleute störten seine Gedanken. Unwillkürlich drehte er den Kopf.

Der Zug war nun schon recht nah. Gavin erkannte das Mädchen auf dem weißen Pferd. Er sah das glänzende Haar und fragte sich, wer das sein könnte, bis er begriff, daß das die Braut war.

Sie sah aus wie eine zum Leben erwachte Göttin. Sein Mund öffnete sich vor Staunen. Dann glitt ein Lächeln über sein Gesicht. Raine hatte ihn belogen!

Gavin war so erleichtert und glücklich, daß er nicht merkte, wie er sich in Bewegung setzte. Nach alter Tradition mußte der Bräutigam am Kirchenportal warten, bis der Brautvater die Braut aus dem Sattel hob, die Stufen hinaufführte und ihrem künftigen Gemahl übergab.

Doch Gavin wollte dieses Mädchen aus der Nähe sehen. Er hörte die Hochrufe und Begeisterungsschreie der Menge nicht, als er seinen Schwiegervater zur Seite schob und dann die Arme ausstreckte, die Hände um Judiths Taille legte und sie herunterhob.

Aus der Nähe war sie noch hinreißender. Gavin sah einen rosigen Mund, eine Haut wie Milch und Blut, weich wie Seide. Und er konnte mit Mühe einen Ausruf unterdrücken, als er in ihre Augen blickte.

Glücklich lächelte er sie an, und sie erwiderte dieses Lächeln. Zwischen ihren Lippen schimmerten ihre weißen Zähne wie edle Perlen.

Das Jubeln der Leute brachte Gavin in die Wirklichkeit zurück. Er stellte Judith auf die Füße und reichte ihr seinen Arm. Seine Finger schlossen sich um ihre schmale Hand, als wollte er verhindern, daß sie vor ihm flüchten konnte.

Den Zuschauern gefiel sein Verhalten, und sie bezeugten ihre Freude durch laute Zurufe. Robert Revedoune, der zuerst wütend war, weil Gavin ihn fortgeschoben hatte, rang sich auch ein Lächeln ab.

Die Trauungszeremonie wurde außerhalb der Kirche abgehalten, damit auch alle sehen konnten, was geschah. Der Priester fragte Gavin, ob er Judith Revedoune zur Frau nehmen wolle.

Einen Moment sah Gavin das Mädchen neben sich an, das glänzende, in weichen Wellen bis zur Taille fallende Haar. »Ja, das will ich«, antwortete er.

Dann fragte der Priester Judith, die Gavins Blick ruhig standgehalten hatte. Ihre Mägde hatten ihr berichtet, daß der Bräutigam sehr gut aussah. Sie hatte einen netten Jüngling erwartet. Nun stand ein Mann neben ihr, groß und stark wie ein Held, mit dunklem Haar, breiten Schultern, ganz in grauen Stoff gekleidet und mit einem Schwert um die Hüften, dessen Knauf im Sonnenlicht blitzte.

Bei dem Blick aus Gavins Augen rann ihr ein Schauer über den Rücken. Judith war so in ihrer Betrachtung versunken, daß der Priester seine Frage wiederholen mußte.

Mit glühenden Wangen flüsterte sie ihr Ja. Sie wollte diesen Gavin Ascott zum Mann.

Die Ringe wurden getauscht, und sie schworen sich gegenseitig, sich zu lieben, zu ehren und einander treu zu sein.

Alles zog wie ein Wirbel an Judith vorbei. Sie war vor Glück wie benommen.

Körbe mit Silbermünzen wurden ihnen in die Hände gedrückt, und das junge Paar warf die Münzen den Leuten am Fuße der Treppe zu. Dann folgte es dem Priester in die dämmerige Kirche.

Dort nahmen Gavin und Judith die Ehrenplätze ein. Während der feierlichen Messe, die dann folgte, warfen sie sich immer wieder verstohlene Blicke zu.

Die Gäste beobachteten das Paar, und alle waren sicher, daß hier ein Glück begann, wie man es nur aus dem Märchen kannte.

Nur eine Person freute sich nicht mit den beiden. Lilian Valence saß neben ihrem zukünftigen Mann und starrte haßerfüllt auf Judith.

Edmund Chatworth war ein fetter, träger Mensch. Das völlige Gegenteil zu dem stattlichen Gavin. So stellte sich keine Frau einen Liebhaber vor.

Ich werde nicht zulassen, daß Gavin mich vergißt, nahm Lilian sich vor. Diese kleine Hexe mit ihren roten Haaren wird ihn mir nicht nehmen.

Als sie beobachtete, wie Gavin die Hand seiner Braut nahm und küßte, ballte sie in ohnmächtiger Wut die Fäuste. Dieses Mädchen errötete nicht einmal!

Lilian wurde nicht bewußt, daß jemand ihre Wut sehen konnte. Doch Raine bemerkte es, ehe sie sich wieder in Gewalt hatte.

Raine wußte, welche Macht Lilian über Gavin hatte. Im Moment war er zwar von Judith fasziniert. Aber wie lange mochte das anhalten?

Raines Blick ging zwischen Judith und Lilian hin und her. Lilian kann man bewundern, dachte er. Aber Judith muß man lieben.

5. Kapitel

Am Ende der langen Hochzeitsmesse faßte Gavin nach Judiths Hand und führte sie die Stufen zum Altar hinauf. Dort knieten sie nieder, um den Segen zu empfangen.

Und dann küßte Gavin seine Braut. Er sah den Ausdruck der Verblüffung in ihren goldenen Augen und lächelte. Nach einem kurzen Händedruck bot er ihr seinen Arm, um sie aus der Kirche zu geleiten.

Unter dem Jubel der Gäste hob er sie auf ihr Pferd und schwang sich hinter ihr auf den Rappen. So führte das frischgetraute Paar den Zug an, der sich zum Haus zurückbewegte.

An Gavins Hand betrat Judith den großen Saal. Sie sah auf den Blumenteppich, der ihr noch vor wenigen Stunden wie das Omen einer schrecklichen Zukunft erschienen war. Als sie jetzt in Gavins graue Augen blickte, fand sie, daß es gar nicht so schrecklich sein konnte, künftig an seiner Seite zu leben.

»Ich würde viel darum geben, wenn ich jetzt deine Gedanken lesen könnte«, raunte Gavin ihr ins Ohr.

»Ich überlegte gerade, ob diese Ehe wirklich so schlimm werden wird, wie ich gefürchtet habe.«

Gavin war sekundenlang von ihrer Ehrlichkeit überrascht. Dann warf er den Kopf zurück und lachte lauthals. Judith begriff nicht gleich, daß ihre Antwort ein Vorwurf und ein Kompliment zugleich gewesen waren. Eine wohlerzogene junge Lady würde es nie wagen, so offen zu erklären, daß sie mit dem für sie ausgewählten Ehemann einverstanden war.

Gavins Augen blitzten, als er sagte: »Freut mich zu hören, mein Eheweib.«

Sie wandten sich ihren Pflichten zu. Sie mußten die Glückwünsche der Gäste entgegennehmen, die in langer Reihe an ihnen vorbeizogen.

Judith stand neben Gavin und lächelte jeden an. Sie kannte nur sehr wenige von den Herren und Damen, die vorbeidefilierten. Schließlich hatte sie völlig zurückgezogen gelebt.

Robert Revedounes Miene war finster, als er Raines Begrüßung und Glückwünsche beobachtete. Der junge Mann faßte seine Schwägerin um die Taille und drehte sie einmal im Kreis.

»Willkommen im Ascott-Clan, Judith!« rief er und strahlte sie an.

Judith mochte seine Ehrlichkeit und Offenheit. Miles war der nächste. Sie war ihm schon einmal begegnet, als er an Stelle von Gavin zur Verlobung gekommen war. Es war ihr nicht entgangen, daß Miles sie unverwandt angestarrt hatte.

Auch jetzt war sein Blick intensiv. Judith warf ihrem Mann einen Seitenblick zu. Alle drei Brüder waren stark und männlich. Aber Gavin wirkte noch faszinierender und strahlender auf sie als seine Brüder.

Gavin merkte, daß sie ihn musterte und wandte sich ihr zu. Er griff nach ihrer Hand und küßte ihre Fingerspitzen. Judith hatte das Gefühl, daß ihr Herz aus der Brust sprang, so raste es plötzlich, als sie seine Lippen auf ihrer Haut fühlte.

»Du solltest dich gedulden, Bruder«, meinte Raine lachend. »Ich kann deine Unrast zwar verstehen, nachdem du nun weißt, daß es weder eine häßliche noch eine alberne Braut ist.«

Gavin ließ Judiths Finger sofort los. »Lacht mich nur aus, ihr beiden. Es kümmert mich nicht, denn ich bin es, der sie hat. Also bin ich es auch, der zuletzt lacht.«

Raine gab Miles einen Stoß in die Seite. »Komm, suchen wir uns auch so ein Mädchen mit goldenen Augen. Gib deiner neuen Schwester den Begrüßungskuß und laß uns dann gehen.«

Miles nahm Judiths Hand und preßte die Lippen darauf. Dabei hielt er ihren Blick fest. »Den echten Begrüßungskuß hebe ich mir für eine andere Gelegenheit auf«, murmelte er. Dann folgte er seinem Bruder.

Gavin legte besitzergreifend den Arm um Judiths Schultern. »Laß dich von ihnen nicht verwirren. Sie machen nur Spaß.«

»Ich mag sie.«

Gavin sah lächelnd auf sie nieder. Dann gab er sie plötzlich frei.

Ihre Nähe brachte ihn fast um den Verstand, weckte eine Sehnsucht in ihm, die er nur mühsam unterdrücken konnte.

Es war noch viel Zeit, bis er sich mit ihr zurückziehen konnte. Und wenn er diesen Tag überstehen wollte, mußte er sich zusammenreißen und jeden Kontakt mit ihr vermeiden.

Ein paar Minuten später merkte Judith, wie Gavin zusammenzuckte, und als sie seinem Blick folgte, entdeckte sie eine Frau, die noch mehr bewundernde Blicke auf sich zog.

Und als diese Frau dann schließlich vor ihr stand, traf es Judith wie ein Schlag ins Gesicht. Aus den Augen der Fremden blitzte ein solcher Haß, daß sie ganz fassungslos war.

Die anderen Gäste waren von dem hübschen Bild, das die beiden jungen Frauen boten, begeistert. Aber das entging Judith. Sie hatte nur Augen für die Fremde, die nun zu Gavin trat. Sie sah ihn nicht an, und Judith bemerkte den Ausdruck von Enttäuschung und Schmerz in seinem Blick. Es war eine Beobachtung, die ihr nicht aus dem Sinn ging.

Endlich war die Gratulationscour vorbei. Alle Gäste hatten dem Brautpaar die Hände geschüttelt, und Robert Revedoune hatte jedem ein Geschenk überreichen lassen. Nun verkündeten Trompetenklänge den Beginn der Hochzeitsfeier.

In der großen Halle waren inzwischen die Tische gedeckt worden. Die Tafeln brachen fast unter den riesigen Platten mit Fleisch. Es gab Spanferkel, Huhn, Fasan. Mächtige Laibe Brot und ungefähr zwölf verschiedene Sorten Fisch. Gemüse, mit Gewürzen aus dem Orient zubereitet, wurden gereicht. Die ersten Erdbeeren des Jahres leuchteten in silbernen Schüsseln.

Besonders die goldenen und silbernen Teller, Becher und Schüsseln für die vornehmeren Gäste, die an der etwas erhöht stehenden Tafel saßen, zeugten vom Reichtum der Revedounes.

Judith und Gavin tranken aus hohen schlanken Trinkgefäßen aus Silber mit vergoldetem Fuß.

In der Mitte der Tische war ein großer Raum freigelassen. Dort saßen und standen die Spielleute. Zu ihnen hatten sich Akrobaten und Schauspieler gesellt, die für die Unterhaltung der Gäste sorgten.

Der Gesang, das Lachen und Plaudern der Festgesellschaft war so laut, daß Gavin fast schreien mußte, um sich mit Judith zu unterhalten.

»Du ißt ja kaum etwas!«

Sie sah ihn an und lächelte. Wieder wurde sie bei dem Gedanken daran, daß dieser Fremde jetzt ihr Ehemann war, ganz aufgeregt. Es zuckte sie in den Fingern, die Kerbe in seinem Kinn zu berühren. Doch sie tat es nicht.

»Komm mit mir!« sagte Gavin und half ihr beim Aufstehen. Sie kümmerten sich nicht um die übermütigen und herausfordernden Bemerkungen der Gäste, als sie nach draußen gingen.

Die Wiesen standen in voller Frühlingsblüte. Judith raffte graziös ihren Rock, während sie neben Gavin dahinschritt.

Zu ihrer Rechten waren die großen Zelte und Baldachine, unter denen morgen die Gäste sitzen und dem Turnier zusehen würden. Die Banner der Earls waren aufgezogen, und überall sah man das Wappen der Ascotts, das drei Leoparden zeigte.

»Sind das alles Verwandte von dir?« fragte Judith.

Gavin sah auf sie hinunter. »Cousins und Onkel, ja. Als Raine vorhin vom Clan der Ascotts sprach, hat er nicht übertrieben.«

»Bist du glücklich, unter ihnen zu leben?«

»Glücklich?« Er zuckte die Schultern. » Es sind Ascotts.« Damit schien für ihn die Frage beantwortet.

Sie stiegen einen kleinen Hügel hinauf und sahen auf die Zelte hinab. Gavin hielt Judiths Hand fest, nachdem sie sich gesetzt und ihre Kleider geordnet hatte. Er streckte sich dann neben ihr aus und stützte den Kopf in die Hand.

Judith war so verwirrt, weil sie mit ihm allein war, daß ihr ein Zittern durch den Körper rann.

»Frierst du?« fragte Gavin besorgt. Er setzte sich hastig auf und sah sie prüfend an. Doch Judith schüttelte den Kopf. »Ich hoffe, es macht dir nichts aus, für eine Weile hier draußen zu sein. Oder glaubst du, daß ich nicht weiß, wie ich mich zu benehmen habe? Erst vor der Kirche und nun dies. Aber es war mir zu laut, und ich . . . ich wollte mit dir allein sein.«

»Ich auch mit dir«, antwortete Judith in aller Offenheit und drehte sich zu ihm um.

Gavin nahm vorsichtig eine ihrer Locken und drehte sie um seine Finger. »Ich war sehr überrascht, als ich dich sah. Man hatte mir nämlich erzählt, daß du häßlich sein sollst.«

»Wer sagte das?« Judith zeigte kein Erstaunen.

»Nun, man glaubte, daß dies der Grund dafür sei, daß dein Vater dich versteckt gehalten hat.«

»Es war eher so, daß ich vor ihm versteckt wurde.« Judith glaubte, schon zuviel gesagt zu haben. Doch Gavin hatte sich bereits selbst ein Urteil über ihren Vater gebildet. Revedoune war in seinen Augen ein Mann, der alle Schwächeren mit Füßen trat und vor denen, die mächtiger waren als er, katzbuckelte.

Mit einem Lächeln sah Gavin in Judiths schöne Augen. »Ich bin nicht im geringsten enttäuscht von dir. Du bist mehr, als ein Mann erwarten kann.«

Judith dachte an den Kuß, den er ihr in der Kirche gegeben hatte.

Wie würde er sie küssen, wenn sie allein waren? Sie wußte nicht viel über das, was zwischen Mann und Frau vorging.

Gavin atmete schwer, als er sah, wie ihr Blick auf seinem Mund ruhte. Er wußte, es waren noch viele Stunden, bis er sie ganz für sich allein haben würde. Und er wollte jetzt nicht mit etwas beginnen, das er nicht zu Ende führen konnte.

»Wir müssen zurück«, sagte er abrupt. »Sie zerreißen sich sonst die Mäuler.«

Er half ihr auf die Füße. Als sie dicht vor ihm stand, atmete er den Duft ihres Haares ein. Es drängte ihn, diese weiche Pracht mit den Lippen zu berühren. Doch in diesem Moment hob Judith den Kopf und sah ihn lächelnd an.

Keine Sekunde später lag sie in seinen Armen, und seine Lippen preßten sich auf ihren rosigen Mund. Judiths geringe Kenntnisse von dem, was Männer und Frauen verband, kamen von ihren Mägden. Wie oft hatte sie gehört, wie sie sich von ihren Liebeserlebnissen erzählten.

Sie reagierte auf Gavins Kuß nicht wie ein wohlerzogenes Mädchen aus gutem Hause, sondern mit den Gefühlen, die sie bewegten.

Ihre Lippen öffneten sich unter dem Druck seines Mundes, und sie schmiegte sich an Gavin. Wie stark und groß er war! Die Muskeln seiner Brust waren so hart, seine Schenkel waren wie aus Eisen. Sie mochte es, so nah bei ihm zu sein. Sie mochte den Geruch nach Leder an ihm.

Plötzlich löste sich Gavin aus der Umarmung. Sein Atem ging schwer. »Mir scheint, daß du von Küssen eine Menge verstehst«, sagte er ärgerlich. »Hast du das schon oft gemacht?«

Judith war so von den neuen wunderbaren Gefühlen erfüllt, daß sie die Härte in seiner Stimme nicht bemerkte. »Ich habe noch nie einen Mann geküßt. Meine Mägde haben mir erzählt, daß es schön ist, aber es ist mehr als das.«

Er starrte sie nur fassungslos an. Doch er wußte, daß sie die Wahrheit sagte. »Gehen wir zurück und hoffen wir, daß die Sonne bald untergeht . . .«

Judiths Wangen glühten, als sie ihm folgte. Langsam gingen sie zur Burg zurück. Gavin schien so in Gedanken versunken, daß Judith fast annahm, er hätte sie vergessen.

Da er den Kopf gesenkt hielt, sah Gavin den Mann nicht, der auf sie wartete. Doch Judith erkannte ihren Vater. Sie sah die Wut in seinen Augen und nahm allen Mut zusammen.

»Du Hure!« zischte Robert Revedoune. »Du rennst ihm nach wie eine läufige Hündin. Ich will nicht, daß ganz England mich auslacht!« Er hob die Hand und schlug ihr ins Gesicht.

Für Gavin kam das so unerwartet, daß er nicht sofort reagierte. Es wäre ihm nie in den Sinn gekommen, daß ein Vater seine Tochter schlagen könnte. Als er sich von seiner Überraschung erholt hatte, traf seine Faust Revedoune so schwer, daß der zu Boden ging.

Judith starrte ihren Ehegemahl an. Seine Augen waren dunkel vor Zorn, sein Kinn kantig.

»Wage es nicht, sie noch ein einziges Mal anzurühren!« sagte er leise und drohend. »Was mir gehört, wird niemand so behandeln.«

Er machte einen Schritt auf Revedoune zu. »Bitte, laß ihn. Mir ist nichts passiert, und du hast ihm den Schlag heimgezahlt«, bat sie.

Gavin rührte sich nicht. Revedoune sah erst seine Tochter und dann seinen Schwiegersohn an. Schweigend rappelte er sich auf und machte sich davon.

Judith faßte Gavin am Ärmel. »Er soll uns diesen Tag nicht verderben. Er sucht ständig, irgendeinen Streit mit den Fäusten zu klären«, sagte sie.

In ihrem Kopf überschlugen sich die Gedanken. Für die wenigen Männer, die sie kannte, war es selbstverständlich, daß ein Vater seine Tochter strafte, wenn es ihm gefiel. Wenn für Gavin diese Ehe auch nur eine reiche Partie war, so hatte in seinem Verhalten eben doch etwas gelegen, das ihr das Gefühl der Sicherheit und Liebe gab.

»Komm, laß dich ansehen.« Gavin bemühte sich, sein Temperament zu zügeln. Er fuhr ganz sanft mit einem Finger über ihre Lippen, als wollte er prüfen, ob ihr auch wirklich nichts angetan worden war.

Judith bekam bei dieser Berührung ganz weiche Knie. Ohne daß sie wußte, was sie tat, hob sie die Hand und strich über die Kerbe in seinem Kinn. Ihre Blicke fanden sich und hielten sich fest. Sie wußten nicht, wie lange sie so dagestanden hatten, einer ganz versunken in den Anblick des anderen.

»Wir müssen zurück«, meinte Gavin schließlich traurig und nahm Judiths Arm.

Sie waren länger fort gewesen, als sie geglaubt hatten. Die Tische waren inzwischen abgeräumt worden. Man hatte sie an die Wände geschoben, und nun spielten die Musikanten zum Tanz auf.

»Gavin!« rief jemand, »du hast sie doch dein ganzes Leben lang. Mußt du sie heute schon so in Beschlag nehmen?«

Judith klammerte sich an Gavins Arm, aber sie wurde von ihm fort in den Kreis einiger Tänzer gezogen. Während sie anmutig zu der recht schnellen Musik tanzte, versuchte sie, Gavin nicht aus den Augen zu verlieren.

Das leise Lachen eines Mannes ließ sie aufblicken. »Schwesterlein«, sagte Raine, »hast du denn keinen Blick für mich?«

Judith lächelte ihn an. Im nächsten Moment wurde sie von starken Armen hochgehoben und herumgewirbelt. »Wie kannst du glauben, daß ich einen so schönen Mann wie dich übersehe?« fragte sie kokett, als sie wieder neben Raine stand.

»Eine schlagfertige Antwort. Aber mein Bruder scheint doch der einzige zu sein, der diesen Glanz in deine Augen zaubern kann. Sie sehen dann aus wie Gold.«

Judith entdeckte Gavin, der mit einer hübschen, ganz in grünen und purpurfarbenen Samt gekleideten Frau tanzte. In vertraulicher Geste hatte sie ihre Hände auf Gavins Brust gelegt.

»Wo ist dein Lächeln?« Raine folgte ihrem Blick.

»Findest du sie schön?« fragte Judith statt einer Antwort.

Raine verbiß sich mit Mühe ein Lachen. »Schön? Sie ist wie eine kleine braune Maus, und Gavin interessiert sich bestimmt nicht für sie. Komm, hören wir auf zu tanzen und holen wir uns etwas Apfelwein.« Er bot ihr den Arm und führte sie in die entgegengesetzte Ecke des Saales – fort von Gavin.

Judith stand stumm neben Raine und beobachtete Gavin und die Frau. Jedesmal wenn die Tanzenden sich berührten, ging es wie ein Stich durch ihre Brust. Raine, der in ein Gespräch mit einem anderen Mann vertieft war, merkte nicht, wie sie ihren Trinkbecher abstellte und den Saal verließ.

Hinter dem großen Haupthaus lag ein kleiner, von einer Mauer eingeschlossener Garten. Immer wenn Judith allein sein wollte, ging sie dorthin.

Der Anblick von Gavin mit der Frau in seinen Armen wollte sich einfach nicht vertreiben lassen. Judith schüttelte hilflos den Kopf.

Warum machte es ihr etwas aus, ihn mit einer anderen zu sehen? Sie kannte ihn kaum einen Tag.

Judith setzte sich auf die Steinbank, die im Schutz einiger Büsche stand. Ist das Eifersucht? fragte sie sich. Solche Gefühle waren ihr bis jetzt fremd gewesen. Aber alles, was sie wußte, war, daß sie nicht wollte, daß ihr Mann eine andere auch nur ansah und schon gar nicht, daß er sie in den Armen hielt.

»Ich dachte mir, daß ich dich hier finden würde.«

Judiths Kopf ruckte hoch. Doch als sie ihre Mutter erkannte, entspannte sie sich wieder. Helen setzte sich neben die Tochter.

»Stimmt irgend etwas nicht? War er häßlich zu dir?«

»Gavin?« Judith sprach den Namen geradezu genußvoll aus. »Nein, er ist sogar mehr als freundlich zu mir.«

Der Ausdruck in den Augen der Tochter gefiel Helen nicht. Bei ihr war es auch einmal so gewesen. Doch das glückliche Leuchten war schnell verschwunden.

Sie umfaßte die Schultern des Mädchens, obwohl diese Bewegung ihrem noch nicht geheilten Arm sehr weh tat. »Hör mir zu, mein Kind. Seit langem schon will ich mit dir sprechen, aber ich habe es immer aufgeschoben, weil ich hoffte, diese Heirat noch verhindern zu können. Ich hoffte vergeblich. Ich muß dir einen Rat geben, den du beherzigen solltest. Traue nie einem Mann.«

Judith wollte ihren Gemahl verteidigen. »Gavin ist ehrenwert und freundlich!« erklärte sie trotzig.

Helen nickte düster und ließ die Hände in den Schoß sinken. »O ja, das sind sie untereinander. Das sind sie zu den anderen Männern, zu ihren Pferden sogar. Aber für einen Mann bedeutet die eigene Frau nicht mehr als ein Pferd. Sie kann leicht ersetzt werden und hat keinen Wert. Was kann er auch verlieren? Was ist schon eine Frau?«

»Nein!« Judith schüttelte wild den Kopf. »Ich glaube nicht, daß alle Männer so sind.«

»Dann steht dir auch ein unglückliches Leben bevor, so wie ich es hinter mir habe. Wenn ich in jungen Jahren nicht so vertrauenswürdig gewesen wäre, würde mein Leben jetzt wohl anders sein. Ich habe mir eingebildet, deinen Vater zu lieben. Ich habe ihm das sogar gestanden. Was hat er getan? Mich ausgelacht. Weißt du, was es für eine Frau bedeutet, einen Mann zu lieben und dafür ausgelacht zu werden?«

»Viele Männer lieben ihre Frauen«, murmelte Judith. Sie wollte nicht glauben, daß ihre Mutter die Wahrheit sagte.

»Liebe? Sie wollen sie nur fürs Bett haben. Und wenn sie ihrer dann überdrüssig sind, lieben sie eine andere. Ein Frau hat nur Gewalt über den Mann, wenn sie etwas Neues für ihn ist oder wenn ihn ihr Körper besonders reizt. Ob man das Liebe nennen kann – ich glaube es nicht.«

Judith erhob sich und kehrte der Mutter den Rücken zu. »Nicht alle Männer sind so, wie du sagst. Gavin ist . . .« Sie brach ab.

Helen war besorgt um ihr Kind. Sie drehte Judith zu sich herum. »Erzähl mir nicht, daß du in ihn verliebt bist! Ach, Judith, du hast in diesem Haus siebzehn Jahre gelebt und nichts gelernt? Dein Vater war auch einmal so wie Gavin, auch wenn es dir schwerfallen wird, das zu glauben. Ich war schön, und er war stolz auf mich. Was meinst du, warum ich dir, meinem einzigen Kind, das alles sage? Ich habe dich für ein Leben im Kloster vorbereitet, um dir zu ersparen, was ich erfahren mußte. Du mußt ihm gleich am Anfang zeigen, daß du dich nicht vor ihm ducken wirst. Zeige nie Angst. Dann fühlt sich ein Mann stark und überlegen. Wenn du gleich Forderungen stellst, wird er dir sein Ohr schenken. Tust du es nicht, ist es für immer zu spät. Es gibt viele andere Frauen und . . .«

»Nein!« schrie Judith.

Helen sah sie traurig an. Sie wußte, sie konnte die Tochter nicht vor dem Kummer bewahren, der auf sie wartete. »Ich muß zu den Gästen zurück«, sagte sie. »Kommst du mit?«

Judith schüttelte den Kopf. »Ich möchte noch eine Weile hier sitzen.«

Helen ging zu einer schmalen Gartenpforte. Ihre Schritte waren müde und schleppend. Sie konnte für die Tochter nichts mehr tun.

Judith hockte sich mit angezogenen Knien wieder auf die Bank. Gavin war nicht so wie die Männer, von denen ihre Mutter gesprochen hatte. Davon war sie überzeugt. Mit einem verträumten Lächeln saß sie da und dachte an Gavins Küsse.

Das leise Knarren der Pforte riß sie aus ihrer Versunkenheit. Eine schlanke Frau kam in den Garten. Judith erkannte sie sofort, denn sie war auffällig gekleidet und hatte vorhin im Saal schon viele Blicke auf sich gezogen.

Im Schutz der Fliederbüsche beobachtete Judith die Frau. Lilian Valence war schön, daran gab es keinen Zweifel. Aber aus der Nähe sah man auch kleine Schwächen. Der Mund zeugte von Härte, und die Augen waren kalt wie Eis.

Judith vernahm von neuem Schritte, die eines Mannes. Sie erhob sich, um zu der kleinen Pforte zu huschen, die ihre Mutter benutzt hatte. Sie wollte der Frau und ihrem Liebhaber den Garten überlassen.

Doch sie erstarrte, als sie Gavins Stimme hörte. »Warum hast du mich um dieses Treffen gebeten?« Sein Tonfall war kühl.

»Ach, Gavin!« Lilian faßte nach seinen Händen. »Du bist so abweisend zu mir. Hast du mich etwa schon vergessen? Ist deine Liebe für diese . . . für deine Gemahlin so groß?«

Gavin runzelte die Stirn. Er machte keine Anstalten, sie zu berühren. »Du wagst es, mit mir über Liebe zu reden? Ich habe dich angefleht, mich zu heiraten. Ich wollte dich nehmen, ohne Mitgift. Ich habe angeboten, deinem Vater das zu geben, was er an Chatworth gezahlt hat. Aber du wolltest mich nicht.«

»So etwas wirfst du mir vor?« Lilian spielte die Verzweifelte. »Hast du nicht die Striemen gesehen, die mein Vater mir beigebracht hat? Daß er mich eingesperrt hielt, ohne Essen und Trinken? Was hätte ich tun sollen? Ich habe mich mit dir getroffen, wann immer ich konnte. Ich gab dir alles, was eine Frau einem Mann geben kann. Und so muß ich dafür büßen? Du liebst eine andere. Hast du mich überhaupt jemals geliebt, Gavin?«

»Habe ich gesagt, daß ich sie liebe?« fragte Gavin zurück. »Ich habe sie geheiratet, weil das Angebot gut war. Diese Frau bringt mir Geld, Land und einen Titel. Letzteres hast du mir selbst gesagt.«

»Aber als du sie gesehen hast . . .« Lilian nagte auf ihrer Lippe und suchte seinen Blick.

»Ich bin ein Mann, und sie ist schön. Natürlich war ich von ihr angetan.«

Judith wollte aus dem Garten fliehen, als sie ihren Gemahl mit dieser blonden Frau sah. Doch es war, als sei ihr Körper zu Stein geworden. Sie konnte sich nicht bewegen.

Jedes Wort, das die beiden sprachen, bohrte sich wie ein Messer in ihr Herz. Gavin hatte diese Frau gebeten, seine Gemahlin zu werden! Doch er hatte sie, Judith, genommen, weil sie reich war. Was war sie doch für eine Törin, daß sie an Zuneigung geglaubt hatte.

»Du liebst sie also?« drängte Lilian.

»Wie sollte das möglich sein? Ich kenne sie kaum einen Tag!«

»Aber du könntest sie lieben . . .« Lilian drehte den Kopf zur Seite, und als sie Gavin wieder ansah, glänzten Tränen in ihren Augen. »Willst du etwa behaupten, daß du sie nie lieben wirst?«

Gavin schwieg. Lilian seufzte schwer. Dann lächelte sie unter Tränen. »Ich hatte so gehofft, daß wir hier zusammen sitzen können. Ich habe nach Wein geschickt.«

»Ich muß in den Saal zurück.«

»Nur eine Weile!« bat sie mit süßem Stimmchen und führte ihn zu einer Bank an der Steinmauer.

Judith beobachtete Lilians Bewegungen und konnte es nicht fassen. Diese Frau war eine perfekte Schauspielerin. Sie hatte gesehen, wie sich Lilian den Fingernagel ins Auge gestoßen hatte, um Tränen vorzutäuschen. Sie sprach melodramatisch, und als sie jetzt auf der Bank Platz nahm, ordnete sie graziös den weiten Rock ihres Gewandes. Dann schenkte sie Wein in die Kelche.

Was Judith dann sah, machte sie noch fassungsloser. Lilian zog einen großen Ring vom Finger und öffnete darin einen winzigen Deckel. Weißes Pulver fiel in ihr Glas. Ihr Blick war anklagend, als sie den Becher an die Lippen hob und trank.

Gavin schlug ihr das Trinkgefäß aus der Hand, so daß es in hohem Bogen fortflog. »Was machst du da?« fuhr er sie an.

Lilian lehnte sich matt gegen die Mauer. »Ich will allem ein Ende setzen, mein Liebster. Ich kann alles ertragen, wenn es für uns beide nötig ist. Meine Heirat mit einem anderen und deine mit dieser Erbin. Aber auf deine Liebe kann ich nie verzichten. Ohne sie ist mein Leben nichts mehr wert.« Sie schloß die Augen und spielte die dem Tode nahe liebende Frau.

Gavin riß sie in seine Arme. »Lilian, du wirst dir doch deshalb nicht das Leben nehmen!«

»Mein geliebter Gavin, du weißt nicht, wozu Liebe fähig sein kann. Ohne dich bin ich nichts. Warum verlängerst du meine Qualen noch? Ich kann ohne deine Liebe nicht leben . . .«

»Wie kannst du sagen, daß niemand dich liebt?«

»Liebst du mich, Gavin? Mich, nur mich?«

»Ja!« Er beugte sich über sie und küßte ihre Lippen. Die untergehende Sonne färbte ihre Wangen rosig. Und ihre langen dunklen Wimpern warfen feine Schatten auf ihre Wangen.

»Schwöre es!« forderte Lilian. »Schwöre, daß du nur mich liebst!«

Es schien Gavin ein geringer Preis, um sie davon abzuhalten, sich zu töten. »Ich schwöre es«, sagte er.

Lilian erhob sich hastig. Sie wirkte wieder lebensfroh und heiter. »Ich muß jetzt in den Saal, ehe man mich vermißt. Du vergißt mich niemals? Auch heute nacht nicht?« hauchte sie dicht an seinem Mund. Ihre Hände schoben sich unter den Stoff seines Hemdes. Dann riß sie sich los und lief aus dem Garten.

Ein lautes Klatschen ließ Gavin herumfahren. Judith stand vor ihm. Ihr Kleid und ihre Augen leuchteten in der untergehenden Sonne.

»Das war eine großartige Vorstellung«, sagte sie und ließ die Hände sinken. »Ich habe mich seit langem nicht so gut unterhalten. Diese Frau sollte wirklich nach London gehen und dort auf der Bühne in dramatischen Rollen auftreten. Ich habe gehört, daß dort gute Komödianten gesucht werden.«

Gavin machte ein paar Schritte auf sie zu. Sein Gesicht war vor Wut verzerrt.

»Du kleine Schlange! Du hast kein Recht, mir nachzuspionieren!«

»Spionieren?« fuhr sie ihn an. »Ich bin hierhergekommen, um etwas frische Luft zu schnappen, nachdem mein Herr Gemahl sich nicht um mich gekümmert hat! Und hier wurde ich nun Zeugin, wie dieser, mein Ehegemahl, einer Frau zu Füßen liegt, die ihn um den kleinen Finger wickeln kann.«

Blitzschnell riß Gavin die Hand hoch und schlug ihr ins Gesicht. Vor einer Stunde noch hätte er schwören können, daß er niemals die Hand gegen eine Frau erheben würde.

Judith wurde von dem Schlag umgeworfen und fiel zu Boden. Und im selben Moment begriff Gavin, was er da getan hatte. Er kniete nieder und half ihr auf.

Judith riß sich sofort von ihm los und starrte ihn haßerfüllt an. Ihre Stimme war jedoch so leise, daß er sie kaum verstehen konnte.

»Du hast gesagt, daß du mich nicht heiraten wolltest und daß du es nur getan hast, weil ich dir Reichtum einbringe. Ich schwöre dir, daß ich dich auch nicht wollte! Ich habe mich geweigert, bis mein Vater meine Mutter so quälte, daß er ihr den Arm brach. Ich habe weder Liebe noch Achtung für einen Mann, und für dich schon gar nicht. Aber mein Vater ist wenigstens ehrlich und verstellt sich nicht. Er würde nicht vor einem Priester und Hunderten von Zeugen ewige Treue und Liebe schwören und eine Stunde später den gleichen Schwur vor einer anderen Frau tun. Du bist für mich kein Mann von Ehre, Gavin Ascott. Du bist schlimmer als der schlimmste Verräter.

Ich werde für immer den Tag verfluchen, an dem man mich dir angetraut hat. Du hast dieser Frau etwas geschworen, und nun schwöre ich dir etwas. Gott ist mein Zeuge, daß du diesen Tag immer bereuen wirst. Du bekommst den Reichtum, nach dem du verlangt hast, aber ich werde mich dir niemals freiwillig hingeben!«

Gavin wich vor ihr zurück, als hätte sie eine ansteckende Krankheit. Doch dann war sein Zorn wieder stärker als alles andere. Er packte in Judiths Haar und riß sie zu sich.

»Ich nehme mir, was immer ich haben will! Und du wirst noch dankbar dafür sein!« Grob stieß er sie wieder zu Boden und knurrte dann: »Steh auf und bereite dich darauf vor, meine Frau zu werden.«

»Ich hasse dich!« stieß Judith zwischen zusammengepreßten Lippen hervor.

»Das macht mir nichts aus. Ich habe auch nicht die geringsten Gefühle für dich.«

Sie maßen sich mit kalten Blicken, und keiner rührte sich, bis die Frauen kamen, um Judith für die Brautnacht vorzubereiten.

6. Kapitel

Ein besonderer Raum war für den Bräutigam und die Braut hergerichtet worden. Das mächtige Bett und der Kamin füllten ihn fast aus. Laken aus feinstem Leinen waren auf dem Bett ausgebreitet. Darauf lag eine Decke aus grauem Eichhornfell, mit roter Seide gefüttert. Und über das ganze Lager waren Rosenblätter gestreut.

Judiths Mägde und einige von den als Gäste eingeladenen Frauen halfen der Braut beim Entkleiden. Als sie nackt war, schlugen sie die Decke zurück, und Judith legte sich ins Bett.

Ihre Gedanken waren nicht bei dem, was rings um sie geschah. Das Erlebnis im Garten beschäftigte sie noch immer. Es hatte sie aus den schönsten Glücksgefühlen in die triste Wirklichkeit zurückgerissen. Männern durfte man nicht vertrauen.

Die Frauen lachten über Judiths Schweigsamkeit. Nur Helen spürte, daß mehr als nur Scheu und Nervosität an Judiths Verhalten schuld war. Sie flehte den Himmel an, ihrer Tochter gnädig zu sein.

»Du kannst dich gar nicht glücklich genug schätzen«, raunte eine ältere Frau Judith zu. »Bei meiner ersten Hochzeit war mein Bräutigam älter als mein Vater. Die Hochzeitsnacht war eine einzige Enttäuschung, wie du dir vorstellen kannst.«

Maud kicherte. »Das wird unserer Herrin mit Lord Gavin nicht passieren.«

»Oh, vielleicht kann sie Hilfe brauchen. Ich biete mich freiwillig an«, meinte eine andere.

Judith hörte kaum, was sie sich zuriefen. Sie sah Lilian in den Armen ihres Gemahls und hörte, wie er Liebesworte flüsterte. Die Decke wurde über Judiths nackte Brüste gezogen und ihr Haar so gekämmt, daß es sich wie eine rötliche Flut über das Kissen ergoß.

Hinter der schweren Eichentür hörte man die Männer nahen, die Gavin auf ihren Schultern zum Brautgemach trugen. Man trug ihn herein, mit den Füßen zuerst, auch er war schon halb nackt. Die Männer riefen sich Scherzworte zu und wurden erst ruhig, als sie Gavin auf die Füße stellten und die im Bett wartende Frau ansahen.

Im flackernden Schein der Kerzen war Judiths Schönheit so groß, daß man sie kaum in Worte kleiden konnte. Wie gebannt starrten die Männer auf ihre bloßen Schultern und den Ansatz ihrer runden Brüste. Es schien den wenigsten aufzufallen, wie maskenhaft ihr Gesicht war, wie fest ihre Lippen sich zusammenpreßten.

»Wie lange wollt ihr noch dastehen und gaffen!« schrie plötzlich einer und brach damit das Schweigen.

Gavin wurde schnell seiner restlichen Kleidung entledigt und zum Bett geschoben. Die Männer beobachteten begierig, wie Maud die Felldecke zur Seite zog und damit einen Blick auf Judiths entblößten Körper freigab.

»Hinaus mit euch!« befahl eine kräftige Frau. »Laßt sie allein!«

Helen warf einen letzten Blick auf die Tochter, aber Judiths Augen sahen sie nicht. Sie schauten in eine unbestimmte Ferne.

Als die Eichenbohlentür dann ins Schloß fiel, war es im Raum beinahe unnatürlich still. Judith wurde sich der Nähe des ihr angetrauten Mannes schmerzlich bewußt.

Gavin saß auf dem Bettrand und sah sie an. Der Raum wurde jetzt nur vom Feuerschein des Kamins erhellt. Die Frauen hatten die Kerzen gelöscht, ehe sie hinausgegangen waren.

In diesem Moment dachte Gavin nicht an den Streit. Es waren auch keine tiefen Gefühle, die ihn bewegten. Er wußte nur, daß er mit einer sehr begehrenswerten Frau zusammen war. Er streckte die Hand aus, um endlich zu ergründen, ob ihre Haut wirklich so weich war wie sie aussah.

Judith drehte sich von ihm weg. »Rühr mich nicht an!« zischte sie.

Gavin war überrascht von dieser Reaktion. Er sah den Haß in ihren Augen leuchten, sah ihre vor Zorn geröteten Wangen. In ihrem Widerstand wirkte sie noch reizvoller als sonst.

Seine Hand schloß sich um ihre Kehle und grub sich in das weiche Fleisch. »Du bist mein Weib«, sagte er leise. »Du gehörst mir.«

Judith widersetzte sich ihm mit aller Kraft. Doch er war stärker. Er zwang sie, ihn anzusehen. Und dann war sein Mund dicht vor ihrem.

»Ich werde dir nie gehören! Nie!« Sie spuckte diese Worte fast heraus. »Ich . . .« Gavin erstickte jeden weiteren Protest mit seinen Lippen.

Er wollte sanft mit ihr sein, aber sie machte ihn wütend. Sie reizte ihn so, daß er sie am liebsten gezüchtigt hätte. Aber mehr noch wünschte er sich, sie zu besitzen.

Judith versuchte, sich aus seiner Umklammerung zu lösen. Gavin tat ihr weh. Sein Kuß war nicht mit dem zu vergleichen, den sie am Nachmittag von ihm empfangen hatte. Er war hart und brutal wie eine Strafe. Sie versuchte, nach Gavin zu treten. Doch die Decke lag zu eng um ihre Beine.

»Laß mich dir helfen«, meinte Gavin ironisch und zog die Decke fort. Seine Hand hielt immer noch Judiths Hals fest.

Als sie dann völlig nackt vor ihm lag, lockerte sich sein Griff, und er sah sie wie ein Wunderwerk an, ihre vollen Brüste, die schmale Taille und runden Hüften.

Dann glitt sein Blick wieder zu ihrem Gesicht. Ihre Augen flammten. Ihre Lippen waren von seinem harten Kuß gerötet. Nichts in der Welt konnte ihn nun noch zurückhalten, sie zu nehmen. Die Lust, diesen herrlichen Körper zu besitzen, überwältigte ihn.

Er stieß Judith auf das Bett. Der Blick in seinen Augen machte ihr Angst. Sie wußte nicht, wie sie sich wehren sollte, als er sie packte.

»Nein!« flüsterte sie und wand sich.

Es war, als würde sie sich gegen einen Felsen zur Wehr setzen. Sie hatte gegen Gavin keine Chance. Er hatte nur ihren Körper im Sinn und nahm sich, was er haben wollte. Das hatte nichts mit Gefühlen zu tun. Sie spürte es.

Er warf sich über sie und zwang ihre Schenkel auseinander. Als er den winzigen Widerstand spürte, hielt er einen Moment inne. Doch dann drang er in sie ein, und er war sich bewußt, welchen Schmerz er ihr zufügte. Als sie aufschrie, erstickte er ihren Protest mit einem wilden Kuß.

Als es vorüber war, rollte er sich zur Seite, den rechten Arm noch quer über ihren Brüsten. Er hatte seine Befriedigung gefunden. Doch für Judith war nichts an diesem Geschlechtsakt gewesen, das seinen Empfindungen gleichkam.

Minuten später hörte sie an seinem gleichmäßigen Atem, daß er eingeschlafen war. Vorsichtig verließ sie das Bett und legte sich die Felldecke um, die vom Bett geglitten war. Sie starrte ins Feuer und befahl sich, nicht zu weinen.

Warum weinen? fragte sich Julia im stillen. Sie war gegen ihren

Willen mit einem Mann vermählt worden, der am Hochzeitstag geschworen hatte, daß er sie nie lieben würde. Mit einem Mann, der ihr erklärt hatte, daß sie ihm nichts bedeutete. Sollte sie ruhig einer Zukunft entgegensehen, in der sie seine Kinder zur Welt brachte, sein Haus versorgte, während er durch die Lande ritt – mit der schönen Lilian?

Nein, das wollte sie nicht! Sie wollte ihr eigenes Leben haben, ihre Liebe. Ihr Gemahl sollte ihr so wenig wie möglich bedeuten.

Reglos stand Judith da und kämpfte gegen die aufsteigenden Tränen an, als sie wieder an den süßen Kuß denken mußte, den Gavin ihr gegeben hatte. Wie anders war das gewesen als der wilde Angriff vorhin im Bett.

Gavin bewegte sich und schlug die Augen auf. Zuerst schien er nicht zu wissen, wo er sich befand. Dann drehte er den Kopf und sah das leere Bett neben sich.

Sie war fort! Jeder Muskel in seinem Körper spannte sich, bis er Judith vor dem Kamin entdeckte. Sie war offensichtlich ganz in Gedanken versunken und hörte nicht einmal, wie er sich auf den Rücken drehte.

Gavins Stirn runzelte sich, als er die Blutflecken auf dem Laken sah. Er wußte, daß er ihr Schmerz zugefügt hatte. Aber wieso das? Auch Lilian war noch Jungfrau gewesen, als er sie zum ersten Mal genommen hatte. Sie hatte nicht geschrien.

Er sah wieder zu Judith hinüber. Sie wirkte so hilflos und so einsam. Er liebte sie nicht. Doch er hatte sie mit Gewalt genommen. Ein Mädchen wie sie hatte das nicht verdient.

»Komm wieder ins Bett«, sagte er so sanft wie möglich und lächelte sie an. Er wollte sie noch einmal nehmen, doch diesmal langsam und vorsichtig. Als Entschuldigung sozusagen.

Judith straffte sich in den Schultern. »Nein, das werde ich nicht tun!« erklärte sie mit fester Stimme. Sie mußte ihm zeigen, daß sie sich ihm nicht unterwarf.

Gavin richtete sich auf. Diese Frau war unglaublich, verstockt und aufsässig. Sein Kinn wurde kantig, als er das Bett verließ und zu ihr ging.

Judith hatte ihn noch nie nackt gesehen. Nun starrte sie wie gebannt auf seine braune, behaarte Brust. Er war ein schöner Mann, das mußte sie selbst im Zorn zugeben.

»Hast du noch nicht gelernt, daß du gehorchen mußt, wenn ich rufe?«

Judith hielt seinem Blick ruhig stand, als sie erwiderte: »Hast du noch nicht begriffen, daß ich dir niemals freiwillig etwas geben werde?«

Gavin nahm eine ihrer langen Locken und schlang sie um seine

Hand. Langsam zog er sie damit näher. Die Felldecke fiel zu Boden, und Sekunden später war ihr nackter Körper dicht an seinem.

Judith ertrug den Schmerz, den er ihr zufügte. »Du schaffst es nur mit Gewalt und indem du mich quälst«, sagte sie zwischen zusammengebissenen Zähnen. »Aber am Ende werde ich triumphieren, weil du des Kämpfens müde werden wirst.«

»Und was wirst du dann gewonnen haben?« fragte er. Sein Mund war ihrem ganz nah.

»Freiheit von dem Mann, den ich nur hassen kann, weil er brutal ist. Ein Lügner, ein skrupelloser . . .« Sein Kuß erstickte ihre Stimme. Diesmal war es ein sanfter Kuß.

Judith war wie benommen von den Gefühlen, die er damit in ihr weckte. Seine Haut war so warm. Als seine Zunge ihre Lippen auseinanderdrückte, löste Gavin seinen Griff in ihrem Haar und schlang die Arme um sie.

Es war für Judith unmöglich, einen klaren Gedanken zu fassen. Sie war hilflos gegen die Sehnsucht, die sie erfüllte und die immer stärker wurde. Ihre Knie wurden ganz weich, als Gavin zärtlich an ihrem Ohrläppchen knabberte. Sie hörte ihn leise lachen, als sie aufstöhnte.

Dann hob er sie auf seine Arme und trug sie zum Bett zurück. Er küßte jeden Zentimeter ihres Körpers. Judith ließ alles geschehen und gab sich den berauschenden Gefühlen hin, die ihr ganzes Sein erfaßten.

Ihre Lippen lechzten nach seinen Küssen. Sie glaubte, auf einer Woge zu gleiten, die sie in einen wilden Wirbel trieb. Sie zog Gavins Kopf zu sich herunter und suchte hungrig seinen Mund.

Auch Gavin fühlte sich wie in einem Rausch. Noch nie hatte er eine Frau mit soviel Sinneslust geliebt wie Judith. Nie hatte er erfahren, wie wunderbar das war.

Judiths Leidenschaft war seiner gleich. Sie liebten sich ohne Hast und genossen die Zärtlichkeit. Als Gavin sich schließlich auf den weichen Frauenkörper legte, hielt Judith ihn umklammert und preßte sich an ihn.

Diesmal fühlte sie keinen Schmerz und war bereit für ihn. Sie bewegte sich im gleichen Rhythmus wie er, und so steigerten sie ihre Lust bis zur Ekstase.

Gleich danach fiel Judith in einen tiefen Erschöpfungsschlaf. Sie lag dicht an Gavin geschmiegt da. Er war noch lange wach und konnte sich an dem schönen Gesicht der ihm angetrauten Frau nicht sattsehen.

Noch nie hatte er sich nach einem Liebesakt so wunderbar gefühlt, so zufrieden und ermattet. Ein Lächeln lag auf seinen Lippen, als auch er einschlief.

Jocelin Laing verstaute seine Laute in dem Lederfutteral und nickte der blonden Lady kaum merklich zu, ehe sie den Raum verließ.

Er hatte mehrere Angebote von Frauen, diese Nacht das Bett mit ihnen zu teilen. Das üppige Hochzeitsfest und besonders das schöne Paar, das man ins Brautgemach begleitet hatte, hatte bei vielen Sinneslust geweckt.

Der junge Sänger war ein ungewöhnlich hübscher Mann mit feurigen schwarzen Augen unter langen dunklen Wimpern. Schwarzes Haar floß in weichen Wellen um ein blasses Gesicht mit den hohen Wangenknochen.

»Bist du heute nacht beschäftigt?« rief ihm ein anderer Musikant lachend zu.

Jocelin grinste, als er sich die Laute umhängte. Aber er gab keine Antwort.

»Man kann einen Mann beneiden, der eine solche Braut hat«, meinte ein anderer und machte eine Kopfbewegung zur Treppe hin.

»Ja, sie ist ein Traum«, bestätigte Jocelin. »Aber es gibt andere . . .«

»Nicht wie sie.« Der Musikant brachte den Mund dicht an Jocelins Ohr. »Einige von uns treffen sich nachher mit den Brautjungfern. Komm doch mit.«

»Nein«, antwortete Jocelin ruhig. »Ich kann nicht.«

Ein verschlagenes Lächeln ging über das Gesicht des anderen, als er seinen Psalter nahm und die große Halle verließ.

Stille senkte sich über den Raum, in dem Hunderte von Strohmatten für die weniger wichtigen Gäste ausgebreitet worden waren. Jocelin suchte sich zwischen den Schlafenden einen Weg und stieg leise die Treppe hinauf.

Er überlegte, ob die Frau, zu der er ging, es wohl fertiggebracht hatte, einen Raum ganz für sich zu bekommen. Lilian Valence war nicht wohlhabend, obwohl sie mit ihrer Schönheit einen Earl gewonnen hatte. Sie gehörte nicht zu den hochwohlgeborenen Gästen.

Die Burg war in dieser Nacht überfüllt, und nur das Brautpaar hatte ein Gemach für sich. Die anderen Gäste teilten sich die Betten, die man aufgestellt hatte. Doch mit ihren dichten Vorhängen und Baldachinen waren diese Betten wie kleine verschwiegene Kammern.

Jocelin hatte keine Mühe, in den Raum zu gelangen, in dem die unverheirateten Frauen schliefen. Einige Männer schlüpften vor ihm hinein. Und es war ein leichtes für ihn, einen raschen Blick durch die Vorhänge zu werfen, um die blonde Frau zu finden.

Lilian wartete schon auf ihn. Ihr Anblick weckte seine Lust. Er sank in ihre ausgebreiteten Arme. Es folgte ein stürmischer Liebesakt, der so schnell vorüberging wie ein Sommergewitter.

Als Lilian ihre Befriedigung gehabt hatte, verwehrte sie Jocelin, sie in den Armen zu halten. Und er, der ein Gespür für die Wünsche der Damen hatte, richtete sich nach ihren Launen. Ihm war jedoch noch nie eine Frau begegnet, die nach dem Liebesakt nicht umarmt werden wollte. Er suchte seine Kleidungsstücke zusammen und zog sie an.

»Ich werde in einem Monat verheiratet sein«, sagte Lilian. »Komm dann zur Burg meines Gemahls.«

Jocelin sagte nichts. Doch sie wußten beide, daß er da sein würde. Er fragte sich nur, wie viele Männer sie schon dorthin bestellt hatte.

Ein Sonnenstrahl fiel auf Judiths Nase und kitzelte sie wach. Schläfrig wollte sie ihn fortwischen und sich umdrehen. Doch etwas hinderte sie.

Sie öffnete die Augen und sah in den ihr fremden Betthimmel. Im nächsten Moment erinnerte sie sich wieder an die vergangene Nacht. Ihr Gesicht fing an zu glühen. Sogar ihr Körper war wie in Feuer getaucht.

Sie wandte den Kopf zur Seite und betrachtete ihren schlafenden Gatten. Sein Gesicht wirkte im Schlaf entspannt und weich. Ihr Blick glitt weiter, über seine behaarte Brust, die kräftigen Muskeln seiner Arme und seinen flachen Leib. Was sie dann sah, war nicht so stark, wie sie es in Erinnerung hatte. Aber während sie sein Glied betrachtete, schwoll es plötzlich an.

Judith atmete schwer und hob den Blick zu Gavin auf. Er war wach geworden und hatte sie beobachtet. Er war nicht länger der entspannt schlafende Mann. Leidenschaft leuchtete in seinen grauen Augen.

Sofort versuchte Judith, sich von ihm wegzudrehen. Doch ihr langes Haar war von Gavins Schulter auf das Kissen gebannt. Das schlimmste war jedoch, daß sie eigentlich gar nicht flüchten wollte. Sie erinnerte sich daran, daß sie ihm ihren Haß entgegengeschrien hatte. Aber sie hatte auch nicht vergessen, welche wunderbaren Gefühle er in ihr geweckt hatte.

»Judith«, flüsterte er. Seine Stimme klang so zärtlich, daß ihr ein Wonneschauer über den Rücken rann.

Seine Lippen berührten ihre Wange, und Judith machte noch einmal einen schwachen Versuch, sich zur Wehr zu setzen. Als sein Mund jedoch wieder über ihren Hals glitt, schloß sie ergeben die Augen.

Dann waren seine Lippen auf ihren. Seine Augen waren vor Leidenschaft verschleiert, und sein Kuß machte ihr Blut zu heißer Lava. Ihr Atem ging schnell.

Als er ihre Lippen plötzlich freigab und statt dessen ihre rosigen

Brustwarzen zu küssen begann, meinte Judith vor Wonne vergehen zu müssen. Sie versuchte, seinen Mund wieder zu ihren Lippen zu bringen. Doch Gavin lachte nur leise und ließ seine Zunge die harten kleinen Warzen liebkosen.

Judith drehte stöhnend den Kopf hin und her. Als sie schon glaubte, es nicht länger aushalten zu können, warf Gavin sich auf sie. Er streichelte ihre Schenkel, die vor Sehnsucht bebten. Dann drang er in sie ein, und sie wimmerte vor Lust.

Sie umschlang ihn mit beiden Armen und paßte sich dem Rhythmus seiner Stöße an. Sie trieben auf den Höhepunkt ihrer Lust zu, und dann erschauerten sie in Ekstase.

Gavins schwerer Körper drückte Judith so fest in die Kissen, daß sie kaum atmen konnte. Doch es wäre ihr gleichgültig gewesen, wenn sie in diesem Moment ihren letzten Atemzug hätte tun müssen. Sie hatte den Himmel auf Erden erlebt.

Etwa eine Stunde später kamen Joan und Maud, um Judith beim Ankleiden zu helfen. Mit Zufriedenheit sahen die beiden Mägde das zerwühlte Bett und die Blutflecken auf dem Laken.

Während sie ihrer jungen Herrin bei der Morgentoilette halfen, blieb Gavin im Bett liegen und beobachtete jede Bewegung seines Weibes.

Judith brachte es nicht über sich, zu ihm hin zu sehen. Sie war bis ins Innerste ihrer Seele verwirrt. Sie verabscheute diesen Mann. Niemanden haßte sie so wie ihn, und doch vergaß sie allen Stolz, wenn er sie berührte.

Sie hatte vor ihm und vor Gott geschworen, daß sie ihm nichts freiwillig geben würde. Und doch hatte er mehr bekommen, als sie zu geben bereit gewesen war.

Wie eine Träumende saß Judith da. Sie merkte nichts davon, daß Joan und Maud ihr das dünne Leinenhemd überstreiften und dann das Kleid aus dunkelgrünem Samt, das mit Goldstickerei verziert war.

Der Rock des Gewandes war vorn geschlitzt und gab den Blick auf ein seidenes Unterkleid frei. Das Oberkleid hatte weite, an den Handgelenken jedoch eng anliegende Ärmel. Auch sie hatten Schlitze, aus denen grüne Seide hervorquoll.

»Hier, Herrin!« Maud legte Judith ein flaches Kästchen in den Schoß.

Überrascht starrte Judith ihre Zofe an, als sie den Deckel abgehoben hatte. Auf schwarzem Samt lag ein goldenes Geschmeide in zartester Filigranarbeit, und daran hingen ebenmäßige Smaragde so groß wie Regentropfen.

»Ist das schön«, flüsterte Judith hingerissen. »Woher hat meine Mutter . . .?«

»Das ist das Brautgeschenk von Eurem Gemahl«, berichtete Maud mit leuchtenden Augen.

Judith meinte, Gavins Blick in ihrem Rücken zu spüren. Sie fuhr herum und sah ihn an. Ihr Herz krampfte sich zusammen, als sie ihn so schön und männlich im Bett liegen sah.

Sie mußte sich zwingen, vor ihm einen Knicks zu machen. Doch sie schaffte es, wenn auch mit zitternden Knien. »Ich danke meinem Gebieter.«

Gavins Kinn wurde kantig, als er wieder diese Kälte in ihren Augen sah. Er begriff nicht, was in ihr vorging.

Judith wandte sich wieder zu Maud und Joan um. Sie schlossen die Knöpfe ihres Kleides und flochten das Haar ihrer Herrin zu dicken Zöpfen, die sie zu einer Krone aufsteckten.

Ehe sie damit fertig waren, befahl Gavin den beiden Mägden, den Raum zu verlassen. Judith sah ihn nicht ein einziges Mal an, als er sich hastig ankleidete und rasierte. Als er dann jedoch in dunkelbrauner Hose und Wams und mit einer goldverzierten Jacke vor ihr stand, hatte sie wildes Herzklopfen. Er reichte ihr den Arm und führte sie nach unten, wo die Gäste auf sie warteten.

7. Kapitel

Auf den Wiesen außerhalb von Revedoune Manor herrschte lautes Treiben. Knisternde Spannung lag in der Luft. Überall flatterten bunte Fähnchen. Die Zelte und Baldachine waren festlich geschmückt. Die bunte Kleidung der Gäste leuchtete im Sonnenlicht. Kinder rannten zwischen den Ständen der Händler hin und her, die lauthals ihre Waren anpriesen. Sie verkauften nahezu alles, von Obst bis zu Reliquien.

Der Turnierplatz wurde von einem Holzzaun begrenzt. Hier hielten sich die Teilnehmer mit ihren Pferden auf. In der Mitte war der Kampfplatz noch einmal extra abgeteilt. Überall drängten sich Neugierige.

Für die Zuschauer waren erhöhte Tribünen errichtet worden. Dort standen gepolsterte Bänke, jeweils mit dem Banner der dort sitzenden Gäste gekennzeichnet.

Lange vor dem Wettkampf sah man die Ritter in ihren Rüstungen umhergehen. An den Waffen, die sie trugen, konnte man sehen, ob sie wohlhabend oder arm waren. Manche Rüstung wog mehr als hundert Pfund. Auf den Helmen waren Federn in den Farben des Ritters befestigt.

Als sie neben Gavin zum Turnierplatz ging, war Judith von all dem Lärm und dem Trubel ganz verwirrt. Das alles war etwas Neues für sie, die so lange zurückgezogen gelebt hatte.

Doch Gavin beschäftigten andere Dinge. In dieser Nacht hatte er eine völlig neue Erfahrung gemacht. Keine Frau hatte bis jetzt solche Gefühle in ihm geweckt wie Judith. Oft waren seine Liebesabenteuer nur schnell und kurz gewesen, auch seine Begegnungen mit Lilian. Er liebte die Frau nicht, die er geheiratet hatte. Die Gespräche mit ihr verliefen immer sehr heftig. Sie machte ihn wütend mit ihrer Aufsässigkeit. Aber nie hatte er wie bei ihr eine so uneingeschränkte Leidenschaft erfahren.

Judith sah Raine herankommen. Er war bereits in voller Rüstung. Auf dem dunklen Stahl leuchteten winzige goldene Lilien. Er trug seinen Helm unter dem Arm und bewegte sich so, als sei er das schwere Gewicht des Eisens gewöhnt.

Es wurde Judith nicht bewußt, daß sie Gavins Arm losließ, als sie Raine erkannte. Er strahlte über das ganze Gesicht.

»Hallo, kleine Schwester! Deine Schönheit kann einen Mann blenden! Du leuchtest wie ein Stern.«

Judith freute sich über seine Komplimente. »Und du machst einen Tag heller. Du nimmst an dem Turnier teil?« Sie nickte zu dem Platz hin.

»Miles und ich streiten mit, ja.«

Keiner der beiden schien Gavins finstere Miene zu sehen. Sie unterhielten sich fröhlich weiter.

»Was bedeuten diese Bänder, die die Männer tragen?« wollte Judith wissen.

»Eine Lady kann einem der Ritter ihre Gunst beweisen und ihm als Beweis ein Pfand schenken . . .«

»Dann schenke ich dir ein Band.« Judith lächelte ihn an.

Raine kniete sofort nieder. Die Scharniere seiner Rüstung knarrten dabei. »Ich würde mich sehr geehrt fühlen.«

Judith nahm den feinen Schleier von ihrem Haar und löste eines der goldenen Bänder, die sich um ihre Flechten schlangen. Ihre Mägde schienen gewußt zu haben, daß sie einem der Ritter ein Pfand geben würde.

Raine sah sie glücklich an, als sie ihm das Band um den Arm legte. Sie war kaum fertig damit, als Miles neben ihnen auftauchte und ebenfalls vor Judith in die Knie ging.

»Du kannst nicht einen Bruder dem anderen vorziehen«, sagte er. Wieder sah er sie auf diese Art an, die sie ganz nervös machte.

Bis jetzt hatte Judith solche Blicke nicht deuten können. Doch jetzt war sie keine Jungfrau mehr, sondern eine Frau, die ihre erste Liebesnacht hinter sich hatte. Miles' Blick trieb ihr die Röte ins

Gesicht. Sie beugte den Kopf, als sie auch um seinen Arm ein güldenes Band knüpfte.

Raine war ihr Erröten nicht entgangen. Er lachte und stieß seinen Bruder in die Seite. »Halte dich zurück, Miles. Unser Bruder frißt uns fast mit seinen Blicken.«

Gavin schnaubte verächtlich durch die Nase. »Ich sehe nur, wie ihr beiden euch zum Narren macht. Es gibt genug andere Frauen hier. Geht zu ihnen, und führt euch dort wie balzende Truthähne auf.«

Judith war eben damit fertig, das Band an Miles' Arm zu befestigen, da spürte sie, wie sich Gavins Finger um ihr Handgelenk schlossen, wie Eisenschrauben.

»Du tust mir weh!« Vergeblich versuchte sie, sich aus dem schmerzhaften Griff zu befreien.

»Ich werde dir noch viel mehr weh tun, wenn du dich weiterhin so aufführst«, brummte er. »Wie eine . . . eine Kokotte . . .«

»Kokotte?« Judith blitzte ihn wütend an. »Sieh dich um! Bist du blind? Überall geben hier Damen ihren Auserwählten Bänder und sogar Schmuckstücke. Willst du sie alle als Kokotten bezeichnen?« Sie zitterte vor Zorn. »Aber warum wundere ich mich darüber? Ein Mensch, der selbst unehrlich und falsch ist, glaubt, daß andere auch so sind wie er! Vielleicht willst du mir sogar deine eigenen Fehler anlasten?«

Seine Augen verdunkelten sich, als er sie ansah. »Ich werfe dir nur vor, was ich mit eigenen Augen gesehen habe. Du reizt die Männer, und ich will nicht, daß du für meine Brüder die Hure spielst. Setz dich jetzt hier und sorge dafür, daß ich nicht wieder wütend werden muß.«

Er drehte sich um und ging davon. Judith blieb allein unter dem Zeltdach zurück, das die Farben der Ascotts trug.

Einen Moment stand sie wie betäubt da und nahm ihre Umwelt nicht wahr. Diese Ungerechtigkeit konnte sie Gavin nicht verzeihen. Ihr Haß flammte heftig auf, und vor Wut traten ihr Tränen in die Augen.

Gewaltsam riß sie sich zusammen und schickte sich an, ihren Platz auf den Bänken der Ascotts einzunehmen. Ihr Gemahl war ihr nicht zur Seite, um sie seinen Verwandten vorzustellen. Nun gut, sie würde es auch allein schaffen.

Stolz hob Judith den Kopf und unterdrückte ihre Tränen.

»Lady Judith?« Eine weiche Stimme ließ sie aufhorchen. Als sie sich umdrehte, sah sie eine Frau in Nonnentracht.

»Ich möchte mich vorstellen. Wir begegneten uns zwar schon, gestern, aber ich bin nicht sicher, ob du dich an mich erinnerst. Ich bin Gavins Schwester Mary . . .«

Mary sah ihrem Bruder nach, und sie konnte ihn nicht begreifen. Jeder ihrer vier Brüder ob nun Gavin, Stephen, Raine oder Miles war stets besonders galant.

Gavin hatte jedoch seine Braut eben nur mit finsteren Blicken bedacht. Er hatte nicht ein einziges Lächeln für sie gehabt. Nun ging er zu den Zelten hinüber, obwohl er nicht an den Wettkämpfen teilnahm. Mary konnte über ihren Bruder nur den Kopf schütteln.

Gavin bahnte sich einen Weg durch das Gedränge. Immer wieder mußte er stehenbleiben, weil ihm jemand auf die Schulter klopfte oder ihm die Hand schüttelte.

Je näher er den Zelten der Ritter kam, desto lauter wurde der vertraute Klang von Eisen und Metall. Gavin ging stolz und aufrecht. Niemand konnte ihm anmerken, daß er innerlich vor Zorn kochte.

Diese kleine Hexe! Sie war raffiniert und eigensinnig. Er hatte den Wunsch, sie zu züchtigen, und gleichzeitig wollte er sie in den Armen halten. Wie hold sie seine Brüder angelächelt hatte! Als ihr Blick ihn traf, hatte er das Gefühl gehabt, etwas Ekliges, Verabscheuenswürdiges zu sein!

War das die Frau gewesen, die ihn in der Nacht so wild und leidenschaftlich geküßt hatte? Allerdings erst, nachdem er sie gezwungen hatte. Das erste Mal war der Liebesakt eine Vergewaltigung gewesen. Das gab er selbst zu. Auch als er sie das zweite und dritte Mal nahm, hatte sie sich erst widersetzt.

Und nur Stunden später lächelte sie seine Brüder an und schenkte ihnen goldene Bänder so golden wie ihre Augen.

Wenn sie einem Mann, den sie haßte, solche Leidenschaft zeigte, wie mochte sie dann erst sein, wenn sie mit einem Mann im Bett lag, den sie liebte?

Warum lächelte sie ihn nicht so an wie seine Brüder? Gavin ballte die Hände bei diesem Gedanken. Es hatte ihm zwar Genugtuung verschafft, sie zu bezwingen, aber es traf ihn, daß sie ihn so kühl ansah.

Mit einer heftigen Bewegung schob er die Plane vor dem Eingang von Miles' Zelt zurück. Da sein Bruder auf dem Kampfplatz war, mußte es leer sein. Doch das war nicht der Fall.

Lilian stand darin, mit scheu gesenktem Blick und bebenden Lippen. Sie war Gavin nur willkommen. Er hatte genug von der Frau, die ihn wütend anblitzte und ihn mit ihrem Körper halb wahnsinnig machte.

Lilian war so, wie eine Frau sein sollte, sanft und dem Mann ergeben. Er packte sie und küßte sie wild. Es gefiel ihm, daß sie in seinen Armen schwach wurde. Da war nicht der geringste Widerstand, und das war genau das, was er jetzt brauchte.

Noch nie hatte Lilian ihn in einer solchen Stimmung erlebt, und sie bedankte sich im stillen bei dem, der dafür verantwortlich war.

Trotz ihrer Leidenschaft für Gavin war sie jedoch nicht leichtsinnig. Es war möglich, daß jemand ins Zelt kommen konnte. Das wollte sie nicht riskieren.

»Gavin«, flüsterte sie, »es ist nicht der richtige Ort und nicht die rechte Zeit . . .«

Er ließ sie abrupt los, denn er konnte es nicht ertragen, noch eine widerspenstige Frau vor sich zu haben. »Dann mach, daß du fortkommst!« schrie er und stürmte aus dem Zelt.

Fassungslos sah Lilian ihm nach. Diese rothaarige Judith hatte es nicht fertiggebracht, daß er sie, Lilian, vergaß. Ihre Befürchtung hatte sich nicht bewahrheitet. Und doch – das war nicht der Gavin gewesen, den sie kannte.

Walter Demari konnte den Blick nicht von Judith wenden. Sie saß unter dem Baldachin der Ascotts und hörte dem Gespräch ihrer neuen Verwandten zu.

Seit er sie zum ersten Mal gesehen hatte, beobachtete er sie. Auf dem Ritt zur Kirche, beim Hochzeitsbankett. Aber er hatte auch gesehen, wie Judith aus dem Saal geschlüpft und in den Garten geflüchtet war. Und ihm war der Ausdruck auf ihrem Gesicht nicht entgangen, als sie wieder zur Hochzeitsgesellschaft zurückkehrte.

Er glaubte, sie zu kennen – mehr als das: er liebte sie. Er war fasziniert von der Art, wie sie sich bewegte, wie sie stolz den Kopf hielt. Er liebte ihre goldenen Augen, ihre herrlichen Lippen.

Er hatte die ganze Nacht wach auf seinem Lager gelegen und an sie gedacht. Er hatte sich vorgestellt, wie es sein würde, wenn sie neben ihm läge.

Nach dieser Nacht fragte er sich immer wieder, warum sie nicht die Seine sein konnte. Seine Familie war reicher als die Ascotts. Er war oft als Gast bei den Revedounes gewesen und hatte einen von Judiths Brüdern gut gekannt. Er hatte sich vorgenommen, Robert Revedoune zur Rede zu stellen.

Revedoune stand gerade mit einem Krug Apfelmost am Tisch eines Händlers, als Walter vor ihn hintrat. Walter machte sich nicht die Mühe einer Erklärung, sondern fauchte den verdutzten Mann wütend an.

»Warum hast du mir das Mädchen nicht angeboten?«

Revedoune sah überrascht auf. »Was ist in dich gefahren, Junge? Du solltest auf dem Kampfplatz sein.«

Walter sank auf einen Schemel und fuhr sich mit beiden Händen durchs Haar. Er war kein unansehnlicher Mann, aber er war auch nicht gutaussehend. Seine Augen waren von einem verwaschenen

Blau, seine Nase war zu groß. Er hatte schmale Lippen, die grausam werden konnten. Sein blondes Haar war im Nacken zu einer festen Rolle gedreht.

»Dieses Mädchen, deine Tochter«, wiederholte er. »Warum hast du sie mir nicht gegeben? Ich war viel mit deinen Söhnen zusammen. Ich bin zwar nicht reich, aber mit den Ascotts komme ich allemal mit!«

Robert Revedoune zuckte die Schultern und biß in eine Waffel, die er gerade gekauft hatte. Danach nahm er einen tiefen Schluck von dem Most. »Es gibt andere reiche Mädchen für dich.«

»Aber keine wie sie!« fuhr Walter ihn an.

Als Revedoune verwundert die Augen aufriß, redete er weiter: »Siehst du nicht, was für eine Schönheit sie ist?«

Robert Revedoune ließ den Blick über die Menge zu seiner Tochter gehen und nickte dann bedächtig. »Ja, das ist sie.« Sein Mund verzog sich. »Aber was bedeutet schon Schönheit? Die vergeht. Ihre Mutter war auch mal so. Und sieh sie dir jetzt an.«

Walter hatte keinen Blick für die Frau, die nervös auf der Kante ihre Stuhles saß, bereit, sich zu ducken, falls ihr Gemahl sie schlagen wollte. »Warum hast du sie verborgen gehalten? Ich will es wissen!«

»Das war die Idee ihrer Mutter. Aber was interessiert dich das? Da, sieh nur! Das Turnier beginnt!«

Walter packte Revedounes Arm. Er wußte, daß dieser Mann ein Feigling war. »Weil ich sie für mich haben wollte! Ich habe noch nie eine solche Frau gesehen! Sie sollte mir gehören. Mein Land grenzt an deines. Ich bin der richtige Mann für sie. Aber du . . . du hast sie vor mir versteckt!«

Revedoune machte sich unwillig aus seinem Griff frei. »Du der richtige Mann?« fragte er hämisch. »Sieh dir die Ascotts an, die bei meiner Tochter sitzen! Das sind Männer, die Söhne haben. Da – der große grauhaarige Mann. Er hat sechs Söhne. Und Ralph neben ihm, er hat fünf. Und Hugh . . .«

»Was hat das mit deiner Tochter zu tun?« fuhr Walter wütend auf.

»Die Ascotts haben mehr Söhne als jede andere Familie in England. Und was für Söhne! Miles, der Jüngste, hat schon drei Mägde schwanger gemacht. Raine ist von einem Kampf in den anderen gezogen. Keiner hat ihn bis jetzt geschlagen. Stephen führt mit fünfundzwanzig Jahren schon ein eigenes Heer in Schottland an. Und dann der Älteste. Der Mann meiner Tochter. Er verwaltete schon mit sechzehn Jahren ohne fremde Hilfe den Besitz. Nenne mir einen, der das auch getan hat!«

Revedoune sah Walter Demari mit zusammengekniffenen Augen

an. »Und da fragst du noch, warum ich Judith einem solchen Mann gegeben habe? Sie wird mir die Enkelsöhne gebären, die ich haben will.«

Walter wurde wütend. Diesem alten Narr ging es um Enkelsöhne!

»Ich würde ihr auch Söhne machen!« knurrte er mit zusammengepreßten Zähnen.

Revedoune lachte. »Du? Wie viele Schwestern hast du? Fünf oder sechs? Ich habe sie nicht mehr gezählt. Und was hast du bis jetzt geleistet? Dein Vater verwaltet den Besitz. Du tust nichts weiter als auf die Jagd zu gehen – nach Wild und Bauernmädchen. Laß mich jetzt in Ruhe.« Er machte eine hastige Handbewegung, um Demari zu entlassen.

Aber so ließ Walter sich nicht behandeln. Was Revedoune gesagt hatte, stimmte zwar. Aber Walter war sicher, daß er auch seinen Mann gestanden hätte, wenn man ihm in jungen Jahren die Verwaltung des Familienbesitzes übertragen hätte. Warum lastete man es ihm an, daß sein Vater noch lebte?

In ihm keimte eine böse Saat auf. Und je länger er die Banner der Ascotts mit den goldenen Leoparden in der Sonne flattern sah, desto mehr wuchs seine Abneigung gegen diesen Clan.

Seine Wut gab ihm den nötigen Mut. Er ging zu den Plätzen der Ascotts hinüber. Er wollte mit Judith sprechen, an ihrer Seite sein. Er hatte das Recht dazu!

8. Kapitel

Judith warf die Tür ihres Gemachs so laut hinter sich zu, daß ein dumpfes Echo durch das Haus hallte.

Das war nun also der erste Tag ihrer Ehe gewesen! Der schlimmste Tag in ihrem Leben war es geworden, weil Gavin keine Gelegenheit ausgelassen hatte, sie zu demütigen.

Sie hatte allein unter seinen Verwandten gesessen. Nur ein Mann hatte sich ihr gegenüber wie ein Kavalier verhalten. Walter Demari. Er hatte neben ihr gesessen und ihr den Verlauf des Turniers erklärt. Seine Aufmerksamkeiten hatten ihr gefallen.

Dann war Gavin plötzlich aufgetaucht und hatte ihr befohlen, mit ihm zu kommen. Da sie in aller Öffentlichkeit keine Szene machen wollte, war sie mit ihm gegangen.

Aber in Raines Zelt hatte sie ihm dann unmißverständlich ihre Meinung über sein unmögliches Benehmen gesagt. Und zu ihrer Genugtuung hatte sie ihn zum ersten Mal sprachlos erlebt.

Miles war es gewesen, der sie wieder zum Turnier zurückbegleitet hatte. Später hatte sie Lilian Valence mit Gavin gesehen und einen triumphierenden Blick der Frau aufgefangen.

Dann hatte sie wieder beim abendlichen Mahl an Gavins Seite sitzen müssen. Sie hatte gelächelt, als einer der Musikanten ihre Schönheit besang. Doch das Herz lag wie ein Stein in ihrer Brust.

Dann war zum Tanz aufgespielt worden. Nur einen einzigen Tanz hatte sie mit Gavin gemacht. Danach hatte er sich anderen Damen zugewandt und sie anderen Tänzern.

Nun stand sie müde in ihrem Zimmer. »Ich will ein Bad!« befahl sie Joan, die sie aus einem Winkel unter der Treppe hatte hervorziehen müssen, wo sie in inniger Umarmung mit einem jungen Mann gelegen hatte.

»Bring den Bottich und heißes Wasser! Vielleicht kann ich diesen schrecklichen Tag von mir herunterwaschen!« sagte Judith.

Sie wußte nicht, daß Gavin jede ihrer Bewegungen den ganzen Tag über beobachtet hatte. Er hatte sie von Walter Demari fortgeholt, weil er wußte, was dieser Mann im Sinn hatte. Sie war zu unschuldig, um zu erkennen, wie sehr sie mit ihrer Natürlichkeit jeden Mann reizte.

Er hatte beobachtet, daß Judith die Treppe hinaufstieg. Er tanzte gerade mit einer dicken Frau, die sich wie eine Verdurstende an ihn klammerte.

Nach zwei weiteren Tänzen war Judith nicht zurück. Und so verließ auch Gavin das Fest und ging nach oben. Als er die Tür öffnete, fand er Judith bis zum Hals in einem Bottich mit heißem Wasser. Ihr Haar ergoß sich wie eine schimmernde Flut über den Rand der Wanne. Ihr Gesicht war von dem heißen Dunst gerötet.

Gavin stockte bei ihrem Anblick der Atem. Sie hatte ihn wütend angeblitzt und trotzig reagiert. Doch sie war für ihn immer reizvoll gewesen. Jetzt sah sie aus wie die personifizierte Unschuld.

Es wurde ihm jäh bewußt, daß es genau das war, was ihn so an ihr faszinierte. So wollte er sie. Was kümmerte es ihn, daß sie ihn ablehnte? Sie gehörte ihm, ihm allein. Sein Herz raste, als er die Tür ins Schloß drückte.

Judith hatte ihn noch nicht gesehen, denn sie lag mit geschlossenen Augen im Wasser. Als sie jetzt das Geräusch der Tür hörte, fragte sie: »Joan?«

Da keine Antwort kam, riß sie die Augen auf. Sie wußte den Ausdruck in Gavins Augen sofort richtig zu deuten, und es ärgerte sie, daß sich ihr Pulsschlag beschleunigte.

»Laß mich allein!« brachte sie mühsam hervor.

Doch er näherte sich ihr weiter und stand gleich darauf neben der Wanne. Seine Hand faßte unter ihr Kinn. Judith wollte ihm ausweichen, aber er war stärker. Dann preßte sich sein Mund auf ihre Lippen. Grob und brutal zuerst, aber dann wurden sein Kuß und sein Griff sanfter.

Judith merkte, wie sie schwach wurde, wie immer, wenn er zärtlich zu ihr war. Gavin ließ sie los und sah in ihre goldenen Augen, die jetzt nicht mehr abweisend blickten. Aller Haß war vergessen, weil ihre Körper eine eigene Sprache hatten.

Gavin kniete neben der Wanne nieder, und seine Hand streichelte über Judiths Nacken. Dann küßte er sie wieder. Seine Finger zogen die anmutige Linie ihres Halses nach.

Ihre Haut war naß und warm, und das steigerte seine Leidenschaft. Er wollte sie haben, aber er wollte die Lustgefühle noch ein wenig verlängern. Ihre Haut duftete nach Rosen von der Seife.

Er wollte sie sehen, ihren herrlichen Körper. Gavin hob Judith aus der Wanne und hüllte sie in das bereitliegende Tuch. Judith ließ stumm alles mit sich geschehen, weil sie das Gefühl hatte, daß Worte den wundersamen Bann zerstören konnten.

Gavin behandelte sie so sanft. Er setzte sich auf eine Bank vor dem Kamin und nahm sie wie ein Kind zwischen seine Knie. Sie schämte sich ihrer Nacktheit nicht, obwohl er noch völlig angekleidet war. Es war alles wie ein Traum.

Gavin trocknete sie liebevoll ab. Er tat es ein bißchen ungeschickt.

»Umdrehen!« befahl er.

Judith gehorchte und ließ sich den Rücken abreiben. Dann warf Gavin das Tuch zu Boden. Judith hielt unwillkürlich den Atem an.

Gavin sprach jedoch nicht. Er fuhr mit den Fingern ihr Rückgrat entlang, und Judith erschauerte bei dieser Berührung. Seine streichelnden Finger sagten ihr mehr als tausend Worte.

»Du bist schön«, hörte sie ihn flüstern, als sich seine Hände um ihre Hüften schlossen.

Judith wagte nicht zu atmen, als sich seine Lippen auf ihren Hals preßten, während seine Hände sich um ihre Brüste legten. Sie lehnte sich an ihn und schloß die Augen, weil das Verlangen in ihr immer stärker wurde.

Als sie schon glaubte, vor wilder Erregung den Verstand zu verlieren, trug Gavin sie zum Bett. Innerhalb von Sekunden hatte er sich die Kleider vom Körper gerissen und lag neben ihr.

Judith zog ihn an sich und suchte seinen Mund. Gavin lachte leise, als ihre Hände nach ihm griffen. Doch sie las keinen Spott in seinen Augen, nur den Wunsch, ihrer Leidenschaft entgegenzukommen.

Ihre Hände glitten tiefer und fanden, was sie suchten. Gavins Augen wurden vor Lust ganz dunkel, als er sich auf sie warf. Ihre Erregung war so groß, daß sie nur Augenblicke später die höchste Ekstase erreichten.

Als Judith am nächsten Morgen aufwachte, räkelte sie sich wie eine Katze. Dann tastete ihre Hand zur Seite. Doch der Platz neben ihr war leer.

Sie riß die Augen auf. Gavin war fort. Sonnenlicht strömte ins Zimmer, und sie erkannte am Stand des Sonnenballs, daß es schon recht spät sein mußte.

Ihr erster Gedanke war, nach draußen zu eilen. Aber das warme Bett und die Erinnerung an die vergangene Nacht ließen sie bleiben, wo sie war. Sie preßte das Gesicht in das Kissen, wo Gavins Kopf gelegen hatte.

Ein leises Klopfen an der Tür ließ ihr Herz erwartungsvoll hämmern. Doch zu ihrer Enttäuschung war es Joan, die in das Gemach trat.

»Ihr seid schon wach, Herrin?« fragte Joan mit einem wissenden Lächeln.

Judith sagte nichts und blieb ruhig liegen.

»Lord Gavin ist früh aufgestanden und hat seine Rüstung angelegt.«

»Die Rüstung?« Mit einem Ruck setzte sich Judith im Bett auf.

»Er will an den Wettkämpfen teilnehmen. Ich weiß auch nicht warum. Als Bräutigam hat er das nicht nötig.«

Judith ließ sich wieder in die Kissen fallen. Sie glaubte zu wissen, warum Gavin die Rüstung angelegt hatte. Sicherlich fühlte er sich wie sie an diesem Morgen in Hochstimmung. Bei dem Turnier konnte er die Kräfte einsetzen, die ihn beflügelten.

Sie warf die Decke zurück und verließ das Bett. »Ich muß mich anziehen. Es ist schon spät. Meinst du, ich komme nicht mehr zur rechten Zeit?«

Joan lachte. »Doch, meine Herrin! Seid unbesorgt.«

Judith schlüpfte so schnell sie konnte in ein Gewand aus dunkelblauem Samt mit einem hellblauen Unterkleid aus Seide. Um ihre Taille lag ein Gürtel aus weichem blauem Leder, mit Perlen verziert.

Joan bürstete das Haar ihrer Herrin nur und schlang ein durchsichtiges Netz aus Seidenfäden darüber, in dem Perlen schimmerten.

»Ich will gehen!« sagte Judith ungeduldig.

Sie eilte zum Turnierplatz und nahm ihren Platz in der Loge der Ascotts ein. Die widerstreitendsten Gefühle erfüllten sie. War die letzte Nacht nur ein Traum gewesen? Gavin und sie hatten sich in den Armen gelegen. Konnte ein Mann, der so zärtlich zu ihr gewesen war, keine Gefühle für sie empfinden? Sie konnte es sich nicht vorstellen.

Der Tag kam ihr plötzlich noch strahlender vor. Und wenn ich eine Närrin bin, ich will versuchen, das Beste aus dieser Ehe zu machen, nahm sie sich vor.

Judith reckte den Hals, um bis ans Ende des Turnierplatzes sehen zu können. Sie wollte Gavin in der Menge entdecken. Aber dort war ein zu großes Gedränge. Sie verließ ihren Platz und trat an den Zaun. Für ihre Umwelt hatte sie keinen Blick. Sie suchte nur Gavin. Und dann sah sie ihn.

Er war immer ein stattlicher Mann, aber in seiner Rüstung sah er noch umwerfender aus. Er stieg gerade auf ein kräftiges Schlachtroß mit Schabracken und Schutzdecken aus grünem Stoff, auf den goldene Leoparden gemalt waren. Das Geschirr war aus grünem Leder.

Gavin schwang sich so leicht in den Sattel, als trüge er keine schwere Rüstung. Judith beobachtete, wie ihm der Knappe den Helm reichte, den Schild und schließlich die Lanze.

Judiths Herz schlug bis zum Halse. Der Wettkampf war sehr gefährlich, das wußte sie. Angstvoll sah sie Gavin auf seinem Pferd auf den Kampfplatz reiten. Er hielt den Kopf gesenkt und die Lanze zum Angriff bereit.

Wenig später traf sie den Schild des Gegners, im selben Moment wie die des anderen seinen. Die Lanzen brachen, und die Kämpfer ritten zu den entgegengesetzten Enden des Platzes, um sich neue zu nehmen.

In richtigen Schlachten benutzte man Lanzen aus Eisen und keine aus Holz wie bei solchen Wettkämpfen. Es ging darum, daß ein Ritter drei Lanzen brechen mußte, ohne die Steigbügel zu verlieren und aus dem Sattel zu fallen. Wenn ein Mann schon vor den drei Anläufen vom Pferd fiel, mußte er seinem Gegner einen Preis im Wert seines Pferdes, der Rüstung und der Waffen zahlen. Damit hatte sich Raine auf dem Turnier schon ein Vermögen erworben.

Aber manche Männer wurden auch verletzt. Es geschahen sehr oft solche Unfälle. Deshalb sah Judith furchtsam zu, als Gavin seinen Gegner zum zweiten Mal anritt. Aber keiner der beiden Kämpfenden geriet ins Wanken.

Judith hörte eine Frau in ihrer Nähe lachen. Sie schenkte dem keine Beachtung, erst als sie die Worte hörte: »Ihr Gemahl ist der einzige, der kein Band trägt. Dabei hat sie zwei goldene Bänder seinen Brüdern gegeben. Was soll man von so einer Frau halten?«

Das waren böse Worte, und als Judith sich umdrehte, wich man ihren Blicken aus. Sie wandte sich wieder den Kämpfenden zu und betrachtete auch die Ritter, die auf ihren Kampf warteten. Die Frau hatte recht. Alle trugen Bänder, an den Armen oder den Lanzen. Raine und Miles hatten sogar mehrere.

Ehe sie wußte, was sie tat, lief sie auf den Kampfplatz zu. Es wurde ihr nicht bewußt, in welche Gefahr sie sich begab. Sie hatte noch nie ein Turnier gesehen. Sie ahnte nicht, wie schwer die Hufe der Schlachtrösser sie treffen konnten.

Sie hörte auch die Schreie nicht, als ein Reiter nach dem anderen sein Pferd zurückriß. Es war ihr nicht bewußt, daß die Zuschauer aufsprangen und sie mit Blicken verfolgten.

Gavin, dem sein Knappe gerade eine neue Lanze reichte, sah Judith auch. Aber er konnte sie nicht aufhalten, denn ehe er von seinem Pferd herunter war, würde sie ihn schon erreicht haben.

Judith hatte kein goldenes Band mehr, das sie ihm geben konnte. Aber er sollte ein Pfand von ihr haben. Er gehörte ihr. Sie riß sich im Laufen das Netz mit den Perlen vom Haar. Als sie neben Gavins Pferd stand, hielt sie das feine Gespinst hoch.

»Ein Pfand von mir«, flüsterte sie lächelnd.

Reglos saß Gavin auf seinem Pferd. Dann senkte er die Lanze zu ihr hinunter. Hastig knüpfte Judith den Netzschleier daran. Als sie danach wieder zu Gavin aufsah, beugte er sich nieder, hob sie vom Boden hoch und küßte sie.

Sein Kuß war hart, und das Visier der Rüstung drückte sich in ihre Wange. Aber es machte Judith nichts aus. Wie benommen stand sie da, als Gavin sie wieder auf die Füße stellte.

Es war ihr nicht bewußt geworden, daß sich während dieser Szene tiefes Schweigen über die Menge gesenkt hatte. Doch Gavin merkte es. Seine Braut hatte ihr Leben riskiert, um ihm ein Liebespfand zu bringen. Triumphierend hielt er seine Lanze hoch. Die Zuschauer jubelten auf.

Judiths Wangen glühten, als sie sah, daß alle Blicke auf sie gerichtet waren. Sie preßte die Hände an ihr heißes Gesicht. Miles und Raine kamen heran und gaben ihr schützendes Geleit.

»Wenn du Gavin mit dieser Geste nicht so glücklich gemacht hättest, würde ich dich für diesen Leichtsinn übers Knie legen«, brummte Raine.

Wieder jubelte die Menge. Gavin hatte seinen Gegner vom Pferd gestoßen. Judith war so verlegen, weil sie in den Mittelpunkt der Aufmerksamkeit geraten war, daß sie ihre Röcke raffte und zur Burg zurücklief.

Sie wollte eine Weile in der Stille des Gartens sitzen, bis ihre Wangen wieder die normale Farbe angenommen hatten.

Lilian kam in das Zelt des Earl of Bayham gestürmt, dessen mit Seide verkleidete Wände noch kostbare byzantinische Teppiche schmückten. Alles für den Komfort von Edmund Chatworth.

»Ist was passiert?« fragte eine tiefe Stimme hinter Lilian.

Sie fuhr herum und sah sich Roger, Edmunds jüngerem Bruder, gegenüber. Er saß auf einer niedrigen Bank und bearbeitete sein Schwert mit einem Schleifstein, den er mit seinem Fuß antrieb. Der junge Mann war recht hübsch, mit dem von der Sonne gebleichten

Haar und seinem energisch wirkenden Mund. Selbst die Narbe neben seinem linken Auge beeinträchtigte sein gutes Aussehen nicht.

Lilian hatte sich manches Mal gewünscht, daß Roger der Earl war und nicht Edmund. Sie setzte schon zum Sprechen an. Doch sie hielt sofort inne. Sie hatte ihm von dem Aufsehen berichten wollen, das Gavins Frau eben gemacht hatte. Sie hatte Gavin ein Pfand angeboten, aber er hatte es nicht nehmen wollen. Er hatte es ihr damit erklärt, daß er nicht noch mehr Gerede wollte, als es schon gegeben hatte.

»Du spielst mit dem Feuer. Ist dir das klar?« fragte Roger, während er mit dem Daumen die Schneide seines Schwertes prüfte. Als Lilian nichts sagte, fuhr er fort: »Die Ascotts sehen die Dinge nicht so wie wir. Für sie ist Recht Recht und Unrecht Unrecht. Dazwischen gibt es nichts.«

»Ich weiß nicht, was du meinst«, sagte Lilian schnippisch.

»Gavin wird nicht begeistert sein, wenn er herausfindet, daß du ihn belogen hast.«

»Ich habe nicht gelogen!«

Roger zog die Brauen hoch. »Welchen Grund hast du ihm denn genannt? Dafür, daß du meinen Bruder, den Earl, heiratest?«

Lilian ließ sich ihm gegenüber auf einen Schemel fallen.

»Du hast nicht erwartet, daß diese Judith so schön ist, habe ich recht?« redete Roger weiter.

Sie sah ihn wütend an. »Schön nennst du das? Sie hat rotes Haar und ist bestimmt am ganzen Körper voller Sommersprossen. Ich werde sie mal fragen, mit welcher Paste sie das verbirgt. Gavin wird sie nicht so begehrenswert finden, wenn er ...«

Roger brachte sie zum Schweigen. »Ich war bei der Brautbett-Zeremonie und habe einen Teil ihres Körpers gesehen. Nicht eine einzige Sommersprosse. Mach dir nichts vor. Bilde dir nicht ein, daß du ihn ihr abspenstig machen kannst.«

Lilian sprang auf und ging zum Zeltausgang. Sie wollte Roger nicht sehen lassen, wie sehr sie seine Worte trafen. Sie wollte Gavin behalten – um jeden Preis. Er liebte sie, wie noch kein Mann sie geliebt hatte. Sie brauchte das, genauso wie Edmunds Reichtum. Sie ließ sich ihn nicht von dieser rothaarigen Hexe fortnehmen!

»Wo ist Edmund?« fragte sie.

Roger machte eine Kopfbewegung zu dem breiten Lager in einer Ecke des Zeltes hin. »Schläft. Er hat zuviel gegessen und getrunken.« Sein Gesicht verzog sich angewidert. »Geh zu ihm. Er braucht jemanden, der ihm seinen Brummschädel hält.«

»Vorsichtig, Bruder«, befahl Raine. »Sein Kopf hat schon genug abbekommen und muß nicht noch Bekanntschaft mit einem Zeltpfosten machen ...«

Sie trugen Gavin auf seinem Schild. Seine langen Beine hingen an einer Seite herunter, seine Füße schleiften auf dem Boden.

Er hatte seinen zweiten Gegner ins Wanken gebracht. Doch der hatte, bevor er stürzte, die Lanze hochgerissen und Gavin dicht über dem Ohr einen Schlag versetzt, der ihm den Helm eindrückte.

Gavin sah schwarze Wirbel vor den Augen, und sein Kopf dröhnte so sehr, daß alle anderen Geräusche erstickt wurden. Er konnte sich im Sattel halten, bis sein Pferd ihn zum Ende des Platzes getragen hatte.

Er sah seine Brüder und den Knappen mit einem matten Lächeln an und sank dann langsam in ihre ausgestreckten Arme. Nun schleppten Raine und Miles ihn zu dem Lager in ihrem Zelt. Sie nahmen ihm den verbeulten Helm ab und schoben ein Kissen unter seinen Nacken.

»Ich kümmere mich um ihn. Hol du seine Frau. Frauen mögen nichts lieber als hilflose Männer.«

Minuten später kam Gavin zu sich. Ein feuchtes Tuch wurde auf seine Stirn gepreßt, und kühle Hände berührten seine Wange. Er war noch ganz benommen, als er mühsam die Augen öffnete. Sein Kopf dröhnte noch immer, und er wußte nicht gleich, wer da neben ihm saß.

»Ich bin es, Lilian«, sagte eine sanfte Stimme. Gavin war froh, daß sie so leise sprach. »Ich bin hier, um mich um dich zu kümmern.«

Gavin lächelte schwach und schloß wieder die Augen. Er wußte, daß er sich an etwas erinnern mußte, doch er konnte es nicht.

Lilian sah, daß seine rechte Hand noch immer den Schleier umklammerte, den Judith ihm gegeben hatte. Das gefiel ihr ganz und gar nicht.

»Ist er sehr verletzt?« fragte draußen vor dem Zelt eine besorgt klingende Frauenstimme.

Blitzschnell beugte Lilian sich vor und preßte ihre Lippen auf Gavins Mund. Dabei legte sie seinen Arm um ihre Taille. Er war noch zu benommen, um das zu merken.

Erst als Licht ins Zelt fiel, öffnete er die Augen. Sein Verstand begann wieder zu arbeiten. Er sah Judith, flankiert von seinen beiden finster blickenden Brüdern. Und dann wurde ihm bewußt, warum sie ihn so strafend ansahen. Er hielt Lilian im Arm!

Grob stieß er sie von sich und versuchte, sich aufzurichten. »Judith . . .«, flüsterte er.

Alle Farbe war aus seinem Gesicht gewichen. Ihre Augen waren dunkel und unnatürlich groß. Und wieder lag Haß in ihrem Blick. Er sah es noch, ehe der Schmerz in seinem Kopf von neuem so stark wurde, daß er die Besinnung verlor und in die Kissen zurücksank.

Judith drehte sich auf dem Absatz um und verließ das Zelt. Miles blieb dicht hinter ihr, so als wollte er sie vor etwas Teuflischem beschützen.

Raines Gesicht war dunkelrot, als er seinen Bruder ansah. »Du Bastard!« schrie er. Dann begriff er, daß Gavin ohnmächtig war.

Er fuhr zu Lilian herum, die ihn triumphierend ansah. Grob packte er sie am Arm und riß sie hoch. »Du hast das alles inszeniert!« fuhr er sie an. »Was habe ich nur für einen Narr als Bruder! Du bist nicht soviel wert wie Judiths kleiner Finger!«

Er verlor restlos die Beherrschung, als er das Lächeln um Lilians Mundwinkel sah. Da versetzte er ihr einen Schlag ins Gesicht und schüttelte sie wild.

Überrascht beobachtete er, wie sich der Ausdruck ihrer Augen veränderte. Es war nicht Wut, was er darin sah, sondern unverhüllte Leidenschaft.

Angewidert stieß er sie gegen den Zeltpfosten. »Geh mir aus den Augen!« schrie er. »Und ich rate dir, dich nie mehr in meiner Nähe blicken zu lassen!«

Als sie das Zelt verlassen hatte, wandte Raine sich seinem Bruder zu. Gavin kam gerade wieder zu sich. Raine war so wütend, daß er kein Wort mit ihm sprach, sondern sich nur auf die Suche nach einem Feldscher machte.

Es war mitten in der Nacht, als Gavin aus einem tiefen Betäubungsschlaf erwachte. Im Zelt war es dunkel, und er war allein.

Er schwang die Beine von der Liege und setzte sich auf. Er hatte das Gefühl, daß sein Kopf in zwei Hälften gespalten war. Er stützte ihn in beide Hände und schloß bei dem furchtbaren Schmerz die Augen.

Nach einer Weile ließ der Schmerz etwas nach. Doch als er sich bewegte, merkte Gavin, daß ihm nicht nur der Kopf, sondern jeder Muskel weh tat. Er hatte stundenlang in voller Rüstung auf dem Lager gelegen.

Warum hat mir mein Knappe das Ding nicht abgenommen? fragte er sich. Warum ist niemand hier?

Etwas Blaues, das auf dem Boden lag, zog seinen Blick auf sich. Es war Judiths Schleier. Er hob ihn auf und lächelte, als er sich daran erinnerte, wie sie auf ihn zugelaufen war.

Aber noch andere Erinnerungen kamen, etwas unvollständige, unzusammenhängende Bilder. Und dann wußte er es wieder. Judith hatte ihn mit Lilian im Arm gesehen! Wie es dazu gekommen war, wußte er jedoch nicht.

Gavin mußte alle Kraft zusammennehmen, um aufzustehen. Er wollte die Rüstung loswerden. Sie war zu schwer für ihn, weil er sich noch so elend fühlte. So sehr sein Kopf auch schmerzte, er mußte zu Judith und mit ihr sprechen.

Zwei Stunden später stand Gavin in der großen Halle. Doch er konnte Judith dort nicht finden. Jeder Schritt fiel ihm schwer. Und der Schmerz legte Schleier vor seine Augen, machte ihn halb blind.

Wie durch einen Nebel erkannte er Helen Revedoune, die ein Tablett mit Getränken für die Gäste trug. Er zog sie in einen dunklen Winkel der Halle und flüsterte heiser: »Wo ist sie?«

Helens Augen flammten. »Du wagst es, mich zu fragen, wo sie ist?« zischte sie. »Du hast ihr entsetzlich weh getan. Aber alle Männer machen das mit ihren Frauen, ich weiß es. Davor wollte ich sie bewahren. Ich habe ihr gesagt, daß alle Männer Lügner und rücksichtslose Kerle sind. Doch sie wollte es nicht glauben. Sie hat dich verteidigt und wurde dafür bitter bestraft. Ich sah ihre Lippe nach der Hochzeitsnacht. Du hast sie geschlagen, ehe du sie genommen hast. Und heute morgen gab es viele Zeugen dafür, daß dein Bruder deine Hure, diese Lilian Valence, aus deinem Zelt gejagt hat. Ich werde eher sterben, als dir zu sagen, wo sie ist. Hätte ich mich und meine Tochter doch vorher umgebracht, ehe sie dir angetraut wurde!«

Gavin hörte nicht, ob sie ihm noch mehr vorwarf. Er hatte sich wieder in Bewegung gesetzt. Er fand Judith kurz darauf. Sie saß mit Miles im Garten auf einer Bank.

Ohne sich um den ihm drohenden Bruder zu kümmern, sagte er ruhig: »Komm ins Haus.« Ihm fiel jedes Wort schwer, weil sein Kopf beinahe platzte.

Judith erhob sich sofort. »Ja, mein Gebieter.«

Gavin runzelte leicht die Stirn und reichte ihr den Arm. Doch sie übersah diese höfliche Geste. Sie gingen ins Haus und erreichten das Brautgemach.

Gavin ließ sich auf das Bett fallen und zog die Stiefel von den Füßen. Als er aufblickte, sah er Judith reglos am Fußende des Bettes stehen.

»Warum starrst du mich so an?«

»Weil ich auf deine Befehle warte, mein Gebieter!«

»Befehle?« fuhr er auf und griff sich gleich darauf mit beiden Händen an den pochenden Schädel. »Dann zieh dich aus, und leg dich ins Bett!«

Er begriff nicht, warum sie plötzlich so unterwürfig war und sich nicht wehrte. Er wurde besser mit ihr fertig, wenn sie wütend und aufsässig war.

»Ja, mein Gebieter«, sagte Judith mit monotoner Stimme.

Gavin kleidete sich aus und ging zum Bett. Judith lag schon unter der Decke, den Blick gegen die Zimmerdecke gerichtet. Er legte sich zu ihr und faßte nach ihrem Arm. Aber sie rührte sich nicht. Da beugte er sich über sie und preßte seinen Mund auf ihre Lippen. Ihre Augen starrten unverwandt nach oben, und sie reagierte nicht auf seinen Kuß.

»Was ist mit dir?« wollte er wissen.

»Was soll mit mir sein, mein Gebieter?« Ihr Blick wandte sich ihm zu, aber ihre Augen blieben ausdruckslos. »Befiehl mir, was du von mir willst, und ich werde mich danach richten.«

Er spürte ihren Schenkel dicht an seinem, und es wurde ihm bewußt, daß sie die Beine für ihn spreizte. Das machte ihn noch fassungsloser.

»Judith«, begann er, »ich will dir erklären, was heute morgen ...«

»Es gibt nichts, was du mir erklären mußt. Du gibst deinen Untergebenen doch auch keine Erklärungen ab, oder? Ich bin dir untertan wie sie. Sag mir nur, wie ich dir zu Willen sein kann, und ich werde gehorchen.«

Gavin wich ein Stück zur Seite. Es gefiel ihm nicht, wie Judith ihn ansah. Als sie ihn gehaßt hatte, war wenigstens Leben in ihren Augen gewesen. Doch jetzt waren sie so unnatürlich starr.

Er verließ das Bett, zog Hose und Hemd und die Stiefel an und nahm die restlichen Sachen über den Arm. Dann eilte er aus dem Gemach, das so von der Kälte erfüllt war.

9. Kapitel

In der Burg der Ascotts herrschte tiefe Stille, als Judith das große Bett verließ und in ihren dunkelgrünen, mit Nerz abgesetzten Samtmantel schlüpfte.

Noch schien niemand im Haus wach zu sein. Seit Gavin sie auf der Schwelle von Ascott Castle abgesetzt hatte, war es Judith nicht möglich gewesen, Schlaf zu finden. Das Bett erschien ihr zu groß und zu leer.

An dem Morgen, als sie sich geweigert hatte, auf seine Liebesbezeigungen zu reagieren, hatte Gavin gefordert, daß sie mit zu der Burg seiner Väter aufbrach. Zwei Tage lang waren sie unterwegs gewesen.

Der Anblick der stolzen Burg hatte Judith sehr beeindruckt. Das vier Stockwerke hohe Wohnhaus der vier Brüder wirkte mit den bleiverglasten Fenstern sehr stattlich. Hinter einer Mauer hatte Judith sogar blühende Obstbäume gesehen.

Sie wollte Gavin sagen, wie gut ihr sein Heim gefiel, aber er hatte ihr keine Gelegenheit dazu gegeben. Er hatte kurz einige Befehle erteilt und sie dann mitsamt ihrem Gepäck im Burghof stehenlassen. Judith mußte sich den Bewohnern selbst vorstellen.

Während der einen Woche, die sie nun schon in der Burg war, hatte sich Judith mit ihrer neuen Umgebung vertraut gemacht. Sie hatte festgestellt, daß es viele Möglichkeiten gab, sich hier nützlich zu machen.

Die Dienerschaft war zwar Anordnungen von Frauen nicht gewöhnt, aber Judith widmete sich ihren Aufgaben mit großer Freude. Das lenkte sie davon ab, an Gavins Affäre mit Lilian Valence zu denken. Am Tage gelang ihr das, aber in den Nächten war die Einsamkeit bedrückend.

Geräusche im Burghof ließen Judith aufhorchen. Es war noch zu früh, daß es die Knechte oder Mägde sein konnten. Und es war nur einem Ascott erlaubt, durch den kleinen Torbogen ins Innere der Burg zu gelangen.

Das erste graue Licht des Tages war noch zu schwach, um erkennen zu können, wer da unten vom Pferd stieg. Judith raffte ihren Mantel und eilte in die große Halle hinunter.

»Vorsichtig, Mann!« schimpfte Raine. »Glaubst du, ich bin aus Eisen, daß du mich so behandeln kannst?«

Judith blieb am Fuße der Treppe stehen, als ihr Schwager hereingetragen wurde. Eines seiner Beine war bandagiert.

»Raine, was ist passiert?« rief sie erschreckt.

»Das vermaledeite Pferd!« stieß er zwischen den Zähnen hervor. »Es strauchelte auf ebener Strecke, am hellichten Tag!«

Judith eilte zu ihm, als die Männer ihn vor dem Kamin in einen der hohen Stühle gesetzt hatten. »Du bist vom Pferd gefallen?« Schalk blitzte in ihren Augen.

Raines Stirn glättete sich, und in seinen Wangen erschienen die Grübchen. »Na ja, ich bin auch nicht ganz unschuldig daran. Ich träumte vor mich hin, als der Gaul mit einem Huf in ein Hasenloch geriet. Dabei fiel ich herunter und genau auf das Bein.«

Judith kniete sich neben dem Schemel nieder, auf den man das verletzte Bein gelegt hatte, und begann vorsichtig, den Verband zu lösen.

»Was machst du da?« fragte Raine. »Der Feldscher hat sich schon darum gekümmert.«

»Ich will mich nicht darauf verlassen, daß er alles richtig gemacht hat. Wenn es nicht gut gerichtet ist, könntest du später lahm sein oder hinken.«

Er sah einen Moment auf ihr schimmerndes Haar und winkte dann seinen Knappen. »Hol mir Wein. Ich bin sicher, daß sie nicht eher zufrieden ist, bis sie mir noch mehr Schmerzen zugefügt hat. Und wecke meinen Bruder. Warum soll er schlafen, wenn wir wach sind?«

»Er ist nicht hier«, sagte Judith.

»Wer?«

»Dein Bruder – mein Gemahl.« Ihr Gesicht blieb ausdruckslos.

»Wo ist er hin? Was war so wichtig, daß er die Burg verlassen hat?«

»Ich weiß es nicht. Er hat mich hier abgesetzt und ist sofort aufgebrochen. Er hat mir kein Wort von dem gesagt, was er vorhat.«

Raine setzte den Becher an die Lippen, den ihm sein Vasall gebracht hatte, und beobachtete, wie Judith sein Bein abtastete. Er verwünschte seinen Bruder und war sicher, daß Gavin zu dieser Hure, dieser Lilian Valence, unterwegs war.

Er preßte die Zähne zusammen, als Judith den gebrochenen Knochen berührte.

»Dachte ich mir's doch«, sagte sie. »Dies hier ist Pfuscharbeit. Halt seine Schulter fest, ich will den Bruch richten.«

Auf dem Zeltdach hatte sich so viel Wasser angesammelt, daß es allmählich durch den Stoff sickerte.

Gavin fluchte laut, als immer mehr Tropfen auf ihn fielen. Seit Tagen regnete es nun schon. Alles war naß, und die Stimmung seiner Männer war schlecht. Sie wußten nicht, warum sie durchs Land ritten und dieses trübe Wetter draußen ertragen mußten.

Als John Bassett, Gavins erster Vasall, seinen Herrn nach dem Grund ihres Umherstreifens fragte, war Gavin explodiert.

Gavin wußte, daß seine Männer mißmutig waren. Er war es auch. Aber wenigstens war er nicht ohne Grund auf dieser rastlosen Wanderung.

In der Nacht im Haus ihres Vaters, als sie so abweisend gewesen war, hatte er beschlossen, Judith eine Lehre zu erteilen. In ihrer gewohnten Umgebung fühlte sie sich sicher. Aber was würde sie tun, wenn sie in einem fremden Haus lebte? Vielleicht sehnte sie sich jetzt schon nach seinem Schutz, seiner starken Hand?

Gavin nickte bei diesen Gedanken zufrieden. All die Unbequemlichkeiten hatten sich gelohnt. Er glaubte, ganz sicher zu sein, daß Judith ihre Fehler inzwischen eingesehen hatte.

»Mein Lord?«

»Was ist?« fuhr Gavin ungeduldig auf, weil er in seinen erfreulichen Gedanken gestört wurde.

»Wann werden wir in die Burg zurückkehren? Dieses Wetter ist nicht zu ertragen und . . .«

Gavin brachte John zum Schweigen, indem er die Hand hob. Er

war ärgerlich, weil man mit einem solchen Anliegen zu ihm kam. Er hatte schließlich zu bestimmen, was getan wurde und was nicht.

Doch plötzlich verging seine schlechte Laune. »Morgen reiten wir nach Hause!« erklärte er.

Judith war nun seit acht Tagen allein. Das würde reichen, sie gefügig und sanft zu machen.

»Bitte, Judith ...« Raine faßte nach ihrem Arm und hielt sie fest. »Seit zwei Tagen hast du nun schon keine Zeit für mich.«

»Das ist nicht wahr!« Judith lachte. »Wir haben erst gestern abend zusammen Schach gespielt, und du hast mir ein paar Akkorde auf der Laute beigebracht.«

Raine sah sie weiter bittend an. »Es ist schrecklich, immer so allein zu sitzen. Ich kann mit diesem verdammten Bein ja keinen Schritt tun. Niemand leistet mir Gesellschaft.«

»Es gibt dreihundert Leute hier in der Burg. Sicherlich bist du ...« Sie brach ab, als Raine sie mit traurigen Augen ansah. »Also gut, aber nur ein Spiel. Ich habe noch zu tun.«

Raine strahlte, als sie an der anderen Seite des Schachbretts Platz nahm. »Du spielst von allen am besten. Von meinen Männern kann mich keiner schlagen, aber du hast es gestern geschafft. Du brauchst mal eine Ruhepause. Was treibst du bloß den ganzen Tag?«

»Ich bringe hier in der Burg alles in Ordnung.«

»Mir schien hier immer alles in Ordnung zu sein«, meinte Raine, als sie eine Figur setzte. »Die Verwalter ...«

»Diese Leute kümmern sich nicht so um die Verwaltung wie jemand, der sein Eigentum versorgt. Man muß sie überwachen, ihre Bücher prüfen und alles nachlesen ...«

»Du kannst lesen, Judith?«

Verwundert sah sie ihn an. »Aber natürlich. Du etwa nicht?« Raine zuckte die Schultern. »Das habe ich nie gelernt. Meine Brüder können es, aber mich hat es nicht interessiert. Mir ist noch nie eine Frau begegnet, die lesen kann. Mein Vater sagte immer, daß Frauen es nicht lernen können.«

Judith setzte wieder eine Figur und brachte damit Raines König in Gefahr. »Du solltest endlich begreifen, daß eine Frau in manchen Dingen einem Mann auch überlegen sein kann, sogar einem König. Und ich glaube, ich habe dieses Spiel für mich entschieden.«

Raine starrte auf das Schachbrett. »So schnell? Das ist doch unmöglich. Ich habe es nicht einmal gemerkt. Du hast mich mit Reden abgelenkt, so daß ich mich nicht konzentrieren konnte.« Er warf ihr aus den Augenwinkeln einen Blick zu. »Mein Bein tut sehr weh. Da fällt es mir schwer, einen klaren Gedanken zu fassen.«

Judith war sofort besorgt. Doch dann lachte sie. »Raine, du

machst mir etwas vor. Du bist ein ganz hinterhältiger Mensch. So, ich muß jetzt weiter.«

»Nein, bitte nicht.« Er umklammerte ihre Hand und küßte jeden einzelnen Finger. »Ich langweile mich so, daß ich fürchte, den Verstand zu verlieren. Bleib noch. Auf ein Spiel, ja?«

Judith streichelte über sein Haar. Und Raine überbot sich in Komplimenten und Schmeicheleien, um sie doch noch umzustimmen. So fand Gavin die beiden, als er den Raum betrat.

Er hatte fast vergessen, wie schön sein Eheweib war. Sie war zwar nicht mehr in Samt und Seide gekleidet wie zu der Hochzeitsfeier, aber sie sah auch in dem schlichten, eng anliegenden Kleid aus blauer Wolle lieblich aus. Sie hatte ihr wie Gold schimmerndes Haar zu einem langen Zopf geflochten und wirkte mädchenhaft, wie ein Bild der Unschuld, obwohl die üppigen Rundungen ihres Körpers bewiesen, daß sie eine Frau war.

Judith wurde die Gegenwart ihres Gatten zuerst bewußt. Das Lächeln in ihrem Gesicht erlosch, und ihr Körper versteifte sich.

Raine merkte es und sah auf – direkt in das grimmige Gesicht seines Bruders. Es gab keinen Zweifel daran, was Gavin von dieser Szene hielt.

Als Judith hastig zur Seite treten wollte, hielt Raine sie fest. Er wollte vor seinem wütenden Bruder nicht den Zerknirschten und Schuldbewußten spielen.

»Ich versuchte gerade, Judith zu bewegen, mir Gesellschaft zu leisten«, sagte er leichthin. »Seit zwei Tagen sitze ich hier und bin zum Nichtstun verdammt. Aber sie hat einfach keine Zeit für mich.«

»Und du hast nichts unversucht gelassen, sie umzustimmen?« knurrte Gavin. Sein Blick hing an Judith, die ihn kühl musterte.

Judith machte sich mit einem Ruck von Raine los. »Ich muß an meine Arbeit«, sagte sie und verließ den Raum.

Raine ging zum Angriff über, ehe Gavin sich von seiner Überraschung erholt hatte. »Wo warst du? Du bist drei Tage verheiratet und setzt deine Frau mit ihrem Gepäck auf der Türschwelle ab?«

»Nun, sie scheint die Situation ja gut geregelt zu haben«, brummte Gavin, als er auf einen Stuhl sank.

»Wenn du ihr da etwas Unehrenhaftes vorwerfen willst . . .«

»Nein, will ich nicht.« Gavin wußte, daß sein Bruder nie versuchen würde, sich Judith zu nähern. Seine Rückkehr war nur so eine Enttäuschung für ihn gewesen. Er hatte etwas anderes erwartet. »Was ist mit deinem Bein?«

Es gefiel Raine nicht sehr, dem Bruder zu gestehen, daß er vom Pferd gefallen war. Aber zu seiner Verwunderung lachte Gavin ihn nicht einmal aus, sondern erhob sich schwerfällig von dem Stuhl.

»Ich will mich hier umsehen, denn ich war lange fort. Wahrscheinlich sind viele Dinge zu regeln.«

»Du wirst überrascht sein!« Raine sah auf das Schachbrett und versuchte herauszufinden, welche Züge Judith gemacht hatte. »Ich habe noch keine Frau so arbeiten sehen wie Judith.«

Gavin verzog nur den Mund. »Was kann eine Frau schon in einer Woche tun? Ein paar Blüten in einen Gobelin sticken vielleicht . . .«

»Ich habe nichts davon gesagt, daß sie Frauenarbeit geleistet hat. Du hast mich falsch verstanden, lieber Bruder.«

Gavin verstand tatsächlich nicht, was Raine meinte. Er wußte aus Erfahrung, daß vieles drunter und drüber ging, wenn er mal für einige Zeit fort war.

Raine wußte, was in Gavin vorging. »Ich hoffe, du findest noch etwas zu regeln!« rief er ihm nach.

Wenig später verließ Gavin das Haus. Er war noch immer wütend, weil das Wiedersehen mit Judith nicht so verlaufen war, wie er es sich vorgestellt hatte.

Bei seiner Ankunft hatte er es so eilig gehabt, zu seinem ›sich nach ihm verzehrenden Eheweib‹ zu kommen, daß ihm die Veränderungen in der Burg nicht aufgefallen waren.

Die Unterkünfte an der äußeren Burgmauer waren mit frischer Kalkfarbe gestrichen worden und sahen sauber und ordentlich aus. Die Gräben dahinter, die sonst voller Abfälle waren, hatte man offensichtlich vor kurzem erst ausgeräumt.

Gavin blieb bei den Mauserkäfigen stehen. Hier wurden Falken, Merline, Wanderfalken, Sperber und Jagdfalken gehalten. Sein Falkner stand vor einem Pfosten, auf dem ein Falke an einem Bein festgebunden war. Der Mann ließ einen Köder langsam um den Vogel kreisen.

»Ist das ein neuer Köder?« fragte Gavin.

Der Mann mit Namen Simon nickte. »Ja, Herr. Er ist kleiner, und ich kann ihn schneller schwingen. Der Vogel ist gezwungen, schneller zu fliegen. Und so fühlt er sich mehr wie in den Lüften.«

»Gute Idee«, meinte Gavin.

»Oh, die ist nicht von mir. Lady Judith hat mir das geraten.«

Gavin glaubte, nicht richtig zu hören. »Lady Judith? Sie hat dir, dem Meister-Falkner, raten können?«

»Ja, Herr.« Simon grinste. »Eure Frau ist so klug wie sie schön ist. Sie hat mir noch mehr Vorschläge gemacht. Kommt mit und seht Euch die neuen Sitzstangen an, die ich angefertigt habe. Lady Judith sagte, daß die alten schuld daran waren, daß die Vögel wunde Füße hatten. Sie sagte was von Milben und so.«

Als Gavin ihm nicht folgte, blieb Simon stehen. Er ahnte nicht, was in seinem Herrn vorging. Gavin fragte sich, wie Judith es fertig gebracht hatte, den alten Falkner zu solchen Änderungen zu bewegen. Weder von seinem Vater noch von ihm hatte sich Simon jemals etwas sagen lassen.

»Wollt Ihr es Euch nicht ansehen, Herr?« fragte Simon. Gavin schüttelte den Kopf. »Nein, ich komme später.« Er war ärgerlich auf Judith. Woher nahm sie sich das Recht, sich in seine Angelegenheiten zu mischen? Das war reine Männersache!

»Guten Tag, Herr!« rief eine Magd und errötete bis unter den Haaransatz, als Gavin sie anstarrte. Sie machte einen tiefen Knicks und hielt ihm einen Krug hin. »Ich dachte, daß Ihr vielleicht eine Erfrischung möchtet.«

Gavin lächelte. Da war endlich eine Frau, die wußte, wie sie sich zu verhalten hatte. Er sah der Magd tief in die Augen, während er trank. Doch dann wurde sein Interesse auf das Getränk gelenkt.

»Das ist gut. Was ist das?«

»Walderdbeeren, frisch gepflückt. Gekocht mit dem Most vom letzten Jahr. Und etwas Zimt ist dran.«

»Zimt?«

»Ja, Herr. Lady Judith hat dieses Gewürz mitgebracht.«

Unwillig drückte Gavin der Magd den leeren Krug in die Hand und wandte sich ab. Er verlor allmählich die Ruhe. Waren denn alle hier verrückt geworden? Mit großen Schritten ging er zum anderen Ende der Burgmauer, wo die Waffenschmiede war. Dort würde er wohl vor Einmischungen seiner Frau sicher sein.

Aber auch hier erwartete ihn eine Überraschung. Der Schmied, ein mächtiger Mann mit muskulösem Oberkörper, saß am Fenster und nähte.

Gavins Augen weiteten sich. »Was soll das!« schrie er wütend. Der Mann lächelte und hielt zwei Stücke Leder hoch. »Seht Euch das an, Herr. Die nehmen wir jetzt bei den Rüstungen statt der Scharniere. Sie sind viel geschmeidiger. Klug gedacht, was?«

Zwischen zusammengebissenen Zähnen fragte Gavin: »Woher ist diese Idee?«

»Von Lady Judith . . .« Der Waffenschmied zuckte verwundert die Schultern, als sein Herr aus der Schmiede stürmte.

Dieses Weib ist eine Plage! Sie führt hier lauter Veränderungen ein, ohne meine Einwilligung! Mir gehört diese Burg. Ich habe hier zu bestimmen! Wenn etwas anders gemacht wird, dann nur, nachdem ich es angeordnet habe!

Gavin fand Judith in der Vorratskammer, einem großen Raum neben der Küche. Der Küchentrakt befand sich wegen der Brandgefahr außerhalb des Haupthauses.

Judiths Arme steckten bis zu den Ellbogen in einem Bottich mit

Mehl. Gavin baute sich neben ihr auf und stemmte die Hände in die Hüften.

»Was hast du hier angerichtet!« fuhr er sie an.

Judith richtete sich auf. Obwohl Gavin wie eine drohende Mauer vor ihr stand, zeigte sie nicht die geringste Furcht.

»Dies ist mein Haus!« schrie er außer sich.

»Dein Haus?« Ihre Stimme klang ganz ruhig. »Und wer bin ich? Eine Küchenmagd? Wie redest du mit mir?«

Die Küchenmädchen drückten sich ängstlich an die Wände. Doch ihre Blicke ruhten voller Neugier auf Gavin und Judith, um sich nichts von dieser ungewöhnlichen Szene entgehen zu lassen.

»Du bist mein Eheweib, aber ich lasse nicht zu, daß du dich in meine Angelegenheiten einmischst! Es steht dir nicht zu, meinem Falkner oder dem Waffenschmied Anweisungen zu geben.«

Judith sah zu ihm auf. »Dann sag mir, um was ich mich als deine Frau kümmern soll ...«

Einen Moment schien Gavin verblüfft. »Um Frauenarbeit!« knurrte er. »Um Nähen und Sticken. Sieh danach, daß in der Küche sauber gearbeitet wird. Und mach dir Gesichtspasten.«

Judith blitzte ihn wütend an. Ihre Augen leuchteten wie Gold. »Gesichtspasten?« fauchte sie. »Hältst du mich für so häßlich, daß ich das deiner Meinung nach brauche? Vielleicht sollte ich auch was zum Wimpern schwärzen machen oder Creme für meine bleichen Wangen?«

Wieder war Gavin sekundenlang sprachlos. »Von Häßlichkeit habe ich nichts gesagt. Ich will nur nicht, daß du meinen Waffenschmied zu Näharbeiten herunterkommen läßt.«

Judiths Kinn wurde kantig. »Dann werde ich das nicht wieder tun. Dann sollen eure Rüstungen eben weiterhin steif und unbequem bleiben. Was befiehlst du mir noch?«

Gavin biß sich auf die Unterlippe. Das Gespräch nahm eine Wende, die ihm nicht recht war. »Die Mauserkäfige«, begann er.

»Sollen die Vögel also künftig an Krallenkrankheiten eingehen. Gut. Hast du noch etwas?«

Er wußte keine Antwort und kam sich ziemlich einfältig vor. »Ich kümmere mich künftig also um Gesichtscreme, um meine Häßlichkeit zu verdecken«, sagte Judith und machte einen Knicks vor ihm.

Gavin packte sie bei den Schultern und zog sie hoch. Er zwang sie, ihn anzusehen. »Verdammt, Judith, du bist nicht häßlich. Du bist die schönste Frau, die ich jemals gesehen habe.« Er starrte auf ihre Lippen, die ihm so nah waren.

Ihr Blick verlor alle Härte, und ihre Stimme klang weicher. »Dann muß ich meinen schwachen Verstand anstrengen, um mir andere Beschäftigungen einfallen zu lassen.«

»Ja«, sagte Gavin gepreßt, denn ihre Nähe brachte ihn fast um den Verstand.

Judith lächelte süß. »Aber vorher würde ich mit dem Waffenschmied gern noch über eine neue Pfeilspitze reden ...«

Gavin blinzelte. Es sah aus, als wollte er seinen Ohren nicht trauen. Dann gab er Judith so plötzlich frei, daß sie gegen den Mehlbottich taumelte.

»Das verbiete ich dir!« schrie er wild.

»Ja, mein Gebieter!« Ein Lächeln umspielte Judiths Lippen, als Gavin aus dem Raum stürmte.

Raine saß im Schatten der Burgmauer, das verletzte Bein ausgestreckt. Er trank Judiths neues Zimtgetränk und aß dazu kleine, noch ofenwarme Brötchen.

Ab und zu versuchte er, ein Lachen zu unterdrücken, während er seinen Bruder beobachtete. Gavins Bewegungen drückten den Zorn aus, der in ihm kochte. Er ritt sein Pferd, als sei er vom Teufel besessen und attackierte wild die ausgestopfte Stechpuppe, die seinen Gegner darstellte.

Wie ein Lauffeuer hatte sich die Szene in der Küche in der ganzen Burg herumgesprochen. Und morgen wurde die Geschichte sicherlich schon am Königshof in London zum besten gegeben.

Trotz seiner Schadenfreude tat Raine sein Bruder leid. Er hatte sich vor einer Frau lächerlich gemacht.

»Gönn deinem Pferd eine Pause, und setz dich ein bißchen zu mir!« rief er Gavin zu.

Doch Gavin hörte erst auf diesen Rat, als sein Pferd schaumbedeckt war. Er warf seinem Knappen die Zügel zu und ging mit müden Schritten zu Raine hinüber.

»Hier, trink!« bot Raine an.

Gavin machte Anstalten, den Krug zu nehmen, hielt dann aber inne. »Ihr neues Getränk?«

Raine schüttelte bei dem barschen Ton mißbilligend den Kopf. »Ja. Judith hat es selbst zubereitet.«

Gavin winkte seinem Knappen. »Hol mir Bier aus dem Keller!« befahl er.

Raine wollte gerade etwas sagen, als er sah, wie Gavins Blick starr wurde. Judith kam vom Haus her und ging über den mit Sand bedeckten Übungsplatz zu den Schlachtrössern, die am anderen Ende standen.

Gavins Augen schienen zu glühen, während er sie beobachtete. Als sie bei den Pferden stehenblieb, wollte er sich erheben. Raine packte seinen Arm und hielt ihn zurück. »Laß sie. Sie fängt nur wieder einen Streit an, den du verlieren wirst.«

Der Knappe brachte das Bier. Als er sich wieder entfernt hatte, wandte sich Raine an seinen Bruder: »Tust du auch etwas anderes, als die Frau nur anzuschreien?«

Gavin wollte heftig auffahren. Doch statt dessen nahm er ein paar tiefe Schlucke von dem Bier.

»Sieh sie dir an und sag mir, was an ihr falsch ist. Sie ist so schön, daß sie der Sonne Konkurrenz machen könnte. Sie ist den ganzen Tag fleißig und hält das Haus hervorragend in Ordnung. Jeder Mann, jede Frau, jedes Kind hier auf der Burg – sogar der störrische Simon – alle fressen ihr aus der Hand. Und die alten Schlachtrösser nehmen Äpfel von ihr an. Sie hat Humor und ist die beste Schachspielerin in ganz England. Was willst du eigentlich noch mehr?«

Gavin hatte den Blick nicht von Judith gelassen. »Ich habe bei ihr noch nichts von Humor gemerkt«, meinte er finster. »Sie hat mich noch nicht ein einziges Mal mit meinem Namen angesprochen.«

»Warum sollte sie das tun, wo du nie ein freundliches Wort für sie hast? Ich verstehe dich nicht. Du hast manche Magd mehr umworben als sie. Hat ihre Schönheit nicht die besten Komplimente verdient?«

Gavin sah Raine ärgerlich an. »Ich bin kein Dummkopf, um mir von meinem Bruder sagen zu lassen, wie ich mit Frauen umgehen soll. Ich habe schon mit Frauen zu tun gehabt, da hast du noch in den Windeln gelegen.«

Raine antwortete nicht darauf. Doch in seinen Augen blitzte der Schalk. Was hatte es jetzt für einen Sinn, Gavin zu sagen, daß er gerade vier Jahre jünger war.

Gavin erhob sich und ging ins Haus. Er befahl, daß man ihm ein Bad richtete. Und als er im heißen Wasser saß, gab er sich seinen Gedanken hin.

Es mißfiel ihm, daß er Raine im stillen recht geben mußte. Judith hatte möglicherweise einen Grund, so kühl zu ihm zu sein.

Ihre Ehe stand von Anfang an unter einem schlechten Stern. Es war schlecht gewesen, daß er sie in ihrer ersten Nacht hatte schlagen müssen. Es war ein unglücklicher Zufall, daß sie zur unpassendsten Zeit ins Zelt gekommen war.

Aber das war nun lange her. Gavin dachte daran, daß sie ihm gesagt hatte, er müsse sich mit Gewalt nehmen, was er wollte. Während er sich mit Seife einrieb, war Gavin bei den Erinnerungen an die beiden Nächte mit ihr. Er hatte erfahren, daß sie eine leidenschaftliche Frau war. Wie lange würde sie es aushalten, nicht in sein Bett zu kommen?

Bis jetzt hatte er jede Frau bekommen, die er haben wollte, wenn er seinen Charme einsetzte. Und eines Tages würde ihn auch sein störrisches Weib anflehen, sie zu lieben.

Dann würde sie sich ihm endlich unterwerfen. Und dann hatte er, was er wollte: Lilian zum Lieben und Judith, die sein Bett wärmte.

Nach dem Bad und nachdem er sich frische Kleidung angezogen hatte, war Gavin in Hochstimmung. Ihn beflügelte der Gedanke, sich seine liebliche Frau heute gefügig zu machen.

Er fand Judith in einem der Ställe, wo sie beruhigend auf eines der Pferde einredete, während der Hufschmied einen der Hufe bearbeitete.

Gavins erster Gedanke war, ihr zuzurufen, daß es zu gefährlich sei, weil das Tier aus Angst ausschlagen könnte. Doch dann merkte er, daß sie von Pferden viel verstand.

»Diese Tiere sind nicht gerade sehr zahm«, meinte er leise, als er neben sie trat. »Aber du kommst erstaunlich gut damit zurecht, wie ich sehe.«

Sie drehte sich um und sah ihn mißtrauisch an. Das Tier schien ihre Nervosität zu spüren und machte einen Satz. Der Schmied konnte sich gerade noch rechtzeitig in Sicherheit bringen.

»Haltet ihn fester, Lady!« befahl der Mann, ohne sich umzudrehen. »Ich habe noch mehr zu tun und kann keine Zeit vergeuden!«

Gavin wollte den Schmied schon zurechtweisen, weil er in diesem Ton mit seiner Herrin sprach. Doch Judith schien von seinem Benehmen nicht betroffen zu sein.

»Ja, William!« rief sie zurück und faßte das Zaumzeug fester, während sie die Nase des Pferdes sanft streichelte. »Bist du verletzt worden?«

»Nein!« brummte der Schmied. »So, ich bin fertig.« Als er sich umdrehte und Gavin erkannte, fragte er erschreckt: »Ihr, Herr? Kann ich etwas für Euch tun?«

»Ja, du kannst mir sagen, woher du dir das Recht nimmst, deiner Herrin Befehle zu erteilen?«

Williams Gesicht rötete sich.

Judith übernahm es, eine Antwort zu geben. »Er tut es nur, wenn es nötig ist«, meinte sie. »Geh jetzt und kümmere dich um die anderen Pferde, William.«

Der Mann gehorchte sofort. Judith wandte sich zu Gavin um und sah ihn trotzig an. Zu ihrer Verwunderung lächelte er.

»Ich bin nicht hier, um mit dir zu streiten«, begann er und griff nach ihrer Hand. Er zog sie dicht an sich heran. »Ich wollte dich fragen, ob du ein Geschenk von mir annehmen willst. Siehst du den Hengst da hinten?«

»Den schwarzen? Ja, ich kenne ihn gut.«

»Dein Vater gab dir kein Pferd mit . . .«

»Er würde sich eher von seinem Geld trennen als von einem Pferd«, sagte Judith. Sie dachte an ihre Mitgift, die aus mehreren Wagenladungen bestanden hatte. Doch es war kein Pferd darunter gewesen.

»Von dem Hengst stammen ein paar wunderschöne Stuten ab, die auf einem Bauernhof ein Stück von hier aufwachsen. Ich dachte mir, daß du vielleicht mit mir dorthin reiten und dir eine aussuchen möchtest.«

Judith verstand seine plötzliche Freundlichkeit nicht, aber es gefiel ihr, daß er so nett war. »Die Stuten hier reichen mir aus«, meinte sie ruhig.

Gavin schwieg einen Moment und sah sie an. »Haßt du mich so sehr oder hast du Angst vor mir?«

»Ich habe keine Angst!« fuhr Judith auf und reckte sich.

»Kommst du dann mit mir?«

Sie hielt seinen Blick fest und nickte langsam. Gavin lächelte. So hatte er vor langer Zeit gelächelt, an ihrem Hochzeitstag.

»Wir reiten morgen zu dem Bauern«, erklärte er, ehe er den Stall verließ.

Judith sah ihm nachdenklich nach. Was wollte er von ihr? Warum machte er ihr ein Geschenk? Es blieb nicht viel Zeit, darüber nachzudenken, denn es wartete noch viel Arbeit auf sie.

10. Kapitel

Die große Halle war vom Feuerschein des mächtigen Kamins erhellt. Einige der von den Ascotts bevorzugten Gefolgsleute saßen zusammen und spielten Karten oder Schach. Andere hatten sich vor dem Kamin ausgestreckt.

Judith und Raine hielten sich am anderen Ende des Raumes auf.

»Spiel du das Lied«, bat Judith. »Ich bin nicht musikalisch, das weißt du doch.«

Raine schlug ein paar Akkorde auf seiner bauchigen Laute, während er Judith bewundernd ansah. Der Feuerschein vergoldete ihr Haar. Er betete sie nicht nur wegen ihrer Schönheit an. Judith war so anders als die Frauen, die er kannte. Sie war ehrlich, klug und freundlich. Und er wußte, daß er auf dem besten Weg war, sich in sie zu verlieben. Er mußte fort, sobald sein Bein geheilt war.

Raine sah über Judiths Kopf hinweg zu Gavin hin, der in der Tür lehnte, den Blick unverwandt auf seine Frau gerichtet.

»Gavin, spiel du ihr was vor!« rief Raine ihm zu. »Mir tut das Bein so weh. Ich kann nicht spielen.«

Gavin setzte sich in Bewegung. »Sie kann also nicht selbst spielen?« meinte er. »Nun, es freut mich, daß es noch etwas gibt, was sie nicht kann.« Er lachte. »Weißt du, daß sie heute die Fischteiche hat säubern lassen? Vielleicht hat sie einen Schatz auf dem Grund vermutet.«

Er hielt inne, als Judith sich erhob.

»Entschuldigt mich bitte«, sagte sie ruhig. »Ich bin sehr müde und möchte mich zu Bett legen.« Sie nickte den beiden Brüdern zu und verließ die Halle.

Das Lächeln in Gavins Gesicht erlosch, und er ließ sich in einen Stuhl fallen. Raine beobachtete ihn mitleidig.

»Ich werde morgen zu meinen Besitztümern aufbrechen«, sagte er nach einer Weile. Gavin schien ihn jedoch nicht zu hören. Deshalb winkte Raine einem der Knappen und ließ sich in seine Kammer bringen.

Judith sah sich in ihrem Schlafgemach um. Nun gehörte es ihr nicht mehr allein. Gavin war wieder zu Hause und hatte das Recht, den Raum mit ihr zu teilen und das Bett. Aber er tat es nicht.

Sie kleidete sich hastig aus und schlüpfte unter die Decken. Da sie noch für eine Weile das Alleinsein genießen wollte, hatte sie ihre Mägde fortgeschickt.

Sie war müde von dem arbeitsreichen Tag. Trotzdem lag sie mit offenen Augen da und sah gegen den Betthimmel. Nach einer langen Weile hörte sie Schritte vor der Tür. Sie hielt unwillkürlich den Atem an.

Aber die Schritte entfernten sich wieder. Darüber war sie froh. Doch diese Erleichterung wärmte ihr Bett nicht.

Warum sollte Gavin zu mir kommen? fragte sie sich und spürte dabei Tränen in den Augen. Er hat sicherlich die letzte Woche mit Lilian verbracht. Nun war seine Leidenschaft verrauscht, und er brauchte sein Eheweib nicht mehr.

Die Müdigkeit erlöste sie schließlich von ihren quälenden Gedanken.

Es war noch sehr früh, als Judith wieder erwachte. Mattes Morgenlicht sickerte durch die Vorhänge. In der Burg herrschte noch tiefe Stille. Eine Stille, die Judith genoß. Sie liebte diese ersten Stunden des neuen Tages.

Sie zog sich an, wählte ein schlichtes Kleid aus blauem Wollstoff. Ihre weichen Lederschuhe machten kein Geräusch, als sie zwischen den schlafenden Männern durch die Halle ging.

Neben dem Haupthaus gab es einen kleinen Garten, der von einer niedrigen Mauer umgeben war. Hier standen Rosenbüsche. Bis jetzt hatte Judith andere, wichtigere Aufgaben gehabt, als daß sie sich um die verwilderten Büsche hätte kümmern können.

Schwerer Duft lag über dem Garten. Judith atmete ihn in tiefen Zügen. Dann machte sie sich daran, vertrocknete Zweige und Blätter zu entfernen.

»Dieser Garten gehörte meiner Mutter.«

Erschreckt fuhr Judith herum, denn sie hatte niemanden kommen hören.

»Sie brachte sich von überall her Stecklinge mit«, berichtete Gavin weiter. Er kniete neben Judith nieder und roch an einer Rose.

In der wie verzauberten Stimmung vergaß Judith ihre Abneigung gegen ihn. »Warst du noch klein, als deine Mutter starb?« fragte sie, während sie sich wieder ihrer Arbeit zuwandte.

»Ja, sehr klein. Miles kennt sie so gut wie gar nicht.«

»Hat dein Vater nicht wieder geheiratet?«

»Er hat das ganze Leben um sie getrauert, vielmehr die kurze Zeit bis zu seinem Tod. Er starb nur drei Jahre nach ihr. Ich war damals sechzehn.«

Noch nie hatte Judith ihn so traurig sprechen hören. »Und man hinterließ dir schwere Pflichten, nicht wahr?«

»Ich war gerade ein Jahr jünger als du jetzt, da mußte ich mich um die Verwaltung kümmern. Doch du hast hier auch schon Erstaunliches vollbracht.« Etwas wie Bewunderung klang in diesen Worten mit.

»Ich wurde mit solchen Aufgaben vertraut gemacht«, sagte Judith. »Für dich war es mit Sicherheit schwerer, weil man dich nur zum Ritter erzogen hat.«

»Man hat mir erzählt, daß man dich fürs Kloster vorbereiten wollte . . .«

Judith ging zu einem anderen Busch weiter. »Das stimmt. Meine Mutter wollte nicht, daß ich so leben sollte wie sie. Sie war als junges Mädchen in einem Kloster. Dort war sie sehr glücklich, bis sie durch ihre Heirat . . .« Judith brach hastig ab.

»Ich verstehe nicht, wieso du dann solche Pflichten wie diese hier erfüllen kannst. Ich meine . . . also, ich dachte immer, daß man im Kloster seine Tage mit Beten verbringt.«

Judith lächelte ihn an. Es wurde jetzt allmählich heller. Im Osten färbte sich der Himmel rosig. Aus der Ferne hörte man Geräusche von der Küche her.

»Die meisten Männer scheinen zu glauben, daß es das schlimmste für eine Frau ist, wenn sie keinen Mann bekommt. Aber das Leben einer Nonne ist nicht langweilig. Denk nur an das Kloster der heiligen Anna. Was meinst du, wer sich um die Ländereien kümmert?«

»Darüber habe ich noch nie nachgedacht.«

»Die Äbtissin erledigt alle Verwaltungsarbeiten. Gegen sie ist mancher König arm. Euer Land und das meines Vaters zusammen würden nur ein winziges Fleckchen zu den Ländereien dieses Klosters ausmachen. Meine Mutter war mit mir letztes Jahr bei der Äbtissin des Klosters der heiligen Anna. Sie hat keine Zeit für Sticken und Nähen ...« Die letzten Worte sprach Judith mit einem Lächeln.

Gavin mußte lachen, weil er sofort wußte, was sie damit andeuten wollte. »Gut pariert«, meinte er und dachte daran, was Raine ihm über Judiths Humor erzählt hatte. »Nun bin ich belehrt.«

»Du müßtest eigentlich mehr über ein Kloster wissen, da deine Schwester Nonne ist.«

Gavins Augen leuchteten auf, als sie seine Schwester erwähnte. »Also, ich kann mir nicht vorstellen, wie Mary Land verwaltet. Schon als Kind war sie so scheu und lieblich, daß man meinte, sie käme aus einer anderen Welt.«

»Und so habt ihr sie in ein Kloster gehen lassen.«

»Es war ihr Wunsch. Als ich Vaters Nachfolge antrat, verließ sie uns. Ich wollte, daß sie blieb. Ich wollte sie auch nicht zu einer Heirat zwingen, aber sie ging zu den frommen Schwestern.«

Gavin starrte Judith an und mochte sich nicht vorstellen, wie eine solche Schönheit hinter Klostermauern lebte. Die Morgensonne vergoldete ihr weiches Haar. Und wie sie so ohne Haß seinen Blick erwiderte, begann sein Herz rascher zu klopfen.

»Au!« Judith brach den Bann, als sie sich einen Dorn in den Finger riß.

»Laß mich sehen!« Gavin faßte vorsichtig nach ihrer Hand. Auf ihrem Finger war ein Tropfen Blut. Er hob ihn an seine Lippen und hauchte einen Kuß darauf. Dabei sah er Judith unverwandt an.

»Guten Morgen!«

Sie fuhren beide zusammen und sahen nach oben. Raine stand an einem der Fenster.

»Ich störe das Techtelmechtel ja nicht gern«, meinte er. »Aber meine Leute scheinen mich völlig vergessen zu haben. Und ich bin mit meinem vermaledeiten Bein wie ein Gefangener.«

Mit glühendem Gesicht entzog Judith Gavin die Hand.

»Ich gehe zu ihm«, sagte Gavin. »Er will heute fort. Vielleicht kann ich ihm ein bißchen Beine machen. Reitest du nachher mit mir zu dem Bauern, um dein Pferd auszusuchen?«

Judith nickte. Doch sie sah ihn dabei nicht an.

»Du machst Fortschritte bei deinem geliebten Weib«, meinte Raine, als Gavin ihm ziemlich grob die Stufen hinunter half.

»Ich wäre schon weiter, wenn nicht jemand aus dem Fenster geschrien hätte«, brummte Gavin.

Raine lachte, obwohl sein Bein stark schmerzte und ihm vor dem weiten Ritt, der vor ihm lag, graute. »Aber die Nacht warst du nicht bei ihr, oder?«

»Was geht dich das an? Seit wann achtest du darauf, wo ich schlafe?«

»Seit ich Judith kenne. Was meinst du, warum ich gehe, obwohl der Bruch noch längst nicht geheilt ist?« Raine verzog das Gesicht.

»Sie ist schön, nicht wahr? In ein paar Tagen wird sie mir aus der Hand fressen. Dann sage ich dir, wo ich schlafe. Eine Frau ist wie ein Falke. Man muß sie hungern lassen, bis sie es nicht mehr aushält. Dann ist sie zahm.«

Raine blieb mit einem Ruck stehen. Seine Hand lag schwer auf Gavins Schulter.

»Du bist ein unverbesserlicher Narr, der größte, den ich kenne. Ist dir nicht klar, daß der Herr oft der Diener des Falken ist? Wie oft habe ich schon gesehen, daß Männer ihren Falken auf der Hand herumtragen.«

»Du redest Unsinn!« knurrte Gavin. »Ich lasse mich von dir nicht einen Narren nennen.«

Raine biß die Zähne zusammen, als Gavin sein bandagiertes Bein unsanft zu Boden stellte. »Judith ist tausendmal mehr wert als diese Eishexe, die du zu lieben glaubst.«

Gavin warf ihm einen vernichtenden Blick zu und ging so schnell weiter, daß Raine kaum das Geländer fassen konnte. »Kein Wort mehr über Lilian!« hörte er seinen Bruder zischen.

»Das wirst du mir nicht verbieten. Einer muß dich doch wachrütteln. Sie zerstört dein Leben und Judiths Glück.«

Wütend hob Gavin die Faust, ließ sie aber wieder sinken. »Es ist gut, daß du heute gehst. Ich habe keine Lust, mir länger dein Gewäsch anzuhören, was meine Frauen angeht . . .« Mit diesen Worten drehte er sich um und ließ Raine stehen.

»Deine Frauen!« schrie Raine ihm nach. »Die eine besitzt deine Seele, und die andere widersetzt sich dir. Wie kannst du da von ›deinen Frauen‹ reden!«

11. Kapitel

Etwa zehn Pferde standen auf der eingezäunten Wiese. Und ein Tier war schöner als das andere.

»Davon soll ich eines wählen?« fragte Judith. An den Zaun gelehnt, betrachtete sie die Tiere. Als sich ihr Blick Gavin zuwandte, lag in ihren Augen etwas wie Mißtrauen.

Er war den ganzen Morgen so nett und freundlich gewesen, zuerst im Rosengarten und nun hier. Er hatte ihr aufs Pferd geholfen und dann wieder beim Absteigen. Er hatte ihr den Arm gereicht und sie zu der Weide geführt.

Seine Freundlichkeit verwirrte sie, nachdem er sie sonst nur finster angesehen oder häßlich behandelt hatte.

»Sag mir, welches dir am besten gefällt. Sie sind alle zugeritten und an Zaumzeug und Sattel gewöhnt.«

Judith sah wieder zu den Pferden hin. »Es ist nicht leicht. Aber ich glaube, ich nehme das schwarze da drüben.«

Gavin nickte anerkennend zu ihrer Wahl. »Die Stute gehört dir«, sagte er und lächelte.

Nur Minuten später war die Stute gesattelt, und Judith saß auf. Sie genoß das Gefühl, ein eigenes Reitpferd zu haben. Zu ihrer Rechten führte der Weg zur Burg und zur Linken ging ein Pfad in den Wald, dem Jagdgrund der Ascotts.

Ohne zu überlegen, ritt Judith auf den Wald zu. Sie hatte zu lange Tage in der Burg verbracht, und die Eichen und Buchen in ihrem frischen Grün waren zu verlockend.

Judith sah sich nicht um, ob Gavin ihr folgte. Sie galoppierte los und genoß das Gefühl der Freiheit.

Sie ritt schnell, stellte sich und das Pferd auf die Probe. Und die Stute genoß den Ritt so wie sie, das spürte sie.

»Ruhiger jetzt, meine Süße«, raunte sie der Stute zu, als sie unter dem Blätterdach des Waldes waren. Das Tier gehorchte sofort.

Der Waldboden war wie ein weicher Teppich und dämpfte das Geräusch der Hufe. Judith atmete in tiefen Zügen die würzige Luft und ließ der Stute freien Lauf.

Das Rauschen eines Wasserfalls lockte sie an. Doch sie fand keinen Wasserfall, sondern einen Bach, der sich sprudelnd zwischen den Bäumen einen Weg bahnte. Die Sonne zeichnete bizarre Schattenbilder auf den Waldboden.

Judith stieg ab und führte ihr Pferd zu dem Bach. Das Tier trank ruhig, während Judith Grasbüschel abriß und das Fell ihres Pferdes abrieb.

Sie war so in ihre Arbeit vertieft, daß sie nicht sah, wie ihre Stute lauschend die Ohren spitzte und nervös die Hufe bewegte.

»Ruhig, ganz ruhig!« sagte Judith und tätschelte ihren Hals. Doch das Pferd warf den Kopf zurück und wieherte schrill. Judith fuhr herum. Vor Schreck wollte sie nach den Zügeln greifen, doch sie faßte ins Leere.

Ein riesiger Eber näherte sich. Er war verwundet, seine kleinen Augen vom Schmerz verschleiert.

Wieder versuchte Judith die Zügel zu fassen, als der Eber ihre Spur aufgenommen hatte. Doch das Pferd geriet vor Angst in Panik und rannte los.

In ihrem Entsetzen raffte Judith ihre Röcke und wollte flüchten. Doch der Eber war schneller als sie. In letzter Sekunde konnte Judith einen Ast ergreifen und sich daran hochziehen. Sie hatte Mühe, sich festzuklammern, während der aufgebrachte Eber wütend gegen den Stamm des Baumes anrannte.

Es gelang ihr schließlich, für die Füße einen festen Halt zu finden und weiter nach oben zu klettern. Es kam ihr nun zugute, daß sie als Kind das Klettern oft geübt hatte.

Obwohl sie einigermaßen sicher war, sah sie ängstlich auf das tobende Tier, das mit seinen wilden Attacken den Baum ins Wanken brachte.

»Wir müssen ausschwärmen!« befahl Gavin seinen Leuten.

John Bassett, der neben ihm stand, zuckte hilflos die Schultern.

»Wir sind nicht genug, um jeweils zu zweit zu gehen«, fuhr Gavin fort. »Aber sie kann nicht weit gekommen sein.« Er war ungehalten darüber, daß Judith einfach davongaloppiert war, auf einem ihr fremden Pferd und in einen Wald, den sie nicht kannte.

Er hatte mit seinen Männern darauf gewartet, daß sie zurückkam, wenn sie den Waldrand erreichte. Und er konnte es zuerst nicht begreifen, daß sie im Wald verschwunden war.

Nun suchten sie schon eine Weile und fanden keine Spur von ihr. Es war so, als hätte sich die Erde aufgetan und Judith verschlungen.

»John, du gehst nach Norden. Odo, du hältst dich in südlicher Richtung. Ich nehme die Mitte.«

Es war still im Wald. Gavin lauschte angespannt, ob er Judith nicht rufen hörte. Er kannte das Dickicht gut, und er vermutete, daß das Pferd zum Wasser gelaufen war.

Immer wieder rief er Judiths Namen, doch er bekam keine Antwort. Plötzlich stellte sein Hengst die Ohren hoch. Die Nüstern des Tieres bebten. Es war auf die Jagd abgerichtet, und Gavin wußte, daß sein Tier Wild witterte.

»Später, nicht jetzt, mein Guter!« sagte er und tätschelte den Hals des Hengstes.

Doch das Pferd weigerte sich, den Zügeln zu gehorchen. Gavin runzelte die Stirn und ließ ihm seinen Lauf. Da hörte er das Schnauben des Ebers. Er hörte es, bevor er das Tier sah. Er hätte sein Pferd daran vorbei geführt, wenn er nicht etwas Blaues in dem Baum entdeckt hätte.

»Verdammt!« stieß er hervor, als er sah, daß Judith dort gefangen war. »Judith!« schrie er, aber es kam keine Antwort. »Ich bin gleich bei dir!«

Sein Pferd senkte den Kopf in Erwartung des Kampfes, während Gavin sein langes Schwert zog. Der Hengst war gut abgerichtet. Er jagte dicht an dem Eber vorbei, und Gavin lehnte sich weit aus dem Sattel, um dem wilden Tier das Schwert in den Rücken zu stoßen. Der Eber quiekte auf und schlug einmal aus, ehe er zusammenbrach.

Sofort war Gavin aus dem Sattel und warf das Schwert fort. Er sah zu Judith hinauf und erkannte Angst und Grauen in ihren Augen.

»Judith, es ist alles gut. Der Eber ist tot. Er kann dir nichts mehr tun.« Doch es schien so, als hätte ihre Angst nichts mit der Gefahr zu tun. Sie war auf dem Baum ja in Sicherheit.

Sie starrte Gavin an. Ihr Blick ging jedoch durch ihn hindurch. Ihr ganzer Körper war verkrampft.

»Judith!« rief er scharf. »Bist du verletzt?«

Noch immer schien sie nichts wahrzunehmen.

» Spring! Es ist nicht gefährlich«, sagte Gavin und streckte die Arme nach ihr aus. »Laß einfach nur den Ast los. Ich fange dich auf.«

Sie rührte sich nicht.

Gavin sah von dem toten Eber wieder zu seiner Frau hinauf. Sie mußte sich vor irgend etwas zu Tode ängstigen.

»Judith!« sagte er sanft und stellte sich so unter den Baum, daß ihr Blick auf ihn fallen mußte. »Hast du Panik vor der Höhe?« Er war sich nicht ganz sicher, aber er meinte, ein schwaches Nicken zu sehen.

Gavin packte den untersten Ast und schwang sich hoch. Gleich darauf war er neben ihr und legte den Arm um ihre Taille. Doch Judith war immer noch wie erstarrt.

»Hör mir zu«, bat er leise. »Ich fasse jetzt deine Hände und lasse dich nach unten, bis du wieder Boden unter den Füßen hast. Du brauchst keine Angst zu haben. Ich halte dich fest.«

Er mußte ihre Finger mühsam von dem Ast lösen. Sofort klammerte sie sich an seine Hände. Sie zitterte am ganzen Körper. Gavin stemmte sich gegen einen Ast und ließ Judith vorsichtig hinunter.

Sie hatte kaum den Boden berührt, da war er schon neben ihr. Er hielt sie in seinen Armen und wiegte sie wie ein Kind.

»Du bist in Sicherheit«, raunte er ihr zu.

Sie preßte sich verzweifelt an ihn, und dann spürte Gavin, wie ihre Knie nachgaben. Er hob sie hoch und trug sie zu einem Baumstumpf. Dort setzte er sich nieder und hielt sie auf seinem Schoß. Er hatte nicht viel Erfahrung mit hilflosen Frauen. Doch er wußte, daß ihre Angst ungeheuer groß sein mußte.

Er strich ihr das Haar aus dem Gesicht. Ihre Wangen glühten wie im Fieber. Ihre Hilflosigkeit rührte ihn. Als sie sich gar nicht beruhigte, wiegte er sie wieder hin und her und begann leise zu singen. Er tat es unbewußt und merkte nicht, daß er ihr ein Liebeslied vorsang. Es handelte von einem Ritter, der von einem Kreuzzug zurückkehrte und auf den eine Frau wartete, die ihn innig liebte.

Allmählich entspannte sich Judith. Das Zittern ließ nach. Doch Gavin ließ sie nicht los. Er küßte sie auf die Schläfen und summte die Melodie weiter.

»Du hältst mich jetzt sicherlich für sehr albern«, flüsterte sie nach einer Weile.

Gavin sagte nichts.

»Ich . . . mir wurde schwindelig in der Höhe. Und ich hatte entsetzliche Angst.«

Gavin lächelte nur und zog sie fester an sich. Er war froh, daß sie wieder auf ihre Umwelt reagierte.

»Angst ist wohl milde ausgedrückt«, meinte er nach einer Weile. »Du warst richtig in Panik.« Er merkte, wie sie sich in seinen Armen versteifte. »Was ist? Habe ich etwas Falsches gesagt?«

»Es erinnert mich an meinen Vater. Und an ihn mag ich nicht denken«, sagte sie so leise, daß Gavin sie kaum verstehen konnte.

Er drückte ihren Kopf sanft an seine Schulter und streichelte beruhigend über ihr Haar. »Rede es dir von der Seele«, bat er.

Judith schwieg lange. Dann holte sie tief Luft. »Ich erinnere mich nicht mehr an Einzelheiten. Nur an die schreckliche Angst, die ich hatte. Die Mägde haben mir später alles erzählt. Ich war drei Jahre alt, und durch irgend etwas schreckte ich aus dem Schlaf. Ich verließ mein Zimmer und ging in die Halle hinunter, wo noch Licht war und Musik. Mein Vater saß dort mit seinen Zechkumpanen, und sie hatten alle zuviel getrunken.«

Ihre Stimme klang so kühl, als erzählte sie von einem Fremden.

»Als mein Vater mich sah, kam ihm eine Idee, die ihm wie ein lustiger Spaß erschien. Er ließ eine Leiter holen, nahm mich unter den Arm und stieg mit mir bis ans obere Ende. Dann setzte er mich auf ein Fenstersims, hoch oben in der Wand. Wie gesagt, ich erinnere mich nicht mehr genau an alles. Mein Vater und seine Freunde schliefen nach dem vielen Wein ein, und am Morgen suchte man nach mir. Meine Kinderfrau alarmierte alle. Es dauerte lange, bis sie mich fanden. Ich hatte vor Angst keinen Ton herausbringen und mich nicht bemerkbar machen können.«

Gavin streichelte über ihr Haar. Es war ihm kalt den Rücken hinuntergelaufen bei dem Gedanken, daß ein Vater sein kleines Kind hilflos in solcher Höhe sitzen ließ. Eine ganze Nacht.

Er faßte nach Judiths Schultern und hielt sie ein Stück von sich ab. »Jetzt bist du in Sicherheit.«

Sie lächelte. »Du bist so gut zu mir gewesen. Ich danke dir.«

Gavin hatte tiefes Mitgefühl für sie. Das Leben mußte ihr übel mitgespielt haben, wenn sie sich schon für solche Dinge bedankte.

»Du kennst diesen Wald noch nicht. Wollen wir noch eine Weile bleiben?« fragte er sanft.

»Es wartet Arbeit«, wandte Judith ein.

»Zum Teufel mit der Arbeit. Gönnst du dir nie ein Vergnügen?«

»Ich wüßte nicht, was ich da tun sollte«, gestand sie ehrlich.

»Dann werde ich es dir sagen. Wir werden Blumen pflücken und Vögel beobachten.« Er sagte das so ernst, daß Judith lachen mußte.

Ihr Lachen klang so fröhlich, daß Gavin sie verwundert ansah. Er war von ihrer Lieblichkeit ganz hingerissen. »Komm!« Er half ihr auf die Füße. »Ganz in der Nähe ist eine Wiese voller Blumen.«

Judith stand jedoch kaum auf ihrem rechten Fuß, als er unter ihr wegknickte. Gavin entging es nicht, daß sie die Zähne zusammenbiß.

»Hast du dich verletzt?« Er stützte sie fürsorglich. »Du hältst ihn am besten ins kalte Wasser. Dann schwillt er nicht an.«

Er hob sie auf die Arme. Zuerst wollte Judith sich wehren. Doch dann lehnte sie den Kopf an seine Schulter und ließ sich tragen.

Gavin setzte sie am Bachufer ab und zog ihr vorsichtig den Schuh aus. »Nun noch den Strumpf«, meinte er und grinste. Er beobachtete mit Vergnügen, wie sie anmutig den Rock hochraffte und das Strumpfband löste.

»Falls du Hilfe brauchst, stehe ich zur Verfügung.«

Doch Judith rollte den seidenen Strumpf allein herunter. Dann ließ sie zu, daß Gavin ihren Fuß kühlte. War das noch der Mann, den sie hassen gelernt hatte? Sie kannte ihn kaum wieder.

»Das tut gut«, murmelte sie. »Der Schmerz läßt schon nach.«

Ein Windstoß wehte ihr das Haar ins Gesicht. Gavin strich es liebevoll zurück. »Wollen wir uns ein Feuer machen und den Eber braten?« fragte er.

»Eine großartige Idee!« Judith war sofort begeistert.

Sofort hob Gavin sie hoch und watete mit ihr durch den Bach. Auf der anderen Seite setzte er sie ins Gras. Unter einem überhängenden Felsen baute er eine Feuerstelle. Dann verschwand er für eine Weile und kam mit einem Stück Fleisch zurück.

Er steckte es auf einen langen Stock und bereitete es zum Braten vor. Als alles gerichtet war und er genug Holz zusammengetragen hatte, entfernte er sich noch einmal.

Er trug etwas in seinen Rockschößen, als er wiederkam, und Judith sah ihn neugierig an.

»Mach die Augen zu!« befahl Gavin. Und als sie gehorchte, überschüttete er sie mit Blumen. »Da du nicht auf die Wiese gehen kannst, müssen die Blumen zu dir kommen«, sagte er.

Judith starrte auf die duftenden Blüten und dann auf Gavin. Ihre Augen strahlten. »Danke! Was für eine schöne Überraschung.«

Gavin ließ sich neben ihr im Gras nieder. »Erfüllst du mir eine Bitte?« fragte er leise. »Ich möchte hören, wie du meinen Namen aussprichst.«

Zuerst hatte Judith ihn ängstlich angesehen. Nach seinen Worten leuchtete ihr Gesicht auf. »Gavin«, flüsterte sie, »ich danke dir für die Blumen.«

Er seufzte glücklich und legte sich ins Gras zurück. »Wie schön das klingt«, murmelte er. Judith kehrte ihm den Rücken zu. Sie war damit beschäftigt, die Blumen zu einem Strauß zu binden.

Gavin hatte das Gefühl, daß es Jahre her war, seit er einen so friedlichen, schönen Tag erlebt hatte. Judith hatte ihm so viele Arbeiten abgenommen, daß er jetzt ruhig hier liegen und den Tag genießen konnte.

Er lauschte dem Summen der Bienen und betrachtete die seidige Haarflut seines Weibes.

»Warst du wegen Simon wirklich böse auf mich?« hörte er Judith fragen.

Er hatte sogar Mühe, sich zu erinnern, wer Simon war. Ein Lächeln umspielte seine Lippen.

»Nein. Es hat mir nur nicht gefallen, daß dir einfiel, was mir hätte einfallen müssen. Und ich weiß auch nicht, ob dieser neue Köder wirklich so gut ist.«

Judith fuhr zu ihm herum. »Simon ist sehr zufrieden damit! Ich bin sicher, daß die Falken jetzt . . .« Sie brach ab, als sie ihn lachen sah. »Du willst mich nur ärgern!«

»Ich? Ich bin so lieb und unschuldig.«

Judith riß eine Handvoll Gras aus und warf damit nach ihm. »Du bist ein unmöglicher Mensch«, schimpfte sie und mußte dann lachen.

Gavin griff nach ihr und hielt sie lächelnd fest. »Was bist du nur für ein Weib?« flüsterte er mit vor Leidenschaft rauher Stimme. »Einmal verfluchst du mich, und dann lockst du wie eine kleine Verführerin. Ich habe noch keine Frau kennengelernt, die so ist wie du. Du sitzt nicht brav bei einer Nadelarbeit, sondern bändigst wilde Pferde. Du reitest so gut wie ein Mann – und dann finde ich dich zitternd wie ein Kind in einem Baum. Du änderst dich von einer Minute zur anderen.«

Seine Finger streichelten ihre Schläfen. Dann beugte er sich vor und berührte ihre Lippen, die süß und warm von der Sonne waren.

Da brach plötzlich ein heftiger Regenschauer über sie herein. Gavin fluchte ärgerlich und sprang hoch. »Zum Felsen hinüber!« schrie er.

Dann erinnerte er sich an ihren verletzten Fuß. Er hob Judith auf die Arme und lief mit ihr in den Schutz des Felsens, wo das Feuer prasselte und zischte. Er war ärgerlich über die Störung, und als er dann sehen mußte, daß das Fleisch an einer Seite fast schwarz geworden war, ließ er seinen Zorn an Judith aus.

»Du bist eine schlechte Köchin!« brummte er.

Judith sah verwundert zu ihm hin. Dann legte sie kokett den Kopf schief und meinte: »Ich nähe besser als ich koche . . .«

Zuerst starrte er sie finster an. Dann lachte er. »Gut pariert.« Er sah in den Regen hinaus. »Ich muß mich um mein Pferd kümmern. Sag mal, wo ist deine Stute? Kümmert es dich so wenig, was aus ihr geworden ist?«

»Ich . . .« Judith war so überrascht über seinen plötzlichen Sinneswandel, daß sie den Kopf schüttelte. Da warf er ihr vor, daß sie sich zu oft von einer neuen Seite zeigte. Und was tat er?

Ehe sie noch etwas sagen konnte, hallten Rufe durch den Wald. »Lord Gavin? Lady Judith?« Die Stimmen kamen näher. Wieder stieß Gavin einen Fluch aus. Verdammt, er hatte seine Männer völlig vergessen. Welche Macht hatte diese kleine Hexe über ihn, daß ihm das passieren konnte. Seine Leute ritten durch den Regen und waren wahrscheinlich hungrig. Auch wenn er mit Judith gern eine Liebesstunde gehabt hätte, seine Männer kamen zuerst.

12. Kapitel

Nach einem langen erquickenden Schlaf wachte Gavin am nächsten Morgen früh auf. Er hatte schöne Träume gehabt, und in diesen Träumen hatte Judith in seinen Armen gelegen.

Hastig kleidete er sich an. Ihm war heute danach zumute, sein ihm angetrautes Weib für eine Liebesstunde zu erobern. Gavin brach im Garten eine Rose und ging damit zu Judiths Gemach. Leise öffnete er die Tür. Judith lag noch auf ihrem Lager und schlief. Gavin legte die Rose auf die Decke und schob eine Locke aus Judiths vom Schlaf geröteten Gesicht.

Ihre schlafwarme Haut reizte ihn zu weiteren Zärtlichkeiten, bis Judith die Augen aufschlug. »Träume ich noch?« murmelte sie schlaftrunken.

Gavin schlang die Arme um sie. »Nein, ich bin es wirklich.« Seine Hand tastete unter die Decke und zu ihren Brüsten. Er wußte, daß es nicht recht war, ihre Schlaftrunkenheit auszunutzen, aber seine Sehnsucht nach dieser Frau war zu groß.

»Judith, süße Judith«, flüsterte er. Er spürte, wie sich ihr Körper ihm entgegenbog.

Wie immer wurde Judith schwach, wenn Gavin so liebevoll zu ihr war. Zu lange hatte sich ihr Körper nach ihm gesehnt, und so konnte sie ihm nicht widerstehen, obwohl sie sich gestern wieder geschworen hatte, ihm mit Mißachtung zu begegnen.

»Herrin!« Joan kam ins Zimmer. Sie blieb wie angewurzelt stehen, als sie Gavin sah. »Verzeiht, ich wußte nicht, daß Ihr beschäftigt seid. Aber es ist schon spät, und unten warten Leute auf Euch, Herrin.«

»Sag ihnen, daß sie warten müssen«, knurrte Gavin. Er hielt Judith fest, als sie sich erheben wollte.

Joan floh aus dem Zimmer, als sein finsterer Blick sie traf. Gavin drückte Judith in die Kissen und preßte seine Lippen in einem wilden, fordernden Kuß auf ihren Mund.

Als er merkte, wie sich ihre Lippen bereitwillig öffneten, zog er die Decke von ihrem Körper. Seine Augen verdunkelten sich vor Begierde, und er machte Anstalten, sich auszuziehen.

Da wurde die Tür geöffnet. »Mein Lord . . .«

Gavin fuhr herum. Ein Knabe stand in der Tür mit einer Papierrolle in der Hand. Ängstlich duckte sich der Bote unter dem zornigen Blick, der ihn traf.

»Ich . . . ich habe eine wichtige Nachricht für Euch, Herr« stammelte er. Dann senkte er die Augen verlegen vor Judiths Nacktheit.

Judith zog die Decke über sich. Gavin riß dem Knaben die Rolle aus der Hand und warf sie Judith zu. »Mach, daß du fortkommst«, fuhr er den Boten dann an. »Und ich will keine Störung mehr, verstanden?«

Wie von Furien gehetzt rannte der Knabe hinaus. Gavin machte eine unwillige Handbewegung, und sein Atem ging schwer. »Lies das!« befahl er. Judith nahm die Rolle und öffnete sie. Alle Farbe wich aus ihrem Gesicht. Gavin sah es mit Besorgnis. »Schlechte Nachrichten?« wollte er wissen.

Als Judith ihn anblickte, stockte ihm der Atem, denn er sah wieder die eisige Kälte in ihren Augen. Sogar Haß.

»Was bin ich doch für eine Närrin«, stieß sie hervor, als sie ihm das Papier entgegenschleuderte. Sie zog sich die Bettdecke bis ans Kinn und rückte so weit fort von Gavin wie möglich.

Er nahm das Papier und las:

Mein Geliebter,

ich sende Dir heimlich diesen Brief, um Dir noch einmal zu sagen, wie sehr ich Dich liebe.

Morgen werde ich die Frau von Edmund Chatworth. Bete für

mich und denke an mich, so wie ich auch immer an Dich denken werde.
Vergiß nicht, daß Dir mein Herz und mein Leben gehören. Ohne Deine Liebe bin ich nichts. Ich sehne die Zeit herbei, wo ich wieder ganz die Deine sein kann.

In inniger Liebe
Lilian

Ohne einen Blick auf Judith zu werfen, stand Gavin auf und ging zur Tür.

Die nächsten Tage waren für Gavin die Hölle. Judith tat so, als sei er Luft für sie. Und je mehr sie ihm auswich, desto wütender wurde er.

Judith hatte so viel geweint, daß sie sich ganz elend fühlte. Alles war noch schlimmer, weil ihr Körper sich nach Gavin sehnte.

Die Dienerschaft hatte es sich angewöhnt, sich auf Zehenspitzen ihrem Herrn und ihrer Herrin zu nähern. Auch Joan sprach ihre Herrin nur im Flüsterton an.

»Lord Gavin bittet Euch, zu ihm in die große Halle zu kommen.«

»Ich denke nicht daran!« fuhr Judith auf.

»Er sagte, es sei wichtig und es habe mit Euren Eltern zu tun, Herrin.«

»Mit meiner Mutter?«

Judith wurde vor Schreck blaß.

»Ich weiß es nicht. Er sagte nur, daß er mit Euch reden muß.«

Gleich auf den ersten Blick sah Judith Gavin an, daß etwas Schlimmes geschehen sein mußte. Sein Gesicht war maskenhaft starr.

»Warum hast du mir nicht gesagt, daß du einem anderen versprochen gewesen bist?« warf er ihr vor.

Judith wußte nicht, wie ihr geschah.

»Ich sagte dir doch, daß ich in ein Kloster eintreten und Äbtissin werden sollte.«

»Davon rede ich nicht. Was ist mit dem Mann, mit dem du auf dem Turnier gelacht und geflirtet hast?«

Judith spürte ein Pochen in den Schläfen. »Was ... was meinst du?« Ihre Verwirrung schlug in Zorn um. »Wahrscheinlich wäre jeder andere Mann passender für mich gewesen als du!« schrie sie ihm entgegen.

Wütend machte Gavin einen Schritt auf sie zu. Doch Judith rührte sich nicht von der Stelle. »Walter Demari erhebt Ansprüche auf dich und dein Erbe. Und um das zu erzwingen, hat er deinen Vater getötet und deine Mutter als Geisel genommen.«

Judith vergaß ihre Wut. Sie fühlte sich so elend und schwach, daß sie haltsuchend nach einer Stuhllehne tasten mußte. »Getötet. Mutter als Geisel«, sagte sie kaum hörbar.

Auch Gavin wurde ruhiger. Er legte die Hand auf ihren Arm. »Ich habe dir diese Nachricht nicht gern überbracht. Aber dieser Demari erhebt Anspruch auf das, was mir gehört. Und so geht es mich etwas an.«

Judiths Augen blitzten. »Mein Vater ist tot, meine Mutter gefangen, mein Land besetzt und da denkst du an das, was du verloren hast?« fuhr sie ihn an.

»Laß uns vernünftig reden. Warst du Walter Demari versprochen?« Gavin begann eine unruhige Wanderung.

»Nein, war ich nicht.«

»Bist du ganz sicher? Er hat erklärt, daß er deine Mutter freilassen wird, wenn du freiwillig zu ihm kommst.«

Judith wandte sich sofort zur Tür. »Dann gehe ich zu ihm.«

»Nein!« Gavin drückte sie in einen Stuhl. »So leicht ist das nicht. Du bist meine Frau. Du gehörst mir.«

Judith sah zu ihm auf. »Wie kann dieser Mann dann solche Forderungen stellen?«

Sein Blick bohrte sich in ihren. »Man hat ihm gesagt, daß wir das Schlafgemach nicht miteinander teilen. Deshalb will er, daß unsere Ehe annulliert wird und daß du vor dem König deine Abneigung gegen mich in aller Öffentlichkeit erklärst und sagst, daß du ihn zum Manne willst.«

»Und wenn ich das tue, gibt er meine Mutter frei?«

»So sagte er.«

»Und was geschieht mit meiner Mutter, wenn ich diese Forderung nicht erfülle?«

Gavin zögerte einen Moment mit der Antwort. »Ich weiß es nicht.«

Judith sah blicklos vor sich hin und sagte dann mit monotoner Stimme: »Ich muß also zwischen meiner Mutter und meinem Gemahl entscheiden?«

»Nein!« Gavins Stimme klang hart. »Auch wenn ich dich oft für ein aufsässiges Weib halten muß und wir uns ständig streiten, auch wenn du dich in alles einmischst und mich wütend machst, diese Angelegenheit regele ich. Und zwar mit Waffengewalt.«

»Aber meine Mutter . . .«

»Ich will versuchen, sie unversehrt aus den Fängen dieses Menschen zu befreien.«

»Laß mich zu ihm gehen. Vielleicht kann ich ihn umstimmen?«

»Das kann ich nicht zulassen. Jetzt muß ich gehen und meine Leute zusammenrufen. Wir reiten morgen früh.«

Judith stand in ihrem dunkelgrünen Hausmantel am Fenster. Seit sie die schreckliche Nachricht gehört hatte, bewegte sie sich wie eine

Schlafwandlerin. Sie sah nicht einmal die besorgten Blicke, die Joan und Maud tauschten, während sie ihre Herrin auskleideten.

Sie versuchte, sich an Walter Demari zu erinnern, aber es gelang ihr nicht recht. Ihre Gedanken drehten sich immer wieder um Gavin. Er wollte in den Kampf ziehen. Für sie!

Ein Gedanke durchzuckte sie, und im nächsten Moment bewegte Judith sich auf die Tür zu.

Walter Demaris Spione hatten gesagt, daß Gavin und sie nicht miteinander schliefen, so daß die Ehe ohne weiteres annulliert werden konnte.

Judiths Gesicht wirkte entschlossen, als sie die Halle durchquerte. Dann öffnete sie leise die Tür zu Gavins Zimmer.

Gavin stand tief in Gedanken versunken mitten im Raum. Er rührte sich auch nicht, als Judith langsam auf ihn zuging. Ihre nackten Füße machten kein Geräusch.

Doch plötzlich drehte er sich um. Er meinte, eine Vision zu haben. Judith kam zu ihm! Er sah ihr Haar im Kerzenschein leuchten. Er sah, wie ihre Finger den Gürtel des Mantels lösten.

Der Mantel fiel zu Boden, und Judith stand in ihrer herrlichen Nacktheit vor ihm. Gavin starrte sie an, als könnte er es nicht begreifen.

Judith zitterte. Würde er sie fortschicken? »Gavin . . .«, hörte sie sich flüstern.

Da riß er sie schon in seine Arme. Und während seine Lippen die ihren suchten, trug er sie zum Bett.

Er ließ ihr Zeit. Er wartete, bis alle Anspannung von ihr wich. Und zu seiner Verwunderung fühlte er nicht den Triumph, den er sich vorgestellt hatte.

Als sie sich an ihn klammerte, ahnte er, daß ihre Sehnsucht nicht geringer war als seine. Er entledigte sich seiner Kleidung und stöhnte auf, als er ihre nackte Haut auf seiner spürte.

»Judith, wie habe ich dich vermißt, mich nach dir gesehnt«, flüsterte er.

Ihr Körper bog sich ihm entgegen, und ihre Lippen lockten. Sie schenkten sich Zärtlichkeiten, bis ihre Erregung auf den Höhepunkt zutrieb.

Als Gavin in sie eindrang, keuchte Judith vor Wonne. Sie preßte sich an ihn, so als wollte ihr Körper mit seinem verschmelzen.

Und sie hielten sich umklammert, als die Leidenschaft sie mit sich riß.

Judith wußte, daß sie diese Nacht nie vergessen würde. Morgen zog Gavin in den Kampf. Bis dahin wollte sie in seinen Armen sein.

13. Kapitel

Chatworth Manor war ein zweistöckiger Bau aus Ziegelsteinen. Das Haus war lang und schmal und wirkte recht häßlich. Das einzig Schöne war der von einer Mauer begrenzte Garten. Die üppigen Rasenflächen zogen sich bis zum Waldrand. Dieser Wald war der private Jagdgrund von Earl Edmund.

Drei Gestalten näherten sich dem Haus vom Wald her. Jocelin Laing hatte sich seine Laute über eine Schulter gehängt. Seine Arme umschlangen die beiden Küchenmädchen Gladys und Blanche. Er hatte mit den beiden liebestollen Dirnen einen aufregenden Nachmittag verbracht.

Aber Jocelin hielt keine Frau für zu liebestoll oder gar schlecht. Für ihn waren sie alle gleich begehrenswert.

»Und du bist wirklich ihretwegen hergekommen?« fragte Gladys.

Jocelin sah sie tadelnd an, so daß sie rot wurde. Blanche war jedoch nicht so leicht einzuschüchtern.

»Ich wundere mich, daß Lord Edmund erlaubt hat, daß du herkommst. Er hält Lady Lilian wie eine Gefangene. Sie darf nicht einmal allein ausreiten – nur mit ihm.«

»Und er reitet nicht gern, weil er ein so empfindsames Hinterteil hat.« Gladys kicherte.

Jocelin schien verwundert. »Ich dachte, es war eine Liebesheirat. Ein reicher Earl heiratete ein armes Mädchen.«

»Liebe? Niemals! Diese Frau liebt nur sich selbst. Sie hat Lord Edmund wohl für einfältig gehalten und gehofft, daß sie mit ihm machen kann, was sie will. Aber da hat sie sich geirrt.«

»Ich kenne Frauen wie sie«, fügte Gladys hinzu. »Sie wollte hier alles an sich reißen. Aber Lord Edmund würde das Schloß eher niederbrennen, als es ihr überlassen.«

»Warum hat er sie dann geheiratet?« wollte Jocelin wissen.

»Weil sie schön ist.« Blanche zuckte die Schultern. »Und er mag schöne Frauen.«

»So wie ich!« rief Jocelin. Er sah die beiden dabei so feurig an, daß ihre Gesichter zu glühen begannen.

»Er ist anders als du«, meinte Blanche. »Frauen sind für ihn minderwertige Wesen.«

»Ja, wie die arme Constance.« Gladys nickte düster.

»Kenne ich sie?« fragte Jocelin.

»Sieh dir den an!« rief Blanche. » Er hat von zweien nicht genug und denkt noch an eine dritte.«

Lachend und kichernd erreichten sie das Haus. Und dort wurden sie erwartet.

»Wo bist du gewesen!« fauchte Lilian den jungen Mann an, als sie in die Halle kamen.

Blanche und Gladys flohen schnell in die Küche. Jocelin ließ sich jedoch nicht einschüchtern.

»Ihr habt mich vermißt, Herrin?« fragte er und küßte Lilians Hand.

»Nein, nicht so, wie du glaubst. Du bist mit diesen Dirnen zusammen gewesen, während ich hier allein saß.«

Jocelin sah sie zerknirscht an. »Ihr wart allein?«

»Ja.« Lilian ließ sich in den mit Kissen gepolsterten Stuhl am Fenster sinken. Sie wirkte nicht mehr so liebreizend wie auf der Hochzeitsfeier. Ihre Figur hatte an Gewicht verloren, und ihr Blick war nervös und unstet.

»Ja«, wiederholte sie. »Ich bin einsam. Ich habe keinen Freund hier.«

»Wie ist das möglich. Euer Gatte liebt Euch doch.«

Lilian stieß ein bitteres Lachen aus. »Er liebt niemanden. Er hält mich wie einen Vogel im Käfig. Ich kann mit niemandem sprechen, niemanden sehen . . .« Lilian starrte in einen von Schatten erfüllten Winkel. Ihr Gesicht verzerrte sich vor Haß. »Nur sie!«

Jocelin folgte verwundert ihrem Blick, doch er konnte niemanden erkennen.

»Komm raus, du kleine Schlampe!« zischte Lilian.

Und dann sah Jocelin eine junge Frau. Sie ging mit schleppenden Schritten, gesenktem Kopf und hängenden Schultern.

»Sieh uns an, du Hure!« befahl Lilian.

Es waren die Augen der Frau, die Jocelin in einen magischen Bann zogen. Sie waren violett, und aus ihnen sprach die ganze Qual der Welt. Noch nie hatte er solche Verzweiflung und Hoffnungslosigkeit gesehen.

»Sie ist mir wie ein Hund auf den Fersen. Er will es so«, sagte Lilian, um seine Aufmerksamkeit wieder auf sich zu lenken. »Ich habe schon versucht, sie umzubringen, aber Edmund hat sie gerettet. Wenn ich ihr was tue, läßt er mich büßen. Ich . . .«

Lilian brach ab, als sie sah, daß ihr Mann auf sie zukam.

Edmund Chatworth war klein und gedrungen und sehr fett. Tiefe Tränensäcke hingen unter seinen schläfrigblickenden Augen. Mit seinem teigigen Gesicht wirkte er wie ein Mensch ohne Verstand. Aber Lilian wußte, daß das täuschte.

»Komm nachher zu mir«, raunte sie Jocelin noch zu, ehe er hastig die Halle verließ.

»Dein Geschmack hat sich sehr verändert«, meinte Edmund grinsend. »Der sieht kaum so aus wie Gavin Ascott.«

Lilian sagte nichts. Sie war einen Monat verheiratet, und immer, wenn sie Edmund sah, erinnerte sie sich an den Morgen nach der Hochzeit. Die Hochzeitsnacht hatte sie allein verbracht.

An dem Morgen hatte Edmund sie rufen lassen. Und er glich an diesem Tag nicht mehr dem Mann, den sie bis dahin gekannt hatte.

»Du kannst von jetzt an damit aufhören, die Naive zu spielen«, sagte Edmund. »Du hast geglaubt, mich beherrschen und diesen Besitz an dich reißen zu können, nicht wahr?«

»Ich . . . ich weiß nicht, was du meinst«, stammelte Lilian.

»Ihr haltet mich alle für einen Narren. Deine tapferen Ritter, mit denen du es bis jetzt getrieben hast, halten mich für einen Feigling, weil ich nicht für den König in den Krieg ziehe. Aber was gehen mich anderer Leute Fehden an?«

Lilian war sprachlos. Edmund schenkte sich Wein ein und nahm einen tiefen Schluck. Dann wandte er sich Lilian wieder zu.

»Was meinst du, warum ich dich geheiratet habe?« Er gab ihr keine Gelegenheit zu einer Antwort. »Ich halte dich für die raffinierteste Frau in ganz England. Du hast sicherlich gedacht, daß ich so blind bin wie dein liebeskranker Gavin Ascott. Willst du wissen, warum ich eine Schlampe wie dich, die es mit vielen Männern getrieben hat, geheiratet habe?«

Lilian wollte aufstehen. Doch er stieß sie in den Stuhl zurück.

»Ascott wird sich bald fragen, warum er sich mit dir eingelassen hat. Er hat jetzt eine Frau, die das Blut jedes Mannes in Wallung bringen kann.«

Lilian versuchte, ihm mit den Fingernägeln ins Gesicht zu fahren, aber er wehrte sie grob ab.

»Dein Vater besitzt ein Stück Land, an dem mir sehr gelegen ist. Es liegt genau in der Mitte meines Besitzes. Er wollte es an den Earl of Weston verkaufen, der schon ein Feind meines Vaters war. Was meinst du, würde mit meinem Land geschehen, wenn Weston ein Stück genau in der Mitte gehört? Dort fließt ein Fluß. Er würde das Wasser umleiten, meine Äcker wären dann unbewässert, und meine Leute müßten verdursten. Dein Vater war zu dumm, zu merken, daß es mir nur um dieses Land geht.«

Lilian konnte ihn nur anstarren. »Aber Edmund«, begann sie.

»Schweig!« brüllte er sie an. »Ich habe dich die letzten Monate beobachten lassen und weiß, wie viele Männer du in dein Bett gelassen hast. Auch diesen Ascott. Du hast dich ihm sogar bei seiner Hochzeit an den Hals geworfen. Ich weiß von der Szene im Garten. Selbstmord? Ausgerechnet du? Ha, da muß ich lachen. Weißt du, daß auch seine Frau alles beobachtet hat? Ich habe mich betrunken, damit ich nicht hörte, wie mich alle verspotteten!«

»Edmund, ich . . .«

»Ich habe dir gesagt, daß du den Mund halten sollst! Vergiß nicht, mir ging es nur um das Land. Dein Vater hat es mir versprochen, wenn du ihm einen Enkel schenkst.«

Lilian lehnte sich im Stuhl zurück. Einen Enkel. Sie mußte sich ein Lachen verbeißen.

Als sie vierzehn gewesen war, war sie schwanger geworden. Sie war zu einer alten Frau im Dorf gegangen und hatte sich das Kind nehmen lassen. Daran war sie beinahe verblutet.

Sie hatte nicht die Absicht, ihren schönen Körper durch eine Schwangerschaft zu ruinieren. Trotz all der Männer, die sie in den letzten Jahren gehabt hatte, war sie nie schwanger geworden. Und sie war sicher, daß der Eingriff damals daran schuld war, daß sie nie Kinder bekommen würde.

Lilian wußte aber nun, daß ihre Zukunft an Edmunds Seite die Hölle sein würde.

Eine Stunde später schlich sich Jocelin an den Wänden der Halle entlang. Die Zustände im Haus von Edmund Chatworth waren nahezu unerträglich.

Die Dienstboten waren liederlich und unehrlich. Sie schienen sich vor ihrer Herrin und ihrem Herrn zu fürchten und verloren keine Zeit, Jocelin auch in die intimsten Dinge von Edmund und Lilian einzuweihen.

Als Jocelin wissen wollte, warum Chatworth seine Frau so behandelte, zuckten die Leute nur die Achseln. Sie erklärten ihm, daß es etwas mit der Hochzeit der Revedoune-Erbin zu tun habe.

Mehrmals hatten sie Chatworth schon schreien hören, daß er sich von ihr, Lilian, nicht zum Narren machen lasse. Und er hatte bereits drei Männer getötet, die die Liebhaber seiner Frau gewesen sein sollten.

Man hatte Jocelin ausgelacht, als er ganz blaß geworden war. Wegen dieser düsteren Geschichten hatte er beschlossen, das Haus am nächsten Tag zu verlassen. Es war ihm zu gefährlich.

Als er plötzlich ein Geräusch hörte, zuckte Jocelin heftig zusammen. Sein Herz fing an zu rasen. Doch dann erkannte er eine Frau, die leise vor sich hin weinte.

Sofort ging er zu ihr, aber sie wich wie ein verschrecktes Tier vor ihm zurück. Es war Constance, die Frau, die Lilian so haßte.

Jocelins Stimme klang sanft und beruhigend, als er sie ansprach. »Ich tue dir nichts. Sei ganz ruhig.« Er wollte ihr übers Haar streichen, aber sie streckte die Hände vor, als fürchte sie einen Schlag. Jocelins Herz quoll vor Mitleid über. Was hatte man ihr angetan, daß sie so furchtsam war?

Er sah, wie sich ihr Gesicht vor Schmerz verzerrte und sie ihre Hand in die Seite preßte. Jocelin wollte sie beschützend in die Arme ziehen, aber sie zitterte vor Angst. Er wollte sie nicht drängen und ihr Zeit lassen. Und plötzlich lief sie so schnell fort, daß er sie aus den Augen verlor.

Es war schon sehr spät, als er sich in Lilians Kammer schlich. Sie wartete schon ungeduldig. Sie kam ihm mit einer Leidenschaft entgegen, die Jocelin verwunderte.

Als ihr Kuß so stürmisch wurde, daß sie sich an seinen Lippen festbiß, machte er sich unwillig aus ihren Armen frei.

»Du willst mich verlassen?« fragte sie, und ihre Augen verengten sich. »Das haben schon andere versucht.« Sie lächelte, als sie sein Gesicht sah. »Ich ahne, daß du davon gehört hast. Wenn du ein guter Liebhaber bist, hast du nichts zu befürchten.«

Jocelin gefiel ihre Art der Liebe nicht. Doch ihre Schönheit reizte ihn, wenn es auch eine kalte Schönheit war. Er tat alles, was Lilian verlangte, und er mußte feststellen, daß er bei ihr auf seine Kosten kam.

Schließlich schob sie ihn von sich und befahl: »Geh jetzt!« Jocelin hatte Mitgefühl mit ihr. Lilian würde nie wissen, was echte Liebe war, denn sie war zu solchen Gefühlen nicht fähig.

»Du hast mir gefallen«, sagte sie, als sie ihm die Tür öffnete. »Ich will dich morgen wiedersehen«, fügte sie hinzu, ehe er ging.

Du siehst mich nicht, wenn ich eine Möglichkeit zur Flucht habe, dachte Jocelin, während er den dunklen Flur entlanghuschte.

»He, du!« Eine Tür hatte sich geöffnet, und Edmund Chatworth stand mit einer Kerze in der Hand vor ihm. »Was hast du hier zu suchen?«

Jocelin zuckte nur die Achseln. Chatworth starrte ihn an und dann die geschlossene Zimmertür seiner Frau. Zuerst schien es, als wollte er etwas fragen. Dann betrachtete er Jocelin noch einmal und neigte sich zu ihm hin.

»Kannst du schweigen?«

»Ja, Herr«, antwortete Jocelin ergeben.

»Es geht aber um eine wichtige Sache. Und für dich springt ein Säckchen Gold dabei heraus, wenn du den Mund halten kannst.« Chatworth kniff die Augen zusammen. »Wenn nicht . . . dann bist du ein toter Mann. Komm mit!«

Er winkte den jungen Sänger ins Zimmer. »Wer kann schon ahnen, daß ein paar lächerliche Schläge sie gleich umbringen«, meinte er und wies zum Bett.

Jocelins Augen weiteten sich vor Entsetzen, als er Constanze auf dem Bett liegen sah. Ihr Gesicht war von Striemen entstellt. Die Kleider hingen ihr in Fetzen vom Leib. Ihre Haut war voller Kratzer und Schnitte; an Armen und Schultern sah man Blutergüsse.

»Sie war noch so jung«, flüsterte Jocelin und sank neben dem Bett in die Knie. Er sah getrocknetes Blut in ihrem Haar. Vorsichtig zog er Constance in seine Arme und strich das Haar aus ihrem Gesicht.

»Diese Schlampe war aufsässig und trotzig.« Chatworth trat hinter ihn. »Sie sagte, daß sie lieber sterben würde, als in mein Bett zu kommen«, knurrte er. »Da habe ich ihr gegeben was sie wollte.« Er grinste und ging dann zu einem Tisch, um einen Schluck Rotwein aus dem dort stehenden Glas zu nehmen.

Jocelin wagte nicht, ihn anzusehen. Doch seine Hände ballten sich vor Zorn.

»Hier!« Chatworth warf ihm einen Lederbeutel zu. »Ich will, daß du sie mir aus den Augen schaffst. Wirf sie in den Fluß. Aber erzähl niemandem, was hier heute nacht geschehen ist. Ich werde sagen, daß sie zu ihrer Familie zurückgegangen ist.«

Er trank sein Glas bis zur Neige leer. »Dieses verdammte Luder. Sie war das Geld nicht wert, daß ich für ihre Kleidung ausgegeben habe. Sie lag wie ein Stock unter mir und rührte sich nur, wenn ich ihr eins versetzte.«

»Warum habt Ihr sie dann behalten?« fragte Jocelin ruhig, während er seinen Umhang abnahm, um das tote Mädchen darin einzuhüllen.

»Wegen dieser verdammten Augen. Die schönsten Augen, die ich je gesehen habe. Sie verfolgten mich sogar bis in den Schlaf. Ich habe Constance meiner Frau auf die Spur gesetzt. Aber selbst als Spionin taugte sie nichts. Sie hat mir nie etwas erzählen wollen.« Chatworth kicherte vor sich hin. » Lilian wird dafür gesorgt haben, daß sie kein Wort sagte. So, du hast dein Geld. Nun mach endlich, daß du aus meinem Zimmer kommst.«

»Ich muß einen Priester . . .«, begann Jocelin.

Chatworth lachte. »Den würde nicht einmal der Erzengel Gabriel wachkriegen. Der schläft seinen Rausch aus. Sprich ein Gebet für sie, wenn du unbedingt willst, und dann weg mit ihr.«

Jocelin hob Constance auf seine Arme und ging mit ihr zur Tür.

»Hier! Du hast dein Gold vergessen!« rief Chatworth ihm nach und warf den Beutel auf den Leib der Toten.

Jocelin hatte Mühe, seinen Haß zu unterdrücken. Stumm trug er seine Last hinaus, die Treppe hinunter und in die sternenklare Nacht.

Die Frau des Stallknechtes, eine zahnlose alte Frau, hatte ihm einen Schlafplatz unter dem Dach des Stalles gegeben. Ein warmes Plätzchen zwischen Heuballen. Dort war es ruhig, und er hatte es ganz für sich. Nur wenige wußten davon.

Dorthin wollte Jocelin das Mädchen bringen, sie waschen und für die Beerdigung vorbereiten. Er wollte ihr an der Burgmauer ein richtiges Grab richten.

Er konnte nur über eine Leiter in sein kleines Reich gelangen. Und so legte er sich Constance über die Schulter und stieg vorsichtig nach oben.

Er zündete neben seinem weichen Heubett eine Kerze an, nachdem er das Mädchen niedergelegt hatte. Dann holte er Wasser und wusch ihr blutverschmiertes Gesicht.

»So jung und so schön«, murmelte Jocelin vor sich hin. Ihm traten vor Mitleid mit diesem geschundenen Mädchen die Tränen in die Augen.

»Durst . . .« Es war nur wie ein Hauch zu hören. Aber als Jocelin herumfuhr, sah er, wie die Frau die Augen mühsam öffnete.

»Wasser, bitte . . .«, flüsterte sie.

Jocelin starrte sie noch sekundenlang ungläubig an. Dann entspannte sich sein Gesicht zu einem Lächeln.

»Du lebst . . .? Mein Gott . . .« Er holte schnell etwas mit Wasser verdünnten Wein, stützte ihren Kopf und hielt ihr den Becher an die Lippen.

»Langsam«, sagte er. »Verschluck dich nicht.«

Sie hing schwer in seinem Arm. Jocelin sah, daß ihr jeder winzige Schluck Schmerzen bereitete. Daran waren sicherlich die Würgemale an ihrem Hals schuld.

Er tastete über ihre bloße Schulter. Die Haut war noch immer kalt, aber dann begriff er, wovon das kam. Sie fror! Ihr Körper war vor Kälte erstarrt. Und da er nur eine Möglichkeit kannte, eine Frau zu wärmen, legte Jocelin sich neben sie, hielt sie dicht an sich und zog die Wolldecke über ihre beiden Körper. Noch nie hatte er so mit einer Frau gelegen und sich dabei so eigenartig gefühlt.

Er wachte erst spät am Morgen auf. Das Mädchen atmete eng an seiner Brust. Sie bewegte sich und stöhnte, weil ihr ganzer Körper vor Schmerzen brannte.

Jocelin holte ein feuchtes Tuch und legte es auf ihre glühende Stirn. Das Mädchen hatte Fieber.

Jetzt, im hellen Tageslicht, wurde ihm bewußt, was er sich da aufgebürdet hatte. Was sollte er mit ihr machen? Eines war ihm klar, Chatworth durfte nie erfahren, daß Constance nicht tot war. Sie würde es nicht überleben, wenn sie wieder in die Hände dieses Mannes geriet. Und wenn Chatworth sie nicht tötete, würde Lilian es tun.

Er sah sich in seinem kleinen Reich um. Hierher konnte niemand so leicht gelangen. Und wenn er vorsichtig genug war, würde er Constance hier versteckt halten können, bis sie gesund war. An alles weitere wollte er erst denken, wenn es nötig war.

Jocelin hob Constances Kopf wieder an und flößte ihr noch von dem verdünnten Wein ein. Doch es rann nur wenig davon durch ihre Kehle.

»Jocelin?« schrie plötzlich eine Frauenstimme von unten herauf.

Er fluchte. Warum konnten ihn die Weiber nicht in Ruhe lassen?

»Wir wissen, daß du da oben bist! Wenn du nicht kommst, kommen wir rauf!«

Jocelin ging zu der Treppe und lächelte Blanche und Gladys an. »Was wünschen die beiden Ladys?« fragte er und deutete eine Verbeugung an.

Gladys kicherte. »Sollen wir das hinaufschreien, damit alle es hören?«

Jocelin grinste. Er warf einen Blick zu Constance hin und kletterte dann die Leiter hinunter. Er legte den Mädchen die Arme um die Taillen. »Könnt ihr für mich bei der Köchin nicht mal ein gutes Wort einlegen? Ich habe Hunger.«

Die nächsten vier Tage waren für Jocelin die Hölle. Er hatte noch nie ein Geheimnis hüten müssen, und er fand es ziemlich aufreibend. Am neugierigsten war die Frau des Stallknechts.

»Ich weiß nicht, was du da oben verbirgst. Ich kann es mir aber denken. Die Frage ist nur, warum du sie versteckst.«

Jocelin wollte etwas antworten. Doch sie hob abwehrend die Hand. »Laß nur. Keiner liebt Geheimniskrämerei mehr als ich. Ich werde dir helfen, dir die anderen Weiber vom Halse zu halten. Das ist bei der Menge nicht leicht. Du bist ein ganz Schlimmer und machst mehr Frauen glücklich als drei Männer zusammen.«

Jocelin machte sich Sorgen um Constance. Man sah es ihm an. Jeder merkte, daß ihn etwas bedrückte. Nur Lilian nicht. Sie forderte immer mehr Liebesnächte.

Jocelin mußte ihr oft auf der Laute vorspielen, und sie befahl ihn jede Nacht zu sich ins Bett. Ihre Leidenschaft trieb ihn an den Rand der Erschöpfung. Aber was noch schlimmer war: Er mußte sich ständig Lilians Haß auf Judith Revedoune anhören.

Er sah sich jedes Mal, wenn er in sein Versteck auf dem Heuboden stieg, vorsichtig nach allen Seiten um. An diesem Tag fand er Constance zum ersten Mal bei vollem Bewußtsein.

Tagelang hatte sie im Fieber gelegen. Jocelin waren ihr Körper, ihre Nähe vertraut geworden, aber es war ihm nicht in den Sinn gekommen, daß er für sie ein Fremder war.

Sie zog zitternd die Decke bis zum Hals und sah ihn ängstlich an. Jocelin kniete neben ihr nieder. »Wie schön, daß es dir besser geht.« Er nahm ihr Gesicht in die Hände und prüfte die rasch heilenden Wunden. Er wollte ihr die Decke herunterziehen, um zu sehen, ob die Verletzungen an ihrem Körper auch besser geworden waren.

»Nein!« flehte sie. »Wer . . . wer bist du?«

»Jocelin Laing. Du hast mich doch bei Lady Lilian gesehen. Erinnerst du dich nicht?«

Als er Lilian erwähnte, wurde Constances Blick ängstlich. Jocelin zog sie an sich, aber sie versuchte sich zu wehren. Sie gab auf, weil sie zu schwach war.

»Du bist hier bei mir in Sicherheit. Niemand wird dir etwas tun . . .«

»Lord Edmund«, flüsterte sie.

»Er weiß nicht, daß du hier bist. Niemand weiß davon. Nur ich. Er . . . er glaubt, daß du tot bist.«

»Tot? Aber ich . . .«

»Reg dich jetzt nicht auf. Laß uns später über alles reden. Werde erst mal gesund. Ich habe dir eine kräftige Suppe mitgebracht. Kannst du die essen?«

Sie nickte. Das Zittern ließ jedoch nicht nach. Jocelin hielt sie ein Stück von sich ab. »Kannst du allein sitzen?«

Wieder nickte Constance. Jocelin betrachtete mitfühlend ihr schmales Gesicht. In ein paar Tagen und bei kräftigem Essen wird es ihr besser gehen, hoffte er.

Er hatte einiges Geschick entwickelt, warmes Essen aus der Küche mitzunehmen. Niemand schien sich etwas dabei zu denken, daß er seine Laute über der Schulter trug und das Lederfutteral in den Händen. Jeden Abend füllte er es mit Suppe, damit die Kranke nicht noch hinfälliger wurde.

Er fütterte Constance wie ein Kind, denn sie konnte den Löffel nicht allein halten. Mitten im Essen schlief sie vor Erschöpfung ein.

Als sie erwachte, saß Jocelin neben ihr. Er kroch zu ihr unter die Decke und hielt sie in seinen Armen. Es regten sich Gefühle in ihm, die ihm bis jetzt unbekannt gewesen waren. Es war aufkeimende Liebe zu diesem hilflosen Geschöpf.

Doch Jocelin war kein freier Mann. Und es gab einige, die ihn beschatteten.

14. Kapitel

Die dunklen Lederriemen der Peitsche sausten auf den Rücken des Mannes nieder. Jedes Mal, wenn die Peitsche ihn traf, schrie er auf und zerrte an den Fesseln, die ihn an den Pfosten banden.

John Bassett sah zu Gavin hin, und als sein Herr nickte, löste er die Fesseln. Der Mann fiel ins Gras. Niemand machte Anstalten, ihm auf die Füße zu helfen.

»Soll ich ihn laufen lassen?« knurrte John.

Gavin sah zu der Burg am anderen Ende des engen Tales hinüber. Zwei Wochen hatte er gebraucht, um Walter Demari zu finden. Der Mann schien mehr an einem Katz- und Maus-Spiel interessiert zu sein, als an seinen Forderungen.

Seit sechs Tagen etwa hatte Gavin vor der Burg sein Lager aufgeschlagen und bereitete den Angriff vor. Er hatte den Wachen auf der Burgmauer zugerufen, welche Anliegen ihn hergebracht hatten. Doch man hörte ihn nicht an.

Vier seiner Männer waren damit beschäftigt, einen Gang unter den alten Mauern hindurch zu graben. Aber das brauchte Zeit, zuviel Zeit. Er mußte fürchten, daß Demari die Geduld verlieren und Helen Revedoune töten würde.

Und als ob es nicht schon genug Scherereien gäbe, hatte einer seiner Männer, diese elende Kreatur zu seinen Füßen, der Teufel geritten. Er hatte die vierzehnjährige Tochter eines Händlers im Dorf geschändet.

»Es ist mir gleich, was mit ihm geschieht«, sagte Gavin. »Ich will nur, daß er in der nächsten Stunde aus meinen Augen verschwindet.« Er zog seine schweren Lederhandschuhe an und befahl: »Ruft mir Odo her!«

Johns Gesicht versteinerte sich. »Herr, Ihr denkt doch nicht daran, nach Schottland zu reiten.«

»Wir müssen. Ich habe nicht genug Männer, um die Burg zu stürmen. Wenn wir vor Jahresende in diesen Mauern da drüben sein wollen, brauche ich Stephens Hilfe.«

»Dann schickt mich nach Eurem Bruder aus.«

»Ich weiß, wo ich meinen Bruder finden kann. Und ich werde mit vier Leuten losreiten.«

»Ihr braucht mehr Leute zum Schutz als nur vier.«

»Ich komme mit wenigen schneller voran. Hoffen wir nur, daß Demari nicht erfährt, daß ich fort bin.«

John nickte düster. Ihm gefiel der Gedanke aber überhaupt nicht, daß sein Herr diesen Ritt unternahm. Aber er wußte, daß jede Diskussion mit Gavin zu nichts führte.

Der Mann am Boden stöhnte.

»Bring ihn fort!« sagte Gavin, ehe er zu den Männern ging, die an einem Katapult bauten.

»Und das alles wegen dieses kleinen Luders!« zischte der Ausgepeitschte.

»Schweig!« herrschte John ihn an. »Du kannst froh sein, daß man dich nicht gehängt hat.« Er zerrte den blutenden Mann an den Rand des Lagers und gab ihm einen Tritt. »Mach, daß du fortkommst, und laß dich hier nie wieder blicken!«

Humphrey Bohun spuckte das Gras aus und starrte John haßerfüllt an. »Oh, ich komme wieder«, stieß er mit zusammengepreßten Zähnen hervor. »Und dann bin ich es, der die Peitsche schwingt.«

Die vier Männer schlichen sich zu ihren Pferden. Niemand außer John wußte, daß Gavin sich auf die Suche nach seinem Bruder machen wollte.

Die drei von ihm Auserwählten waren zuverlässig. Gavin hatte mit ihnen in Schottland gekämpft. Sie waren so wild und verwegen wie das Land ringsum.

Sie trugen kein Banner voran und waren unauffällig gekleidet. Doch sie kamen nicht weit. Kaum zehn Meilen vom Lager entfernt, sahen sie sich plötzlich fünfundzwanzig Leuten von Demari gegenüber.

Gavin zog sein Schwert und raunte Odo zu: »Ich reite voran und bahne dir einen Weg. Versuche, zu Stephen durchzukommen.«

»Aber, Herr! Das ist zu gefährlich!«

»Tu, was ich dir sage!« befahl Gavin.

Demaris Männer hatten sie eingekreist. Gavin sah sich nach der schwachen Stelle in der Kette um. Triumphierende Blicke trafen ihn. Die Leute sahen sich schon als Sieger.

Und dann erkannte Gavin den grinsenden Humphrey Bohun. Er wußte, daß er einen schweren Fehler gemacht hatte, ihn laufenzulassen.

Er nickte Odo kaum merklich zu und hob sein Schwert. Mit einem Schrei trieb er sein Pferd an. Demaris Männer waren darauf nicht vorbereitet. Sie hatten Anweisung, Lord Gavin als Gefangenen zu bringen. Jeder von ihnen war sicher gewesen, daß er sich der Übermacht kampflos ergeben würde.

Diese wenigen Sekunden kosteten Humphrey Bohun das Leben und brachten Odo die Chance, zu entkommen. Gavin erschlug den Verräter und noch andere. Sein Schwert blitzte in der Sonne, wenn er wieder zu einem tödlichen Schlag ausholte.

Odos Rappe sprang über die gefallenen Männer hinweg und erreichte den schützenden Wald. Tief duckte sich der Mann und trieb sein Tier zu scharfem Galopp an. Er hatte keine Gelegenheit, sich noch einmal umzusehen.

Gavin hatte seine Leute klug ausgesucht. In Kürze hatten sie fünfzehn von Demaris Männern erschlagen. Dann sah Gavin zwei seiner tapfersten fallen.

»Greift sie!« schrie der kräftige Mann, der den Trupp von Walter Demari anführte. »Aber seht zu, daß Ascott unverletzt bleibt. Er will ihn lebend!«

Wieder riß Gavin sein Schwert hoch. Da hörte er plötzlich ein leises Zischen. Dann lähmte der dünne Lederriemen einer Peitsche seine Arme und machte ihn wehrlos.

»Bindet ihn!«

Als man Gavin von seinem Pferd zerrte, gelang es ihm, noch einen Mann mit einem Fußtritt kampfunfähig zu machen.

15. Kapitel

Judith kniete im Rosengarten. Und während sie die Büsche stutzte, waren ihre Gedanken bei Gavin.

Er war nun schon länger als einen Monat fort, und seit zehn Tagen hatte sie keine Nachricht von ihm. Immer wieder hielt sie nach einem Boten Ausschau, doch vergeblich.

Sie war von ihren Gefühlen hin- und hergerissen. Brauchte er sie nur, um seine Lust an ihr zu befriedigen? Sie glaubte sicher zu sein, daß sein Herz für immer der blonden Lilian gehörte.

Judith hörte Waffen klirren. Reiter kamen durch den Torbogen geritten, der den inneren Burghof vom äußeren trennte. Sofort sprang sie auf. Die Rosen fielen zu Boden.

Ihr Herz krampfte sich vor Enttäuschung zusammen, als sie Gavin nicht unter den Männern sah. Gewaltsam zwang sie sich zur Ruhe und trat den Rittern beherrscht und gefaßt entgegen.

John Bassett ritt als erster. Er wirkte um Jahre gealtert. Sein Haar war an den Schläfen grau geworden, die Augen lagen tiefer in den Höhlen und hatten dunkle Schatten. Seine Rüstung war an einer Seite aufgerissen, und die Kleidung darunter blutgetränkt.

Auch die anderen sahen schlimm aus, abgemagert und abgekämpft. Reglos stand Judith da, als John abstieg.

»Kümmere dich um die Pferde«, befahl sie einem Stalljungen. John sah sie an und sank dann vor ihr in die Knie.

»Nein!« Judith hob ihn auf und führte ihn ins Haus. Sie sah, daß er sich kaum noch auf den Beinen halten konnte.

»Joan, hol die anderen Mägde und schicke jemanden um Essen und Trinken in die Küche!« befahl sie. Dann wandte sie sich an John. »Ich helfe dir, die Rüstung abzulegen.«

Wenig später waren die Zurückgekehrten von hilfreichen Leuten umringt. Kräftige Suppe wurde gebracht und Bier.

»Fragt Ihr mich nicht nach Neuigkeiten?« John ließ sich von Judith einen Verband an seinen verletzten Arm anlegen.

»Du wirst es mir sagen. Es können keine guten Nachrichten sein, denn sonst wäre mein Gemahl mit euch zurückgekehrt.«

John setzte den Krug ab, aus dem er getrunken hatte, und sah sie an.

»Ist er tot?« fragte Judith kaum hörbar.

»Ich weiß es nicht. Er geriet in einen Hinterhalt. Ein Mann namens Bohun hat uns an Demari verraten. Er hatte gehört, wie Lord Gavin sagte, daß er zu seinem Bruder reiten wolle. Sie hatten kaum das Lager verlassen, da wurden sie überfallen.«

»Und er kam mit dem Leben davon?« hauchte Judith.

»Es ist zu vermuten. Wir haben seine Leiche nicht gefunden.« Johns Gesicht wurde grimmig. »Zwei der Leute, die mit ihm ritten, wurden getötet. Auf bestialische Weise, muß ich sagen. Der Feind, mit dem wir es zu tun haben, muß ein Teufel in Menschengestalt sein.«

»Und ihr habt nicht gehört, ob man ihn vielleicht gefangengenommen hat?«

»Nein, nichts. Wir konnten noch ein paar von Demaris Leuten ausmachen und gegen sie kämpfen . . .«

»Aber es müßten noch mehr von euch sein. Wo sind die anderen?«

»In dem Lager vor Demaris Burg. Wir sind gekommen, um Lord Miles und seine Leute zu holen.«

»Und ihr glaubt, Miles könnte Gavin befreien?«

John antwortete nicht gleich, sondern wandte seine Aufmerksamkeit dem Essen zu.

»Nun sag mir schon die Wahrheit!« drängte Judith.

»Es ist eine Burg, die wir nur durch Belagerung und Aushungerung bezwingen können.«

»Aber das wird Monate dauern!« rief Judith entsetzt.

John senkte den Kopf. »Ja, Herrin.«

»Und Gavin und meine Mutter? Sie werden die ersten sein, die man verhungern läßt!« Judith sprang auf. Ihre Fingernägel gruben sich schmerzhaft in ihre Handballen. »Es gibt eine andere Möglichkeit«, sagte sie dann tonlos. »Ich werde zu Walter Demari gehen.«

Johns Kopf ruckte hoch. »Was wollt Ihr tun, was wir Männer nicht können?«

»Auf seine Forderungen eingehen«, sagte Judith ganz ruhig.

»Ihr wißt nicht, was Ihr da sagt!« fuhr John auf. »Ihr wollt mit einem Wahnsinnigen verhandeln? Glaubt Ihr, daß er Eure Mutter und unseren Herrn freigibt, wenn Ihr auf seine Forderungen eingeht? Wenn Ihr die Männer gesehen hättet, die Demaris Leuten in die Hände gefallen sind . . . Nein, er ist grausam. Man kann ihn nicht mit normalen Maßstäben messen.«

Judith ließ die Schultern hängen. »Was soll ich dann tun? Ich sehe keine andere Möglichkeit. Wenn ich in die Burg gehe, läßt sich vielleicht eine Gelegenheit finden, durch die ich Gavin und meiner Mutter zur Flucht verhelfen kann.«

»Flucht?« stieß er hervor. John vergaß ganz, daß er mit seiner Herrin sprach. Aber er war ein erfahrener Mann. »Und wie sollte das möglich sein? Es gibt nur zwei Ausgänge, und die sind schwer bewacht.«

Judith straffte sich und reckte trotzig das Kinn vor. »Welche Wahl haben wir? Wenn Miles die Burg angreift, wird Demari Gavin und meine Mutter töten lassen. Bedeutet dir dein Herr so wenig, daß du sein Leben aufs Spiel setzt?«

John wußte, daß sie recht hatte. Trotzdem hatte er noch Bedenken. »Und wenn er Euch tötet?« fragte er kaum hörbar. Judith lächelte und legte die Hand auf seine Schulter. »Dann würde er nie in den Besitz des Revedoune-Landes kommen.« Ihre Augen blitzten. »Du wirst jetzt ausruhen, während ich Pläne mache. Später reden wir über alles.«

Judith vergeudete keine Minute. Sie befahl, daß einige Wagen mit Korn und gepökeltem Fleisch beladen wurden. Sie bereitete alles für die Versorgung vieler Leute vor.

Dann wählte sie ihre Kleider aus. Truhen mit den kostbarsten Gewändern wurden gepackt. Und auch ihre Juwelen ließ Judith in einer der Truhen verstauen.

Als John dazukam und über dieses Treiben den Kopf schüttelte, lachte sie ihn an.

»Walter Demari hungert es nach holder Weiblichkeit. Soll ich vor ihm in Sackleinen erscheinen? Dann würde er seine Meinung ändern und mich in den tiefsten Brunnen werfen lassen. Wenn ich ihn täuschen und umstimmen will, muß ich begehrenswert aussehen.«

John wußte nicht, ob er wütend oder überrascht von soviel Klugheit sein sollte. Doch Judith fühlte sich keineswegs so mutig, wie sie sich gab.

Sie lag die ganze Nacht wach und dachte nach. Vielleicht war ihr Plan vergeblich? Vielleicht waren ihre Mutter und Gavin schon tot?

Judith legte die Hände auf ihren Leib. Noch war er flach und fest, aber sie war sicher, daß sie ein Kind von Gavin trug. Mußte sie für dieses Kind nicht um Gavin kämpfen? Ihm den Vater erhalten?

Als der Morgen graute, erhob sich Judith. Ihre Glieder waren bleischwer, als sie zur Kapelle ging, um der Morgenmesse beizuwohnen.

Sie wollte für Gavin, für ihre Mutter und für ihr ungeborenes Kind beten.

Walter Demari saß an dem mächtigen Eichentisch in der großen Halle. Mißmutig sah er sich in dem schmutzigen Raum um. Warum mußte ihm sein Vater ausgerechnet dieses halb verfallene Gemäuer geben?

Er schüttelte die trüben Gedanken ab und gab sich seinen Lieblingsträumen hin. Wenn er erst die schöne Tochter von Robert Revedoune hatte, würde ihn sein Vater nicht mehr so hochmütig behandeln.

Hinter Walter Demaris Stuhl stand Arthur Smiton, ein Mann, den Demari als Freund wähnte. Arthur hatte ihm immer zur Seite gestanden. Er war es auch gewesen, der Gavin Ascott gefangengenommen hatte. Arthur hatte Demari zugesagt, daß er die schöne Erbin bekommen würde.

»Was ist, wenn sie nun nicht kommt?« fragte Demari. »Wenn sie ihren Gemahl haßt? Dann braucht sie doch nichts zu riskieren.«

»Du vergißt, daß wir noch die Alte haben. Ihre Mutter.« Smiton schenkte sich seinen Krug von neuem voll Wein. Es fiel ihm schwer, sich das ewige Genörgel dieses liebestollen Mannes anzuhören. Das ging nun schon so, seit Walter von der Hochzeitsfeier zurückgekehrt war. Er redete von nichts anderem als der schönen Braut. Und Smiton, der durch seine Geburt nicht gerade begünstigt war und sich mühsam hatte hochdienen müssen, beschloß, aus der Sache auch für sich Vorteile zu ziehen.

Es war nicht leicht gewesen, etwas über das jungvermählte Paar herauszubekommen. Aber was er erfahren hatte, wollte er für sich ausnutzen.

Er hatte Demari eingeredet, daß eine Ehe, wie die von Gavin und Judith, ohne Schwierigkeiten gelöst werden könnte. Und er hatte auch dafür gesorgt, daß Walter Demari erkannte, wie sehr es sich lohnte, für das Erbe des Mädchens einen Kampf zu wagen.

Für Arthur war es ein leichtes gewesen, den alten Robert Revedoune zu töten. Und Helen Revedoune hatte keinen Widerstand geleistet, als man sie mitgenommen hatte.

Ein ängstlich blickender Diener erschien in der Tür. »Es warten Besucher vor dem Tor!« meldete er.

»Besucher?« Walter Demaris Blick war vom starken Wein verschleiert.

»Ja, Herr. Es ist Lady Judith Ascott mit einigen Bewaffneten.«

Mit einem Satz war Demari aus seinem Stuhl hoch. Arthur Smiton hielt ihn am Arm fest.

»Sei vorsichtig. Vielleicht ist es eine Falle.«

Demaris Augen glühten vor Leidenschaft. »Sie wird ja nicht mit einem ganzen Heer gekommen sein.«

Smiton ließ ihn los. »Die Gefahr kann von der Lady selbst ausgehen . . .«

Walter starrte ihn an. »Du gehst zu weit. Paß auf, daß ich dich nicht zu Lord Gavin in den Keller werfen lasse.« Mit diesen Worten stürmte er hinaus, um zu sehen, ob es wirklich Judith war, die vor der Burg stand.

Er sah ihr Haar im Sonnenlicht schimmern. »Sie ist es«, murmelte er und rannte die Stufen hinunter in den Burghof.

»Macht das Tor auf!« schrie er dem Torwächter zu. » Schnell!« Das mächtige Fallgitter hob sich langsam. Demari wartete voller Ungeduld.

»Du darfst nicht zulassen, daß sie mit den Bewaffneten in die Burg kommt!« Smiton war neben Demari getreten. »Es sind mehr als hundert Leute.«

Demari nahm den Blick von dem sich mit lautem Knarren bewegenden Fallgitter. Er wußte, daß Arthur recht hatte, aber er wußte nicht, wie er sich verhalten sollte.

Seine Unschlüssigkeit entging Smiton nicht. »Laß mich ihnen entgegenreiten«, schlug er vor. »Und wenn ich mich vergewissert habe, das es wirklich Lady Judith ist, werde ich sie in die Burg begleiten . . .«

»Allein?« fragte Demari.

»Sie soll sich einen Mann auswählen als Bewacher. Aber nur einen.«

Das Falltor war oben, die Zugbrücke hinuntergelassen. Smiton bestieg sein Pferd und ritt, gefolgt von fünf anderen Männern, aus der Burg.

Judith saß ruhig auf ihrer Stute. Niemand merkte ihr an, daß sie ihre ganze Beherrschung aufbieten mußte, um ihr Pferd nicht zu wenden und zu flüchten. Beim Anblick der düsteren Burg war es ihr eiskalt über den Rücken gelaufen.

»Noch ist Zeit zur Umkehr«, hörte sie John Basset neben sich sagen.

Sechs Reiter kamen auf sie zu, und ihr Unbehagen wurde immer stärker. Sie mußte ein paarmal schlucken, weil sich ihr Magen umdrehte.

»Nein«, sagte sie zu John und straffte sich in den Schultern. »Ich nehme die Herausforderung an.«

Als sie den Anführer des kleinen Trupps sah, wußte Judith sofort, daß dieser Mann die ganze Intrige eingefädelt haben mußte. Sie erinnerte sich an Walter Demari als einen freundlichen und sehr höflichen Mann. Aber in den dunklen Augen dieses Gegners lag Unerbittlichkeit, ja Härte.

An seiner Kleidung blitzten viele Edelsteine. Auf dem schwarzen

Haar trug er eine Samtkappe. Auch das breite Band daran war dicht mit Steinen bestickt. Es sah aus, als trüge er eine Krone.

»Meine Lady«, sagte er und deutete eine Verneigung an. Sein Lächeln war spöttisch, beinahe herausfordernd.

Judith spürte, wie ihr Herz zu rasen begann. Dieser Mann würde auch mit aller Klugheit nicht leicht zu schlagen sein.

»Ich bin Sir Arthur Smiton, Lord Demaris Vasall«, stellte er sich vor. »Er heißt Euch herzlich willkommen.«

Willkommen, dachte Judith und verbiß sich eine heftige Antwort. Man hatte ihren Vater ermordet und hielt ihre Mutter und ihren Gemahl gefangen. Stolz hob sie den Kopf, als sie sagte: »Ihr haltet meine Mutter hier gefangen?«

Prüfend musterte er sie, so als wollte er sie abschätzen. Man hatte ihr doch eine Nachricht zukommen lassen.

»Ja, meine Lady.«

»Ich möchte zu ihr geführt werden.« Judith schickte sich an, auf die Zugbrücke zu reiten, doch Smiton hielt ihren Zügel fest. Sofort zogen Judiths Männer ihre Schwerter.

Smitons Lächeln wich nicht. »Ihr könnt nicht mit all diesen Mannen in unsere Burg!«

»So? Ihr wollt mich allein?« Judith hoffte, daß ihre Stimme nicht zitterte. »Ihr werdet mir doch zugestehen, daß ich eine Zofe und einen Mann als persönlichen Schutz mitnehme.«

»Einen Mann und eine Frau. Mehr nicht!«

Judith nickte. Wenigstens war John Bassett dann in ihrer Nähe. »Joan!« rief sie. Als sie sich umdrehte, beobachtete sie, wie die Frau Smiton genau musterte. »Laß meine Kleidertruhen abladen und folge mir dann. John . . .«

Sie brach ab, als sie hörte, wie er bereits Befehle an die Männer gab. Sie sollten in das Lager vor der Burg zurückkehren.

Judith ritt über die Zugbrücke. Sie hielt sich sehr aufrecht und ließ sich nicht anmerken, daß sich die Gedanken in ihrem Kopf überschlugen. Werde ich diese Burg lebend wieder verlassen?

Walter Demari wartete darauf, ihr beim Absteigen zu helfen. Judith erkannte, daß der so freundliche Mann doch einige Schwächen hatte, die sie beim ersten Mal übersehen hatte.

Eine zu große Nase, schmale, grausam wirkende Lippen und seltsam ausdruckslose Augen.

Er starrte sie an. »Ihr seid noch schöner, als ich Euch in Erinnerung habe . . .«

Judith hatte sich an diesem Morgen mit ganz besonderer Sorgfalt angekleidet. Das Gewand aus braunem Samt war am Saum mit Goldbordüren verziert. Aus den geschlitzten Ärmeln quoll blutrote Seide. Es hatte einen sehr tiefen Ausschnitt, der viel von ihren

Brüsten zeigte. Während sie ein paar Schritte machte, hob Judith den Saum leicht an und gab damit einen Blick auf das mit Pelz verbrämte Seidengewand darunter frei.

Judith lächelte Demari strahlend an. »Ihr macht mich verlegen, Lord«, flüsterte sie.

Walter war begeistert von ihrem scheuen Blick. »Ihr werdet müde sein und eine Erfrischung brauchen. Ich hätte ein Mahl bereiten lassen, wenn ich gewußt hätte, daß so hoher Besuch ins Haus steht.«

Ich werde die Rolle der scheuen Frau weiter spielen, nahm Judith sich vor. Das scheint ihm zu gefallen. Sie senkte den Kopf und bat: »Darf ich meine geliebte Mutter sehen?«

Walter konnte den Blick nicht von ihr abwenden. Was für herrliche Wimpern sie hatte! Ihre Haut sah aus wie Samt.

John Bassett trat vor. »Meine Herrin möchte ihre Mutter sehen«, sagte er. Seine Stimme klang zwar ruhig, aber Judith merkte, daß er sich bezwingen mußte.

Demari hatte keinen Blick für ihn. Er sah Judith unverwandt an. Doch Arthur Smiton erkannte Johns Stärke. Diesem Mann durfte man in der Burg nicht zuviel Freiheit lassen.

»Gewiß, Lady Judith«, sagte Walter und reichte Judith den Arm. Er führte sie ins zweite Stockwerk.

Judith sah sich um. Alles war schmutzig und verwahrlost. Überall hingen Spinnengewebe. Sie sah dicke Staubschichten und bröckelnde Mauern.

Gewaltsam zwang sie sich zur Ruhe, als sie das Zimmer betrat, in dem ihre Mutter sich befand. Der Raum wurde nur von einer Ölfunzel erhellt.

»Mutter!« Judith warf sich neben Helen Revedounes Stuhl auf die Knie.

In sprachlosem Staunen sah die Frau sie an. Dann zog sie ihr Kind in die Arme. »Judith . . .« Es dauerte eine Weile, bis ihre Tränen versiegten. »Geht es dir gut, mein Kind?«

Judith nickte. Dann sah sie auf die Männer. »Dürfen wir für eine Weile allein sein?«

»Gewiß!« Walter wandte ich zur Tür. Dann drehte er sich zu John um. »Du gehst auch!«

»Nein, ich lasse die Ladys nicht allein.«

»Warum läßt du mich mit meiner Mutter nicht allein?« fragte Judith, als Smiton und Demari fort waren.

John ließ sich in einem Sessel nieder. »Ich bleibe«, erklärte er. Judith zuckte die Schultern. »Er ist unwahrscheinlich störrisch«, meinte sie zu ihrer Mutter.

»Herrin, Ihr könnt es mit jedem noch so störrischen Bullen aufnehmen«, brummte John.

Judith wollte ihn zurechtweisen, aber da hörte sie ihre Mutter lachen. »Er hat recht, mein Kind.« Helen strich ihrer Tochter übers Haar. »Aber nun sage mir, wieso du hier bist.«

Wieder warf Judith einen Blick zu John hin. Sie zögerte. »Sprecht nur. Kein Wort, das ich höre, wird an die Ohren eines anderen gelangen«, knurrte John.

Judith begann zu sprechen, immer hastiger. Sie sprach von Gavin und ihren widerstreitenden Gefühlen für ihn.

»Ich hasse ihn und bewundere ihn. Er stößt mich ab und zieht mich an. Er ist so stark und . . . Das kann doch nicht Liebe sein, was ich für ihn empfinde. Er ist selten freundlich zu mir. Nur wenn ich mit ihm im . . .« Sie brach ab und biß sich auf die Unterlippe.

»Wenn ihr im Bett seid?« fragte Helen lächelnd.

»Ja.« Judiths Wangen röteten sich.

»Ich weiß, wie dir zumute ist. Meine Gefühle für deinen Vater waren auch so zwiespältig. Und ich kann dir nicht sagen, ob man das Liebe nennen kann, mein Kind.«

Sie schwiegen eine Weile und starrten in das flackernde Licht der Ölfunzel.

»Und jetzt bin ich hier, um meinen Gemahl zu befreien, auch wenn ich weiß, daß er zu einer anderen Frau gehen wird.«

Helen nickte traurig bei Judiths letzten Worten. »Meine Ehe wäre vielleicht anders verlaufen, wenn ich ihm Söhne geschenkt hätte . . . Er hat seine erste Frau nie geschlagen . . .« Sie sah ihre Tochter prüfend an. »Bist du schwanger?«

Judith nickte. »Ja, im zweiten Monat.«

John war mit einem Satz vom Stuhl hoch. Seine Rüstung klirrte. »Ihr seid den ganzen Weg geritten mit einem Kind . . . Lord Gavin wird hängen, wenn Demari das erfährt!«

Judith war mit wenigen Schritten bei ihm, und ihre goldenen Augen blitzten ihn wütend an. »Wer sollte ihm das erzählen? Du hast geschworen, zu schweigen!«

»Und wie wollt Ihr das verbergen?« fragte er sarkastisch.

»Er wird es erfahren, wenn es unumgänglich ist. Du sagst es ihm nicht, versprich es!«

Seine Miene blieb finster, als er nickte. »Ich sage nichts!«

»Auch nicht zu Gavin?«

John knirschte hörbar mit den Zähnen. »Wie sollte ich das? Ich würde viel darum geben, wenn ich wüßte, wo er ist und wie es ihm geht!«

Helen mischte sich ein. »Kind, du hast mir noch nicht verraten, weshalb du hier bist. Hat Walter Demari nach dir geschickt?«

John sank wieder auf seinen Platz. »Weil sie eigensinnig ist. Sie wollte nicht auf mich hören.«

»Ich sah keine andere Möglichkeit«, sagte Judith. »Was hat man dir gesagt, Mutter?«

»Man hat mich nach Roberts Tod hergebracht, und ich habe seit mehr als einer Woche niemanden gesprochen. Nicht einmal die Magd, die hier saubermacht und mir das Essen bringt, spricht mit mir.«

»Dann weißt du nicht, wo man Gavin festhält?«

»Nein. Ich höre erst jetzt von dir, daß er auch hier ist. Was will Lord Demari von uns?«

»Mich«, antwortete Judith, und dann berichtete sie, was sie von Gavin gehört hatte.

»Aber es kann keine Annullierung eurer Ehe geben, jetzt, wo du ein Kind von ihm erwartest.«

Judith sah ihre Mutter ernst an. »Das ist auch ein wichtiger Grund, weshalb das geheimgehalten werden muß.«

»Was willst du tun? Wie willst du Gavin oder mich aus dieser Burg retten? Und nun auch noch John und Joan und dich.« Helen knetete nervös ihre Hände.

»Ich weiß es nicht«, gestand Judith ehrlich. »Aber was sollte ich sonst tun? Wenn ich nur wüßte, wo Gavin ist.«

»Du hast Joan bei dir. Sag ihr, daß sie sich umhören soll. Wenn sie einen Mann finden kann, der es weiß, wird sie es aus ihm herausbringen. Sie hat da ihre besonderen Methoden.«

Judith nickte stumm. Ihr Blick war abwesend.

»Und nun Walter Demari. Kennst du ihn? Kann man ihm trauen?«

»Nein!« erklärte da John Bassett. »Weder ihm noch diesem anderen. Smiton heißt er.«

Judith kümmerte sich nicht um seine Einwände. »Demari bewundert mich. Er hält mich für schön und begehrenswert. Und ich werde mich ihm so präsentieren, bis ich Gavin gefunden habe und eine Flucht vorbereiten kann.«

Helen sah ihre Tochter nachdenklich an. Wie lieblich sie aussah. »Du weißt so wenig über Männer, mein Kind. Sie sind nicht wie Rechnungsbücher, die dir vertraut sind. Sie sind stark und oft unberechenbar.«

John erhob sich plötzlich. »Sie kommen.«

»Judith, hör zu«, bat Helen hastig. »Frage Joan, wie du dich Demari gegenüber verhalten sollst. Höre auf ihren Rat. Sie versteht viel von Männern. Handele nicht eigenmächtig . . .«

»Aber ich . . .«

»Versprich es mir.«

»Ich will es versuchen. Mehr kann ich nicht versprechen.«

Die Tür flog auf. Joan und eines der Mädchen von Demari kamen und holten Judith. Sie verabschiedete sich von ihrer Mutter und folgte den beiden.

Im vierten Stockwerk hatte man im Frauentrakt ein Zimmer für Judith eingerichtet. Joan blieb, um ihrer Herrin beim Ankleiden für das Abendessen mit Walter Demari zu helfen. John hielt vor der Tür Wache.

Judith wusch sich Gesicht und Hände, und als Joan ihr ein Tuch zum Abtrocknen reichte, fragte sie: »Weißt du, wo Lord Gavin ist?«

»Nein, Herrin.« Joan sah Judith verwundert an. Es war nicht üblich, daß ihre Herrin ihr Fragen stellte.

»Könntest du es herausfinden?«

Joan grinste. »Ich glaube schon. Hier gibt es genug Klatschmäuler.«

»Brauchst du Geld, um jemanden zu bestechen?«

Joan riß entsetzt die Augen auf. »Nein, Herrin. Ich werde mich an einen der Männer wenden.«

»Und sie werden es dir sagen?«

Joan zuckte die Achseln. Ihre Herrin wußte nicht viel vom Leben. »Es kommt darauf an, wie man fragt.«

Judith hatte für diesen Abend ein Kleid aus silbrig schimmerndem Stoff gewählt. Dazu trug sie ein Unterkleid aus grüner Seide. Joan flocht ihr silberne Bänder ins Haar.

»Was muß eine Frau tun, wenn sie etwas von Lord Demari will?« fragte sie.

»Ihm würde ich nicht über den Weg trauen. Dieser andere, dieser Smiton wäre schon eher . . .« Joan vollendete ihren Satz nicht.

Judith fuhr zu ihr herum. »Wie kommst du darauf? Dieser Mann hat harte Augen. Man sieht ihm an, daß er habgierig ist.«

»Und Lord Demari nicht? Er ist noch viel schlimmer, brutal, überheblich . . . Er ändert seine Meinung schnell. Wenn er etwas bekommen hat, was er ersehnte, dann ist er es schon leid.«

»Und das beziehst du auch auf Frauen?«

Joan ließ sich neben ihrer Herrin auf die Knie nieder. Dann flüsterte sie: »Ich kenne die Männer. Lord Demari ist jetzt ganz verrückt nach Euch. Seine Leidenschaft für Euch bringt ihn fast um den Verstand, und solange das so ist, seid Ihr in Sicherheit.«

»In Sicherheit? Das verstehe ich nicht.«

»Er hat Euren Vater umgebracht, und Eure Mutter und Euer Gemahl werden hier gefangen gehalten, und das nur wegen seiner Leidenschaft für Euch. Was glaubt Ihr, was passiert, wenn dieses Feuer nicht mehr glüht?«

Judith verstand noch immer nicht. Und so sprach Joan hastig weiter: »Wenn Ihr Lord Demari zu Willen seid, dann wird er Euch mit anderen Augen sehen, Herrin. Dann hat er kein Interesse mehr an Euch. Für Männer wie ihn geht es nur um diesen Reiz des Spieles. Der Reiz ist vorbei, wenn er gewonnen hat.«

Jetzt fiel es Judith wie Schuppen von den Augen. »Und wie kann ich ihn mir vom Leibe halten?« Sie war bereit, alles zu wagen, um das Leben ihrer Mutter und Gavins zu retten.

»Er wird Euch nicht zwingen. Er muß in dem Glauben bleiben, daß er Euch hofiert hat und Ihr seinem Charme erlegen seid. Ihr könnt hohe Forderungen an ihn stellen. Er wird sie gern erfüllen. Aber Ihr müßt klug zu Werke gehen. Laßt ihn nie eifersüchtig werden. Laßt nicht erkennen, daß Ihr Zuneigung für Euren Gemahl fühlt. Redet ihm ein, daß Ihr Lord Gavin haßt. Ihr müßt ihn so behandeln wie einen ausgehungerten Hund, dem Ihr ein Stück Fleisch hinhaltet.« Joan richtete sich wieder auf und betrachtete ihre Herrin prüfend.

»Und Sir Arthur?« fragte Judith.

»Er gehorcht Lord Demari – und wenn es hart auf hart kommt, wird man ihn kaufen können, mit einem Beutel Gold.«

»Werde ich auch einmal soviel über Männer lernen wie du?« fragte Judith nachdenklich.

Joan lachte. »Warum wollt Ihr das. Ihr habt Lord Gavin, und er ist mehr wert als alle Männer zusammen.«

Ich habe Gavin nicht, dachte Judith bei sich. Doch sie ließ sich nichts anmerken.

16. Kapitel

Walter nahm Judiths Hand und hauchte einen Kuß darauf. Scheu hielt sie den Blick gesenkt.

»Es ist viel Zeit vergangen, seit ich Euch zum letzten Mal sah.« Er gab sich unterwürfig. »Und Ihr seid noch viel schöner geworden. Nehmt mit mir an der Tafel Platz. Ich habe für Euch ein festliches Mahl richten lassen.«

Es entsetzte Judith, zu sehen, daß das Tafeltuch alt und voller Flecken war. Und das Zinngeschirr verbeult. Sie setzte sich zögernd.

»Ist Euer Gemach gut und bequem genug?« Walter Demari traten die Augen aus den Höhlen, während er Judith betrachtete.

»Ja . . .«, hauchte sie kaum hörbar.

»Meine Lady, Ihr braucht vor mir keine Angst zu haben!«

Angst! dachte Judith erschreckt. Sie bezwang ihr Herzklopfen. »Es ist nicht Angst, ich bin nur verwirrt. Ich bin die Gesellschaft ehrbarer Ritter nicht gewöhnt. Und die, die ich kennengelernt habe – sie waren nicht sehr freundlich zu mir.«

Walter griff nach ihrer Hand. »Das möchte ich gern gutmachen. Ich weiß viel von dir, du jedoch so gut wie nichts von mir. Ich war ein Freund deiner Brüder.«

»Das wußte ich nicht!« Judith tat überrascht. »Deshalb hat mein Vater mich dir versprochen?« Unschuldsvoll blickte sie ihn an.

»Wie . . . ja, ja . . .«, stammelte Walter.

»Meine armen Brüder hatten so wenige Freunde. Wie gut, daß sie dich haben durften. Mein Vater muß die Dinge wohl nicht richtig beurteilt haben. Deshalb gab es keine Verlobung zwischen uns?«

»Nun ja . . . ich . . .« Walter nahm einen großen Schluck von seinem Wein, um Zeit zum Nachdenken zu haben. Er hätte sich lieber die Zunge abgebissen, als einzugestehen, daß nie von einer Ehe zwischen ihm und Judith die Rede gewesen war.

Judith senkte wieder den Blick. »Habe ich etwas Falsches gesagt? Wirst du mich jetzt schlagen?«

Er fuhr zu ihr herum und sah Tränen in ihren Augen glänzen. »Meine süße Judith . . .« Er bedeckte ihre Hand mit leidenschaftlichen Küssen. »Warum fürchtet sich ein so liebliches Wesen vor Männern?«

»Verzeiht. Ich kenne ja kaum einen Mann . . .«

»Lächle, meine Holde. Sag mir, was ich dir schenken soll. Du sollst es bekommen.«

Sofort sah Judith auf. »Ich würde gern ein besseres Gemach für meine Mutter haben«, sagte sie mit fester Stimme. »Vielleicht in der Nähe meines Zimmers.«

»Mein Lord«, mischte sich Sir Arthur ein, der zu Judiths Rechten saß. Ihm war kein einziges Wort des Gesprächs entgangen. »Im vierten Stock können wir Lady Helen nicht gut genug bewachen.«

Walter runzelte die Stirn. Er wollte diese Frau, die so scheu und unschuldig war, um jeden Preis haben. Und es mißfiel ihm, vor ihr ermahnt zu werden.

Arthur merkte sofort, daß er einen schwerwiegenden Fehler gemacht hatte. »Ich dachte nur an die Sicherheit der Lady«, erklärte er schnell, Er wandte sich an Judith. »Wenn Ihr nur einen Mann zum Schutz Eurer Mutter hättet, wen würdet Ihr wählen?«

»John Bassett«, sagte sie ohne zu zögern. Ich bin dann ohne Hilfe, wenn ich die Flucht durchführen will, dachte sie. Sir Arthur sah sie an, als könnte er ihre Gedanken lesen.

»Eine großartige Idee«, meinte Walter. »Das ist wirklich dein Wunsch?«

Judith fühlte sich nicht wohl in ihrer Haut. Aber ich habe ohne John vielleicht auch mehr Freiheit, sagte sie sich. »Ja, mein Lord. Ich weiß, daß meine Mutter bei John in besten Händen ist«, flüsterte sie errötend.

»So, nun wenden wir uns heiteren Dingen zu. Wollen wir morgen auf eine Jagd gehen?«

»Jagd? Ich . . . ich würde gern einen Wunsch äußern, wenn ich darf. Lacht mich bitte nicht aus.« Judith starrte auf ihre Hände.

»Aber nein. Sprich nur.« Walter lächelte sie an.

»Ich habe noch nie eine so alte Burg wie diese hier gesehen. Ich würde sie mir gern ansehen. Die Ställe, die Quartiere und sogar die Molkerei.«

»Ich werde dir morgen alles zeigen. Das ist ein bescheidener Wunsch.« Seine Augen bohrten sich in ihre. Doch Judith senkte verwirrt die Lider.

»Ich bin sehr müde. Würdest du mich entschuldigen?« bat sie mit süßer Stimme.

»Dein Wille ist mir Befehl.« Walter erhob sich und reichte ihr die Hand.

Judith warf John, der mit vor der Brust verschränkten Armen hinter ihr stand, einen schnellen Blick zu. »Ich möchte kurz mit meinem Begleiter sprechen«, sagte sie, und ehe Walter etwas erwidern konnte, faßte sie John am Arm und zog ihn mit sich. »Du wirst jetzt auf meine Mutter aufpassen. Ich sorge für mich selbst.«

»Das werde ich nicht zulassen. Lord Gavin . . .«

»Still. Niemand soll hören, was wir sprechen. Meine Mutter muß aus dieser feuchten Kammer heraus, ehe sie krank wird.«

»Dieser Mann frißt Euch mit seinen Blicken. Er will Euch . . .«

Judith warf kühl den Kopf in den Nacken. »Ich weiß auf mich zu achten. Sei unbesorgt.«

John wollte aufbegehren, aber da trat Walter neben Judith und reichte ihr den Arm. »Ich begleite dich zu deinem Gemach.«

Als Judith mit Joan allein war, hörte sie ihre Dienerin kichern. »Ihr seid großartig gewesen.« Joan schüttelte den Kopf. »Woher kennt Ihr den Trick, mit dem Fingernagel Tränen aus den Augen zu quetschen?«

Judith stieß schwer die Luft aus. Joans Worte erinnerten sie an eine Szene, die sie am liebsten aus ihrem Gedächtnis gestrichen hätte. Lilian und Gavin im Garten.

»Von einer Frau, die ihre Umwelt täuscht«, sagte sie knapp.

Joan half ihrer Herrin aus dem Kleid. »Und habt Ihr mit den Tränen erreicht, was Ihr wolltet?«

»Meine Mutter bekommt ein besseres Gemach, und sie wird John als persönlichen Schutz haben.«

»Das ist gut.«

»Ich muß künftig nur unter vier Augen mit Lord Demari reden. Dieser Sir Arthur darf nicht in der Nähe sein.« Judith sah nachdenklich vor sich hin.

»Das wird schwierig sein«, meinte Joan. Sie begann das herrliche Haar ihrer Herrin zu bürsten. »Ich werde mich morgen umhören, um zu erfahren, wo man unseren Lord Gavin versteckt hält.«

Dienerin und Herrin trennten in diesem Moment keine Standesunterschiede mehr. Sie waren Verbündete.

Walter und Arthur standen in der Halle. Die Tische waren abgeräumt worden, und ihre Bewaffneten machten es sich auf ihren Strohmatratzen gerade für die Nacht bequem.

»Ihr traue ich nicht«, raunte Arthur.

»Wie kannst du das behaupten?« fuhr Walter wütend auf. »Sie ist wie eine zarte Blume. Man hat sie geschlagen, so daß sie ganz furchtsam und scheu ist.«

»Sie war nicht scheu, als sie ein anderes Gemach für ihre Mutter gefordert hat.«

»Gefordert? Es liegt nicht in ihrer Natur, Forderungen zu stellen. Sie ist besorgt um ihre Mutter. Das ist ein weiterer Beweis für ihren unfehlbaren Charakter.«

»Dieses süße Wesen, die zarte Blume, hat heute abend genug von dir gehört. Du hättest fast eingestanden, daß es keine Absprache zwischen dir und ihrem Vater gegeben hat.« Arthurs Stimme troff vor Hohn.

»Und? Was kümmert dich das? Sie will diese Ehe mit Gavin Ascott nicht.«

»Wieso bist du da so sicher?«

»Du hast selbst gesagt, daß du gehört hast . . .«

»Gehört! Gehört! Warum ist sie dann hergekommen? So einfältig kann sie nicht sein, dieses Unternehmen für ungefährlich zu halten.«

»Willst du behaupten, daß ich ihr etwas antun könnte?« Walters Gesicht rötete sich.

Ruhig hielt Arthur seinem Blick stand. »Nicht, solange sie für dich den Reiz des Neuen hat.« Er kannte Demari gut genug. »Du mußt sie heiraten, ehe sie in dein Bett kommt. Nur dann wirst du sie wirklich besitzen. Zwingst du sie jetzt dazu, ohne den Segen der Kirchen, wird sie dich hassen, wie sie ihren Gatten haßt.«

»Ich brauche keinen Rat von dir, wenn es um Frauen geht. Ich habe hier zu bestimmen. Vergiß das nicht! Ich bin der Herr! Hast du keine Pflichten?«

»Doch, mein Lord«, antwortete Arthur. In seiner Stimme lag ein eigenartiger Unterton. »Morgen werde ich meinen Herrn begleiten, wenn er unserem Feind unsere Verteidigungsposten zeigt.« Er wandte sich um und duckte sich, als Walter wütend den Weinbecher nach ihm warf.

Als Judith wach wurde, war es noch dunkel im Raum. Sofort dachte sie daran, daß sie heute von Joan etwas über Gavins Verbleib erfahren würde.

Sie warf die Bettdecke zurück und stand auf. Noch schlaftrunken schlüpfte sie in ihren Morgenmantel aus zimtfarbenem Brokat.

Als sie Joans Schlafstatt leer fand, biß Judith wütend die Zähne zusammen. Doch dann wurde aus Zorn Besorgnis. Hatte Joan sie verlassen, oder hatte Sir Arthur sie beim Spionieren erwischt? Die Tür wurde geräuschlos geöffnet. Joan kam auf Zehenspitzen herein.

»Wo bist du gewesen?« fragte Judith.

Joan preßte die Hand vor den Mund, um einen Schrei zu erstikken. »Herrin, Ihr? Ihr habt mich erschreckt. Warum seid Ihr nicht mehr im Bett?«

»Hast du etwas von Lord Gavin gehört?« fragte Judith statt einer Antwort. Sie legte den Arm um Joan und zog sie zum Bett. Joan stützte müde den Kopf in die Hände.

»Ja, Herrin.«

»Wo ist er? Wie geht es ihm?«

Joan seufzte. »Es war nicht leicht, etwas herauszubekommen. Er wird schwer bewacht, Tag und Nacht. Und man kann nur . . . es ist nicht leicht, zu ihm zu gelangen.« Sie lächelte. »Aber eine der Wachen scheint mich zu mögen. Ein Bild von einem Mann. Wir haben die ganze Nacht . . .«

»Joan!« unterbrach Judith sie. »Du verschweigst mir etwas. Was ist mit meinem Gemahl? Wie geht es ihm?«

Joan hob den Kopf und sah sie an. Dann schlug sie die Hände vors Gesicht. »Es ist zu schrecklich, Herrin. Ich kann nicht glauben, daß man ihm so etwas angetan hat. Er ist doch ein Edelmann. So behandelt man nicht einmal den niedrigsten Leibeigenen.«

Judith war blaß geworden. »Erzähle!« sagte sie mit monoton klingender Stimme. »Ich will alles wissen.«

Mit Tränen in den Augen begann Joan zu sprechen. »Nur wenige wissen, daß er in der Burg ist. Man brachte ihn in der Nacht her und warf ihn in dieses . . . dieses Loch.«

»Loch?«

»Ja, Herrin. Eine Art Verlies unter dem Keller. Nicht mehr als eine niedrige Höhle unter den Grundmauern des Turmes. Das Abwasser fließt dort vorbei. Und da unten ist alles voller Ratten und Ungeziefer.«

»Da hält man ihn fest?« Judith konnte es nicht fassen.

»Ja, Herrin. Man kann nur über eine schmale Leiter dorthin gelangen.«

»Bist du dort gewesen?«

»Ja.« Joan senkte den Kopf. »Und ich habe ihn gesehen . . .«

Judith umklammerte Joans Arm. »Das sagst du mir erst jetzt!«

»Ich wollte nicht glauben, daß dieser Mann da unten unser Lord ist. Er war immer so stark und schön, nun ist er nur noch Haut und Knochen. Seine Augen liegen tief in den Höhlen. Der Wachtposten hat eine Kerze in die Öffnung gehalten. Und da habe ich gesehen, daß auf dem Boden überall Tiere krochen. Und unser Herr – mein Gott, er muß in all diesem Unrat liegen. Er mußte die Hände vors Gesicht halten, weil das Kerzenlicht ihn blendete. Oh, du gütiger Himmel. Was für ein Elend.« Joans Schultern zuckten.

»Bist du sicher, daß es Lord Gavin ist?«

»Ja. Der Mann hat mit einer Peitsche nach ihm geschlagen. Und da hat er haßerfüllt heraufgeblickt . . .«

»Hat er dich erkannt?«

»Ich glaube nicht. Zuerst habe ich das befürchtet. Doch ich glaube, daß er niemanden erkennt. Sein Geist . . .« Joan brach ab.

Judith sah mit weit aufgerissenen Augen vor sich hin. Joan faßte sie sanft am Arm.

»Es ist zu spät. Er wird nicht länger als ein paar Tage noch leben. Vergeßt ihn, Herrin. Er ist schon mehr tot als lebendig.«

»Er lebt. Und das reicht!« fuhr Judith sie an.

»Mehr tot als lebendig«, wiederholte Joan. »Wenn man ihn herausholt, wird ihn das Tageslicht blenden.«

Judith stand auf. »Ich muß mich ankleiden. Hilf mir.« Während des Ankleidens bekam Joan weitere Befehle. »Ich brauche Sachen aus grobem Stoff, wie die Mägde sie tragen. Und hohe Stiefel. Dazu einen Schemel, nein, eine Bank. Sie muß schmal sein, aber lang genug. Dann brauche ich einen Drahtkorb, den ich mir um den Leib binden kann. Auch er darf nicht zu groß sein.«

Joan schüttelte wild den Kopf. »Habe ich Euch nicht gesagt, daß er halbtot ist? Man kann ihn nicht retten. Und wie wollt Ihr eine Bank hinunterschaffen, ohne daß jemand etwas merkt? Was zu essen vielleicht, aber nicht . . .«

Joan brach ab, als Judith sie ansah. Wenn die goldenen Augen ihrer Herrin so blickten, war jede Diskussion überflüssig. »Ich werde Euch alles besorgen, was Ihr haben wollt«, versprach sie.

Walter Demari führte Judith am Morgen durch die Burg und zeigte ihr alles. Mit finsterer Miene folgte Sir Arthur dem Paar.

»Was für mächtige Mauern«, meinte Judith, als sie den Festungswall sah. Ihr Blick ging zu den Männern hin, die auf der Mauer standen oder saßen. Sie wirkten schläfrig. Und es waren nicht viele.

»Vielleicht will die Lady jetzt auch noch die Waffen besichtigen«, schlug Sir Arthur ironisch vor. Ihm war ihr prüfender Blick nicht entgangen.

Judith konnte sich bezwingen. »Ich verstehe nicht, warum mich das interessieren sollte.«

»Ich auch nicht. Was soll das, Arthur?« fuhr Walter auf. Judith sah den eiskalten Blick des Mannes und wußte, daß sie in Sir Arthur einen gefährlichen Feind hatte. Lächelnd wandte sie sich an Walter Demari. »Mich hat der weite Ritt gestern sehr angestrengt. Ich würde mich jetzt gern etwas ausruhen.«

»Gewiß, meine Holde.«

Judith konnte seine Hand auf ihrem Arm nicht länger ertragen, auch nicht seine verzehrenden Blicke. Mit einem anmutigen Nicken verabschiedete sie sich an ihrer Kammertür von ihm.

Judith legte sich angekleidet auf ihr Bett. Und wieder beschäftigten sich ihre Gedanken mit dem Mann, den man unter dem Turm gefangenhielt.

Sie hörte, daß sich die Tür öffnete, kümmerte sich aber nicht darum. Die Mägde kamen und gingen. Als jedoch plötzlich eine Männerhand ihren Arm berührte, fuhr Judith auf.

Walter Demari stand neben ihrem Bett und grinste sie an. Judith blickte sich ängstlich um.

»Hab doch keine Angst«, sagte er sanft. »Wir sind allein. Dafür habe ich gesorgt. Die Leute wissen, daß sie bestraft werden, wenn sie meine Wünsche mißachten.«

Judith konnte ihn nur stumm ansehen.

»Hast du Angst vor mir?« Seine Augen glitzerten. »Weißt du nicht, daß ich dich liebe? Gleich vom ersten Augenblick an, als ich dich sah. Ich habe dich beobachtet, als du zur Kirche geritten bist.« Er nahm eine Locke ihres Haares. »Weißt du, wie du ausgesehen hast? Wie eine goldene Königin.«

Demari preßte die weiche Locke an seine Wange. »Damals schon wußte ich, daß du mir bestimmt bist. Trotzdem hast du einen anderen genommen!« Vorwurf lag in seinem Blick.

Judith dachte an Joans Rat. Sie würde nichts für ihre Mutter und Gavin tun können, wenn Demari erreichte, was er wollte. Sie schluchzte auf und barg das Gesicht in den Händen.

Demari war sofort abgelenkt. »Meine süße Judith. Verzeih . . .«

Sie tat so, als wollte sie sich gewaltsam beherrschen. »Ich muß um Verzeihung bitten. Aber ich habe von einem Mann noch nie solche Freundlichkeit erfahren wie von dir. Nicht von meinem Vater und auch nicht von meinen Brüdern. Und dann mein Gemahl . . .«

Walter starrte sie an. »Ist es wirklich wahr, daß du ihn haßt?« Er sah einen solchen Zorn in ihren Augen blitzen, daß er unwillkürlich zurückwich. Es schien fast so, als meine sie ihn und nicht ihren Gemahl.

»Die Männer sind alle gleich. Sie wollen von einer Frau nur das eine! Und wenn sie es ihnen nicht gibt, zwingen sie sie dazu. Weißt du, wie furchtbar es für eine Frau ist, mit Gewalt genommen zu werden?«

»Nein, ich . . .«

»Ach, wenn ich doch glauben könnte, daß es irgendwo den Mann gibt, der mich nicht schlägt und mir nicht Gewalt antut . . .«

Walter betrachtete sie prüfend. »Was wäre mit diesem Mann?«

Judith lächelte süß. »Ich würde ihn von ganzem Herzen lieben.«

Er griff nach ihrer Hand und küßte sie. »Was würde ich dafür geben, dein Herz gewinnen zu können.« Nach diesen Worten erhob er sich von der Bettkante. »Jetzt gönne ich dir deine Ruhe. Aber vergiß nicht, daß ich immer da bin, wenn du mich brauchst.«

Die Tür hatte sich kaum hinter ihm geschlossen, als Joan ins Zimmer schlüpfte. Angstvoll sah sie ihre junge Herrin an.

»Es ist nichts geschehen«, beruhigte Judith sie. »Ich habe es ihm ausgeredet. Er hält mich für scheu und naiv. Ich hasse es, dieses Theater zu spielen. Hast du für heute abend alles bereit?«

»Ja, aber leicht war es nicht, alles zu beschaffen.«

»Du wirst deine Belohnung bekommen, wenn wir aus diesem Rattennest heraus sind«, versprach Judith. »Sorge jetzt dafür, daß ich ein Bad bekomme. Ich muß meine Haut da abschrubben, wo dieser Mann mich berührt hat.«

17. Kapitel

Als in der Burg Stille eingekehrt war, machte sich Judith fertig für ihren Weg in das Verlies.

»Gib das hier dem Wachtposten«, sagte sie, als sie Joan einen Krug Wein reichte. »Danach wird er die ganze Nacht schlafen. Er wird nicht einmal wach, wenn wir Öllampen anzünden.«

»Und wenn Lord Gavin Euch erkennt?«

»Ich erinnere mich, daß du gesagt hast, er sei halb bewußtlos. Laß uns jetzt nicht die Zeit mit Reden vergeuden. Ist alles bereit?«

»Geht es Euch auch wirklich wieder gut?« Joan war am Nachmittag sehr besorgt um ihre junge Herrin gewesen. Judith hatte unter schwerer Übelkeit gelitten, wie schon öfter in ihrer Schwangerschaft.

Judith überhörte die Frage. »Geh jetzt. Bring dem Mann den Wein. Ich warte hier, bis du das Zeichen zum Aufbruch gibst.«

Judith ging nervös im Gemach hin und her. Schließlich band sie sich den Drahtkorb um den Leib und warf sich das weite Kleid aus grobem Stoff über.

Eine Stunde war nun schon vergangen, und sie fragte sich, ob Joan von irgend jemandem aufgehalten worden war. Sie hielt es nicht länger aus.

Judith hatte einige Mühe, sich in der Dunkelheit die Treppe zum Keller hinunterzutasten. Sie hätte beinahe aufgeschrien, als sie plötzlich Schritte hörte. Aber es war nur Joan.

»Herrin?« fragte sie flüsternd.

Judith ging auf das winzige Kerzenflämmchen zu, das vor ihr aus der Finsternis aufgetaucht war. »Schläft der Mann?«

»Ja. Hört Ihr ihn nicht schnarchen?«

»Ich höre nur mein Herz rasen. Stell die Kerze ab und hilf mir den Korb noch einmal festbinden. Er hat sich gelöst.« Joan kniete sich nieder, als Judith den Rock hob. »Warum braucht Ihr den Korb?« fragte sie.

»Zum Aufbewahren der Lebensmittel um die Ratten davon fernzuhalten.«

Joan zitterte, während ihre eiskalten Finger die Knoten festzogen. »Es gibt mehr als nur Ratten da unten. Herrin, geht nicht hin. Noch könnt Ihr umkehren!«

»Willst du an meiner Stelle gehen?«

Joans erschrecktes Keuchen war Antwort genug.

»Komm!« befahl Judith.

Als sie die Falltür hoben, mußten sie die Köpfe abwenden, weil ihnen penetranter, fauliger Geruch in die Nasen stieg.

»Gavin?« rief Judith. »Bist du da unten?«

Es kam keine Antwort.

»Gib mir die Kerze!«

Joan reichte ihrer Herrin das Licht. Dann wandte sie sich wieder ab. Sie konnte es nicht ertragen, in das schwarze Loch hinunter zu sehen.

Judith beugte sich mit dem Licht vor und versuchte, etwas zu erkennen. Sie war auf das schlimmste vorbereitet, und so konnte es sie nicht zu hart treffen. Sie sah Dreck, feuchten Schlamm und in einem Winkel eine zusammengekauerte Gestalt. Nur die Augen, die sie anstarrten, bewiesen ihr, daß noch Leben in dem Bündel Mensch war.

»Gib mir die Leiter, Joan. Wenn ich unten bin, reich die Bank hinunter, dann das Essen und den Wein. Hast du verstanden?«

»Mir graust es vor diesem Ort«, flüsterte Joan.

»Mir auch.« Es war für Judith nicht leicht, die Leiter hinunterzusteigen. Sie stellte die Kerze auf einen vorspringenden Stein in der Mauer und kehrte Gavin den Rücken zu. Sie wußte, daß er versuchte, sich zu erheben.

»Jetzt die Bank!« rief sie nach oben. Auch dieses Unternehmen war schwierig. Die schwere Bank riß Joan fast die Arme aus. Für Judith war es nicht mehr schwer, sie aufzunehmen und neben Gavin an die Mauer zu stellen. Dann kam der Korb mit Nahrung, gefolgt von einem Krug Wein.

Judith stellte alles auf die Bank und näherte sich dann ihrem Mann. Nun verstand sie, warum Joan gesagt hatte, daß er halb tot sei. Er war völlig entkräftet, ausgehungert. Fahle Haut spannte sich über seinen Wangenknochen.

»Gavin«, flüsterte sie und streckte ihm die Hände entgegen. Er berührte sie zögernd, so als fürchte er, daß sie ein Schemen sein könnte, das sich gleich wieder auflösen und verschwinden würde. Als er ihre warme Haut berührte, riß er die Augen weit auf.

»Judith!« Er sprach heiser und mühsam. Seine Stimme war vom langen Schweigen wie eingerostet.

Judith umfaßte seine Hände und half ihm hoch, damit er sich auf die Bank setzen konnte. Sie hielt ihm den Krug an die Lippen.

»Trink, aber ganz langsam.« Er gehorchte. Und als er getrunken hatte, wickelte sie die Schüssel aus und fütterte ihn mit kräftiger Fleischsuppe. Fleisch und Gemüse waren so weichgekocht, daß er sie schlucken konnte.

Gavin aß nur ein paar Bissen. Dann lehnte er sich entkräftet gegen die Mauer und schloß die Augen.

»Ich habe schon lange nichts zu essen gehabt«, sagte er schwer. »Man weiß solche Dinge wie Essen und Trinken erst zu schätzen, wenn man sie nicht mehr hat.« Er schwieg und atmete mühsam. Dann setzte er sich auf und starrte Judith an. »Warum bist du hier?«

»Um dir etwas zu essen zu bringen.«

»Das meinte ich nicht. Warum bist du in Demaris Gewalt?«

»Gavin, du solltest essen und trinken, und nicht soviel reden. Ich erzähle dir erst mehr, wenn du gegessen hast.« Judith brach ihm ein Stück dunkles Brot ab und tauchte es in die Suppe.

Gavin widmete sich wieder dem Essen. »Sind Männer da oben?« fragte er mit vollem Mund. »Ich fürchte, ich habe das Gehen verlernt. Aber wenn ich wieder esse, werde ich bald kräftiger. Man hätte nicht zulassen dürfen, daß du hier herunter kommst.«

Judith hatte nicht damit gerechnet, daß Gavin glauben könnte, er sei frei. »Nein«, flüsterte sie und mußte gegen die Tränen ankämpfen. »Ich kann dich nicht mitnehmen. Noch nicht.«

»Was sagst du da?«

»Ich bin allein, Gavin. Oben wartet keiner von unseren Leuten. Du bist der Gefangene von Walter Demari und meine Mutter auch. Und jetzt auch John Bassett.«

Er hielt im Essen inne. »Ich will alles wissen«, forderte er.

»Von John Bassett habe ich erfahren, daß Demari dich gefangenhält. Er wollte die Burg aushungern, um euch zu retten. Mutter und dich. Aber . . .«

»Du bist hier, um mich zu retten?« Seine tief in den Höhlen liegenden Augen sahen sie wütend an. »Wie wolltest du das tun? Ihnen mit dem Schwert drohen und fordern, daß sie uns freigeben?«

Judith preßte die Lippen zusammen.

»Dafür wird John mir büßen«, knirschte Gavin.

Judith senkte den Kopf. »Er sagte, daß du sehr wütend sein würdest.«

»Wütend?« fuhr Gavin auf. »Mein Besitz ist ohne Schutz, meine Bewaffneten ohne Führung, meine Frau wird als Gefangene gehalten von einem Wahnsinnigen – und da sprichst du von ›wütend‹ sein? Ich bin außer mir!«

Judith hob trotzig den Kopf. »Es gab keine andere Möglichkeit. Eine Belagerung hättest du nicht überlebt.«

»Eine Belagerung nicht, das stimmt«, erklärte er hitzig. »Aber es gibt andere Wege, diese Burg einzunehmen.«

»Aber John sagte . . .«

»Er ist kein Anführer. Sein Vater war meinem Vater untertan, so wie er mir untertan ist. Er hätte nach Miles oder Raine schicken müssen. Ich werde ihn töten für seinen Leichtsinn.«

»Nein, Gavin! Ich bin schuld. Ich habe ihm gesagt, daß ich allein hierher reiten würde.« Ihre Augen leuchteten im Kerzenlicht. Die wollene Kapuze war von ihrem Haar geglitten.

»Ich habe ganz vergessen, wie schön du bist«, sagte Gavin sanft. »Laß uns nicht mehr streiten. Was geschehen ist, ist nicht mehr zu ändern. Erzähle mir, was da oben vorgeht.«

Judith erstattete ihm in allen Einzelheiten Bericht.

»Du hättest nicht herkommen dürfen, in dieses Loch«, sagte Gavin.

»Aber ich mußte dir Essen bringen!« protestierte sie. Er sah sie an und seufzte schließlich. Dann lächelte er. »John tut mir leid, daß er es mit dir aufnehmen muß.«

»War es so falsch, was ich getan habe?«

»Ja. Du hast noch mehr Menschen in Gefahr gebracht. Und eine Flucht wird dadurch nur schwerer.«

Judith senkte beschämt den Kopf. Doch Gavin drückte ihr den leeren Krug in die Hand. »Laß mich dich ansehen. Ich habe lange nicht etwas so Reines und Schönes vor Augen gehabt.«

»Ich habe noch mehr zu essen für dich. In einem Drahtkorb. Damit du es hier besser aufbewahren kannst.«

»Was ist, wenn Demaris Männer diese Dinge hier unten. sehen? Die Bank, den Korb. Du mußt das wieder mitnehmen.«

»Nein.« Sie griff nach seiner Hand und preßte ihre Wange hinein.

»Joan hat mir gesagt, daß du mehr tot als lebendig bist. Aber daß du den Wachsoldaten wütend angesehen hast. Wenn du diesen Haß in dir fühlst, wirst du nicht aufgeben.« Sie lehnte sich an ihn und hauchte einen Kuß auf seine Lippen.

»Hör mir zu, Judith. Befolge, was ich dir sage. Ich bin kein John Bassett, den du um den Finger wickeln kannst. Wenn du dich nicht nach dem richtest, was ich dir jetzt sage, kostet das Menschenleben.«

Sie nickte. Wie sehr sehnte sie sich danach, beraten zu werden!

»Ehe man mich gefangennahm, war es Odo möglich, zu entkommen. Er ist auf dem Weg nach Schottland. Zu Stephen.«

»Deinem Bruder?«

»Ja. Du kennst ihn noch nicht. Er wird bald hier sein, und er ist ein erfahrener Kämpfer. Ihm werden diese alten Mauern nicht lange standhalten. Aber es wird noch eine Weile dauern, bis er hier sein kann.«

»Und was soll ich tun?«

»Versuche Demari hinzuhalten und zu täuschen. Und jetzt mußt du gehen.«

»Morgen komme ich wieder und bringe dir zu essen.«

»Nein, schicke Joan. Wenn man dich ertappt, haben wir alle keine Hoffnung mehr auf eine Flucht. Demari darf keinen Verdacht schöpfen. Und nun geh und halte dich an meinen Rat.«

Sie erhob sich und nickte gehorsam. Als sie zur Leiter gehen wollte, hörte sie Gavin flüstern: »Würdest du mich noch einmal küssen?«

Sie lächelte glücklich. Sie warf sich an seine Brust und schlang die Arme um ihn. »Ich hatte schreckliche Angst, Gavin«, gestand sie.

Er faßte unter ihr Kinn. »Du bist tapferer als zehn Männer.« Dann küßte er sie sehnsüchtig. »Nun geh, und komm nicht wieder her.«

18. Kapitel

Sir Arthur konnte seinen Zorn nicht länger beherrschen. Er hatte in einem Tag zuviel ansehen müssen.

»Du bist ein Dummkopf!« schnaubte er. »Sie spielt Katz und Maus mit dir! Merkst du das nicht?«

»Du nimmst dir zuviel heraus!« warnte ihn Walter Demari.

»Ich muß dich wieder zu Verstand bringen! Du hast dich so in dieses Luder vergafft, daß du nicht einmal merken würdest, wenn man dir ein Messer in die Rippen bohrt. Vielleicht bedankst du dich sogar noch dafür?«

Walter starrte in seinen Krug mit Bier. »Sie ist süß und schön«, murmelte er.

»Süß? Bah, wie vergifteter Most vielleicht. Sie ist jetzt drei Tage hier, und wie weit bist du bei ihr gekommen? Hat sie schon einer Annullierung ihrer Ehe zugestimmt?«

Er ließ dem anderen keine Zeit für eine Antwort. »Und was tust du? Sitzt da und himmelst sie wie ein verliebter Gockel an!«

»Sie ist eine schöne, begehrenswerte Frau«, erwiderte Walter.

»Ja, das ist sie«, gab Arthur zu und lächelte. Judith Ascott brachte auch sein Blut in Wallung. Aber er verlor dabei nicht den Verstand wie Demari. »Was hat dir ihre Schönheit eingebracht? Bist du deinem Ziel schon einen Schritt nähergekommen?«

Walter stellte seinen Bierkrug heftig auf den Tisch. »Sie ist eine Lady, die man hofieren muß. Männer haben sie bis jetzt in Angst versetzt. Ihr Vater, die Brüder und ihr Herr Gemahl. Man muß ihr Liebe erweisen . . .«

»In Angst versetzt?« Arthur lachte höhnisch. »Ich habe noch nie in meinem Leben eine so furchtlose Frau wie sie gesehen. Jede andere Frau wäre zu Hause geblieben, hinter den sicheren Mauern ihrer Burg. Und diese hier reitet vor dein Burgtor und . . .«

»Und? Sie hat um nichts anderes gebeten als um eine andere Kammer für ihre Mutter!« sagte Walter triumphierend. »Sie verbringt ihre Tage mit mir und hat noch nicht ein einziges Mal nach ihrem Mann gefragt. Das beweist doch, daß sie nichts für ihn empfindet.«

»Da bin ich mir nicht so sicher«, meinte Arthur nachdenklich. »Es kommt mir zu unnatürlich vor, daß sie ihn noch mit keinem Wort erwähnt hat.«

»Sie haßt und verabscheut ihn, sage ich dir. Ich verstehe nicht, warum du ihn nicht ins Jenseits beförderst. Dann kann ich sie sofort zu meiner Frau machen.«

»Und du hättest den König auf dem Hals. Sie ist eine reiche Frau. Nur ihr Vater hatte das Recht, sie einem Mann zu geben. Nun, da er tot ist, kann es nur noch der König tun. In dem Moment, wo ihr Gemahl tot ist, ist sie sein Schützling, und ihre Besitztümer fallen unter seine Verwaltung. Bildest du dir wirklich ein, daß der König dir eine reiche Witwe zur Frau gibt, deren Mann du zu Tode gequält hast? Und wenn du sie ohne seine Erlaubnis zur Frau nimmst, wird er mehr als wütend sein. Nur wenn sie vor dem König fordert, daß ihre Ehe annulliert werden soll, weil sie dich zum Mann haben will, wirst du erreichen, was du willst. König Henry liebt die Königin, und romantische Sentimentalitäten gefallen ihm.«

»Ich werde sie dazu bringen, daß sie sich in mich verliebt«, meinte Walter. »Und sie betet mich schon an, das lese ich in ihren Augen.«

»Ich sage es dir noch einmal: Du bist ein absoluter Narr. Du siehst es nur, weil du es sehen willst. Ich glaube eher, daß sie nur Fluchtpläne in ihrem hübschen Köpfchen bewegt.«

»Sie will vor mir fliehen?« Walter riß die Augen auf. »Ich halte sie doch nicht gefangen. Sie ist frei und kann tun, was sie will.«

Arthur betrachtete ihn angewidert. Wenn man nicht auf der Hut war, würde diese goldäugige Hexe alle seine Pläne zunichte machen.

»Und du glaubst, daß sie ihren Mann nicht leiden kann?« vergewisserte er sich. »Hast du dafür Beweise?«

»Sie spricht nie von ihm.«

»Vielleicht, weil sie so verzweifelt ist, ihn verloren zu haben?« Arthur grinste hämisch. »Man sollte ihre Gefühle für diesen Gavin Ascott vielleicht einmal auf die Probe stellen?«

Walter zögerte.

»Na, bist du dir ihrer doch nicht so sicher?«

»Doch, doch. Was hast du vor?«

»Wir werden ihren lieben Gemahl aus seinem Loch holen und ihr vorführen. Dann sehen wir ihre Reaktion. Entweder bricht sie bei seinem Anblick in Tränen aus, oder es gefällt ihr, daß man ihn quält.«

»Es wird ihr gefallen.« Walter war sich ganz sicher.

»Hoffen wir, daß du recht hast. Ich bin anderer Meinung als du.«

Das Gemach, das man Lady Helen gegeben hatte, war größer, heller und sauberer. Es war jedoch nur karg möbliert. Ein großes Bett mit Baldachin stand in einer Ecke. In der anderen war ein Strohlager.

John Bassett und Lady Helen saßen an einem niedrigen Tisch vor einem Schachbrett. Ihre Köpfe waren so tief gebeugt, daß sie sich fast berührten.

»Ihr habt wieder gewonnen . . .«, stellte John überrascht fest.

Lady Helen lächelte. »Ihr scheint Euch zu freuen.«

»Ja, das tue ich.« John sah sie an. In den letzten Tagen war eine Veränderung mit ihr vorgegangen. Sie hatte an Gewicht gewonnen, und ihre Wangen hatten ihre Blässe verloren. Sie wirkte nicht mehr so ängstlich und gehetzt.

»Noch ein Spiel?« fragte sie.

»Nein, ich muß mich eine Weile ausruhen.«

»Es ist schon spät«, meinte sie. Doch sie hatte noch keine Lust, sich zu Bett zu begeben. Sie fühlte sich in John Bassetts Gesellschaft sehr wohl.

»Würdet Ihr mit mir noch ein wenig zusammensitzen?« fragte er und erhob sich, um die Kohlen in dem Messingbehälter aufzustochern. Der kleine Ofen gab das einzige Licht im Raum und etwas Wärme.

»Ihr werdet jeden Tag jünger«, stellte John fest, als er sie zu dem Stuhl vor dem Kohlefeuer getragen hatte.

Helen liebte diese Geborgenheit, die ihr seine Arme vermittelten. Ihr Knöchel war längst so weit geheilt, daß sie allein hätte gehen können. Doch John wollte nichts davon wissen. Oft fragte sich Helen, ob auch er diese Zweisamkeit so genoß wie sie.

John richtete sich gerade wieder auf, nachdem er Helen in den Stuhl gesetzt hatte, als plötzlich die Tür aufflog und Judith hereingestürmt kam.

»Mutter!« Sie lief in Helens offene Arme.

»Ich habe mir schon große Sorgen um dich gemacht«, sagte Lady Helen. »Wo bist du all die Zeit gewesen? Hat man dir auch nichts angetan?«

»Gibt es Neuigkeiten?« wollte John wissen.

Judith machte sich von ihrer Mutter frei. »Nein, mir ist nichts passiert. Ich konnte nicht zu euch kommen, weil mich Walter Demari den ganzen Tag nicht aus den Fängen gelassen hat. Er hat einfach nicht hingehört, wenn ich darum gebeten habe, euch besuchen zu dürfen.«

Judith sank auf einen Schemel, den John ihr hinstellte. »Und dann noch eine Neuigkeit. Ich habe Gavin gesehen.« Ihre Stimme war zu einem Flüstern herabgesunken.

John und ihre Mutter starrten sie sprachlos an.

»Sie haben ihn in ein dunkles Loch unter dem Keller geworfen. Ein schrecklicher Ort ist das. Er muß so schnell wie möglich heraus. Ich bin zu ihm gegangen . . .«

»In den Keller!« Helen griff sich mit beiden Händen an den Hals. »Du bist schwanger! Willst du dein Kind in Gefahr bringen?«

»Sie soll von Lord Gavin erzählen!« fuhr John dazwischen. Zu ihrer Verwunderung sah Judith, daß ihre Mutter seinem finsteren Blick ruhig begegnete und keine Furcht zeigte.

»Gavin war sehr ärgerlich, weil ich hier bin. Und er hat mir gesagt, daß er schon etwas zu unserer Rettung unternommen hat. Er hat nach seinem Bruder Stephen geschickt.«

»Lord Stephen!« John strahlte. »Er ist ein tapferer Krieger. Was sagte er noch?«

»Nicht mehr viel. Er hat sich von mir nur alles erzählen lassen und mich vor Demari gewarnt.«

»Kannst du dir diesen Menschen noch vom Hals halten?« wollte Helen wissen.

Judith seufzte. »Es ist nicht leicht.«

»Und Sir Arthur?« fragte John.

»Er läßt mich nicht aus den Augen. Ich spüre, daß er irgend etwas im Sinn hat, aber ich weiß nicht, was.«

»Erwartet von ihm nur das Schlimmste. Ich wünschte, ich könnte Euch helfen!« brummte John.

»Ich brauche keine Hilfe. Wir müssen warten, bis Stephen kommt. Ich werde mit ihm reden . . .«

»Reden?« John zog die Brauen hoch. »Er wird sich kaum mit einer Frau über seine Angriffspläne unterhalten.«

Ein Klopfen war an der Tür zu hören. Sofort sprang Judith auf. »Ich muß gehen. Joan steht draußen Wache. Es ist besser, wenn Demari nicht weiß, daß ich hier bin.«

Helen faßte nach dem Arm der Tochter. »Sei auf der Hut, mein Kind. Ich bitte dich.«

Judith gab ihrer Mutter einen Kuß auf die Wange. »Ich tue, was ich kann. Lebt wohl.«

Als sie wieder allein waren, trat John vor Helen hin. »Weine nicht. Das hilft ihr nicht.«

Helen nickte unter Tränen. »Sie ist so allein . . .«

»Ihr seid auch immer auf Euch gestellt gewesen«, meinte er mit ernster Miene.

»Was macht das aus? Ich bin eine alte Frau.«

Er faßte sie um die Taille und zog sie an sich. »Du bist nicht alt«, sagte er und dann preßten sich seine Lippen auf ihren Mund.

Helen war noch nie von einem anderen Mann als ihrem Gemahl geküßt worden. Und das auch nur am Anfang ihrer Ehe. Sie war verwirrt von dem Prickeln, das über ihren ganzen Körper ging. Sie erwiderte Johns Kuß und schlang die Arme um ihn.

Eine Weile standen sie eng umschlungen da. Dann hob John Helen auf und trug sie zum Bett.

Judith saß an der Tafel zwischen Walter Demari und Sir Arthur. Sie stocherte nur in ihrem Essen herum und würgte an jedem Bissen. Das lag nicht nur an dem miserabel zubereiteten Mahl. Auch die beste Speise hätte Judith nicht geschmeckt.

Sie trug eine Tunika aus weißer Seide über einem Gewand aus königsblauem Samt. An ihren weiten Ärmeln hingen winzige goldene Halbmonde. Und um ihre schmale Taille lag ein Gürtel, auf dem große Saphire blitzten.

Walter nutzte jede Gelegenheit, sie zu berühren, an den Armen, den Händen, dem Hals. Aber Judith fühlte sich unter den Blicken der fünfundzwanzig Gefolgsleute, die mit an der Tafel saßen, mehr als unbehaglich. Sie meinte, Mißtrauen in den Augen der Männer zu lesen. Dagegen kam ihr Demari freundlich und harmlos vor.

»Judith!« raunte er ihr mit vor Leidenschaft vibrierender Stimme ins Ohr. »Ich verzehre mich vor Liebe zu dir.« Er preßte seine Lippen auf ihren Hals, und ihr rannen eisige Schauer bei dieser

Berührung über den Rücken. »Warum warten wir noch? Spürst du nicht, wie ich dich liebe und begehre?«

Judith hielt sich ganz steif. Sie zwang sich, ihm nicht auszuweichen oder sich angewidert abzuwenden. Er knabberte an ihrem Ohr und koste ihren Hals.

»Mein Lord«, würgte sie mühsam hervor, »habt Ihr vergessen, was Ihr mir versprochen habt? Ihr wolltet Euch in Geduld üben!« Sie wählte absichtlich diese unterwürfige Anrede.

»Ich kann nicht länger warten«, keuchte er. »Du machst mich wahnsinnig vor Leidenschaft.«

»Ihr habt es versprochen. Und Ihr seid ein Mann von Ehre, der sein Wort hält, nicht wahr?« Judith entzog ihm ihre Hand, die er mit Küssen bedeckt hatte. Sie holte ein paarmal tief Luft, ehe sie weitersprach.

»Wenn ich meiner Leidenschaft für Euch nun nachgebe und in Euer Bett komme . . . Fürchtet Ihr nicht, daß ich ein Kind bekommen könnte . . . Was würde der König dazu sagen, wenn ich schwanger vor ihm erscheine? Glaubt ihr, jemand würde glauben, daß dieses Kind nicht von meinem Mann ist? Und eine Ehe kann nicht annulliert werden, wenn ich schwanger von ihm bin. Ihr wißt, daß ich . . .«

»Judith!« begann er und brach dann ab. Sie hatte recht. Er nahm einen tiefen Schluck von seinem Wein. In seinem Kopf überschlugen sich die Gedanken.

»Wann werden wir vor den König treten, mein Lord?« fragte Judith. Ihr war der Gedanke gekommen, daß sie mit dieser Reise vielleicht eine Flucht vorbereiten konnte.

Walter war von ihrer direkten Frage verblüfft. Obwohl sie von vielen Augen beobachtet wurden, setzte er seine Zuneigungsbeweise fort. Sein Arm lag um Judiths Taille, und ihre Nähe trieb das Blut wie Feuer durch seine Adern.

Plötzlich mischte sich Arthur ein. »Habt Ihr es so eilig, die Annullierung Eurer Ehe zu verlangen?« fragte er Judith.

Sie antwortete ihm nicht.

»Lady Judith, wir sind Eure Freunde. Ihr könnt getrost offen vor uns sprechen. Ist Eure Leidenschaft für Lord Walter so groß, daß Ihr es nicht erwarten könnt, vor aller Welt zu erklären, daß Ihr ihn zum Manne wollt?«

»Mir gefällt dein Ton nicht!« fuhr Walter dazwischen. »Sie hat dir nichts unter Beweis zu stellen. Sie ist hier zu Gast. Niemand hat sie gezwungen, zu mir zu kommen.«

Arthur lächelte, doch seine Augen verengten sich. »Ja, sie kam aus freien Stücken«, sagte er ungewöhnlich laut. Als er an Judith vorbeigriff, um sich ein Stück Fleisch abzuschneiden, raunte er ihr zu:

»Aber warum ist sie gekommen? Darauf habe ich noch keine Antwort.«

Das Mahl war für Judith wie ein Alptraum, und sie sehnte den Moment herbei, wo sie sich zurückziehen konnte. Als Walter ihr den Rücken zudrehte, um einem der Knechte einen Befehl zu erteilen, erhob sie sich.

Sie hastete die Treppe hinauf, und ihr Herz klopfte wild. Wie lange konnte sie sich noch gegen Walter Demari wehren? Keuchend lehnte sie sich an eine Wand.

Es war der helle Wahnsinn gewesen, daß sie geglaubt hatte, mit dieser Sache fertig zu werden. Sie war nicht erfahren genug.

»Hier seid Ihr.«

Judiths Kopf ruckte hoch. Arthur stand vor ihr. Sie war mit ihm allein in dem nur von einer trüben Ölfunzel erhellten Gang.

Der Mann grinste, als sie sich ängstlich umsah. »Na, sucht Ihr eine Fluchtmöglichkeit?« fragte er spöttisch. »Es gibt keine. Wir sind hier ganz allein.«

Er streckte die Arme aus und riß sie an sich. »Was ist? Hat es Euch die Sprache verschlagen? Ihr habt doch sonst eine so schnelle Zunge! Wollt Ihr mir nicht verbieten, Euch anzufassen?«

Seine Hand glitt an ihrem Arm hinauf. »Ihr seid schön genug, um einen Mann um den Verstand zu bringen. Ich kann Walter verstehen, daß er nichts anderes im Sinn hat, als Euch in sein Bett zu bekommen.«

Sein Blick bohrte sich in ihren. »Ich sehe keine Angst in Euren goldenen Augen. Aber ich will sie vor Leidenschaft leuchten sehen. Glaubt Ihr, daß ich sie zum Leuchten bringen kann?«

Sein harter Mund preßte sich wild auf ihre Lippen. Judith stand stocksteif da. Und sie ließ es nicht zu, daß er ihre Lippen auseinanderzwang.

Da gab er sie plötzlich frei. »Ihr seid eine eiskalte Hexe«, knurrte er. Im nächsten Moment riß er sie so grob an sich, daß Judith meinte, er würde ihr den Atem aus den Lungen pressen. Seine Zunge zwang ihren Mund auseinander und würgte sie.

Als er seinen Griff etwas lockerte, lag ein Grinsen auf seinem Gesicht. »Ihr seid doch nicht so kalt. Das wäre auch unbegreiflich bei einer Frau, die solches Haar hat. Wer kann diese Eiskönigin zum Schmelzen bringen? Walter mit seinen Handküssen? Oder vielleicht Euer Gemahl?«

Judith sagte nichts. Sie preßte nur die Lippen zu einem Strich zusammen.

Arthur lächelte. »Auch wenn Walter blind dafür ist, Ihr seid eine schlechte Schauspielerin.« Sein Gesicht wurde hart und kantig. »Er ist ein Narr, aber ich nicht. Er bildet sich ein, daß Ihr hierhergekommen seid, weil Ihr vor Liebe nach ihm vergeht. Mir macht Ihr das nicht vor. Ich würde eher annehmen, daß Ihr Eure Schönheit einsetzt, um die zu befreien, die Euch nahestehen. Ist das Euer Plan? Wollt Ihr Euch Walter hingeben und als Belohnung die Freiheit Eurer Mutter und Eures Gatten fordern?«

»Laßt mich los!« forderte Judith und wand sich in seinen Armen.

Doch er umschlang sie nur noch fester. »Ihr entkommt mir nicht. Versucht es also gar nicht erst.«

»Und wenn ich es Walter sage, wie Ihr mich behandelt?«

Er lachte nur. »Du spielst deine Rolle gut, aber vergiß nicht, daß du mit dem Feuer spielst und dich verbrennen kannst. Glaubst du, daß ich diesen Schwächling Demari fürchte? Mit ihm werde ich leicht fertig. Was meinst du, wessen Idee es war, deine Ehe mit Ascott zu annullieren?«

Judith hörte auf, sich zu wehren, und starrte ihn an.

»Na endlich habe ich deine ungeteilte Aufmerksamkeit«, sagte Arthur grinsend. »Hör mir gut zu. Walter wird dich zuerst haben. So ist es abgemacht. Aber dann bekomme ich dich. Er hat sowieso genug von dir, wenn er erreicht hat, was er wollte. Er wird sich andere Weiber suchen, und du gehörst dann mir.«

»Eher würde ich mit einer Schlange ins Bett gehen«, zischte sie.

Seine Finger gruben sich tief in ihr Fleisch. »Um deine Mutter zu retten?« fragte er mit einem gefährlichen Unterton. »Du hast schon viel für sie gefordert. Jetzt auch die Freiheit?«

»Das werde ich Euch nie sagen!«

Wieder riß er sie grob an sich. »Bist du so sicher? Du fühlst dich wohl sehr stark, weil dieser Narr Demari dir aus der Hand frißt. Ich werde dir beibringen, wer hier zu befehlen hat.«

»Was meint Ihr damit?«

»Du wirst es früh genug erfahren . . .«

Judith spürte, wie sich vor Angst ihr Magen umdrehte. »Was habt Ihr vor? Wollt Ihr meine Mutter foltern und quälen?«

»Nein, das reicht mir nicht aus. Ich denke nur an einen Spaß. Es würde mir gefallen, zu sehen, wie du dich windest. Und wenn du genug haben wirst, dann bist du bereit, in mein Bett zu kommen . . .«

»Niemals!«

»Nicht so hastig.« Er gab sie so plötzlich frei, daß Judith gegen die Wand taumelte. »Ich muß gehen. Vergiß nicht, was ich dir gesagt habe.«

Als sie wieder allein war, stand Judith noch eine Weile an die Wand gelehnt da und versuchte, sich zu beruhigen. Dann ging sie mit schleppenden Schritten zu ihrem Gemach.

Sie zuckte erschreckt zusammen, als sich die Gestalt eines Mannes aus den Schatten löste. Eine Laute hing über seiner Schulter, und er bearbeitete seine Fingernägel gerade mit einem Messer.

Sie kümmerte sich sonst nicht um die Leute, die in der Burg waren. Aber da sie sicher war, daß dieser Mann ihr Gespräch mit Arthur Smiton belauscht hatte, sah sie sich ihn genauer an.

Sie zuckte beinahe zurück, als ihr aus seinen Augen Haß entgegenblitzte. Unwillkürlich preßte sie eine Hand auf den Mund, um einen Aufschrei zu ersticken.

Dann warf sie sich herum und rannte in ihr Zimmer. Dort warf sie sich am ganzen Körper zitternd auf ihr Bett.

Joan war sofort bei ihr und strich ihr übers Haar. Die beiden Frauen waren sich in den vergangenen Tagen noch näher gekommen.

»Herrin, was hat er Euch angetan?«

»Gavin hatte recht, als er sagte, daß ich besser zu Hause geblieben wäre«, schluchzte Judith.

»Um zu nähen und zu sticken?« Joan wollte ihre junge Herrin ablenken, und es gelang ihr auch.

Judith setzte sich auf und lächelte. »Es ist gut, daß du mich aus meinem Selbstmitleid reißt. Hast du Gavin gestern abend etwas zu essen gebracht?«

»Ja.«

»Und wie ging es ihm?«

»Er war noch schwächer.«

»Was soll ich nur tun?« Judith starrte traurig vor sich hin. »Wie lange wird es noch dauern, bis sein Bruder kommt? Ich muß versuchen, ihn aus diesem Loch herauszuholen. Aber wie soll ich das anstellen?«

»Das weiß nur der Himmel«, seufzte Joan.

An diesem Abend verhielt sich Walter Demari anders als sonst. Und Judith spürte seine prüfenden, fast mißtrauischen Seitenblicke genau, obwohl sie sich nichts anmerken ließ.

»Schmeckt Euch das Essen?« fragte Arthur Smiton.

Sie nickte nur und sah ihn dabei nicht an.

»Dann will ich hoffen, daß Euch auch die Unterhaltung gefällt, die wir uns für diesen Abend ausgedacht haben.«

Judith wollte fragen, was er damit meinte. Aber der lauernde Unterton in seiner Stimme ließ sie schweigen.

Arthur lehnte sich vor und sah zu Walter Demari hinüber. »Meinst du, daß es Zeit ist?«

Demari gab den beiden bewaffneten Männern an der Tür einen Wink. Und Judith sah, wie die beiden Wachtposten verschwanden.

Der Bissen quoll ihr im Mund, und sie mußte einen Schluck

Wein nehmen, um das Essen hinunterzuspülen. Sie ahnte, daß Arthur Smiton etwas Teuflisches im Sinn hatte, und sie wünschte sich, stark genug zu sein für das, was auf sie wartete.

Nervös sah sie sich in der Halle um. Sie entdeckte den Mann mit der Laute, der ihr im Gang begegnet war und der sie so haßerfüllt angesehen hatte.

Er war groß und schlank und hatte dunkelblondes Haar mit einigen helleren Strähnen. Sein Kinn war kantig und eingekerbt. Aber es waren seine Augen, die sie bannten. Sie waren tiefblau, und noch immer leuchtete etwas wie Haß in ihnen, während er sie unverwandt ansah.

Die plötzliche Stille, die im Saal entstand, und das Klirren von Ketten zogen Judiths Aufmerksamkeit auf sich. Und im ersten Moment erkannte sie nicht, daß das, was die beiden bewaffneten Männer da in den Saal schleiften, ein Mensch war.

Diese Sekunden des Nichterkennens retteten sie. Es wurde ihr bewußt, daß Arthur und Walter sie aufmerksam betrachteten. Fragend erwiderte sie ihre Blicke, und als sie sich dann den Eintretenden wieder zuwandte, sah sie, daß es Gavin war, den sie hereinschleppten.

Sie sah rasch zu Demari hin. Das gab ihr Zeit, sich zu fassen. Warum brachte man Gavin herauf? Glaubten sie, daß sie zu ihm laufen würde?

Jäh wurde ihr bewußt, daß es genau das war, was Arthur Smiton von ihr erwartete. Er wollte Walter beweisen, daß sie Gavin nicht haßte.

»Kennst du diesen Mann?« fragte Walter und lächelte sie an.

Judith sah auf und tat überrascht, weil man einen so zerlumpten Menschen in die Halle brachte. Dann lächelte sie. »So habe ich ihn immer sehen wollen«, sagte sie.

Walter schrie triumphierend auf. »Bringt ihn näher, damit meine schöne Lady sich an seinem Anblick weiden kann!« rief er. »Laßt sie seinen Anblick genießen. Sie hat es verdient.«

Die beiden Bewaffneten schleiften Gavin bis vor den Tisch. Judith meinte, jeder müßte hören, wie ihr Herz raste. Doch sie durfte sich nicht das geringste Mitgefühl mit Gavin anmerken lassen. Dann waren sie alle verloren.

Sie erhob sich, griff nach ihrem Weinglas und schüttete Gavin den Inhalt ins Gesicht.

Der Wein schien ihn aus seiner Apathie zu reißen, denn er hob den Kopf und sah sie an. Überraschung lag in seinem abgemagerten Gesicht. Dann ging sein Blick zu Arthur und Walter hin, die neben Judith standen.

Demari legte besitzergreifend einen Arm um sie. »Sie her! Sieh dir an, wer deine Holde jetzt umarmt!« brüstete er sich. Ehe jemand begriff, was geschah, warf sich Gavin über den Tisch. Die Männer, die seine Ketten hielten, wurden mitgerissen und fielen in die Teller und Schüsseln.

Walter konnte nicht schnell genug ausweichen. Gavins Hände packten seine Schultern und zerrten ihn auf den Tisch.

»Haltet ihn!« keuchte Demari. Seine Stimme ging in ein Röcheln über, als Gavin seinen Hals umklammerte.

Starr wie alle anderen im Saal beobachtete Judith, was geschah. Obwohl Gavin selbst halbtot war, hatte er noch Kraft genug, zwei Männer umzuwerfen und seinen Rivalen zu würgen.

Dann rappelten sich die Bewacher auf und rissen ihn zurück. Es gelang ihnen kaum, Walter aus Gavins Händen zu befreien.

»Dafür werde ich dich umbringen!« schwor Gavin, und sein Blick bohrte sich in den seines Feindes. Dann trafen ihn die Fäuste seiner Bewacher, und man legte ihn in Ketten.

»Bringt ihn fort!« schrie Walter Demari mit sich überschlagender Stimme. Er rieb sich seine schmerzende Kehle. Und sein Kinn zitterte noch von dem ausgestandenen Schrecken.

Als Gavin fortgebracht worden war, sank er in seinem Stuhl in sich zusammen.

Judith wußte, daß sie nun mit allem Geschick handeln mußte. »Das war nett«, sagte sie lächelnd, als sie sich dem Mann an ihrer Seite zuwandte. »Natürlich nicht, was er dir angetan hat. Das meine ich natürlich nicht. Es war gut, daß er mich mit einem Mann gesehen hat, der mich beschützen wird, der mich liebt.«

Walter starrte sie fassungslos an.

»Aber ich könnte auch ärgerlich auf dich sein«, fügte Judith hinzu und senkte die Wimpern über die Augen.

»Warum? Was habe ich dir getan?«

»Ich finde, eine so schmutzige und abstoßende Kreatur vor eine Lady zu bringen, ist nicht sehr höflich. Er sah verhungert aus. Wahrscheinlich lehnt er alle Speisen ab. Wahrscheinlich will er dich damit strafen.«

Walter dachte über ihre Worte nach. »Du hast recht.« Er winkte einem der Männer an der Tür. »Sag den Wachen, daß sie ihn waschen und ihm was zu essen geben sollen!«

Er war in bester Stimmung. Arthur hatte behauptet, daß Judith in Tränen ausbrechen würde, wenn sie ihren Mann so sah. Aber sie hatte gelächelt.

Nur Joan wußte, wieviel Kraft dieses Lächeln ihre Herrin gekostet hatte.

Judith verließ mit stolz erhobenem Haupt den Saal. Übelkeit würgte sie. Und sie fühlte sich einer Ohnmacht nahe.

»Diese Frau hat verdient, was sie bekommen wird«, hörte sie einen der Männer murmeln.

»Ja, keine Frau hat das Recht, den ihr angetrauten Mann so zu verhöhnen.«

Die Worte trafen Judith wie Dolche. Und sie fühlte sich noch elender, weil sie sich selbst haßte. Mühsam stieg sie die Treppe hinauf. Sie sehnte sich nach der Stille ihres Gemachs.

Plötzlich schlang sich ein Arm um ihre Taille. Ein starker Arm preßte sie an eine harte Männerbrust. Ein Messer wurde ihr an die Kehle gehalten und erstickte ihren gurgelnden Schrei.

19. Kapitel

Ein Wort und ich trenne deinen Kopf von deinem verdorbenen Körper!« sagte die tiefe Stimme, die sie schon einmal gehört hatte. »Wo ist John Bassett?«

Judith brachte kein Wort heraus, aber sie wußte, daß dieser Mann seine Drohung wahrmachen würde, wenn sie nicht gehorchte.

»Antworte!« Sein Griff wurde fester, und das Messer drückte sich härter in ihre Kehle.

»Bei . . . bei meiner Mutter!«, flüsterte sie.

»Deiner Mutter!« zischte er ihr ins Ohr. »Dann soll dieses Weib den Tag verfluchen, an dem sie dich zur Welt gebracht hat!«

Judith konnte ihn nicht ansehen, und das Messer an ihrer Kehle drückte ihr den Atem ab. »Wer . . . wer bist du?« keuchte sie.

»Die Frage erwarte ich schon lange. Ich bin dein Feind, und ich würde dich hinterhältige Hexe mit Wonne ins Jenseits befördern, wenn ich dich nicht noch brauchte. Wo ist John, und wie stark ist er bewacht?«

»Ich . . . bekomme keine Luft . . .«

Sein Griff lockerte sich. »Antworte!«

»Vor dem Gemach, das er mit meiner Mutter teilt, stehen zwei Bewaffnete . . .«

»In welchem Stock? Rede, schnell!« befahl er, und wieder war das Messer an ihrem Hals. »Du brauchst nicht zu hoffen, daß dir hier jemand zu Hilfe kommt.«

Judiths Anspannung machte sich auf seltsame Weise Luft. Sie begann zu lachen, immer hysterischer. Dabei stieß sie hervor: »Zu Hilfe? Mir? Wer sollte das schon sein? Meine Mutter wird hier gefangengehalten, der einzige männliche Begleiter, den ich mit in diese Burg nehmen durfte, ist bei ihr. Meinen Gemahl hält man in einem dunklen Loch. Ein Mann, der mich anekelt, tätschelte mich vor den Augen meines Mannes ab, während mir ein anderer droht. Und nun werde ich auch noch von einem Fremden überfallen.«

Ihre Finger umklammerten das Messer und drückten es wieder an ihre Kehle. »Wer immer du auch bist, mach doch endlich ein Ende. Sei gnädig mit mir. Wie kann ich denn noch nützlich sein? Bin ich dazu verdammt, mitanzusehen, wie alle Menschen, die mir nahestehen, hingeschlachtet werden?«

Der Griff des Mannes lockerte sich. Er steckte das Messer in die Scheide, packte Judith bei den Schultern und drehte sie um. Es überraschte sie nicht, den Mann mit der Laute vor sich zu sehen.

»Ich will mehr wissen«, sagte er, und seine Stimme klang nicht mehr so drohend.

»Warum? Bist du ein Spion von Walter oder Arthur? Ich habe schon viel zuviel gesagt.«

»Stimmt«, meinte er ruhig. »Wenn ich ein Spion wäre, hätte ich viel zu berichten.«

»Dann geh doch und tu's!«

»Ich bin kein Spion. Ich bin Stephen, Gavins Bruder.«

Mit weit aufgerissenen Augen starrte Judith ihn an. Ja, er war es. Sie hatte keine Zweifel. Tränen rannen über ihre Wangen. Sie merkte es nicht.

»Gavin sagte, daß du kommen würdest. Er hat mir vorgeworfen, daß ich mit meinem Erscheinen alles verdorben habe, aber daß du alles in Ordnung bringen wirst.«

Stephen blinzelte. »Wann hast du ihn gesehen und gesprochen?«

»In der zweiten Nacht hier in der Burg. Ich bin zu ihm in sein Gefängnis hinuntergegangen.«

»In das ...« Stephen hatte gehört, wie und wo man Gavin gefangenhielt. Es war ihm klargewesen, daß er wohl nie zu ihm gelangen könnte. Aber Judith war unten gewesen.

»Komm, setz dich her«, sagte er und führte sie zu einer Fensternische. »Wir müssen über viele Dinge reden. Ich möchte, daß du mir alles erzählst.«

Er hörte ihr zu, ohne sie ein einziges Mal zu unterbrechen. Sie berichtete ihm vom Tod ihres Vaters, daß Demari Anspruch auf ihr Erbe erhob und Gavin um ihre Rechte hatte kämpfen wollen.

»Und warum bist du hier?« Was hast du dir bei diesem Unternehmen gedacht? Warum hast du dich nicht an einen von uns gewendet?« Stephens Stirn runzelte sich vor Unwillen. »Raine hätte selbst mit seinem gebrochenen Bein mehr tun können als du, eine Frau. John hätte das wissen müssen.«

Judith legte ihre Hand auf seinen Arm. »Wirf ihm nichts vor.

Ich habe ihm angedroht, allein herzureiten, wenn er mich nicht begleiten würde.«

Stephen sah erst auf ihre schmalen Finger und dann wieder in ihre Augen. »Und wie soll ich das verstehen, was vorhin unten im Saal geschehen ist? Die Leute erzählen sich hier, daß du Gavin haßt und alles tun würdest, um von ihm loszukommen. Willst du deine Ehe mit ihm annullieren lassen?«

Judith stieg Zornesröte in die Wangen. »Was zwischen Gavin und mir ist, geht niemanden etwas an.«

Stephens Augen blitzten auf. Seine Finger umspannten ihr Handgelenk so fest, daß sie vor Schmerz die Zähne zusammenbeißen mußte.

»Dann ist es also doch wahr! Dir gefällt dieser Walter Demari?«

»Nein!«

Sein Griff wurde noch fester. »Lüg mich nicht an!«

Verdächtigungen hatten Judith schon immer wütend gemacht. »Du bist genau wie Gavin!« fauchte sie ihn an. »Du siehst, was du sehen willst! Ich bin nicht so unehrlich wie dein Bruder. Er ist es, der dieser anderen Frau ganz ergeben ist, die ihn um den kleinen Finger wickeln kann. Ich werde nie vor ihm in die Knie gehen!«

Stephen sah sie verwirrt an. Dann ließ er ihr Handgelenk los. »Was redest du da? Wieso ist mein Bruder unehrlich?«

Judith rieb sich ihr schmerzendes Handgelenk. »Ich bin hier, um meinen Gemahl zu retten. Er ist mir vor Gott und den Menschen angetraut worden und ich trage ein Kind von ihm. Habe ich damit nicht das Recht, alles zu seiner Rettung zu tun? Ich tue es aber nicht aus Liebe. Nein«, fügte sie leidenschaftlich hinzu. »Lieben tut er nur diese blonde Frau . . .«

Bei Stephens Lachen sah Judith hoch. »Lilian?« meinte er. »Darum geht es also, nicht um Besitz. Alberner Streit zwischen Liebenden. Weiberprobleme.«

Judith platzte fast vor Zorn. »Was?« schrie sie. »Weiber –«

»Sei still. Man könnte uns hören.«

»Es geht nicht um Weiberprobleme«, zischte sie. »Das kann ich dir auf Ehre und Gewissen sagen.«

Stephen wurde ernst. »Die Sache mit Lilian kannst du später regeln. Ich will ganz sicher sein, daß du nicht zum König gehst und um die Annullierung eurer Ehe bittest. Wir können es uns nicht leisten, die Revedoune-Ländereien zu verlieren.«

Judith holte tief Luft. Darum ging es also. Es kümmerte die Ascotts nicht, ob sie Walter Demari wollte oder nicht. Es war auch unwichtig, daß Gavin sie mit dieser Lilian betrog.

»Es kann keine Annullierung geben, weil ich ein Kind von Gavin erwarte.«

»Wer weiß noch von dem Kind? Demari bestimmt nicht?«

»Nur meine Mutter und John Bassett und meine vertraute Dienerin.«

»Gavin nicht?«

»Nein, ich hatte noch keine Gelegenheit, es ihm zu sagen.«

»Gut. Er hat jetzt auch andere Sorgen. Wer kennt die Burg am besten?«

»Der Haushofmeister. Er arbeitet schon zwölf Jahre hier.«

»Du weißt sehr gut Bescheid«, meinte Stephen mißtrauisch.

»Auch wenn du und deine Brüder anderer Meinung sind, ich bin nicht einfältig, und ich habe Augen im Kopf.«

Er sah sie in dem dämmrigen Licht lange an. »Du bist sehr tapfer. Ich meine, daß du hergekommen bist – auch wenn es unüberlegt war.«

»Soll das ein Kompliment sein?«

»Wenn du es so siehst.«

Judith kniff die Augen zusammen. »Deine Mutter war sicher froh, daß du nicht so geraten bist wie Gavin.«

Einen Moment starrte er sie verblüfft an. Dann grinste er. »Gavin wird mit dir bestimmt keine Langeweile kennen. Nun hör bitte auf, mich anzugreifen. Laß mich nach einem Weg suchen, wie wir hier rauskommen.«

»Unsere Bewaffneten sind draußen vor der Burg.«

»Ich weiß. Aber meine Leute nicht. Ich kam nur mit einem kleinen Trupp vorab. Die anderen werden frühestens in zwei Tagen hier sein. Ich muß ihnen entgegenreiten, um ihnen den Weg zu zeigen.«

»Dann bin ich wieder allein . . .«, murmelte Judith vor sich hin.

Stephen lächelte und fuhr mit dem Finger die Linie ihres Halses nach. »Das wirst du auch noch schaffen. Sieh zu, daß Gavin besser versorgt wird und wieder zu Kräften kommt. Nur noch ein paar Tage, dann holen wir euch hier raus.«

Judith nickte. Dann starrte sie auf ihre Hände nieder. Stephen faßte unter ihr Kinn und zwang ihren Blick in den seinen.

»Verzeih mir, daß ich vorhin so häßlich zu dir war. Ich dachte, daß du Gavin tot sehen willst . . .«

Sie lächelte matt. »Ist schon gut, Stephen. Aber ich kann es kaum noch aushalten, hier auszuharren und diesen Mann zu ertragen. Und der andere . . .«

Stephen legte ihr die Finger auf die Lippen. »Halte sie dir nur noch ein paar Tage vom Leib. Schaffst du das?«

»Ich will's versuchen. Ich hatte schon alle Hoffnung aufgegeben.«

Stephen gab ihr einen Kuß auf die Stirn. »Gavin kann sich

glücklich schätzen«, flüsterte er. Dann stand er auf und war gleich darauf verschwunden.

20. Kapitel

Hast du ihn gesehen?« fragte Judith. Es war am Tag, nachdem sie Stephen begegnet war. Nun wollte sie einen Bericht von Joan.

»Er sieht wieder so aus wie immer fast jedenfalls. Ich hatte schon befürchtet, daß der Aufenthalt da unten in dem Loch ihn ganz entstellen könnte.«

»Du gibst zuviel auf Äußerlichkeiten«, tadelte Judith. »Es geht Gavin wirklich gut?«

»Das Essen hält ihn am Leben.«

Judith nagte an ihrer Unterlippe. Und wie erträgt sein Geist dieses schaurige Gefängnis, ging es ihr durch den Kopf. Wie hat er verkraftet, daß ich ihm den Wein ins Gesicht schüttete?

»Hol mir die Sachen, die ich neulich getragen habe. Sind sie inzwischen gewaschen worden?« fragte Judith.

»Ihr wollt doch nicht hinunter? Wenn man Euch ertappt . . .?«

»Kein Wort mehr. Hol mir die Sachen!«

Gavin war jetzt in einem anderen Gefängnis, nicht viel besser als das Loch. Es war ein Gewölbe unter dem Turm. Kein Licht kam dorthin. Und der einzige Zugang war eine dicke Tür aus Eichenbohlen.

Joan hatte sich mit den Männern, die die Tür zum Keller bewachten, angefreundet. Es herrschte kaum Disziplin unter Demaris Leuten. Und das hatte Joan für sich ausgenutzt. Nachdem sie einem der Bewacher zugeblinzelt hatte, erklärte sie: »Mach auf. Wir bringen Essen und Medizin. Auf Anordnung von Lord Walter.«

In diesem Moment wurde die Kellertür geöffnet. Eine alte, schmutzige Frau tauchte auf. »Woher sollen wir wissen, daß euch Lord Demari schickt?« keifte sie.

»Frag ihn doch!« Joan stieß die Alte zur Seite.

Judith blieb dicht neben ihr. Sie hielt den Kopf gesenkt und hatte sich die Kapuze tief ins Gesicht gezogen, um ihr Haar zu verdecken.

»Ihr könnt zu ihm«, brummte die Alte. »Er schläft, und viel mehr hat er nicht getan, seit er hier unten ist. Ich versorge ihn schon gut.«

»Da bin ich sicher«, meinte Joan spöttisch. Sie standen inzwischen in dem Verlies. »Das Bett ist völlig verdreckt.«

»Na, er hatte es schon schlechter«, murrte die Frau.

»Laß uns allein, wir kümmern uns um ihn.« Joan gab der Alten einen Stoß.

Judith raunte ihr etwas ins Ohr. Sie wollte nicht, daß die Frau wütend wurde. Doch die Alte beobachtete alles genau. Sie wirkte zwar ziemlich heruntergekommen und einfältig, aber sie spürte, daß es mit der Magd in dem Kapuzenumhang eine besondere Bewandtnis haben mußte, denn die freche Joan hörte auf sie.

»Worauf wartest du noch?« fragte Joan.

Die Alte zögerte und lungerte weiter herum. Sie wollte wissen, was sich unter der Kapuze verbarg. »Ich muß Medizin holen. Der da braucht sie zwar nicht, aber die anderen hier unten.«

Sie nahm einen Krug auf und ging dicht an der Frau vorbei, die so geheimnisvoll wirkte. Als sie nahe an der Kerze war, ließ sie den Krug fallen.

Judith fuhr zusammen und sah hoch. Das genügte der Alten. Sie sah in goldene Augen. Und solche Augen hatte nur eine. Das wußte sie. Sie hatte Mühe, sich ein hämisches Grinsen zu verkneifen.

»Du bist so unbeholfen wie dumm«, fuhr Joan die Alte an. »Mach, daß du rauskommst. Sonst fangen deine Lumpen noch Feuer.«

Joan und Judith sahen nicht, daß die Alte ihnen einen haßerfüllten Blick zuwarf. Sie hatten sich Gavin zugewandt.

Doch die Worte der Frau ließen sie herumfahren. »Ich werde dir zu einem Scheiterhaufen verhelfen, wenn du die Leute weiterhin so behandelst.«

Joan zuckte zusammen. »Was hat sie damit gemeint?« fragte sie.

Doch Judith hörte sie nicht. Sie setzte sich vorsichtig auf die Kante von Gavins Lager. Das Kerzenlicht erhellte sein Gesicht, das nicht mehr so eingefallen war. Erleichtert atmete sie auf.

»Gavin?«

Er öffnete die Augen. »Judith . . .«

»Ja, ich bin's.« Sie lächelte ihn an und schob die Kapuze zurück. »Du siehst besser aus, nachdem du dich gewaschen hast.«

Seine Miene wurde hart und abweisend. »Dafür habe ich mich nicht bei dir zu bedanken. Oder meinst du, daß der Wein . . .«

Alle Farbe war bei seinen Worten aus Judiths Gesicht gewichen. »Gavin!« unterbrach sie ihn. »Du machst mir zu unrecht Vorwürfe. Wenn ich auf dich zugestürzt wäre, hätte das schreckliche Folgen für uns alle gehabt.«

»Was mich betrifft, wäre dir das vielleicht gut zustatten gekommen.«

Sie wich zurück. »Ich will nicht mit dir streiten. Laß uns darüber sprechen, wenn wir wieder in Freiheit sind. Ich habe Stephen gesehen . . .«

»Hier?« Gavin fuhr mit einen Ruck hoch. Die Decke fiel von seiner nackten Brust. »So rede endlich!« forderte er.

»Er war hier«, berichtete sie. »Er ist zu seinen Leuten zurück . . .«

»Und was ist mit meinen Bewaffneten? Was tun sie? Lagern sie nicht mehr vor der Burg?«

»Ich weiß es nicht. Danach habe ich ihn nicht gefragt.«

»Natürlich nicht!« Seine Stimme troff vor Hohn. »Wann wird er wiederkommen?«

Judith beherrschte ihren Ärger. »Ich hoffe morgen.«

»Warum bist du hier unten? Wenn wir nur noch einen Tag auf unsere Rettung warten müssen, solltest du nicht soviel aufs Spiel setzen.«

Judith biß die Zähne zusammen. »Kannst du mir nichts als Vorwürfe machen? Ich bin in diese Hölle gekommen, weil man dich hier festhält. Ich habe viel riskiert, um zu sehen, ob man dich auch anständig behandelt. Und du hast nichts anderes im Sinn, als mich zu beschimpfen. Ich möchte wirklich wissen, wann du einmal zufrieden bist.«

Er starrte sie an. »Man läßt dir hier viel Freiheit, nicht wahr? Man läßt dich gehen, wohin du möchtest. Woher soll ich wissen, daß Demari nicht oben auf dich wartet?« Er packte ihre Hand. »Belügst du mich?«

Mit blitzenden Augen machte sie sich von ihm los. »Deine Gemeinheit ist ungeheuerlich! Wie kannst du es wagen, mich eine Lügnerin zu nennen? Du bist es gewesen, der mich von Anfang an belogen hat! Ich weiß nicht, was in mich gefahren ist, daß ich versuche, dir zu helfen! Vielleicht würde ich mehr Achtung bei Walter Demari finden? Ich hätte besser ihn zum Mann genommen, statt von dir wie die niedrigste Leibeigene behandelt zu werden!«

»Ich dachte es mir doch«, meinte Gavin grimmig.

»Ja! Das sieht dir ähnlich!« Judith sprach jetzt ganz ruhig, weil sie ihm keine Genugtuung geben wollte.

»Herrin!« mischte sich Joan ein. »Wir müssen gehen. Wir sind schon viel zu lange hier unten.«

Judith nickte und erhob sich.

»Wer wartet an der Kellertreppe auf dich, um dich in dein Gemach zu begleiten?« knurrte Gavin.

Judith warf ihm nur einen Blick zu. Sie war zu wütend, um ein Wort zu sprechen.

»Lady Judith!« drängte Joan.

Als sie die Tür hinter sich schlossen, raunte sie Judith zu: »Es ist nicht gut, mit einem Mann zu diskutieren, wenn er von Eifersucht zerfressen wird.«

»Eifersucht!« fuhr Judith auf. »Man müßte ja Liebe füreinander empfinden, wenn man von Eifersucht reden will. Aber ich bin ihm völlig gleichgültig.« Sie zog die Kapuze wieder über ihr Haar.

Joan wollte gerade etwas erwidern, als sie plötzlich starr vor Schreck wurde. Judith schrie leise auf, als sie erkannte, warum. Arthur stand vor ihnen, die Hände in die Hüften gestützt, die Beine gegrätscht. Mit finsterer Miene sah er die beiden Frauen an.

Judith duckte sich leicht und preßte sich an die Wand, weil sie hoffte, er hätte sie nicht gesehen. Doch er war mit ein paar Schritten bei ihr und packte sie am Arm.

»Lady Judith, ich will Euch sprechen!«

Die drei Treppen bis zu seinem Zimmer waren der längste Weg, den Judith jemals zurückgelegt hatte. Ihre Knie zitterten und wollten sie kaum tragen. Aber was noch schlimmer war: die Übelkeit, unter der sie sonst nur am Morgen litt, würgte sie jetzt auch.

Habe ich jetzt Stephens Pläne zunichte gemacht? Diese Frage quälte sie. Sie wagte kaum, sich vorzustellen, was passieren würde, wenn die Rettung nicht rechtzeitig kam.

»Du bist eine Närrin!« sagte Arthur, als sie allein in seinem Gemach waren.

»Das habt Ihr schon einmal zu mir gesagt!« Judith hoffte, daß er ihr die Angst nicht anmerkte.

»Du gehst am hellichten Tag zu ihm! Kannst du nicht auf die Dunkelheit warten?«

Judith hielt den Kopf gesenkt, den Blick auf ihre Hände gerichtet. Sie wollte ihn nicht durch eine trotzige Haltung herausfordern.

»Was wolltest du in dem Verlies? Deinem Herrn Gemahl deinen Haß ins Gesicht schreien? Wie willst du aus diesem Lügennetz herausfinden?«

Ihr Kinn ruckte hoch. »Ich sage nichts.«

Seine Augen verengten sich. »Wir werden ihn foltern. Und hast du deine Mutter vergessen? Ich habe gleich gewußt, daß ich dir nicht trauen kann. Und doch habe ich mich durch deine schöne Larve täuschen lassen. Nun stecke ich ebenso tief in der Geschichte wie du. Was meinst du, wen Lord Walter verantwortlich macht, wenn seine Pläne zunichte gemacht werden? Wenn er erkennt, daß er dich nicht bekommen wird?«

»Soll ich jetzt etwa Mitleid mit Euch haben?« fragte Judith. »Es war Euer Plan, mein Leben zu zerstören, und nicht nur meines!«

»Ich wollte deinen Besitz und Walter deinen schönen Körper.« Arthur hielt inne und sah auf sie hinunter. »Obwohl du mich inzwischen auch sehr reizt.«

»Und wie wollt Ihr Euch aus dem Intrigennetz herauswinden?« fragte Judith.

»Nun, es gibt nur noch eine Möglichkeit für mich. Deine Ehe muß annulliert werden. Da du nicht vor den König treten wirst, lege ich dir ein Schreiben zum Unterzeichnen vor, in dem du um die Auflösung deiner Ehe mit Gavin Ascott bittest.«

Judith fuhr aus dem Stuhl hoch, in den er sie gedrückt hatte. Die Übelkeit nahm ihr fast die Sinne. Sie wankte zu der Waschschüssel und übergab sich. Als sie zu Atem gekommen war, wandte sie sich Arthur Smiton wieder zu.

»Verzeiht. Mit scheint der Fisch gestern abend nicht bekommen zu sein.«

Arthur goß ihr verdünnten Wein in einen Becher. Judith nahm ihn mit bebenden Händen entgegen.

»Du bist schwanger«, stellte er fest.

»Nein!« log Judith.

Sein Gesicht wurde grimmig. »Soll ich eine Hebamme rufen und dich untersuchen lassen?«

Judith starrte auf ihren Becher und schüttelte den Kopf.

»Also ist eine Auflösung eurer Ehe auch nicht möglich«, fuhr er fort. »Mir wäre nie in den Sinn gekommen, daß sich schon so schnell ein Kind ansagen könnte. Ich fürchte, wir geraten immer tiefer in Schwierigkeiten.«

»Werdet Ihr zu Walter gehen? Es ihm sagen?«

Wütend stieß er die Luft aus. »Für welchen Idioten hältst du mich? Er glaubt, daß du rein und unschuldig bist und redet nur davon, dich zu lieben und mit dir sein Leben zu verbringen. Er käme nie auf die Idee, daß du zweimal so schlau bist wie er.«

»Ihr redet zuviel«, meinte Judith. Eine neue Übelkeitswelle stieg in ihr auf. »Was wollt Ihr von mir?«

Sein Blick drückte Bewunderung aus. »Du bist so klug wie schön. Ich würde dich gern für mich haben.« Er lächelte eine Sekunde lang. Dann wurde sein Gesicht wieder ernst. »Walter wird es bald herausfinden, das mit dem Kind. Wäre es dir ein Viertel der Revedouneländereien wert, wenn ich dir zur Flucht verhelfe?«

Judith dachte in Windeseile nach. Das Land bedeutete ihr nicht viel. War Arthur Smiton eine sicherere Chance, als auf Stephen zu warten? Wenn sie sich aber weigerte, würde er sie verraten, und ihr aller Leben wäre keinen Deut mehr wert.

»Ja, ich gebe Euch mein Wort. Wenn wir alle fünf in Sicherheit sind, gehört Euch ein Viertel der Ländereien.«

»Ich kann nicht für alle fünf garantieren . . .«

»Alle, oder es wird nichts aus diesem Handel!«

»Also gut. Ich brauche aber Zeit, um solche Dinge zu planen. Und du mußt jetzt an die Mittagstafel. Lord Walter würde ärgerlich sein, wenn du nicht an seiner Seite sitzt und ihn anbetest.«

Als sich die Tür von Arthur Smitons Gemach hinter ihnen schloß, ahnte keiner von beiden, daß die zerlumpte Alte aus ihrem Versteck unter dem Bett kroch.

Sie humpelte zu der Öllampe auf dem Tisch und betrachtete die Silbermünzen, die sie in ihrer Hand hielt. Ihr Lohn von Sir Arthur. Aber was würde Lord Demari erst dafür geben, wenn sie ihm berichtete, was sie eben gehört hatte!

Es war von Ländereien die Rede gewesen. Von Flucht und von einem Kind. Besonders das schien sehr wichtig zu sein. Das begriff selbst die Alte.

Judith saß still an einem Fenster der großen Halle. Sie trug ein hellgraues Unterkleid und darüber ein Gewand aus dunkelrotem feinen Wollstoff. Die Ärmel waren mit grauem Pelz abgesetzt.

Der Sonnenball neigte sich dem Horizont zu, und die Schatten in dem großen Saal wurden immer tiefer. Nur allmählich wich die Anspannung von Judith.

Noch einen Tag, dann würde Stephen hier sein und alles gut werden. Sie hatte Lord Walter seit dem Mittagsmahl nicht mehr zu Gesicht bekommen. Er hatte sie zu einem Ausritt eingeladen, war dann aber nicht erschienen, um sie abzuholen. Judith vermutete, daß ihn irgend etwas aufgehalten haben mußte.

Trotzdem machte sie sich Gedanken, als die Sonne untergegangen war und die Tische für das Abendessen gedeckt wurden.

Weder Walter noch Arthur ließen sich blicken, und sie bat Joan, sich einmal umzuhören, was vorgefallen sein konnte. Doch Joan erfuhr nicht viel.

»Lord Walters Tür ist verschlossen und wird bewacht. Die Männer wollten mir nicht verraten, warum. Obwohl ich wirklich alles versucht habe.«

Irgend etwas stimmte nicht! Judith glaubte es zu spüren. Und sie bekam die Bestätigung, als sie wieder in ihrem Gemach waren. Sie hatten die Tür kaum hinter sich zugezogen, als von außen ein Riegel vorgeschoben wurde.

In dieser Nacht schlief keine von ihnen gut. Am frühen Morgen wählte Judith ein Kleid ohne Schmuck und Spitzen. Dann saß sie auf ihrem Bett und wartete.

Der Riegel wurde zurückgeschoben, und dann kam ein Mann in Kettenhemd und Rüstung ins Zimmer.

»Folgt mir!« befahl er.

Als Joan ihrer Herrin auf den Fersen bleiben wollte, wurde sie zurückgestoßen und die Tür wieder verriegelt. Judith aber führte man zu Lord Walters Zimmer.

Ihre Augen weiteren sich vor Grauen, als sie den an die Wand angeketteten Arthur Smiton sah, vielmehr das, was man von ihm übriggelassen hatte.

Hastig wandte sie sich ab. Ihr Magen drehte sich um.

»Kein schöner Anblick, was, meine Lady?«

Judith hob den Kopf und erkannte Walter in einem mit Kissen gepolsterten Stuhl. Seine Augen waren gerötet, und sie merkte an seinem Verhalten, daß er betrunken war. Er sprach auch mit schwerer Zunge.

»Ich mußte leider erfahren, daß du gar keine Lady bist.« Er erhob sich, stand einen Moment wankend da, als wollte er sein Gleichgewicht prüfen, ging dann zum Tisch und schenkte sich Wein nach.

»Eine Lady ist ehrlich und gut, aber du – du holde Schönheit . . . du bist eine Schlampe.« Er kam langsam auf sie zu. Judith rührte sich nicht von der Stelle. Wohin sollte sie auch flüchten?

Walter griff in ihr Haar und riß ihren Kopf zurück. »Ich weiß alles!« Er drehte ihr Gesicht so, daß sie Arthurs blutigen Körper an der Wand sehen mußte.

»Er hat mir genug erzählt, ehe er starb. Ich weiß, daß du mich für dumm und blind gehalten hast. Aber das bin ich nicht. Ich weiß, wie man mit einer Frau verfährt.«

Wieder riß er sie herum, so daß sie nun ihn ansehen mußte. »Du hast das alles für deinen Angetrauten getan, stimmt's? Du bist seinetwegen hergekommen. Rede! Was hättest du alles getan, um ihn zu retten?«

»Alles«, antwortete Judith kaum hörbar.

Walter starrte sie an und grinste. Dann stieß er sie so heftig von sich, daß sie taumelte und beinahe zu Boden gestürzt wäre. »So sehr liebst du ihn?«

»Es ist nicht deshalb, sondern weil er mein Gemahl ist.«

»Aber ich habe dir mehr Liebe geboten, als jeder andere dir hätte geben können«, sagte Walter mit Tränen in den Augen. »Ganz England weiß, daß Gavin verrückt nach dieser Lilian Chatworth ist.«

Von Judith kam keine Antwort. Seine Lippen bildeten einen Strich, seine Mundwinkel zogen sich verächtlich nach unten.

»Ich habe keine Lust, länger mit dir zu diskutieren. Die Zeit ist abgelaufen«, knirschte er.

Er ging zur Tür und riß sie auf. »Bringt diesen Kerl fort und werft ihn den Schweinen zum Fraß vor. Wenn ihr damit fertig seid, bringt Lord Gavin her und kettet ihn dort an!«

»Nein!« schrie Judith und lief zu ihm hin. »Bitte, tue ihm nicht noch mehr an! Ich mache alles, was du willst.«

Er warf die Tür ins Schloß und nickte. »Ja, du wirst alles machen, was ich will, aber vor den Augen deines Gemahls. Verstanden?«

Alle Farbe wich aus Judiths Gesicht, als sie flüsterte: »Das . . . das kann nicht dein Ernst sein.«

Er grinste, als er ihre wächserne Blässe sah. Als sich die Tür öffnete, kehrte er ihr den Rücken zu und beobachtete die Männer, die den leblosen Körper fortschleiften.

»Komm her!« befahl er dann, als sie wieder allein waren. »Ich will, daß du mich so küßt, wie du deinen Angetrauten küssen würdest.«

Benommen schüttelte Judith den Kopf. »Du tötest uns ja in jedem Fall. Warum soll ich dir dann noch gehorchen?«

»Du bist wirklich störrisch und ungehorsam.« Walter grinste. »Aber ich räche mich auf andere Weise. Jede Weigerung von dir wird dein Lord Gavin mit einem Stück Fleisch bezahlen müssen.«

Von Grauen geschüttelt sah sie ihn an.

»Du hast richtig gehört«, meinte er hämisch.

Judith konnte kaum einen klaren Gedanken fassen. Stephen, komm bald! flehte sie im stillen. Vielleicht konnte sie Gavins Folter noch hinausschieben, bis Stephen und seine Leute die Burg stürmten? Das war ihre ganze Hoffnung.

Die Tür flog auf, und vier Bewaffnete brachten Gavin herein. Man hatte ihn in Ketten gelegt. Diesmal ließ Walter Demari ihm keine Chance.

Gavin sah von seinem Widersacher auf Judith. »Sie gehört mir!« stieß er hervor und machte einen Schritt vorwärts. Sofort traf ihn ein Schlag auf den Kopf, der ihn bewußtlos machte.

»Kettet ihn an die Wand!« schrie Walter mit sich überschlagender Stimme.

Judith traten die Tränen in die Augen. Tränen, weil Gavin sich so mutig zur Wehr setzte, obwohl die Ketten ihn fesselten. Sein Körper hatte Beulen und Wunden, er war vom Hunger geschwächt, und trotzdem kämpfte er.

Sollte sie da aufgeben, sich schwach und hilflos zeigen? Ihre einzige Chance war, Zeit zu gewinnen, bis Stephen kam. Sie nahm sich vor, alles zu tun, was Walter Demari verlangte.

Es entging ihm nicht, daß sie den Widerstand aufgegeben hatte. »Sehr klug von dir«, meinte er und lachte schallend, als man Gavins ausgestreckte Arme mit Ketten an die Wand fesselte.

Mit einem Wink wurden die bewaffneten Männer entlassen. Dann hob Demari seinen Becher mit Wein und goß Gavin den Inhalt ins Gesicht.

»Komm, mein Freund, du darfst diese schöne Unterhaltung nicht verschlafen. Du bist lange genug in meinem Keller gewesen. Und da unten hätte ich es nicht so sehr genossen, dein Weib zu nehmen. Sieh sie dir an! Ist sie nicht schön? Ich war fast bereit, für sie zu kämpfen.

Nun weiß ich, es hätte sich nicht gelohnt.« Er streckte Judith die Hand hin. »Komm! Komm her zu deinem Herrn!«

Gavin stieß mit dem Stiefel nach Demari, und Walter konnte gerade noch rechtzeitig ausweichen. Er ging zum Tisch und holte eine kleine Peitsche. Die Lederriemen waren noch blutig. Gavin traf ein Schlag ins Gesicht, und der Riemen zeichnete einen blutigen Striemen in seine Wange. Gavin kümmerte sich nicht darum. Er hob den Fuß schon wieder. Doch er konnte Demari nicht mehr treffen.

Walter hob die Peitsche ein zweites Mal. Judith stellte sich mit ausgebreiteten Armen vor Gavin, um ihn zu schützen.

»Geh zur Seite!« knurrte Gavin sie an. »Ich wehre mich allein.«

Judith konnte über die Absurdität seiner Worte nur staunen. Wie wollte er sich zur Wehr setzen, mit angeketteten Armen?

Sie ging auf Demari zu. »Was willst du von mir?« fragte sie tonlos. Sie spürte Gavins Blicke in ihrem Rücken.

»Komm zu mir!« forderte Walter.

Judith zögerte, aber sie wußte, daß sie gehorchen mußte. Sie nahm seine Hand, obwohl seine feuchten Finger ihr eine Gänsehaut über den Rücken jagten.

»Meine Liebe«, begann Walter mit honigsüßer Stimme. »Zeig uns mehr von deinem herrlichen Körper. Er ist für einen Mann wie geschaffen.« Hämisch wandte er sich zu Gavin um. »Oder sollte ich sagen: für viele Männer?«

Dann traf Judith ein harter Blick. »Habe ich dir nicht gesagt, daß du uns zeigen solltest, was du unter diesem Kleid hast? Willst du deinem Gatten verwehren, einen letzten Blick auf deine Nacktheit zu tun?«

Mit bebenden Händen versuchte Judith das Kleid zu öffnen. Sie wollte Zeit gewinnen, deshalb tat sie es umständlich und langsam.

»Du bist mir zu langsam!« Walter sprach mit schwerer Zunge. Er warf seinen Becher an die Wand und zog sein Schwert aus der Scheide.

Dann schlitzte er Judiths Gewand und das Unterkleid auf. Seine Finger krallten sich in den Ausschnitt ihres Hemdes. Und im nächsten Moment riß er es ihr vom Körper.

Mit beiden Händen versuchte Judith, ihre Blöße zu bedecken. Da zielte Walter plötzlich mit der Spitze seines Schwertes auf ihren Leib. »Laß das!« Judith erstarrte.

Hingerissen sah Walter auf ihre schwellenden Brüste. Diese Frau war noch schöner, als er sie sich vorgestellt hatte.

»Herrlich genug, um dafür zu morden«, murmelte er.

»Dafür werde ich dich umbringen«, zischte Gavin und zerrte wild an seinen Fesseln.

»Du mich?« Walter brüllte vor Lachen. »Wie willst du das anstellen?«

Er packte Judith um die Taille und drehte sie so, daß sie Gavin ansehen mußte. Dabei tätschelte er über ihre Brüste.

»Willst du die Ketten aus der Wand reißen? Das wird dir nicht gelingen. Sieh sie dir gut an, denn das wird das letzte sein, das du in deinem Leben sehen wirst.«

Seine Hand glitt zu Judiths Leib. »Und sieh dir das an! Noch ist er schön und flach, aber bald wird dort mein Kind wachsen . . .«

»Nein!« schrie Judith.

Sein Griff um ihre Taille wurde fester, bis sie kaum noch atmen konnte. »Ich habe ihr meinen Samen eingegeben, und er wird in ihr wachsen. Denk immer daran, wenn du in der Hölle schmorst, Gavin Ascott.«

»Ich werde an keine Frau denken, die du angefaßt hast«, sagte Gavin grimmig. Doch er sah Judith dabei an. »Du bist kein Mensch, sondern ein Tier, Walter Demari.«

Walter stieß Judith von sich. »Das wirst du bereuen!« »Nein! Nein!« schrie Judith, als er mit gezogenem Schwert auf Gavin losging. Doch er war in seiner Trunkenheit zu unsicher auf den Füßen, und seine Arme wollten ihm nicht recht gehorchen. Und so verfehlte die Schneide Gavins Brust.

Gavin war ihm mit einer raschen Körperdrehung ausgewichen. Doch bei dem nächsten Angriff traf ihn das Schwert hart am Ohr. Sein Kopf fiel auf die Brust.

»Na? Schläfst du etwa?« schrie Walter den Ohnmächtigen an. Er warf sein Schwert fort und ging Gavin an die Kehle, um ihn zu würgen.

Judith zögerte nicht eine Sekunde. Sie nahm das Schwert. Ehe sie richtig überlegen konnte, was sie tat, packte sie es mit beiden Händen und stieß es Walter Demari mit aller Kraft zwischen die Schulterblätter.

Einen Moment stand er reglos da. Dann drehte er sich um und sah sie an, bevor er umfiel. Judith schluckte, weil das Entsetzen sie würgte. Und es kam ihr voller Grauen zu Bewußtsein, daß sie einen Menschen getötet hatte.

Plötzlich wurde die Burg bis in ihre Grundfesten erschüttert. Judith verlor keine Zeit. Die Schlüssel für Gavins Ketten hingen an der Wand.

Als sie seine Hände aus den Ketten löste, kam Gavin wieder zu sich. Seine Augen wurden groß, als er Judith vor sich sah. Ihr nackter Körper war blutbefleckt. Zu seinen Füßen lag Demari, von einem Schwert durchbohrt.

»Zieh dir etwas an!« forderte er wütend.

Judith hatte in all der Panik völlig vergessen, daß sie nackt war. Ihre Kleidung lag von Walter Demaris Schwert zerfetzt am Boden.

Sie öffnete die Kleidertruhe am Fußende des Bettes, die bis an den Rand mit Walter Demaris Kleidungsstücken gefüllt war.

Judith zögerte einen Moment, denn sie mochte die Sachen, die diesem Toten gehört hatten, nicht einmal berühren.

»Hier!« Gavin warf ihr eine wollene Tunika hin.

Judith wollte etwas sagen, aber die Stimme gehorchte ihr nicht. Zu groß war der Schock, daß sie einen Menschen umgebracht hatte.

»Stephen ist gekommen!« rief Gavin, der zum Fenster geeilt war. »Er hat Gänge unterhalb der Burgmauer graben lassen, und die Steine haben nachgegeben.«

Er ging zu dem Toten hinüber und zog das Schwert heraus.

»Du hast genau die richtige Stelle getroffen«, meinte er gleichmütig. »Ich muß künftig wohl auf meinen Rücken aufpassen. Du bist kundig in solchen Dingen, wie mir scheint.«

»Gavin!« rief eine vertraute Stimme vom Gang her.

»Raine!« flüsterte Judith. Tränen traten ihr in die Augen. Gavin schob den Riegel an der Tür zurück. Raine stürmte herein und packte ihn bei den Schultern. »Es geht dir gut?«

»Wie es unter solchen Umständen gehen kann. Wo ist Stephen?«

»Unten. Mit den anderen. Die Erstürmung der Burg war ein Kinderspiel, als die eine Mauer zusammengebrochen war. Die Magd, Judiths Mutter und John Bassett warten unten. Aber wir können Judith nicht finden.«

»Sie ist hier«, sagte Gavin kalt. »Kümmere dich um sie. Ich mache mich auf die Suche nach Stephen.« Gavin drängte sich an Raine vorbei aus dem Raum.

Raine sah auf die Gestalt, die auf dem Bettrand hockte. Zuerst konnte er Judith in der Männertunika kaum erkennen. Sie schaute mit tränenfeuchten Augen zu ihm auf und wirkte so mitleiderregend, daß Raine sie in seine Arme schloß.

Heftiges Schluchzen schüttelte sie. »Ich . . . ich habe ihn umgebracht«, wimmerte sie.

»Wen?«

»Walter Demari.«

Raine hielt sie noch fester. »Und wessen Blut ist das da an der Wand?« wollte er wissen.

»Von Walters Vasall. Er hieß Arthur Smiton.«

»Weine nicht, es wird doch alles gut. Komm mit nach unten. Deine Magd wird dir helfen, andere Sachen anzuziehen.« Raine fragte nicht, warum ihre eigenen Kleidungsstücke zerfetzt am Boden lagen.

»Geht es meiner Mutter gut?«

»Mehr als das. Sie sieht John Bassett an, als sei er für sie der liebe Gott.« Judith war zu verstört, um zu fragen, was er damit meinte.

Raine legte ihr seinen Mantel um die Schultern und führte sie aus dem Raum.

21. Kapitel

Weißt du von dem Kind?« fragte Stephen, als er mit Gavin im Burghof stand.

»Man sagte es mir«, antwortete Gavin abweisend. »Laß uns da drüben im Schatten niedersitzen. Ich bin an Sonnenlicht nicht mehr gewöhnt.«

»Man hat dich in einem dunklen Loch gehalten . . .«

»Ja, über die ganze Zeit . . .«

»Aber du siehst nicht elend und verhungert aus. Hat man . . .«

»Nein, Ju . . . sie hat durch ihre Magd Essen geschickt.«

Stephen sah auf den halb zusammengestürzten Turm, während er sagte: »Sie hat viel Mut gehabt, hierher zu kommen. Viel riskiert.«

»Sie hat gar nichts riskiert! Sie war ebenso verrückt nach ihm, wie er nach ihr.«

»Den Eindruck hatte ich nicht, als ich mit ihr sprach.«

»Dann hast du dich geirrt«, knurrte Gavin.

Stephen zuckte die Achseln. »Das ist allein eure Sache. Raine hat mir gesagt, daß man euch beide an den Hof des Königs bestellt hat. Wir können die Reise gemeinsam antreten. Ich soll auch dorthin.«

Gavin war müde und sehnte sich nach nichts anderem als einem weichen Lager. »Was will der König von uns?«

»Er möchte dein Eheweib kennenlernen, und mir will er eine Heiratskandidatin vorstellen.«

»Du sollst heiraten?«

»Ja, eine reiche Schottin, die alles haßt, was englisch ist.«

»Oh, ich weiß, wie es ist, vom eigenen Weib gehaßt zu werden«, murmelte Gavin.

Stephen grinste. »Der Unterschied ist nur, daß es dir was ausmacht, mir aber nicht. Wenn sie sich nicht so verhält wie ich will, werde ich sie sitzen lassen, und sie wird mich nie wieder zu Gesicht bekommen. Ich werde behaupten, daß sie unfruchtbar ist und einen Sohn adoptieren, der ihren Besitz erben wird. Warum tust du das nicht auch mit deiner Frau, wenn sie dich so wütend macht?«

»Ich soll sie nie wiedersehen?« entfuhr es Gavin. Er riß sich sofort zusammen, als er Stephen lachen hörte.

»Sie bringt dein Blut in Wallung, nicht wahr? Du brauchst es mir nicht erst zu sagen. Ich habe sie gesehen.«

»Sie hat dich ebenso getäuscht wie Raine und Miles«, meinte Gavin und verzog wie im Ekel das Gesicht. »Die beiden bekommen Kuhaugen, wenn sie sie sehen.«

»Da fällt mir ein . . . was willst du mit John Bassett machen und . . .?«

»Er soll sie heiraten. Wenn Lady Helen wie ihre Tochter ist, wird er die Hölle auf Erden bekommen. Da hat er genug Strafe für sein unüberlegtes Handeln.«

Stephen wollte sich vor Lachen ausschütten.

Gavin erhob sich. »Ich will jetzt hier fort!« drängte er.

Judith war mit den Männern in das Lager zurückgekehrt, das Gavin am anderen Ende des Tales vor Demaris Burg aufgeschlagen hatte.

Um ihrer quälenden inneren Unruhe zu entkommen, hatte sie sich von den anderen entfernt und schlenderte durch den in der Nähe des Lagers liegenden Wald.

Erst jetzt wurde es ihr bewußt, unter welcher Anspannung sie in den vergangenen Tagen gelebt hatte, ganz zu schweigen von der Angst, die sie hatte unterdrücken müssen.

Judith ließ sich am grasigen Ufer eines Baches nieder und genoß den Frieden der Natur.

Eine Stimme ließ sie plötzlich auffahren. »Darf ich dich in dieser Idylle stören?«

Es war Raine, der lächelnd auf sie herabblickte. Er ließ sich sofort neben ihr nieder, als sie ihn mit einer Handbewegung dazu aufforderte.

»Ich hatte gehofft, daß zwischen euch beiden endlich Harmonie herrscht. Doch das war wohl ein Irrtum«, begann Raine. »Warum hast du Demari getötet?«

»Weil es nur die einzige Möglichkeit gab«, antwortete Judith mit gesenktem Kopf. Als sie wieder aufblickte, glänzten Tränen in ihren Augen. »Es war schrecklich.«

Raine zuckte die Schultern. »Manchmal muß man es tun. Und Gavin? Hat er dir das nicht auch gesagt? Hat er dich nicht beruhigt?«

»Er hat mit mir kaum ein Wort gewechselt seitdem«, sagte sie ruhig. »Laß uns von etwas anderem reden. Ist dein Bein besser?«

Raine wollte gerade antworten, als ein Lachen an ihre Ohren klang. Helen und John spazierten am Bach entlang. Judith wollte ihre Mutter ansprechen, doch Raine hielt sie zurück.

Judith beobachtete dann überrascht, wie sich John und ihre Mutter in die Arme sanken. Von dem Liebesgeflüster der beiden verstand sie nicht viel.

»Das wußte ich nicht«, murmelte sie, als die beiden sich entfernt hatten.

Raine grinste. »Solche Dinge passieren. Gavin hat für deine Mutter einen neuen Ehemann gefunden, der ihr Bett wärmt.«

Wütend fuhr Judith zu ihm herum. Ihre goldenen Augen blitzten. »Der ihr das Bett wärmt! Habt ihr Männer immer nur das im Sinn?«

Raine sah sie bewundernd an. Sein Herz schlug ihr entgegen. »An was soll man sonst bei einer Frau denken?« meinte er. Dann erhob er sich abrupt. »Ich muß gehen. Kommst du mit zurück?«

»Nein, laß mich noch eine Weile hier bleiben.«

Raine sah sich um. Der Platz schien sicher und ungefährlich. »Bleib aber nicht bis zum Sonnenuntergang«, riet er. »Wenn du bis dahin nicht im Lager bist, werde ich dich holen.«

Trübe Gedanken fielen wieder über Judith her, als sie allein war.

Gavin glaubte, was Walter Demari behauptet hatte! Er war sicher, daß sie das Kind seines Feindes unter dem Herzen trug. Unwillkürlich tastete Judith über ihren Leib.

Es war ihr Kind! Was immer auch geschehen würde, dieses Kind gehörte ihr!

»Was hast du nun mit ihr vor?« fragte Raine, als er sich in Gavins Zelt in einen Stuhl fallen ließ. Stephen hockte auf einem Schemel und bearbeitete sein Schwert mit einem Schleifstein.

Gavin saß am Tisch und aß. Das tat er, seit er wieder im Lager war, oft. »Redest du von meinem Weib?« fragte er zwischen zwei Bissen. »Du scheinst dich ja sehr um sie zu sorgen.«

»Und du scheinst sie zu ignorieren«, fuhr Raine ihn an. »Sie hat für dich einen Mann getötet. Und du redest nicht einmal mit ihr darüber. Weißt du, wie ihr zumute ist?«

»Weil sie den Mann umgebracht hat, der sie schwach gemacht hat?« fauchte Gavin.

»Soll ich euch die Schwerter bringen, oder kämpft ihr in voller Rüstung?« fragte Stephen spöttisch.

Raine zwang sich zur Ruhe. »Hast recht, Bruder. Ich wollte Gavin nur zur Vernunft bringen, weil er sie so unmöglich behandelt.«

Gavin schob seinen Teller zurück und stand auf. Er begann eine unruhige Wanderung durch das Zelt. plötzlich stieß er hervor: »Sie bekommt ein Kind von diesem Mann!«

»Von Demari?« Stephen hielt in seiner Arbeit inne und pfiff vor sich hin. »Was willst du mit ihr machen?«

Gavin sank wieder in seinen Stuhl. »Ich weiß es nicht. Raine wirft mir vor, sie mit Mißachtung zu strafen. Aber was soll ich tun? Sie hat ihren Liebhaber getötet.«

»Hat dieser Demari sie bedroht oder gezwungen?«

Gavin ließ den Kopf hängen. »Das glaube ich nicht. Sie konnte sich in der Burg frei bewegen. Sie kam sogar zu mir in mein Gefängnis. Wenn sie dies heimlich getan hätte . . . ihr könnt euch vorstellen, wie gefährlich das gewesen wäre.«

»Stimmt. Aber meinst du nicht, daß sie nur hergekommen ist, um dir zu helfen?«

Gavins Augen blitzten. »Ich weiß nicht, was ihre Gründe waren. Sie hat sich mal auf die eine, mal auf die andere Seite geschlagen. Als sie zu mir kam, hat sie mir gesagt, daß sie alles für meine Rettung tun will. Aber wenn Demari bei ihr war, war sie ganz die Seine. Eine raffinierte Frau, was?«

Stephen prüfte die Schneide seines Schwertes. »Raine scheint sehr viel von ihr zu halten. Auch Miles.«

Gavin schnaubte ärgerlich. »Miles ist zu jung, um zu wissen, daß Frauen nicht nur einen Körper haben. Und Raine – er himmelt sie schon lange an.«

»Du kannst erklären, daß sie nicht dein Kind erwartet, und dich von ihr trennen.«

»Nein!« entfuhr es Gavin.

Stephen lachte. »Du bist also noch immer verrückt nach ihr. Sie ist ungewöhnlich schön, zugegeben. Aber es gibt noch andere. Was ist mit Lilian, der du ewige Liebe geschworen hast?«

Stephen war der einzige, der Gavin immer unterstützt hatte, wenn es um Lilian ging.

»Sie hat vor kurzem Edmund Chatworth geheiratet.«

»Diesen ekligen Kerl? Hast du ihr denn nie die Ehe angeboten?«

Gavins Schweigen war Antwort genug.

Stephen steckte sein Schwert in die Scheide zurück. »Die Weiber sind es nicht wert, daß man einen einzigen Gedanken an sie verschwendet. Nimm dein Eheweib ins Bett und beschäftige sie so, daß sie nicht auf dumme Ideen kommt.«

Damit war für ihn das Thema beendet. Er stand auf und ging zum Ausgang. »Ich werde mich jetzt hinlegen. Es war ein langer Tag.«

Gavin saß reglos da und starrte vor sich hin. Ich kann mich von ihr trennen, dachte er. Aber er konnte sich einfach nicht vorstellen, Judith nie mehr zu sehen, sie nie mehr in seinen Armen zu halten.

Raine hatte ihn beobachtet und unterbrach nun seine Grübeleien. »Ist Judith schon zurück? Ich habe ihr geraten, nicht zu lange im Wald zu bleiben.«

Gavin war mit einem Ruck hoch. »Du verschwendest zu viele Gedanken an mein Weib. Sag mir, wo ich sie finden kann!«

Judith kniete am Bachufer und hielt die Hände in das kühle Wasser. Da riß eine Stimme sie aus ihrer Versunkenheit.

»Du mußt ins Lager zurück!«

Erschreckt fuhr sie zusammen und drehte sich um. Gavin stand wie ein Fels vor ihr. Seine grauen Augen wirkten in der Dämmerung fast schwarz. Seine Miene war verschlossen.

»Ich kenne diesen Wald nicht, aber er könnte Gefahren bergen.«

Judith stand auf und reckte sich. »Das könnte dir gefallen, nicht war? Ein totes Weib ist viel besser als ein entehrtes.« Sie raffte ihre Röcke und wollte an ihm vorbeigehen.

Gavin packte sie am Arm. »Wir müssen miteinander reden. Ohne Zorn.«

»Zwischen uns gibt es doch nichts anderes als Zorn. Sag mir, was du zu sagen hast. Ich bin ziemlich erschöpft.«

Sein Gesicht wurde weicher. »Ist die Schwangerschaft daran schuld?«

Judith legte die Hände auf ihren Leib. Dann straffte sie sich sofort wieder und hob stolz das Kinn. »Das Baby wird für mich nie eine Last sein.«

Gavin sah auf das plätschernde Wasser. Seine Stirn war gerunzelt. »Nach allem, was geschehen ist, nehme ich an, daß du im guten Willen handeltest, als du dich Demari hingegeben hast. Ich weiß, daß du für mich keine Liebe empfindest. Aber deine Mutter war auch eine Gefangene, und für sie hättest du alles getan, stimmt's?«

Judith nickte stumm.

»Ich weiß nicht, wie es gewesen ist, als du in Demaris Burg kamst . . . Vielleicht hat er dich freundlich behandelt, und du brauchtest solche Freundlichkeit. Vielleicht hat er dir auch zu unserer Hochzeit mehr geboten als ich . . .«

Judith konnte nicht sprechen, denn ihr kochte bei diesen Unverschämtheiten die Galle über.

»Es wird mich zwar viel Spott treffen, wenn herauskommt, daß das Kind nicht von mir ist«, fuhr Gavin fort. »Aber ich werde dich nicht verlassen. Ich werde das Baby behandeln, als wäre es von mir, und es soll später einen Teil deiner Ländereien erben.« Gavin hielt inne und sah sie an. »Du sagst nichts! Versuche ich nicht, gerecht zu sein? Was willst du noch mehr?«

Judith brauchte einen Moment, ehe sie zwischen zusammengebissenen Zähnen sagte: »Gerecht? Dieses Wort ist dir doch fremd. Zuerst erklärst du mir, daß ich wohl mit ehrlichen Absichten hergekommen bin, und dann beschuldigst du mich auf so gemeine Weise.«

»Ich beschuldige dich?«

»Ja. Glaubst du wirklich, daß ich mich freiwillig einem Mann hingebe, der meinen Gatten und meine Mutter gefangenhält? Du meinst, daß ich Freundlichkeit brauche. Ja, das stimmt. Von dir habe ich die nie erfahren! Aber ich bin nicht so verdorben, daß ich meinen Treueschwur vor Gott gedankenlos breche.«

»Du redest in Rätseln«, meinte Gavin düster.

»Du beschuldigst mich, eine Ehebrecherin zu sein. Was ist daran so unverständlich?«

»Du erwartest von diesem Mann ein Kind. Also bist du eine Ehebrecherin. Ich habe angeboten, für das Kind zu sorgen. Du solltest mir dankbar sein, daß ich dich nicht verstoße.«

Fassungslos sah Judith ihn an. Er fragte nicht ein einziges Mal, ob das Kind nicht von ihm sein könnte. Er glaubte, was Demari gesagt hatte. Ihre Mutter hatte sie gewarnt und ihr gesagt, daß ein Mann eher dem größten Lügner glaubte als seiner eigenen Frau.

»Hast du nichts weiter zu sagen?« fragte Gavin mürrisch.

Sie sah ihn nur an.

»Dann stimmst du also meinen Vorschlägen zu?«

Soll es in Gottes Namen so sein, wie er es will, dachte Judith. »Du gibt meinem Kind ein Stück von meinem Land. Dein Opfer ist also nicht so groß«, meinte sie.

»Ich behalte dich. Ich könnte dich verstoßen!«

Judith stieß ein bitteres Lachen aus. »Du begehrst meinen Körper. Ich bin nicht so dumm, das nicht zu wissen. Ich will mehr als nur ein Stück Land für mein Kind.«

»Willst du Geld?«

»Ich will etwas dafür, daß ich zu Demari in die Burg gegangen bin.« Judith mußte sich zu jedem Wort zwingen. Aber sie ließ sich nichts anmerken.

»Was willst du dafür?«

»Daß meine Mutter John Bassett zum Mann bekommt.«

»Aber ich kann für sie einen Gemahl von höherem Stand finden!«

»Sie liebt John.«

»Liebe? Ist die so wichtig?«

»Du weißt nicht, was ein Leben ohne Liebe ist. Ich flehe dich an. Du als ihr nächster männlicher Verwandter hast jetzt das Recht, diese Ehe zu erlauben. Gönn ihr das Glück einer echten Liebe.«

Gavin konnte sie nur ansehen. Sie war so schön, aber er sah auch, daß sie einsam war. War er wirklich so grob zu ihr gewesen, daß sie einen Mann wie Demari gebraucht hatte?

Er zog sie in seine Arme. Er dachte wieder daran, wie ängstlich sie damals in dem hohen Baum gehockt hatte. Aller Mut hatte sie verlassen. Und doch hatte sie sich mutig dem Feind gestellt.

»Ich hasse dich nicht«, murmelte er dicht an ihrem Ohr. Dann preßte er sein Gesicht in ihr Haar. In seinem Kopf überschlugen sich die Gedanken.

War er nicht auch schuld daran, daß sie ein Kind von einem anderen trug? Hatte er sie nicht ohne Schutz gelassen? Er war nur einmal freundlich zu ihr gewesen, damals im Wald. Und er mußte sich ehrlich eingestehen, daß er sich nur deshalb so liebevoll um sie gekümmert hatte, weil er sie wieder in sein Bett bekommen wollte. Er dachte nur an sich selbst. Nie an sie.

Jetzt ließ er sich im Gras nieder und zog Judith neben sich. An einem Baum gelehnt saß er da und hielt sie in seinen Armen.

»Erzähl mir, was in der Burg gewesen ist«, forderte er sie auf. Judith traute ihm nicht. Ein paarmal schon hatte sie erleben müssen, wie seine Freundlichkeit plötzlich in Zorn umgeschlagen war. Aber es war so schön, seinen Körper wieder einmal dicht an ihrem zu spüren. Das sind die einzigen Gefühle zwischen uns, dachte sie.

»Es ist vorbei«, antwortete sie. »Und ich möchte es vergessen.«

Gavin runzelte die Stirn. Ihre Nähe machte ihn ganz benommen. »Judith«, murmelte er, und sein Mund näherte sich ihren Lippen.

Die Berührung seiner Lippen brach jeden Widerstand in ihr. Mit einem Seufzer schlang sie die Arme um seinen Hals.

»Ich habe dich vermißt . . .« Gavins Mund glitt über ihren Nakken. »Du kamst mir vor wie ein Engel, als du in meinem Gefängnis auftauchtest. Ich fürchtete, daß du nur ein Traumwesen sein könntest . . .«

»Ich bin aus Fleisch und Blut«, sagte Judith lächelnd. Ihr Lächeln machte Gavin ganz toll. Er nahm ihr Gesicht in beide Hände und küßte sie leidenschaftlich. Dann wurde seine Miene wieder ernst. »Ich hätte dich ermorden können, als ich ansehen mußte, wie dieser Demari dich vor meinen Augen abtastete.«

Judith wurde sekundenlang steif. Dann versuchte sie, sich von ihm frei zu machen.

»Nein!« knurrte er und hielt sie fest. »Gibst du anderen mehr als mir, deinem Ehemann?«

Da war es mit Judiths Beherrschung vorbei. Sie brachte es fertig, die Hand zu heben und versetzte ihm einen Schlag ins Gesicht.

In Gavins Augen flammte es auf. Dann zog er plötzlich ihre Hand an seinen Mund. »Du hast ja recht. Ich bin ein Narr. Laß uns das alles vergessen. Denk nur an die Zukunft und an heute.«

Sein Mund preßte sich wieder auf ihren. Judith wollte sich nicht wehren. Ihre Sehnsucht wurde übermächtig.

Ihr Kleid fiel unter seinen Händen. Und Judith zerrte an Gavins Zeug. Dann trafen sich ihre nackten Körper in berauschender Leidenschaft. Voller Erregung und Ungeduld trieben sie sich auf den Höhepunkt zu.

22. Kapitel

Er hält sich wohl für was Besseres«, meinte Blanche gehässig. Sie war mit Gladys dabei, die Krüge mit Wein zu füllen.

»Kann sein.« Gladys war nicht so hitzig wie Blanche. Sie vermißte Jocelin zwar auch, aber deshalb war sie nicht wütend auf ihn.

»Was hält ihn nur ab? Er ist auch nicht mehr so oft bei ihr.« Blanche machte eine unbestimmte Bewegung in Richtung von Lilians Zimmer. »Und in der Halle ist er auch kaum.«

»Er hockt eben allein auf dem Heuboden.«

»Allein? Vielleicht hat er ein Frauenzimmer bei sich!«

Gladys kicherte. »Warum sollte er sich mit einer zufriedengeben, wenn er viele haben kann? Und wen sollte er bei sich haben? Von uns jedenfalls keine.«

»Ich bin sicher, daß er nicht allein im Heu sitzt«, meinte Blanche. »He du!« Sie rief ein vorbeieilendes Küchenmädchen heran. »Übernimm du mal kurz die Arbeit hier.«

Dann packte sie Gladys am Arm und zog sie mit sich. »Komm, das Rätsel werden wir sofort lösen.«

Sie liefen zu den Ställen hinüber.

»Er nimmt sogar die Leiter fort, wenn er irgendwohin geht«, stellte Blanche fest. Sie holte die Leiter, während Gladys aufpaßte, ob die Frau des Stallknechtes nicht auftauchte.

Blanche stellte die Leiter an und raffte den Rock, um hinaufzusteigen. Gladys folgte ihr.

Da hörten sie eine Frauenstimme rufen: »Jocelin? Bist du es?« Blanche sah Gladys mit einem triumphierenden Lächeln an.

Dann betrat sie Jocelins kleines Versteck. »Wir sind es, Constance.«

Das Gesicht Constances war immer noch von Flecken und Wunden bedeckt, aber sie begannen zu heilen. Ängstlich drückte sie sich in das Heu, als sie die beiden sah.

»Ich denke, du bist fortgegangen«, stellte Blanche mit finsterer Miene fest. »Du bist also der Grund dafür, daß Jocelin sich kaum noch blicken läßt.«

»Ich war halbtot. Er hat sich um mich gekümmert.«

»Hast ihn in deine Netze gezogen, was?« Blanche hatte kein Mitleid. Es war ihr zwar klar, daß die blauen Flecken und die Striemen nicht von Jocelin kamen. So etwas machte nur Edmund Chatworth.

»Weiß Lord Chatworth, daß du hier bist?« wollte sie wissen. Constances Augen weiteten sich vor Entsetzen. Blanche lachte hämisch.

»Kannst du dir das vorstellen, Gladys? Sie ist das Liebchen von unserem Lord und betrügt ihn mit einem anderen. Was hältst du davon, wenn wir sie zu unserem Herrn zurückbringen?«

Gladys hatte Mitleid mit der verschreckten jungen Frau. Ärgerlich packte Blanche sie am Arm.

»Sie hat uns hintergangen, und du zögerst? Diese Hexe hat uns Jocelin fortgenommen. Sie hat schon Lord Edmund, aber das reicht ihr noch nicht.«

Als Gladys sich wieder zu Constance umwandte, lag keine Freundlichkeit mehr in ihrem Blick.

»Wenn du nicht freiwillig mit zu Lord Edmund kommst, werden wir ihm sagen, daß Jocelin dich hier versteckt hält«, drohte Blanche.

Sofort stand Constance auf und folgte ihnen. Nur ein Gedanke beherrschte sie: Ich muß Jocelin aus allem heraushalten. Noch nie in ihrem Leben hatte sie von einem Menschen Freundlichkeit erfahren. In ihrer Welt hatte es nur Menschen wie Edmund, Lilian und Blanche gegeben. Zwei Wochen lang hatte sie in Jocelins Armen wie in einem Traum gelebt. Er hatte ihr Liebesworte ins Ohr geflüstert, er hatte ihr Lieder von der Liebe vorgesungen und ihr alle Zärtlichkeiten geschenkt.

Jetzt war das Elend wieder über sie hereingebrochen. Wie benommen folgte Constance den beiden Mägden. Wie eiserne Bänder spannte sich die Angst um ihre Brust und schnürte ihr den Atem ab, als sie erkannte, daß man sie zu Lord Edmunds Zimmer führte.

»Warte hier. Ich hole unseren Herrn«, befahl Blanche.

»Meinst du, daß er herkommt?« wollte Gladys wissen.

»Bestimmt, wenn er hört, wer hier wartet. Paß gut auf sie auf.«

Gleich darauf war Blanche wieder zurück, einen wütenden Edmund Chatworth auf den Fersen. Er liebte es nicht, beim Essen gestört zu werden, aber als Blanche von Constance erzählt hatte, war er sofort von seinem Stuhl hoch.

Er war kaum im Zimmer, als er den Riegel vorschob, und er kümmerte sich nicht mehr um die nun ängstlich dreinblickenden Mägde.

»So, meine süße Constance, du bist also nicht gestorben.« Er faßte unter ihr Kinn und zwang sie, ihn anzusehen. »Diese Augen«, murmelte er. »Sie haben mich ständig verfolgt.«

Als er hinter sich ein Geräusch hörte, fuhr er herum und sah, daß Blanche und Gladys versuchten, den Riegel zu öffnen. »Ihr bleibt hier!« Er packte die erste beste. Es war Gladys, und sie wimmerte, als sich seine Hand wie ein Schraubstock um einen Arm schloß.

»Aber wir müssen an unsere Arbeit«, wagte Blanche einzuwenden. Ihre Stimme zitterte vor Angst. »Wir sind Eure ganz ergebenen Dienerinnen.«

Chatworth gab Gladys einen Stoß, so daß sie zu Boden fiel. »Habt ihr geglaubt, daß ihr sie hier wie ein Stück Gepäck abstellen könnt? Wo war sie?«

Blanche und Gladys tauschten Blicke. Damit hatten sie nicht gerechnet. Sie wollten nur Jocelin zurück.

»Ich . . . ich weiß nicht, Herr«, stotterte Blanche.

»Hältst du mich zum Narren?« fuhr er sie an. »Das Mädchen da muß ein gutes Versteck gehabt haben, denn sonst wüßte ich davon.« Angewidert betrachtete Chatworth die sich am Boden windende Gladys.

»Ihr beide verschweigt mir etwas! Wen wollt ihr schützen?« Er nahm Blanches Arm und drehte ihn nach hinten.

»Herr, Ihr tut mir weh!« jammerte sie.

»Ich werde dir deine Haare einzeln ausreißen, wenn du nicht endlich das Maul aufmachst!« drohte er.

»Es . . . es war Baines«, sagte Gladys, die ihrer Freundin zu Hilfe kommen wollte.

Chatworth ließ Blanches Arm los. Baines war ein launischer, gemeiner Mann, bei allen unbeliebt. Das wußte er. Und er wußte auch, daß Baines in der Küche schlief und kein privates Plätzchen hatte, wo er jemanden verstecken konnte.

»Du lügst!« schrie er und fuhr auf sie los.

Gladys versuchte vor ihm zu flüchten. »Das war deine letzte Lüge«, knurrte er, als er sie packte und zum offenen Fenster zerrte.

Blanche war vor Entsetzen wie erstarrt, als sie beobachtete, was geschah. Gladys wehrte sich verzweifelt, doch sie war dem kräftigen Mann nicht gewachsen.

Sie bekam einen Stoß in den Rücken und stürzte hinaus. Ihr Schrei gellte laut auf. Blanche lehnte sich mit zitternden Knien an die Wand und kämpfte gegen die aufsteigende Übelkeit an.

»So!« fauchte Chatworth und wandte sich ihr wieder zu. »Jetzt die Wahrheit! Wer hat sie versteckt?«

»Jocelin«, brachte Blanche kaum hörbar heraus.

Constances Kopf ruckte hoch. »Nein!« keuchte sie. Sie konnte es nicht ertragen, daß Jocelin für seine gute Tat verraten wurde.

Chatworth grinste. Der hübsche Sänger? Ihm hatte er das Mädchen übergeben. Er hatte es fast schon vergessen. »Wo schläft er, daß er jemanden versteckt halten kann?«

»Über den Ställen im Heu.« Blanche dachte an Gladys' zerschmetterten Körper, der jetzt unten im Burghof lag. »Ich habe Euch alles gesagt, Herr. Und ich habe Euch Constance gebracht.«

Es gefiel Chatworth, daß sie ihn mit ängstlich aufgerissenen Augen ansah. Und sie lächelte auch noch, als er sie ins Gesicht schlug.

»Geh!« schrie er und riß die Tür auf. Blanche bekam noch einen

Tritt, der sie taumeln ließ. Wie von Furien gehetzt rannte die die Treppe hinunter. Sie hetzte über den Hof und kümmerte sich nicht um die Wachposten, die sie anriefen.

Sie blieb erst stehen, als das Stechen in ihrer Lunge unerträglich wurde. Langsam schleppte sie sich weiter und drehte sich nicht mehr um.

Jocelin schob sich ein paar Pflaumen ins Wams. Er wußte, wie sehr Constance frisches Obst liebte.

Während er pfeifend über den Hof ging, dachte er an die Veilchenaugen der Kinder, die er einmal mit Constance haben wollte.

Schreck durchzuckte ihn, als er die Leiter am Aufgang zum Heuboden lehnen sah. Die letzten Schritte rannte er.

Sein Herz fing an zu rasen, als er feststellte, daß Constance nicht da war. Trotzdem suchte er das kleine Versteck gründlich ab.

Er war sicher, daß sie nicht aus freien Stücken den Heuboden verlassen hatte. Tränen verdunkelten seinen Blick, als er die Leiter wieder hinunterstieg.

Vielleicht hatte ihm eine der Frauen nur einen Streich gespielt und Constance in ein anderes Versteck gelockt? Er klammerte sich an diese Hoffnung.

Es überraschte ihn nicht, als er sich am Fuße der Leiter plötzlich Chatworth gegenübersah. Und daneben zwei Bewaffnete.

»Was habt Ihr mit ihr gemacht?« fuhr Jocelin auf und ging Chatworth an die Kehle.

Das Gesicht seines Feindes wurde schon dunkelrot, als man ihn endlich zurückreißen konnte.

»Dafür wirst du bezahlen«, knirschte Chatworth und klopfte sich den Staub von seinem Samtwams.

Jocelin ließ sich nicht einschüchtern. »Was hast du ihr angetan, du Schwein!« fauchte er.

Chatworth knirschte mit den Zähnen. Und als er dann sprach, spuckte er die Worte aus. »Morgen wird für dich zum letzten Mal die Sonne aufgehen. Und du wirst den ganzen Tag Höllenqualen leiden, das schwöre ich. Aber heute nacht habe ich das Vergnügen, dein Liebchen in meinem Bett zu haben.«

»Nein!« schrie Jocelin. »Sie hat nichts Unrechtes getan. Laß sie frei. Ich will für alles büßen.«

»O ja, das wirst du. Ich bin in der glücklichen Lage, euch beide in meiner Gewalt zu haben. Somit ist dein Angebot hinfällig. Nehmt ihn und bringt ihn fort. Zeigt ihm, was man dafür bekommt, wenn man einem Earl, seinem Herrn, nicht die nötige Hochachtung erweist.«

Constance saß in Edmund Chatworth' Zimmer. Aller Mut hatte sie verlassen.

Sie würde Jocelin nie mehr wiedersehen, nie mehr in seinen Armen liegen. Ihre einzige Hoffnung war, daß er hatte fliehen können, daß Blanche ihn gewarnt hatte.

Plötzlich wurde Constance vor Schreck ganz starr, als sie die beiden Bewaffneten in den Hof kommen sah. Sie erkannte Jocelin in ihrer Mitte. Ihr Herzschlag, der kurz gestockt hatte, wurde rasend, als sie sah, daß die Männer Jocelin zu der Oubliette schleiften.

Es war ein grausiges Gefängnis, eine winzige, in den Felsen geschlagene Nische, in der man weder stehen noch sitzen konnte. Man mußte gebückt darin stehen und bekam kaum Luft. Keiner überlebte das mehr als ein paar Tage.

Constance beobachtete, wie die Bewaffneten Jocelin bis auf das Hemd auszogen und dann in dieses Höllenloch steckten.

Constance stand eine Weile reglos da. Für Jocelin gab es keine Hoffnung. Wenn er bis zum Morgen nicht tot war, würde Chatworth ihn weiterquälen, bis er den letzten Atemzug tat.

Langsam drehte Constance sich um. Auf dem Tisch standen drei Weingläser für Edmunds persönlichen Gebrauch. Sie wußte, was sie jetzt zu tun hatte. Ihr Leben hatte allen Sinn verloren.

Sie nahm ein Glas und zerschlug es an der Tischkante. Mit einer spitzen Kante schnitt sie sich die Pulsadern auf. Und während sie auf das hervorquellende Blut sah, murmelte sie: »Bald bin ich bei dir, Jocelin . . .«

Sie setzte sich in die Fensternische. Der milde Sommerwind spielte mit ihren Haaren. Constance merkte es nicht. Lächelnd sah sie vor sich hin und dachte an die Liebesworte, die Jocelin ihr ins Ohr geflüstert hatte.

Mit dem Blut strömte auch das Leben aus ihrem Körper. Vom Schwächegefühl überwältigt schloß Constance die Augen. Und dann fiel sie in eine gnädige Ohnmacht, die sie sanft in den Tod hinüberbegleitete.

»He du! Atmest du noch?« rief eine Stimme an Jocelins Gefängnis.

Er war benommen und konnte die Worte erst gar nicht richtig verstehen. »Ja«, hörte er sich dann flüstern.

»Hol ihn raus!« befahl eine Stimme.

Jocelin wußte nicht, wie ihm geschah. Jemand zog ihn aus dem engen Loch an die frische Luft. Nachdem er ein paar tiefe Atemzüge gemacht hatte, merkte er, wie die Benommenheit aus seinem Kopf wich.

Seine Füße fanden festen Boden. Und im nächsten Moment sah er seine Retter. Der Stallknecht und seine fette Frau starrten ihn an.

»Du mußt sofort weg von hier!« drängten sie, während sie ihn durch den dunklen Hof zu den Ställen führten.

Mit jedem Schritt fühlte Jocelin sich besser. Als sie die Ställe erreichten, redete die Frau wieder auf ihn ein. »Mein Mann hilft dir, aus der Burg zu kommen. Hier ich habe dir etwas zu essen eingepackt. Das reicht für ein paar Tage.«

»Ich kann nicht gehen ohne Constance«, sagte Jocelin.

»Ich wußte, daß du nicht gehen würdest, ehe du es mit eigenen Augen gesehen hast . . .« Sie winkte Jocelin und führte ihn zu einem leeren Stall. Auf ein paar Heuballen lag eine Gestalt, mit einem Mantel zugedeckt.

Die Frau zog den Mantel herunter. Jocelin wollte nicht glauben, was er sah.

»Sie ist tot«, murmelte die Frau. »Sie hat sich die Pulsadern aufgeschnitten. Gönne ihr den Frieden. Das Leben wäre für sie nur weiter eine Hölle gewesen.«

Jocelin beugte sich nieder und hauchte einen Kuß auf Constances wächserne Stirn.

Die Frau zerrte an ihm. »Beeil dich. Du mußt gehen!«

Jocelin machte sich aus ihrem Griff frei.

Rasch durchquerte er die Halle. Keiner der dort schlafenden Bewaffneten hörte ihn. Seine weichen Schuhe machten kein Geräusch.

Er nahm sich ein mächtiges Schwert von der Wand und ging damit die Treppe hinauf. Der Wachposten vor Edmund Chatworth' Zimmer schlief auch. Jocelin wußte, daß er gegen diesen kräftigen Mann keine Chance gehabt hätte.

Jetzt gab der Wachposten nicht einmal einen Laut von sich, als Jocelin ihm das Schwert in den Leib stieß. Die Tür war nicht verriegelt. Chatworth schien sich in seinem Haus sicher zu fühlen.

Jocelin betrat den Raum und ging zum Bett. Es gefiel ihm nicht, was er jetzt tun mußte. Aber es drängte ihn, Constances Tod zu rächen.

Er packte Edmund Chatworth beim Haar. Der Mann fuhr aus dem Schlaf auf und starrte Jocelin entsetzt an. »Nein!« keuchte er.

Das war sein letztes Wort. Das Schwert traf seine Kehle.

Lilian konnte keinen Schlaf finden. Seit Tagen schon wälzte sie sich in ihrem Bett und kam nicht zur Ruhe. Jocelin fehlte ihr.

Sie hatte ihn immer wieder gedrängt, ohne Erfolg. Er hatte sie nur unter seinen langen Wimpern hervor angesehen und nichts erwidert.

Lilian riß die Vorhänge zurück und erhob sich. Sie warf sich ihren Morgenmantel über und verließ ihr Gemach. Als sie in die Nähe der Treppe kam, spürte sie, daß irgend etwas vorgefallen sein mußte. Die Tür zum Zimmer ihres Mannes stand offen.

Und der Wachposten, der davor saß, war seltsam in sich zusammengesunken.

Ein Mann kam aus dem Zimmer. Er sah nicht nach links oder rechts, sondern eilte auf die Treppe zu. Lilian, die sich inzwischen an das dämmerige Licht im Flur gewöhnt hatte, sah Blut an seinem Wams. Erst dann ging ihr Blick zu seinem Gesicht.

Jocelin! Ihre Hand griff unwillkürlich zur Kehle. Er war es, und doch war er es nicht. Das war nicht der lächelnde junge Sänger. Es rann ihr bei seinem Anblick eiskalt den Rücken hinunter.

»Jocelin«, flüsterte sie. Doch er schien sie nicht zu hören. Lilian hastete in das Zimmer ihres Mannes. Und als sie ihn in seinem Blute im Bett liegen sah, glitt ein Lächeln über ihr Gesicht.

»Er ist tot«, sagte sie laut vor sich hin. »Ich bin jetzt Witwe.« Nun hatte sie alles, was sie wollte. Nun war sie reich. Und während sie noch am Bett ihres toten Mannes stand, machte Lilian schon Zukunftspläne. Jocelin hatte ihr ihre Freiheit wiedergegeben. Und nun war auch der Weg zu Gavin frei.

23. Kapitel

Es war sehr heiß im Zelt, und Gavin konnte nicht schlafen. Er sah zu Judith hin, die tief und ruhig atmete. Ein Lächeln spielte um Gavins Lippen. Sie hatten sich viele Stunden geliebt. Nun war Judith erschöpft eingeschlafen.

Er stand auf und zog sich an. Es ermüdete ihn nicht, sie zu lieben. Sie weckte neue Kräfte in ihm.

Er hüllte Judith in einen Samtmantel und hob sie vom Bett auf. Schlaftrunken schmiegte sie sich an ihn, als er mit ihr das Zelt verließ und zum Wald hinüberging.

Gavin neigte sich über sie und hauchte einen Kuß auf ihre weichen Lippen. Judith lächelte mit geschlossenen Augen.

»Wohin trägst du mich?« fragte sie.

Doch sie bekam keine Antwort und hörte nur ein leises Lachen. Dann setzte Gavin sie am Ufer des Baches nieder. Die frische Luft und das Murmeln des Wassers rissen sie allmählich aus ihrer Schlaftrunkenheit.

Gavin ließ sich neben ihr nieder. »Du hast mir heute nacht wieder gesagt, daß du einmal einen Schwur gebrochen hast. Was meintest du damit?«

Er wollte wissen, warum sie Demari getötet hatte, wenn er ihr etwas bedeutete. Er schrieb sich selbst die Schuld zu, daß sie zu einem anderen Mann gegangen war. Er ahnte, daß sie von dem Schwur gesprochen hatte, den sie ihm vor dem Altar und vielen Zeugen gab.

Die Dunkelheit verbarg Judiths Röte. Sie hatte keine Ahnung von dem, was Gavin durch den Kopf ging.

»Bin ich ein solches Ungeheuer, daß du es mir nicht sagen magst?« fragte er sanft. »Gib mir nur diese eine Antwort. Dann werde ich dich nichts mehr fragen.«

Der Vollmond trat hinter einer Wolkenwand hervor, und Judith sah Gavins Gesicht. Sie senkte den Kopf, als sie gestand.: »Es war ein Schwur an unserer Hochzeit und ich . . . ich habe ihn nicht gehalten.«

Gavin nickte. Genau das war es, was er befürchtet hatte.

»Ich brach ihn, als ich in jener Nacht zu dir gekommen bin«, fuhr sie fort. »Dieser Mann hatte nicht das Recht, zu behaupten, daß wir nicht miteinander schlafen. Solche Dinge gehen niemanden was an.«

Gavin sah sie irritiert an. »Ich verstehe nicht . . .«

»Ich rede von dem Schwur. Du hast mich doch danach gefragt.« Sie merkte, daß er noch immer nicht begriff. »Als ich dich mit . . . als ich euch im Garten sah . . .« Wieder brach Judith ab, denn die Erinnerung war zu schmerzlich.

Gavin sah sie an und schien zu überlegen. Plötzlich begann er zu lachen. Judith zuckte zusammen. »Du lachst mich aus?«

»Ja.« Er konnte sich gar nicht beruhigen. »Du warst noch eine Jungfrau, als du den Schwur tatest. Du wußtest noch nichts von den Freuden der Liebe. Von den Gefühlen, die ich in dir wecken kann und daß du ohne sie nicht mehr sein kannst.«

Judith sprang auf die Füße. »Du bist unausstehlich und eingebildet! Ich erzähle dir meine tiefsten Gefühle, und du machst dich über mich lustig!« Sie drehte sich um und wollte gehen.

Doch Gavin packte ihren Mantel und riß ihn ihr vom Körper. Judith schrie auf und versuchte, ihre Blöße zu bedecken.

»Willst du so ins Lager zurück?« neckte Gavin sie. Er rollte den Mantel zusammen und schob sich ihn unter den Kopf. Dann schloß er die Augen.

Gleich darauf hörte er ein Rascheln und Knacken in den Büschen. Er riß die Augen auf und sprang dann hoch.

»Du raffinierte kleine Hexe!« rief er, als Judith mit triumphierendem Lächeln aus dem Gebüsch auftauchte. Sie hatte ihre Nacktheit mit dichtbelaubten Zweigen bedeckt.

Mit gespieltem Zorn stemmte Gavin die Hände in die Seiten. »Werde ich denn nie eine Auseinandersetzung mit dir gewinnen?«

»Wahrscheinlich wird das schwer für dich«, meinte sie gleichmütig.

Gavin grinste. Dann streckte er blitzschnell die Hand aus und zog ihr das Blätterkleid vom Körper. Er hielt ihren im Mondlicht wie Alabaster schimmernden Leib fest. »Weißt du nicht, daß eine gute Ehefrau mit ihrem Mann nicht streiten sollte?« neckte er sie.

Er setzte sie auf einen niedrigen Ast. Ihre Augen waren ungefähr in gleicher Höhe. »Ich muß aber sagen, daß du im Zorn besonders reizvoll bist.«

Er sah, wie sich ihre Augen vor Schreck weiteten. »Judith! Ich vergaß, daß du diesen Schock noch aus der Kindheit hast. Verzeih mir.« Gavin hatte Mühe, ihre Finger von dem Ast zu lösen, so fest klammerte sie sich in ihrer Angst daran.

Er trug sie zum Bach zurück und hüllte die am ganzen Körper Zitternde in den Mantel. Es ärgerte ihn, daß er so unüberlegt gehandelt hatte.

Sanft hob er ihr Kinn an und küßte sie. Judith klammerte sich wie eine Ertrinkende an ihn. »Halte mich fest!« flehte sie. »Laß mich nicht allein!«

Sein Herz flog ihr zu, und er umschlang sie. »Nein, meine Süße. Niemals.«

Judith war für ihn immer eine leidenschaftlich Liebende gewesen, aber so wie jetzt hatte Gavin sie noch nie erlebt. Sie erwiderte seine Küsse voller Sehnsucht. Ungeduldig streifte sie den Mantel von den Schultern und preßte sich an Gavin. Es packte ihn wie ein Rausch.

Judiths kleine Hände schoben sich unter sein Hemd, und er keuchte, als sie ihn ins Gras stieß und sich auf ihn legte. Gavin hörte sie perlend lachen. »Jetzt bist du es, der ängstlich dreinschaut!« meinte sie.

In seinen Augen loderte die Flamme der Lust auf. Judith suchte hungrig seine Lippen, während Gavin ihre Hüften umklammerte und in sie eindrang. Ihre Körper erschauerten in höchster Ekstase.

»Wach auf, Judith!« flüsterte Gavin ihr ins Ohr. »Wir sollten wieder im Lager sein, ehe die anderen aufwachen und uns vermissen.«

»Ach, laß sie doch«, murmelte Judith und zog den Mantel enger um sich.

Gavin stand auf und sah auf sie nieder. Noch nie hatte er eine Nacht wie die vergangene erlebt. Wer war diese Frau, die er zur Gemahlin genommen hatte? Eine Verführerin, eine Frau, die ihr Mäntelchen immer nach dem Wind hängte? Die nur ihre Vorteile sah? Oder war sie so gut und freundlich, wie seine Brüder immer behaupteten?

Was auch immer sie war, in Liebesdingen wurde sie zu einer Tigerin.

»Soll ich jemanden holen, der dir beim Ankleiden hilft? Joan vielleicht?« fragte Gavin.

Nun hatte er den gewünschten Erfolg. Judith schüttelte ihre Schlaftrunkenheit ab und setzte sich. Sie tat ein paar tiefe Atemzüge und gähnte. Dann reckte sie sich. Dabei rutschte die Decke von ihrer Schulter und entblößte eine ihrer Brüste.

»Himmel!« Gavin preßte die Lippen zusammen. »Deck dich wieder zu, oder ich kann nicht dafür garantieren, daß wir nach London kommen.«

Judith lächelte ihn strahlend an. »Ich würde viel lieber hierbleiben. Am Hofe wird es kaum so schön sein.«

Gavin lachte und wickelte sie in den Mantel. Dann hob er sie wieder auf seine Arme. »Laß uns gehen. Raine und Miles brechen heute auf, und ich möchte noch mit ihnen sprechen.«

Kaum eine Stunde später stand Judith zwischen Miles und Raine. Die beiden jungen Männer waren schon in Reisekleidung.

»Ich werde euch sehr vermissen«, meinte Judith. »Hoffentlich besucht ihr uns bald.«

»Nun einen Abschiedskuß«, bat Raine. Er hob Judith hoch und gab ihr einen Kuß auf die Wange.

Miles lachte seinen Bruder an. »Du weißt nicht, wie man mit einer Frau umgeht«, erklärte er. Dann zog er Judith in seine Arme, und sie bekam einen Kuß auf den Mund, der nichts Brüderliches hatte.

»Du vergißt dich!« brummte eine ärgerliche Stimme hinter ihnen.

Judith machte sich von Miles frei und wandte sich zu Gavin um, dessen Augen dunkel vor Zorn waren. Raine und Miles tauschten Blicke. Eifersucht hatten sie bei ihrem Bruder noch nie erlebt.

»Laß sie los, sonst zieht er sein Schwert«, warnte Raine.

Zum Trotz hielt Miles Judith noch einen Moment länger fest.

»Sie wäre es wert, daß ich um sie kämpfe«, sagte er, als er die Arme sinken ließ.

»Vielleicht sehen wir uns Weihnachten wieder«, meinte Raine und schlug Gavin auf die Schulter. »Ich würde mir gern diese schottische Lady ansehen, die Stephen heiraten soll.«

Gavin zog Judith besitzergreifend zu sich heran. »Dann bis Weihnachten«, knurrte er.

Seine Brüder stiegen auf ihre Pferde und ritten los.

»Bist du wirklich ärgerlich auf sie?« wollte Judith wissen.

Er seufzte. »Ich kann nicht sehen, wie andere Männer dich anfassen – nicht einmal meine Brüder.«

Judith sah nachdenklich vor sich hin. »Weihnachten sind sie wieder bei uns. Dann ist mein Baby schon geboren.«

Das Kind. Gavins Kinn wurde kantig. An dieses Kind wollte er nicht denken, denn es war von seinem Feind. Sein Griff um Judiths Arm war fest, als er sagte: »Gehen wir ins Lager zurück.«

Wenig später brachen sie auf. Sie ritten den ganzen Tag und schlugen schon am frühen Abend ein Lager auf. Sie hatten keine Eile, London zu erreichen.

Gavin genoß diese Reise. Er fühlte sich Judith immer mehr verbunden. Sie führten lange Gespräche und erzählten sich gegenseitig von ihrer Kindheit.

Die Dunkelheit war schon hereingebrochen, als Gavin an einem Tisch in seinem Zelt saß, vor sich ein Rechnungsbuch. Dort war jeder Penny aufgeschrieben, der auf der Reise ausgegeben wurde.

Es war für Gavin eine unangenehme Arbeit, aber sein Verwalter war krank geworden. Und er konnte dem Gefolgsmann, der die Aufgabe übernommen hatte, nicht recht trauen.

Gavin nahm einen Schluck von seinem Apfelmost und sah zu Judith hinüber. Sie saß in der Zeltöffnung und strickte. Gavin wußte, daß sie diesen mühsamen Versuch, mit Stricknadeln umzugehen, hauptsächlich ihm zuliebe unternahm.

Er verbiß sich ein Lachen, als er beobachtete, wie sich ihr Gesicht rötete, wie ihre Miene immer angespannter wurde. Schließlich beschloß er, sie zu erlösen.

»Vielleicht kannst du mir bei dieser Sache hier helfen«, sagte er. »Allerdings nur, wenn du das Stricken kurz unterbrechen kannst.« Sein Gesicht blieb ernst, als er sah, wie sie das Garn und die Nadeln sofort fallen ließ.

»Wir haben zuviel Geld verbraucht. Ich verstehe das nicht«, meinte Gavin und zeigte auf das Buch.

Judith fuhr mit dem Finger über die Zahlenreihen. Diese Tätigkeit war ihr vertrauter und mehr nach ihrem Geschmack. Plötzlich hielt sie inne.

»Fünf Taler für Brot. Wer hat soviel Geld dafür verlangt?« Gavin zuckte die Achseln.

»Ich werde mir den Bäcker vornehmen!« erklärte Judith und wollte aus dem Zelt eilen.

»Und dein Strickzeug?« rief Gavin ihr nach.

Judith fuhr ärgerlich herum. Als sie jedoch sah, daß er sie nur aufzog, erwiderte sie sein Lächeln. Sie hob das Garn und die Nadeln auf und warf es ihm zu. »Mach du weiter!«

Eine Weile stand Gavin da und starrte auf die Wolle in seiner Hand. Das Zelt war richtig öde und leer, wenn Judith fort war. Er ging zum Zeltausgang.

Zufrieden sah er zu, wie Judith energisch Anordnungen gab. Sie tat es freundlich, und niemand wagte zu widersprechen.

Ich gebe ihr eine Stunde, dachte Gavin. Dann will ich sie wieder bei mir haben. Dann will ich ihren Körper wieder ganz dicht an meinem spüren.

»Ihr habt Euch in ihn verliebt«, stellte Joan fest, als sie ihrer Herrin am nächsten Morgen das Haar kämmte.

Im Zelt herrschte sanftes Dämmerlicht. Doch Judith wirkte in ihrem Kleid aus hellgrüner Wolle wie ein Juwel. In ihren Augen war ein Leuchten, das sie noch schöner machte.

»Ist es so falsch, wenn eine Frau ihren Gemahl liebt?« fragte Judith trotzig.

»Nicht, wenn die Liebe erwidert wird. Seid vorsichtig und bindet Euch nicht zu sehr an ihn. Sonst brecht Ihr zusammen, wenn Ihr erkennen müßt, daß er unehrlich zu Euch ist.«

»Wir sind fast immer zusammen. Wenn er mich nicht mag, würde er das doch wohl nicht tun, oder?« Judith warf ihrer Zofe einen ärgerlichen Blick zu.

»Stimmt. Aber bei Hofe wird das anders sein. Dort seid Ihr mit ihm nicht allein. Und dort sind die schönsten Frauen Englands.«

»Rede nicht soviel! Kümmere dich um mein Haar!« befahl Judith.

Joan kicherte. »Gewiß, Herrin.«

Während sie weiterritten, mußte Judith immerzu an Joans Worte denken. War es Liebe, was sie für Gavin empfand? Würde sie es ertragen, ihn in den Armen einer anderen zu sehen? Allein schon bei dem Gedanken meinte Judith innerlich vor Kälte zu erstarren.

»Geht es dir gut?« fragte Gavin, der neben ihr ritt. »Du bist plötzlich so blaß.«

»Ich . . . ich dachte gerade an König Henry. Gibt es viele . . . viele schöne Frauen bei Hofe?«

Gavin sah zu Stephen hinüber, der zu Judiths Rechten ritt. »Was meinst du, Bruder?«

»Judith, du wirst kein Aschenputtel sein«, meinte er knapp. Dann wendete er und trieb sein Pferd zu seinen Leuten zurück.

»Ich wollte ihn nicht ärgerlich machen«, sagte Judith betroffen.

»Das hast du auch nicht. Stephen macht sich nur Gedanken wegen seiner bevorstehenden Hochzeit. Nimm es ihm nicht übel. Das Mädchen soll alle Engländer furchtbar hassen und wird ihm das Leben zur Hölle machen.«

Judith nickte ernst und richtete den Blick wieder auf die Straße.

Als sie zur Mittagszeit Rast machten, konnte sie sich für eine Weile von den anderen zurückziehen. Sie fand einen Strauch mit Himbeeren und beugte sich nieder, um die süßen Früchte zu pflücken.

»Du solltest dich nicht von uns entfernen«, sagte Stephen, der plötzlich neben ihr auftauchte.

Sie war vor Schreck heftig zusammengezuckt. »Stephen!« keuchte sie.

»Wenn ich ein Feind wäre, hätte ich dich leicht überwältigen können.«

Judith starrte ihn an. »Du bist immer so düster und ernst. Oder machst du dir nur Sorgen wegen dieser Schottin?«

Ärgerlich stieß er die Luft aus. Judith sprach schnell weiter, ehe er aufbrausen konnte: »Hast du sie schon einmal gesehen?«

»Nein!« Stephen schob sich eine Beere in den Mund. »Und noch ist sie nicht mein Weib. Ihr Vater hat sie zum Laird über den MacArran Clan gemacht, bevor er starb.«

»Eine Frau herrscht über das Erbe?« Judiths Blick richtete sich in unbestimmte Ferne.

»Ja«, brummte Stephen voller Abscheu.

»Du weißt also nicht einmal, ob sie schön ist . . .«

»Sie wird eine fette Wachtel sein oder häßlich wie die Sünde und mürrisch wie eine alte Vettel.«

Judith mußte bei seinem grimmigen Gesicht lachen. »Du bist so ganz anders als deine Brüder.«

Stephen sah sie an. »Als Junge hatte ich es nicht leicht. Miles und Raine hingen wie Kletten zusammen. Gavin mußte sich um das Erbe kümmern. Und ich . . .«

»Du warst immer allein.«

Er schüttelte unwillig den Kopf. »Du scheinst mich zu verhexen. Ich erzähle dir mehr als ich will.«

»Wenn diese Erbin nicht nett zu dir ist, kratze ich ihr die Augen aus«, erklärte Judith.

Stephen mußte lachen, und Judith stimmte in dieses Lachen ein. So fand sie Gavin.

»Warum entfernst du dich vom Lager, ohne mir etwas zu sagen?« fuhr er Judith an. Er setzte sich neben sie und nahm sich eine Handvoll von den Früchten, die sie gesammelt hatte.

»Auf so vorwurfsvolle Fragen gebe ich keine Antwort«, antwortete Judith ruhig. »Sind wir morgen in London?«

Bewunderung lag in Gavins Blick. »Geschickt abgelenkt, du kleine Hexe. Hast du wirklich Bedenken wegen der schönen Frauen bei Hofe?« Er lachte.

Judith blieb ernst. »Nur wegen einer. Sie hat uns schon einmal auseinandergebracht. Sie soll nicht . . .«

Gavins Gesicht wurde hart. »Hör auf, von ihr zu reden. Ich habe dich anständig behandelt, dir keine Vorwürfe wegen Demari gemacht. Und jetzt willst du auch noch meine Seele.«

»Die gehört ihr?« fragte Judith ruhig.

Gavin sah sie an. Ihre goldenen Augen leuchteten, ihre Haut war so weich und verführerisch. Die leidenschaftlichen Stunden der vergangenen Nacht fielen ihm ein.

»Frag mich nicht«, murmelte er. »Ich weiß nur eines sicher: daß mir meine Seele nicht mehr gehört.«

Das erste, was Judith an London unangenehm auffiel, war der Schmutz. In den Gossen häufte sich der Unrat. Schweine und Ratten wühlten darin herum. Die Häuser aus Holz oder Stein standen so dicht zusammen, daß kaum frische Luft oder Sonnenlicht herankam. Sie waren bis zu vier Stockwerken hoch.

Das Entsetzen mußte Judith ins Gesicht geschrieben sein, denn Gavin und Stephen sahen es und lachten.

»Willkommen in der Stadt unseres Königs«, meinte Stephen trocken.

Als sie dann in den Mauern von Winchester waren, fanden sie nicht mehr soviel Schmutz vor. Ein Mann kam, um ihnen die Pferde abzunehmen. Gavin half Judith aus dem Sattel. Und sie machte sich gleich daran, die Wagen mit dem Gepäck und den Möbeln zu überprüfen.

»Nein!« Gavin hielt sie zurück. »Der König wird sicherlich schon von unserer Ankunft gehört haben und nicht gern so lange warten, bis du alles geordnet hast.«

»So soll ich vor den König treten?« Judith hatte sich zwar am Morgen sorgfältig angekleidet. Sie trug eine dunkelbraune Tunika und darüber ein Kleid aus leuchtend gelbem Samt. Die weiten Ärmel waren mit Zobel besetzt.

»Du siehst großartig aus«, versicherte ihr Gavin. »Komm, ich möchte dich jetzt dem König zeigen.«

Judiths Herz klopfte unruhig. Sie wußte nicht, was sie erwarten würde. Aber die große Halle hatte sie sich in einem Königshof anders vorgestellt. Alles war schlicht und einfach.

Frauen und Männer saßen herum, spielten Schach und andere Spiele oder unterhielten sich. Drei Damen hatten sich zu Füßen eines Mannes niedergelassen, der auf einem Psalter spielte.

Judith konnte den König nirgends sehen. Sie war deshalb erstaunt, als Gavin vor einen schlicht gekleideten Mann trat. Er hatte kleine blaue Augen und schütteres Haar und sah sehr müde aus.

Doch sie erholte sich schnell von ihrer Überraschung und machte einen tiefen Knicks. König Henry ergriff ihre Hand.

»Komm ins Licht und laß dich ansehen. Ich habe schon viel von deiner Schönheit gehört.« Er überragte sie an Größe, als er sie ein Stück durch die Halle führte. »Du bist wirklich ein schönes Weib«, meinte er. »Sieh sie dir an, Bess. Das ist Lady Judith, Gavins Frau.«

Judith drehte sich um und sah eine hübsche Dame mittleren Alters vor sich. Wenn sie Henry auch kaum für den König gehalten hatte, die Frau war ohne Zweifel die Königin. Stolz und selbstbewußt. Sie lächelte Judith freundlich an, als sie in einen Hofknicks versank. »Euer Majestät . . .«

Elizabeth reichte ihr die Hand. »Countess, es freut mich, daß Ihr für eine Weile bei uns weilen werdet.« Sie neigte leicht den Kopf. »Habe ich etwas Falsches gesagt?«

Judith lächelte. »Nein, nein. Ich bin nur noch nie als Countess angesprochen worden. Es ist noch nicht lange her, daß mein Vater starb . . .«

»Ein tragischer Tod. Und der Mann, der daran schuld ist . . .«

»Ist tot«, murmelte Judith und erschauerte bei der Erinnerung daran, wie das Schwert in Walter Demaris Rücken eingedrungen war.

»Ihr müßt müde nach der Reise sein.« Elizabeth lächelte wieder. »Ihr habt vielleicht Lust, auf ein Glas Wein in mein Gemach zu kommen?«

»Gern, Euer Majestät!«

Sie folgte der Königin, die gemessenen Schrittes die Halle verließ.

24. Kapitel

Lilian saß vor ihrem Spiegel. Überall im Raum waren Kleider in den prächtigsten Farben verstreut. Und jedes Gewand war nur zu dem einen Zweck angefertigt worden: Lilian wollte Aufsehen erregen.

Sie hatte neidvoll Judith Revedounes Gewänder gesehen, die diese auf dem Hochzeitsfest getragen hatte. Nun wollte sie Gavins Interesse auf sich lenken.

Und heute würde sie Gavin wiedersehen! Nur für ihn kleidete sie sich so sorgfältig an.

Das rote Samtkleid, das sie über einer rosa Tunika trug, war mit großen Blüten bestickt. Es stand ihr gut, wie Lilian zufrieden im Spiegel feststellte.

Sie brauchte Gavins anbetende Liebe nach der schrecklichen Zeit an Edmund Chatworth' Seite.

»Sieh dir den Stirnschmuck an!« befahl Lilian ihrer Magd Ela. »Passen die blauen Steine zu meinen Augen? Was hast du dir dabei gedacht?« Wütend riß sie den Schmuck herunter. »Dieser Esel von einem Goldschmied. Wie konnte er solche Steine nehmen?«

Ela nahm ihrer Herrin das Stirnband ab. »Er arbeitet für die Königin – zur vollsten Zufriedenheit«, wagte sie einzuwenden. »Und er hat gesagt, daß es das schönste Stirnband ist, das er je angefertigt hat.«

Ela wußte, wie sie ihre Herrin besänftigen konnte. Deshalb fügte sie unterwürfig hinzu: »Kein Edelstein der Welt kann es mit der Farbe Eurer Augen aufnehmen.«

Lilian fühlte sich geschmeichelt. »Meinst du wirklich?«

»Gewiß«, versicherte Ela. »Keine kann es mit Eurer Schönheit aufnehmen.«

»Auch diese Revedoune nicht?« Lilian weigerte sich, Judith den Namen zu geben, den sie jetzt trug.

»Gewiß«, murmelte Ela. »Herrin – Ihr habt doch nichts vor, was den Ärger der Kirche auf sich ziehen könnte?«

»Was sollte ich ihr antun? Gavin hat schon zu mir gehört, bevor er sie geheiratet hat. Und ich werde ihn wieder für mich gewinnen.«

Ela wußte aus Erfahrung, daß es unsinnig war, ihrer Herrin zu widersprechen, wenn sie sich etwas in den Kopf gesetzt hatte. Trotzdem wagte sie es zu erwähnen: »Vergeßt nicht, daß Ihr noch um Euren Gatten trauert. Und sie um ihren Vater.«

Lilian lachte. »Ihr Vater war noch ekelhafter als mein geliebter Gemahl.«

»Sprecht nicht so über Tote.«

»Rede nicht solchen Unsinn.« Lilian strich ihr Kleid glatt. »Meinst du, daß er mich sofort sieht?« fragte sie erregt.

»Wer könnte Euch schon übersehen?« erwiderte Ela.

Judith stand neben ihrem Gatten. Sie war wie erschlagen von all dem Prunk der Gäste.

Gavin schien von allen respektiert und geachtet zu werden. Sie sah es voller Stolz. Er verhielt sich ihr gegenüber wie ein Kavalier, und da er wußte, daß sie Menschenmengen nicht gewöhnt war, hielt er sich an ihrer Seite.

Lange Tafeln waren für das Abendessen gedeckt. Die Musikanten stimmten bereits ihre Instrumente, um die Gäste bei Tisch zu unterhalten.

»Gefällt es dir?« fragte Gavin und sah auf Judith nieder. »Ja. Aber es ist so laut und solcher Trubel.«

Gavin lachte. »Das wird noch schlimmer. Du mußt mir sagen, wenn du müde wirst. Dann gehen wir.«

»Macht es dir nichts aus, daß ich mich so an dich klammere?«

»Im Gegenteil. Es würde mich ärgerlich machen, wenn du es nicht tätest. Ich sehe doch, wie die Herren dich mit Blicken fast verschlingen.«

»Wirklich« fragte Judith verlegen. »Das habe ich noch nicht bemerkt.«

»Die Moral hier am Hofe ist nicht groß. Hier herrschen lockere Sitten. Und ich möchte nicht, daß meine unschuldige kleine Frau in die Fänge eines Verführers gerät. Halte dich an mich oder Stephen. Laß uns zu ihm hinübergehen.«

Sie versuchten, sich einen Weg durch die Gäste zu bahnen, um zu Stephen zu gelangen, der an der Wand gegenüber lehnte.

Auch Stephen war so elegant gekleidet wie Gavin, und Judith war stolz, von zwei so attraktiven Männern begleitet zu werden. Es fiel ihr auf, daß eine hübsche junge Dame Stephen aufmerksam betrachtete.

»Da himmelt dich jemand an«, meinte sie.

Stephen rührte sich nicht. »Ich weiß. Aber meine Tage als Junggeselle sind gezählt. In ein paar Wochen habe ich ein plumpes Weib am Arm, das mich mit Geierblicken mustert.«

Judith mußte lachen. »Sie ist bestimmt nicht so schlimm, wie du meinst. Gavin kannte mich auch nicht. Ob er auch geglaubt hat, ich sei dick und häßlich?«

Stephen sah auf sie herunter. »Du weißt nicht, wie sehr ich ihn um dich beneide. Du bist nicht nur schön, sondem auch klug. Gavin ist ein glücklicher Mann.«

Judith spürte, wie ihr das Blut in die Wangen stieg. »Du machst mich ganz verlegen«, murmelte sie.

Plötzlich merkte sie, daß irgend etwas in dem großen Saal vorging. Etwas dämpfte die heitere Stimmung, und es mußte irgendwie mit Stephen und ihr zu tun haben, denn viele Gäste starrten sie neugierig an. Judith begriff nicht, warum.

»Hast du schon den Garten gesehen, Judith?« fragte Stephen. »Die Königin hat herrliche Lilien und wunderbare Rosen . . .«

Sie sah ihn mit gerunzelter Stirn an. Wollte er sie aus irgendeinem Grund aus dem Saal locken?

Als einige Gäste eine Gasse bildeten, und den Blick auf Lilian Chatworth freigaben, wußte sie alles. Lilian hielt den Kopf stolz hoch. Ein strahlendes Lächeln umspielte ihre Lippen. Doch dieses Lächeln galt nur einem. Gavin.

Judith starrte die Frau an. Lilians Kleid war zu grell und paßte nicht besonders gut zu deren blasser Haut.

Die Gäste flüsterten sich gegenseitig zu, daß Lilian Chatworth und Gavin Ascott eine Affäre hatten. Langsam drehte sich Judith zu Gavin um.

Sie sah, wie er Lilian ganz gebannt anstarrte. Er rührte sich nicht, als sie auf ihn zuschritt. Als sie ihn fast erreicht hatte, streckte sie die Hände aus, und Gavin ergriff sie und küßte sie ergeben.

Das Lachen des Königs war in der fast stillen Halle überlaut zu hören. »Ihr beide scheint euch zu kennen.«

»So ist es«, antwortete Gavin lächelnd.

»Ja, sehr gut sogar«, fügte Lilian mit einem triumphierenden Lächeln hinzu.

»Ich würde mir jetzt gern den Garten ansehen«, sagte Judith hastig.

»Judith«, begann Stephen verlegen, als sie im Garten standen.

»Sprich mit mir jetzt nicht über diese Frau. Du kannst mich auch mit noch so schönen Worten nicht beruhigen. Ich weiß von ihr und Gavin seit meiner Hochzeit.« Sie starrte auf einen der Rosenbüsche. Der starke Duft machte ihr das Atmen schwer. »Er hat mir nie etwas vorgemacht, was sie angeht. Er hat mir nicht verheimlicht, daß er sie liebt.«

»Du kannst das nicht so hinnehmen, Judith!«

Sie drehte sich zu Stephen um. »Was sollte ich denn tun? Sag es mir. Er glaubt mir ja doch nicht. Er hält mich für verdorben. Wenn ich ihn rette, behauptet er, ich hätte nur zu meinem Liebhaber gewollt. Wenn ich sein Kind erwarte, glaubt er, es sei von einem anderen.«

»Es ist Gavins Kind?«

»Er hat dir also auch erzählt, daß er es für Demaris Kind hält?«

»Warum sagst du ihm nicht die Wahrheit?«

»Um mich von ihm eine Lügnerin schimpfen zu lassen? Nein! Das Kind gehört mir, ganz gleich, wer der Vater ist.«

»Judith, es würde Gavin unendlich viel bedeuten, wenn er weiß, daß das Kind von ihm ist.«

»Willst du zu ihm laufen und es ihm sagen?« fuhr sie ihn wütend an. »Willst du seine Geliebte vorher aus dem Weg räumen, um zu ihm zu gelangen? Ihn würde diese Nachricht sicher freuen. Verzeih, aber ich bin so egoistisch, daß ich eine Kleinigkeit auch ganz für mich behalten möchte.«

Stephen ließ sich auf eine Steinbank fallen und starrte sie an. Judith hatte es nicht verdient, von seinem Bruder so behandelt zu werden. Aber er wußte, daß er in seinem Zorn jetzt nicht vor Gavin hintreten konnte. Er würde sich nicht beherrschen können.

»Herrin!« rief eine Frauenstimme.

»Joan? Was ist?« fragte Judith.

»Ihr müßt hereinkommen. Man beginnt mit dem Essen!« Joan kam zögernd näher.

»Ich komme nicht. Sag ihnen, daß ich mich nicht wohl fühle. Sag ihnen, was du willst.«

»Ihr wollt ihn dieser Hure überlassen?« rief Joan. »Ihr müßt Euch an den Tisch setzen.«

»Ich gebe Joan recht, Judith«, meinte auch Stephen.

»Lord Gavin hat nach Euch gefragt, Herrin«, bat Joan.

»Wie großmütig, daß er sich noch an mich erinnert«, sagte Judith sarkastisch.

»Ja, das tut er«, sagte Gavin vom Gartentor her. »Geh!« befahl er dann Joan. »Ich möchte allein mit ihr sprechen. Und du geh auch!« wandte er sich an Stephen.

Stephen wollte widersprechen. Doch dann sah er Gavin nur finster an und verließ den Garten.

»Ich fühle mich nicht gut«, sagte Judith und wollte den beiden folgen. Gavin hielt sie am Arm fest. Sanft zog er sie dann an sich.

Doch sie sah ihn nur haßerfüllt an. Es war lange her, daß sie ihn so angefunkelt hatte. »Sei nicht böse«, bat er.

Sie versuchte, sich aus seinem Griff zu befreien. »Du stellst mich vor allen Leuten bloß, und das soll ich lächelnd hinnehmen? Hältst du mich für eine Heilige?«

»Ich habe nichts weiter getan, als sie angesehen und ihre Hand geküßt. Es war lange her, seit ich sie das letzte Mal sah.«

Judith verzog den Mund. »Nur angesehen. Dein Blick war so feurig, daß sie fast in Flammen aufgegangen wäre.«

Gavin sah sie ernst an. »Bist du eifersüchtig?«

»Auf diese Blonde, die ganz heiß auf meinen Ehemann ist? Nein, es müßte schon eine andere wertvollere Kandidatin sein, um meine Eifersucht zu wecken.«

In Gavins Augen blitzte es auf. Er ließ es nie zu, daß jemand etwas gegen Lilian sagte. »Dein Zorn macht dich ungerecht.«

»Soll ich hinnehmen, daß du mich vor dem König gedemütigt hast? Hast du nicht gemerkt, wie die Gäste mich angestarrt und getuschelt haben? Man müßte einen Mann lieben, wenn man auf die Rivalin eifersüchtig ist.«

»Und du empfindest keine Liebe für mich?« fragte er kalt.

»Davon ist noch nie die Rede gewesen, oder?« Sie wollte ihm weh tun, weil er ihr weh getan hatte.

»Komm«, sagte er und nahm ihren Arm. »Der König wartet mit dem Essen. Wenn du dem Gerede ein Ende setzen willst, mußt du jetzt die liebende Ehefrau spielen.«

Judith folgte ihm. Seltsamerweise war ihr Zorn verflogen.

Der König hatte Judith einen Ehrenplatz an seiner Seite gegeben. Gavin saß neben der Königin und Lilian Chatworth.

»Ihr seid so blaß, meine Liebe«, sagte der König.

Judith lächelte matt. »Die Reise war anstrengend, und mir macht die Schwangerschaft zu schaffen.«

»Ein Kind, schon? Darüber wird Lord Gavin sehr glücklich sein.«

Judith sagte nichts und lächelte nur.

»Gavin . . .« Lilian neigte sich zu ihm hinüber, damit niemand sie belauschen konnte. »Wir haben uns so lange nicht gesehen.«

Sie war vorsichtig, denn sie spürte, daß es nicht mehr so zwischen ihnen war wie sonst. Er hatte ihr die Hand geküßt, und sie war sekundenlang davon überzeugt gewesen, daß sie seiner noch immer sicher sein konnte. Aber dann hatte sein Blick seine Frau gesucht. Und gleich darauf hatte er sie, Lilian, verlassen.

»Ich spreche dir mein Beileid zum Tod deines Gatten aus«, erwiderte Gavin zurückhaltend.

»Du hältst mich sicher für herzlos, aber ich trauere nicht um ihn. Er hat mich nicht gut behandelt.«

Gavin sah sie scharf an. »Aber du hast ihn dir doch auserwählt.«

»Ich wurde zu dieser Ehe gezwungen! Ach, Gavin, wenn du doch auf mich gewartet hättest, dann könnten wir jetzt zusammen sein. Aber ich bin sicher, daß der König in unsere Ehe einwilligt.« Sie legte ihre Finger auf seinen Arm.

»Du vergißt, daß ich verheiratet bin, oder? Ich habe eine Frau.«

»Der König kann sein Herz vor einer echten Liebe nicht verschließen. Er wird deine Ehe auflösen.«

Gavin wandte sich wieder seinem Essen zu. »Hör damit auf. Ich habe schon genug davon hören müssen. Judith erwartet ein Kind, da kann nicht einmal der König eine Ehe annullieren.«

Gavin wandte sich an die Königin und begann ein Gespräch mit ihr. Lilian saß reglos da und versuchte, Gavins Worte zu begreifen. Warum mochte er nichts von der Auflösung seiner Ehe hören? Warum sprach er von Judiths Kind, als wäre er nicht der Vater?

Das Essen war kaum beendet, da wurden die Tische abgeräumt und an die Wand geschoben. Die Musikanten spielten zum Tanz auf.

»Tanzt du mit mir?« fragte Gavin seine Frau.

»Müßte ich da nicht erst um Erlaubnis fragen?« Judith sah zu Lilian hinüber, die einige Bewunderer um sich versammelt hatte.

Gavins Finger gruben sich in ihren Oberarm. »Du bist ungerecht. Ich habe an der Sitzordnung bei Tisch keine Schuld. Ich tue alles, damit du dich gut fühlst. Aber es scheint nicht in meiner Macht zu liegen.«

Ich bin wirklich zu launisch, dachte Judith. »Ja, ich tanze mit dir«, sagte sie.

»Wir könnten auch in den Garten gehen. Es ist eine milde Nacht«, schlug Gavin vor.

Sie zögerte nur kurz. Dann nickte sie lächelnd. Sie hatten kaum die Pforte hinter sich geschlossen, da riß er sie in seine Arme und küßte sie leidenschaftlich.

»Judith«, murmelte er dann mit vor Erregung rauher Stimme. »Es tut mir weh, wenn du mich so haßerfüllt ansiehst. Sei doch nicht so zornig auf mich.«

Sie wollte ihm so gern glauben. Noch nie hatte er ihr solche Geständnisse gemacht. Aber konnte sie ihm trauen?

»Komm mit in meine Kammer. Wir wollen uns lieben und nie mehr miteinander streiten.«

»Sagst du das nicht nur, weil du Lust auf mich hast?« fragte sie zweifelnd.

»Ich sage dir, was ich fühle.« Er küßte sie wieder.

Auch Judith wurde von heftigem Verlangen erfaßt. Sie schmiegte sich an Gavin und stöhnte unter seinen Küssen.

»Komm mit hinauf, oder ich nehme dich hier im Garten . . .«

Judith machte sich von ihm frei und lief zur Gartenpforte. Sie erreichten die Treppe, und Gavin trug Judith die letzten Stufen hinauf, weil sie ihm nicht schnell genug ging.

Eine schläfrige Joan kam ihnen im Zimmer entgegen.

»Ich brauche dich heute nicht«, sagte Judith.

Joan floh bei Gavins finsterem Blick sofort aus dem Raum.

»Warum müßt ihr Weiber nur so viele Knöpfe an euren Kleidern haben«, schimpfte er, während seine Finger ungeduldig an Judiths Kleid nestelten.

Und dann lagen sie nackt im Bett, und Judiths Hände erkundeten Gavins muskulösen Körper. Sie hielt erst inne, als Gavins Lippen ihre Brustwarzen liebkosten. Sie keuchte vor Wonne auf.

»Gefällt es dir?« fragte er, und seine Augen waren dunkel vor Leidenschaft.

»Ja, ja, hör nicht auf!« flehte sie und warf den Kopf hin und her.

Gavin drückte sie tiefer in die Kissen und schob sich dann auf sie. Er spürte, wie sie willig die Beine spreizte, und ihr Körper bog sich ihm voller Sehnsucht entgegen.

Da drang er in sie ein, denn er wußte, daß sie nicht länger warten konnte. Sie bewegten sich im gleichen Rhythmus. Ihre Leidenschaft vereinigte sich, und sie kamen gleichzeitig zum Höhepunkt ihrer Ekstase.

Später, als Judith in seinen Armen eingeschlafen war, lag Gavin noch lange mit offenen Augen da. Er rührte sich nicht und lauschte ihren gleichmäßigen Atemzügen.

Wann ist es passiert, daß ich mich in sie verliebt habe, fragte er sich immer wieder. Und was ist mit Lilian? Empfinde ich noch immer Liebe für sie?

Als er sie heute wiedergesehen hatte, war er im ersten Moment erstaunt über die Veränderung gewesen, die mit ihr vorgegangen war.

Judith bewegte sich in seinen Armen. Gavin zog sie enger an sich. Er war sich ganz sicher, daß sie sich Walter Demari nur hingegeben hatte, um ihn zu retten.

Er hielt sie so fest an seiner Brust, daß Judith aufwachte. Schwer rang sie nach Luft.

»Du erwürgst mich ja«, murmelte sie. »Schläfst du denn nicht?«

Gavin gab ihr einen Kuß auf die Nase. »Weißt du nicht, wie eine Frau einen Mann zum Schlafen bringen kann?« Er rieb seine Hüfte an ihrer, und seine Hände begannen schon wieder, ihren schlafwarmen Körper zu streicheln. Er peitschte Judiths Lust und seine eigene von neuem an.

Als sie am ganzen Körper vor Verlangen nach ihm bebte, nahm er sie so stürmisch, daß sie nach Atem rang. Dann sank er erschöpft in die Kissen.

Am nächsten Morgen fand Judith das Bett neben sich leer. Gavin war fort, und sofort fühlte sie sich einsam.

Joan half ihr beim Ankleiden. Judith drängte zur Eile, denn sie hatte gestern abend an der Tafel gehört, daß eine Falkenjagd stattfinden sollte.

Gavin wartete unten an der Treppe auf sie. Seine Augen leuchteten, als er sie sah. »Ich hoffte, dich noch im Bett zu finden«, raunte er ihr zu. »Und hätte dir gern Gesellschaft geleistet.«

Judith erwiderte sein Lächeln. »Soll ich umkehren?« neckte sie ihn.

»Nein, nicht jetzt. Ich habe Neuigkeiten für dich. Der König willigt ein, daß John deine Mutter heiratet.« Judith wußte, daß der König auch ein Herz für die einfachen Leute hatte.

Sie strahlte Gavin an und warf sich an seine Brust. »Ich danke dir. Die beiden werden überglücklich sein.«

Er drückte sie fest an sich und gab sie dann frei. »Ich wäre glücklich, wenn ich dir alle deine Wünsche erfüllen könnte«, murmelte er.

Judiths Herz klopfte wild vor Glück. Ach, wenn es doch zwischen Gavin und mir immer so harmonisch sein könnte, wünschte sie sich.

»Lauf zu deiner Mutter und bring ihr die gute Nachricht. Und komm dann bitte in den Burghof, wo sich alle zur Jagd versammeln.« Gavin sah sie prüfend und besorgt an. »Fühlst du dich für einen Ausritt wohl genug?«

Zum ersten Mal war er ruhig und freundlich, als er von ihrer Schwangerschaft sprach. Judith lächelte glücklich. »Ja, sehr gut«, versicherte sie ihm. »Die Königin hat mir erzählt, daß sie in dieser Zeit immer ausgeritten ist.«

Judith hatte es dann eilig, zu ihrer Mutter zu kommen.

»Ach, ist das nicht die kleine Revedoune?« hörte sie plötzlich hinter sich eine Stimme. Judith blieb stehen und starrte Lilian Chatworth an.

»Bist du auf dem Weg zu einem netten Liebhaber?« fragte Lilian weiter. Als Judith sie nur ansah, fügte sie hinzu: »Ich bin sicher, daß du mich kennst. Wir trafen uns auf deiner Hochzeit.«

»Ich bedauere außerordentlich, daß ich nicht zu deiner Hochzeit kommen konnte.« Judith sprach Lilian auf dieselbe vertrauliche

Weise an. »Besonders nachdem mir Gavin den Brief, in dem du ihm ewige Liebe geschworen hast, zu lesen gab.«

Lilians Augen schossen Blitze. »Es ist sehr tragisch, das alles ein so schnelles Ende fand«, gurrte sie.

»Schnelles Ende?«

Lilian lächelte. »Hast du es nicht gehört? Mein armer Gatte wurde im Schlaf ermordet. Ich bin jetzt Witwe und frei. Ich habe angenommen, daß Gavin es dir erzählt hat. Er fand es sehr interessant, daß ich jetzt ohne Mann bin . . .«

Judith drehte sich um und ging weiter. Sie hatte nichts davon gewußt, daß Lilian Witwe war. Nun stand nur noch sie zwischen dieser Frau und Gavin.

25. Kapitel

Judith hatte das Gefühl, daß Bleigewichte an ihren Füßen hingen, als sie weiterging. Sie war noch so mit dem, was Lilian ihr eben gesagt hatte, beschäftigt, daß sie sich wie in Trance bewegte.

»Judith!«

Sie blickte auf und lächelte ihre Mutter an.

»Was hast du?« Helen war besorgt wegen Judiths Blässe.

Die Tochter zwang sich zu einem Lächeln. »Ich werde meine Mutter verlieren«, sagte sie. »Ich möchte dir sagen, daß Gavin deiner Heirat mit John Bassett zustimmt. Der König hat es auch erlaubt.«

Helen starrte sie an. Dann wich alle Farbe aus ihrem Gesicht, und sie fiel der Tochter ohnmächtig in die Arme.

»Hilfe!« schrie Judith.

Ein Stallbursche eilte herbei und hob die Ohnmächtige auf.

»Zu den Ställen!« befahl Judith. »Sie muß aus der Sonne.«

Helen kam bald wieder zu sich. Als sie Judiths prüfenden Blick auf sich sah, nickte sie lächelnd. »Es ist wahr, Kind«, sagte sie. »Ich trage ein Kind von ihm unter dem Herzen.«

Judith sank auf einen Heuballen. »Dann werden wir zur selben Zeit unsere Babys bekommen?«

»Fast.« Helen wollte noch etwas sagen, aber da tauchte Gavin auf.

Judith lief ihm entgegen. Helen sah, wie sie aufgeregt auf ihn einsprach.

»Ich habe John immer für einen vernünftigen Mann gehalten«, meinte Gavin, als er die Neuigkeit gehört hatte.

»Er liebt Mutter. Und Männer und Frauen, die lieben, tun oft ungewöhnliche Dinge.«

Gavin sah ihr in die Augen. Sie glänzten im Sonnenlicht wie Gold. »Ja, das wird mir immer mehr klar.«

»Warum hast du mir nicht gesagt, daß sie Witwe ist?« fragte Judith.

»Wer?« Er runzelte die Stirn.

»Lilian. Wer sonst?«

Gavin zuckte die Achseln. »Ich habe vergessen, es dir zu erzählen.« Ein Lächeln erschien auf seinem Gesicht. »Wenn du in meiner Nähe bist, denke ich an ganz andere Sachen.«

»Versuch nicht vom Thema abzulenken!«

Er packte sie bei den Schultern. »Verdammt, warum fängst du immer wieder an? Ich will . . .«

»Wir müssen uns beeilen, wenn wir an der Jagd teilnehmen wollen«, sagte Judith und lächelte.

Die Jagd war für Judith sehr aufregend. Ihr Falke holte ihr drei Kraniche herunter.

Gavin hatte weniger Glück. Er saß kaum im Sattel, als ihm eine Magd die Nachricht zuflüsterte, daß Stephen ihn an der Burgmauer erwarte.

Eines wunderte Gavin. Warum sollte Judith nichts von diesem Treffen erfahren? Die Magd hatte es ihm jedoch ausdrücklich gesagt.

Er entfernte sich von der Jagdgesellschaft und schimpfte im stillen mit seinem Bruder. Er ritt nicht bis zu dem vereinbarten Treffen, sondern band sein Pferd etwas entfernt an einen Baum und näherte sich der Stelle mit gezogenem Schwert.

»Gavin!« rief Lilian und preßte eine Hand auf die Brust. »Du hast mich furchtbar erschreckt.«

»Wo ist Stephen?« fragte er und sah sich mißtrauisch um.

»Steck bitte dein Schwert weg! Du machst mir Angst.« Lilian lächelte ihn an und strafte damit ihre Worte Lügen.

»Du hast mich hierher bestellt und nicht Stephen?«

»Ja. Es war die einzige Möglichkeit, dich hierherzubekommen.« Sie senkte scheu den Blick. »Meinetwegen wärest du doch nicht gekommen, nicht wahr?«

Gavin schob sein Schwert in die Scheide. Es war ein verschwiegenes Plätzchen. Ein Plätzchen, wie sie es sich früher für ihre Liebesstunden gesucht hatten.

»Du denkst auch daran, nicht wahr?« Lilian ließ sich im Gras nieder und streckte die Hände nach Gavin aus. »Komm, setz dich zu mir. Wir haben über vieles zu reden.«

Er blieb stehen und sah auf sie nieder. Unwillkürlich verglich er sie mit Judith. Lilian war schön, ja, aber ihre Lippen waren verkniffen, auch wenn sie lächelte. Und so wirkte ihr Lächeln nicht so ehrlich wie bei Judith.

Ihre blauen Augen erinnerten ihn mehr an Eis als an leuchtende Saphire. Und ihr Kleid war in den Farben zu grell.

»Hast du etwas gegen mich, weil du dich so weit von mir entfernt hinsetzt?« fragte Lilian, als Gavin sich ins Gras warf.

»Es hat sich vieles geändert.« Gavin sah nicht, wie sich ihre Stirn runzelte.

»Bist du noch immer böse, weil ich Edmund geheiratet habe? Ich habe dir doch immer wieder erklärt, daß man mich dazu gezwungen hat. Aber jetzt, wo ich Witwe bin, können wir wieder . . .«

»Lilian«, unterbrach er sie. »Sprich nicht mehr über diese Dinge.« Es gefiel ihm nicht, ihr weh tun zu müssen. Sie war so zart und hilflos. »Ich werde Judith nicht verlassen . . .«

»Ich . . . ich verstehe nicht. Wir beide können doch jetzt . . .«

Gavin griff nach ihrer Hand und drückte sie leicht. »Nein, Lilian. Ich bin ein verheirateter Mann.«

»Gavin! Was willst du damit sagen?«

»Ich liebe Judith«, antwortete er schlicht.

Lilian blitzte ihn zornig an. »Du hast gesagt, daß sie dir zuwider ist. Du hast mir an eurem Hochzeitstag versprochen, daß du sie niemals lieben wirst!«

Gavin lächelte bei der Erinnerung an diesen Tag. Zwei Schwüre waren getan worden. Judith hatte ihren Schwur gebrochen und er seinen.

»Weißt du nicht mehr, daß du mir damit gedroht hast, dir das Leben zu nehmen? Ich hätte alles getan, um das zu verhindern.«

»Und jetzt ist es dir gleichgültig, was aus meinem Leben wird?«

»Nein, Lilian. Du weißt, daß du immer einen Platz in meinem Herzen haben wirst. Du bist meine erste Liebe, und ich werde dich nie vergessen.«

Lilian sah ihn mit weit aufgerissenen Augen an. »Du redest, als wäre ich schon tot. Gehört ihr jetzt dein ganzes Herz?«

»Du mußt endlich begreifen, daß Judith mit mir verheiratet ist.«

Diesmal fiel es ihr nicht schwer, Tränen vorzutäuschen. Lilian lächelte hold und flüsterte mit versagender Stimme: »Ich habe kein Herz aus Stein. Ich bin eine sensible Frau. Auch wenn du mich nicht mehr liebst, mein Herz gehört dir für immer. Weißt du, was für eine Hölle es war, mit Edmund verheiratet zu sein? Er hat mich schlimmer behandelt als die niedrigste Magd, und ich war immer in meinem Gemach eingesperrt.«

»Aber Lilian!«

»Und weißt du, warum er das tat? Weil er mich an deinem Hochzeitstag beobachtet hat. Er wußte, daß wir uns im Garten getroffen haben. Und er wußte auch, daß ich in dein Zelt gekommen bin. Weißt du noch, wie leidenschaftlich du mich geküßt hast?«

Gavin nickte. Er wollte dieses Geständnis jedoch nicht gern hören.

»Er hat mich fast jeden Tag daran erinnert, daß ich mich dir hingegeben habe. Und ich habe es ertragen. Ich habe nie aufbegehrt, weil deine Liebe für mich etwas so Kostbares war. Jede Nacht lag ich einsam in meinem Bett und dachte an dich und an deine Liebe.«

»Lilian, bitte quäl dich nicht länger . . .«

»Hast du auch einmal an mich gedacht? Nur ein einziges Mal?« fragte sie leidenschaftlich.

»Ja«, antwortete er ehrlich. »Zuerst. Am Anfang meiner Ehe. Aber Judith ist eine fantastische Frau, so freundlich und liebenswert. Ich gebe zu, daß ich nie geglaubt habe, sie einmal lieben zu können. Es ging bei dieser Eheschließung erst nur um ihr Erbe, wie du weißt.«

Lilian seufzte schwer. »Was soll ich jetzt tun? Mein Herz gehört allein dir – und so wird es immer sein.«

»Lilian, bitte sieh ein, daß es zwischen uns aus ist. Wir müssen getrennte Wege gehen.«

»Warum bist du so kalt und abweisend zu mir?« Sie berührte seinen Arm und seine Schulter. »Früher warst du ganz anders.«

Er dachte an die Liebesstunden mit Judith. Wie anders waren sie als jene mit Lilian. Sie hatte es nie gemocht, wenn er sie streichelte, weder vor noch nach dem Liebesakt. Mit Lilian war Sex nichts anderes als animalische Begierde.

Lilian beobachtete ihn. Doch sie wußte den Ausdruck seines Gesichtes nicht zu deuten. Sie streichelte ihn weiter.

Gavin erhob sich abrupt. Lilian folgte ihm.

Sie warf sich an seine Brust und schlang die Arme um ihn. »Du hast es nicht vergessen, nicht wahr?« flüsterte sie heiß. Erwartungsvoll hob sie das Gesicht zu ihm auf.

Doch Gavin löste ihre Arme von seinem Nacken. »Nein, Lilian.«

Sie starrte ihn an. Ihre Hände waren zu Fäusten geballt. »Bist du so unmännlich geworden, daß du Angst vor ihr hast?«

»Nein!« Gavin hatte Lilian noch nie so unbeherrscht erlebt. Und ihre Worte schockierten ihn.

Sie merkte sofort, daß sie einen Fehler gemacht hatte. Hastig zwang sie sich Tränen in die Augen.

Mit tränenfeuchtem Blick sah sie Gavin an. »Dann ist dies also ein Abschied für immer«, sagte sie kaum hörbar. »Darf ich dich noch um einen einzigen Kuß bitten? Den wirst du mir doch nicht verwehren?«

Sie wirkte so unschuldig, daß Gavin ihr sanft die Tränen von den Wangen wischte. »Nein, Lilian, den verwehre ich dir nicht.« Er zog sie in seine Arme, und sein Mund berührte flüchtig ihre Lippen.

Aber solch einen Kuß wollte Lilian nicht. Sie stieß ihre Zunge zwischen seine Lippen, doch ihr herausfordernder Kuß konnte Gavins Leidenschaft nicht mehr wecken.

Er hatte nur den einen Wunsch, von Lilian fortzukommen. »Ich muß gehen«, sagte er und mußte sich zur Freundlichkeit zwingen.

Lilian erkannte, daß sie ihre Macht über ihn verloren hatte. Sie verbiß sich eine wütende Antwort und bemühte sich um eine traurige Miene, ehe Gavin wieder zu seinem wartenden Pferd ging.

»Diese verdammte Hexe«, knirschte sie zwischen zusammengebissenen Zähnen. Dieser Weibsteufel hatte ihr den attraktivsten Mann fortgenommen!

Nein! sagte sich Lilian dann. Noch gebe ich nicht auf. Sie ließ sich von niemandem fortnehmen, was ihr gehörte! Sie wollte mit allen Mitteln um Gavin kämpfen!

Sie hatte schon viel gewagt, um in Gavins Nähe zu kommen. Sie hatte sogar den Mörder ihres Gemahls entkommen lassen.

Nun nahm sie sich vor, Judith genau zu beobachten, ihre Schwächen zu finden. Und dann wollte sie sich zurückholen, was ihr gehörte!

Gavin ritt so schnell er konnte zu der Jagdgesellschaft zurück. Er hoffte, daß man ihn nicht vermißt hatte. Im stillen schickte er ein Dankgebet zum Himmel, daß Judith nicht gesehen hatte, wie er Lilian küßte. Er wußte, daß keine Erklärung der Welt ausgereicht hätte.

Er fand Judith, wie sie gerade ihren Köder schwang, um den Falken zurückzuholen. Seine Sehnsucht nach ihr wurde plötzlich übermächtig in ihm. Er gab seinem Pferd die Sporen, um schneller bei ihr zu sein.

Noch im Ritt beugte er sich vor und griff ihr in die Zügel. »Gavin!« Judith fuhr herum. Sie mußte sich am Sattelknauf festhalten, als ihre Stute mit einem Ruck zum Stehen kam. Der Falke flatterte aufgeregt.

Die anderen Jagdteilnehmer lächelten verständnisvoll. »Sie sind noch nicht lange verheiratet«, sagte einer.

Gavin zog Judiths Stute mit sich und entführte Reiterin und Pferd.

»Gavin, was ist in dich gefahren?« fuhr Judith ihn an.

Er ließ sich aus dem Sattel gleiten und hob sie vom Pferd. Dann begann er sie wild zu küssen. »Ich konnte an nichts anderes denken – nur an dich«, erklärte er mit vor Erregung vibrierender Stimme. »Meine Lust auf dich wurde immer stärker.«

»Ich kann es spüren«, meinte Judith mit einem Lächeln. Dann sah sie sich um.

»Dies hier ist ein hübsches Plätzchen.«

Gavin nickte nur und machte sich schon am Ausschnitt ihrer

Tunika zu schaffen. Ungeduldig und in großer Hast entledigten sie sich ihrer Kleidung.

Sie liebten sich so heftig und mit so ungestillter Sehnsucht, als hätten sie sich Jahre nicht gesehen.

26. Kapitel

Lilian sah zu dem schlanken blonden, sehr gut aussehenden Mann hinüber, der an einer Wand lehnte.

Auf seinem Gesicht lag ein träumerischer Ausdruck, wie bei jemandem, der bis über beide Ohren verliebt ist. Lilian schenkte dem neben ihr sitzenden Herrn ein holdes Lächeln, aber sie hörte nicht auf das, was er ihr sagte.

Sie war mit ihren Gedanken ganz bei dem Gespräch, das sie am Nachmittag mit Gavin gehabt hatte. Er hatte ihr gestanden, daß er seine Frau liebte.

Auch jetzt konnte sie beobachten, wie Gavin mit Judith tanzte. Die beiden lächelten sich innig an und schienen alles um sich zu vergessen.

Obwohl ihr viele Bewunderer zu Füßen lagen, wurde in Lilian die Begierde auf Gavin immer stärker. Er hatte sie abgelehnt! Lilian schwor sich, daß sie Judith aus dem Weg schaffen wollte.

Der junge blonde Mann drüben an der Wand ließ keinen Blick von Judith. Lilian hatte ihn schon bei Tisch beobachtet. Sein Blick hatte unverwandt an der Frau neben Gavin Ascott gehangen. Doch Judith schien nichts davon zu merken.

Sie kann ja keine richtige Frau sein, wenn es ihr nicht schmeichelt, daß andere Männer sie begehren, dachte Lilian.

»Die Herren mögen mich entschuldigen«, sagte Lilian mit einem strahlenden Lächeln. Damit entließ sie die um sie versammelten Herren und ging auf den Mann an der Wand zu.

»Sie ist schön, nicht wahr?« meinte sie und mußte sich zu jedem dieser Worte zwingen.

»Oh ja, wunderschön«, flüsterte er aus tiefstem Herzen.

»Es ist traurig, daß eine solche Schönheit so unglücklich sein muß.«

Der Mann drehte sich um und starrte Lilian an. »Unglücklich? So sieht sie nicht aus.«

»Sie versteht es, ihre Gefühle zu verbergen.«

»Ihr seid Lady Lilian Chatworth?«

Lilian nickte. »Ja, und Ihr?«

»Alan Fairfax«, antworte er und beugte sich über ihre Hand. »Zu Euren Diensten, schöne Lady!«

»Ich brauche Euch nicht, aber Lady Judith.«

Der junge Mann sah wieder zu den Tanzenden hin. »Sie ist die schönste Frau, die ich jemals gesehen habe«, sagte er ganz hingerissen.

Lilians Augen glitzerten wie Eis. »Habt Ihr der Lady Eure Liebe nicht eingestanden?«

Seine Stirn runzelte sich. »Aber nein. Ich bin ein Ritter, und sie ist eine verheiratete Frau.«

»Allerdings, aber eine sehr unglückliche . . .«

Alan schüttelte ungläubig den Kopf, als er beobachtete, wie Judiths Blick unverwandt auf Gavin ruhte.

»Ich kenne sie gut, und sie hat mein tiefstes Bedauern. Erst gestern hat sie so verzweifelt geweint und mir gestanden, daß sie sich so sehr nach einer echten Liebe sehnt, nach einem Mann, der nett und liebevoll zu ihr ist.«

»Ist ihr Gemahl das nicht?« Alan wollte es nicht glauben.

»Es weiß niemand . . .« Lilian senkte ihre Stimme zu einem Flüstern. ». . . aber er schlägt sie oft.«

»Das kann ich mir nicht vorstellen.«

Lilian zuckte die Schultern. »Ich wollte kein Gerücht verbreiten. Sie ist meine Freundin, und ich möchte ihr so gern helfen. Sie bleiben nicht mehr lange hier bei Hofe, und ich hoffte, daß meine liebe Judith hier wenigstens ein paar glückliche Stunden erleben kann.«

Alan sah wieder zu Judith hin. Sie war nicht nur eine strahlende Schönheit. Es ging eine eigenartige Faszination von ihr aus. Ihr Wesen, ihre Bewegungen, ihr Lächeln – alles war einzigartig. Er würde Jahre seines Lebens dafür geben, einmal einen Blick aus diesen goldenen Augen zu bekommen.

»Möchtet Ihr allein mit ihr sprechen?«

Seine Augen leuchteten auf. »Ja . . .!«

Lilian nickte zufrieden. »Ich werde das arrangieren. Geht in den Garten, in ein paar Minuten werde ich sie Euch schicken. Sie ist meine liebste Freundin, wie ich schon sagte.« Lilian legte Alan eine Hand auf den Arm. »Sie wird in Sorge sein, daß ihr Mann etwas merken könnte. Sagt ihr dann, daß er mit mir zusammen ist. Dann wird sie wissen, daß sie ungestört mit Euch reden kann.«

Alan brannte darauf, Judith in seiner Nähe zu haben. »Ja, Lady. Ich danke Euch von Herzen.«

Judith stand neben Gavin und nippte an einem Glas Apfelmost. Ihr Gesicht glühte vom Tanzen, und es war sehr angenehm, an der kühlen Mauer zu lehnen und die anderen Gäste zu beobachten.

Ein Mann kam, um Gavin eine Nachricht zu überbringen. Judith beobachtete, wie Gavin die Stirn runzelte.

»Schlechte Nachrichten?« fragte sie.

»Ich weiß nicht. Jemand hat mir ausrichten lassen, daß er mich unbedingt sprechen muß.«

»Weißt du nicht, wer es ist?«

»Nein, es wurde kein Name genannt. Ich habe mit einem Pferdehändler über eine Stute gesprochen – vielleicht ist er es . . .« Gavin streichelte ihre Wange. »Da drüben ist Stephen. Geh solange zu ihm. Ich bin gleich wieder da.«

Nach einem innigen Blick trennten sie sich. Judith schickte sich an, zu Stephen zu gehen, der einigen sehr hübschen jungen Damen Lieder zur Laute vortrug. Er wollte seine Freiheit noch genießen, hatte er Judith gestanden.

»Lady Judith?« eine Magd, die sie nicht kannte, sprach sie unterwegs an.

»Draußen im Garten wartet ein Herr auf Euch.«

»Ein Herr? Ist es mein Gatte?«

»Ich weiß es nicht, Lady Judith.«

Judith lächelte. Gavin wollte wahrscheinlich ein Schäferstündchen bei Mondschein mit ihr. Sie zögerte keine Sekunde, sondern ging in den Garten.

Draußen war es dunkel und kühl. Und es waren noch andere Paare im Garten, die sich in der Finsternis umarmten und küßten.

»Lady Judith?«

»Ja . . .« Sie konnte es nicht deutlich erkennen, aber sie sah einen jungen Mann mit strahlenden Augen, einer vorspringenden Nase und etwas zu vollen Lippen.

»Darf ich mich vorstellen. Ich bin Alan Fairfax of Lincolnshire.«

Judith lächelte, als er ihre Hand ergriff und küßte.

»Sucht Ihr jemanden?« wollte er wissen.

»Ich glaubte, meinen Gemahl hier draußen zu finden.«

»Ich habe ihn hier nicht gesehen.«

»Kennt Ihr ihn?«

Alan grinste und zeigte seine weißen Zähne. »Ich habe Euch mit ihm gesehen. Ich habe mir jeden Mann, der in Eure Nähe kam, eingeprägt und ihn beneidet.«

Verwundert blickte Judith ihn an. »Ihr macht mir Komplimente, Sir.«

Alan reichte ihr seinen Arm. »Wollen wir uns einen Moment setzen, während wir auf Euren Gemahl warten?« Als Judith zögerte, fügte er schnell hinzu: »Seht, die Bank steht nicht versteckt, und ich möchte nichts weiter von Euch, als daß Ihr einem einsamen Ritter etwas Gesellschaft leistet.«

Die Bank wurde vom Licht einer Fackel erhellt, die in einem Eisenring in der Gartenmauer steckte. Judith konnte ihren Begleiter genauer ansehen. Sie fühlte sich nicht wohl in dieser Situation. Der letzte Mann, mit dem sie sich unterhalten hatte, war Walter Demari gewesen, und das hatte in einer Katastrophe geendet.

»Ihr scheint Euch nicht wohl zu fühlen, Lady.«

»Ich bin das Leben hier bei Hofe nicht gewöhnt. In meiner Nähe sind nur mein Gatte und seine Brüder . . .«

»Hier bei Hofe pflegt man den gesellschaftlichen Umgang mit Damen und Herren. Man freundet sich an und genießt das Zusammensein.« Er griff nach ihrer Hand. »Ich würde gern Euer Freund sein.«

Judith machte sich von seinem Griff frei und erhob sich. »Ich möchte in den Saal zu meinem Gemahl zurückkehren.«

Er war sofort dicht neben ihr. »Es besteht kein Grund, sich seinetwegen Gedanken zu machen. Er ist genügend abgelenkt. Er ist mit Euer Freundin Lilian Chatworth zusammen.«

»Nein, Ihr wollt mich beleidigen!«

»Niemals!« Alan starrte sie verwirrt an. »Nichts liegt mir ferner. Was hat Euch so erregt?«

In Judiths Kopf überschlugen sich die Gedanken. Gavin war mit Lilian zusammen! Vielleicht hatte er es so arrangiert, daß sie von einem anderen Mann abgelenkt wurde. Aber sie hatte keine Lust, sich mit einem Fremden abzugeben.

»Ich muß gehen«, erklärte sie hastig und drehte sich um. »Wo bist du gewesen?« fragte Gavin, der ihr entgegenkam. »Bei meinem Liebhaber«, antwortete sie kühl. »Und du?«

Seine Hände spannten sich schmerzhaft um ihren Oberarm. »Willst du mich wütend machen?«

Sie zuckte nur mit den Schultern.

»Judith!«

Ruhig hielt sie seinem Blick stand. »War Lady Lilian Chatworth heute abend nicht ganz besonders schön? Goldener Stoff paßt gut zu ihrem Haar und zu ihren Augen, findest du nicht auch?«

Er lockerte seinen Griff und grinste. »Ich habe sie mir nicht so genau angesehen. Bist du etwa eifersüchtig auf sie?«

»Habe ich Grund dafür?«

»Nein, Judith, Und ich habe dir doch erklärt, daß sie mir nichts mehr bedeutet.«

Ihr Mund verzog sich bitter. »Als nächstes versuchst du, mir weiszumachen, daß du mich liebst, was?«

»Ja!« Gavin sprach so leidenschaftlich, daß sie fast erschrak.

Ihr Herz begann zu rasen. »Ich weiß nicht, ob ich dir das abnehmen würde«, sagte sie ruhig. Habe ich Angst, daß ich ihm dann auch meine Liebe eingestehen könnte? fragte sie sich nervös. Würde er sie dann auslachen? Würde er Lilian in seinen Armen halten und sich gemeinsam mit dieser Frau über sie, die naive Judith, amüsieren?

»Komm mit hinein!« brummte Gavin. »Es ist schon spät.«

Irgend etwas lag in seiner Stimme, das in Judith den Wunsch weckte, sich an seine Brust zu werfen. Doch sie tat es nicht.

»Und du willst morgen aufbrechen?« fragte Gavin, während er sich den Schweiß vom Gesicht wischte. Er war seit Sonnenaufgang auf dem großen Übungsplatz des Königs, um sich mit den anderen Rittern zu messen.

Stephen machte ein düsteres Gesicht. »Es kommt mir vor, als stünde ich kurz vor dem Todesurteil«, meinte er.

»So schlimm wird es nicht sein. Sieh mich und Judith an. Es hat sich noch alles zum Guten gewendet.«

»Aber es gibt leider nur eine wie Judith.«

Gavin lächelte zufrieden. »Ja, und sie gehört mir.«

»Ist zwischen euch beiden wirklich alles in Ordnung?« Stephen war nicht davon überzeugt.

»Sie ist nur etwas eifersüchtig auf Lilian.«

»Lady Chatworth? Und wie stehst du zu ihr?«

»Ich habe ihr gestern gesagt, daß Judith die Frau ist, die zu mir gehört.«

Stephen pfiff leise vor sich hin. »Ich würde um mein Leben fürchten, wenn ich du wäre.«

»Das müßte ich wohl eher, wenn es sich um Judith handelte. Aber nicht die sanfte Lilian. Sie ist so . . .«

»Sanft? Sie? Du bist wirklich auf beiden Augen blind, lieber Bruder.«

Wie immer war Gavin ärgerlich, wenn jemand schlecht von Lilian sprach. »Du kennst sie nicht so wie ich. Sie war sehr traurig, als ich ihr die Wahrheit sagte. Aber schließlich hat sie es eingesehen. Wenn Judith mich nicht so erobert hätte, würde ich Lilian . . .«

Stephen winkte nur ab. »Laß dieses Thema. Ich werde mich heute abend so betrinken, wie ich es noch nie getan habe. Dann werde ich es besser ertragen, meiner Braut gegenüberzutreten. Leistest du mir Gesellschaft? Feierst du mit mir die letzten Stunden meiner Freiheit?«

Gavin lächelte den Bruder an. »Ja. Wir haben auch noch nicht gefeiert, daß wir Demari entkommen sind. Habe ich mich bei dir überhaupt schon richtig bedankt?«

Stephen gab seinem Bruder einen liebevollen Schlag auf die Schulter. »Wahrscheinlich wird einmal der Tag kommen, wo du mir einen Gefallen tun wirst.«

Judith saß mit den anderen Damen des Hofes in der großen Halle. Auch die Königin war dabei. Alle waren mit Nadelarbeiten beschäftigt. Sie bestickten Kissen und Decken mit Seidengarn.

»Das Sticken ist die anmutigste Beschäftigung für eine Frau, findet Ihr nicht auch, Majestät?« fragte Lilian.

Die Königin sah nicht auf. »Das kommt ganz darauf an. Ich kenne Frauen, die mit Pfeil und Bogen umgehen können, ohne dadurch ihre Weiblichkeit zu verlieren. Andere dagegen wirken nach außen hin wie der Inbegriff der Weiblichkeit und sind in ihrem Innern grausam und hart.«

Überrascht hob Judith den Kopf, als eine junge Frau neben ihr zu kichern anfing.

Lilian preßte bei dieser Rüge die Lippen zusammen. Dann fragte sie hochmütig: »Benutzt eine echte Frau Pfeil und Bogen? Oder gar ein Schwert? Warum sollte sie das auch tun? Wir Frauen werden doch von den Männern beschützt.«

»Soll eine Frau ihrem Gatten nicht helfen, wenn es nötig ist? Ich habe meinem John beigestanden?!« rief Lady Isabel.

Einige Frauen schlugen entsetzt die Hände vor den Mund. Lilian verzog angewidert das Gesicht. »Soviel ich gehört habe, hat Lady Judith sogar einen Mann getötet . . .«

Judith sah starr auf den Stoff in ihren Händen. Die Erinnerung an das schreckliche Geschehen legte sich wie eine erdrückende Last auf ihre Brust.

»Stimmt es nicht, Lady Judith?« fragte Lilian.

»Lady Lilian!« fuhr die Königin scharf dazwischen. »Ich finde, daß Ihr Euch da in Dinge einmischt, die Euch nichts angehen!«

Lilian spielte die Unschuldige. »Ich wußte nicht, daß diese Angelegenheit ein Geheimnis bleiben sollte, Majestät.«

Lady Isabel blitzte sie wütend an. »Jetzt habt Ihr bereits gesagt, was Ihr sagen wolltet.«

»Herrin!« Joan war zu Judith getreten. »Lord Gavin möchte Euch sehen.«

Erstaunt sah Judith ihre Zofe an.

»Kommt schnell, Herrin!« drängte Joan.

Judith erhob sich. Der haßerfüllte Blick von Lilian entging ihr nicht. Und dann ahnte sie, warum Joan eben zu einer Lüge gegriffen hatte.

»Du hattest nicht das Recht . . .«, begann sie.

»Ich wollte Euch nur helfen. Diese Katze hätte Euch in Stücke gerissen.«

»Ich habe keine Angst vor ihr.«

»Sie ist ein Teufel in Menschengestalt. Und Lord Gavin wird sich wirklich freuen, Euch zu sehen.« Joan lächelte.

Als sie draußen im hellen Sonnenlicht stand, vergaß Judith alle Gedanken an Lilian. Sie entdeckte Gavin, der an einem Wassertrog stand, nackt bis zur Taille, und sich wusch. Auf Zehenspitzen trat sie hinter ihn und gab ihm einen Kuß auf den Hals.

Im nächsten Moment fuhr Gavin herum und stieß sie in den Trog. Beide waren gleichermaßen überrascht.

»Judith! Hast du dir weh getan?« Gavin streckte die Hand nach ihr aus.

Ärgerlich stieß Judith die Hand weg. Ihr Atem ging keuchend, als sie auf ihr völlig ruiniertes Kleid sah, das ihr am Körper klebte.

»Was fällt dir ein?« fauchte sie los. Sie stützte sich auf den Rand des Troges und stieg heraus. Sie wäre beinahe abgerutscht und wieder ins Wasser gefallen. Doch sie konnte es noch rechtzeitig verhindern.

Als sie hochsah, stellte sie fest, daß Gavin mit vor der Brust verschränkten Armen dastand und breit grinste.

»Du lachst mich aus?« schrie sie wütend. »Wie kannst du es wagen ...«

Er packte sie bei den Schultern und hob sie hoch. »Nimmst du gütig eine Entschuldigung an? Ich bin sehr vorsichtig, seit mich Demaris Leute überwältigt haben. Es wurde mir erst zu spät klar, daß es ein Kuß war und kein hinterhältiger Angriff. Warum schleichst du dich so heimlich an mich heran?«

»Hast du geglaubt, daß ich dir ein Schwert in den Rücken stoßen könnte?« fragte Judith grimmig.

Statt einer Antwort preßte Gavin sie an seine Brust. Sein Mund brachte jeden Protest zum Schweigen.

»Laß uns in unser Zimmer gehen«, raunte er dann dicht an ihrem Ohr. »Ich werde dir die nassen Sachen ausziehen und dich dann wärmen.«

»Gavin, du denkst doch nicht ...«

»Wie kann ich denken, wenn ich dich so nah bei mir habe? Das wäre doch Zeitverschwendung. Wenn du nicht willst, daß sich alle Leute nach uns umdrehen, sei jetzt still und komm mit.«

Die kleine Szene hatte viele Zuschauer, Königin Elizabeth ging an der Seite ihres Gemahls vorbei. Sie blieb stehen, als sie sah, wie Gavin Judith ins Wasser stieß, und wollte ihr zu Hilfe eilen.

Doch der König hielt sie zurück. »Es ist nur eine Art Liebesspiel. Es freut mich, ja, es macht mich froh, wenn ich sehe, daß eine Zweckheirat so glücklich ausgeht.«

Elizabeth seufzte. »Ich war mir nicht sicher, ob die beiden sich lieben. Lady Lilian scheint zu glauben, daß Lady Judith nicht die richtige Frau für Lord Gavin ist.«

»Lady Lilian?« fragte der König. »Ist das diese blonde Frau?«

»Ja, die Witwe von Edmund Chatworth.«

Der König sah nachdenklich vor sich hin. »Es ist besser, wenn ich dafür sorge, daß sie bald wieder einen Mann hat. Ich habe beobachtet, wie sie mit den Männern spielt. Wie eine Katze mit den Mäusen. Aber was hat sie mit Lord Gavin und seiner reizenden Frau zu tun?«

»Es gibt da ein Gerücht, daß er einmal eine Affäre mit ihr hatte.«

Henry sah zu Gavin hinüber, der Judith gerade auf seine Arme hob. »Nun, jetzt kann jeder sehen, daß die Sache für ihn vorbei ist.«

»Lady Lilian nutzt jede Gelegenheit, ihrer angeblichen Rivalin eins auszuwischen.« Die Königin schüttelte besorgt den Kopf.

»Dem müssen wir ein Ende machen«, erklärte der König.

»Wir könnten ihr nicht vorschreiben, was sie zu tun hat. Damit machen wir diese Frau nur wütend. Ich bin sicher, daß sie dann sehr gefährlich werden kann. Deine Idee, sie zu verheiraten, ist sicherlich besser.«

Der König beobachtete, wie Gavin seine Frau ins Haus trug. »Ja, sie muß schnellstens eine neue Ehe eingehen. Ich möchte nicht, daß irgend etwas das Glück dieser beiden da zerstört.«

Elizabeth sah ihren Gemahl liebevoll an. »Du bist großartig, Henry.«

Noch jemand hatte Gavin und Judith beobachtet. Alan Fairfax hatte schon zu seinem Schwert gegriffen, als er sah, wie Gavin Judith ins Wasser stieß.

Als er jedoch gesehen hatte, wie liebevoll der Mann seine Frau umarmte und küßte, waren ihm Zweifel gekommen, daß diese Ehe unglücklich sein sollte. Das war kein Mann, der seine Frau schlug.

Mit gerunzelter Stirn stand Alan Fairfax da, und es wurde ihm klar, daß man ihn zum Narren gehalten hatte. Er ging mit großen Schritten ins Haus und machte sich auf die Suche nach Lilian Chatworth.

Er fand sie in der Halle. »Ich möchte ein paar Wörtchen mit Euch reden, Lady!« knurrte er und packte sie grob am Arm.

Sie rang keuchend nach Luft, weil seine Finger sich hart in ihr Fleisch gruben. Dann lächelte sie. »Gewiß, Sir Alan. Ich stehe Euch zur Verfügung.«

Er zog sie in einen schattigen Winkel. »Ihr habt mich für Eure Zwecke benutzt, und so etwas gefällt mir nicht.«

»Für meine Zwecke benutzt? Ich verstehe nicht, Sir.«

»Nun spielt nicht die Unschuld. Ich weiß, daß die Männer in Scharen in Euer Bett kommen. Ich bin nicht so dumm, daß ich nicht erkenne, wenn man mich täuscht.«

»Laßt mich los, oder ich werde schreien!«

Er packte sie nur noch fester. »Gefällt es Ihnen nicht? Meine Freunde haben mir gesagt, daß Ihr nichts gegen Schmerzen habt. Im Bett jedenfalls nicht.«

Lilian starrte ihn an. »Was wollt Ihr von mir?«

»Wegen Eurer Lüge hätte ich Lady Judith beinahe in Schwierigkeiten gebracht.«

»Wolltet Ihr nicht eine Weile mit ihr allein sein? Ich habe Euch das verschafft.«

»Durch einen gemeinen Trick. Sie ist eine anständige Frau und eine glücklich verheiratete. Und ich bin kein skrupelloser Verführer.«

»Aber Ihr begehrt sie?« Lilian lächelte.

Er gab sie frei. »Welcher Mann begehrt sie nicht? Sie ist sehr schön.«

»Nein! Sie ist kalt und grausam . . .«, zischte Lilian. Dann brach sie sofort ab.

Alan schüttelte den Kopf. »Sie nicht. Ihr seid es, Lady Lilian. Ich beobachte Lady Judith seit Tagen. Sie ist eine Frau, die auch noch geliebt wird, wenn sie einmal alt ist. Ihr dagegen – Eure Schönheit ist nur äußerlich. Ihr seid hinterhältig, mißgünstig und skrupellos. Und eines Tages wird man nur noch diese Eigenschaften sehen. Sie werden Euch häßlich machen, und jeder wird sich von Euch abwenden.« Nach diesen Worten drehte er sich um und ließ sie stehen.

»Judith, meine Süße. Bleib im Bett«, murmelte Gavin an ihrer Wange. »Du mußt dich ausruhen.«

Judith antwortete nicht. Sie war nach dem Liebesakt müde und erschöpft. Gavin hauchte ihr noch ein paar Küsse auf die Schläfe und verließ dann das Bett.

Er zog sich hastig an und sah dabei immer wieder zu Judith hin. Als er fertig war, küßte er sie noch einmal und verließ dann den Raum.

Unten an der Treppe wartete Stephen schon. »So, feierst du nun mit mir Abschied vom Junggesellendasein?« fragte er. »Bist du auch trinkfest?«

»Du wirst gar nicht soviel Wein heranschaffen können . . .«, spottete Gavin.

»Ich nehme das als Herausforderung«, meinte Stephen. »Wir werden uns nicht mit Waffen messen, sondern einmal auf andere Weise. Einverstanden? Ich bin bereit. Mir täte es gut, wenn ich für ein paar Stunden alle Gedanken an diese Schottin ausschalten könnte.«

»Also gut.« Gavin schlug seinem Bruder auf die Schulter. Er ahnte, wie Stephen zumute war. Auch er war damals in dieser Stimmung gewesen.

27. Kapitel

Ich kann das nicht zulassen«, sagte Ela. Mutig hielt sie dem strafenden Blick ihrer Herrin stand.

»Seit wann hast du darüber zu bestimmen, was ich tue oder nicht!« fauchte Lilian. »Du hast nur die Aufgabe, mir ins Kleid zu helfen!«

»Es ist nicht recht, daß Ihr Euch diesem Mann an den Hals werft. Jeden Tag hält einer um Eure Hand an. Ihr werdet begehrt. Warum könnt Ihr Euch nicht damit zufrieden geben?« wagte Ela noch einen Einwand.

Wie eine Furie fuhr Lilian herum. »Ich soll ihn ihr überlassen? Eher würde ich sterben!«

»Wollt Ihr ihn, weil Ihr ihn liebt?« fragte Ela.

»Das ist unwichtig!« Lilian zupfte an ihrer Brokathaube. »Er gehört mir! Und ich lasse ihn mir von keiner nehmen!«

Die Treppe lag im Dunkeln, als sie ihr Gemach verließ. Lilian hatte festgestellt, daß es nicht schwer war, hier am Königshof herauszubekommen, was man wissen wollte. Es gab viele, die für ein paar Geldstücke fast alles taten.

Ihre Spione hatten ihr hinterbracht, daß Gavin unten in der Halle mit seinem Bruder saß und trank. Sie wußte nur zu gut, wie leicht man mit betrunkenen Männern umgehen konnte.

Lilian unterdrückte einen Fluch, als sie die Halle erreichte und Gavin nirgends sah.

»Wo ist Lord Gavin?« fragte sie ein Hausmädchen, das auf der Treppe saß und gähnte.

»Fort – mehr weiß ich nicht!«

Lilian packte die Magd am Arm. »Wohin?«

»Was weiß ich?«

Lilian drückte dem Mädchen ein Geldstück in die Hand. Sofort leuchteten die Augen der Magd auf. »Was soll ich für Euch tun?«

Lilian lächelte zufrieden. »Hör mir gut zu . . .«

Judith wurde von einem leisen Kratzen an ihrer Tür wach. Sie griff zu dem Kissen an ihrer Seite, ehe sie die Augen öffnete. Gavin war nicht da!

Ihre Stirn runzelte sich, als sie sich aufsetzte. Dann erinnerte sie sich daran, daß Gavin ihr gesagt hatte, er wolle mit seinem Bruder Abschied feiern.

Das Kratzen an der Tür hörte nicht auf. Da Joan nicht im Zimmer war, warf Judith die Bettdecke zurück und verließ das Bett.

Sie schlüpfte hastig in den grünen Morgenmantel aus Samt und ging zur Tür. »Ja, was ist denn?« fragte sie, als sie öffnete und eine Magd vor sich sah.

»Ich weiß nicht, Herrin«, sagte das Mädchen mit einem Grinsen. »Man hat mir nur gesagt, daß Ihr gebraucht werdet und sofort kommen sollt.«

»Wer hat das gesagt? Mein Gemahl?«

Das Mädchen zuckte nur mit den Schultern.

Judith wußte nicht, was sie davon halten sollte. Bei Hofe gab es ständig irgendwelche anonymen Botschaften, und meistens steckte nichts Gutes dahinter. Aber es konnte sein, daß ihre Mutter sie brauchte. Oder Gavin war zu betrunken, um allein die Treppe hinaufzukommen. Er brauchte vielleicht ihre Hilfe.

Judith lächelte bei diesem Gedanken. Sie folgte der Magd nach unten. Es kam ihr in dem Gang dunkler vor als sonst. Einige der Fackeln waren nicht angezündet. Judith war etwas unheimlich zumute.

Die Magd blieb vor einer Kammer stehen, die nahe bei der Treppe lag. Den Blick, der sie aus den Augen des Mädchens traf, wußte Judith nicht zu deuten. Sie wollte gerade etwas fragen, als eine Frauenstimme ihre Aufmerksamkeit auf sich zog.

»Gavin!« Leidenschaft schwang in dieser Stimme mit.

Judith stand wie erstarrt. Eine Kerze wurde angezündet, und dann sah Judith etwas, was ihr den Atem stocken ließ.

Sie erkannte Lilian Chatworths entblößten Oberkörper. Die Frau lag halb unter Gavin. Seine nackte Haut glänzte im Kerzenschein wie Bronze. Er lag auf dem Bauch, und seine Schenkel preßten Lilian tief in das Bett.

»Nein!« flüsterte Judith mit starren Lippen. Sie griff sich mit beiden Händen an die Kehle. Tränen verschleierten das schreckliche Bild, das sich ihr bot. Sie hoffte, daß alles nur ein Alptraum war. Aber sie wußte, daß sie keiner Täuschung erlag.

Gavin hatte sie belogen, immer wieder. Und sie war so einfältig gewesen, ihm zu glauben.

Sie wich langsam zurück. Gavin lag da und rührte sich nicht. Lilian hielt die Kerze hoch, während sie Judith beobachtete. Ein triumphierendes Lächeln umspielte ihre Lippen.

»Nein«, murmelte Judith noch einmal. Zitternd trat sie zurück. Sie war so verstört, daß sie zuerst nicht merkte, wie sie ins Leere griff, als sie nach dem Treppengeländer fassen wollte. Hier unten hatte die Treppe kein Geländer.

Und dann geriet sie ins Taumeln und stürzte. Judith schrie auf, als ihre Füße die Stufen verfehlten. Sie rutschte über drei, vier, fünf Stufen, dann kippte ihr Körper zur Seite, und sie stürzte in die Tiefe. Unten in der Halle schlug sie auf. Zum Glück wurde ihr Sturz durch einen der Ritter des Königs etwas gedämpft, der mit seinen anderen Kameraden auf dem Boden schlief.

»Was war das?« fragte Gavin mit schwerer Zunge und hob den Kopf.

»Nichts, mein Liebster«, sagte Lilian. Ihr Herz raste vor Freude. Vielleicht hatte sich die Frau zu Tode gestürzt, und Gavin war nun endlich frei für sie, Lilian.

Gavin stützte sich mühsam auf einen Ellenbogen. »Lilian? Was machst du hier?« Seine Augen weiteten sich, als er ihre nackten Brüste sah.

Das einzige, was er denken konnte, war: Sie ist so mager. Nicht die geringste Begierde nach dieser Frau war in ihm. Er begriff nicht, wie er einmal so verrückt nach Lilian hatte sein können.

Lilians Freude wurde gedämpft, als sie den Blick in Gavins Augen sah. »Du . . . du kannst dich nicht erinnern?« fragte sie gedehnt. Sie war ganz verstört von seiner Reaktion. Sie war so sicher gewesen, daß er sie leidenschaftlich an sich reißen würde.

Gavin runzelte die Stirn. Er war betrunken gewesen, ja. Aber nicht so betrunken, daß er nicht wüßte, was in der Nacht geschehen war. Er war sich ganz sicher, daß er nicht mit Lilian ins Bett gegangen war. Er wollte sie schon mit Vorwürfen überhäufen, als von der Halle her Lärm an seine Ohren drang. Männer riefen durcheinander. Und dann schrie einer laut: »Ascott! Ascott!«

Blitzschnell war Gavin aus dem Bett und warf sich hastig seine Tunika über. Mit Riesensätzen rannte er die Treppe hinunter. Doch auf den unteren Stufen hielt er jäh inne und starrte auf das Bild, das sich ihm bot.

Judith lag da auf einer Strohmatte. Ihre goldenen Locken umgaben ihr bleiches Gesicht wie ein Heiligenschein. Eines ihrer Beine war seltsam verdreht. Sekundenlang stockte sein Herzschlag.

»Faßt sie nicht an!« knurrte er, als er die letzten Stufen hinuntersprang und sich neben ihr niederkniete. »Wie ist das passiert?« wollte er wissen.

Besorgt faßte er nach Judiths Hand, um den Puls zu fühlen. »Sie muß die Treppe hinuntergefallen sein«, berichtete Stephen, der sich zu Judith niederbeugte.

Gavin blickte hoch und erkannte Lilian oben an der Treppe. Sie hielt ihren Mantel über der Brust zusammen und lächelte. Er ahnte, daß irgend etwas in dem Puzzle seiner Gedanken fehlte. Aber ihm blieb jetzt keine Zeit, darüber nachzugrübeln.

»Man hat schon nach dem Doktor geschickt«, murmelte Stephen und faßte nach Judiths Hand. Sie hielt die Augen noch immer geschlossen.

Der Doktor kam gemächlich heran. Er trug einen reich mit Pelz verbrämten Mantel. »Macht Platz«, befahl er. »Ich muß sie untersuchen und sehen, ob sie sich etwas gebrochen hat.«

Gavin wich zurück, und dann beobachtete er mit brennenden Augen, wie der Doktor Judiths reglosen Körper abtastete.

Warum gerade Judith? Wie konnte das geschehen? Wie ein Mühlstein drehten sich diese Fragen in seinem Kopf. Was hatte Judith mitten in der Nacht auf der Treppe gesucht?

Sein Blick ging zu Lilian hinauf. Alles Blut wich aus seinem Gesicht. Judith hatte ihn mit Lilian gesehen! Sie war so aufgeregt gewesen, daß sie auf der Treppe gestürzt war! Aber wer hatte ihr gesagt, wo er war?

»Scheint nichts gebrochen zu sein«, sagte der Doktor. »Bringt sie ins Bett. Sie braucht Ruhe!«

Gavin schickte ein Dankgebet zum Himmel. Dann beugte er sich nieder und hob Judith auf. Die anderen Leute starrten ihn entsetzt an. Sie sahen, was Gavin nicht sehen konnte. Judiths Kleid war blutgetränkt.

»Eine Fehlgeburt«, sagte Königin Elizabeth dicht neben ihm. »Bringt sie nach oben. Ich lasse meine Hebamme holen.«

Gavin war starr vor Schreck. Er spürte, wie sich eine Hand beruhigend auf seine Schulter legte und wußte, daß es Stephen war.

Joan schrie auf, als er Judith ins Zimmer brachte. Sie wurde schreckensbleich. »O mein Gott. Wird sie sterben?«

»Wir wissen es nicht«, brummte Stephen.

Gavin legte Judith vorsichtig auf das Bett. Die Königin beugte sich über die noch immer Ohnmächtige. Dann befahl sie Joan: »Hole heißes Wasser und saubere Tücher. Dann laß nach Lady Helen schicken. Sie wird in dieser Stunde bei ihrer Tochter sein wollen.«

»Meine arme Herrin«, flüsterte Joan. »Sie hat sich dieses Kind so gewünscht.« Mit Tränen in den Augen hastete sie aus dem Raum.

»Geht jetzt«, befahl Elizabeth den beiden Männern. »Wir kümmern uns um sie.«

Doch Gavin rührte sich nicht. »Ich bleibe, Euer Majestät. Wenn ich heute nacht bei ihr gewesen wäre, wäre das nicht passiert.«

Stephen wollte etwas erwidern. Doch dann drehte er sich um und ging hinaus. Gavin streichelte Judiths Stirn. Dann sah er die Königin an. »Sagt mir, was ich tun kann.«

Eine dicke Frau kam ins Zimmer geschnauft. Sie wollte Gavin sofort hinausschicken, aber die Königin verhinderte das. Die Hebamme machte sich an die Arbeit. Immer wieder gab sie den anderen Anweisungen.

»Sie muß warmgehalten werden. Deckt sie gut zu.«

Gavin tupfte Judith den Schweiß von der Stirn. Er ließ keinen Blick von ihr. »Wird sie wieder gesund?« fragte er.

»Kann ich noch nicht sagen. Hängt davon ab, ob wir die Blutung zum Stillstand bringen können.«

Judith stöhnte und bewegte den Kopf. »Beruhigt sie, oder sie macht uns alles nur schwerer.«

»Ganz ruhig«, murmelte Gavin und beugte sich über sie. Er hielt ihre Hände fest, die hin und her zuckten. Mühsam öffnete sie die Augen. »Gavin?«

»Streng dich nicht so an. Bleib ganz ruhig. Du wirst andere Kinder bekommen . . .«

»Was sagst du?« Ein heftiger Schmerz fuhr durch ihren Körper. Ihre Finger krampften sich um Gavins Hände. Verstört sah sie ihn an. »Was ist passiert?« keuchte sie. Dann verschleierte der Schmerz ihren Blick.

»Ihr müßt ihren Leib kneten«, befahl die Hebamme Joan und der Königin.

»Gavin!« wimmerte Judith. Wieder fuhr eine Schmerzwelle durch sie. »Was ist mit meinem Kind? Ich will mein Kind nicht verlieren!« Ihre Stimme wurde hysterisch.

Ihr Blick richtete sich auf Gavin, und die Erinnerung schien zurückzukehren. »Ich bin die Treppe hinuntergestürzt«, sagte, sie. »Ich habe dich mit dieser Hure im Bett liegen sehen. Und dann bin ich gestürzt . . .«

»Judith, laß uns später darüber reden . . .«

»Geh! Rühr mich nicht an!«

»Judith!« flehte Gavin.

»Du bist wohl traurig, daß ich nicht tot bin? Tot wie mein Baby . . .« Tränen verdunkelten ihre Augen. »Geh zu ihr. Du willst sie doch, und sie wartet auf dich!«

»Judith..«

Die Königin faßte nach Gavins Arm. »Es ist besser, wenn Ihr geht . . .«

Mit gesenktem Kopf schlich Gavin zur Tür. Im Flur wartete Stephen. Sie sprachen kein Wort, bis sie draußen im Hof standen. Stephen zog Gavin zu einer Bank. Dann saßen sie da und sahen in den heraufdämmernden Morgen.

»Warum ist sie mitten in der Nacht im Schloß herumgegangen?« fragte Stephen.

»Ich weiß es nicht. Ich weiß nur, daß ich in das nächste Bett oben an der Treppe gefallen bin, nachdem wir uns trennten.«

»Vielleicht ist sie aufgewacht und hat dich vermißt? Dann hat sie nach dir gesucht.«

Gavin sagte nichts.

»Du verschweigst mir etwas«, meinte Stephen.

»Ja. Als Judith mich fand, lag ich mit Lilian im Bett.«

Stephens Miene wurde finster. Wütend fuhr er auf seinen Bruder los. »Du hättest Judith umbringen können! Und alles wegen dieser . . . dieser Hexe! Du warst doch zu betrunken, um mit einer Frau zu schlafen . . .« Er betrachtete Gavin und sah, wie dessen Gesicht kantig wurde.

»Ich habe Lilian nicht ins Bett gezerrt«, sagte Gavin dumpf. »Ich war vom Wein betäubt. Das stimmt. Aber ich war nicht volltrunken. Ich wurde durch ein Geräusch wach und sah Lilian neben mir . . .«

»Du hast sie nie so gesehen, wie sie wirklich ist. Eine raffinierte Hure. Sie schläft fast mit der Hälfte der Männer hier bei Hofe. Es kümmert sie nicht, ob es ein Stallbursche ist oder ein Lord.«

Trübe starrte Gavin vor sich hin. »Wenn sie so geworden ist, bin ich schuld daran. Sie war noch Jungfrau, als ich sie das erste Mal nahm.«

Stephen lachte laut auf. »Jungfrau? Der Earl of Lancaster schwört, daß er sie schon als Zwölfjährige hatte.«

»Nein . . .«

»Sie sucht in allem nur ihre Vorteile«, fuhr Stephen fort. »Sie hat einen reichen Earl dir vorgezogen.«

»Ihr Vater wollte es . . .«

»Gavin! Kannst du sie denn nicht so sehen, wie sie wirklich ist? Glaubst du wirklich, daß dieser Trunkenbold von Vater ihr etwas befehlen konnte? Hätte er zugelassen, daß sie nachts die Burg verließ, um sich mit dir irgendwo zu treffen, wenn er ein so harter Mann war, wie sie behauptet? Diese Schlampe hat sich heute nacht die Kleider vom Leib gerissen und dann jemanden nach Judith geschickt. Da bin ich ganz sicher.«

Gavin erhob sich. Er wollte nichts mehr hören. »Ich möchte nach Judith sehen«, murmelte er.

Er hatte gerade die Tür erreicht, als die Hebamme herauskam. Sofort packte Gavin sie am Arm. »Wie geht es ihr?«

»Sie schläft. Das Kind wurde tot geboren.«

Gavin holte tief Luft. »Wird sich meine Frau erholen?«

»Das kann ich nicht sagen. Sie hat viel Blut verloren. Wie lange seid Ihr verheiratet?«

Gavin verstand nicht, was diese Frage sollte. »Fast vier Monate.«

»Das Kind war schon erstaunlich weit. Ich vermute, sie hat es in der Hochzeitsnacht oder kurz danach von Euch empfangen . . .«

Sie wollte weitergehen, doch Gavin hielt sie fest. »Woher willst du das wissen?«

»Seht mich an. Ich bin eine alte Frau und habe viel Erfahrung.«

»Darf ich zu ihr?« fragte Gavin aufgeregt. Er war schon an der Tür, als die Frau nickte.

Es goß in Strömen, und der Sturm bog die Bäume. Blitze zuckten über den grauen Himmel, denen krachender Donner folgte. Doch die vier Menschen, die dem winzigen Sarg folgten, kümmerten sich nicht darum.

Stephen stand neben Gavin. Helen stützte sich schwer auf John. Das Wasser rann ihnen aus Haaren und Kleidern.

Mein Sohn, dachte Gavin. Er trug seinen ersten Sohn zu Grabe. In seinen Ohren hallten die bösen Worte wider, mit denen er Judith des Ehebruchs mit Walter Demari beschuldigt hatte.

Er allein war schuld am Tod des Kindes. Gavin schlug die Hände vors Gesicht, und zum ersten Mal in seinem Leben weinte er.

Währenddessen saß Joan bei ihrer schlafenden Herrin. Judiths Gesicht war so bleich wie das Kissen.

Gavin gesellte sich wieder zu Joan, als er vom Friedhof zurückkehrte. Schweigend hielten sie ihre Wache am Bett der Kranken Schließlich brach Joan das Schweigen. »Was wollt Ihr mit ihr tun?«

»Tun? Ich bete darum, daß sie gesund wird«, antwortete Gavin.

Unwillig winkte Joan ab. »Ich meinte Lady Lilian. Sie hat das Leben meiner Herrin auf dem Gewissen.«

»Hüte deine Zunge«, knurrte Gavin.

»Nein, niemals. Unten in der Küche hockt eine Frau, die sich die Augen aus dem Kopf heult. Sie behauptet, daß sie Judith geholt hat, damit sie Euch und diese Hure im Bett sieht. Die Frau sagt, daß sie für Geld fast alles getan hätte, aber sie wollte sicher nicht an einem Mord schuld sein.«

Gavin sah endlich ein, daß er die Wahrheit nicht länger verdrängen konnte. »Ich will mit dieser Frau sprechen«, sagte er.

Joan erhob sich sofort. Nach einer Weile kam sie wieder und zog ein völlig verängstigtes Mädchen hinter sich her.

»Hier ist die Übeltäterin.«

Gavin musterte das Mädchen, das ihn mit großen Augen anstarrte und am ganzen Körper zitterte. »Erzähl mir, was du von dem Unfall weißt.«

»Unfall!« höhnte Joan. Bei Gavins Blick schwieg sie jedoch.

Das Mädchen berichtete, was in der Nacht vorgefallen war, zuerst stockend, dann immer hastiger. »Bitte, Lord, sagt Lady Lilian nicht, daß Ihr es von mir gehört habt. Sie würde mich umbringen.«

Gavins Gesicht zeigte jedoch keine Gnade. »Du bittest mich um Hilfe? Wer hatte Mitleid mit meinem Kind, mit meiner Frau? Bring sie weg!« befahl er Joan. »Ich kann sie nicht mehr sehen.«

Joan packte die Verräterin und stieß sie zur Tür hinaus.

28. Kapitel

Judith lag in Fieberträumen. Wirre Bilder quälten sie, so daß sie sich stöhnend in ihren Kissen hin und her wälzte.

Irgendwann schlief sie vor Erschöpfung ein, und die Traumbilder verschwanden. Und dann hörte sie Gavins Stimme. Sie spürte seine Hand auf ihrer Stirn.

»Judith. Das Fieber ist vorbei. Dem Himmel sei Dank.« Wieder legte sich seine Hand auf ihre Stirn. »Wie fühlst du dich?«

»Laß mich. Rühr mich nicht an!« flüsterte Judith.

Gavin nickte, und seine Lippen wurden zu einem dünnen Strich.

In diesem Moment wurde die Tür geöffnet, und Stephen kam herein. Als er sah, daß Judith wach war, entspannte sich sein Gesicht. Er eilte neben das Bett und faßte nach Judiths Hand. »Wir hatten solche Sorgen . . .«

Judith traten Tränen in die Augen. »War es . . . war es ein Junge?« fragte sie kaum hörbar. Stephen konnte nur nicken.

Judith wurde von heftigem Schluchzen geschüttelt. Gavin saß mit gesenktem Kopf und hängenden Schultern da. Stephen konnte nicht sagen, wer von beiden verzweifelter war.

Gavin hatte Judith noch nie so bitterlich weinen sehen. Und es quälte ihn, daß sie sich in ihrem Kummer nicht an ihn wandte.

»Judith, du darfst dich nicht so aufregen. Du brauchst viel Ruhe«, meinte Stephen sanft. »Du bist sehr krank gewesen.«

»Wie lange?«

»Drei Tage. Das Fieber war sehr schlimm.«

Judith schluchzte noch ein paarmal. Dann sagte sie: »Stephen, du mußt doch fort. Du wirst zu spät zu deiner Hochzeit kommen.«

Er nickte grimmig. »Die Hochzeit sollte heute morgen stattfinden.«

»Dann hast du . . . Du wirst deiner Braut doch eine Nachricht geschickt haben?« fragte sie bewegt.

Stephen schüttelte den Kopf. »Um ehrlich zu sein, ich habe es vergessen. Wir dachten alle nur an dich. Weißt du, wie nahe du dem Tod gewesen bist?«

Judith fühlte sich schwach und elend. »Reitest du jetzt zu deiner Braut?« wollte sie wissen.

»Jetzt, da das Fieber gesunken ist, kann ich aufbrechen.«

»Ja, versprich es mir. Ich wünsche dir nicht, daß deine Ehe so beginnt wie meine. Du sollst glücklicher werden.«

Stephen warf einen schnellen Blick zu seinem Bruder hinüber. »Ich reite in einer Stunde.«

Judith nickte und schloß die Augen. Gleich darauf schlief sie ein. Gavin stand auf. »Ich habe deine Hochzeit auch völlig vergessen.«

»Ist sie noch immer ärgerlich auf dich?« fragte Stephen statt einer Antwort.

Gavin nickte trübe. »Mehr als ärgerlich.«

»Rede mit ihr. Erzähle ihr, wie dir zumute ist. Sage ihr die Wahrheit, was Lilian Chatworth angeht. Sie wird dir glauben.«

Stephen umarmte seinen Bruder, und Gavin rang sich ein Lächeln ab. »Bis Weihnachten. Ich hoffe, du stellst uns dann deine Braut vor.«

»Das werde ich. Und du wirst mit Judith alles besprechen?«

»Wenn sie sich besser fühlt.«

Es war dunkel im Zimmer, als Judith wieder erwachte. Joan schlief in der Nähe der Tür auf einem Strohlager.

Judith fühlte sich kräftiger, und sie hatte Hunger. »Joan?« rief sie leise.

Joan war sofort hoch. Lächelnd kam sie zum Bett. »Lord Gavin sagte schon, daß es Euch besser geht. Ich wollte es nicht glauben.«

»Ich möchte etwas trinken«, bat Judith mit spröden Lippen. Joan eilte, um den Krug zu holen. Sie gab ihrer Herrin gerade zu trinken, als sich die Tür öffnete. Gavin kam mit einem Tablett, auf dem Essen stand.

»Ich will ihn nicht sehen!« verlangte Judith.

»Geh!« befahl Gavin der Magd.

Joan stellte hastig die Tasse ab und lief aus dem Raum. Gavin trug das Tablett zu einem Tisch. »Fühlst du dich besser?«

Judith starrte ihn nur an.

»Ich habe dir eine kräftige Brühe gebracht. Du mußt halb verhungert sein.«

»Ich will nichts von dir. Weder Essen noch deine Gesellschaft.«

Er verlor seine Geduld nicht. »Laß uns über alles reden, wenn du wieder gesund bist.«

»Du glaubst, daß ich meine Meinung ändere? Die Zeit wird mir weder mein Vertrauen noch mein Kind zurückgeben. Ich werde mein Baby nie in den Armen halten, nie seine Augen sehen.«

»Es war auch mein Kind, und ich leide auch unter dem Verlust.«

»So, das hast du inzwischen erfahren? Soll ich dich jetzt etwa bemitleiden? Oder machst du mir auch da etwas vor?«

»Nein, Judith. Wenn du mir nur zuhören würdest. Ich möchte dir alles sagen.«

»Zuhören? Wann hast du mir dein Ohr geliehen? Du bist immer nur gleich wütend geworden. Du hast mich immer nur mit dieser anderen verglichen.«

»Judith!« Er griff nach ihrer Hand.

»Rühr mich nicht an! Mich ekelt vor dir!«

Seine Augen wurden dunkel vor Zorn. »Ich werde sprechen, auch wenn du mir nicht zuhören willst! Du hast fast in allem, was du mir eben vorgeworfen hast, recht. Ich habe mich von Lilian täuschen lassen, ich habe ihre Fehler nicht gesehen. Ich sah sie so, wie ich sie sehen wollte.«

Judith schwieg, und Gavin ahnte nicht, was hinter ihrer Stirn vorging.

»Ich wehrte mich zuerst dagegen, als ich erkannte, daß ich dich liebe. Ich war der Meinung, daß mein Herz für immer Lilian gehört. Jetzt weiß ich, daß es nicht so ist. Ich liebe dich, schon lange. Und ich weiß, daß auch du mich liebst!«

Ihre Miene blieb starr. »Erwartest du, daß ich jetzt in deine Arme sinke?« fragte sie. »Deine Begierde nach dieser Frau hat mein Kind getötet.«

»Ich habe mich nicht freiwillig in ihr Bett gelegt!« fuhr Gavin auf. »Man hat mich durch einen Trick soweit gebracht. Ich hatte zusammen mit Stephen viel getrunken. Ich war wie betäubt. Man hätte mich zu einer Wildkatze ins Bett legen können, ich hätte es nicht gemerkt.«

Ihr Lächeln war kalt. »Hat es dir bei der Wildkatze gefallen?«

Gavin wurde wütend. »Ich versuche, dir alles zu erklären, aber du hörst nicht zu. Ich habe dir von meiner Liebe erzählt. Was soll ich denn noch tun?«

»Du scheinst mich nicht zu verstehen. Es kümmert mich nicht, ob du mich liebst oder nicht. Deine Liebe ist wertlos. Du gibst sie jedem, der sie will. Ich hätte einmal viel dafür gegeben, dieses Geständnis von dir zu hören. Aber ich mußte erst mein Kind verlieren, um zu Verstand zu kommen.«

Gavin ließ sich auf einen Schemel fallen und starrte sie an. »Du kannst mir also nicht verzeihen. Du hast das Recht, böse auf mich zu sein.«

»Ich bin nicht böse auf dich. Ich hasse dich auch nicht. Ich kann nur nicht länger mit dir leben. Ich werde den König bitten, daß er einer Auflösung unserer Ehe zustimmt. Du kannst die Hälfte der Revedoune-Ländereien haben und . . .« Sie brach ab, als Gavin sich abrupt erhob.

»Ich schicke dir Joan. Du mußt etwas essen«, sagte er und verließ den Raum.

Judith lag reglos da. Sie fühlte sich wie ausgehöhlt. Wie konnte sie glauben, daß er sie liebte, wenn sie immer nur das Bild vor sich sah, wie er nackt auf Lilian lag?

Judith blieb noch drei Tage im Bett. Sie schlief viel und wollte in Ruhe gelassen werden.

Am Morgen des vierten Tages zog Joan ihrer Herrin die Bettdecke fort. »Ihr werdet jetzt aufstehen. Es wartet Arbeit auf Euch, die getan werden muß.«

Joan brachte Judith einen Morgenmantel aus grauem Samt, mit Hermelin besetzt.

»Ich will aber nicht aufstehen«, trotzte Judith und drehte sich auf die andere Seite.

Aber Joan blieb unerbittlich. »Ihr werdet es tun!«

Judith war zu schwach, um sich zu widersetzen. Sie ließ sich von Joan in den Mantel helfen und zu dem Fenstersitz führen. Die frische Sommerluft tat Judith wohl. Sie genoß den herrlichen Blick auf den Garten, in dem einige Damen und Herren spazierengingen. Und sie entdeckte auch Gavin. Er saß auf einer abseits gelegenen Bank.

Gavin hatte in den vergangenen Tagen oft hier gesessen, tief in Gedanken versunken. Als er jetzt von einer ihm nur zu gut bekannten Stimme angesprochen wurde, fuhr er herum.

»Wie kannst du es wagen?« fauchte er Lilian an, die lächelnd vor ihm stand.

»Bitte, laß mich erklären . . .«

»Nein, es gibt nichts zu erklären!«

Lilian wandte sich ab und hob eine Hand an die Augen. Als sie sich wieder zu Gavin umdrehte, hatte sie es geschafft, Tränen in ihre Augen zu zwingen. »Ich habe alles nur für dich getan. Meine Liebe zu dir ist so groß . . .«

»Sag kein Wort mehr von Liebe. Ich bezweifle, daß du weißt, was dieses Wort bedeutet. Ich habe mit der Magd gesprochen, die du bestochen hast. Du hast das alles sehr raffiniert eingefädelt.«

»Gavin, ich . . .«

Er packte sie grob am Arm und schüttelte sie. »Du hast mein Kind umgebracht! Kann dich das nicht erschüttern? Und du hast beinahe Judith auf dem Gewissen.« Er stieß sie von sich. »Ich könnte dich vor den Richter bringen, aber damit blamiere ich mich genauso wie dich. Ich bin ein Narr, daß ich deinen wahren Charakter so spät erkenne.«

Lilian fuhr ihm mit beiden Händen ins Gesicht. Gavin rührte sich nicht. Ruhig sah er Lilian nach, die aus dem Garten floh.

Ela kam hinter einem Gebüsch an der Gartenmauer hervor. »Habe ich es Euch nicht gesagt, daß ihr erst einige Zeit abwarten müßt? Er ist wütend auf Euch, und Ihr habt es verdient.«

Ela war ganz verstört, als Lilian an ihr vorbeiging und in einem Gang neben dem Küchengebäude verschwand. Sofort folgte sie ihrer Herrin, und sie fand eine schluchzende Lilian vor. Zum ersten Mal sah sie ihre Herrin wirklich verzweifelt.

»Ich will ihn ... Ich will Gavin. Alle anderen Männer sind mir gleichgültig!«

Ela versuchte, ihre Herrin zu beruhigen, aber sie konnte es nicht. »Du wirst ihn haben«, meinte sie schließlich.

Lilian hob den Kopf und sah sie mit verquollenen Augen an. »Versprichst du es?«

Ela nickte. »Habe ich dir nicht immer gegeben, was du wolltest?«

Lilian lächelte sie an. »Ja. Und du wirst mir Gavin holen? Schwörst du es?«

Ela nickte. Sie wollte alles tun. Sie konnte es nicht ertragen, ihren Liebling so traurig zu sehen. Und sie lächelte glücklich, als Lilian ihr im Überschwang der Gefühle einen Kuß gab.

»Komm nach oben. Wir werden uns ein neues Kleid für Euch ausdenken.«

Judith hatte beobachtet, wie Gavin mit seiner Geliebten sprach. »Joan, ich möchte den König sprechen«, sagte sie und wandte sich ab, weil sich ihr Herz beim Anblick der beiden unten im Garten zusammenkrampfte. »Hilf mir beim Ankleiden.«

Eine Stunde später kam Judith, schwer auf den Arm ihrer Zofe gestützt, in die Halle. Sofort eilte ein junger Mann an ihre Seite. »Alan Fairfax. Meine Lady, erinnert Ihr Euch an mich?«

»Gewiß.« Judith schenkte ihm ein mattes Lächeln. »Ich danke Euch für Eure freundliche Hilfe.«

»Ihr wollt den König sprechen?«

Judith nickte ernst. Dann nahm sie Alans Arm und ließ sich von ihm zu den Gemächern des Königs führen. Sie betrat einen elegant ausgestatteten Raum mit Seidentapeten und dicken Teppichen aus Persien.

Der König saß an einem Pult. Er sprang sofort auf und stützte Judith an der anderen Seite.

»Es war nicht richtig, daß Ihr so rasch aufsteht«, meinte er besorgt.

»Ich muß Euch in einer wichtigen Angelegenheit sprechen, Majestät.«

Der König nickte. Alan Fairfax verließ sofort den Raum. »Nun, was habt Ihr auf dem Herzen?« fragte Henry

Judith starrte auf ihre Hände nieder. »Ich möchte die Auflösung meiner Ehe.«

Der König schwieg eine Weile. »Das ist eine sehr ernste Angelegenheit. Welchen Grund habt Ihr für diese Bitte?«

»Ehebruch«, antwortete Judith so leise, daß er sie kaum verstehen konnte. Nachdenklich sah König Henry vor sich hin. »Wenn solche Gründe vorliegen, wird keiner von Euch sich wieder verheiraten können.«

»Das ist auch nicht mein Wunsch. Ich möchte in ein Kloster eintreten, dafür war ich einmal bestimmt.«

»Und Gavin? Wollt Ihr ihm das Recht nehmen, sich wieder zu vermählen und Söhne zu haben?«

»Nein«, hauchte Judith. »Er soll dieses Recht haben.«

»Dann müssen wir einen Grund finden, daß eure Ehe annulliert werden kann.« Der König ließ sich in einen Stuhl fallen.

»Ist Lilian Chatworth der Scheidungsgrund?« fragte er.

Überrascht sah Judith ihn an.

»Diese Lady ist jetzt Witwe, und Ihr meint, daß Gavin sie heiraten will?«

»Ja.«

Die Stirn des Königs runzelte sich. »Scheidungen mag ich nicht, aber ich will auch nicht, daß ihr unglücklich seid. Ihr müßt mir Zeit zum Überlegen geben, denn ich muß auch mit den anderen Betroffenen sprechen, ehe ich eine Entscheidung fälle. Alan!« rief er, »bring die Countess zu ihrem Zimmer zurück.«

Alan war sofort da und reichte Judith seinen Arm.

»Lady Judith sah so traurig aus«, meinte Königin Elizabeth, die den Raum gerade betreten wollte, als Judith ging. »Ich kann es verstehen, wo sie doch ihr Kind verloren hat.«

»Sie hat mich gebeten, ihre Ehe zu annullieren.«

»Nein!« Fassungslos sah die Königin ihn an. »Ich habe kaum ein Paar gesehen, daß sich so liebt. Sie haben ab und zu Streit, das stimmt. Aber wie oft habe ich beobachtet, wie Lord Gavin seine Frau hochgehoben und abgeküßt hat.«

»Es scheint aber so, daß Lady Judith nicht die einzige Frau ist, die er küßt. Und wie sie mir eben sagte, hat Lord Gavin bereits um die Hand Lilian Chatworth' gebeten, bevor er Judith geheiratet hat. Das wäre ein Grund für eine Scheidung. Und wenn die Frau Gavin noch will . . .«

»Da gibt es gar keine Frage. Sie tut alles, um ihn zu bekommen.« Aufgeregt berichtete die Königin, was man sich im Schloß erzählte. Lilian war schuld daran, daß Judith gestürzt war und ihr Kind verloren hatte.

»Ich mag solche Vorkommnisse hier bei Hofe nicht!« brummte der König. Dann lachte er plötzlich vor sich hin. »Armer Gavin. Ich möchte nicht in seiner Haut stecken.« Seine Stirn runzelte sich wieder. »Aber warum hat Lady Lilian diesen Chatworth genommen? Darüber muß ich noch Klarheit bekommen.«

Zwei Stunden später kam Gavin in Judiths Gemach gestürmt. Sein Gesicht war dunkel vor Zorn. Ruhig blickte Judith von dem Buch auf, in dem sie gerade las.

»Du hast den König um eine Annullierung unserer Ehe gebeten?« schrie Gavin sie an.

»Ja, das habe ich.«

»Und du willst aller Welt erzählen, was zwischen uns . . .«

Judith ließ ihn nicht aussprechen. »Wenn es mir dazu verhilft, von dir loszukommen.«

Er starrte sie finster an. »Was bist du doch für eine störrische Frau. Du siehst immer nur die eine Seite und hörst dir keine Erklärung an.«

»Deine Art, die Dinge zu sehen, paßt mir nicht. Du erwartest, daß ich dir immer wieder nachsehe, wenn du Ehebruch begehst. Ich habe das oft getan, aber jetzt nicht mehr. Ich werde in ein Kloster eintreten, so wie ich es einmal vorhatte.«

»In ein Kloster?« Er schüttelte ungläubig den Kopf. Mit ein paar Schritten war er bei ihr, hob sie hoch und trug sie zum Bett.

Sein Mund verschloß ihre Lippen mit einem wilden Kuß. Er ging nicht sanft mit ihr um, aber selbst seine Grobheit brachte Judiths Blut in Wallung. Ihre Arme legten sich um Gavins Hals, und ihr Körper bog sich ihm entgegen. Da ließ er sie plötzlich los.

»Begreife endlich, daß du nie von mir loskommen wirst. Wenn du endlich bereit bist zuzugeben, daß ich der Mann bin, den du brauchst, komm zu mir. Vielleicht bin ich dann noch bereit, dich wieder aufzunehmen.« Nach diesen Worten drehte er sich um und ging mit großen Schritten aus dem Raum.

Joan stand in der Tür und sah ihn bewundernd an. Dann verschloß sich ihr Gesicht, und sie ging zum Bett.

»Wie kann er es wagen, mich . . .« Judith brach mitten im Satz ab. »Was siehst du mich so an?«

»Weil Ihr im Irrtum seid, Herrin. Dieser Mann liebt Euch, und er hat es Euch gesagt. Warum hört Ihr das nicht? Ich habe immer auf Eurer Seite gestanden, aber jetzt nicht mehr.«

»Aber diese Frau . . .« Judiths Stimme klang erstickt.

»Könnt Ihr ihm das nicht verzeihen? Er hat geglaubt, sie zu lieben. Aber dann hat er sich Euch zugewandt, und er liebt nur Euch. Ihr stellt jetzt zu hohe Forderungen.«

»Aber mein Baby!« rief Judith mit Tränen in den Augen.

»Ihr wißt, daß es von dieser Frau raffiniert eingefädelt war. Wie könnt Ihr ihn dafür verantwortlich machen?«

Judith schwieg eine Weile. Der Verlust des Kindes hatte sie sehr getroffen. Vielleicht suche ich einfach nur einen Schuldigen dafür? dachte sie. Und mein ganzer Zorn richtete sich gegen Gavin.

»Er hat Euch gestanden, daß er Euch liebt«, fuhr Joan mit ruhiger Stimme fort.

»Lauschst du an den Türen!« fauchte Judith.

»Es interessiert mich, was mit den Menschen geschieht, die ich liebe. Er liebt Euch. Und Ihr?«

»Ich . . . ich weiß es nicht.«

»Warum vertragt Ihr Euch nicht mit ihm. Warum hört Ihr nicht auf, mit ihm zu streiten und liebt Euch statt dessen. Warum sorgt Ihr nicht dafür, daß Ihr ein zweites Baby bekommt?«

Judith lächelte unter Tränen. »Selbst wenn er mich wirklich liebt, er ist jetzt wütend auf mich. Soll ich zu ihm gehen und ihm sagen, daß ich die Scheidung nicht will und daß ich . . . daß ich . . .«

Joan lachte. »Ihr könnt es nicht eingestehen, nicht wahr? Ihr liebt ihn.«

Judith nickte. »Ja, ich liebe ihn. Aber was soll ich jetzt tun?« Unglücklich sah sie Joan an.

»Laßt Euch von mir einen Rat geben, und in ein paar Tagen wird er Euch wieder zu Füßen liegen.«

Judith lächelte gequält. »Das habe ich noch nie erlebt, aber ich stelle es mir schön vor.«

Die Neuigkeit, daß Judith beim König um die Annullierung ihrer Ehe gebeten hatte, breitete sich bei Hofe wie ein Lauffeuer aus. Doch keiner ahnte etwas von dem Plan, den Joan ihrer Herrin unterbreitet hatte.

Es gab nur eine Möglichkeit, Gavins Zorn zu dämpfen. Judith mußte ihn eifersüchtig machen. Wenn sie zu ihm ging, würde er glauben, daß sie sich ihm unterwarf. Und das ließ ihr Stolz nicht zu.

Alan Fairfax war nur zu gern bereit, Judith dabei zu helfen, die Eifersucht ihres Gemahls zu wecken.

29. Kapitel

Judith und Alan Fairfax ließen den Lärm und den Trubel am Königshof hinter sich und schritten auf den Wald zu, der außerhalb der Burgmauern lag. Es war ein weiter Spaziergang, aber sie genossen ihn beide.

Es wurde ein schöner Nachmittag für Judith. Es wurde ihr plötzlich bewußt, wie wenige Männer sie in ihrem Leben kennengelernt hatte.

Alan war ein sehr guter Unterhalter. Sie lachten und plauderten miteinander, und die Zeit verging wie im Fluge.

Als die Sonne schon tief am Horizont stand, meinte Alan bedauernd: »Wir müssen leider zurück. Es ist so schade, daß diese Stunden mit Euch zu Ende gehen.«

»Ich habe die Stunden auch sehr genossen, und es tat gut, einmal vom Hof fort zu sein. Dieser Klatsch und die Intrigen können einem zuviel werden.«

»Ihr könnt Euch geehrt fühlen, daß Ihr für soviel Klatsch gesorgt habt. Das hat es seit Jahren nicht gegeben.«

Judith mußte lachen. »Ihr seid grausam, mich darauf hinzuweisen.« Sie nahm seinen Arm und sah lächelnd zu ihm auf.

»Aha!« zischte da eine Stimme hinter ihnen. »Hier versteckt ihr euch also!«

Judith drehte sich um und sah Lilians haßerfüllten Blick.

»Er wird mir gehören!« sagte Lilian und kam näher heran. »Wenn er von dir Hure genug hat, kommt er wieder zu mir.«

Entsetzt sah Judith, wie die blauen Augen der Frau unruhig flackerten. Bei ihrem hämischen Lächeln zeigten sich die unregelmäßigen Zähne, die Lilian sonst immer geschickt zu verbergen wußte.

Alan stellte sich sofort zwischen die beiden Frauen. »Geht!« befahl er Lilian.

»Versteckst du dich hinter deinem neuen Liebhaber?« höhnte Lilian. »Kannst du es gar nicht erwarten, bis deine Scheidung ausgesprochen wird? Brauchst du jetzt schon den neuen?«

Alans Finger schlossen sich um ihre Schulter. »Wenn Ihr jetzt nicht sofort geht, werdet Ihr mich kennenlernen. Meine Geduld ist gleich zu Ende.«

Lilian wollte auffahren, aber Alan drehte sie um. Hocherhobenen Hauptes stolzierte sie davon.

Alan wandte sich wieder an Judith, die Lilian nachblickte. »Ihr seht ängstlich aus.«

»Ja, bei dieser Frau läuft es mir kalt über den Rücken. Sie ist zwar meine Feindin, aber ich habe auch Mitleid mit ihr.«

»Ihr seid zu großherzig. Bedenkt, was sie Euch angetan hat.« Alan stand ganz dicht vor Judith. Ihr Haar leuchtete im letzten Licht der Sonne, und ihre Augen ließen sein Herz rascher schlagen.

Sanft faßte er unter ihr Kinn und hob ihr Gesicht zu sich auf. Dann legten sich seine Lippen auf ihren Mund. »Wie süß Ihr seid, Judith.« Sein Kuß wurde stürmischer.

Judith war überrascht. Sie fand Alans Kuß nicht unverschämt, aber es war auch nichts Aufregendes daran. Sie nahm ihn hin, ohne das Feuer zu spüren, das Gavins Küsse in ihr weckten.

Im nächsten Moment packte sie jemand am Arm und riß sie zur Seite. Sekundenlang schwanden ihr die Sinne. Als sie sich dann umsah, lag Alan am Boden, und aus seinem Mundwinkel rann Blut. Gavin stand drohend über ihm und wollte sich von neuem auf ihn stürzen.

Blitzschnell warf sich Judith ihm entgegen. »Nein, Gavin!« Er schob sie unwillig von sich. »Wie könnt Ihr es wagen, mein Weib anzurühren! Dafür werde ich Euch töten!« keuchte er.

Alan erhob sich, und seine Hand griff zum Schwert. Die beiden Männer starrten sich wütend an. Judith sprang zwischen sie.

»Du willst um mich kämpfen, nachdem du erklärt hast, daß du mich nicht mehr haben willst!«

Sein Blick verdunkelte sich noch mehr. »Was redest du da? Du hast doch die Scheidung verlangt.«

»Du hast mir Gründe genug dafür gegeben!« fauchte sie. »Du hast während unserer ganzen Ehe immer nur Streit mit mir gesucht, wenn ich bereit war, dir Liebe zu geben.«

»Du hast mir nie Liebe angeboten«, sagte er ruhig.

Judith starrte ihn an. Ihr Zorn erlosch. »Gavin, seit ich mit dir verheiratet bin, habe ich nichts anderes getan. Ich habe mich bemüht, dir ein gutes Weib zu sein. Aber du hast immer nur sie gewollt und immer an sie gedacht!« Sie senkte den Kopf, um ihm ihre Tränen nicht zu zeigen.

Gavin machte einen Schritt auf sie zu. Dann wandte er sich haßerfüllt zu Alan um. Judith spürte die Spannung zwischen den beiden.

»Wenn du ihm auch nur ein Haar krümmst, wirst du es bereuen!« warnte sie.

Gavin runzelte die Stirn, doch plötzlich lächelte er. »Ich dachte schon, daß es meine Judith nicht mehr gibt«, sagte er. »Aber sie hatte nur eine andere Rolle gespielt.«

Alan hustete, um sein Lachen zu verbergen. Judith straffte sich und wandte sich zum Gehen. Sie kochte vor Wut, weil die Männer lachten.

Gavin sah sie einen Moment an. Er war nicht sicher, wem er sich zuwenden sollte. Er wollte Genugtuung von Alan Fairfax, und er wollte Judith in seine Arme reißen. Er entschied sich für das letztere.

Und als Alan sah, wie Gavin auf seine Frau losstürmte und sie an sich zog, ließ er die beiden allein und kehrte zum Schloß zurück.

»Wenn du jetzt nicht aufhörst, dich zu widersetzen, werde ich dich zu einem Baum tragen und dich oben auf dem Ast hocken lassen, bis du um Gnade flehst!« drohte Gavin.

Bei dem schrecklichen Gedanken wurde sie ruhig. Gavin ließ sich mit ihr auf dem Waldboden nieder. »So ist es besser«, meinte er, als sie den Widerstand aufgab. »Und jetzt wirst du mir zuhören. Ich bin nicht bereit, mich länger vor dem König und dem ganzen Hof lächerlich machen zu lassen . . .«

»Nun, du hast immerhin dein Vergnügen dabei gehabt!« fuhr sie auf.

»Bist du sicher? Und du? Hat es dir gefallen?«

Sie schüttelte den Kopf. »Nein. Aber daran hatte ich keine Schuld.«

»Das stimmt. Du bist unschuldig. Aber habe ich dir nicht gesagt, daß ich dich liebe? Habe ich dich nicht um Verzeihung gebeten?«

Er legte den Finger auf ihre Lippen, als sie aufbrausen wollte. »Ich möchte nicht mit dir streiten. Du bist meine Frau und sollst es immer bleiben. Es wird keine Trennung geben. Du wirst auch nicht mehr mit einem jungen Ritter in den Wald gehen. Morgen kehren wir nach Hause zurück. Ich habe das alles hier gründlich satt. Es wird eine Weile dauern, bis die Gerüchte endgültig verstummen, aber wir werden es ertragen.«

Gavin schwieg einen Moment. Als Judith nichts sagte, fuhr er fort: »Glaub mir, daß ich es unendlich bedauere, was Lilian dir angetan hat. Ich habe auch viele Tränen über den Verlust unseres Kindes vergossen. Ich hoffe, daß wir bald wieder eines erwarten dürfen. Das wird deine Wunden heilen. Eine Trennung ist keine Lösung.«

Judith lag reglos in seinen Armen. »Hast du gar nichts zu sagen?« fragte er schließlich.

»Was denn? Ist es mir erlaubt, eine Meinung zu äußern?«

Gavin wußte nicht, was er antworten sollte. Er fürchtete, daß Judith alle seine Vorschläge ablehnen und auf einer Annullierung ihrer Ehe bestehen würde.

Fassungslos hörte er sie lachen. »Wir sind beide Narren«, sagte Judith. »Wir lieben uns und können nichts anderes tun als uns ständig zu streiten . . .«

»Judith . . .«, murmelte er.

Sie hob das Gesicht zu ihm auf. »Ich liebe dich, Gavin. Ich habe mir vom ersten Augenblick an gewünscht, daß du mir eines Tages deine Liebe gestehen würdest. Von dem Augenblick an, da ich dich in der Kirche sah . . .«

Er beugte sich über ihre Lippen und küßte sie mit einer Inbrunst, die Judith vor Sehnsucht erbeben ließ. Und als seine Hände ihre Brüste streichelten, die sich unter dem engen Mieder wölbten, wurde sie von Verlangen überwältigt.

Gavin spürte es, und auch er wünschte sich nichts anderes, als Judith hier im Wald zu lieben. »Komm, wir suchen uns ein verschwiegenes Plätzchen«, murmelte er mit vor Erregung rauher Stimme.

Sie faßten sich an den Händen und gingen tiefer in den Wald. Doch die innige Szene war nicht unbeobachtet geblieben. Lilian hatte alles mit glühenden Augen angesehen.

»Kommt, Herrin!« bat Ela und versuchte, sie mit sich zu ziehen. Haßerfüllt sah Lilian dem Paar nach, und sie schwor sich wieder, noch lange nicht aufzugeben.

Der Abschied vom Hof fiel Judith doch nicht so leicht, wie sie gedacht hatte. Besonders die Königin war ihr eine liebe Freundin geworden.

Als sie vor dem König in einem tiefen Knicks versank, glühte ihr Gesicht vor Verlegenheit. Sie bedauerte, daß sie mit ihrem Gesuch um eine Scheidung solchen Wirbel verursacht hatte.

Doch sie sah, daß der König lächelte. »Ich werde Euch vermissen«, meinte König Henry. »Und ich hoffe, daß Ihr bald wieder einmal bei Hofe sein werdet.«

Gavin legte besitzergreifend einen Arm um die Schultern seiner Frau. »Ist es die Schönheit, die Ihr vermissen werdet, Majestät, oder der Klatsch, der durch sie entstanden ist?«

Judith hielt erschreckt die Luft an. Doch der König lachte. »Beides«, sagte er. »Ich muß zugeben, daß ich kaum eine so interessante Ehe wie Eure erlebt habe.«

Gavin stimmte in sein Lachen ein. »Dann müßt Ihr auf Stephen achtgeben, Majestät. Ich habe gerade gehört, daß seine schottische Braut in der Hochzeitsnacht zum Messer gegriffen hat.«

»Wurde er verletzt?« fragte der König besorgt.

Gavin grinste. »Aber die junge Dame hatte Grund für ihren Zorn. Schließlich kam Stephen drei Tage zu spät zur Hochzeit.«

Der König schüttelte ungläubig den Kopf. »Man muß ihn bedauern«, meinte er. »Aber wenigstens ist ein Ascott jetzt glücklich.«

Gavin zog Judith an sich. »Ja, Majestät.«

Schließlich stiegen sie auf ihre Pferde und winkten den Leuten zu, die an der Treppe standen und Tücher schwenkten. Sie hatten gehört, daß Lilian Chatworth schon früh am Morgen den Hof mit ihrem Gefolge verlassen hatte. Und alle waren der Meinung, daß sie ihre Niederlage nun akzeptierte.

Nur einer hatte Zweifel. Alan Fairfax. Er wußte, daß sie Rachepläne schmiedete.

Als die Ascotts mit ihrem Gefolge die Burg verlassen hatten, stieg er auf sein Pferd und folgte ihnen in sicherem Abstand.

30. Kapitel

Sie waren drei Tage unterwegs, als sie an einen schönen See kamen. Das Ufer war mit Bäumen beschattet, die ihre Äste weit über das Wasser reckten.

Gavin und Judith nahmen dort ein Bad. Sie tollten wie Kinder im Wasser, bis sie schließlich erschöpft zum Ufer zurückschwammen.

»Judith«, murmelte Gavin, als er sie an sich zog. »Du bist daran schuld, daß ich meine Pflichten völlig vergesse. Ich kann nur immer an dich denken. Ich vernachlässige meine Männer auf das schmählichste.«

»Ich bin es auch nicht gewöhnt, von dir so verwöhnt zu werden.« Judith hauchte Küsse auf seine nackte Schulter.

»Reize mich nicht. Ich muß ins Lager zurück.«

Judith seufzte. Doch sie folgte Gavin. Er kleidete sich in großer Hast an und wartete dann auf sie.

Judith merkte seine Ungeduld. »Geh schon vor, ich komme gleich nach!« sagte Judith.

»Ich weiß nicht . . . Ich möchte dich nicht allein lassen.«

»Was soll mir hier passieren?« Judith lachte ihn aus.

Gavin umarmte sie und gab ihr einen leidenschaftlichen Kuß. »Ich bin zu besorgt. Aber nachdem ich einmal Angst haben mußte, dich zu verlieren, kann ich nicht anders. Also gut, ich gehe vor. Aber halte dich nicht zu lange auf.«

Judith ließ sich Zeit, und sie genoß die Ruhe. Auch als sie fertig war, blieb sie noch unter der Trauerweide sitzen.

Doch sie war nicht allein. Nicht weit von ihr entfernt stand ein Mann, der ihr schon von London her gefolgt war. Judith ahnte nichts davon.

Alan Fairfax hatte sich immer diskret im Hintergrund gehalten. Wenn er Judith sicher in den Mauern der Burg wußte, wollte er sein Geleit aufgeben. Er wußte nicht, was ihn dazu trieb.

Alan war so in Gedanken versunken, daß er die Schritte hinter sich nicht hörte. Dann traf ihn ein gewaltiger Schwerthieb. Ohne einen Laut von sich zu geben, fiel er zu Boden.

Judith wurde eine Kapuze über den Kopf gestülpt. Man fesselte ihre Arme, als sie sich zur Wehr setzte. Der dicke Stoff erstickte ihre Schreie.

Jemand warf Judith über die Schulter. Sie konnte nichts sehen, und das Blut rauschte ihr so laut in den Ohren, daß sie nicht richtig verstehen konnte, ob es wirklich Lilian Chatworth' Stimme war, die sie da hörte.

»Laß ihn liegen! Ich werde Gavin berichten, daß sie fort ist. Dann wird er wieder zu mir kommen.«

Lilian Chatworth gab dem Mann einen Beutel mit Geld. Er warf Judith vor sich über den Pferderücken und ritt los.

Alan wachte einige Zeit später auf und wußte nicht, wo er war. Sein Kopf dröhnte, und er mußte sich an einem Baum stützen, weil seine Knie versagen wollten. Als sein Blick sich langsam klärte, fiel ihm Judith ein, und er wußte, daß er Gavin benachrichtigen mußte.

Taumelnd ging er zu dem Lagerplatz. Gavin begegnete ihm.

Noch ehe er ihn wütend anfahren konnte, faßte sich Alan an seinen schmerzenden Kopf und berichtete: »Judith wurde geraubt!«

Gavin packte ihn bei den Schultern. »Wenn du ihr etwas angetan hast, wirst du es büßen!« brüllte er.

Alan vergaß seinen Kopfschmerz und machte sich aus dem eisenharten Griff frei. »Ihr habt vergessen, daß Eure Gemahlin eine Feindin hat. Lilian Chatworth ist unberechenbar. Ihr hättet Judith nicht allein lassen dürfen.«

»Was redest du da?«

»Lilian Chatworth hält Euer Weib als Gefangene!«

Gavin starrte ihn fassungslos an. »Lilian ... mein Weib? Ich glaube es nicht!«

Alan wandte sich ab. »Ob Ihr es glaubt oder nicht, ich will keine Zeit mehr mit Reden vergeuden. Ich werde ihr nachreiten!«

Es dauerte nur Minuten, dann hatte Gavin die Pferde satteln lassen. Er und seine Gefolgsleute holten Alan bald ein.

»Willkommen in meinen Heim«, sagte Lilian, als man Judith die Kapuze abnahm. Lächelnd beobachtete sie, wie Judith nach Luft rang. »Ihr seid einen solchen Ritt nicht gewöhnt, was? Eine Dame wie Ihr erwartet immer nur das Beste?«

»Was wollt Ihr von mir?« fragte Judith. Ihre Schultern und Arme schmerzten von den Stricken.

»Du hast etwas, das ich haben will.«

Judith hob stolz das Kinn. »Meint Ihr Gavin?«

Lilian grinste. »Ja, meinen Gavin. Er gehört mir schon lange.«

»Warum habt Ihr ihn dann nicht geheiratet, als er um Eure Hand anhielt?« fragte Judith ruhig.

Lilians Gesicht verzerrte sich, und sie wollte auf Judith losgehen. Doch Judith drehte sich um und wich ihr aus. Ela packte ihre Herrin am Arm.

»Regt Euch nicht auf. Sie ist es nicht wert.«

Lilian schien sich zu entspannen. Und sie nahm es auch hin, daß Ela ihr etwas riet.

»Ruht Euch aus, damit Ihr gut ausseht, wenn Lord Gavin kommt.«

»Ja, ich will schön für ihn sein.« Lilian wich Judiths Blick aus.

Man hatte Judith an einen Stuhl gefesselt. Nachdem Lilian den Raum verlassen hatte, ließ Ela sich in einen anderen Stuhl nieder und holte ein Strickzeug heraus.

»In wessen Haus bin ich hier?« wollte Judith wissen.

Ela sah nicht auf. »Es gehört meiner Herrin. Lady Chatworth«, antwortete sie stolz.

»Warum bin ich hier?«

Ela hielt kurz in der Arbeit inne. »Meine Lady will Lord Gavin wiedersehen.«

Judith schüttelte den Kopf. »Und das glaubst du? Du glaubst, daß diese von Haß zerfressene Frau damit zufrieden ist?«

Ela warf ihr Strickzeug fort. »Ich lasse nicht zu, daß Ihr meine Herrin so beschimpft! Ich kenne sie gut. Sie hatte ein schweres Leben. Und sie hat Gründe . . .« Sie brach ab und trat ans Fenster.

»Sie ist verrückt! Es hat sie um den Verstand gebracht, daß Gavin sie ablehnt!«

»Nein!« fuhr Ela auf. Dann wurde sie ruhiger. »Lord Gavin würde sie nie ablehnen. Nicht meine Lilian. Jeder Mann will sie haben. Sie ist schön. Sie war auch das schönste Kind, das ich je gesehen habe.«

»Du kennst sie von Kindheit an?«

»Ja. Ich habe nie eigene Kinder gehabt. Sie war für mich wie ein Geschenk des Himmels.«

»Und du würdest sicher alles für sie tun . . .«

»Ja, alles.« Ela nickte zur Bestätigung.

»Sogar mich töten, damit sie meinen Gatten bekommen kann.«

Elas Stirn runzelte sich. Ihr Blick drückte Sorge aus. »Ihr werdet nicht getötet. Meine Lady braucht nur Zeit, um Lord Gavin umzustimmen. Und Ihr laßt ihr diese Zeit nicht. Ihr habt ihn ihr fortgenommen, und Euch rührt es nicht, wie sie leidet.«

Judith spürte, wie ihr Zorn hochkochte. »Sie hat mich belogen, mich getäuscht und alles getan, um mir meinen Gatten fortzunehmen. Sie hat sogar den Tod meines Kindes auf dem Gewissen.«

»Wißt Ihr, wie sehr sie sich immer ein Kind gewünscht hat? Ein Kind von Lord Gavin? Ihr habt ihn ihr gestohlen. Da geschah es Euch nur recht, daß Ihr verloren habt, was Euch nie zustand!«

Judith wollte etwas sagen, doch sie ließ es. Diese Magd war so verrückt wie ihre Herrin. Was immer sie auch sagte, sie würde Lilian verteidigen.

»Welche Pläne habt Ihr mit mir?«

Ela begann wieder zu stricken. »Ihr werdet für einige Tage unser Gast sein. Lord Gavin wird herkommen, und er wird mit meiner Herrin zusammen sein. Dann wird er erkennen, wie sehr er sie liebt. Er wird Euch vergessen, denn er hat sie schon geliebt, da kannte er

Euch noch gar nicht. Das ist echte Liebe. Euch hat er nur genommen, weil Ihr reich seid. Aber nun ist meine Lady auch reich. Sie kann den Ascotts auch eine große Mitgift bringen.«

Judith saß ruhig da und beobachtete die Magd. Sie wußte, daß es sinnlos war, weitere Fragen zu stellen.

Gavin wollte nicht glauben, daß Lilian seine Judith wirklich als Gefangene hielt. Noch immer glaubte er, daß sie freundlich und gut war und sich nur durch ihre übergroße Liebe zu ihm zu diesen Taten hatte hinreißen lassen.

Als er das Tor offen fand, sah er triumphierend zu Alan hin. In einem Haus mit offenen Türen hielt man keine Gefangene. Lilian kam ihm im Hof entgegen. »Ich habe so gehofft, daß du zu mir kommst.« Sie trug ein prächtiges Kleid aus blauer Seide, das die gleiche Farbe wie ihre Augen hatte.

Gavin stieg aus dem Sattel und sah sie kühl an. »Ist meine Frau hier?«

Lilians Augen weiteten sich vor Überraschung. »Deine Frau?« fragte sie unschuldig.

Alan packte sie am Arm. »Wo ist sie, du Hexe? Laß dieses Täuschungsmanöver!«

Gavin stieß ihn grob zur Seite. »Was fällt dir ein?« fuhr er ihn an. Dann wandte er sich an Lilian: »Ich will eine Antwort auf meine Frage.«

»Komm ins Haus.« Lilian brach ab, als sie in Gavins Gesicht sah. »Bei mir ist sie nicht.«

»Dann müssen wir weiter. Sie wurde entführt, und wir müssen sie finden.« Gavin wollte wieder auf sein Pferd steigen.

»Gavin! Geh nicht wieder fort!« Lilian warf sich an seine Brust. »Verlaß mich nicht wieder! Deine . . . deine Frau ist hier.«

Gavin drehte sich um, als Ela von der Tür her sagte: »Sie ist hier, und sie hat es nicht schlecht. Aber das wird sich ändern, wenn Ihr meine Lady so grob behandelt.«

Mit ein paar Schritten war Gavin bei der Frau. »Willst du mich herausfordern, Alte?« Er fuhr zu Lilian herum: »Wo ist sie?«

Lilians Lippen zitterten, und ihre Augen waren voller Tränen.

»Ihr vergeudet Eure Zeit!« meinte Alan. »Wir werden das ganze Haus auf den Kopf stellen und sie suchen.«

Gavin wollte ins Haus gehen. Da schrie Lilian: »Du findest sie nie!« Ihre Lippen waren höhnisch verzogen, und zum ersten Mal sah Gavin ihre häßlichen Zähne.

»Niemand wird sie finden!« keifte sie. »Meinst du, daß ich dieser Hure ein schönes Gemach gebe? Sie hat nur den dunkelsten Kerker verdient!«

Gavin wollte nicht begreifen, daß diese hysterische Frau noch die süße Lilian sein sollte.

»Sie gibt sich jedem Mann hin, wußtest du das nicht? Das Kind, das sie verloren hat, war nicht von dir, sondern von Demari! Ich werde dir schöne Söhne schenken! Ich! Ich!«

»Das ist die Frau, um deretwillen Judith so gelitten hat«, sagte Alan ruhig. »Seht Ihr sie nun endlich, wie sie wirklich ist?«

Gavin verzog angewidert das Gesicht. »Ja, ich sehe es.«

Mit flackernden Augen wich Lilian vor den Männern zurück.

Dann raffte sie ihre Röcke und rannte los. Ela folgte ihr.

Als Alan hinter den beiden her wollte, hielt Gavin ihn zurück. »Mir steht erst der Sinn danach, mein Weib zu befreien. Lilian nehme ich mir später vor.«

Lilian drückte sich an der Wand entlang und hastete von einem Gebäudeteil zum anderen. Ihr Gesicht war grimmig, und die Tränen in ihren Augen waren diesmal echt. Es waren Tränen der Wut.

Gavin hatte sie angesehen wie ein ekliges Insekt! Sie konnte es nicht fassen. Sie ahnte, daß Ela ihr folgte, aber ihr Verstand arbeitete konfus. Nur ein Gedanke beherrschte sie: diese andere hatte ihr Gavin fortgenommen, und sie würde ihn durch nichts zurückbekommen.

Lilian erklomm in größter Eile die Stufen des alten Turmes. Ihr Atem ging keuchend.

Judith blickte überrascht hoch, als Lilian in der Tür auftauchte. Das Haar war zerzaust, ihre Haube verrutscht.

Mit glitzernden Augen starrte Lilian ihre Rivalin an. »Du glaubst, er gehört dir?«

Judith krümmte sich zusammen. Der Schmerz machte sie fast wahnsinnig. Sie war an Händen und Füßen mit dicken Stricken gefesselt, die ihre zarte Haut wundrieben. Ihre Kehle brannte von den vergeblichen Hilferufen. Die Mauern waren zu dick.

Lilian nahm den Behälter mit heißem Öl von dem Leuchter an der Wand und ging damit auf ihre Gefangene zu. »Er wird sich angewidert von dir abwenden, wenn ich hiermit deine Larve für alle Zeit entstelle!« zischte sie hämisch.

»Nein!« wimmerte Judith und versuchte ihr auszuweichen.

»Hast du endlich Angst? Mache ich dir das Leben so zur Hölle wie du mir meines? Ich war glücklich, ehe du aufgetaucht bist. Ich hatte einen Vater, der mich liebte, Gavin, der mich anbetete, und einen reichen Earl, der mich heiraten wollte. Du hast das alles zerstört. Mein Vater kennt mich kaum noch, Gavin haßt mich und mein Gatte ist tot. Alles deinetwegen!«

Sie stellte den Topf mit Öl auf das Kohlefeuer. »Es muß heiß sein, sehr heiß . . .«

Judith wußte, daß es sinnlos war, mit dieser Frau zu reden, die nicht mehr Herrin ihrer Sinne war. Trotzdem versuchte sie es. »Das bringt Euch Euren Gatten nicht zurück. Und Euren Vater habe ich noch nie gesehen.«

»Meinst du, ich will meinen Gatten zurück? Er war ein Schwein! Meine Ehe war die Hölle! Durch dich kam er erst auf die Idee, daß ich nichts tauge.«

Judith konnte kein Wort hervorbringen. Mit weit aufgerissenen Augen starrte sie auf das heiße Öl.

»Herr, Ihr müßt mitkommen!« sagte Ela nervös. »Ich bin in größter Sorge.«

»Was willst du, Alte?« knurrte Gavin.

»Meine Herrin. Ich habe Angst um sie.«

»Deine Herrin kümmert mich nicht!« Gavin packte sie grob am Arm. »Ich will wissen, wo ihr meine Frau versteckt!«

»Ich wollte ihr nichts tun«, flüsterte Ela zitternd. »Ich wollte nur, daß meine Herrin Euch zurückbekommt. Sie wünschte sich das so sehr. Und ich habe immer alles für sie getan. Ihr jeden Wunsch erfüllt. Nun hab' ich Angst. Sie soll Lady Judith nichts antun.«

»Wo ist sie?« Gavins Griff wurde härter.

»Sie hat die Tür verschlossen und . . .«

»Führ mich hin!« befahl Gavin. Alan und er folgten Ela über den Hof zum Turm.

Lilian fuhr zusammen, als es ungeduldig an der Tür klopfte. Sie wußte, daß der Riegel nicht lange halten würde. Sie packte ein langes scharfes Messer und hielt es Judith an die Kehle, während sie die Stricke löste.

»Komm!« befahl sie und griff das heiße Öl. Judith verhielt sich ruhig, denn sie spürte, daß Lilian zu allem entschlossen war.

»Hier rauf!« knurrte Lilian und trieb sie zu einer schmalen Treppe, die auf die Turmzinne führte. Sie hielt Judith umklammert und drückte ihr das Messer an den Hals.

Sekunden später hatten Gavin und Alan die Tür aufgebrochen. Als sie die leere Kammer sahen, waren sie vor Schreck wie erstarrt. Dann folgten sie Ela, die zu der schmalen Treppe rannte.

»Lady Lilian . . .«, wimmerte die Magd, als sie ihre Herrin fand.

»Halt's Maul!« fauchte Lilian und umklammerte Judith. »Du hast gesagt, daß du ihn mir zurückholst. Aber er haßt mich.«

»Nein.« Ela machte einen Schritt auf sie zu. »Das tut Lord Gavin nicht. Er will seine Frau beschützen, weil sie sein eigen ist. Aus keinem anderen Grund. Kommt, laßt uns reden. Lord Gavin wird verstehen, warum dies alles passieren mußte.«

»Nein!« fauchte Lilian. »Sieh ihn dir doch an. Er ekelt sich vor mir. Er betrachtet mich wie eine Aussätzige! Und das alles wegen dieser rothaarigen Schlampe!«

»Laß sie los!« rief Gavin.

»Nein!« schrie Lilian. Sie drückte Judith gegen eine der Zinnen und stieß sie dann näher an den Abgrund.

Judith war totenbleich. Sie geriet in Panik.

»Tu, was sie sagt!« riet ihr Gavin, der erkannte, daß Lilian wie von Sinnen war.

Judith nickte und trat dicht an den Rand. Neben ihr war ein Schornstein. Sie klammerte sich daran fest.

Lilian lachte schrill. »Sie hat Angst wie ein kleines Kind! Und diese Hexe ziehst du mir vor? Ich bin eine echte Frau.«

Ela legte ihre Hand auf Gavins Arm, als er sich auf Lilian stürzen wollte. »Ja, das seid Ihr, Herrin«, sagte sie ganz ergeben. »Wenn Ihr herunterkommt, wird auch Lord Gavin das erkennen.«

»Willst du mich mit einem Trick täuschen?« schrie Lilian.

»Nein. Habe ich das jemals getan?«

Lilian lächelte die alte Frau an. »Du bist der einzige Mensch, der immer gut zu mir war.«

Sie beugte sich vor. Da geriet sie ins Wanken. Ela warf sich ihr entgegen. Sie riß Lilian aus der Gefahr, aber im nächsten Moment stürzte die Magd in die Tiefe. Lilian fiel nach hinten und schüttete sich dabei das heiße Öl über Stirn und Wange. Ein gellender Schrei war zu hören.

Gavin machte einen Satz auf Judith zu, die sich verzweifelt an den Schornstein klammerte. Mühsam mußte Gavin ihre Finger von dem Stein lösen. Er hielt sie fest in seinen Armen, und er konnte hören, wie ihr Herz vor Angst raste.

Lilian schrie und schrie. »Was habt ihr mir angetan!« wimmerte sie. »Meine Ela! Ihr habt sie getötet! Meine einzige . . .«

Gavin unterbrach sie grob. »Daran ist niemand schuld. Nur du selbst!« erklärte er. Er hob Judith auf seine Arme und wandte sich dann zu Alan um.

»Kümmert Euch um sie. Sie soll sich nicht selbst umbringen. Die entstellende Narbe wird die Strafe für ihre Intrigenspiele sein.«

Alan sah angewidert auf die sich krümmende Frau. Dann gab er sich einen Ruck und ging auf sie zu.

Gavin trug Judith die Stufen hinunter. »Es ist alles gut, meine Liebste«, flüsterte er ihr ins Ohr. »Du bist in Sicherheit. Sie wird dir nie wieder etwas antun.«

»Was wird aus ihr?« fragte Judith.

»Ich weiß es nicht. Ich könnte sie vor einen Richter bringen, aber ich glaube, sie hat ihre Strafe. Sie wird nicht mehr mit den

Herzen der Männer spielen können. Sie kann sich ihrer Schönheit nicht mehr brüsten.«

Judith sah zu ihm auf. Forschend ruhte ihr Blick auf Gavin.

»Du siehst mich an, als würdest du mich zum ersten Mal sehen«, meinte er.

»Vielleicht ist es so. Du bist endlich frei von ihr.«

»Aber ich habe dir doch gesagt, daß ich sie nicht mehr liebe.«

»Ja. Trotzdem hat immer noch etwas von dir ihr gehört. Ich habe es gespürt. Nun hat sie alle Gewalt über dich verloren. Du gehörst mir, ganz und für immer.«

»Und das gefällt dir?« fragte Gavin mit vor Sehnsucht bebender Stimme.

Ein glückliches Lächeln umspielte Judiths Lippen. »Ja, das gefällt mir sehr, mein Liebster«, flüsterte sie.

Die Ascotts

Alicia

Prolog

Selbst nach dem langen Nachtritt saß Stephen Ascott noch sehr gerade auf seinem Pferd. Er mochte nicht an die Braut denken, die ihn am Ende seiner Reise erwartete – seit drei Tagen schon auf ihn wartete. Seine Schwägerin, Judith, hatte ihm mit reichlich ungalanten Worten gesagt, was sie von einem Mann hielt, der weder zu seiner Hochzeit erscheinen noch sich die Mühe machen wollte, eine Botschaft vorauszuschicken, die seine Verspätung bedauerte.

Doch trotz Judiths geharnischter Worte und der Erkenntnis, welchen Schimpf er seiner zukünftigen Frau antat, hatte er sich nur schweren Herzens zum Aufbruch entschließen können. Die Trennung von seiner Schwägerin fiel ihm nicht leicht. Judith, die goldäugige schöne Frau seines Bruders Gavin, war eine Treppe hinuntergestürzt und hatte dabei das so heiß ersehnte Baby verloren, das sie unter dem Herzen trug. Tagelang schwebte sie zwischen Leben und Tod. Und als sie erwachte und von ihrem Verlust erfuhr, galt ihre erste Sorge typischerweise erst einem anderen und nicht sich selbst. Stephen hatte seinen Hochzeitstermin vergessen und nicht einmal an seine Braut gedacht. Judith hatte sich sogar von ihren Schmerzen und ihrem Kummer nicht davon abhalten lassen, Stephen an seine Pflichten und die Schottin zu erinnern, die er heiraten sollte.

Nun, drei Tage später, fuhr sich Stephen mit der Hand durch sein dichtes dunkelblondes Haar. Er wollte bei seinem Bruder Gavin bleiben. Judith war ihm deswegen böse. Ihr Sturz war kein unglücklicher Zufall gewesen, sondern das Werk von Gavins Mätresse, Lilian Chatworth.

»Mylord.«

Stephen zügelte sein Pferd und drehte sich zu seinem Knappen um.

»Die Wagen sind weit hinter uns. Sie können bei dem Tempo nicht mithalten.«

Stephen nickte und lenkte wortlos sein Pferd zu einem flachen Strom, der neben der holprigen Fahrspur herlief. Er stieg ab, stützte sich auf ein Knie und benetzte sein Gesicht mit kaltem Wasser.

Es gab noch einen Grund, weshalb Stephen nicht zu dieser Reise zu einer Braut aufbrechen wollte, die er nie gesehen hatte. König Heinrich wollte die Ascotts für jahrelange treue Dienste belohnen, indem er den zweitgeborenen Bruder mit einer reichen Schottin vermählte. Eine Ehre, für die Stephen nur dankbar sein sollte, es aber nicht war nach allem, was er über sie erfahren hatte.

Sie war, kraft eigener Rechte, die Herrin eines mächtigen schottischen Klans.

Er sah über die Wiese auf der anderen Seite des Stromes hin.

Verdammnis allen Schotten für ihren absurden Glauben, es könne auch eine Frau so intelligent und kräftig sein, Männer anzuführen. Ihr Vater hätte sich statt einer Frau einen jungen Mann als Erben aussuchen sollen.

Er schnitt ein Gesicht bei der Vorstellung, was für eine Frau ihren Vater dazu verleitet haben konnte, sie zum Oberhaupt eines Klans zu berufen. Sie mußte mindestens vierzig Jahre alt sein, ihre Haare so grau wie Stahl, ihr Körper noch stämmiger als seiner. In der Hochzeitsnacht würden sie sicherlich darum ringen, wer der Stärkere war – und er würde verlieren.

»Mylord«, sagte der Schildknappe, »Ihr seht ganz krank aus. Vielleicht war der lange Ritt zu anstrengend für Euch.«

»Nicht der lange Ritt schlug mir auf den Magen.« Stephen erhob sich langsam und geschmeidig. Seine kräftigen Muskeln bauschten den Stoff seines Gewandes. Er war groß, überragte seinen Knappen wie ein Turm, und sein Körper war mager und abgehärtet von jahrelangen anstrengenden Übungen. Das verschwitzte Haar lag in krausen, dicken Locken um seinen Hals, das Kinn war kräftig, der Mund fein gemeißelt, und nur unter den strahlend blauen Augen zeichneten sich dunkle Schatten ab.

»Laß uns wieder zu den Pferden gehen. Die Wagen mögen uns später folgen. Ich will meine Hinrichtung nicht länger aufschieben.«

»Hinrichtung, Mylord?«

Stephen erwiderte nichts darauf. Er mußte noch viele Stunden auf dem Pferderücken verbringen, ehe er dem Grauen begegnete, das ihn in der massigen, unförmigen Gestalt von Alicia MacArran erwartete.

1. Kapitel

Alicia MacArran stand am Fenster des englischen Herrenhauses und sah in den Hof hinunter. Der Flügel stand offen, die Sommersonne schien warm ins Zimmer, und sie lehnte sich ein wenig vor, um einen Hauch frischer Luft zu erhaschen. Einer von den Soldaten unter ihr bemerkte es und grinste anzüglich zu ihr hinauf.

Rasch trat sie wieder zurück, packte den Fensterflügel und warf ihn zu. Wütend drehte sie sich um.

»Diese englischen Schweine!« fluchte sie leise. Doch ihre Stimme war sanft und schwermütig wie das Hochland, über dem Nebel gebreitet liegt. Schwere Schritte waren vor der Tür zu hören, und sie hielt den Atem an, bis sie draußen wieder verhallten. Sie war eine

Gefangene, in Gewahrsam jener Männer im nördlichsten Grenzland von England, die sie immer gehaßt hatte und die ihr nun zublinzelten, als kennten sie ihre intimsten Gedanken.

Sie ging zu dem kleinen Tisch in der Mitte des eichengetäfelten Zimmers und klammerte sich daran, bis die Tischkante tief in ihre Handflächen schnitt. Die Engländer waren ihre Feinde. Sie war dabeigewesen, als sie ihren Vater und seine drei Häuptlinge töteten. Sie hatte mitansehen müssen, wie ihr Bruder in dem vergeblichen Bemühen, es den Engländern mit gleicher Münze heimzuzahlen, fast dem Wahnsinn verfallen wäre. Und ihr ganzes Leben lang hatte sie mitgeholfen, die Mitglieder ihres Klans mit Kleidung und Nahrung zu versorgen, weil die Engländer ihre Ernte vernichtet und ihre Häuser niedergebrannt hatten.

Vor einem Monat hatten die Engländer sie gefangengenommen. Sie lächelte bei der Erinnerung an die Wunden, die sie und ihre Männer den englischen Soldaten zugefügt hatten. Vier von ihnen erlagen später diesen Verletzungen.

Doch schließlich war sie der Übermacht erlegen. Es war ein Befehl des englischen Königs, Heinrich VII., der sie hier festhielt. Er wollte Frieden stiften, hatte dieser Mann behauptet, und deshalb einen Engländer zum Chef des Klans MacArran ernennen. Er glaubte das erreichen zu können, indem er sie mit einem seiner Ritter verheiratete.

Sie lächelte über die Dummheit dieses englischen Königs. Sie war Chefin des Klans MacArran, und kein Mann konnte ihr diese Macht wegnehmen. Bildete sich dieser König ein, ihre Gefolgsleute würden sich lieber einem Fremden, gar einem Engländer, unterordnen, nur weil er ein Mann war und sie eine Frau? Wie wenig kannte sich dieser Dummkopf mit der Wesensart der Schotten aus!

Sie drehte sich rasch zur Tür, als Rab zu knurren anfing. Rab war ein irischer Wolfshund, der größte Vertreter seiner Rasse, schlank, aber ungemein kräftig, mit einem Fell, das sich anfühlte wie Wolle aus Stahl. Ihr Vater hatte ihn von einer Reise nach Irland mitgebracht. Jamie wollte ihn zum Schutzhund seiner Tochter abrichten lassen. Doch das war nicht nötig gewesen, weil Rab und Alicia auf Anhieb unzertrennliche Freunde wurden. Und Rab hatte mehr als einmal bewiesen, daß er bereit war, für seine geliebte Herrin sein Leben zu opfern.

Alicias Verkrampfung löste sich sofort, als der Hund wieder verstummte. Das war das Zeichen, daß ein Freund sich der Tür näherte. Sie sah erwartungsvoll auf. Morag kam ins Zimmer.

Morag war eine kleine, verschrumpelte alte Frau. Sie erinnerte eher an einen Wurzelstock als an eine menschliche Gestalt. Ihre Augen waren wie schwarzes Glas, deren durchbohrender Blick mehr sah als nur die Oberfläche eines Menschen. Ihr kleiner Wuchs und ihre

Geschmeidigkeit nützte sie oft zum Vorteil ihrer Herrin aus, wenn sie unbemerkt durch eine Menge schlüpfte und Augen und Ohren aufsperrte.

Morag bewegte sich lautlos durchs Zimmer und öffnete wieder das Fenster.

»Nun?« forschte Alicia ungeduldig.

»Sie lachten nur, als Ihr das Fenster zugeworfen habt. Sie sagten, sie wollten Euch gern für Eure entgangene Hochzeitsnacht entschädigen.«

Alicia wandte sich schnell von der alten Frau ab.

»Ihr liefert ihnen zu viel Stoff zum Klatschen. Ihr solltet den Kopf hochhalten und sie gar nicht beachten. Es sind nur Engländer, aber Ihr seid eine MacArran.«

Alicia wirbelte herum. »Ich brauche keine Belehrungen, wie ich mich zu verhalten habe!« schnaubte sie. Rab trat an ihre Seite, als er die Erregung seiner Herrin spürte. Sie vergrub die Finger in seinem Fell.

Morag lächelte nur. Sie hatte Alicia auf den Armen gehalten, als sie noch naß war von ihrer Geburt. Sie hatte sie auf ihren Armen gewiegt, als sie zusehen mußte, wie ihre Mutter starb. Sie hatte ihr eine Amme besorgt, die sich um die Kleine kümmerte, bis sie sechs Jahre alt war und ihr Vater die Erziehung übernahm.

Nun betrachtete sie voller Stolz ihr Mündel, das inzwischen fast Zwanzig war. Alicia war größer als die meisten Männer, und so rank und schlank wie eine Weidengerte. Sie trug keine Kopfbedeckung wie die Engländerinnen, sondern ließ ihr rabenschwarzes Haar in üppigen Wellen über den Rücken fließen. Morag wunderte sich, wie so ein zarter Hals diese Fülle überhaupt zu tragen vermochte. Sie war nach englischer Mode gekleidet; doch der Satinstoff hatte die kremgelbe Farbe schottischer Hochlandrinder. Der viereckige Halsausschnitt saß straff über den Brüsten und brachte ihre sanften Rundungen vorteilhaft zur Geltung. Das Kleid lag bis zu den schlanken Hüften wie eine Haut auf ihrem Körper und bauschte sich dann mit reichem Faltenwurf. Ein aus Goldfäden gewirktes Muster umrahmte den Hals und betonte die Taille, ehe es, wie ein Wasserfall, bis zum Rocksaum hinunterfiel.

»Gefalle ich dir so besser?« fragte Alicia schroff, noch gereizt von dem Streit, den sie wegen des Kleides miteinander hatten. Sie hätte Hochland-Kleidung bevorzugt; doch Morag hatte sie dazu überredet, ein englisches Gewand anzuziehen, um ihren Feinden keinen Anlaß zu geben, sie wegen ihrer »barbarischen Mode« zu verspotten.

Morag ließ ein trockenes Kichern hören. »Schade, daß kein Mann Euch heute nacht aus diesem Gewand wickelt.«

»Kein Engländer!« zischte Alicia. »Vergißt du das so rasch? Ist das Blut meines Vaters vor deinen Augen bereits verblaßt?«

»Ihr wißt, daß es nicht so ist«, gab Morag ruhig zurück.

Alicia ließ sich auf die Fensterbank fallen, während der Stoff schimmernd ihre Beine umschloß. Sie fuhr mit dem Finger über die reiche Goldstickerei. Das Kleid hatte sie viel Geld gekostet, das sie lieber für ihren Klan ausgegeben hätte. Doch sie wußte auch, daß ihr Klan sich nicht von Engländern beschämen lassen wollte, und deshalb hatte sie Kleider gekauft, auf die selbst eine Königin stolz sein konnte. Nun sollte dieses Gewand ihr Hochzeitskleid sein.

Sie zupfte heftig an einem Goldfaden.

»Nicht doch!« wies Morag sie zurecht, »verderbt nicht das Kleid aus Wut auf einen Engländer, der vielleicht nicht ohne Grund seinen Hochzeitstermin versäumte.«

Alicia erhob sich so rasch, daß Rab wieder schützend an ihre Seite kam. »Was kümmert es mich, wenn er gar nicht kommt? Ich hoffe, er liegt mit durchschnittener Kehle in einem Graben und verrottet.«

Morag zuckte mit den Achseln. »Dann suchen sie einen anderen für Euch aus. Was hilft es also, wenn dieser stirbt? Je früher Ihr Euren englischen Gatten bekommt, desto eher können wir ins Hochland zurückkehren.«

»Du hast leicht reden!« fauchte Alicia. »Du mußt ihn ja nicht heiraten und . . . und . . .«

In Morags dunklen Augen irrlichterte es: »Und mit ihm zu Bett gehen? Ist es das, was Euch stört? Ich möchte da gern mit Euch tauschen, wenn ich könnte. Glaubt Ihr, dieser Stephen Ascott entdeckte den Unterschied, wenn ich zu ihm ins Bett schlüpfte?«

»Was weiß ich von Stephen Ascott, außer daß er mich hier in meinem Hochzeitskleid warten läßt und mich zum Gespött dieser Männer dort draußen macht?« Sie sah zur Tür. »Käme er jetzt ins Zimmer – wahrlich, ich würde ihn mit einem Messer empfangen.«

Morag lächelte. Jamie MacArran hätte seine Freude an seiner Tochter gehabt. Auch in der Gefangenschaft bewahrte sie ihren Stolz und ihren Mut. Sie hielt das Kinn hoch, und ihre Augen waren zwei blitzende Dolche aus Bergkristall.

Alicia war eine ungewöhnliche Schönheit. Ihre Haare waren so schwarz wie eine Neumondnacht in den schottischen Bergen, ihre Augen so dunkelblau wie ein Hochlandsee im Sonnenlicht. Dieser Kontrast war ungemein reizvoll, und oft waren die Leute, besonders die Männer, sprachlos, wenn sie Alicia zum erstenmal sahen. Ihre Wimpern waren schwarz und kräftig wie ihre Haare, ihre Haut zart und leicht getönt, und ihre Lippen dunkelrot über dem kräftigen Kinn, das an ihren Vater erinnerte mit seiner etwas kantigen Spitze und dem Grübchen darin.

»Man könnte Euch für feige halten, weil Ihr Euch hier im Zimmer versteckt. Was gibt ein Schotte schon auf das Grinsen eines Engländers.«

Alicia setzte sich sehr gerade auf und sah auf ihr Kleid hinunter. Sie hatte es nur angezogen, weil sie glaubte, heute vermählt zu werden. Für eine Trauung war es längst zu spät. Sie sollte es schonen für einen anderen Tag, an dem sie wirklich heiratete. Vielleicht auch einen anderen Mann. Sie lächelte bei diesem Gedanken.

»Hilf mir aus diesem Kleid heraus«, sagte Alicia.

»Was habt Ihr vor?« fragte Morag, während sie die Haken im Rücken löste. »Ihr habt einen Blick wie eine Katze, die einen Sahnetopf entdeckt hat.«

»Du fragst zuviel. Bring mir das grüne Brokatkleid. Die Engländer sollen rasch erfahren, daß Schottinnen aus festerem Stoff gemacht sind, wenn sie glauben, ich säße als verschmähte Braut im Zimmer und weinte mir die Augen aus.«

Obwohl sie eine Gefangene war und schon über einen Monat hier festgehalten wurde, konnte sie sich frei im Haus von Sir Thomas Crichton bewegen. Sie brauchte nur eine Eskorte, falls sie auf dem Land das zum Lehen gehörte, umherstreifen wollte. Haus und Grundstück wurden streng bewacht, und Posten lösten sich rund um die Uhr ab. König Heinrich hatte ihren Klan wissen lassen, daß sie hingerichtet würde, falls man sie zu befreien versuchte. Ihr würde kein Leid geschehen; doch er wollte einen Engländer als Klanchef einsetzen. Der Klan hatte erst jüngst den Tod von Jamie MacArran und seiner drei Häuptlinge erlebt. Also zogen sie sich in die Wälder an der unruhigen Grenze zwischen England und Schottland zurück, behielten das Gefängnis ihrer neuen Chefin im Auge und berieten, was sie tun sollten, wenn des Königs Männer versuchten, den Klan unter sein Joch zu zwingen.

Während sie langsam die Treppe hinunterschritt, dachte sie an den Mann, den ihr Vater ihr zum Gatten bestimmt hatte. Er war einer der drei Häuptlinge, die zusammen mit ihrem Vater fielen. Jamie MacArran hatte sie zur Nachfolgerin bestimmt, und sie wäre lieber gestorben, als diesen englischen Hund zu heiraten, den ihr der König schickte. Doch ihr Tod hätte verheerende Konsequenzen für ihren Klan. Starb sie ohne Nachfahren, würde eine blutige Fehde entbrennen, wer an Stelle von Jamie MacArrans Tochter Oberhaupt des Klans werden sollte.

»Ich wußte schon immer, daß die Ascotts gerissene Leute sind«, sagte ein Mann lachend, der, von einem dicken Wandteppich verborgen, nur wenige Schritte von ihr enfernt sein konnte. »Der Älteste heiratete die Revedoune-Erbin, und kaum hat er ihr ein bißchen das Ehebett angewärmt, als ihr Vater schon stirbt und er seine Grafschaft erbt.«

»Und nun tritt Stephen in seines Bruders Fußstapfen. Diese Alicia ist nicht nur schön, sondern bringt auch viele Hundert Morgen Land in die Ehe,«

»Ihr könnt sagen, was ihr wollt«, sagte ein dritter, dem der linke Arm fehlte, »ich beneide diesen Stephen nicht. Die Frau ist prächtig, doch wie lange mag er sie genießen? Ich verlor diesen Arm im Kampf gegen Schotten. Sie sind halbe Tiere, sage ich euch. Und ihre Kampfesweise ist wie die der Raubtiere. Sie sind wild und grausam.«

»Und wie ich hörte, stinken ihre Frauen zum Himmel«, sagte der Mann, der zuerst gesprochen hatte.

»Bei dieser schwarzhaarigen Alicia hielt ich mir gern die Nase zu.«

Alicia rückte einen Schritt vor, ein böses Fauchen auf den Lippen, als eine Hand ihren Arm festhielt. Sie sah hoch und blickte in das Gesicht eines hübschen jungen Mannes mit dunklen Augen und festem Mund. Ihre Augen lagen auf gleicher Höhe.

»Ihr erlaubt, Mylady«, sagte er leise und trat zwischen die Männer vor dem Wandbehang. Seine kräftigen Beine staken in einer engsitzenden Strumpfhose, das Samtwams betonte die Breite seiner Schultern. »Habt ihr nichts Besseres zu tun als zu tratschen wie alte Weiber? Ihr redet von Dingen, die ihr nicht versteht.« Er sprach im Ton eines Höhergestellten.

Die drei Männer sahen ihn betroffen an. »Nanu«, sagte einer, »was ist denn auf einmal mit dir los, Roger?« Und da sah er Alicia mit zornig funkelnden Augen hinter dessen Schulter.

»Stephen sollte sich sputen, sonst stiehlt man ihm noch sein Eigentum«, sagte einer von den anderen lachend.

»Verschwindet!« befahl Roger, »oder muß ich erst mein Schwert ziehen, damit ihr meine Worte befolgt?«

»Bewahre mich vor dem hitzigen Blut der Jugend«, sagte einer der drei verdrossen. »Kommt, wir gehen nach draußen. Dort ist es kühler . . .«

Als die drei in den Hof gegangen waren, wandte sich Roger Alicia zu. »Darf ich mich für das Betragen meiner Landsmänner bei Euch entschuldigen? Ihre Roheit ist ein Ausdruck ihrer Ignoranz. Sie meinten es nicht so.«

Alicia funkelte ihn an. »Ich fürchte, Ihr seid der Unwissende. Oder haltet Ihr etwa das Morden meiner schottischen Landsleute nicht für einen Sünde?«

»Ich protestiere! Ihr seid nicht gerecht zu mir. Ich habe wenige Männer in meinem Leben getötet, und ein Schotte gehörte nicht dazu.« Er legte eine Pause ein. »Darf ich mich vorstellen? Ich bin Roger Chatworth.« Er nahm sein Samtbarett ab und verneigte sich tief vor ihr.

»Und ich, Sir, bin Alicia MacArran, Gefangene der Engländer und seit kurzem eine verschmähte Braut.«

»Lady Alicia, wollt Ihr mit mir im Garten spazierengehen? Vielleicht kann die Sonne ein wenig die Schmach vertreiben, die Stephen Euch zufügte.«

Sie drehte sich um und folgte ihm nach draußen. In Begleitung dieses Engländers war sie wohl wenigstens vor den rüden Späßen der Wachen sicher. »Ihr sprecht von diesem Ascott, als seid Ihr persönlich mit ihm bekannt.«

»Ihr habt ihn nie gesehen, Mylady?«

Alicia wandte sich ihm heftig zu. »Seit wann erwiese mir Euer König die Höflichkeit, mir meinen Ehemann aussuchen zu dürfen? Mein Vater achtete mich immerhin so hoch, daß er mir die Führung seines Klans übertrug. Aber Euer König hält mich für so dumm, daß ich nicht einmal meinen Gatten wählen darf. Nein, ich habe diesen Stephen Ascott nie gesehen. Mir wurde eines Morgens bedeutet, ich habe ihn zu heiraten, doch bisher hat mein Bräutigam es nicht für nötig gehalten, von meiner Existenz Kenntnis zu nehmen.«

Roger betrachtete sie mit einer hochgezogenen Augenbraue. Im Zorn funkelten ihre Augen wie blaue Diamanten. »Ich bin überzeugt, es gibt eine Entschuldigung für sein Säumen.«

»Vielleicht besteht sie darin, uns zu zeigen, wer der Herr im Haus ist. Meine Schotten sollen erst lernen, vor ihm zu kuschen.«

Roger schwieg eine Weile, als überlegte er erst seine Worte: »Es gibt Leute, die meinen, die Ascotts seien arrogant.«

»Ihr sagtet, Ihr seid persönlich mit ihm bekannt. Was ist er für ein Mann? Ich weiß nicht einmal, ob er klein ist oder groß, jung oder alt.«

Roger zuckte mit den Schultern, als wäre er mit seinen Gedanken woanders. »Er ist ein gewöhnlicher Mann.« Er schien zu zaudern, ehe er fortfuhr: »Lady Alicia, würdet Ihr mir die Ehre erweisen, morgen mit mir auszureiten? Wir könnten an dem Fluß, der das Land von Sir Thomas durchquert, ein Mahl im Freien einnehmen.«

»Fürchtet Ihr nicht, daß ich das Mahl dazu benützte, Euch zu ermorden? Seit einem Monat wurde mir nicht mehr gestattet, über den Rand dieses Gartens hinauszugehen.«

Er lächelte sie an. »Es ist mir ein Bedürfnis, Euch zu beweisen, daß es auch Engländer gibt, zu deren Lebensart es nicht gehört, eine Frau an ihrem Hochzeitstag sitzenzulassen.«

Alicia erstarrte, als sie wieder an die Demütigung erinnert wurde, die Stephen Ascott ihr zugfügt hatte. »Ich würde gern mit Euch ausreiten.«

Roger Chatworth lächelte und nickte einem Mann zu, der ihnen auf dem Weg durch den Garten begegnete. In seinem Kopf arbeitete es.

Drei Stunden später kehrte Roger in sein Gemach im Ostflügel des Herrenhauses zurück. Er war vor drei Wochen zu Sir Thomas gekommen, um mit ihm über die Aushebung junger Rekruten zu verhandeln. Doch Sir Thomas war zu sehr mit den Angelegenheiten der schottischen Erbin beschäftigt, so daß Roger sein Anliegen noch nicht vorbringen konnte. Nun fing er an zu glauben, das Schicksal habe es so gefügt.

Er trat gegen den Schemel, auf dem sein Page schlief. »Ich habe einen Auftrag für dich«, sagte er, während sich der Page erschrocken die Augen rieb. »Hier lungert irgendwo ein alter Schotte herum, der Angus heißt. Du wirst ihn vermutlich dort finden, wo er etwas zu trinken findet, ohne bezahlen zu müssen. Bring ihn hierher. Und dazu ein halbes Oxhoft voll Ale. Hast du mich verstanden?«

»Ja, Mylord«, sagte der Page unterwürfig und ging rückwärts zur Tür hinaus.

Als Angus sich zur Stelle meldete, war er bereits halb betrunken. Er war für Sir Thomas eine Art Faktotum, tat jedoch wenig, außer trinken. Sein strähniges, schmutziges Haar trug er nach Schottenart lang und offen. Es reichte ihm bis über die Schultern. Bekleidet war er mit einem langen Hemd, das über den Hüften gegurtet war. Knie und Beine blieben unbedeckt.

Roger musterte den barbarischen Aufzug des Mannes mit einem kurzen, verächtlichen Blick.

»Ihr verlangtet nach mir, Mylord?« fragte Angus. Seine Stimme klang wie eine Schabeeisen. Sein Blick folgte dem kleinen Faß Bier, das der Page ins Zimmer trug.

Chatworth schickte den Pagen hinaus, füllte sich einen Becher mit Bier und forderte Angus auf, sich ebenfalls zu bedienen. Als der vor Schmutz starrende Schotte auf dem Schemel Platz genommen hatte, begann Roger: »Ich möchte etwas über Schottland wissen.«

Angus hob die buschigen Brauen. »Ihr meint, wo das Gold versteckt ist? Wir sind ein armes Land, Mylord. Wir . . .«

»Ich möchte keine Predigten hören. Lügen kannst du anderen Lords erzählen. Du sollst mir sagen, was ein Mann, der die Chefin eines Klans heiratet, wissen muß.«

Angus starrte ihn eine Weile an, ehe er seinen Mund hinter seinem Bierkrug versteckte. »Ein *eponymus,* äh?« murmelte er auf gälisch. »Es ist nicht so einfach, von den Mitgliedern eines Klans akzeptiert zu werden.«

Roger durchquerte mit zwei langen Schritten das Gemach und nahm dem Schotten den Becher fort. »Ich habe dich nicht nach deiner Meinung gefragt. Willst du meine Fragen beantworten oder die Treppe hinunterfliegen?«

Angus blickte sehnsüchtig auf den Becher, den ihm der Engländer weggenommen hatte.

»Ihr müßt ein MacArran werden.« Er sah zu Roger hoch. »Ihr wollt doch, daß ich von diesem Klan spreche, nicht?«

Roger nickte kurz.

»Ihr müßt den Namen des Klanchefs annehmen, oder die Männer werden Euch nie als einen der Ihren betrachten. Ihr müßt Euch wie ein Schotte kleiden, oder die Männer lachen Euch aus. Ihr müßt die Schotten und das Land lieben.«

Roger hielt den Becher etwas tiefer. »Und wie steht es mit der Frau? Was muß ich tun, um sie zu besitzen?«

»Alicia denkt nur an das Wohl ihrer Leute. Sie hätte sich eher umgebracht, als einen Engländer zu heiraten; doch sie weiß, daß sie damit einen Stammeskrieg heraufbeschwören würde. Wenn Ihr die Frau davon überzeugt, daß Ihr es gut meint mit ihren Leuten, habt Ihr sie gewonnen.«

Roger gab dem Mann den Becher zurück. »Ich will noch mehr wissen. Was ist das, ein Klan? Warum wurde eine Frau zu seiner Chefin ernannt? Wer sind die Feinde dieses Klans?«

»Reden macht durstig.«

»Du kannst trinken, soviel du vertragen kannst, wenn du fortfährst, meine Fragen zu beantworten.«

Morag half Alicia in ihr weiches braunes Samtkleid, während sie immer wieder mit düsterer Stimme vor Engländern warnte, die ihr Geschenke machten.

»Ich will doch nur mit ihm ausreiten«, sagte Alicia halsstarrig.

»Aye, und was für eine bescheidene Gegengabe erwartet dieser Chatworth von Euch? Er weiß doch, daß Ihr einen anderen Mann heiraten sollt.«

»Wirklich?« erwiderte Alicia schroff. »Und wo ist mein Bräutigam? Soll ich noch einen Tag in meinem Hochzeitskleid am Fenster sitzen und auf ihn warten?«

»Das wäre immer noch besser, als hinter einem heißblütigen jungen Grafen herzulaufen.«

»Ein Graf? Roger Chatworth ist ein englischer Graf?«

Morag verweigerte ihr die Antwort, zog die Falten am Rücken glatt und schob Alicia aus dem Zimmer.

»Die Rosen sind wieder auf Euren Wangen erblüht!« begrüßte Roger sie lächelnd.

Sie gab das Lächeln zurück, und sogleich bekamen Mund und Augen eine weichere, fraulichere Note. Sie trieb ihr Pferd zu einer schnelleren Gangart an. Rab blieb ihr mit langen, weiten Sprüngen zur Seite.

Roger sah sich kurz nach den Männern um, die zu seiner Begleitung gehörten. Drei gehörten zu seinem persönlichen Schutz, zwei waren Knappen, und dahinter kam das Packpferd mit den Speisen und dem Tafelgerät. Er sah wieder nach vorn und runzelte die Stirn, als sie ihr Pferd noch mehr anspornte. Sie war eine vorzügliche Reiterin, und zweifellos steckte der Wald voller Klansmänner, die nur darauf warteten, ihr zur Flucht zu verhelfen.

Er warf den Arm in die Höhe und gab seinen Männern damit das Zeichen, zu ihm aufzuschließen.

Alicia trieb ihr Pferd an, bis es förmlich über den Boden dahinflog. Der Wind in ihren Haaren, das Gefühl der Freiheit waren wie eine Erlösung für sie. Als sie den Fluß erreichte, lief das Tier im gestreckten Galopp, und sie wußte nicht, ob das Pferd schon einmal gesprungen war. Doch sie trieb es noch weiter an, auch wenn sie sich damit in Lebensgefahr brachte, und das Tier flog über das Wasser hinweg, als habe es Flügel. Am anderen Ufer zügelte sie ihr Pferd und sah sich um.

Roger näherte sich mit seinen Männern dem Fluß.

»Lady Alicia«, rief Roger, »seid Ihr wohlauf?«

»Natürlich«, lachte sie und lenkte ihr Pferd zu der Stelle zurück, wo Roger auf sie wartete. Sie klopfte dem Pferd anerkennend den Hals. »Ein gutes Tier«, lobte sie. »Es hat die Hürde tapfer genommen.«

Roger schwang sich von seinem Pferd hinunter und trat zu ihr. »Ihr habt mir einen tüchtigen Schrecken eingejagt. Ihr hättet Euch dabei das Genick brechen können.«

Sie lachte glücklich. »Eine Schottin bricht sich nicht so leicht den Hals, wenn sie auf einem Pferd sitzt.«

Roger streckte die Arme in die Höhe, um ihr vom Pferd herunterzuhelfen. Da sprang Rab plötzlich zwischen die beiden, entblößte seine scharfen Reißzähne und ließ ein tiefes Knurren hören. Roger wich instinktiv vor dem Hund zurück.

»Rab!« Der Hund gehorchte seiner Herrin sofort, wich ein Stück zur Seite, behielt aber Roger immer wachsam im Auge.

»Er wollte mich beschützen«, sagte Alicia. »Er mag nicht, daß mich jemand anfaßt.«

»Ich werde mir das für die Zukunft merken«, sagte Roger, während er Alicia vorsichtig beim Absteigen half. Dann schnalzte er mit den Fingern, und seine Pagen trugen zwei mit rotem Samt gepolsterte Sessel herbei. »Bitte, Mylady«, sagte Roger einladend.

Sie bestaunte die Sessel, die mitten im Wald aufgestellt wurden. Das Gras unter ihren Füßen war wie ein Teppich aus Samt, und einer der Männer aus Rogers Gefolge trat vor und spielte auf einer Laute. Sie schloß einen Moment die Augen.

»Habt Ihr Heimweh, Mylady?« fragte Roger.

Sie seufzte. »Was wißt Ihr schon, wie es einem Schotten zumute ist, der sich nach seiner Heimat sehnt. Dazu müßtet Ihr im Hochland geboren sein.«

»Meine Großmutter war Schottin. Vielleicht gibt mir das eine gewisse Berechtigung, Euch diese Frage zu stellen.«

Ihr Kopf ruckte in die Höhe.

»Ihre Großmutter? Wie war ihr Name?«

»Sie war eine MacPherson von MacAlpine.«

Alicia lächelte. Es tat ihr wohl, wenigstens ihr vertraute schottische Namen zu hören. »MacAlpine. Das ist ein guter Klan.«

»Ja, ich verbrachte viele Abende auf ihren Knien, während sie mir Geschichten aus Schottland erzählte.«

»Und was für Geschichten hat sie Euch erzählt?« fragte Alicia vorsichtig.

»Sie war mit einem Engländer verheiratet und verglich oft die Sitten und Gebräuche beider Länder. Sie sagte, die Schotten seien gastfreundlicher und schickten die Frauen nicht in ein anderes Zimmer, weil sie zu dumm seien für Männersachen, wie das die Engländer tun. Bei den Schotten seien Männer und Frauen gleichberechtigt.«

»Ja«, sagte Alicia ruhig, »das stimmt. Mein Vater ernannte mich zum Chef.« Sie hielt kurz inne. »Wie behandelte Euer Großvater seine schottische Frau?«

Roger lachte, als erinnerte er sich an einen Scherz aus seiner Kindheit. »Mein Großvater lebte eine Weile in Schottland. Er wußte, daß meine Großmutter eine kluge Frau war. Er entschied nichts, ohne sie erst um ihren Rat zu fragen.«

»Und Ihr habt eine Zeit bei Euren Großeltern gelebt?

»Fast mein ganzes Leben verbrachte ich bei ihnen. Meine Eltern starben, als ich noch ganz klein war.«

»Und was haltet Ihr heute von dieser englischen Art, eine Frau zu behandeln? Inzwischen habt Ihr sicher gelernt, daß Frauen nur für das Bett taugen und zum Gebären von Kindern.«

Roger lachte hell auf. »Eine Auffassung, für die der Geist meiner Großmutter aus ihrem Grab steigen und mich ohrfeigen würde.« Nüchterner fuhr er fort: »Sie wollte mich mit der Tochter einer Base verheiraten; doch das Kind starb schon vor dem für die Hochzeit bestimmten Termin. Ich wuchs mit dem Namen MacAlpine auf.«

»Wie?« rief sie betroffen.

Roger sah sie verwundert an. »Es stand im Heiratsvertrag, daß ich ein MacAlpine zu sein habe, um ihrem Klan willkommen zu sein.«

»Und habt Ihr Euch dem gefügt? Ich sagte zu Sir Thomas, daß mein Mann ein MacArran werden müsse, doch er meinte, das sei unmöglich; kein Engländer würde seinen guten alten Namen aufgeben, um einen barbarischen schottischen dafür einzutauschen.«

Rogers Augen blitzten wütend auf. »Sie verstehen das nicht! Verdammnis den Engländern! Sie glauben, nur ihre Lebensart wäre die richtige. Sogar die Franzosen . . .«

»Die Franzosen sind unsere Freunde«, unterbrach ihn Alicia. »Sie verwüsten nicht unsere Felder oder stehlen unsere Rinder, wie das die Engländer tun.«

»Rinder«, sagte Roger lächelnd. »Das ist auch so ein Thema. Züchten die MacGregors immer noch so fette Ochsen?«

Alicia holte tief und heftig Luft. »Klan MacGregor ist unser Feind.«

»Zugegeben«, fuhr er lächelnd fort, »und trotzdem ist das Roastbeef von einem MacGregor-Rind saftiger als jedes andere. So empfand ich es. Seid Ihr anderer Meinung?«

Sie konnte ihn nur stumm anstarren. Die MacGregors waren seit Jahrhunderten ihre Feinde.

»Natürlich kann sich manches geändert haben, seit meine Großmutter als Hochland-Braut nach England kam. Damals war der Lieblingssport junger Männer eine Rinderjagd in mondhellen Nächten.«

Alicia lächelte wieder. »Daran hat sich nichts geändert.«

Roger drehte sich um und schnalzte mit den Fingern. »Wollt Ihr jetzt eine kleine Stärkung zu Euch nehmen? Der Küchenchef von Sir Thomas, ein Franzose, hat uns ein wahres Festmahl vorbereitet.«

Sie konnte nur noch staunend den Kopf schütteln. Zum erstenmal in ihrem Leben war sie einem Engländer begegnet, der bereit war, sich mit den Gepflogenheiten ihrer Heimat auseinanderzusetzen und die Sitten und Gebräuche der Schotten zu verstehen. Sie nahm ein Stück Pastete zur Hand, das in Form einer Rose auf einem Blatt aus Blätterteig ruhte. Dieser Tag war eine Offenbarung für sie.

»Sagt mir, Lord Roger, was haltet Ihr von unserem Klansystem?«

Roger wischte Kuchenkrümel von seinem Wams aus Goldbrokat. Er war gut präpariert auf ihre Fragen.

Alicia stand wieder in dem Zimmer, in dem sie einen Monat lang viel zuviel Zeit verbracht hatte.

»Er ist nicht so wie die anderen Männer«, sagte sie zu Morag. »Er beherrscht sogar ein paar gälische Worte.«

Morag verzog ihr dunkles, verrunzeltes Gesicht: »Ihr gingt heute morgen mit einem Haß auf alle Engländer von mir weg, und kommt zurück, um mir das Loblied auf einen Engländer vorzusingen.« Ihre Augen glichen schwarzen Nadeln, die man in eine Walnußschale gesteckt hatte. »Jeder kann sich ein paar gälische Brocken einprägen. Selbst die Leute im Tiefland beherrschen die gälische Sprache.« Das war Moragș schlimmster Vorwurf für einen Mann. Für sie waren die Bewohner des Tieflands schottische Verräter, mehr Engländer als Landsleute. »Was hat dieser Mann getan, um dich zu behexen? Er hat von seiner schottischen Großmutter berichtet! Und daß er König Heinrich bitten wolle, die Überfälle auf die Schotten einzustellen. Worte, nichts als Worte!«

Alicia ließ sich schwerfällig auf einer Fensterbank nieder.

»Verstehst du denn nicht, daß ich nur das Beste für mein Volk will? Wenn ich schon gezwungen werde, einen Engländer zu heiraten, warum nicht einen, der fast ein Schotte ist und auch so denkt?«

»Ihr habt keine Wahl in dieser Sache«, sagte Morag wütend. »Der Gatte ist Euch vorgeschrieben! Und seht Ihr nicht, was für eine kostbare Beute Ihr für einen Mann bedeutet? Junge Leute würden das Blaue vom Himmel herunterlügen, damit sie einer hübschen Frau unter die Röcke kommen können. Und wenn diese Röcke auch noch mit Perlen bestickt sind, bringen sie sich dafür fast um.«

»Willst du damit sagen, daß er mich belügt?«

»Woher soll ich das wissen? Ich habe diesen Mann eben erst gesehen. Aber Stephen Ascott habe ich noch nicht gesehen. Vielleicht hat er eine schottische Mutter. Vielleicht kommt er mit einem Tartan über der Schulter und einem Dolch im Gürtel. Wer weiß?«

»So viel kann ich mir nicht erhoffen«, sagte Alicia seufzend. »Nicht einer unter tausend Engländern würde meinen Klan so gut verstehen wie Roger Chatworth.« Sie erhob sich von der Bank. »Aber du hast recht. Ich will Geduld haben. Vielleicht ist dieser Ascott einmalig – ein Mann, der an die Schotten glaubt.«

»Hoffentlich erwartet Ihr jetzt nicht zuviel«, sagte Morag. »Hoffentlich hat Chatworth Eure Hoffnungen nicht zu hoch getrieben.«

2. Kapitel

Stephen war den ganzen Tag und auch noch die halbe Nacht hindurch scharf geritten, ehe er nun, nur von seiner persönlichen Wache begleitet, in Sir Thomas Crichtons Haus an der Grenze ankam. Seinen Troß und sein Gefolge hatte er weit hinter sich gelassen. Vor ein paar Stunden waren sie von einem Unwetter überrascht worden, und der Fluß, an dem sie entlangritten, war über seine Ufer getreten. Sie waren durch den Schlamm geritten und bis zum Gürtel mit Kot bespritzt, als sie im Vorhof des Herrenhauses abstiegen. Ein Ast hatte Stephen über einem Auge ins Gesicht getroffen, und das gestockte Blut gab seinen Zügen ein geschwollenes, entstelltes Aussehen. Stephen warf seinem erschöpften Knappen den Zügel zu und trat unter einen Torbogen, damit sich seine Augen erst an das Licht gewöhnten. Das Herrenhaus war von unzähligen Kerzen erleuchtet, und aus den Fenstern kam eine süße Musik.

»Stephen!« rief Sir Thomas, der über den Hof gehumpelt kam. »Wir haben uns deinetwegen so große Sorgen gemacht! Gleich morgen früh, wollte ich einen Suchtrupp nach dir ausschicken.«

Ein Mann kam nun hinter dem hochbetagten und gichtgeplagten Ritter aus dem Tor. »Das ist also der verlorengegangene Bräutigam«, sagte er lächelnd, während er Stephen von Kopf bis Fuß betrachtete, der mit zerrissenem Wams und schmutzigen Beinkleidern vor ihm stand. »Nicht jeder war so besorgt wie Ihr, Thomas.«

»Nein», sagte ein anderer lachend, »der junge Chatworth scheint den Bräutigam ausgezeichnet vertreten zu haben.«

Sir Thomas legte Stephen die Hand auf die Schulter und lenkte ihn zu einem Zimmer neben der Halle. »Komm hier herein, Junge. Wir müssen erst etwas miteinander besprechen.« Es war ein großer, wenn auch nur mager möblierter Raum, dessen Wände mit Eichenholz getäfelt waren. Unter den mit Faltenwerkmustern beschnitzten Wandfächern hing ein Brett, auf dem eine Reihe von Büchern standen. Darunter ein langer Tisch auf Holzböcken, und davor vier Stühle, die dem Kamin zugekehrt waren, in dem ein helles Feuer loderte. »Was war das eben, was ich von dem jungen Chatworth hörte?« fragte Stephen, während er sich dem Kamin zudrehte.

»Setz dich erst einmal. Du siehst müde aus. Möchtest du etwas zu essen haben? Wein?«

Stephen warf das Sitzpolster von einem der Walnußstühle und ließ sich dankbar darauf fallen. Er nahm den Becher Wein, den ihm Sir Thomas reichte. »Ich bitte für meine Verspätung um Entschuldigung. Meine Schwägerin stürzte eine Treppe hinunter und verlor ihr Baby. Fast wäre sie uns unter den Händen gestorben. Ich fürchte, daß mir darüber das Datum meiner Hochzeit entfallen ist. Ich erinnerte mich erst wieder daran, als ich es bereits drei Tage überschritten hatte. Ich ritt so schnell ich konnte, um mich bei Euch einzufinden, Sir Thomas.« Er klaubte ein Stück Lehm von seinem Kragen und warf es in den Kamin.

»Daß du schnell geritten bist, sieht man dir an«, sagte Sir Thomas. »Hätte mir nicht mein Turmwächter gemeldet, daß das Leopardenbanner der Ascotts sich auf dem Fahrweg näherte, hätte ich dich nicht wiedererkannt. Ist diese Wunde über deinem Auge so schlimm, wie sie aussieht?«

Geistesabwesend tastete Stephen über die Stelle und sagte: »Nur gestocktes Blut. Ich ritt so schnell, daß ich keine Zeit fand, jedesmal den Kopf einzuziehen.«

Sir Thomas lachte und nahm auf einem der gepolsterten Stühle Platz. »Es tut gut, dich wiederzusehen, mein Junge. Wie geht es deinen Brüdern?«

»Gavin heiratete Robert Revedounes Tochter.«

»Eine Revedoune? Da steckt viel Geld dahinter.«

Stephen lächelte und dachte, daß Gavin an seiner Frau die Eigenschaft, daß sie auch Geld besaß, bestimmt am wenigsten schätzte. »Raine redet immer noch von seinen verrückten Reformen der Leibeigenschaft.«

»Und Miles?«

Stephen leerte den Weinbecher. »Miles bescherte uns wieder einmal einen Bastard in der vergangenen Woche. Inzwischen sind es drei oder vier. Wenn er ein Hengst wäre, hätte er uns schon viel Geld gebracht.«

Sir Thomas lachte und füllte beide Silberbecher nach.

Stephen sah zu dem alten Mann hoch, der mit ihm anstieß. Sir Thomas war ein Freund seines Vaters gewesen, der den Jungen Spielzeug von seinen vielen Reisen ins Ausland mitbrachte. Er war vor sechsundzwanzig Jahren sein Taufpate geworden. »Und nun«, sagte Stephen gedehnt, »könntet Ihr mir vielleicht verraten, was Ihr bisher nicht sagen wolltet.«

Sir Thomas lachte glucksend. »Du kennst mich zu gut, mein Junge. Eigentlich ist es gar nichts – nur etwas unangenehm. Nichts Ernstliches. Roger Chatworth hat sehr viel Zeit in der Gesellschaft deiner Braut verbracht. Das ist alles.«

Langsam erhob sich Stephen von seinem Stuhl und ging zum Kamin. Lehmklumpen lösten sich bei jedem Schritt von seinen Kleidern und kollerten zu Boden. Sir Thomas konnte nicht ahnen, was der Name Chatworth für Stephen bedeutete. Lilian Valence war jahrelang die Mätresse seines Bruders gewesen. Ein paarmal hatte er um ihre Hand angehalten; doch sie gab ihm einen Korb und zog den Ehestand mit dem reichen Edmund Chatworth vor. Kurz nach der Heirat wurde Edmund ermordet, und Lilian tauchte wieder in Gavins Leben auf. Sie war ein heimtückisches Biest, hatte Gavin ein Pulver unter den Wein gemischt und sich dann neben den trunkenen schon ganz benommenen Gavin ins Bett gelegt. Sie ließ Judith davon wissen, und Judith hatte die beiden im Ehebett erwischt. Und so war es dann zum Sturz von der Treppe gekommen, der Judith das Baby und um ein Haar das eigene Leben kostete.

Roger Chatworth war Lilians Schwager, und schon der Name genügte, daß Stephen mit den Zähnen knirschte.

»Da muß mehr dahinterstecken«, sagte Stephen schließlich.

»Alicia ließ gestern abend durchblicken, daß ihr möglicherweise Roger als Ehemann besser gefiel als einer, der so . . . so wenig galant ist.«

Stephen lächelte und kehrte zu seinem Stuhl zurück. »Und wie beträgt sich Roger inzwischen?«

»Er reitet jeden Morgen mit ihr aus, geleitet sie abends zur Tafel und geht mit ihr im Garten spazieren.«

Stephen leerte den letzten Tropfen Wein aus seinem Becher. »Es ist allgemein bekannt, daß die Chatworths eine geldgierige Bande sind; doch daß sie so weit gehen würden, hätte ich nicht geglaubt. Er muß geldgierig sein, wenn er sogar ihre Gesellschaft erträgt.«

»Erträgt?« wiederholte Sir Thomas überrascht.

»Ihr braucht bei mir mit der Wahrheit nicht hinter dem Berg zu halten, Sir Thomas. Ich hörte, daß sie vier Männer niederschlug, als sie von unseren Leuten umringt war. Und was noch schlimmer ist – ihr Vater hielt sie für Manns genug, sein Nachfolger zu werden. Fast tut er mir leid, der arme Roger. Es geschähe ihm recht, wenn ich ihm diese häßliche Frau abträte.«

Sir Thomas richtete sich mit offenem Mund in seinem Stuhl auf. Dann trat ein leises Zwinkern in seine Augen. »Häßlich – so.«

»Was könnte sie sonst sein? Vergeßt nicht, daß ich eine geraume Zeit in Schottland verbracht habe. Ein wilderes, barbarischeres Völkchen ist mir nirgendwo mehr begegnet. Aber was konnte ich gegen König Heinrichs Anordnung machen? Er glaubte, er belohnte mich damit. Wenn ich Roger nun den Vortritt lassen und ihm die Braut abtreten würde, wäre er für immer in meiner Schuld. Dann könnte ich eine süße, hübsche kleine Frau heiraten, die sich nicht meine Rüstung ausleihen will. Ja«, endete er lächelnd, »ich glaube, genau das werde ich tun.«

»Ich kann dir da nur recht geben«, sagte Sir Thomas. »Alicia ist eine wahrhaft scheußliche Frau. Ich bin überzeugt, Roger hat es nur auf ihr Land abgesehen. Aber warum lernst du sie nicht wenigstens kennen, damit du König Heinrichs Wunsch mit Anstand ausschlagen kannst? Ich bin sicher, ein Blick von ihr auf dein zugeklebtes Auge und deinen schmutzigen Anzug, und sie wird sich weigern, dich zu heiraten.«

»Ja.« Stephen grinste, und seine weißen Zähne ließen sein Gesicht im Kontrast dazu noch schmutziger erscheinen. »Dann können die Dame und ich schon morgen früh Roger unsere Entscheidung mitteilen, und ich darf wieder heimreiten. Jawohl, Sir Thomas, ich halte Euren Vorschlag für eine großartige Idee.«

Mit einem Funkeln in den Augen, das ihn zwanzig Jahre jünger machte, sagte Sir Thomas: »Du zeigst einen für dein Alter ungewöhnlich reifen Verstand. Warte hier, und ich werde sie über die Hintertreppe hierherbringen lassen.«

Stephen pfiff leise vor sich hin. »Über die Hintertreppe. Soso. Sie muß noch schlimmer sein, als ich sie mir vorstelle.«

»Wart es ab, mein Junge, wart es ab«, beschied ihm Sir Thomas, als er den Raum verließ.

Alicia saß bis zum Kinn im dampfend heißen Wasser. Mit geschlossenen Augen träumte sie im Zuber von ihrer Heimkehr. Roger würde sie begleiten, und gemeinsam wollten sie den Klan führen. Diese Vorstellung hatte sich in den letzten Tagen immer mehr verfestigt. Roger war ein Engländer, den sie berechnen konnte. Und sein Verständnis für Schotten nahm von Tag zu Tag zu.

Als Morag durch die Tür hereinschoß, öffnete sie die Augen. »Er ist da«, verkündete die Alte.

»Wer ist da?« erkundigte sich Alicia, obwohl sie genau wußte, wen Morag damit meinte.

Morag gab ihr darauf keine Antwort. »Noch redet er mit Sir Thomas, doch gewißlich wird er Euch in wenigen Minuten zu sehen wünschen, also steigt aus dem Wasser und kleidet Euch an. Ihr könntet das Blaue anziehen.«

Alicia lehnte den Kopf gegen den Zuber. »Ich bin noch nicht fertig mit meinem Bad und habe keine Lust, mich ihm zu zeigen, nur weil er geruhte, hier zu erscheinen. Er ließ mich vier Tage warten, und so mag er sich noch einen Tag länger gedulden.«

»Ihr seid kindisch und wißt das auch. Der Stalljunge sagt, er habe sein Pferd fast zu Tode geritten. Daran seht Ihr, wie sehr es ihn drängte, hierherzukommen.«

»Vielleicht behandelt er nur seine Pferde schlecht.«

»Ihr seid mir auch nicht zu groß für eine Ermunterung mit der Reitgerte! Also steigt aus dem Zuber, oder ich schütte Euch einen Eimer mit kaltem Wasser über den Kopf.«

Ehe Morag zur Tat schreiten konnte, tat sich plötzlich die Tür auf, und zwei Wächter standen im Zimmer.

»Was fällt euch ein?!« rief Alicia und rutschte noch tiefer ins Wasser.

Sogleich erhob sich Rab von seinem Platz vor dem Zuber, bereit, sich auf die Wachen zu stürzen.

Die Männer konnten höchstens einen Blick auf Alicia werfen, ehe sie von einer hundertzwanzig Pfund schweren, mit Reißzähnen bewehrten Hundemasse von den Beinen gerissen wurden.

Morag griff nach einem dünnen Leinenhemd und warf es ihrer

Herrin zu. Sie stand im Zuber und streifte es hastig über. Und als sie aus dem Wasser stieg, kam noch der Tartan hinzu, der ihre Gestalt mit einer Decke verhüllte.

»Still, Rab!« befahl Alicia. Der Hund ließ sofort von den Männern ab und kam an ihre Seite.

Die Wächter rappelten sich vom Boden auf und befühlten Schultern und Handgelenke, die mit den Hundezähnen Bekanntschaft gemacht hatten. Sie wußten nicht, daß der Hund nur tötete, wenn seine Herrin ihn dazu ermächtigte. Solange er seine Herrin nur verteidigte, fügte er keinen bleibenden Schaden zu. Die Männer hatten gesehen, wie der Zuber in Alicias Zimmer getragen wurde, und auch das Planschen gehört. Sie mißbrauchten Sir Thomas' Befehl, um sich an ihrer Nacktheit zu weiden. Nun war sie von Kopf bis Zehen in einen karierten Schottenstoff gehüllt. Nur ihr Gesicht war noch zu sehen, das sich zu einem spöttischen Lachen verzog.

»Was wollt ihr?« fragte sie.

»Ihr sollt zu Sir Thomas kommen. Er erwartet Euch in seinem Arbeitszimmer«, sagte einer der Wächter mürrisch. »Und wenn Ihr noch einmal den Hund auf uns hetzt . . .«

Sie schnitt ihm das Wort ab: »Wenn ihr noch einmal mein Zimmer betretet, ohne vorher anzuklopfen, gebe ich Rab Befehl, euch an die Gurgel zu springen. Und nun führt mich zu Sir Thomas.«

Sie sahen von Alicia zu dem Wolfshund und drehten ihm dann vorsichtig den Rücken zu. Alicia folgte den Wachen hocherhobenen Hauptes die Treppe hinunter. Sie hütete sich, den Männern zu zeigen, wie wütend sie auf Stephen Ascott war, der vier Tage zu seiner Hochzeit zu spät kam, um sie dann wie eine Leibeigene vor sein Angesicht schleifen zu lassen.

Als Alicia in die Bibliothek kam, wanderte ihr Blick von Sir Thomas zu dem Mann, der vor dem Kamin stand. Er war groß, doch zugleich unbeschreiblich schmutzig. Die eine Hälfte seines Gesichts schien geschwollen zu sein, und sie fragte sich, ob das ein bleibendes Gebrechen war. Sonst vermochte sie nicht viel von seinem Gesicht zu erkennen.

Mit einemmal sah einer der Wächter eine Gelegenheit, sich an Alicia für den rüden Hundespaß zu rächen. Er trat auf den Saum des Schottenplaids und stieß sie nach vorn. Sie taumelte, und das Plaid entglitt ihren Schultern.

»Du!« rief Sir Thomas mit donnernder Stimme, »wie kannst du dir diese Unverschämtheit gegenüber einer Lady erlauben! Wenn du morgen früh noch im Umkreis von fünfzig Meilen angetroffen werden solltest, wirst du baumeln!«

Beide Wächter machten kehrt und verließen rasch den Raum. Sir Thomas bückte sich, um das Plaid aufzuheben.

Alicia, die auf die Knie gefallen war, kam rasch wieder zur Besinnung. Sie stand auf, und da das nasse Hemd ihr am Leib klebte und nichts verbarg, versuchte sie mit den Händen das Wichtigste zu bedecken, bis sie auf Stephen aufmerksam wurde. Er lehnte nicht mehr unbeteiligt an der Kaminwand, sondern starrte sie selbstvergessen mit offenem Mund an. Seine Augen zeigten weiße Ränder und drohten ihm jeden Moment aus dem Gesicht zu fallen. Sie kräuselte verächtlich die Lippen, doch er schien es nicht zu bemerken. Er war viel zu sehr damit beschäftigt, sich anzusehen, was sich unterhalb ihres Halses befand. Da preßte sie ihre Arme seitlich gegen den Körper und funkelte ihn an.

Sir Thomas schien mit seinen gichtigen Händen Mühe zu haben, den Tartan aufzuheben und ihr über die Schultern zu breiten. Jedenfalls zog sich die Sache hin, bis sie endlich ihren Leib wieder in dicke Wolle hüllen konnte.

»Nun, Stephen, willst du nicht deine Braut begrüßen?«

Stephen blinzelte ein paarmal, bis er aus seiner Erstarrung erwachte. Er ging langsam auf sie zu. Sie mußte den Kopf etwas höher heben, um ihm in die Augen sehen zu können, obwohl sie wahrhaftig keine kleine Frau war. Im flackernden Licht der Kerzen wirkte sein Gesicht mit dem gestockten Blut und den Lehmfladen auf den Wangen geradezu gespenstisch.

Er hob eine Haarlocke von ihrer Brust und befühlte sie mit den Fingerspitzen. »Habt Ihr Euch auch nicht täuschen lassen, Sir Thomas?« fragte er leise, während seine Augen die ihren nicht einen Moment losließen. »Ihr wißt, daß das die Chefin des Klans MacArran ist?«

Alicia wich einen Schritt vor ihm zurück. »Ich habe selbst eine Zunge und einen Verstand! Ihr braucht nicht so zu tun, als wäre ich gar nicht im Zimmer! Ich bin die MacArran von MacArran und habe geschworen, alle Engländer zu hassen! Besonders jene, die meinen Klan und mich beleidigen, indem sie zu spät und dazu noch ungewaschen vor mir erscheinen.« Sie wandte sich Sir Thomas zu. »Ich fühle mich nicht mehr in der Lage, noch länger hier zu verweilen. Ich bin sehr müde. Wenn Ihr also Eurer armen Gefangenen erlauben würdet, sich wieder zurückzuziehen, wäre ich Euch für Eure Großzügigkeit dankbar.«

Sir Thomas runzelte die Stirn. »Stephen ist jetzt Euer Meister.«

Sie wirbelte zu Stephen herum, maß ihn mit einem zornigen Blick und verließ ohne Erlaubnis das Zimmer.

Sir Thomas wandte sich Stephen zu. »Ich fürchte, es gebricht ihr an Manieren. Diese Schotten sollten ihr Weibervolk ein wenig strenger behandeln. Doch wenn du von ihrer scharfen Zunge absiehst – hältst du sie immer noch für häßlich?«

Stephen konnte den Blick nicht von der Tür lösen, durch die sie eben entschwunden war. Visionen suchten ihn heim – das Trugbild eines Körpers, der nur in Träumen existieren konnte. Schwarze Haare über saphirblauen Augen und ein Mund, den zu küssen ihn so sehr verlangte, daß es fast schmerzte. Ihre vollen festen Brüste unter dem nassen Stoff, diese schmale Taille, die gerundeten Hüften, diese verlockenden Schenkel – was für eine Qual!

»Stephen?«

Stephen hätte sich um ein Haar neben seinen Stuhl gesetzt. »Hätte ich das gewußt«, flüsterte er, »hätte ich nur die leiseste Ahnung davon gehabt, wäre ich schon an dem Tag hier gewesen, als König Heinrich sie mir zur Gattin versprach.«

»Dann gefällt sie dir also?«

Er fuhr sich mit der Hand über die Augen. »Ich muß träumen. Eine Frau, die so aussieht, kann es in Wirklichkeit gar nicht geben! Eine Frau, die die kühnsten Erwartungen eines Mannes noch weit übertrifft – sagt, daß Ihr mich nicht zum Narren haltet! Daß Ihr mir an meinem Hochzeitstag nicht mit einer anderen Frau aufwartet – der echten Alicia MacArran!«

»Ich versichere dir, das war die echte Alicia MacArran. Weshalb wohl, glaubst du, lasse ich sie so streng bewachen? Meine Männer sind wie Hunde, die sich jeden Moment ihretwegen zu zerfleischen drohen. Sie erzählen sich den ganzen Tag Geschichten von den verräterischen Schotten, doch in Wahrheit hätte sich jeder großzügig bereitgefunden, dich im Hochzeitsbett bei diesem Mädchen zu vertreten.«

Stephen biß sich auf die Lippen. »Doch Ihr habt Eure Männer von ihr ferngehalten?«

»Das war nicht immer leicht.«

»Und dieser Chatworth? Hat er sich an meine Stelle zu setzen versucht?«

Sir Thomas lachte glucksend. »Mir scheint, du bist eifersüchtig. Warst du nicht eben noch bereit, sie an Roger abzutreten? Nein, Roger hat nicht einen Moment ohne Aufsicht das Mädchen beschwatzen können. Sie ist eine vorzügliche Reiterin, und ohne Begleitung wagt er gar nicht, mit ihr auszureiten, weil er fürchtet, sie würde zu den Schotten durchbrennen.«

Stephen schnaubte verächtlich: »Es ist eher die Angst vor den vielen Feinden des Hauses Chatworth.« Er stand auf. »Ihr hättet sie in ihrem Zimmer unter Verschluß halten sollen, statt ihr zu erlauben, mit Männern auszureiten.«

»Ich bin noch nicht so alt, daß ich beim Anblick so einer Frau nicht weich würde. Sie brauchte mich nur um etwas zu bitten, und ich erlaubte es ihr.«

»Jetzt bin ich für sie verantwortlich. Kann ich wieder das Zimmer im Südostflügel haben? Könntet Ihr mir ein Bad zubereiten und etwas zu essen aufs Zimmer bringen lassen? Morgen wird sie sich bestimmt nicht mehr von meiner Erscheinung beleidigt fühlen.«

Sir Thomas lächelte. Morgen versprach ein aufregender Tag zu werden.

Alicia stand am Tisch und las mit gerunzelter Stirn die Botschaft, die ihr schon am frühen Morgen überbracht worden war. Sie trug ein pfauenblaues Samtkleid mit geschlitzten Puffärmeln, das mit blaßgrüner Seide unterlegt war.

Sie wandte sich Morag zu. »Er wünscht mich im Garten zu sehen.«

»Mir scheint, in diesem Aufzug könnt Ihr Euch sehen lassen.«

Alicia zerknüllte das Papier in ihrer Hand. Kein Wort der Entschuldigung in diesem Brief – nur ein Befehl, dessen prompte Erfüllung er offenbar von ihr erwartet.

Sie sah die Zofe an, die auf ihre Antwort wartete. »Sage Lord Stephen, daß ich ihn nicht im Garten treffen werde.«

»Ihr werdet nicht, Mylady? Ist Euch nicht wohl?«

»Mir geht es ausgezeichnet. Richte ihm aus, was ich dir eben sagte, und gehe anschließend zu Roger Chatworth, um ihm mitzuteilen, daß ich ihn in zehn Minuten im Garten erwarte.«

Das Mädchen machte große Augen und verließ dann wortlos das Zimmer.

»Es stünde Euch besser an, Frieden mit Eurem Gemahl zu schließen«, sagte Morag. »Ihr gewinnt nichts damit, daß Ihr Euch den Zorn Eures Mannes zuzieht.«

»Mein Mann! Mein Mann! Das ist alles, was ich von dir höre! Noch ist er nicht mit mir vermählt. Soll ich springen, wenn er nach mir pfeift, nachdem er mich als sitzengebliebene Braut zum Gespött dieses Hauses gemacht hat? Er muß begreifen, daß ich mir so etwas nicht bieten lasse! Und er soll spüren, daß ich ihn und seinesgleichen hasse.«

»So? Ist der junge Chatworth etwa kein Engländer?«

Alicia lächelte. »Roger ist nach Geburt und Gesinnung ein halber Schotte. Und vielleicht könnte ich einen ganzen Schotten aus ihm machen, wenn ich ihn ins Hochland mitnähme. Komm, Rab, wir haben eine Verabredung!«

»Guten Morgen, Stephen«, rief Sir Thomas. Es war ein schöner Morgen mit strahlend blauem Himmel, erquickend frisch nach dem Unwetter der vergangenen Nacht. Die Luft war erfüllt von dem Duft der Rosen, die im Garten blühten. »Du siehst entschieden besser aus als heute nacht.«

Stephen trug ein Wams aus brauner Wolle, das seine breiten Schultern und den mächtigen Brustkorb betonte. Seine Beine steckten in einer Strumpfhose, die jeden Muskel an seinen kräftigen Schenkeln nachmodellierte. Seine dunkelblonden Locken umrahmten ein kräftiges Kinn und blitzende blaue Augen. Er sah ungewöhnlich gut aus.

»Sie weigerte sich, mich zu sehen«, sagte er ohne Umschweife.

»Ich sagte dir doch, daß sie ein widerborstiges Wesen hat.«

Stephen ruckte plötzlich mit dem Kopf zur Seite. Alicia kam auf sie zu. Zunächst bemerkte er gar nicht, daß Roger an ihrer Seite ging. Er hatte nur Augen für diese Frau, die das rabenschwarze Haar offen trug. Es floß ihr in üppigen Wellen über die Schultern, und im Sonnenlicht schimmerte es, als wäre es mit Gold gepudert. Das leuchtende Blau ihrer Augen wiederholte sich im Farbton ihres Kleides. Sie hielt das Kinn so hoch wie heute nacht, als sie ihn mit einem vernichtenden Blick im Schreibzimmer seines Patenonkels stehenließ.

»Guten Morgen«, sagte Roger gleichmütig, als die beiden einen Moment auf dem Gartenweg anhielten.

Alicia begrüßte Sir Thomas mit einem Kopfnicken, und dann verweilte ihr Blick auf Stephen. Sie erkannte ihn nicht wieder. Sie dachte nur, daß sie einem Mann mit solchen Augen noch nie begegnet war. Diese Augen schienen durch sie hindurchzusehen. Es gelang ihr nur mit Mühe, den Blick wieder von ihm abzuwenden und ihren Weg fortzusetzen.

Als Stephen sich genügend erholt hatte, merkte er erst, daß Roger Chatworth der Frau Gesellschaft leistete, die ihm zur Gattin bestimmt war. Er ließ ein tiefes Fauchen hören und wollte den beiden nachgehen. Doch Sir Thomas hielt ihn am Arm fest.

»Nicht jetzt, Junge. Roger wartet ja nur darauf, daß er dich zum Kampf herausfordern kann. Und wenn du mich fragst, ist das auch Alicias Wunsch.«

»Diesen Wunsch kann ich den beiden erfüllen!«

»Stephen, hör mich erst an! Du hast dem Mädchen weh getan. Sie ist eine stolze Frau, stolzer, als es einer Frau eigentlich zustünde. Ihr Vater sorgte dafür, als er sie zur Nachfolgerin bestellte. Laß ihr Zeit. Reite morgen mit ihr aus und rede mit ihr. Sie ist eine intelligente Frau.«

Stephen nahm zögernd die Hand vom Schwertgriff. »Mit ihr reden? Wie kann ich mit einer Frau reden, die so aussieht? Ich konnte heute nacht kaum schlafen, weil sie mich in meinen Träumen verfolgte. Ja, ich werde mit ihr reiten; aber anders, als Ihr Euch das vorstellt!«

»Eure Trauung ist für übermorgen festgesetzt. Laß ihr bis dahin die Unschuld.«

Stephen zuckte mit den Achseln. »Sie gehört mir. Ich kann mit ihr machen, was ich will.«

Sir Thomas schüttelte nur den Kopf über die Anmaßung dieses jungen Mannes. »Komm, schau dir lieber die Falken an, die ich im Gehege habe.«

Während Alicia an Rogers Seite durch den Garten wandelte, sah sie sich nach dem Mann um, der ihr heute nacht im Schreibzimmer vorgestellt worden war. Das einzige fremde Gesicht, das ihr bisher begegnet war, gehörte dem Mann, der sich mit Sir Thomas unterhielt. Die anderen Männer, die ihr mit gewohnter Unverschämtheit nachstarrten und ihre abfälligen Bemerkungen machten, kannte sie bereits seit einem Monat.

Sie sah über die Schulter zurück. Doch der Fremde, dessen Blick sie so merkwürdig berührt hatte, war verschwunden. Sie blinzelte, bis ihre Augen wieder klar waren, und wandte sich dem Mann zu, bei dem sie sich sicherer fühlte – Roger. Seine Augen waren freundlich und in keiner Weise beunruhigend.

»Sagt mir, Lord Roger, was gibt es noch Wissenswertes über Stephen Ascott zu berichten? Ich meine, abgesehen davon, daß er häßlich ist?«

Roger war sehr verwundert über diese Frage; denn keine Frau, der Stephen bisher vorgestellt worden war, hatte ihn für häßlich gehalten. Chatworth lächelte: »Früher waren die Ascotts ein reiches Geschlecht; doch ihr Hochmut mißfiel dem König, und deshalb nahm er ihnen ihre Güter weg.«

Sie runzelte die Brauen. »Also wollen sie nun durch eine Heirat reich werden.«

»So ist es«, sagte Roger entschieden.

Alicia dachte an die Männer, die mit ihrem Vater gefallen waren. Einen davon hätte sie zum Gatten erwählt und sich mit einem Ehepartner verbunden, den sie liebte und der nicht nur auf ihre Ländereien schielte.

Während Morag mit dem Eimer Wasser aus dem Brunnen schöpfte, ließ sie die Augen nicht von dem jungen Mann, der an der Gartenmauer lehnte. In den letzten Tagen war Morag Alicia nie ganz von der Seite gewichen, obwohl das Mädchen es meistens nicht merkte. Sie mochte weder die Art, wie Alicia sich mit diesem Roger Chatworth offen zur Schau stellte, noch diesen Chatworth, der eine Frau hofierte, die binnen kurzem einen anderen Mann heiraten sollte.

Morag hatte sich in der Nacht, als Alicia von dem Treffen mit Stephen Ascott zurückkam, deren Toben anhören müssen, was für ein lüsterner, sabbernder Idiot dieser Ascott wäre und daß sie niemals so einen abscheulichen Widerling heiraten würde.

Morag stellte den Eimer auf den Boden. Fast eine Stunde beobachtete sie nun schon den blauäugigen Mann, der zu Alicia hinüberstarrte, während sie Weisen sang, die Roger auf der Laute begleitete. Der Fremde hatte nicht einmal mit den Lidern gezuckt. Er stand nur da und sah sie an.

»Sie sind also derjenige, den sie heiraten soll«, sagte Morag laut.

Stephen hatte Mühe, den Blick von Alicia abzuwenden. Er blickte auf die verschrumpelte Alte hinunter. »Woher weißt du denn das?«

»Man erkennt es daran, wie Ihr sie betrachtet. Als wäre sie Euer Eigentum.«

Stephen lachte.

»Sie sagte, Ihr seid der häßlichste Mann, den die Schöpfung jemals hervorgebracht hat.«

In Stephens Augen tanzten Funken. »Und was denkst du?«

Morag brummelte: »Ihr müßt Euch nicht unbedingt vor Frauen verstecken. Und versucht ja nicht, mir ein Kompliment abzutrotzen.«

»Nachdem du mich in meine Schranken zurückgewiesen hast, könntest du mir auch sagen, wer du bist. Deiner Aussprache nach wohl eine Schottin wie Alicia.«

»Ich bin Morag von MacArran.«

»Alicias Magd?«

Morag richtete sich sehr gerade auf. »Ihr tätet gut daran, zu begreifen, daß alle Schotten freie Menschen sind. Ich verdiene mir mein Brot wie jeder andere. Warum habt Ihr Euch bei Eurer eigenen Hochzeit verspätet?«

Stephens Blick wanderte zu Alicia zurück. »Meine Schwägerin war sehr krank. Ich konnte sie nicht eher verlassen, bis ich wußte, daß sie am Leben bleiben würde.«

»Und Ihr konntet auch keinen Boten schicken?«

Stephen sah sie verlegen an. »Ich vergaß es. Ich machte mir so große Sorgen um die Frau meines Bruders, daß ich es vergaß.«

Morag ließ ihr krächzendes, rauhes Lachen hören. Und sie konnte sich dem Zauber dieses stattlichen jungen Ritters nicht ganz entziehen. »Ihr seid ein guter Mann, wenn Ihr Euch mehr für das Wohl eines anderen sorgt als um Euren eigenen Vorteil.«

In Stephens Augen tanzte wieder ein Funke. »Ich wußte natürlich nicht, wie deine Herrin aussieht.«

Die Alte lachte abermals. »Ihr seid ein guter, ehrlicher Junge ... für einen Engländer. Kommt mit ins Haus und trinkt einen Becher Whisky mit mir. Ihr habt doch keine Angst, so früh am Tag von meinem Whisky zu probieren?«

Er reichte ihr seinen Arm. »Vielleicht mache ich dich trunken, damit du mir alles über Alicia erzählst.«

Morags Lachen hallte über den Garten hin. »Es gab eine Zeit, junger Mann, wo die Männer mich aus anderen Gründen trunken machten.« Sie gingen zusammen ins Haus.

Alicia runzelte die Stirn, als sie das Lachen hörte. Ihr war natürlich aufgefallen, daß der junge Mann sie unverwandt angestarrt hatte, und seine Blicke hatten sie auf eine seltsame Weise verunsichert. Hin und wieder schickte sie einen verstohlenen Blick zu ihm hinüber und gewann den Eindruck von Ungezwungenheit, Anmut, Macht und einer nur mühsam gebändigten Kraft. Morags Vertraulichkeit mit diesem Mann irritierte sie. Die alte Frau ließ sich selten auf ein Gespräch mit Männern ein . . . schon gar nicht mit Engländern. Alicia wunderte sich, daß dieser Mann sie so leicht zu beeindrucken vermochte.

»Wer ist dieser Mann, der mit Morag ins Haus geht?«

Roger zog die Brauen zusammen. »Ich dachte, Ihr kennt ihn bereits. Das ist Stephen.«

Sie starrte dem Mann nach, der einer alten verrunzelten Frau den Arm reichte. Morags Scheitel reichte knapp über Stephens Ellenbogen hinaus.

Mit einemmal fühlte sich Alicia schlimmer beleidigt denn je. Was war das für ein Mann, der zusah, wie ein anderer die Frau hofierte, die er heiraten sollte? Er war nur wenige Schritte entfernt gewesen und hatte nicht einmal so viel Anstand gehabt, ein Wort mit ihr zu reden.

»Beunruhigt Euch etwas, Lady Alicia?« fragte Roger, der sie genau beobachtete.

»Nein«, lächelte sie. »Es ist nichts. Bitte, fahrt fort, mich auf der Laute zu begleiten.«

Erst kurz vor Einbruch der Dunkelheit sah Alicia ihre alte Schaffnerin wieder. Rab stand an der Seite seiner Herrin, während sie sich das Haar auskämmte. »Ich hörte, du hattest Besuch«, sagte sie leichthin, als habe es keine Bedeutung.

Morag bewegte die Schultern.

»Hast du dich gut unterhalten?«

Wieder dieses Achselzucken.

Alicia legte ihren Kamm beiseite und ging zur Fensterbank, wo Morag saß. »Willst du mir nicht antworten?«

»Ihr seid vorwitzig. Seit wann muß ich Euch Auskunft über Dinge geben, die ich privat mit einer anderen Person bespreche?«

»Du hast getrunken. Man merkt es an deinem Atem.«

Morag grinste. »Dieser Junge ist wahrhaftig ein trinkfester Bursche. Ich möchte wetten, er trinkt jeden Schotten unter den Tisch.«

»Wer?« forschte Alicia.

Morag sah sie verschmitzt an. »Wer wohl. Euer Ehemann natürlich. Wer sonst würde mich mit Fragen über Euch löchern!«

»Ich bin nicht . . .« Sie nahm sich zusammen. »Er ist nicht mein Ehemann. Er kam weder zu meiner Hochzeit noch geruhte er heute, mich im Garten anzusprechen.«

»Aha, das liegt Euch also auf dem Magen. Ihr habt gesehen, wie ich mit ihm ins Haus ging. Wolltet Ihr ihn damit demütigen, daß er Euch ansprechen sollte, während Ihr am Arm eines anderen Mannes gingt?«

Alicia gab keine Antwort.

»Dachte ich es mir doch! Laßt Euch gesagt sein, daß Stephen Ascott nicht gewohnt ist, von Frauen gedemütigt zu werden. Und wenn er beschließt, Euch zu heiraten, obwohl Ihr Euch mit diesem Chatworth vor seinen Augen schamlos benommen habt, dürft Ihr Euch glücklich schätzen!«

»Glücklich schätzen!« vermochte Alicia nur empört zu wiederholen. »Komm, Rab!« befahl sie und verließ das Zimmer. Sonst wäre sie Morag noch an die Gurgel gefahren, wenn sie in diesem Ton weitergeredet hätte.

Im Garten war es bereits dunkel, und der Mond warf einen silbrigen Schein über Bäume und Hecken. Sie ging eine Weile herum, bis sie sich auf eine steinerne Bank an der Mauer setzte. Sie wollte nach Hause, weg von diesen Männern, die sie wie eine Kriegsbeute betrachteten.

Plötzlich stand Rab auf und ließ ein warnendes Knurren hören.

»Wer ist da?« fragte Alicia.

Ein Mann trat ins Licht. »Stephen Ascott«, sagte er ruhig. Er sah im Mondlicht noch größer aus als am Tage, überragte sie wie ein Turm. »Darf ich mich zu Euch setzen?«

»Warum nicht? Habe ich etwas zu sagen, wenn Engländer über mich entscheiden?«

Stephen setzte sich und sah zu, wie sie mit einer einzigen Handbewegung Rab zur Ruhe brachte. Er lehnte sich gegen die Mauer und streckte seine langen Beine aus. Alicia rückte weiter zum Ende der Bank hin, weg von ihm.

»Ihr werdet auf den Boden fallen, wenn Ihr noch weiterrückt.«

Sie erstarrte. »Sagt, was Ihr zu sagen habt, und laßt es dabei bewenden.«

»Ich habe nichts zu sagen«, erwiderte er gleichmütig.

»Ihr hattet wohl auch nichts zu sagen, als Ihr mit Morag geredet habt.«

Er lächelte, und seine ebenmäßigen Zähne schimmerten weiß im Mondlicht. »Die Frau versuchte, mich betrunken zu machen.«

»Und gelang es ihr?«

»Wenn man mit drei Brüdern aufwächst, lernt man das Trinken.«

»Ihr habt nur getrunken und nichts dabei gesprochen?«

Stephen schwieg eine Weile. »Warum behandelt ihr mich so feindselig?«

Sie erhob sich rasch. »Habt Ihr erwartet, ich würde Euch mit offenen Armen empfangen? Ich stand sechs Stunden in meinem Hochzeitskleid in der Kapelle und wartete auf Euch. Ich mußte mit ansehen, wie meine ganze Familie von Engländern hingeschlachtet wurde, und bekam den Befehl, einen Engländer zu heiraten. Dann wurde ich behandelt, als würde ich gar nicht existieren. Und ich hörte dafür keine Entschuldigung von Euch, nur die Frage, warum ich Euch nicht gerade freundlich behandle!«

Sie wandte sich ab und ging auf das Haus zu. Er folgte ihr, nahm sie am Arm und drehte sie so, daß sie ihn ansehen mußte. Sie war nicht gewohnt, einem Mann gegenüberzustehen, der so viel größer war als sie. »Wenn ich Euch um Entschuldigung bäte, würdet Ihr sie wohl annehmen?« Seine Stimme war ruhig und tief. Es war das erstemal, daß er ihr so nahe war und sie sogar berührte. Er nahm ihre Handgelenke, fuhr mit den Fingern an ihren Armen hinauf und befühlte ihre Haut unter der Seide.

»König Heinrich wünscht sich nur Frieden«, sagte er. »Er glaubt, wenn er einen Engländer unter Schotten leben läßt, werden sie begreifen, daß wir gar nicht so schlimm sind.«

Alicia sah zu ihm hoch. Ihr Herz schlug heftig, und sie wollte sich von ihm losreißen, doch ihr Körper gehorchte ihr nicht. »Eure Eitelkeit ist erschreckend. Wenn man bedenkt, was für schlechte Manieren Ihr habt, würden meine Schotten durch Euer Beispiel erfahren, daß die Engländer noch schlimmer sind, als sie befürchten.«

Stephen lachte leise, doch offensichtlich hatte er ihr nicht richtig zugehört. Er fing an, mit der linken Hand ihren Hals zu streicheln.

Alicia versuchte, sich aus seinem Griff zu lösen. »Ihr habt kein Recht, mich zu berühren . . . oder mich auszulachen!«

Stephen machte keine Anstalten, sie loszulassen. »Ihr seid eine köstliche, überaus reizende Frau. Ich kann nur daran denken, daß ich Euch jetzt in meine Kammer hinauftragen könnte, wenn ich meinen Hochzeitstag nicht versäumt hätte. Vielleicht vergeßt Ihr, daß uns noch ein Tag von der Trauung trennt, und folgt mir auf mein Zimmer?«

Sie ließ ein entsetztes Keuchen hören, und Rab knurrte Stephen mit funkelnden Augen an. Sie riß sich von seinen Händen los, und der Hund trat schützend vor seine Herrin. »Was nehmt Ihr Euch heraus?« stieß sie durch zusammengepreßte Zähne hervor. »Seid froh, daß ich Euch für diese Beleidigung nicht die Zähne meines Hundes spüren lasse!«

Stephen sah sie verdutzt an. »Alicia, ich wollte dich nicht beleidigen . . .«

»Lady Alicia, braucht Ihr Hilfe?« fragte Roger Chatworth und trat aus dem Schatten einer Hecke hervor.

»Pflegt Ihr Euch auch nachts an Frauen heranzupirschen, Chatworth?« rief Stephen empört.

Roger blieb gelassen und sagte lächelnd: »Ich betrachte mich eher als Retter.« Er wandte sich Alicia zu und bot ihr den Arm. »Möchtet Ihr, daß ich Euch zu Eurem Zimmer begleite?«

»Chatworth, ich warne Euch!«

»Aufhören! Alle beide!« rief Alicia, erbittert über das kindische Geplänkel erwachsener Männer. »Roger, ich danke Euch für Euer Angebot, doch wenn ich einen Begleiter brauche, ist Rab mein bester Beschützer.« Dann, mit einem eisigen Blick auf Stephen: »Und Euch bin ich dankbar, daß Ihr mir Gelegenheit gebt, mich Eurer abscheulichen Gesellschaft entziehen zu können!«

Beide Männer starrten ihr schweigend nach und gingen dann grußlos auseinander.

Alicia fand an diesem Abend nur mit Mühe ihren Schlaf. Sie träumte, daß die Männer ihres Klans einem englischen Banner in ein blutiges Gemetzel folgten, während Stephen Ascott, der Schotten nicht achtend, die neben ihm niedergemäht wurden, mit der Linken das Banner hochhielt und mit der Rechten versuchte, ihr unter die Röcke zu kommen.

Am Morgen besserte sich ihre Laune keineswegs, als sie von Stephen eine Einladung erhielt, mit ihm auszureiten. Sie hatte den Brief zerrissen und Morag gesagt, sie würde nicht mit ihm ausreiten. Doch Morag brachte es auf ihre nörglerische, bissige Art jedesmal zuwege, daß die Leute sich ihren Ansichten fügten. Nun schnaubte sie:

»Er ist ein gesunder junger Mann und hat Euch nur gefragt, ob Ihr die Nacht mit ihm verbringen möchtet. Ich erinnere mich, daß nicht wenige Männer Euch dasselbe fragten, was Euch jedoch nicht zu stören schien.«

Alicia schwieg. Sie dachte daran, daß der Engländer das Ende ihrer Freiheit bedeutete und sie nicht mehr unbefangen mit Männern flirten konnte.

Morag ließ sich durch ihr Schweigen nicht beirren. »Er bat Euch, den Tag mit ihm zu verbringen. Schließlich ist Eure Hochzeit für morgen festgesetzt.«

»Woher weißt du das? Hast du schon wieder mit diesem Engländer gesprochen?«

»Stephen sagte es mir heute morgen«, antwortete Morag geduldig.

»So. Was gefällt dir denn so gut an ihm? Es gibt bessere Männer, sogar unter den Engländern!«

Morag machte eine geringschätzige Handbewegung: »Bisher habe ich keinen besseren getroffen.«

»Roger Chatworth ist ein freundlicher, intelligenter Mann und hat einen kräftigen Schuß schottischen Bluts in den Adern.«

»Hat er Euch das erzählt?« schnaubte Morag. »Vielleicht wollte er damit sagen, daß er großen Geschmack an schottischem Grundbesitz fände. Ich glaube, Roger Chatworth möchte liebend gern das Land haben, das Euch gehört.«

Alicias Augen funkelten zornig auf. »Wollen das nicht alle Engländer? Selbst wenn ich alt und fett wäre, würden sie mich meines Besitzes wegen zur Frau nehmen.«

Morag schüttelte erbost den Kopf. »Erst verdammt ihr Stephen, weil sein hitziges Blut ihn treibt, Euch zu umarmen. Und im nächsten Atemzug klagt Ihr, daß die Männer nur Euren Besitz wollen und nicht die Frau, die Ihr verkörpert. Gebt ihm Gelegenheit, sich zu rechtfertigen. Fragt ihn, weshalb er die Hochzeit versäumte.«

Alicia sah finster vor sich hin. Sie wollte Stephen nie wiedersehen, wenn sie das irgendwie ermöglichen konnte. Sie mochte sich vorstellen, daß Roger an ihrer Seite ritt. Doch sie konnte sich nicht vorstellen, daß Stephen sich beherrschte, wenn sie nicht wollte, was er sich wünschte. Sie sah zu Morag hinüber. »Ich werde versuchen, mit ihm zu reden . . . wenn er seine Hände so lange stillhalten kann, daß ich zu Wort komme.«

Morag meinte kichernd: »Ich glaube, ganz hoffnungslos klingt Eure Rede nicht!«

3. Kapitel

Trotz ihres Widerwillens, den Tag mit ihrem Verlobten zu verbringen, kleidete sich Alicia sorgfältig an. Sie wählte ein weinrotes Wollkleid mit einem Besatz aus Zuchtperlen am Ausschnitt und eng sitzenden Ärmeln.

Als sie die Treppe hinunterstieg, hielt sie den Kopf hoch erhoben. Sie wollte Stephen Ascott eine Chance geben. Vielleicht hatte sie ihn voreilig verdammt, und er meinte es vielleicht sogar gut mit ihrem

Klan. Dafür hätte sie ihm sein Zuspätkommen zur Hochzeit verzeihen können. Das Wohl ihres Volkes war wichtiger als eine persönliche Kränkung. Sie wünschte sich nicht weniger als König Heinrich, daß Frieden herrschen sollte zwischen Schotten und Engländern. Um so mehr, da die blutige Fehde zwischen den beiden Völkern fast ihre ganze Familie ausgerottet hatte.

Sie kam in den Garten und sah Stephen an der Mauer lehnen. Sie mußte zugeben, daß er gut aussah. Er wirkte sogar ungemein anziehend auf sie. Dennoch durften ihre persönlichen Empfindungen – Haß oder Liebe – niemals dem Wohl ihres Klans entgegenstehen.

»Guten Morgen«, sagte sie ruhig, als er zu ihr trat. Er sah sie mit brennenden Augen an und hob eine Locke von ihren Schultern, als wären sie schon vertraute Eheleute.

»Ist es Sitte bei den Schottinnen, ihr Haar unbedeckt zu lassen?« Er wickelte die Locke um den Finger.

»Solange eine Frau noch kein Kind geboren hat, pflegt sie ihren Kopf unbedeckt zu lassen. Es sei denn, sie kleidet sich in ihrer Landestracht.« Sie wartete, daß er dieses Stichwort aufgriff, doch er lachte nur und sagte:

»Ein Kind. Wir wollen zusehen, daß wir da etwas erreichen können. Zwei Pferde erwarten uns dort.« Er deutete mit dem Kopf zum Ende des Gartens. »Seid Ihr bereit?«

Sie bewegte den Kopf, daß er ihre Locke freigeben mußte. »Eine Schottin ist immer bereit, wenn es um das Reiten geht.« Sie achtete nicht auf sein amüsiertes Lachen, als sie mit gerafften Röcken vor ihm herging.

Eine hübsche schwarze Stute tänzelte unruhig neben Stephens Rotschimmel. Ehe Stephen ihr in den Sattel helfen konnte, saß sie mit einem Satz bereits auf dem Rücken der Stute. Zum hundertsten Male verfluchte sie die englische Kleidermode, die sie mit so vielen Röcken behängte. Sie war Stephen wenigstens dafür dankbar, daß er die Stute nicht mit einem Frauensattel versehen hatte, wie Roger es getan hatte.

Bevor Stephen richtig im Sattel saß, hatte sie der Stute schon die Zügel freigegeben. Es war ein feuriges Tier, so begierig wie Alicia, sich Bewegung zu verschaffen. Sie trieb die Stute im vollem Galopp auf den Pfad zu, den Roger ihr gezeigt hatte. Sie beugte sich weit im Sattel vor und badete ihr Gesicht und ihren Hals im frischen Wind, durchströmt von einem Gefühl der Freude, für eine Weile ihrem Gefängnis entronnen zu sein.

Da wurde sie von einer Bewegung abgelenkt, die sie aus dem Augenwinkel wahrnahm. Sie drehte sich ein wenig im Sattel und sah Stephen dicht hinter sich, während ihr Vorsprung sich stetig verringerte. Sie lachte laut. Kein geborener Engländer vermochte eine Schottin auf einem Pferd zu schlagen. Sie redete der Stute beschwörend zu und schlug mit der Gerte ihre Flanke. Das Pferd sprengte dahin, als habe es Flügel bekommen. Ein Gefühl der Macht und des Überschwangs durchrieselte sie.

Als sie kurz über die Schulter sah, bemerkte sie zu ihrem Befremden, daß Stephen trotzdem aufholte. Vor ihr verengte sich der Pfad. Er war zu schmal, um zwei Reitern zu gestatten, auf gleicher Höhe zu bleiben. Wenn er sie überholen wollte, mußte er in den Wald ausweichen und riskieren, daß sein Pferd in ein Kaninchenloch trat oder gegen einen Baum prallte. Sie lenkte ihr Pferd in die Mitte des Pfades. Sie wußte, wie ein Schotte mit einem Reiter verfahren würde, der ihm den Weg blockierte, doch diese Engländer waren Memmen, viel zu verweichlicht für so ein gefährliches Manöver.

Die Stute rannte so schnell, sie konnte. Stephen mußte ganz dicht hinter ihr sein, und Alicia lächelte triumphierend, weil er sich nun nicht mehr zu helfen wußte. Doch plötzlich kam ihre Stute leicht ins Stolpern und wieherte ängstlich, während Alicia alle Hände voll zu tun hatte, im Sattel zu bleiben. Stephens kriegsgeübter Hengst hatte die Stute, die ihm den Weg verlegte, kurz in die Hinterbacke gekniffen.

Während Alicia versuchte, die Stute auf der Mitte des Pfades zu halten, verfluchte sie die Engländer, weil sie nicht ihr eigenes Pferd reiten durfte. Dieses Reittier war ihr fremd und nicht so empfänglich für ihre Hilfen.

Die Stute schrie zum zweitenmal, als der Hengst sie in den Schenkel biß. Diesmal gehorchte sie nicht mehr den Befehlen ihrer Reiterin, wich zur Seite und ließ Stephen an sich vorbeigaloppieren. Den Blick, den er Alicia zuwarf, beantwortete sie mit einem schrecklichen gälischen Fluch. Sie riß am Zügel und lenkte die Stute wieder zur Mitte des Pfades.

Während des Rennens hatte Alicia der Stute nicht einmal gestattet, das Tempo zu verlangsamen. Nur ihrer jahrelangen innigen Vertrautheit mit diesen Tieren hatte sie es zu verdanken, daß die Stute nicht mit einem Satz vor dem Hengst in den Wald hineinflüchtete.

Als sie den Fluß erreichte und mit einem Satz über das Wasser flog, wartete Stephen bereits am anderen Ufer auf sie. Er war aus dem Sattel gestiegen und stand ruhig neben seinem Pferd, das seinen Durst im Fluß löschte. »Nicht übel«, sagte er und grinste zu ihr hinauf. »Ihr habt zwar die Neigung, mehr mit der rechten Zügelhand zu arbeiten als mit der linken; doch auch das läßt sich mit ein wenig Übung korrigieren.«

Alicias Augen sprühten Blitze. Übung! Sie hatte bereits mit Vier ihr eigenes Pony geritten und ihren Vater auf den Raubzügen begleitet, wenn sie im Mondlicht die Rinder fremder Klans forttrieben, als sie acht Jahre alt war. Und sie sollte üben!

Stephen lachte. »Ihr seht ganz verstört aus! Wenn es Euch beruhigt – Ihr seid die beste Reiterin, die ich in meinem Leben gesehen habe. Ihr könntet fast jeder Engländerin Reitstunden geben.«

»Engländerinnen!« keuchte sie entrüstet, »Ihr habt wohl Engländer sagen wollen!«

»Vor Euch steht einer, gegen den Ihr soeben ein Rennen verloren habt. Steigt endlich von Eurer Stute herunter und reibt sie ab. Pferde darf man nicht in ihrem Schweiß stehenlassen.«

Jetzt erdreistete er sich noch, sie zu belehren, wie sie mit Pferden umzugehen habe! Sie lächelte höhnisch, beugte sich vor und hieb mit der Reitgerte nach Stephen. Mühelos wich Stephen dem sausenden Leder aus, packte sie dabei beim Handgelenk und drehte es herum. Diese unerwartete Reaktion zwang sie, die Gerte fallen zu lassen. Zugleich verlor sie die Balance. Die schweren englischen Röcke hatten sich ihr ums Bein gewickelt, so daß ihr Fuß aus dem Steigbügel rutschte.

Sie griff nach dem Sattelknopf und hätte sich mühelos auf dem Pferd halten können, wenn Stephens Hände inzwischen nicht ihre Taille umfaßt hätten. Er zog sie zu sich, und sie strebte von ihm weg. Eine Weile lang war es ein Kräftemessen, doch für Alicia eine empörende Sache, weil er an allem, womit er sie demütigen konnte, Gefallen zu haben schien. Er spielte mit ihr, ließ sie beinahe gewinnen und hob sie dann mit einem Ruck aus dem Sattel. Lachend hielt er sie über seinem Kopf und sagte: »Wißt Ihr, daß das Grübchen in Eurem Kinn zu einem Loch wird, wenn Ihr Euch so erzürnt?«

»Ein Loch?« fauchte sie und holte mit dem Bein aus, um ihn in den Leib zu treten.

Doch da sie sich nur auf Stephens Hände stützen konnte und dazu noch drei Ellen über dem Boden schwebte, war das keine kluge Taktik. Er warf sie in die Luft und fing sie in den Armen auf. Er drückte sie an sich, gab ihr einen lauten Kuß auf das Ohr und flüsterte: »Bist du immer so unterhaltsam?«

Sie weigerte sich, ihn anzusehen, obwohl sie wieder über seinem Kopf schwebte. Ihre Arme waren von den seinen gefesselt, sonst hätte sie ihm eine Ohrfeige gegeben. »Seid Ihr immer in so frivoler Stimmung?« fauchte sie. »Habt Ihr nichts anderes im Kopf als Frauen, die Ihr anfassen könnt?«

Er rieb seine Wange sacht an der ihren. »Ihr riecht gut.« Er sah sie an, während er sie auf Armesbreite von sich hielt. »Ich gestehe, Ihr seid die erste Frau, die mich in so eine Stimmung versetzt. Allerdings seid Ihr auch die erste Frau, die mir ganz gehört.«

Sie machte sich noch steifer in seinen Armen, soweit das überhaupt noch möglich war. »Ist das alles, was Euch eine Frau sein soll – ein Gebrauchsgegenstand?«

Er schüttelte lächelnd den Kopf, während er sie auf den Boden stellte und ihr die Hände auf die Schultern legte. »Ihr gehört mir. Und nun rupft ein paar Grashalme ab und reibt damit den Schweiß von Eurem Pferd.«

Sie wandte sich dankbar von ihm ab. Sie sprachen kein Wort miteinander, während sie die Pferde absattelten und ihr Fell mit Gras abrieben. Stephen erbot sich nicht, ihr beim Absatteln zu helfen, und tat ihr nur einen Gefallen damit, weil sie sich geweigert hätte, sich helfen zu lassen. Sie mochte eine Frau sein, doch keinesfalls so hilflos, wie er sich einzubilden schien.

»Wenigstens versteht Ihr etwas von Pferden«, sagte er und lachte wieder über das ganze Gesicht, das sie schnitt. Dann trat er neben sie und strich mit den Fingern über ihren Arm. Doch diesmal sah er sie ernst dabei an.

»Fangt nicht schon wieder damit an«, empörte sie sich und wich vor ihm zurück. »Habt Ihr nichts anderes im Sinn?«

»Ich glaube«, sagte er mit glitzernden Augen, »Ihr müßt mich verhext haben. Ich möchte Euch nicht dasselbe fragen wie gestern abend, sonst macht Ihr mir wieder eine Szene.«

Die Erinnerung an die Auseinandersetzung im Garten veranlaßte sie, sich nach Rab umzusehen. Er lag ganz ruhig neben dem Wasser. Seltsam, daß er Stephen nicht bedroht hatte, als dieser sie aus dem Sattel hob. Der Wolfshund hatte jedesmal geknurrt, wenn Roger ihr zu nahe kam. »Wo sind Eure Leute?« fragte sie.

»Bei Sir Thomas, nehme ich an.«

»Braucht Ihr keine Leibwächter? Wißt Ihr nicht, daß sie im Wald lauern, um mir zu Hilfe zu kommen, wenn Ihr mir Gewalt antun wollt?«

Stephen faßte sie bei der Hand und zog sie mit zu einem Felsblock am Wasser. Sie wollte sich losreißen, doch das ließ er nicht zu. Er drückte sie auf den Stein nieder und legte sich neben ihr ins Gras, den Kopf auf eine Hand stützend. Offenbar hielt er es nicht für nötig, ihre Frage zu beantworten. Er starrte hinauf in den Himmel und fragte: »Weshalb hat Euer Vater Euch zum Oberhaupt Eures Klans ernannt?«

Alicia starrte ihn an und lächelte dann. Darüber hatte sie ja mit ihm sprechen wollen – über ihre Gefolgsleute, die ihr wichtiger waren alles andere auf dieser Welt. »Ich sollte einen seiner drei Häuptlinge heiraten, von denen jeder sich hervorragend als Anführer des Klans geeignet hätte. Nur standen sie alle nicht in einem Verwandtschaftsgrad, der sie zur Nachfolgerschaft meines Vaters berechtigte. Deshalb bestimmte mich mein Vater zum Nachfolger, weil er voraussetzte, daß ich einen dieser drei Häuptlinge zum Ehemann nehmen würde.«

»Und was wurde aus diesen Häuptlingen?«

Ihr Mund verzog sich im bitteren Zorn. »Sie wurden alle drei mit meinem Vater erschlagen. Von den Engländern.«

Bei Stephen löste das nur ein leichtes Stirnrunzeln aus. »Also wird der Mann, den Ihr heiratet, Chef des Klans.«

»Ich bin der Chef des Klans MacArran«, sagte Alicia mit fester Stimme und wollte von ihrem Steinsitz aufstehen.

Er haschte nach ihrer Hand und zog sie wieder herunter. »Mir wäre wohler, Ihr liefet nicht nach jedem Wort, das ich sage, wütend davon. Wie soll ich Euch und Euer Wesen da verstehen?«

»Ich laufe ja gar nicht vor Euch weg!« meinte sie heftig und entzog ihm die Hand, als er begann, ihre Fingerspitzen zu küssen. Alicia bemühte sich, das Prickeln nicht zur Kenntnis zu nehmen, das sie bis zu den Haarspitzen spürte.

Stephen legte sich seufzend ins Gras zurück. »Mit Euch reden und Euch zugleich ansehen, will mir, fürchte ich, nicht gelingen.« Und nach einer kurzen Pause: »Es muß doch noch einen Verwandten Eures Vaters geben, der seine Nachfolge antreten könnte.«

Alicia zwang sich zur Ruhe. Sie wußte genau, was dieser törichte Engländer damit sagen wollte – *jeder* Mann wäre als Chef besser gewesen als eine Frau. Sie verschwieg ihm die Existenz ihres älteren Bruders Davey. »Die Schotten glauben, daß Frauen charakterfest und intelligent sind. Sie sehen in Frauen nicht nur Wesen, die lediglich zum Kinderkriegen taugen.«

Stephen gab einen grunzenden Laut von sich, und sie sah sich der verlockenden Versuchung ausgesetzt, ihm mit einem großen Felsbrocken den Schädel einzuschlagen. Rab schien zu spüren, was sie dachte, denn er richtete die Ohren auf und blickte zu ihr herüber. Stephen merkte nicht, was über und hinter ihm vorging. »Und was für Pflichten hätte ich als Oberhaupt des Klans?«

Sie biß die Zähne zusammen, damit sie nicht die Geduld verlor. »Ich bin der Klan MacArran, und die Männer gehorchen mir. Ehe sie Eure Anweisungen befolgen, müßt Ihr von den Männern erst akzeptiert werden.«

»Akzeptiert? Ich?« sagte er verwundert und drehte sich ihr zu, doch ihre Brüste, die sich über den Perlensaum des Ausschnitts heraushoben, lenkten ihn so sehr ab, daß er rasch wegsehen mußte, um seine Fassung zu bewahren. »Ich würde eher meinen, die Frage ist, ob ich sie akzeptiere.«

»So kann nur ein echter Engländer sprechen«, höhnte sie. »Ihr glaubt, kraft Eurer Geburt steht Ihr hoch über allen anderen Leuten. Ihr glaubt, Eure Gewohnheiten und Ansichten sind jenen der Schotten überlegen. Im Vergleich zu Euch sind wir Schotten grausam und barbarisch, denkt Ihr, doch wir rauben nicht Eure Frauen und zwingen sie, schottische Männer zu heiraten, wenngleich sie bessere Ehemänner als die Engländer sind.«

Stephen nahm ihren Ausbruch mit einem Achselzucken hin. »Wer hätte nicht die höchste Meinung von seinem Vaterland? Zudem gestehe ich gern ein, daß ich kaum etwas weiß von Schottland und seinen Bewohnern. Ich habe zwar einige Zeit im schottischen Tiefland verbracht; doch scheinen sich Sitten und Gebräuche im Hochland stark von jenen des Tieflands zu unterscheiden.«

»Die Tiefländer sind mehr Engländer als Schotten.«

Er schwieg eine Weile. »Man mag es betrachten, wie man will – der Chef eines Klans hat gewisse Pflichten.« Er lachte in sich hinein und korrigierte sich: »Pardon, der Ehemann der Klanchefin hatte gewisse Pflichten. Was muß ich tun, damit der Klan mich akzeptiert?«

Alicias Verkrampfung löste sich. Solange er sie nicht ansah, konnte sie ihn mit Muße betrachten. Er war riesig, wie er so vor ihr hingestreckt lag – größer als alle Männer, die sie bisher kennengelernt hatte. Trotz gegenteiliger Beteuerungen hätte sie gern neben ihm im Gras sitzen mögen. Sie fand Gefallen an seinem mächtigen Körperbau, seiner breiten Brust, den muskulösen Beinen und seinen Haaren, die ihm lockig über den Kragen fielen. Auch seine schlichte Kleidung sagte ihr zu. Die meisten englischen Edelleute stolzierten prunkvoll einher wie Pfaue. Sie überlegte, wie ihm der Tartan stehen würde, der seine Beine bis zum Unterschenkel hinauf frei ließ.

»Ihr müßt Euch kleiden wie ein Schotte«, sagte sie gemessen. »Solange Ihr nicht im Plaid vor meinen Männern erscheint, werden sie in Euch immer den Feind sehen.«

Stephen runzelte die Stirn: »Ihr verlangt, ich soll mit bloßen Beinen umhergehen? Es herrscht ein rauhes Klima im Hochland, habe ich mir sagen lassen.«

»Wenn Ihr natürlich empfindlich gebaut seid . . .« Sein arroganter Blick brachte sie zum Verstummen.

»Was noch?«

»Ihr müßt ein MacArran werden und denken wie ein MacArran. Die MacGregors sind Eure Feinde, wenn Ihr ein MacArran seid, und . . .«

»Was!« Stephen sprang vom Boden auf. »Ich soll meinen Namen ändern? Ihr mutet *mir,* einem Mann, zu, den Namen meiner Frau anzunehmen?« Er wandte sich von ihr weg. »So etwas Verrücktes hat noch niemand von mir verlangt. Wißt Ihr eigentlich, wer ich bin? Ein Ascott! Die Ascotts haben Hunderte von Kriegen überstanden, viele Königsgeschlechter überlebt! Und sie sitzen seit Hunderten von Jahren auf dem Land, das sie redlich erwarben!«

Er fuhr sich mit der Hand durch das Haar. »Und nun soll ich meinen guten Namen für den meiner Frau aufgeben? Meine Brüder würden sich totlachen, wenn ich Euch diesen Gefallen täte.«

Alicia erhob sich von ihrem Sitz und sagte: »Ihr habt Brüder, die Euren Familiennamen bewahren. Wißt Ihr, was geschieht, wenn ich einen Engländer nach Hause brächte, der sich nicht mit unserer Lebensart auseinandersetzen wollte? Zuerst würden ihn meine Männer töten, und dann müßte ich mir einen neuen Mann wählen. Wißt Ihr, was für verheerende Folgen das hätte? Es gibt nicht wenige junge Männer, die mich zur Frau begehren. Sie würden um mich kämpfen.«

»Aha. Ich soll meinen Namen aufgeben, damit Ihr Eure Männer im Zaum halten könnt. Und wenn ihnen das noch nicht genügt? Muß ich mir dann den Arm abhacken oder die Haare färben? Nein! Sie gehorchen, oder sie bekommen das zu spüren!« Und damit zog er rasch sein langes Schwert aus der Scheide, die er am Gürtel trug.

Alicia starrte ihn an. Er drohte damit, ihre Leute zu ermorden, ihre Freunde, ihre Verwandten, deren Schutz ihre wichtigste Pflicht war. Sie konnte unmöglich mit so einem Wahnsinnigen nach Schottland zurückkehren.

»Ich kann Euch nicht heiraten«, sagte sie, während sie ihn mit todernstem Blick ansah.

»Ich bezweifle, ob Euch das überlassen bleibt«, sagte Stephen, während er das Schwert in die Scheide zurücksteckte. Er hatte sich nicht so ereifern wollen; doch diese Frau sollte von Anfang an wissen, wer Herr im Haus war . . . und der Schotten, die sie »ihre« Männer nannte. »Ich bin Engländer«, sagte er ruhig, »und das werde ich bleiben, wohin ich auch gehe. Ihr solltet das eigentlich verstehen, da Ihr selbst nicht bereit seid, Eure schottische Lebensart zu ändern.«

Ihr Körper fröstelte, obwohl ein warmer Herbstwind über die Lichtung strich. »Das ist nicht dasselbe. Ihr würdet mit meinen Leuten zusammenleben, Tag für Tag, Jahr für Jahr. Begreift Ihr nicht, daß sie Euch nicht akzeptieren, wenn Ihr täglich mit Euren feinen englischen Kleidern und Eurem englischen Namen unter meine Leute tretet? Täglich würden sie an ihre Kinder erinnert, die von den Engländern erschlagen wurden. Und sie sähen meinen Vater vor sich, den die Engländer in der Blüte seiner Jahre ermordeten.«

Ihr Appell rührte ihn nun doch. »Ich werde schottische Kleider tragen. Damit erkläre ich mich einverstanden.«

Da loderte wieder der Zorn in Alicia auf: »So! Ihr seid also bereit, den Plaid und das safrangelbe Hemd zu tragen, damit meine Frauen Eure kräftigen Beine bewundern sollen!«

Stephen fiel die Kinnlade herunter. Und dann zog sich sein Mund von einem Ohr zum anderen auseinander. »Daran habe ich noch gar nicht gedacht! Gut, daß es Euch eingefallen ist!« Er streckte ein Bein vor und ließ die Muskeln am Schenkel spielen. »Meint Ihr, Eure Frauen werden mit mir einverstanden sein?« Seine Augen glitzerten. »Ihr seid doch hoffentlich nicht eifersüchtig?«

Alicia sah ihn nur verblüfft an. Dieser Mann konnte doch nicht einen Moment ernst bleiben. Er verspottete sie, während sie über Dinge redete, die über Leben und Tod ihres Klans entschieden. Sie raffte ihre Röcke und ging zum Fluß.

»Alicia!« rief Stephen ihr nach. »Wartet doch! Ich wollte mich nicht über Eure Worte lustig machen.« Er hatte sogleich begriffen, welchen Fehler er begangen hatte, faßte nach ihrem Handgelenk und zog sie zu sich herum. »Bitte«, bettelte er, während sich in seinen Augen all seine Gefühle spiegelten, »ich wollte Euch nicht beleidigen. Ihr seid nur so schön, daß ich nicht zur Besinnung komme. Wenn ich Euer Haar ansehe, möchte ich es streicheln und Eure Augen küssen. Dieses verdammte Kleid ist so tief ausgeschnitten, daß Ihr jeden Moment herauszufallen droht. Wie könnt Ihr da von mir erwarten, daß ich ernsthaft über den Streit zwischen Engländern und Schotten mit Euch disputiere?«

»Streit!« fauchte sie. »Es ist eher ein Krieg!«

»Krieg, von mir aus«, sagte er, den Blick auf ihren Ausschnitt geheftet, während er mit den Fingern über ihre Arme strich. »Himmel, ich kann nicht so dicht vor Euch stehen, ohne daß mein Verlangen nach Euch nicht zu einer Qual würde.«

Unwillkürlich sah sie an sich herab, und ihr Gesicht erglühte.

Stephen lächelte sie mit halbgesenkten Lidern an.

Sie zog die Lippen von den Zähnen zurück und fauchte ihn an. Er glaubte wohl, sie habe den gleichen frivolen Charakter wie er. Sie wich seinen tastenden Händen aus, und als er sie nicht loslassen wollte, stieß sie ihn gegen die Brust. Stephen rührte sich nicht von der Stelle, und als ihre Hände von seinem Brustkorb abprallten, verlor sie das Gleichgewicht. Sie wußte nicht, daß sie dicht beim Wasser stand.

Sie fiel nach hinten und versuchte verzweifelt, sich irgendwo zu halten. Stephen reichte ihr seine Hand, doch selbst im Fallen schlug sie danach. Er trat mit einem leichten Achselzucken zurück, da er sich nicht auch noch naßspritzen lassen wollte, wenn sie ins Wasser plumpste.

Das Wasser im Fluß mußte aus dem Hochland kommen, sonst hätte es unmöglich so kalt sein können. Alicia landete hart auf dem Kies des Flußbetts, und die vielen wollenen Röcke sogen begierig das flüssige Eis auf, als hätten sie nur auf so eine Gelegenheit gewartet.

Sie saß einen Moment wie betäubt da und sah zu Stephen hinauf. Der grinste sie an, während ein Wassertropfen über ihre Nasenspitze rann. Rab stand neben Stephen und bellte, während er, entzückt von diesem Spiel, mit dem Schwanz wedelte.

»Darf ich Euch wieder aufhelfen?« fragte Stephen mit spöttischer Ritterlichkeit.

Alicia wischte sich eine nasse pechschwarze Strähne von der Wange. Jeden Moment mußten ihre Zähne zu klappern beginnen; doch lieber biß sie auf einen Kieselstein, als sich vor ihm diese Blöße zu geben. »Nein, vielen Dank«, sagte sie so hochmütig, wie sie es nur irgend fertigbrachte.

Alicia wischte sich noch mehr Wasser aus dem Gesicht, während sie es tunlichst vermied, sein grinsendes Gesicht anzusehen. Sie stemmte beide Hände auf den Rücken des Wolfshundes und versuchte, sich aufzurichten. Doch die mit Wasser getränkten Wollröcke waren so schwer wie Blei. Und da sie noch schlüpfrige Steine unter sich hatte, war ihr Bemühen zum Scheitern verurteilt.

Sie saß wieder in der Hocke, und es hatte sie einige Mühe gekostet, sich so weit zu erheben. Da glitten ihr die Beine unter dem Körper weg, und Rab machte einen Satz, um der Wasserfontäne zu entkommen. Diesmal lag sie flach auf dem Rücken, und das Wasser spülte über ihr Gesicht, daß sie prustend wieder an die Oberfläche kam. Das erste, was sie hörte, war Stephens lautes Lachen. Und während ihr das Wasser aus den Ohren rann, fiel Rab bellend in das Gelächter ein. Das tat ihr weh. Rab machte sich lustig, statt sie zu verteidigen.

»Zur Hölle mit euch beiden!« zischelte sie und versuchte, ihre Beine aus den klebenden, nassen Röcken zu befreien.

Stephen schüttelte den Kopf und watete in den Fluß. Ehe sie etwas sagen konnte, bückte er sich und hob sie auf seine Arme. Sie hätte viel darum gegeben, hätte sie ihn mit ihrem triefenden Gewicht ins Wasser hineinziehen können. Doch er stand zu fest auf den Beinen. Er beugte nur den Rücken, so daß die Strömung keine Angriffsfläche hatte.

»Es wäre mir lieber, Ihr würdet mich loslassen«, sagte sie so steif wie möglich.

Stephen zuckte mit einer Schulter und ließ dann beide Arme fallen. In einer Reflexbewegung, damit sie nicht noch einmal mit dem eiskalten Wasser in Berührung kam, schlang sie die Arme um seinen Hals.

»Schon besser«, meinte er lachend und drückte sie so fest an sich, daß sie ihre Arme nicht mehr von seinem Nacken zu lösen vermochte.

Er watete mit ihr ans Ufer und blieb stehen, ohne sie loszulassen.

»Schwarze Haare und blaue Augen – so etwas habe ich noch nie beisammen gesehen«, flüsterte er. »Wie konnte ich nur meinen Hochzeitstag versäumen.«

Sie kannte den Grund seiner Reue, und das verbesserte ihre Laune keineswegs. »Ich friere«, sagte sie kühl. »Bitte, gebt mich frei.«

»Ich könnte dich wärmen«, flüsterte er und biß sie ins Ohrläppchen.

Alicia lief ein Schauder über den Arm – ein Schauder, der nicht von der Kälte kam. Diese Art von Schauder erschreckte sie. Sie wehrte sich dagegen. »Laßt mich endlich los!« bat sie.

Stephen schien der Klang ihrer Stimme zu ernüchtern. »Ihr werdet Euch erkälten«, sagte er besorgt. »Zieht Euer Kleid aus. Ihr könnt mein Wams tragen. Soll ich ein Feuer für Euch machen?«

»Ich würde es vorziehen, wenn ihr mich ließet und wir zum Haus zurückreiten könnten.«

Widerstrebend stellte Stephen sie auf den Boden. »Ihr zittert«, sagte er, während er über ihren Arm strich. »Ihr werdet krank, wenn Ihr Euch nicht etwas Trockenes anzieht.«

Sie wich vor ihm zurück. Die nassen Röcke klatschten um ihre Beine, und die Ärmel klebten ihr triefend an den Armen.

Stephen sah sie verdrossen an. »Diese Sachen sind so naß, daß Ihr kaum darin laufen könnt. Warum Frauen so eine Mode tragen, ist mir unerfindlich. Ich fürchte, Ihr seid in diesen Röcken so schwer, daß Euer Pferd unter der Last zusammenbrechen wird.«

Alicia drückte ihre Schultern gerade, obwohl das gar nicht so leicht war. »Frauen! Ihr Engländer seid es doch, die den Frauen diese Mode aufzwingen. Ihr wollt sie damit unbeweglich machen, weil Ihr nicht Manns genug seid, mit freien Frauen umzugehen. Die Engländer beurteilen ja zu oft einen Menschen nach seinem Aufzug.«

Sie hielt den Stoff auseinander. »Wißt Ihr, wieviel mich dieses Kleid gekostet hat? Hundert Stück Rinder hätte ich mir dafür kaufen können. Und Ihr habt es mir verdorben.«

»Ich? Eure Halsstarrigkeit ist schuld daran. Und nun schlottert Ihr lieber vor Kälte, als auf mich zu hören.«

Sie lächelte spöttisch. »So ganz dumm seid Ihr doch nicht. Einiges habt Ihr begriffen.«

Stephen lachte in sich hinein: »Ich weiß mehr, als Ihr ahnt.« Er entfernte sein Wams und hielt es ihr hin. »Wenn Ihr solche Angst vor mir habt, geht in den Wald und zieht Euch dort um.«

»Angst!« schnaubte Alicia und ließ ihn samt seinem Wams stehen. Sie ging langsam und nahm ihren Hochland-Tartan aus ihrer Satteltasche. Sie sah nicht zu Stephen zurück, als sie, von Rab begleitet, weiterging in den Wald.

Sie hatte große Mühe mit den Ösen und Haken auf ihrem Rücken.

Als sie sich endlich von ihrem Kleid zu befreien vermochte, war ihre Haut fast blau. Das Kleid fiel wie ein Klumpen um ihre Füße. Das linnene Unterhemd und der vormals gestärkte Unterrock waren von dem burgunderroten Kleid verfärbt. Sie hätte zu gern auch das nasse Unterzeug ausgezogen, wagte es aber nicht, solange ein Mann wie Stephen Ascott in der Nähe war. Sie sah sich um, ob er sie gar heimlich beobachtete, hob dann den Rock und entfernte ihre Seidenstrümpfe. Nachdem sie alles ausgezogen hatte, dessen sie sich zu entledigen wagte, wickelte sie sich in ihr Plaid und ging zum Fluß zurück.

Stephen war nirgends zu sehen.

»Sucht Ihr mich?« fragte er hinter ihr.

Als sie sich umdrehte, stand er grinsend vor ihr, ihre nassen Kleider über dem Arm. Offenbar hatte er sich in der Nähe versteckt und sie beim Umziehen beobachtet.

Ihre Augen waren kalt wie Stahl, als sie ihn ansah. »Ihr glaubt, Ihr hättet gewonnen, wie? Ihr seid so zuversichtlich, daß Ihr mich behandelt wie Euer Spielzeug. Ich bin aber kein Spielzeug und schon gar nicht Eures. Wenn es Eure englische Eitelkeit auch nicht wahrhaben möchte – ich bin eine Schottin und verfüge über einige Macht. Und die werde ich zu gebrauchen wissen.«

Damit wandte sie sich der Stelle zu, wo ihre schwarze Stute angebunden war. Sie schob ihren Tartan über die Knie hinauf, packte das Pferd bei der Mähne und schwang sich auf dessen Rücken. Sie sprengte im Galopp davon, ehe Stephen ihren Sattel aufsammeln und seinen Hengst losbinden konnte.

Alicia fühlte sich nach einem heißen Bad schon viel besser. Sie stand vor ihrem Spiegel in ihrem Gemach und betrachtete das Kleid aus smaragdgrüner Seide, dessen Schleppärmel mit dem Pelz grauer Eichhörnchen gefüttert waren. Sie betonten den aus grauer Seide genähten Einsatz an der Vorderseite ihres Glockenrocks. Eine Zofe hatte ihr frische Astern gebracht, aus denen sie einen Kranz für ihre Haare flocht. Sie wollte so vorteilhaft wie möglich zur Geltung kommen.

Morag, die ihr beim Ankleiden zusah, schnaubte: »Mir würde es ja gefallen, wenn Ihr Euch so schön macht, um Sir Stephens Herz zu erfreuen. Doch das scheint mir nicht der Fall zu sein.«

»Für diesen Mann würde ich mich niemals schön machen.«

»Soweit ich seine Wünsche erraten kann, sieht er Euch am liebsten ohne Kleider«, murmelte Morag.

Alicia ersparte sich eine Antwort darauf. Sie hatte Zeit gehabt, zu überlegen. Ein Mann wie Stephen Ascott konnte niemals ihr Ehemann werden. Wenn er ihren Klan so grob behandelte wie sie, würden ihre Gefolgsleute ihn auf der Stelle töten. Dann fielen die Engländer abermals über sie her. Nein, ein Mann, der ihr nur einen Krieg und Stammesfehden bescherte, kam nicht in Frage.

Sir Thomas erwartete sie im Arbeitszimmer. Sein Lächeln war herzlich, doch zugleich reserviert. Er wünschte sich nichts lieber, als diese Frau so rasch wie möglich loszuwerden, die mit ihrer Schönheit seinen Männern den Kopf verwirrte.

Als Alicia Platz genommen und ein Glas Wein abgelehnt hatte, brachte sie ihr Anliegen vor. Der wahre Grund ihrer Weigerung, Stephen Ascott zu heiraten, war dessen unnachgiebige Haltung gegenüber schottischen Interessen. Doch sie hatte sich einen anderen, für Engländer schmackhafteren Grund ausgedacht.

»Aber meine Liebe«, sagte er verwirrt, »König Heinrich hat Stephen für Euch ausgesucht.«

Alicia senkte den Kopf in demütiger Unterwerfung. »Und ich bin bereit, einen Gatten zu nehmen, den der König für mich bestimmt. Doch ich bin Oberhaupt des Klans MacArran, und Stephen Ascott ist nur ein Ritter. Ich bekäme Schwierigkeiten mit meinen Gefolgsleuten, wenn ich ihn heiraten müßte.«

»Doch Lord Roger würden sie akzeptieren, glaubt Ihr?«

»Da sein Bruder vor kurzem verstorben ist, ist er nun ein Graf, steht also meinem Rang als Oberhaupt eines Klans viel näher.«

Sir Thomas schnitt eine Grimasse. Er wurde zu alt für derlei Sachen. Zum Henker mit diesen Schotten, die einer Frau erlaubten, selbständig zu denken.

Er ging zur Tür und gab Order, Stephen und Roger herbeizuholen.

Als die beiden jungen Männer links und rechts von ihm Platz genommen hatten, eröffnete er ihnen Alicias Begehren. Er beobachtete dabei genau ihre Gesichter. Er sah, wie Rogers Augen zu funkeln begannen, und Sir Thomas wandte sich Stephen zu. Nur eine leichte Verfärbung in dessen Augen schien darauf hinzudeuten, daß er gehört hatte, was sie verlangte. Alicia saß regungslos da. Das Grün ihres Kleides gab ihren Augen eine neue Tiefe, die frischen Blumen in ihren Haaren betonten Liebreiz und Unschuld ihrer Erscheinung.

Roger meldete sich zuerst zu Wort, als Sir Thomas ausgeredet hatte. »Lady Alicia hat recht. Ihr Rang muß respektiert werden.«

Stephens Augen sprühten nun Blitze. »Natürlich kommt Euch ihr Wunsch sehr zustatten, da Ihr Euch von so einer Entscheidung großen materiellen Gewinn erhofft.« Er wandte sich Sir Thomas zu. »Der König suchte ein Jahr, ehe er für mich die Braut erkor. Er wollte meine Familie dafür belohnen, daß wir im Tiefland seine Grenze abschirmten.«

Alicia drehte sich ihm heftig zu: »Daß Ihr dort geplündert und die Frauen vergewaltigt habt, wolltet Ihr wohl sagen!«

»Abschirmen. Genau das meinte ich. Getötet haben wir sehr selten.« Seine Augen suchten ihre Brüste. »Genötigt haben wir auch keine Frau«, setzte er leiser hinzu.

Alicia stand auf. »Sir Thomas, Ihr seid im Hochland gewesen.« Sie versuchte, einen unangenehmen Schauder zu unterdrücken. »Mein Klan würde sich entehrt fühlen, brächte ich einen niedriggeborenen Ritter als Oberhaupt ins Hochland zurück. König Heinrich wünscht sich Frieden. Dieser Mann«, sie deutete auf Stephen, »würde nur neue Unruhen heraufbeschwören, wenn er das Hochland betritt.«

Stephen lachte, als er hinter Alicia trat und ihr einen Arm um die Taille legte. »Hier geht es nicht um Diplomatie, sondern um den Zorn eines Mädchens. Ich bat sie, noch vor der Hochzeit zu mir ins Bett zu kommen, und sie dachte, ich hätte sie damit beleidigt.«

Sir Thomas lächelte erleichtert.

Roger trat vor. »Ich protestiere! Lady Alicia ist keine Frau, die man so leicht zur Seite schieben könnte. Was sie sagte, ist vernünftig.« Er wandte sich Stephen zu. »Fürchtet Ihr Euch, um den Preis dieser Lady einen Wettkampf zu bestehen?«

Stephen zog eine Braue in die Höhe. »Ich wüßte nicht, daß dem Namen Ascott der Ruf der Feigheit vorausginge. Woran habt Ihr gedacht?«

»Gentlemen, ich muß schon bitten!« rief Sir Thomas. »König Heinrich schickte Lady Alicia zu einem freudigen Anlaß hierher!«

Alicia löste sich mit einem Ruck aus Stephens Arm. »Freudig! Wie könnt Ihr so etwas sagen, wenn ich gezwungen werde, diesen niedriggeborenen Lüstling zu ehelichen? Ich schwöre, ich werde ihn bei erstbester Gelegenheit im Schlaf ermorden!«

Stephen lächelte ihr zu. »Solange das erst nach der Hochzeitsnacht geschieht, bin ich einverstanden.«

Alicia machte ein höhnisches Gesicht, und Sir Thomas befahl: »Wollt Ihr uns bitte allein lassen, Lady Alicia?«

Sie raffte ihre Röcke hoch und verließ das Zimmer. Sie hätte Stephens Nähe auch nicht mehr länger ertragen können.

»Stephen«, sagte Sir Thomas, »ich möchte nicht der Anlaß für deine Ermordung sein.«

»Die Worte einer Frau schrecken mich nicht.«

Sir Thomas erwiderte stirnrunzelnd: »Aus dir spricht die Unschuld. Du bist nie im Hochland gewesen. Dort kennt man keine Regierung wie bei uns. Die Chefs regieren ihre Klans, und niemand regiert die Chefs. Lady Alicia braucht nur ein Wort des Mißfallens zu flüstern, und jeder Mann, sogar jede Frau ihres Klans wären bereit, deinem Leben ein Ende zu setzen.«

»Diese Gefahr nehme ich gern in Kauf.«

Sir Thomas trat vor und legte Stephen die Hand auf die Schulter. »Ich kannte deinen Vater zu gut, um mich dafür herzugeben, den Sohn in den sicheren Tod zu schicken.«

Stephen wandte sich ihm mit lodernden Augen zu: »Ich will diese Frau haben. Ihr habt kein Recht, sie mir wegzunehmen!« Er wirbelte zu Roger herum, der die Szene mit selbstgefälligem Lächeln beobachtete. »Ich treffe Euch auf dem Schlachtfeld, und da wollen wir sehen, wer von uns sich besser als Chef eines Klans eignet!«

»Angenommen!« fauchte Roger. »Morgen früh. Der Gewinner heiratet sie noch am selben Nachmittag und schläft ihr am Abend bei.«

»So sei es!«

»Nein«, murmelte Sir Thomas, wußte jedoch, daß er verloren hatte. Er seufzte: »Kümmert Euch selbst um Euer Schlachtfeld. Damit möchte ich nichts zu tun haben.«

4. Kapitel

Stephen stand neben seinem Hengst, von Kopf bis Fuß in Stahl gehüllt, und die Sonne heizte seine Rüstung auf. Dazu kam ihr Gewicht, doch daran hatte er sich mit den Jahren gewöhnt.

»Mylord«, sagte sein Schildknappe, »die Sonne wird Euch blenden.«

Stephen nickte grimmig. Dessen war er sich nur zu sehr bewußt. »Laß Chatworth diesen Vorteil. Er wird ihn brauchen.«

Der Junge lächelte stolz. Es hatte lange gedauert, bis Sir Stephen in gepolsterte Baumwolle gehüllt und in Leder verpackt war, damit er die Rüstung anlegen konnte. Nun bestieg er behende sein Roß und ließ sich von dem Jungen den Schild und die Lanze zureichen. Er gönnte Lady Alicia keinen Blick, obwohl er wußte, daß sie in einem elfenbeinfarbenen Kleid mit Goldbesatz und blassem Gesicht neben der Schranke stand. Er verbesserte seine Kampfeslust nicht damit, wenn er dieser Frau ansah, wie sehr sie ihm den Tod wünschte.

Er paßte die lange hölzerne Lanze seiner Rüstung an. Er hatte mit Roger seit gestern abend keinen Ton mehr geredet. Sir Thomas stand zu seinem Wort: Er blieb dem Turnier fern. So waren keine festen Regeln für dieses Turnier erlassen worden. Sie würden darum kämpfen, wer länger auf seinem Pferd sitzen blieb.

Stephens Schlachtroß, ein mächtiger schwarzer Hengst mit wehenden Haaren über den Fesseln, scharrte ungeduldig im Sand.

Die Tiere wurden für Ausdauer und Kraft gezüchtet, nicht für Schnelligkeit.

Stephens Männer standen im Kreis um ihn her, bis Roger am anderen Ende des sandbestreuten Platzes erschien. In der Mitte des Feldes war ein niedriger Zaun errichtet, der den Turnierplatz in zwei Hälften teilte.

Stephen ließ das Visier an seinem Helm herab, so daß nur noch ein Schlitz für die Augen frei blieb. Ein junger Mann hob eine Standarte, und als er sie senkte, sprengten die beiden Edelleute mit erhobenen Lanzen aufeinander los. Hier kam es nicht so sehr auf die Schnelligkeit, sondern auf Kraft an. Nur ein Mann in Hochform vermochte sich beim Anprall der Lanze gegen den Schild auf dem Pferd zu halten.

Stephen preßte die Schenkel fest gegen den Pferdeleib, als Rogers Lanze seinen Schild traf. Beide Lanzen zersplitterten beim ersten Aufprall. Stephen lenkte sein Pferd zurück zum Ende seiner Hälfte.

»Er ist gut, Mylord«, sagte einer von Stephens Knappen, der ihm eine neue Lanze reichte. »Achtet diesmal auf die Lanzenspitze. Ich glaube, er möchte Euren Schild unterlaufen.«

Stephen nickte kurz und schloß wieder das Visier.

Die Standarte senkte sich zum zweiten Anlauf. Stephen brauchte seinen Gegner nur aus dem Sattel zu stechen und hatte dann nach den gebräuchlichen Turnierregeln das Treffen gewonnen. Als Roger ihn jetzt attackierte, hielt Stephen den Schild tiefer und fing Rogers Stoß geschickt auf. Von diesem Manöver überrascht, achtete Roger nicht auf Stephens Lanze, die ihn an der Hüfte traf. Er wankte im Sattel, und der wuchtige Aufprall hätte ihn um ein Haar vom Pferd geworfen. Doch gelang es ihm gerade noch, sich an der Mähne festzuhalten.

»Er ist angeschlagen«, sagte der Knappe an Stephens Seite. »Wenn Ihr ihn diesmal voll trefft, geht er zu Boden.«

Stephen nickte und schloß das Visier.

Roger konzentrierte sich auf die Attacke und vernachlässigte seine Verteidigung. Als er die Lanze zum Stoß senkte, traf Stephen ihn wieder, diesmal wuchtiger als zuvor. Roger kippte nach hinten und fiel dann hart auf den Boden vor die Beine von Stephens Pferd.

Stephen sah nur kurz zu seinem gestürzten Gegner hinunter und blickte dann Alicia an.

Doch Roger Chatworth war nicht der Mann, dem man den Rücken zukehren durfte. Er griff nach einer mit Eisenstacheln bewehrten Keule an seinem Sattel und lief, die Waffe über den Kopf schwingend, hinter Stephen her.

»Stephen!« rief jemand.

Stephen reagierte sofort, doch nicht rasch genug. Der Morgenstern traf Stephen wuchtig am linken Schenkel. Stephens Rüstung beulte und drückte sich in sein Fleisch. Der unerwartete Schlag warf Stephen, obwohl er sich am Sattelknopf zu halten suchte, vom Pferd.

Als er sich aufrichtete, sah er Roger erneut mit schlagbereiter Keule auf sich zukommen. Er rollte sich zur Seite, und die Stahlgelenke seiner Rüstung protestierten kreischend.

Jemand warf Stephen eine Keule zu, als ihn Rogers Morgenstern an der Schulter traf. Stephen stöhnte und schmetterte seine Keule gegen Rogers Hüfte. Als Roger zur Seite taumelte, setzte Stephen ihm nach. Diesen Kampf mußte er gewinnen.

Sein nächster Schlag, der Roger am rechten Schulterblatt erwischte, warf diesen kopfüber in den Sand. Die Rüstung schützte ihn vor den Stacheln; aber die Wucht der Keulenschläge betäubte ihn.

Roger blieb offensichtlich benommen liegen. Stephen zog sein Schwert, stellte sich mit gespreizten Beinen über ihn und öffnete mit der Schwertspitze das Visier.

Roger blickte finster zu dem Sieger hinauf. »Bringt es hinter Euch!« stieß er hervor. »Tötet mich, wie ich Euch getötet hätte!«

Stephen starrte auf ihn hinunter. »Ich habe gewonnen. Das genügt mir.« Er trat neben Rogers regungslose Gestalt, zog den Panzerhandschuh aus und reckte ihm die entblößte Hand hin.

»Ihr beleidigt mich«, zischte Roger, hob den Kopf und spuckte auf die Hand, die Stephen ihm hinstreckte. »Das werde ich Euch nicht vergessen!«

Stephen wischte seine Hand an der Rüstung ab. »Ich werde immer daran denken.« Er schob das Schwert in die Scheide zurück und wandte sich ab.

Er ging direkt auf Alicia zu, die neben Morag am Rand des Turnierplatzes stand. Alicia wurde ganz steif, als Stephen sich ihr näherte, langsam den Helm abnahm und diesen Morag zuwarf, die ihn grinsend auffing.

Alicia wich nun einen Schritt vor ihm zurück.

»Diesmal entkommt Ihr mir nicht mehr«, sagte er, während er mit der unbewehrten Hand nach ihrem Oberarm griff. Er zog sie an sich. Sein Arm war stärker als ihr ganzer Körper. Er drückte ihren weichen Leib an seinen harten Panzer. Die Kälte und Starrheit der Rüstung brachte ihren Atem zum Stocken. Noch mehr Stahl beschwerte sie, als er sie mit beiden Armen umfaßte.

»Jetzt bist du mein«, murmelte Stephen und drückte seinen Mund auf ihre Lippen.

Es war nicht das erste Mal, daß Alicia einen Mann küßte. So manchesmal bei ihren Raubzügen auf dem Hochland hatte sie mit einem Mann einen flüchtigen, verstohlenen Kuß getauscht.

Doch noch nie hatte sie so einen Kuß erlebt wie diesen. Er war weich und zart, doch zugleich nahm er ihr etwas, das sie bisher noch nie einem Mann geschenkt hatte. Sein Mund spielte mit ihrem Mund, berührte ihn und liebkoste ihn. Sie stand auf den Zehenspitzen, um ihn besser erreichen zu können, und hielt den Kopf etwas schräg. Er schien zu verlangen, daß sie die Lippen öffnete, und sie tat es. Ihre Zungenspitzen berührten sich, und das löste einen Schauder aus, der an ihrem Rückgrat entlanglief. Ihr Körper schien zu schmelzen, und als sie den Kopf zurücknahm, folgte er ihr mit dem seinen. Er hielt sie mehr gefangen, als es Ketten hätten tun können.

Unvermittelt zog sich Stephen von ihr zurück, und als Alicia die Augen öffnete, sah sie sein unverschämtes Grinsen. Sie merkte, daß sie mit ihrem ganzen Gewicht an seinem Arm hing, daß sein Kuß zu einer Hingabe ihres Körpers führte, der nur von ihm gestützt wurde. Sie richtete sich auf, bis sie wieder auf eigenen Füßen stand.

Stephen lachte leise: »Ihr wißt gar nicht, wie sehr Ihr mir gehört.« Er ließ sie los und schob sie Morag zu. »Geht und bereitet Euch auf unsere Hochzeit vor . . . wenn Ihr noch so lange warten könnt.«

Alicia wandte sich rasch von ihm ab. Sie wollte nicht, daß jemand ihr glühendes Gesicht sah und die Tränen, die in ihren Augen schwammen. Was seine Beleidigungen nicht vermochten, war ihm mit seinem Kuß gelungen: Sie weinte.

»Was gibt es da zu bejammern?« schimpfte Morag, als sie wieder allein in ihrem Zimmer waren. »Er ist ein tüchtiger, gutaussehender Mann. Er hat Euch den Willen getan und um Euch gekämpft. Er hat sich als kräftiger, zupackender Kämpfer erwiesen. Was wollt Ihr mehr?«

»Er behandelt mich wie eine Dirne!«

»Er behandelt Euch wie eine Frau. Der andere, dieser Roger, sieht nur das Land, das Euch gehört. Ich bezweifle, daß ihm überhaupt der Gedanke kam, Ihr könntet auch eine Frau sein.«

»Das ist nicht wahr! Er ist . . . wie Ian!«

Morag runzelte die Stirn, als sie an den jungen Mann erinnert wurde, der schon mit Fünfundzwanzig sein Leben lassen mußte. »Ian war wie ein Bruder zu Euch. Er ist mit Euch aufgewachsen. Hätte er so lange gelebt, daß er Euch zur Frau hätte nehmen können, wäre es ihm schwergefallen, mit Euch ins Bett zu gehen. Ihm wäre gewesen, als schliefe er bei seiner Schwester.«

Alicia verzog das Gesicht. »Dieser Stephen Ascott hat da gewiß keine Skrupel!«

»Warum sollte er ein schlechtes Gewissen haben, wenn er sich zu Euch legt?«

Alicia sah Morag mit einem so verzweifelten Gesicht an, daß die Alte in ein schnaubendes Gelächter ausbrach.

»Das ist es also. Ihr seid noch Jungfrau. Ich war mir da nie sicher, weil der Chef Euch immer mit den jungen Männern reiten ließ . . .«

»Ich hatte stets einen Beschützer bei mir. Das weißt du genau.«

»Zuweilen ist ein junger Mann nicht der beste Hüter einer tugendhaften jungen Frau.« Sie lächelte. »Nun hört auf zu jammern. Ihr habt ein erfreuliches Erlebnis vor Euch. Und wenn mich nicht alles trügt, ist dieser Stephen ein Gatte, der weiß, wie er es einer Frau beim ersten Mal leichtmachen kann.«

Alicia ging ans Fenster. »Davon bin ich überzeugt. So wie er sich aufführt, möchte man meinen, er habe schon halb England beigeschlafen.«

Morag betrachtete Alicias Rücken. »Fürchtet Ihr, Eure Unerfahrenheit könnte ihm mißfallen?«

Alicia schwang herum. »Kein blaßgesichtiges englisches Weib kann mit einer Schottin mithalten!«

Morag kicherte. »Ihr bekommt ja wieder Farbe. Nun steigt aus Eurem Kleid, damit ich Euch für die Hochzeitsnacht anziehen kann. Es sind nur noch ein paar Stunden bis zur Trauung.«

Alicias Gesicht wurde wieder so blutleer wie zuvor. Seufzend ließ sie die langwierige Prozedur des Umziehens über sich ergehen.

Stephen saß bis zum Hals im brühend heißen Wasser. Sein Bein und die Schulter brannten von den Schlägen, die Roger ihm versetzt hatte. Er hielt die Augen geschlossen, während die Tür auf- und zuging. »Mach, daß du fortkommst«, fauchte er. »Ich werde dich schon rufen, wenn ich dich brauche.«

»Und wozu brauchst du mich?« fragte eine amüsierte, ihm wohlvertraute Stimme.

Stephens Augen flogen auf, und im nächsten Moment lief er splitternackt durchs Zimmer. »Chris!« rief er lachend, während er seinen Freund an sich drückte.

Christopher Audley gab sich dieser herzlichen Umarmung nur kurz hin und schob Stephen dann von sich. »Ich möchte nicht mit durchnäßten Kleidern zu deiner Trauung erscheinen. Ich habe sie doch nicht versäumt, oder?«

»Setz dich dort drüben hin, damit ich dich besser sehen kann«, befahl Stephen, während er wieder in seinen Zuber stieg. »Du hast abgenommen. Ist Frankreich dir so schlecht bekommen?«

»Es bekam mir nur allzugut. Die Frauen hätten mich vor Zuneigung fast aufgefressen.« Er rückte sich einen Stuhl neben den Zuber. Er war untersetzt, zierlich und dunkelhaarig. Ein kurzer, sehr gepflegter Kinnbart, die Stupsnase und die großen, sanften, an ein Reh erinnernden Augen schienen auf Frauen einen Zauber auszuüben, dem sie selten zu widerstehen vermochten. Er betrachtete

Stephens blutunterlaufene Schulter. »Eine neue Wunde? Ich wußte gar nicht, daß du schon wieder in eine Fehde verwickelt bist.«

Stephen kippte eine Schöpfkelle voll heißes Wasser über die Wunde. »Ich mußte mit Roger Chatworth um die Frau kämpfen, die ich heute eheliche.«

»Kämpfen?« meinte Chris verdutzt. »Ich sprach noch mit Gavin, ehe ich hierherkam. Er sagte, dir sei ganz schlecht gewesen bei der Aussicht, in den Ehestand treten zu müssen.« Er lächelte. »Ich lernte auch Gavins Frau kennen. Eine Schönheit. Doch bei Hof soll sie ziemlich viel Staub aufgewirbelt haben mit ihren Eskapaden, ehe sie deine Schwägerin wurde.«

Stephen wischte die Bemerkung mit einer Handbewegung fort. »Im Vergleich zu Alicia ist Judith ein zahmes Füllen.«

»Alicia? Heißt so die Erbin, die du heiraten sollst? Gavin beschrieb sie mir als fett und häßlich.«

Stephen lachte leise, während er seine Beine einseifte. »Häßlich. Dir wird es die Sprache verschlagen, wenn du sie siehst. Ihre glänzenden tiefschwarzen Haare kannst du als Spiegel benützen. Wenn die Sonne darauf scheint, sprühen sie wie Gold. Ihre Augen sind blau, und ihr Kinn ist so hochgereckt, wenn sie mit mir spricht, daß du meinst, sie redet mit einer Dienstmagd.«

»Und wie sieht sie sonst aus?«

Stephen seufzte: »Herrlich.«

Chris lachte über Stephens schmachtenden Ton: »Wie können zwei Brüder nur so viel Glück haben bei der Wahl ihrer Frauen. Aber weshalb mußtest du erst um sie kämpfen? Ich dachte, König Heinrich hätte sie dir zum Geschenk gemacht.«

Stephen erhob sich aus dem Zuber und fing das Handtuch auf, das Chris ihm zuwarf. »Ich kam vier Tage zu spät zu meiner Hochzeit, und ich fürchte, das hat Alicia mir übelgenommen. Sie hegt seltsame Vorstellungen von der Ehe. Ich müßte als ihr Mann zum Schotten werden, selbst meinen Namen ändern. Ich bin mir zwar nicht sicher, glaube aber, Chatworth ließ durchblicken, er wolle ihr jeden Wunsch erfüllen, falls sie ihn heiratete.«

Chris schnaubte: »Und zweifellos glaubte sie ihm. Roger konnte es schon immer gut mit Frauen; doch ich habe ihm nie getraut.«

»Wir veranstalteten ein Turnier ihretwegen. Doch als ich ihn aus dem Sattel stach, fiel er mich hinterrücks mit der Keule an.«

»Dieser Bastard! Edmund, sein Bruder, war ein niederträchtiger Bursche. Mich würde es nicht wundern, wenn so etwas auf Roger abfärbte. Und du hast trotzdem gewonnen?«

»Ich war so wütend über seine heimtückische Attacke, daß ich ihn fast getötet hätte. Tatsächlich bat er mich darum und meinte, es sei eine Beleidigung, wenn ich sein Leben schonte.«

Chris sah seinen Freund nachdenklich an. »Du hast ihn dir damit zum Todfeind gemacht. Das könnte sich schlimm auswirken.«

Stephen ging zum Bett, wo sein Hochzeitsgewand ausgebreitet lag. »Ich kann es ihm nicht verdenken, daß er Alicia begehrte. Jeder Mann würde um ihren Besitz kämpfen.«

Chris grinste. »So hast du dich noch nie wegen einer Frau angestellt.«

»So eine Frau wie Alicia ist mir bisher auch noch nicht begegnet.« Es klopfte an der Tür. Als er »herein« rief, trat eine junge Zofe ein, ein aus Silberfäden gewirktes Kleid über dem Arm. Sie starrte Stephen an, der mit nacktem Oberkörper vor ihr stand.

»Was ist?« forschte er ungeduldig. »Warum hast du das Gewand nicht Lady Alicia übergeben?«

Die Unterlippe des Mädchens zitterte.

Stephen streifte ein Hemd über und nahm dem Mädchen das Kleid ab. »Du kannst es mir ruhig sagen«, meinte er versöhnlich. »Ich weiß, daß Lady Alicia eine scharfe Zunge hat.«

Das Mädchen blickte hoch. »Sie war in der Halle, Mylord, als ich zu ihr trat, und mehrere Männer waren zugegen. Ich gab ihr das Kleid, und es schien ihr zu gefallen.«

»Ja. Erzähle weiter!«

Die Worte des Mädchens überstürzten sich: »Doch als ich sagte, es wäre von Euch und für die Trauung bestimmt, warf sie es mir wieder zu. Sie sagte, sie habe ihr eigenes Hochzeitskleid und würde Eures niemals tragen. Oh, Mylord, es war schrecklich. Sie sagte es sehr laut, und die Männer, die zuhörten, lachten.«

Stephen gab dem Mädchen einen Kupferpfennig. Als das Mädchen das Zimmer wieder verlassen hatte, sagte Chris lachend: »Eine scharfe Zunge, sagtest du? Mir scheint, sie ist eher ein scharfgewetztes Messer.«

Wütend schlüpfte Stephen in sein Wams. »Ich habe mir genug von ihr bieten lassen. Höchste Zeit, daß jemand dieser jungen Dame ein paar Manieren beibringt.«

Er warf das Kleid über die Schulter und strebte mit langen Schritten der Halle zu. Er hatte es sich einiges kosten lassen, ihr dieses Kleid zu beschaffen. Alicia hatte sich bei ihm über ihr verdorbenes Kleid beschwert, obwohl er keine Schuld daran trug, daß sie damit in den Fluß fiel. Er war in die Stadt geritten, hatte den aus Silber gewirkten Stoff entdeckt und eine Näherin dafür bezahlt, daß sie die Nacht hindurch an dem Kleid arbeitete. Das Material war von feinster Wolle und jeder zweite Querfaden ein hauchdünner Silberdraht. Das Gewand war schwer und kostbar und schimmerte und glühte sogar auf den dunklen Korridoren. Vermutlich hatte es mehr gekostet als alle Kleider von Alicia zusammengerechnet.

Doch sie hatte sich geweigert, es zu tragen.

Er sah sie schon, als er in die große Halle kam. Sie saß auf einem gepolsterten Stuhl und trug ein Kleid aus elfenbeinfarbenem Satin. Ein junger Mann saß neben ihr und spielte einen Psalter auf der Harfe.

Stephen pflanzte sich zwischen den beiden auf.

Sie sah ihn mit einem kurzen betroffenen Blick an und drehte dann das Gesicht zur Seite.

»Es wäre mir recht, wenn Ihr dieses Kleid anziehen würdet«, sagte er ruhig.

Sie sah nicht zu ihm hoch. »Ich habe ein Hochzeitskleid.«

Jemand in Stephens Nähe gluckste: »Habt Ihr wieder Probleme mit Frauen, Stephen?«

Stephen stand einen Moment still und riß dann Alicia aus dem Stuhl. Er sagte nichts, doch sein finsteres Gesicht war ihr Warnung genug. Er legte seine Finger wie eine Fessel um ihr Handgelenk und zog sie hinter sich her. Ihre Füße verfingen sich im Rocksaum, und sie raffte rasch den Rock hoch. Sie wußte, er hätte sie hinter sich hergezogen, wenn sie gestürzt wäre.

Er stieß sie förmlich in ihr eigenes Zimmer hinein und schleuderte das Kleid auf das Bett. »Zieht das an!« befahl er.

Alicia wehrte sich. »Ich werde weder jetzt noch in Zukunft Euren Befehlen gehorchen.«

Seine Augen waren dunkel und hart. »Ich habe alles Menschenmögliche getan, um für mein Zuspätkommen Abbitte zu leisten.«

»Zuspätkommen«, fauchte sie, »glaubt Ihr etwa, ich wäre so eitel, Euch zu verachten, weil Ihr die Manieren eines Bauern besitzt? Wie schlecht Ihr mich doch kennt! Ich wünschte, daß Ihr heute das Turnier verloren hättet, weil Roger Chatworth sich besser für meinen Klan geeignet hätte. Meine Gefolgsleute werden Euch aus dem gleichen Grund verabscheuen wie ich: Eurer Hoffart wegen. Weil Ihr Euch einbildet, alles wäre Euer Eigentum.«

Stephen rückte einen Schritt auf sie zu und packte ihr Kinn. Sein Daumen und sein Zeigefinger gruben sich in ihre Wangen. »Ich habe es satt, nur dauernd von Eurem Klan zu hören. Und noch mehr empört es mich, wenn Ihr noch einmal den Namen Chatworth über die Lippen bringt. Ich habe dieses Kleid als Geschenk für Euch nähen lassen; doch Ihr seid zu halsstarrig, zu eigensinnig, um es anzunehmen.«

Sie versuchte, ihren Kopf aus seinem Griff zu befreien. Doch es gelang ihr nicht.

»Ihr seid meine Frau, und als solche werdet Ihr mir gehorchen. Ich weiß nichts von Euren Leuten und kann mich mit ihnen erst befassen, wenn ich sie kennenlerne. Aber ich weiß, wie Frauen sich zu verhalten haben. Ich habe weder Kosten noch Mühen gescheut, für Euch dieses Kleid anfertigen zu lassen. Und nun werdet Ihr es auch tragen.«

»Nein! Ich werde Euch nicht gehorchen! Ich bin eine MacArran!«

»Tod und Verdammnis«, fluchte er, packte ihre Schultern und fing an, sie zu schütteln. »Das ist keine Sache zwischen England und Schottland oder zwischen einem Klanchef und dessen Gefolgsmann. Das ist eine Sache zwischen uns – zwischen Mann und Frau! Ihr werdet dieses Kleid tragen, weil ich Euer Ehemann bin und sage, daß Ihr es tragen werdet!«

Er hörte auf, sie zu schütteln, und sah, daß seine Worte sie nicht beeindruckt hatten. Er bückte sich und warf sie sich über die Schulter.

»Laßt mich sofort los!«

Er achtete nicht auf ihr Begehren, sondern warf sie mit dem Gesicht nach unten aufs Bett.

»Hört auf! Ihr tut mir weh!«

»Ihr habt mir Schlimmeres angetan als das«, gab er zurück, während er die winzigen Knöpfe auf dem Rückenteil ihres Kleides zu öffnen versuchte. Er kniete sich über sie. »Heute abend werde ich Euch die Wunden zeigen, die Roger mir Euretwegen zufügte. Haltet still, oder ich reiße dieses verdammte Kleid in Stücke!«

Sofort lag Alicia still.

Stephen maß ihren Rücken mit einem verächtlichen Blick. »Mir scheint, Ihr geht nur auf mich ein, wenn es Euer Geld kostet.«

»Wir sind ein armes Land und können uns die Verschwendungssucht der Engländer nicht leisten.« Sie hielt still, während Stephen mit ihren Knöpfen beschäftigt war. »Ihr . . . habt gut gekämpft heute morgen.«

Er hielt einen Moment mit dem Aufknöpfen inne. »Das muß Euch schwer angekommen sein, mir so etwas zu sagen, wenn ich bedenke, daß Ihr mir den Tod wünschtet.«

»Ich wünschte keinem den Tod. Ich wollte nur . . .«

»Ich weiß schon, was Ihr wolltet! Roger Chatworth!«

Das war ein seltsamer Moment zwischen ihnen. Alicia fühlte sich eigenartigerweise gar nicht befangen in seiner Nähe, als wären sie schon viele Jahre beisammen. Sie wußte, daß sie ihm nicht zu erklären vermochte, weshalb sie Roger zum Ehemann haben wollte. Sie hatte oft genug versucht, ihm ihre Logik zu vermitteln. Nun war es ihr fast ein Genuß, die Eifersucht aus seiner Stimme zu vernehmen. Sollte er doch glauben, sie begehrte Roger als Mann. Das geschah ihm recht.

»So! Und jetzt steht auf und zieht dieses Kleid an.«

Als sie sich nicht bewegte, beugte er sich über ihren Hals und küßte ihn. »Laßt uns nicht bis heute nacht warten.«

Bei diesen Worten und Aktionen wurde Alicia sogleich lebendig. Sie rollte rasch unter ihm vom Bett herunter. Sie hielt das Vorderteil ihres Kleides zusammen und sagte: »Ich werde Euer Geschenk anziehen, doch Ihr müßt erst das Zimmer verlassen!«

Stephen lehnte sich auf den Ellenbogen zurück. »Ich habe nicht die Absicht, das Zimmer zu räumen.«

Alicia versuchte, ihn dazu zu überreden, wußte jedoch, daß das zwecklos war. Zudem hatte er sie ja bereits in nassen Unterkleidern gesehen. Stephen beobachtete mit hungrigen Augen, wie sie aus ihrem Kleid stieg und es sorgsam auf eine Truhe legte. Dann hielt er das silberfarbene Kleid so dicht vor sich hin, daß er ihr einen Kuß auf die Schulter geben konnte, als sie es ihm abnahm.

Es war schon ein herrlicher Stoff, über den sie staunend mit der Hand hinstrich, ehe sie das Kleid über den Kopf streifte. Es saß wie angegossen, und als es sich an ihre Hüften schmiegte, sah sie verwundert zu Stephen hoch. Es hatte nicht den großzügigen Ausschnitt, wie es der herrschenden Mode entsprach, sondern war hochgeschlossen bis zum Kinn.

Stephen zuckte mit den Achseln, »Ich möchte nicht allen Männern zeigen, was mir gehört.«

»Euch!« keuchte sie, »habt Ihr vor, mein Leben lang zu bestimmen, was ich zu tun und zu lassen habe? Darf ich mir nicht einmal meine eigenen Kleider aussuchen?«

Er stöhnte: »Ich wußte doch, daß Eure Friedfertigkeit nicht lange vorhalten würde. Nun kommt hierher, daß ich Euch die Ösen auf dem Rücken schließen kann.«

»Das kann ich schon selbst erledigen.«

Er sah ihr eine Weile zu, wie sie sich mit dem Kleid abmühte, ehe er sie an sich zog. »Glaubt Ihr, Ihr werdet je begreifen können, daß ich nicht Euer Feind bin?«

»Aber Ihr seid doch mein Feind. Alle Engländer sind Feinde meines Klans, dem ich vorstehe.«

Er zog sie zwischen seine gegrätschten Beine und schloß Haken und Ösen auf ihrem Rücken. »Hoffentlich werdet Ihr eines Tages verstehen, daß ich mehr bin als nur ein Engländer.« Er strich über ihre Arme. »Ich freue mich auf heute nacht.«

Alicia entzog sich ihm. »Der Priester und die Gäste erwarten uns.«

Stephens Page wartete vor der Tür und half ihm in sein schweres Samtjackett. Alicia sah, wie der Junge seinen Herrn voller Verehrung ansah und ihm Glück wünschte.

Stephen lächelte und führte Alicias Hand an seine Lippen. »Glück«, sagte er, »ob es das für uns beide geben wird?«

Sie sagte nichts und drehte das Gesicht zur Seite, als er ihre Hand nahm, um sie die Treppe hinunterzuführen. Das silberne Kleid wog schwer und erinnerte sie daran, daß sie in der Gewalt dieses Fremden war.

Viele Leute erwarteten sie am Fuß der Treppe – alles Männer, die mit Sir Thomas im Hochland gegen ihre Leute gekämpft hatten. Sie versuchten nicht, ihre feindseligen Gefühle gegenüber Schotten zu verbergen. Sie lachten darüber, wie Alicia sich zur Wehr gesetzt hatte, nachdem sie ihren Vater erschlugen. Sie glaubten, wenn Alicia sich nur halb so wild im Hochzeitsbett aufführte, würde Stephen sein blaues Wunder erleben.

Sie hielt den Kopf hoch und ermahnte sich im stillen, daß sie eine MacArran sei und ihren Klan zu vertreten habe. Die Engländer waren ein rohes, prahlerisches Volk. Sie wollte sich nicht mit ihnen gemein machen, indem sie ihren rüden Scherzen mit gleicher Grobheit begegnete.

Stephens Finger preßten ihre Hand, daß sie betroffen zu ihm hinsah. Er machte ein feierliches Gesicht, sein Mund war ein grimmiger Strich, und die Muskeln unter seinen Wangenknochen zuckten. Sie hatte eigentlich erwartet, daß er die Bemerkungen seiner Landsleute gern hörte, weil sie bezeugten, daß sie ihm als Kriegsbeute zugefallen war. Statt dessen blickte er mit fast traurigen Augen zu ihr hinunter, als wollte er sie um Entschuldigung bitten.

Die Trauung dauerte nur sehr kurz. Tatsächlich kam ihr diese Zeremonie gar nicht wie eine Hochzeit vor. Alicia stand vor dem Priester und begriff in diesem Augenblick, wie allein sie war. Sie hatte sich ihre Hochzeit ganz anders vorgestellt – im Hochland im Frühjahr, wenn die Erde wieder zum Leben erwachte, umgeben von ihren Freunden und mit einem Mann zur Seite, den sie kannte.

Sie bewegte den Kopf und sah Stephen an. Sie knieten Seite an Seite in Sir Thomas kleiner Hauskapelle. Stephen hatte den Kopf andächtig nach vorn geneigt. Wie weit er von ihr entfernt war, wie entrückt! Und wie wenig sie doch von ihm wußte! Sie waren in zwei verschiedenen Welten aufgewachsen, in ganz verschiedenen Verhältnissen. Ihr Leben lang hatte man ihr beigebracht, daß sie Macht hatte und Rechte. Und daß ihr Volk sich an sie wenden würde, wenn es Hilfe brauchte. Doch dieser Engländer hatte nur eine Gesellschaft gekannt, wo man Frauen zum Nähen und zur Willfährigkeit gegenüber den Männern erzog. Und mit diesem Mann, der Frauen als Eigentum betrachtete, mußte sie nun ihr Leben verbringen.

Und heute nacht . . . Ihre Gedanken kamen zum Stillstand, weil sie nicht an die kommende Nacht denken wollte. Dieser Mann war ein Fremder für sie . . . ein völlig Fremder. Sie wußte nicht, was er gerne aß, ob er lesen oder singen konnte und aus welcher Familie er stammte. Doch sie hatte zu ihm ins Bett zu steigen und die intimsten Dinge mit ihm zu teilen. Wie sollte sie sich da wohl freuen können!

Stephen drehte sich ihr zu und sah sie an. Er bemerkte, wie sie befremdet die Brauen runzelte. Er lächelte kurz, um sie zu ermutigen; doch sie wandte sogleich ihr Gesicht wieder ab und sah auf ihre gefalteten Hände.

Für Alicia schien der Tag kein Ende nehmen zu wollen. Sie saßen an einem langen Tisch mit den Männern, und je mehr sie schmausten und tranken, um so derber wurden ihre Späße. Alles schien sich nur um das Ereignis der Hochzeitsnacht zu drehen, und bei jeder Bemerkung wurde ihr Haß auf die Engländer größer. Sie nahmen keine Rücksicht auf die Braut. Sie war nichts als eine Trophäe.

Alicia aß kaum etwas und trank noch weniger. Sie spürte, wie sich alles in ihr verkrampfte, als die Sonne immer tiefer sank. Sie versuchte sich einzureden, daß sie eine mutige Frau war. Mehrere Male hatte sie die Raubzüge gegen die Rinderherden der MacGregors angeführt. Sie hatte, zusammengerollt in ihrem Plaid, im Schneesturm nachts im Freien geschlafen. Sie hatte sogar an der Seite ihres Vaters gegen die Engländer gekämpft. Sie wußte, wie eine Paarung ablief, doch von den Gefühlen, die sie begleitete, hatte sie keine Ahnung. Würde sie sich dabei verändern? Gehörte sie danach diesem Stephen Ascott, wie er das jetzt schon zu glauben schien? Morag hatte gesagt, das Schlafen bei einem Mann sei ein erfreuliches Erlebnis. Alicia hatte Männer gesehen, die weich wurden wie Wachs, weil sie glaubten, verliebt zu sein. Sie hatte auch Frauen erlebt, die glücklich und aufgeregt waren, jedoch in eine plumpe und träge Sattheit verfielen, sobald ihnen ein Mann den Ring an den Finger steckte. Nicht nur die Paarung schien sich im Ehebett zu vollziehen, sondern auch etwas Geheimnisvolles, vor dem sie sich fürchtete.

Als Morag hinter ihren Stuhl trat und Alicia zuraunte, es sei Zeit, zu Bett zu gehen, wurde Alicias Gesicht weiß wie ein Laken. Sie umkrampfte mit beiden Händen die geschnitzten Löwenköpfe an den Stuhllehnen.

Stephen hielt einen Moment ihren Arm. »Sie sind eifersüchtig. Bitte, achtet nicht auf sie. Bald werden wir hinter uns die Tür zumachen und sie ausschließen können.«

»Ich würde lieber hierbleiben«, gab Alicia böse zurück und folgte Morag dann aus der großen Halle.

Morag sagte kein Wort, während sie die Haken auf dem Rücken des silberfarbenen Kleides löste. Alicia benahm sich wie eine gehorsame Puppe, die sich nackt zwischen Laken und Zudecke betten ließ. Rab legte sich dicht neben seine Herrin auf den Boden.

»Komm, Rab«, rief Morag. Der Hund rührte sich nicht.

»Alicia! Schickt den Hund aus dem Zimmer. Ihm wird es nicht gefallen, wenn der Hund heute nacht zugegen ist.«

Alicia funkelte die Alte an. »Du fürchtest um den Hund und nicht um mich? Hat denn jeder mich verlassen? Rab bleibt hier.«

»Ihr tut Euch nur selbst leid. Sobald es vorbei ist, werdet Ihr Euch nicht mehr so schlecht fühlen.« Sie verstummte, weil plötzlich die Tür aufflog und Stephen hereinstürmte.

»Geht, Morag«, sagte er, ganz außer Atem, »geht rasch! Sie werden wütend sein, wenn sie entdecken, daß ich mich heimlich entfernt habe. Doch ich kann sie nicht mehr ertragen. Und ich möchte nicht mehr zuhören, wie sie über Alicia reden. Zur Hölle mit ihnen!«

Morag grinste und legte ihre Hand auf seinen Arm. »Ihr seid ein guter Junge.« Sie lehnte sich vor und wisperte: »Seid vor dem Hund auf der Hut.« Sie tätschelte noch einmal seinen Arm, ehe sie zur Tür ging und diese hinter sich schloß.

Stephen drehte sich Alicia zu und lächelte. Sie saß aufrecht im Bett. Ihre schwarzen Haare fielen in üppigen Wellen über das weiße Bettuch, das sie bis zum Kinn hochgezogen hatte. Ihre Knöchel waren so weiß wie ihr Gesicht.

Stephen ließ sich schwer auf den Bettrand fallen und zog Jackett und Wams aus. Er streifte seine Schuhe von den Füßen und knöpfte das Hemd auf, ehe er sagte: »Es tut mir leid, daß es bei unserer Hochzeit nicht festlicher zuging. Aber da Sir Thomas' Haus so nahe an der Grenze liegt, kommen Frauen nur selten hierher zu Besuch.«

Er schwieg, als Fäuste gegen die Tür hämmerten.

»Das ist nicht fair, Stephen!« grölten Männerstimmen. »Wir wollen die Braut sehen! Du hast sie ja ein ganzes Leben für dich.«

Stephen stand auf und drehte sich seiner Frau zu, während er sein Schwert abgurtete und den Dolch dazulegte. »Sie werden sich gleich wieder entfernen. Sie sind zu betrunken, um Schaden anrichten zu können.«

Als er sich nackt ausgezogen hatte, schlüpfte er unter das Bettuch an ihre Seite. Er lächelte, weil sie mit glasigen Augen vor sich hinstarrte. Er streckte die Hand aus und berührte ihre Wange. »Bin ich so schrecklich, daß du nicht einmal meinen Anblick ertragen kannst?«

Da kam plötzlich Leben in sie. Sie sprang aus dem Bett und nahm die Bettdecke mit. Sie wich bis zur Wand, und ein aufgeschreckter Rab stellte sich schützend vor sie. Sie starrte auf Stephen, der vor ihr im Bett lag. Sein nackter Körper, seine muskulösen Beine, die mit hellblonden Haaren bedeckt waren, sahen seltsam verwundbar aus. Seine Brust war noch breiter, als sie im bekleideten Zustand gewirkt hatte. »Rühr mich nicht an!« zischelte sie leise.

Langsam und mit großer Geduld schwang Stephen sich auf ihre Seite des Bettes hinüber. Sie sah ihm an, daß er ihren Ausbruch nur für ein kleines Ärgernis hielt. Er ging an ihr vorbei zum Tisch, wo ein Becher neben einer Schale mit Früchten stand. Er goß aus einer Kanne Wein in den Becher. »Hier«, sagte er und reichte ihr den Becher, »trink das und beruhige dich wieder.«

Sie schlug ihm den Becher aus der Hand. »Ich werde nicht dulden, daß du mich anfaßt!«

»Alicia, du bist doch nur nervös. Jede Braut hat beim ersten Mal Angst.«

»Erstes Mal?« wiederholte sie mit schriller Stimme. »Du glaubst, es wäre für mich das erste Mal? Ich habe mit dem halben Klan geschlafen. Ich will nur nicht, daß ein schmutziger Engländer mich berührt!«

Stephen verlor nicht die Geduld mit ihr. »Ich weiß so gut wie du, daß das eine Lüge ist. Du wärst nicht so entsetzt, wenn du schon einmal mit einem Mann geschlafen hättest. Und nun entspanne dich. Du machst doch alles nur noch schlimmer. Und was willst du damit eigentlich erreichen?«

Sie verabscheute seine selbstgefällige Überzeugung, daß sie machtlos gegen ihn wäre. Sie haßte alles an ihm. Selbst nackt strahlte er noch ein Gefühl der Macht aus. Alicia erwiderte sein Lächeln, denn sie hatte etwas, das ihm das Lächeln von seinem Gesicht wischen würde.

»Rab!« befahl sie, »faß!«

Der riesige Hund zögerte nur einen winzigen Augenblick, ehe er mit einem mächtigen Satz auf Stephens Hals lossprang.

Stephen bewegte sich zur Seite. Seine Reaktionen waren noch schneller als die des Hundes. Als der Wolfshund mit knurrend entblößten Fangzähnen ihm entgegenflog, schlug er mit der Faust seitlich gegen den kantigen Schädel der Kreatur. Rabs Sprung wurde in eine andere Richtung gelenkt. Er prallte wuchtig gegen die Wand und rutschte dann als Fleischmasse auf den Boden.

»Rab!« schrie Alicia, ließ die Bettdecke fallen und eilte ihrem Hund zu Hilfe.

Rab versuchte aufzustehen, torkelte aber nur benommen umher.

Stephen hatte dem Hund nur einen kurzen Blick gegönnt. Als er wußte, daß er keinen ernsthaften Schaden genommen hatte, starrte er mit offenem Mund auf ihre rosigen Brustspitzen und ihre gerundeten Hüften, die wie mit elfenbeinfarbenem Satin überzogen zu sein schienen.

»Dafür werde ich Euch töten!« schrie Alicia.

Stephen war viel zu sehr verzaubert von ihrer Schönheit, um zu bemerken, wie sie nach dem Messer griff, das bei der Früchteschale lag. Es war ein stumpfes Messer, jedoch mit scharfer Spitze. Er sah es gerade noch aufblitzen, ehe es sich in seine Schulter gebohrt hätte. Er bewegte sich zur Seite, und so schnitt es nur in seine Haut.

»Verdammt!« sagte er und preßte die Hand auf die Wunde.

Blut sickerte ihm durch die Finger. Plötzlich fühlte er sich sehr müde. Er setzte sich auf das Bett und befahl: »Reiß ein Stück vom Laken ab, damit ich mir das da verbinden kann.«

Alicia stand starr da, das Messer noch in der Hand.

Stephen sah sie an, und sein Blick tat ihrem Körper Gewalt an. »Reiß ein Stück vom Laken ab!« befahl er noch einmal, und sie kniete sich auf den Boden, riß einen Streifen von dem Leinen und wickelte sich den Rest um den Körper.

Stephen bat sie nicht um Hilfe, als er sich mit einer Hand und mit Hilfe seiner Zähne einen Verband anlegte. Dann wandte er sich dem Hund zu. »Komm her, Rab«, sagte er ruhig. Der Hund gehorchte sofort. Stephen untersuchte ihn sorgfältig, und als er keine Verletzung an dem Tier entdeckte, streichelte er es, und der Hund rieb den Kopf an seiner Hand. »Guter Junge«, sagte Stephen, »und nun lege dich dorthin und schlafe.« Rab ging zu der Stelle, auf die Stephen deutete, und legte sich hin.

»Und jetzt kommst du ins Bett, Alicia«, sagte er im gleichen Ton wie zu dem Hund.

»Ich bin nicht Rab, der so rasch seine Treuepflicht vergißt!«

»Ach, zum Teufel!« sagte Stephen, machte einen langen Schritt auf sie zu und packte sie am Handgelenk. Er wickelte sie mit einem Ruck aus dem Leinen und schleuderte dieses zu Boden. »Du wirst mir gehorchen, und wenn ich dich dazu zwingen muß.« Damit warf er sie über den nackten Schenkel und verabreichte ihr ein paar saftige Hiebe auf ihre festen, runden Pobacken.

Als sie beide die roten Male seiner Finger trugen, warf er Alicia auf die andere Seite des Bettes hinüber. Er achtete nicht auf die Tränen, die der Schmerz ihr in die Augen trieb. Er streckte sich neben ihr aus, schlang einen Arm um ihre Taille und legte einen Schenkel auf den ihren.

Stephen lag einen Moment ganz still und spürte ihre herrliche zarte Haut an der seinen. Ihm verlangte sehr danach, sie ganz zu umarmen, doch zugleich fühlte er sich sehr, sehr müde. Er hatte mit Roger am Morgen gekämpft und den übrigen Tag mit Alicia und ihrem Hund. Ein wohliges Gefühl der Ruhe überkam ihn. Er hatte sie und konnte sie bis zum Ende seiner Tage genießen. Seine Muskeln lockerten sich.

Alicia lag steif unter Stephens Schenkel und stemmte sich innerlich gegen alles, was jetzt über sie hereinbrechen mußte. Ihre Kehrseite war ganz wund von seinen Schlägen. Als sie spürte, daß er sich entspannte, und dann seine regelmäßigen Atemzüge hörte, die ihr verrieten, daß er eingeschlafen war, seufzte sie erleichtert auf. Im nächsten Moment war sie beleidigt. Sie wollte von ihm abrücken, doch sein Arm hielt sie so fest umklammert, daß sie sich dabei die Rippen brechen mußte. Da sie nichts an ihrer Lage zu ändern vermochte, entspannte sie sich. Und danach fand sie sogar Gefallen daran, daß ihre Körper sich berührten. Seine Schulter fühlte sich so fest und hart an. Sie legte ihre Wange an sein Gesicht. Die Wachskerzen im Zimmer fingen an zu flackern, und als er ihr Gesicht in ihren Haaren vergrub, lächelte sie verträumt vor sich hin.

5. Kapitel

Stephen erwachte schon sehr zeitig am nächsten Morgen. Zunächst war er sich nur eines pochenden Schmerzes in seiner Schulter bewußt. Das Zimmer war dunkel und still. Nur ein Hauch von Rosa schwamm im dunklen Blau vor dem Fenster.

Dann nahm er den warmen Hauch von Alicias Körper wahr. Ihre dicken schwarzen Haarsträhnen waren um seinen Arm gewickelt. Ihr Schenkel ruhte zwischen seinen. Sofort vergaß er das Pochen und Ziehen in Arm und Schultern. Er holte tief und langsam Luft, während er sie betrachtete. Im Schlaf sprühten ihre Augen keinen Haß. Ihr Kinn war gesenkt und wehrlos, ihr Gesicht so glatt und rosig wie bei einem Baby. Ihre Haare ringelten sich wie Rosenranken an einem Spalier um seinen Arm. Ihm war, als habe er sie schon sein ganzes Leben lang begehrt. Sie war die Frau, von der er immer geträumt hatte. Es drängte ihn nicht, sich an ihrem Körper zu ergötzen. Er hatte so lange gewartet, daß er sich nun Zeit nehmen wollte, sie zu genießen.

Er merkte, als sie ebenfalls die Augen öffnete. Er tat nichts, was sie erschrecken konnte. Ihre großen blauen Augen erinnerten ihn an die Rehe im Park von Ascott. Als Junge hatte er sich an sie heranpirschen und sie so lange ruhig ansehen können, bis sie ihre Angst vergaßen und neben ihm grasten.

Er berührte ihren Arm und tastete daran entlang, bis er ihre Hand in seiner spürte. Er hob sie langsam an seine Lippen und lächelte. Sie betrachtete ihn mit einem besorgten Gesicht, als könnte er ihr mehr rauben als ihre Unschuld. Er wollte sie beruhigen, wußte jedoch, daß ihm das nie mit Worten gelingen konnte. Er mußte sie erst dazu bringen, daß sie mit ihrem Körper verstand, wie wenig sie zu befürchten hatte.

Er drehte sich so, daß er beide Arme frei hatte, und spürte, wie sie sich sogleich verkrampfte. Mit einer Hand hielt er ihre Fingerspitzen an seine Lippen und liebkoste sie mit Zunge und Zähnen. Mit der anderen Hand fuhr er über ihre Rippen, faßte ihre Taille, streichelte ihre Hüfte. Ihr Körper war fest, die Muskeln unter der zarten Haut straff und wohlgeformt von stetiger Übung. Er hörte ihren scharfen Atem, als er ihre Brust berührte. Ganz sacht fuhr er mit dem Daumen über die Brustwarze. Obwohl er spürte, wie sie hart wurde unter seiner Haut, entspannte sie sich nicht. Stephen runzelte ein wenig die Stirn, weil er merkte, daß er auf diese Weise nicht weiterkam. Seine Vorsicht und Zärtlichkeit machten sie nur noch spröder.

Seine Hand ging von ihrer Brust zur Hüfte hinunter. Er berührte mit den Lippen ihren Hals und wanderte von dort zur Brust, während seine Hand mit ihrem wohlgerundeten Knie spielte. Er spürte, wie sie mit einem kleinen wohligen Schauer antwortete, und er lächelte, während er mit dem Mund ihre andere Brust liebkoste, die Hand wieder an ihrer Hüfte. Er merkte, wie sie sich abermals versteifte, und bewegte sich langsam von ihr fort.

Sie lag auf dem Rücken und sah ihn mit großen Augen an. Er strich mit den Fingerspitzen an ihren Schläfen entlang. Ihre Haare lagen um sie ausgebreitet wie ein Wasserfall von flüssigen schwarzen Perlen.

Sie ist anders, dachte er, ganz anders als die Frauen, die mir bisher begegnet sind. Sie ist etwas Besonderes, Einmaliges.

Er grinste sie an und riß ihr mit einem Ruck die Zudecke von den Beinen.

»Nein«, flüsterte Alicia, »bitte.«

Ihre Beine waren herrlich: lang, schlank und wohlgerundet. Sie war ihr ganzes Leben lang geritten, geklettert und gelaufen. Ihre Beine schienen überaus reizempfänglich. Stephen begriff, daß nicht die Berührung ihrer Brust den wohligen Schauer bei ihr ausgelöst hatte, sondern das Streicheln ihres Knies.

Er glitt zum Fußende des Bettes, während er sich mit den Augen an ihrer Schönheit weidete. Er beugte sich vor und legte die Hände auf ihre Fußknöchel. Langsam fuhr er von dort über die Knie bis zu ihren Schenkeln hinauf. Alicia zuckte, als habe sie jemand mit einer glühenden Kohle berührt.

Stephen lachte tief in der Kehle und bewegte die Hände wieder an ihren Beinen entlang nach unten. Er nahm einen ihrer beiden Füße in die Hand und liebkoste ihr Bein mit den Lippen. Er fuhr mit der Zunge an ihrer Kniescheibe entlang.

Alicia bewegte sich ruhelos unter ihm. Kleine wohlige Schauer ergossen sich durch ihren Körper, rieselten durch ihre Arme, strahlten bis zu den Schultern aus. Solche Gefühle hatte sie noch nie empfunden. Ihr Körper erbebte, und ihr Atem ging schneller und unregelmäßig.

Stephen drehte sie auf den Bauch und küßte ihre Kniekehlen. Alicia zuckte, daß sie fast aus dem Bett gefallen wäre, wenn Stephen nicht mit der Hand ihren Rücken niedergedrückt hätte. Sie grub ihr Gesicht in die Kissen und stöhnte, als litte sie Schmerzen. Stephen marterte sie mit Händen und Lippen, die jeden Zoll ihrer empfindlichen Beine erforschten.

Er begehrte sie so sehr, daß er ihr nicht länger widerstehen konnte. Er drehte sie wieder auf den Rücken und suchte mit seinen Lippen ihren Mund. Er war nicht vorbereitet auf die Leidenschaft, mit dem sie seinen Kuß erwiderte. Sie schlang die Arme um ihn und hielt ihn fest wie ein Schraubstock. Ihr Mund schien sein ganzes Wesen in sich hineinsaugen zu wollen. Er wußte, was sie verlangte, wußte jedoch zugleich, daß sie keine Ahnung hatte von dem Wie.

Als sie ihn auf das Bett niederzudrücken suchte, während ihre Hände ruhelos über seinen Rücken und seine Arme glitten, warf er sie in die Kissen zurück und legte sich über sie. Ihre Beine öffneten sich wie von selbst. Sie war bereit für ihn. Ihre Augen weiteten sich, als er in sie eindrang, und sie legte den Kopf zurück. Dann lächelte sie, während sich ihre Lider senkten. »Ja«, flüsterte sie mit geschlossenen Augen, »oh, ja.«

Stephen glaubte, sein Herz würde stehenbleiben. Ihr Anblick, ihre kehligen, gestammelten Worte waren verlockender als jedes Liebesgedicht. Hier war eine Frau, die sich nicht vor einem Mann fürchtete, sondern ihm ebenbürtig war in ihrer Leidenschaft.

Er bewegte sich auf ihr, und sie zögerte nicht, im Takt ihm zu folgen. Ihre Hände liebkosten seinen Körper, rieben die Innenflächen seiner Schenkel, bis Stephen dachte, er müsse schier zerspringen unter der Gewalt seiner immer größer werdenden Leidenschaft. Doch Alicia kam ihm Stoß für Stoß entgegen, gebend und empfangend. Und als er schließlich zum Höhepunkt kam, war die Erschütterung so gewaltig, daß er meinte, er risse mitten entzwei.

Er brach, schweißgebadet und schlaff, auf Alicia zusammen und preßte sie an sich, daß sie kaum noch Luft bekam. Es störte sie nicht. Einen Moment lang glaubte sie, sie wäre tot. Niemand konnte das, was sie eben erfahren hatte, lebend überstehen. Ihr ganzer Körper hatte sich in Schwingungen aufgelöst, und selbst wenn ihr Leben davon abgehangen hätte, wäre sie nicht imstande gewesen, sich vom Bett zu erheben. Sie glitt in den Schlaf, Beine und Arme noch um Stephens Körper geschlungen.

Als sie erwachte, sah sie seine spöttisch lächelnden blauen Augen über sich. Das Zimmer war vom Licht der Sonne überflutet, und blitzartig fiel ihr alles ein, was zwischen ihnen geschehen war. Sie spürte, wie ihr das Blut ins Gesicht schoß. Seltsamerweise erinnerte sie sich nicht mehr an die Empfindungen, die an ihrem peinlichen Verhalten schuld gewesen sein mußten.

Er berührte ihre Wange und sagte mit lachenden Augen: »Ich wußte ja, daß es sich lohnen würde, um dich zu kämpfen.«

Sie rückte von ihm fort. Sie fühlte sich gut. Tatsächlich fühlte sie sich so gut wie lange nicht mehr. Natürlich, dachte sie; denn ich weiß, ich bin immer noch die gleiche. Ich habe die Nacht mit einem Mann verbracht und mich dennoch nicht verändert. Sie haßte ihn wie zuvor. Er war ihr Feind geblieben – ein unerträglicher, arroganter Prahlhans. »Das ist alles, was du in mir siehst, nicht wahr? Eine Dirne, die dir das Bett wärmt.«

Stephen lächelte träge. »Fast hättest du es in Brand gesetzt.« Seine Finger strichen über ihren Arm.

»Laß mich los!« sagte sie mit fester Stimme, sprang aus dem Bett und griff nach ihrer Kammerrobe aus grünem Samt.

Ein flüchtiges Pochen an der Tür, und schon trat Morag mit einer Kanne voll heißem Wasser ins Zimmer. »Ich hörte euch selbst eine Treppe tiefer noch streiten«, schimpfte sie.

»Es kann nicht nur Streit gewesen sein, was du gehört hast«, sagte Stephen, den Kopf auf beide Hände gebettet.

Morag drehte sich zu ihm um und grinste, daß ihre Augen vor lauter Runzeln kaum noch zu sehen waren. »Ihr schaut mir sehr zufrieden aus«, sagte sie und musterte wohlgefällig seinen von der Sonne gebräunten muskulösen Oberkörper auf dem weißen Laken.

»Ich bin mehr als zufrieden, möchte ich sagen. Kein Wunder, daß ihr Hochländer euch selten in den Süden verirrt.« Seine Augen gingen zu Alicias, die ihn gehässig anfunkelte.

Chris Audley erschien im Türrahmen.

»Gönnt man uns kein Privatleben?« fauchte Alicia, sich dem Fenster zudrehend. Rab kam an ihre Seite. Doch sie kraulte ihn nicht, weil sie sich von ihm zweimal verraten fühlte. Zum erstenmal gestern nacht und zum zweitenmal, als er Stephen erlaubte, sie zu . . . zu . . . Ihr Gesicht erglühte vor Scham.

Stephen sah Chris lächelnd an. »Sie möchte lieber mit mir allein sein.«

»Was ist denn mit deinem Arm geschehen?« fragte Chris und deutete mit dem Kopf auf den durchgebluteten Verband.

Stephen zuckte mit den Schultern. »Ein kleines Mißgeschick. Und wenn ihr beide euch inzwischen überzeugt habt, daß wir uns nicht gegenseitig umbrachten, könntet ihr uns vielleicht wieder allein lassen, damit meine Frau meine Wunde versorgen kann.«

Morag und Chris lächelten ihm zu, warfen einen kurzen Blick auf Alicias steifen Rücken und gingen wieder.

Alicia schwang zu Stephen herum. »Ich hoffe, du verblutest«, fauchte sie.

»Komm her«, sagte er geduldig und liebenswürdig.

Ihren finsteren Gedanken zum Trotz gehorchte sie. Er faßte ihre Hand und zog sie auf den Bettrand nieder. Er rollte zu ihr, daß die Zudecke mehr entblößte als nur Schenkel und Brust. Alicia sah davon fort auf sein Gesicht. Sie mußte gegen den Drang ankämpfen, seine Haut zu berühren.

Er streichelte ihre Wange mit der freien Hand. »Vielleicht habe ich mich zu oft über dich lustig gemacht. Du hast mir heute morgen eine große Wonne bereitet!« Er sah, wie sich ihre Wangen dunkelrot färbten. »Womit kann ich dir nun eine Freude machen?«

»Ich möchte wieder nach Hause«, sagte sie ruhig. »Ich will zurück ins Hochland zu meinem Klan.«

Er beugte sich vor und küßte sie so zart auf den Mund wie ein Frühlingsregen. »Dann werden wir schon heute aufbrechen.«

Sie lächelte und wollte von ihm weg, doch er hielt ihre Hand fest. Sofort wurde ihr Gesicht eine kalte Maske.

»Du mißtraust mir nach wie vor, wie?« Er betrachtete den blutigen Verband an seinem Arm. »Die Wunde muß gesäubert und neu verbunden werden.«

Sie entwand sich ihm. »Das kann Morag besorgen. Sie macht es dir gern, denn sie hat dich vorhin sehr begehrlich angesehen.«

Stephen warf die Zudecke beiseite, stand auf und schloß sie in seine Arme. »Ich wollte, es wäre Eifersucht, die dir diese Worte eingab. Ich möchte nicht von Morag verbunden werden. Du hast mir die Wunde beigebracht, also verbinde sie auch.«

Alicia vermochte sich nicht zu bewegen oder klar zu denken, wenn er ihr so nahe war. Sie erinnerte sich nun an die Empfindungen, die seine Lippen in ihrer Kniekehle ausgelöst hatten. Sie schob ihn von sich fort. »Gut, ich werde es tun. Je rascher ich das erledige, um so früher können wir aufbrechen.«

Er setzte sich auf die Fensterbank und lehnte sich in das Polster zurück. Ihn schien überhaupt nicht zu stören, daß er nackt war. Er hielt ihr lächelnd den Arm hin, und sie riß ihm mit einem tückischen Funkeln in ihren Augen das Leinen von der Wunde, daß sich der Schorf und Hautfetzen vom Arm lösten.

»Verdammt!« schrie Stephen und fuhr von der Fensterbank auf. Er griff mit einer Hand in ihren Nacken und zog ihren Kopf zu sich. »Das wirst du mir büßen! Eines Tages wirst du begreifen, daß ein Tropfen meines Blutes kostbarer ist als alle Haßgefühle, die du gegen mich hegst!«

»Ist das dein innigster Wunsch? Ich prophezeie dir, daß er nicht in Erfüllung gehen wird. Ich habe dich geheiratet, um meinem Klan blutige Stammesfehden zu ersparen. Ich schone dein Leben nur, weil dein alter König mir sonst blutgierige Engländer ins Haus schickt.«

Stephen stieß sie so heftig von sich, daß sie gegen die Bettstatt flog. »Du schonst mein Leben!« höhnte er. Das Blut lief aus der aufgerissenen Wunde über seinen Arm. »Du bist verblendet von deiner eigenen Wertschätzung.« Er raffte seine Kleider vom Boden und stieg in seine Hose. »Du bist in einer Stunde reisefertig«, sagte er barsch und warf dann die Tür hinter sich zu.

Sie ritten hart den ganzen Tag bis in den späten Abend hinein. Je weiter sie nach Norden kamen, um so leichter wurde es Alicia ums Herz. Sie haßte das Gepolter der vielen Gepäckwagen, die zu ihrem Troß gehörten. Mit ihrem schottischen Sinn für Sparsamkeit sah sie in den Wagenladungen nur einen überflüssigen Ballast. Ein Schotte konnte alles, was er brauchte, auf dem Rücken seines Pferdes mitnehmen. Mittags bestanden die Engländer auf einer Rast, um sich eine Mahlzeit kochen zu können. Alicia war viel zu ungeduldig, um mehr als einen Bissen zu sich zu nehmen. Und selbst dazu mußte Stephen sie erst zwingen.

»Setz dich!« befahl er. »Du machst meine Männer nervös mit deinem Herumgehüpfe!«

»Deine Männer! An die Männer, die auf mich warten, denkst du wohl nicht!«

»Ich kann mich immer nur um eine Gruppe von Männern kümmern.«

»Du kannst. . .!« hob sie an und verstummte wieder. Ein paar von Stephens Gefolgsleuten sahen ihnen neugierig zu. Christopher Audley zwinkerte gar belustigt. Alicia hielt ihn für einen angenehmen jungen Mann, doch im Augenblick konnte es ihr keiner recht machen. Sie wollte so rasch wie möglich aus diesem verfluchten Tiefland heraus.

Sie überquerten nach Sonnenuntergang die Grampians. Das waren niedrige, von breiten Tälern durchzogene Berge. Dahinter schien die Luft kühler und die Landschaft wilder zu werden. Erst jetzt vermochte Alicia wieder frei atmen und ruhiger auf ihrem Pferd sitzen zu können.

»Alicia!« sagte Stephen neben ihr. »Wir müssen uns einen Platz für das Nachtlager suchen.«

»Anhalten? Aber. . .« Sie wußte, daß es sinnlos war, ihn noch weiter zur Eile anzutreiben. Nur Morag empfand so wie sie. Die anderen brauchten ihre Rast, ehe sie die Reise fortsetzen wollten. Sie holte tief Luft. Das Gefühl, ihrer Heimat schon so nahe zu sein, würde ihr heute nacht helfen, Schlaf zu finden. Sie stieg vom Pferd und löste ihre Satteltasche. Wenigstens konnte sie aus diesen beengenden englischen Kleidern heraus.

»Was ist das?« fragte Stephen und befühlte das Plaid, das sie über den Arm legte. »Hast du das in der Nacht getragen, als ich dich zum erstenmal sah?«

Sie entriß ihm den Tartan und ging damit zwischen die Bäume. Es war gar nicht so leicht, sich ohne fremde Hilfe von diesem englischen Kleidungsstück zu befreien. Endlich konnte sie aus dem schweren Samtkleid steigen, legte es auf einen Stein und zog sich aus bis auf die Haut. Sie streifte ein weiches Baumwollhemd über den Kopf und darauf ein safrangelbes Hemd mit langen Ärmeln, die an den Schultern gefältelt waren und an den Gelenken eng anlagen. Der Rock war aus breiten Keilen zusammengesetzt, die sich fest um die Taille schlossen, aber an den Knien so weit wurden, daß sie mit diesem Kleidungsstück schnell laufen oder rasch auf ein Pferd springen konnte. Ein breiter Gürtel mit Silberschnalle hielt den hellblauen Plaidrock über den Hüften zusammen. Ein zweites, sechs Ellen langes Plaid, das sie mit einer geschickten Bewegung über beide Schultern warf, wurde vorn mit einer Nadelbrosche zusammengeheftet. Die Brosche war aus gediegenem Silber, ein Erbstück, das seit vielen Generationen im Besitz ihrer Familie war.

»Laß dich mal ansehen«, sagte eine Stimme hinter ihr.

Sie wirbelte herum. »Hast du schon wieder spioniert?«

»Ich möchte das eher beschützen nennen. Was kann so einer hübschen Lady wie dir nicht alles in so einem dunklen Wald passieren!«

Sie wich vor ihm zurück. »Das Schlimmste, meine ich, ist mir bereits passiert.« Damit ließ sie ihn stehen und rannte in das Lager zurück. Sie wollte nicht mehr dieser Macht verfallen, die sie in der letzten Nacht seinem Willen unterwarf.

»Hast du nicht etwas vergessen?« rief Stephen ihr nach und hielt ein Paar Schuhe hoch. Er lachte, als sie sich nicht einmal umzuschauen wagte.

Alicia kam humpelnd in das Zelt, das für Stephen errichtet worden war, wie seine Männer ihr sagten. Seine Gefolgsleute waren geschickt in derlei Dingen. Sie vermochten aus Stöcken und Planen kleine Städte zu errichten. Sie zuckte zusammen, als ihr bloßer Fuß den Teppich berührte, mit dem der gute schottische Boden zugedeckt war. Sie hatte vergessen, daß sie seit Monaten nicht mehr barfuß gegangen war. Ihre Sohlen waren weich und empfindlich geworden.

Sie setzte sich auf den Rand der breiten Koje und untersuchte sie. Als die Klappe am Eingang des Zeltes sich hob und Stephen hereinkam, stand sie rasch auf, obwohl der Schmerz beim Auftreten ihr die Tränen in die Augen trieb.

Stephen warf die Schuhe in eine Ecke. »Laß sehen!« befahl er, während er sich auf den Kojenrand setzte.

»Ich habe keine Ahnung, wovon du sprichst!« erwiderte sie hochmütig und ging einen Schritt von ihm fort.

»Alicia, weshalb bist du immer nur aufsässig? Du hast dich an den Füßen verletzt. Ich weiß, daß es so ist. Also komm her, damit ich sie mir ansehen kann.«

Früher oder später mußten ihre wunden Füße versorgt werden. Also gab sie widerstrebend nach und setzte sich neben ihn. Mit einem verdrossenen Seufzen bückte er sich und zog ihre Füße in seinen Schoß. Alicia fiel auf die Ellenbogen zurück. Stephen betrachtete stirnrunzelnd die Schnitte in ihrer Sohle. Eine Wunde klaffte, als sei sie mit einem Schwert in Berührung gekommen. Er rief laut nach seinem Knappen und befahl ihm, eine Schüssel voll heißes Wasser und Bandagen zu bringen. »Und jetzt stell deine Füße hinein«, befahl er und deutete auf die Schüssel mit dem dampfenden Wasser, die auf dem Teppich stand.

Sie sah zu, wie er sacht ihre Wunden auswusch und dann ihre Füße wieder auf seine Schenkel hob, um sie zu trocknen und zu verbinden. »Warum tust du das für mich?« fragte sie leise. »Ich bin dein Feind.«

»Nein, das bist du nicht. Du bekämpfst mich, während ich nichts anderes will, als mit dir in Frieden zu leben.«

»Wie kann es Frieden geben, wenn das Blut meines Vaters wie eine Mauer zwischen uns steht?«

»Alicia«, hob er an und verstummte wieder. Nur mit Taten war sie zu überzeugen, daß er es gut mit ihr und ihrem Klan meinte. Er zog die Bandage fest. »Das sollte eine Weile halten«, sagte er. Als sie ihren Fuß zurückziehen wollte, hielt er ihn in seinem Schoß fest. »Du hast wunderschöne Beine«, flüsterte er. Alicia wollte sich von ihm entfernen, doch dieser Blick, den sie nur zu gut kannte, hypnotisierte sie. Sie hielt still, obwohl er nur locker ihre Ferse umspannte. Dann fuhr er mit beiden Händen unter ihren langen Rock, und sie legte sich in die Kissen zurück, während er ihre Beine streichelte.

Er lag neben ihr und küßte ihr Gesicht, ihre Ohren, ihren Mund. Ehe sie wußte wie ihr geschah, hatte er sie schon ausgezogen. Er lachte tief in seiner Kehle, als ihre Hände seine Blöße suchten.

Er suchte mit seiner Zungenspitze die ihre. »Wer bin ich?« flüsterte er, als er mit den Zähnen sanft an ihrem Hals knabberte.

Sie gab keine Antwort, sondern rieb ihre Hüften an den seinen. Ihr Herz klopfte ganz laut, und trotz der kalten Nachtluft bildete sich ein dünner Schweißfilm auf ihrer Haut.

Er faßte in ihre Haare. Seine Hand versank in der schwarzen Fülle. »Wer bin ich? Ich möchte dich meinen Namen sagen hören.«

»Stephen« flüsterte sie, »und ich bin die MacArran.«

Er lachte mit glitzernden Augen. Selbst im Sturm der Leidenschaft vergaß sie nicht einen Augenblick ihren unglaublichen Stolz. »Und ich bin der Eroberer der MacArran«, lachte er. »Niemals!« sagte sie mit einem kehligen Flüstern. Und nun packte sie ihn bei den Haaren, zog seinen Kopf nach hinten und setzte die Zähne an seine Kehle. »Und wer ist jetzt der Eroberer?«

Stephen legte sich auf den Rücken und zog sie auf seine Brust, während er mit beiden Händen ihre Schenkel und Kniekehlen knetete. »Wir Engländer würden alle unsere Kriege verlieren, wären unsere Feinde so wie du.« Dann stemmte er sie plötzlich hoch und setzte sie auf sein steifes Glied.

Alicia keuchte laut vor Überraschung und gab dann ein tiefes, wohliges Stöhnen von sich, als sie sich nach vorn beugte und sacht auf- und niederzugleiten begann. Stephen hielt ganz still, damit sie es war, die das Geschehen diktierte. Als er spürte, daß sich ihre Erregung dem Höhepunkt näherte, rollte er sie wieder auf den Rücken, und sie umschlang ihn mit Armen und Beinen. Gemeinsam entluden sie sich in einem blendenden Blitz.

Erschöpft fielen sie so, wie sie waren, in den Schlaf, die Glieder ineinander verschlungen, ihre Körper vom Schweiß ihrer Leidenschaft verklebt.

Eine Eule weckte Alicia. Stephen lag mit gespreizten Beinen über ihr und nagelte sie ans Bett. Sie runzelte die Stirn, als sie sich an den Aufruhr erinnerte, der sie in diese Lage versetzt hatte. Ihre Leidenschaft war verflogen, ihr Kopf regierte wieder den ungehorsamen Körper. Der Schrei der Eule war ihr von Kindesbeinen an vertraut. »Tam!« flüsterte sie. Langsam und mit einer Behutsamkeit, die nicht ihren Gefühlen entsprang, schob sie Stephens schlaftrunkene Glieder von ihrem Körper.

Sie kleidete sich rasch an, suchte die Schuhe, die Stephen in eine Ecke geworfen hatte, und verließ geräuschlos das Zelt. Dann stand sie einen Moment lauschend da, Rab mit hochgestellten Ohren neben sich. Stephen hatte Wachen aufgestellt, die um das Lager patrouillierten. Alicia hatte nur einen verächtlichen Blick für sie übrig, als sie zwischen den Posten in den Wald schlüpfte. Die blaue Farbe ihres Plaids und das schwarze Haar machten sie so gut wie unsichtbar.

Sie ging zielstrebig durch den Wald, trat so leise auf wie eine Katze. Plötzlich blieb sie stehen, als sie die Nähe eines Menschen spürte.

»Jamie kann stolz darauf sein, wie gut er dich erzogen hat«, sagte eine tiefe Stimme hinter ihr.

Sie drehte sich um, ein strahlendes Lächeln auf dem Gesicht. »Tam!« hauchte sie erst, ehe sie ihm in die Arme flog.

Er drückte sie fest an sich, hob sie von den Beinen, als sie sich mit ihrem ganzen Gewicht an ihn legte. »Haben sie dich gut behandelt? Bist du wohlauf?«

Sie löste sich von ihm. »Laß dich anschauen!« Das Mondlicht gab seinem Haar ein silberfarbenes Aussehen. In Wahrheit war er noch nicht so grau. Er war von durchschnittlicher Größe, sehr kompakt gebaut, und seine Arme und sein Brustkasten hätten selbst eine Eiche neidisch werden lassen. Tam war ein Vetter ihres Vaters und sein bester Freund gewesen. Einer von Tams Söhnen hatte zu den drei Häuptlingen gehört, aus denen sie ihren Gatten hätte wählen sollen.

Tam sagte mit einem tiefen Lachen: »Deine Augen sind besser als meine. Ich vermag nicht zu sagen, ob du noch gesund bist oder nicht. Wir wollten dich aus deinem Gefängnis befreien, fürchteten aber um deine Sicherheit.«

»Setzen wir uns erst einmal.«

»Hast du so viel Zeit? Ich hörte, du seist vermählt.«

Sie konnte die Sorge an seinem Gesicht ablesen, die vielen Fältchen erkennen, die er hinzubekommen hatte. »Ja, ich habe jetzt einen Ehemann«, sagte sie »Er ist Engländer.«

»Was ist er für ein Mann? Will er in Schottland bleiben oder mit dir nach England zurückkehren?«

»Was weiß ich? Er ist ein arroganter Mann. Ich wollte ihm von meinem Klan erzählen, doch er mochte mir nicht zuhören. Er ist überzeugt, daß es nichts anderes gibt als englische Lebensart.«

Tam berührte ihre Wange. Viele Jahre hatte er in ihr nur seine Tochter gesehen. »Hat er dir weh getan?« fragte er leise.

Alicia war froh, daß die Dunkelheit ihre Schamesröte überdeckte. Stephen verletzte ihren Stolz, indem er sie dazu brachte, daß sie sich unter und über ihm wand. Sie konnte ihren Kopf hoch tragen, solange er sie nicht berührte. Doch das konnte sie nicht zu einem Mann sagen, den sie als zweiten Vater betrachtete. »Nein, weh tat er mir nicht. Sag, wie geht es dem Klan? Hattet ihr Schwierigkeiten mit den MacGregors?«

»Nein. Sie hielten still, solange du abwesend warst. Der englische König hat versprochen, dir würde kein Leid geschehen.« Er streckte die Hand aus, als Rab an seine Seite kam, und tätschelte ihm den Kopf. »Du verschweigst mir doch etwas. Sag mir, was hältst du von deinem Mann?«

Alicia stand auf. »Ich hasse ihn! Er wird mehr Unheil anrichten, als ich vertragen kann. Er lachte mich aus, als ich von ihm verlangte, er müsse sich die Sympathie meines Klans erwerben. Er reist mit einer Armee von Männern und Gepäckwagen.«

»Wir haben den Lärm schon hinter den Bergen gehört.«

»Ich fürchte, seine Dummheit und Arroganz werden meinen Leuten nur Schaden bringen. Zweifellos wird er versuchen, meinen Männern seine Lebensart aufzuzwingen. Einer von ihnen wird ihn erdolchen, und der englische König schickt uns seine Soldaten ins Land.«

Tam stand auf und legte seine Hände auf ihre schmalen Schultern. »Vielleicht auch nicht. Vielleicht genügt es, ihm ein Stück Haut von den Rippen zu schälen, damit er unsere Lebensart begreift.«

Alicia drehte sich um und lächelte zu ihm hinauf. »Du bist gut zu mir. Die Engländer sagen, wir wären ein grausames, barbarisches Völkchen. Wenn sie dich hörten, fühlten sie sich bestätigt.«

»Wild, aha«, spöttelte Tam.

»Ja. Und die Frauen, sagen sie, sind genauso schlimm wie die Männer.«

»Soso«, brummelte Tam. »Mal sehen, ob du auch nicht vergessen hast, was ich dir beigebracht habe.«

Und ehe sie auch nur blinzeln konnte, hatte er schon seinen Dolch gezückt und zielte damit auf ihren Hals. Er hatte ihr jahrelang Tricks beigebracht, wie sie sich gegen einen stärkeren Mann zur Wehr setzen konnte. Sie wich mit einer raschen, fließenden Bewegung zur Seite, doch nicht rasch genug. Das Messer saß ihr an der Kehle.

Plötzlich flog ein Mann zwischen den Bäumen hervor, segelte buchstäblich durch die Luft und landete wuchtig auf Tams Schultern. Alicia sprang zur Seite, und Tam versuchte, das Gleichgewicht zu bewahren. Er war so stämmig und massiv, daß er selbst von vier kräftigen, ausgewachsenen Männern nicht von der Stelle bewegt werden konnte, die ihn gleichzeitig ansprangen. Das hatte Alicia mit eigenen Augen gesehen.

Tam bewegte nur die Schultern, und der Mann tropfte von ihm ab. Während Tam ihn neugierig beäugte, lachte Alicia leise in sich hinein. Es war ein Freude, Stephen als Verlierer zu erleben. Er hatte zwar Roger Chatworth besiegt, doch das war ein Engländer, der nach den Regeln ritterlicher Turnierwettkämpfe gestritten hatte. Tam war ein echter Kämpfer.

Stephen verlor keine Zeit damit, seinen Gegner zu studieren. Er wußte nur, daß dieser Mann seiner Frau das Messer an die Kehle gesetzt hatte. Für ihn ging es darum, ihrer beider Leben gegen diesen Meuchelmörder zu verteidigen. Er packte einen klobigen Ast, der neben ihm auf dem Boden lag, und als Tam sich verdutzt Alicia zuwandte, schmetterte Stephen das Holz in Tams Kniekehlen.

Tam fiel mit einem tiefen Grunzlaut nach vorn. Stephen, der sich auf die Knie stützte, schlug ihm die Faust ins Gesicht, daß das Nasenbein knirschte.

Tam wußte, daß Stephen für Rab kein Unbekannter war, weil er sonst Laut gegeben hätte. Doch als er spürte, wie sein Gegner ihm fast das Nasenbein zerschmetterte, nahm er keine Rücksicht mehr, wer sein Angreifer sein könnte. Er öffnete seine mächtigen Pranken und fuhr damit an Stephens Hals. Stephen wußte, daß er gegen die Bärenkraft dieses Mannes nichts auszurichten vermochte, konnte diesen Vorteil jedoch mit seiner Jugend und Behendigkeit mehr als ausgleichen. Er wich den Pranken aus, duckte sich und rammte beide Fäuste in den eisenharten Magen seines Gegners. Tam schien die Schläge von Stephen gar nicht zu spüren. Er packte Stephen bei den Schultern, hob ihn hoch und schmetterte ihn gegen einen Baum einmal, zweimal. Stephen war betäubt von diesen schrecklichen Rammstößen, hob aber abwehrend beide Beine und drückte sie mit aller Macht gegen Tams Brust. Es steckte doch so viel Kraft in ihm, daß Tam mit seinen Hammerschlägen aufhören mußte.

Zugleich schlug Stephen von unten her mit beiden Armen gegen Tams Handgelenke. Diese unerwartete Aktion zwang Tam, Stephen loszulassen. Sofort warf er sich mit gespreizten Fingern wieder nach vorn, um Stephen am Hals zu würgen.

Stephen blieben nur Sekunden zur Gegenwehr. Er warf die Beine in die Luft und drehte einen Salto rückwärts.

Tam stand einen Moment in der Hocke da. Eben hatte er noch den Hals seines Gegners vor Augen, und im nächsten Moment war da nichts mehr. Ehe er mit den Lidern zucken konnte, saß ihm ein scharfes Messer an der Kehle.

»Keine Bewegung!« warnte Stephen ihn keuchend, »oder ich schneide dir den Hals durch!«

»Hört auf!« schrie Alicia, »Stephen, laß ihn sofort los!«

»Ihn loslassen?« rief Stephen verblüfft. »Er wollte dich töten.« Er runzelte die Brauen, als er Tams glucksendes Lachen hörte.

»Mich töten!« fauchte Alicia. »Du bist der größte Narr, der mir je begegnet ist. Rab wäre ihm längst an die Gurgel gesprungen, wenn Gefahr von ihm ausgegangen wäre. Steck dein Messer weg, bevor du noch jemand verletzt.«

Benommen schob Stephen sein Messer in die Scheide zurück. »Dieser verdammte Hund lag so still, daß er aussah wie tot.« Er rieb sich den Hinterkopf. Sein Rückgrat fühlte sich an, als sei es an mehreren Stellen gebrochen.

»Er hat recht, Alicia«, sagte Tam. »Er tat nur, was er tun mußte. Mein Name ist Tam MacArran«, sagte er und streckte Stephen die Hand hin. »Wo hast du so gut kämpfen gelernt?«

Stephen zögerte kurz, ehe er die Hand des Schotten ergriff. Am liebsten hätte er jetzt nämlich Alicia übers Knie legen wollen, weil sie ihn einen Narren schimpfte, daß er ihr Leben verteidigen wollte. »Stephen Ascott«, sagte er, während er Tam die Hand schüttelte. »Ich habe einen Bruder, der ebenso gebaut ist wie du. Ich entdeckte, daß es nur eine Möglichkeit gab, ihn zu besiegen. Ich mußte schneller sein als er. Und ein Akrobat brachte mir ein paar Tricks bei, die mir bei so bärenstarken Männern schon oft aus der Verlegenheit geholfen haben.«

»Das glaube ich dir aufs Wort!« Tam rieb seine Nase. »Ich fürchte, die ist gebrochen.«

»Oh, Tam!« rief Alicia, während sie Stephen einen gehässigen Blick zuwarf. »Komm mit ins Lager, damit wir den Schaden besehen können!«

Tam rührte sich nicht. »Ich glaube, da solltest du erst deinen Mann um Erlaubnis fragen. Ich vermute, er ist dein Mann, oder?«

Stephen faßte in diesem Moment so etwas wie Zuneigung zu diesem Mann. »Ich habe bereits ein paar Narben, die das beweisen.«

Tam lachte.

»Also gehen wir und schauen wir zu, ob wir auch ein Faß Bier auftreiben können. Und ich würde gern ein Wörtchen mit meinen Wachen reden. Unbegreiflich, daß sie nicht merkten, wie sich Alicia aus dem Lager schlich. Eine Schar gepanzerter Ritter hätte keinen größeren Lärm machen können.«

»Größeren Lärm!« schnappte Alicia. »Ihr Engländer seid wirklich Groß . . .«

Tam legte ihr die Hand auf die Schulter und brachte sie so zum Schweigen. »Dein Mann hat dich gehört. Das genügt. Und nun geh voraus und besorge mir etwas warmes Wasser zum Waschen. Ich habe das Gefühl, das Blut klebt mir sogar hinter den Ohren.« Er musterte Stephen mit liebevollem Respekt. »Du hast eine recht kräftige Handschrift.«

Stephen grinste. »Noch so ein Rammstoß gegen den Baum, und mein Rückgrat wäre zersprungen.«

»Aye«, meinte Tam, »du hast eben kein Fleisch auf den Rippen. Da bin ich schon besser gepolstert.«

»Ha!« schnaubte Stephen, »wenn ich so dick wäre wie du, könnte ich mich nicht mehr bewegen.«

Die Männer grinsten sich an und folgten dann Alicia ins Lager.

»Stephen!« rief Chris, als sie den Lagerrand erreichten. »Wir hörten den Lärm, doch es dauerte eine Weile, ehe wir merkten, daß du das Lager verlassen hast. Himmel, was ist mit deinem Rücken? Und wer ist dieser Mann?«

Fackeln wurden angezündet, als die Männer von dem Lärm erwachten. »Leg dich wieder schlafen, Chris«, sagte Stephen.

»Schick nur jemand mit warmem Wasser zu mir und zapfe für mich ein Fäßchen Bier an. Tretet ein, Tam!«

Tam sah sich im Innern des Zeltes um. Die Wände waren mit blaßblauer Seide verkleidet, der Boden mit Orientteppichen ausgelegt. Er setzte sich auf einen geschnitzten Eichenstuhl. »Eine schöne Burg hast du da«, sagte er.

»Vergeudetes Geld!« fauchte Alicia. »Viele Menschen hungern, und ...«

»Ich bezahlte die Männer, die mir das Zelt anfertigten, und ich vermute, daß sie sich mit dem Geld ihre Nahrung verdienten!« schnaubte Stephen.

Tam sah von Alicia zu Stephen. Er las Zorn und Feindseligkeit in ihren Augen, aber in den seinen Toleranz und vielleicht sogar Liebe. Und Stephen hatte ihn angegriffen, weil er dachte, er, Tam, bedrohte Alicia ernsthaft mit dem Messer.

Das heiße Wasser wurde hereingebracht. Die beiden Männer zogen sich bis zum Gürtel aus und begannen, sich zu waschen. Alicia untersuchte Tams Nase und versicherte ihm, sie sei nicht gebrochen. Stephens Rücken war ein blutige Masse an den Stellen, wo die Baumrinde die Haut abgeschürft hatte.

»Ich glaube, du solltest dich um deinen Mann kümmern«, sagte Tam ruhig. »Sein Rücken ist ganz blutig.«

Alicia warf Stephen nur einen hochmütigen Blick zu und verließ mit Rab das Zelt.

Tam nahm ein Stück Leinen auf. »Setz dich, Junge, damit ich dir den Rücken waschen kann.«

Stephen gehorchte. Tam wusch ihm vorsichtig die Wunden aus. Stephen sagte: »Vielleicht sollte ich mich für die Manieren meiner Frau entschuldigen.«

»Nicht nötig. Eher sollte ich mich bei dir entschuldigen, denn ich habe mitgeholfen, daß sie so wurde, wie sie ist.«

Stephen lachte. »Dann hatte ich ja sogar einen guten Grund, mit dir zu kämpfen. Sagt – ob sie wohl jemals ihren Zorn auf mich überwinden wird?«

Tam wrang das blutige Leinen aus. »Schwer zu sagen. Sie und Davey haben eine Menge Gründe für ihren Haß auf die Engländer.«

»Davey?«

»Alicias älterer Bruder.«

Stephen schwang herum. »Bruder! Alicia hat einen Bruder, und dennoch erklärte ihr Vater sie zu seinem Nachfolger?«

Tam kicherte und drehte Stephen wieder herum, damit er mit dem Reinigen der Wunden fortfahren konnte. »Dir müssen die Schotten unbegreiflich erscheinen, wie?«

Stephen schnaubte: »Unbegreiflich ist noch ein mildes Wort dafür. Was für ein Mann ist Alicias Vater gewesen?«

»Du solltest mich lieber fragen, was für ein Mann ihr Bruder ist. Davey war ein wilder Junge, vom Tag seiner Geburt an nicht ganz richtig. Er ist ein hübscher Bursche und hat eine gewinnende Art. Nur schien er nie zu begreifen, daß seine Taten sich selten zum Wohl des Klans auswirkten.«

»Aber Alicia tat nichts, was dem Klan schadete? Sie redet immer nur von ihrem Klan – und ihrem verdammten Hund.«

Tam betrachtete lächelnd Stephens Hinterkopf. »Ihr Vater Jamie machte sich nie Illusionen über seine Tochter. Sie hat ein hitziges Temperament, und zuweilen ist sie auch ein bißchen nachtragend.« Er übersah den Blick, den Stephen ihm zuwarf. »Aber, wie gesagt, sie liebt den Klan. Dem Wohl des Klans ordnet sie alles unter.«

»Und deshalb wurde sie ihrem Bruder als Nachfolger vorgezogen.«

»Aye, das stimmt, aber so einfach, wie es sich anhört, war es doch nicht. Sie hatte ein Abkommen mit ihrem Vater, daß sie einen Mann seiner Wahl heiraten sollte. Er ließ ihr allerdings die Freiheit, sich zwischen drei Männern zu entscheiden, die er als Bewerber aussuchte – alle drei verläßliche, starke Männer, die in der Lage waren, Alicias hitziges Temperament zu zügeln.« Tam warf das Tuch in die Waschschüssel und setzte sich wieder auf den geschnitzten Stuhl.

»Und diese drei Männer?« fragte Stephen, während er sich das Hemd über den Kopf streifte.

»Sie wurden alle drei zusammen mit Jamie erschlagen.«

Stephen schwieg einen Moment. Er wußte, daß die Engländer sie getötet hatten.

»Und hat Alicia einen der drei Männer geliebt? Hatte sie ihre Wahl bereits getroffen?« Er sah hoch, weil Tam so lange brauchte für eine Antwort. Der Mann schien in den letzten Minuten um Jahre gealtert. Dann hob Tam den Kopf und versuchte, sich zu einem Lächeln zu zwingen. »Ich glaube, daß sie ihre Wahl getroffen hatte, daß sie sich zu einem besonders hingezogen fühlte.« Er holte tief Luft und sah Stephen fest in die Augen. »Einer der drei Getöteten war mein ältester Sohn.« Stephen starrte den Mann an. Sie hatten sich erst vor ein paar Stunden kennengelernt, und sein Körper schmerzte von den wuchtigen Schlägen dieses Schotten. Und doch hatte er ein Gefühl, als sei er mit diesem Mann jahrelang zusammen gewesen. Dieses kräftige Kinn, die breite Nase, die dunklen Augen und die grauen Haare kamen ihm so vertraut vor. Er spürte Tams Trauer über den Verlust seines Sohnes.

»Und Davey?« fragte Stephen, »gab er gnädig nach und trat bereitwillig für seine jüngere Schwester beiseite?«

Tam schneuzte sich, und seine Augen wurden wieder klar. »Kein Schotte handelt nur mit kühlem Kopf. Davey drohte, den Klan zu spalten, als sein Vater Jamie Alicia zu seiner Erbin erklärte.«

»Er drohte? Und was sagte Alicia dazu?«

Tam hob die Hand und lachte. »Alicia erzählte mir, du wärst ein dummer Mann. Diesen Eindruck machst du nicht auf mich.« Stephen warf ihm einen Blick zu, der verriet, was er von Alicias Meinung über ihn hielt.

»Davey trommelte ein paar Männer zusammen, die ihm folgten«, fuhr Tam fort. »Doch sie weigerten sich, gegen ihre eigenen Klangenossen zu kämpfen. Deshalb zogen sie sich in die Berge zurück, wo sie heute im Exil leben.«

»Und Alicia?«

»Die Arme. Sie vergötterte Davey. Ich sagte schon, daß er ein einnehmendes Wesen hat. Sie sagte zu ihrem Vater, sie weigere sich, anzunehmen, was kraft Geburtsrecht Davey zustünde. Doch Jamie lachte nur und fragte, ob sie abseits stehen und zusehen möchte, wie ihr eigener Klan sich zerfleischte.«

Stephen nickte. »Und natürlich würde Alicia nur tun, was am besten ist für ihren Klan«, sagte er mit einem Hauch von Sarkasmus.

»Ja, das würde sie. Das Mädchen würde nicht zögern, sich sogar selbst zu töten, falls sie glaubte, der Klan würde durch ihren Tod profitieren.«

»Oder sie bliebe am Leben und fügte sich in ein Schicksal, das für sie schlimmer wäre als der Tod, wenn es dem Klan nützt.«

Tam warf ihm einen listigen Blick zu. »Ja, auch das würde sie tun.«

Stephen lächelte. »Wirst du mit uns zu Alicias Haus reiten?«

Tam stand auf und bewegte bedächtig seinen mächtigen Leib. »Es wäre eine Ehre für mich.«

»Dann könnte ich Euch auch einen Platz in meinem Zelt anbieten?« fragte Stephen ihn.

Tam zog eine Braue in die Höhe. »Das ist mir zu prächtig. In meinem Alter ändert man seine Gewohnheiten nicht mehr. Ich habe mein Plaid. Trotzdem danke ich Euch für Euer freundliches Angebot.«

Erst jetzt wurde Stephen auf die Kleidung des Schotten aufmerksam. Er trug ein Hemd mit weiten, gerafften Ärmeln und ein gestepptes Wams, das ihm bis zu den Schenkeln reichte. Die Hose aus dicker Wolle ging nur bis knapp unter das Knie. Die kräftigen Waden waren nackt, und die Füße steckten in derben Schuhen. Über die Schultern hatte er ein langes und breites Stück Tuch geworfen. Über dem Wams trug er einen breiten Gürtel mit dem Dolch an der Seite.

Tam stand ruhig da und ließ Stephens Musterung geduldig über sich ergehen. Er wartete auf die übliche Bemerkung eines Engländers.

»Du könntest dich erkälten«, sagte Stephen.

Tam grinste. »Wir sind abgehärtet, wir Schotten. Wir sehen uns morgen früh wieder.« Er verließ das Zelt.

Stephen stand einen Moment am Zelteingang und ließ dann einen leisen Pfiff hören. Nach einer Weile kam Rab zu ihm und leckte ihm die Hand, als Stephen befahl: »Alicia.«

Der Hund drehte sich um und lief auf den Wald zu. Stephen folgte ihm. Er fand Alicia, in ihren Tartan gewickelt, schlafend unter einem Baum. Er bückte sich und hob sie vom harten Boden auf. Sie schmiegte sich schlaftrunken an ihn, als er sie ins Zelt zurücktrug.

6. Kapitel

Am späten Nachmittag des folgenden Tages erreichten sie Larenston Castle. Alicia, die ihre Ungeduld nicht länger zügeln konnte, gab ihrem Pferd die Sporen.

»Bleib an ihrer Seite«, raunte Tam Stephen zu. »Ich wette, so etwas wie Larenston hast du in deinem Leben noch nie gesehen.«

Neugierig auf das Haus, das sein zukünftiges Heim sein sollte, trieb Stephen seinen Hengst die grasige Anhöhe hinauf. Tam hatte recht: auf den Anblick von Larenston war er durch nichts vorbereitet. Der Hügel, auf dem er ritt, brach unvermittelt ab und fiel in ein breites, tiefes Tal hinunter, in dem zottelige Rinder grasten und die Hütten von Kleinbauern standen. Ein schmaler Pfad führte quer durch das Grasland und kletterte an der gegenüberliegenden Talwand wieder in die Höhe. Überragt wurde die Talwand von einem hohen, flachen roten Felsen, der sich über die Talsohle hinaus erstreckte und als Halbinsel ins Meer hineinragte. Wie eine riesige gepanzerte Faust lag der Fels in der Brandung. Die Halbinsel war nur durch eine schmale Felsbrücke, die nicht breiter war als eine Fahrspur, mit dem Festland verbunden. Auf drei Seiten fiel sie steil ins Meer hinunter, und zu beiden Seiten der Felsbrücke stand ein Torhaus, jedes drei Stockwerke hoch.

Der Schloßkomplex selbst bestand aus mehreren Häusern aus Stein, die eine riesige Halle umschlossen. Eine Burgmauer gab es nicht. Sie wäre auch nicht nötig gewesen, da die Steilwände der Halbinsel, die aus dem Meer aufstiegen, mit Leichtigkeit von wenigen, mit Pfeil und Bogen ausgerüsteten Männern verteidigt werden konnten.

Alicia wandte sich ihm zu, ein Leuchten in den Augen, wie er es noch nie an ihr bemerkt hatte. »Sie ist noch nie eingenommen worden«, sagte sie schlicht und trieb dann ihr Pferd den Abhang hinunter.

Stephen hatte keine Ahnung, woher sie wußten, daß sie wieder nach Hause kam. Jedenfalls öffneten sich wie auf Befehl die Türen aller Hütten, und die Leute strömten heraus, kamen ihr mit ausgebreiteten Armen entgegen.

Stephen trieb sein Pferd zum Galopp an, um auf gleicher Höhe mit ihr zu bleiben. Doch dann hielt er sich zurück, als sie hastig aus dem Sattel stieg und die Leute umarmte – Männer, Frauen, Kinder, selbst die fette Gans, die ein Kind sich als Schoßtier hielt. Er war gerührt von dieser Szene. Er hatte sie nur als zornige junge Frau erlebt. Sie hatte ihm erzählt, daß ihr der Klan wichtiger sei als das eigene Leben, doch er hatte sich unter dem Klan keine Einzelpersonen vorstellen können. Sie schien sie alle persönlich zu kennen, rief jeden beim Namen, erkundigte sich nach den Kindern, Krankheiten, ihren Sorgen und ob sie irgendwie zu helfen vermochte.

Er hob sich im Sattel und sah sich um. Der Boden war karg. Sein Hengst scharrte nur Torfmoos vom steinigen Boden. Trotzdem sah er auch Felder im Tal. Die Gerste, die darauf wuchs, hing nicht mit fetten Ähren am Halm, doch leere Spreu war sie auch nicht. Die Hütten waren klein und armselig.

Da wurde es Stephen bewußt, daß diese Leute auf gleicher sozialer Stufe mit den Leibeigenen auf den Gütern seiner Brüder standen. Alicia gehörte das Land, das diese Leute bewirtschafteten.

Sie nahm ein Stück Käse von einer Frau entgegen, die ihre Leibeigene war, stellte Stephen verwundert fest. Sie behandelte Leibeigene, als gehörten sie zu ihrer Familie. In England hüteten sich die Ladys davor, mit ihren Leibeigenen in Berührung zu kommen. Undenkbar, daß sie sich von ihnen küssen ließen! Und die Leute nannten sie Alicia, nicht Lady Alicia, wie es ihr nach Stand und Geburt zukam.

»Du machst ein finsteres Gesicht, Junge«, sagte Tam neben ihm. »Was mißfällt dir so an dieser Begrüßung?«

Stephen nahm seinen Hut ab und fuhr sich mit der Hand durch das dichte Haar. »Ich glaube, ich muß einiges dazulernen. Mir scheint, ich habe nicht den rechten Begriff von dem, was ein Klan ist. Ich dachte, ihre Klangenossen wären Edelleute wie die Männer meines Gefolges. Sie sind alle von hoher Geburt.«

Tam betrachtete ihn einen Moment. »Klan ist ein gälisches Wort und bedeutet Kinder.« Er blinzelte. »Und was die hohe Geburt betrifft, so kannst du jeden Schotten nach seiner Herkunft fragen. Sie stammen ausnahmslos von irgendeinem schottischen König ab.«

»Aber diese Armut ...«, begann Stephen und hielt inne, da er fürchtete, Tam zu beleidigen.

Tams Mund wurde hart. »Die Engländer und der Boden, den Gott uns gab, machten uns arm. Doch du solltest dir gleich merken, daß in Schottland der Wert eines Menschen danach bemessen wird, was in ihm steckt, nicht nach dem Gold, das er in seinen Taschen trägt.«

»Ich bedanke mich für diesen Hinweis. Ich werde ihn mir merken.« Er trieb sein Pferd voran, bis er wieder an Alicias Seite war. Sie widmete ihm nur einen kurzen Seitenblick und hörte dann wieder der alten Frau zu, die ihr ein neues Färbemittel für Wolle beschrieb.

Dann verstummten die Leute nacheinander, als Stephen ihre Blicke auf sich zog. Seine Kleider unterschieden sich stark von ihren. Die meisten Männer vor ihm trugen weder Schuhwerk noch Hose, und nur wenige hatten ein Beinkleid wie Tam, das ihnen ebenfalls nur bis zu den Knien reichte.

Doch Stephens Interesse galt vor allem den Frauen. Sie hatten nicht diese bleiche, vor jedem Wettereinfluß geschützte Haut wie die englischen Ladies, sondern ihre Gesichter und Arme hatten jene güldene Tönung, die vom Leben im Freien herrührte. Und ausnahmslos hatten sie herrliches Haar, das in schimmernden Wellen über den Rücken bis zum Gürtel hinunterfloß.

Stephen schwang sich vom Pferd, nahm Alicias Rechte fest in seine Linke und streckte die andere Hand vor. »Erlaubt, daß ich mich vorstelle. Ich bin Stephen Ascott.«

Sie sahen ihn alle mit ihren lebhaften, glitzernden Augen an. »Ein Engländer«, sagte ein Mann in Stephens Nähe mit haßgetränkter Stimme.

»Aye, ein Engländer!« sagte Stephen, das Wort betonend, während er mit harten blauen Augen den Blick des Schotten erwiderte.

»Moment!« sagte Tam. »Laßt ihn in Frieden. Er griff mich an, weil er glaubte, ich würde Alicia Gewalt antun.«

Ein paar Männer lächelten über die Unsinnigkeit dieser Feststellung. Keine Frage, wer dabei gewonnen hatte. Tam wog mindestens sechzig Pfund mehr als der schlanke Engländer.

»Er hat gewonnen«, sagte Tam bedächtig. »Er brach mir fast die Nase, und dann setzte er mir das Messer an die Kehle.«

Die Leute schwiegen eine Weile, als mochten sie nicht glauben, was Tam ihnen erzählt hatte.

»Willkommen, Stephen«, sagte eine von den hübschen jungen Frauen und ergriff Stephens Hand.

Stephen schluckte kurz, weil er mit seinem Vornamen angeredet wurde, und dann begann er, den Leuten der Reihe nach die Hände zu schütteln.

»So leicht wirst du es bei meinen Männern nicht haben«, sagte Alicia, als sie nebeneinander den Fahrweg hinunterritten, der das Festland mit der Halbinsel verband. Sie sah ihn hochmütig an, während er den Blick auf das Meer gerichtet hielt. Sie lächelte und drängte ihr Pferd scharf gegen seines.

Stephens Pferd scheute von der Straße weg, und als es merkte, daß es mit einem Huf ins Leere trat, geriet es in Panik und stellte sich auf die Hinterbeine. Stephen hatte große Mühe, das Pferd auf der Brücke zu halten, damit sie nicht kopfüber ins Nichts fielen.

»Tod und Verdammnis!« fluchte Stephen, als das Pferd seinem Schenkeldruck wieder gehorchte.

Alicia lachte, als sie über die Schulter auf ihn zurücksah. »Sind unsere schottischen Späße zu rauh für dich?« spottete sie.

Stephen grub die Sporen in die Weichen seines Pferdes. Alicia sah ihn auf sich zukommen, reagierte aber nicht rasch genug. Stephen packte sie um die Taille und zog sie vom Pferd. Er setzte sie vor sich in den Sattel.

»Laß mich los!« forderte sie. »Meine Leute beobachten uns!«

»Sehr gut. Dann sahen sie auch, wie du versuchtest, einen Narren aus mir zu machen. Oder hattest du gehofft, ich würde mich zu Tode stürzen?«

»Damit König Heinrich uns Truppen aufs Haupt schickt? Nein, ich wünsche dir nicht den Tod auf schottischem Boden.«

Stephen verschlug es den Atem bei dieser Offenherzigkeit. »Vielleicht habe ich diese Antwort verdient«, murmelte er, legte ihr jedoch den Finger auf den Mund, als sie etwas erwidern wollte. »Aber du tust mir unrecht, wenn du mich vor deinen Leuten lächerlich machst. Also wirst du dafür büßen müssen. Wie viele Männer sind bisher mit einer MacArran vor sich auf dem Sattel durch das Burgtor von Larenston geritten?«

»Wir kamen oft mit Toten im Sattel zurück, die immer von einem . . .«

Er brachte sie mit einem Kuß zum Verstummen.

Gegen ihren Willen klammerte Alicia sich an ihn, schlang ihm die Arme um den Hals, suchte mit ihren Lippen hungrig die seinen. Er zog sie fest an sich und liebkoste ihren Rücken. Er spürte ihre warme Haut unter dem dünnen Leinen. Diese schottische Mode hatte doch viele Vorteile. Durch englische Stoffe vermochte man höchstens einen Knochen zu ertasten.

Stephen befreite sich zuerst aus seiner Trance. Er spürte, daß man sie beobachtete. Er öffnete die Augen und hob ein wenig den Kopf, seine Lippen immer noch auf Alicias Mund gepreßt. Er hatte gar nicht gemerkt, daß sein Pferd auf dem Torweg weitergaloppiert war. Jetzt passierten sie schon die Torhäuser, und er sah sich von mehreren Männern umringt, alles nüchterne, ernste Gestalten, die ihre Gefühle nicht zeigten.

»Alicia, Liebling«, sagte Stephen leise.

Alicia reagierte prompt. Sie löste sich mit einem Ruck von ihm und sah auf die Männer hinunter. »Douglas«, flüsterte sie und glitt in die ausgebreiteten Arme eines Schotten. Der Reihe nach begrüßte sie die Männer der Torwache.

Stephen stieg bedächtig aus dem Sattel und führte sein Pferd am Zügel durch das Tor. Die Männer sprachen nicht mit ihm und beachteten ihn auch nicht mit einem Blick. Doch Stephen spürte sehr deutlich, daß sie ihn mißtrauisch und wachsam belauerten. Alicia ging ein paar Schritte vor ihm und scherzte mit den Männern.

Stephen fühlte sich ausgeschlossen, einsam. Die Männer, die ihm feindselig die Schulter zeigten, waren anders gekleidet als die Leute unten im Tal. Sie trugen durchweg Hosen und Schuhwerk wie Tam, und einige hatten sogar Schaftstiefel, die ihnen bis zum Knie hinauf reichten. Doch keiner hatte den Unterschenkel oder das Knie mit Stoff oder Leder bedeckt.

Sobald sie das schmale Tor passiert hatten, öffnete sich der Fels zu einem weiten Plateau. Sie kamen auf dem Weg zum großen Haus an mehreren kleinen Gebäuden vorbei, die Stephen nun als Werkstätten erkannte. Da waren eine Reihe von Ställen, eine Molkerei, eine Schmiede, sogar ein Garten, der mit Gemüse und Kräutern bestellt war, befand sich zwischen den Wirtschaftsgebäuden. Eine Burg, die sich auf diese Weise selbst versorgte, konnte eine lange Belagerung überstehen.

Das Innere des Wohnraumes war einfach und schmucklos. Die Steinwände waren feucht, ungetäfelt, ja nicht einmal mit Farben aufgehellt. Die schmalen Fenster ließen kaum Licht herein. Es war kalt in dieser Burg, kälter noch als draußen in der frostigen Herbstluft; doch nirgends sah er ein wärmendes Feuer.

Alicia setzte sich auf einen nackten Holzstuhl. »Also, Douglas, berichte, was sich inzwischen hier zugetragen hat!«

Stephen stand abseits und beobachtete die Szene. Niemand fragte, ob sie es bequem hatte oder ob sie von der Reise müde sei.

»Die MacGregors haben wieder unsere Weiden überfallen. Vor zwei Nächten raubten sie uns sechs Stück Vieh.«

Alicia runzelte die Stirn. Mit den MacGregors würde sie sich später befassen. »Was für Probleme gibt es im Klan?«

Der Mann, den sie Douglas nannte, zupfte geistesabwesend an seinen langen Haaren. »Das Land am Loch ist wieder zum Zankapfel zwischen Robert und Desmond geworden. Robert behauptet, die Lachse wären sein Eigentum; doch Desmond fordert Bezahlung dafür.«

»Ist schon Blut deswegen geflossen?«

»Nein; aber es wird bald dazu kommen. Soll ich ein paar Männer hinschicken, die den Streit bereinigen? Ein bißchen mit dem Schwert dazwischengehen? Das wird das Feuer rasch wieder ersticken.«

Stephen streckte sich. Er war gewohnt, solche Streitigkeiten zu schlichten. Doch Tam legte ihm rasch die Hand auf den Arm, ehe er sich einmischen konnte.

»Fällt dir nichts Besseres ein als dein Schwertarm, Douglas?« fragte Alicia mit erzürnter Stimme. »Will es dir nicht in den Kopf, daß die Männer nicht ohne Not miteinander streiten? Robert muß sieben Kinder versorgen, und Desmond hat eine kränkelnde Frau und keine Kinder. Also muß es einen Weg geben, die Sache friedlich zu regeln.«

Die Männer sahen sie verständnislos an.

Sie seufzte. »Befiehl Robert, er soll sein ältestes und jüngstes Kind Desmond zur Pflege geben. Robert wird sich hüten, Fische für sich zu fordern, mit denen seine eigenen Kinder gefüttert werden sollen. Und Desmonds Frau wird nicht mehr mit ihrem Mann hadern, daß sie keine eigenen Kinder hat. Was gab es noch für Probleme?«

Stephen lächelte, als er ihre weise Entscheidung vernahm. Ihre Weisheit gründete in der genauen Kenntnis ihres Klans und in der Liebe für ihre Schützlinge. Es war wie eine Offenbarung für ihn, sie in ihrer gewohnten Umgebung zu beobachten. Ihr Kinn war nicht mehr zornig emporgereckt, während sie mit ihren Männern verhandelte. Ihre Schultern waren noch gerade; aber nicht so steif, als müsse sie jeden Moment Schläge abwehren oder zornig aus der Haut fahren.

Er beobachtete die Gesichter der Männer in seiner Nähe. Sie respektierten sie, hörten aufmerksam zu, und jedes Urteil, das sie verkündete, war weise und im besten Interesse ihres Klans.

»Jamie hat sie gut auf ihr Amt vorbereitet«, sagte Tam leise hinter ihm.

Stephen nickte. Hier lernte er sie von einer ganz anderen Seite kennen – von einer Seite, deren Existenz er nicht einmal geahnt hatte. Er kannte sie als jähzornige, impulsive Frau, die mit dem Messer auf Männer losging und ihren Haß über Engländer ausgoß. Und er erinnerte sich daran, wie er sie ausgelacht hatte, als sie vor ihm mit nassen Röcken im eiskalten Wasser lag.

Plötzlich plagte ihn die Eifersucht. Diese Frau, die so gelassen vor diesen Männern saß und Entscheidungen traf, die deren Leben änderten, hatte er nie gekannt. Diese Männer kannten eine Seite ihres Wesens, die sie ihm nicht einmal andeutungsweise gezeigt hatte.

Alicia erhob sich und schritt zur Treppe im Hintergrund der Halle. Stephen folgte ihr. Und dann kam ihm die Erinnerung an ihre

Kniekehlen, und er lächelte in sich hinein. Davon wußten wiederum diese Männer nichts.

»Schau ihn dir an«, sagte Alicia verächtlich. Sie stand am Fenster ihrer Kammer im dritten Stock und sah hinunter in den Hof, wo Stephen und Chris in voller Rüstung ihren Männern die Kampfesweise englischer Ritter vorführten. Die Schotten standen im Kreis um die beiden und verfolgten den Drill mit finsterem Schweigen.

Sie waren nun seit zwei Wochen verheiratet. Sie hatte achselzukkend zugehört, wie er ihren Mannen die Wichtigkeit eines schützenden Panzers predigte. Er hatte sich sogar erboten, denjenigen, die am fleißigsten übten, eine Rüstung auf eigene Kosten zu besorgen. Doch die Schotten hatten wenig oder gar kein Interesse daran gezeigt, sich mit kostbarem, aber schwerem und schweißtreibendem Metall zu verhüllen. Sie bevorzugten immer noch ihr barbarisches Kostüm, das wichtige Teile des Körpers ungeschützt, ja sogar entblößt ließ. Die einzige Konzession, die Stephen bei ihnen erreichte, war ein kurzes Kettenhemd unter dem Plaid.

Alicia wandte sich vom Fenster ab und lächelte in sich hinein.

»Ihr habt keinen Grund, so selbstgefällig und schadenfroh zu sein«, fauchte Morag. »Eure Männer können ein bißchen Bewegung recht gut gebrauchen. Die meiste Zeit sitzen sie nur faul herum. Stephen bringt sie wenigstens zum Schwitzen.«

Alicia schüttelte lächelnd den Kopf. »Er ist ein halsstarriger Mann. Gestern wagte er sogar, meinen Männern vorzuhalten, Schottland sei ein unruhiges Land, das sich besser gegen seine Feinde schützen müsse. Als wüßten wir das nicht selbst! Es sind doch nur die Engländer, die uns . . .«

Morag hob abwehrend die Hand. »Ihr könnt meinetwegen Euren Gatten mit Euren ständigen Nörgeleien zum Wahnsinn treiben, doch mich verschont damit. Was stört Euch eigentlich so sehr an ihm? Wollt Ihr ihn dafür bestrafen, daß er Euch nachts zum Stöhnen bringt? Seid ihr ihm gram, weil Ihr von einer Leidenschaft zu einem Mann ergriffen seid, den Ihr als Feind Eurer Landsleute betrachtet?«

»Ich bin ihm nicht . . .« Alicia hielt inne, als sie die Tür klappen hörte. Sie drehte sich um; aber es war nur Morag gewesen, die sich enfernt hatte, weil sie ihr zürnte, wie sie Stephen behandelte.

Alicia wandte sich wieder dem Fenster zu. Sie mußte zugeben, daß sie zutiefst beunruhigt war, wie ihr Körper reagierte, wenn er sie berührte. Oft wurden ihr schon die Knie weich, wenn die Sonne unterging. Doch sie hütete sich, Stephen ihre Gefühle zu zeigen. Sie machte weder Annäherungen noch sagte sie ihm ein zärtliches Wort. Er gehörte ja zu den Leuten, die ihren Vater erschlugen. Tagsüber war es leicht, den Feind in ihm zu sehen. Da kleidete er sich wie ein

Engländer, sprach und dachte wie ein Engländer. Aber nachts, wenn er sie berührte, vergaß sie allzu schnell, was sie beide waren.

»Stephen!« sagte Chris, als sie an den Rand der Burg traten und hinaussahen auf die See, »es hat keinen Sinn. Sie wollen nicht verstehen.«

Stephen nahm seinen Helm ab. Die kalte Brise spielte mit seinen verschwitzten Haaren. Seine Männer übten jeden Tag fleißig den Umgang mit Rüstung und Waffen. Alicias Männer hingegen standen abseits und begafften die Engländer wie Tiere aus König Heinrichs Menagerie.

»Es muß doch eine Möglichkeit geben, diese Männer zu überzeugen«, sagte Stephen leise.

»Mylord!« einer seiner Männer trat zu ihm, »eine Rinderherde der MacArrans ist im Norden überfallen worden. Die Männer satteln bereits die Pferde.«

Stephen nickte heftig. Endlich eine Chance, den Schotten zu zeigen, was für tüchtige Kämpfer seine englischen Ritter waren. Er hatte jahrelang gegen Diebe und Wilderer gekämpft.

Die schwere Rüstung machte schnelle Bewegungen unmöglich. Sein Knappe erwartete ihn schon mit seinem Schlachtroß, das ebenfalls gepanzert war. Diese Pferde waren schwer, seit Jahrhunderten dafür gezüchtet, das Gewicht eines Ritters in schwerer Rüstung und mit seiner Waffenlast zu tragen. Als Stephen und seine gepanzerten Männer in den Sattel stiegen, waren die Schotten längst losgeritten. Stephen dachte besorgt, daß er um der Disziplin willen eine Bestrafung durchsetzen mußte.

Erst viele Jahre danach konnte Stephen an die Ereignisse jener Nacht auf dem schottischen Hochmoor zurückdenken, ohne vor Scham in den Boden zu versinken.

Es war bereits dunkel, als sie den Ort erreichten, wo die MacGregors die Rinder gestohlen hatten. Der Lärm, den die gepanzerten Reiter machten, war meilenweit zu hören. Ihre Rüstungen klirrten, die Hufe der schweren Pferde donnerten über den Boden.

Stephen glaubte, die MacGregors würden ihn wie Engländer zu einem Kampf Mann gegen Mann erwarten. Doch er und seine Leute konnten nur betroffen zusehen, wie sich der Kampf entwickelte. Etwas Derartiges hatte Stephen bisher noch nicht erlebt oder sich vorstellen können.

Die Schotten sprangen von ihren Pferden und schwärmten in den Wald aus. Sie warfen die Plaids von den Schultern, so daß sie in ihren weiten Hemden besser laufen und sich freier bewegen konnten. Es gab großes Geschrei unter den Bäumen, und dann hörte er das Klirren der Claymores, der zweischneidigen schottischen Schwerter.

Stephen gab seinen Männern das Zeichen, abzusteigen. Sie folgten, sich nach den Geräuschen orientierend, den Schotten in den Wald. Doch die Schotten waren bereits wieder woanders. Die schweren Rüstungen machten die Engländer zu langsam, zu unbeweglich.

Stephen sah sich verwirrt um, als einer von Alicias Männern aus dem Schatten der Bäume trat. »Wir schlugen sie in die Flucht«, sagte dieser mit einem Hauch von Schadenfreude.

»Wie viele sind verletzt?« »Drei Verwundete, kein Toter«, sagte der Schotte knapp und lächelte dann. »Die MacArrans sind zu schnell für die MacGregors.« Der Mann war noch ganz atemlos von der Aufregung des Gefechts. »Soll ich ein paar Leute zusammenholen, die Euch wieder aufs Pferd heben?« fragte er und grinste ganz unverhohlen, als er Stephen in seiner Rüstung betrachtete.

»Hör mal!« empörte sich Chris, »wenn du uns beleidigen willst, bekommst du mein Schwert zu spüren!«

»Gemach, englischer Hund«, höhnte der Schotte. »Ich schneide dir den Hals durch, ehe du auch nur einen Finger in deinem Stahlsarg krumm machen kannst!«

»Hört auf!« befahl Stephen. »Chris, steck dein Schwert in die Scheide zurück. Und du, Douglas, kümmerst dich um die Verletzten.«

»Du kannst ihm doch diese Unverschämtheit nicht durchgehen lassen«, sagte Chris. »So bekommen sie nie Respekt vor dir.«

»Respekt kann man nicht eindrillen«, gab Stephen barsch zurück. »Respekt muß man sich erwerben. Los, wir reiten zurück nach Larenston. Ich habe zudem eine Menge zu bedenken.«

Alicia setzte sich im Bett auf. »Bist du taub? Ich habe dich gefragt, wie viele Leute bei dem Überfall verletzt wurden!«

Stephen drehte sich um, als bemerkte er erst jetzt ihre Gegenwart. Seine Augen glitten über ihren nackten Körper, doch er blieb ungewöhnlich zurückhaltend, während er seinen Gürtel löste. »Niemand wurde ernsthaft verwundet. Nur ein paar Nähte am Arm. Das war alles.«

»Wessen Arm mußte genäht werden?«

Stephen winkte ab und stieg nackt neben ihr ins Bett. Er verschränkte die Arme hinter dem Kopf und starrte zur Decke. Er machte keinen Versuch, sie zu berühren. »Francis wurde am Arm verletzt, glaube ich«, sagte er schließlich.

Alicia sah ihn stirnrunzelnd an. Was war nur mit ihm los? »Haben die Schotten dich so verschreckt, Engländer? Waren meine Männer zu stark für dich oder zu schnell?«

Zu ihrem Erstaunen reagierte diesmal Stephen nicht auf ihren Spott.

»Zu schnell«, sagte er ernsthaft, während er nach wie vor zur Decke starrte. »Sie bewegten sich rasch und leichtfüßig. Natürlich würden sie in England damit nicht weit kommen, weil eine Handvoll gepanzerter Ritter fünfzig von ihnen erlegen könnte. Doch hier . . .«

»Fünfzig!« schnaubte Alicia. Im nächsten Moment hämmerte sie mit beiden Fäusten gegen Stephens Brust. »Du wirst nie den Tag erleben, wo ein Engländer fünfzig Schotten auch nur ein Haar krümmen könnte!«

»Hör auf damit. Ich habe schon genug wunde Stellen am Körper!«

Sie hielt inne. Sein Körper war so warm, sein Haar noch feucht von der Nachtluft, und eine blonde Locke hing hinter seinem Ohr. Sie hütete sich, sein Haar zu berühren, und lag ganz still neben ihm. Doch zuweilen fühlte sie sich so allein, daß sie nicht wußte, was sie tun sollte. Ihre Vorstellung von der Ehe war eine Partnerschaft, wo Mann und Frau ihr Leben und ihre Liebe teilten. Doch sie war mit einem Engländer verheiratet!

Stephen drehte sich ihr zu und küßte ihre Schläfe. »Was ist das?« fragte er verwundert. »Erst Schläge und jetzt Tränen?«

»Natürlich nicht! Mir ist nur etwas ins Auge gekommen.«

Er schlang den Arm um sie und drehte sie zu sich. »Du lügst«, sagte er nüchtern, betrachtete ihr Gesicht, berührte das Grübchen am Kinn. »Du und ich sind Fremde«, flüsterte er. »Wann werden wir Freunde sein? Wann wirst du dein Wesen mit mir teilen? Wann wirst du mir den Grund deiner Tränen verraten?«

»Wenn du zum Schotten wirst!« sagte sie so heftig, wie sie vermochte. Doch Stephens Nähe gab ihren Worten einen seltsamen Klang, als wären sie eher ein Flehen statt eine unmögliche Forderung.

»Einverstanden!« rief er so zuversichtlich, als könne er sich tatsächlich in einen Schotten verwandeln.

Sie wollte ihn auslachen, ihm sagen, daß er nie zu einem Schotten oder zu ihrem Freund werden könne. Doch er zog sie an sich und küßte sie.

»Meine schöne, wunderschöne Frau«, flüsterte er, während seine Nägel sachte an der Sehne ihrer Kniekehle entlangfuhren. »Ich wünschte, ich würde dir nicht nur im Bett gefallen!«

Stephen stand unter dem niedrigen Dach einer Kate und wärmte sich die Hände an einem Torffeuer. Ein rauher Wind blies von Norden, und ohne Feuer hätte man es in der Hütte nicht aushalten können. Tam war auf Besuch bei seiner Schwester und hatte daher Alicias Haus vor ein paar Tagen verlassen. Der stämmige, schon betagte Mann saß an der entfernten Seite des Feuers, ein Fischernetz über den bloßen Knien. Er zog mit seinen plumpen Fingern die Knoten im groben Tauwerk fest.

»Du möchtest also, daß ich dir helfe, dich nicht mehr wie ein Narr aufzuführen«, sagte er ernsthaft.

Stephen drehte sich um. Er war noch immer nicht ganz daran gewöhnt, daß Schotten sich in seiner Gegenwart benahmen, wie es ihnen beliebte. Und dann dachte er zurück an den Überfall auf die Rinderherden und schüttelte den Kopf. »So möchte ich es nicht gelten lassen«, sagte er langsam. »Es ist richtig, daß ich mich sowohl vor meinen Männern wie vor den Schotten blamierte. Mir war, als stünde ich in einem Stahlsarg vor Douglas. Seine Bemerkung war zutreffend.«

Tam hielt einen Moment mit der Arbeit inne. »Douglas war immer der Meinung, Jamie hätte ihn zu Alicias Ehemann bestimmen sollen.« Er lachte leise, als er Stephens Gesicht sah. »Keine Bange, Junge, Jamie wußte sehr genau, was er tat. Douglas ist ein guter Gefolgsmann, aber kein Anführer. Er hat viel zu große Ehrfurcht vor Alicia, um jemals ihr Meister werden zu können.«

Stephen lachte. »Kein Mann ist stark genug, ihr Meister zu werden.«

Tam äußerte sich nicht dazu, lächelte nur still in sich hinein. Morag behielt das Ehepaar immer im Auge und berichtete ihm, wie sich ihr Zusammenleben entwickelte. Tam wollte sichergehen, daß Alicia von dem Engländer keine Gefahr drohte. Nach allem, was Morag ihm erzählt hatte, war Tam überzeugt, daß Stephen der Gefährdete war – als Ehemann seine Manneskraft zu erschöpfen.

Tam sah hoch. »Das erste, was Ihr tun müßt, Stephen, ist, Eure englischen Kleider abzulegen.«

Stephen nickte. Das hatte er erwartet.

»Und dann müßt Ihr laufen lernen – schnell und ausdauernd.«

»Ein Soldat soll nicht von der Stelle weichen, wenn er kämpft!«

Tam schnaubte: »Unsere Art ist das nicht. Ich dächte, das hättest du schon begriffen. Wenn du nicht willens bist, zu lernen, kann ich dir auch nicht helfen.«

Stephen fügte sich widerwillig.

Eine Stunde später bereute er schon, daß er nachgegeben hatte. Er stand neben Tam im kalten Herbstwind und hatte sich in seinem Leben noch nie so nackt gefühlt. Statt der schweren, wattierten, warmen englischen Kleider trug er nur noch ein dünnes Hemd und ein Plaid, das über den Hüften gegurtet war. Zwar hatte er an den Füßen Wollsocken und Stiefel, aber dennoch konnte er sich des Gefühls nicht erwehren, er wäre bis zum Gürtel hinauf nackt.

Tam schlug ihn auf die Schultern. »Komm schon, Junge, du gewöhnst dich schnell daran. Wenn du die Haare noch ein bißchen länger wachsen läßt, bist du von einem Schotten kaum noch zu unterscheiden.«

»Aber das ist ein verdammt kaltes Land, in dem ich mit bloßem Hintern herumlaufen muß!« murrte Stephen und hob Hemd samt Plaid, um seine nackte Kehrseite zu zeigen.

Tam lachte. »Nun weißt du, was ein Schotte unter dem Plaid trägt.« Sein Gesicht wurde ernst. »Aber wir sind nicht ohne Grund so gekleidet. Das Plaid ist eine perfekte Tarnung im Heidekraut. Unser Anzug kann rasch gewechselt oder ausgezogen werden. In Schottland regnet es oft, und wer zu lange nasse Kleider auf der Haut trägt, erliegt bald einer Lungenkrankheit. Das Plaid kühlt im Sommer, und das dauernde Aneinanderreiben der Knie hält dich im Winter warm.« Er blinzelte. »Und die kostbarsten Teile werden ständig von frischer Luft umspült.«

»Das kann man wohl sagen«, meinte Stephen.

»Ah, jetzt seht Ihr endlich wie ein Mann aus!« rief Morag hinter ihm. »Von dem vielen Eisen, das Ihr dauernd mit Euch herumgeschleppt habt, bekamt Ihr wenigstens Muskeln!« Sie betrachtete voller Anerkennung seine Beine.

Stephen grinste. »Wäre ich nicht schon verheiratet, würde ich dich in die engste Wahl ziehen.«

»Und vielleicht nähme ich Euch sogar«, gab sie zurück. »Obwohl ich mit Alicia nicht um Euren Besitz kämpfen möchte.«

Stephen sah sie düster an. »Sie würde mich gern an jeden verschenken, der mich nähme.«

»Solange sie dich in ihrem Bett behalten kann, wie?« entgegnete sie und lachte scheppernd.

Stephen sah der Alten blinzelnd nach. Der familiäre Ton, der in so einem Klan herrschte, war doch immer wieder ein Schock für ihn. Hier schien jeder über die intimsten Dinge des Nachbarn Bescheid zu wissen.

»Wir vergeuden nur unsere Zeit«, sagte Tam. »Versuche, bis zu dieser Stange dort zu laufen!«

Stephen hatte geglaubt, Laufen wäre leicht. Schließlich war er ja in guter körperlicher Verfassung. Doch nach dem ersten schnellen Sprint brannten ihm die Lungen wie Feuer. Er brauchte Minuten, bis das rasende Pochen seines Herzens sich wieder legte.

»Hier, trink einen Schluck Wasser«, sagte Tam und hielt ihm eine Schöpfkelle hin. »Wenn du wieder zu Atem gekommen bist, wiederholen wir das Ganze.«

Stephen sah ihn ungläubig an.

»Nun los schon, Junge«, sagte Tam. »Du willst dich doch von so einem alten Mann, wie ich es bin, nicht besiegen lassen!«

Stephen legte, immer noch nach Luft ringend, die Kelle beiseite. »Alt könnte ich Euch beim besten Willen nicht nennen! Also dann – es kann wieder losgehen!«

7. Kapitel

Alicia stand allein am Fuß der Treppe, die zur Brüstung des alten Turms hinaufführte. Vor einer Stunde hatte ihr einer von den Bauern eine silberne Gürtelschnalle gebracht. Auf der Rückseite war eine Widmung eingraviert: »Für Ennis von James MacArran.«

Alicia erinnerte sich wieder an die Zeremonie, als ihr Vater den drei jungen Männern, die als sein Nachfolger in Betracht kamen, diese Gürtelschnallen überreicht hatte. Es war fast wie ein Fest gewesen damals. Es wurde geschmaust, getrunken und getanzt, und so mancher hatte ihr zugezwinkert und sie gefragt, für wen sie sich denn nun entscheiden würde. Doch Alicia hatte nur gelacht und so getan, als könnten alle drei ihrem Vater nicht das Wasser reichen.

Nun waren sie alle tot. Die hübschen jungen Männer, mit denen sie geflirtet hatte, verrotteten irgendwo in einem Grab. Ihr Bruder hatte sich voller Haß von ihr abgewendet. Es gab weder Liebe noch Lachen mehr auf Larenston. Der englische König hatte sie mit einem der Mörder ihres Vaters vermählt. Sie betrachtete voller Wehmut die Waffen ihres Vaters, die an der Wand hingen, seine Äxte, die Claymores, die Pfeile und die Bögen. Sie berührte die abgewetzte Stelle an ihres Vaters Lieblingsbogen und ließ sich in seinen Stuhl fallen, daß der Staub aufwirbelte. Seit Jamies Tod hatte sie diesen Raum nicht mehr betreten.

Die Engländer! dachte sie. Sie glaubten, ihnen gehörte die Welt. Sie haßte die Art, wie Stephens Männer vor ihn hintraten, sich verbeugten, mit dem Fuß scharrten und ihn »Mylord« nannten. Die Engländer waren ein kaltes Volk. Sie hatte hunderte Male versucht, ihm zu sagen, wie Schotten sich benahmen; doch er war zu eitel, ihr auch nur zuzuhören.

Sie lächelte für sich. Wenigstens wußten ihre Männer, wer hier Chef war. Sie lachten hinter Stephens Rücken. Den ganzen Vormittag über hatten sie sich Geschichten von der mißlungenen Strafexpedition gegen die Rinderdiebe erzählt. Wie lächerlich Stephen ausgeschaut haben mußte, als er in seiner törichten Rüstung vor ihren Männern stand!

Ein Lärm unten im Hof lenkte sie von ihren Gedanken ab. Sie trat ans Fenster.

Zunächst erkannte sie Stephen gar nicht. Sie glaubte, sie sähe einen gutgebauten jungen Mann, der mit übertriebenem Selbstbewußtsein auftrat. Sein gegurtetes Plaid schwang in aufreizender Weise um seine muskulösen Beine. Sie schnaubte entrüstet, als ihr bewußt wurde, daß Stephen es war, der da so arrogant über den Hof schritt und das Plaid trug, als habe er ein Recht dazu.

Mehrere von ihren Leuten standen auf dem Hof umher. Sie war

froh, als sie bemerkte, daß sie keine Anstalten machten, ihn zu begrüßen. Sie konnten mit einem Blick erkennen, daß sich hier nur ein Engländer verkleidet hatte!

Doch dann erlosch ihr Lächeln, als die Männer der Reihe nach zu Stephen kamen. Sie sah ihn lächeln. Er sagte etwas und hob kurz den Schoß seines Plaids an. Sie hörte, wie Gelächter über den Hof hinrollte.

Douglas – *ihr* Douglas! – trat vor und streckte Stephen einen Arm hin. Stephen packte ihn, und die beiden begannen, Arme und Knöchel aneinandergestemmt, im Stehen zu ringen. Kaum eine Minute später lag Douglas im Staub.

Sie sah empört zu, wie Stephen der Reihe nach ihre Männer zum Ringen herausforderte. Sie holte scharf Luft, als Margaretes Tochter, ihre Hüften herausfordernd schwingend, vortrat und ihren Rock anhob, damit Stephen ihre hübschen Beine sehen konnte. Und dann führte sie Stephen wahrhaftig ein paar Hochland-Tanzschritte vor!

Alicia wandte sich vom Fenster ab, verließ den Raum und schloß die Tür hinter sich ab. Zorngeladen eilte sie die Treppe hinunter.

Stephen stand mit blitzenden Augen und geröteten Wangen auf dem Hof. Seine Haare waren noch naß von den Laufübungen im Freien. Hinter ihm waren ein paar von seinen Leuten versammelt, und vor ihm standen ihre Leute und bemerkenswert viele junge, hübsche Frauen.

Er sah sie an wie ein Junge, der seiner Mutter einen Gefallen tun wollte. »Na – habe ich bestanden?«

Sie musterte ihn finster, übersah dabei geflissentlich seine muskulösen Beine. »Vielleicht kannst du einige täuschen, doch für mich bist du ein Engländer und wirst es immer bleiben. Daß du deine Kleidung geändert hast, bedeutet noch lange nicht, daß sich deine Absichten gewandelt haben!« Sie drehte sich um und ging wieder ins Haus.

Stephen blieb einen Moment stirnrunzelnd stehen. Vielleicht wollte er tatsächlich, daß sie seine englische Herkunft vergaßen. Vielleicht . . .

Tam schlug ihn auf die Schulter. »Nun mach nicht so ein betrübtes Gesicht!«

Stephen drehte sich um und bemerkte, daß die schottischen Männer lächelten, als Tam fortfuhr: »Wenn sie auch ein guter Boß ist, bleibt sie dennoch eine Frau. Kein Wunder, daß sie erzürnt ist, wenn du mit anderen Frauen tanzt.«

Stephen lächelte kläglich: »Ich wünschte, du hättest recht.«

»Warum gehst du nicht hinein und versuchst, sie zu beruhigen?«

Stephen wollte darauf erwidern, daß er es Alicia nie recht machen könnte. Aber was nützte es, wenn er darüber auch noch laut klagte?

Stumm folgte er ihr die Treppe hinauf. Er fand sie über einen Webstuhl gebeugt. Sie gab den Frauen Anweisungen, welche Fäden sie als Einschuß für ein neues Plaid verwenden sollten.

»Stephen!« rief eine der Frauen, »seht Ihr aber gut aus!« Die hübsche junge Frau betrachtete begehrlich seine nackten Beine.

Stephen drehte sich um; aber das Lächeln fror ihm auf den Lippen ein, als er Alicias Gesicht sah. Sie warf die Tür hinter sich zu, und er holte sie erst wieder am Kopfende der Treppe ein. »Was hast du nur? Ich dachte, gerade dir müßte es gefallen, daß ich diese Kleider trage! Du verlangtest doch, ich sollte ein Schotte werden.«

»Schottische Kleider machen noch keinen Schotten.« Sie wandte sich wieder ab. Stephen faßte sie an den Armen.

»Das ist es nicht allein. Dich bedrückt noch etwas. Was?«

»Was soll mich schon bedrücken? Ich bin mit meinem Feind verheiratet. Ich . . .«

Stephen legte ihr den Finger auf die Lippen. »Da ist noch ein anderer Kummer«, sagte er ruhig, während er forschend ihr Gesicht betrachtete. Sie senkte die Augen, damit er den Schmerz nicht sah, der sich darin spiegelte. Er fuhr mit den Händen an ihren Armen entlang. Er spürte, wie sich ihre linke Hand fest um etwas schloß. »Was ist das?« fragte er behutsam.

Sie suchte sich seinem Zugriff zu entziehen, doch er zwang ihre Finger auseinander. Er starrte auf die Gürtelschnalle, las die Gravierung. »Hat dir jemand das heute übergeben?«

Sie nickte stumm.

»Gehörte die Schnalle deinem Vater?«

Sie senkte die Augen und konnte nur nicken.

»Alicia« sagte er mit bewegter, tiefer Stimme, »schau mich an.« Er legte die Hand an ihr Kinn und hob es sacht an. »Es tut mir von Herzen leid.«

»Wie kannst du wissen, wie das ist?« schnappte sie und entzog sich seiner Hand. Im stillen verfluchte sie sich, daß sie fast auf seine Nähe und Worte hereingefallen wäre.

»Ich weiß, was es bedeutet, Vater und Mutter zu verlieren«, sagte er geduldig. »Ich bin überzeugt, der Schmerz war für mich genauso groß wie für dich.«

»Aber ich habe deinen Vater nicht ermordet!«

»Und ich auch nicht deinen! Jedenfalls nicht mit meinen Händen!« sagte er heftig. »Hör mich an, nur ein einziges Mal – als Ehemann, nicht als politische Schachfigur! Wir sind verheiratet. Das ist eine Tatsache. Nichts läßt sich daran mehr ändern. Wir könnten glücklich sein. Ich weiß, daß wir das könnten, wenn du nur bereit wärst, uns eine Chance zu geben.«

Ihr Gesicht verhärtete sich, ihre Augen wurden kalt. »Und dann prahlst du vor deinen Leuten, eine Schottin fräße dir aus der Hand? Wirst du versuchen, meine Männer genauso auf deine Seite zu ziehen, wie dir das heute mit meinen Frauen gelungen ist?«

»Auf *meine* Seite!« rief Stephen. »Tod und Verdammnis! Ich habe fast den ganzen Tag damit verbracht, bei diesem kalten Wetter mit nackten Beinen und, Entschuldigung, nacktem Hintern zu laufen, um dir und den Leuten, an denen dir so viel liegt, zu gefallen!« Er schob sie von sich fort. »Geh und wälze dich in deinem Haß. Ich werde dich auch nachts mit meiner kalten Gegenwart verschonen.« Er drehte sich um und ließ sie auf der Treppe stehen.

Alicia blieb eine Weile völlig regungslos, ehe sie langsam die Stufen hinunterging. Sie wollte ihm vertrauen. Sie brauchte einen Ehemann, dem sie vertrauen konnte. Aber wie vermochte sie das? Was geschah, wenn ihr Land von plündernden Engländern angegriffen wurde? Konnte sie von Stephen erwarten, daß er gegen seine Landsleute kämpfte?

Sie wußte, wie sie auf seinen Körper reagierte. Wie leicht war es für sie, ihre Unterschiede zu vergessen und seinen süßen Berührungen und seiner zärtlichen, wohlklingenden Stimme zu unterliegen. Aber wenn sie vorsichtig und wachsam sein mußte, waren ihre Sinne abgestumpft. Sie konnte sich das nicht leisten. Sie durfte das Leben ihres Klans nicht aufs Spiel setzen, nur weil sie eine genußreiche Zeit im Bett mit einem Mann verbrachte, der ein englischer Spion sein konnte.

Sie setzte sich in den kleinen Garten hinter dem hohen steinernen Haus. Sie konnte ihm nicht trauen. Sie wußte, daß er Brüder hatte. Vielleicht rief er sie zu Hilfe, wenn er eine Bresche in Alicias Verteidigungsbereitschaft geschlagen hatte. Würde er sich vor seinen Brüdern damit brüsten, daß sie ihm jeden Wunsch erfüllte, wenn er ihre Kniekehlen küßte?

»Alicia.«

Sie drehte sich um. »Was ist, Douglas?« Sie blickte in die braunen Augen des jungen Mannes. Sie konnte darin die gleiche stumme Frage lesen, die sie in allen Augen ihrer Männer sah. Sie wußten nicht, ob sie Stephen vertrauen durften, und warteten auf ihr Urteil. Und danach würde auch sie beurteilt werden. Falls sie sich irrte, verlor sie das Vertrauen ihres Klans.

»Mir wurde zugetragen, daß die MacGregors heute abend einen neuen Überfall auf unsere Weiden planen.«

Alicia nickte. Sie wußte, daß Douglas einen Informanten in den Reihen des anderen Klans hatte. »Hast du das schon anderen mitgeteilt?«

Douglas zögerte. Er las ihre Gedanken richtig, daß ihre Frage sich ausschließlich auf Stephen bezog. »Niemandem.«

Sie sah hinaus auf das Meer. »Ich werde heute nacht meine Männer führen, und wir werden den MacGregors zeigen, wer Chef der MacArran ist. Ich lasse mich nicht mehr verspotten.«

Douglas lächelte. »Es tut gut, wieder mit Euch reiten zu können.«

Sie sah ihn eindringlich an. »Verrate niemandem unser Vorhaben. Niemandem! Hörst du?«

»Aye, ich habe verstanden.« Er drehte sich um und verließ den Garten.

Der Abendbrottisch bog sich förmlich unter den Speisen. Stephen betrachtete zunächst diese Fülle mit Mißtrauen, da Alicias schottischer Sinn für Sparsamkeit in der Regel nur spärliche Kost zuließ. Beim Essen lächelte sie ihm zu. Das war eine Überraschung; denn nach ihrer Auseinandersetzung am Nachmittag war er auf böse Blicke gefaßt. Vielleicht hatten sie seine Worte nachdenklich gemacht; vielleicht war sie bereit, ihm eine Chance zu geben.

Er lehnte sich im Stuhl zurück und strich mit der Hand über ihren Schenkel. Er lächelte, als er spürte, wie sie auf seine Berührung ansprang.

Sie wandte sich ihm mit halboffenen Lippen und warmem Blick zu. »Jetzt ist nicht der Ort oder die Zeit dafür«, sagte sie mit einem Hauch von Trauer in der Stimme.

»Dann komm mit mir auf unser Zimmer.«

Sie lächelte verführerisch. »Gleich. Doch erst versuche ein neues Getränk, das ich erfand. Es ist aus Wein und Fruchtsaft zubereitet und mit einem Kraut gewürzt.« Sie reichte ihm den Silberbecher.

Stephen achtete nicht auf das, was er trank. Alicia hatte ihn noch nie so angesehen wie eben. Sein Blut begann zu kochen. Ihre langen Wimpern senkten sich über Augen, die wie blaue Perlen leuchteten. Ihre Zungenspitze berührte ihre Unterlippe, und ein Schauer lief Stephen über den Rücken.

»Komm mit mir!« flüsterte er rauh und preßte ihre Hand. So sah sie also aus, wenn sie sich willig seinen Wünschen fügte!

Doch ehe er das Kopfende der Treppe erreicht hatte, fühlte er sich schläfrig. Als sie die Tür des Schlafzimmers öffnete, konnte er die Augen kaum noch offen halten.

»Irgend etwas stimmt nicht mit mir«, flüsterte er, und selbst die Zunge wollte ihm nur mit Mühe gehorchen.

»Du bist müde, das ist alles«, sagte Alicia mitfühlend. »Du hast fast den ganzen Tag mit Tam geübt, und er kann einen Mann bis zur Erschöpfung antreiben. Komm, laß dir helfen!« Sie legte einen Arm um seine Taille und brachte ihn zu Bett.

Stephen brach darauf zusammen. Seine Glieder waren schwer, zu nichts zu gebrauchen. »Es tut mir leid. Ich . . .«

»Still«, sagte Alicia leise. »Du ruhst dich aus. Du wirst dich nach einem kurzen Schlaf viel besser fühlen.«

Stephen hatte keine andere Wahl, als ihren Rat zu befolgen. Der Schlaf überwältigte ihn.

Alicia blieb eine Weile stirnrunzelnd über ihn gebeugt. Sie hoffte, sie hatte nicht zu viel von der betäubenden Droge in seinen Trank gemischt. Sie empfand ganz ungewohnte Gewissensbisse, als sie ihn so regungslos unter sich liegen sah. Doch sie mußte dafür sorgen, daß er sich heute nacht nicht störend einmischte. Es galt, den MacGregors zu beweisen, daß sie nicht ungestraft ihre Rinder stehlen konnten.

Sie wollte schon das Zimmer verlassen, als sie noch einmal zurücksah. Mit einem Seufzer zog sie Stephen die Stiefel aus. Er rührte sich nicht, fragte sie nichts, betrachtete sie nicht, verlangte nichts von ihr. Sie strich ihm eine Locke aus der Stirn und, einem plötzlichen Impuls folgend, beugte sie sich vor und drückte einen Kuß auf seine Wange. Dann trat sie mit rotem Gesicht vom Bett zurück, sich für ihre Torheit scheltend. Weshalb so viel Gehabe wegen eines Engländers?

Ihre Männer warteten schon mit den gesattelten Pferden. Sie schob ihren langen Rock über die Knie und schwang sich auf ihr Pferd. Es bedurfte keines Befehls. Die Männer folgten ihr schweigend über die Felsbrücke auf das Festland.

Douglas' Informant hatte die Wahrheit berichtet. Es stand ein Überfall auf ihre Weiden bevor. Sie ritten so rasch, wie es die Pferde erlaubten, stiegen nach zwei Stunden aus den Sätteln und schlichen in den Wald hinein.

Alicia vernahm als erste den Tritt eines Mannes, der ihnen entgegenkam. Sie hob die Hand – das Signal für ihre Leute, anzuhalten. Dann eine kreisende Bewegung, und ihre Männer schwärmten zwischen den Bäumen aus, um die Rinderdiebe zu umzingeln. Nur Douglas blieb an ihrer Seite.

Als sie mit zuverlässigem Instinkt wußte, daß ihre Leute ihre Positionen eingenommen hatten, stieß sie einen schrillen Schrei aus, der die Rinder aufschreckte. Die MacGregors ließen ihre Stricke fallen und griffen zu ihren Claymores. Aber dafür war es bereits zu spät; denn Alicias Leute fielen über sie her. Sie hatten ihre Plaids abgeworfen und konnten sich in ihren losen Hemden frei bewegen. Ihr barbarisches Kriegsgeschrei hallte schauerlich von den Talwänden wider. Alicia warf ihren Rock ab und kämpfte im kurzen Hemd und dem Plaid, das ihr nur bis zu den Knien reichte. Sie blieb im Hintergrund, um ihre Männer anzuleiten, ohne sie mit ihren schwachen Kräften zu behindern. In solchen Minuten verfluchte sie, daß sie an Körperkraft nur eine Frau war.

»Jarl!« schrie sie noch rechtzeitig, um einen ihrer Männer vor dem zweischneidigen Schwert zu retten, das über seinem Kopf schwebte.

Sie lief über das Gras, um einen anderen MacGregor daran zu hindern, einen ihrer Leute von hinten anzuspringen. Im Mondlicht blitzte ein Dolch, der zum Stoß gegen Douglas ausholte. Sie sah, daß Douglas seine Waffe verloren hatte. »Douglas!« rief sie und warf ihm ihre zu. Der MacGregor drehte sich, um nach ihr zu sehen, und im selben Moment stieß ihm Douglas den Dolch unter die Rippen. Langsam brach der Mann zusammen.

Sogleich schien das Gefecht auf der Weide zum Stillstand zu kommen. Alicia, die diese jähe Wandlung bei den Männern spürte, sah auf den Mann zu ihren Füßen. »Der MacGregor selbst«, flüsterte sie. »Ist er tot?«

»Nein«, antwortete Douglas, »nur verwundet. Er wird in wenigen Minuten wieder zu sich kommen.«

Sie sah umher. Die anderen Männer des Klans MacGregor waren in den Wald geflüchtet, als sie bemerkten, daß ihr Anführer gefallen war. Sie kniete neben dem Bewußtlosen nieder. »Gib mir meinen Dolch zurück«, befahl sie.

Douglas gehorchte ihr, ohne zu zögern.

»Ich möchte, daß sich MacGregor an diese Nacht erinnert. Wie wäre es, wenn ich ihm meine Initialen in die Haut schnitzte?«

»Gar auf die Wange?« meinte Douglas eifrig.

Alicia warf ihm einen kalten Blick zu. Im Mondlicht wirkten ihre Augen wie Silber. »Ich möchte nicht einen neuen Krieg heraufbeschwören, sondern ihm nur ein Andenken hinterlassen. Zudem habe ich gehört, daß MacGregor ein hübscher Mann sein soll.« Sie öffnete sein Hemd.

»Ihr scheint in letzter Zeit sehr empfänglich für hübsche Männer zu sein«, sagte Douglas bitter.

»Vielleicht bist du es nur, den das stört. Ist es die Eifersucht oder der Ehrgeiz, der dich verzehrt? Also laß diese kindischen Bemerkungen und kümmere dich um meine Leute!«

Douglas wandte sich von ihr weg.

Alicia hatte eine Menge Geschichten vom Klanboss MacGregor gehört und wußte, daß er eine Narbe zu schätzen wissen würde, die von einer Frau stammte, der er im Kampf unterlegen war. Sie ritzte ihm nur die Haut mit der Spitze ihres Dolchs und schrieb ihm ein kleines A auf die Schulter. Das war wohl Warnung genug und ein Denkzettel für jeden Räuber ihrer Rinderherden.

Als sie ihm ihre Initiale in den Körper geschnitzt hatte, lief sie zu ihren Männern zurück. Sie eilten durch den Wald zu der Stelle, wo sie ihre Pferde angebunden hatten. Es war ein herrliches Gefühl für sie, zum erstenmal als Chefin des Klans ein Gefecht siegreich bestanden zu haben.

»Zu Tam!« rief sie, als sie wieder im Sattel saß. »Wir wollen ihn aus dem Bett holen. Er möchte sicher gern als erster erfahren, daß der Boss der MacGregor nun das Brandzeichen des MacArran trägt.« Sie lachte bei dem Gedanken, wie wütend der Mann sein würde, wenn er das Geschenk entdeckte, das sie ihm hinterlassen hatte.

Doch das Schicksal wollte nicht, daß sie so rasch wieder nach Hause kamen. Plötzlich öffnete der Himmel seine Schleusen, und ein Wolkenbruch eiskalten Regens ging auf sie nieder. Sie wickelten sich die Plaids um den Kopf, und Alicia dachte sehnsüchtig an den Rock, den sie auf der Kampfstätte zurückgelassen hatte. Blitze schlugen ringsum ein, und die Pferde scheuten bei dem Lärm der Donnerschläge.

Sie ritten am Rand der Klippe über dem Meer. Das war nicht der sicherste, aber der schnellste Weg zurück nach Larenston. Sie wußten, daß die MacGregors ihnen auf diesem gefährlichen Weg entlang der Steilküste nicht zu folgen wagten.

Plötzlich peitschte ein mächtiger Blitzschlag aus den Wolken und fuhr direkt vor Alexander in den Boden hinein. Alexanders Pferd änderte die Richtung, und im nächsten Moment hing es mit den Vorderbeinen über dem Rand der Steilwand. Einen Atemzug lang schwebten Roß und Reiter halb auf dem Land, halb in der Luft. Dann kippten sie plötzlich nach vorn, und Alex stürzte aus dem Sattel.

Alicia war die erste, die vom Pferd heruntersprang. Der eiskalte Regen peitschte ihr Gesicht, ihre Beine waren blau gefroren.

»Er ist verloren!« rief Douglas. »Das Meer hat ihn verschlungen!«

Alicia beugte sich vor und bemühte sich, das Meer im Dunklen unter sich mit den Augen abzusuchen. Ein Blitz zeigte ihr das Pferd, das zerschellt am Fuß der Steilwand zwischen den Klippen lag. Doch Alex vermochte sie nirgends zu entdecken.

»Weiter!« drängte Douglas, »du kannst ihm nicht mehr helfen!«

Alicia richtete sich auf. Sie war so groß wie Douglas, und ihre Augen lagen auf einer Ebene. »Seit wann erteilst du mir Befehle?« herrschte sie ihn an und sah wieder zur Brandung hinunter. »Halte meine Knöchel fest, damit ich über den Rand der Klippe rutschen kann!«

Alicia legte sich auf den Bauch, während Douglas ihre Fesseln ergriff. Ein zweiter Mann hielt Douglas an den Schultern fest. Zoll für Zoll schob sich Alicia über den Rand der Klippe, bis sie die Steilwand in ganzer Länge zu übersehen vermochte. Ihr erster Impuls war, die Männer zu bitten, sie auf den festen Boden zurückzuziehen. Es war ein beängstigendes Gefühl, zwischen Himmel und Erde zu schweben und zu wissen, daß ihr Leben von dem Griff eines Mannes abhing. Doch sie durfte Alex nicht im Stich lassen, solange die Möglichkeit bestand, daß er den Sturz überlebt hatte. Also wartete sie geduldig den nächsten Blitz ab. Sie drehte den Kopf, um an einer anderen Stelle die Klippe abzusuchen. Das Blut staute sich hinter ihren Augen. Sie spürte einen Knoten im Magen und einen Schwindel im Kopf. Und dann, als der dritte Blitz aufflammte, sah sie auf halber Höhe der Steilwand, etwas links von ihr, etwas Rotes – Alex bevorzugte ein rotes Plaid.

Sie gab mit der Hand ein Zeichen, und die Männer zogen sie wieder hinauf auf den Klippenpfad. »Alex ist da unten!« keuchte sie, als der Regen ihr in den Mund klatschte. Sie schützte mit einer ungeduldigen Handbewegung ihre Augen. »Er kauert dort unten auf einem schmalen Sims. Bindet mir ein Seil um den Leib. Ich glaube, so kann ich ihn erreichen.«

»Laßt mich hinuntersteigen!« meldete sich Francis.

»Nein, du bist zu groß und kräftig. Das Sims ist zu schmal für dich. Beschafft mir ein Seil, und ich binde mir ein zweites über die Schulter!« Sie begleitete ihre Befehle mit lebhaften Gesten, daß die Männer auch im Donner verstanden, was sie vorhatte. Und dann rollten sie schon Stricke aus.

Sie gab das Ende des Taus, das sie sich um die Schultern schlang, Douglas in die Hand. »Wenn ich zweimal daran ziehe, hievst du ihn hoch«, sagte sie. Dann band sie sich das andere Seil um die Taille. »Sobald Alex in Sicherheit ist, holt ihr mich herauf.«

Sie ging an den Rand der Klippe und wagte nicht mehr, in die Tiefe zu sehen. Sie zögerte einen Moment. »Tam ist mein Nachfolger«, sagte sie, ohne hinzuzusetzen, daß diese Verfügung nur galt, falls sie diese Kletterpartie nicht überlebte.

Das regennasse Seil schnitt in ihre Hüften, obwohl die Männer sie so vorsichtig und langsam wie möglich an der Wand hinabließen. Sie prallte ein paarmal heftig gegen den Fels. Die Haut löste sich von ihren Händen, als sie ein paarmal mit ihnen einen Fall abzubremsen versuchte. Denk nur an Alex, hämmerte sie sich immer wieder ein.

Es dauerte eine Ewigkeit, bis sie den schmalen Sims im Fels erreichte. Sie hatte kaum Platz für ihre Füße neben dem schweren Körper ihres Gefolgsmannes. »Alex!« rief sie, den peitschenden Regen übertönend.

Der junge Mann öffnete benommen die Augen. »Chef«, flüsterte er und schloß erneut die Lider.

»Verdammt, Alex, wach auf!« schrie Alicia.

Alex öffnete die Augen.

»Bist du verletzt? Kannst du mir beim Festbinden des Seils helfen?«

Plötzlich wurde Alex sich seiner Umgebung bewußt. »Mein Bein ist gebrochen. Aber ich denke, so bewegungslos bin ich nicht. Wie seid Ihr hierhergekommen?«

»Frag nicht lange! Schürze lieber einen Knoten!«

Sie balancierte gefährlich am Rand der Klippe. Sie beugte sich steif vor, ohne die Beine zu lockern, damit sie das Gleichgewicht nicht verlor, und befestigte das zweite Seil um seinen Körper. Sie führte es zwischen seinen Beinen hindurch und über eine Schulter.

»Bist du bereit?« rief sie dann.

»Ihr zuerst. Ich warte solange.«

»Widersprich mir nicht! Das ist ein Befehl!« Sie zog zweimal heftig am Seil und spürte, wie es sich straffte, als die Männer oben das Tau einholten. Sie sah mit gerunzelter Stirn Alex nach, der gegen einen Felsvorsprung prallte. Sein gebrochenes Bein würde noch eine Menge Püffe bekommen.

Als Alex über ihrem Kopf schwebte, drückte sie sich gegen die Wand. Plötzlich fühlte sie sich schrecklich einsam, allein gelassen und furchtsam. Der Gedanke an Alex hatte sie von ihrer Angst abgelenkt. Doch nun hatte sie keinen Ansporn mehr für ihre Courage. Alex war in Sicherheit, und sie wünschte sich, sie säße bei Stephen, sein Arm um ihre Taille, ein wärmendes Feuer vor sich.

Das Seil um ihre Taille straffte sich, und sie hatte keine Zeit mehr für solche Wunschträume. Doch selbst als sie mit dem Seil nach oben schwebte, die Hände fest um das Tauwerk gelegt, damit das Seil nicht zu tief in ihre Hüften schnitt, vermochte sie Stephens Bild nicht aus ihrem Bewußtsein zu verdrängen.

Und irgendwie kam es für sie gar nicht überraschend, daß Stephen und Tam es waren, die sie über die Klippe heraufzogen. Stephen streckte ihr seine Arme entgegen, faßte sie unter den Achseln und hob sie auf sicheren Boden hinauf. Er drückte sie an sich, daß sie glaubte, alle ihre Rippen müßten zerspringen; doch sie genoß diese Umarmung, war froh, nicht mehr allein zu sein. Er hielt sie von sich weg, ihr Gesicht zwischen seinen Händen, und betrachtete sie. Seine Augen waren dunkel und von tiefen Schatten unterlegt. Sie wollte ihm sagen, wie froh sie sei, ihn bei sich zu haben; doch sein Gesicht ließ diese Worte nicht zu.

Abrupt lösten sich seine Hände von ihrem Gesicht und begannen, unpersönlich und leidenschaftslos ihren Körper abzutasten. Er warf sie über einen Arm und untersuchte ihre Beine. Sein Mund wurde schmal, als er die blutigen Stellen an Knien und Schenkeln befühlte. Ihre zärtlichen Gefühle für ihn verflogen. Wie konnte er es wagen, sie im Angesicht ihrer Männer derartig zu betasten.

»Laß mich los!« befahl sie.

Stephen überhörte das. Er sah zu Tam hoch, der sich über sie beugte: »Ein paar Blutergüsse, ein paar Schnitte, doch nichts Besorgniserregendes.«

Tam nickte und richtete sich aus der Hocke auf. Die Last von zehn Jahren schien von ihm abzufallen. Alicia stieß mit dem Fuß und wehrte sich gegen Stephens Hände. »Bist du mit deiner Begrapscherei fertig?« fragte sie hochmütig. »Ich will nach Hause.«

Stephen drehte den Kopf, und sie sah nur zu deutlich, was ihn bewegte. Er war zornig – sehr, sehr zornig. Der Regen ließ ein wenig nach, und im Osten zeigte sich ein grauer Streifen. Sie setzte sich hoch und strengte sich an, sich aus seinem Griff zu befreien. »Ich muß mich um Alex kümmern.«

»Alex ist bereits versorgt«, sagte Stephen mit zusammengepreßten Zähnen. Seine Finger schlossen sich fest um ihr Handgelenk. Er zog sie mit sich, als er aufstand. Er ging zu seinem Pferd und zog sie hinter sich her.

»Ich befehle dir, mich sofort loszulassen«, sagte sie scharf, aber leise, weil ihre Männer in der Nähe standen.

Er schwang herum und riß sie an sich. »Wenn du noch ein einziges Wort sagst, werfe ich dir das Hemd über den Kopf und versohle dir den Hintern, bis er grün und blau ist! Alex geht es im Augenblick besser als dir. Also fordere mich nicht noch mehr heraus. Hast du verstanden?«

Sie reckte das Kinn in die Höhe und funkelte ihn an. Doch sie gab ihm keinen Anlaß, seine Drohung wahrzumachen.

Er setzte sie so heftig in den Sattel, daß ihr die Zähne aufeinanderschlugen. Mit einem Satz war er auf seinem Pferd. Er gab den Zügel ihres Tiers nicht frei. »Folgst du mir freiwillig oder muß ich dich hinter mir herziehen?«

Eine unerträgliche Vorstellung, am Zügel vorgeführt zu werden wie ein ungezogenes Kind!

»Ich reite hinter dir«, sagte sie mit sehr geradem Rücken. »Freiwillig.«

Sie ritten von den Männern fort, die noch auf dem Pfad über der Klippe standen. Alicia sah nicht zurück. Ihre Demütigung war zu groß. Ihre Männer respektierten sie, gehorchten ihr, doch Stephen versuchte, sie in die Unmündigkeit eines Kindes zurückzuversetzen. Rab lief neben den Pferden her, ein unzertrennlicher Begleiter seiner Herrin.

Sie ritten über drei Stunden, und Alicia wußte, daß ihre nördlichsten Güter das Ziel ihres Ritts sein würden. Es war ein rauhes, hügeliges Land, das sie durchquerten, mit vielen kleinen Flüssen, die sie durchwaten mußten. Stephen behielt ein stetiges Tempo bei, sah sich nie nach ihr um, schien jedoch zu spüren, wann er langsamer werden mußte, damit sie den Anschluß nicht verlor.

Alicia war sehr müde. Sie hatte keinen Bissen mehr zu sich genommen seit gestern abend, und der Kampf auf der Weide schien schon Tage zurückzuliegen. Sie war so hungrig, daß ihr Magen sich anfühlte, als verzehrte er sich selbst. Der Regen war nur noch ein kaltes Nieseln, das die Wärme aus ihrem Körper saugte, bis ihre Zähne zu klappern anfingen. Ihre Beine waren wund und geschwollen, und wie sie sich auch in den Sattel setzen mochte, stets traf sie auf eine wunde Stelle.

Doch sie wäre lieber gestorben als Stephen zu bitten, eine Rast einzulegen.

Gegen Mittag hielt er an, und Alicia vermochte einen erleichterten Seufzer nicht zu unterdrücken. Ehe sie absteigen konnte, stand er schon an ihrem Pferd und zog sie aus dem Sattel. Sie war zu zerschlagen und verfroren, um sich noch an die Ereignisse der vergangenen Nacht erinnern zu können.

Er stellte sie auf den Boden und ging dann ein paar Schritte zur Seite. Als er zurücksah, merkte sie, daß sein Zorn sich nicht gemildert hatte. »Warum?« fragte er, und sie hörte seiner Stimme an, wieviel Mühe es ihn kostete, ruhig zu sprechen. »Warum hast du mich betäubt?«

Sie versuchte, sehr gerade zu stehen. »Die MacGregors planten einen neuen Überfall, und ich mußte das Eigentum meiner Leute schützen.«

Seine Augen waren kalt und hart. »Hat dir noch niemand gesagt, daß es Mannespflicht ist, einen Trupp von Kriegern anzuführen?«

Sie zuckte mit den Achseln. »So lernt ihr es in England. In Schottland ist es anders. Mir brachte man schon mit sieben Jahren bei, wie ich mit einem Schwert umzugehen habe, wenn die Umstände es verlangen.«

»Und du dachtest, ich wäre unfähig, deine Leute anzuführen. Also warfst du deine Kleider ab« – er wies höhnisch auf den kurzen Saum ihres Hemdes – »und führtest sie selbst. Glaubst du, du bist ein besserer Mann als ich?«

»Ein besserer Mann!« sagte sie entrüstet, »das ist deine ganze Sorge, daß du als Mann nicht dein Gesicht verlierst! Beim letzten Überfall bist du in deiner Rüstung losgeritten. Weißt du, daß die MacGregors mich ausgelacht haben? Sie sagten, die MacArrans haben eine Frau als Boß, und ein eiserner Klotz ist ihr Anführer. Ich sorgte heute nacht dafür, daß ihnen das Lachen vergeht. Ich schnitzte ein A in die Schulter des Klanführers.«

»Du schnitztest was?« rief Stephen betroffen.

»Du hast sehr wohl verstanden, was ich sagte«, erwiderte sie hochmütig.

»Oh, Gott!« rief Stephen und fuhr sich mit den Händen durch die nassen Haare, »hast du noch nicht begriffen, daß Männer ihren Stolz haben? Er soll sein ganzes Leben lang mit dem Brandzeichen einer Frau herumlaufen? Er wird dich hassen dafür – dich und deinen Klan.«

»Da täuschst du dich! Zudem leben die MacGregors und die MacArrans bereits seit Jahrhunderten im Haß aufeinander.«

»Das ist nicht wahr. Ich betrachte diese Weideüberfälle eher als einen Sport, als ein Kräftemessen. Doch ein richtiger Krieg ist das nicht.«

»Was weißt du schon davon! Du bist ein Engländer.« Sie drehte ihm den Rücken zu und beschäftigte sich mit ihrer Satteltasche.

Er legte seine Hand auf die ihren. »Versprich mir, daß du nie mehr versuchst, mich zu betäuben.«

Sie nahm ihre Hände von der Satteltasche.

»Das kann ich nicht versprechen.«

Er drehte sie zu sich. »Ich kann nicht zulassen, daß die Launen eines törichten Mädchens meine Männer gefährden!«

Sie stieß mit beiden Händen gegen seine Brust. »Mädchen! Ich bin eine MacArran. Hunderte von Männern und Frauen gehorchen meinem Befehl und respektieren mich.«

»Und lassen dich gewähren, wenn du übermütig wirst! Du bist eine intelligente Frau, und deine Urteilssprüche sind weise. Doch du hast nicht die Erfahrung, Männer in den Kampf zu führen. Das ist meine Aufgabe.«

»Meine Männer werden dir nicht folgen.«

»Sie werden mir folgen, solange ich wach genug bin, sie anzuführen.« Er starrte sie an, als sie ihm nicht antwortete. »Ich bat dich um ein Versprechen. Jetzt werde ich es mir nehmen. Wenn du mich noch einmal betäubst, verlierst du deinen Hund!«

Alicia erwiderte: »Rab wird immer zu mir zurückkehren.«

»Nicht, wenn er ein paar Fuß tief unter der Erde liegt.«

»Du würdest meinen Hund töten, um zu bekommen, was du verlangst?«

»Ich würde hundert Hunde oder Pferde töten, um einen Mann zu retten, ob er nun zu dir oder mir gehört. Ihr Leben ist in Gefahr, wenn ich nicht bei ihnen bin, um sie zu beschützen. Und ich kann nicht mein ganzes Leben in der Sorge leben, ob es meiner Frau mißfällt, daß ich meiner Pflicht nachkomme, und mich lieber betäubt in ihrem Bett zurückläßt.«

Plötzlich war ihr das alles zuviel. Der Kampf auf der Weide, der lange Ritt, das schreckliche Unwetter und die Angst an der Steilwand hatten ihre Nerven so sehr angegriffen, daß sie nun niederkniete und Rab umarmte. »Ihr Engländer habt mir alles genommen«, klagte sie, »meinen Vater und seine drei Häuptlinge, aus denen ich mir den Mann aussuchen sollte, den ich liebte.« Sie hob den Kopf und sah ihn mit brennenden Augen an. »Warum nimmst du mir Rab nicht gleich fort? Und Tam? Und brennst meine Burg nieder? Ich . . .«

»Du bist so müde, daß du gar nicht merkst, was du sagst.« Sie ließ den Hund wieder los und stand auf.

»Wie kann ich einen Mann lieben, dem ich nicht einmal vertrauen kann?« klagte sie, als er sie in den Arm nehmen wollte.

8. Kapitel

Erst am späten Nachmittag hielt Stephen wieder vor einem alten Haus aus Stein an. Die Rückseite des Hauses war in einen kleinen Hügel hineingebaut, das Dach mit Grassoden gedeckt. Es begann wieder zu regnen, nachdem Alicias Plaid eben erst trocken geworden war.

Sie hielt ihr Pferd an, stieg jedoch nicht aus dem Sattel. Sie war zu müde für irgendeine Bewegung.

Stephen legte die Hände an ihre Hüften. »Hungrig?« fragte er, ehe er sie vom Pferd zog und in die Hütte trug.

Dort war es angenehm warm von einem Torffeuer. Er setzte sie auf einen Stuhl, der an der Wand lehnte. »Ich kümmere mich um die Pferde«, sagte er.

Sie merkte gar nicht, daß er sie verlassen hatte.

Als er wieder hereinkam, spöttelte er: »Ich dachte, die Schotten wären ein zäher Menschenschlag.« Er lachte, als sie die Augen aufschlug und sich sehr gerade auf den Stuhl setzte.

»Schau her, was ich habe.« Er öffnete eine Truhe an der anderen Wand und entnahm ihr einen Topf mit herrlich duftender Brühe, einen Laib dunkles Brot, Fisch, Gemüse und Früchte.

Alicia glaubte, sie träumte nur. Erst als sie den Stuhl an den Tisch rückte und mit der Hand ein geröstetes Stück Schweinefleisch berührte, wußte sie, daß dieser Traum Wirklichkeit war.

Stephen nahm ihr den Teller mit dem Fleisch fort.

»Das kostet alles seinen Preis«, sagte er ruhig.

Sie rückte von ihm fort, ihre Augen hart wie Glas. Sie wollte sich vom Stuhl erheben. Stephen faßte sie bei der Schulter und zog sie wieder nieder. »Hast du keinen Sinn für Humor?«

»Nicht bei Engländern, die meinen Hund ermorden wollen.«

Er zog sie an sich. »Eines muß man dir lassen. Du bleibst dir immer treu. Und was, glaubst du, fordere ich als Preis für diese Mahlzeit?«

»Daß ich und meine Männer dir den Treueid leisten und dir selbst in den Kampf folgen, wenn er gegen unsere eigenen Leute gerichtet ist«, sagte sie tonlos.

»Gütiger Himmel!« rief Stephen. »Für was hältst du mich? Ein Ungeheuer?« Er starrte sie einen Moment an und lächelte dann. »Der Preis, den ich verlange, ist noch viel schrecklicher. Ich will einen Kuß von dir. Einen Kuß, den du freiwillig gibst. Einen Kuß, um den ich nicht kämpfen muß.«

Zunächst wollte ihm Alicia sagen, was er mit seinen Speisen und Küssen machen konnte – auf gälisch natürlich. Sie war sicher, er würde sie trotzdem verstehen. Doch ein Schotte ist praktisch veranlagt. Sie durfte diese Speisen nicht verderben lassen.

»Gut«, flüsterte sie, »ich werde dich küssen.«

Sie beugte sich auf den Knien vor und berührte seine Lippen mit ihren. Er wollte sie packen, doch sie schob seine Arme beiseite. »Mein Kuß!« sagte sie. Stephen lehnte sich lächelnd auf die Ellenbogen zurück.

Ihr Mund spielte mit seinem. Draußen regnete es, und das Geräusch gab ihnen das Gefühl, sie wären ganz allein auf der Welt. Er lag wartend unter ihr. Sie hatte keinen Sinn für Humor, hatte er gesagt. Wollen doch sehen, wieviel Verständnis für Humor du hast, Engländer!

Stephen öffnete kurz die Augen, ehe Alicias Mund sich wieder auf seinen senkte. Diesmal war sie nicht zart und sanft, sondern hungrig und verlangend.

Stephen verlor seine gelassene, überlegene Haltung. Er fiel auf den gestampften Lehmboden. Er faßte Alicia um die Hüften. Doch sie lachte kehlig und schob seine Hände weg.

»Mein Kuß«, sagte sie wieder.

Sie schob eine Hand unter seinen Nacken, die andere legte sie auf sein Knie. Er trug schottische Kleidung, war also nackt unter dem Hemd und dem Plaid. Zoll für Zoll kroch ihre Hand höher, liebkoste ihn an der Innenseite seiner Schenkel, schob sich weiter hinauf. Als sie ihn zwischen den Beinen berührte, flogen seine Augen auf. Im nächsten Moment hatte er Alicia auf den Rücken geworfen und ein Bein über sie gestreckt.

»Nein!« sagte sie wieder und schob ihn von sich. »Ein Kuß war der Preis, den du verlangtest.« Sie atmete so heftig, daß sie kaum sprechen konnte, als wäre sie meilenweit gelaufen.

Stephen kam nicht so rasch zur Besinnung. Er starrte sie an, als müsse er erst sprechen lernen.

Beide Hände abwehrbereit an seiner Brust, sagte Alicia mit nüchterner Stimme: »Du hast mir versprochen, ich könnte essen, wenn ich dir einen Kuß gebe. Ich glaube, das habe ich getan!«

»Alicia!« hauchte Stephen, als läge er im Sterben.

Sie lächelte verschmitzt und rollte ihn von sich weg. »Sag nur ja nicht, ein Schotte würde sein Wort nicht halten!«

Stephen stöhnte: »Ich muß um zwanzig Jahre gealtert sein, seit ich dich kennenlernte. Heute nacht ein Betäubungsmittel, dann dein Klettern an der Steilwand und nun das! Was darf ich mir noch von dir versprechen? Das Rad? Oder ziehst du die Wasserfolter vor?«

Sie lachte ihn an und reichte ihm ein saftiges Stück Schweinefleisch. Sie schmauste bereits mit roten Lippen, die nun von Fett glänzten. »Wie bist du auf dieses Haus gekommen? Wer bereitete das Essen vor? Woher wußtest du, daß ich an der Klippe entlangreiten würde?«

Nun war Stephen an der Reihe, ihr ins Gesicht zu lachen, ehe er in das Fleisch hineinbiß. Er hatte sich noch nicht von ihrer Hand zwischen seinen Beinen erholt. Tam hatte die Vorteile eines Schottenkostüms weit untertrieben.

»Douglas ging zu Tam«, sagte er nach einer Weile und wurde wieder nüchtern. »Ich wünschte, ich könnte deinen Männern beibringen, zu mir zu kommen. Ich erfahre alles erst aus zweiter Hand.«

Alicia hatte beide Hände voll mit Pastetenstücken. Auch ihr Mund war voll davon. »Douglas war nur ein gehorsamer Sohn.«

»Sohn? Wovon redest du überhaupt?«

»Von Douglas. Er ist Tams Sohn.«

»Oh! Ich dachte, Tams Sohn wurde von Engländern erschlagen.«

Sie warf ihm einen bitterbösen Blick zu, während er sich Butter auf eine Scheibe Schwarzbrot strich.

»Es gibt Männer, die mehr als einen Sohn haben. Mein Vater sagte, Tam versuche einen eigenen Klan zu gründen. Er hat ein rundes Dutzend Söhne – hätte es noch, wenn die Engländer nicht . . .«

Stephen hielt rasch die Hand hoch: »Wie heißen diese Söhne?«

»Douglas, Alex, Jarl und Francis sind die ältesten. Dann kommen ein paar Söhne, die noch zu jung sind zum Kämpfen. Und seine neue Frau wird ihm in diesen Tagen wohl einen neuen Sohn bescheren.«

Stephen lachte in sich hinein. Es waren immer die Stillen im Lande, auf die man besonders achten mußte.

»Du hast vergessen, meine Fragen zu beantworten«, sagte Alicia, die keinen Moment ihre Mahlzeit unterbrach. »Warum hast du mich hierhergebracht?«

»Ich dachte, der lange Ritt würde meinen Zorn etwas abkühlen. Und ich wollte nicht von deinen Männern gestört werden.«

Er warf Alicia einen vernichtenden Blick zu, der sie jedoch nicht beim Essen störte. »Tam versuchte mich zu wecken; doch es gelang ihm nicht. Morag bereitete mir einen Trank zu – ein schreckliches Gebräu, das mich fast umgebracht hätte. Ehe ich noch ganz bei mir war, saßen wir bereits auf unseren Pferden und galoppierten zur

Klippe. Wir kamen dort an, als Alex gerade über den Rand der Steilwand gezogen wurde.«

Er legte den Hühnerknochen beiseite, den er eben abgenagt hatte. »Wie kamen deine Männer dazu, dich an der Steilwand hinunterklettern zu lassen? Wie konnten sie das zulassen?«

Sie legte den Gerstenkuchen beiseite, an dem sie knabberte.

»Kannst du das immer noch nicht begreifen? Weil *ich* die MacArran bin. Ich bin es, die zuläßt oder verbietet. Meine Männer befolgen meine Anweisungen, nicht umgekehrt.«

Stephen stand auf und warf noch etwas Torf ins Feuer. Seine englische Erziehung rebellierte gegen ihre Worte.

»Aber du bist doch nicht so kräftig wie deine Männer. Wenn Alex nun ohnmächtig gewesen wäre? Was dann?«

Sie hatte Geduld mit ihm, weil sie spürte, daß er versuchte, sie zu verstehen: »Ich ging an der Steilwand hinunter, weil ich leicht bin und schlank. Ein Mann hätte auf dem schmalen Sims keinen Platz gefunden. Und sein Gewicht hätte möglicherweise den Stein, auf dem Alex lag, aus der Felswand gerissen. Hätte ich eine bessere Möglichkeit gesehen, Alex zu retten . . .«

»Verdammt!« unterbrach er sie, »so viele kluge Worte auf einmal von einer Frau kann ich nicht ertragen!«

Sie blinzelte und lächelte dann über seine Offenherzigkeit. »Weißt du denn nicht, daß es gute Anführer gibt, die statt ihrer Muskeln ihren Verstand benützen?«

Er starrte sie an und zog sie dann zu sich heran. »Ich war so wütend«, flüsterte er. »Ich wollte deinen Männern zuerst nicht glauben, als sie mir erzählten, daß du in der Felswand hängst. Ich glaube, ich habe erst Luft geholt, als ich dich lebendig vor mir sah.«

Sie hob den Kopf und betrachtete forschend sein Gesicht. »Wäre ich umgekommen, hätte Tam dir sicherlich einen Teil meiner Ländereien überlassen.«

»Ländereien!« sagte er keuchend und stieß ihren Kopf dann in den Nacken. »Zuweilen bist du doch eine sehr dumme Frau.« Er packte ihre Haare, als sie sich aus seinem Griff befreien wollte. »Ich sollte dich für diese Beleidigung bestrafen. Ja, ich glaube, ich werde deine Mahlzeit ein wenig in die Länge ziehen«, sagte er rauh. Er hob ihr Gesicht und küßte sie hungrig. Er schlang die Arme um ihre Schultern und ihre Knie und bettete sie vor das Feuer. Er entkleidete sie bedächtig, küßte ihren Leib und ihre langen Beine.

»Komm zu mir!« flüsterte sie.

Doch diesmal war er an der Reihe, sie zu foltern. Er schob ihre Hände beiseite, die seine Blöße suchten. Er nahm sich viel Zeit mit seinen Küssen und lächelte, als sie sich ihm entgegenwölbte. Er lachte nur, als sie ihn an den Haaren zog, damit er zu ihr kam. Er vergrub sein Gesicht zwischen ihren Brüsten. Und als ihre Hände ihn freigaben, setzte er sich auf die Fersen und betrachtete ihren schönen Körper.

Erst dann streifte er auch seine Kleider ab und legte sich neben sie. Sie stöhnte, als sie seine Haut an ihrer fühlte.

»Stephen«, flüsterte sie, und diesmal klang es fast zärtlich.

»Ja«, murmelte er, ehe er sie unter seinen Körper zog . . .

Zwei Wochen später erfüllte sich Stephens Prophezeiung, daß die MacGregors Alicia hassen würden.

Stephen hatte diese zwei Wochen genützt, um von Alicias Männern zu lernen. Die Katastrophe beim ersten Überfall auf die Weiden der MacArrans hatte ihn von der Notwendigkeit überzeugt, die schottische Kampfesweise einzustudieren. Er lernte das Laufen auf kurze und weite Distanz, das Fechten mit dem schweren Claymore, das Ab- und Anlegen des Plaids in wenigen Sekunden. Seine Beine wurden noch muskulöser und bekamen eine gesunde braune Farbe. Und als der erste Schnee fiel, hatte er sich schon so gut an das Klima gewöhnt, daß er mit bloßen Beinen herumlief.

Alicia beobachtete das alles mit einem Mißtrauen, das sie nur nachts aufgab, wenn sie in seinen Armen lag. Stephen hatte sich in den letzten Wochen so sehr verändert, daß sie meinte, der Kampf auf der Hochweide, als sie ihrem Feind ihre Initiale in die Schulter schnitt, müsse bereits Monate zurückliegen. Und da kam die erste Nachricht, wie erzürnt Lachlan MacGregor über ihr unerbetenes Geschenk war: Er hatte an ihrer Nordgrenze drei Bauernhäuser niedergebrannt.

»Gab es Verwundete?« fragte sie bang, als sie die Meldung von der Brandschatzung bekam.

Tam winkte einen jungen Mann zu sich, der in den rauchenden Trümmern wühlte.

Alicia legte entsetzt die Hand gegen den Mund. Der junge Mann trug ein großes L als Brandzeichen auf seiner linken Wange.

»Der MacGregor läßt dir ausrichten«, sagte Tam, »daß er den ganzen Klan mit seinem Zeichen versehen würde. Er wäre fast an einer Blutvergiftung gestorben, weil du ihn mit deinem Dolch geritzt hast.«

Alicia wandte sich schweigend ab und ging zurück zu ihrem Pferd. Stephen trat zu ihr.

»Keine Bange – ich will dir jetzt keinen Vortrag halten«, sagte er leise, als er den Ausdruck auf ihrem Gesicht sah. »Aber vielleicht hast du auch etwas aus dieser Lektion gelernt. Es ist nun meine Aufgabe, diese Scharte auszuwetzen.«

»Was hast du vor?« fragte sie.

»Ich werde versuchen, ein Treffen mit dem Klanboss MacGregor zu erreichen. Diese Fehde muß ein Ende haben.«

»Ein Treffen mit MacGregor!« sagte sie mit stockendem Atem. »Er wird dich umbringen! Er haßt die Engländer noch mehr als ich!«

»Das ist unmöglich«, sagte er sarkastisch, während er sich in den Sattel schwang und von den rauchenden Ruinen der Siedlung wegritt.

Eine Stunde später war Chris zum erstenmal mit Alicia einer Meinung. Die beiden Männer, die sich so ähnlich sahen, als sie nach Schottland kamen, zeigten inzwischen erhebliche, nicht nur äußerliche Unterschiede. Chris trug immer noch englische Kleider – ein Wams aus schwerem Samt und mit Nerz gefüttert, Kniehosen aus Satin, darunter eine Strumpfhose aus feiner Wolle. Stephen dagegen trug das Plaid, und seine Haare ringelten sich um seine Ohren, was ihm sehr gut stand. Seine Beine waren wettergegerbt und die Muskeln daran geschmeidig von den täglichen Wettläufen mit den Schotten.

»Sie hat recht«, sagte Chris. »Du kannst nicht einfach in die Burg des Nachbarklans gehen, an die Tür klopfen und verlangen, du möchtest mit dem Boss sprechen. Ich habe ein paar schreckliche Geschichten gehört, wie er mit solchen Leuten zu verfahren pflegt. Du kannst noch froh sein, wenn er dich auf der Stelle umbringt.«

»Was soll ich dann tun? Mich in einen Sessel setzen und zuschauen, wie meine Leute verwundet und ihre Häuser in Asche gelegt werden?«

Chris starrte seinen Freund an. »Deine Leute?« fragte er verwundert. »Seit wann bist du zu einem Schotten geworden?«

Stephen strich sich grinsend durch die langen Haare. »Es sind gute Leute, und ich wäre stolz, einer der ihren zu sein. Nur das hitzige Temperament von Alicia ist an dieser Panne schuld. Ich bin sicher, dieser neue Streit läßt sich auf friedliche Weise schlichten.«

»Weißt du denn nicht, daß diese Fehde schon ein paar hundert Jahre andauert? Jeder dieser Klans ist mit jedem anderen verfeindet. Was für ein barbarisches Land!«

Stephen hatte nur ein mildes Lächeln für seinen Freund übrig. Vor ein paar Monaten hatte er noch genauso gedacht. »Komm ins Haus und trink einen Becher Whisky mit mir. Ich bekam gestern von Gavin einen Brief. Er will, daß ich ihn zu Weihnachen mit Alicia besuche.«

»Wird sie mit dir zu ihm kommen?«

Stephen lachte. »Sie wird mitkommen, ob sie will oder nicht. Und wie steht es mit dir? Willst du uns begleiten?«

»Mit dem größten Vergnügen! Ich habe dieses kalte Land wirklich lang genug genossen. Ich kann überhaupt nicht verstehen, wie du bei diesem Wetter halbnackt herumlaufen kannst.«

»Chris, diese Kleider sind sehr bequem. Sie lassen dir viele Möglichkeiten offen.«

Chris schnaubte. »Die Möglichkeit, mir gewisse Körperteile zu verkühlen, ist nicht sehr verlockend für mich. Aber vielleicht gibt es hier auch die Möglichkeit, zu jagen. Ich hatte mir gedacht, ich nehme ein paar von deinen und meinen Männern mit und erlege einen Elch.«

»Nur, wenn du versprichst, auch ein paar von Alicias Männern mitzunehmen.«

Chris schnaubte verächtlich. »Ich weiß nicht, ob ich mich von diesem Vorschlag beleidigt fühlen soll.« Er lenkte rasch ein, als er die Veränderung auf Stephens Gesicht bemerkte. »Schön. Ich werde tun, was du sagst. Wenn es zu Schwierigkeiten kommt, wäre es gar nicht so unklug, ein paar von deinen barbeinigen Männern bei mir zu haben.« Er legte Stephen lächelnd die Hand auf die Schulter. »Ich sehe dich morgen wieder – hoffentlich mit frischem Wildbret.«

Stephen sollte Chris nicht mehr lebend wiedersehen.

Die Wintersonne ging gerade unter, als vier von Alicias Männern durch die Tore am Anfang der Halbinsel ritten. Ihre Kleider waren blutig und zerfetzt. Einer von ihnen trug einen blutigen, verwinkelten Schnitt auf der Wange.

Stephen war auf dem Exerzierfeld und hörte aufmerksam zu, als Tam ihm die Kampfesweise mit der Lochaber-Axt erklärte. Alicia stand in der Nähe und sah den beiden Männern zu.

Tam bemerkte die arg zerzausten und verschwitzten Männer zuerst. Er ließ seine Axt fallen und rannte zu ihnen, Stephen und Alicia ihm dicht auf den Fersen. »Was ist passiert, Francis?« keuchte er und zog den jungen Mann vom Pferd.

»MacGregor«, sagte dieser. »Der Jagdtrupp wurde angegriffen.«

Stephen saß schon auf seinem Pferd, ehe Francis zu Ende geredet hatte. Der Junge sah zu Stephen hinauf. »Zwei Meilen hinter dem See auf der östlichen Fahrstraße.« Stephen nickte, ehe er seinem Pferd den Zügel freigab. Er schien gar nicht zu merken, daß Tam und Alicia versuchten, sein Tempo mitzuhalten.

Die untergehende Sonne spiegelte sich rötlich auf Chris' Rüstung, als er regungslos auf dem gefrorenen schottischen Boden lag. Stephen sprang von seinem Pferd und kniete sich neben seinen Freund in den Schnee. Er schob sacht das Visier zurück.

Er sah nicht auf, als er die Stimme eines Knappen hinter sich hörte: »Lord Chris wollte den Schotten zeigen, wie die Engländer kämpfen können. Er legte seinen Panzer an und forderte MacGregor zum Zweikampf heraus.«

Stephen betrachtete den leblosen Körper seines Freundes. Er wußte, daß die schwere Rüstung seinen Freund schwerfällig und fast bewegungslos gemacht hatte. Der McGregor hatte sich nach Belieben die Stellen aussuchen können, wo er seinen Gegner treffen wollte. Auch die beste Rüstung deckte nicht alles am Körper zu. Und an einigen Stellen war der Stahl verbogen oder eingedrückt.

»Sie versuchten, ihn zu retten.«

Erst jetzt wurde Stephen auf die drei Schotten aufmerksam, die bei Chris lagen. Ihre kräftigen jungen Körper waren blutüberströmt und schrecklich entstellt.

Stephen spürte Zorn in sich aufwallen. Sein Freund war tot! Er richtete sich auf, packte Alicia am Arm und drehte sie so, daß sie die vier toten Männer ansehen mußte.

»Das ist die Folge deiner Eskapade! Schau sie dir an! Kennst du diese Männer?«

»Ja«, brachte sie flüsternd hervor. Sie hatte sie ihr ganzes junges Leben lang gekannt. Sie blickte weg von den Toten.

Stephen faßte ihre Haare und zwang sie, wieder auf die Toten zu blicken. »Erinnerst du dich noch an den Klang ihrer Stimmen? Kannst du ihr Lachen hören? Kennst du ihre Familien?« Sie drehte ihren Kopf zur Seite, damit sie auf den toten Engländer schauen mußte. »Chris und ich wurden gemeinsam aufgezogen. Wir sind als Geschwister aufgewachsen.«

»Laß mich los«, rief sie verzweifelt.

Stephen gab sie mit einer jähen Handbewegung frei. »Du hast mich mit Gift betäubt und führtest deine Männer zu einem Kampf auf der Weide, der damit endete, daß du dem MacGregor deine Initiale auf den Körper schnitztest. Was für eine dumme kindische Handlung! Und jetzt müssen wir den Preis für deine Dummheit bezahlen, oder?«

Sie versuchte, den Kopf hochzuhalten. Sie wollte nicht glauben, daß er die Wahrheit sagte.

Douglas streckte sein Schwert in die Luft. Er war hinter Alicia und seinen Vater hergeritten. »Wir müssen diese Bluttat rächen!« rief er. »Wir müssen sofort in den Kampf gegen den MacGregor reiten!«

»Ja«, fiel Alicia in seinen Ruf ein, »wir müssen das auf der Stelle vergelten!«

Stephen machte einen Schritt vorwärts und schmetterte Douglas die Faust ins Gesicht. Er nahm ihm das Schwert weg, als Douglas im Sattel wankte.

»Hört mich an«, sagte Stephen langsam, damit die Männer, die ihm gefolgt waren, auch jedes Wort verstanden. »Hört mir gut zu! Das wird gesühnt werden, jedoch nicht mit noch mehr Blutvergießen. Diese Fehde ist sinnlos, und ich werde mich nicht an einer Rache beteiligen, die immer größere Verluste nach sich ziehen wird. Mit Blutvergießen werden diese Männer dort nicht mehr lebendig.« Er deutete auf die vier blutigen Leichen zu seinen Füßen.

»Ihr seid ein Feigling«, sagte Douglas, der sich sein schmerzendes Kinn rieb.

Ehe Stephen etwas sagen konnte, stand Tam neben seinem Sohn. Er hielt den Dolch in der Hand, zielte damit auf den Brustkorb seines Sohnes.»Du magst mit diesem Mann darüber streiten, ob er recht hat. Doch wenn du ihn einen Feigling nennst, ist das eine Beleidigung!« sagte er mit seiner tiefen, dröhnenden Stimme.

Douglas sah seinem Vater in die Augen und nickte dann, ehe er sich Stephen zuwandte. »Ich bin bereit, dir zu folgen«, sagte er.

»Ihm folgen!« Alicias Stimme war eher ein Aufschrei. »Ich bin die MacArran. Hast du vergessen, daß er ein Engländer ist?«

Tam sprach für seinen Sohn: »Ich glaube nicht, daß wir so viel vergessen haben, wie wir hinzulernten.«

Alicia fragte ihn nicht, was er hinzugelernt hatte. Sie sah die Gesichter ihrer Männer der Reihe nach an und erkannte an ihren Mienen, daß ihre Einstellung sich geändert hatte. Sie wußte nicht, ob die Wandlung sich allmählich vollzogen hatte oder plötzlich kam, weil man ihr die Schuld gab für den Tod dieser Männer. Sie wich einen Schritt zurück und hob abwehrend die Hände. »Nein«, flüsterte sie, wandte sich um und eilte zu ihrem Pferd.

Sie achtete nicht darauf, wohin sie ritt und wie weit. Die Tränen verwischten die Konturen der Hügel und Stege, über die sie galoppierte, und sie merkte nicht einmal, daß sie die Grenze des MacArran-Landes überschritt.

»Alicia!« rief jemand hinter ihr.

Sie gab ihrem Pferd die Sporen, um dieser vertrauten Stimme zu entkommen. Erst als der Mann auf gleicher Höhe mit ihr ritt, erkannte sie ihren Irrtum. Es war ihr Bruder, der sie beim Namen gerufen hatte.

»Davey«, flüsterte sie, während sie scharf am Zügel ihres Pferdes riß.

Davey sah sie grinsend an. Er war so groß wie seine Schwester, hatte die schwarzen Haare von ihrem Vater geerbt, die braunen Augen von seiner Mutter. Er war hagerer, als Alicia ihn in Erinnerung hatte, und in seinen Augen flackerte ein Licht, das von einem inneren Brand herrühren mußte. »Du hast geweint«, sagte er. »Wegen der Männer, die MacGregor erschlug?«

»Du weißt davon?« sagte sie und wischte sich mit dem Handrükken die Augen aus.

»Es ist immer noch mein Klan, wenngleich mein Vater es anders bestimmte.« Für eine Weile wurden seine Augen hart und kalt, bis dieses flackernde Licht sich wieder zeigte: »Ich habe dich lange nicht mehr gesehen. Setz dich zu mir und gönne deinem Pferd eine Rast.«

Mit einem Mal schien ihr Bruder ein langentbehrter Freund zu sein, und sie schob die Erinnerung an seinen letzten Auftritt weit von sich – die Nacht, als Jamie MacArran sie zu seinem Nachfolger bestimmte. Es war eine unerwartete Ernennung gewesen und deshalb um so schmerzlicher. Der ganze Klan hatte sich versammelt und wartete, daß Davey zum nächsten »Laird« ausgerufen würde. James MacArran war stets ehrlich gegen sich selbst und besonders vorurteilsfrei in der Einschätzung seiner Kinder gewesen. Er sagte dem Klan, was er von seinen Kindern hielt. Davey liebte den Krieg. Er schätzte ein Gefecht höher ein als den Schutz seines Klans. Er sagte, Alicia habe ein zu hitziges Temperament und handele oft unüberlegt. Beide Kinder fühlten sich zutiefst beschämt von der Kritik ihres Vaters. Jamie fuhr fort, daß Alicias Fehler ausgeglichen werden könnten, falls ihr ein besonnener Ehemann zur Seite stünde wie zum Beispiel Ian, Ramsey oder Ennis. Selbst nach dieser Einleitung ahnte noch niemand, was Jamie vorhatte. Als er Alicia zu seiner Nachfolgerin kürte, war es ganz still in der Halle. Dann hoben die Männer nacheinander die Becher, um ihr zuzutrinken. Davey brauchte einen Moment, bis er begriff, was sich hier vollzog. Dann sprang er auf, verfluchte seinen Vater, nannte ihn einen Verräter und sagte sich als Sohn von ihm los. Er forderte die Männer auf, ihm zu folgen. Zwölf junge Männer verließen in dieser Nacht die Halle, um sich Davey anzuschließen.

Seit jener Nacht hatte Alicia ihren Bruder nicht mehr gesehen. Inzwischen war viel geschehen – ihr Vater tot und die Männer, die er ihr zum Gatten bestimmt hatte. Sie war mit einem Engländer verheiratet worden. Plötzlich schien alles, was Davey damals sagte, unwichtig geworden zu sein.

Sie stieg vom Pferd und legte die Arme um ihn. »Oh, Davey, alles hat sich zum Schlimmen entwickelt«, klagte sie.

»Der Engländer?«

Sie nickte an seiner knochigen Schulter. »Er hat alles verändert. Heute sahen mich meine Männer an, als sei ich der Eindringling. Ich las es in ihren Augen. Sie gaben ihm recht und mir unrecht.«

»Willst du damit sagen, er hetzt die Männer gegen dich auf?« fauchte Davey und wich von ihr zurück. »Wie konnten sie nur so verblendet sein? Er muß ein sehr guter Schauspieler sein, wenn er sie das Entsetzen über den Tod unseres Vaters vergessen läßt. Und Ian? Will sich selbst Tam nicht mehr daran erinnern, daß die Engländer seinen Sohn erschlugen?«

»Ich weiß es nicht«, sagte Alicia, als sie sich auf einen umgestürzten Baum setzte. »Sie scheinen ihm alle zu vertrauen. Er kleidet sich wie ein Schotte. Er übt mit den Männern. Er mischt sich sogar unter die Bauern. Er scherzt und trinkt mit ihnen. Ich weiß, daß sie ihn mögen.«

»Aber hat er denn durch Taten bewiesen, daß er ihr Vertrauen verdient?«

Sie drückte die Hände gegen die Schläfen. Ihr wollten die vier Männer nicht aus dem Kopf, die verstümmelt vor ihr auf der Erde lagen. War sie an deren Tod schuld? »Er hat nichts getan, was sie argwöhnisch machen könnte.«

Davey schnaubte: »Davor wird er sich hüten! Er wird warten, bis er das Vertrauen deiner Männer gewonnen hat, ehe er die Engländer hierherbringt.«

»Engländer? Wovon redest du eigentlich?«

»Begreifst du denn nicht?« sagte Davey mit großer Geduld. »Plant er nicht, in nächster Zeit nach England zurückzukehren?«

»Ja«, sagte sie betroffen, »er hat vor, in ein paar Wochen mit mir zu seiner Familie zu reisen.«

»Das geschieht in der Absicht, die Engländer ins Land zu ziehen. Er bringt ihnen alles bei, was er bei uns gelernt hat, und wenn sie nach Schottenart mit uns kämpfen, können wir ihnen wenig entgegensetzen.«

»Nein!« sagte sie und erhob sich von ihrem Sitz. »Davey, das kann nicht dein Ernst sein. So ist er nicht. Er sorgt sich wirklich um meine Männer. Davon bin ich überzeugt.«

Er blickte sie finster an. »Ich habe mir sagen lassen, daß er dich im Bett zum Singen bringt. Du hast Angst, ihn zu verlieren. Du würdest deinen Klan für die Hände eines Engländers opfern, die deinen Körper in Wonneschauer versetzen.«

»Das ist nicht wahr! Bei mir steht der Klan immer an oberster Stelle.« Sie hielt jählings inne. »Ich habe vergessen, daß wir im Streit liegen. Ich muß jetzt zurückreiten.«

»Nein«, sagte Davey ruhig und legte ihr die Hand auf den Arm. »Verzeih mir, daß ich dich so erzürnt habe. Bleibe noch eine Weile bei mir. Ich habe dich so sehr vermißt. Erzähle mir von Larenston. Hast du das lecke Dach ausbessern lassen? Wie viele Söhne hat Tam inzwischen?«

Sie lächelte und setzte sich wieder. Sie redeten eine Weile über die Alltagserlebnisse des Klans. Sie erfuhr, daß Davey irgendwo in den Hügeln lebte, wollte aber nicht sprechen, wovon. Sie respektierte das.

»Und gefällt dir deine Stellung als Klanboß?« fragte er freundlich. »Hast du Freude daran? Gehorchen dir deine Männer?«

Sie lächelte. »Ja, sie behandeln mich mit großem Respekt.«

»Bis heute morgen, als sie sich deinem Mann zuwandten.«

»Fang nicht wieder damit an.«

Davey lehnte sich gegen einen Baum. »Ich empfinde es nur als große Schmach, daß der jahrhundertealte Klan MacArran nun von einem Engländer regiert wird. Wenn du Zeit hättest, könntest du deine Autorität festigen. Doch du kannst von deinen Männern nicht erwarten, daß sie dir folgen, wenn ein Mann sie drängt, sich hinter ihn zu stellen.«

»Ich weiß nicht, was du damit meinst.«

»Ich dachte nur laut. Wenn Stephen nun ein Spion ist, den König Heinrich dir ins Haus setzte? Sobald er das Vertrauen deiner Männer gewonnen hat, könnte er Schottland großen Schaden zufügen. Natürlich würdest du versuchen, das zu verhindern; aber was vermagst du, wenn deine Männer sich bereits daran gewöhnt haben, dir den Gehorsam zu verweigern?«

Sie wußte nichts darauf zu sagen. Sie sah ihre Männer vor sich, die in jüngster Zeit zu Stephen gegangen waren, während sie nach ihrer Rückkehr aus England nur ihre Meinung gelten ließen.

»Du solltest eine Weile allein mit deinem Klan sein. Dann könnte dieser Ascott nichts ausrichten, wenn er Verrat im Sinn hat.«

Sie mochte über seine Worte nicht nachdenken. Sie war schuld am Tod von vier Männern. Stephen hatte recht gehabt, ihr Arroganz und Dummheit vorzuwerfen. Was aber, wenn er ein Spion war? Vielleicht hatte Davey recht damit, daß er fürchtete, Stephen wollte sie alle nur ins Verderben führen.

Sie legte die Hände an den Kopf. »Ich kann nicht denken. Ich weiß nicht, wie er ist und ob man ihm trauen kann.«

»Alicia«, Davey nahm ihre Hände, »vielleicht glaubst du mir nicht; aber ich habe nur das Beste mit deinem Klan im Sinn. Ich hatte monatelang Zeit, mit mir ins reine zu kommen – und mit dir. Ich weiß, daß du Laird sein solltest, nicht ich.« Er legte ihr einen Finger auf die Lippen. »Nein, laß mich ausreden. Ich will dir nur helfen. Ich will sichergehen, daß er kein Spion ist. Daß er unseren Klan nicht verführt.«

»Sichergehen?«

»Ich nehme ihn mit in mein Lager. Das ist alles. Es geschieht ihm kein Leid. Ich halte ihn so lange fest, bis deine Autorität über den Klan nicht mehr durch ihn zu erschüttern ist.«

»Ihn festhalten!« sagte sie mit funkelnden Augen.

»Ich täte ihm nichts. Ich wäre verrückt, wenn ich ihm etwas täte. König Heinrich würde dem Klan MacArran den Krieg erklären. Alles, was ich möchte, ist dir Zeit erkaufen.«

Sie wich ein wenig von ihm fort. »Und was versprichst du dir davon?« fragte sie kühl.

»Ich möchte wieder nach Hause kommen«, sagte er dumpf. »Wenn ich eine gute Tat für dich vollbringe, kann ich in Ehren zurückkehren. Meine Männer und ich hungern, Alicia. Wir sind keine Bauern und haben keine Farmer, die uns ernähren.«

»Du bist jederzeit bei mir willkommen. Das solltest du wissen«, sagte sie leise.

Er sprang hoch. »Und muß mich von deinen Männern auslachen lassen, weil ich mit eingeklemmtem Schwanz zurückkomme? Nein!« Er beruhigte sich ein wenig. »Wir würden unsere Ehre retten, wenn wir im Triumphzug nach Hause kämen. Wir reiten mit deinem englischen Mann in Larenston ein, und jeder, von König Heinrich bis zum letzten Bauern, würde uns dafür Dank schulden.«

»Ich . . . nein, das ist unmöglich. Stephen ist . . .«

»Denke darüber nach. Du hättest deine Leute wieder fest in der Hand. Ich könnte in Ehren nach Hause kommen. Oder liegt dir mehr an deinem englischen Ehemann als an deinem Bruder?« fragte er mit bitterem Hohn.

»Nein, natürlich nicht. Aber wenn ihm ein Leid geschieht . . .«

»Du beleidigst mich. Hältst du mich für schwachsinnig? Wenn ich ihm etwas antue, fällt König Heinrich über uns her. Bitte, Alicia, denke darüber nach. Verwirre deinen Klan nicht noch mehr. Warte nicht, bis sie auf dem Schlachtfeld stehen und sich zwischen England und Schottland entscheiden müssen. Spalte nicht ihre Treuepflicht.«

»Davey, ich muß jetzt wieder gehen.«

»Bitte! Du sollst nur nachdenken. In drei Tagen treffe ich dich wieder auf der Klippe. Dort, wo Alex abstürzte.«

Sie sah ihn überrascht an.

»Ich weiß gut Bescheid über meinen Klan«, sagte er, während er sich in den Sattel schwang.

Sie starrte ihm nach. Sie hatte Angst vor ihrer Rückkehr nach Larenston. Doch ein MacArran konnte sich Feigheit nicht leisten.

9. Kapitel

Alicia ging langsam über den Hof. Drei Tage hatte sie nach dem Tod ihrer Männer zum Nachdenken Zeit gehabt. Daveys Worte gingen ihr nicht mehr aus dem Sinn. Jede Minute wurde ihr deutlicher bewußt, daß ihre Männer sich Stephen zuwandten. Es war ganz natürlich, daß sie sich einem Mann unterordnen wollten, da sie erst vor Monaten noch hinter Jamie MacArran geritten waren. Doch Alicia traute keinem Engländer. Sie hatte als Gefangene bei Sir Thomas Crichton reichlich Gelegenheit, sie zu studieren.

Was Stephen betraf, war er vom Tod seines Freundes zutiefst erschüttert. Er redete kaum mit ihr, und zuweilen ertappte ihn Alicia dabei, wie er ins Leere starrte. Gleich nach dem Tod der vier Männer hatte er Anweisung gegeben, die Sachen für die Reise nach England zu packen. Er sagte, er wollte Chris' Leiche zu seiner Familie zurückbringen.

Nachts, wenn sie allein waren, lagen sie Seite an Seite, ohne sich zu berühren, ohne miteinander zu reden. Der Anblick ihrer toten Männer war für sie ein ständiger Alptraum. Sie fragte sich, wie ihr Vater damit fertiggeworden war, wenn ein Fehler ihn das Leben von Männern gekostet hatte, die er liebte. Sie spürte, wie sich ein Knoten in ihrem Hals zusammenzog. Der Laird eines Klans weint nicht. Sie mußte stark sein und durfte das Alleinsein nicht fürchten.

Neben ihrer Last, ihrer Schuld, bedrückte sie noch Daveys Vorschlag. Sie kannte den Stolz ihres Bruders. Sie wußte, wie schwer es ihm gefallen war, sie um etwas zu bitten. Doch wie konnte sie ihm Stephen in die Hände liefern?

Sie preßte die Hände gegen die Ohren. Sie wollte das Richtige tun, allen gerecht werden. Aber was war richtig?

Sie sattelte ihr Pferd und verließ die Halbinsel, um sich mit Davey zu treffen.

Davey starrte sie einen Moment mit brennenden, durchbohrenden Augen an. Als Alicia auf ihre Hände niedersah, wußte er, wie sich sich entschieden hatte.

»So!« sagte er, und seine Augen nahmen einen unversöhnlichen Ausdruck an, »du stellst deinen Liebhaber über deinen Klan!«

Sie sah ihn fest an. »Du weißt, das ist nicht wahr.«

»Dann darf ich daraus schließen«, schnaubte er, »daß ich es bin, dem du nicht traust. Ich hoffte, du würdest mir die Chance geben, dir zu beweisen, daß ich gereift bin. Daß ich nicht mehr der schreckliche Junge bin, der seinen Vater verfluchte.«

»Ich will das ja, Davey«, sagte sie ruhig. »Ich will das Richtige für jeden tun.«

»Aber das tust du ja gar nicht, verdammt noch mal!« brauste er auf. »Du hast nur deinen Vorteil im Sinn. Du hast Angst vor meiner Heimkehr. Du fürchtest, die Männer werden mir folgen, dem wahren MacArran.« Er drehte sich zu seinem Pferd.

»Davey, bitte, ich will nicht, daß wir so auseinandergehen. Komm mit mir nach Hause. Wenigstens für eine Weile.«

»Und zusehen, wie meine Schwester den mir zustehenden Platz im Klan ausfüllt?« höhnte er. »Nein, vielen Dank. Ich bin lieber König meines eigenen armen Königreiches als Diener in einem anderen.« Er sprang in den Sattel und sprengte davon.

Alicia wußte später nicht mehr, wie lange sie einsam auf der Klippe verweilt und vor sich hingestarrt hatte.

»Wer war das?« fragte Stephen behutsam.

Sie sah hoch und war nicht überrascht, daß Stephen neben ihr stand. So oft war er schon in ihrer Nähe gewesen, ohne daß sie sich seiner Gegenwart bewußt geworden war. »Mein Bruder«, sagte sie leise.

»Davey?« fragte er interessiert und sah dem galoppierenden Pferd nach.

Sie sagte nichts darauf.

»Hast du ihn gebeten, nach Larenston zu kommen?« fuhr er fort. »Hast du ihm gesagt, daß die Tore für ihn stets offen stehen?«

»Du mußt mir nicht sagen, was ich meinem eigenen Bruder mitzuteilen habe.« Sie wandte sich ab, Tränen in den Augen.

Er faßte sie am Arm. »Es tut mir leid. Es war nicht so gemeint.«

Sie wollte sich von ihm lösen, doch er riß sie an sich.

»Es war falsch von mir, dich zu verfluchen, als ich Chris' Leiche fand«, sagte er leise. »Ich war nur so wütend, daß ich irgend jemand dafür anprangern mußte. Ich tat dir unrecht.«

Sie preßte ihr Gesicht an seine Brust. Sie sehnte sich nach seiner Umarmung. »Nein! Du hattest recht! Ich habe deinen Freund und meine Männer getötet.«

Er zog sie an sich und spürte, wie sie am ganzen Körper zitterte. Ihre Schultern waren so schmal und zerbrechlich. »Nein, die Verantwortung ist zu groß für dich.« Er hob ihr Kinn an. »Schau mir in die Augen. Ob du es glaubst oder nicht – wir teilen uns die Last. Ich trage auch einen Teil der Schuld am Tod dieser Männer.«

»Aber ich allein habe schuld!« sagte sie verzweifelt.

Er legte ihr den Finger auf die Lippen und spähte in ihr Gesicht. »Du bist so jung, nicht einmal zwanzig; doch du versuchst, für Hunderte von Leuten zu sorgen, sie selbst vor mir zu schützen – vor einem Mann, der ja auch, wie du glaubst, ein Spion sein könnte.«

Er lachte, als ihr Gesicht sich veränderte. »Ich fange an, dich zu verstehen. Im Augenblick denkst du, ich habe noch andere Motive, so mit dir zu reden. Du glaubst, ich plante einen Verrat und möchte dich nur mit süßen Worten einlullen.«

Sie wich vor ihm zurück. Seine Worte trafen ihre Gedanken so genau, daß sie fast erschrak über seine Fähigkeit, sie zu lesen.

Er lachte tief und leise. »Bin ich meiner Heimat zu nahe? Du möchtest, daß ich ein Fremder bleibe in deinem Klan, nicht wahr? Jemand, den du unbeschwert hassen kannst. Ich habe nicht vor, dich so lange allein zu lassen, damit du vergißt, daß ich vor allem ein Mann bin – nicht nur ein Engländer.«

»Du – du redest Unsinn. Ich muß nach Larenston zurück.«

Er achtete nicht auf ihre Worte, sondern setzte sich ins Gras und zog sie neben sich nieder. »Morgen brechen wir nach England auf. Was ist das für ein Gefühl für dich, meine englische Familie kennenzulernen?«

Sie starrte ihn an. »Darüber habe ich noch nicht nachgedacht.« Ihre Augen sprühten blaue Blitze, als sie sich wieder ihrer Gefangenschaft in Thomas Crichtons Haus entsann. »Ich mag die Engländer nicht.«

»Du kennst sie nicht!« gab Stephen heftig zurück. »Du hast nur den Abschaum kennengelernt. Ich schämte mich meiner Landsleute, als ich sah, wie du in Sir Thomas' Haus behandelt wurdest.«

»Aber keiner deiner Landsleute ließ mich in meinem Hochzeitskleid am Traualtar warten.«

Er lachte glucksend. »Das wirst du mir wohl nie verzeihen, wie? Vielleicht verzeihst du mir, wenn du meine Schwägerin Judith kennenlernst.«

»Wie . . . wie ist sie?« fragte Alicia vorsichtig.

»Schön! Gütig und von angenehmem Wesen. Klug. Sie leitet Gavins Geschäfte. König Heinrich hatte eine hohe Meinung von ihr. Er hat sie mehr als einmal um Rat gefragt . . .«

Alicia seufzte schwer. »Es ist gut zu hören, daß jemand seine Pflichten nicht vernachlässigt und fähig ist für ein Regiment. Ich wünschte, mein Vater hätte eine Tochter, die den Titel Laird verdiente.«

Er lachte und zog sie auf das Gras nieder. »Als Frau bist du eine außergewöhnlich befähigte Klanchefin.«

Sie blinzelte. »Als Frau? Soll das heißen, du hältst keine Frau dazu befähigt, Anführer eines Klans zu sein?«

Er zuckte mit den Achseln. »Jedenfalls nicht eine so blutjunge und hübsche Frau, die auf ihr Amt nicht richtig vorbereitet ist.«

»Nicht richtig vorbereitet! Ich habe mein ganzes Leben nur mit Lernen verbracht! Du weißt, daß ich besser lesen und rechnen kann als du!«

Er lachte. »Zum Regieren von Männern gehört mehr als nur das Zusammenrechnen von Zahlen.« Er sah sie einen Moment ernst an. »Du bist so schön!« Er beugte sich vor und küßte sie.

»Laß mich in Ruhe! Du bist ein unerträglicher, engstirniger schwachsinniger . . .« Sie schwieg still, weil seine Hände ihre Beine streichelten.

»Ja«, flüsterte er an ihrem Mund. »Was bin ich?«

Die beiden glaubten sich allein, waren es aber nicht. Davey MacArran stand auf dem Hügel über ihnen und sah zu, wie die beiden sich auf dem kalten Boden umarmten. »Diese Hure!« flüsterte er. Sie stellt ihre Lust über das Wohl ihres Bruders. Und von dieser Hure glaubte Jamie MacArran, sie sei würdiger, ein Laird zu sein als er.

Er drohte mit der Faust den beiden, die nur sich sahen. Er würde es ganz Schottland zeigen, wer der mächtigste Mann im Land war – der wahre Chef des Klans MacArran.

Die Sonne war gerade aufgegangen, als die Wagen den steilen Pfad zum Festland hinunterrollten. Stephens Männer, nun braun von Sonne und Wind, kaum noch zu unterscheiden von Alicias Schotten, ritten neben ihnen. Es war ein stiller Trupp, der um den Ausgang der Reise bangte. Die Wagen waren beladen mit englischen Kleidern, und Alicias Männer überlegten, ob sie in der englischen Gesellschaft nicht aneckten.

Alicia hatte ihre eigenen geheimen Sorgen. Morag hatte ihr einen langen Vortrag gehalten, als sie von Daveys Plan erfuhr. »Daß du mir nicht auf so was hereinfällst«, hatte sie geschimpft und mit ihren knochigen Fingern auf Alicia gezeigt. »Er war schon immer ein hinterlistiger Bursche, schon als kleines Kind. Er will Larenston haben, und er wird vor nichts zurückschrecken, um dieses Ziel zu erreichen.«

Alicia hatte ihren Bruder verteidigt. Doch Morags Warnung wollte ihr nicht aus dem Kopf. Sie sah sich immer wieder vorsichtig um.

»Nervös?« fragte Stephen neben ihr. »Das ist nicht nötig. Ich bin überzeugt, meine Familie wird dich mögen.«

Sie brauchte eine Minute, um zu begreifen, wovon er redete. Dann steckte sie hochmütig die Nase in die Luft. »Du solltest dir eher Gedanken darüber machen, ob die MacArran deine Familie mag«, sagte sie und spornte ihr Pferd an.

Die Sonne ging wieder unter, als der erste Pfeil knapp an Alicias linkem Ohr vorbeischwirrte. Eben erst hatte sie in ihrer Wachsamkeit nachgelassen und sich ihrer Ängstlichkeit wegen gescholten. Nun begriff sie zunächst nicht, was da geschah.

»Attacke!« schrie Stephen, und binnen Sekunden hatten seine Männer einen Kreis um sie gezogen, die Waffen bereit zum Einsatz. Alicias Männer glitten von den Pferden, warfen ihre Plaids ab und schwärmten in den Wald aus.

Sie saß wie benommen auf ihrem Pferd, als sie einen Mann nach dem anderen zu Boden gehen sah.

»Alicia!« schrie Stephen, »reite, so schnell du kannst!«

Sie gehorchte ihm sofort. Die Pfeile flogen nur so um sie her. Einer schrammte ihre Hüfte, und ihr Pferd schrie, als ein Schaft ihm die Haut verbrannte. Nun wurde es ihr jählings bewußt, weshalb sie betäubt gewesen war. Die Pfeile galten alle ihr. Und einer der

Bogenschützen, den sie in einem Baumwipfel entdeckt hatte, gehörte zu den Männern, die damals ihrem Bruder Davey aus der Halls ins Exil gefolgt waren. Ihr Bruder versuchte sie umzubringen!

Sie beugte sich weit über den Hals des Pferdes und trieb es vorwärts. Diesmal brauchte sie sich nicht umzudrehen, um sich zu vergewissern, wer auf dem Pferd saß, das mit donnernden Hufen zu ihr aufschoß. Zum erstenmal hatte sie keine Bedenken, ihm ganz zu trauen.

Er schoß an ihr vorbei, und sie folgte ihm, während er sie wegführte von den fliegenden Pfeilen. Und dann wurde das Pferd ihr unter dem Leib erschossen, und sie schrie.

Ehe das Pferd zusammenbrach, war er schon bei ihr und hob sie aus dem Sattel. Sie duckte sich vor ihm auf den Hals des Hengstes, während sie rasch über ein unbekanntes, wildes Land ritten. Alicia spürte, wie der Hengst unter ihr langsam ermattete.

Plötzlich knickte Stephen nach vorn und legte sich schwer auf ihren Rücken. Sie griff instinktiv nach dem Zügel und riß ihn nach rechts. Das Pferd verließ den schmalen Pfad und lief unter die Bäume. Sie wußte, daß sie Stephen vom Pferd heben mußte, ehe er aus dem Sattel stürzte. Sie konnte unter den Bäumen nicht schnell reiten; aber vielleicht fand sie irgendwo eine Stelle, die sich als Versteck eignete.

Sie hielt das Pferd mit einem Ruck an. Stephens lebloser Körper fiel zu Boden, ehe Alicia aus dem Sattel springen konnte. Sie sog scharf die Luft ein, als sie das Blut an seinem Hinterkopf sah, wo ein Pfeil ihn gestreift hatte. Sie hörte schon die Verfolger, hatte keine Zeit zum Nachdenken. Der Waldboden war mit vertrockneten Blättern bedeckt. Da kam ihr eine Idee.

Sacht führte sie das Pferd von Stephen weg. Sie durfte nicht riskieren, das Tier mit einem Peitschenhieb anzutreiben. So nahm sie ihre Brosche und stach das Tier mit der Nadel in die Hinterbacke. Sogleich galoppierte es von ihr weg. Sie rannte zu Stephen zurück, ließ sich auf Hände und Knie fallen und schob ihn an einen umgestürzten Baum. Dann bedeckte sie ihn mit vertrockneten Blättern. Das Plaid in den Farben des Herbstlaubs tarnte ihn vorzüglich. Sie legte sich neben ihn und grub sich ebenfalls in die Blätter ein.

Sekunden später war sie von stampfenden, wütenden Männern umgeben. Sie drückte Stephen an sich und hielt ihm den Mund zu, falls er aus seiner Ohnmacht erwachte.

»Verdammnis über sie!«

Sie hielt die Luft an. Daveys Stimme würde sie überall wiedererkennen.

»Sie hatte schon immer sieben Leben wie eine Katze! Die werde ich ihr alle der Reihe nach nehmen«, fügte er heftig hinzu. »Und diesen Engländer, den sie zum Mann hat! Ich werde König Heinrich zeigen, daß die Schotten Schottland regieren!«

»Dort ist ihr Pferd!« rief eine andere Stimme.

»Los!« befahl Davey, »sie kann nicht weit gekommen sein!«

Es dauerte lange, ehe sich Alicia von ihrer Betäubung erholt hatte. Sie hoffte, daß ihre Männer jeden Moment zu ihrer Rettung herbeieilen würden. Doch als sich nach einer Stunde immer noch nichts regte, gab sie die Hoffnung auf.

Es war bereits dunkle Nacht, als Stephen stöhnend erwachte.

Er starrte zu ihr hinauf. Im Mondlicht wirkten seine Augen wie Silber. Sie beugte sich besorgt über ihn. »Wer bin ich?« hauchte sie leise.

Sein Gesicht war ernst, als denke er angestrengt nach.

»Ein blauäugiger Engel, der mein Leben gleichzeitig zum Paradies und zur Hölle macht.«

Sie stöhnte vor Empörung: »Du bist unglücklicherweise immer noch der gleiche.«

Stephen brachte ein klägliches Grinsen zustande und versuchte, sich aufzusetzen. Er hob eine Braue, als Alicia einen Arm um seinen Brustkorb schob, um ihn zu stützen. »Sind die Neuigkeiten so schlimm?« fragte er und rieb sich mit den Fingern die Schläfe.

»Was meinst du damit?« fragte sie mißtrauisch.

»Wenn du mir helfen willst, müssen die Neuigkeiten schlimmer sein, als ich ahnte.«

Sie wurde steif. »Ich hätte dich nicht mit Blättern zudecken, sondern sie auf deine Fährte führen sollen.«

»Mein Kopf bringt mich um. Ich fühle mich nicht zum Streiten aufgelegt. Und was, beim Satan, habt Ihr mit meinem Rücken gemacht? Ihn mit Stahlstiften gespickt?«

»Ihr fielt vom Pferd«, sagte sie nicht ohne Genugtuung. »Doch sollte ich wohl lieber beim Anfang beginnen.«

»Ihr erwieset mir einen großen Gefallen, wenn Ihr das tätet«, sagte er, sich mit einer Hand den Kopf, mit der anderen den Rücken reibend.

Sie berichtete ihm so kurz und bündig wie möglich von Daveys Plan, Stephen zu kidnappen.

»Und du warst zweifellos mit seinem Plan einverstanden«, sagte er böse.

»Natürlich nicht!«

»Aber wenn du mich losgeworden wärst, hätten sich doch deine Probleme von selbst gelöst. Ich verstehe gar nicht, warum du dich weigertest, mitzumachen.«

»Ich weiß es auch nicht«, sagte sie leise.

»Seine Argumente waren logisch und der Plan ausgezeichnet.«

»Ich weiß es nicht!« Sie senkte den Kopf. »Vielleicht habe ich ihm nicht ganz getraut. Als wir uns hier unter dem Laub versteckten, hörte ich ihn sagen . . . er wollte uns beide töten.«

»Das dachte ich mir.«

»Wie konntest du!«

Er berührte eine Locke an ihrer Schläfe. »Eine reine Vermutung, die mir kam, als ich die Pfeile zählte, die auf dich gezielt waren. Und dann die Taktik, uns von unserer Begleitung zu trennen. Das hat dich sehr mitgenommen, wie?«

Ihr Kopf ruckte hoch. »Was würdest du sagen, wenn einer deiner Brüder eben versuchte, dich umzubringen?«

Sogar in der Dunkelheit vermochte sie zu erkennen, wie sein Gesicht erblaßte. Seine Augen waren starr vor Entsetzen. »Eine unmögliche Vorstellung«, murmelte er. Er sah sich um. »Wo sind wir?«

»Ich habe keine Ahnung.«

»Was ist mit unseren Männern? Sind die in der Nähe?«

»Woher soll ich das wissen? Ich bin nur eine Frau, weiß nichts von der Taktik der Männer.«

»Alicia!« sagte er warnend.

»Ich weiß wirklich nicht, wo wir sind. Wenn die Männer uns nicht finden können, kehren sie nach Larenston zurück, wohin wir uns auch so rasch wie möglich begeben sollten.« Sie legte den Kopf auf die Seite. »Still!« flüsterte sie erregt. »Da kommt jemand!«

Alicia faßte ihn bei der Hand und zog ihn über die Kuppe eines kleinen Hügels hinweg. Dort versteckten sie sich im Laub und beobachteten zwei Männer, die offenbar auf Jagd waren, nicht auf der Suche nach einem verlorengegangenen Laird und dessen Gatten.

Stephen wollte sich erheben und etwas zu den Männern sagen; doch Alicia hinderte ihn zu seinem Erstaunen daran.

Als die Männer außer Hörweite waren, wandte er sich ihr zu: »Das waren nicht Daveys Männer.«

»Schlimmer«, sagte sie, »das waren die MacGregors.«

»Sag nur nicht, du kennst die MacGregors persönlich!«

Sie schüttelte den Kopf über seine Dummheit. »Die Kokarden an ihren Hüten hatten die Farben und Embleme des MacGregor-Klans.«

Er warf ihr einen bewundernden Blick zu. Sie konnte auch in der Dunkelheit ausgezeichnet sehen.

Er lehnte sich gegen einen Baum und seufzte. »Wir haben keine Waffen, keine Pferde, keine Nahrungsmittel und kein Gold. Dein Bruder macht Jagd auf uns, und die MacGregors, auf deren Land wir uns jetzt befinden, klatschten vor Vergnügen, wenn unsere Köpfe dem Klanboss auf einem silbernen Tablett serviert würden.«

Alicia betrachtete sein Profil und konnte ein leises Kichern nicht unterdrücken.

Stephen sah sie verwundert an und mußte ebenfalls lächeln. »Hoffnungslos, nicht wahr?«

»Ja«, sagte sie, und ein Funke tanzte in ihren Augen.

»Natürlich ist es keinesfalls zum Lachen.«

»Selbstverständlich nicht.«

»Aber komisch ist es doch, wie?« Er lachte.

Sie fiel in sein Gelächter ein. »Höchstwahrscheinlich werden wir morgen früh tot sein – so oder so.«

»Was möchtest du also gern in deiner letzten Nacht auf Erden treiben?« fragte er, und in seinen blauen Augen schimmerte das Mondlicht.

»Jemand könnte jeden Moment über uns stolpern«, sagte sie ziemlich ernsthaft.

»Hm. Sollen wir dafür sorgen, daß sie auch was zu sehen bekommen?«

»Was zum Beispiel?«

»Zwei ausgelassene, außerordentlich glückliche und splitternackte Waldgeister.«

Sie zog das Plaid eng an sich und sagte züchtig: »Es ist aber schrecklich kalt – meinst du nicht auch?«

»Da ist es nur logisch, daß man das bißchen Wärme, was man hat, zusammenlegt.«

»In diesem Falle . . .« Sie machte einen Satz und landete auf seinem Bauch.

Stephen keuchte überrascht und lachte dann. »Ich denke, ich hätte dich schon viel früher auf das Land von MacGregor bringen sollen.«

»Still, Engländer!« befahl sie, während sie den Kopf senkte und ihn küßte.

Sie schienen beide vergessen zu haben, daß sie sich auf der Schräge eines ziemlich steilen Hügels befanden. Sie hatte sich eben ihres Rockes entledigt, und er zog sein Hemd aus, als sie von seiner Seite wegrollte. Er wollte sie festhalten, doch seine Sinne waren von Leidenschaft getrübt. Er verfehlte sie, und sie landeten beide am Fuße des Abhangs in einem Haufen aus Laub.

Zwei Nackte suchten im wirbelnden Laub sich zurechtzufinden.

»Hast du dir weh getan?« fragte Stephen besorgt.

»Noch nicht. Aber wenn du dein Bein nicht von meinem Hals nimmst, werde ich bald erstickt sein.«

»Nun – dann weiß ich Bescheid«, sagte er und schob sie so, daß sie ganz unter ihm lag. »Du hast dich ja noch nie darüber beschwert, daß ich zu schwer für dich wäre«, sagte er, während er an ihrem Ohrläppchen knabberte.

Sie lächelte mit geschlossenen Augen. »Es gibt Zeiten, wo du so gut wie gar nichts wiegst.«

Er bewegte seine Lippen an ihrem Hals nach unten.

Plötzlich landete etwas Großes, Schweres auf seinem Rücken. Er brach auf ihrem Körper zusammen und stemmte sich schnell wieder mit den Armen hoch, um sie zu beschützen. »Tod und Verdammnis!«

»Rab!« rief Alicia und schlüpfte dann unter Stephens Körper hervor. »Oh, Rab«, rief sie überglücklich und begrub ihr Gesicht in seinem Fell.

Stephen setzte sich auf die Fersen zurück. »Als wäre mein Rücken nicht schon genug geschunden«, klagte er.

Rab bewegte sich von Alicia weg und sprang Stephen gegen die Brust. Stephen umarmte den mächtigen Hund, der ihm das Gesicht mit seiner großen Zunge abschleckte.

»Na, du solltest dich was schämen!« rief Alicia lachend. »Schimpfst den Hund aus, wo er dich so sehr liebt!«

»Er sollte ein bißchen mehr Rücksicht auf meine Liebe nehmen. Laß mich los, Rab! Platz! Du erstickst mich ja. Hier, Junge, such!« Stephen schleuderte einen imaginären Stock in die Dunkelheit hinein. Der Hund rannte glücklich hinterher.

»Das war gemein! Er wird stundenlang danach suchen. Er möchte so gern gefällig sein!«

Stephen faßte nach ihren Handgelenken. »Ich hoffe, daß er die ganze Nacht den Stock sucht. Weißt du eigentlich, wie köstlich du im Mondlicht aussiehst?«

Sie betrachtete seine breiten Schultern und schmalen Hüften. »So unangenehm siehst du auch nicht aus.«

Er zog sie an sich. »Wenn du so weitermachst, kommen wir nie mehr nach Larenston zurück. Wo waren wir vorhin stehengeblieben?«

»Du sagtest, dein Kopf brächte dich um.«

»Komm her, Mädchen«, flüsterte er, während er sie in das Laub hinunterzog.

Es war eine ziemlich kalte Nacht, aber sie merkten es nicht . . .

Sie wurden schon am frühen Morgen in ihrem Laubbett von einem Knurren geweckt. Stephen reagierte spontan auf die Meldung des Wolfshundes. Er setzte sich auf und schob Alicia hinter sich. Er starrte auf den Mann, der etwa zwanzig Schritte entfernt war. Es war ein untersetzter, drahtiger Mann mit braunen Augen und Haaren. Er trug die Kokarde der MacGregors.

»Guten Morgen«, sagte er herzhaft. »Ich wollte nicht stören. Ich wollte nur etwas Wasser holen, doch dein Hund ließ mich nicht vorbei.

Stephen hörte, wie Alicia hinter ihm Luft holte zum Sprechen. Er drehte sich um und warf ihr einen warnenden Blick zu. Sie war halb begraben im Laub. Nur ihr Kopf und die nackten Schultern sahen heraus.

»Morgen!« rief Stephen ebenso herzhaft, und seine Stimme hatte einen schweren schottischen Akzent. »Rab, komm her, laß diesen guten Mann passieren.«

»Ich danke Euch, Sir«, sagte der Mann und ging ein paar Schritte weiter zu einem Bach.

»Rab, hol unsere Kleider«, befahl Stephen und sah dem Hund nach, der den Hügel hinaufeilte. Dann blickte er zu dem Mann, der am Bachrand stand und neugierig das nackte Paar beäugte. »Ein bißchen wie Adam und Eva, nicht wahr?« meinte Stephen lachend.

Der Fremde lachte ebenfalls. »Dasselbe hatte ich auch gedacht.« Er schöpfte Wasser und stand wieder auf. »Ich habe weder einen Wagen noch Pferde gesehen. Ich hatte keine Ahnung, daß noch Leute in der Nähe sind.«

»Um ehrlich zu sein«, sagte Stephen, »wir haben nur das, was wir auf dem Leib tragen.«

Alicia sah zu, wie er hinter seinem Rücken die Kokarde der MacArrans von seiner Kappe riß.

»Wir wurden von Dieben überfallen.«

»Diebe!« rief der Mann, »auf dem Land des MacGregor? Das wird ihm aber gar nicht gefallen.«

»Nein, das ganz bestimmt nicht«, pflichtete Stephen dem Mann bei. »Schon gar nicht, weil die Diebe MacArrans waren. Oh, Entschuldigung, Liebes, ich wollte dich nicht bei den Haaren ziehen«, sagte er geistesgegenwärtig, als Alicia wütend hinter ihm schnaubte.

»Ah, die MacArrans«, sagte der Mann. »Ein niederträchtigeres, ehrloseres und feigeres Gesindel hat die Welt noch nicht gesehen! Weißt du, daß sie vor kurzem den MacGregor fast umgebracht hätten, nur weil er ein Stück weit über das Land der MacArran ritt? Die Hexe hat ihn fast mit ihrem Messer in Stücke gehackt. Ich hörte, sie versuchte, ihn zu kastrieren. Vermutlich aus Eifersucht.«

Stephen packte Alicia an den Schultern, damit sie ihn ansehen mußte und der Mann ihr Gesicht nicht betrachten konnte. »Komm, ich mache dir die Brosche zu«, sagte er in seinem schweren schottischen Akzent.

»Ich ritzte ihn kaum«, sagte sie wütend.

»Was?« fragte der Fremde.

Stephen lächelte. »Meine Frau warnte mich eben, daß ich sie beim letztenmal mit der Nadel piekste.«

Der Mann lachte glucksend. »Ich bin Donald Farquhar vom Klan MacGregor.«

Stephen lächelte vergnügt. »Ich bin Stephen Graham, und das ist meine Frau Alicia.« Er grinste über die Grimasse, die sie ihm schnitt.

»Alicia!« sagte Donald, »das ist ein übler Name. Weißt du denn nicht, daß die Hexe, die den Klan MacArran anführt, auch so heißt?«

Stephen hielt Alicias Schultern fest wie in einem Schraubstock. »Wer kann schon dafür, was für einen Namen er trägt?«

»Ja, daran sind die Eltern schuld.« Der Mann betrachtete Alicias lange schwarze Haare, in denen ein paar gelbe Blätter steckten. »Und jeder sieht auf den ersten Blick, daß sie der anderen überhaupt nicht ähnlich ist.«

Alicia senkte den Kopf, als wollte sie Stephen die Hand küssen. Tatsächlich biß sie so heftig hinein, daß er ihre Schultern loslassen mußte. Sie wandte sich lächelnd dem Mann zu. »Und du hast natürlich die MacArran schon oft gesehen, nicht wahr?« fragte sie mit süßer Stimme.

»Ja, das habe ich – wenn auch nicht aus der Nähe; aber immerhin.«

»Und sie ist häßlich?«

»Oh, ja. Breite Schultern wie ein Mann und größer als die meisten ihrer Männer. Ihr Gesicht ist so häßlich, daß sie es ständig bedeckt halten muß.«

Stephens Finger bohrten sich warnend in ihre Schultern. Sie nickte. »Ja, so wurde sie mir auch beschrieben. Nett, jemand kennenzulernen, der sie sozusagen mit seinen eigenen Augen gesehen hat.«

Stephen beugte sich vor, um sie aufs Ohrläppchen zu küssen. »Nimm dich zusammen, oder es kostet uns beide das Leben«, flüsterte er.

Donald strahlte sie beide an. »Ihr müßt frisch verheiratet sein«, sagte er vergnügt. »Ihr klebt wie Kletten aneinander. Das kann man nicht übersehen.«

»Dir entgeht wenig, wie, Donald?« sagte Alicia.

»Ja, man sagt, ich wäre ein aufmerksamer Beobachter. Unser Wagen ist oben auf der Kuppe. Vielleicht würdet ihr gern mit uns speisen. Dann lernt ihr auch meine Frau Kirsty kennen.«

»Nein . . .«, hob Alicia an; doch Stephen stellte sich vor sie. »Das nehmen wir gern an«, sagte er. »Wir haben seit gestern mittag nichts mehr gegessen. Vielleicht kannst du uns auch sagen, wo genau wir uns befinden. Wir irrten lange durch die Gegend, als wir von den Dieben überfallen worden waren.«

»Aber die Zeit habt ihr gut genutzt«, sagte Donald lachend während er auf die Blätter sah.

»Das stimmt!«, sagte Stephen heiter und legte den Arm um Alicias Schultern.

»Nun, dann kommt. Ein MacGregor ist stets gastfreundlich zu einem MacGregor.« Er drehte sich um und kletterte hügelan.

»Tu nur nichts, was uns gefährden kann!« warnte Stephen Alicia leise, als sie die Anhöhe hinaufkletterten.

»Ein MacGregor!« murrte sie wütend.

»Und ein Engländer!« setzte er im gleichen Ton hinzu.

»Ich weiß nicht, was das geringere Übel von beiden ist!«

Stephen grinste. »Hasse mich. Er hat das Essen, ich nicht.«

Auf der Kuppe hielten sie alle an und sahen auf die zierliche Frau, die sich über das Feuer beugte. Sie war ein zerbrechliches Wesen, nicht viel größer als ein Kind, mit einer kleinen Nase und Ihrem zarten Mund. Auffallend an ihr war der unförmige Leib. Ihr Bauch ragte vor wie ein massives Monument. Sie war hochschwanger. Einen Moment lang sah sie nur Donald, und ihre Augen leuchteten auf vor Zärtlichkeit. Als sie sich umdrehte und Alicia erblickte, ging eine Verwandlung ihres Gesichtes in mehreren Stufen vor: Fassungslosigkeit, Angst, Ungläubigkeit, was sie zuletzt in einem Lächeln zusammenfaßte.

Stephen und Alicia standen nebeneinander und hielten den Atem an. Sie erwarteten, daß die Frau jeden Moment ihre wahre Identität enthüllte.

»Kirsty!« Donald eilte zu seiner Frau und fragte besorgt: »Ist dir nicht gut?«

Sie legte die Hand auf den unförmigen Bauch und sah entschuldigend zu Alicia und Stephen hinüber. »Verzeiht, daß ich Euch nicht gebührend begrüßt habe. Das Kind. Es gab mir einen mächtigen Tritt.«

Donald blickte lächelnd zu Stephen. »Ja, er ist ein starker Bursche«, sagte er lachend. »Kommt, setzt euch ans Feuer.«

Stephen faßte sich zuerst und schlenderte gemütlich aufs Feuer zu. Alicia folgte ihm zögernd. Sie glaubte noch immer, auf Kirstys Gesicht einen Schrecken gesehen zu haben. Vielleicht wußte sie, wer sie wirklich waren, und wollte es ihrem Mann nur später sagen, damit der MacGregor sie nachts überfallen konnte.

Als Donald seine Gäste Kirsty vorstellte, lächelte diese nur, als Alicias Name fiel.

»Reicht das Essen für alle?« fragte Donald.

Kirsty hatte dunkelblonde Haare und braune unschuldige Augen. Es fiel schwer, dieser Frau zu mißtrauen. Sie sagte mit einem stillen Lächeln: »Wir haben immer so viel, daß wir auch mit anderen teilen können.«

Sie setzten sich zu einer Mahlzeit aus Gerstenkuchen und Kaninchenragout ans Feuer. Donalds Wagen stand neben der Fahrspur – ein kleines Gefährt mit einem Holzaufbau. Zweifellos ein bequemes Fahrzeug, doch nicht für weite Reisen gebaut.

Nach dem schmackhaften Frühstück schlug Stephen vor, daß Donald und er auf die Jagd gehen sollten.

Alicia stand ebenfalls auf und wischte sich die Krümel vom Rock. Offensichtlich wollte sie sich an der Jagd beteiligen.

Stephen warf ihr einen warnenden Blick zu. »Du solltest lieber bei Kirsty bleiben«, sagte er gelassen, doch mit Betonung. »Der Platz einer Frau ist am Feuer.«

Alicia merkte, wie sich ihre Wangen zornig röteten. Was wußte sie schon vom Kochen? Aber bei der Jagd konnte sie den Männern helfen. Doch dann, als sie sah, wie Donald zustimmend nickte, wußte sie, was Stephen zu seinem Hinweis veranlaßt hatte. Er sorgte sich, daß Donald Verdacht schöpfte, wenn eine Frau eine ausgezeichnete Jägerin war, jedoch keine Ahnung hatte vom Kochen. Sie seufzte ergeben. »Wir haben wenigstens den Hund als Schutz.«

»Nein«, sagte Stephen, »Rab werden wir für die Jagd brauchen.«

»Rab!« befahl sie, »du bleibst bei mir.«

»Komm, Rab«, sagte Stephen geduldig, »wir beide gehen auf die Jagd.«

Doch der Wolfshund dachte gar nicht daran, sich von Alicias Seite zu entfernen.

Donald lachte glucksend. »Du hast aber einen gehorsamen Hund, Stephen.«

»Den hat mir mein Vater geschenkt!« sagte Alicia stolz.

»Dein Vater?« meinte Donald neugierig.

»Wir sollten lieber gehen«, unterbrach Stephen ihn und sah warnend zu Alicia hinüber.

Alicia setzte sich neben Kirsty ans Feuer – neben ihre Feindin.

10. Kapitel

Alicia wickelte sich einen Grashalm um den Finger. Sie wußte wenig über das Alltagsleben einer Frau. Sie konnte reiten und schießen, doch das Kochen war gleichsam ein Buch mit sieben Siegeln für sie.

»Bist du schon lange verheiratet?« fragte Kirsty.

»Nein«, antwortete Alicia, »und du?« Auch mit den Alltagsgesprächen von Frauen war sie nicht vertraut.

»Ungefähr neun Monate«, sagte Kirsty und strich lächelnd über ihren Leib.

Zum erstenmal wurde Alicia sich der Möglichkeit bewußt, daß sie eines Tages auch so einen Bauch haben könnte. Als Klanchefin hatte sie nie daran gedacht, daß sie ebenfalls Kinder gebären würde. »Tut das Baby sehr weh?« fragte sie.

»Nur hin und wieder.« Plötzlich wurde Kirstys Gesicht dunkel vor Schmerz. »Nur heute regt es sich ungewöhnlich oft«, sagte sie atemlos.

»Soll ich dir etwas besorgen? Frisches Wasser? Ein Kissen? Irgend etwas?«

Kirsty starrte sie an und blinzelte heftig. »Nein. Es genügt, wenn du mit mir sprichst. Ich habe lange nicht mehr mit einer Frau geredet. Sag mir, wie ist dein Mann?«

»Stephen?«

Kirsty lachte. »Nimm es mir nicht übel, daß ich so neugierig bin. Man scheint einen Mann erst richtig kennenzulernen, wenn man mit ihm zusammenlebt.«

Alicia blieb auf der Hut: »Hat Donald dich enttäuscht?«

»Keineswegs. Er war sehr scheu vor der Hochzeit, und nun ist er freundlich und rücksichtsvoll. Dein Stephen scheint ein guter Mann zu sein.«

Alicia, die ihren Mann nur immer als Engländer angesehen hatte, sagte nach einigem Zögern: »Er . . . er bringt mich zum Lachen. Wenn ich zu ernsthaft werde, bringt er mich zum Lachen.«

Kirsty lächelte, preßte dann wieder die Hand gegen den Leib und beugte sich vor.

»Was ist mit dir?« fragte Alicia erschrocken. Sie half Kirsty zu einem Stein. »Setz dich hierher.«

Kirsty blickte Alicia in die Augen. »Du bist sehr gütig, nicht wahr?«

Alicia lächelte. »Ich bin überhaupt nicht gütig. Ich bin . . .« Sie beherrschte sich rasch. Fast hätte sie gesagt, daß sie die Chefin des MacArran-Klans wäre. Doch was war sie schon, wenn sie nicht bei ihrem Klan weilte?

Kirsty legte ihr die Hand auf den Arm. »Du versuchst, deine Güte vor anderen Leuten zu verbergen. Erzähl mir mehr von dir. Das lenkt mich von meinen eigenen Sorgen ab.«

»Ich glaube, du bekommst dein Baby. Ich muß jemand zu Hilfe holen.«

»Nein«, sagte Kirsty mit flehender Stimme, »erschrecke Donald nicht. Mein Baby ist noch nicht fällig. Ich darf es jetzt noch nicht bekommen. Donald und ich sind unterwegs zu meinen Eltern. Meine Mutter wird mich von dem Kind entbinden. Es muß am Essen gelegen haben. Ich hatte schon öfter solche Schmerzen.«

Alicia setzte sich stirnrunzelnd wieder neben Kirsty.

»Erzähl von dir«, sagte Kirsty mit glasigen Augen. »Wie ist es, wenn man mit einem . . .«

Alicias Kopf ruckte hoch; doch Kirsty beendete ihre Frage nicht. Sie krümmte sich vor Schmerzen, und Alicia fing die Frau in den Armen auf.

»Es ist das Baby«, flüsterte Kirsty. »Das Baby kommt. Du bist die einzige, die mir dabei helfen kann.«

Alicia konnte die Frau nur entsetzt anstarren. Sie befanden sich irgendwo in einer Wildnis. Wo sollte sie hier eine Hebamme finden? Sie nahm Kirsty in die Arme, als eine neue Welle von Schmerzen über ihren Leib lief. »Rab«, sagte sie leise, »geh zu Stephen. Bring ihn sofort hierher.«

Rab lief schon, ehe sie ihren Befehl ganz ausgesprochen hatte.

»Komm – ich bringe dich in den Wagen«, sagte Alicia besorgt. Es war für sie ein leichtes, diese zarte Frau in den Wagen zu tragen und dort auf die Planken zu betten. Alicia sah zum Wald hinüber, während sie Kirsty zu trinken gab. Stephen würde wissen, was hier zu tun sei, dachte sie immer wieder. Sie merkte gar nicht, daß sie sich zum erstenmal ganz auf seine Hilfe verlassen wollte.

Sie lächelte, als sie Stephens ärgerliches Poltern hörte.

»Alicia!«

Sie stieg vom Wagen herunter.

»Was, zum Henker, wollte diese Höllengeburt von mir?« fragte er. »Er sprang mir auf den Rücken, als ich auf ein Reh zielte! Und er riß mir fast ein Bein aus, als ich nicht gleich mitkommen wollte.«

Sie lächelte ihn nur an. »Kirsty bekommt ihr Baby.«

»Oh, mein Gott!« hauchte Donald und lief zum Wagen.

»Wie schnell?« forschte Stephen.

»Jetzt, glaube ich.«

»Denk nach!« sagte Stephen ärgerlich. »Weißt du es nicht genau?«

»Woher soll ich das wissen?«

»Frauen müssen doch in diesen Dingen Erfahrung haben!« stotterte er.

»Beim Lesen, Rechnen und Kampfübungen mit dem Schwert erfährt man wenig darüber«, sagte sie sarkastisch.

»Eine verdammt einseitige Erziehung für ein Mädchen, wenn du mich fragst. Es muß doch Zeiten gegeben haben, wo deine Familie nicht nur Überfälle auf Rinderherden organisierte!«

Donald hinderte Alicia daran, Stephen eine zornige Antwort zu geben. »Sie verlangt nach dir«, sagte er, eine tiefe Falte auf der Stirn. Weiße Linien zeichneten sich an seinen Mundwinkeln ab. Er nahm den Stock, um ihn auf das Feuer zu legen, doch seine Hände zitterten so heftig, daß ihm das Holz entfiel.

»Mich?« fragte Alicia verdattert und zeigte auf sich.

»Wer sonst? Ist ja kein anderer da«, sagte Stephen und gab ihr einen Schubs auf den Wagen zu.

Ihr Gesicht verlor jede Farbe. »Stephen, ich habe nicht die geringste Ahnung, wie man ein Baby bekommt.«

Er legte ihr die Hand an die Wange. »Du hast Angst?«

Sie sah auf ihre Hände hinunter.

»Ein so großer Unterschied zu einer Kuh oder einem Pferd kann es doch nicht sein«, sagte er, bemüht, ihr zu helfen.

»Eine Kuh!« Ihre Augen funkelten ihn erst an. Doch dann nickte sie. »Bleib bei mir«, sagte sie entschlossen. »Hilf mir dabei.«

Stephen hatte noch nie erlebt, daß Alicia ihn um Hilfe gebeten hatte. Ausgerechnet in so einer Sache. »Wie kann ich dir helfen? Ein Mann hat bei der Geburt eines Kindes nichts zu suchen. Ja, wenn ich ein Verwandter der Frau wäre . . .«

»Schau dir ihren Mann an!« sagte Alicia, mit dem Kopf auf Donald deutend. »Er ist nur besorgt um das Wohl seiner Frau. Aber wenn sie ein Kind bekommt, verliert er die Nerven.«

»Alicia!« rief die Frau im Wagen gellend.

»Bitte!« sagte Alicia, ihre Hand auf Stephens Brust. »Ich habe dich noch nie um etwas gebeten . . .«

»Nur daß ich meinen Namen, meine Nationalität, meine Kleidung . . .«

Sie wandte sich von ihm ab. Er faßte nach ihrem Arm. »Gemeinsam«, flüsterte er, »laß uns wenigstens einmal etwas gemeinsam tun!«

Es wurde keine leichte Geburt. Kirsty war eng gebaut, und das Baby war groß. Sie hatten alle drei wenig Ahnung, wie man ein Kind auf die Welt bringt, hielten das aber für eine wundervolle Erfahrung. Alicia und Stephen schwitzten genauso wie Kirsty. Als der Kopf erschien, sahen sie sich alle drei stolz an. Stephen stützte Kirsty, damit sie sehen konnte, wie Alicia den Kopf des Babys hielt und die Schultern vorsichtig aus dem Leib beförderte.

Die untere Hälfte des Kindes schien förmlich aus dem Bauch herauszuschießen, und Alicia hielt das Baby in ihren Armen.

»Wir haben es geschafft!« flüsterte sie.

Stephen grinste sie an und gab Kirsty einen schallend lauten Kuß.

»Vielen Dank«, sagte Kirsty lächelnd und lehnte sich völlig erschöpft gegen Stephens Arm.

Es dauerte ein paar Minuten, bis sie das Baby und die Mutter gesäubert hatten, und sahen dann auf das Kind, das bereits mit dem Mund nach der Brust suchte.

»Komm, wir wollen Donald sagen, daß er einen Sohn bekommen hat«, flüsterte Stephen.

Donald stand mit angstverzerrtem Gesicht vor dem Wagen.

»Schau mich nicht so böse an!« sagte Stephen lachend, »betrachte lieber deinen Sohn!«

»Ein Sohn«, sagte Donald mit bebender Stimme, ehe er in den Wagen kletterte.

Es war dunkel geworden inzwischen. Der klare, kalte Tag hatte sich in eine noch kältere Nacht verwandelt.

Alicia streckte sich in der frischen, klaren Luft. Aus irgendeinem Grund hatte sie das Gefühl von Freiheit. Sie warf den Kopf zurück, streckte die Arme in die Höhe und drehte sich immer wieder im Kreis.

Stephen faßte sie lachend an den Armen und hob sie hoch. Er schwenkte sie herum. »Du warst wunderbar«, sagte er begeistert. »Du warst so stark und ruhig und hast Kirsty die Geburt sehr erleichtert.«

Alicia schlang die Arme um den Hals ihres Mannes. »Vielen Dank. Aber du hast den wesentlichen Anteil an meiner Hilfe; denn du wußtest, was ich tun mußte, als der Kopf des Kindes zum Vorschein kam. Ich glaube, ich hätte nicht mehr gewußt, was ich machen sollte, wenn ich allein mit der werdenden Mutter gewesen wäre.«

Stephen glaubte ihr kein Wort; aber es tat seinem Stolz gut, wenn sie sagte, er habe einen wesentlichen Beitrag geleistet.»Bist du müde?« fragte er leise, während er sie an seinen Körper drückte und über ihre Haare fuhr.

»Sehr«, sagte sie, obwohl sie sich sehr gut und entspannt fühlte.

Er bückte sich und schob seine Arme unter ihre Knie. »Komm – wir suchen uns einen ruhigen Platz zum Schlafen.« Er trug sie über den Kamm des Hügels und setzte sie ab, während er mit einer geschickten Bewegung das Plaid fallen ließ, daß es sich unter ihr auseinanderfaltete. Alsbald schmiegten sie ihre Körper aneinander und spendeten sich gegenseitig Wärme.

»Stephen?« flüsterte Alicia an seinem Ohr. »Was sollen wir nur anstellen? Wir wissen nicht, wie wir nach England gelangen sollen. Allein fallen wir beide zu sehr auf.«

Stephen lag ganz still, während sein Kopf fieberhaft arbeitete. Noch nie hatte sie ihn um seine Meinung gebeten und sich noch nie so vertrauensvoll an seine Seite gelegt. Er lächelte, küßte sie auf den Scheitel und zog sie noch fester an sich. Er spürte förmlich, wie seine Brust ein paar Zoll breiter wurde. »Bisher habe ich noch nicht gründlich nachgedacht; doch mir scheint, wir sollten vorläufig mit Kirsty und Donald zusammenbleiben, falls das geht.« Er legte eine Pause ein. »Was meinst du dazu?« Kaum waren ihm die Worte entschlüpft, wurde ihm klar, wie sehr er sich verändert hatte. Vor ein paar Monaten hätte er seiner Frau Befehle gegeben, was sie zu tun habe. Nun fragte er sie um Rat.

Alicia nickte an seiner Brust. »Die beiden fahren nach Süden zu ihren Eltern. Wenn wir bei ihnen bleiben, könnten wir unterwegs irgendwo Pferde kaufen.«

»Kaufen? Mit unserem guten Aussehen?« fragte Stephen. »Wir besitzen nicht einmal einen Penny. Selbst Donald können wir nicht für seine Gastlichkeit entlohnen.«

»Kein Schotte läßt sich die Bewirtung eines Gasts bezahlen.«

»Auch ein MacGregor nicht?« hänselte Stephen.

Sie lachte leise. »Solange sie nicht wissen, daß wir MacArrans sind, brauchen wir für die Reise nichts zu bezahlen. Und was das Essen betrifft, bist du ein besserer Jäger als Donald. Wir müssen also nur überlegen, wie wir zu Pferden kommen.« Sie seufzte. »Schade, daß Davey uns nicht näher bei der Grenze überfiel.«

»Warum?«

»Dann hätte ich bereits eines meiner englischen Kleider getragen. Diese verdammten Dinger sind mit Juwelen bestickt. Die hätten wir verkaufen können.«

»Wenn du wie eine Engländerin gekleidet gewesen wärst, würden wir nun vermutlich tot sein. Und wir hätten kein Plaid, das uns jetzt warm hält.«

Sie sah zu seinem Gesicht hinauf. »Ich dachte, du verabscheust unsere schottische Kleidung. Wenn ich mich richtig erinnere, sagtest du, man verkühle sich an einigen Stellen, die Männern kostbar sind.«

»Werde nicht unverschämt«, sagte er mit gespielter Entrüstung. »Dieser Nachteil wird durch raschen Zugang wieder ausgeglichen. Ein Mann kann aus einem Plaid in der gleichen Zeit schlüpfen, die ein Engländer braucht, um sich zu überlegen, ob er sich ausziehen soll.«

Sie lächelte zu ihm hinauf.

»Höre ich Stolz aus Eurer Stimme? Und wo, zum Kuckuck, hast du dir diesen schweren Akzent angewöhnt?«

»Vielleicht ist er mir mit dem Plaid zugeflogen«, sagte er.

»Mir gefällt er«, sagte sie leise, während sie ihr nacktes Knie unter sein Hemd hinaufschob, das er noch auf dem Leib trug. »Wie hättet Ihr es lieber – als Hebamme oder als Chefin eines Klans?«

Er wühlte mit der Hand in ihren Haaren. »Im Augenblick ist mir alles recht, solange du Alicia bist, dieses süße, köstliche Ding, das reiten kann wie der Teufel, seinem Mann das Leben rettet und ein Baby auf die Welt befördert – alles binnen weniger Stunden.«

»Ich hatte ja immer einen Helfer dabei«, flüsterte sie, ehe sie ihren Mund dem seinen entgegenhob, damit er sie küssen konnte.

Auch Alicia spürte die seltsame Wirkung dieses Ortes und dieser Stunde. Eigentlich hätte sie sich Sorgen machen müssen um ihren Klan; doch vielleicht kam er eine Weile unter Tams Führung viel besser zurecht, weil er nicht unter dem erbitterten Streit zwischen ihr und Stephen leiden mußte. Im Augenblick hatte sie gar nicht das Empfinden, bei einem Feind zu liegen. Ein ganz neues Gefühl ergriff von ihr Besitz. Sie war zärtlich und fraulich gestimmt. Sie mußte keine Entscheidungen treffen, sich nicht ärgern, nicht grübeln, ob Stephen für England spionierte. Gegenwärtig waren sie beide Gejagte.

»Du hast so einen entrückten Blick«, sagte er. »Bist du bereit, deine Gedanken mit mir zu teilen?«

»Ich dachte daran, daß ich im Augenblick glücklich bin. Seit mein Vater mich zum Nachfolger bestimmte, hatte ich keinen glücklichen oder selbst ruhigen Moment mehr erlebt.«

Stephen lächelte, weil sie zum erstenmal vergaß, ihn zu den Mördern ihres Vaters zu rechnen. »Komm her, mein Liebling. Vielleicht gelingt es mir, dich noch glücklicher zu machen.«

Sie nahmen sich Zeit, rollten im Laub, kitzelten sich, lachten und erfreuten sich ihrer Freiheit.

Und die Berührung seiner Hände machten sie diesmal ganz still und gelöst. Sie lernte, die Wonnen des Liebesspiels zu genießen. Sie küßte sein Gesicht, seinen Hals und sah dem Wechsel von Licht und Schatten auf seinen Muskeln im Mondlicht zu.

Er führte seine Lippen über ihre Schulter zu ihrer Brust hinunter. Sie spürte, wie Schauer ihr über die Haut rieselten. »Stephen«, flüsterte sie. Seine Hände strichen über ihre Hüften und Rippen. Die Kraft seiner Hände erregte sie. Sie fühlte sich klein im Bann seiner Macht.

»Du bist so schön«, flüsterte er.

Sie lächelte und wußte, daß er sie dazu brachte, sich schön zu fühlen. Er strich mit der Hand über die Innenseite ihrer Schenkel, und als er spürte, wie sie erbebte, erbebte er mit ihr.

Sie liebten sich langsam und sacht, bis Alicia ihre Nägel in seinen Rücken grub und noch mehr von ihm verlangte, als er sich in einem gewaltigen Stoß in ihr entlud. Es war, als wollte sie ihn ganz in sich hineinziehen und nie mehr loslassen . . .

Alicia erwachte noch vor ihm. Stephen hielt sie so fest umschlungen, daß sie kaum Atem bekam. Sie betrachtete ihn einen Moment. Eine Locke ringelte sich um sein Ohr. Sie bemerkte, daß er sich in den letzten Monaten gewaltig verändert hatte. Keiner würde in ihm noch den Engländer erkennen. An diesem Morgen wollte sie ihn zum erstenmal wachküssen.

Er lächelte, ehe er die Augen öffnete.

»Guten Morgen«, flüsterte sie.

»Ich habe Angst, die Lider aufzumachen«, sagte er verträumt: »Hat jemand meine Alicia in einen Waldgeist verwandelt?«

Sie biß ihn ins Ohr.

»Oh!« Er riß die Augen auf und lachte in seinem Hals. »Ich möchte dich nicht gegen alle Geister dieser Erde eintauschen«, sagte er, während er sich über sie beugte.

»Oh, nein!« sie schob ihn von sich weg. »Ich möchte unser Baby sehen!«

»Unser Baby? Ich bliebe lieber hier und machte selbst eins.«

Sie rollte von ihm weg. »Ich weiß nicht, ob ich das erleben möchte, was Kirsty gestern durchlitten hat. Komm, wir machen einen Wettlauf über den Hügel!«

Stephen zog sich hastig an und drehte sich erst um, als Alicia schon auf der Hügelkuppe angekommen war und leise lachte. Sie hielt seine Stiefel in die Höhe. Er rief nach Rab und befahl ihm, seine Stiefel herzuholen. Der Ringkampf zwischen Herrin und Hund gab ihm Gelegenheit, Alicia auf dem Hügel einzuholen. Er gewann den Ringkampf gegen Alicia und lief in seiner kurzen Wollhose zum Wagen hinunter. Dort saß er ganz ruhig, als sie ankam, und sagte, als hätten sie sich seit Tagen nicht mehr gesehen: »Guten Morgen. Hast du gut geschlafen?«

Sie lachte ihn aus und stieg in den Wagen, um Kirsty zu besuchen.

Den Rest des Tages verbrachten die Männer auf der Jagd und Alicia mit der Versorgung von Mutter und Kind. Sie war zutiefst betroffen, als sie die kärglichen Vorräte des Ehepaars musterte. Sie besaßen nur zwei kleine Säcke voll Gerstenmehl. Sie wollte Kirsty nicht damit beleidigen, indem sie fragte, ob im Wagen noch andere Vorräte versteckt seien. Als die Männer bei Sonnenuntergang nur mit zwei kleinen Kaninchen zurückkamen, die kaum für eine Mahlzeit reichten, nahm Alicia Stephen beiseite und flüsterte: »Wir dürfen nicht länger von ihren Nahrungsvorräten leben. Sie haben kaum genug für sich selbst.«

Er lehnte sich gegen einen Baum zurück. »Ich weiß. Doch andererseits ließ ich die beiden ungern allein. Donald weiß kaum, wo bei einem Bogen unten und oben ist. Und das Wild in dieser Gegend ist sehr wachsam gegenüber Jägern. Ich mag sie nicht verlassen und bleiben mag ich auch nicht, wenn wir ihnen zu viel wegessen.«

»Ich wünschte, wir könnten ihnen irgendwie helfen. Hier, trink das.« Sie hielt ihm einen Krug hin.

»Ein Rezept von Kirsty. Ein Gebräu aus Flechten und Ale. Sie behauptet, es sei ein Heilmittel gegen alles. Sie macht sich Sorgen, ihr könntet euch bei der Jagd erkältet haben.«

Stephen nippte von der heißen Flüssigkeit. »Und du? Hast du dir auch Sorgen gemacht?«

Sie lächelte. »Ein bißchen wegen Donald. Doch ich dachte mir, du kannst ganz gut auf euch beide aufpassen.«

Er wollte etwas darauf erwidern; doch das Getränk, von dem er nun einen kräftigen Schluck nahm, lenkte ihn ab. »Du, das Zeug ist wirklich gut. Meine Kopfschmerzen sind sofort besser geworden.«

Sie runzelte die Stirn. »Ich wußte gar nicht, daß du Kopfschmerzen hast.«

»Seit mich der Pfeil deines Bruders am Hinterkopf traf, sind sie mir nicht mehr vergangen.« Er wechselte das Thema: »Sind diese Flechten schwer zu finden?«

»Keineswegs.«

Stephens Augen leuchteten auf. »Donald hat mir heute erzählt, wir wären gar nicht weit weg von einer Stadt. Er wollte seinen Sohn zum Taufen dorthin bringen. Wenn wir beide ein Faß von diesem Zeug brauen könnten, würden wir das vielleicht in der Stadt verkaufen können.«

»Eine gute Idee!« In Gedanken machte sie bereits Pläne.

Bis zum Einbruch der Nacht jagten sie nach Flechten. Donald nahm das bißchen Geld, das er noch hatte, und ritt mit einem Zugpferd in die Stadt, um noch mehr Ale zu besorgen. Alicia blieb in Stephens Nähe. Zum erstenmal fühlte sie sich bei ihm geborgen, ohne sich dem Verlangen ihres Körpers hinzugeben. Das war eine ganz neue Erfahrung für sie.

Am nächsten Morgen spannten sie schon in aller Frühe die Pferde ein und fuhren in die kleine, von einer Mauer umfriedete Stadt. Hier schienen sich Hunderte von Läden und winzige Häuser zusammenzudrängen, daß kaum noch Luft blieb zum Atmen. Das machte Alicia so beklommen, daß sie sich zurücksehnte in das freie Gelände vor der Stadt.

Sie hatte in ihrem Leben nur wenige Städte gesehen. Die Kaufleute kamen in ihre Burg nach Larenston, wenn sie etwas verkaufen wollten.

Donald stellte den Wagen vor einen Torweg neben der Hauptstraße und schirrte seine Pferde aus. Sie stellten einen Topf von dem Gebräu auf die Erde und begannen, ihren Wundertrank anzupreisen. Kirsty und Alicia saßen im Wagen und hörten den Männern zu. Stephens tiefe Stimme schien die ganze Stadt auszufüllen. Er machte ein paar gewagte Versprechungen und deutete an, er sei selbst von dem Getränk geheilt worden, und zwar vom Aussatz.

Die Leute hörten ihm zu; aber keiner wollte kaufen.

»Vielleicht hast du mehr Erfolg, wenn du Räder schlägst und Saltos wie damals bei Tam«, hänselte Alicia ihren Mann.

Stephen ignorierte sie und suchte einen Mann zum Kaufen zu überreden, weil das Getränk sein Liebesleben verbessern würde.

»Vielleicht brauchst du so was – ich nicht«, erwiderte der junge Mann. Die Leute lachten und zerstreuten sich wieder.

»Ich glaube, jetzt sollte ich es mal versuchen«, sagte Alicia und knöpfte ihr Kleid auf.

»Alicia!« protestierte Kirsty, »du tust doch nichts, was Stephen erzürnen könnte?«

Sie lächelte. »Vermutlich doch. Ist das tief genug?«

»Mehr als genug«, erwiderte Kirsty, als sie den halb entblößten Busen von Alicia sah. »Donald riß mich an den Haaren, wenn ich mich so den Männern zeigte.«

»Die Engländerinnen tragen noch tiefer ausgeschnittene Kleider«, entgegnete Alicia.

»Aber du bist doch keine Engländerin!«

Alicia lächelte nur in sich hinein und stieg auf der anderen Seite aus dem Wagen.

Stephen lächelte überrascht, als die Leute auf diese Seite hinüberdrängten. Und Alicia pries das Getränk erst als Mittel gegen Beulen an.

»Ist deine Frau unglücklich?« rief Alicia. »Vielleicht ist das deine Schuld. Wenn du von dieser Arznei trinkst, wirst du zum kräftigsten Mann in dieser Stadt werden. Und als Liebestrank ist diese Arzenei unübertroffen.«

»Glaubst du, das Zeug verschafft mir auch so eine Frau, wie du eine bist?« rief ein Mann.

»Nur, wenn du ein ganzes Faß davon trinkst«, gab Alicia schlagfertig zurück.

Die Menge lachte.

»Ich glaube, ich werde den Saft mal versuchen«, sagte ein anderer Mann.

»Und ich kaufe etwas davon für meinen Mann«, sagte eine Frau und eilte an das vordere Ende des Wagens, wo Donald und Stephen darauf warteten, das Gebräu an die Käufer zu verteilen.

Eine Weile lang war Stephen nur noch damit beschäftigt, die Behälter, die ihm die Stadtleute zureichten, mit dem Wundertrank zu füllen und Pfennige einzusammeln. Er war stolz auf Alicias Erfolg als Verkäuferin und geschmeichelt, daß sie so gut ankam bei den Städtern. Er grinste bei dem Gedanken, daß eine englische Lady sich als Marktschreierin ihr Geld verdiente.

Dann wurde er stutzig, als er das tiefe, anzügliche Lachen der Männer hörte. Einer von ihnen hielt ihm den Becher ihn und drehte sich zum Nebenmann. »Sie gab mir zu verstehen, daß wir uns am Stadtbrunnen treffen sollten.«

Stephens Gesicht wurde zu Eis. »Hat sie dir auch gesagt, daß sie bereits einen Mann hat?« fragte er mit drohender Stimme.

Der Mann sah zu Stephen, betrachtete das hübsche Gesicht und die Herausforderung zu einer tödlichen Auseinandersetzung, und wich zurück. »Gib nicht mir die Schuld. Sie brachte mich auf die Idee.«

»Tod und Verdammnis!« fauchte Stephen und schleuderte die Kelle in das Gebräu. Was, zum Henker, bildete sie sich eigentlich ein?

Er blieb wie festgenagelt stehen, als er um die Ecke des Wagens bog. Sie hatte ihr Hemd aufgeknöpft und einen Gutteil ihrer hohen, festen Brüste entblößt. Sie hatte das Plaid abgelegt, und ihr Rock klebte an den Hüften. Sie ging an der Seite des Wagens auf und ab und hatte die Hände in die Seiten gestemmt. Und dabei wackelte sie sehr graziös mit dem Hinterteil.

Zunächst war er so geschockt, daß er sich nicht zu bewegen vermochte. Dann war er mit zwei großen Schritten bei ihr, packte sie am Arm und zog sie in den Torweg hinter dem Wagen. »Was, zum Kuckuck, soll das bedeuten?« stieß er zwischen zusammengebissenen Zähnen hervor.

»Daß ich den Wundertrank verkaufe«, erwiderte sie ruhig. »Donald und du hattet ja wenig Erfolg. Deshalb dachte ich, ich sollte etwas für den Absatz unserer Ware tun.«

Er ließ ihren Arm los und fing an, ihre Bluse zuzuknöpfen.

»Du hast es genossen, wie?« fauchte er wütend, »dich vor den Leuten wie ein Freudenmädchen aufzuführen!«

Sie sah ihn an und lächelte vergnügt. »Du bist wohl eifersüchtig, wie?«

»Natürlich nicht! Nur diese alten Männer kommen auf schmutzige Gedanken, wenn sie dich so sehen!«

»Oh, Stephen, das ist . . . das ist, ich weiß nicht; aber irgendwie freut es mich, daß du eifersüchtig bist.«

»Du freust dich?« fragte er verwirrt. Er packte sie und küßte sie wild, hungrig und besitzergreifend.

Plötzlich brüllte eine Stimme, daß die Mauern der Häuser zu beben schienen: »Wo ist dieses Ding, das den Wundertrank verkauft?«

Alicia löste sich widerstrebend aus Stephens Umarmung und sah ihn verdutzt an.

»Wo ist sie?« dröhnte die Stimme abermals.

»Das ist der MacGregor«, flüsterte sie. »Ich habe seine Stimme schon einmal gehört.«

»Du kannst nicht vortreten und dich dem Klanchef stellen!« warnte Stephen.

»Warum nicht? Er hat mich noch nie gesehen. Er wird mich nicht erkennen. Und wie könnte ich seinen Wunsch abschlagen? Ich befinde mich auf dem Land der MacGregors.«

»Hier bin ich!« rief sie und trat aus dem Torweg. Der MacGregor saß auf seinem Pferd und sah belustigt auf sie hinunter. Er war ein kräftiger, großer Mann mit grauen Schläfen und energischem Kinn. Seine grünen Augen funkelten lebhaft über einer gebogenen Nase. »Und wer will mich sprechen?« fragte sie hochmütig.

Der MacGregor warf den Kopf zurück und lachte dröhnend.

»Seit wann erkennst du deinen eigenen Laird nicht?« sagte er, und seine Augen färbten sich einen Hauch dunkler. Sie glichen funkelnden Smaragden.

Sie lächelte süß zu ihm hinauf. »Ist das der Laird, der seine eigenen Klangenossen nicht erkennt?«

Er verlor sein Lächeln nicht. »Du bist eine kecke Dirne. Wie ist dein Name?«

»Alicia«, sagte sie stolz, als wäre der Name eine Herausforderung, »genauso wie die Chefin des Klans MacArran.«

Die Augen des MacGregor wurden hart. »Sprich nicht den Namen dieser Frau in meiner Gegenwart aus.«

Alicia stemmte die Hände auf die Hüften. »Warum nicht? Weil du das Zeichen dieser Frau noch auf deinem Leib trägst?«

Plötzlich wurde es totenstill ringsum. Die Menge hielt den Atem an.

»Alicia«, hauchte Stephen entsetzt und legte ihr den Arm auf die Schulter.

Der MacGregor hielt seine Hand hoch. »Du bist nicht nur keck, sondern hast auch Courage. Kein anderer hat es bisher gewagt, mich an jene Nacht zu erinnern.«

»Sag mir, weshalb wurdest du so zornig über so ein kleines Mal?«

Der MacGregor schwieg still und schien über sie und ihre Frage nachzudenken. »Offensichtlich weißt du eine Menge darüber.« Die zornige Aufwallung, die sich in seinen Augen spiegelte, ließ nach. Er sagte lächelnd: »Ich glaube, es lag an der Frau. Wäre sie dir nur ein bißchen ähnlich gewesen, hätte ich dieses Mal vermutlich mit Stolz getragen. Doch ein MacGregor läßt sich nicht von einer häßlichen Hexe den Körper verstümmeln.«

Alicia wollte darauf etwas erwidern, doch Stephen faßte sie um die Taille, daß sie keine Luft mehr bekam. »Verzeiht meiner Frau«, sagte er. »Sie neigt dazu, ein bißchen vorlaut zu sein.«

»Das ist sie«, meinte der MacGregor mit einem lebhaften Kopfnicken. »Ich hoffe, du hast sie fest in der Hand.«

»Das seht ihr doch«, antwortete Stephen lachend.

»Ich mag eine Frau mit Temperament«, sagte der MacGregor. »Deine Frau ist nicht nur schön, sondern hat auch einen guten Kopf auf den Schultern.«

»Nur hin und wieder wäre es mir lieber, wenn sie ihre Gedanken für sich behielte.«

»Das bringen nur wenige Frauen fertig. Einen guten Tag wünsche ich euch beiden noch!« Damit lenkte der MacGregor sein Pferd vom Wagen fort.

»Tod und Verdammnis!« fluchte Alicia, während sie sich wütend zu Stephen umdrehte.

Stephen packte ihren Arm und zog sie wieder hinter den Wagen. »Alicia«, sagte er geduldig, »begreifst du nicht, was du hättest anrichten können? Ich traue dir zu, daß du dich als Laird des Klans MacArran offenbart hättest!«

»Und wenn schon«, sagte sie schnippisch. »Du hast doch gehört, was er sagte . . .«

Er fuhr ihr ins Wort: »Was ein Mann zu einem hübschen Mädchen sagt und was er tun muß, wenn er eine Menge als Zeugen hat, sind zweierlei Dinge. Hast du Kirsty und Donald vergessen? Sie gaben uns Schutz und Nahrung!«

Zu seinem Erstaunen lehnte sich Alicia an ihn und flüsterte: »Du hast ja recht, Stephen. Ob ich jemals etwas dazulerne?«

Er hielt sie an sich gedrückt und streichelte ihre Haare.

»Werde ich mich jemals so beherrschen können, daß ich das Amt eines Klanchefs der MacArran auch verdiene?«

»Das wirst du, mein Liebling«, flüsterte er. »Du hast den Willen dazu, und eines Tages – bald – hast du dieses Ziel erreicht.«

»Alicia?«

Sie sahen beide hoch, und Donald stand lächelnd über ihnen auf dem Wagen. »Kirsty läßt euch fragen, ob ihr bereit seid, den Priester zu empfangen. Wir wollen das Kind noch vor Sonnenuntergang taufen lassen, und ihr sollt Taufpaten sein.«

Stephen lächelte: »Natürlich sind wir bereit.« Er sah, daß irgend etwas den jungen Mann bedrückte. Und warum hatte Donald zuerst Alicia angesprochen? Da kam ihm die Idee, daß Donald ihr

Gespräch belauscht haben konnte. Er wußte vermutlich, daß sie die Chefin der MacArrans war. Und er schloß daraus, daß er sie nicht verraten wollte.

11. Kapitel

Das Kind war getauft. Sie hatten die Stadt wieder verlassen und fuhren zwei Tage lang im mäßigen Tempo weiter nach Süden.

Alicia wollte nicht, daß Kirsty ihren bequemen Sitz im Kastenaufbau verließ; doch Kirsty lachte sie nur aus. Stephen meinte, Kirsty handelte aus reiner Notwehr, nachdem sie Alicias Kochkünste hatte über sich ergehen lassen müssen.

»Das ist das schlimmste Kaninchenragout, das ich in meinem Leben gegessen habe«, sagte Stephen.

»Kaninchen?« gab Alicia geistesabwesend zur Antwort. Sie hielt das Baby auf den Armen, das die rötlichen Reflexe der untergehenden Sonne auf ihrer Brosche bestaunte. »Oh, nein!« rief sie, und ihr Gesicht verfärbte sich allerliebst. »Die hängen doch noch seitlich am Wagen. Ich . . .«

Stephens Gelächter schnitt ihr das Wort ab. »Was ist aus der klugen Frau geworden, die ich heiratete?«

Alicia lächelte selbstbewußt. »Die ist noch da. Jeder kann kochen. Ich kann . . .« Sie hielt inne und sah verwirrt um sich.

»Wir warten«, sagte Stephen.

»Hör auf, sie zu necken«, sagte Kirsty verhalten. »Wenn man so schön ist wie du, Alicia, muß man nicht kochen können. Zudem bist du mutig, furchtlos und sehr praktisch veranlagt . . .«

Alicia lachte. »Da hörst du es, Stephen. Es gibt noch Leute, die etwas Nützliches an mir entdecken.«

»Oh«, meinte Kirsty lächelnd, »er weiß dich zu schätzen, Alicia. Ich glaube, ich habe noch nie zwei Leute gesehen, die so ineinander verliebt waren wie ihr beide.«

Alicia sah betroffen von dem Baby auf, und Stephen musterte sie auf eine Weise, die Alicia an ihr erstes Zusammentreffen im Schreibzimmer von Sir Thomas erinnerte.

»Sie ist hübsch, nicht wahr?« sagte Stephen. »Wenn sie doch nur kochen könnte!«

Er lachte: »Laß mich mal mein Patenkind eine Weile halten. Es verbringt viel zuviel Zeit mit den Frauen.« Er lachte abermals über die Antwort, die ihm Alicia darauf gab.

Am nächsten Abend erreichten sie das Elternhaus von Kirsty, das typische Heim eines Kleinbauern – weißgetünchte Mauern mit einem Strohdach darüber. Ein paar Gerstenfelder waren in der Nähe, und ein paar Schafe und Kühe grasten beim Haus.

Kirstys Eltern kamen aus der Hütte, um sie zu begrüßen. Ihr Vater Harben war ein untersetzter, knorriger Mann, dessen rechter Arm bis zur Schulter hinauf amputiert war. Sein Gesicht war fast gänzlich hinter einem wuchernden Vollbart und grauen Haaren versteckt. Doch was daraus hervorlugte, schien von Bärbeißigkeit geprägt.

Nesta, Kirstys Mitter, war ein winziges schmächtiges Ding, das die grauen Haare straff zurückgekämmt trug. Sie war das Gegenteil von Harben, von überschäumender Herzlichkeit. Sie drückte das Baby, Kirsty und Alicia auf einmal an sich und bedankte sich immer wieder bei Stephen und Alicia, daß sie ihr einziges Enkelkind so glücklich zur Welt befördert hatten. Und dabei küßte sie Stephen genauso begeistert wie Donald.

Stephen fragte, ob sie über Nacht bleiben könnten, ehe sie morgen früh weiterzogen.

Harben machte ein Gesicht, als sei er gröblich beleidigt worden. »Nur eine Nacht willst du bleiben?« grollte er. »Was bist du für ein Mann? Deine Frau ist ja nur noch Haut und Knochen, und wo bleiben deine Kinder?« Er wartete Stephens Antwort nicht ab. »Das Zeug, das ich selbst brenne, wird dafür sorgen, daß sich was regt in ihrem flachen Bauch.«

Stephen nickte, als habe er soeben große Weisheit erfahren: »Und da habe ich mir doch die ganze Zeit überlegt, was noch fehlen könnte, daß sie schwanger wird; aber so was ist mir nie eingefallen!«

Harben gab einen Laut von sich, den man als Lachen deuten konnte: »Kommt herein und seid willkommen!«

Nach einem schlichten Abendbrot mit Milch, Butter, Käse und Gerstenbrot saßen sie alle um das Torffeuer im einzigen Raum des Hauses. Stephen schnitzte ein Spielzeug für sein Patenkind, Rory Stephen. Alicia kauerte auf dem Lehmboden und lehnte ihren Kopf an seine Knie. Kirsty und ihre Mutter saßen an der gegenüberliegenden Seite, Donald und Harben direkt am Herd.

Donald, der bereits einige Kostproben seines Erzählertalents geliefert hatte, gab eine hinreißende Beschreibung von Alicias Verkaufsmethoden und Stephens Reaktionen auf ihre Anziehungskraft für die Kundschaft. Und er rundete die Schilderung mit einem Bericht über das Zusammentreffen von Alicia mit dem MacGregor ab.

Alicia lachte genauso darüber wie die anderen Zuhörer.

Plötzlich sprang Harben auf und warf seinen Schemel dabei um.

»Vater«, sagte Kirsty mit einem besorgten Blick auf ihn, »tut der Arm wieder weh?«

»Oh, aye«, sagte er verbittert, »er hat nie aufgehört, weh zu tun, seit der MacArran ihn mir abhackte.«

Sofort legte Stephen warnend eine Hand auf Alicias Schulter.

»Dafür ist jetzt nicht der richtige Zeitpunkt«, sagte Nesta.

»Nicht der richtige Zeitpunkt?« rief Harben. »Schaut euch das an!« fuhr er fort, an Alicia und Stephen gewandt, während er auf seinen leeren Ärmel deutete, »was kann ein Mann schon tun ohne seinen rechten Arm? Der MacArran hackte ihn mir ab. Vor sechs Jahren überfiel er meine Rinder und nahm auch den Arm mit.«

»Vor sechs Jahren«, flüsterte Alicia. »Hat nicht auch der MacGregor unsere Weiden geplündert und dabei vier Männer getötet?«

Harben winkte mit seiner Hand ab. »Geschah ihm recht. Warum mußte er unsere Rinder stehlen!«

»Sollte der MacArran still zu Hause sitzen, während auf den Weiden seine Männer getötet wurden? Sollte er nicht Rache üben dürfen für diesen Verlust?«

»Alicia . . .«, warnte Stephen.

»Laß sie reden!« schnaubte Harben. »Sie hat ihren eigenen Kopf. Was weißt du von dem MacArran?«

»Er . . .«

Kirsty fiel Alicia ins Wort: »Sie wohnt direkt an der Grenze von MacArrans Land.«

»Oh, da mußt du eine Menge ausgestanden haben«, sagte Harben voll Mitgefühl. »Haben sie dich schlimm behandelt?«

»Überhaupt nicht«, sagte Alicia lächelnd.

»Donnerwetter! Du mußt mir erzählen, wie du das vermeiden . . .«

Kirsty stand von ihrem Schemel auf. »Ich glaube, es ist höchste Zeit, daß wir ins Bett kommen. Wir müssen morgen in aller Frühe die Kühe melken.«

»Aye«, sagte Harben, »mit jedem Jahr fängt der Tag ein bißchen früher an.«

Später, als Alicia und Stephen eng aneinandergeschmiegt unter ihren Plaids auf einem Strohsack lagen, sagte sie: »Halte mir jetzt bitte keinen Vortrag!«

Er zog sie noch enger an sich. »Das hatte ich nicht vor. Ich würde gern zuhören, wie du dich mit dem alten Harben streitest. Ich wette, da hast du jemand gefunden, der dir gewachsen ist. Keiner von euch würde an dem Klan des anderen ein gutes Haar lassen.«

Er küßte sie, als sie ihm darauf eine Antwort geben wollte. Und dann schliefen sie friedlich ein.

Ein Reiter brachte am nächsten Morgen eine Nachricht, die

Stephens Pläne, Harbens Hütte wieder zu verlassen, umstürzte. Es war bekanntgeworden, daß die MacArran und ihr englischer Ehemann vermißt wurden. Der MacGregor hatte eine großzügige Belohnung für ihre Ergreifung ausgesetzt.

Stephen griente, als er Harben sagen hörte, er würde dieses häßliche Hexenweib mit Freuden dem MacGregor ausliefern. Das Grinsen verging ihm, als Harben ihren englischen Gatten als einen wertlosen Pfau beschrieb, der die Erde nicht verdiente, unter der man ihn verscharren würde. Stephen schnitt ein finsteres Gesicht, als Alicia Harbens Meinung über den Engländer teilte und ihn ermunterte, immer schlimmere Dinge über die Engländer zu sagen, bis Kirsty die Tiraden ihres Vaters unterbrach.

»Das zahl ich dir heim«, flüsterte Stephen, als sie zum Anbau gingen, wo die Kühe gemolken werden sollten.

»Indem du mich auf typisch englische Art mit deiner Lüsternheit verfolgst?« neckte Alicia ihn und ging mit schwingenden Hüften vor ihm her.

Stephen wollte etwas erwidern, fühlte sich aber plötzlich sehr lüstern. Er lächelte ihr zu und ging zu einer Kuh.

Alicia hatte von Kindheit an viel Zeit in den Hütten ihrer Bauern verbracht und war mit der Farmarbeit vertraut. Stephen wußte nur, wie man bewaffnete Männer anzuführen hatte. Er saß auf einem Schemel neben der Kuh und betrachtete verwirrt ihr Euter.

»Das macht man so«, sagte Kirsty leise zu ihm und zeigte, wie man Milch aus einer Kuh herauspreßte. Sie überhörte sein Fluchen, weil er mehr Milch über seine Beine spritzte als in seinen Eimer.

Später verteilten sie die Milch gleichmäßig auf alle Eimer, und Nesta wunderte sich über die ungewöhnlich niedrige Ausbeute. Doch sie lächelte nur und schickte sie weiter auf die Felder.

Das Wintergemüse sollte eingebracht und die Steinzäune mußten ausgebessert werden. Donald und Alicia sahen sich lächelnd an, als Stephen sich beim Anblick der Steine freute wie ein Kind. Hier war endlich etwas, wo er wirklich zupacken konnte. Er trug mehr Steine herbei, als die anderen zu verarbeiten vermochten. Er wuchtete einen Stein hoch, den man schon eher als Felsblock bezeichnen konnte, und Kirsty gab Alicia einen Rippenstoß während Donald Stephen mit ehrfürchtigen Augen betrachtete: »Ich glaube, mit so einem Mann könntest du ein Haus bauen, das so groß ist wie eine Burg«, sagte sie leise.

»Vielen Dank«, erwiderte Alicia, und abermals hatte sie das Gefühl, daß Kirsty mehr wußte, als sie sich anmerken ließ.

Am Abend kam eine sehr müde Gruppe wieder in die warme Kate zurück. Aber sie waren auch eine glückliche Horde, die sich gegenseitig neckte und sich vor Lachen ausschüttete, als Donald erzählte, wie Stephen Steine gewuchtet und Kühe gemolken hatte. Der alte Harben zündete sich eine Pfeife an und stemmte einen Ellenbogen auf sein Knie. Zum erstenmal seit Jahren dachte er nicht mehr an den Tag, als er seinen rechten Arm verlor.

Zwei Tage später suchten Kirsty und Alicia Flechten auf der anderen Seite des Felsenriffs hinter dem Haus. Rory Stephen schlief, eingehüllt in ein wärmendes Plaid, in einem Korb neben dem Fluß. Es hatte während der Nacht ein wenig geschneit, und die Frauen ließen sich Zeit mit dem Sammeln. Sie lachten, redeten von der Farm und von ihren Männern. Alicia hatte sich nie freier in ihrem Leben gefühlt. Sie hatte keine Verantwortung zu tragen, keine Sorgen.

Plötzlich erstarrte sie an der Stelle, wo sie gerade stand. Sie hatte zwar nichts Verdächtiges gehört; doch da war etwas in der Luft, was sie vor einer Gefahr warnte. Sie hatte nicht umsonst jahrelang mit den Männern geübt.

»Kirsty«, sagte sie leise – es war die Stimme des Befehls.

Kirstys Kopf ruckte hoch.

»Verhalte dich ganz still. Verstehst du mich?« Sie war nicht mehr die lachende Frau, sondern die MacArran.

»Rory«, flüsterte Kirsty mit geweiteten Augen.

»Hör mir zu und gehorche«, sagte Alicia leise und eindringlich. »Geh dort drüben in das Dickicht und versteck dich dort!«

»Rory«, wiederholte Kirsty.

»Du mußt mir vertrauen!« sagte Alicia mit fester Stimme.

Ihre Blicke kreuzten sich. »Ja«, sagte Kirsty. Sie wußte, sie konnte dieser Frau vertrauen, die zu ihrer Freundin geworden war. Alicia war stärker und schneller als sie, und Rory bedeutete ihr zuviel, als daß sie ihn mit der Eitelkeit einer Mutter in Gefahr bringen durfte. Sie drehte sich um und watete durch die Halme bis zu einer Stelle im Dickicht, die ihr einen Blick auf den Korb erlaubte. Sie wußte, Alicia hatte eine viel größere Chance, mit Rorys Korb zu entfliehen. Männer würden sie, die viel schwächer war als Alicia, in wenigen Sekunden einholen.

Alicia stand ganz ruhig da und wartete – sie wußte nur noch nicht, auf was.

Das Wasser war reißend, und sein Geräusch überdeckte die Hufschläge der Pferde. Vier Reiter kamen um das Felsenriff herum, ehe Kirsty richtig Zeit hatte, sich zu verstecken. Es waren Engländer, bekleidet mit dicken, gesteppten Anzügen. Ihre Wämser waren fadenscheinig, ihre Hosen geflickt und ihre Augen hungrig.

Sie sahen Alicia sofort, und sie bemerkte das Licht, das in ihre Augen trat. Rory begann zu schreien, und sie rannte zum Korb und nahm das Baby auf den Arm.

»Was haben wir denn da?« sagte ein blondhaariger Mann, während er sein Pferd direkt vor sie hintrieb.

»Eine Schönheit auf schottischen Mooren«, lachte ein zweiter, während er sein Pferd direkt hinter sie lenkte.

»Schau dir das Haar an!« sagte der erste.

»Die schottischen Frauen sind durchweg Huren«, sagte ein dritter Mann. Er und der vierte schlossen den Kreis um Alicia.

Der Mann vor ihr trieb sein Pferd so lange auf sie zu, bis sie zurückweichen mußte. »Sie sieht mir nicht sehr verschreckt aus«, sagte er. »Tatsächlich schaut sie aus, als flehte sie mich an, ihr diesen hochmütigen Blick abzugewöhnen. Frauen sollten kein gespaltenes Kinn haben«, fügte er lachend hinzu. »Das schickt sich nicht für sie.«

»Schwarzes Haar und blaue Augen«, sagte der zweite Mann. »Wo habe ich so was schon mal gesehen?«

»Ich glaube, ich würde mich sofort daran erinnern, wenn ich sie schon mal gesehen hätte«, sagte der dritte, zog sein Schwert und setzte dessen Spitze in das Grübchen an ihrem Kinn.

Sie sah mit harten, glasklaren Augen zu ihm hoch, während sie ihre Lage überdachte.

»Gütiger Himmel!« sagte der zweite Mann, »jetzt fällt es mir wieder ein, wo ich sie gesehen habe!«

»Wen kümmert das?« sagte der erste Mann, der sich aus dem Sattel schwang. »Ich möchte mir diese Kost nicht entgehen lassen, egal, wer sie ist!«

»Warte!« rief der zweite Mann. »Sie ist die MacArran. Ich sah sie in Sir Thomas Crichtons Haus. Erinnert ihr euch, daß sie dort einem der Ascotts angetraut werden sollte?«

Der Mann, der vor Alicia aus dem Sattel gestiegen war, trat zurück. »Ist das wahr?« fragte er leise und offensichtlich beeindruckt.

Sie starrte ihn nur an und versuchte, das Baby zu beruhigen.

Einer der Männer, die noch im Sattel saßen, lachte. »Schau sie dir doch an! Sie kann gar keine andere sein als die MacArran! Hast du schon mal eine Frau mit so einem stolzen Blick gesehen? Ich hörte, daß ihretwegen sogar dieser Ascott ein Turnier überstehen mußte, obwohl König Heinrich sie ihm als Frau versprochen hatte.«

»Das stimmt«, sagte der zweite Mann. »Aber wenn du sie anschaust, begreifst du auch, weshalb Ascott bereit war, ihretwegen zum Schwert zu greifen.«

»Lady Alicia«, sagte der erste Mann, denn ihr Name war in den besseren Kreisen Englands gut bekannt, »wo ist Lord Stephen?«

Alicia gab ihm keine Antwort. Ihre Augen zuckten kurz in die Richtung, wo das Haus hinter der Felsbarriere versteckt lag. Das

Baby begann zu wimmern, und sie drückte ihre Wange gegen seinen Kopf.

»Was für eine Beute!« sagte der vierte Mann, der sich bisher zurückgehalten hatte. »Was sollen wir nun mit ihr anstellen?«

»Sie den Ascotts übergeben«, sagte der erste Mann. »Ich bin sicher, Stephen sucht gerade nach ihr.«

»Und wird uns reich dafür entlohnen, daß wir sie ihm wieder zustellen«, sagte ein anderer und lachte.

Der vierte Mann trieb sein Pferd heran, bis Alicia abermals zurückweichen mußte. »Aber was ist mit ihrem Klan?« sagte er nachdenklich. »Die MacArrans sind doch mit den MacGregors verfeindet! Sie befindet sich auf MacGregors Land.«

»Charles«, sagte der erste Mann bedächtig, »ich glaube, dir kommt da eine gute Idee. Sie muß sich hier offensichtlich versteckt haben. Und wessen Kind ist das?« Diese Frage war an Alicia gerichtet.

»Solange ist sie noch nicht mit Ascott verheiratet, um schon jetzt ein Kind von ihm zu haben. Vielleicht rannte sie ihm davon, um das Kind eines anderen auf die Welt zu bringen.«

Der zweite Mann lachte. »Dann wird er eine Menge Gold für sie bezahlen. Dafür wird er sie in Öl kochen, möchte ich meinen.«

»Wie wäre es, wenn wir für sie von allen dreien Lösegeld forderten – von ihrem Klan, dem MacGregor und Stephen Ascott?«

»Und uns mit ihr vergnügen, bis das Lösegeld eintrifft«, lachte der dritte Mann.

Kirsty sah vom Dickicht am Flußufer aus zu. Ihre Augen schwammen in Tränen, und ihre Unterlippe war blutig von ihren Zähnen. Sie wußte, daß Alicia sich hätte retten können. Die Klippe hinter ihr war nicht zu steil für eine kräftige Frau; doch die Pferde hätten sie nicht erklimmen können. Nur mit dem Baby hätte sie es nicht geschafft. Sie brauchte beide Arme zum Klettern. Solange sie das Baby in den Armen hielt, konnte sie den Männern nicht entrinnen.

»Mir gefällt dieser Vorschlag«, sagte der erste Mann und trat an Alicia heran. »Wir tun Euch nichts, wenn Ihr mit uns zusammenarbeitet. Nun gebt mir das Kind.« Er redete mit ihr, als habe sie nicht verstanden, was sie vorher unter sich ausmachten. Als Alicia vor ihm zurückwich, runzelte er die Stirn. »Wir wissen, daß dieses Kind kein Ascott ist. Ist es da nicht besser, es gleich zu beseitigen?«

Alicia sah ihn fest an. »Wenn du mir oder meinem Kind ein Leid antust, werden mein Klan und alle Ascott-Brüder über euch herfallen«, sagte sie gelassen.

Der Mann sah sie einen Moment verblüfft an. Dann faßte er sich wieder: »Versucht Ihr, uns einzuschüchtern?« Er rückte wieder einen Schritt näher. »Gebt mir das Kind!«

»Komm mir nicht näher«, sagte Alicia drohend.

Einer der Männer im Sattel lachte. »Du solltest dich vorsehen. Ihre Blicke könnten töten!«

Der Mann hinter ihm glitt vom Pferd. »Brauchst du Hilfe?« sagte er ruhig.

Die anderen beiden blieben im Sattel und drängten nur ihre Pferde näher an Alicia.

Alicia verlor nicht die Nerven. Sie konnte das Kind nicht absetzen und konnte nicht an ihren Dolch. Ihre einzige Chance bestand darin, den Engländern davonzurennen, die an ein Leben auf dem Pferderücken gewohnt waren. Sie wich dem ersten Engländer mühelos aus, drückte den Säugling an sich und rannte los.

Doch selbst eine Schottin konnte es mit einem schnellen Pferd nicht aufnehmen.

Einer der beiden Reiter schnitt ihr mit dem Pferd den Weg ab. Sein boshaftes Gelächter drang bis über die Klippe. Rory begann zu schreien, als Alicia ihn fest an sich drückte. Sie wußte, daß die Männer den Säugling töten würden, sobald sie ihn auf die Erde setzte.

Die Männer kreisten sie abermals ein. Einer packte sie bei der Schulter und stieß sie gegen den Mann, der hinter ihr stand.

Plötzlich erschien ein Pfeil aus dem Nirgendwo und bohrte sich in die Brust des Mannes, der gerade wieder die Hand nach Alicias Schulter ausstrecken wollte.

Die anderen drei verharrten wie betäubt und starrten auf ihren Komplicen, der leblos vor ihnen im Gras lag.

Alicia verlor keine Zeit damit, nachzudenken, wer der Schütze sein konnte. Sie nützte die Betäubung der Männer aus, um auf die Klippe zuzulaufen.

Die Männer blickten sich um, suchten den Ursprung des Pfeils und sahen, wie ein Schotte sich zwischen den Steinen aufrichtete. Ein zweiter Pfeil schwirrte von seinem Bogen. Der andere Mann zu Fuß brach neben seinem Pferd zusammen. Die beiden Männer, die noch im Sattel saßen, rissen ihre Pferde herum und galoppierten in die Richtung, aus der sie gekommen waren.

Stephen kletterte behende den Felsen herunter. Rab rutschte hinter ihm her. Der Hund hatte ihn alarmiert. Im Rennen lud Stephen seinen Bogen nach. Einer der beiden Berittenen kippte aus dem Sattel. Das Pferd schleifte seinen Herrn hinter sich her, als dieser sich im Steigbügel verfing. Stephen verfolgte den letzten noch lebenden Reiter.

Langsam kroch Kirsty aus ihrem Versteck. Sie war noch zu sehr geschockt, um sich rasch bewegen zu können. Alicia kam ihr auf halbem Weg entgegen. Kirsty nahm ihr das Baby ab, strich zärtlich über dessen Gesicht und sah, daß Donald nun ebenfalls über die Klippe herunterkam. Sie reichte das Kind dem Vater und fiel dann Alicia um den Hals. Sie flog am ganzen Körper.

»Du hast ihm das Leben gerettet«, sagte sie erschüttert. »Du hättest dich retten können, tatest es aber nicht! Du hast dein Leben für mein Kind aufs Spiel gesetzt.«

Doch Alicia hörte kaum auf sie. Sie blickte zu der Stelle, wo Stephen mit dem Bogen gestanden hatte. »Er hat Engländer getötet!« flüsterte sie immer wieder, erfüllt von einem Glück, das mit Staunen vermischt war. Stephen hatte Engländer getötet, um sie und ein schottisches Baby zu beschützen!

Donald legte eine Hand auf Alicias Schulter. »Ihr und Stephen werdet weiterziehen müssen«, sagte er traurig.

»Oh, Donald, bitte nicht!« flehte Kirsty.

»Nein, es muß sein. Die Männer ...«, er hielt im Satz inne, als er Stephen zurückkommen sah.

Alicia ging auf ihn zu, als wäre sie im Trance. Sie betrachtete ihn bang, vermochte aber kein Blut an seinem Körper zu entdecken. Er war verschwitzt vom Laufen, und sie wollte ihm die Stirn abwischen. »Haben sie dich verletzt?« fragte sie leise.

Er starrte sie an und riß sie dann an seine Brust. »Das war sehr tapfer, was du gemacht hast, um das Baby zu retten«, sagte er. Ehe sie etwas erwidern konnte, war Donald bei ihnen. »Stephen? Was wurde aus dem vierten Mann?«

»Er ist mir entkommen«, sagte Stephen, während er mit beiden Händen über Alicias Rücken strich, als wollte er fühlen, daß sie auch sicher bei ihm war. Kirsty und Donald wechselten einen Blick. »Er wird zu MacGregor reiten und es ihm melden«, sagte Donald düster.

Alicia löste sich jäh aus Stephens Umarmung. »Wie lange wißt ihr schon, daß ich die MacArran bin?« fragte sie.

»Ich wußte es vom ersten Augenblick an«, sagte Kirsty still. »Ich sah dich ungefähr vor einem Jahr, als du noch mit deinem Vater geritten bist. Meine Mutter und ich pflückten gerade Beeren.«

»Also weiß es auch deine Mutter«, sagte Alicia und faßte nach Stephens Hand, dankbar, daß er ihre aufmunternd drückte. »Und dein Vater?«

Kirsty runzelte die Stirn. »Sein Groll sitzt zu tief, als daß er so rasch vergeben könnte. Wir wollten ihm Zeit lassen dafür. Er sollte euch erst näher kennenlernen, und danach hätten wir ihm die Wahrheit gesagt. Wir wußten, daß er mit sich kämpfen muß, weil er dich haßt.«

»Aber nun haben wir keine Zeit mehr«, sagte Donald. »Dieser entflohene Engländer wird es allen erzählen.«

»Stephen«, sagte Alicia, »wir müssen weg von hier. Wir dürfen Kirstys Familie nicht länger in Gefahr bringen.«

Er nickte. »Donald, Kirsty . . .«, hob er an.

»Nein«, unterbrach ihn Kirsty, »ihr seid die Taufpaten meines Sohnes. Daran werden wir festhalten.«

Stephen lächelte sie an. »Er könnte bei einem meiner Brüder als Pflegekind aufwachsen.«

»Bei einem Engländer?« schnaubte Alicia. »Nein, Kirsty, er kann in unserem Klan groß werden – bei den MacArrans.«

Donald grinste. »Nun zankt euch nicht wegen Rory. Wir werden noch mehr Knaben in die Welt setzen, damit jeder zu seinem Recht kommt. Und nun nehmt die englischen Pferde und reitet zu Stephens Bruder, damit ihr noch vor dem Weihnachtsfest dort seit.«

»Kirsty«, sagte Alicia, und Kirsty drückte sie fest an sich, »was werden die Leute sagen, wenn ich ihnen erzähle, meine beste Freundin ist eine MacGregor?« Alicia lachte.

Kirsty antwortete ernst: »Du mußt zu uns zurückkommen und mit dem MacGregor verhandeln. Er ist ein guter Mann und hat eine Schwäche für hübsche Frauen. Du mußt versuchen, diese Fehde zu beenden. Schon der Gedanke, daß unsere Söhne gegeneinander kämpfen müßten, wäre mir unerträglich.«

»Mir ebenfalls«, sagte Alicia, während sie sich sacht aus der Umarmung ihrer Freundin löste. »Ich gebe dir mein Wort, daß wir zu euch zurückkommen.«

Stephen legte den Arm um sie. »Wir müssen ja schon wegen Harbens Hausmarke wiederkommen. Sonst klappt es nicht mit uns beiden.«

Donald lachte. »Und wir beide müssen auch noch ein Hühnchen miteinander rupfen, Alicia. Wenn ich daran denke, was ich alles über die MacArran gesagt habe, während du im Laubhaufen saßt und mich auslachtest!«

»Alles, was du über sie gesagt hast, stimmte«, gab Stephen lachend zurück. »Sie ist die halsstarrigste, ungehorsamste Person, die . . .«

»Die großartigste Frau der Welt«, beendete Donald den Satz für ihn und umhalste Alicia. »Was du für meinen Sohn getan hast, kann ich gar nicht an dir gutmachen.« Er ließ sie wieder los und umarmte Stephen. »Geht jetzt, ihr beiden! Nehmt die Pferde der Engländer und macht euch auf die Reise!« Er löste sich wieder von Stephen. »Als Kirsty mir sagte, du wärst ein Engländer, glaubte ich ihr nicht. Ich kann es auch jetzt noch nicht glauben.«

Stephen lachte. »Ich bin sicher, das sollte ein Kompliment für mich sein. Kirsty, es war mir eine Ehre, dich kennenlernen zu dürfen. Ich wünschte mir, wir hätten länger bleiben können, damit meine Frau von dir gelernt hätte, wie man Männer sanft behandelt.«

Ehe Alicia eine Bemerkung machen konnte, brach Donald in ein Gelächter aus.

»Der Schein trügt, mein Freund. Sie setzt ihren Kopf genauso durch wie Alicia. Sie macht es nur auf eine andere Art.«

Sie ritten ein paar Stunden hindurch, ohne zu sehr aufs Tempo zu achten. Es sollte nicht wie eine Flucht aussehen, weil sie damit nur die Aufmerksamkeit der MacGregors auf sich gelenkt hätten. Stephen hielt unterwegs an und warf alles von dem Zaumzeug, das an einen englischen Stall erinnern konnte, in den Stechginster. Alicia überredete die Frau eines Kleinbauern, ihr einen Topf mit schwarzem Färbemittel zu verkaufen, und schwärzte damit die Blessen der Pferde. Stephen machte sich Sorgen um die Verpflegung. Er wollte dafür die Kupferpfennige ausgeben, die er in den Satteltaschen der Engländer fand, doch Alicia lachte ihn aus und erinnerte ihn daran, daß sie sich immer noch auf schottischem Boden befanden. Dort würden sie überall als Gäste empfangen, und selbst der ärmste Bauer teilte gern, was er besaß, mit einem anderen Schotten – oder jedenfalls mit jedem der kein Engländer war. Alicia amüsierte sich auch über die abfälligen Bemerkungen, die Stephen über die Engländer machte. Die Schotten, bei denen sie zu Gast waren, zeigten ihm ihre verbrannten Felder. Ein Mann stellte ihm seinen Enkel vor, das Produkt einer Vergewaltigung seiner noch kindlichen Tochter durch einen Engländer. Stephen hörte sich die Klagen der Leute sehr genau an und antwortete in einem weichen, rollenden Akzent.

Nachts rollten sie sich in ihre Plaids und liebten sich. Zuweilen sahen sie sich unterwegs an, wenn sie nebeneinander herritten, und im nächsten Moment lagen sie auf dem Boden, die Kleider um sich verstreut. Stephen brauchte Alicia nur anzusehen, und sie wußte, was er dachte. Ihre Augen fingen Feuer, und ihr Körper spürte die Wärme. Sie lächelte ihn an, wenn sein Arm ihre Taille umfing und sie herüberzog in seinen Sattel.

»Ich glaube, ich bekomme nie genug von dir«, flüsterte Stephen und knabberte an ihrem Ohrläppchen.

»Aber das liegt nicht daran, daß du deinen Appetit nicht stillen könntest«, sagte sie schnippisch, während sie die Augen schloß und ihren Kopf bewegte, damit er ihren Hals bequemer erreichen konnte. »Stephen!« rief sie mit einemmal und setzte sich auf, weil mehrere Leute von der Straße herübergafften.

»Morgen«, sagte Stephen heiter und beschäftigte sich wieder mit ihrem Hals.

Sie entzog sich ihm. »Hast du denn gar kein Schamgefühl? Wir sollten wenigstens . . .« Sie hielt inne, als sie das Licht in seinen Augen sah. »Dort drüben sind ein paar Bäume«, flüsterte sie.

Rab hielt Wache, während sie in dem kleinen Wäldchen beieinander lagen. Je mehr sie sich liebten, desto mehr war sie von Stephens Körper fasziniert. Das Licht, das durch das Laub sickerte, warf wechselnde Muster auf seine dunkle Haut, unter der seine Muskeln spielten. Sie war fasziniert von seiner Stärke und der Kraft, die in ihm war; von seiner Fähigkeit, mit einer Hand ihren Körper zu elektrisieren. Sie neckte ihn, rollte von ihm weg; doch er brauchte nur eine Hand nach ihrer Hüfte auszustrecken, und schon lag sie wieder eng an ihn geschmiegt.

Sie liebten sich in jeder nur denkbaren Position. Sie war lange genug von ihrem Klan getrennt, daß sie die schwere Last ihrer Verantwortung nicht mehr spürte, und sie fühlte sich frei und glücklich. Sie suchte Stephens Nähe genauso begierig wie er die ihre. Sie experimentierte, und ihr Körper übernahm die Kontrolle über ihr Bewußtsein. Sie lag auf dem Rücken, ihre Beine um seinen Körper geschlungen, während er auf der Seite lag. Sie zog ihn zu ihrem Schoß und stöhnte, während seine Hände ihre Knie liebkosten. Ihr ganzer Körper war ein rieselnder Schauer, wenn sie gemeinsam zum Höhepunkt kamen.

Dann lagen sie eine Weile lang still, die Glieder umeinandergeschlungen, und spürten weder den kalten Winterwind noch die feuchte, fast gefrorene Erde.

»Wie ist deine Familie?« fragte sie mit einer Stimme, in der ihre Erschütterung nachhallte.

Er lächelte und betrachtete ihren Körper, der im rechten Winkel zu seinem lag. Es gefiel ihm, daß sie genauso schwach und erschöpft aussah, wie er sich fühlte. Er erschauderte ein wenig, als eine Windbö kalte Nadeln durch seinen Körper schickte. »Zieh dich an, und wir werden ein paar Gerstenfladen backen.«

Nachdem sie sich wieder angekleidet hatten, holte Stephen eine breite Metallplatte unter seiner Satteldecke hervor und ein Säckchen Hafermehl aus der Satteltasche. Diese Metallscheibe war ihre einzige gemeinsame Anschaffung bisher. Alicia bereitete inzwischen eine Feuerstelle vor. Sie mischten das Mehl mit Wasser, während die Platte sich im Feuer erhitzte, und strichen dann den Teig dünn auf das heiße Metall. Stephen drehte den Fladen mit den Fingern um.

»Du hast meine Frage noch nicht beantwortet«, sagte Alicia, als sie das köstliche Backwerk verzehrten.

»Meine Familie.« Er hatte das Gefühl, daß es ihm gar nicht mehr so recht war, wenn er sie seinen Brüdern vorstellte. Er wollte sie nur für sich haben.

»Stephen, du hast wieder so einen komischen Blick!«

Er lächelte und drehte den nächsten Fladen um. »Gavin ist der Älteste. Dann komm' ich, dann Raine und dann Miles.«

»Wie sind deine Brüder? So wie du?«

»Es ist immer schwer, sich selbst zu beurteilen. Gavin ist groß und sehr eigensinnig. Er widmet seine ganze Liebe und Kraft den Ascott-Ländereien und verbringt fast seine ganze Zeit dort.«

»Und er ist auch der einzige von deinen Brüdern, der verheiratet ist?«

»Mich vergißt du wohl, wie?« Er lachte. »Gavin und Judith sind inzwischen fast ein Jahr verheiratet.«

»Und wie ist deine Schwägerin?«

»Schön! Liebenswürdig, süß und überhaupt nicht nachtragend.« Er lachte in sich hinein. »Als Gavins Lebensgefährtin darf sie nicht nachtragend sein; denn er kennt sich mit Frauen nicht aus und bekommt daher häufig Schwierigkeiten mit ihnen.«

»Wie erfreulich, daß er als einziger von euch kein Frauenkenner ist.«

Stephen überhörte ihren Sarkasmus und fuhr fort: »Raine ist Tam sehr ähnlich, stämmig und kolossal wie unser Vater. Raine ist der ... wie soll ich es ausdrücken ... Gute. Herzensgut. Er kann Ungerechtigkeit nicht ausstehen. Er setzte lieber sein eigenes Leben aufs Spiel, ehe er seine Leibeigenen in Gefahr bringt oder sie durch fremde Hand umkommen läßt.«

»Und Miles?«

»Miles«, sagte Stephen lächelnd, »ist sehr still, und keiner kennt sich recht mit ihm aus. Er bleibt die meiste Zeit für sich, doch hin und wieder hat er die schlimmsten Temperamentsausbrüche, die man sich vorstellen kann. Als wir noch Kinder waren, wurde er so zornig auf einen Knappen meines Vaters, daß wir ihn zu dritt festhalten mußten.«

»Was tat denn der Knappe?« fragte sie neugierig, während Stephen ihr einen frischen Fladen servierte.

In Stephens Augen blitzte die Erinnerung auf. »Der Junge kam einem kleinen Mädchen zu nahe. Miles liebt Frauen.«

»Alle Frauen?«

»Alle«, sagte Stephen entschieden. »Und sie laufen ihm nach, als besäße er den Schlüssel zum Paradies. Ich habe noch keine Frau getroffen, die Miles nicht mochte.«

»Das scheint ja ein sehr interessanter Mann zu sein«, sagte sie und leckte sich die Finger ab.

»Daß du dich unterstehst!« polterte er, hielt aber inne, weil sie ihn sehr interessiert betrachtete. Er beschäftigte sich wieder mit dem Backen der Fladen. »Und da ist noch Mary.«

»Mary?«

»Unsere Schwester.«

Der Tonfall seiner Stimme machte sie stutzig. »Du hast nie etwas von einer Schwester erwähnt. Wie ist sie? Weilt sie zu Weihnachten bei ihren Brüdern?«

»Mary ist wie eine Madonna«, sagte Stephen ehrfürchtig. »Sogar als Kinder spürten wir schon, daß sie anders ist. Sie ist die älteste von uns Geschwistern und sorgte stets dafür, daß ihre jüngeren Brüder nie in Schwierigkeiten kamen. Manchmal gingen Gavin und Raine sich an die Gurgel. Gavin wußte natürlich, daß der Besitz eines Tages ihm gehören würde, und war jedesmal wütend, wenn Raine einem Leibeigenen verzieh, der in seinen Ländereien einen Schaden anrichtete, den er allein zu verantworten hatte. Mary trat dann zwischen die beiden und beruhigte sie mit ihrer sanften Stimme.«

»Wie stellte sie das an?« fragte Alicia, die sich nun an ihre Pflichten als Klanchefin erinnerte.

»Ich habe nie verstanden, wie sie das machte. Als Miles den Knappen umbringen wollte, war Mary die einzige, die ihn davon abbringen konnte.«

»Und behandelt ihr Mann sie gut?«

»Sie hat keinen Mann. Sie bat um die Erlaubnis, ehelos bleiben zu dürfen; und da wir keinen Mann kannten, der unsrer Ansicht nach die Güte aufbringen konnte, die sie als Ehefrau von ihm erwartete, beugten wir uns ihrem Wunsch. Sie lebt jetzt in einem Stift, das nicht weit vom Sitz der Ascotts entfernt ist.«

»Es war freundlich von euch Brüdern, daß ihr euch dem Willen eurer Schwester gebeugt habt. Wie ich hörte, haben Engländer wenig Einfluß auf ihre eigene Zukunft.«

Stephen nahm ihre Bemerkung nicht krumm. »Ich glaube, du hast recht. Vielleicht sollten sie sich da die Schotten zum Vorbild nehmen.«

»Sie?« sagte sie mit übertriebenem Augenaufschlag.

Er lachte. »Weißt du, allmählich komme ich mir selbst wie ein Schotte vor.« Er stand auf und streckte ein nacktes Bein vor. »Glaubst du, meine eigenen Brüder würden mich noch erkennen?«

»Wahrscheinlich ja«, antwortete sie; »aber sonst keiner mehr, möchte ich sagen.« Stolz schwang in ihrer Stimme mit.

»Mal sehen, ob du recht hast«, sagte Stephen mit einem entrückten Blick in den Augen. »Vielleicht machen wir noch einen kleinen Abstecher, ehe wir meine Brüder besuchen.«

12. Kapitel

Als sie Englands Boden betraten, spürte Stephen schon den Unterschied in der Atmosphäre. Selbst an der Grenze zu Schottland waren die Leute nicht gewohnt, Menschen aus dem Hochland zu begegnen. Manche gafften unverschämt ihre Kleider an; andere riefen ihnen Schimpfworte nach, weil ihre Gehöfte von Schotten angegriffen worden waren. Alicia ritt mit steifem Rücken und hocherhobenem Kopf. Sie ließ sich von keinem Engländer zu einer Antwort herausfordern. Nur ein einziges Mal zeigte sie eine Reaktion. Stephen hatte am Brunnen eines Bauern angehalten, um ihren Wasservorrat zu ergänzen, und der Bauer rannte ihnen mit einer Heugabel nach, Alicia konnte ihren Mann gerade noch daran hindern, den Bauern zu verprügeln. Noch Stunden danach schimpfte Stephen auf die Dummheit der Engländer. Alicia lächelte. Es war kein Wort darunter, das sie nicht längst selbst gesagt oder gedacht hatte.

Jetzt stritten sie sich wegen einer anderen Sache. Vor zwei Nächten hatte Stephen ihr seinen Plan vorgetragen, wie er einen Freund aus Kindheitstagen zum Narren halten wollte.

»Nein«, sagte sie vielleicht zum hundertsten Male, »mir gefällt er nicht.«

»Es ist eine Fehde«, sagte Stephen geduldig. »Du mußt doch am ehesten begreifen, was eine Fehde ist.«

»Was die MacGregors und die MacArrans entzweit, ist echt, in vielen Jahren des Zorns und der Feindseligkeit gewachsen. Sie haben meine Männer getötet und mein Vieh gestohlen. Einige meiner Frauen müssen Bastarde der MacGregors großziehen.« Sie warf ihm einen flehentlichen Blick zu. »Doch was du vorhast, ist eine Kinderei, ein mutwilliges Spiel. Bitte, laß es sein. Ist es denn so wichtig, ob dieser Mann dich wiedererkennt oder nicht?«

Stephen verweigerte ihr darauf die Antwort, zumal sie ihm diese Frage schon so oft gestellt hatte. Er vermochte ihr das mit Hugh nicht zu erklären. Er konnte sich an die Zeit mit Hugh nicht einmal ohne Peinlichkeit oder Schmerz erinnern.

Sie waren gemeinsam an der Tiefland-Grenze im Auftrag König Heinrichs auf Patrouille gewesen, als die Nachricht sie erreichte, König Heinrich habe Stephen zum Gatten der Chefin des MacArran-Klans bestimmt. Hugh wäre fast erstickt vor Lachen. Tagelang tat er nichts anderes, als die gräßlichsten Bilder von Stephens neuer Braut zu entwerfen. Binnen kurzem redete das ganze Lager von der scheußlichen Frau, die Lord Stephen heiraten durfte.

Dieses Prädikat traf Stephen zu jener Zeit besonders schmerzlich, weil er sich verliebt glaubte. Ihr Name war Margaret, kurz Meg genannt. Sie war ein dralles, rosiges und weißblondes Mädchen, die Tochter eines Kaufmanns im Tiefland. Sie hatte große blaue Augen und einen winzigen Mund, der immer kußbereit gespitzt schien. Sie war scheu und still und himmelte Stephen an – oder er glaubte wenigstens, daß es so wäre. Nachts pflegte Stephen sie in seinen Armen zu halten, ihren weißen weichen Körper an seiner Seite zu spüren und sich zugleich seine Zukunft auszumalen, die ihn an eine unförmige Klan-Bossin kettete.

Nach einer Reihe schlafloser Nächte spielte er mit dem Gedanken, des Königs Angebot auszuschlagen. Er wollte dafür die Kaufmannstochter heiraten. Sie war nicht reich; doch ihr Vater war wohlhabend, und Stephen hatte einen kleinen Besitz, von dem er eigenes Einkommen bezog. Je mehr er sich die Sache überlegte, um so besser gefiel sie ihm. Er versuchte den Zorn des Königs zu vergessen, wenn er sich gegen seinen Wunsch sperrte.

Doch Hugh war es gewesen, der seine Träume vernichtete. Hugh erzählte Meg von Stephens bevorstehender Heirat, und das arme Kind wußte sich in seiner Verzweiflung nicht anders zu helfen, als sich Hugh an den Hals zu werfen. Hugh zögerte nicht lange und räumte ihr willig einen Platz in seinem Bett ein. So hatte es Meg wenigstens Stephen erzählt.

Stephen war bestürzt, als er seinen Freund zusammen mit dem Mädchen, das er liebte, im Bett ertappte. Doch seltsamerweise hatte sich seine Bestürzung nicht in Zorn verwandelt, und das war ihm Beweis, daß er Meg gar nicht wirklich geliebt hatte. Sie konnte ihn ebenfalls nicht lieben, wenn sie sich so bereitwillig einem anderen hingab. Er dachte lediglich an eine Möglichkeit, Hugh mit seiner eigenen Medizin zu kurieren. Doch dann kam ein Bote von Gavin, daß er Hilfe benötigte, und so blieb ihm keine Zeit mehr, sich zu revanchieren.

Aber nun sah Stephen eine Möglichkeit, das Versäumte nachzuholen. Hugh war immer noch sein Freund. Wenn Stephen unbemerkt in Hughs Haus eindringen und es ebenso unbemerkt wieder verlassen konnte, wäre ihm das Revanche genug. Hugh mochte es nicht gern, wenn Fremde ihm zu dicht auf den Pelz rückten. Er wagte sich selten ohne Leibwächter aus seinem Haus. Ja, dachte Stephen lächelnd, er wollte ihm auf solche Weise seinen schlechten Freundesdienst lohnen.

Sie erreichten kurz vor Sonnenuntergang Sir Hughs Herrensitz. Es war ein hohes Steingebäude mit Gittern vor den Fenstern. Der Hof hinter dem Eingang war mit Leuten gefüllt, die manierlich gingen oder hasteten, weil sie einen Auftrag erledigen mußten. Scharen von Bediensteten, die sich die Zeit mit Tratsch vertrieben, gab es hier nicht.

Stephen und Alicia wurden bereits von Wachen angehalten, als sie das Haus noch gar nicht richtig sahen. Stephen fragte mit seinem rollenden schottischen Akzent, ob sie dem Hausherrn beim Abendbrottisch ein Ständchen bringen dürften. Sie warteten geduldig, bis einer der Wächter Sir Hugh gefragt hatte, ob ihm das genehm sei.

Stephen wußte, daß Hugh sich großer Fertigkeit im Lautenspiel rühmte und keine Gelegenheit ausließ, das Spiel fremder Musikanten kritisch zu werten. Er lächelte, als der Wächter mit der Nachricht wiederkam, sie könnten ihre Pferde in den Stall bringen und anschließend in der Küche essen.

Später, als sie an einem riesigen Eichentisch vor vollen Schüsseln in der Küche saßen, begann Alicia, sich mit Stephens Plan abzufinden. Sie wußte nicht genau, was er vorhatte, und besaß nur eine vage Vorstellung von einem Bubenstreich.

»Was ist Sir Hugh für ein Mann?« erkundigte sie sich, den Mund voll frischgebackenem Brot.

Stephen schnaubte verächtlich. »Hübsch genug, denke ich, wenn du das meinst; obwohl ziemlich klein, dick und sehr dunkel. Und seine Tollpatschigkeit ist eine große Belastung für einen Begleiter, wenn man jeden Moment mit einem Überfall rechnen muß. Er bewegt sich wie eine Schnecke. Ich hatte immer Angst, Sir Hugh würde mir getötet, ehe er seine Augen aufschlagen oder seine Rüstung anlegen konnte.«

»Verheiratet?«

Er blickte sie scharf an. Er hatte es zwar nie verstanden; aber irgendwie machte Sir Hugh Eindruck auf Frauen.

»Ich möchte, daß du diesmal den Kopf unten behältst«, sagte er fest. »Nur dieses eine Mal möchte ich, daß du versuchst, dich wie eine gehorsame, respektvolle Frau zu benehmen.«

Sie zog eine Braue in die Höhe. »Wann bin ich denn je etwas anderes gewesen?«

»Alicia, ich warne dich! Das ist eine Sache, die nur Hugh und mich etwas angeht. Du hältst dich bitte heraus.«

»Das klingt ja, als hättest du Angst vor ihm!« neckte sie ihn. »Hat er etwas an sich, daß Frauen dazu bringt, sich ihm an den Hals zu werfen?«

Sie hatte das nur scherzhaft gesagt; doch ein Blick auf Stephens Gesicht belehrte sie, daß sie der Wahrheit näher gekommen war, als sie ahnte. Natürlich würde sie sich keinem Mann an den Hals oder gar zu Füßen werfen, obwohl sie sich einiger Positionen entsann, wo sie mit dem Kopf zwischen Stephens Füßen gelegen hatte. Sie lächelte bei dieser Erinnerung.

»Da gibt es nichts zu lachen!« sagte Stephen steif. »Wenn du mir nicht gehorchst, werde ich . . .« Er unterbrach sich, als einer von Sir

Hughs Wachen sich näherte und sagte, Stephen solle nun mit seiner Tafelmusik beginnen.

Die auf Holzböcken errichtete Tafel stand in der großen Halle, und die Mahlzeit hatte bereits begonnen. Stephen stieß Alicia förmlich auf einen Schemel an der entfernten Wand. Sie mußte ein Kichern unterdrücken, weil er sie obendrein noch mit einem finsterwarnenden Blick bedachte. Sie hoffte, auch sie könnte ihm dieses kindische Spiel einmal heimzahlen.

Stephen nahm die Laute, die man ihm reichte, und setzte sich einige Schritte vom Kopfende der Tafel entfernt auf einen Stuhl. Er spielte recht gut. Seine Stimme war tief und voll, und er trug die Melodie laut genug vor, daß man sie bis in den letzten Winkel der Halle hören konnte.

Sie blickte sich kurz in der Halle um. Der dunkelhaarige Mann, der am Kopfende der Tafel saß, nahm nicht einmal Notiz von dem Sänger. Stephen hatte ihn ihr trefflich beschrieben. Er führte die Speisen so langsam zum Mund, als überlegte er vor jeder Bewegung.

Sie verlor rasch das Interesse daran, einen Mann im Schneckentempo essen zu sehen, lehnte den Kopf an die Steinwand zurück und schloß die Augen. Sie hatte das Empfinden, als spielte Stephen nur für sie. Einmal hob sie kurz die Lider und merkte, daß er sie beobachtete. Sein Blick war für sie so überraschend, als habe er sie mit der Hand berührt. Als sie den Ausdruck in seinen Augen sah, liefen ihr Wonneschauer über die Haut. Er sang ein gälisches Lied, und es war für sie schon eine angenehme Überraschung, daß er den Text auswendig konnte. Vermutlich hatte ihm Tam das Lied beigebracht. Die süße Musik, die Worte, die von Liebe sprachen, vorgetragen in ihrer eigenen Sprache, ließen sie vergessen, wo sie sich befand – in einer englischen Halle, umgeben von Engländern. Sie glaubte, in Larenston zu sein bei dem Mann, den sie liebte.

Sie lächelte verträumt bei diesem Gedanken, doch während sie noch lächelte, merkte sie, wie der Ton von Stephens Stimme sich veränderte. Sie öffnete rasch die Lider. Er sah zum Kopfende der Tafel, und während sie langsam den Kopf zur Seite drehte, wußte sie, daß Hugh sie beobachtete.

Er war auf eine sehr irdische Art ziemlich hübsch. Dunkle Augen, dunkle Haare und ein Mund, der eigentlich zu groß war für einen Mann und daher Alicias Interesse auf sich zog. Während sie seinen Mund betrachtete – und nur dessen anatomische Ausgefallenheit interessierte sie –, kräuselte Sir Hugh seine Lippen. Sie fragte sich, ob er sich auch beim Liebesakt so bedächtig im Schneckentempo bewegte.

Sie lächelte bei dieser Vorstellung. Das war also Hughs Geheimnis. Natürlich würde Stephen das nicht erkennen können; aber als

Frau fand sie diese behutsame Art recht interessant. Sie lächelte abermals bei dem Gedanken, daß sie Stephen ihre Entdeckung mitteilen wollte.

Sie sah zu Stephen hinüber und entdeckte dort ein finsteres Gesicht. Er ist eifersüchtig, dachte sie staunend, und davon war sie mehr angetan als von den heißen Blicken des Hausherrn.

Sie sah an ihrem Rock hinunter und strich mit der Hand darüber hin. Es sollte nicht so sein; doch sie war außerordentlich erfreut, daß Stephen eifersüchtig war. Sie wollte ihm nicht sagen, daß Hugh sie genausowenig interessierte wie . . . der Gärtner, weil es für sie ein wonniges Gefühl war, sich in dem Bewußtsein zu sonnen, daß er so sehr an ihr hing.

Hugh sagte etwas zu dem Wächter, der hinter ihm stand, und dieser begab sich zu Stephen. Stephen hörte zu, bis der Mann ausgeredet hatte, reichte ihm dann die Laute, durchquerte wütend den Saal, packte Alicia am Arm und zog sie förmlich hinter sich her.

Als sie draußen im Garten standen, den der Mond in ein silbernes Licht tauchte, sagte er mit zusammengepreßten Zähnen: »Du hast dich prächtig amüsiert, wie?«

»Stephen, du tust mir weh!«

»Ich sollte dich schlagen!«

Sie funkelte ihn an. Das ging zu weit! »Die typische Logik eines Mannes. Du warst es doch, der unbedingt hierher wollte! Du hast auf diesem kindischen Spiel bestanden. Und nun möchtest du deine eigene Dummheit und dein kindisches Gehabe damit krönen, daß du mich schlägst?«

Er grub die Finger tief in ihren Arm. »Ich befahl dir, stillzusitzen, dich vor den Blicken der Männer zu bergen; doch du feuertest Hugh mit deinem kleinen verführerischen Lächeln an. Du teiltest ihm dadurch mit, daß er alles haben könne, was er von dir verlangt.«

Ihr Kiefer klappte nach unten. »Das ist das Absurdeste, was ich je von dir gehört habe.«

»Du lügst! Ich habe es selbst gesehen!«

Ihre Augen öffneten sich weit; doch sie sagte mit ruhiger Stimme: »Stephen, was ist nur über dich gekommen? Ich betrachtete den Mann, wie ich mir jeden Mann ansehen würde. Ich war neugierig, denn du hast mir von seiner bedächtig langsamen Art erzählt; doch dir schien diese Art auf viele Frauen Eindruck zu machen.«

»Wolltest du dich in seinen Harem einreihen?«

»Du bist gemein und beleidigend«, sagte sie schroff, »und tust mir überdies noch weh.«

Er ließ sie dennoch nicht los. »Vielleicht möchtest du, daß der König dich ihm oder Roger Chatworth zum Mann bestimmt hätte. Wenn ich den einen im Turnier besiegte, gelingt es mir sicherlich auch bei dem anderen.«

Das war eine so infantile Betrachtungsweise, daß sie nur darüber lachen konnte. »Was für eine Logik! Ich habe nur den Mann angesehen. Wenn ich lächelte, dann deshalb, weil ich an etwas anderes dachte. Ich erinnere dich noch einmal daran, daß ich nie hierherkommen wollte.«

Plötzlich fiel der ganze Zorn von ihm ab. Er drückte sie an sich, daß sie glaubte, er zerbreche ihr alle Knochen. »Ich wünschte mir manchmal, du wärst nicht so verdammt hübsch«, flüsterte er. »Ich habe schon wieder Hunger. Mal sehen, ob in der Küche noch etwas übriggeblieben ist.«

Alicia fühlte sich Stephen besonders nahe, als sie in die Küche zurückgingen. Ihr war, als würde wahre Liebe sie miteinander verbinden, nicht nur die körperliche Leidenschaft. Das Küchenpersonal murrte, als sie sich dort zum zweitenmal sehen ließen; doch Stephen blinzelte der Köchin zu, und Alicia bemerkte, wie die fette Alte unter seinen warmen Blicken dahinschmolz. Sie litt nun ebenfalls unter der Eifersucht und spürte, daß sie keiner anderen Frau auch nur einen Blick auf ihren gutaussehenden Mann gönnte.

Sie standen nebeneinander und verspeisten saftige Apfelpasteten. »Hier wird viel zuviel vergeudet«, sagte Alicia.

Stephen wollte die englische Küche verteidigen, aber dafür war er bereits zu lange in Schottland gewesen. Er hatte bei Kirstys Eltern gewohnt und deren Armut kennengelernt. Selbst in Larenston waren die Leute bescheiden gewesen und hatten immer daran gedacht, daß Nahrungsmittel ein wertvolles Gut waren, das einem jeden Tag ausgehen konnte. »Ja«, sagte er entschieden, »wir könnten etwas davon zu Hause gut gebrauchen.«

Alicia sah voller Wärme zu ihm empor. Sie strich ihm eine Locke am Hals zurecht. Die langen Haare und die tiefgebräunte Haut standen ihm vorzüglich. Sie sah, wie eine junge Küchenhelferin auf Stephens nackte Schenkel starrte. Plötzlich wollte sie hier nicht mehr bleiben. Sie faßte Stephens Hand und sagte: »Wollen wir wieder nach draußen gehen? Ich habe genug von diesen engen Räumen.«

Stephen nickte zustimmend. Er hatte den Blick des Mädchens noch nicht bemerkt.

Es war das Unwetter, das kurz darauf mit einem Platzregen hereinbrach, was Stephen zum Verweilen im Herrenhaus bewegte. Alicia wollte unbedingt weiterreiten, da einer Schottin auch die Sintflut wenig ausmache; doch Stephen hatte Angst, sie könnte das

Lungenfieber bekommen. Sie suchten sich also eine Stelle zum Übernachten.

Der Boden der großen Halle war mit Strohsäcken ausgelegt. Es gab immer Gäste und Bedürftige, die hier übernachteten. Stephen suchte eine Stelle, wo sie für sich sein konnten; aber einen geschützten Platz fand er nicht. Als er dann seine Hand unter ihr Knie schob, zischte sie ihn warnend an. Schließlich gab er seufzend auf. Sie kuschelte sich an ihn und war im nächsten Moment eingeschlafen.

Doch Stephen fand keinen Schlaf. Er hatte zu lange im Freien genächtigt, und nun hatte er Platzangst zwischen den hohen Steinwänden. Selbst Rab knurrte befremdet, weil er sich ruhelos hin- und herwälzte. Und dann fiel ihm wieder Hughs hinterlistiges Verhalten bei der Kaufmannstochter ein. Nein, er wollte seinen Plan so ausführen, wie er ihn sich ursprünglich zurechtgelegt hatte. Trotz Alicias Warnung sollte Hugh erfahren, daß er in seinem Haus gewesen war.

Er schlüpfte leise unter Alicias Plaid hervor, befahl Rab, auf Alicia aufzupassen, und ging zur Osttür der großen Halle. Als Kinder hatten er und seine Geschwister den Herrensitz der Lascos oft besucht. Eines Tages, als sie noch miteinander spielten, hatten Hugh und er einen Geheimgang entdeckt, der in den Oberstock führte. Sie bibberten förmlich vor Aufregung, als sie die Tür am anderen Ende des Gangs erreichten. Sie hatten sich gewundert, daß die Tür so gut geölt war, und waren in das Zimmer gelangt, wo sie hinter einem schweren Wandvorhang standen. Sie hatten Geräusche gehört, und da war ihre Neugierde größer gewesen als ihre Angst. Hughs Großvater war mit einer blutjungen Magd im Bett gewesen, und er schien eine großartige Nacht mit ihr zu verleben. Doch der Großvater hatte es keineswegs als Spaß aufgefaßt, daß zwei siebenjährige Jungen sein Treiben aus nächster Nähe beobachteten. Heute noch zuckte Stephen zusammen, wenn er an die Tracht Prügel dachte, die er ihnen beiden verabfolgte. Er versprach ihnen noch Schlimmeres, wenn er hören sollte, daß sie das Geheimnis des Geheimgangs jemandem preisgaben. Vor vier Jahren, als der alte Mann starb, weinte Stephen bei dessen Beerdigung. Stephen hoffte, daß er auch noch in diesem Alter junge Mädchen zufriedenzustellen vermochte. Er lachte leise, dankbar, daß Alicia ihm nicht seine Gedanken an den Augen ablesen konnte.

Er schlüpfte in der Vorhalle hinter einen Wandschirm. Dann holte er sein Messer aus der Scheide und löste die Leinenverkleidung hinter der Fensterbank. Er mußte den Arm durch ein dichtes Gewebe aus Spinnenfäden stecken, ehe er den Umriß der Geheimtreppe zu erkennen vermochte. Dann als er durch die Öffnung gekrochen war, zog er die Verkleidung wieder hinter sich an die Wand.

Seine Füße huschten über die Stufen. Spinnweben wickelten sich um seinen Kopf. Als Hughs Großvater noch lebte, war diese Treppe regelmäßig gesäubert worden. Da Hugh jedoch Junggeselle war, hatte er wohl keine Veranlassung, seine amourösen Abenteuer vor fremden Augen zu verbergen.

Die Tür am Kopfende der Treppe öffnete sich mit einem leisen Knarren. Eine Kerze brannte am Fußende des Bettes. Stephen lächelte über diese außerordentlich glückliche Fügung. Hugh lag schlafend im Bett.

Selbst als Kind wollte er nie unbeaufsichtigt bleiben. Als Fünfjähriger wäre er fast von Räubern entführt worden. Er sprach selten darüber, ging seither jedoch nirgendwohin, ohne sich von einem Leibwächter begleiten zu lassen. Wenn er am Morgen erwachte und ein Messer neben sich im Kopfkissen fand, war das eine gelungene Revanche für seine Heimtücke mit Margaret.

Stephen wickelte ein Stück seines Plaids um den Messergriff, heftete die Kokarde der MacArrans daran und legte das Messer neben Sir Hughs Kopf auf das Kissen. Dann wandte er sich mit einem breiten Grinsen wieder dem Wandteppich zu.

»Packt ihn!« rief Hughs tiefe Stimme hinter ihm.

Vier Männer sprangen aus den Ecken des Zimmers hervor. Er tauchte unter dem ersten hinweg und schmetterte dem zweiten die Faust ins Gesicht. Die beiden Männer taumelten rückwärts, und Stephens Reaktionen waren den anderen beiden Wachen ebenfalls zu schnell. Er war schon an der Geheimtür, als er die Schwertspitze im Nacken fühlte.

»Sehr gut!« sagte Hugh voller Bewunderung. »Ich merke, du hast auch in Schottland nicht vergessen, dich im Kriegshandwerk zu üben.« Hugh zog sein Schwert zurück, damit Stephen sich umdrehen konnte.

Hugh war voll angekleidet. Er drückte sein Schwert gegen Stephens Hals und gab den Wächtern ein Zeichen, sich neben Stephen aufzubauen. Dann nahm er das Messer vom Kopfkissen. »Das Zeichen der MacArran, nicht wahr?« Er wechselte das Messer von der Rechten in die Linke. »Gut, dich wiederzusehen, Stephen.«

Stephen grinste von einem Ohr zum anderen. »Tod und Verdammnis. Wie hast du mich erkannt?«

»Gavin kam vor ein paar Tagen hier vorbei. Er sagte mir, daß er dich zum Fest erwartete. Doch er hatte Gerüchte gehört, daß du in Schottland in Schwierigkeiten geraten seist, und daher machte er sich Sorgen. Er dachte, vielleicht fände er dich bei mir.«

Stephen schüttelte den Kopf. »Verraten vom eigenen Bruder.« Er sah verwundert auf. »Doch selbst dann verstehe ich es nicht. Ich meine, auch wenn du auf mein Erscheinen vorbereitet warst, wie konntest du mich da wiedererkennen?«

Hughs Augen blitzten auf. »Eines der Lieder, die du in der Halle vorgetragen hast – das haben wir doch gemeinsam im Tiefland einstudiert. Wie konntest du nur vergessen, wie lange wir die Akkorde dazu übten?«

»Aber natürlich!« Stephen wußte nun, daß er sich zu sehr auf seine schottische Verkleidung verlassen hatte. »Alicia hat geahnt, daß du mich trotz meiner Verkleidung erkennen würdest.«

»Ich muß gestehen, dein Akzent ist vorzüglich. Doch den darfst du nun beiseite lassen.«

»Akzent?« fragte Stephen, ehrlich verblüfft.

Hugh lachte tief in der Kehle. »Wahrhaftig, Stephen, du bist wirklich zu einem Schotten geworden. Sag mir, wie es dir dort ergangen ist. Hast du tatsächlich diese scheußliche Frau geheiratet? War sie nicht die Chefin eines Klans? Und wer ist dieses reizende Geschöpf, das dich so lüstern ansah, als du auf der Laute spieltest?«

Stephen runzelte die Stirn. »Das ist Alicia«, sagte er barsch.

»Aha. Ein schöner Name. Hast du die in Schottland aufgegabelt? Und wie ist es dir gelungen, deiner Frau zu entfliehen?«

»Alicia ist doch die Chefin des Klans MacArran. Sie ist meine Frau.«

Hugh klappte die Kinnlade herunter: »Soll das heißen, dieser blauäugige Engel ist der Chef eines Klans, und du hattest das Glück, ihn heiraten zu dürfen?«

Stephen stand da und funkelte Hugh an. Warum blieb er von Wächtern umringt? »Was geht hier eigentlich vor?« fragte er ruhig.

Hugh lächelte, und seine Augen blitzten schalkhaft. »Gar nichts geht hier vor. Es ist nur ein kleiner Schabernack, wie du ihn mir spielen wolltest.« Er fuhr mit den Fingern über den Messerrücken. »Alicia, soso.« Er hatte sein Schwert gesenkt, doch es blieb noch schlagbereit in seiner Hand. »Weißt du noch, als wir zum erstenmal die Nachricht bekamen und du geschworen hast, du würdest diese häßliche Dame niemals zur Frau nehmen? Du wolltest diese ... diese Elisabeth heiraten, nicht wahr?«

»Margaret«, fauchte Stephen. »Hugh, ich weiß nicht, was du vorhast; aber ...«

»Ich habe immer noch dasselbe im Sinn.«

Stephen erinnerte sich nun wieder an den Moment, wo er Hugh mit Margaret im Bett erwischt hatte. »Wenn du Alicia anfaßt, töte ich dich«, sagte er ruhig.

Hugh blinzelte ihn überrascht an: »Das klingt ja, als wäre es dein Ernst!«

»Es ist mein Ernst.«

Hugh lächelte. »Aber wir sind doch Freunde. Wir haben uns schon öfter Frauen geteilt.«

»Alicia ist meine Ehefrau!« rief Stephen, ehe er sich auf Hugh stürzte.

Alle vier Wächter fielen gleichzeitig über Stephen her, konnten ihn jedoch nicht zurückhalten. Hugh wich ihm aus, so rasch er konnte, und trotzdem fuhr Stephen ihm an die Kehle. Erst als die Kammertür aufflog und drei weitere Wächter ins Zimmer kamen, vermochten sie Stephen zu überwältigen.

»Bringt ihn ins Turmzimmer!« befahl Hugh mit einem bewundernden Blick auf seinen Freund, der so stark war, daß sieben Männer kaum hinreichten, ihn festzuhalten.

»Mach das nicht!« warnte Stephen ihn, als sie ihn schon aus dem Zimmer zerrten.

»Ich werde ihr keine Gewalt antun, wenn du das meinst«, rief Hugh ihm lachend nach. »Ich will sie nur einen vollen Tag für mich haben; und wenn ich sie bis dahin nicht erobere, hast du eine wahrhaft treue Ehefrau.«

»Tod und Verdammnis über dich«, fluchte Stephen und versuchte sich noch einmal auf seinen Freund zu stürzen.

Alicia stand vor dem hohen Spiegel und betrachtete sich kritisch. Sie hatte über eine Stunde gebraucht, sich in englische Mode umzukleiden. Rock und Ärmel waren aus schimmerndem orangefarbenem Brokat. Ein leichter Mantel aus Hermelin lag über ihren Schultern. Vorne war der Rock geteilt und zeigte einen Einsatz aus zimtfarbenem Samt. Der rechteckige Halsausschnitt enthüllte ihre runden festen Brüste.

»Ihr seht wunderhübsch aus, Mylady«, sagte die schüchterne kleine Zofe hinter ihr. »Sir Hugh hatte noch nie so eine schöne Frau zu Besuch.«

Alicia sah die Zofe an und wollte etwas sagen. Heute morgen hatte Alicia große Mühe gehabt, Sir Hugh vor einem Angriff ihres Wolfshundes zu beschützen. Rab schien ein großes Mißfallen an diesem Engländer zu finden.

Sir Hugh war zu ihrem Strohsack gekommen und hatte eine langatmige Erklärung abgegeben, ehe sie ihm nur eine Frage stellen konnte.

Stephen sei zu dem Herrensitz eines Freundes geritten. Er wollte ihn in seinem Auftrag mit seinem Besuch beehren. Und dabei hatte er sie sehr zuversichtlich angelächelt.

Sie hatte ihn mit Fragen überschüttet. Warum hatte sich Stephen nicht von ihr verabschiedet? Weshalb? Und dann war er offenbar, nach einigem Gestottere, auf eine neue Idee gekommen. Es sollte eine Überraschung sein. Stephen hatte verlangt, daß Hugh einen Tag allein mit ihr verbringen möchte.

Und das hatte Alicia den Mund bezgl. einer neuen Frage verschlossen. Es war vorläufig wohl besser, wenn sie so tat, als glaubte sie der offensichtlich falschen Erklärung dieses englischen Ritters. Sie lächelte süß auf den Edelmann hinunter, der mindestens zwei Zoll kleiner war als sie. »Eine Überraschung!« sagte sie mit, wie sie hoffte, aufgeregter Mädchenstimme. »Oh, was denkt Ihr, könnte das sein?«

Hugh lächelte wohlwollend. »Das müssen wir eben abwarten, weil es ja sonst keine Überraschung mehr wäre. Doch bis zu seiner Rückkehr werde ich für Eure Zerstreuung sorgen. Pavillons werden gerade für Euch errichtet und ein Freudenfeuer vorbereitet.«

»Oh! Wie nett von Euch!« rief sie mit kindlicher Begeisterung und sorgte zugleich mit einer Handbewegung dafür, daß Rab dem Ritter nicht an die Gurgel sprang.

Hugh begleitete sie anschließend in das geheizte Zimmer hinauf, wo das Brokatkleid bereits für seinen Gast bereitgelegt war. Alicia bemerkte, daß eine Näherin die ganze Nacht daran gearbeitet haben mußte, den Saum herauszulassen und die Taille enger zu schneidern. Hugh schenkte ihr noch ein bedächtiges verführerisches Lächeln, ehe er das Zimmer verließ, und sie war versucht, es mit einem dieser mädchenhaft-schmachtenden Blicke zu beantworten, die er offenbar von ihr erwartete.

Als sie allein war, eilte sie zum Fenster. Zimmerleute arbeiteten unten hastig an einer Plattform. Sechs Feuerstellen loderten bereits, und in einem mächtigen Kohlebecken wurde die Glut unter einer ausgespannten Plane angefacht. Sie furchte die Stirn. Weshalb, in aller Welt, plante der Engländer mitten im Dezember eine Belustigung unter freiem Himmel? Gestern abend noch hatte sich der Regen in Schnee verwandelt, und sie kannte doch die Wetterfühligkeit der Engländer nur zu gut. Sie scheuten Kälte und Regen wie die Pest.

Die Zofe kam und half ihr beim Ankleiden, war jedoch wenig auskunftfreudig. Ja, Sir Hugh war die ganze Nacht über aufgeblieben, um die Festlichkeiten des Tages vorzubereiten. Alicia überlegte, ob sie sich nicht übertriebene Sorgen machte. Vielleicht war Stephen tatsächlich fortgerufen worden, und sein Freund wollte nur die Ehefrau eines ehemaligen Waffenbruders ehren.

Ehe sie sich eine endgültige Meinung bilden konnte, stand Sir Hugh schon wieder unter ihrer Tür. Er betrachtete sie ergriffen, und sein Blick wanderte langsam an ihr auf und ab. »Ihr seht herrlich aus«, flüsterte er. »Stephen ist ein vom Glück gesegneter Mann.«

Sie bedankte sich und nahm den Arm, den er ihr reichte. Nebeneinander schritten sie die Treppe hinunter.

»Ihr müßt mir alles von Eurem Klan erzählen«, sagte er, ihren

Mund betrachtend. »Ich kann mir vorstellen, daß Ihr froh wart, einen Engländer zum Gatten zu bekommen. Vielleicht lernt Ihr eines Tages König Heinrich kennen und könnt Euch bei ihm dafür bedanken.«

Alicia mußte sich gewaltig zusammennehmen, um diesem Mann nicht mit einer Zurechtweisung das Fest zu verderben. Sie hatte gedacht, Stephens Eitelkeit wäre schon die Grenze des Zumutbaren gewesen, doch dieser Mann übertraf ihn noch bei weitem. Sie hätte nie geglaubt, daß ein Mann sich zu solchen Überheblichkeiten versteigen könnte. »Oh, ja«, sagte sie, jedoch mit züchtiger Stimme, »Stephen war sehr gütig zu mir, und wir haben eine Menge von ihm gelernt.« Sie erstickte fast an ihrem inneren Lachen, als sie daran dachte, was Stephen gelernt hatte, jedoch nicht ihre Männer.

»Natürlich«, erwiderte Sir Hugh mit herablassendem Lächeln, »sind wir Engländer überlegene Kämpfer, und da können uns die Schotten so manches abschauen.« Er hielt inne. »Ich muß mich entschuldigen. Ich hatte nicht vor, von Waffen zu sprechen. Schließlich seid Ihr doch – wie heißt es gleich wieder? – der Laird eines Klans.«

Er sprach es aus, als würfe er einem Bettler ein Almosen zu. Sie wagte nicht, ihm eine Antwort darauf zu geben, weil sie sonst Rab diesen gespreizten Pfau als Beute freigegeben hätte. »Oh, seht nur!« rief sie freudig erregt, »ist das nicht hübsch?« Sie zeigte auf den mit bunten Stoffen verkleideten Pavillon.

Hugh blieb stehen, sah kurz an den Mauern seines Hauses empor, nahm ihre Hand und küßte sie. »Nichts ist zu gut für Euch, nichts für Euch zu schön.«

Sie beobachtete ihn mit kühler Neugierde. Als sie ihn zum erstenmal betrachtet hatte, fand sie seine bedächtiglangsamen Bewegungen und seinen großen Mund interessant. Doch nun fand sie beides herzlich langweilig. Aus irgendwelchen unerfindlichen Gründen glaubte er, sie fände Gefallen daran, wenn er ihre Hand küßte.

Sie bot all ihre Selbstbeherrschung auf, um sich seiner Berührung nicht zu entziehen. Hielten alle Männer sich für so unwiderstehlich? Ihr kam plötzlich der Gedanke, wie wenig Erfahrung sie mit Männern hatte. Die Männer ihres Klans hatten nie gewagt, sie anzufassen, vermutlich aus Angst vor dem Zorn ihres Vaters. In England hatte sie nur mit Roger Chatworth einige Zeit allein verbracht, der mit ihr nicht geflirtet, sondern über Schottland geredet hatte. Stephen war der einzige Mann, mit dem sie intim geworden war, und wohl der einzige, auf den sie mit ihrem Körper reagierte. Jedenfalls erreichte Hugh Lasco bei jeder Berührung das genaue Gegenteil.

Er führte sie zu einem vergoldeten Sessel unter dem Dachhimmel des Pavillons. Mit jedem Moment wurde sie mißtrauischer. Was sollte diese Unterhaltung im Freien bedeuten? Die Akrobaten und Tänzerinnen, die nun auftraten, hatten alle blaugefrorene Schultern. Ein Knappe schlug vor, den Pavillon zu drehen, weil er dann besser vor dem kalten Wind geschützt sei. Doch Sir Hugh gab ihm darauf wütend zur Antwort, er bliebe dort stehen, wo er nun stünde.

»Ihr müßt mich eine Weile entschuldigen, Sir Hugh«, sagte sie mit ihrer süßesten Stimme. Sie mußte sich im Haus umsehen. Vielleicht war Stephen gar nicht fortgeritten.

»Oh, Ihr könnt mich jetzt doch nicht verlassen! Ich werde noch ein Becken aufstellen lassen, wenn es Euch zu kalt wird!« »Mir ist nicht kalt«, sagte sie wahrheitsgemäß, während sie bei der Betrachtung von Sir Hughs blaugefrorener Nase um ein Haar in ein Gelächter ausgebrochen wäre. »Ich wollte nur . . .« Sie blickte in schüchterner Verwirrung auf ihre Hände nieder.

»Aber natürlich!« sagte er verlegen. »Ich werde Euch einen Wächter beigesellen . . .«

»Nein! Ich habe Rab als Wächter, und ich denke, ich finde schon allein meinen Weg.«

»Euer Wunsch ist mir Befehl«, sagte er lächelnd und küßte abermals ihre Hand.

Alicia zwang sich, gemessenen Schritts ins Haus zu gehen. Sie durfte Sir Hughs Mißtrauen nicht erregen. Kaum war sie im Haus angelangt, sagte sie: »Rab, such Stephen!«

Rab raste erfreut die Treppe hinauf. Den ganzen Morgen schon wollte er seine Herrin aufmerksam machen, daß er im Haus etwas suchen müsse.

Sie konnte Rab kaum folgen, als er drei Treppen hinaufstürmte und dann an dem vergitterten Fenster in einer schweren Eichentür hochsprang.

»Rab!« kam Stephens Stimme von innen, als der Hund zweimal bellte.

»Setz dich!« befahl Alicia. »Stephen, bist du verletzt? Warum wirst du hier gefangengehalten?«

Er nahm ihre Hand in seine und betrachtete sie kalt. »Ist das die Hand, die du dir dauernd von Hugh küssen läßt?«

»Jetzt ist nicht die Zeit für eifersüchtige Vorwürfe«, gab sie zurück. »Warum wirst du gefangengehalten? Und was soll dieses alberne Fest im Freien?«

»Albern?« erwiderte er und schob ihre Hand fort. »Ich hatte den Eindruck, du hast es genossen! Sag, findest du Hugh auch unwiderstehlich, wie das viele Frauen zu empfinden scheinen?«

Sie starrte ihn an, während sie Rab beruhigend den Kopf tätschelte. Der Hund war nervös, weil sein Herr eingesperrt blieb. Ihre Gedanken arbeiteten fieberhaft. »Das ist keine ernsthafte Sache, wie?« fragte sie mit bedrohlicher Ruhe. »Das ist eine Art von Spiel, das ihr beiden verabredet habt!«

»Es ist für mich kein Spiel, wenn es um meine Frau geht!« antwortete er wütend.

»Verdammnis über dich, Stephen Ascott!« zischelte sie. »Ich habe dich angefleht, nicht mit mir hierherzukommen. Jetzt möchte ich erfahren, wie ich dich hier herausholen kann und worum es bei diesem Spiel geht!«

Stephen machte ganz schmale Augen. »Wenn du Hughs Werbung nachgibst und er gewinnt, breche ich dir den Hals!«

Sie begriff allmählich. »Heißt das, ihr habt eine Wette abgeschlossen?«

Als Stephen ihr nicht antworten wollte, sagte sie: »Ich glaube, ich kann es erraten. Hugh ist überzeugt, er kann mich verführen, und du glaubst es ebenfalls. Will es jemals in dein geschwollenes Gehirn, daß ich dabei auch noch etwas zu sagen habe? Glaubst du, ich wäre so hirnverbrannt, jedem Mann, der mich anlächelt und mir die Hand küßt, in sein Bett zu folgen? Du solltest aus eigener Erfahrung wissen, daß er mindestens mein Messer zu spüren bekäme. Und Rab knurrt jedesmal, wenn er auch nur meine Hand nimmt.«

»Was er allerdings alle Augenblicke tut!«

Alicia entdeckte jetzt das zweite Fenster an der entfernten Wand der Zelle. Deshalb hatte sich Sir Hugh geweigert, den Pavillon drehen zu lassen. Er wollte, daß Stephen sie beide zusammen sehen sollte. Die beiden Männer benützten sie für ein Spiel, daß vielleicht Halbwüchsigen noch nachgesehen werden konnte. Doch erwachsene Männer sollten es besser wissen. Wie konnte Stephen an ihrer Treue zweifeln und dieser Hugh sich einbilden, sie wäre so dumm, seinem Charme zu erliegen?

»Tod und Verdammnis euch beiden!« flüsterte sie wütend, ehe sie sich von der vergitterten Zellentür abwandte.

»Alicia! Komm zu mir zurück!« rief Stephen. »Sag Hugh, daß du sein Spiel durchschaut hast, und bitte ihn um den Schlüssel für diese Tür!«

Sie sah auf ihn zurück und schenkte ihm ihr süßestes Lächeln. »Und verzichte auf das Fest, das Sir Hugh eigens für mich die ganze Nacht vorbereitet hat?« Dann lief sie die Treppe hinunter und verschloß ihre Ohren vor den Flüchen, die Stephen ihr nachrief.

13. Kapitel

Alicia kochte noch innerlich, als sie den Fuß der Treppe erreichte. Dort erwartete sie Sir Hugh bereits mit einem Gesicht, als wollte er sie am liebsten für ihr langes Fortbleiben züchtigen. Engländer, dachte sie erbittert. Sie hatte ihn für das, was er mit ihr vorhatte, zurechtweisen wollen. Doch nun verwarf sie den Gedanken. Stephen hatte einen schweren Kampf überstehen müssen, ehe er bereit gewesen war, seine englischen Kleider abzulegen und seine Ansicht aufzugeben, es gäbe keine andere Lebensart als die englische.

Vielleicht sollte sie nun ihr eigenes Spiel treiben, woraus beide Engländer etwas lernen konnten – daß nämlich eine Frau durchaus fähig war, selbständig zu denken.

»Ich habe mir schon Euretwegen Sorgen gemacht«, sagte Sir Hugh, ihr seine Hand hinstreckend.

Alicia machte große unschuldige Augen. »Hoffentlich seid Ihr mir nicht böse, daß ich mich ein wenig in Eurem Haus umsah. Es ist so prächtig! Sagt, gehört es Euch ganz allein?«

Sir Hugh nahm ihren Arm und schob ihn durch seinen. Seine Brust schwoll sichtlich an. »Ganz allein, und dazu noch siebenhundert Acker Land. Selbstverständlich habe ich noch einen zweiten Besitz im Süden.«

Sie seufzte tief. »Stephen«, begann sie schüchtern, »Stephen hat nicht so einen Besitz wie Ihr, nicht wahr?«

Hugh schob die Brauen zusammen. »Nein; aber irgendwo besitzt er ein Stück Land, auf dem ein alter Turm steht. Doch Eure Besitzungen müssen noch . . .«

Wieder unterbrach sie ihn mit einem Seufzen: »Aber sie liegen in Schottland.«

»Oh, ja, natürlich. Ich verstehe. Es ist ein kaltes, nasses Land, nicht wahr? Kein Wunder, daß Ihr lieber hier leben würdet. Nun, vielleicht würde Stephen . . .« Er beendete seinen Satz nicht.

Sie lächelte für sich. Es war genauso, wie sie es sich gedacht hatte. Hugh war nicht wirklich an ihr interessiert oder wollte jedenfalls seinem Freund keinen Schimpf antun. Er litt lediglich an Langeweile und wünschte ihn zum Kochen zu bringen. Er erwähnte seinen Freund viel zu oft, als daß er feindselige Absichten gegen ihn gehegt hätte. Stephen glaubte, sie könnte durch einen attraktiven Mann zur Untreue verführt werden, und Hugh benützte sie nur dafür, seinen Freund zu ärgern. Beide Männer nahmen dabei keine Rücksicht auf ihre Gedanken oder Gefühle.

Sie lächelte breit bei dem Gedanken, was passierte, wenn sie ihre Pläne durcheinanderbrachte. Was würde Sir Hugh dazu sagen, wenn sie ihm gestand, sie sei mit Stephen unzufrieden und bliebe lieber bei einem so hübschen Mann wie Hugh in England?

Als sie sich dem Pavillon näherten, blickte sie zum Himmel. »Es sieht so aus, als käme die Sonne jeden Moment hinter den Wolken hervor. Vielleicht könnten wir die Sessel unter der Plane hervorrücken?«

Sir Hugh gefiel dieser Vorschlag, und er ließ ihn sogleich von Bediensteten in die Tat umsetzen, runzelte jedoch die Stirn, als sie sich weit zu ihm hinüberbeugte. Sie verlor keine Zeit mit Plänkeleien, sondern kam sofort zur Sache.

»Ihr habt keine Frau, Mylord?« Die Musikanten unterhielten sie mit süßen Liebesweisen.

»Nein . . . noch nicht. Ich hatte nicht das Glück wie Stephen.«

»Ist er wirklich Euer Freund? Könntet Ihr auch mein Freund sein?«

Hugh sah ihr tief in die Augen. Er bangte, sich darin zu verlieren. Stephen war wahrhaftig ein Glückspilz.

»Natürlich seid Ihr meine Freundin«, sagte er mit väterlicher Stimme.

Sie seufzte und öffnete verheißungsvoll die Lippen. »Man sieht gleich, daß Ihr ein empfindsamer und intelligenter Mann seid. Ich wünschte mir, ich hätte auch so einen Mann als Gatten.« Sie lächelte, als ihm die Kinnlade heruntersank. »Ihr wißt ja, wie meine Ehe zustande kam. Ich hatte keine Wahl. Ich hätte mich gern für einen anderen entschieden. Lord Stephen . . .«

Hugh richtete sich steif in die Höhe. »Ich hörte, daß Stephen um Euch gekämpft hat. Und wie gut er sich geschlagen hat! Ich hörte, Chatworth griff ihn von hinten an . . .«

»Oh, ja, Stephen ist ein tüchtiger Ritter; doch er ist nicht . . . wie soll ich es sagen? . . . er ist nicht so tüchtig im Bett.«

Hughs Augen weiteten sich. »Wollt ihr damit sagen, daß es Stephen Ascott in irgendeiner Weise fehlen ließe? Ihr sollt wissen, daß wir beide schon seit unserer Kindheit befreundet sind. Und was Frauen anbelangt«, fuhr er jetzt sogar ärgerlich fort, »so war er ziemlich verliebt in eine kleine Hure, als wir zusammen in Schottland waren. Er war blind vor Leidenschaft, möchte ich meinen, weil er nicht sah, daß sie mit der halben Truppe schlief. Ich bezahlte sie dafür, daß sie mit mir ins Bett ging in einem Augenblick, wo er, wie ich wußte, uns überraschen mußte.«

»Ist das der Grund, weshalb er zornig ist auf Euch?« fragte sie und vergaß einen Moment, ihre Turteltaubenstimme zu verwenden.

»Er würde mir nie geglaubt haben, wenn ich ihm erzählt hätte, was sie wirklich war. Er war nicht fähig dazu, weiter zu sehen als bis zu ihren Grübchen.«

Alicia zog sich ein wenig in ihren Sessel zurück, um zu verdauen, was Hugh ihr soeben offenbart hatte. Aha! Stephen benützte sie als Werkzeug in einem Komplott, einem Mann angeblich erlittenes Unrecht heimzuzahlen. Hugh hatte ihm eine Frau weggenommen, in die er sich verliebt hatte! Ein Stich ging durch ihre Brust. Er hatte sie nicht heiraten wollen, weil er sich in eine Hure mit Grübchen vergafft hatte.

»Lady Alicia, ist Euch nicht gut?«

Sie fuhr mit dem Finger ans Auge. »Mir scheint, da ist ein Sandkörnchen hineingeraten!«

»Oh, laßt mich sehen!« Er nahm ihr Gesicht in seine großen, starken Hände, und Alicia sah zu ihm empor.

»Ich sehe nichts«, sagte Sir Hugh, ließ jedoch ihr Gesicht nicht los. »Ihr seid eine unglaublich schöne Frau«, flüsterte er. »Stephen ist . . .«

Sie entwand sich ihm. »Ich möchte diesen Namen nicht mehr hören«, sagte sie erzürnt. »Heute bin ich von ihm befreit und möchte es bleiben. Vielleicht könnten die Musikanten zur Seite rücken, damit wir Platz haben zum Tanzen.«

Er warf einen nervösen Blick zum Turm hinauf und ließ sich dann auf die Plattform hinausziehen. Sir Hugh konnte sich nicht daran erinnern, daß eine Frau ihn schon einmal so temperamentvoll im Kreis herumgeschwungen hätte. Ihre offenen Haare flossen um ihren geschmeidigen Körper, ihre Augen blitzten, und aus dem kalten Wintertag schien ein Frühling zu werden. Er vergaß, daß ihr Ehemann den Tanz von oben beobachtete.

»Alicia«, sagte er lachend und verzichtete auf das feierliche Mylady, »ich muß aufhören! Ich fürchte, ich falle sonst noch ohnmächtig um vor Seitenstechen.«

Sie lachte ihn aus. »Ich fürchte, aus Euch könnte kein richtiger Schotte werden, wenn Ihr Euren Körper so wenig übt.«

Er nahm ihren Arm. »Ich habe mich nicht mehr so verausgabt, seit ich das letztemal mit den Ascott-Brüdern übte.«

»Ja«, sagte sie, als sie sich wieder setzten, »Stephen übt fleißig mit meinen Männern.«

»Er ist ein guter Mann«, sagte Sir Hugh und nahm ein Stück Käse von dem Tablett, das ein Diener ihm vorhielt.

»Vielleicht«, sagte sie und nahm einen kräftigen Schluck warmen gewürzten Weins aus einem Becher.

»Ich beneide ihn.«

»Wirklich?« Sie sah ihn forschend an. »Vielleicht könnt Ihr ihn ersetzen . . . in gewisser Hinsicht.« Sie sah, wie Hugh nun doch Interesse zeigte, der eitle Pfau. »Lady Alicia«, sagte er dann feierlich, »ich muß ernsthaft mit Euch reden. Über Stephen.«

»Wie war er denn als Kind?« fiel sie ihm ins Wort.

Hugh sah sie betroffen an. »Ernsthaft. Wie Gavin. Alle Ascott-Brüder sind in einer Männerwelt aufgewachsen. Wenn Stephen sich linkisch benimmt, liegt es daran, daß er so wenig Erfahrung mit Frauen hat.«

»Da unterscheidet er sich so sehr von Euch«, schnurrte sie.

Hugh lächelte selbstgefällig. »Ja, so ganz unerfahren bin ich nicht, und deshalb ... deshalb fühlt Ihr Euch wohl zu mir hingezogen. Doch mit den Jahren werdet ihr Euch schon an ihn gewöhnen und ihn schätzen lernen.«

»Ist es das, was Ihr im Leben sucht – eine Frau, die Euch schätzt?«

»Oh, ich bin ein ganz anderer Mann als Stephen«, sagte er genüßlich.

Alicia sah ihn strahlend an, während ein Plan in ihr reifte. »Vor kurzem weilten wir bei Bauern in Schottland, Stephen und ich, die einen herrlichen Trank aus Flechten zubereiteten. Als wir durchs Tor kamen, sah ich diese Flechten in der Nähe der Felsen dort wachsen. Vielleicht könnten wir einen Spaziergang dorthin machen und sie sammeln. Ich möchte Euch gern diesen Trank kredenzen.«

Hugh sah einen Augenblick besorgt vor sich hin und nickte dann. Ihm gefiel die Wendung nicht, die das Fest nun nahm. Es sah fast so aus, als wollte Stephens Frau ihren Gatten betrügen.

Unterwegs redete Hugh nur von Stephen, was für ein ehrenwerter Mann er sei und wie großzügig, daß er sogar ihretwegen diese lächerliche Schottenkleidung trüge.

Es begann zu regnen, als sie wieder ins Haus zurückkehrten. Hugh benahm sich sehr feierlich, als er sie zu seinem Söller hinaufgeleitete. Ein Diener brachte heißen Wein und Becher, damit Alicia den Trank zubereiten konnte. Als sie die Zutaten sorgfältig mit dem Wein mischte, beobachtete sie Hugh, wie er die Brust hervorstreckte und eine selbstgefällige Miene aufsetzte in dem Glauben, er sei überaus edelmütig, da er sich gegen die Annäherungsversuche der Frau seines Freundes wehrte.

»Mylord«, sagte sie mit lieblicher Stimme und reichte ihm das Getränk im Becher. Sie lächelte, als er sagte, das Getränk sei köstlich. Er leerte den Becher und wollte nachgefüllt haben.

»Ich muß mit Euch reden«, sagte er dann ernsthaft, als er ein zweites Mal den Becher geleert hatte. »Ihr dürft mein Haus nicht in dem Glauben verlassen, in dem Ihr jetzt befangen seid.«

»Und in welchem Glauben bin ich befangen?« fragte sie süß.

»Stephen ist mein Freund, ist es immer gewesen. Und ich hoffe, er wird es immer bleiben.«

»Und weshalb sollte er es nicht bleiben?«

»Das hängt ganz von Euch ab. Ihr dürft ihm nie . . . nie sagen, daß Ihr Euch zu mir hingezogen fühlt.«

»Zu Euch hingezogen?« fragte sie unschuldig. Sie setzte sich in einen Sessel ihm gegenüber. »Was meint Ihr damit?«

»Oh, gemach, Mylady – wir beide wissen sehr wohl, was sich heute zwischen uns anbahnte. Alle Frauen wissen sehr wohl Bescheid über die Angelegenheiten des Herzens.«

»So? Alle Frauen? Sagt mir, was wissen sie denn noch?«

»Nun spielt mir nicht die Naive!« schnappte er. »Ich bin in diesen Dingen nicht so unerfahren wie Stephen. Vielleicht könnt Ihr ihn in den Glauben versetzen, daß Ihr keine anderen Männer anschaut. Da er mein Freund ist, werde ich ihm diese Illusion nicht nehmen. Aber mir braucht Ihr nicht die Unschuldige vorzuspielen.«

In diesem Moment spürte er einen scharfen Stich in seinen Eingeweiden.

»Ihr seht ganz blaß aus. Ich werde Euch noch etwas von diesem Getränk geben.«

Hugh schüttete den dritten Becher von diesem köstlich mundenden Wein in sich hinein. Er war ganz außer Atem, als er sich von den Schmerzen in seinem Leib ein wenig erholt hatte. »Der Fisch muß verdorben gewesen sein«, sagte er und betrachtete damit das Thema als erledigt. »Wo war ich stehengeblieben?«

»Ihr sagtet mir, ich sei bereit, Euretwegen meinen Mann zu verlassen.«

»Ihr legt meine Worte ein wenig zu weit aus. Ich . . .«

Alicia setzte die Weinkanne so heftig auf den Tisch, daß die Glasur einen Riß bekam. »Nein, jetzt werde ich Euch mal was sagen!« Sie stand vor ihm, die Hände in die Hüften gestemmt. »Ihr sagt, Ihr seid Stephens Freund; doch Ihr spielt ihm einen kindischen Streich, indem Ihr ihn einsperrt und zusehen laßt, wie Ihr seine Frau betört.«

»Betört? Als einen Toren habt Ihr mich heute aber nicht behandelt.«

»So? Ihr denkt, Ihr könntet meine Gedanken lesen, wie? Seid Ihr wirklich so eitel, zu glauben, ich würde Monate in Stephens Bett verbringen, ohne mit ihm zufrieden zu sein?«

»Aber Ihr sagtet doch . . .«

»Ihr wart närrisch genug, alles zu glauben, was Ihr glauben wolltet. Ihr tatet so, als sei es edelmütig gewesen, eine Hure dafür zu bezahlen, daß sie mit Euch ins Bett ging. Ihr glaubtet, damit Stephen einen Gefallen zu erweisen, doch ich frage mich, ob der wahre Grund nicht Eure Eifersucht war. Denn jeder Mann in Eurem Lager mußte für sie bezahlen – bis auf meinen Stephen!«

»Euer Stephen!« Hugh versuchte, sich aufzurichten, doch die Schmerzen in seinem Leib erlaubten das nicht. Er sah entsetzt zu ihr hinauf. »Ihr habt mich vergiftet!«

Sie lächelte auf ihn hinunter. »Nicht direkt vergiftet; doch Ihr werdet ein paar Tage lang sehr krank sein. Ich wollte dafür sorgen, daß Euch dieser Tag unvergeßlich bleibt!«

»Weshalb?« flüsterte er und hielt sich den Bauch. »Was habe ich Euch getan?«

»Nichts«, sagte sie ernsthaft, »absolut nichts. Ihr habt mich als Figur verwendet in einem Spiel mit Stephen. Es kam Euch nicht einmal in den Sinn, auch mich zu fragen, ob ich damit einverstanden sei. Ich sah gestern abend, als Stephen die Laute spielte, eurem Gesicht an, wie eingebildet Ihr seid. Ihr glaubtet wahrhaftig, jede Frau würde Euch unwiderstehlich finden.«

»Ihr seid ein niederträchtiges Frauenzimmer«, schnaubte er, während er sich in Schmerzen wand.

»Ja? Nur weil ich mehr sein wollte als nur eine hilflose Figur auf Eurem Schachbrett, Sir Hugh? Bedenkt, Sir Hugh, daß es nur eine weibliche Figur beim Schachspiel gibt, und sie ist die mächtigste und beweglichste des ganzen Spiels!« Sie beugte sich vor und nahm den Schlüssel von Stephens Zelle aus der Tasche von Sir Hughs Wams.

Sie schloß die Tür von Stephens Gefängnis auf. »Du bist jetzt frei«, sagte sie ruhig. »Und noch ist es Tag. Wir könnten zu dem Haus deiner Brüder weiterreiten.«

Er sah sie düster an. »Du kommst direkt von ihm? Hat er den Anblick genossen, den ihm deine Brüste boten?«

»Tod und Verdammnis über dich, Stephen!« erwiderte sie hitzig. »Ich bin es leid, mich noch länger von Engländern beleidigen zu lassen. Zuerst behandelt mich dein sogenannter Freund wie ein Stück Möbel, das ihm gehört, und als ich ihm seine Eitelkeit heimzahle, nennt er mich ein hinterlistiges Frauenzimmer!«

Stephens Augen wurden dunkel vor Eifersucht. »Ich sah doch, wie ihr euch unten im Hof benommen habt. Er tat so, als wäre er schon jahrelang dein Liebhaber!«

»So? Glaubst du, ich lasse mich von einem fremden Mann betasten, wenn ich damit nicht eine Absicht verbände?«

»Eine Absicht! Ich weiß doch, wie du im Bett bist. Vielleicht wolltest du herausfinden, ob andere Männer dich auch im Bett zum Singen bringen!«

Sie gab ihm eine Ohrfeige.

»Glaubst du wirklich, ich habe diesen Nachmittag in seinem Bett verbracht?« fragte sie mit funkelnden Augen.

Stephen rieb sich die schmerzende Wange.

»Dafür reichte die Zeit nicht ganz aus ...«

»Hugh ist dein Freund, und du weißt, daß er ein ehrenhafter Mann ist. Er würde dir niemals so einen Schimpf antun. Aber ich bin nur eine Frau und deshalb ohne Ehrgefühl. Ich bin wie ein Samen, der dort hinfliegt, wohin der Wind ihn bläst, nicht wahr?«

»Du verdrehst mir die Worte im Mund ...«

»Keinesfalls! Heute morgen, als Rab dich fand, hattest du fest daran geglaubt, daß Hugh mich haben könnte, wenn er nur wollte. Er brauchte mich ja nur zu fragen oder süße Reden zu führen. Wenn du mich nur ein bißchen kennen würdest, würdest du in aller Ruhe in der Zelle gesessen und auf mich gewartet haben. Dann hätten wir gemeinsam über den Streich lachen können, den ich ihm spielte.«

»Was für einen Streich?« fragte Stephen heftig.

Alicia hatte ein Gefühl, als verschwendete sie nur ihren Atem. Sie hatte in den letzten Monaten so viel von Stephens Wesen erkannt, hatte gelernt, ihm zu vertrauen, ihm zu glauben und sogar Zutrauen zu haben, daß er sie liebte. Doch er hatte nichts hinzugelernt! Er hielt sie immer noch für ein strohköpfiges, schwaches Spielzeug!

Ihre Stimme war ausdruckslos. »Ich mischte ihm einen Trank mit Kräutern, die, wie Kirsty mir sagte, heftige Magenkrämpfe hervorrufen. Er wird tagelang krank im Bett liegen müssen.«

Stephen starrte sie an. Wie sehr er ihr doch glauben wollte! Er hatte das Gefühl, er sei um Jahre gealtert, als er zusehen mußte, wie sie sich zu Hugh beugte und mit ihm redete. Er hatte sich die Finger an den Gitterstäben blutig gerissen, als sie miteinander tanzten und Alicias Knöchel unter dem Kleidersaum nackt in der Sonne blitzten. Und sie meinte, er hätte ruhig in der Zelle warten sollen, obwohl sie ihn fast in ein reißendes Tier zu verwandeln drohte? Hätte er aus der Zelle freikommen können, wäre er hinuntergestürzt auf die Tanzfläche und hätte Hugh, seinen Freund, mit bloßen Händen in Stücke gerissen!

»Wir sollten jetzt gehen«, sagte sie kalt zu ihm und wandte ihm den Rücken zu.

Er kam erst wieder zur Besinnung, als Rab ihn mit seinem Bellen zum Gehen aufmunterte.

Er lief die Treppe hinunter zu Hughs Zimmer.

Hugh lag auf seinem Bett, die Knie bis an die Brust hinaufgezogen, umgeben von vier Dienern und drei Wächtern. »Verschwinde«, sagte er keuchend, während eine Welle von Schmerzen über seinen Leib wanderte, »ich möchte weder dich noch diese Hündin, die du geheiratet hast, noch einmal hier in meinem Haus sehen.«

Stephen wich von seinem Bett zurück. Doch zugleich breitete sich ein Lächeln über seinem Gesicht aus. Sie hatte ihm die Wahrheit gesagt!

»Hinaus, sagte ich!« befahl Hugh. Er faßte sich an den Leib und sank stöhnend in die Kissen zurück.

»Von einer Frau übertölpelt«, sagte Stephen lachend, als er das Zimmer verließ. Er lief die Treppe hinunter in die große Halle, wo ihn Alicia schon erwartete in weißer Bluse und kariertem Rock. Sie war wieder sein Hochlandmädchen. Er wollte sie in seine Arme nehmen, doch sie wandte sich nur kalt von ihm ab.

»Alicia«, begann er.

»Wenn du hier fertig bist, sollten wir reiten, denke ich. Aber du bist natürlich mein Meister. Also bleiben wir noch einen Tag, wenn du es befiehlst.«

Er starrte einen Moment in das eisige Blau ihrer Augen. »Nein, ich will nicht länger hierbleiben«, sagte er nach einer Pause. Er drehte sich von ihr weg und ging zum Vordereingang der Halle.

Sie hielt ihr Kinn hoch, als sie ihm zu den Ställen folgte.

Nach einem stummen, gegenseitigen Übereinkommen schlugen sie abends kein Lager auf, sondern ritten in der Dunkelheit weiter. Sie sprachen nicht miteinander, sondern jeder ging für sich die letzten beiden Tage in Gedanken durch. Stephen wurde das Bild nicht los, wie Hugh Alicias Gesicht zwischen seinen Händen gehalten hatte. Er wußte, daß sie sich an Hugh gerächt hatte, wünschte aber, sie hätte es nicht auf eine so sanfte Weise getan. Sie hätte ihn mit dem Messer zurechtweisen sollen!

Was Alicia betraf, so hatte sie Hugh fast vergessen. Für sie zählte nur, daß Stephen ihr nicht vertraut, sondern ihre Loyalität angezweifelt hatte.

Im frühen Licht der Dämmerung ragten die Mauern der Ascott-Burg vor ihnen auf. Sie hatte nicht so eine drohende, massive Festung erwartet, sondern eher ein Herrenhaus, wie Hugh Lasco es besaß. Sie warf einen Seitenblick auf Stephen und bemerkte, wie sein Gesicht aufleuchtete. So mußte auch sie aussehen, wenn sie nach Larenston heimkehrte.

»Wir werden die Burg durch das Tor am Fluß betreten«, sagte er und spornte sein Pferd wieder an.

Die Vorderseite der hohen Mauern war mit zwei mächtigen Türmen bewehrt, die das geschlossene Tor flankierten. Sie folgte Stephen zu den niedrigeren Mauern, die zu einem unbedeckten Tunnel zusammenliefen. Sie führten zu einem kleineren Tor an der hinteren Seite der Burg.

Stephen zügelte sein Pferd, als sie zwischen den niedrigen Mauern ritten. Sogleich flog ein Pfeil durch die Luft und landete vor den Vorderbeinen seines Hengstes.

»Wer reitet dort?« fragte eine Stimme von der Mauerkrone.

»Stephen Ascott!« erwiderte er laut.

Alicia lächelte, weil Stephens Stimme geprägt war von den summenden Lauten des Hochland-Schotten.

»Ihr seid nicht Lord Stephen, denn den kenne ich gut! Also wendet mit Eurer Mähre, denn niemand kommt durch diese Mauern, der nicht zu den Freunden der Ascotts zählt. Wartet eine Stunde vor dem Haupttor, bis der Torwächter Euch vielleicht einläßt.«

»Matthew Greene!« rief Stephen zur Mauerkrone hinauf, »hast du vergessen, wie dein eigener Master aussieht?«

Der Mann lehnte sich nun weit über die Brüstung und starrte auf Stephen hinunter. »Tatsächlich!« rief er dann. »Öffnet das Tor!« befahl er dann mit jubelnder Stimme. »Lord Stephen lebt! Willkommen zu Hause, Mylord!«

Stephen winkte dem Mann zu, während er sein Pferd wieder antrieb. Überall auf der Mauerbrüstung riefen die Männer nun ihren Willkommensgruß. Das Tor öffnete sich, und sie ritten in einen privaten Innenhof, der von den Burgmauern überragt wurde.

»Mylord, wie schön, Euch gesund wiederzusehen!« sagte ein alter Mann, als er die Zügel ergriff, die Stephen ihm zuwarf. »Ich würde Euch nicht wiedererkannt haben, wenn die Männer mir nicht zugerufen hätten, daß Ihr es seid.«

»Es ist schön, wieder zu Hause zu sein, James. Sind meine Brüder hier?«

»Lord Gavin kam erst vor einer Stunde wieder zurück.«

»Zurück?«

»Aye, Mylord – alle Eure Brüder suchen nach Euch. Wir hörten, Ihr seid von diesem heidnischen Weib getötet worden, mit dem Ihr verheiratet wurdet.«

»Beherrsche deine Zunge, James.« Stephen wich einen Schritt zurück und nahm Alicias Hand. »Das ist meine Frau, Lady Alicia.«

»Oh, Mylady«, keuchte der alte Mann, »verzeiht mir. Ich dachte, Ihr wäret eine von Lord Stephens . . . Ich meine, er hat oft jemand mitgebracht . . .«

»Du hast schon genug gesagt. Komm, Alicia!«

Er gab ihr keine Gelegenheit, sich erst auf die Familie vorzubereiten. Sie sollte wie eine Dienstmagd vor deren Angesicht geschleppt werden. Sie wußte, wie großen Wert die Engländer auf Garderobe legten, und das Kleid, das sie in Thomas Crichtons Haus getragen hatte, wäre ihr nun recht gelegen gekommen. So konnte sie den höhnischen Blicken der Engländer nur dadurch begegnen, daß sie die Nase hochreckte. Nur bei Judith war das vermutlich nicht nötig. Sie war ja so gütig und rücksichtsvoll.

»Du siehst aus, als würdest du gefressen«, sagte Stephen barsch.

»Ich gebe dir mein Wort, daß Gavin Frauen nur selten schlägt, und Judith . . .«

Sie hob die Hand. »Verschone mich! Von dieser Judith habe ich bereits genug gehört.« Sie drückte den Rücken durch. »Und eher geben die Schotten ihr Plaid auf, bevor ein MacArran sich vor irgendwelchen Engländern fürchtet!«

Er lächelte und öffnete dann die Tür zu einem Zimmer, das vom frühen Licht der Sonne gleißend hell war. Alicia warf nur einen Blick auf die herrlich getäfelten Wände, ehe die beiden Leute, die in der Mitte des Raumes standen, ihre Aufmerksamkeit auf sich zogen.

»Tod und Verdammnis über dich, Judith!« rief ein großer, stattlicher Mann mit dunklen Haaren, grauen Augen und scharfen Wangenknochen. Er sah außerordentlich gut aus, und sein Gesicht war hochrot vor Zorn. »Ich habe genaue Anweisungen gegeben, wie die Molkerei umgebaut werden sollte. Sogar Planskizzen habe ich dir dagelassen. Als hätte ich nicht schon genug Sorgen mit Stephen und dessen Frau, die vermißt werden! Da komme ich nach Hause, und die Molkerei hat nicht die geringste Ähnlichkeit mit meinen Entwürfen.«

Judith sah gelassen zu ihm hoch. Sie hatte üppige rotbraune Haare, die nur teilweise von einem französischen Hütchen verdeckt waren. Ihre Augen glitzerten wie Gold. »Weil deine Entwürfe absolut untauglich waren. Hast du schon einmal Käse zubereitet oder Butter? Hast du überhaupt schon mal eine Kuh gemolken?«

Der Mann überragte sie um mindestens einen Kopf, doch das schien die Frau nicht im geringsten zu beeindrucken. »Was, zum Kuckuck, haben meine Pläne damit zu tun, daß ich noch nie so eine gottverdammte Kuh gemolken habe?« Er war so wütend, daß die scharfen Kanten seiner Jochbeine die Haut zu zerschneiden drohten. »Entscheidend ist für mich, daß du meine Anordnungen widerrufen hast. Wie stehe ich jetzt vor meinen Molkereiarbeitern da?«

Judith sah ihn mit schmalen Augen an. »Sie werden dir dankbar sein, daß sie nicht in diesem Kaninchenstall arbeiten müssen, den du für sie entworfen hast.«

»Judith«, grollte er, »wenn ich wüßte, es nützte etwas, würde ich dich jetzt für deine Unverschämtheit grün und blau schlagen.«

»Es ist bemerkenswert, wie zornig du bist, wenn ich recht habe.«

»Gavin!« rief Stephen an Alicias Seite, als er eine Axt aus der Schlinge riß, wo sie zwischen anderen Waffen an der Wand hing.

Gavin, kriegsgeübt und ständig auf der Hut, erkannte sofort den Schrei. Er drehte sich rasch um und fing die Axt auf, die Stephen ihm zuwarf. Einen Moment sah Gavin verdutzt zwischen seinem Bruder, der ein so seltsames Gewand trug, und der Axt, die er in beiden Händen hielt, hin und her. »Damit du dich Judiths erwehren kannst!« rief Stephen lachend.

Ehe Gavin zu einer Reaktion fähig war, lief Judith schon quer durchs Zimmer und warf sich in Stephens Arme. »Wo bist du nur gewesen? Wir haben dich tagelang gesucht. Wir machten uns große Sorgen.«

Stephen vergrub sein Gesicht am Hals seiner Schwägerin. »Bist du wieder gesund? Ist dein Fieber ...«

Gavin unterbrach ihn schnaubend: »Sie ist gesund genug, ihre Nase in alle meine Angelegenheiten zu stecken.«

»In deine Angelegenheiten? Hast du deine Lektion immer noch nicht gelernt?«

»Still, ihr beiden!« rief Judith, während sie sich wieder aus Stephens Armen löste.

Gavin drückte nun seinen Bruder an die Brust. »Wo hast du gesteckt? Wir hörten, sie hätten dich umgebracht, und dann, daß das nicht genügt und man dich zum zweitenmal totgeschlagen hätte. Es war ...« Man sah ihm an, daß die Sorgen groß gewesen waren, weil er nicht weiterreden konnte.

»Wie du siehst, bin ich nicht tot«, sagte Stephen lachend und trat von seinem Bruder zurück.

»Ich kann sehen, daß du noch viel besser aussiehst als früher«, sagte Judith und bestaunte unverhohlen die braunen, muskulösen Beine ihres Schwagers.

Gavin warf einen Arm besitzergreifend um Judiths Schulter. »Hör auf, mit meinem Bruder zu flirten, und ich sage dir gleich, daß ich so etwas nicht anziehen werde!«

Judith lachte vergnügt und schmiegte sich an ihren Mann.

Alicia stand im Schatten eines hochlehnigen Sessels, eine Außenseiterin, die eine Familie betrachtete. Das war also die sanfte Judith! Sie war kleiner als sie selbst, ein zierliches Ding, doch so herrlich wie ein Edelstein. Und sie trat so selbstbewußt ihrem Mann entgegen, der sie überragte wie ein Turm. Keine Frau, die ihre Tage mit Nähen verbrachte!

Judith war die erste, die den Zuschauer hinter der Lehne entdeckte. Zunächst glaubte sie, Stephen habe seine Drohung wahrgemacht: seine Frau in einen Turm eingesperrt und sich eine hübsche Bürgerliche genommen, die ihn glücklich machte. Doch während sie Alicia betrachtete, fand sie, daß keine Frau aus dem Volk sich so edel darbieten würde, wie Alicia es tat. Da war nicht nur der Stolz auf ein bestechend schönes Äußeres; sondern ein Adel des Charakters, der ihre Haltung bestimmte. Das war eine Frau, die wußte, daß sie etwas wert war.

Judith löste sich von ihrem Mann und ging auf Alicia zu. »Lady Alicia?« fragte sie ruhig und streckte ihr die Hand entgegen.

Alicias Blick kreuzte sich mit Judiths Blick, und sogleich sprang ein Funken über. Sie verstanden sich auf Anhieb, erkannten sich als ebenbürtig an.

»Wie bist du darauf gekommen?« fragte Stephen lachend. »James dachte, sie wäre . . . nun, jedenfalls, nicht meine Frau.«

»James ist ein Dummkopf«, sagte Judith schlicht. Sie trat einen Schritt zurück und betrachtete die Kleider der größeren Frau. »Der Rock gibt Euch viel Freiheit, nicht wahr? Und belastet auch viel weniger den Körper als mein Gewand, oder?«

Alicia lächelte warm. »Es ist herrlich leicht; dafür ist Eures um so schöner.«

»Komm mit hinauf zu meinem Söller und laß uns plaudern«, sagte Judith herzlich.

Die beiden Männer starrten mit offenem Mund ihren beiden Frauen nach, die sie einfach stehenließen.

»Daß Judith sich so rasch mit jemand anfreundet, habe ich bisher noch nicht erlebt!« sagte Gavin. »Und wie konnte sie wissen, daß sie deine Frau ist? Nach dem Stil ihrer Kleidung zu schließen, hätte ich James recht gegeben.«

»Und Alicia?« sagte Stephen, »sie haßt nämlich die englische Mode. Du kannst dir nicht vorstellen, wie viele Predigten sie mir hielt, daß die englischen Kleider eine Frau beengten wie eine Rüstung.«

Ein Lächeln stahl sich auf Gavins Gesicht. »Schwarze Haare und blaue Augen! Habe ich das tatsächlich gesehen oder lediglich geträumt? Ich dachte, du sagtest, sie sei fett und häßlich. Sie kann doch unmöglich der Boß eines Klans sein, oder?«

Stephen lachte leise im Hals. »Setzen wir uns erstmal. Und vielleicht könnte man im Haus etwas zu essen auftreiben.« Er zwinkerte. »Oder gehorchen die Diener nur noch Judiths Befehlen?«

»Wäre ich nicht so froh darüber, daß du heil und gesund neben mir stehst, würde ich dir diese Bemerkung heimzahlen«, sagte Gavin, während er zur Tür ging, um Anweisung zu geben, daß Speisen herbeigeschafft und nach Raine und Miles gesucht werden sollte.

»Wie geht es Judith nun wirklich?« fragte Stephen, nachdem der Tisch für ihn gedeckt war. »Dein Brief sprach davon, sie habe sich von der Fehlgeburt vollkommen erholt; aber . . .«

Gavin nahm ein hartgekochtes Ei vom Tablett. »Du hast miterlebt, wie ich mit ihr um jeden Zoll Herrschaft über meine eigenen Leute kämpfen muß.«

»Und das macht dir sogar Spaß«, erwiderte Stephen und sah seinen Bruder dabei an.

Gavin grinste. »Sie bringt zweifellos Würze in unser Eheleben.

Jedesmal, wenn mir diese artigen, rosig- und weißhäutigen Damen anderer Männer vor die Augen treten, danke ich Gott, daß ich Judith habe. Ich glaube, ich würde verrückt, wenn wir nicht jede Woche so einen herzerfrischenden Ehekrach hätten. Genug! Jetzt reden wir von dir. Wie ist deine Alicia? Ist sie immer so süß und sanftmütig wie eben?«

Stephen wußte nicht, ob er lachen oder weinen sollte. »Sanftmütig? Alicia hat gar keine Ahnung, daß dieses Wort überhaupt existiert. Sie stand nur so still abseits, weil sie überlegte, ob sie ihr Messer ziehen oder ihren Höllenhund auf uns hetzen soll.«

»Warum sollte sie so etwas tun?«

»Sie ist eine Schottin, Gavin! Die Schotten hassen die Engländer, weil diese ihre Felder niederbrennen und ihre Frauen vergewaltigen. Weil die Engländer ein verdammtes, unerträgliches, arrogantes Volk sind. Weil sie glauben, sie seien viel besser als die aufrichtigen, ehrlichen, großzügigen Schotten. Weil . . .«

»Moment mal!« fiel ihm Gavin lachend ins Wort. »Ich dachte, du wärst selbst ein Engländer.«

Stephen widmete sich wieder seinem Frühstück und zwang sich zur Ruhe. »Ich fürchte, das habe ich vorübergehend vergessen.«

Gavin lehnte sich in seinem Sessel zurück und musterte seinen Bruder. »Der Länge deiner Haare nach zu schließen, mußt du das schon vor Monaten vergessen haben.«

»Ich würde an deiner Stelle erst Kritik üben, wenn du die schottische Tracht selbst ausprobiert hast«, fauchte Stephen.

Gavin legte die Hand auf den Arm seines Bruders. »Was ist denn los mit dir? Was ärgert dich so?«

Stephen erhob sich und ging zum Kamin. »Zuweilen weiß ich selbst nicht mehr, was ich bin. Als ich nach Schottland kam, wußte ich, ich bin ein Ascott. Ich hatte eine sehr hohe Meinung von meiner Mission. Ich mußte den barbarischen Schotten unsere zivilisierte Lebensart beibringen.«

Er fuhr sich mit beiden Händen durch die Haare. »Sie sind alles andere als barbarisch, Gavin! Ganz im Gegenteil! Himmel, was wir alles von ihnen lernen könnten! Wir haben nicht mal einen Begriff, was Loyalität bedeutet. Dieser Klan, deren Boß Alicia ist, würde für sie sterben, und sie für ihn. Himmel, ich habe selbst erlebt, wie sie ihr Leben aufs Spiel setzte, um einem Mann ihres Klans das Leben zu retten. Und die Frauen sitzen bei ihnen mit im Rat und fassen Beschlüsse. Und die Entscheidungen, die sie fällen, sind verdammt gut.«

»Wie Judiths Entscheidungen«, sagte Gavin ruhig.

»Ja!« rief Stephen, »nur muß sie dir diese Entscheidungen Zoll um Zoll abringen.«

»Natürlich«, sagte Gavin entschieden, »Frauen sollten . . .«

Stephens Gelächter brachte ihn zum Schweigen. »Irgendwann in den letzten Monaten habe ich aufgehört zu denken, was Frauen sollten.«

»Erzähle mir mehr von Schottland«, sagte Gavin, der dieses Thema nicht weiterverfolgen mochte.

Stephen setzte sich wieder an den Frühstückstisch. Seine Stimme klang entrückt. »Es ist ein schöner Ort.«

»Wie ich hörte, regnet es dort dauernd.«

Stephen wischte den Einwand mit einer Handbewegung beiseite. »Was bedeutet einem Schotten schon das bißchen Regen?«

Gavin betrachtete nachdenklich seinen Bruder. Er hörte mehr aus Stephens Worten heraus, als diese besagten. »Christopher Audley kam vor einiger Zeit hier vorbei. Hat er dich noch vor deiner Hochzeit wiedergefunden?«

Stephen schob seinen Teller weg. »Chris verlor in Schottland sein Leben.«

»Wie?«

Stephen überlegte, wie er Gavin erklären konnte, daß Chris in einem Kampf umkam, der nach ritterlichen Begriffen unehrenhaft war. »Rinder wurden gestohlen. Einige von Alicias Männern kamen dabei um, als sie versuchten, Chris zu beschützen.«

»Chris zu beschützen? Er war ein ausgezeichneter Kämpfer. Sein Panzer . . .«

»Tod und Verdammnis!« schnaubte Stephen. »Seine Rüstung brachte ihn um. Er konnte sich nicht bewegen. Er war darin, wie Douglas sich ausdrückte, eingeschlossen wie in einem stählernen Sarg.«

»Das verstehe ich nicht. Wieso?«

Die Tür sprang auf, und Raine und Miles stürmten ins Zimmer. Raines Schritte brachten sogar die Fenster zum Klirren. Er umarmte seinen älteren, aber viel leichteren Bruder wie ein Bär und hob ihn hoch. »Stephen! Wir hörten, du seist tot!«

»Das wird er gleich sein, wenn du ihn nicht sofort losläßt«, sagte Miles gelassen.

Stephen grinste seinen Bruder an und drückte seine Arme gegen dessen Arme. Er grinste noch mehr, als er merkte, wie Raines Arme nachgaben. Raine setzte mehr Kraft dagegen, und Stephen ebenfalls. Raine verlor.

Stephen strahlte vor Vergnügen. Es gab nicht viele Männer, die ohne Waffe diesen Muskelprotz bewältigen konnten. Im stillen dankte er Tam.

Raine trat einen Schritt von seinem Bruder zurück und musterte ihn stolz. »Mir scheint, Schottland bekommt dir gut.«

»Oder du hast in jüngster Zeit deine Übungen vernachlässigt«, antwortete Stephen selbstgefällig.

Raines Grübchen vertieften sich. »Vielleicht sollten wir beide das mal nachprüfen!«

»Moment!« rief Miles und trat zwischen die beiden Brüder, »ich möchte wenigstens meinem Bruder guten Tag sagen, ehe du ihn umbringst, Raine.«

»Du bist gewachsen, Miles«, sagte Stephen, »und hast auch zugenommen.«

Gavin schnaubte: »Die Frauen sind daran schuld. Zwei Küchenhelferinnen tragen seinetwegen einen Wettkampf aus, wer ihn besser bekochen kann.«

»Ich verstehe«, lachte Stephen, »und der Preis ist unser Baby-Bruder!«

Miles ignorierte die Hänseleien seiner älteren Brüder. Er lächelte selten so offen wie seine Geschwister. Er war ein ernster Mann, dessen Gefühle sich nur in seinen durchdringenden grauen Augen spiegelten. Nun sah er sich im Zimmer um. »James sagte mir, du hättest deine Frau mitgebracht.«

»Die werden wir nun Miles überlassen», sagte Gavin lachend. »Dann könnte ich wenigstens Judith, zeitweilig auch für mich haben. Jedesmal, wenn ich sie suche, treibt sie sich mit einem meiner wertlosen Brüder herum.«

»Gavin behandelt sie wie eine Leibeigene«, sagte Raine, und das war nur zur Hälfte ein Scherz.

Stephen lächelte. Es war gut, wieder zu Hause zu sein, Gavin und Raine streiten zu sehen und zuzuhören, wie sie Miles hänselten. Seine Brüder hatten sich in den vergangenen Monaten kaum verändert. Raine sah noch stärker und gesünder aus, wenn das überhaupt möglich war, und zeigte ganz offen seine Lust an den irdischen Dingen. Miles stand immer noch abseits, ein Teil der Gruppe, doch auch von ihr getrennt. Und Gavin hielt sie alle zusammen. Gavin war der solide Typ, der die Erde liebte. Wo Gavin war, da war das Heim der Ascotts.

»Ich bin mir nicht sicher, daß ich schon so weit bin, euch Alicia vorzustellen«, sagte Stephen.

»Schüchtern, wie?« fragte Raine besorgt. »Ich hoffe, du hast sie nicht quer durch England hierherschleppen müssen. Warum haben wir keine Troßwagen auf dem Hof gesehen? Und wo sind deine Männer?«

Stephen holte tief Luft und lachte schallend. Sie würden ihm niemals glauben, wenn er ihnen die Wahrheit erzählte. »Nein, ich würde Alicia nicht unbedingt als schüchtern bezeichnen«, sagte er und gluckste wieder vor Lachen.

14. Kapitel

Alicia saß bis zum Hals im heißen Seifensud. Ein Feuer loderte hell im mächtigen Kamin und verbreitete Wärme und harzigen Duft im Zimmer. Sie entspannte sich im Zuber und sah um sich. Das Schlafzimmer war wunderschön von der Balkendecke bis zum Fußboden aus spanischen Fliesen. Die Wände waren mit weißgestrichenem Holz verkleidet, und kleine Rosenknospen rankten sich an den Stellen, wo die Paneele aneinanderstießen. Das riesige Himmelbett war mit rosenfarbenem Samt verkleidet. Die Sessel, Bänke und Schränke im Raum waren sämtlich herrlich geschnitzte Stücke mit hohen Spitzbogen-Motiven.

Alicia lächelte und lehnte sich im Zuber zurück. Es war angenehm, von solchem Luxus umgeben zu sein, obwohl sie zugleich an Möglichkeiten dachte, das dafür ausgegebene Geld sinnvoller zu verwenden. Auf dem Weg hierher hatten Stephen und sie viele arme Leute gesehen. Sie hätte dieses Geld für ihren Klan ausgegeben; doch sie wußte, daß die Engländer nicht so dachten wie sie.

Sie schloß die Augen und lächelte bei dem Gedanken, welche Judith sie erwartet hatte und welcher sie begegnet war. Sie hatte sich eine weiche, nachgiebige Frau vorgestellt, doch nichts an dieser Judith war weich oder nachgiebig. Kein Diener in diesem Haus, der nicht sofort sprang, wenn sie eine Anweisung gab.

Ehe Alicia richtig wußte, wie ihr geschah, war sie bereits ausgekleidet und lag im Badewasser. Sie hatte nicht gewußt, daß ein heißes Bad genau das war, was sie brauchte.

Die Tür öffnete sich leise, und Judith kam herein. »Fühlst du dich jetzt besser«, fragte sie.

»Viel besser. Ich hatte vergessen, wie es ist, wenn man verwöhnt wird.«

Judith hielt Alicia ein großes, vorgewärmtes Badetuch hin. »Ich fürchte, die Ascott-Männer sind nicht dazu erschaffen, ihre Frauen zu verwöhnen. Gavin hält es für selbstverständlich, daß ich mit ihm durch die schlimmsten Wolkenbrüche reite.«

Alicia wickelte sich in das Badetuch und betrachtete Judith mit nachdenklichem Blick. »Und was würdest du tun, wenn er dir befähle, zu Hause zu bleiben?«

Judith lachte warm. »Ich würde nicht zu Hause bleiben. Gavin übersieht zu oft Dinge, die er für nebensächlich hält. Wenn seine Pächter Getreide aus seinen Vorratshäusern stehlen, ist das keine Kleinigkeit.«

Alicia setzte sich vor das Feuer und seufzte. »Ich wünschte mir, du könntest dir mal meine Haushaltsbücher ansehen. Ich fürchte, da liegt auch manches im argen.«

Judith nahm einen Kamm aus Elfenbein und fuhr damit durch die frischgewaschenen Haare ihrer Schwägerin. »Aber du hast ja noch andere Pflichten als das Zählen der Bohnen in den Vorratsräumen. Sag mir, wie fühlt man sich als Herrscherin eines Klans? Wie ist es, wenn all die hübschen jungen Männer sich beeilen, dir jeden Wunsch zu erfüllen?«

Alicia brach in ein Gelächter aus, als sie Judiths nachdenkliche Stimme und deren absurde Vorstellungen vernahm. Sie warf sich einen von Judiths Hausmänteln über und beschäftigte sich mit ihren Haaren. »Es ist eine große Verantwortung«, sagte sie ernst. »Und was den Gehorsam meiner Männer betrifft . . .« Sie klaubte seufzend ein paar Haare aus den Zinken des Kamms.

»In Schottland werden Frauen nicht so behandelt wie hier in England.«

»Als hätten wir keinen eigenen Verstand!« sagte Judith.

»Ja. Doch wenn Männer glauben, daß ihre Frauen intelligent sind, erwarten sie auch mehr von ihnen.«

»Das verstehe ich nicht.«

»Meine Männer gehorchen mir nicht blind. Sie stellen jeden meiner Schritte in Frage. In Schottland glaubt jeder, er sei allen anderen ebenbürtig. Stephen befiehlt seinen Männern, sie sollen ihre Pferde satteln und in einer Stunde abmarschbereit sein. Sie fragen ihn nicht danach, warum. Sie tun es.«

»Ich fange an, zu begreifen«, sagte Judith. »Würden deine Männer erst von dir wissen wollen, wohin sie ritten und warum? Falls ja, könnte das sehr . . .«

» . . . viel Verdruß bringen zuweilen«, beendete Alicia den Satz für ihre Schwägerin. »Da ist ein Mann in meiner Burg, ein älterer Mann, Tam, der jeden meiner Schritte beobachtet und jede meiner Entscheidungen kommentiert. Dazu kommen seine vielen Söhne, die mir bei jeder Gelegenheit widersprechen. Tatsächlich treffe ich nur in Nebensachen meine Entscheidung allein. In wichtigen Dingen ist es ein gemeinsamer Beschluß.«

»Aber was geschieht, wenn du etwas willst, und die Männer sind dagegen? Was machst du dann?«

Alicia lächelte versonnen. »Es gibt Methoden mit denen man selbst Männer, die einen beäugen wie Adler, hintergehen kann.«

Diesmal war es an Judith, in ein Gelächter auszubrechen. »Wie bei unserer Molkerei! Ich durfte nicht zulassen, daß sie so gebaut wurde, wie Gavin sie entwarf. Das wäre ein schlimmer Reinfall geworden. Also ließ ich die Männer die ganze Nacht über graben, ehe er hier wieder ankam. Ich weiß, daß er ein viel zu sparsamer Mann ist, die Fundamente wieder zuschütten zu lassen, und viel zu stolz, um zuzugeben, daß ich recht hatte.«

Alicia setzte sich auf die Bank neben ihre Schwägerin. »Und ich habe mich davor gefürchtet, dich kennenzulernen! Stephen sagte . . . nun, er beschrieb dich, daß ich glauben mußte, du wärst nichts als eine hübsche, aber nicht sehr lebendige Puppe mit Stroh im Kopf.«

»Stephen?« Judith lachte und nahm dann Alicias Hand. »Ich war diejenige, die das Zuspätkommen zu seiner Hochzeit verursachte. Ich war entsetzt, als ich hörte, er hatte nicht einmal einen Boten geschickt, der sein Versäumnis erklärte.« Sie zögerte einen Augenblick. »Wie ich hörte, hat das einige Probleme geschaffen.«

»Stephen Ascott schafft sich seine Probleme selbst«, sagte Alicia streng. »Es gibt Zeiten, wo er der arroganteste, unerträglichste, empörendste . . .«

». . . faszinierendste Mann der Welt sein kann«, beendete Judith mit schwerer Stimme den Satz. »Du sagst mir nichts Neues. Ich kenne sie alle nur zu gut, da ich ja selbst mit einem Ascott verheiratet bin. Doch ich würde Gavin nicht gegen alle diese süß duftenden, ritterlichen Männer dieser Welt eintauschen. Wahrscheinlich empfindest du ähnliches bei Stephen.«

Da sprang Rab plötzlich in die Höhe und stellte sich schweifwedelnd und bellend an die Tür.

Stephen trat ein und kraulte Rab hinter den Ohren. »Ihr beide seht aus, als freutet ihr euch über etwas«, sagte er.

»Ein paar Minuten ungestörter Frieden war für uns wirklich eine Freude«, gab Alicia zurück.

Stephen sah Judith lächelnd an. »Vielleicht kannst du ihre scharfe Zunge ein wenig glätten, solange wir hier sind. Und da unten ist ein Mann, der mir wegen ein paar Kleidern in den Ohren lag.«

»Wunderbar!« rief Judith und rannte förmlich aus dem Zimmer.

Stephen betrachtete seine Frau. »Du siehst verlockend aus wie ein Frühlingsmorgen.«

Sie entzog sich ihm und starrte ins Feuer.

»Alicia, bist du mir noch böse wegen dieser Geschichte in Hughs Haus?«

»Böse?« fragte sie kalt. »Nein. Ich war nur töricht. Das ist alles.«

»Töricht?« Ihre Kälte tat ihm weh. Das war schlimmer, als wenn sie mit einem Messer auf ihn losgegangen wäre.

Sie sah ihn an. »Ich hatte angefangen zu glauben, daß uns etwas verbinden könnte.«

»Liebe?« fragte er, und seine Augen blitzten hell. »Es ist nichts Unrechtes, wenn du mir gestehst, daß du mich liebst.«

Sie kräuselte ihre Lippen und schob seine Hand von ihrer

Schulter. »Liebe!« sagte sie ärgerlich, »ich spreche von wichtigerem als nur Liebe zwischen Mann und Frau. Ich spreche von Vertrauen, Loyalität und dem Glauben, den einer an den anderen hat.«

Er sah sie stirnrunzelnd an. »Ich dachte, es wäre die Liebe, die sich die meisten Frauen von ihren Männern wünschten.«

Sie seufzte enttäuscht. Ihre Stimme war sehr leise, als sie weitersprach. »Wann wirst du endlich lernen, daß ich nicht ›die meisten Frauen‹ bin? Ich bin Alicia, die MacArran, und als solche einmalig. Vielleicht denken die meisten Frauen, daß Liebe das höchste erreichbare Ziel ihres Lebens ist. Doch Liebe habe ich genug. Meine Männer lieben mich, Tam liebt mich. Ich bin mit den Frauen meines Klans befreundet und nun sogar mit Kirsty, einer Frau des MacGregor-Klans.«

»Und wo passe ich da ins Bild?« fragte Stephen.

»Ich bin sicher, daß wir uns auf unsere eigene Weise lieben. Ich sorgte mich sehr um dich, als Daveys Pfeil dich traf, und du hast oft bewiesen, daß du dich um mich sorgtest.«

»Vielen Dank für kleine Gefälligkeiten«, sagte er verdrossen. »Und ich bildete mir ein, du wärst erfreut, wenn ich dir sage, daß ich dich liebe.«

»Ich will Respekt, Ehre und Respekt. Als die MacArran muß ich in einer Männerwelt leben, und ich wünsche mir keinen Ehemann, der mir allerhand unehrenhafte Handlungen zumutet, wenn ich einmal nicht von ihm beobachtet werde.«

Rabs Bellen unterbrach die beiden. Die Tür öffnete sich einen Spalt. »Darf man hereinkommen?« fragte Judith.

»Komm her, Rab«, befahl Alicia, während Judith ins Zimmer trat. »Er tut dir nichts, solange du nicht mit einer Waffe ins Zimmer kommst.«

»Das werde ich mir merken«, erwiderte Judith lachend und hielt ihren Arm vor, an dem ein Kleid aus dunkelblauem Samt hing, über und über mit Goldfäden bestickt. »Für dich«, sagte sie. »Mal sehen, ob es paßt.«

»Wie . . .«, fragte Alicia, während sie das Kleid an ihren Körper hielt.

Judith lächelte geheimnisvoll. »Da ist ein schrecklicher kleiner Mann, der für Gavin arbeitet. Gavin sperrt ihn immer im Keller ein wegen . . . allerlei Unverschämtheiten. Ich beschloß, die Talente dieses Mannes zu nützen. Ich gab ihm ein Säckchen voll Silber, sagte ihm, wie groß du seist, und verlangte, er solle mir ein Kleid nähen, das einer Lady würdig sei.«

»Es ist wunderschön«, flüsterte Alicia, während sie mit beiden Händen über den Samt strich. »Du bist so freundlich zu mir, gibst mir das Gefühl, willkommen zu sein.«

Judith legte Stephen die Hand auf die Schulter: »Stephen, du siehst so erschöpft aus. Geht es dir nicht gut?«

Er versuchte zu lächeln und küßte ihr zerstreut die Hand. »Vielleicht bin ich erschöpft.« Er wandte sich Alicia zu. »Meine Brüder würden sich freuen, dich kennenlernen zu dürfen«, sagte er förmlich. »Ich fühlte mich geehrt, wenn du ihrer Bitte entsprichst.« Damit verließ er das Zimmer.

Erst nach Stunden war Alicia so gekleidet und hergerichtet, daß Judith mit ihr zufrieden war. Judith sagte, sie habe so manchen Trick bei Hofe gelernt. Ihr gefiel die Art, wie Alicia ihre Haare ungehindert über die Schultern fließen ließ. Sie trug es sogleich auf die gleiche Weise. Judith trug ein Gewand aus violettem Satin, dessen Ärmel und Saum mit dunkelbraunem Nerz besetzt waren. Ein goldener Gürtel mit purpurfarbenen Amethysten umgab ihr Taille.

Alicia glättete den Samt über den Hüften. Das Kleid beengte sie, doch heute machte ihr das nichts aus. Der tiefe, rechteckige Ausschnitt brachte ihre vollen Brüste sehr zur Geltung. Die gepufften Ärmel waren geschlitzt und mit hauchdünnem Stoff aus gewirktem Gold unterlegt. Sie reckte die Schultern und ging die Treppe hinunter, um ihre Schwäger zu begrüßen.

Die vier Männer standen nebeneinander vor dem steinernen Kamin des Winter-Gästezimmers, und Alicia und Judith verhielten einen Moment mitten im Schritt, um sie voller Stolz zu betrachten.

Stephen hatte sich seine langen Haare schneiden lassen und seine schottischen Kleider abgelegt. Alicia fühlte einen Stich des Bedauerns, daß sie den Hochländer verloren hatte, zu dem er geworden war. Er trug ein Wams aus dunkelblauem Samt, dessen Kragen aus kostbarem Zobel bestand. Seine muskulösen stämmigen Beine staken in einer dunkelblauen Strumpfhose.

Gavin trug Grau, und seine Jacke war mit dem grauen Pelz von Grauhörnchen gefüttert. Raine trug schwarzen Samt, der Kragen mit Silberfäden durchwirkt, die sich zu einem komplizierten spanischen Muster zusammenfügten. Miles' Wams leuchtete smaragdgrün. Die geschlitzten Ärmel waren mit silbernem Tuch unterlegt, seine Ärmelmanschetten mit Perlen bestickt.

Miles bemerkte die Frauen zuerst. Er stellte seinen silbernen Weinkelch auf den Kaminsims und trat vor. Er stellte sich vor Alicia hin, und seine Augen wurden fast schwarz zu einem heißen schwarzen Feuer. Er ließ sich auf ein Knie vor ihr nieder. »Ich fühle mich geehrt«, flüsterte er ehrfürchtig, den Kopf geneigt.

Alicia sah die anderen Brüder verwirrt an.

Judith lächelte stolz über ihre Schwägerin. »Darf ich dir Miles vorstellen?«

Alicia streckte ihre Hand aus, und Miles ergriff sie und küßte sie lange.

»Du hast deine Punkte gesammelt, Miles«, sagte Stephen sarkastisch.

Gavin lachte und hieb Stephen auf die Schulter, daß ihm der Wein aus dem Kelch sprang. »Jetzt habe ich endlich jemand gefunden, der mir hilft meinen Baby-Bruder bei der Stange zu halten«, sagte Gavin. »Lady Alicia, darf ich mich ebenfalls feierlich vorstellen? Ich bin Gavin Ascott.«

Alicia nahm Miles wieder ihre Hand weg und konnte den Blick nur schwer von ihm lösen. Dieser junge Mann hatte etwas außerordentlich Fesselndes an sich. Sie gab Gavin die Hand und wandte sich dann dem dritten Bruder zu. »Und Ihr müßt Raine sein. Ich habe schon viel über Euch gehört.«

»Davon wenig Gutes, wie?« fragte Raine, während er ihre Hand nahm und lächelte, daß seine Grübchen sich mit Schatten füllten.

»Richtig«, sagte sie aufrichtig. »Einer meiner Männer, Tam, so stämmig wie eine Eiche, war Stephens Ausbilder in Schottland. Wochenlang hörte ich Euren Namen, wenn Stephen sich den anstrengenden Anforderungen von Tam entziehen wollte.«

Raine lachte laut. »Da muß ja mein Name Wunder gewirkt, haben; denn er blieb heute morgen in einem kurzen Ringen Sieger.« Er warf Stephen einen Seitenblick zu, »obwohl er sich natürlich erst noch einer Herausforderung zu einem längeren Kampf stellen muß.«

Alicia musterte mit großen Augen Raines kolossale Schultern und die mächtige Brust. »Mir scheint, es sollte genügen, wenn ein Mann einen anderen beim erstenmal besiegt.«

Raine faßte sie bei den Schultern und gab ihr einen schallenden Kuß auf die Wange. »Stephen, bei der Frau solltest du bleiben!« rief er lachend.

»Ich werde es versuchen«, sagte dieser und ergriff ihre Hand, ehe Miles sie wieder zu fassen bekam. »Das Diner ist serviert. Sollen wir hineingehen?« fragte er und suchte mit seinem Blick ihre Augen.

Sie lächelte süß, als hätten sie sich nie gezankt. »Ja, bitte«, sagte sie züchtig. Plötzlich schien sich alles vor ihren Augen zu drehen. Sie war im Haß auf die MacGregors und die Engländer aufgewachsen. Nun war sie die Patenmutter eines MacGregors und ertappte sich dabei, daß sie diese warmherzige, fest zusammenhaltende englische Familie in ihr Herz schloß. Doch die MacGregors hatten jahrhundertelang die MacArrans getötet, und die Engländer erschlugen ihren Vater. Wie konnte sie Menschen lieben, die sie hassen sollte?

»Lady Alicia?« fragte Gavin, »ist Euch der Wein zu stark?«

»Nein«, erwiderte sie lächelnd, »alles ist fast perfekt. Und das, fürchte ich, ist mein Problem.«

Er musterte sie einen Moment lang. »Ihr solltet wissen, daß wir auch Eure Familie sind. Wenn Ihr einen von uns irgendwann braucht, werden wir zur Stelle sein.«

»Vielen Dank«, antwortete sie ernst. Sie wußte, er meinte es auch so.

Nach dem Essen nahm Judith Alicia zu einer Besichtigungstour innerhalb der Burgmauern mit. Die Burg bestand aus zwei Bereichen – dem äußeren, wo die Dienstleute wohnten, und dem inneren, stärker geschützten Bereich, der den Ascotts vorbehalten blieb. Alicia hörte aufmerksam zu und stellte Hunderte von Fragen, die den wohlorganisierten Burgkomplex betrafen. Das Ackerland innerhalb der Burgmauern war groß genug, um die Bewohner der Anlage von jeder äußeren Nahrungsmittelzufuhr unabhängig zu machen.

Stephen hielt die beiden zurück, als sie sich in der Schmiede eine neue Technik vorführen lassen wollten.

»Gavin und ich werden nach Larenston zurückreiten, um Chris' Leiche zu holen.«

»Tam wird ihn inzwischen beerdigt haben«, meinte Alicia.

Er nickte. »Ja, aber wir halten das für eine Ehrenpflicht seiner Familie gegenüber. Sie weiß bisher noch nicht einmal, daß er tot ist. Es wird ihnen ein wenig über den Schmerz hinweghelfen, wenn er auf ihrem Land ruht.«

Alicia nickte zustimmend. »Chris mochte Schottland nicht«, sagte sie ernst.

Er fuhr mit den Knöcheln über ihre Wange. »Es ist das erstemal seit unserer Heirat, daß wir getrennt sind.«

»Und wie lange wirst du wegbleiben?«

Er faßte sie unter dem Kinn. »Mindestens drei lange, lange Tage. Wie ich Gavin kenne, wird er hart reiten.« Er lächelte. »Jedenfalls werden wir nicht alle paar Stunden anhalten wie du und ich auf der Herreise.«

Sie schlang die Arme um seinen Hals. »Du wirst mich nicht vergessen, während du fort bist?« flüsterte sie, ihren Mund an dem seinen.

»Wie könnte ich einen Wirbelsturm wie dich vergessen«, sagte er lächelnd. Sie preßte ihren Körper fest an ihn.

»Stephen . . .«

Er legte zwei Finger an ihre Lippen. »Wir werden viel miteinander zu bereden haben, wenn ich zurückkomme. Bist du bereit dazu?«

Sie lächelte glücklich. »Ja, ich bin bereit.«

Nachts merkte Alicia erst richtig, wie sehr sie Stephen vermißte. Das breite Bett in der wunderhübsch gefliesten Kammer erschien ihr kalt und unerträglich. Sie dachte an Stephen, der sich nicht eine Nacht

Schlaf gegönnt hatte. Sie verdammte sich dafür, daß sie nicht darauf bestanden hatte, ihn zu begleiten.

Je mehr sie darüber nachdachte, um so ruheloser wurde sie. Sie warf die Decke beiseite und ging barfuß über den eiskalten Boden zu einer Truhe in einer Ecke. Sie suchte ihre Hochland-Kleider hervor und befestigte binnen Minuten das Plaid um ihre Schultern. Vielleicht würde ein Spaziergang unten im kalten Burghof sie müde machen.

Sobald sie im Freien war, drangen Hufschläge an ihr Ohr.

»Stephen!« rief sie keuchend und rannte zum Tor. Sie wußte, daß nur Angehörige der Familie nachts den Burghof betreten durften.

»Lady Mary«, hörte sie ein ruhige Stimme, »es ist schön, Euch wiederzusehen. Hattet Ihr eine angenehme Reise?«

»So gut, wie ich sie mir wünschen konnte, James«, antwortete eine sanfte, gütige Stimme.

»Soll ich Lady Judith holen?«

»Nein, störe sie nicht. Sie braucht ihren Schlaf nötiger als ich. Ich finde mich schon selbst zurecht.«

Alicia blieb im Schatten der Burgmauer und beobachtete, wie einer der Lehnsleute Lady Mary beim Absteigen half. Sie besann sich auf Stephens Worte. Er hatte seine älteste Schwester mit einer Madonna verglichen.

»Wir haben Euch schon viel früher erwartet«, sagte James. »Ich hoffe, Euch ist unterwegs nichts Unangenehmes widerfahren.«

»Eines der Kinder war krank. Ich blieb, um das Kind zu pflegen.«

»Ihr habt ein zu gütiges Herz, Lady Mary. Ihr solltet Euch nicht um die Bettelkinder bekümmern. Einige von ihnen haben Mörder zu Vätern. Auch zu Müttern, wenn man den Gerüchten glauben darf.«

Mary wollte darauf etwas sagen, fuhr aber dann rasch herum. Sie lächelte Alicia an: »Ich hatte so ein Gefühl, als würde ich beobachtet. Ihr müßt Stephens Alicia sein!«

Der Burghof war sehr dunkel. Nur der innere Bereich wurde vom Mond und einer Laterne erhellt. Mary war klein und hatte ein vollkommen ovales Gesicht. Es war ein Gesicht, zu dem jeder Vertrauen fassen mußte.

»Woher wußtet Ihr?« entgegnete Alicia lächelnd. »Bisher habe ich noch keinen Ascott täuschen können.«

»Ich habe von der Art der Schotten gehört, die ein sehr naturverbundenes Leben führen. Und wer sich ohne Nöte so einem kalten Wind aussetzt, muß schon sehr abgehärtet sein.«

Alicia lachte. »Kommt mit mir in das Winter-Gästezimmer, und ich werde Euch in ein paar Minuten ein tüchtiges Feuer im Kamin angeschürt haben.«

»Das klingt himmlisch«, sagte Mary, die ihre Hände unter dem einfachen Wollmantel geborgen hielt.

Mary folgte ihrer Schwägerin in den großen getäfelten Raum und stand ruhig dabei, während Alicia wahrhaftig mit eigenen Händen Holz aufschichtete und ein Feuer entzündete. Sie lächelte, angetan von einer Lady, die sich nicht zu schade war, niedrige Arbeiten zu verrichten, obwohl sie Herrscherin über ein eigenes Land war.

Alicia drehte sich um, als die Scheite brannten. »Ihr müßt müde sein. Vielleicht wollt Ihr lieber ein Feuer in Eurem Zimmer haben?«

Mary setzte sich auf einen gepolsterten Stuhl und streckte ihre Hände dem Feuer entgegen. »Ich bin müde – zu müde, um schlafen zu gehen. Ich möchte eine Weile hier sitzen und mich aufwärmen.«

Alicia blieb Sekunden neben dem Kamin stehen, ehe sie den Schürhaken in den Ständer zurückstellte. Mary sah tatsächlich aus wie eine Madonna. Ihr ovales Gesicht besaß eine hohe klare Stirn über sanften, ausdrucksvollen braunen Augen. Ihr Mund war klein und zart und hatte Grübchen zu beiden Seiten. Raines Grübchen, dachte Alicia bei sich.

»Es ist gut, wieder zu Hause zu sein.« Mary seufzte und sah dann zu Alicia zurück. »Warum seid Ihr noch wach?« fragte sie scharf. »Hat Euch Stephen . . .«

Alicia lachte und stellte einen Stuhl neben Marys Sessel. »Er ist mit Gavin nach Schottland zurückgekehrt, um . . . um die Leiche eines Freundes heimzuholen.«

»Christopher«, sagte Mary seufzend und lehnte sich im Sessel zurück.

»Ihr wißt davon?« fragte Alicia bang.

»Ja. Stephen schrieb mir, als er zu Tode kam.«

Alicia war sehr still. »Schrieb er, daß ich es war, die ihn in den Tod schickte?«

»Nein! Und Ihr solltet so etwas niemals denken. Er schrieb, Chris' eigene Arroganz sei schuld an seinem Tod gewesen. Er schrieb, alle Engländer begingen Selbstmord, wenn sie sich in das Hochland hineinwagten.«

»Die Engländer haben viele Hochländer erschlagen!« sagte Alicia heftig, drehte sich dann um und sah rasch auf Mary.

»Verzeiht! Ich vergaß . . .«

»Daß wir Engländer sind? Das ist ein Kompliment. Dessen bin ich sicher.« Sie betrachtete Alicia im warmen Schimmer des Holzfeuers. »Stephen schrieb mir, wie schön Ihr seid. Er hat die Wahrheit nicht einmal halb getroffen.«

Alicia schnitt eine Grimasse. »Er legt zu viel Gewicht auf das Aussehen von Frauen.«

Mary lachte. »Ihr habt entdeckt, was Judith ebenfalls auffiel. Meine Brüder glauben, alle Frauen wären wie ich – ohne Temperament und Leidenschaft.«

Alicia betrachtete sie. »Aber sicherlich müßt Ihr . . .«

Mary legte ihr die Hand auf den Arm. »Sicherlich müßte eine Frau, die so leidenschaftliche Brüder hat wie ich, etwas davon abbekommen haben? Das habt Ihr doch fragen wollen, wie?« Sie wartete Alicias Antwort nicht ab. »Nein, ich fürchte, ich neige dazu, vor dem Leben zu flüchten. Frauen wie Judith und Ihr – wenn ich Stephens Briefe richtig gelesen habe – halten das Leben mit beiden Händen fest.«

Alicia wußte nicht, was sie darauf sagen sollte. Sie redeten miteinander, als kennten sie sich nicht erst seit ein paar Minuten, sondern wären seit Jahren miteinander befreundet. Doch irgendwie sorgten die Stille des Raumes und der Schein des Feuers, der sie gegen die dunklen Ecken des Zimmers hin abschirmte, dafür, daß ihr Gespräch sich wie von selbst ergab.

»Sagt mir – fühlt Ihr Euch einsam?« fragte Mary. »Vermißt Ihr Eure schottische Umgebung? Wie steht es mit Eurer Familie und Euren Freunden?«

Es dauerte eine Weile, ehe Alicia antwortete: »Aye, ich vermisse meine Freunde.« Sie dachte an Tam, Douglas und alle ihre Leute. »Ja, ich vermisse sie sehr.«

»Und nun scheint es so, als habe selbst Stephen Euch verlassen. Vielleicht sollten wir beide morgen ausreiten. Ich möchte gern mehr über Schottland erfahren.«

Alicia lächelte und lehnte sich auf ihrem Stuhl zurück. Sie wollte sehr gern den Tag mit dieser Frau verbringen. Sie hatte etwas Friedliches und Ruhiges an sich – etwas, das ihr im Augenblick nottat.

Alicia verbrachte die nächsten beiden Tage in Marys Gesellschaft. Es dauerte nicht lange, bis jeder diese Frau liebgewann. Während Judith sich mit ihren Kontobüchern beschäftigte und den Sorgen, die die Verwaltung ihrer eigenen riesigen Besitzungen mit sich brachten, entdeckten Mary und Alicia ihre gemeinsame Liebe zum Volk. Alicia hatte sich nie für Zahlen auf dem Papier erwärmen können; doch sie vermochte sich ein sehr genaues Bild über den Zustand und Ertrag eines Besitzes zu machen, wenn sie mit den Leuten sprach. Sie ritt mit Mary von Flur zu Flur und redete mit jedem, dem sie begegnete. Die Leibeigenen waren zunächst sehr scheu; doch bald gewann sie mit ihrer Offenheit deren Sympathien. Sie war gewöhnt, mit Untergebenen wie mit Gleichgestellten zu reden, und Mary beobachtete, wie die Männer und Frauen im Gespräch mit Alicia selbstbewußter wurden und ihre Schultern stolz in die Höhe streckten. Alicia schickte Leute, die krank waren, zu Bett. Sie bat um Sonderrationen für die Kinder einiger Familien, die ihr bereitwillig zugesagt wurden.

Doch sie war nicht immer großzügig mit den Leibeigenen. Sie betrachtete sie wie Menschen, nicht als willenlose Wesen, auf die man mitleidig herabsah. Sie fand Leute, die ihre Brotherren bestahlen, und sorgte für deren Bestrafung. Einige stille, hart arbeitende und loyale Familien wurden auf ihre Fürsprache hin in verantwortliche Positionen bestellt.

Am ersten Tag verbrachten Judith und Alicia mehrere Stunden im Gespräch. Judith hörte sehr aufmerksam zu, als Alicia ihre Beobachtungen berichtete. Sie erkannte sofort die Klugheit und Erfahrung ihrer Schwägerin und befolgte deren Ratschläge.

Andererseits war Alicia die Lernende, was Organisation und verbesserte Ertragskraft anlangte. Sie beschloß, diese Anregungen in Larenston in die Tat umzusetzen. Sie studierte Judiths Gebäudeentwürfe und Gartenanlagen. Judith versprach, ihr im Frühjahr eine Wagenladung Stecklinge nach Larenston zu schicken.

Und Judith vollbrachte Wundertaten, was die Tierzucht anlangte. Alicia war fasziniert von Judiths Methode, ihre Schafe und Rinder so lange mit anderen Rassen zu kreuzen, bis sie mehr Fleisch, Milch und Wolle lieferten.

Als Alicia am ersten Tag zu Bett ging, schwammen ihr die Zahlen, Tabellen und Zeichnungen nur so vor den Augen. Hunderte von Gesichtern und Namen gaukelten durch ihre Träume.

Am Morgen war sie schon früh auf und bereits in den Ställen, ehe die meisten der Burgbewohner erwacht waren. Sie trug wieder ihr Hochlandkleid, da sie erfahren hatte, wie begeistert das Volk auf ihre schlichte Garderobe reagierte.

Sie warf einen leichten Sattel über den Rücken einer erdbeerfarbenen Stute.

»Mylady«, sagte eine kräftige Stimme neben ihr, »erlaubt mir, Euch zu helfen.«

Sie drehte sich um und erblickte einen untersetzten, gutaussehenden blonden Mann, einen von Miles' Gefolgsleuten, der am Tag zuvor mit Mary und ihr geritten war. »Vielen Dank, Richard.«

Seine dunkelgrünen Augen leuchteten auf. »Ich hatte keine Ahnung, daß Ihr meinen Namen wißt. Das ist eine Ehre für mich.«

Sie lachte. »Unsinn! In Schottland kenne ich jeden meiner Männer mit Namen, und sie rufen mich bei meinem.«

Er beugte sich vor, um ihren Steigbügel festzuzurren. »Ich habe mit einigen von Lord Stephens Lehnsmännern gesprochen, die mit ihm in Schottland waren. Sie erzählten, Ihr würdet oft bei Nacht ausreiten, allein oder mit Euren Männern.«

»Richtig«, sagte sie bedächtig, »ich bin die MacArran, und ich bin der Anführer meiner Männer.«

Er lächelte auf eine langsame, herausfordernde Art. »Darf ich mir gestatten, Euch zu sagen, daß ich Eure Hochländer beneide? In England werden wir selten von Frauen geführt und nie von so einer schönen.«

Sie runzelte die Stirn und griff nach dem Zügel der Stute. »Vielen Dank«, sagte sie steif und führte das Pferd aus dem Stall. »Was sollte das eben bedeuten?« rief ein Mann hinter Richard barsch.

Richard blickte zur Tür, durch die Alicia gegangen war, ehe er sich umdrehte. »Nichts, was dich anginge, George«, sagte er, während er sich an dem Ritter vorbeischob.

George packte Richards Arm. »Ich sah dich mit ihr reden und möchte wissen, was du zu ihr gesagt hast.«

»Warum?« schnappte Richard. »Damit du sie für dich allein haben kannst? Ich habe gehört, was du und der Rest von Stephens Gefolgsleuten euch über sie erzählt habt.«

»Lord Stephen, wenn ich bitten darf!«

»Ach, du bist ein Heuchler! Du nennst sie Alicia und redest mit ihr, als wäre sie deine kleine Schwester. Doch wenn ein anderer sie anspricht, möchtest du gleich dein Schwert ziehen. Laß dir eines gesagt sein. Ich behandle sie nicht anders, als sie es verdient. Keine Lady würde mit Lehnsmännern und Leibeigenen sprechen wie sie, wenn sie nicht scharf auf das wäre, was sie zwischen den Beinen haben.«

Georges Faust traf ihn auf den Mund, ehe er noch ein Wort sagen konnte. Den nächsten Schlag konnte Richard parieren. Er schlug George mit verschlungenen Händen in den Nacken, daß dieser mit dem Gesicht nach unten ins Stroh fiel.

»Was geht hier vor?« fragte Alicia von der Stalltüre her.

George setzte sich auf und rieb sich den Nacken. Richard wischte sich mit dem Handrücken das Blut von der Nase.

»Ich habe etwas gefragt«, sagte Alicia ruhig und beobachtete die beiden Männer. »Ich will nicht den Grund eures Streits wissen; denn das ist eine persönliche Sache. Doch wer von euch schlug zuerst zu?«

»Ich, Mylady«, sagte George, während er sich hochrappelte.

»Du, George? Aber ...« Alicia beendete den Satz nicht. Es mußte ein guter Grund gewesen sein, wenn so ein ruhiger, ausgeglichener Mann wie George den ersten Schlag führte. Sie mochte Richard nicht und traute ihm nicht. Gestern hatte er zu oft die jungen Mädchen der Leibeigenen mit begehrlichen Augen betrachtet. Doch sie konnte Richard nicht mit George allein lassen, und durfte George nicht mitnehmen, weil er den Streit begonnen hatte. Es war besser, sie ließ sich wieder von Richard begleiten und schützte Stephens Gefolgsmann.

»Richard«, sagte sie ruhig, »Ihr könnt Lady Mary und mich eskortieren.« Sie warf George einen bedauernden Blick zu, als sie den Stall wieder verließ.

»Die ist heiß, diese Dame«, sagte Richard lachend und verließ den Stall, ehe George sich abermals auf ihn werfen konnte.

15. Kapitel

Mary schwang sich in den Sattel und sah ihre Schwägerin mit noch schlaftrunkenen Augen an. Sie fragte sich, ob Alicia wußte, was Worte wie Kälte und Erschöpfung bedeuteten. Sie waren gestern den ganzen Tag geritten, bis die Wächter ihres Gefolges vor Müdigkeit fast vom Pferd gefallen waren. Und dann war Alicia noch bis nach Mitternacht aufgeblieben, um mit Judith über Geschäfte und Verwaltung zu sprechen.

Mary streckte sich, gähnte und lächelte. Kein Wunder, daß Stephen ihr geschrieben hatte, er müsse sich anstrengen, um mit seiner Frau mithalten zu können. Ob Alicia wußte, wie sehr Stephen sie bewunderte? Stephens Briefe waren voll des Lobes gewesen über sein neues Volk, sein neues Leben und besonders über seine tüchtige und mutige Ehefrau.

Mary trieb ihr Pferd an, damit sie Alicia wieder einholte. Die Schottin stand bereits vor der Hütte eines Leibeigenen.

Am späten Vormittag hielten sie auf einem Hügel, um eine Rast einzulegen. Die Männer streckten sich im Gras aus und verzehrten hungrig Brot und Käse.

Mary und Alicia saßen auf der Kuppe, weil Alicia von hier aus einen weiten Blick auf das Land hatte.

»Was war das?« fragte Alicia plötzlich.

Mary lauschte einen Moment. Doch sie hörte nur das Seufzen des Windes und die Stimmen der Begleiter.

»Da ist es wieder!« Alicia sah über die Schulter, und Rab kam zu ihr und stieß sie mit der Schnauze an. »Ja, mein Junge«, flüsterte sie und stand rasch auf. »Da ist jemand verletzt«, sagte sie zu Mary und rannte los.

Die Begleiter sahen hoch, kümmerten sich aber nicht weiter um die Frauen.

Mary folgte Alicia den Hügel hinunter. Da war ein Teich, dessen Ränder halb gefroren waren. Dünne Eisschollen trieben in der Mitte auf dem Wasser.

Alicia strengte ihre Augen an, bis Rab Laut gab. »Dort!« rief Alicia und rannte weiter.

Mary vermochte nicht zu sehen, was da sein sollte, raffte aber ihre schweren Röcke hoch und folgte ihrer Schwägerin. Dann, als sie halbwegs beim Teich waren, bemerkte sie den Kopf und die Schultern eines Kindes. Es war im eisigen Wasser gefangen.

Ein Schauder lief Mary über den Rücken. Sie flog förmlich über den Boden dahin und merkte gar nicht, wie sie Alicia überholte. Sie rannte geradewegs in das eisige Wasser hinein und packte das Kind.

Das Kind sah mit großen, blanken Augen zu ihr hoch. Sie hatten nur Minuten Zeit, um das Kind vor dem Erfrieren zu retten.

»Es scheint mit dem Fuß irgendwo eingeklemmt zu sein! Kannst du mir dein Messer zuwerfen?« rief Mary ihrer Schwägerin zu.

Alicias Verstand arbeitete fieberhaft. Wenn sie Mary das Messer zuwarf und diese es nicht auffing, war das Kind wahrscheinlich verloren. Es gab nur eine Möglichkeit, Mary das Messer auf sichere Weise zukommen zu lassen. »Rab!« rief Alicia, und der Hund hörte aus ihrer Stimme, wie dringlich ihr Anliegen war. »Lauf zu den Männern und hole sie zur Hilfe. Bring jemand hierher, Rab!«

Der Hund schoß davon wie ein Pfeil, der von der Sehne schnellt. Doch er hielt nicht auf die Begleiter zu, die hinter der Kuppe warteten.

»Tod und Verdammnis!« fluchte Alicia; doch es war zu spät, den Hund wieder zurückzurufen.

Sie nahm das Messer aus der Scheide und watete in das eiskalte Wasser. Pflanzen suchten sie unter Wasser festzuhalten. Mary war blaugefroren; doch sie hielt den Jungen eisern fest, dessen Gesicht bereits grau wurde.

Alicia kniete sich nieder. Das eiskalte Wasser schwappte gegen ihre Brust, als prallte sie gegen eine Ziegelmauer. Sie tastete an den Beinen des Jungen entlang und hackte dann auf die zähen Schlingpflanzen ein, die seine Knöchel fesselten.

»Er ist frei!« flüsterte sie nach Sekunden. Sie bemerkte, daß inzwischen auch Marys Gesicht eine gefährlich graue Färbung angenommen hatte. Alicia kniete im Wasser und hob das Kind hoch. »Kannst du mir folgen?« rief sie über die Schulter, während sie das Kind ans Ufer trug.

Als sie am Ufer anlangte, wurde ihr das Kind aus den Armen genommen. Sie sah hoch. Raine stand mit ernstem Gesicht über ihr.

»Wie . . .?« begann Alicia.

»Miles und ich wollten dir entgegenreiten, als der Hund zu uns kam und uns umtänzelte wie ein Dämon.« Während Raine redete, war er beständig in Bewegung. Er reichte das Kind einem seiner Männer zu und legte seinen Umhang über Alicias kalte, nasse Schultern.

»Mary?« fragte Alicia mit klappernden Zähnen.

»Miles hat sie«, sagte Raine, während er Alicia in den Sattel hob und sich hinter ihr aufs Pferd schwang.

Sie ritten im Galopp zur Ascott-Burg zurück. Mit einer Hand lenkte Raine sein Pferd, mit der anderen massierte er ununterbrochen Alicias Schultern und Arme. Sie merkte, daß sie zu erfrieren drohte, rollte sich zu einer Kugel zusammen und schmiegte sich an die feste Wärme von Raines Brust.

Sobald sie den Burghof erreicht hatten, hob Raine Alicia aus dem Sattel und trug sie hinauf in ihr Schlafzimmer. Er stellte sie in der Mitte des Raumes ab, ging zu einer Truhe und holte eine schwere Robe aus golddurchwirkter Wolle hervor. »Hier, zieh das an«, befahl er, drehte ihr den Rücken zu und begann, ein Feuer im Kamin zu entzünden.

Alicias Finger zitterten, als sie sich von ihrem Hemd zu befreien suchte, das ihr auf der Haut klebte. Als sie das schwere Wollkleid überstreifte, merkte sie nichts von der Wärme, die sich von dem Stoff auf ihren Körper übertragen sollte.

Raine drehte sich ihr wieder zu, sah ihr blutleeres Gesicht und nahm sie in seine kräftigen Arme. Er setzte sich in einen breiten Sessel vor den Kamin und nahm seine Schwägerin auf seinen Schoß. Er warf einen Umhang, der Stephen gehörte, über sie, steckte den Saum um sie her fest und hielt sie an seine Brust, während sie zitternd die Beine an den Leib zog.

»Mary?« flüsterte sie, während der Kälteschauer alle Muskeln zum Beben brachte.

»Miles kümmert sich um sie. Inzwischen hat Judith ihr ein heißes Bad zubereitet.«

»Und das Kind?«

Raine sah mit Augen auf sie hinunter, die sich auch im Licht noch dunkel verfärbten. »Hast du gewußt, daß es nur das Kind von Leibeigenen war?« fragte er ruhig.

Sie löste sich von ihm. »Was spielt das für eine Rolle? Das Kind brauchte Hilfe.«

Raine lächelte sie an und zog sie wieder an seine warme Brust. »Dachte ich mir doch, daß es für dich keinen Unterschied bedeutete. Für Mary selbstverständlich auch nicht. Doch mit Gavin wirst du Ärger bekommen. Er würde nicht ein Haar auf dem Kopf eines Familienmitgliedes riskieren, um alle Leibeigenen dieser Welt vom Tode zu erretten.«

»Ich habe mich gegen Stephen behaupten können; also wird es mir vermutlich auch bei Gavin gelingen«, sagte sie mit einem tiefen Seufzer.

Raine lachte. Es begann mit einem Glucksen tief unten in seinem Leib. »Gut gesagt! Ich merke, daß du meine älteren Brüder durchschaut hast.«

Sie lächelte an seiner Brust. »Raine, warum bist du eigentlich nicht verheiratet?«

»Die Universalfrage aller Frauen«, meinte er mit einem glucksenden Lachen. »Vielleicht will mich keine haben.«

Das war eine so absurde Bemerkung, daß sie gar nicht darauf einging.

»Tatsächlich habe ich in acht Monaten sechs Frauen einen Korb gegeben.«

»Warum?« fragte sie. »Waren sie zu häßlich, zu dünn oder zu fett? Oder hast du die Damen gar nicht gekannt?«

»Ich kannte sie«, erwiderte er gelassen. »Ich bin nicht wie meine Brüder, die ihre Bräute erst am Hochzeitstag kennenlernen. Die Väter machten mir die Angebote, und ich lebte mit jeder Frau drei Tage zusammen.«

»Und trotzdem hast du sie verschmäht.«

»Aye, das tat ich.«

Sie seufzte. »Was erwartest du von einer Frau? Eine von ihnen muß doch hübsch genug gewesen sein.«

»Hübsch!« schnaubte Raine, »drei von ihnen waren Schönheiten! Aber ich wünsche mir mehr von einer Frau als gutes Aussehen. Ich verlange von einer Frau, daß sie nicht nur das letzte Stickmuster im Kopf hat.« Seine Augen zwinkerten belustigt. »Ich wünsche mir eine Frau, die ihr Leben riskiert und in einen eiskalten Teich hineinwatet, um das Kind von Leibeigenen zu retten.«

»Aber jede Frau, die das Kind in seiner Not gesehen hätte . . .«

Raine sah von ihr weg ins Feuer. »Du und Mary seid etwas Besonderes. Judith ebenfalls. Weißt du, daß Judith auch einmal Gavins Männer anführte, als ein Wahnsinniger ihn gefangenhielt? Sie riskierte ihr Leben, um seines zu retten.« Er lächelte auf sie hinunter. »Ich warte, bis ich so eine wie dich oder Judith bekomme.«

Alicia dachte eine Weile über seine Antwort nach. »Nein, ich glaube nicht, daß du so eine Frau wie Judith und mich brauchst. Gavin liebt dieses Land, und Judith teilt diese Liebe. Sie passen zusammen. Und Schottland ist mein Land, wo Stephen mit mir leben kann, wenn es ihm beliebt. Doch du . . . ich habe das Gefühl, dich hält es nirgends lange. Du brauchst eine Frau, die so frei und ungebunden leben will wie du.«

Raine sah sie mit offenem Mund an, schloß ihn wieder und

lächelte. »Ich möchte dich nicht fragen, woher du das alles weißt. Wahrscheinlich würdest du antworten, du seist eine Hexe. Aber da du so viel zu wissen scheinst, möchte ich eine persönliche Frage an dich richten.«

Er blickte ihr fest in die Augen. »Was stimmt nicht zwischen dir und Stephen? Warum bist du immer so zornig auf ihn?«

Alicia zögerte mit der Antwort. Sie wußte, wie nahe sich die Brüder standen. Doch sie brachte es nicht fertig, ihn zu belügen.

Sie holte tief Luft und sagte ihm die Wahrheit: »Stephen glaubt, ich besäße weder Ehrgefühl noch Stolz. Er glaubt eher anderen als mir. In Schottland war er davon überzeugt, ich machte nur Fehler, und in einigen Fällen hatte er recht. Doch es stand ihm nicht zu, mich so zu behandeln, als könnte ich nichts richtig machen.«

Raine nickte verständnisvoll. Auch Gavin hatte lange gebraucht, bis er begriffen hatte, daß Judith mehr war als nur ein schöner Leib.

Ehe er etwas sagen konnte, flog die Tür auf, und ein erschöpfter, lehmüberkrusteter Stephen stürmte ins Zimmer.

»Miles sagte mir eben, Alicia wäre in einen eiskalten See gesprungen«, rief er mit dröhnender Stimme. »Wo steckt sie?« Noch während er fragte, entdeckte er Alicia auf Raines Schoß. Mit zwei Schritten hatte er das Zimmer durchquert und riß sie aus den Armen des Bruders.

»Tod und Verdammnis«, fluchte er. »Man kann dich nicht eine Stunde allein lassen, ohne daß du in Schwierigkeiten kommst!«

»Laß mich los«, sagte sie kalt. Und dann ging sie barfuß, aber mit hocherhobenem Kopf zur Tür. Sie legte die Hand auf die Klinke und sagte, ohne sich noch einmal umzudrehen: »Eines Tages wirst du lernen müssen, daß ich weder ein Kind noch ein Dummkopf bin.« Sie öffnete die Tür und verließ das Zimmer.

Stephen wollte ihr nach; doch Raines Stimmes hielt ihn zurück.

»Setz dich und laß sie in Ruhe«, sagte Raine mit resignierender Stimme.

Stephen starrte die verschlossene Tür an und fuhr sich dann mit beiden Händen durch seine schmutzigen Haare.

»Ist sie unverletzt geblieben? Wird sie sich wieder erholen?«

»Natürlich«, erwiderte Raine zuversichtlich. »Sie ist kräftig und gesund, und du hast sie mir ja als eine Frau geschildert, die fast ihr ganzes Leben im Freien verbrachte.«

Stephen starrte ins Feuer. »Ich weiß«, sagte er mit belegter Stimme.

»Was hast du nur?« fragte Raine. »Das ist nicht der Stephen, den ich gekannt habe.«

»Alicia«, sagte Stephen mit leisem Stöhnen, »sie wird mich noch umbringen. In Schottland beschloß sie eines Nachts, ihre Männer bei einem Überfall auf den mit ihr verfeindeten Klan anzuführen. Damit ich sie bei diesem Unternehmen nicht stören konnte, gab sie mir ein Gift ein.«

»Sie tat das?« fuhr Raine von seinem Sessel hoch, als ihm bewußt wurde, in welche Gefahr Alicia sich und Stephen gebracht hatte.

Stephen nickte düster.

»Einer ihrer Gefolgsmänner fand mich betäubt im Bett und bemühte sich, mich wachzubekommen. Als ich sie wiederfand, hing sie an einem Seil an einer Steilwand über den Meeresklippen.«

»Gütiger Himmel!« keuchte Raine.

»Ich wußte nicht, ob ich ihr den Hintern versohlen oder sie einsperren sollte, um sie vor sich selbst zu schützen.«

»Und was von beiden hast du getan?«

Stephen lehnte sich gegen einen Stuhl. Sein Gesicht spiegelte seine Betretenheit, als er seinem Bruder antwortete:

»Was ich immer tat, wenn wir uns stritten. Wir liebten uns.« Raine ließ ein Glucksen hören, das seine mächtige Brust erschütterte. »Dein Problem scheint darin zu bestehen, daß sie zu sehr an sich denkt.«

Stephen schüttelte bekümmert den Kopf. »Das Gegenteil ist der Fall. Sie denkt zu wenig an sich. Zuweilen beschämt sie mich damit. Wenn es um ihren Klan geht, riskiert sie ihr Leben, weil sie das Wohl ihrer Leute höher achtet als sich selbst.«

»Und das bereitet dir Kummer?«

»Und wie! Warum muß sie nachts fremde Rinderherden überfallen, ihrem Gegner ihre Initialen auf die Brust schnitzen, sich in ihr Plaid rollen und unter freiem Himmel schlafen? Warum kann sie nicht . . . nicht . . .«

»Ein schreckhaftes, rührendes kleines Ding sein, das ihren Mann anhimmelt und ihm die Hemden mit Initialen bestickt?« kam Raine ihm mit Vorschlägen zu Hilfe.

Stephen setzte sich schwerfällig auf einen Stuhl. »So will ich sie auch nicht haben. Aber es muß doch ein Mittelding zwischen beiden Extremen geben.«

»Willst du sie wirklich verändern?« fragte Raine. »Was hat sie denn an sich, daß du dich vom Fleck weg in sie verliebt hast? Sag nur nicht, es wäre ihre Schönheit gewesen. Du bist mit einer Reihe von schönen Frauen im Bett gewesen und hast dich trotzdem nicht in sie verliebt!«

»Sieht man mir das so deutlich an?«

»Mir, Gavin und Miles ist das sonnenklar; doch Alicia scheint daran zu zweifeln. Sie glaubt nicht, daß du wirklich an ihr hängst.«

Stephen seufte. »Ich habe noch nie so einen Menschen wie sie getroffen, ob Mann oder Frau. Sie ist so stark, so nobel. In dieser

Hinsicht steht sie einem Mann kaum nach. Du solltest einmal erleben, wie ihr Klan sie behandelt. Die Schotten sind nicht so wie wir. Die Kinder ihrer Leibeigenen laufen zu ihr, hängen sich an sie, und sie küßt alle Babys. Sie kennt die Namen aller ihrer Leute, und sie ruft sie bei ihren Vornamen. Sie spart sich das Essen vom Mund ab, damit ihre Leute satt werden. Eines Abends – wir waren eben einen Monat verheiratet – bemerkte ich, wie sie Brot und Käse in ihr Plaid einwickelte. Sie achtete nicht auf mich, sondern sah immer nur zu Tam hin. Er ist ein Mann, der oft Vaterstelle bei ihr vertritt. Ich begriff, daß sie etwas tat, was Tam nicht wissen sollte, und nach dem Abendessen folgte ich ihr heimlich aufs Festland. Sie brachte die Nahrungsmittel einem kleinen Jungen, der seinen Eltern – Leibeigenen – ausgerissen war.«

»Und was hast du zu ihr gesagt?« fragte Raine.

Stephen schüttelte den Kopf, während die Erinnerung an diese Nacht in ihm lebendig wurde: »Ich, der große Weise, sagte ihr, sie sollte den Jungen zu seinen Eltern zurückschicken statt ihn zu ermutigen, von zu Hause wegzulaufen.«

»Und was sagte Alicia darauf?«

»Sie sagte, der Junge sei ihr ebenso wichtig wie dessen Eltern, und sie habe kein Recht, ihn zu verraten, nur weil er noch nicht erwachsen sei. Sie sagte, er würde in ein paar Tagen von sich aus wieder nach Hause zurückkehren und die Strafe akzeptieren, die ihm gebührte.«

Raine gab einen leisen, bewundernden Pfiff von sich. »Klingt so, als könntest du noch etwas von ihr lernen.«

»Als hätte ich das nicht schon getan! Sie hat mein ganzes Leben umgekrempelt. Als ich nach Schottland kam, war ich ein Engländer, und heute kann ich nicht einmal mehr meine englischen Kleider vertragen!«

Als Alicia ihr eigenes Schlafzimmer den beiden Männern überließ, ging sie zu Marys Gemach. Mary lag im Bett, Judith stand neben ihr und verteilte heiße Ziegelsteine auf dem Laken.

»Judith«, sagte Mary gelassen, »von einem bißchen Wasser sterbe ich nicht.« Sie sah Alicia an der Tür und lächelte. »Komm her und hilf mir Judith zu überzeugen, daß unsere Eskapade nicht lebensgefährlich war.«

Alicia lächelte den beiden Frauen zu und musterte Mary. Ihre Haut war noch blasser als vorhin, und auf ihrem Gesicht zeigten sich rote Flecken. »Es war nichts«, bestätigte sie, »doch ich beneide dich um deine Selbstbeherrschung. Ich fände jetzt keine Ruhe zum Schlafen.« Sie blinzelte Judith zu. »Ich bin so aufgeregt, weil Judith mir ein neues Kleid versprach, daß ich nicht einmal stillsitzen kann.«

Judith verstand sofort, daß Alicia nur einen Vorwand brauchte, und verließ das Zimmer.

»Glaubst du, sie wird sich wieder erholen?« fragte Judith, als die beiden Frauen draußen im Korridor waren.

»Ich denke schon. Sie benötigt nur absolute Ruhe. Mir scheint, eure Mary lebt nicht ganz in dieser Welt. Ein Teil von ihr gehört dem Himmel. Deshalb ist sie wohl auch so schwach.«

»Ja«, stimmte Judith ihr zu, »und was ist nun mit dem Kleid . . .«

»Das war doch nur ein Mittel zum Zweck. Mary hätte sich sonst gesträubt, den Tag zum Schlafen zu benützen.«

Doch eine Stunde später stand Alicia angekleidet vor Judith in deren Zimmer. Judith hatte nicht lockergelassen, bis Alicia das neue Kleid angezogen hatte. »Es ist wunderschön«, flüsterte Alicia. »Ich weiß gar nicht, wie ich dir danken soll. Alle seid ihr so großzügig zu mir.«

Judith küßte sie lächelnd auf die Wange. »Ich muß mich jetzt um meine Arbeit kümmern. Vielleicht möchte Stephen dich in dem neuen Kleid sehen.«

Es war aus Seide und hatte die Farbe des Waldes bei Sonnenuntergang. Die Ärmel waren mit hellgrüner Seide unterlegt und mit einem breiten Saum aus rotem Fuchsfell versehen. Schwere, aus Gold geflochtene Schnüre waren an den Schultern befestigt und schmückten den tiefen, rechteckigen Ausschnitt.

Nachdem Judith sie verlassen hatte, warf Alicia einen mit Fuchsfell gefütterten Umhang über die Schultern und ging hinunter in den kalten Burghof. Sie strebte zu den Ställen hinüber.

»Alicia«, sagte eine fremde Männerstimme, als sie den dunklen Innenraum betrat.

Sie sah sich um und erkannte im Zwielicht den Mann, der sich heute am frühen Morgen mit Stephens Gefolgsmann gestritten hatte.

»Ja?« fragte sie kurz, »was willst du?«

Die Augen des Mannes funkelten im Zwielicht. »Das englische Gewand steht dir.« Und dann, in einem förmlicheren Ton verfallend: »Ich hörte, Ihr Schotten seid Meister mit dem Bogen. Vielleicht könnt Ihr« – und seine Stimme schien einen belustigten Tonfall anzunehmen – »mir beibringen, wie man mit einem Bogen besser schießen kann.«

Alicia überhörte das Lachen, das in der Stimme des Mannes anklang. Vielleicht wollte er damit vorbeugen, wenn sie ihm die Bitte abschlug. Doch Alicia war daran gewöhnt, ihre Männer auch im Bogenschießen auszubilden. Und sie freute sich, daß ein Engländer etwas von den Schotten lernen wollte. »Ich gebe dir gern Unterricht«, sagte sie und stockte dann, als der Mann rasch aus dem Stall ging. Sie drehte sich um und lief direkt in Stephen hinein.

»Was hast du dem Mann versprochen?« fragte Stephen drohend.

Sie wehrte sich gegen seinen Griff. »Kannst du mit mir nie im freundlichen Ton reden?« klagte sie.

Er legte die Arme wieder fest um sie. »Alicia«, flüsterte er, »du wirst mir noch den Tod bringen. Warum mußtest du mitten im Winter in einen Teich mit eiskaltem Wasser springen?«

Sie stemmte sich gegen seine Brust. »Auf so eine Frage gebe ich dir keine Antwort.«

Er hob ihr Kinn und preßte seine Lippen auf die ihren. Seine Zähne gruben sich in ihren Mund. Er schien mehr von ihr zu verlangen als nur einen Kuß. »Ich habe dich so sehr vermißt«, flüsterte er. »Jede Minute habe ich an dich gedacht.«

Ihr Herz schlug heftig. Sie hatte ein Gefühl, als zerschmelze sie an seiner Brust. Doch seine nächsten Worte zerbrachen den Zauber.

»War das einer von Miles' Männern, mit dem du eben geredet hast?«

Sie stemmte sich von ihm fort. »Spricht aus dir schon wieder die Eifersucht?«

»Alicia, nein, hör mich an! Ich möchte dich nur warnen. Die Engländer sind nicht wie deine Hochländer. Du kannst mit ihnen nicht so reden, als wären sie deine Brüder. In England schlafen die Edeldamen oft mit den Gefolgsleuten ihrer Ehemänner.«

Alicias Augen weiteten sich. »Beschuldigst du mich, ich hätte die Absicht, mit einem deiner Gefolgsmänner zu schlafen?« fauchte sie.

»Nein, natürlich nicht. Aber . . .«

»Doch eben das trautest du mir zu, als wir in Hugh Lascos Haus weilten!«

»Hugh Lasco ist ein Gentleman!« schnappte Stephen.

Alicia fuhr vor ihm zurück und funkelte ihn an. »Aha!« schäumte sie, »du gestehst mir zu, daß ich als Hure wenigstens einen Unterschied mache!« Sie wirbelte herum und strebte dem Ausgang zu.

Stephen packte ihren Arm. »Ich unterstelle dir nichts und werfe dir nichts vor. Ich versuche dir nur zu erklären, daß es Unterschiede zwischen England und Schottland gibt.«

»Oh! Und ich bin zu dumm dazu, den Unterschied zwischen zwei Ländern erkennen zu können. Du bist lernfähig, ich jedoch nicht!«

Plötzlich verschwamm ihr alles vor den Augen. Sie war nicht gewöhnt, sich unwohl zu fühlen. Sie dachte an die vielen Krankheiten, die in England grassierten. Sie verließ rasch den Stall und lehnte sich draußen an die Mauer, als Judith ihr mit einem Korb entgegenkam.

»Alicia!« rief Judith erschrocken und stellte ihren Korb ab. »Ist dir nicht gut?« Sie legte die Hand auf die Stirn ihrer Schwägerin. »Komm, setz dich einen Augenblick«. Sie schob ein Faß heran, das an der Stallwand stand. »Atme tief ein, und der Schwindel wird wieder vergehen.«

»Was wird vergehen?« fragte Alicia schroff.

»Der Schwindelanfall – oder willst du etwas von den frischen Broten essen, die ich hier im Korb habe?«

»Nein«, sagte Alicia kopfschüttelnd, »schon bei dem Gedanken an Essen wird mir schlecht.«

»Siehst du?« sagte Judith lächelnd, »dann war meine erste Vermutung richtig. Du bekommst ein Baby!« Sie strich sich stolz über ihren eigenen Leib. »Wir werden es ungefähr zur gleichen Zeit bekommen.«

»Du! Du wirst auch ein Kind haben?«

Judith antwortete mit einem versonnenen Lächeln auf dem Gesicht. »Ja. Ich . . . verlor mein erstes Baby. Es war eine Fehlgeburt. Deshalb bin ich bei diesem besonders vorsichtig. Ich habe es niemandem verraten – nur Gavin natürlich.«

»Natürlich«, wiederholte Alicia und sah zum Stall hin, wo Stephen noch mit seinem Pferd beschäftigt sein mußte. »Wann ist es denn soweit?«

»In sieben Monaten«, erwiderte Judith mit einem glücklichen, leisen Lachen.

Alicia saß einen Moment still. Ein Baby, dachte sie, so ein süßes, weiches Ding, wie Kirsty es bekommen hatte! Ihr Bewußtsein schien sich selbständig zu machen, denn sie merkte gar nicht, wie sie aufstand und wie in Trance über den Hof ging. Sie dachte an Tam und wie stolz er auf sie sein würde. Sie lächelte verträumt, als sie sich vorstellte, wie Stephen die Nachricht aufnehmen mußte. Er würde überglücklich sein, sie packen, in die Luft werfen und sie lachend wieder auffangen! Und dann würden sie sich streiten, ob das Kind MacArran oder Ascott heißen sollte. Selbstverständlich würde das Kind ein MacArran sein.

Sie merkte gar nicht, wie sie durch das offene Tor ging. Die Männer auf den Mauern warnten sie nicht oder behinderten in irgendeiner Weise ihre Bewegungsfreiheit.

Vielleicht wurde es eine Tochter. Dann bekam der Klan MacArran zweimal hintereinander eine Frau als Laird. Sie würde ihrer Tochter alles beibringen, was man als Laird beherrschen muß.

»Mylady«, sagte eine Stimme.

Alicia war immer noch wie in Trance. Sie achtete der Stimme nicht. Sie wußte gar nicht, daß sie schon so weit gegangen war, daß die Wächter auf der Burgmauer sie nicht mehr sehen konnten.

»Mylady«, wiederholte die Stimme, »ist Euch nicht gut?«
Alicia sah zu dem Reiter mit einem engelhaften Lächeln hinauf. »Mir geht es gut«, sagte sie mit großer Wärme. »Mir geht es sogar sehr gut.«
Sie dachte wieder an das Kind. Morag würde sich freuen, wenn sie noch ein Baby großziehen durfte. Und dann spürte sie plötzlich die Lippen des Reiters an ihrem Ohr. Diese Berührung weckte sie aus ihrem Tagtraum.
Sie sprang von ihm fort. »Was erlaubt Ihr Euch!« keuchte sie. Kein Mann außer Stephen hatte je gewagt, sie anzufassen, wenn sie das nicht ausdrücklich gestattete. Sie sah sich rasch um und merkte nun, wie weit sie von der Burg entfernt war.
Richard legte ihren Blick falsch aus. »Ihr braucht Euch keine Sorgen zu machen«, schnurrte er.»Wir sind ganz allein. Lord Gavin kam eben aus Schottland zurück, und so sind sie alle mit sich selbst beschäftigt. Wir haben Zeit.«
Sie wich vor ihm zurück. Tausend Gedanken schossen ihr durch den Kopf. Stephens Warnung war wie ein Schrei in ihr. Und die Sorge um das Baby stand nun obenan. Daß nur dem Baby nichts passierte!
»Ihr habt keinen Grund, Euch vor mir zu fürchten«, sagte Richard mit honigsüßer Stimme. »Wir können viel Spaß miteinander haben.«
Alicia richtete sich stolz auf. »Ich bin Alicia MacArran, und Ihr habt sofort zur Burg zurückzukehren!«
»MacArran!« Richard lachte. »Die Männer erzählten mir, Ihr seid eine unabhängige Frau. Doch ich hätte nicht geglaubt, daß Ihr sogar Euren eigenen Mann zu Eurer Puppe machen würdet!«
»Ihr seid beleidigend! Und nun geht und laßt mich allein!«
Richards Lächeln wurde zu einer starren Maske. »Glaubt Ihr, ich würde Euch in Ruhe lassen, nachdem Ihr so heftig mit mir geflirtet habt? Ihr habt mich als Begleiter heute morgen ausgesucht. Ich wette, Ihr habt zutiefst bereut, daß wir nicht unbeobachtet blieben!«
Er strich über ihre Haare. Sein kleiner Finger berührte ihre Brust.
Sie sah ihn entsetzt an. »An so etwas habt Ihr dabei gedacht? Daß ich mit Euch allein sein wollte?« Sie blickte sich nach Rab um.
»Ich habe zur Vorsicht Euren Hund in der Scheune eingesperrt«, sagte Richard mit selbstgefälligem Lächeln. »Und nun ziert Euch nicht so. Ihr wißt, daß Ihr mich genauso begehrt wie ich Euch.«
Und damit preßte er den Mund auf ihre Lippen, während er sie mit einer Hand bei den Haaren festhielt.
Alicia stöhnte und stieß mit dem Knie den Mann in die Lenden.
Richard stöhnte und ließ sie los.
Alicia versuchte, in ihrem schweren Kleid von dem Mann fortzulaufen. Doch ihre Füße verfingen sich in den weiten Röcken. Sie

schlug der Länge nach hin, und im nächsten Moment spürte sie, wie eine Hand über ihre Beine strich. Sie versuchte, sich gegen diese Hand zu wehren. Doch Richard drückte sie auf den Boden nieder und riß die Röcke entzwei, bis sie mit entblößten Beinen auf der harten Erde lag.

»Jetzt wollen wir sehen, ob wir dein Feuer noch ein bißchen anheizen können!« sagte Richard und drückte den Mund auf ihren Nacken.

Im nächsten Moment schrie er auf, als eine Masse aus grauen Haaren und scharfen Zähnen gegen ihn prallte. Alicia rollte von dem Mann weg, der aufzustehen versuchte, um sich gegen den Angriff des Wolfshundes zur Wehr setzen zu können.

Ein Arm stemmte sie vom Boden hoch. Miles zog sie zu sich heran, hielt sie mit einem Arm, während er das gezogene Schwert mit der rechten Hand hob. »Ruf deinen Hund zurück«, sagte er ruhig.

Alicia befahl mit bebender Stimme: »Rab!«

Der Hund ließ widerstrebend von Richard ab und kam an die Seite seiner Herrin.

Richard versuchte, aufzustehen. Das Blut lief ihm vom Arm und vom Schenkel. Seine Kleider waren an mehreren Stellen zerrissen. »Dieser verdammte Hund griff mich grundlos an!« schimpfte er. »Lady Alicia stürzte, und ich hielt bei ihr an, um ihr wieder auf die Beine zu helfen.«

Miles trat von seiner Schwägerin fort. Seine Augen waren hart wie Stahl. »Du faßt mir keine Frau eines Ascotts mehr an«, sagte er mit einer tödlichen Stimme.

»Sie kam zu mir!« sagte der Mann. »Sie wollte etwas von mir . . .«

Es waren die letzten Worte, die er auf dieser Erde sprach. Miles' Schwert ging ihm mitten durchs Herz. Miles warf nicht einmal mehr einen Blick auf den Toten, der zu seinen eigenen Gefolgsleuten gehört hatte. Er wandte sich Alicia zu und schien zu spüren, was sie empfand – Hilflosigkeit und Erniedrigung.

Er legte sacht den Arm um sie und zog sie an sich. »Ihr seid jetzt sicher«, sagte er ruhig. »Niemand wird es noch einmal wagen, Euch zu belästigen.«

Plötzlich begann sie am ganzen Körper zu zittern und Miles zog sie noch enger an sich. »Er sagte, ich hätte ihn ermutigt«, flüsterte sie.

»Gemach«, antwortete Miles, »ich habe ihn beobachtet. Er hat nicht verstanden, daß Ihr als Schottin mit den Leuten anders umzugehen pflegt als wir.«

Alicia sah ihn betroffen an. »Genau das gleiche hat Stephen zu mir auch gesagt. Er warnte mich davor, mit Männern zu reden. Er meinte, die Engländer würden das nicht verstehen, wenn ich mit ihnen redete!«

Miles strich ihr die Haare aus der Stirn. »Es herrscht eine gewisse Distanz zwischen einer englischen Lady und den Gefolgsmännern ihres Gatten, die es in Eurer Kultur nicht gibt. Nun laßt uns zurückreiten zur Burg. Ich bin überzeugt, jemand hat gesehen, wie ich Eurem Hund nachritt.«

Sie sah auf den toten Mann an ihrer Seite nieder. »Er sperrte meinen Hund ein, und das habe ich nicht einmal gemerkt. Ich war . . .« Sie konnte niemand etwas vom Baby verraten, ehe Stephen es nicht wußte.

»Ich hörte das Winseln und befreite ihn. Er bellte wie verrückt und hielt die Nase an den Boden.« Er betrachtete voller Bewunderung den mächtigen Hund. »Er wußte, daß Ihr in Schwierigkeiten wart.«

Sie kniete sich nieder und rieb ihr Gesicht an seinem rauhen Fell.

Sie drehten sich beide um, als sie Hufschläge hörten. Gavin und Stephen kamen im Galopp auf sie zu. Stephen glitt bereits aus dem Sattel, ehe sein Pferd zum Stehen kam. »Was war hier los?« forschte er.

»Dieser Mann versuchte, Alicia Gewalt anzutun«, sagte Miles. Stephen funkelte seine Frau an. Er betrachtete die Schürfwunde an Wange und Beinen, die zerrissenen Röcke. »Ich habe es dir gesagt«, sagte er durch zusammengebissene Zähne. »Ich habe dich gewarnt, aber du willst ja nicht auf mich hören.«

»Stephen«, sagte Gavin und legte seinem Bruder die Hand auf den Arm. »Jetzt ist nicht die richtige Zeit dafür.«

»Nicht die richtige Zeit!« explodierte Stephen und betrachtete seine Frau mit düsterem Blick. »Noch keine Stunde ist es her, daß sie mir alle meine Fehler herbetete. Hast du einen Mann mit geringeren Makeln entdeckt? Hast du ihn tatsächlich ermuntert?«

Ehe noch jemand etwas zu ihm sagen konnte, hatte sich Stephen wieder abgewendet und bestieg sein Pferd. Alicia, Miles und Gavin sahen ihm hilflos nach, als er zur Burg zurückritt. »Dafür sollte er ausgepeitscht werden«, meinte Miles mit einer Mischung aus Ernst und Spottlust.

»Still!« befahl Gavin. Er wandte sich Alicia zu. »Er ist aufgeregt und verwirrt. Du mußt ihm das verzeihen.«

»Er ist eifersüchtig!« flüsterte Alicia heftig. »Diese grundlose Eifersucht verwandelt ihn in einen Wahnsinnigen.« Sie fühlte sich schwach und besiegt. Er sorgte sich nicht um sie. Seine ganze Sorge galt nur seiner Eifersucht.

Gavin legte den Arm schützend um ihre Schultern. »Komm mit nach Hause und laß dir von Judith etwas zu trinken geben. Sie kann ein köstliches Apfelgetränk zubereiten.«

Alicia nickte benommen und gestattete, daß Gavin sie auf Miles' Pferd hob.

16. Kapitel

Der Trank, den Judith für Alicia zubereitet hatte, war ein vorzügliches Schlafmittel. Es wirkte sofort. Zu viel war an diesem einen Tag geschehen – die Rettung des Kindes und die beinahe gelungene Vergewaltigung. Sie träumte, sie habe sich verirrt und riefe nach Stephen; doch er war nicht in ihrer Nähe.

Sie erwachte jählings, in Schweiß gebadet, und tastete nach ihm. Das Bett neben ihr war leer. Sie setzte sich auf und sah sich suchend in dem halbdunklen Zimmer um. Er war nicht da.

Sie fühlte sich unerträglich einsam. Warum zankte sie sich die ganze Zeit mit Stephen? Als Miles ihr bedeutete, die Schotten unterschieden sich von den Engländern, war sie nicht zornig geworden. Nur wenn Stephen so etwas sagte, wurde sie zu einer Furie.

Sie schleuderte die Decke zur Seite und warf sich einen Hausmantel über, den Judith ihr geliehen hatte. Sie mußte Stephen finden und ihm sagen, daß sie ihm unrecht tat. Sie mußte ihm sagen, daß sie ein Kind bekam und ihn wegen ihrer Übellaunigkeit um Verzeihung bitten.

Das Haus war dunkel, die Flure leer und still. Nur eine Kerze brannte im Wohnzimmer. Durch die halb angelehnte Tür sah sie das fast erloschene Feuer im Kamin.

Sie drückte die Tür nach innen, als sie eine Frau kichern hörte. »Ich habe dich so vermißt. Kein Mann hat solche Hände wie du.«

Nun trat Alicia gegen die Tür, daß sie gegen die Wand krachte, und stürmte ins Zimmer. Stephen saß angekleidet in einem Sessel. Auf seinem Schoß ein junges Mädchen, von den Hüften aufwärts nackt. In einer Hand hielt Stephen einen Humpen mit Wein, die andere Hand lag auf dem Busen des Mädchens. Eher zufällig, ohne jede Begeisterung.

Als Rab die Zähne fletschte, flüchtete das Mädchen schreiend aus dem Zimmer. Stephen hob den Humpen. »Willkommen«, sagte er trunken.

Alicia wollte das Herz zerspringen. Sie hatte Stephen dabei ertappt, wie er eine fremde Frau anfaßte!

»Wie gefällt dir das?« fragte Stephen. Seine Augen waren rot, Seine Bewegungen fahrig und langsam. »Weißt du jetzt, wie das ist, wenn man zusehen muß, wenn andere Männer mit dir kosen?«

»Du hast das absichtlich getan«, flüsterte sie. »Du wolltest mich damit strafen.« Sie drückte die Schultern nach hinten. Sie wollte ihm weh tun, daß er solche Qualen empfand wie sie. »Ich hatte recht, als ich Sir Thomas Crichton sagte, ich könnte dich nicht heiraten. Du taugst nicht zum Ehemann einer schottischen Frau. Monatelang habe ich zugesehen, wie du dich täppisch aufführtest und in allen Belangen versagt hast!«

Trotz seiner Trunkenheit reagierte er rasch. Er warf den Humpen auf den Boden, sprang auf und packte den Saum ihres Hausmantels am Hals. »Und was habe ich von dir bekommen?« grollte er. »Ich habe mir die größte Mühe gegeben, von dir zu lernen. Doch wann hast du je auf mich gehört? Du hast mich immer nur bekämpft, mich vor deinen Männern verlacht, selbst im Angesicht meiner Brüder meinen Rat in den Wind geschlagen. Ich habe mir das alles gefallen lassen, weil ich dumm genug war, zu glauben, ich liebte dich. Wie kann ein Mann eine Frau lieben, die so selbstsüchtig ist wie du? Wann bist du endlich erwachsen genug, dich nicht ständig hinter deinem Klan zu verstecken? Du sorgst dich gar nicht so sehr um deinen Klan, sondern suchst nur deinen Willen und deine Wünsche durchzusetzen.«

Er schob sie von sich, als sei er ihrer plötzlich überdrüssig. »Ich bin es leid, einer kalten Frau Gefühle einhauchen zu wollen. Ich werde mir eine suchen, die mir auch geben kann, was ich brauche.«

Damit drehte er sich um und torkelte aus dem Zimmer.

Alicia blieb lange vor der verlöschenden Glut stehen. Sie hatte nicht geahnt, daß er sie so sehr verachten könne. Wie oft hatte er ihr schon sagen wollen, daß er sie liebte? Aber sie hatte es nicht hören wollen.

Was gab es, das ihr mehr bedeutete als Stephens Liebe? Sie sah nun ein, daß es nichts gab, was auch nur annähernd so wichtig war. Sie hatte seine Liebe in ihren Händen gehalten und sie ihm ins Gesicht geschleudert. In Schottland hatte er hart daran gearbeitet, gerecht zu sein und die Lebensart der Schotten zu erlernen. Doch was hatte sie getan, sich ihm anzupassen? Ihre größte Konzession war gewesen, die Luxuskleider der englischen Edelfrauen zu tragen, und selbst darüber hatte sie sich beschwert.

Sie ballte die Hände. Stephen hatte recht! Sie war egoistisch, selbstsüchtig. Sie hatte verlangt, daß er ein Schotte werden sollte, sich bis in die Fasern seines Charakters hinein verändern mußte. Doch sie hatte nichts für ihn getan. Von dem Augenblick an, als sie sich kennenlernten, hatte sie ihn für das Privileg, sie heiraten zu dürfen, bezahlen lassen.

Tränen liefen ihr über das Gesicht. Er liebte sie nicht mehr. Er hatte es gesagt. Sie hatte seine Liebe besessen und sie weggeworfen wie Abfall.

Sie sah mit tränenumflorten Augen um sich. Stephen war gut und seine Familie war gut. Sie hatte ihn gehaßt, weil er ein Engländer war, wie sie auch die MacGregors haßte, weil sie MacGregors waren. Doch Stephen hatte ihr gezeigt, daß es auch gute MacGregors gab und warmherzige, großzügige Engländer.

Stephen hatte ihr das gezeigt! Er hatte ihr so viel beigebracht; doch sie hatte ihn nur mit Kälte und Zorn belohnt. Sie hatte ihn mit Drogen betäubt, ihn verflucht, ihn gedemütigt – alles getan, um ihn vor den Kopf zu stoßen.

Sie hatte sich dagegen gewehrt, einen Engländer zu lieben. Sie wollte nicht lieben, weil sie fürchtete, ihr Klan würde das als Schwäche auslegen, als Würdelosigkeit, die sie unfähig machte zur Chefin eines Klans. Doch Tam hatte ihn geliebt, und viele ihrer Männer ihn mindestens geschätzt.

Sie wandte sich zur Tür und ging leise hinaus in den Burghof. Vielleicht fand sie Stephen dort.

»Stephen ist vor ein paar Minuten weggeritten«, sagte eine leise Stimme hinter ihr.

Sie drehte sich um. Es war Miles. Auch dieser Mann war freundlich zu ihr gewesen. Er hatte sie vor einem Schänder beschützt und sie in seinen Armen gehalten.

Plötzlich streifte sie ein kalter Wind. Sie wollte wieder nach Hause. Vielleicht fiel ihr in Schottland ein, was sie tun konnte, um Stephens Liebe zurückzugewinnen. Sie blickte Miles an, ohne ihn eigentlich zu sehen. Dann drehte sie sich um und ging zu den Ställen.

»Was ist mir dir?« fragte Miles.

»Ich reite nach Hause«, sagte sie still.

»Nach Schottland?« fragte er verwundert.

»Aye«, flüsterte sie. Sie lächelte. »Würdest du mich bei Judith entschuldigen?«

Miles sah ihr forschend ins Gesicht. »Judith versteht vieles, was man ihr erst gar nicht sagen muß. Komm, wir satteln.«

Alicia wollte protestieren, schloß jedoch den Mund, ohne einen Laut hervorzubringen. Sie wußte, daß sie Miles nicht daran hindern konnte, sie zu begleiten. Ebensogut hätte sie ihren Wunsch aufgeben können, nach Hause zu reiten.

Sie ritten die ganze Nacht hindurch, ohne ein Wort miteinander zu sprechen. Als sie die Grenze nach Schottland in der Morgendämmerung überquerten, sagte sie zu Miles, es wäre wohl sicherer, wenn er sich wie ein Hochländer kleidete, da sie keine bewaffneten Begleiter mitführten. Doch er sah sie nur mit einem Blick an, als verstünde er nicht, was sie meinte.

Später, als sie weiter nach Norden kamen, begann sie zu begreifen. Miles würde immer seines Lebens sicher sein, wenn Frauen in der Nähe waren. Hübsche Mädchen boten ihnen Becher mit frischgemolkener Milch an, und ihre Augen boten Miles viel mehr an als das. Eine Frau, die ihre vierjährige Tochter an der Hand führte, blieb stehen und sprach sie an. Das kleine Mädchen rannte auf Miles zu und sprang ihm in die Arme. Miles sah nichts Ungewöhnliches in diesem Verhalten. Er setzte das Mädchen auf seine Schultern und trug es eine tüchtige Strecke neben seiner Mutter her.

Auch den nächsten Tag verbrachten sie im Sattel und machten am Abend in einer zerstörten Burg Rast, die kein Dach mehr hatte.

Miles war es, der sich daran erinnerte, daß heute Heiliger Abend war. Sie versuchten, so etwas wie ein Fest zustande zu bringen; doch als Miles merkte, wie traurig seine Schwägerin war, überließ er sie ihren Gedanken. Alicia verstand nun, woraus Miles' Faszination auf Frauen zum Teil bestand: Er schien zu wissen, was eine Frau empfand. Er verlangte nichts von ihr, wie das Stephen tat, oder versuchte mit ihr zu reden, wie es Raines Art war. Miles wußte, was sie bewegte, und ließ sie in Ruhe. Sie zweifelte nicht daran, daß Miles ein ausgezeichneter Zuhörer sein würde, sobald sie etwas reden wollte.

Sie lächelte ihn an und nahm den Gerstenkuchen entgegen. »Ich fürchte, ich bin schuld, daß du Weihnachten nicht mit deiner Familie feiern kannst.«

»Du bist meine Familie«, sagte er betont. Er sah zum schwarzen Himmel über der Ruine auf. »Ich hoffe nur, daß es dieses eine Mal nicht regnet.«

Alicia lachte. »Du bist zu sehr an die Trockenheit deines Landes gewöhnt.« Sie lächelte in der Erinnerung an ihren Mann. »Stephen schien der Regen nie etwas auszumachen. Er . . .« Sie hielt inne und sah zur Seite.

»Ich glaube, Stephen würde sogar unter Wasser leben, wenn er mit dir zusammensein darf.«

Sie sah ihn betroffen an und erinnerte sich dann wieder an das Küchenmädchen, das auf dem Schoß ihres Mannes saß. Tränen trübten ihren Blick. »Ich glaube, ich sollte jetzt besser schlafengehen.«

Miles beobachtete verblüfft, wie sie sich in ihr dünnes Plaid einrollte und sofort entschlummerte. Er zog seufzend seinen pelzgefütterten Mantel um seinen Leib. Ich würde nie einen guten Schotten abgeben, dachte er bei sich.

Es herrschte noch das Zwielicht der Morgendämmerung, als sie den Hügel erreichten, von dessen Kuppe aus man Larenston sehen konnte. Miles staunte mit offenem Mund die Festung auf der Halbinsel an, als Alicia ihr Pferd antrieb und sich in die Arme eines kolossalen Mannes warf.

»Tam!« rief sie und barg ihr Gesicht an seinem Hals. Tam hielt sie von sich. »Du hast mir ein paar neue graue Haare zu den alten hinzugefügt«, flüsterte er. »Wie kann so ein kleines Ding wie du nur in so große Schwierigkeiten geraten?« fragte er, obwohl sie doch tatsächlich ein paar Zoll größer war als er.

»Weißt du, daß der MacGregor darum gebeten hat, dich zu treffen? Er schickte eine Botschaft, in der etwas von einem Wundertrank und einer kecken Dirne stand, die ihn ausgelacht habe. Alicia, was hast du angestellt?«

Alicia starrte Tam verwundert an. Der MacGregor wollte sich mit ihr treffen! Vielleicht war das eine Gelegenheit, Stephen zu beweisen, daß sie doch nicht nur selbstsüchtig war.

Sie umhalste Tam abermals. »Wir haben viel Zeit. Ich werde es dir später erzählen. Ich möchte jetzt nach Hause. Ich fürchte, die Reise hat mich müde gemacht.«

»Müde?« fragte er erschrocken. Das war ein Wort, das sie ihm gegenüber noch nie gebraucht hatte!

»Schau mich nicht so an, als wäre ich nicht ganz bei Trost.« Sie lächelte. »Es ist nicht ganz einfach, die ganze Zeit eine zweite Person mit sich herumzuschleppen.«

Tam verstand sofort, und sein Gesicht klaffte fast auseinander bei seinem Grinsen. »Ich wußte doch, daß dieser Engländer auch etwas ohne meine Unterweisung zustande bringen würde! Wo ist er überhaupt? Und wer ist das?«

Alicia hatte auf dem Weg zur Burg nur noch Fragen zu beantworten. Ihre Männer kamen herbei und bestürmten sie ebenfalls mit ihrer Neugierde. Miles hielt sich zurück und betrachtete staunend die Szene. Alicias Diener und Lehnsleute benahmen sich mehr wie eine große Familie, nicht wie Angehörige einer niedrigeren Gesellschaftsstufe. Die Männer begrüßten Miles mit einer ungewohnten Herzlichkeit und redeten dauernd von Stephen.

Alicia überließ die Männer unten in der Halle sich selbst und stieg die Treppe zu ihrem Zimmer hinauf. Morag begrüßte sie:

»Habt Ihr den einen Bruder gegen den anderen eingetauscht?«

»Kein freundliches Wort?« fragte Alicia müde, während sie auf ihr Bett zusteuerte. »Ich bringe dir ein neues Kind, und du begrüßt mich mit Vorwürfen?«

Morags zerknittertes Gesicht bekam unzählige Lachfältchen.

»Das ist mein süßer Stephen! Ich wußte doch, daß er ein Mann ist.«

Alicia legte sich aufs Bett, zu müde, um sich mit Morag zu streiten. »Geh hinunter und begrüße den Engländer, den ich dir mitgebracht habe. Er wird dir gefallen.« Sie zog die Steppdecke über sich. Sie hatte nur noch einen Wunsch – schlafen, nichts als schlafen . . .

Die Wochen kamen und gingen, und das Schlafbedürfnis hielt an. Ihr Körper war erschöpft von der Umstellung auf das Baby. Miles kam eines Morgens zu ihr, bedankte sich für ihre Gastfreundschaft und sagte, daß er nach England zurückkehren wolle. Kein Wort von Stephen.

Alicia versuchte, nicht an ihren Mann zu denken; doch das war gar nicht so einfach. Jeder erkundigte sich nach ihm. Tam fragte, warum, zum Kuckuck, sie so plötzlich nach Schottland zurückgekehrt sei. Warum blieb sie nicht in England und kämpfte um ihn? Ihm fiel die Kinnlade herunter, als Alicia plötzlich in Tränen ausbrach und aus dem Zimmer lief.

Drei Wochen nach ihrer Heimkehr meldete ihr einer von den Männern in den Torhäusern, Engländer näherten sich der Burg.

»Gavin« rief sie und eilte nach oben, um sich umzuziehen. Sie wählte das silberne Kleid, das Stephen ihr zur Hochzeit geschenkt hatte, und erwartete ihren Schwager in der Halle. Sie war sicher, es konnte nur Gavin sein. Vielleicht überbrachte er ihr eine Nachricht von Stephen, daß er ihr verziehen habe.

Das Lächeln verging ihr, als Roger Chatworth in die große Halle trat. Sie erbleichte vor Schreck, was sie da angerichtet hatte. Sie hatte befohlen, dem Besucher freien Zugang zur Halbinsel zu gewähren, ohne wirklich zu wissen, wer er sei. Sie sah in den Gesichtern ihrer Männer die tiefe Sorge um ihr Befinden. Sie würden alles tun, damit sie wieder zu sich selbst fand.

Sie versuchte, ihre Enttäuschung zu verbergen, und streckte ihm ihre Hand entgegen. »Lord Roger, wie nett, Euch wiederzusehen.«

Roger fiel auf die Knie und drückte ihre Hand an die Lippen. Sein blondes Haar war dunkler, als sie es in Erinnerung hatte. Ihre Gefangenschaft in Sir Crichtons Haus kam ihr wieder ins Gedächtnis. Damals hatte er sich sehr verständnisvoll gezeigt.

»Ihr seid schöner, als ich Euch in Erinnerung habe«, sagte er leise.

»Douglas«, rief sie, »sorge dafür, daß Lord Roger und seine Leute sich bei uns wohl fühlen!«

Roger sah, wie ihre Männer sich beeilten, ihrem Befehl nachzukommen. Er musterte die kahlen Wände der großen Halle. Auf dem Weg zur Halbinsel war er an vielen ärmlichen Häusern vorbeigekommen. War das der ganze Reichtum der MacArrans?

»Lord Roger, kommt mit auf meinen Söller, wo wir ungestört reden können. Was bringt Euch nach Schottland? Oh, ich vergaß, daß Ihr hier Verwandte habt!«

Er folgte ihr die Treppe hinauf in einen zweiten kahlen Raum, in dem wenigstens ein Feuer brannte.

»Wollt Ihr Euch nicht setzen?« Alicia warf Morag einen strengen Blick zu und befahl der finster blickenden alten Frau, Wein und etwas zu essen zu bringen.

Als sie unter vier Augen waren, beugte sich Roger zu ihr hinüber. »Ich will offen zu Euch sein. Ich kam hierher, um nachzusehen, ob Ihr Hilfe braucht. Als ich Stephen bei Hofe traf . . .«

»Ihr habt Stephen bei König Heinrich getroffen?«

Er beobachtete ihr Gesicht. »Dachte ich mir fast, daß Ihr davon nichts wißt. Es tummelten sich zu viele Frauen in seiner Nähe, und . . .«

Alicia stand auf und schürte das Feuer nach. »Ich möchte davon nichts mehr hören«, sagte sie kalt. Sie besann sich wieder darauf, wie Roger Chatworth Stephen beim Turnier in den Rücken gefallen war.

Roger sagte mit Wärme: »Ich meinte es doch nur gut. Setzt Euch wieder hierher. Ihr wart mir nicht immer so übel gesonnen, wenn ich ein paar Monate zurückdenke. Ihr habt sogar darum gebeten, daß ich Euch heiraten soll.«

Sie nahm wieder neben ihm Platz. »Das liegt schon eine Ewigkeit zurück. Inzwischen haben sich mein Leben und meine Einstellung gründlich geändert.« Sie starrte schweigend ins Feuer.

»Seid Ihr nicht neugierig, den wahren Grund meines Kommens zu erfahren?« Als sie nichts sagte, fuhr er fort: »Ich habe Euch eine Botschaft von einer Frau namens Kirsty zu überbringen.«

Alicias Kopf ruckte hoch, doch ehe sie etwas erwidern konnte, kam Morag mit einem Tablett mit Speisen herein. Sie bestand darauf, ebenfalls Holz nachzulegen und einige Fragen an Roger zu richten, bis Alicia sie ungeduldig unterbrach und wieder aus dem Zimmer schickte.

»Nun! Was habt Ihr von Kirsty gehört?«

Roger lehnte sich in seinem Sessel zurück. Diese Alicia war nicht das, was er sich erwartet hatte. Vielleicht lag es daran, daß sie sich hier unter ihren Landsleuten auf eigenem Boden befand. Möglicherweise war auch der Einfluß von Stephen Ascott daran schuld, daß sie nicht mehr so leicht manipulierbar war wie im Hause von Sir Crichton. Roger hatte rein zufällig von der Geschichte erfahren, die sich auf dem Land des MacGregor zugetragen hatte. Ein halbverhungerter Mann war zu ihm gestoßen, der in seine Garnison aufgenommen werden wollte. Er hatte von seinen Abenteuern mit der hinreißend schönen MacArran berichtet. Roger hatte den Mann hinaufgenommen in sein Zimmer und ihn ausgefragt. Allerdings war das nur die halbe Wahrheit gewesen, die ihm der Mann erzählte. Es hatte ihn viel Geld gekostet, bis er die ganze Wahrheit erfuhr.

Als er die Stücke beisammen hatte, wußte er, daß sich daraus etwas machen ließ. Er lachte im stillen über diesen Stephen, der sich wie ein Narr aufführte und sich schottischer benahm als selbst die Schotten. Er stolzierte vor ihnen in deren primitiven Kleidern umher. Roger nippte an seinem Weinbecher und dachte voller Haß daran, wie Stephen ihn auf dem Turnierhof entehrt hatte. Seither hörte er überall hinter seinem Rücken die Leute flüstern: »Das ist der Mann, der Lord Stephen von hinten angriff.« Diesen üblen Leumund verdankte er diesem Ascott. Das wollte er ihm heimzahlen!

Er war mit der Absicht hierhergekommen, Stephens Frau zu verführen und sich zu nehmen, worum er gekämpft hatte. Doch Alicia hatte diesen Plan durchkreuzt. Sie war offenbar nicht die Frau, die so ohne weiteres bereit war, einem Mann zu folgen. Ja, wenn er Zeit gehabt hätte . . .! Nein, er wußte nicht, wie lange Stephen noch wegbleiben würde.

Da war ihm eine Idee gekommen. Oh, ja, dachte er, die Rache an diesem Ascott würde ihm gelingen.

»Sagt«, drängte Alicia, »was läßt sie mir mitteilen? Braucht sie mich?«

»Ja«, sagte Roger und lächelte. Und ich brauche dich noch mehr, dachte er.

17. Kapitel

Alicia lag auf ihrem Bett und starrte auf die Unterseite des Betthimmels. Ihr ganzer Körper pulste vor Erregung. Als Tam ihr von der Botschaft des MacGregor erzählt hatte, war sie zunächst so mit ihren eigenen Problemen beschäftigt gewesen, daß sie nur mit halbem Ohr zuhörte. Doch nun bekam sie eine Chance, etwas zu tun, was Stephen gefallen würde. Er hatte sich immer gewünscht, daß sie ihre Differenzen mit dem Nachbarklan beilegen sollte. Kirsty hatte ihr nun dazu den Weg vorbereitet.

Roger Chatworth hatte ihr eine unglaubliche Geschichte erzählt, wie er mit Kirsty zusammengekommen war und diese ihn gebeten hatte, Alicia ein Treffen mit dem MacGregor vorzuschlagen. Der MacGregor und die MacArran sollten sich allein begegnen – morgen nacht. Denn die MacGregors wären gegen eine offizielle Aussöhnung, und die MacArrans würden vermutlich ebenso denken. Deshalb hätte sie, Kirsty, sich bemüht, eine private Aussprache der beiden Bosse zuwege zu bringen. Sie übersandte Stephen und ihr die besten Wünsche und bat darum, diesem Treffen zuzustimmen, damit ein friedliches Zusammenleben der beiden Klans erreicht werden könne.

Alicia warf die Decke zurück und ging ans Fenster. Der Mond war noch nicht untergegangen. Sie wollte sich mit Roger Chatworth außerhalb der Halle bei den Ställen treffen. Sie würde ihn von der Halbinsel herunterbringen, und dann wollten sie zu der Stelle reiten, wo Kirsty und Donald sie erwarteten.

Es war gar nicht so leicht, die Zeit abzuwarten. Sie war bereits angekleidet, beugte sich über das Kissen, auf dem Stephen zu schlafen pflegte. »Bald, mein Liebling, bald«, flüsterte sie. Sobald Frieden zwischen den beiden Klans herrschte, konnte sie auch vor Stephen den Kopf wieder hochhalten. Vielleicht glaubte er dann, daß er seine Liebe nicht einer Unwürdigen geschenkt hatte.

Rab folgte ihr die Hintertreppe hinunter. Er spürte, daß er ganz leise sein mußte, weil seine Herrin so verstohlen tat.

Roger Chatworth kam so lautlos wie ein Schotte aus dem Schatten hervor.

Alicia nickte ihm kurz zu und gab dann Rab das Zeichen, sich friedlich zu verhalten. Der Hund hatte Roger nie gemocht und verhehlte seine Einstellung auch jetzt nicht. Roger folgte ihr auf dem schmalen Pfad, der über die Felsbrücke zum Festland hinüberführte. Er mußte ein paarmal nach ihrer Hand fassen, damit er am Rand des Abgrunds nicht sein inneres und äußeres Gleichgewicht verlor. Zuweilen klammerte er sich an sie, bis sein Atem sich wieder beruhigt hatte.

Alicia versuchte, ihren Abscheu nicht zu zeigen. Sie war froh, daß sie inzwischen wußte, daß nicht alle Engländer so waren wie dieser. Es gab tapfere, aufrichtige Männer unter ihnen wie ihr Gemahl und dessen Brüder. Das waren Männer, an die sich eine Frau klammern konnte, nicht umgekehrt.

Roger atmete etwas unbeschwerter, als sie das Festland erreichten und die Pferde.

Doch sie mußten schweigen, solange sie aus dem Tal der MacArrans noch nicht heraus waren. Alicia führte ihn an der Klippe entlang. Sie zügelte immer wieder ihr Pferd, damit Roger nicht vom Pfad abkam. Die Nacht war stockdunkel.

Es war kurz vor der Morgendämmerung, als sie auf einem Grat hielten, der ihnen einen Blick über ihr Land gewährte. »Seid Ihr müde, Lady Alicia?« fragte Roger mit bebender Stimme. Er hatte offensichtlich den langen Ritt als eine Tortur empfunden. Er stieg aus dem Sattel.

»Wir sollten lieber weiterreiten«, drängte sie. »Wir sind noch nicht sehr weit von Larenston entfernt. Wenn meine Männer merken . . .«

Sie hielt inne, denn sie wollte nicht glauben, was sie nun sah, Roger Chatworth hatte mit einer raschen, fließenden Bewegung eine schwere Streitaxt vom Sattel genommen und schlug damit nach Rab. Der Hund sah zu seiner Herrin hin, mehr um ihre Wohlfahrt besorgt als um ihren Begleiter. So konnte er nicht rechtzeitig dem tödlichen Hieb ausweichen.

Sofort war Alicia aus dem Sattel und fiel neben Rab auf die Knie nieder. Selbst in der Dunkelheit vermochte sie die klaffende Wunde in Rabs Flanke zu erkennen.

»Er ist tot«, sagte Roger brutal. »Steigt wieder in den Sattel!«

Alicia schwang zu ihm herum. »Ihr!« Sie verschwendete ihre Energie nicht für Worte. Eben noch kauerte sie am Boden, und jetzt flog sie durch die Luft, das blanke Messer in der Hand, das auf seine Kehle zielte.

Er war auf diesen Angriff nicht vorbereitet und taumelte nach hinten. Die Messerschneide verfehlte knapp seinen Hals und schnitt in seine Schulter. Er packte sie bei den Haaren und versuchte, ihren Kopf nach hinten zu ziehen. Ihr Knie kam hoch und traf ihn zwischen den Beinen. Als sie ihm zum zweitenmal mit dem Messer an die Kehle fahren wollte, wurde sie von vier Paar Händen ergriffen, die sie zurückrissen.

»Ihr habt verdammt lange dazu gebraucht!« fauchte Roger die Männer an, die Alicia festhielten. »Noch ein paar Sekunden, und es wäre zu spät gewesen.«

Alicia blickte von dem regungslosen Rab zu Roger. »Kirsty hat mir gar keine Botschaft geschickt, oder?«

Roger betastete mit der Hand die Messerwunde an seiner Schulter. »Was gehen mich diese verdammten Schotten an? Glaubt Ihr, ich übermittle Botschaften wie ein verdammter Leibeigener? Habt Ihr vergessen, daß ich ein Graf bin?«

»Ja«, sagte Alicia bedächtig, »ich habe vergessen, was Ihr seid. Ich habe vergessen, daß Ihr die Leute von hinten zu überfallen pflegt.«

Das waren die letzten Worte, die sie für eine ziemlich lange Zeit sprechen konnte. Denn er holte mit der Faust aus, und wenn sie nicht geistesgegenwärtig den Kopf zur Seite genommen hätte, hätte er ihr das Kinn zerschmettert. So streifte er nur ihre Wange, und sie knickte nach vorn und verlor das Bewußtsein. Als sie wieder zu sich kam, lag sie mit gefesselten Händen und Füßen und geknebeltem Mund auf Stroh. Räder rumpelten unter ihr. In ihrem Kopf pochte es. Ihr Mund war trocken und geschwollen von dem Knebel.

»Sie ist wach«, hörte sie eine Männerstimme.

Der Wagen hielt, und Roger Chatworth beugte sich über sie. »Wir befinden uns in einem Wald, und niemand wird Eure Schreie hören. Ihr könnt einen Schluck Wasser haben.« Er reichte ihr einen Becher, nachdem er sie von ihrem Knebel befreit hatte. »Trinkt!« sagte er ungeduldig.

Sie schluckte begierig das Wasser.

»Wo bringt Ihr mich hin?« fragte sie keuchend.

Roger nahm den Becher wieder fort. »Vielleicht lassen sich die Ascotts Eure unverschämten Fragen gefallen. Ich nicht. Wenn Ihr etwas wissen sollt, werdet Ihr das schon erfahren.« Er packte sie bei den Haaren, verschloß ihren Mund wieder mit dem Knebel und warf sie auf das Stroh zurück.

Den nächsten Tag verbrachte Alicia in halb bewußtlosem Zustand. Roger hatte Getreidesäcke über sie werfen lassen, um sie vor den Blicken Neugieriger zu verstecken. Der Mangel an Luft und Bewegung wirkte wie ein Betäubungstrank. Sie hatte Schwindelanfälle und Halluzinationen.

Zweimal holte man sie aus dem Wagen, gab ihr etwas zu essen und erlaubte ihr, ihre Notdurft zu verrichten.

In der dritten Nacht hielt der Wagen an. Die Säcke wurden entfernt, und grobe Hände hoben sie aus dem Wagen. Die kalte Nachtluft traf sie, als würde sie in eiskaltes Wasser geworfen.

»Bringt sie nach oben«, befahl Roger. »Sperrt sie in das Ostzimmer.«

Alicia hielt die Augen geschlossen und ihren Körper schlaff, als ein Mann sie über die Treppe hinauf in das Zimmer trug. Es war schwierig, sich wie eine Ohnmächtige zu benehmen, während der Mann ihre Fesseln löste und den Knebel aus ihrem Mund entfernte. Am schwierigsten wurde es, als dieser Kerl ihre Haare und ihr Gesicht betastete. Sie verfluchte ihn dafür, daß er sie berührte, doch er gab ihr auch Zeit, ihre Gedanken zu sammeln und die Gefühllosigkeit in ihren Armen und Beinen zu überwinden, weil das Blut wieder normal durch ihren Körper zirkulierte.

»Einige bekommen doch alles«, sagte der Mann, der ihr die Fesseln abgenommen hatte, nachdenklich. Mit einem Seufzer erhob er sich von ihrem Bett.

Alicia wartete, bis sie Schritte hörte, und hoffte, sie entfernten sich zur Tür hin. Sie öffnete die Lider zu einem Schlitz und gewahrte, daß er zögernd bei der Tür stehen blieb. Sie drehte rasch den Kopf und sah eine Wasserkanne auf dem Tisch neben dem Bett. Sie rollte darauf zu, packte die Kanne und schleuderte sie quer durchs Zimmer. Sie zerbarst an der Wand.

Dann lag sie wieder regungslos auf dem Bett, die Lider zu Schlitzen geöffnet. Der Mann lief zu der Stelle, wo der Krug gegen die Wand geprallt war, und im Nu war Alicia vom Bett herunter und lief zur Tür. Ein Knöchel knickte unter ihr ein; doch sie lief weiter, ohne einen Blick auf den Mann an der Wand zu werfen. Sie packte den Griff der schweren Tür, warf sie hinter sich zu und schob den Riegel vor. Schon hörte sie die Faustschläge, die von innen gegen das Holz trommelten; doch die dicken Eichenbohlen dämpften das Geräusch.

Sie hörte Schritte, und konnte sich gerade noch in einer dunklen Fensternische verstecken, als Roger Chatworth im Gang auftauchte. Er hielt vor der Tür und lauschte auf das Pochen und die unverständlichen Laute hinter der Tür. Alicia hielt den Atem an. Doch Roger lächelte zufrieden und ging an ihr vorbei zur Treppe.

Alicia ließ sich nur Sekunden Zeit, damit ihr Herz sich etwas beruhigen konnte. Sie rieb sich die schmerzenden Hand- und Fußgelenke und folgte Roger dann auf Zehenspitzen die Treppe hinunter.

Unten wandte er sich nach links und betrat ein Zimmer. Alicia barg sich im Schatten der halb offen stehenden Tür. Sie konnte durch den Spalt zwischen Pfosten und Tür den kleinen Raum fast gänzlich überblicken. Ein Tisch und vier Stühle standen darin, und in der Mitte des Tisches brannte eine dicke Kerze. Eine schöne Frau saß mit dem Profil zu Alicia. Sie trug ein schimmerndes Gewand aus purpur- und grüngestreiftem Satin, das im Kerzenlicht wie poliertes Metall leuchtete. Die feinen Züge ihres Gesichts waren von einer perfekten Ebenmäßigkeit, von ihrem kleinen Mund bis hinauf zu den blauen, mandelförmigen Augen.

»Warum mußtest du sie hierherbringen? Ich dachte, du könntest sie haben, wann und wo es dir beliebt«, sagte die Frau mit einer schneidend spöttischen Stimme, die sich so schlecht mit diesem Gesicht vertrug.

Roger setzte sich mit dem Rücken zu Alicia auf einen Stuhl.

»Mir blieb keine andere Wahl. Sie wollte mir nicht zuhören, als ich von Stephen zu erzählen begann.«

»Sie wollte dir nicht zuhören?« spottete die Frau. »Tod und Verdammnis über die Ascotts! Was hatte Stephen überhaupt am Hofe König Heinrichs zu suchen?«

Roger bewegte ärgerlich die Hand. »Er wollte den König dazu überreden, die Überfälle auf die Schotten einzustellen. Du hättest ihn erleben sollen! Er brachte den ganzen Hof zum Weinen mit seinen Geschichten von den edlen Schotten und was für ein Unrecht man ihnen zufügte.«

Alicia schloß einen Moment die Augen und lächelte. Stephen, dachte sie, ihr teurer, süßer Stephen! Sie kehrte in die Gegenwart zurück und schalt sich dafür, daß sie mit dem Belauschen der beiden kostbare Zeit vergeudete. Sie mußte aus dem Gefängnis entfliehen.

Doch Rogers nächste Worte hielten sie hinter der Tür fest: »Wie, zum Teufel, konnte ich wissen, daß du die Zeit inzwischen dazu benützt hast, Mary Ascott zu entführen!«

Alicia erstarrte zur Salzsäule. Ihr ganzer Körper schien nun zu lauschen.

Die Frau hielt ihr Gesicht von ihm abgewandt, während sie mit schiefen Zähnen lächelte. »Ich wollte eigentlich seine Frau in meine Gewalt bringen«, sagte sie verträumt.

»Damit meinst du wohl Gavins Frau Judith!«

»Aye! Diese Hure, die mir meinen Gavin stahl!«

»Ich bin mir nicht so sicher, daß er jemals dein Gavin gewesen ist, und falls ja, hast du ihn doch verstoßen, als du es vorzogst, meinen teuren, inzwischen verblichenen älteren Bruder zu ehelichen!«

Die Frau schien gar nicht zugehört zu haben.

Als sie nichts sagte, fragte er:

»Warum hast du statt dessen Mary entführt?« Sie hätten ebensogut über das Wetter reden können, so teilnahmslos klang seine Stimme.

»Sie kehrte vom Haus der Ascotts zu ihrem Stift zurück. Dabei lief sie mir gewissermaßen in die Arme. Ich möchte zu gern alle Ascotts umbringen – einen nach dem anderen. Also ist es eigentlich egal, mit welchem ich anfange. Jetzt erzähle mir mal etwas von deiner Gefangenen. Sie ist Stephens Frau?« Immer noch sprach die Frau vor sich ins Leere und drehte Roger und Alicia nur eine Seite ihres Gesichts zu.

»Die Frau hat sich verändert. In England, ehe sie diesen Ascott heiratete, war sie noch leicht zu beeinflussen. Ich erzählte ihr eine haarsträubende Geschichte von meinen Vettern und Basen in Schottland.« Er lachte höhnisch. »Wie konnte sie nur glauben, daß ich mit einer dreckigen schottischen Familie verwandt wäre?«

»Du hast sie doch dazu gebracht, daß sie auf einem Kampf um ihre Hand bestand, nicht wahr?« fragte die schöne Frau.

»Es war leicht genug, ihr solche Ideen in ihren leeren Kopf zu setzen«, antwortete Roger. »Und Ascott war willig genug, um sie zu kämpfen. Er war so heiß auf sie, daß er ihr mit seinen Augen förmlich Löcher in die Haut brannte.«

»Wie ich hörte, soll sie eine Schönheit sein«, sagte die Dame mit großer Bitterkeit.

»Keine Frau ist so schön, daß das Land, das sie besitzt, nicht noch schöner wäre. Hätte sie mich geheiratet, hätte ich englische Bauern auf ihrem Besitz angesiedelt, die aus dem Land wenigstens etwas Nützliches gemacht hätten. Diese Schotten meinen, sie sollten ihr Land mit ihren Leibeigenen teilen.«

»Doch du hast das Turnier und sie verloren«, sagte die Dame gelassen.

Roger sprang auf und warf fast den Stuhl dabei um. »Dieser Bastard!« fluchte er. »Er machte mich lächerlich. Er machte mich zum Gespött von ganz England!«

»Wäre es dir lieber gewesen, er hätte dich getötet, wie du es von ihm verlangtest?« fragte sie ihn.

Roger stand vor ihr. »Wäre es dir lieber, wenn du getötet worden wärest?« fragte er ruhig.

Die Dame neigte den Kopf. »Ja, oh, ja«, flüsterte sie, und dann ruckte ihr Kopf wieder nach oben. »Aber wir werden sie dafür büßen lassen, nicht? Wir haben bereits Stephens Frau und Gavins Schwester in unserer Gewalt. Sag, was hast du mit den beiden vor?«

Roger lächelte. »Alicia gehört mir. Wenn ich nicht ihr Land haben kann, muß ich mich eben mir ihr begnügen. Mary gehört natürlich dir.«

Die Dame hob die Hand. »Sie ist ein schlechter Zeitvertreib. Sie ist schrecklich ängstlich bei allem, was man ihr sagt oder androht. Vielleicht sollte ich sie wieder nach Hause schicken«, setzte sie, sprühend vor Haß hinzu und drehte ihr Gesicht, daß Alicia es ganz zu sehen vermochte.

Es war das Zusammenwirken von beidem – der Anblick der schrecklich entstellten Wange der Frau und die Drohungen, die sich auf Mary bezogen –, beides wohl, daß Alicia wimmernd Luft holte und Roger zur Tür herumschwang. Ehe Alicia sich von der Stelle rühren konnte, hatte Roger sie schon beim Arm gepackt und ins Zimmer hineingezogen.«

»So!« höhnte die Frau. »Das ist also dein erbeuteter Klan-Boß!«

Alicia starrte sie an. Das einst so schöne Gesicht war auf einer Seite schrecklich verstümmelt. Lange Schründe vernarbten Fleisches zogen das Auge nach unten und den Mund nach oben. Die Narben gaben ihr ein böses, fratzenhaftes Aussehen.

»Schau dich nur satt!« kreischte die Dame. »Präge es dir ein, denn du wirst für diese Untat büßen müssen.«

Roger gab Alicia frei und packte die Hände der Dame. »Setz dich!« befahl er. »Wir haben wichtigeres zu erledigen, als uns deine Haßtiraden anzuhören.«

Die Dame setzte sich wieder, ließ den Blick aber nicht von Alicia.

»Wo ist Mary?« fragte Alicia leise. »Wenn Ihr sie freigebt, werde ich nicht mehr versuchen zu fliehen. Ihr könnt dann mit mir tun, was Ihr wollt.«

Roger lachte sie aus. »Wie nobel von Euch. Doch Ihr habt nichts, mit dem Ihr schachern könntet. Ihr bekommt keine zweite Gelegenheit mehr zur Flucht.«

»Doch was kann Mary Euch schon nützen? Sie hat niemandem ein Leid getan.«

»Ist das vielleicht nichts?« kreischte die Dame und fuhr mit den Fingern über die Narben.

»Mary hat das nicht getan«, sagte Alicia voller Überzeugung. Die

Narben, fing sie an zu glauben, zeigten nur den wahren Charakter dieser Dame.

»Still, ihr beiden!« schalt Roger und wandte sich Alicia zu. »Das ist meine Schwägerin, Lady Lilian Chatworth. Wir haben beide Grund, die Ascotts zu hassen, und schworen einen Eid, sie zu vernichten.«

»Vernichten!« keuchte Lilian. »Aber Mary . . .«

Roger packte ihren Arm. »Denkt Ihr gar nicht an Euch selbst?«

»Ich weiß, was Männer wie Ihr begehrt«, funkelte sie ihn an. »Könnt Ihr keine Frau ohne Lügen und Verrat für Euch gewinnen?«

Roger wich zurück, um ihr ins Gesicht zu schlagen, als Lilians Kichern ihn ablenkte. »Dafür bist du nach Schottland gereist, Roger?« Sie lachte. »Warum mußtest du sie erst binden und in einem Wagen hierherbringen?«

Roger sah von einer Frau zur anderen, packte dann Alicia und zog sie hinter sich her aus dem Zimmer. Er schleppte sie zur Treppe, durch den Gang darüber und hielt vor der verriegelten Tür. Doch nach kurzem Zögern zog er sie weiter zu einem anderen Zimmer mit geschnitzten Paneelen und einem breiten Himmelbett in der Mitte. Er stieß sie auf den mit braunem Samt und Goldschnüren verkleideten Pfühl.

»Zieh dich aus!« befahl er.

Alicia lächelte ihn an. »Niemals«, sagte sie mit freundlicher Stimme.

Er gab das Lächeln zurück. »Wenn dir an Marys Leben etwas liegt, wirst du mir gehorchen. Sie muß für jede Sekunde, die du mich hinhältst, mit einem Finger bezahlen.«

Alicia sah ihn entsetzt an und nestelte dann an ihrer Brosche. Roger lehnte sich gegen eine hohe geschnitzte Truhe und sah gespannt zu.

»Wußtest du, daß ich mich in deiner Hochzeitsnacht betrank?« fragte er. »Nein, natürlich wußtest du das nicht. Ich möchte wetten, du hast nicht einmal an mich gedacht. Ich mag nicht, daß man mich als Werkzeug benützt. Du hast mich für dein Spiel mit Stephen Ascott mißbraucht.«

Sie hörte auf, sich das Hemd aufzuknöpfen. »Ich habe Euch nie mißbraucht. Hättet Ihr das Turnier gewonnen, wäre ich jetzt Eure Frau. Ich dachte, Ihr meintet es ehrlich, als Ihr Euch um meinen Klan besorgt zeigtet.«

Er schnaubte verächtlich. »Du hältst mich nur hin. Ich möchte sehen, was mich so viel Schmerz und Schande gekostet hat.«

Alicia biß sich in die Unterlippe. Die Schande hatte er selbst über sich gebracht. Das wollte sie ihm sagen, würgte es aber hinunter.

Ihre Hände zitterten. Sie hatte sich noch nie für einen Mann entkleidet. Nur Stephen hatte ihre Nacktheit sehen dürfen. Sie versuchte, ihre Tränen zurückzuhalten. Stephen würde sie niemals mehr lieben, wenn ein anderer Mann sie nahm. Er war schon so eifersüchtig, daß er in jeder ihrer Handlungen einen Treuebruch witterte. Wie würde er sich erst verhalten, wenn Roger Chatworth mit ihr fertig war?

Sie stand auf, schnallte den Gürtel ab und ließ den Rock zu Boden gleiten. Wie würde sie auf Rogers Berührung reagieren. Stephen brauchte sie nur anzusehen, und schon rieselten Wonneschauer über ihren Körper. Sobald er die Hand auf ihre Haut legte, erbebte sie vor Leidenschaft. Würde Roger dasselbe bei ihr erreichen können?

»Beeil dich!« befahl Roger. »Ich habe monatelang auf diesen Moment gewartet.«

Alicia schloß einen Moment die Augen und holte tief Luft, ehe sie das Hemd zu Boden gleiten ließ. Sie hielt das Kinn hoch und die Schultern gerade, als Roger eine Kerze nahm und zu ihr trat.

Er starrte sie an. Seine Augen weideten sich an ihrer samtigen Haut, an ihren hohen stolzen Brüsten. Er berührte sacht ihre Hüften, strich mit dem Finger über das weiche, sanft gerundete Fleisch, das ihren Nabel umgab. »Herrlich«, flüsterte er. »Stephen Ascott hatte zu Recht um dich gekämpft.«

Ein Klopfen an der Tür ließ sie beide zusammenfahren.

»Still!« zischte Roger, während er zur Tür sah.

»Roger« kam die Stimme durch die Tür, eine Jungmännerstimme, »bist du noch wach?«

»Steig ins Bett!« raunte Roger ihr zu. »Deck dich zu und verhalte dich still. Oder muß ich erst drohen?«

Alicia gehorchte ihm rasch, froh über den Vorwand, ihren nackten Körper vor ihm verstecken zu können. Sie barg sich unter den Pelzen und Decken, während er hastig den Vorhang um das Pfostenbett schloß.

»Brian, was hast du?« fragte Roger mit einer ganz anderen, sehr fürsorglichen Stimme, als er die Tür öffnete. »Wieder einen deiner Alpträume?«

Alicia bewegte sich lautlos, bis sie durch einen Spalt des Vorhangs zu blicken vermochte. Roger zündete mehrere Kerzen auf dem Tisch neben dem Bett an. Er trat zur Seite, und ihr Blick fiel auf den jungen Mann, der ins Zimmer kam.

Brian mochte etwa zwanzig Jahre alt sein, doch sein schmächtiger Körper gab ihm ein knabenhaftes Aussehen. Er ging etwas schleppend, als wäre eines seiner Beine steif und als habe er gelernt, das geschickt zu verbergen. Offensichtlich war er Rogers Bruder, eine jüngere, schwächere, zierlichere Version seines kräftigen, gesunden, älteren Bruders.

»Du solltest längst im Bett sein«, sagte Roger mit freundlicher Stimme – einer Stimme, die Alicia ihm nie zugetraut hätte. Rogers Liebe für diesen Jungen war aus jedem seiner Worte herauszuhören.

Brian ließ sich in einen Sessel nieder. »Ich habe auf deine Rückkehr gewartet. Ich konnte nicht einmal herausfinden, wohin du geritten bist. Lilian sagte . . .« Er hielt inne.

»Hat sie dir etwas gesagt, was dich aufregte?« fragte Roger ernst. »Falls ja, muß ich . . .«

»Nein, natürlich nicht«, unterbrauch Brian den älteren Bruder. »Lilian ist eine unglückliche Frau. Sie kommt über Edmunds Tod nicht hinweg.«

»Ja, so wird es wohl sein«, antwortete Roger sarkastisch. »Ich besuchte meine anderen Besitzungen, um dafür zu sorgen, daß die Leibeigenen uns nicht völlig ausplündern.«

»Roger, wer ist die Frau, die dauernd weint?«

Rogers Kopf ruckte hoch. »Ich . . . ich weiß nicht, wovon du sprichst. Da ist keine andere Frau, die weinen könnte.«

»Seit drei Nächten höre ich eine Frau weinen. Selbst am Tag vernehme ich hin und wieder ein Schluchzen.«

Roger lächelte. »Vielleicht wohnt ein Geist in dieser Burg. Oder vielleicht will Edmund . . .« Seine Stimme riß ab.

»Ich weiß, was du sagen wolltest«, sagte Brian tonlos. »Ich weiß mehr über unseren ältesten Bruder, als du annimmst. Du wolltest sagen, vielleicht kommt das Klagen von einem Geist, der miterlebte, wie Edmund ermordet wurde. Eine seiner Frauen brachte sich doch in derselben Nacht um.«

»Brian! Woher hast du solche Sachen? Es ist spät. Du gehörst ins Bett.«

Brian seufzte und ließ sich dann von seinem Bruder aus dem Sessel helfen. »Sehe ich dich morgen früh? Lilian geht es gleich besser, wenn du hier bist, und ich vermisse Elisabeth. Weihnachten ist viel zu kurz.«

»Ja, natürlich werde ich hier sein. Gute Nacht, kleiner Bruder. Schlaf gut.« Er stand einen Moment nachdenklich im Zimmer, als die Tür sich hinter Brian geschlossen hatte.

Alicia beobachtete Roger. Er mochte ein Lügner sein und Leute hinterrücks angreifen, doch er liebte seinen jüngeren Bruder.

Roger drehte sich um und riß den Bettvorhang zurück. »Hast du geglaubt, ich hätte dich vergessen?« Seine Stimme war wieder kalt.

Sie hielt die Bettdecke an den Hals und wich in die entfernteste Ecke zurück. »Wer ist Elisabeth?«

Roger sah sie lüstern an. »Elisbabeth ist meine Schwester. Nun komm her.«

»Ist sie älter oder jünger als Brian?« Sie sprach so rasch, daß ihre Worte sich überstürzten.

»Möchtest du meinen Stammbaum sehen?« Er packte ihren Arm und zog sie an sich. »Elisabeth ist drei Jahre jünger als Brian.«

»Ist sie ...« Roger umarmte sie und erstickte ihre Worte mit hungrigen Küssen.

Sie hielt ganz still, als er sie küßte. Seine Lippen waren fest und angenehm, sein Atem sogar süß, doch es war kein Feuer darin. Sein Mund glitt an ihrem Hals hinunter, während seine Hände ihren Rücken streichelten. Seine Finger glitten an ihrer Wirbelsäule entlang, ergriffen ihr Gesäß und drückten es an sich. Er war noch angekleidet, und der wattierte Samt tat ihrer kühlen Haut wohl.

Doch abgesehen von diesen angenehmen Empfindungen spürte sie nichts. Sie kam sich wie ein Unbeteiligter vor, der etwas beobachtet, was ihn nicht betraf.

»Du wehrst dich nicht?« fragte er mit einem heiseren Flüstern, einen Hauch von Belustigung in der Stimme.

»Nein«, sagte sie ehrlich, »ich ...«

Wieder erstickte er ihre Worte mit Küssen. Sacht drückte er sie auf das Bett nieder, während seine Hände ihre Brüste liebkosten. Seine Lippen folgten seinen Händen.

»Nein, Roger, ich wehre mich nicht«, sagte sie mit aufrichtiger Stimme. »Tatsächlich wüßte ich nicht, was es da zu wehren gibt. Ich gestehe, ich war neugierig, wie ich auf einen anderen Mann, der mich berührte, reagieren mochte. Stephen sagt, ich wäre oft hinter ihm her, daß er kaum genug Zeit hätte, sich zu erholen.«

Sie lachte leise, verschränkte die Arme hinter dem Kopf und sah zum Betthimmel hinauf. »Nicht, daß Stephen *immer* nur die Wahrheit sagte.« Sie kicherte. »Doch ich entdecke, es ist eben nicht dasselbe. Ihr berührt mich an den gleichen Stellen wie Stephen, und doch empfinde ich nichts dabei. Ist das nicht seltsam?«

Sie sah mit unschuldigen Augen Roger an, der sich über sie beugte, die Hände still, die Augen geweitet. »Es tut mir wirklich leid. Ich wollte Euch nicht beleidigen. Ich bin sicher, es gibt Frauen, die Euch mögen. Vermutlich ist es so, daß ich nur zu einem Mann gehöre.«

Roger hob die Hand, um sie zu schlagen, und ihre Augen wurden zu Eis. »Ich werde mich weder wehren noch auf Euer Liebesspiel eingehen. Ärgert es Euch, daß Ihr nicht einmal halb so viel Mann seid wie Stephen Ascott? Weder im Bett noch sonst?«

»Dafür werde ich dich töten!« fauchte Roger und warf sich auf sie.

Alicia rollte rasch unter ihm weg, und er landete mit dem Gesicht auf der Matratze. Sie sprang aus dem Bett und sah sich nach einer Waffe um. Doch da war keine.

Roger wollte ihr nach, erstarrte aber in der Bewegung. Tod und Verdammnis – sie war sehenswert. Ihre schwarzen Haar umbrandeten ihr Gesicht wie schwarzes dämonisches Feuer. Ihr stolzer, kräftiger Körper war eine quälende Herausforderung. Sie war atemberaubend wie eine heidnische Göttin, die ihn ihre Arroganz und Macht spüren ließ.

Jedes Wort, das sie über ihren Gatten gesprochen hatte, schrie ihm ins Gesicht. Sie kannte sich mit Männern aus, nicht wahr? Bei jedem ihrer Worte schien ein Wasserguß auf seine lodernde Leidenschaft niederzugehen. Welcher Mann konnte sie nehmen, wenn er wußte, daß sie ihn auslachte? Wenn sie sich vor ihm fürchtete, konnte er sie vergewaltigen. Doch dieses Lachen war zu viel für ihn.

»Wachen!« brüllte er.

Alicia wußte, daß er vorhatte, sie von den Pflichten in seinem Bett zu entbinden. Sie raffte ihre Kleider auf, und als die Tür sich öffnete, war sie bereits in ihr Plaid gewickelt.

»Schafft sie in das Ostzimmer«, befahl Roger mit müder Stimme. »Und wer sie entkommen läßt, muß mit seinem Kopf dafür büßen.«

Alicia holte erst wieder Luft, als sie auf ihrem Bett lag und hörte, wie der Riegel vorgeschoben wurde. Die Angst um Mary peinigte sie nun. Und sie spürte die Fesseln wieder, die sie drei Tage lang tragen mußte. Und dieses Erlebnis mit Roger hatte ihr sehr zugesetzt.

Als sie noch ein Mädchen gewesen war, ritt sie eines Tages mit einem Mann ihres Vaters allein aus. Als sie Rast machten, die Pferde zu tränken, hatte der Mann sie zu Boden geworfen und begonnen, sie auszuziehen. Alicia war vollkommen unschuldig gewesen und sehr erschrocken. Als der Mann sich entkleidete und über ihr stand, seine Männlichkeit vorgereckt, als wäre er sehr stolz darauf, fing Alicia, die bisher nur Bullen und Hengste gesehen hatte, an zu lachen, und vor ihren Augen war der Mann wieder erschlafft. Sie hatte an diesem Tag zweierlei gelernt. Einmal, daß sie nie mit einem Mann allein ausreiten durfte, und zum zweiten, daß ihre Furcht einen Mann erregte, wohingegen ihr Lachen ihn auf der Stelle vernichtete.

Sie hatte ihrem Vater nichts von diesem Vorfall erzählt. Drei Monate später wurde der Mann bei einem Weidegefecht getötet. Es sollte ihr eine Genugtuung sein, daß sie Roger auf die gleiche Weise bestraft hatte. Doch sie spürte nur Trauer und Verlangen nach Stephen. Sie brauchte ihn so sehr. Er war das Fundament ihres Seins. Er bewahrte sie vor törichten Handlungen. Wäre er in Larenston gewesen, würde Rab noch leben und sie nicht in der Gewalt von Roger Chatworth sein.

18. Kapitel

Brian Chatworth schlich sich vorsichtig zur Treppe, die in den Keller hinunterführte. Das Chatworth-Haus war über einer alten Burg errichtet worden, die sein Großvater erobert und zerstört hatte. Manche Leute sagten, es läge ein Fluch auf einem Haus, das man über der Wohnung seines Feindes errichtet.

Brian dachte an die Worte seines Bruders, daß ein Geist im Haus lebte, und lächelte. Roger suchte immer seine schützende Hand über seinen kleineren Bruder und die kleine Schwester zu halten. Als sie noch Kinder gewesen waren, war dieser Schutz nötig gewesen. Doch nun, seit Edmunds Tod, gehörte er selbst zu den Erwachsenen. Man brauchte nichts mehr vor ihm zu verstecken. Da weinte eine Frau, und Brian war entschlossen, der Sache auf den Grund zu gehen. Vermutlich war es eine Küchenmagd, die sich in Roger verliebt hatte und weinte, weil Roger ihre Liebe nicht erwiderte. Brian erkannte, daß Roger immer noch in dem Glauben befangen war, sein kleiner Bruder wisse nichts von dem, was sich zwischen Mann und Frau abspielte. Für Roger war er, Brian, immer noch ein kleiner, furchtsamer Junge.

Er hielt am Fuß der Kellertreppe an. Die Kellerräume waren dunkel, gefüllt mit Weinfässern und Bottichen voller Salzfische.

Als er lauschte, vernahm er das Klappern von Würfeln und das Gelächter zweier Wächter. Er barg sich hinter den Fässern und schlich in deren Schutz zu dem verschlossenen Raum am Ende des Kellerganges.

Das Weinen wurde lauter, je näher er der Tür kam. Es war ein weicher, herzerschüttender Laut, der aus einer verwundeten Seele kam. Nun wußte er, warum die Wächter sich in die entgegengesetzte Richtung zurückgezogen hatten. Sie konnten das Weinen der Frau nicht mehr aushalten.

Brian spähte in die Zelle. In einer Ecke lag wie ein formloser Haufen eine Frau in einer Nonnentracht.

Brian konnte nur mit einem entsetzten Keuchen nach dem Schlüssel greifen, der neben der Tür an einem Nagel hing. Er schloß auf, und die Tür schwang auf gut geölten Angeln lautlos nach innen.

»Schwester«, flüsterte Brian, während er sich neben ihr hinkniete, »bitte, wie kann ich Euch helfen?«

Mary sah mit furchtsamen Augen zu ihm auf. »Bitte, bindet mich los«, flüsterte sie. »Meine Brüder werden deswegen einen Krieg beginnen. Bitte, ich kann nicht mit ansehen, daß meinetwegen Leid geschieht.«

Brian sah sie verwirrt an. »Eure Brüder? Wer seid Ihr? Was habt Ihr Roger getan, daß er Euch gefangenhält?«

»Roger?« fragte Mary. »Ist das der Mann, der mich entführen ließ? Wo bin ich? Wer seid Ihr?«

Brian starrte sie an. Ihr ovales Gesicht war angeschwollen, ihre sanften Augen gerötet und verstört. Sie erinnerte ihn plötzlich an seine Schwester Elisabeth. Elisabeth war so rein und süß wie ein Engel, und diese Frau sah wie eine Madonna aus. »Ich bin Brian Chatworth, und das ist meine Wohnung, das Herrenhaus der Chatworth. Es gehört meinem Bruder Roger.«

»Chatworth?« Mary setzte sich auf. »Mein Bruder liebte einst eine schöne Frau; doch sie heiratete einen Mann namens Chatworth.«

Brian setzte sich auf seine Fersen. Er begann, Zusammenhänge zu erkennen. »Ihr seid eine Ascott!« flüsterte er erschrocken. »Ich wußte nur von vier Brüdern. Ich hatte keine Ahnung, daß sie noch eine Schwester hatten.«

»Ich bin die älteste von fünf Geschwistern, Mary Ascott.«

Brian schwieg betroffen.

»Sagt mir, was Ihr wißt. Meine Brüder verheimlichen mir oft, was mich bedrücken könnte. Warum werde ich hier gefangengehalten? Warum sollte Euer Bruder meine Familie hassen?«

Brian fühlte sich sofort zu dieser Frau hingezogen. »Mein Bruder verheimlicht mir auch so manches, weil er mich beschützen will. Doch ich lausche manchmal und erfahre vieles auf diese Weise. Ich werde Euch sagen, was ich weiß. Eine junge Frau namens Lilian Valence hatte sich einst in Euren Bruder verliebt, Euren ältesten Bruder. Er heißt Gavin, nicht wahr?«

Mary nickte.

»Aber aus Gründen, die ich nicht kenne, heirateten sie nicht. Lilian ehelichte meinen ältesten Bruder Edmund, und Gavin heiratete . . .«

»Judith«, half Mary ihm, sich auf den Namen zu besinnen.

»Ja, Judith. Mein Bruder wurde eines Nachts ermordet.« Er hielt einen Moment inne. Er wollte ihr nichts von den Bosheiten seines ältesten Bruders erzählen, von dem Schrecken, den er in seiner Familie verbreitete, und dem jungen Mädchen, das mit durchschnittenen Pulsadern aufgefunden wurde.

»Und Lilian war Witwe«, sagte Mary leise.

»Ja. Sie machte, glaube ich, einen Versuch, Gavin für sich zurückzugewinnen. Es gab einen Unfall, und kochendes Öl spritzte auf ihre Wange. Das hat sie schrecklich entstellt.«

»Glaubt Ihr, es besteht ein Zusammenhang zwischen diesem Unfall und meiner Gefangenschaft? Wo lebt Lilian jetzt?«

»Sie wohnt hier im Haus. Sie hat niemanden sonst. Und vor Monaten kämpfte Roger mit einem Eurer Brüder um eine Frau.«

»Das kann nur Stephen gewesen sein. Alicia . . .« Sie rieb sich mit der Hand über das Gesicht. »Oh, Brian, was können wir tun? Es darf nicht zu einer Fehde zwischen unseren beiden Familien kommen.«

Brian sah sie betroffen an. Warum sagte sie ›wir‹? Glaubte sie, er stünde auf ihrer Seite? Roger war sein Bruder!

Ehe Brian etwas sagen konnte, sagte Mary still: »Warum hinkt Ihr?«

Brian erschrak. Seit langem hatte ihm keiner mehr diese Frage gestellt. »Mein Bein wurde von einem Pferdehuf getroffen«, sagte er schroff. Mary sah ihn an, als erwartete sie noch weitere Auskünfte. Wider seinen Willen sah er sich zurückversetzt in eine Zeit, an die er sich nicht gern erinnerte.

»Elisabeth war fünf«, sagte er mit entrückter, verlorener Stimme. »Auch damals glich sie schon einem Engel. Einer unserer Schnitzer verwendete sie als Vorbild für die Cherubinen an unserem Chorgestühl. Ich war acht. Wir spielten im Sand unseres Turnierplatzes. Unser Bruder Edmund war damals schon erwachsen.«

Brian hielt einen Moment inne. »Ich erinnere mich nicht mehr an alles. Später hieß es, Edmund sei betrunken gewesen. Er sah weder mich noch Elisabeth, als er auf den Platz galoppierte.«

Mary atmete heftig vor Entsetzen, als sie sich die Szene vorstellte.

»Wäre Roger nicht gewesen, wären wir beide umgekommen. Er war vierzehn und sehr stark. Er rannte direkt vor Edmunds Pferd und packte uns. Doch der linke Vorderfuß des Pferdes streifte seinen Arm, daß er mich wieder loslassen mußte.« Brian sah zur Seite. »Mein Bein wurde bis zum Knie zerschmettert. Ich hatte Glück, daß ich es behalten konnte. Rogers Pflege, so sagte mir Elisabeth, hätte ich es zu verdanken, daß ich wieder gesund wurde.«

»Ihr liebt ihn sehr, nicht wahr?«

»Ja«, sagte Brian schlicht. »Er . . . schützte mich und Elisabeth, solange wir Kinder waren. Er schickte Elisabeth in einen Konvent, als sie sechs Jahre alt wurde.«

»Und sie lebt heute dort?«

Brian lächelte. »Roger sagt, er suche einen Mann, der zu ihr paßte, habe aber noch keinen gefunden. Wie kann man auch einen Mann finden, der eines Engels würdig ist?« Er lachte, weil Elisabeth Roger vorgeschlagen hatte, er sollte ihr einen Teufel als Gatten suchen. Roger hatte ihre Bemerkung gar nicht witzig gefunden. Zuweilen stand Elisabeths scharfe Zunge in einem merkwürdigen Gegensatz zu ihrem Aussehen.

»Wir können nicht dulden, daß unsere Familien Krieg führen«, sagte Mary. »Ihr habt mir Beweise geliefert, daß Euer Bruder ein gütiger, liebenswerter Mann ist. Er ist nur zornig auf Stephen. Und auch Eure Schwägerin scheint nicht gut auf unsere Familie zu sprechen sein.«

Brian hätte bei diesen Worten fast hellauf gelacht. Lilians Zorn hatte etwas Tollwütiges. Manchmal mußte man ihr einen Schlaftrunk geben, weil sie gegen die Wand hämmerte und dabei Gavin und Judith verfluchte.

»Ihr habt so wenig von Euch erzählt«, sagte Brian still. »Tagelang weint ihr schon in diesem Verlies und erkundigt Euch nur nach anderen Leuten. Weshalb habt Ihr geweint? Euretwegen oder aus Sorge um Eure Brüder?«

Mary sah auf ihre Hände. »Ich bin ein schwächliches, feiges Ding. Ich wünschte, ich fände Kraft im Gebet, doch meine Brüder haben mich gelehrt, realistisch zu sein. Wenn sie entdecken, daß ich entführt wurde, werden sie wütend sein. Stephen und Gavin werden sachlich und ruhig ihre Vorbereitungen treffen, doch weder Raine noch Miles werden kühl zur Sache gehen.«

»Was werden sie tun?«

»Das kann niemand vorhersagen. Raine ist im Grunde ein gutmütiger Bär, doch Ungerechtigkeit kann er nicht vertragen. Und Miles ist schrecklich jähzornig, wenn er herausgefordert wird. Unberechenbar.«

»Es darf zu keiner Fehde kommen«, sagte Brian und stand auf. »Ich werde zu Roger gehen und fordern, daß er Euch freiläßt.«

Mary stand neben ihm, kleiner als er. »Solltet Ihr nicht lieber bitten? Wird eine Forderung ihn nicht erzürnen?«

Brian sah sie an, ihre weichen Rundungen, ihre großen ausdrucksvollen Augen. Sie gab ihm ein Gefühl, als sei er stark wie ein Berg. Er hatte nie etwas von Roger gefordert. Sie hatte recht. Wie kann man von einem Menschen etwas fordern, den man so sehr liebte?

Er strich sanft mit der Hand über Marys Gesicht. »Ich werde Euch aus diesem Verlies befreien. Das verspreche ich Euch.«

»Und ich glaube Euch«, sagte Mary mit großem Vertrauen.

Brian sah sich in der feuchten Zelle um. »Das ist ein schmutziger Ort, keine Wohnung für Euch. Ihr müßt ihn sofort mit mir verlassen.«

»Nein!« Sie wich vor ihm zurück. »Wir müssen vorsichtig sein. Wir dürfen Euren Bruder nicht erzürnen. Vielleicht sagt er dann Dinge, die er nicht mehr zurücknehmen kann. Ihr müßt warten bis zum Morgen, wenn er erholt ist vom Schlaf, ehe Ihr mit ihm redet.«

»Wie könnt Ihr Euch so sehr um meinen Bruder sorgen, daß Ihr lieber noch eine Nacht in diesem stinkenden Loch verbringt?«

Sie antwortete ihm nur mit den Augen. »Geht jetzt in Frieden. Ihr braucht Euch meinetwegen keine Sorgen zu machen.«

Er ergriff ihre Hand und küßte sie. »Ihr seid eine gute Frau, Mary Ascott!« und damit verließ er sie.

Roger sah seinen kleinen Bruder bestürzt an.

»Ich will, daß sie aus dieser Zelle ausquartiert wird«, sagte Brian ruhig. Er hatte Marys Rat befolgt und Roger erst am Morgen zur Rede gestellt. Allerdings hatten sie beide nicht geschlafen. Davon zeugten die dunklen Schatten unter ihren Augen.

»Brian, bitte . . .«, begann Roger mit dieser Stimme, die er nur seinen jüngeren Geschwistern gegenüber zeigte.

Brian blieb hart. »Ich habe immer noch nicht den Grund erfahren, weshalb du sie gefangenhältst. Einerlei – sie muß heraus aus dieser Zelle.«

Roger wandte sich von Brian ab, damit er nicht den Schmerz in seinen Augen sah. Wie konnte er ihm erklären, welche Demütigungen er durch die Ascotts erfahren hatte? Nun wollte er die Ascotts lehren, daß er auch zurückschlagen konnte.

»Es wird ihr kein Leid geschehen«, sagte Roger. »Das verspreche ich dir.«

»Warum sie dann festhalten? Laß sie sofort frei, ehe es zu einem Familienkrieg kommt.«

»Dafür ist es bereits zu spät.«

»Was meinst du damit?«

Roger sah zurück auf seinen jüngeren Bruder. »Raine Ascott sollte an der Spitze einiger hundert Soldaten des Königs nach Wales reiten, als er erfuhr, daß ich Mary entführt habe. Er kehrte mit den Männern um, um uns anzugreifen.«

»Was! Wir werden angegriffen? Wir sind darauf nicht vorbereitet! Weiß er denn nicht, daß er heutzutage nicht einfach einen Krieg vom Zaun brechen kann? Es gibt Gesetze, die uns davor schützen.«

»Der König hat sich mit Raine getroffen. Er war so wütend, daß er Männer für eine private Fehde mißbraucht, daß er den Bann über ihn aussprach. Raine hat sich in den Wäldern versteckt.«

»Gütiger Gott!« hauchte Brian und ließ sich auf einen Stuhl fallen. »Wir haben keine Festung wie die Ascotts. Wenn wir sie freiließen . . .«

Roger betrachtete seinen Bruder mit Respekt. »Ich hatte nicht beabsichtigt, dich in diese Fehde hineinzuziehen. Du mußt dieses Haus verlassen. Zieh dich auf eines meiner anderen Besitztümer zurück. Ich werde bald zu dir stoßen.«

»Nein!« erwiderte Brian mit Entschiedenheit. »Wir müssen diesen Streit beenden. Wir werden eine Botschaft an den König und die Ascotts schicken. Bis dahin werde ich persönlich über Mary wachen.« Er hinkte aus dem Zimmer.

Roger blickte seinem Bruder wütend nach. Dann holte er sich eine Streitaxt von der Wand. »Zum Teufel mit allen Ascotts«, fluchte er. Sie hatten seiner Schwägerin ihr gutes Aussehen geraubt und ihren halben Verstand dazu. Und nun machten sie ihm sogar noch seinen Bruder abspenstig.

Die Tür öffnete sich, und Lilian kam herein. Ihr Kleid war aus smaragdgrünem Satin. Ein Schleier aus hauchdünner Seide verhüllte ihr Gesicht. »Ich sah eben Brian«, sagte sie mit beleidigter Stimme. »Er half dieser Ascott-Frau die Treppe hinauf. Wie kannst du sie aus ihrer Zelle im Keller entlassen? Sie gehörte den Hunden zum Fraß vorgeworfen!«

»Brian entdeckte sie ohne mein Dazutun. Er beschloß, sie in seine Obhut zu nehmen.«

»In seine Obhut zu nehmen!« kreischte Lilian. »Du willst sie behandeln wie diese andere Frau? Als Gast des Hauses? Ist es jetzt Brian, der in diesem Haus die Hosen anhat?«

»Du kennst ja jeden in diesem Haus, der mit Hosen bekleidet ist, nicht wahr?« erwiderte er bissig. »Soweit mir berichtet wurde, sind sie alle durch dein Bett gewandert.«

Lilian lächelte. »Eifersüchtig? Soweit mir berichtet wurde, hast du gestern nacht bei Stephens Frau versagt. Vielleicht solltest du lieber Brian zu ihr schicken!«

»Hinaus!« brüllte Roger sie an.

Alicia stand am Fenster und starrte hinunter auf den schneebedeckten Schloßhof. Sie war nun schon einen Monat Roger Chatworths Gefangene und hatte in den letzten Wochen nur eine Magd gesehen. Sie brachte ihr das Essen, frisches Leinen, säuberte das Zimmer und leerte den Nachttopf. Doch sie sagte kein Wort. Wenn Alicia sie etwas fragte, sah sie sie entsetzt an und ging auf Zehenspitzen aus dem Zimmer.

Es gab nichts, was sie nicht versucht hatte, um ihrem Gefängnis zu entfliehen. Sie hatte Laken aneinandergebunden und sich vom Fenster abgeseilt. Doch unten hatten Wächter sie empfangen, und am nächsten Tag waren Gitter an ihrem Fenster angebracht.

Sie hatte sogar ein Feuer gelegt, um die Wächter abzulenken; aber es war den Dienern rasch gelungen, das Feuer zu löschen. Sie hatte sich aus dem Griff ihrer Wasserkanne eine Waffe zurechtgebogen und damit einen Wächter angegriffen. Ihre Wachen wurden verstärkt, und Roger hatte gedroht sie wieder fesseln zu lassen, wenn sie fortfuhr, ihm Schwierigkeiten zu machen.

Sie fragte, wie es Mary ginge. Ob die Ascott-Brüder wüßten, daß sie hier gefangengehalten wurde?

Roger verweigerte ihr die Antwort darauf.

»Brian, sie sind herrlich«, sagte Mary lächelnd und nahm die kleinen Lederschuhe entgegen. »Du verwöhnst mich.«

Brian betrachtete sie, und die Liebe strömte aus seinen Augen. Sie hatten fast den ganzen Monat miteinander verbracht. Er hatte Roger nicht ein zweites Mal gebeten, Mary freizulassen, weil Brian sie nicht mehr entbehren wollte. Denn Mary hatte seinem Leben einen Inhalt gegeben. Zu oft hatte er sich einsam gefühlt, weil Roger immer zu irgendwelchen Turnieren unterwegs war und Elisabeth in ihrem Stift eingesperrt war. Was andere Frauen betraf, hatte Brian längt entdeckt, daß sie ihn scheu und linkisch machten. Mary war zehn Jahre älter als er und genauso weltfremd. Sie kicherte nicht, wollte nicht mit ihm tanzen oder um Rosenbüsche gejagt werden. Mary war schlicht und einfach und forderte nichts von ihm. Sie verbrachten die Tage mit Lautenspiel, oder Brian erzählte ihr Geschichten, die er sich selbst ausgedacht hatte, aber nie zu Papier brachte, weil er fürchtete, ausgelacht zu werden. Sie hörte ihm aufmerksam zu, gab ihm das Gefühl von Stärke und nährte seinen Beschützerinstinkt.

Und dieses Gefühl, ihr Beschützer zu sein, hinderte ihn auch daran, ihr mitzuteilen, daß Alicia ebenfalls im Schloß gefangengehalten wurde.

»Man kann dich gar nicht genug verwöhnen«, sagte er lächelnd.

Mary errötete allerliebst und senkte die Lider. »Komm und setz dich zu mir. Hast du etwas Neues gehört?«

»Nein, nichts«, log Brian. Er wußte, daß Raine immer noch geächtet war und irgendwo in der Nähe in den Wäldern lebte. Sie hatten sich darauf geeinigt, nie von Roger oder Lilian zu sprechen. Sie waren zwei einsame Menschen, die ein gemeinsames Bedürfnis zusammengebracht hatte. Ihre Welt bestand aus diesem großen, angenehm geheizten Raum im obersten Stockwerk des Chatworth-Herrenhauses. Sie freuten sich gemeinsam an Lautenspiel und Poesie, und keiner von beiden war jemals so glücklich gewesen wie in diesen Wochen.

Brian lehnte sich in das Kissen eines Stuhls zurück, der vor dem Kamin stand, und dachte zum tausendsten Mal, wie angenehm es wäre, wenn dieser Zustand von Dauer war. Er wollte nicht, daß Mary zu ihrer »anderen« Familie zurückkehrte.

Es war an diesem Abend, daß Brian von seinen Träumen zu seinem Bruder sprach.

»Du willst was?« keuchte Roger mit geweiteten Augen.

»Ich will Mary Ascott heiraten.«

»Mary!« Roger taumelte bis zu einem Stuhl zurück. Er wollte sich mit einer Familie verbünden, die er zu seinen Feinden zählte! »Die Frau gehört der Kirche. Du kannst nicht . . .«

Brian lächelte. »Sie hat kein Gelübde abgelegt. Sie lebt nur mit den

Nonnen, als gehörte sie zu ihnen. Mary ist so herzensgut. Sie will nur den Armen und Schwachen dieser Welt helfen.«

Die beiden Männer wurden von Lilians schrillem Lachen abgelenkt. »Also, Roger, da ist dir ein Meisterstück gelungen. Dein Baby-Bruder möchte die ältere Schwester der Ascotts heiraten. Sag mir, Brian, wie alt ist sie eigentlich? Alt genug, um deine Mutter sein zu können, die du dir immer gewünscht hast?«

Brian hatte nie gewußt, was Zorn ist. Er war stets von seinem Bruder Roger vor den unangenehmen Dingen dieser Welt bewahrt worden, doch nun ging er fauchend auf Lilian los.

Roger faßte seinen schwächeren Bruder am Arm. »Das ist nicht notwendig«, sagte er.

Brian sah Roger fest in die Augen. Zum erstenmal in seinem Leben war Roger für ihn kein Vorbild. »Du erlaubst, daß sie solche Dinge zu mir sagt?« fragte er ruhig.

Roger runzelte die Stirn. Ihm gefiel dieser Blick von Brian nicht, der ihn so kalt musterte, als wären sie nicht die engsten Freunde. »Natürlich ist es ungerecht von ihr. Doch mir scheint, du hast nicht gründlich überlegt. Natürlich brauchst du eine Frau . . .«

Brian riß sich von seinem Bruder los. »Willst du damit sagen, ich sei zu dumm, um zu wissen, was ich brauche?«

Lilian schüttelte sich vor Lachen: »Antworte ihm, Roger! Wirst du zulassen, daß dein Bruder eine Ascott heiratet? Ich höre schon, was man sich in ganz England erzählen wird. Sie werden sagen, die Chatworths nehmen nur die Knochen, die ihnen die Ascotts von ihrer reichgedeckten Tafel zuwerfen. Ich konnte Gavin nicht bekommen, du deine Alicia nicht, und jetzt schickst du deinen verkrüppelten Bruder vor, damit er die alte Jungfern-Schwester heiraten soll.«

»Halt den Mund!« brüllte Roger.

»Die Wahrheit tut weh, nicht wahr?« höhnte Lilian.

Roger knirschte mit den Zähnen. »Mein Bruder wird keine Ascott heiraten.«

Brian richtete sich zu seiner vollen Länge auf. Er war nur halb so groß wie sein Bruder. »Ich werde Mary heiraten«, sagte er entschlossen.

Lilian ließ wieder ihr schrilles Lachen hören: »Du hättest ihm die andere in seine Obhut geben sollen. Vielleicht hätte er seine Lust an ihr gestillt; aber über Heirat hätte er nicht mit ihr reden können.«

»Wovon sprichst du, du Hexe!« fuhr Brian sie an. »Wen meinst du mit dieser anderen?«

Lilian funkelte ihn durch ihren Schleier an. »Du wagst es, mich eine Hexe zu nennen? Meine Schönheit war einmal so gewaltig, daß ich einen schwächlichen Krüppel wie dich nicht einmal angeschaut hätte!«

Roger rückte einen Schritt auf sie zu. »Verschwinde, ehe ich dir ein Brandzeichen auf deine andere Wange verpasse!«

»Frage ihn doch nach Alicia«, rief Lilian lachend, ehe sie aus dem Zimmer lief.

Roger drehte sich zu seinem Bruder um. Er sah, wie dessen Augen ihn kalt ansahen: »Du hattest versprochen, diese Frau schon vor Wochen freizulassen«, sagte Brian mit schroffer Stimme. »Wie viele Lügen hast du mir noch erzählt?«

»Moment, Brian«, erwiderte Roger in dem freundlichen Ton, den er für seine Geschwister bereithielt.

»Ich bin kein Kind«, antwortete Brian, »und wünsche nicht, als solches behandelt zu werden. Sie ist also noch immer deine Gefangene. Kein Wunder, daß uns die Ascotts angreifen wollen. Ich habe nie angezweifelt, daß du das Richtige tust. Ich war zu glücklich mit Mary, um über mich selbst nachzudenken. Aber ich war schon immer viel zu beschäftigt, um selbständig denken zu können, nicht wahr?«

»Brian, bitte . . .«

»Nein!« rief Brian. »Diesmal hörst du auf mich. Morgen früh werde ich Mary und Alicia zu ihrer Familie zurückbringen.«

Roger spürte, wie sich ihm die Haare im Nacken sträubten. »Sie sind meine Gefangenen. Deshalb wirst du das nicht tun.«

»Warum hältst du sie gefangen?« fragte Brian. »Weil du Stephen Ascott von hinten angegriffen hast? Weil du von ihm besiegt wurdest?«

Roger taumelte, als habe er einen Schlag ins Gesicht bekommen. »Brian, wie kannst du nur so zu mir sprechen? Nachdem ich so viel für dich getan habe?«

»Ich bin es leid, dir jede Sekunde meines Lebens dafür danken zu müssen, daß du mir und Elisabeth das Leben gerettet hast. Ich habe meine Zeit als kleiner Bruder abgedient. Ich bin jetzt erwachsen und kann meine eigenen Entscheidungen treffen.«

»Brian«, flüsterte Roger, »ich habe nie von dir Dankbarkeit verlangt. Du und Elisabeth – ihr seid mein Leben. Ich habe niemanden sonst. Ich wollte niemanden haben außer euch.«

Brian seufzte, und sein Zorn legte sich. »Ich weiß. Du bist immer gut zu uns gewesen; doch nun ist die Zeit für mich gekommen, mein eigenes Leben zu führen. Ich will Mary heiraten und bin entschlossen, mir diesen Wunsch zu erfüllen.« Er wandte sich ab. »Morgen werde ich die Frauen nach Hause bringen.«

Roger fiel auf einen Stuhl, als Brian das Zimmer verlassen hatte.

Kein Gefecht, kein Turnier hatte ihn jemals so mitgenommen wie diese Auseinandersetzung mit seinem jüngeren Bruder.

Er hatte beobachtet, wie sein teurer, süßer Brian sich im Verlauf des Gesprächs verwandelte. Aus blinder Verehrung war ein Zweifler geworden.

Er starrte auf den gefliesten Boden. Brian und Elisabeth waren alles, was er auf dieser Welt hatte. Sie hatten zu dritt eine Kraft gebildet, die sich gegen Edmunds Bosheit zu behaupten vermochte. Sie hatten sich stets aufeinander verlassen können. Elisabeth war trotz ihrer engelhaften Erscheinung ein starker Charakter und hatte sich oft auch allein gegen Edmund behaupten können. Doch Brian hatte immer zu Roger aufgesehen und bei ihm Liebe und Geborgenheit gesucht. Und Roger liebte diese Rolle. Er lebte von der Verehrung, die Brian ihm entgegenbrachte.

Doch eben hatte er diese Verehrung dahinschwinden sehen. Brian hatte sich aus einem liebenswerten, anhänglichen jungen Mann in einen aggressiven, fordernden, arroganten Mann verwandelt.

Und das alles wegen einer Ascott!

Roger wußte nicht, wann er mit dem Trinken anfing. Wein hatte er reichlich im Keller, und er schüttete ihn in sich hinein, ohne auf die Menge zu achten. Er dachte nur an eines: Die Ascotts hatten ihm auch die Liebe seines jüngeren Bruders geraubt.

Je mehr er trank, desto bedrückender wurde der Gedanke, was die Ascotts ihm alles angetan hatten. Lilians verwüstete Schönheit war auch ein Schimpf für ihn; denn sie war ja eine angeheiratete Verwandte. Judith und Gavin hatten mit Lilian ihr Spiel getrieben. Und Stephen hatte ihn tödlich beleidigt. Ihm gingen die höhnenden Worte der Edelleute nicht aus dem Ohr: »Ich hörte, Ihr habt Euch um diese kleine Klanchefin aus Schottland beworben. Sie soll ja eine Schönheit sein; aber mußtet Ihr so geil sein, daß Ihr dafür Stephen um ein Haar hinterrücks erschlagen hättet?«

König Heinrichs Sohn hatte soeben eine Prinzessin geheiratet. Der König wollte ihn seines unritterlichen Verhaltens wegen nicht im Gefolge des Prinzen dulden.

Roger schlug mit dem Humpen auf die Sessellehne, daß ein Schnitzwerk abbrach. »Zur Hölle mit ihnen!« fluchte er. Brian war entschlossen, seine Loyalität und Liebe einer Ascott zu opfern. Er warf sich einer Frau an den Hals, die er kaum kannte. Roger dachte an Alicias Trick, ihn auszulachen, als er sie in die Arme nehmen wollte. Der Trick einer Hure! Und Mary hatte Brian damit geködert, daß sie ihm erzählte, sie habe kein Gelübde als Nonne abgelegt. Brian schien zu glauben, Mary sei unschuldig und einer Heirat würdig. Und sie war raffiniert genug, einen unschuldigen Jungen zu verführen, der zehn Jahre jünger war als er. Hoffte sie damit ihre

Freiheit zu gewinnen? Oder war sie nur hinter dem Vermögen der Chatworths her? Die Ascotts hatten es sich zur Gewohnheit gemacht, große Vermögen zu erheiraten.

Roger stand unsicher auf. Es war seine Pflicht als Brians Vormund, seinem kleinen Bruder zu beweisen, was für verlogene Luder alle Frauen waren. Sie waren durchweg von Lilians und Alicias Sorte. Keine von ihnen war süß und warmherzig. Es gab keine, die seinen Bruder Brian verdient hätte!

Er wankte aus dem Zimmer und die Treppe hinauf. Er hatte keine Ahnung, wohin er gehen wollte. Doch als er die Tür erreichte, hinter der Alicia gefangengehalten wurde, suchte ihn die Vision ihrer rabenschwarzen Haare und blauen Augen heim. Er erinnerte sich an die Köstlichkeiten ihres Körpers. Doch als er die Hand auf den Riegel legte, sah er wieder ihr energisches Kinn vor sich. Und er war nicht betrunken genug, vor ihrem Spott zu bestehen. So betrunken konnte man gar nicht werden!

Er stieg noch eine Treppe bis zum obersten Stockwerk hinauf. Seine Probleme waren ihm von dieser Schlampe aufgebürdet worden, die sich als Nonne verkleidete und seinen kleinen Bruder verführte. Morgen wollte Brian mit ihr das Herrenhaus der Chatworth verlassen. Er würde diese Ascott heiraten und dafür seinem älteren Bruder den Rücken zukehren. Als wäre die Familie der Ascotts nicht schon groß genug. Nein, sie mußten ihm auch noch Brian wegnehmen!

Roger zog den Riegel von Marys Zimmertür zurück. Das Mondlicht flutete durch das Fenster. Eine Kerze brannte neben dem Bett.

»Wer ist das?« flüsterte Mary, sich im Bett aufsetzend.Angst sprach aus ihrer Stimme.

»Ein Chatworth«, fauchte er. »Einer von deinen Gefängniswärtern.« Er ragte hoch über ihrem Bett auf und schaute auf sie hinunter. Sie hatte ihre langen braunen Haare zu Zöpfen geflochten. Ihre Augen waren riesengroß vor Entsetzen.

»Lord Roger, ich . . .«

»Ihr seid was?« herrschte er sie an. »Wollt Ihr mich nicht in Eurem Bett willkommen heißen? Ist nicht ein Chatworth so gut wie der andere? Ich kann dich genausogut in die Freiheit entlassen wie Brian. Kommt, laßt sehen, was Ihr habt, daß meinem Bruder so sehr den Kopf verdreht?«

Und damit riß Roger ihr das Laken aus den Händen, mit dem sie sich bis zum Hals bedeckt hielt. Daß sie auch noch mit einem Gewand bekleidet war, reizte ihn noch mehr. Die meisten Schlampen lagen nackt im Bett, doch diese Hure erdreistete sich sogar, noch ein Hemd im Bett zu tragen. Sie preßte die Beine zusammen, und ihre Schreie wurden zu einem Wimmern, als er über sie herfiel.

Es war kein Vergnügen, sie zu vergewaltigen. Er mußte sie schlagen, bis er in sie eindringen konnte. Und dann rollte er von ihrem geschundenen Körper und fing im Bett neben ihr an zu schnarchen.

Mary lag ganz still, als Roger von ihr wegrollte. Sie fühlte sich unsauber, zerbrochen und ehrlos. Sie dachte an ihre Brüder. Wie konnte sie ihnen noch einmal unter die Augen treten, da Roger sie immer wieder eine Hure genannt hatte? Brian konnte nie mehr bei ihr sitzen, nie mehr mit ihr sprechen.

Sie stand auf, ignorierte die Schmerzen und das Blut an ihren Schenkeln. Sie streifte wieder das einfache Gewand über ihren Kopf, das die Schwestern für sie genäht hatten. Sie sah sich noch einmal im Zimmer um und ging dann ans Fenster. Der kalte Nachtwind wehte ihr ins Gesicht. Sie hob die Augen zum Himmel. Sie wußte, daß Gott ihr das nicht vergeben würde, was sie vorhatte. Doch sie konnte sich selbst nicht das verzeihen, was soeben geschehen war. »Lebt wohl, meine Brüder«, flüsterte sie in den Wind. »Leb wohl, mein Brian.«

Sie bekreuzigte sich, legte die Hände über die Brust und sprang hinunter auf die Steinplatten.

Die Tiere im Herrenhaus merkten noch vor den Menschen, daß etwas nicht in Ordnung war. Die Hunde fingen an zu bellen, die Pferde bewegten sich ruhelos im Stall.

Brian, der selbst keine Ruhe fand, warf sich eine Robe über die Schultern und ging nach draußen. Er fragte einen Stallburschen, der an ihm vorbeirannte: »Was ist los?«

»Eine Frau stürzte sich aus dem obersten Fenster«, rief der über die Schulter zurück. »Ich muß Lord Roger finden.«

Brian blieb bei den Worten des Jungen das Herz stehen. Bitte, laß es die andere Frau sein, die ebenfalls gefangen gehalten wird, betete er. Diese Alicia, die ich gar nicht kenne. Doch schon wußte er, ehe er sein Gebet zu Ende sprach, wer die Tote sein würde.

Er ging ruhig zu der Seite des Hauses, an der sich das Fenster von Marys Zimmer befand. Er schob sich durch die Menge der Dienstboten, die auf die Leiche hinuntersahen.

»Sie ist vergewaltigt worden«, sagte eine Frau. »Seht nur das viele Blut an ihr.«

»Es ist, als wäre Lord Edmund noch am Leben. Und ich dachte, die jüngeren Brüder wären besser.«

»Verschwindet!« befahl Brian. Er konnte nicht ertragen, daß sie sich an dem Körper seiner geliebten Mary weideten. »Habt ihr nicht gehört? Ihr sollt verschwinden!«

Die Dienstboten waren nicht gewohnt, Befehle von Brian entgegenzunehmen. Doch sie spürten die Autorität, die hinter seinen Worten stand. Sie bargen sich in einer dunklen Ecke und starrten Brian an und diese Frau, die sie bisher noch nie gesehen hatten.

Brian breitete mit sachter Hand das Hemd über Marys Körper. Er richtete ihren Kopf gerade, der im unnatürlichen Winkel vom Körper abstand. Er wollte sie ins Haus tragen und versuchte es ein paarmal. Doch er war nicht kräftig genug dafür. Selbst seine körperliche Schwäche war nur Nahrung für seinen auflodernden Zorn. Die Diener hatten die Vermutung ausgesprochen, Roger habe sie vergewaltigt. Doch Brian glaubte ihnen nicht. Einer von den Wächtern! dachte er.

Wie in Trance überwand er die Treppen bis zu Marys Zimmer. Die Wachen wollten ihn im Betreten des Zimmers hindern, überlegten es sich aber anders, als sie sein Gesicht sahen. Er stieß die Tür zu Marys Zimmer auf.

Er starrte einen Moment auf Roger, der schnarchend in Marys Bett lag. Er schien nichts zu denken bei diesem Anblick. Nur die Gefühle, die ihn bewegten, waren wie Flüsse, die sich zu einem mächtigen Strom in ihm vereinigten.

Mit tödlicher Ruhe drehte er sich um und nahm eine Kanne mit kaltem Wasser vom Tisch. Er goß Roger das Wasser über den Kopf.

Roger stöhnte und schlug die Augen auf. »Brian«, sagte er trunken und lächelte schwach. »Ich träumte gerade von dir.«

»Steh auf!« sagte Brian mit tödlicher Stimme.

Roger wurde hellwach. Er war ein erfahrener Krieger und wußte sich zu beherrschen, wenn er die Gefahr spürte. »Was ist geschehen? Ist Elisabeth . . .« Er hielt inne, als er sich aufrichtete und merkte, wo er war. »Wo ist diese Ascott hingekommen?«

Brians Gesicht behielt diesen stählernen Ausdruck bei. »Sie liegt tot auf den Fliesen unter dem Fenster.«

Ein Flackern ging über Rogers Gesicht. »Ich wollte beweisen, was für eine Frau sie ist. Ich wollte dir zeigen . . .«

Brians tiefe Stimme schnitt ihm das Wort ab. »Wo ist Stephen Ascotts Frau versteckt?«

»Brian, du mußt mir zuhören«, bettelte Roger.

»Zuhören!« fauchte Brian. »Hast du auf Marys Schreie gehört? Ich weiß, daß sie eine furchtsame Frau war, und sie muß oft und laut geschrien haben. Hast du es genossen?«

»Brian . . .«

»Still! Du hast deine letzten Worte mit mir geredet. Ich werde diese andere Frau, die du gefangenhältst, finden, und wir werden dieses Haus verlassen.« Seine Augen wurden zu Schlitzen. »Wenn ich dich noch einmal sehe, werde ich dich töten!«

Roger fiel auf das Bett zurück, als hätte ihn ein Faustschlag getroffen. Er sah benommen zu, wie sein Bruder aus dem Zimmer ging. Er sah das Blut neben sich auf dem Laken und dachte an die Frau, die tot unten auf den Fliesen lag. Was hatte er getan?

Brian brauchte nicht lange, um Alicia zu finden. Sie wurde vermutlich in dem Zimmer gefangengehalten, wo Edmund früher seine Frauen einquartierte. Wieder versuchten die Wachen nicht, ihn zurückzuhalten. Die Tragödie dieser Nacht konnte man selbst durch die Wände spüren.

Alicia war wach und fertig angezogen, als Brian ins Zimmer kam. Sie sah auf den jungen Mann mit dem stahlharten Gesicht. »Was ist passiert?« fragte sie ruhig.

»Ich bin Brian Chatworth«, sagte er. »Ich bringe Euch zu Eurer Familie. Seid Ihr bereit?«

»Meine Schwägerin wird hier ebenfalls gefangengehalten. Ohne sie gehe ich nicht fort.«

Brian knirschte mit den Zähnen. »Mein Bruder hat Eure Schwägerin vergewaltigt, und sie gab sich selbst den Tod.«

Er sagte das so gelassen, als bedeute ihm die Sache nichts. Alicia spürte, daß dieser junge Mann tief bewegt war. Mary, dachte sie, süße, teure, sanftmütige Mary! »Wir können sie nicht hierlassen. Ich muß sie zu ihren Brüdern zurückbringen.«

»Ihr braucht Euch um Mary nicht zu kümmern. Ich werde mich ihrer annehmen.«

Die Art, wie er »Mary« ausgesprochen hatte, offenbarten Alicia eine Menge. »Ich bin bereit«, sagte sie still und folgte ihm aus dem Zimmer.

Als sie draußen im Freien waren, wandte Brian sich ihr wieder zu: »Ich werde Euch Wächter mitgeben. Sie werden Euch hinbringen, wohin Ihr wollt. Oder ist es Euer Wunsch, mit mir zur Burg der Ascotts zu reiten?«

Alicia brauchte nicht lange, um sich zu entschließen. Sie hatte reiflich Zeit gehabt zum Überlegen, als sie in diesem Zimmer gefangen war. Sie mußte Frieden mit den MacGregors schließen, ehe sie Stephen wiedersehen konnte. Sie mußte ihm beweisen, daß sie seiner Liebe würdig war. »Ich muß nach Schottland zurück und will keine englischen Begleiter haben. Ich reise am schnellsten allein.«

Brian widersprach ihr nicht. Sein eigener Schmerz und Haß beherrschten alle seine Gedanken. Er nickte kurz. »Ihr könnt ein Pferd haben und alles, was Ihr sonst für die Reise benötigt.«

Er wollte gehen, doch sie hielt ihn am Arm fest.

»Ihr werdet Euch um Mary kümmern?«

»Mit meinem Leben«, sagte er, und das kam tief aus seinem Inneren. »Ich werde auch ihren Tod rächen.«

Alicia runzelte die Stirn bei dem Gedanken, daß Mary dieses

Gerede von Rache sehr mißfallen hätte. Aber vielleicht konnte sie mit der Rettung von Menschenleben – selbst wenn es nur Schotten waren – Marys Andenken ehren.

19. Kapitel

Alicia lehnte sich an die Stallwand, als sie Kirstys Kuh melkte. Dann hörte sie ein Geräusch, daß sie sogar den Eimer fallen ließ. Hundertfünfzig Pfund Hund fielen über sie her und zerquetschten sie fast auf dem Stroh.

»Rab!« flüsterte sie und umarmte ihren Hund. »Rab«, lachte sie vor Freude, »wo kommst du denn her? Ich dachte, du seist tot!« Sie vergrub ihr Gesicht in seinem Fell.

Dann vernahm sie einen leisen Pfiff, und Rab wurde steif.

Sie sah hoch, und Stephen stand vor ihr.

»Bekomme ich den gleichen Empfang wie Rab?« fragte er ruhig.

Sie dachte nichts, flog ihm nur in die Arme. Stephen sagte nichts mehr, sondern küßte sie mit dem Hunger, der sich in ihm aufgestaut hatte. Er trug sie zu einem Heuhaufen.

»Wir können das nicht . . .«, murmelte Alicia mit ihren Lippen an seinem Mund. »Harben . . .«

Stephen biß sie ins Ohrläppchen. »Ich sagte ihm, daß wir für den Rest des Tages eine Orgie feiern würden.«

»Das hast du ihm nicht gesagt!«

»Doch.« Dann, als er ihr Hemd abgestreift hatte, starrte er auf die harte Rundung ihres Leibes.

Er sah sie fragend an.

Sie lächelte und nickte.

Stephens Freudenschrei scheuchte die Hühner von den Dachbalken. »Ein Baby!« lachte er. »Harben hatte recht gehabt mit seinem selbstgebrautem Trank!«

»Ich hatte das Baby schon unter dem Herzen, als wir Kirsty kennenlernten.«

Er zog ihren nackten Körper an sich und murmelte mit einer Freude, die tief aus seinem Inneren kam: »Dann war vielleicht auch ich daran beteiligt, und nicht nur Harbens Selbstgebranntes!«

Später sagte er: »Alicia, ich liebe dich, und es ist mein größter Wunsch, daß du mich auch lieben könntest wie ich dich.«

»Natürlich liebe ich dich, du Dummkopf. Weshalb, glaubst du wohl, wird mir ganz schwach im Magen und schwindlig im Kopf, wenn du in meiner Nähe bist? Und beides wird noch viel schlimmer, wenn du weit weg bist und am Hof von König Heinrich um Schonung für die Schotten bittest. Der einzige Grund, weshalb ich mit Roger Chatworth ritt, bestand darin, daß ich dir beweisen wollte, wie wenig selbstsüchtig ich bin. Ich würde alles tun, um mir deine Liebe zu bewahren.«

»Daß du mit meinem Feind durchbrennst, ist ein schlechter Beweis, möchte ich sagen.« Er sah sie lächelnd an. Dann erschrak er plötzlich. Ein scharfer Ruck in ihrem Bauch hatte sich auf seinen Körper übertragen.

»Was war das?« fragte er.

»Es fühlte sich wie ein Tritt an«, sagte sie staunend. »Ich glaube, dein Kind hat uns eben getreten!«

Stephen rollte von ihr weg und liebkoste ehrfürchtig ihren Leib. »Hast du schon von dem Baby gewußt, als du mich verlassen hast, nur weil sich unsere Schloßhure auf meinen Schoß setzte?«

»Oh, Stephen, fang nicht noch einmal davon an. Nicht ich habe dich verlassen, sondern du mich!«

»Ich wollte dir beweisen, daß ich auch etwas wert bin. Deshalb ritt ich zu König Heinrich.«

»Und ich dachte, du wolltest mich nicht mehr haben! Aber ich wußte schon damals von meinem Baby. Judith sagte es mir.«

Er schwieg still, während er mit beiden Händen ihren Leib wärmte.

»Bist du glücklich über unser Kind?« flüsterte sie.

»Ein bißchen ängstlich. Judith verlor ihr erstes Baby. Das darf dir nicht passieren.«

Sie lächelte. »Wie kann mir etwas passieren, wenn du bei mir bist, um mich zu beschützen?«

»Dich beschützen?« fuhr er auf. »Du hörst doch nie auf mich, tust nie, was ich dir sage. Du betäubst mich mit Drogen, verläßt mitten in der Nacht den Schutz meiner Familie. Du . . .«

Sie legte ihm den Finger auf die Lippen. »Aber ich liebe dich. Ich liebe dich sehr, so sehr, und ich brauche dich. Ich brauche deine Kraft, deine Stärke, deinen praktischen Verstand, deine Loyalität, deine Art, Frieden zu stiften. Du hältst mich und meinen Klan davon zurück, unseren Feinden den Krieg zu erklären. Und du hast uns zu der Einsicht gebracht, daß nicht alle Engländer solche dummen, habgierigen, verlogenen . . .«

Er gab ihr einen Kuß. »Verdirb nicht wieder alles«, sagte er belustigt. »Ich liebe dich auch. Ich liebte dich von dem Moment an, als ich dich zusammen mit deinem Klan erlebte. Es war das erste Mal, daß ich viel mehr in dir sah als . . .«

Ihre Augen funkelten: ». . . einen guten Bauch im Bett?«

Er lachte.

»Weißt du, daß ich mich morgen früh mit dem MacGregor treffen werde?« Sie hob das Gesicht und küßte ihn.

Er rollte von ihr weg. »Tod und Verdammnis!« sagte er mit zusammengepreßten Zähnen. »Fängt es schon wieder von vorne an? Ganz bestimmt trefft ihr euch an einem geheimen Ort!« »Selbstverständlich. Ich kann doch nicht meinen ganzen Klan bitten, mich zu diesem Treffen zu begleiten.«

Stephen schloß die Augen, um seine Beherrschung wiederzufinden. »Du kannst diesen Mann nicht allein treffen. Ich verbiete es dir.«

Ungläubigkeit zeigte sich auf ihrem Gesicht. »Du tust was? Du verbietest? Wie kannst du so etwas wagen! Vergißt du, daß *ich* die MacArran bin? Nur weil ich dich liebe, darfst du dir nicht das Recht anmaßen, über meine Pflichten als Klanchefin zu bestimmen.«

»Willst du mal eine Sekunde still sein?« herrschte er sie an.

»Du glaubst noch immer, daß ich dein Gegner bin. Hör mir zu. Wer weiß noch von diesem Treffen?«

»Harben. Er arrangierte es. Wir wollten es nicht einmal Nesta sagen, damit später ihre Hoffnungen nicht enttäuscht werden.«

»Ihre Hoffnungen enttäuscht werden!« fauchte er. »Ist das alles, woran du denkst? An das Wohl und die Sorgen anderer?«

»Du sagst es so, als wäre das ein Übel!«

»In deinem Fall ist deine Selbstlosigkeit dir schon ein paarmal schlecht bekommen. Alicia, du mußt begreifen, daß du immer auch an dich denken mußt.«

»Das tue ich doch. Ich will Frieden für meinen Klan haben.«

Stephen betrachtete sie mit großer Liebe. »Schön. Hör mir zu. Du triffst dich mit dem MacGregor an einem einsamen Ort, vermutlich im Nebel. Außer dir weiß nur Harben von diesem Treffen. Was ist, wenn der MacGregor beschlossen hat, die Fehde mit den MacArrans dadurch zu beenden, daß er ihre Chefin tötet?«

»Das ist eine Beleidigung!« fuhr sie ihn an. »Es handelt sich um ein Aussöhnungsgespräch. Der MacGregor würde nie so etwas Verwerfliches tun!«

»Und vor sechs Monaten war er noch dein Todfeind?« Stephen schüttelte den Kopf. »Du wirst ihn nicht allein treffen. Ich werde dich begleiten.«

»Aber das kannst du nicht!« explodierte sie. »Er schickte mir eine Botschaft, daß ich nur allein kommen dürfe.«

»Du bringst doch schon einen zweiten mit, den du in deinem Leib trägst. Was spielt es da für eine Rolle, daß auch ein vierter hinzukommt?«

»Stephen ...«, bettelte sie.

»Nein!« funkelte er sie an. »Dieses eine Mal wirst du mir gehorchen. Hast du mich verstanden?«

Sie seufzte. Es hatte keinen Sinn, ihm das ausreden zu wollen. Und im Grunde ihres Herzens war sie sogar froh, daß er mitkam.

Der Ort, wo das Treffen stattfinden sollte, war genauso, wie Stephen ihn sich vorgestellt hatte – einsam, von Felsen umschlossen, von dicken Nebelschwaden verhüllt.

Als Stephen von seinem Pferd stieg, spürte er eine Schwertspitze im Nacken. »Und wer bist du?« hörte er die grollende Simme des MacGregor hinter sich.

»Ich kam mit, um sie zu beschützen«, sagte Stephen. »Obwohl sie Klanchefin ist, trifft sie sich nicht allein mit Männern.«

Der MacGregor betrachtete die groß gewachsene, schlanke und wunderschöne Frau, die den riesigen Hund beruhigte, der drohte, ihm an die Gurgel zu gehen. Dann lachte er, während er sein Schwert in die Scheide zurücksteckte. »Ich kann es dir nicht verargen, mein Junge. Obwohl sie vielleicht nicht nur den Schutz braucht, an den du gedacht hast.«

Stephen drehte sich um und sah dem MacGregor fest in die Augen. »Ich werde sie in jeder Hinsicht beschützen«, sagte er mit Nachdruck.

Der MacGregor lachte abermals. »Kommt hier herüber und setzt Euch. Ich habe mir überlegt, wie man zum Frieden kommen könnte, und ich sehe nur eine Möglichkeit.« Er sah Alicia an, die sich auf einem Felsblock niederließ. »Ich bin nicht mehr verheiratet. Hätte ich die MacArran früher kennengelernt, würde ich ihr meine Hand angeboten haben.«

Stephen stellte sich hinter seine Frau und legte ihr besitzergreifend die Hände auf die Schultern. »Sie ist vergeben, und ich werde mit jedem kämpfen, der . . .«

»Hört auf, ihr beiden!« rief Alicia und schüttelte Stephens Hände von sich ab. »Ihr benehmt euch wie zwei brünftige Hirsche, die mit den Geweihen aufeinander losrennen. Stephen, wenn du dich nicht benimmst, schicke ich dich zu Harben zurück.«

Der MacGregor lachte.

»Und Ihr, Lachlan! Ihr müßt wissen, daß an der MacArran mehr zu finden ist als nur eine hübsche Larve! Wenn Ihr nicht auf einer intelligenten Stufe mit mir verhandeln wollt, dann solltet Ihr vielleicht lieber einen Eurer Häuptlinge zu mir schicken!«

Jetzt war es Stephen, der sich vor Lachen bog.

Lachlan MacGregor zog eine Augenbraue in die Höhe. »Vielleicht bist du gar nicht so zu beneiden, Junge.«

»Sie hat Seiten, die das mehr als ausgleichen«, sagte Stephen ungerührt.

Alicia hatte nicht zugehört. »Davey«, flüsterte sie.

Stephen starrte sie an und begann zu verstehen. »Er hat versucht, uns zu töten«, sagte er leise, doch ihr Blick brachte ihn zum Schweigen. Er begriff, was sie meinte: Blut war dicker als Wasser.

Er wandte sich wieder dem MacGregor zu: »Sie hat einen älteren Bruder, ungefähr zwanzig Jahre alt. Der Junge ist ganz verrückt vor Eifersucht. Statt bei dem Klan zu bleiben, dessen Chef seine jüngere Schwester ist, versteckt er sich irgendwo in den Bergen. Vor kurzem hat er sogar einen Anschlag auf unser Leben gewagt.«

Der MacGregor runzelte die Stirn und nickte dann. »Ich kann den Jungen verstehen. Ich hätte an seiner Stelle ebenso gehandelt.«

»Verstehen!« brauste Alicia auf. »Ich bin seine Chefin. Er hätte akzeptieren müssen, was unser Vater verfügte. Ich hätte mich seinem Willen gebeugt.«

»Natürlich«, sagte Lachlan und bewegte die Hand. »Aber Ihr seid eine Frau.« Er überhörte ihre Proteste.

Stephen lächelte warm bei MacGregors Worten.

»Ich habe eine Tochter«, fuhr Lachlan fort. »Sie ist sechzehn. So hübsch und süß und geschmeidig, wie eine Frau nur sein kann.« Er warf einen Blick zu Alicia hinüber. »Vielleicht könnten wir eine Ehe stiften.«

»Was könnt Ihr mir sonst noch bieten außer Eurer faden Tochter?« fragte Alicia mit nüchterner Stimme.

Lachlan zuckte zusammen. Dann antwortete er: »Er kann nicht Boß werden; aber einer meiner Häuptlinge. Das ist mehr, als er jetzt hat, und zudem ist er der Schwiegersohn des Klanchefs.«

»Er ist ein Heißsporn«, sagte Stephen. »Deshalb hat ihn auch Jamie MacArran nicht zum Chef des Klans ernannt.«

»Du hast ihn nie getroffen«, sagte Alicia. »Wie kannst du also wissen, was für ein Mann er ist?«

»Ich habe Ohren«, antwortete Stephen, als genügte das als Auskunft.

»Ich werde schon mit ihm fertig«, sagte Lachlan. »Ich werde nicht so früh sterben wie Jamie und den Jungen sich selbst überlassen. Ich werde ihn immer in meiner Nähe behalten und ihn lehren, was sich gehört für einen Häuptling. Mir ist ein zorniger junger Mann lieber als ein zahmer Jüngling. Ich kann Menschen nicht ausstehen, die kein Temperament haben.« Er lächelte zu Alicia hinüber. »Das gilt für Männer wie für Frauen.«

»Ich kann für das Temperament der MacArrans garantieren«, sagte Stephen lachend.

»Das glaube ich Euch aufs Wort«, gab der MacGregor glucksend zurück. »Dieser Davey sollte meine Tochter eigentlich glücklich machen können, wenn er seiner Schwester gleicht.«

Stephen wurde ernst: »Was wird Euer Klan dazu sagen, wenn Ihr einen MacArran in Eure Familie aufnehmt?«

»Sie werden nichts zu mir sagen, dafür um so mehr zu Davey. Wollen hoffen, daß er damit fertig wird.«

Alicia setzte sich kerzengerade auf. »Mein Bruder wird mit jedem MacGregor fertig.«

Lachlan lachte und streckte Stephen die Hand hin. »Der Handel gilt also.«

Dann drehte sich der MacGregor Alicia zu: »Und nun, junge Dame, schulde ich Euch noch etwas für das A, das ich immer noch auf meiner Schulter mit mir herumtrage.« Er packte sie und küßte sie herzhaft auf den Mund.

Alicia sah rasch zu ihrem Gatten hinüber, besorgt wegen seiner Eifersucht, doch Stephen betrachtete die beiden mit großem Wohlwollen. Sie standen beieinander und sahen dem MacGregor nach, der im Nebel davonritt. Alicia drehte sich zu Stephen: »Und ich möchte, daß du dich in Zukunft immer daran erinnerst, daß ich die MacArran bin!«

Stephen lächelte träge. »Ich gedenke, das zu ändern.«

»Was soll das nun wieder heißen?«

»Habe ich dir noch nicht erzählt, daß ich den König darum bat, meinen Namen zu ändern?«

Alicia sah ihn begriffsstutzig an.

»Mein Name ist Stephen MacArran. Gefalle ich dir nun besser?«

Sie schlang die Arme um seinen Hals und bedeckte sein Gesicht mit Küssen. »Ich liebe dich, liebe dich! Du bist ein MacArran! Das wird meinem Klan beweisen, daß er dir vertrauen kann.«

Stephen drückte sie lachend an sich. »Sie zweifelten nie an mir. Nur du allein hast mir mißtraut.« Er zog sie noch enger an sich. »Alicia, wir sind keine Feinde mehr. Wir wollen es von nun an als Verbündete versuchen.«

»Du bist ein MacArran«, flüsterte sie ehrfürchtig.

Er streichelte ihre Haare. »Alles wird jetzt gut. Ich werde Davey suchen und...«

»Du!« Sie strebte von ihm weg. »Er ist mein Bruder!«

»Als du ihn zum letztenmal sahst, versuchte er, dich zu töten!«

Alicia wischte das mit einer Handbewegung zur Seite. »Da war er wütend auf mich. Meine Familie ist sehr temperamentvoll. Wenn er meinen Plan erfährt, wird sein Zorn rasch verrauchen.«

»Deiner! Ich glaube, das war eine gemeinsame Anstrengung.«

»Möglich. Deswegen wird Davey trotzdem nur auf mich hören.«

Stephen wollte darauf etwas sagen, küßte sie aber statt dessen. »Können wir das später weiterverfolgen? Ich spüre, daß plötzlich etwas zwischen uns gekommen ist.«

Sie sah mit unschuldigen Augen zu ihm auf. »Mein Bauch?«

Er faßte ihre Haare und zog ihren Kopf nach hinten. »Was ist das für ein Gefühl, wenn du den MacArran küßt?«

»Ich bin die MacArran!« sagte sie. »Ich ...«

Sie konnte nichts mehr sagen, weil Stephens Hände ihre Kniekehlen erreicht hatten ...

Die Ascotts

Clarissa

1. Kapitel

Die kleine Ortschaft Moreton war von einer hohen Steinmauer umgeben. Der graue Wall warf einen langen Schatten über die vielen Häuser, die sich in der Umfriedung zusammendrängten. Ausgetretene Pfade verbanden die Gebäude und liefen zu einem zentralen Punkt zusammen, der von einer hohen Kirche und dem weißgetünchten imposanten Rathaus beherrscht wurde. Im trüben Dämmerlicht des Morgens begannen ein paar Hunde sich zu strekken, gingen einige noch schlaftrunkene Frauen zum Stadtbrunnen und warteten vier Männer, Äxte über der Schulter, daß die Torwächter die schweren Eichenflügel in der steinernen Stadtmauer öffneten.

In einem schlichten, schmalbrüstigen, gekalkten Haus horchte Clarissa Blackett mit jeder Faser ihres Körpers auf das Knarren der Torflügel. Als sie das erwartete Geräusch vernahm, hob sie ihre weichen Lederschuhe auf und ging auf Zehenspitzen zur Treppe, die unglücklicherweise im Schlafzimmer ihres Vaters mündete. Sie war schon seit Stunden angezogen, hatte sich noch vor Sonnenaufgang ein einfaches Kleid aus grober Wolle übergestreift. Ausnahmsweise war sie heute nicht so scharf mit ihrer eigenen Figur ins Gericht gegangen wie sonst. Sie schien zwar ihr Leben lang vergeblich darauf warten zu müssen, daß sie endlich erwachsen wurde, an Höhe zulegte oder wenigstens an Kurven. Doch mit zwanzig mußte sie sich wohl sagen, daß sie für immer auf die fraulichen Reize wohlgerundeter Hüften oder ausladender Brüste verzichten mußte. Wenigstens, dachte sie seufzend, brauchte sie kein Korsett.

Sie warf einen raschen Blick auf ihren Vater, um sich zu vergewissern, daß er auch schlief, legte den langen Wollrock über den Arm und machte einen langen Schritt über die vierte Stufe hinweg, weil diese, wie sie wußte, besonders knarrte.

Unten wagte sie nicht, einen Fensterladen zu öffnen, da das Geräusch ihren Vater wecken konnte, der dringend der Ruhe bedurfte. Sie wich einem Tisch aus, der mit Papieren, Tintenfaß, Schreibgeräten und einem halbfertigen Testament, das ihr Vater entwerfen wollte, bedeckt war. Sie ging zu der entfernten Wand und sah sehnsüchtig zu zwei Instrumenten hoch, die dort hingen. Alle wehleidigen Gedanken, ihre mangelhafte Figur betreffend, verflogen sofort, wenn sie an ihre Musik dachte. Schon begann sich eine neue Melodie in ihrem Kopf zu formen. Eine zarte Melodie, die sich natürlich für ein Liebeslied eignete.

»Kannst du dich nicht entschließen?« kam die Stimme ihres Vaters vom Fuß der Treppe her.

Sogleich lief sie zu ihm, schlang die Arme um seine Taille und half ihm zum Tisch. Selbst im dunklen Zimmer vermochte sie die Ringe unter seinen Augen zu erkennen. »Du hättest im Bett bleiben sollen. Du mußt nicht schon mit der Arbeit beginnen, wenn es noch gar nicht richtig Tag ist.«

Er faßte einen Moment ihre Hand und lächelte zu ihrem hübschen Gesicht hinauf. Er wußte genau, was seine Tochter von ihren elfenartigen feinen Zügen hielt, ihren leicht schräg stehenden violetten Augen, der winzigen Nase und dem schön geschwungenen kleinen Mund – er hatte ihre Klagen darüber oft genug gehört. Doch für ihn war alles an ihr lieb und teuer. »Komm«, sagte er, sie sacht zur Wand schiebend, »such dir dein Instrument aus und geh aus dem Haus, ehe jemand kommt und dir in den Ohren liegt, er brauche unbedingt ein neues Lied für seinen neuesten Schwarm.«

»Vielleicht sollte ich heute morgen bei dir bleiben«, flüsterte sie, während ihr Gesicht die Sorge für ihn widerspiegelte. Im vergangenen Jahr hatte er dreimal schreckliche Herzschmerzen gehabt.

»Clarissa!« warnte er sie, »sei nicht ungehorsam! Nimm deine Sachen und geh!«

»Ja, mein Lord«, lachte sie und schenkte ihm ein in seinen Augen herzzerschmelzendes Lächeln, wobei sich ihre Augen in den Winkeln in die Höhe zogen und ihr Mund sich zu einem perfekten Cupidobogen formte. Mit einer raschen, geübten Bewegung holte sie die lange, mit Stahlsaiten versehene Zither von der Wand herunter und ließ den Psalter an seinem Ort. Sie drehte sich um und sah auf ihren Vater. »Bist du sicher, daß es dir gutgeht? Ich muß heute morgen das Haus nicht verlassen.«

Er achtete nicht auf ihre Worte, sondern reichte ihr das Scholaren-Gepäck, ein kleines Pult, das man auf den Schoß nehmen konnte, mit Feder, Tinte und Papier. »Mir ist es lieber, du komponierst, statt die Zeit mit einem alten kranken Mann zu vertrödeln. Komm noch einmal her, Clarissa!« Mit geübten Händen fing er an, ihre langen Haare zu einem dicken Zopf zu flechten. Ihre Haare waren dick und üppig, völlig glatt und von einer Farbe, die selbst ihrem Vater Rätsel aufgab. Ihm war, als hätte ein Kind auf dem sehr kleinen Kopf einer jungen Frau alle erdenklichen Haarfarben unterbringen wollen. Da waren Strähnen aus schimmerndem Gold, hellem Flachs, tiefem Kastanienrot, güldenem Rot, Mausbraun und sogar – so behauptete Clarissa jedenfalls – auch etwas Grau.

Als ihr Haar zu einem Zopf geflochten war, holte er einen Umhang von der Wand, legte ihn ihr um die Schultern und band die Kapuze unter ihrem Kinn fest. »Vergiß dich nicht so sehr, daß du dich erkältest«, sagte er mit gespielter väterlicher Strenge und drehte sie herum. »Nun geh, und wenn du wiederkommst, möchte ich etwas besonders Schönes von dir hören!«

»Ich werde mein Bestes tun«, sagte sie und zog lachend die Haustüre hinter sich zu.

Von ihrem Anwesen, das sich direkt an die Stadtmauer lehnte und dem Stadttor gegenüberlag, konnte Clarissa fast die ganze Gemeinde übersehen und das Erwachen der Stadt verfolgen. Die Hausdächer waren nur wenige Zoll voneinander entfernt, und die am Innenkreis der Mauer entlangführende Allee war auch nicht viel weiter davon. Aus Fachwerk und Feldsteinen, Ziegeln und Stuck lehnten sich die Gebäude aneinander, manche so stattlich, wie das Haus des Bürgermeisters, andere wieder so winzig, wie die Wohnungen der Handwerker oder wie die Behausung ihres Vaters, des Stadtadvokaten. Eine leichte Brise strich über die Dächer und brachte die Ladenschilder zum Klappern.

»Guten Morgen«, rief eine Frau, die den Kies vor dem Haus fegte, zu Clarissa hinüber. »Arbeitest du an einem Kirchenlied für die heutige Vesper?«

Während Clarissa die Zither an ihrem Band über die Schulter schob, winkte sie der Nachbarin zu. »Ja . . . und nein. Alles zugleich!« sagte sie lachend, winkte noch einmal und eilte dann zum Stadttor.

Sie blieb abrupt stehen, weil sie um ein Haar in einen Karrengaul hineingelaufen wäre. Ein Blick nach oben zeigte ihr, daß John Thorpe ihr absichtlich den Weg verlegt hatte.

»Hoha, hallo, kleine Clarissa – hast du kein freundliches Wort für mich?« sagte er grinsend, während sie dem alten Klepper auswich.

»Clarissa!« rief eine Stimme vom Ende des Wagens her. Mistreß Burbage leerte ihre Nachtgeschirre über dem hochbordigen Jauchenwagen aus, auf dessen Kutschbock John Thorpe saß. »Könntest du einen Moment zu mir ins Haus kommen? Meine jüngste Tochter leidet an gebrochenem Herzen. Ich dachte mir, vielleicht könnte sie ein neues Liebeslied wieder gesund machen.«

»Ja«, rief John lachend von seinem Bock herunter, »und ich brauche ebenfalls dringend eine neue Liebesweise.« Dabei rieb er sich anzüglich die Kehrseite, in die ihn vor zwei Tagen Clarissa gezwickt hatte, als er versuchte, ihr einen Kuß zu stehlen.

»Für dich, John«, sagte sie honigsüß, »werde ich ein Lied komponieren, das so lieblich ist, wie der Duft deiner Ladung.« Sein schepperndes Gelächter übertönte fast ihre Antwort an Mistreß Burbage, daß sie heute abend nach der Messe zu ihr kommen wolle.

Und dann, mit einem leisen Stöhnen, begann Clarissa zum Tor zu rennen. Wenn sie noch ein paar Sekunden länger in den Mauern blieb, würden die Leute sie mit ihren Wünschen so bestürmen, daß sie keine Zeit mehr fand, außerhalb der Mauern ungestört an ihrer Musik zu arbeiten.

»Du bist spät dran heute, Clarissa«, grüßte der Torwächter. »Und vergiß nicht, mir eine schöne Musik für mein krankes Kind zu machen!« rief er ihr nach, als sie auf die Obstgärten vor der Mauer zulief.

Endlich erreichte sie ihren Lieblingsapfelbaum und öffnete mit einem Lachen, das pures Glück verriet, ihr kleines Pult, um die Musik niederzuschreiben, die sie in ihrem Kopf hörte. Sie setzte sich, lehnte sich an den Stamm zurück und spielte auf der Zither die Weise, die ihr schon seit dem frühen Morgen im Ohr lag.

Völlig in ihre Arbeit versunken, Lyrik und Noten auf ihrem Blatt zu einer Weise zu verbinden, merkte sie gar nicht, wie die Stunden vergingen. Als sie mit steifen Schultern und wunden Fingern aufstand, um Luft zu schöpfen, hatte sie zwei Lieder verfaßt, und nun begann sie mit einem neuen Psalm für die Kirche.

Sie streckte sich mit einer fast übertriebenen Ausdauer, stellte ihre Zither beiseite, stützte die Hand auf einen niedrigen kahlen Ast und blickte über die bestellten Felder bis zu den umfriedeten Schafweiden des Grafen hin.

Nein! Sie wollte nicht in Trübsinn verfallen, wenn sie an den Grafen dachte. Er hatte so viele Bauern von ihrer Scholle vertrieben, indem er den Pachtzins unerträglich steigerte und das freiwerdende Land dann einzäunte, um es mit seinen gewinnbringenden Schafen zu besiedeln. Denke an etwas Angenehmes, befahl sie sich und sah in die andere Richtung. Und was gab es denn Schöneres im Leben als Musik?

Schon als Kind hatte sie immer nur Musik in ihrem Kopf gehört. Während der Priester mit dröhnender Stimme die lateinische Messe las, war sie in Gedanken damit beschäftigt, ein neues Lied für den Knabenchor zu erfinden. Beim Erntedankfest sonderte sie sich von der Menge ab, weil sie mit Liedern beschäftigt war, die nur sie hören konnte. Ihr Vater, der seit vielen Jahren verwitwet war, kam fast um den Verstand, weil er stundenlang vergeblich nach seinem verlorengegangenen Kind gesucht hatte.

Eines Tages, als sie zehn Jahre alt war, ging sie zum Brunnen, um Wasser zu holen. Ein Troubadour, der die Stadt besuchte, hatte mit einer jungen Frau auf einer Bank gesessen, und an der Brunnenfassung lehnte seine verwaiste Laute. Clarissa hatte noch nie ein Instrument in der Hand gehalten; doch sie hatte oft genug zugehört und zugesehen, so daß sie wenigstens wußte, wie man auf einer Laute greifen mußte, um ihr die richtigen Töne zu entlocken. Binnen Minuten hatte sie eine von den Weisen, die ihr durch den Kopf spukten, auf der Laute gezupft, und sie war schon bei ihrem vierten Lied, ehe sie merkte, daß der Troubadour seinen Flirt aufgegeben hatte und neben ihr stand. Stumm, sich nur mit der Sprache der

Musik verständigend, hatte er ihr gezeigt, wie sie die Finger für die Akkorde setzen mußte. Der Schmerz, den die scharfen Saiten ihren zarten Fingerkuppen versetzten, war nichts im Vergleich zu ihrer jubelnden Freude, zum erstenmal ihre Musik, die sie im Kopf hatte, auch hören zu können.

Drei Stunden später, als ihr Vater mit resignierter Miene sich auf die Suche nach seiner Tochter machte, entdeckte er sein Kind am Brunnen, umlagert von der halben Einwohnerschaft der Kleinstadt, die sich zuraunte, was für ein Wunder sie erlebte. Der Priester, der in dem Wunder ungeahnte Möglichkeiten erkannte, nahm sie mit zur Kirche und setzte sie vor das Klavikord. Nach ein paar Minuten des Experimentierens begann Clarissa, zunächst noch stümperhaft, dann immer fließender ein Magnifikat zu spielen, einen Lobgesang auf die Kirche, während sie beim Spiel den Text leise vor sich hinsprach.

Clarissas Vater war unendlich erleichtert, daß sein einziges Kind nicht wirr im Kopf war, sondern nur so voller Musik, daß sie zuweilen auf nichts reagierte, was er zu ihr sagte. Nach diesem denkwürdigen Tag übernahm der Priester Clarissas Ausbildung, in dem Glauben, ihr Talent käme von Gott, und als Gottes Sprachrohr sei ihm ihre Erziehung anheimgegeben. Er brauchte nicht hinzuzufügen, daß ihr Vater als Advokat von Gottes Herrlichkeit weit entfernt war, und je weniger sie in seiner Gesellschaft verbrachte, um so besser für sie.

Es folgten vier Jahre strengster musikalischer Ausbildung, in deren Verlauf der Priester es fertigbrachte, sich jedes bisher erschaffene Musikinstrument auszuleihen, damit Clarissa das Spielen darauf erlernte. Sie spielte die Tasteninstrumente, die Hörner, Saiteninstrumente mit und ohne Bogen, Trommeln, Glocken und das gewaltige Orgelpfeifen-Instrument, dessen Kauf der Priester sich sogar von der Gemeinde ertrotzte, um damit den Wunsch des Herrn (und Clarissas und seinen eigenen) zu erfüllen.

Als der Priester sicher war, daß sie Orgel spielen konnte, ließ er einen Franziskanermönch kommen, der sie im Verfassen der Musik unterwies und wie man Lieder, Balladen, Messen und Litaneien (und was es sonst noch alles gab) in Noten und Symbole umzusetzen habe.

Da sie so sehr damit beschäftigt war, ihre Instrumente zu spielen und ihre Noten niederzuschreiben, dauerte es bis zu ihrem fünfzehnten Lebensjahr, ehe jemand bemerkte, daß sie auch singen konnte. Der Mönch, der kurz vor der Rückreise zu seiner Abtei stand, da Clarissa alles gelernt hatte, was er ihr beibringen konnte, kam eines Morgens in aller Frühe in die Kirche und wurde von so einer mächtigen Stimme empfangen, daß die Knöpfe an seiner Kutte zu beben begannen.

Als er sich endlich davon überzeugen konnte, daß dieser überwältigende, herrliche Gesang aus der Kehle seiner sehr schmächtigen Schülerin entsprang, fiel er auf die Knie und dankte Gott für die Gnade, ihn mit so einem gesegneten Kind zusammengebracht zu haben.

Als Clarissa den alten Mönch an der Rückwand der Kirche auf den Knien liegen und mit tränenüberströmtem Gesicht sein Kreuz festhalten sah, hörte sie sogleich auf zu singen und rannte zu ihm in der Angst, es sei ihm plötzlich schlechtgeworden oder, was sie noch mehr befürchtete, er wäre beleidigt von ihrem Gesang, der, wie sie wohl wußte, schrecklich laut war.

Danach schenkte man der Ausbildung ihrer Stimme genauso viel Aufmerksamkeit wie zuvor ihrem Spiel auf den verschiedensten Instrumenten, und sie begann, Chorgruppen zusammenzustellen, indem sie jede Stimme ausnützte, die in der kleinen, von Mauern umschlossenen Gemeinde zu finden war.

Mit einemmal war sie zwanzig Jahre alt und erwartete nun jeden Tag, daß sie wachsen oder, was sie sich verzweifelt wünschte, erwachsen sein sollte. Doch sie blieb zierlich und flach, während die anderen Mädchen in ihrem Alter heirateten und Babys bekamen. Clarissa mußte sich damit begnügen, ihnen die Wiegenlieder vorzusingen, die sie für die zahnenden Krippenkinder komponiert hatte.

Was für ein Recht hatte sie, unzufrieden zu sein, dachte sie, während sie sich an den Apfelbaum klammerte. Nur weil die jungen Männer sie durchweg mit großem Respekt behandelten – nur John Thorpe bildete da natürlich eine Ausnahme, der sich überhaupt zu allen so benahm, wie er roch –, war kein Grund, unzufrieden zu sein. Als sie sechzehn war und im heiratsfähigen Alter, hatten vier Männer sich als Bewerber um ihre Hand gemeldet; doch der Priester meinte, ihre Musik sei ein Zeichen, daß sie für Gottes Arbeit bestimmt sei und nicht für die Lust eines sterblichen Mannes, und weigerte sich daher, in eine Heirat einzuwilligen. Clarissa war damals sehr erleichtert gewesen, doch je älter sie wurde, um so mehr war sie sich ihrer Einsamkeit bewußt. Sie liebte ihre Musik und liebte besonders, was sie für die Kirche machte, doch zuweilen ... wie im Sommer vor zwei Jahren, als sie vier Gläser von einem sehr starken Wein bei der Hochzeit der Bürgermeisterstochter getrunken hatte, nahm sie ihre Zither, stellte sich auf einen Tisch und sang ein sehr, sehr unzüchtiges Lied, das sie Strophe für Strophe improvisierte. Natürlich hätte der Priester schon bei der ersten Strophe das Lied unterbrochen, aber da er mehr Wein getrunken hatte als irgendwer anderer und sich im Gras wälzte, sich vor Lachen den Bauch haltend, war er natürlich nicht imstande, irgend jemanden von irgend etwas abzuhalten. Das war ein wunderbarer Abend für sie gewesen, als sie ein Teil der Leute war, die sie ihr Leben lang gekannt hatte, nicht etwas Abgesondertliches, durch die Weisung des Priesters von der Gemeinde Getrenntes wie das Stückchen Schädelknochen vom Haupt des heiligen Petrus, das in einem Schrein in der Kirche verwahrt wurde – Ehrfurcht einflößend, aber unberührbar.

Nun wandte sie sich, wie stets, wieder in Gedanken ihrer Musik zu. Tief einatmend, die Luft so verteilend, wie man es ihr beigebracht hatte, begann sie eine Ballade von der Einsamkeit des Lebens zu singen, von einer jungen Frau, die nach ihrer eigenen wahren Liebe sucht.

»Und hier bin ich, kleiner Singvogel«, tönte eine Männerstimme in ihrem Rücken.

So vertieft war sie in ihren Gesang – und tatsächlich war ihre Stimme ja von einer Kraft, daß sie jedes andere Geräusch überdeckte –, so konzentriert auf ihr Lied, daß sie die drei jungen Männer auf ihren Pferden gar nicht kommen hörte. Es waren kräftige, gesunde und lustbegierige Burschen, wie es nur die Söhne von Edelleuten sein konnten, und ihre Gesichter waren gerötet von einer, wie sie vermutete, durchzechten Nacht voller leiblicher Genüsse. Ihre Kleider aus kostbarem Samt mit Pelzbesatz und blinkenden Edelsteinen waren eine Pracht, die sie bisher nur auf dem Altar bewundert hatte. Verwirrt sah sie zu den Burschen hoch und bewegte sich nicht einmal, als der stattlichste von ihnen – ein Bursche mit blonden Haaren – aus dem Sattel stieg.

»Komm, Dirne«, sagte er, und sie roch seinen üblen Atem, »kennst du nicht einmal deinen eigenen Grundherrn? Gestatte, daß ich mich dir vorstelle. Ich bin Pagnell, in nicht allzulanger Zeit Graf von Waldenham.«

Der Name weckte Clarissa aus ihrer Trance. Die große, habgierige, häßliche Familie Waldenham preßte aus den Bauern auf den Dörfern den letzten Penny heraus. Hatten sie kein Bares mehr, wurden sie von ihrem Land verdrängt und mußten im Land herumwandern und um ihr Brot betteln.

Clarissa wollte gerade den Mund öffnen, um diesem ungehobelten jungen Mann zu sagen, was sie von ihm dachte, als er sie schon packte, seinen übelriechenden Mund auf ihren preßte und seine Zunge durch ihr Lippen schob, daß sie einen Brechreiz bekam.

»Luder!« fauchte er, als sie ihre unteren und oberen Schneidezähne in seine Zunge schlug, »ich werde dich lehren, wer dein Meister ist!« Mit einem Ruck fetzte er ihren Umhang von den Schultern, griff mit beiden Händen schon zum Halssaum ihres Kleides und riß mühelos den Stoff bis zu ihren Brüsten hinunter entzwei.

»Sollen wir den Fisch wieder in den Bach zurückwerfen, weil er so klein ist?« rief er spöttisch über die Schulter seinen beiden Freunden zu, die sich gerade anschickten, aus dem Sattel zu steigen.

Diese anzügliche Bemerkung, Clarissas mangelhafte physische Ausstattung oberhalb der Gürtellinie betreffend, verwandelte Angst in Zorn. Sie mochte kraft Geburt vielleicht auf niedrigerer Gesellschaftsstufe stehen als dieser Mann, doch dank ihrem Talent hatte sie noch niemand so behandelt, als sei sie etwas Geringeres. Mit einer Bewegung, die keiner der drei erwartet hatte, zog Clarissa ihren Rock in die Höhe, hob ein Bein und trat den jungen Mann mit voller Wucht zwischen die Lenden. Im nächsten Moment brach die Hölle los. Pagnell wand sich vor Schmerzen, während seine beiden Begleiter verzweifelt versuchten, zu verstehen, was er sagte, da sie noch viel zu betrunken waren, den Vorgang vollständig zu begreifen.

Ohne nachzudenken, wohin sie laufen sollte, rannte Clarissa los. Ihre jahrelangen Atemübungen hatten ihre Lungen in Hochform gebracht. Sie lief über die kalten, abgeernteten Felder, stolperte zweimal, da sie ihr zerrissenes Kleid zusammenzuhalten versuchte und zugleich den Rock anheben mußte, damit ihre Beine nicht behindert wurden.

Am Zaun, dem verhaßten Schafpferch, war sie gezwungen anzuhalten und sank mit tränenüberströmtem Gesicht gegen einen Pfosten. Doch selbst durch ihre Tränenschleier vermochte sie die drei Burschen zu erkennen, die wieder im Sattel saßen und das Feld nach ihr abkämmten.

»Hierher!« hörte sie eine Stimme von links, »komm hierher!« Als sie aufsah, bemerkte sie einen älteren Mann zu Pferde, der genauso feine und kostbare Kleider trug wie Pagnell. Mit dem gehetzten Blick eines gefangenen Tieres fing sie wieder an zu laufen, weg von diesem fremden Mann, der sie mit seinem Pferd verfolgte.

Er holte sie mühelos ein, ritt neben ihr her und sagte: »Die Jungen hatten nichts Böses vor. Sie sind nur übermütig, weil sie in der vergangenen Nacht zu viel gezecht haben. Wenn du mit mir kommst, bringe ich dich zu einer Stelle, wo du dich verstecken kannst.«

Clarissa wußte nicht, ob sie diesem Mann trauen durfte. Wenn er sie nun diesen betrunkenen, lüsternen Kerlen auslieferte? »Komm schon, Mädchen«, drängte der Mann. »Ich möchte nicht zusehen müssen, wie sie dir weh tun!«

Ohne weiter nachzudenken, ergriff sie die dargebotene Hand.

Er zog sie vor sich auf das Pferd und trieb das Pferd zum Galopp, während er auf die Bäume zuhielt, die in der Ferne auftauchten.

»Des Königs Wald!« keuchte Clarissa erschrocken, während sie sich an das Sattelleder klammerte. Keiner aus dem gemeinen Stand durfte den Forst des Königs betreten, und sie hatte miterlebt, wie mehrere Männer gehängt wurden, weil sie sich dort ein Kaninchen besorgten.

»Ich bezweifle, daß Henry in Ausnahmefällen einen Verstoß gegen sein Gebot ahndet«, sagte der Reiter.

Sobald sie sich im Schutz der Bäume befanden, ließ er sie wieder zu Boden gleiten. »Nun geh und verstecke dich, bis die Sonne im Zenit steht. Warte den Augenblick ab, wo andere Leibeigene die Felder bevölkern, ehe du dich wieder in die Stadt zurückwagst.«

Sie zuckte zusammen, daß er sie zu den Leibeigenen rechnete, nickte dann und rannte tiefer in den Wald hinein.

Es dauerte eine Ewigkeit, bis die Sonne ihren höchsten Punkt erreichte, und während sie im dunklen kalten Forst wartete, malte sie sich die schrecklichen Dinge aus, die ihr die Edelleute hätten zufügen können. Es mochte an ihren Lehrern liegen, die dem geistlichen Stande angehörten, daß sie die Gewalt der Edelleute über andere Leute und deren Umgang mit ihnen für ein Unrecht hielt. Sie hatte ein Recht auf Frieden und Glück, ein Recht darauf, unter einem Baum zu sitzen und ihre Musik zu spielen; und Gott gab keinem anderen Vollmacht, einem anderen so eine Sache wegzunehmen.

Noch eine Stunde hielt ihr Zorn sie warm. Sie wußte sehr wohl, daß ihr Zorn sich teilweise von den Ereignissen des vergangenen Sommers nährte. Der Priester hatte erreicht, daß der Knabenchor und Clarissa in der Privatkapelle des Grafen – Pagnells Vater – singen durften. Wochenlang hatten sie für diesen Auftritt geprobt, und Clarissa hatte bis zur Erschöpfung daran gearbeitet, ihre Komposition bis zur Perfektion einzuüben. Als sie schließlich ihr Werk vortragen durfte, sagte der Graf, ein fetter, von der Gicht geplagter Mann, in der Mitte der Aufführung mit lauter Stimme, er möge seine Frauen nicht so mager, und der Priester solle sie wieder hierherbringen, wenn sie etwas mehr Fleisch auf den Rippen habe und ihn noch auf andere Weise unterhalten könne, nicht nur mit Chor und Gesang. Und ehe die Aufführung zu Ende war, hatte er die Kapelle verlassen.

Als die Sonne im Zenit stand, stahl sich Clarissa zum Waldrand zurück und verbrachte lange Zeit damit, das offene Land zu beobachten, ob sie einen Menschen sah, der zum edlen Stand gehören mußte. Vorsichtig wagte sie sich dann bis zu ihrem Apfelbaum vor – nicht mehr länger ihr Lieblingsbaum, da sich zu viele häßliche Erinnerungen mit ihm verbanden.

Dort erlitt Clarissa den größten Schock des Tages, denn unter dem Baum lagen die Splitter und geborstenen Saiten ihrer Zither, offensichtlich von Pferdehufen zertrampelt. Heiße Zornestränen liefen ihr über die Wangen, während sich Haß, Ohnmacht und Hilflosigkeit unter ihren Zorn mischten. Wie konnten sie nur, wetterte sie laut, während sie sich hinkniete und die Überreste einsammelte. Als ihr Schoß mit den zersplitterten Stücken gefüllt war, sah sie die Sinnlosigkeit ihres Tuns ein und warf die Stücke gegen den Baum.

Mit trockenen Augen und geraden Schultern suchte sie wieder den Schutz ihrer Stadtmauer, ihren Zorn hinunterschluckend, der jedoch wie ein Vulkan jederzeit wieder ausbrechen konnte.

2. Kapitel

Die Halle des Herrenhauses war mit buntgewirkten Wandteppichen geschmückt, die Zwischenräume mit Waffen aller Art gefüllt. Die schweren, massiven Möbel zeigten böse Narben, die von Axthieben und Schwertklingen herrührten. An dem langen Tisch saßen drei junge Männer, ihre Augen dunkel umringt von zuviel Wein und zu wenig Schlaf.

»Sie hat dich zum Narren gehalten«, sagte einer der drei lachend, während er einen Becher mit Wein füllte und einiges davon auf seine schmutzige Manschette vergoß. »Sie trat dich und verschwand dann wie eine Hexe, die sie zweifellos ist. Du hast sie ja singen gehört. Das war keine menschliche Stimme, sondern nur darauf gerichtet, dich zu betören. Und als du sie erhörtest, da . . .« Er schlug mit der Faust in die geöffnete andere Hand und lachte wiederum laut.

Pagnell setzte den Fuß gegen den Stuhl des Freundes und gab dem Möbelstück einen Tritt, daß es mit dem Mann, der darauf saß, umkippte. »Sie ist ein Mensch«, knurrte er, »und meine Zeit nicht wert.«

»Hübsche Augen«, bemerkte ein anderer. »Und diese Stimme. Glaubst du, sie würde so hoch singen, daß sich die Haare auf deinen Beinen kräuseln, wenn du ihn ihr hineinsteckst?«

Der Mann, der vom Stuhl gekippt war, lachte: »Romantisch! Ich würde sie dazu bringen, daß sie mir ein Lied singt, wie sie es am liebsten von mir hätte.«

»Still, ihr beiden!« fauchte Pagnell und leerte seinen Becher. »Ich sag' euch, sie ist ein Mensch – mehr nicht.«

Die anderen beiden sagten nichts und blieben eine Weile schweigend sitzen, bis eine Magd durch die Halle kam und Pagnell sie am Arm festhielt. »In der kleinen Stadt ist ein Mädchen, das singen kann. Wie heißt es?«

Die Magd versuchte sich aus seinem schmerzhaften Griff zu befreien. »Das ist Clarissa«, flüsterte sie.

»Stell dich nicht so an, sonst breche ich dir den Arm«, knurrte Pagnell. »Nun sag mir ganz genau, wo diese Clarissa in dieser verflixten kleinen Stadt, die ihr euch gebaut habt, wohnt!«

Eine Stunde darauf befanden sich Pagnell und seine drei Zechkumpane in stockdunkler Nacht vor der umfriedeten Ortschaft Moreton und warfen Stahlhaken zur Mauerkrone hinauf. Nach drei Versuchen hingen zwei von den Haken oben fest, und die daran befestigten Taue entrollten sich. Mit einiger Mühe, die sie im nüchternen Zustand nicht gehabt hätten, erkletterten sie die Mauerbrüstung, holten die Taue wieder ein und ließen sich anschließend auf den schmalen Umgang hinunter, der an den dichtgedrängten Häusern innerhalb der Mauer entlangführte.

Pagnell hob den Arm zum Zeichen, daß seine Freunde ihm folgen sollten, während er leise an den Häuserfronten entlangschlich und nach den Straßenschildern suchte, die an den Fassaden befestigt waren. »Eine Hexe«, murmelte er zornig. »Ich werde ihnen zeigen, wie sterblich sie ist. Die Tochter eines Advokaten – der Abschaum der Erde.«

Bei Clarissas Haus hielt er an, glitt rasch an der Seitenwand entlang, bis er zu einem Fensterladen kam. Ein heftiger Schlag, ein berstender Laut, und der Riegel war gesprengt. Mit einem Satz war er im Haus.

Im Oberstock lag Clarissas Vater still im Bett, die Hände über der Brust verkrampft, weil sein Herz ihm mit stechenden Schmerzen den Schlaf raubte. Als er das Bersten des Fensterladens hörte, keuchte er, weil er zunächst seinen Ohren nicht trauen wollte. Seit Jahren hatte es in der Stadt keinen Einbruch mehr gegeben.

Während er rasch mit Feuerstein und Zunder eine Kerze zum Brennen brachte, erhob er sich vom Bett und ging die Treppe hinunter. »Was bildet ihr Halunken euch ein?« rief er laut, als Pagnell einem Freund durch das Fenster steigen half.

Das waren die letzten Worte, die ihm auf Erden zu sprechen vergönnt waren, denn im nächsten Moment war Pagnell schon bei ihm, packte den alten Mann bei den Haaren und fuhr ihm mit seinem Messer an die Kehle. Ein tiefer, rascher Schnitt, und er ließ den leblosen Körper zu Boden fallen, ohne ihm noch einen Blick zu gönnen. Dann ging er wieder ans Fenster, um den Kumpanen beim Einsteigen zu helfen. Als sie alle im Zimmer versammelt waren, wandte er sich der Stiege zu.

Clarissa hatte ebenfalls nicht einschlafen können, da sie von den trüben Erfahrungen des Tages zu aufgewühlt war. Jedesmal, wenn sie die Augen schloß, sah sie Pagnell vor sich, roch seinen üblen

Atem, spürte seine Zunge in ihrem Mund. Es war ihr irgendwie gelungen, vor ihrem Vater zu verbergen, was sich zugetragen hatte, da sie ihn nicht aufregen wollte. Zum erstenmal in ihrem Leben war sie in Gedanken mit etwas anderem beschäftigt als mit Musik.

So sehr verstört war sie, daß sie zunächst die Geräusche im Erdgeschoß gar nicht hörte, bis sie die zornige Stimme ihres Vaters vernahm und den seltsam dumpfen Fall, der darauf folgte.

»Räuber!« wimmerte sie und warf die wollene Zudecke beiseite. Rasch griff sie nach ihrem Kleid und zog es über den Kopf, um ihre Blöße zu bedecken. Warum wollte jemand sie berauben? Sie waren so arm, daß ein Einbruch in ihrem Haus nicht lohnte. Der Löwengürtel! dachte sie dann, vielleicht hatten sie von dieser Kostbarkeit gehört! Sie öffnete einen schmalen Wandschrank, entfernte geschickt den falschen Boden und nahm das einzig wertvolle Stück, das sie besaß, heraus – einen Gürtel aus Gold, den sie rasch um ihre Taille schlang.

Ein Geräusch in der Schlafstube ihres Vaters schreckte sie auf. Schritte näherten sich ihrer Tür. Sie packte einen schweren gußeisernen Kerzenhalter, stellte sich hinter die Tür und wartete mit angehaltenem Atem.

Die Tür bewegte sich ganz langsam in ihren Angeln aus Leder, und als Clarissa einen kräftigen, gutgezielten Schlag gegen den Kopf des Eindringlings führen konnte, holte sie mit aller Macht aus und zog ihm den Kerzenhalter über den Scheitel.

Pagnell brach vor ihren Füßen zusammen, konnte jedoch noch einen Blick auf sie werfen, ehe er das Bewußtsein verlor.

Der Anblick dieses Edelmannes in ihrem kleinen Haus ließ das Entsetzen des vergangenen Tages wieder in ihr lebendig werden. Das war kein gewöhnlicher Einbruch, und wo steckte ihr Vater? Noch mehr Schritte, die lärmend die Stiege heraufkamen, brachten sie wieder zur Besinnung. Ein verzweifelter Rundblick belehrte sie, daß das Fenster der einzige Fluchtweg war, der ihr zu Gebote stand. Sie lief dorthin, dachte nicht daran, wie hoch es über dem Boden lag, und sprang hinunter.

Sie tat einen schweren Fall, und der Aufprall warf sie gegen die Hausmauer, wo sie eine schreckliche Minute lang benommen liegenblieb. Doch sie durfte hier nicht im Schmutz verharren, bis sie wieder ganz bei sich war. Humpelnd, mit stechendem Schmerz im linken Bein, ging sie zur Seitenwand, wo der Fensterladen offen stand.

Das Mondlicht war keine gute Lichtquelle; doch neben ihrem Vater brannte eine Kerze in einem verbogenen Halter. Die kleine Flamme reichte aus, ihr das klaffende Loch in ihres Vaters Kehle zu zeigen und seinen Kopf, der in der sich vergrößernden Lache seines eigenen Blutes lag.

Zutiefst geschockt, löste sich Clarissa vom Fenster und begann, vom Haus wegzuwandern. Sie achtete nicht der kalten Luft auf ihren bloßen Armen, spürte nicht, wie der Frosthauch durch die groben Maschen ihres Wollkleides drang. Sie sorgte sich nicht mehr um Pagnell, ob er ihr etwas antun könne. Er hatte ihr alles genommen, was er ihr rauben konnte. Ihr Vater war die einzige Person gewesen, die sie nicht der Musik wegen gemocht, sondern als Mensch geliebt hatte. Und ihr Vater war tot. Was sonst hätte er ihr noch wegnehmen können?

Sie irrte umher, wußte nicht, wohin sie ging, bis sie endlich vor der Kirche stolpernd auf die Knie fiel, die Hände verschränkte und um die Seele ihres Vaters betete, damit er im Himmel die Aufnahme fand, die er verdiente.

Vielleicht mochte es an der jahrelangen Schulung liegen oder auch an ihrer Trauer, daß sie sich so ausschließlich mit sich selbst beschäftigte und gar nichts von dem Tumult bemerkte, der um sie her entstand. Sie sah und hörte nichts von den knisternden Flammen, die ihr Haus und die Leiche ihres Vaters verzehrten. Die Angst vor einer Feuersbrunst in so einer hinter Mauern zusammengedrängten Gemeinde war ein ständiger Alptraum, und fast alle Bewohner kamen aus ihren Häusern und bemerkten in ihrem Entsetzen nicht die zierliche Gestalt von Clarissa, die im Schatten des Kirchenportals kniete.

Als im ersten Licht des Morgens die Tore geöffnet wurden, warteten schon sechs gepanzerte Ritter vor der Stadt, die das Wappen des Grafen von Waldenham trugen. Die Hufe der schweren Schlachtrösser pflügten durch die engen Gassen zwischen den Häusern, und die gewaltigen Zweihänder, die die Ritter mit sich führten, hackten Dachtraufen und Schilder ab, die ihren Weg behinderten, während die Ritter langsam, besitzergreifend, durch die Stadt ritten. Frauen rissen ihre Kinder vor den gefährlichen Rössern zur Seite, hielten sie wie gelähmt an die Brust gedrückt, während sie den Weg dieser massiven, furchtgebietenden, in Eisen gehüllten Männer durch die friedliche Stadt mit ängstlichen Blicken verfolgten.

Die Ritter hielten vor den rauchenden Ruinen des Blackett-Hauses an, und ihr Anführer zog ein Pergament aus seiner Satteltasche und nagelte es an einen noch aufrechten, verkohlten Pfosten. Ohne sein Visier zu heben, sah er von seinem hohen Roß auf die verängstigten Stadtleute hinunter. Mit einer raschen Bewegung brachte er seine Lanze in Anschlag und spießte damit geschickt einen Hund auf, dessen Kadaver er in die qualmende Asche schleuderte.

»Was dort steht, sei euch eine Warnung!« sagte er mit dröhnender Stimme, daß es von den steinernen Mauern der Stadt widerhallte.

Ohne sich um die Stadtleute zu kümmern, die um sie herumstanden, gaben die Ritter ihren Pferden die Sporen und trabten wieder aus der Stadt, diesmal in entgegengesetzter Richtung, wobei sie noch eine Gasse mit ihren Schwertern verwüsteten, bevor sie durch die Tore ins freie Feld gelangten, ein verstörtes Stadtvolk hinter sich lassend.

Es dauerte eine Weile, ehe sich einer so weit erholt hatte, daß er das Papier am verkohlten Pfosten in Augenschein nehmen konnte. Der Priester, der des Lesens kundig war, trat hinzu und nahm sich viel Zeit mit der Lektüre des Pergaments, während die Stadtleute schweigend warteten. Als sich der Priester endlich umdrehte, war sein Gesicht aschfahl.

»Clarissa«, begann er langsam, »Clarissa Blackett wird der Ketzerei, Hexerei und des Diebstahls beschuldigt. Der Graf von Waldenham behauptet, das Mädchen habe die vom Teufel verliehene Gabe ihrer Stimme dazu benützt, seinen Sohn zu betören, und als er sich gegen sie zur Wehr zu setzen versuchte, verlästerte sie die Kirche. Als er sich dennoch nicht fügen wollte, schlug sie ihn mit der Macht des Bösen nieder und beraubte ihn.« Eine Weile lang waren sie alle sprachlos. Clarissas Stimme sollte eine Gabe des Teufels sein? Vielleicht war ihr Talent verblüffend groß; doch konnte es ihr doch nur von Gott verliehen worden sein. Verwendete sie denn nicht ihre Stimme zur Lobpreisung des Herrn? Natürlich waren auch ein paar Lieder darunter, die mit Kirchenmusik sehr wenig zu tun hatten. Vielleicht . . .

Wie ein Mann sahen sie alle auf, als Clarissa über die freie Fläche humpelte, die ihr Haus von der Rückseite der Kirche trennte, und über eine Scholle stolperte, die von den schweren Hufen der Schlachtrösser aus der Gasse gerissen worden war. Mit ratlosen, zum Teil auch zweifelnden Mienen wichen sie zur Seite und ließen das Mädchen passieren. Sie stand still und starrte schweigend auf die verkohlten Reste ihrer ehemaligen Wohnung.

»Komm, mein Kind«, bat der Priester, legte schnell den Arm um ihre Schultern und drängte sie förmlich auf das Pfarrhaus zu. Dort angelangt, begann der Priester, rasch Brot und Käse in einen Leinensack zu packen. »Clarissa, du mußt die Stadt verlassen.«

»Mein Vater«, sagte sie leise.

»Ich weiß, wir sahen seine Leiche in den Flammen. Beruhige dich, er war bereits tot, und ich werde fünfundzwanzig Messen für seine Seele lesen. Jetzt bange ich um dich.«

Als er merkte, daß sie ihm gar nicht richtig zuhörte, rüttelte er sie heftig, an der Schulter, daß ihr der Kopf ins Genick flog.

»Clarissa, du mußt auf mich hören!« Als wieder Licht in ihre Augen trat, erzählte er ihr von dem Anschlag, der sie in mannigfacher Weise beschuldigte. »Sie haben eine Belohnung für dich ausgesetzt, tot oder lebendig.«

»Eine Belohnung?« flüsterte sie. »Was bin ich denn wert?«

»Clarissa, du bist eine Menge wert, hast jedoch aus irgendeinem Grund den Zorn des Grafen erregt. Ich habe noch keinem etwas von der Belohnung gesagt; aber sie werden das nur zu bald erfahren und nicht alle bereit sein, dein Leben zu schützen. Ein habgieriger Schurke findet sich immer, der dich bereitwillig der Belohnung wegen dem Grafen ausliefert.«

»Meinetwegen! Ich bin unschuldig, und der König . . .«

Das Lachen des Priesters schnitt ihr das Wort ab, während er sie in einen schweren, zu langen Umhang hüllte. »Man würde dich schuldig finden, und im günstigsten Fall kannst du mit einem schnellen Tod am Galgen rechnen. Ich möchte, daß du jetzt gehst und am Rand des Königsforstes auf mich wartest. Heute abend werde ich dich dort treffen und hoffentlich einen Plan bereit haben, den wir verwerten können. Geh jetzt, Clarissa. Spute dich und achte darauf, daß möglichst wenige dich sehen. Ich komme heute abend zu dir und bringe ein Instrument und noch mehr Nahrungsmittel mit. Vielleicht finden wir eine Möglichkeit, wie sich auch ein junges Mädchen ihren Lebensunterhalt verdienen könnte.«

Ehe Clarissa sich recht klar wurde, was mit ihr geschah, wurde sie schon zur Tür hinausgeschoben, den Sack mit Nahrungsmitteln über der Schulter, den zu langen Umhang mit beiden Händen hochhaltend. Sie eilte zum Stadttor, versuchte sich nicht vor den Leuten ihrer Gemeinde zu verstecken; doch da sie fast alle noch um die Ruine ihres Hauses versammelt waren, bemerkte sie keiner.

Sobald sie den Forst erreicht hatte, setzte sie sich erschöpft und vom Kummer überwältigt nieder, unfähig, die Ereignisse der letzten Stunden erfassen oder begreifen zu können. Zunächst hatte sie nur das Bild ihres Vaters vor Augen, das Leben, das sie zusammen geführt, seine Fürsorge und Liebe. Schließlich, nach einer Nacht voller Gebete, auf die ein schrecklicher Morgen gefolgt war, begann sie zu weinen, zu weinen und zu weinen, den Kopf verhüllt von ihrem Umhang, zu einem kleinen Ball zusammengerollt. Nach einer langen Weile lockerten sich ihre müden Muskeln, und sie schlummerte, immer noch am ganzen Körper zitternd, unter den Falten ihres Umhangs vergraben, ein.

Es war kurz vor Sonnenuntergang, als sie wieder erwachte.

Ihre Muskeln schmerzten, ihr linker Fuß tat noch weh vom Sprung aus dem Fenster, ihr Herz klopfte. Vorsichtig zog sie den Wollstoff von ihrem Gesicht und entdeckte einen Mann, der in ihrer Nähe auf einem Baumstamm saß. Mit einem entsetzten Keuchen sah sie sich nach einem Fluchtweg um.

»Du brauchst nicht vor mir fortzulaufen«, sagte der Mann behutsam, und seine Stimme half ihr, ihn wiederzuerkennen. Es war der

Diener des jungen Edelmannes, der ihr gestern geholfen hatte, Pagnell und seinen Zechkumpanen zu entrinnen.

»Willst du dir deine Belohnung verdienen?« fragte sie mit einer Mischung aus Furcht und Hohn. »Vielleicht werde ich dann sagen, wie du mir zuvor geholfen hast. Ich glaube nicht daß deinem Herrn so etwas gefallen würde.«

Zu ihrer Überraschung begann der Mann zu lachen. »Hab keine Angst vor mir, Kind«, sagte er. »Dein Priester und ich führten ein sehr ausführliches Gespräch, während du schliefst, und wir haben einen Plan für dich vorbereitet. Wenn du bereit bist, mir zuzuhören, glaube ich, wir könnten dich so gut verstecken, daß niemand dich finden wird.«

Mit einem schroffen Nicken sah sie ihn an und wartete, daß er mit der Rede fortfuhr. Während er ihr seinen Plan erörterte, weiteten sich ihre Augen vor Entsetzen und Angst, der jedoch auch ein Gefühl von Abenteuerlust beigemischt war.

Der Diener hatte einen Bruder, der dem König als Soldat gedient, jedoch das Pech hatte, alle Gefechte lebend zu überstehen, bis das Alter ihn wehruntüchtig machte und er mittellos auf der Straße stand. Zwei Jahre war er allein umhergewandert, war fast Hungers gestorben, bis er zufällig einen Mann aus der Bande der geächteten, arbeitslosen und gescheiterten Existenzen traf, die in dem riesigen Waldgebiet unmittelbar im Norden der Stadt Moreton ihr Leben fristeten.

Ein paar Sekunden lang saß Clarissa schweigend da. »Du schlägst mir vor, ich soll mich dieser Bande anschließen?« fragte sie ungläubig. »Als . . . Rechtlose?«

Der Diener verstand ihre Empörung. Der Priester war voll des Lobes gewesen über die guten Eigenschaften des Mädchens. »Ja und nein«, erwiderte er. »Ein junges Mädchen wie du würde nicht sicher sein bei dieser Bande. Obwohl sie jetzt einen Anführer haben und bis zu einem gewissen Grade christliche Nächstenliebe und auch Disziplin zwischen den Mitgliedern herrschen, würde so ein kleines Ding wie du sich dort nicht lange behaupten können.«

Trotzdem fand Clarissa seine Worte ermutigend und lächelte ein wenig.

»Außerdem«, fuhr er fort, »würde kein Bandit zögern, dich der Belohnung wegen dem Grafen auszuliefern.«

»Ich kann singen. Vielleicht nähme mich jemand in seine Dienste . . .«

Er hob die Hand und schnitt ihr das Wort ab. »Nur Edelleute können sich ihre eigenen Musikanten leisten oder vielleicht noch ein reicher Kaufmann. Doch als Mädchen ohne Anhang, ohne Schutz . . .«

Niedergeschlagen ließ Clarissa wieder die Schultern hängen. Gab es irgendwo Sicherheit für sie?

Als der Diener merkte, daß sie einzusehen begann, wie schwierig es war, sie vor der Welt zu verstecken, fuhr er rasch mit der Erörterung seines Planes fort. »Wenn du zu einem Jungen wirst, könntest du bei den Geächteten Unterschlupf finden. Mit kurzen Haaren, Hosen und vielleicht einer Schärpe um die Brust würde man dich als Junge gelten lassen. Der Priester sagt, du könntest nach Belieben deine Stimme verändern, und wenn ich dich so betrachte, würde man dir in Männerkleidung das Mädchen nicht ansehen.«

Clarissa war sich nicht sicher, ob sie über seine letzte Bemerkung lachen oder weinen sollte. Es stimmte, daß sie nicht dem klassischen Schönheitsideal mit vollen Lippen und großen blauen Augen entsprach. Trotzdem wäre es ihr lieber gewesen, wenn der Mann gesagt hätte . . .

»Gemach«, sagte der Diener mit einem leisen Lachen, »du hast keinen Grund, mich so böse anzufunkeln. Ich bin sicher, wenn du in die Jahre kommst, wirst du so rundlich und fast so hübsch sein wie eine Lady.«

»Ich bin zwanzig«, sagte sie mit schmalen Augen. Der Diener räusperte sich verlegen. »Dann solltest du nun Gott für dein Aussehen danken. Und jetzt komm, denn es wird bereits dunkel. Ich habe dir ein paar Knabenkleider mitgebracht, und wenn du dich in einen Jungen verwandelt hast, werden wir reisen. Ich möchte zurück sein, ehe ich vermißt werde. Der Graf möchte stets wissen, wo seine Leute stecken.«

Der Gedanke, daß sie ihn in Gefahr bringen konnte, trieb sie zum raschen Handeln an. Sie nahm ihm die zusammengefalteten Kleider ab, und bei der Berührung des Tuchs zögerte sie einen Moment, ehe sie unter die Bäume flüchtete, um sich dort umzuziehen. Es dauerte nur ein paar Sekunden, bis sie sich ihres Kleides entledigt hatte; doch mit der Garderobe eines Jungen war sie nicht vertraut. Eine dichtgewebte Hose aus Baumwolle bedeckte ihre Beine bis zu den Hüften hinauf, und sie zog den Hosenbund um die Taille stramm. Als nächstes kam ein Tuch, und sie versuchte, nicht enttäuscht aufzuseufzen, als sie bemerkte, wie locker sie den Knoten schürzen mußte, damit ihre Brüste flach wurden. Darüber zog sie ein feines und weiches Baumwollhemd, streifte dann ein schweres Wollhemd mit weiten Ärmeln darüber und vervollständigte ihre Oberkleidung mit einem Wams aus fester, dichtgewebter Wolle. Das Wams reichte bis zum unteren Rand ihres Gesäßes und war hübsch mit goldenen Schnörkelmustern bestickt. Noch nie hatte sie so eine reiche Kleidung auf ihrer Haut getragen, und sie merkte, daß die wunden Stellen, die von ihrem wollenen Kleid noch zusätzlich gescheuert wurden, nun abzuheilen begannen. Und wie frei man sich in den Kleidern eines Jungen bewegen konnte! dache sie, als sie erst das eine Bein in die Höhe schwang und dann das andere.

Sie schlüpfte in kniehohe Stiefel, verschnürte sie an den Knöcheln, nahm den goldenen Gürtel aus dem Kleiderhaufen, der zu ihren Füßen lag, und band ihn unter dem Wams und dem wollenen Hemd um die Taille. Als sie endlich so weit angezogen war, band sie noch eine bestickte Schärpe um die Hüften und ging zu der Stelle, wo der Diener des Grafen auf sie wartete. »Gut!« sagte er, während er sie im Kreis herumdrehte und von allen Seiten musterte. Bei der Betrachtung ihrer Beine runzelte er die Stirn, denn sie waren ein bißchen zu hübsch für einen Jungen. »Und jetzt die Haare.« Er nahm eine Schere aus der Tasche an ihrer Schärpe.

Clarissa wich einen Schritt zurück, die Hand an ihren langen, glatten Haaren. Eine Schere war noch nie mit ihren Haaren in Berührung gekommen.

»Nun komm schon«, drängte der Mann. »Es wird spät. Es sind nur Haare, Mädchen. Sie wachsen nach. Besser, du läßt sie schneiden, als daß sie zusammen mit deinem Kopf in einem Hexenfeuer verbrennen.«

Clarissa nahm ihren ganzen Mut zusammen und drehte dem Mann den Rücken zu, damit er sich mit ihren Haaren beschäftigen konnte. Als es zu Boden fiel, fühlte sich ihr Kopf seltsam leicht an – durchaus keine unangenehme Überraschung.

»Schau nur, wie es sich jetzt wellt«, sagte der Mann, bemüht, ihr über diese schreckliche Situation hinwegzuhelfen. Als er mit dem Haareschneiden fertig war, drehte er sie um und nickte zustimmend über die Wellen und Locken, die ihr nun in das kecke kleine Gesicht fielen. Er dachte bei sich, daß ihr die kurzen Haare und die Knabenkleider besser standen als das häßliche Kleid, das sie vorher trug.

»Warum?« fragte sie, ihn ansehend. »Ihr arbeitet für den Mann – weshalb steht Ihr mir also bei?«

»Ich kenne den Junker« – sie wußte, er sprach von Pagnell – »von seiner Geburt an. Er bekam immer, was er sich wünschte, und sein Vater brachte ihm bei, sich zu nehmen, was er nicht haben sollte. Ich habe schon öfter versucht, die Untaten des Jungen auszubügeln. Bist du bereit?« Offenbar wollte er dieses Thema nicht weiter verfolgen.

Clarissa setzte sich hinter den Mann auf das gutmütige Pferd, und sie ritten am Waldrand entlang nach Norden. Unterwegs hielt ihr der Diener einen Vortrag, wie sie sich verhalten mußte, um ihr Geheimnis zu bewahren. Sie mußte gehen wie ein Junge, mit langen Schritten, die Schultern nach hinten gedrückt. Sie durfte nicht auf törichte Weise lachen oder weinen, sollte fluchen, durfte nicht zu oft baden, mußte spucken und sich kratzen und durfte keine Arbeit scheuen. Spinnen und Schmutz mußten sie kalt lassen, und so ging es fort, bis Clarissa fast eingeschlafen war, womit sie sich eine neue Predigt einhandelte, die mangelnde Robustheit von Mädchen betreffend.

Als sie den Teil des Waldes erreichten, wo die Geächteten sich versteckten, gab er ihr einen Dolch, den sie an der Seite tragen sollte, um sich damit zu schützen, und schärfte ihr ein, sich im Umgang mit dieser Waffe zu üben.

Sobald sie den Waldrand verlassen hatten und in den dunklen, drohenden Wald eindrangen, hörte er auf zu reden, und Clarissa konnte die Spannung fühlen, die jetzt seinen Körper ergriff. Sie merkte, daß ihre Knöchel an den Fingern, mit denen sie sich am Rande des Sattels festhielt, weiß wurden.

Der Schrei eines Nachtvogels drang zu ihnen, und der Diener beantwortete ihn. Noch tiefer im Wald schrie wieder eine Eule, und so wurde das Signal weitergegeben, während der Diener anhielt, Clarissa vom Pferd half und aus dem Sattel stieg. »Wir werden hier bis zum Morgen warten«, sagte er mit einer Stimme, die nicht viel lauter war als ein Flüstern. »Sie wollen herausfinden, wer wir sind, bevor sie uns ihr Lager betreten lassen. Komm, Junge«, sagte er lauter, »laß uns hier schlafen.«

Doch Clarissa fand keinen Schlaf, sondern lag nur still unter der Decke, die ihr der Diener gegeben hatte, und ging in Gedanken alles durch, was ihr widerfahren war. Daß sie wegen der Laune eines Edelmannes hier in diesem kalten, fürchterlichen Wald alleine war, während das Leben ihres Vaters auf so grausame Weise ein Ende gefunden hatte. Bei diesen Gedanken begann der Zorn ihre Furcht und ihre Trauer zu ersetzen. Sie würde diese Krise überwinden, und eines Tages, irgendwie, würde sie sich an Pagnell und seinesgleichen rächen.

Beim ersten Licht der Dämmerung stiegen sie wieder auf das Pferd und ritten langsam immer tiefer in das Labyrinth des Waldes hinein.

3. Kapitel

Nachdem sie lange Zeit auf Zehenspitzen durch zähes Gestrüpp und Unterholz geschlichen waren, einer Route folgend, die durch keinen Pfad gekennzeichnet war, begann Clarissa Stimmen zu vernehmen. »Ich höre die Männer sich unterhalten«, wisperte sie.

Der Diener warf ihr einen ungläubigen Blick über die Schulter zu, denn er hörte nichts außer dem Wind. Es dauerte ziemlich lange, ehe er ebenfalls die Stimmen vernahm.

Plötzlich, überraschend, war das zähe Gestrüpp zu Ende, und vor ihnen lag ein kleines Dorf aus Zelten und rohgezimmerten Behausungen. Ein grauhaariger Mann mit einer tiefen alten Narbe, die von seiner Schläfe über die Wange bis zum Hals verlief, wo sie unter dem Kragen verschwand, fiel ihnen in die Zügel.

»Du bist niemand unterwegs begegnet, Bruder?« fragte der Mann mit der Narbe, und als sein Bruder den Kopf schüttelte, faßte der Narbengesichtige Clarissa ins Auge. »Ist das der Bursche?«

Sie hielt den Atem an während dieser Musterung, weil sie fürchtete, er würde ihr wahres Geschlecht erkennen; doch er wandte schließlich die Augen ab, als wäre sie nicht von Bedeutung.

»Raine erwartet dich«, sagte der Mann mit der Narbe zu seinem Bruder. »Liefere den Jungen bei ihm ab, und ich werde ein Stück mit dir reiten, damit du mir die Neuigkeiten erzählen kannst.«

Mit einem Nicken lenkte der Diener sein Pferd in die Richtung, in die sein Bruder deutete.

»Er kam nicht auf den Gedanken, daß ich kein Junge wäre«, flüsterte Clarissa teils erfreut, teils beleidigt. »Und wer ist Raine?«

»Er ist der Anführer dieser buntgescheckten Truppe. Er ist erst seit ein paar Wochen bei ihnen; doch in dieser Zeit ist es ihm gelungen, den Männern etwas Disziplin beizubringen. Wenn du beabsichtigst, hier zu bleiben, mußt du ihm jederzeit gehorchen, weil er dir sonst die Ohren langziehen würde.«

»Der König der Entrechteten«, sagte sie etwas verträumt. »Er muß der Schrecken in Person sein. Er ist doch nicht ein ... ein Mörder, oder doch?« keuchte sie.

Der Diener sah auf sie zurück und lachte über ihren mädchenhaften Launenwechsel; doch als er ihr Gesicht erblickte, verging ihm das Lachen, und er sah in die Richtung, in die sie wie hypnotisiert gaffte.

Auf einem niedrigen Schemel, ohne Hemd, saß der Mann, der zweifellos der Anführer jener Truppe von Männern sein mußte, die sich in seiner Nähe versammelten. Es war ein stattlicher Mann, sehr groß, mit gewaltigen Muskelpaketen, einer breiten, dicken Brust und Schenkeln, die den Stoff der schwarzen gestrickten Hose fast sprengten. Er wetzte sein Schwert, und daß er im Januar im kalten, sonnenlosen Wald kein Hemd trug, war an sich schon erstaunlich; doch selbst auf diese Entfernung konnte Clarissa sehen, daß er mit einem dünnen Schweißfilm bedeckt war.

Sein Profil war hübsch: eine feine Nase, tiefschwarze Haare, schweißnasse Locken im Nacken, tiefliegende ernste Augen unter üppigen schwarzen Brauen, ein Mund, der eine feste Linie bildete, während er sich auf den Wetzstein konzentrierte, mit dem er das Schwert schärfte.

Clarissas erster Eindruck war, daß ihr das Herz stillstehen könnte. So einen Mann hatte sie bisher noch nie gesehen, von dem eine Macht ausstrahlte, so greifbar wie der Schweiß, der auf seinem Körper glitzerte. Die Leute sagten oft, sie übe Macht mit ihrer Stimme aus, und sie fragte sich nun, ob sie mit der Gewalt dieses Mannes vergleichbar war, mit dieser Aura, die diesen ganzen riesigen wundervollen Körper umgab.

»Mach den Mund zu, Mädchen«, lachte der Diener, »oder du wirst dich sogleich verraten. Seine Lordschaft wird sich nicht mit einem Burschen anfreunden, der ihm die Knie vollsabbert.«

»Lordschaft?« fragte Clarissa, nach Luft schnappend. »Lordschaft!« fauchte sie, und die Vernunft erwachte wieder in ihr. Das war nicht Macht, die sie von diesem Mann ausgehen sah – es war seine Überzeugung, daß die ganze Welt ihm allein gehörte. Generationen von Männern wie Pagnell hatten sich selbst reproduziert, um ein Wesen zu erschaffen, wie sie es vor sich sah – arrogant, stolz, im festen Glauben, daß jeder dazu bestimmt war, seine persönlichen Wünsche zu befriedigen, sich nehmen zu dürfen, was er wollte, selbst das Leben eines alten kranken Advokaten, der ihm im Weg stand. Clarissa befand sich in diesem kalten Forst und nicht in ihrem Haus, wo sie hingehörte und ihrer Musik nachgehen konnte, nur, weil es Männer gab wie diesen dort, der auf seinem Schemel saß und wartete, daß andere zu ihm kamen.

Der Mann drehte sich um und sah sie mit seinen blauen Augen an – mit ernsten Augen, denen wenig von dem entging, was sie betrachteten. Als wäre er ein König auf einem Thron, dachte Clarissa, und tatsächlich machte er den rohgezimmerten Hocker zu einer Art Thronsessel, dem sich seine Untergebenen zu nähern hatten. Deswegen also mußte sie sich als Junge verkleiden! Dieser Mann mit seinem herrscherlichen, anmaßenden Gehabe verlangte, daß jeder vor ihm dienerte und einen Kratzfuß machte, sich so tief verneigte, daß er seine mit Juwelen besetzten Schuhe auf ihre Kehrseite setzen konnte. Er war der Anführer dieser Truppe von Geächteten und Mördern, und wie war er zu dieser dubiosen Ehre gekommen? Zweifellos dadurch, weil sie alle an die natürliche Überlegenheit der Adeligen glaubten und meinten, dieser Mann habe kraft seiner Geburt das *Recht*, sie zu befehligen, und sie, so dumm, wie sie als Kriminelle sein mußten, zweifelten gar nicht an seiner Autorität, sondern fragten lediglich danach, wie tief sie sich vor seiner Lordschaft verneigen sollten.

»Das ist Raine Ascott«, sagte der Diener und merkte gar nicht, wie

Clarissas Augen hart wurden, was ihre ursprüngliche Weichheit stark veränderte ... »Der König hat ihn zum Verräter erklärt.«

»Und fraglos trägt er diesen Titel zu Recht«, spuckte sie, während sie Raine nicht aus den Augen ließ, der nun näher kam, während seine Kraft sie näher an sich heranzuziehen schien.

Der Diener sah sie verblüfft an. »Einst war er der Liebling von König Heinrich und führte die Soldaten des Herrschers nach Wales, das ihm selbst gehört, als Lord Raine erfuhr, daß Lord Roger Chatworth seine Schwester gefangengenommen hatte ...«

»Eine Fehde unter Edelleuten!« fauchte sie. »Und zweifellos mußten viele unschuldige Männer ihr Leben lassen, um den Blutdurst dieser Hochgeborenen zu stillen.«

»Nicht einer verlor sein Leben«, sagte der Mann, verwirrt durch ihre Einstellung. »Lord Roger drohte damit, Lord Raines Schwester zu töten, also zog sich Lord Raine wieder zurück; doch König Heinrich erklärte ihn zum Verräter, weil er die Soldaten des Königs für seinen eigenen Feldzug verwendete.«

»Lords!« schnaubte Clarissa. »Es gibt nur einen Lord, und König Heinrich erklärte zu Recht diesen Mann zum Verräter, weil kein anderer Titel zu einem Mann paßt, der die Männer unseres guten Königs für seine Privatfehde verwendet. Also versteckt er sich nun in dem Wald und macht Schurken zu seinen Untergebenen. Sagt mir – tötet er sie, wenn ihm danach gelüstet, oder gibt er sich damit zufrieden, daß sie ihm das Essen auf silbernen Platten servieren?«

Darüber lachte der Diener, weil er endlich begriff, warum sie so schlecht auf Lord Raine zu sprechen war. Zweifelsohne hatte sie bisher nur zwei Edelleute kennengelernt – Pagnell und seinen Vater. Wenn sie diese beiden zum Maßstab nahm, hatte sie allen Grund, Lord Raine zu verabscheuen.

»Kommt, setzt euch«, sagte Raine, während er den Zügel packte und zu dem müden Mann auf dem Pferd hinaufsah.

Clarissas erster Gedanke war: Er kann singen. Jeder Mann mit so einer tiefen, vollen Stimme besaß die Eigenschaft dazu. Doch im nächsten Augenblick waren ihre freundlichen Gedanken verflogen.

»Komm her, Junge, und laß dich ansehen«, sagte Raine. »Du schaust mir ein bißchen mager aus. Kannst du die Arbeit eines Tages schaffen?«

Clarissa hatte noch nie mit gegrätschten Beinen auf einem Pferd gesessen, und von dieser neuartigen Übung waren die Innenseiten ihrer Beine steif und wund geworden. Als sie versuchte, sich wenigstens mit einigem Geschick von dem Rücken des Pferdes zu schwingen, versagten ihr die verflixten Beine den Dienst, und das linke, das noch von dem Sprung aus dem Fenster schmerzte, knickte unter ihr ein.

Raine legte eine Hand auf ihren Oberarm, um sie zu stützen, und zu Clarissas Bedauern reagierte ihr Körper sofort auf diesen Mann, der alles repräsentierte, was sie haßte. »Nehmt Eure Hand fort!« fauchte sie ihn an und sah die Verwunderung auf seinem hübschen Gesicht, ehe sie sich an dem Sattel des Pferdes festhalten mußte, damit sie nicht zu Boden stürzte. Das dumme Pferd scheute, so daß Clarissa abermals stolperte, ehe sie sich aufzurichten vermochte.

»Nun, wenn du jetzt soweit bist«, sagte Raine mit schimmernden blauen Augen und dieser köstlichen Stimme, die sie durchrieselte wie geschmolzener Honig, »können wir vielleicht etwas über dich erfahren.«

»Das ist alles, was Ihr über mich wissen müßt, Edelmann!« zischelte sie, während sie das Messer aus der Scheide an ihrer Seite zog und damit auf ihn zielte, angewidert von seiner unbekümmerten Anmaßung, daß sie nichts bedeutete, während er eine Gottesgabe für die Erde war.

Völlig überrascht von der Feindseligkeit des Jungen, war Raine nicht auf den scharfen kleinen Dolch gefaßt, der nun auf ihn zuschoß, und er fand kaum noch Zeit, ihm auszuweichen, ehe er in sein Fleisch schnitt – nicht ins Herz, wohin er zielte, jedoch in den Arm dicht unter der Schulter.

Fassungslos über ihre Tat blieb Clarissa stehen, den Blick auf das Blut geheftet, das langsam aus der Wunde am nackten Arm des Mannes sickerte. Noch nie in ihrem Leben hatte sie einem Menschen weh getan.

Doch ihr bleib nicht viel Zeit, über ihre impulsive Tat nachzudenken, denn ehe sie zu einer Entschuldigung ansetzen oder sogar mit einem Auge zwinkern konnte, hatte Raine Ascott sie bereits bei ihrem Hosenboden und am Kragen gepackt und warf sie mit dem Kopf nach unten quer über den Waldboden. Sie hätte ihn nicht mit gaffendem Mund ansehen sollen, denn ihre unteren Schneidezähne wirkten wie eine Schaufel und stopften ihr schöffelweise Blätter, Schmutz und was sich sonst noch für Unrat auf dem federnden Boden befinden mochte, in den Mund.

»Was nun, du kleiner Teufel!« sagte Raine von einer Stelle hinter ihr.

Sie setzte sich auf, benützte beide Hände dazu, um sich mit fieberhafter Hast von dem Zeug zu befreien, das ihr die Luft abschnürte, rieb sich mit dem Ellenbogen das schmerzende linke Bein und sah ihn am Ende einer Rutschbahn stehen, die eine beträchtliche Länge zu haben schien. Ihr Körper hatte eine tiefe Rinne im Boden freigelegt, und was sie am Ende der Rinne sah, fachte ihren Zorn von neuem an. Raine Ascott, dieser verabscheuungswürdige Edelmann, war von einer Schar verlotterter Männer und Frauen umgeben, die ihr lachend die verfaulten schwarzen Zähne zeigten und sich an ihrem Elend ergötzten. Raine selbst lachte noch dröhnender als alle anderen, und der Anblick seiner tiefen langen Grübchen in seinen Wangen, die seine Heiterkeit noch unterstrichen, dämpften ihren Zorn keineswegs.

»Nimm dich zusammen«, sagte eine Stimme neben ihr; der Mann, der sie hergebracht hatte, während er ihr beim Aufstehen half. »Halte deinen Mund, oder es könnte einen Rausschmiß für immer bedeuten.«

Clarissa wollte etwas sagen, mußte jedoch erst einen Zweig entfernen, der sich zwischen Gaumen und Wange festgeklemmt hatte, und verpaßte ihre Chance.

Der Mann nützte die Gelegenheit, um Raine anzusprechen, während er seine Finger warnend in Clarissas Arm bohrte und die Stimme fast zu einem Brüllen erhob, damit er sich gegen das rauhe Gelächter durchzusetzen vermochte: »Mein Lord, bitte vergebt diesem Knaben. Erst gestern ermordete ein Edelmann seinen Vater und brannte sein Haus nieder. Er hat Grund für seinen Haß, und ich fürchte, er dehnt sich auf alle Männer Eurer Gesellschaftsschicht aus.«

Sofort wurde Raine nüchtern und betrachtete Clarissa mitleidig, was sie veranlaßte, schmollend zur Seite zu sehen. Sie wollte nicht von ihm bedauert werden.

»Was für ein Edelmann hat das getan?« fragte Raine mit besorgter Stimme.

»Der Sohn des Grafen von Waldenham.«

Raine spuckte verächtlich aus, während sich sein Gesicht verzerrte und seine hübschen Lippen sich zu einem Fauchen verzogen. »Pagnell«, sagte er mit einer Stimme, die seine Abscheu verriet. »Der Mann verdient nicht den Titel eines Mannes oder Adeligen. Komm mit mir, Junge, und ich werde dir beweisen, daß wir nicht alle aus solchem Stoff gemacht sind. Ich brauche einen Knappen, und ich denke, du eignest dich gut für den Posten.«

Mit zwei Schritten war er neben ihr und legte ihr den Arm freundschaftlich um die Schultern.

»Faßt mich nicht an«, keuchte sie und sprang von ihm weg. »Ich brauche weder Euer Mitleid noch den bequemen Job, Euch süße Kuchen zu servieren. Ich bin . . . ein Mann und kann mich selbst behaupten. Ich werde arbeiten und meinen Lebensunterhalt verdienen.«

»Süße Kuchen, wie?« sagte Raine, während ein Grübchen auf seiner linken Wange aufblitzte. »Ich habe das Gefühl, Junge«, fuhr er fort, während er sie von Kopf bis Fuß musterte, »daß du keine Ahnung hast, was Arbeit ist. Du hast Beine und Arme, die sich eher für ein Mädchen schicken.«

»Wie könnt Ihr Euch erdreisten, mich so zu beleidigen!« fauchte sie aus Angst, daß sie jeden Augenblick enttarnt werden könnte. Zugleich griff sie nach ihrem Dolch, fand aber nur eine leere Scheide.

»Wieder einer deiner Fehler«, sagte Raine. »Du hast das Messer fallen lassen.« Langsam, mit theatralischer Geste, zog er den kleinen Dolch aus dem Bund seiner Hose, die sich so eng an seinen Körper schmiegte, wobei nur ein lockeres, dreieckiges Stück Tuch seine Männlichkeit verhüllte. »Ich werde dir beibringen, wie man mit Waffen umgehen muß und sie nicht so leichtsinnig behandelt wie du.« Er fuhr mit dem Daumen über die Schneide. »Es muß gewetzt werden.«

»Es war scharf genug, Eure dicke Haut zu durchdringen«, sagte sie keck und lächelte, daß sie seiner Selbstgerechtigkeit auch etwas entgegenzusetzen wußte.

Als würde er sich erst jetzt wieder an den blutigen Schnitt erinnern, sah er auf seinen Arm, ehe er sie wieder ins Auge faßte. »Komm mit mir, Knappe, und versorge meine Wunde«, sagte er schroff und drehte ihr den Rücken zu, als erwarte er, daß sie ihm folge.

Da faßte Clarissa den Entschluß, daß sie in diesem Lager nicht bleiben wollte, wo sie der Gnade und Laune dieses Edelmannes ausgeliefert war, der sie so sehr anzog und zugleich so zornig machte. Und sie verabscheute diese schmutzigen, gierig starrenden Leute, die um sie herumstanden und sie betrachteten, als gehörte sie zu einem Spiel, das zu ihrer Zerstreuung aufgeführt wurde.

Sie wandte sich an den Diener, der sie hierhergebracht hatte: »Ich möchte nicht hierbleiben. Ich will meine Chancen woanders wahrnehmen.« Damit drehte sie sich zu dem gesattelten Pferd um.

»Und Gehorsam hast du auch nicht gelernt«, kam Raines Stimme von hinten, ehe sich seine kräftige Hand um ihren Nacken schloß. »Ich lasse mir doch nicht einen guten Knappen entgehen, nur, weil du dir einbildest, Angst vor mir zu haben.«

»Laßt mich los!« schrie sie, während er sie vor sich herstieß. »Ich möchte nicht hierbleiben. Ich möchte nicht hierbleiben.«

»Wie ich die Sache betrachte, schuldest du mir noch etwas für das Blut, das du vergossen hast. Marsch jetzt – hier hinein!«, befahl er und schubste sie in ein großes Stoffzelt.

Sie packte eine Zeltstange und versuchte, aufrecht zu stehen, obwohl sie am liebsten geweint hätte, weil ihr Bein so schmerzte und ihr geschundener Körper noch ein paar Schürfwunden hinzubekommen hatte.

»Blanche!« brüllte Raine durch die offene Zeltklappe. »Bring mir heißes Wasser und ein Stück Leinen; aber paß auf, daß es auch sauber ist.«

»Nun zu dir, Junge«, sagte er, sich zu ihr umdrehend. Er betrachtete sie einen Moment. »Du hast dir das Bein verletzt. Zieh die Hose aus, damit ich mir die Wunde ansehen kann.«

»Nein!« keuchte sie und wich vor ihm zurück.

Er sah ehrlich verwundert aus. »Bin ich es, den du fürchtest, oder« – er setzte ein kleines Lächeln auf – »ist es nur dein Schamgefühl? Schön«, fuhr er fort und setzte sich auf die Koje am Rand des Zeltes, »vielleicht bist du zu Recht so empfindlich. Wenn ich Beine hätte wie du, würde ich mich ebenfalls ihrer schämen. Aber keine Angst, Junge, wir werden dein Knochengestell schon mit Muskeln auspolstern. Ah, ja, Blanche, stell es dorthin und geh wieder.«

»Aber wollt Ihr nicht, daß ich Euch die Wunde versorge?«

Clarissa sah von ihren Beinen hoch, die sie gar nicht für so übel hielt, und betrachtete die Frau, die ins Zelt gekommen war. Ihre Empfindlichkeit für Geräusche und besonders für Stimmen hatte ihre Neugierde geweckt. Dieses Winseln in der Stimme, dieses Betteln, ihm gefällig zu sein, in das sich ein Hauch von Unverschämtheit mischte, jagte ihr einen Schauder über den Rücken. Sie sah eine plumpe Frau mit strähnigen schmutzigen, blonden Haaren, die Raine betrachtete, als wollte sie ihn im nächsten Moment verschlingen.

Angewidert sah Clarissa zur Seite.

»Der Junge wird die Wunde versorgen.«

»Das werde ich ganz bestimmt nicht!« sagte Clarissa heftig. »Laßt der Frau ihren Willen, denn es ist Frauenarbeit, und man sieht ihr an, wie gern sie Euch pflegen würde.« Clarissa lächelte und dachte, daß sie vielleicht doch ganz gerne ein Mann sein würde, weil ihr dann die undankbaren häuslichen Plackereien einer Frau erspart blieben.

Rasch, von ihr unbemerkt, beugte Raine sich vor, faßte sie mit einer seiner mächtigen Hände um die Hüfte und zog ihr das Bein unter dem Körper weg. Sie landete mit einem kräftigen Bums auf ihren bereits lädierten Pobacken.

»Du brauchst nicht nur Muskeln, sondern auch Manieren. Geh jetzt, Blanche«, sagte er schroff zu der gaffenden Frau. Als sie alleine waren, wandte er sich wieder Clarissa zu. »Ich werde dir ein paar Tage Schonfrist geben, da du nicht von edler Geburt bist; aber wenn sich deine Manieren nicht bald bessern, versohle ich dir deinen kleinen Hintern, damit du lernst, dich zu betragen. Das Wasser wird kalt, also komm, säubere die Wunde und verbinde sie.«

Widerwillig erhob sich Clarissa vom Boden, rieb sich die Kehrseite und hinkte ein bißchen auf ihrem linken Bein. Als sie zu Raine kam, streckte er ihr den Arm hin, diesen mächtigen braunen muskulösen Arm, der von der Schulter bis zum Ellenbogen mit Blut bedeckt war, damit sie ihn säubern sollte. Als sie ihn mit dem warmen Tuch berührte, merkte sie, wie kalt ihre Hände waren, wie warm seine Haut – und wie tief der Messerschnitt. Es war ihr nicht wohl bei dem Gedanken, daß sie jemanden ernsthaft verletzt hatte.

»Das erstemal, daß du fremdes Blut vergießt, wie?« fragte Raine mit sachlicher Stimme, während er sie, sein Gesicht dicht vor dem ihren, beobachtete.

Sie nickte schwach und wagte nicht, ihm in die Augen zu blicken, während sie die Tränen niederkämpfte bei dem Gedanken, was für ein Leben sie noch vor zwei Tagen geführt hatte.

»Wie hast du dir dein Bein verletzt?« fragte er.

Sie blinzelte rasch, weil ihr die Augen naß wurden, und funkelte ihn an. »Als ich vor einem Mann Eures Standes flüchtete«, fauchte sie.

»Tüchtiger Junge.« Er lächelte, und wieder zeigten sich diese Grübchen in den Wangen. »Laß dich von niemandem einschüchtern. Halte den Kopf hoch, egal, was passiert.«

Sie spülte das blutige Leinen aus und begann, seinen Arm zu waschen.

»Soll ich dir die Pflichten eines Knappen aufzählen?« fragte er.

»Da ich nie das Privileg hatte, von Dienern wie Ihr betreut zu werden, habe ich leider keine Vorstellung von den Pflichten, die ein . . .« fast hätte sie ›eine‹ gesagt – »ein Mann gegenüber seinem Meister hat.«

Ein Schnauben von Raine war die Antwort. »Du mußt meine Rüstung reinigen, für meine Pferde sorgen und mir persönlich in jeder Beziehung behilflich sein. »Und« – er zwinkerte ihr zu – »du mußt mich mit Kuchen verwöhnen. Glaubst du, du bist diesen Aufgaben gewachsen?«

»Ist das alles?« höhnte sie.

»Von einem richtigen Knappen verlangt man, daß er sich auf den Beruf des Ritters vorbereitet, sich im Schwertkampf übt, mit der Lanze und was sonst noch zum Waffenhandwerk gehört. Zudem muß er Briefe für seinen Herrn schreiben und jederzeit wichtige Meldungen überbringen können. So viel erwarte ich gar nicht von dir, da du . . .«

Clarissa fiel ihm ins Wort: »Da ich nicht zu Eurem Stande gehöre, und Ihr meint, ich besäße nicht die nötige Intelligenz und Gelehrigkeit? Mein Vater war Advokat, und ich kann besser schreiben und lesen als die meisten Edelmänner, möchte ich wetten. Denn ich beherrsche nicht nur meine Muttersprache, sondern auch Lateinisch und Französisch.«

Raine prüfte einem Moment lang seinen Arm, ballte die Hand zur Faust, rollte mit seinem Bizeps, ein leises Lächeln in den Mundwinkeln, nicht im geringsten gekränkt von ihren Vorwürfen. Schließlich sah er zu ihr hoch. »Du bist noch zu schmächtig für anstrengende Waffenübungen«, sagte er, »und das hat kaum etwas mit deinem Geburtsstatus zu tun. Was das Lesen und Schreiben betrifft, mußt du tüchtiger sein als ich, denn ich lese nicht viel mehr als die Namen meiner Familie. Gut!« sagte er und stand auf. »Du hast eine sanfte Hand für Wunden. Vielleicht kann Rosamund deine Unterstützung gebrauchen.«

»Noch eine von Euren Frauen?« meinte Clarissa abfällig, während sie mit dem Kopf zur Zeltplane hindeutete, wo Blanche gestanden hatte.

»Bist du eifersüchtig?« fragte er, und ehe Clarissa sich aufplustern konnte, daß sie auf keine Frau eifersüchtig sein könne, fügte er hinzu: »Du wirst schon noch deinen Anteil an Frauen bekommen, sobald dir der erste Bart sprießt und wir dir ein bißchen Fleisch antrainiert haben.« Er legte den Kopf schief und betrachtete sie. »Du bist hübsch genug, wenn du dir keine Narben auf dem Schlachtfeld einhandelst. Frauen mögen es, wenn ihre Männer hübsche Gesichter haben.«

»So ein Gesicht wie Eures?« gab sie schnippisch zurück und hätte sich dafür auf die Zunge beißen können.

»Ich kann nicht klagen«, sagte er und schien sich über ihre Bemerkung sehr zu erheitern. »Nun habe ich Arbeit für dich. Diese Rüstung muß gereinigt werden und danach poliert, damit sie nicht rostet.« Rasch suchte er ein Paar Stücke aus Stahl zusammen, Vorder- und Rückenteile, die sich zu einer großen Schale vereinigten und mit Arm- und Beinschützern versehen waren. Obendrauf setzte er den Helm.

Voller Selbstvertrauen, ja Arroganz streckte Clarissa ihm beide Arme hin und taumelte im nächsten Moment nach hinten. Sie wäre zu Boden gestürzt, hätte Raine sie nicht an der Wirbelsäule über dem Gesäß gepackt.

»Scheint ein bißchen schwer zu sein für einen Knaben deiner Größe.«

»Meiner Größe!« keuchte sie und versuchte sich aufzurichten. »Wenn Ihr nicht so dick wäret wie zwei Ochsen, würdet Ihr auch mit einer kleineren Rüstung auskommen.«

»Deine Unverschämtheit wird dir bald ein paar blaue Flecken eintragen, und ich würde dir raten, deinem Lehnsherrn ein bißchen mehr Respekt entgegenzubringen.« Ehe sie etwas darauf erwidern konnte, schob er sie aus dem Zelt. »Nördlich von hier ist ein Fluß«, sagte er, indem er noch ein paar Tücher der lehmverschmierten Rüstung hinzufügte. »Wasch alles gründlich, und bring es dann wieder zurück. Und wenn ich eine neue Delle im Panzer entdecke, schnitze ich dir fünf Kerben in deine Haut. Ist das klar, Junge?«

Clarissa konnte kaum nicken, da sie sich darauf konzentrieren mußte, unter der gewaltigen Last nicht das Gleichgewicht zu verlieren. Sie fragte sich, wie in aller Welt sie damit gehen konnte, und hatte keine Zeit, sich eine schlagfertige Antwort zu überlegen. Langsam, einen Fuß vor den anderen setzend, bewegte sie sich vorwärts; ihr schmerzten die Arme, und der Nacken wurde steif, da sie um den hohen Berg aus Stahl herumsehen mußte, damit sie nicht mit einem Baum kollidierte. Als ihr Körper so weh tat, daß ihr die Tränen kamen, sah sie endlich den Fluß. Am Ufer war sie schon im Begriff, ihre stählerne Last einfach fallen zu lassen, als sie sich an Raines Drohung erinnerte, die Beine grätschte, sich vorbeugte und langsam siebzig Pfund Stahl auf dem Sand absetzte.

Einen Moment lang saß sie dort mit ausgebreiteten Armen und fragte sich, ob sie nicht für immer gefühllos bleiben würden. Doch als die Betäubung nachließ und sie nichts als Schmerz spürte, tauchte sie ihre Arme samt Hemd und Wams in das kalte Wasser des Flusses.

Ein paar Minuten später sah sie auf den Haufen aus Panzerplatten zurück und seufzte tief. Mit einem zweiten Seufzer nahm sie die Wäsche von der Rüstung und begann, die Krusten aus Lehm, Schweiß und Rost im Wasser abzuwaschen.

Eine Stunde später war es ihr gelungen, auch den Schmutz von der Rüstung zu entfernen und ihn auf sich selbst zu übertragen. Noch nie hatte sie in ihrem Leben so sehr geschwitzt, und mit jedem Schweißtropfen klebte der Dreck noch fester auf ihrer Haut. Sie zog ihr Unterhemd aus und benützte ein sauberes Tuch, um es vom Lehm zu reinigen. Dann legte sie es auf einen Felsblock zum Trocknen, während sie sich Gesicht und Arme wusch.

Als sie nach dem Waschen nach einem trockenen Tuch griff, drückte es ihr jemand in die Hand. Sie rieb sich rasch das Gesicht, ab, öffnete die Augen und sah einen erstaunlich hübschen Mann vor sich. Dunkles gewelltes Haar rahmte ein makellos geformtes Gesicht mit hohen Wangenknochen. Heiße, dunkle Augen blitzten unter langen dichten Wimpern. Clarissa blinzelte zweimal, weil sie an die Existenz dieses dunklen Engels nicht glauben wollte. In ihrer Fassungslosigkeit bemerkte sie gar nicht, daß seine Schwertspitze auf ihren Bauch zielte.

4. Kapitel

Wer bist du?« fragte dieser Mann, der zu gut aussah, um echt zu sein.

Da Clarissa nicht gewöhnt war an Gefahren, reagierte sie nicht energisch genug auf die Schwertspitze, doch auf die Musik in der Stimme des Mannes sprach sie sofort an. Sie hatte schon bei Raine das Empfinden gehabt, daß er singen könne, wenn er es versuchte; doch sie war sicher, daß dieser Mann wirklich singen konnte. »Ich bin Raines neuer Knappe«, sagte sie ruhig und setzte ihre jahrelang trainierte Atemtechnik ein, damit ihre Stimme tief aus ihrer Brust kam.

Einen Augenblick starrte er sie verwirrt und sprachlos an und schob dann langsam sein Schwert wieder in die Scheide, wobei sein Blick sie keine Sekunde lang losließ. »Da ist etwas an deiner Stimme. Hast du dich schon mal als Sänger versucht?«

»Ein wenig«, sagte sie mit irrlichternden Augen, und ihr Selbstvertrauen machte sich in jeder Silbe ihrer schlichten Erwiderung bemerkbar.

Ohne noch ein Wort zu sagen, griff er mit der Hand zu seinem Köcher auf seinem Rücken, aus dem die gefiederten Pfeilenden hervorsahen, und zog eine Flöte hevor. Er fing an, eine schlichte, populäre Weise zu spielen, die Clarissa gut kannte. Einen Moment schloß sie die Augen und ließ die Musik auf sich einströmen. Seit sie vor zehn Jahren zum erstenmal auf der Laute des Troubadours gespielt hatte, hatte sie keinen Tag ohne Musik verbracht. Nur in den letzten Tagen mußte sie darauf verzichten. Als die Musik sie ausfüllte, sog sie ihre Lungen voll Luft und öffnete den Mund zum Singen.

Nach den ersten vier Noten hörte der junge Mann zu spielen auf und gaffte sie mit offenem Mund und ungläubigen Augen an. Clarissa grinste, ohne ihr Singen zu unterbrechen, und forderte ihn mit einer Handbewegung auf, mit dem Flötenspiel fortzufahren.

Mit einem raschen dankbaren Blick zum Himmel und einem Lachen reiner Freude setzte der junge Mann die Flöte wieder an die Lippen.

Clarissa begnügte sich lange Zeit damit, sich an seine Melodie zu halten, doch ihr schöpferischer Drang war zu groß, um sich damit begnügen zu können. Hier war jemand, der spielen konnte, und sie fragte sich, was für Fähigkeiten noch in ihm stecken mochten. Sie sah sich nach etwas um, dem sie noch andere Töne entlocken konnte, und entdeckte einen hohlen Baumstamm in ihrer Nähe. Immer noch singend, ohne einen Takt auszulassen, nahm sie das Rückenteil von dem Brustpanzer und den Schenkelschutz von Raines Rüstung und legte sie neben den Baumstamm. Ein paar Stöcke waren rasch gefunden, und einen Moment unterbrach sie den Gesang, um auf die Stahlplatten und den Baumstamm zu trommeln, um deren Tonlagen festzustellen. Als sie den Klang ihrer Instrumente geprüft hatte, begann sie die Melodie zu summen, die sie in ihrem Kopf hörte.

Fasziniert sah ihr der junge Mann zu, und als sie zu singen begann – diesmal ein neues Lied –, begleitete er sie auf seiner Flöte, langsam zunächst, bis er den Rhythmus und die Melodie begriffen hatte. Als er dann ihre eigene Melodie variierte, lachte sie, immer noch singend, und griff sie mühelos auf. Dann wurde eine Art von Wettbewerb daraus, wobei Clarissa ihre Melodie in die eine Richtung abwandelte, der Mann in eine andere, jedoch beide an die Variation des anderen anknüpften und sie wechselseitig ihr Geschick auf die Probe stellten.

Als der Mann schließlich die Flöte zu Boden warf und seine starke Stimme mit ihrer zu einem Kanon vereinigte, war es nun Clarissa, die einen Moment verblüfft war – wenigstens lange genug, um einen Takt auszulassen –, worüber sich der Mann sehr freute, wie sie seinem Gesicht ansah. Kniend faßten sie sich bei den Händen, das Gesicht zueinander gewendet, vereinigten ihre Stimmen und sandten sie zum Himmel empor. Endlich hörten sie auf, und das Schweigen um sie her war vollkommen, als hätten der Wind und die Vögel die Luft angehalten, um ihrer wunderschönen Musik zu lauschen. Die Hände noch ineinander verschränkt, sahen sie sich stumm an mit einer Mischung aus Liebe, Ehrfurcht, Überraschung, Entzücken und Verwandtschaft.

»Jocelin Laing«, sagte der hübsche junge Mann schließlich, das Schweigen durchbrechend.

»Clariss . . . Alexander Blackett«, stellte sie sich vor, wobei sie fast über ihren Namen gestolpert wäre.

Eine von Jocelins perfekt geformten Augenbrauen wölbte sich, und als sie noch etwas hinzusetzen wollte, platzte Raines Stimme in ihr Gespräch hinein:

»Joss, wie ich sehe, hast du meinen neuen Knappen getroffen.«

Fast schuldbewußt ließ Jocelin Clarissas Hände fallen, und sie stand auf, um sogleich wieder auf ihrem wunden linken Bein einzuknicken.

Grob faßte Raine sie am Arm. »Wenn ihr beide jetzt fertig seid, euch gegenseitig zu unterhalten, kannst du meine Rüstung in das Zelt zurückbringen und den Rost davon abkratzen. Joss, hast du ein Wild erbeutet?«

Mit hochroten Wangen drehte sich Jocelin zu Raine um, sein schlanker, breitschultriger Körper wirkte zwergenhaft neben Raines massiger Gestalt. »Ich habe vier Kaninchen am Ufer liegen.«

»Kaninchen!« schnaubte Raine. »Ich werde später mal nachsehen, ob ich nicht ein oder zwei Rehe erlegen kann! Doch jetzt, Junge, kommst du mit mir zurück zum Lager, damit ich mir dein Bein anschauen kann. Als Krüppel bist du mir nicht von Nutzen.«

Clarissa fügte sich und sammelte die verstreut herumliegenden Teile der Rüstung ein, und Jocelin lud sie ihr zusammen mit ihrem feuchten Unterhemd auf die Arme. Sie folgte Raine ins Lager zurück und fragte sich im stillen, wieviel von ihrem Gesang er mitgehört hatte.

Wenn er sie überhaupt belauscht hatte, erwähnte er es nicht, als sie ins Zelt traten und er auf die Stelle deutete, wo Clarissa die Rüstung absetzen sollte.

»Nun zieh dir die Hose aus, damit ich mir das Bein ansehen kann.«

»Mein Bein heilt gut«, sagte sie und blieb stehen, wo sie stand.

Er musterte sie mit dräuendem Blick und trat einen Schritt näher heran. »Du solltest dir von Anfang an darüber klar sein, daß jeder in diesem Lager eine Aufgabe zu erfüllen hat. Wir können es uns nicht leisten, kranke Leute zu pflegen. Zieh dich aus, während ich Rosamund hole«, sagte er und zog sich ein Hemd und ein Wams über die Hose, ehe er das Zelt verließ.

Kaum war er gegangen, entledigte sich Clarissa rasch ihrer Hose, packte ein Tuch, band es um ihre Hüften, zog das eine Ende zwischen ihren Beinen hindurch und steckte es an dem unter ihrem Hemd versteckten Löwengürtel fest. Obwohl sie nun mit einem Lendentuch bedeckt war, blieb ein großer Teil ihrer Hüften und Schenkel entblößt. Sie sah an sich hinunter und dachte, daß sie so schlecht nun auch wieder nicht aussah, obwohl sie sich unter dem Aspekt ihrer Weiblichkeit betrachtete. Nun, seufzte sie, es war angenehm zu wissen, daß wenigstens ein Teil von ihr, wenn nicht ihr Gesicht, so hübsch war, daß er nur einer Frau gehören konnte.

Ein Geräusch am Zelteingang ließ sie aufblicken. Dort stand gewißlich eine der schönsten Frauen, wie sie auf dieser Erde jemals erschaffen wurden. Wimpern so lang, daß sie fast unecht wirkten, wölbten sich über hübschen grünen Augen, und eine perfekt geformte Nase und ein Mund mit wundervoll geformten Lippen – eine klassische Schönheit, von der die meisten Frauen nur träumen konnten. Und dahinter stand Raine. Kein Wunder, dachte sie, daß er seinen Knappen kaum beachtete! Wer von solchen Frauen umgeben war, wie sollte er dann so etwas Hausbackenes und Gewöhnliches wie sie betrachten?

»Das ist Rosamund, eine Heilerin«, sagte Raine, und seine Stimme war so sanft und süß, daß Clarissa ihn staunend ansah. Was für eine Wohltat, ihm zuzuhören, wenn er mit dieser Stimme auch zu ihr gesprochen hätte. In diesem Moment drehte Rosamund ihr die

Vorderseite des Gesichtes zu, und unwillkürlich stieß Clarissa ein leises Wimmern aus, denn die linke Hälfte von Rosamunds Antlitz war mit einem tiefroten, erdbeerfarbenen Muttermal bedeckt – dem Zeichen des Teufels. Sofort hob sie die Hand und schlug ein Kreuz vor der Brust, in der Hoffnung, diese böse Macht von sich abwehren zu können; doch dabei lenkte Raine ihren Blick auf sich, dessen blaue Augen warnend und drohend auf sie gerichtet waren.

»Falls es dir nicht recht ist, daß ich dich anfasse . . .«, begann Rosamund mit einer Stimme, die bewies, wie sehr sie an den Abscheu fremder Leute gewohnt war.

»Nein, natürlich nicht«, sagte Clarissa zögernd und fuhr dann mit wiedergewonnener Höflichkeit fort: »Meinem Bein fehlt nichts, nur dieses gewaltige Pferd von einem Mann glaubt, es könnte verkrüppelt sein.«

Mit überraschten Augen sah Rosamund zu Raine empor, doch der schnaubte nur: »Der Junge hat keine Manieren – noch nicht«, fügte er mit drohendem Unterton hinzu. Er schien zufrieden, daß Clarissa Rosamund mit dem nötigen Respekt behandelte, und drehte sich von beiden fort, ohne einen einzigen Blick auf Clarissas Beine zu werfen, wie sie zu ihrem Bedauern feststellte.

Rosamund sah sich vorsichtig Clarissas Bein an, drehte es hierhin und dorthin, da ihm äußerlich keine Verletzung anzusehen war.

»Mein Name ist Raine Ascott« sagte er, mit dem Rücken zu ihnen. »Ich möchte doch bitten, daß du meinen Namen verwendest, anstatt mich als . . . mit x-beliebigen Tieren zu vergleichen.«

»Und sollte ich dem Namen ›Eure Majestät‹ voransetzen oder würde ›Eure Lordschaft‹ genügen?« Sie wußte, daß sie mit dieser Rede ein großes Wagnis einging und hatte keine Ahnung, wie heftig er darauf reagieren würde; doch sie war immer noch verärgert über die Art, mit der er sie zwang, in seinem Lager zu bleiben.

»Raine reicht vollkommen«, sagte er und sah lächelnd über die Schulter. »Ich finde, die gesellschaftlichen Umgangsformen eignen sich nicht recht für diesen Ort. Und wie darf ich dich nennen?«

Clarissa wollte ihm eine Antwort darauf geben, doch Rosamund zog so heftig an ihrem Bein, daß sie unwillkürlich aufschrie und von ihrem Sitz emporfuhr. Sie versuchte, die Tränen zu unterdrücken, biß die Zähne zusammen und sagte: »Alexander Blakkett.«

»Was fehlt dem Burschen?« fragte Raine.

»Er hat ein paar Muskeln überdehnt, und dagegen kann man nichts anderes tun als einen Verband anlegen und warten, bis es von selbst heilt. Vielleicht könnte ich heute abend einen heißen Brei auflegen, doch eine andere Medizin kann ich nicht anbieten.«

Raine ignorierte Clarissas Was-habe-ich-dir-gesagt-Blick, während Rosamund die Zeltklappe hochhielt und sich von ihr verabschiedete.

Während Raine ihr nachsah, zog sich Clarissa blitzschnell wieder an. »Sie ist eine schöne Frau«, sagte sie und versuchte, ihrer Stimme nicht anmerken zu lassen, wie interessiert sie an Raines Antwort war.

»Sie hält sich nicht für schön«, entgegnete er, »und meiner Erfahrung nach sind Frauen erst schön, wenn sie selbst davon überzeugt sind.«

»Und zweifellos seid Ihr sehr erfahren mit Frauen.«

Eine seiner dunklen Augenbrauen wölbte sich, als er ihr zulächelte. »Erhebe dich von deinem mageren Hinterteil, und mach dich nützlich.«

Clarissa versuchte, sich von seiner persönlichen Bewertung ihres Körpers nicht verletzt zu fühlen, folgte ihm ins Freie und konnte kaum Schritt halten, weil er ein fürchterliches Tempo vorlegte. Ohne anzuhalten, zog er einen großen Laib Schwarzbrot aus einem improvisierten Backofen aus Ziegelsteinen, brach ihn in zwei Teile und gab ein Stück davon Clarissa, die das Brot mit einiger Verwirrung betrachtete, denn die Ration war größer, als sie normalerweise an einem Tag verzehrte.

Während Raine das schwere, dickkrustige Brot hinunterschlang, führte er sie durch das Dorf der Geächteten. Alle Behausungen waren aus den verschiedensten Materialien zusammengeschustert, und die Gerüche, die diese wackeligen Gebilde ausströmten, waren entsetzlich. Offensichtlich gab es hier keine sanitären Vorschriften, wie sie in ihrer hübschen, mauerumfriedeten Stadt erlassen waren.

»Armselig, wie?« fragte Raine, der ihr Gesicht beobachtete. »Was kann man den Leuten schon beibringen, die gewohnt sind, ihre Nachttöpfe vor ihrer eigenen Haustür auszukippen?«

»Was sind das für Leute?« fragte sie und betrachtete voller Abscheu die schmutzigen, verhärmt aussehenden Frauen, die geschäftig hin- und hereilten und ihren Haushalt versorgten, während die Männer auf dem Boden hockten, spuckten und hin und wieder mit unverschämten Augen zu Raine und Clarissa emporsahen. Ohne zu merken, was sie tat, drängte sie sich näher an Raine.

»Der dort«, sagte er und deutete mit dem Finger, »der hat vier Frauen umgebracht.« Seine Stimme verriet einen herzlichen Widerwillen. »Halte dich von ihm entfernt. Er terrorisiert gerne Leute, die kleiner sind als er. Und der Mann dort mit der Klappe über dem Auge ist der ›Schwarze Renner‹, ein ehemaliger Straßenräuber. Er wurde so berühmt, daß er sich am Gipfel seiner Karriere vom Geschäft zurückziehen mußte«, fügte er sarkastisch hinzu.

»Und die dort? Die Männer, die um das Feuer hocken?«

Raine runzelte leicht die Stirn. »Die leiden unter Melancholie. Das sind Bauern, die durch das Einfriedungsgesetz von ihrem Land vertrieben wurden. Sie können nichts anderes als pflügen und melken, und soweit ich das beurteilen kann, wollen sie nichts Neues hinzulernen.«

»Umfriedungsgesetz!« keuchte sie. »Kein Wunder, daß sie Euch hassen.«

»Mich?« fragte er ehrlich erstaunt. »Warum sollten sie mich hassen?«

»Ihr habt ihnen die Farmen weggenommen, um das Land, das sie ernährte, Zäune errichtet und Eure abscheulichen Schafe darauf getrieben«, sagte sie im selbstgefälligen Ton. Er sollte ruhig wissen, daß nicht jeder aus dem gemeinen Volk so ungebildet war wie diese gesetzlosen Gesellen.

»Hab' ich das?« sagte er, ohne zu lächeln; doch ein Grübchen verriet, daß er sich insgeheim über sie lustig machte. »Beurteilst du stets eine ganze Gruppe von Leuten nach den Handlungen eines einzelnen? Gibt es in deiner kleinen Stadt keinen Halunken? Und wenn dieser Halunke mir die Tasche ausraubt, sollte ich dann um der Gerechtigkeit willen die ganze Stadt aufhängen?«

»Nein, nein, ich denke nicht«, gab sie widerstrebend zurück.

»Hier, iß das«, sagte er, drückte ihr ein hartgekochtes Ei in die Hand, nahm ihr das Stück Brot weg, das sie nicht aufgegessen hatte, und verzehrte es selbst. »Aus dir wird nie etwas werden, wenn du nicht ißt. Nun wollen wir versuchen, etwas gegen deine schwindsüchtigen Muskeln zu tun.«

Mit dieser Bemerkung führte er sie zwischen die Bäume auf eine große, gerodete Lichtung. Sie blieb mit geweiteten Augen stehen und starrte auf die Szene vor ihr. Männer, viele Männer, schienen zu versuchen, gegenseitig ihre Pferde oder sich selbst umzubringen. Männer hieben mit Schwertern aufeinander ein, durchlöcherten mit Lanzen Strohpuppen oder verrenkten ihre Körper, die sie mit Steinen beschwert hatten.

»Was ist das?« flüsterte sie, ahnungslos, wie sie darauf reagieren sollte.

»Wenn die Männer überleben wollen, müssen sie wissen, wie man kämpfen muß«, sagte er, den Blick auf die Männer gerichtet. »Hallo, ihr beiden!« brüllte er so laut, daß Clarissa zusammenfuhr. Mit zwei gewaltigen Schritten erreichte er die beiden Männer, die ihre Schwerter weggeworfen hatten und nun mit Fäusten aufeinander losgingen. Raine packte sie beim Kragen ihrer zerlumpten Kleider, schüttelte sie wie unartige Hunde und schleuderte sie dann auseinander. »Männer von Ehre kämpfen nicht mit ihren Fäusten«, sagte er grollend. »Solange ihr unter meinem Kommando steht, werdet ihr kämpfen wie anständige Leute und nicht wie der Abschaum, der ihr wirklich seid. Falls ihr noch einmal gegen meine Regeln verstoßt, werde ich euch bestrafen. Und jetzt zurück an die Arbeit!«

Schweigend und etwas bedrückt von Raines Heftigkeit, blieb Clarissa stocksteif am Rand der Lichtung stehen, bis er wieder zu ihr kam. Die Stimme dieses Mannes reichte von den sanftesten Tönen, die er Rosamund gegenüber verwendete, bis zu diesem entsetzlichen Gebrüll.

»Nun«, sagte er mit der kühlen Stimme, die er für sie reserviert hatte, »wollen wir mal sehen, wie stark du bist. Leg dich hin, und stemme deinen Körper in die Höhe, indem du nur deine Arme dafür benützt.«

Clarissa hatte nicht die leiseste Ahnung, was er von ihr verlangte, und bei ihrem ratlosen Blick seufzte er, als habe er eine große Last zu tragen, zog sein Wams und sein Hemd aus, ließ sich platt mit dem Bauch auf den Boden fallen und fing an, seinen Körper immer wieder mit seinen Armen in die Höhe zu stemmen. Das sah gar nicht schwierig aus, und so nahm Clarissa die gleiche Position ein. Bei ihrem ersten Versuch gelang es ihr, nur die obere Hälflte ihres Körpers anzuheben, und beim zweiten Versuch versagten ihre Arme auf halbem Weg den Dienst, und sie brach zusammen.

»Das kommt vom zu vielen Sitzen!« verkündete Raine, packte sie beim Hosenboden und zog ihre schwerere Hälfte in die Höhe. »Nun beweg dich! Mach etwas mit deinen schmächtigen Ärmchen!«

Noch ein Versuch, und Clarissa rollte von ihm weg und setzte sich auf. »Es ist nicht so einfach, wie es aussieht«, sagte sie und rieb sich die zitternden Arme.

»Kinderleicht!« schnaubte er und ließ sich wieder auf den Bauch fallen. »Klettere auf meinen Rücken!«

Clarissa brauchte ein paar Sekunden, bis sie glaubte, was sie eben gehört hatte. Sie sollte auf diese große, nackte, von sonnengebräunter Haut überzogene, verschwitzte Fleischmasse steigen?

Ungeduldig deutete er auf seinen Rücken, und Clarissa setzte sich mit gegrätschten Beinen darauf. Nur mit einer Hand begann er nun, seinen Körper auf- und abzubewegen, während sie auf ihm ritt, doch das Letzte, was Clarissa an dieser Übung interessierte, war der Beweis seiner Stärke. Nie war sie einem Mann bisher so nahe gewesen, und ganz gewiß hatte sie nie einen zwischen ihren Beinen gehabt. Sein Schweiß begann die Innenseite ihrer Schenkel zu befeuchten, und vielleicht war es auch ihr eigener Schweiß, doch daß sie feucht wurde, war gewiß. Seine Muskeln, die sich unter seiner

Haut wölbten, bildeten Wellenmuster auf der Innenseite ihrer Beine und schickten Hitzewallungen durch ihren Körper. Ihre Hände, die seine heiße Haut berührten, schienen sehr lebendig, sehr empfindlich. Seine Muskeln und seine Haut machten Musik, spielten auf ihrem Körper, bis er eine Melodie sang, die sie noch nie zuvor gehört hatte. »Jetzt«, sagte Raine rollte sich zur Seite und warf sie in den Schmutz. »Eines Tages, wenn du ein Mann bist, wirst du das auch fertigbringen.«

Sie setzte sich auf, betrachtete ihn und diese ganze herrliche Pracht seiner Haut, während ihr Körper noch summte, und dachte, daß sie sich nichts weniger wünschte, als ein Mann zu sein.

Da trat Jocelin hinter Raine, ein Funkeln in seinen hübschen Augen, während er sie beobachtete, und ihr war fast so, als wüßte er, was sie gerade dachte. Verlegen sah sie zur Seite.

»Ich glaube, Ihr habt Euren Knappen so verschüchtert, daß er die Stimme verlor«, sagte Jocelin zu Raine. »Ihr vergeßt, daß Leute aus unserem Stand nicht an solche Kraftentfaltungen gewöhnt sind.«

»Du hingegen sitzt zuviel herum und zählst dein Geld«, sagte Raine mit todernster Stimme. »Und was hat dich heute so fröhlich gemacht? Hast du nicht genug zu tun?«

Joss ging nicht auf den spöttischen Ton der Frage ein. »Ich war neugierig, das ist alles, und gerade auf dem Weg zum Übungsplatz für Pfeilschützen.« Damit ließ er die beiden stehen und ging zu den Scheiben am entfernten Ende der Lichtung.

»Möchtest du hier Wurzeln schlagen?« fragte Raine und sah auf Clarissa hinunter. Er nahm einem Mann, der gerade vorbeikam, ein langes Schwert ab und hielt es ihr hin. »Nimm den Schwertgriff in beide Hände und attackiere mich.«

»Ich möchte keinem weh tun«, sagte sie sofort. »Selbst bei Pagnell kam es mich hart an, als er ...«

»Und wenn ich nun Pagnell wäre?« sagte er schalkhaft. »Geh auf mich los, oder ich greife dich an.«

Der Schmerz, der noch so frisch war und so tief saß, trieb sie nun an, das Schwert zu heben, das er mit der Spitze auf den Boden gesetzt hatte, und stieß es nach vorn. Als die Schwertspitze nur noch um Haaresbreite von seinem Bauch entfernt war, wich er zur Seite, und der Stich ging ins Leere. Wieder machte sie einen Ausfall, und wieder und wieder, und doch schlug sie nichts als Löcher in die Luft. Sie fing an, das Schwert im Kreise zu führen, wechselte im Stoß die Richtung und führte es nach rechts und nach links; doch egal, was sie tat, sie konnte nicht einen einzigen Treffer landen.

Keuchend vor Anstrengung hielt sie inne, rammte die Schwertspitze in den Boden und stemmte die zitternden, schmerzenden Arme darauf, wärend Raine, lächelnd und selbstbewußt, sie angrinste, daß sie am liebsten das Schwert wie einen Rammbock unter den Arm genommen und ihn damit durchbohrt hätte.

»Nun will ich dir noch eine Chance geben. Ich werde ganz still stehen, während du mit dem Schwert auf mich einhaust.«

»Da ist ein Trick dabei«, sagte sie so schicksalsergeben, daß er laut auflachte.

»Kein Trick, aber du mußt das Schwert über den Kopf heben und es lotrecht nach unten führen. Wenn du das fertigbringst, hast du mich getroffen.«

»Ich könnte niemandem weh tun. Wenn ich Blut vergieße . . .«

Sein Gesicht spiegelte ein unerschütterliches Vertrauen, daß sie ein Talent zur Schwertkämpferin habe. »Denke an all meine Schafe, an all die Bauern, die dank meiner Habgier zum Hungertod verdammt sind. Denke an . . .«

Da hob sie mit freudigem Eifer das Schwert senkrecht in die Höhe, wollte es mit voller Wucht auf seinen Kopf bringen; doch in diesem Moment fing dieses verdammte widerborstige Schwert an, ihre Arme nach hinten zu ziehen. Da sie bereits von der ungewohnten körperlichen Anstrengung ermüdet und geschwächt war, vermochten ihre Arme das Schwert nicht länger festzuhalten, und ein paar Sekunden lang kämpfte sie mit dem Eisen – und das verdammte Schwert gewann. Das spöttische Zwinkern in Raines Augen machte sie rasend, während sie dastand und sich nun auf das Schwert stützte, dessen Spitze zwischen ihren Fersen im Waldboden stak.

»Ein so kraftloser Junge wie du ist mir selten begegnet. Was hast du denn gemacht bisher?«

Sie weigerte sich strikt, diese Frage zu beantworten, während sie das Schwert aus ihrem Rücken wieder nach vorn holte. »Du hebst es jetzt über den Kopf und stellst es wieder ab. Diese Übung wiederholst du so lange, bis ich zurückkomme. Wenn ich bemerke, daß du schlapp machst, werde ich die Übungszeit verdoppeln«, sagte er und ließ sie stehen.

Auf und nieder, hoch und runter hob sie das Schwert, bis ihre Arme schrien vor Erschöpfung.

»Du wirst es schon noch lernen«, sagte eine Stimme hinter ihr, und als sie sich umsah, erblickte sie den Soldaten mit der Narbe – den Bruder des Mannes, der sie hierher gebracht hatte.

»Hat dein Bruder das Lager wieder verlassen? Ich wollte mich bei ihm bedanken, obwohl ich mir gar nicht so sicher bin, ob das, was mir hätte geschehen können, schlimmer gewesen wäre als dieses Lager.«

»Mein Bruder erwartete keinen Dank«, sagte der Mann schroff, »und an deiner Stelle würde ich lieber weiterüben, denn Lord Raine schaut gerade zu uns herüber.«

Mit zitternden Armen setzte Clarissa ihre Übung fort, bis Raine nach einer Weile zurückkam und ihr zeigte, wie man das Schwert mit gestrecktem Arm halten mußte und es vom Boden in eine waagerechte Lage brachte. Und diese Übung mußte sie abwechselnd mit dem linken und rechten Arm wiederholen.

Eine Ewigkeit schien zu vergehen, bis er ihr das Schwert wieder abnahm und sich auf den Rückweg zum Lager machte. Ihre Arme und Schultern fühlten sich an, als wäre sie aufs Rad geflochten worden. Sie ging schweigend hinter ihm her.

»Bring was zu essen, Blanche«, rief er über die Schulter auf dem Weg zu seinem Zelt.

Dankbar ließ sich Clarissa auf einen Schemel fallen, während Raine sich einen anderen unterschob und anfing, die Spitze einer langen Lanze zu schärfen. Den Kopf an die Zeltstange gelehnt, war sie schon fast eingeschlafen, als Blanche mit Tonschüsseln voll Schmorfleisch und mit in Käsewasser weichgekochten Linsen hereinkam und ihnen dazu noch mehr Schwarzbrot servierte und gewürzten heißen Wein in ihre Becher goß.

Als Clarissa den hölzernen Löffel hob, fingen ihre Arme an, krampfhaft zu zucken, aus Protest, was sie ihnen an diesem Tag zugemutet hatte.

»Du bist zu weich«, brummelte Raine mit vollem Mund. »Es wird Monate dauern, bis aus dir etwas wird.«

Schweigend nahm Clarissa die Bemerkung hin, obwohl sie wußte, daß sie lieber sterben würde als so eine Tortur wie heute eine Woche durchzuhalten. Sie aß so viel sie konnte, zu müde, um darauf zu achten, was sie verzehrte. Dann nickte sie ein, doch Raine packte sie am Arm und zog sie wieder hoch.

»Der Tag ist noch jung«, sagte er und lachte; offenbar machte er sich über ihre Erschöpfung lustig. »Das Lager braucht sein täglich Brot, und wir müssen es beschaffen.«

»Täglich Brot?« stöhnte sie. »Laß sie doch verhungern und mich schlafen.«

»Verhungern!« schnaubte er. »Sie würden sich gegenseitig umbringen im Kampf um das bißchen Essen, was noch bleibt, und nur die Stärksten würden überleben. Und du«, sagte er, während er die Finger wie einen eisernen Ring um ihren Oberarm schloß, »du würdest schon in den ersten Minuten getötet. Also gehen wir lieber auf die Jagd und sorgen dafür, daß du und die anderen am Leben bleiben.«

Sie befreite sich mit einem Ruck aus seinem eisernen Griff. Dummkopf, dachte sie, kannst du nicht sehen, daß ich eine Frau bin? Ohne ein weiteres Wort zu verlieren, verließ er das Zelt, und sie rannte ihm nach, folgte ihm bis zum Rand des Lagers, wo die Pferde ihr Quartier hatten. Auf dem Weg dorthin sah sie, daß die Leute des Lagers ihr Essen verzehrten oder ausruhten. Bis auf Raine schienen sie alle Feierabend zu machen.

»Wäre es möglich, daß du reiten kannst?« fragte er, wenngleich seine Stimme wenig Hoffnung verriet.

»Nein«, flüsterte sie.

»Was hast du nur aus deinem Leben gemacht?« fragte er kopfschüttelnd. »Mir ist noch kein Junge begegnet, der nicht reiten könnte.«

»Und ich habe noch keinen Mann getroffen, der so wenig von den Leuten weiß, die nicht zu seinem Stand gehören. Habt Ihr Euer Leben lang auf einem juwelenbesetzten Thron gesessen und Euch die Langeweile mit Schwertkämpfen und Reiten vertrieben?«

Während er einen schweren Holzbock-Sattel auf sein Pferd warf, sagte er: »Du hast eine scharfe Zunge, und wer, wenn nicht wir, die wir uns aufs Kämpfen vorbereiten, würde dich beschützen, wenn es zu einem Krieg kommt?«

»Der König natürlich«, antwortete sie schnippisch.

»Heinrich!« fauchte Raine, einen Fuß im Steigbügel. »Und wer, glaubst du, schützt Heinrich? Wen außer seinen Edelleuten könnte er wohl zu den Waffen rufen, wenn er angegriffen wird? Gib mir deinen Arm«, sagte er und hob sie, als wäre sie so leicht wie eine Feder, vom Boden und setzte sie hinter sich auf den harten Rumpf seines Pferdes. Ehe sie etwas erwidern konnte, trabte er los, daß ihr die Zähne im Mund klapperten.

5. Kapitel

Nach einem, wie es schien, stundenlangen Rütteln und Schütteln auf dem knochigen Hinterteil des Pferdes, wobei sie sich mit weißen Knöcheln an den Rand des Sattels klammerte, hielt Raine abrupt das Tier an, und Clarissa wäre um ein Haar über das Schwanzende zu Boden gefallen.

»Halt dich fest«, brummelte er, während er sie beim nächstbesten Körperteil festhielt, und zwar an ihrem wunden Schenkel, so daß sie vor Schmerz wimmerte. »Still!« befahl er. »Dort, zwischen den Bäumen, siehst du sie?«

Sie wischte sich rasch mit dem Ärmel die Schmerzenstränen weg und vermochte endlich eine Familie von Wildschweinen zu erkennen, die im Unterholz wühlte. Die Schweine hielten an, blickten mit ihren tückischen kleinen Augen auf und schnaubten sie über ihre langen scharfen Hauer hinweg an.

»Halte dich fest«, brüllte Raine, ehe er seinem Pferd die Sporen gab und im Galopp auf das größte Schwein losritt, die Lanze stoßbereit gesenkt. »Klammere dich mit den Knien an das Pferd«, sagte er, als Clarissa mit angehaltenem Atem und offenem Mund das Schwein anglotzte, das sie zu attackieren begann. Das Tier erschien ihr so gewaltig im Vergleich zu den dünnen Beinen des Pferdes.

Plötzlich kippte Raine zur Seite, so daß sein Körper parallel zum Boden war. Da Clarissa sich an ihn klammerte, kippte sie mit ihm. Fallend, aus dem Gleichgewicht gebracht, klammerte sie sich mit aller Macht an Raine fest, während er die Lanze in das Rückgrat des wütenden Tieres stieß. Der schreckliche Schrei war die Stimme des Todes, und Clarissa vergrub ihr Gesicht in Raines breitem Rücken.

»Laß mich los!« grölte er, das Tier von seiner Lanze schüttelnd, und klaubte dann Clarissas Finger von seiner Brust. »Fast hättest du uns vom Pferd gerissen. Von jetzt an hältst du dich am Sattel fest.« Mit diesem Kommando galoppierte er wieder an, preschte durch den Wald, duckte sich unter niedrig hängenden Zweigen und verfolgte durch das enge Spalier der Bäume ein zweites Schwein. Er erlegte zwei weitere Tiere so treffsicher wie das erste, ehe er anhielt und diesmal Clarissa von seinem Bauch entfernte. Sie konnte sich nicht daran erinnern, daß sie sich wieder an ihm festgehalten hatte, und war froh, daß er sich nicht mehr abfällig über ihre Feigheit äußerte.

Kaum hatte er sich von ihrem Griff befreit, stieg er aus dem Sattel, holte eine Reihe von Lederschnüren aus der Satteltasche, und nachdem er sich vorsichtig an die Tiere herangepirscht hatte, band er ihre Füße zusammen.

»Steig vom Pferd«, befahl er und wartete geduldig, bis sie seiner Aufforderung nachgekommen war.

Ihre Beine, die an das Reiten nicht gewohnt waren, knickten unter ihr ein, und sie hielt sich am Sattel fest, damit sie nicht zu Boden fiel.

Raine, der nicht auf sie achtete, warf die toten Schweine über den Rücken des Pferdes und ging dann vor zu dessen Kopf, um es zu beruhigen, da es von dem Geruch des frischen Blutes nervös wurde und tänzelte.

»Führ das Pferd, und folge mir«, befahl er, ihr den Rücken zukehrend und schritt los.

Nach einem furchtsamen Blick auf den Hengst, der mit zurückgelegten Ohren die Augen rollte und von dem heftigen Galopp Schweißflocken auf dem Fell hatte, schluckte Clarissa ihre Angst hinunter und griff nach dem Zügel. Der Hengst stieg mit den Vorderbeinen hoch, und Clarissa sprang entsetzt zur Seite, während sie rasch einen Blick in die Richtung schickte, wo Raine zwischen den Bäumen gerade noch sichtbar war.

»Nun komm schon, Pferd«, flüsterte sie und näherte sich langsam dem Tier, doch wieder scheute es vor ihr zurück. Da sie auf diese Weise nichts erreichte, blieb sie stehen, sah dem Pferd in die Augen und begann leise zu summen, probierte verschiedene Noten und unterschiedliche Tempos aus, bis sie spürte, daß der Hengst bei einem recht alten, simplen Reigentanz die Ohren spitzte. Als sich das Pferd bei dieser Melodie zu beruhigen schien, griff sie nach dem Zügel, und ihre Stimme wurde mit wachsendem Selbstvertrauen kräftiger.

Minuten später, die Hüften schwingend vor Stolz auf ihre Leistung, erreichte sie die kleine Lichtung, wo Raine ungeduldig mit dem dritten Schwein auf sie wartete.

»Zum Glück«, sagte er, »habe ich Wachen aufgestellt.« Er wuchtete das Schwein auf den Rücken des Hengstes. »Du machst einen Lärm, daß man es im Umkreis von einer Meile hören kann.«

Sie war so schockiert, daß ihr der Atem stockte. Seit ihrem zehnten Lebensjahr hatte sie nur das überschwenglichste Lob für ihre Musik bekommen, und nun wurde sie als »Lärm« abqualifiziert. Wortlos ließ sie sich von Raine auf das Pferd heben, und so trabten sie ins Lager zurück, während Clarissa mit der Wirbelsäule gegen seine Brust schrammte, weil sie diesmal vor ihm saß.

Sobald sie im Lager angelangt waren, schwang Raine sich aus dem Sattel, band die Schweine los und schleifte sie zu einem Lagerfeuer, ohne Clarissa zu beachten, die immer noch auf dem Pferd saß. Jocelin kam herbei, und Raine deutete mit dem Daumen hinter sich. »Zeig dem Jungen, wie er ein Pferd abreiben muß«, sagte er, ehe er mit langen Schritten seinem Zelt zustrebte.

Nachdem Joss Clarissa aufmunternd zugelächelt hatte, führte er das Pferd zur Lichtung, wo sie ihren Standplatz hatten.

»Junge«, murrte Clarissa, während sie vom Pferd glitt und sich dann hilfesuchend am Sattel festklammerte. »Junge, tu dies; Junge, tu das. Das ist alles, was ich von ihm zu hören bekomme.« Während Joss den Sattelgurt löste, stellte Clarissa sich auf die Zehenspitzen, faßte das Sattelgestell und zog, worauf sie prompt auf den Rücken fiel und der schwere Sattel sie unter sich begrub.

Jocelin, der offenbar Mühe hatte, ein Lachen zu unterdrücken, trug den Sattel fort, während Clarissa sich die schmerzende Kniespitze rieb, wo das Holzgestell sie getroffen hatte. »Macht Raine dir das Leben sauer?«

»Er versucht es«, sagte sie, nahm ihm den Sattel ab und brachte es nach drei vergeblichen Versuchen tatsächlich fertig, ihn auf einen Holzbock zu stemmen. »Oh, Joss«, meinte sie seufzend, »ich bin so müde. Heute morgen mußte ich für ihn die Rüstung waschen, dann ließ er mich stundenlang mit dem schweren Schwert üben, und danach die Jagd und jetzt dieses große Biest, das ich versorgen muß.«

Bei dieser Bemerkung rollte der Hengst die Augen und begann zu tänzeln. Ohne zu überlegen, fing Clarissa zu singen an, und nach sechs Tönen beruhigte das Tier sich wieder.

Jocelin mußte sich beherrschen, damit sie nicht merkte, wie erstaunt er war über Töne, die ihr so unwillkürlich entschlüpften. Dann sagte er: »Raine hat eine Menge Leute zu versorgen.«

»Eine Menge Leute, mit denen der Lord nach Belieben umspringen kann, meintest du wohl«, fauchte sie und begann, das Pferd abzureiben, wie Joss es ihr vormachte.

»Vielleicht. Vielleicht ist ein Mann wie Raine so daran gewöhnt, Verantwortung zu übernehmen, daß er ganz unbewußt in diese Rolle verfällt.«

»Für meinen Geschmack kommandiert er zuviel«, sagte sie. »Warum gibt er jedem Befehle? Warum meint er, jedem sagen zu müssen, was er zu tun hat? Warum läßt er die Leute nicht einfach in Ruhe?«

»In Ruhe!« sagte Joss auf der anderen Seite des Pferdes. »Du hättest das Lager vor ein paar Wochen erleben sollen, ehe er hierherkam. Es war schlimmer als der wüsteste Stadtteil Londons. Die Leute schlitzten sich gegenseitig wegen ein paar Pennys die Kehlen auf und bestahlen sich, daß man nachts nicht schlafen konnte, weil man seine wenigen Habseligkeiten bewachen mußte. Verdrängte Bauern waren der Willkür von Mördern ausgeliefert und . . .«

»Und dann kam dieser rechtschaffene Raine Ascott und brachte alles in Ordnung, richtig?«

»Ja, das tat er.«

»Kam keiner auf den Gedanken, daß er das tat, weil er es für sein gottgegebenes Recht hält, als Herrscher geboren zu sein?«

»Meinst du nicht, daß du noch zu jung bist, um dich so zu ereifern?« fragte Joss.

Clarissa unterbrach ihre Arbeit und fragte: »Warum bist du hier, Joss? Fühlst du dich bei diesen Leuten wohl? Du bist kein Mörder, und du siehst mir nicht danach aus, als wärest du zu faul zum Arbeiten. Der einzige Grund, den ich mir vorstellen könnten, ist ein eifersüchtiger Ehemann, der sich an dir rächen möchte«, neckte sie ihn.

Zu ihrer Überraschung warf Jocelin die Bürste zu Boden. »Ich muß mich wieder um meine Arbeit kümmern«, sagte er mit harter, tonloser Stimme und entfernte sich.

Eine volle Minute lang stand sie wie betäubt und vermochte nicht, mit ihrer Putzerei fortzufahren. Sie hätte nicht im Traum daran gedacht, Jocelin zu beleidigen. Er war der einzige im Lager, mit dem sie reden konnte, singen und . . .

»Wenn du mit dem Abreiben fertig bist, kannst du mir etwas

Wasser vom Fluß besorgen«, sagte eine quängelige Stimme zu ihr und unterbrach ihre Gedanken.

Mit betonter Langsamkeit drehte sie sich zu Blanche um. Trotz ihrer Beschwerde über Raines Arroganz besaß Clarissa ebenfalls ein ausgeprägtes Klassenbewußtsein. Diese Frau in ihrem schmutzigen Kleid, mit ihrer groben Stimme, ihrer ungebildeten Aussprache gehörte bestimmt nicht zu ihrer Gesellschaftsstufe. Mit einem hochmütigen Blick wandte Clarissa sich wieder dem Pferd zu.

»Junge!« sagte Blanche mit schroffer Stimme. »Hast du nicht gehört, was ich sagte?«

»Ich habe es gehört«, sagte Clarissa und senkte ihre Stimme zu einem tiefen Tremolo. »Und ich bin sicher, das halbe Lager hat deine Worte verstanden.«

»Du denkst, du wärst was Besseres mit deinen hübschen Kleidern und feinen Manieren, nicht wahr? Nur, weil du heute ein paar Stunden mit ihm verbringen durftest, bedeutet das nicht, daß es jeden Tag so sein wird.«

Mit einem höhnischen Lächeln rieb Clarissa weiter das Pferd ab. »Kümmere dich um deinen Kram, Frau. Ich habe nichts mit dir zu schaffen.«

Blanche packte Clarissas Arm und riß sie herum. »Bis zu diesem Morgen bediente ich Raine, brachte ihm sein Essen, und nun befiehlt er mir, für dich ein Bett in seinem Zelt vorzubereiten. Was für ein Junge bist du eigentlich?«

Clarissa brauchte einen Moment, ehe sie Blanches Anspielung verstand, und dann sprühten ihre Augen rotes Feuer. »Wenn du etwas von Edelleuten verstündest, würdest du wissen, daß alle Lords ihre Knappen haben. Ich erfülle nur die Pflichten eines guten Knappen.«

Blanche, die offensichtlich versuchte, sich in das Gefolge von Edelleuten einzureihen, richtete sich kerzengerade auf. »Natürlich«, schnappte sie, »weiß ich über Knappen Bescheid. Aber dabei solltest du nicht vergessen«, fuhr sie drohend fort, »daß Raine Ascott mir gehört. Ich sorge für ihn wie eine Lady – in jeder Hinsicht.« Damit machte sie auf den Fersen kehrt und ging zwischen den Bäumen davon.

»Lady!« murmelte Clarissa und fiel wütend mit der Bürste über das Pferd her. »Was weiß eine Schlampe wie sie schon, wie eine Lady beschaffen ist?« In ihrem Zorn merkte sie gar nicht, wie die Zeit verging, bis sie Raines Stimme in ihrer Nähe hörte.

»Junge«, sagte er, daß sie zusammenfuhr, »du darfst dir nicht so viel Zeit nehmen mit einem Pferd. Wir haben noch eine Menge anderer Arbeiten zu erledigen.«

»Noch mehr?« flüsterte sie und sah so niedergeschlagen aus, daß

Raine belustigt mit den Augen zwinkerte. Rasch richtete sich Clarissa auf. Sie wollte ihm keinen Anlaß mehr geben für seinen Spott.

Nachdem sie die Bürste beiseitegelegt und dem Hengst noch eine Melodie ins Ohr geflüstert hatte, folgte sie Raine zurück ins Lager, wo er geradewegs auf eine Gruppe von zerlumpten Männern zuging, die am Feuer kauerten. Neben seiner stolzen Haltung, seiner noblen Erscheinung, wirkten diese Männer noch verkommener, als sie es eigentlich waren.

»He, ihr drei«, rief Raine mit grollender Baßstimme, »ihr übernehmt die erste Wache.«

»Mich bringt keiner nachts in den Wald«, sagte einer von ihnen, drehte sich um und wanderte vom Feuer weg.

Raine packte ihn bei einer Hand und riß ihn zurück. Er gab seiner Kehrseite einen Tritt, daß er kopfüber in den Sand flog. »Wenn du ißt, arbeitest du auch«, sagte Raine mit tödlicher Stimme. »Und nun bezieht eure Posten. Ich werde später vorbeikommen, und wenn ich einen von euch schlafend antreffe, wird daraus ein ewiger Schlaf werden.«

Mit grimmigem Gesicht sah Raine den Männern nach, wie sie schmollend wie Kinder das Lager verließen.

»Das sind deine feinen Freunde«, sagte er leise zu Clarissa, als er sich vom Feuer abwendete.

»Das sind nicht meine Freunde!« schnappte sie.

»Noch ist Pagnell einer meiner Freunde!« schnappte er zurück.

Sie blieb stehen und starrte auf seinen breiten Rücken. Sie wußte, daß das stimmte. Sie hatte kein Recht, ihn zu hassen, nur weil ein anderer Mann seiner Klasse ihr Böses angetan hatte.

»Blanche!« knurrte Raine. »Essen!«

Sofort suchte Clarissa ihn wieder einzuholen, denn sie war sehr hungrig. Im Zelt servierte Blanche ihnen Wildschweinbraten, Brot, Käse und heißen Wein. Clarissa fiel heißhungrig über die Speisen her.

»So ist es richtig, Junge«, lachte Raine und schlug ihr auf den Rücken, daß sie fast an einem Bissen erstickte. »Wenn du so weitermachst, bekommen wir doch noch etwas Fleisch auf deine Rippen.«

»Wenn Ihr mich weiter so schuften laßt wie heute, bin ich in einer Woche tot«, hustete sie, weil ihr eine Schwarte in der Kehle steckte, und überhörte Raines Gelächter.

Nach der Mahlzeit blickte Clarissa sehnsüchtig auf den Strohsack, der für sie an der Zeltwand vorbereitet war. Sich auszuruhen, dachte sie, nur ein paar Stunden still liegen zu können, würde das Paradies auf Erden bedeuten.

»Noch nicht, Junge«, sagte Raine, faßte sie am Arm und zog sie wieder in die Höhe. »Wir haben noch etwas zu erledigen, ehe wir uns zur Ruhe legen können. Die Wachen müssen kontrolliert werden, ich habe Fallen aufgestellt, und wir brauchen beide ein Bad.«

Das schreckte sie wieder wach. »Ein Bad!« keuchte sie. »Nein, ich nicht.«

»Als ich so alt war wie du, mußte man mich auch in das Bad prügeln. Mein älterer Bruder scheuerte mir den Rücken mit einer Pferdebürste.«

»Man hat Euch sogar zu etwas gezwungen?« fragte sie ungläubig.

Raines Stolz schien bei dieser Frage aufzubegehren: »Tatsächlich mußten mich meine beiden älteren Brüder festhalten, und Gavin hatte danach ein geschwollenes Auge. Aber jetzt heißt es wieder an die Arbeit gehen!«

Zögernd folgte ihm Clarissa nach draußen, doch trotz aller Willensanstrengung gelang es ihr nicht, seinen federnden Gang nachzuahmen. Sie taumelte hinter ihm her, folgte ihm wie eine Leiche durch den Wald, stolperte über Steine, prallte immer wieder gegen einen Baum, während sie einen großen Kreis um das Lager beschrieben und Raine sich davon überzeugte, daß seine Wachen auf dem Posten waren, und zwischendurch Kaninchen und Hasen aus seinen Fallen entfernte. Anfangs versuchte er noch mit ihr zu reden, ihr zu erklären, was er tat, wie man einen Stein ins Unterholz werfen mußte, um zu beobachten, wie die Wächter darauf reagierten; doch nach einer Weile musterte er sie im Mondlicht, bemerkte ihre Erschöpfung und stellte das Reden ein.

Am Fluß außerhalb des Lagers befahl er ihr, still zu sitzen und zu warten, bis er gebadet hatte. Sie lehnte sich an die Uferböschung, stützte den Kopf auf einen Arm und beobachtete mit trägem Interesse, wie Raine sich seiner Kleider entledigte und in das eiskalte Wasser watete. Das Mondlicht versilberte seinen Körper, liebkoste seine Muskeln, spielte über seine Schenkel, streichelte die Muskeln seiner prächtigen Arme.

Sich auf die Ellenbogen aufstützend, beobachtete Clarissa ihn ungeniert. Bisher war ihr Leben ausschließlich der Musik gewidmet gewesen. Während andere Mädchen am Dorfbrunnen mit den Jungen flirteten, hatte sie ein lateinisches Klagelied für vier Stimmen komponiert. Als ihre Freundinnen sich verheirateten, organisierte sie in der Kirche den Knabenchor. Sie hatte nie Zeit gehabt, mit Jungen zu reden, sie kennenzulernen – hatte sich tatsächlich nie für sie interessiert, weil sie viel zu beschäftigt gewesen war, Notiz von ihnen zu nehmen.

Nun beobachtete sie zum erstenmal in ihrem Leben diesen nackten Mann beim Baden und spürte die ersten Regungen von . . . von was? Sie wußte natürlich, was eine Paarung war, hatte sogar zugehört, wenn frisch verheiratete Frauen miteinander klatschten; doch sie hatte nie ein Interesse an diesem Vorgang empfunden. Als dieser Mann vor ihr stand, aus dem Wasser stieg wie ein vom Himmel geschickter Zentaur, regten sich in ihr Gefühle, die sie nicht für möglich gehalten hätte.

Lust, dachte sie, indem sie sich noch mehr aufrichtete. Reine und simple Lust war das, was sie empfand. Sie hätte sich gern von ihm berühren und küssen lassen, sich neben ihn gelegt und herausfinden wollen, wie sich seine Haut anfühlte. Da kamen ihr wieder die Gefühle in den Sinn, die sich in ihr regten, als sie rittlings auf ihm saß. Ein warmer Schauer durchrieselte sie, ihre Beine schienen lebendiger zu werden, selbst ihr Füße wurden wärmer.

Als er den Fluß verließ und auf sie zukam, hätte sie ihm fast die Arme entgegengehoben.

»Du siehst verschlafen aus«, sagte Raine, während er sich trockenrieb. »Bist du sicher, daß du kein Bad nehmen willst?«

Clarissa vermochte nur das Tuch zu verfolgen, mit dem er sich die Schenkel trockenrieb, und schüttelte versonnen den Kopf.

»Aber ich warne dich, Junge. Bald wirst du so schlimm riechen, daß ich dich aus dem Zelt jage. Und dann bade ich dich selbst, und ich verspreche dir, daß es keine lustige Sache sein wird.«

Mit geweiteten Augen blickte Clarissa ihn an, während ihr Atem immer schneller ging. Wie war das wohl, wenn sie von so einem Gott von Mann gebadet wurde?

»Fehlt dir etwas, Junge?« erkundigte sich Raine besorgt und kniete sich stirnrunzelnd neben sie hin, weil sie ein so sonderbares Gesicht machte.

Junge! Sie mußte eine Grimasse schneiden. Er dachte, sie sei ein Junge. Was passierte, wenn sie sich als Mädchen zu erkennen gab? Er gehörte dem Adelsstand an, und sie war nur die Tochter eines armen Advokaten.

»Werdet Ihr Euch nicht erkälten?« fragte sie mit tonloser Stimme, rollte von ihm weg und stand abseits, den Blick abgewendet, während er sich anzog.

Als er damit fertig war, folgte sie ihm schweigend in das Lager zurück, wo sie auf ihrem Strohsack zusammenbrach, jedoch nicht eher einschlief, bis Raine sich auf seiner schmalen Koje zur Ruhe gelegt hatte. Da war sie endlich zufrieden und schlummerte ein.

6. Kapitel

Sich über das Wasser beugend, studierte Clarissa ihr eigenes Spiegelbild. Sie sah aus wie ein Junge, dachte sie verdrossen. Warum hatte sie nicht als Schönheit auf die Welt kommen können, mit lieblichem Angesicht, das man niemals mit einem Mann verwechseln konnte, egal, was sie anzog? Ihr Haar, ein Wust von Locken und von einer Farbe, die sich nicht für einen Ton zu entscheiden vermochte, Augen und Mund wie bei einer Elfe – nichts war so, wie es bei einer Frau sein sollte.

Als ihr Spiegelbild sich in Tränen aufzulösen begann, schreckte Jocelins Stimme sie auf. »Wäschst du wieder eine Rüstung?« fragte er.

Sie schneuzte sich und nahm das Scheuertuch wieder zur Hand. »Raine nimmt es zu genau damit. Heute muß ich auch noch eine Delle ausbeulen.«

»Du scheinst dir diesmal jedoch große Mühe zu geben. Fängst du etwa an zu glauben, daß ein Edelmann auch etwas wert sein könne?«

»Raine wäre auch ein bedeutender Mann, wenn er dem gemeinen Volk angehörte«, sagte sie viel zu hastig und sah dann verlegen zur Seite.

Seit einer Woche wohnte sie nun in Raines Lager und hatte fast jede Sekunde in seiner Gesellschaft verbracht. Diese sieben Tage hatten genügt, ihre Meinung von ihm von Grund auf zu verändern. Zunächst hatte sie geglaubt, er habe das Lager übernommen, doch nun wußte sie, daß es die Entrechteten gewesen waren, die ihn zwangen, ihr Anführer zu werden. Sie waren wie Kinder, die verlangten, daß er für sie sorgte, und sich dann auflehnten, sobald er das tat. Er verließ sein Bett vor jedem anderen und sah zu, daß die Leute vor Gefahren sicher waren und kümmerte sich noch zu später Stunde darum, daß die Wachen auf ihren Posten waren. Er erzog die Leute dazu, nicht auf der faulen Haut zu liegen, sondern für ihren eigenen Lebensunterhalt zu arbeiten, weil sie sonst nur darauf gewartet hätten, daß er ihnen Nahrung verschaffte, als wäre er verpflichtet, ihnen die Mäuler zu stopfen.

»Ja«, fuhr sie etwas ruhiger fort. »Raine ist etwas wert; obwohl er kaum Dank findet für das, was er tut. Warum verläßt er nicht diese räudige Schar und zieht sich ganz aus England zurück? Ein Mann, der so reich ist wie er, kann doch auch in der Fremde standesgemäß leben.«

»Vielleicht solltest du ihn das selbst fragen. Du bist ihm doch am nächsten.«

Ich bin ihm nahe, dachte sie. Das war es, wo sie sein wollte – noch näher bei ihm. Erst jetzt fing sie an, ihre Erschöpfung zu überwinden und etwas zu leisten, die harten Übungsstunden jeden Morgen mit Anstand zu überstehen; doch während ihre Muskeln härter wurden und sie sich besser zu fühlen begann, wurde sie immer mehr in das Lagerleben einbezogen.

Blanche nahm eine bevorzugte Stellung in der Gemeinde ein, wo sie jeden zu überzeugen wußte, sie teile Raines Bett und er höre in jeder Weise auf sie. Clarissa gab sich gar nicht erst der Überlegung hin, ob Blanche jemals eine Nacht mit Raine verbracht hatte, doch sie überließ sich gerne der Überzeugung, daß er nicht so geschmacklos sein könnte, eine Schlampe wie Blanche als Bettgenossin zu verwenden. Und noch etwas glaubte Clarissa an Blanche zu endekken: sie hatte panische Angst vor Jocelin.

Und dabei liefen Jocelin, dem so unglaublich gutaussehenden, höflichen, rücksichtsvollen Mann alle Frauen des Lagers nach wie läufige Hündinnen. Clarissa hatte gesehen, wie Frauen alles versuchten, ihn an ihre Seite zu locken, doch soweit sie wußte, hatte Joss nie ihren Verführungskünsten nachgegeben. Er zog seine Pflichten und die Gesellschaft von Clarissa jeder anderen Frau vor. Und obwohl er nie von Blanche sprach, mied er stets ihre Nähe. Falls diese Frau zufällig mit ihm zusammenstieß, machte sie stets kehrt und rannte davon.

Neben Joss gab es nur noch eine zweite achtenswerte Person im Kreis der Verbannten, und zwar Rosamund mit ihrem wunderschönen Profil und dem Zeichen des Teufels auf der Wange. Rosamund ging immer mit gesenktem Kopf, da sie von den Leuten nur Haß und Angst erwartete. Einmal war Raine zu einer Gruppe von Männern gestoßen, die wetteten, ob sie ihre Seelen an den Teufel verlören, wenn sie Rosamund mit Gewalt nahmen. Raine bestrafte die Männer mit zwanzig Stockhieben und ließ sie dann aus dem Lager jagen, und Clarissa empfand eine heftige Eifersucht, daß Raine ein so leidenschaftlicher Beschützer dieser gebrandmarkten, wunderschönen Heilerin war.

»Alexander«, kam es brüllend durch die Bäume. Die Stimme konnte nur Raine gehören. Wenigstens rief er sie inzwischen bei ihrem Vornamen.

Sie nahm ihre ganze Stimmgewalt zusammen und brüllte zurück: »Ich arbeite.« Dieser Mann war unersättlich, was Arbeit anbelangte.

Er kam zwischen den Bäumen hervor und grinste sie an. »Deine Stimme läßt mich hoffen, daß du noch wachsen könntest, obwohl es eher den Anschein hat, als würdest du immer magerer.« Kritisch betrachtete er ihre Beine, die sie von sich streckte.

Mit einem kleinen Lächeln vermerkte Clarissa, daß es wenigstens einen Teil an ihr gab, der unmißverständlich weiblich war. Die harte Arbeit und die Waffenübungen der letzten sieben Tage hatten ihre langen Beine und die Rundungen ihres zierlichen Popos nur etwas deutlicher ausgeprägt. Vielleicht würde sie jetzt, endlich, als Mädchen enttarnt werden, und dann . . . Was?

Raine würde sie aus seinem Zelt werfen, und er würde wieder diese Hure Blanche zu seiner Dienerin bestellen. Widerstrebend legte sie eine Beinschiene aus Stahl über ihren Schenkel.

»Ich werde schon noch wachsen«, fauchte sie. »Und wenn es soweit ist, werde ich Euch mit Eurem eigenen Schwert in den Boden spießen.«

Als sie zu Raine aufsah, schien er über etwas betroffen zu sein.

»Braucht Ihr Alexander für eine Verrichtung?« erkundigte sich Joss, mit belustigter Stimme das Schweigen durchbrechend.

»Ja«, sagte Raine leise. »Ich muß ein paar Briefe schreiben und, einige vorlesen lassen. Ein Bote ist von meiner Familie eingetroffen. Du kannst doch lesen, nicht wahr?«

Neugierde war es, die Clarissa vom Boden aufspringen ließ. Sie wünschte sich so sehr, etwas von Raines Familie zu erfahren. »Ja, natürlich«, sagte sie eifrig, sammelte die Rüstung auf und folgte Raine.

Ein elegant gekleideter Mann, dessen Wams mit goldenen Leoparden bestickt war, saß vor dem Zelt und wartete geduldig auf Raines Anweisungen. Mit einer Handbewegung wurde der junge Mann entlassen, und Clarissa fragte sich, ob alle Lehnsmänner Raine so prompt gehorchten und wie sehr sich dieser von den Verbannten unterschied, zu denen sie auch gehörte.

Der Bote hatte zwei Briefe für Raine gebracht, einen von seinem Bruder Gavin und einen von der Frau seines Bruders, Judith.

Gavins Brief enthielt schlechte Neuigkeiten. Alicia, Raines andere Schwägerin, war von demselben Mann gefangengenommen worden, der Raines Schwester, Mary, gekidnappt hatte. Alicias Mann lauerte und wartete, da er fürchtete, Roger Chatworth würde seine Frau töten, wenn er einen Befreiungsversuch wagte.

»Euer Bruder Stephen«, wagte sich Clarissa mit einer Frage vor, »er liebt seine Frau?«

Raine nickte nur mit zusammengekniffenen Lippen, den Blick ins Leere gerichtet.

»Aber hier steht doch, daß sie in Schottland war, als sie ihrem Entführer in die Hand fiel. Warum war sie in Schottland? Die Schotten sind doch ein gemeines, barbarisches Volk und . . .«

»Halt den Mund!« fuhr er sie an. »Alicia ist die Chefin eines Klans in Schottland, und eine schönere und edlere Frau als sie habe ich selten gesehen. Lies mir den zweiten Brief vor.«

Nach dieser Schelte öffnete Clarissa den zweiten Brief von Judith Ascott und merkte sehr wohl beim Lesen, wie Raines Augen weich wurden. Der Brief war ein einziges Gebet für Raines Sicherheit und ein Appell an ihn, England zu verlassen, bis er gefahrlos zu seiner Familie heimkehren könnte. Sie erkundigte sich nach seinem Ergehen, ob er genug zu essen und warme Kleider habe, was Raine zu einem Kichern veranlaßte und Clarissa erboste, denn so viel weibliche Fürsorge war ihr unheimlich.

»Weiß ihr Mann, daß sie sich so sehr um ihren Schwager sorgt?« fragte sie vorwitzig.

»Ich dulde nicht, daß du so von meiner Familie sprichst«, verwies er sie, und Clarissa ließ den Kopf hängen, betroffen über ihre Eifersucht. Es war nicht fair, daß sie in seinem Zelt als Junge leben mußte und nie eine Chance hatte, seine Aufmerksamkeit auf sich zu lenken. Wenn sie ein hübsches Kleid tragen könnte, würde er sie vielleicht beachten, aber dann war sie ganz gewiß noch keine Schönheit.

»Nimm deinen Kopf aus den Wolken, Junge, und hör mir zu.«

Seine Stimme brachte sie in die Gegenwart zurück.

»Kannst du schreiben, was ich dir diktiere? Ich möchte dem Boten meines Bruders Briefe mitgeben.«

Als sie Feder, Tinte und Papier hatte, begann Raine zu diktieren. Der Brief, den er an seinen Bruder richtete, war voller Zorn und Entschlossenheit. Er schwor, daß er so nahe wie möglich bei seinen beiden Schwestern bleiben und so lange, wie er konnte, warten wolle, bis er Chatworths Kopf mit der Faust zerschmettern würde. Was den König betraf, so hatte er keine Bange, da Heinrichs Haupteinnahmequelle von Männern stammte, die er zu Verrätern erklärte. Er teilte Gavin mit, daß Heinrich ihn begnadigen würde, sobald er sich einverstanden erklärte, auf einen großen Teil seiner Ländereien zu verzichten.

Raine ignorierte Clarissas erschrockenes Schlucken, als er sich auf so unverschämte Weise über seinen obersten Lehnsherrn ausließ.

Der Brief an Judith war so warm und liebevoll wie ihrer, und er erwähnte darin sogar einmal seinen neuen Knappen, der glaubte, er habe keinen Verstand, nicht einmal genug Decken, um sich warm zu halten, denn er decke ihn öfters nachts zu. Mit gesenktem Kopf, damit Raine ihre blutroten Wangen nicht sah, schrieb Clarissa das nieder. Sie hatte nicht geahnt, daß er bemerkte, wie sie oft auf Zehenspitzen zu ihm schlich und die pelzgefütterten Decken über seine bloßen Schultern zog.

Den Rest des Briefes schrieb Clarissa gedankenlos nieder, zu verwirrt, um nachzulesen, was sie schrieb. Und als sie geendet hatte, legte sie die Briefe Raine zur Unterschrift vor. Während er sich zu ihr neigte, sein Gesicht dem ihren nahe, roch sie den Duft seiner Haare, dieser dicken, dunklen Masse aus Locken, und wollte darin ihr Gesicht vergraben. Doch sie berührte nur eine Locke und sah zu, wie sie sich um ihre Fingerspitze rollte.

Raines Kopf schoß hoch, als hätte er sich verbrannt, und sein Gesicht war nur ein paar Zoll von ihr entfernt, während er sie mit großen Augen betrachtete. Clarissa spürte, wie ihr der Atem stockte und das Herz einen Satz machte. Nun wird er es wissen, dachte sie. Nun wird er sagen, daß ich ein Mädchen bin, eine Frau.

Stirnrunzelnd trat Raine von ihr weg, sah sie an, als könnte er sich nicht ganz schlüssig werden, was hier geschah. »Versiegle die Briefe«, sagte er still, »und gib sie dem Boten.« Darauf verließ er das Zelt.

Clarissa seufzte so heftig, daß einer der Briefe zu Boden flatterte, und ihre Augen liefen über. Häßlich, dachte sie. Das ist es, was ich bin – so schrecklich, schrecklich häßlich. Kein Wunder, daß sich kein Mann dem Gebot des Priesters widersetzt und sie zur Frau genommen hatte. Warum für einen Preis kämpfen, für dessen Gewinn die Anstrengung nicht lohnte? Wer verlangte ein flachbrüstiges, knabenhaftes Mädchen mit einer lauten Stimme zur Frau? Durfte sie sich wundern, daß Raine ihre Verkleidung nicht durchschaute?

Mit einer scharfen Rückhandbewegung wischte sie die Tränen aus den Augen und sah auf die Briefe hinunter. Zweifellos waren seine Schwestern und Schwägerinnen wunderschöne Frauen mit vollen Brüsten . . .

Noch ein tiefer Seufzer, und sie faltete die Briefe, versiegelte sie und trug sie hinaus zu dem Boten, den sie bis zu seinem Pferd begleitete.

»Habt Ihr Lady Judith oder Lady Alicia schon einmal aus der Nähe gesehen?« erkundigte sie sich bei dem Boten.

»Aye, schon oft.«

»Und sind Sie Eurer Ansicht nach schöne Frauen?«

»Schön?« lachte er, während er sich auf sein Pferd schwang. »Gott muß einen glücklichen Tag gehabt haben, als er diese Frauen erschuf. Lord Raine würde nie England verlassen, und ich täte es an seiner Stelle auch nicht, wenn ich eine von diesen Frauen zu meiner Familie zählen dürfte. Los Junge, versuche jemand zu finden, der ihn zu trösten vermag«, sagte er und deutete auf das Zelt. »Soviel Schönheit könnte ich nicht eine Stunde entbehren, ohne vor Sehnsucht krank zu werden.«

Ihn trösten! murmelte Clarissa, während sie zum Zelt zurückging, wo sie von einem Tumult begrüßt wurde, dessen Mittelpunkt Raine darstellte.

»Ihr könnt eurem Schöpfer für euer Leben danken, daß ihr sie nicht umgebracht habt«, sagte er zu den beiden Männern, von denen einer ein Taschendieb, der andere ein Bettler war. Beide waren für den Vormittag als Wachen eingeteilt worden. »Alexander«, sagte er über ihre Köpfe hinweg, »sattle mein Pferd. Wir reiten.«

Clarissa rannte los und sattelte den großen Hengst, mit dem sie ihn bereits erwartete, als er aus dem Zelt kam, die Streitaxt und den Morgenstern in der Hand. Er saß im Sattel und zog sie hinter sich auf das Pferd, ehe sie eine Frage an ihn richten konnte, und binnen Sekunden galoppierten sie im halsbrecherischen Tempo durch den Wald.

Nach einem scharfen Ritt, der so schnell war, wie die Bäume es erlaubten, zügelte Raine sein Pferd und sprang zu Boden. Clarissa fing den Zügel auf, den er ihr zuwarf, rutschte nach vorne in den Sattel und sah zum erstenmal, was sich dort zutrug. Eine hübsche Frau mit großen braunen Augen und einem so schönen Gewand, wie es Clarissa noch nie gesehen hatte, preßte sich gegen einen Baumstamm und starrte entsetzt auf drei Männer aus dem Lager, die sie mit gezogenen Schwertern und Messern bedrohten.

»Packt euch, ihr Gauner«, knurrte Raine, indem er erst den einen und dann die beiden anderen Männer zur Seite schleuderte.

Die Frau, vor Angst schlotternd, blickte Raine hilflos an. »Raine«, flüsterte sie, ehe sie die Augen schloß und anfing, mit weichen Knien zu Boden zu gleiten.

Raine fing sie in seinen Armen auf, hob sie hoch und wiegte sie an seiner Brust. »Anne«, flüsterte er, »du bist jetzt in Sicherheit. Alexander hol Wein herbei. Den Lederschlauch von meinem Sattel.«

Nicht unbeeindruckt von der Szene, die sich vor ihr entrollte, stieg Clarissa vom Pferd, nahm das Gefäß aus hartem Leder und stellte es neben Raine auf einen umgestürzten Baum, worauf er sich gesetzt hatte und die Frau auf seinem Schoße hielt.

»Anne, trink das«, sagte er mit einer süßen, sanften Stimme, und die Frau klimperte mit den Wimpern und begann zu trinken. »Nun, Anne«, sagte er, als sie wieder ganz bei sich war, »erzähle mir, was du hier mitten in diesem tiefen Wald suchst.«

Die Frau schien es offensichtlich nicht eilig zu haben, Raines Schoß wieder zu räumen, dachte Clarissa, während sie mit staunenden Augen das Kleid der Frau betrachtete. Es war von tiefroter Seide, ein Material, das sie bisher nur in der Kirche gesehen hatte, und über und über mit winzigen Hasen, Kaninchen, Rehen, Fischen und zahllosen anderen Tiergattungen bestickt. Der rechteckige Halsausschnitt reichte sehr tief und entblößte ein beträchtliches Stück ihrer vollen Brüste. Und der Saum des Ausschnitts wie ihre Taille war mit Goldfäden bestickt und glitzernden roten Juwelen besetzt.

»Alexander!« rief Raine ungeduldig, während er ihr den Weinschlauch zurückgab. »Anne«, fuhr er mit großer Zartheit fort und hielt die erwachsene Frau auf den Knien, als wäre sie ein Kind.

»Was suchst du denn hier, Raine?« fragte sie mit sanfter Stimme.

Sie kann nicht singen, schoß es Clarissa durch den Kopf. Keine Kraft in der Stimme und ein Hauch von Wehleidigkeit.

»König Heinrich hat mich zum Verräter erklärt«, sagte Raine, und dabei blitzte ein Grübchen auf.

Anne lächelte zu ihm empor. »Er ist hinter deinem Geld her, nicht wahr? Aber was hast du getan, um ihm einen Vorwand zu liefern, dir deine Ländereien wegzunehmen?«

»Roger Chatworth hat meine Schwester Mary und Stephens neuvermählte Frau in seine Gewalt gebracht.«

»Chatworth!« rief sie aus. »Hat nicht diese Dame, in die Gavin so verliebt war, einen Chatworth geheiratet?«

»Mein diskreter Bruder«, sagte Raine entrüstet. »Die Frau ist eine Hure von der schlimmsten Sorte. Doch Gavin wollte das nie begreifen. Mag er auch blind sein für ihre Eigenschaften, so ist er doch loyal. Selbst nach seiner Heirat mit Judith blieb er noch eine Weile in Lilian Chatworth verliebt.«

»Aber, was hat das damit zu tun, daß du jetzt hier bist?«

Warum stellt sie sich nicht auf ihre eigenen Beine, dachte Clarissa. Warum bleibt sie so gelassen auf seinem Schoß und spricht so gespreizt, als befänden sie sich in der Halle eines Herrenhauses?

»Das ist eine lange Geschichte«, antwortete Raine. »Durch einen unglücklichen Zufall wurde Lilian Chatworth' Gesicht entstellt, und das bißchen Verstand, das sie besaß, verflüchtigte sich mit ihrer Schönheit. Seit sie Witwe ist, sorgt ihr Schwager für sie, und vielleicht hat diese Frau seinen Verstand vergiftet, denn kurz darauf forderte Roger meinen Bruder zu einem Turnier heraus, und der Sieger sollte die Frau bekommen, die König Heinrich Stephen als Gattin versprochen hatte.«

»Ja«, sagte Anne, »ich erinnere mich jetzt. Sie brachte doch ein beträchtliches Vermögen in die Ehe mit.«

»Stephens Alicia ist eine wohlhabende Frau, ja; doch Stephen begehrte die Frau mindestens so sehr wie ihr Land.« Er lächelte. »Doch Chatworth war ein schlechter Verlierer und hat meine Schwester und Schwägerin gefangengenommen.«

»Raine, wie schrecklich! Aber wie kam König Heinrich dazu ...«

»Ich führte gerade eine Abteilung seiner Männer nach Wales, als ich erfuhr, daß Mary gekidnappt wurde. Deshalb kehrte ich um und wollte gegen Chatworth zu Felde ziehen.«

»Mit der Armee des Königs?« fragte sie, und als er nickte, verzog sie das Gesicht. »Also hatte Heinrich einen Grund, dich zum Verräter zu erklären. Bist du deshalb wie ein Bauer angezogen und streifst durch diese traurigen Wälder?«

»Aye«, sagte er, sie ansehend. »Du siehst gut aus, Anne. Es ist lange her, seit wir . . .«

Da sprang sie von seinem Schoß herunter, stand vor ihm und glättete ihr Kleid, das zu berühren Clarissa sich sehnte. »Du wirst mich nicht noch einmal verführen, Raine Ascott. Mein Vater hat versprochen, mir bald einen Ehemann zu besorgen, und ich möchte ihm so keusch wie möglich gegenübertreten. Also verbietet es sich, daß ich mir noch länger deine süßen Worte anhöre.« Als sie sich umdrehte, erblickte sie Clarissa zum erstenmal. »Wer ist dieser Bursche, der uns mit offenem Mund angafft?«

Sofort schloß Clarissa den Mund und blickte von den beiden weg.

»Das ist mein Knappe«, sagte Raine mit einer Stimme, die erfüllt war von Heiterkeit über Annes Bemerkung. »Wenn ich auch in diesem Wald leben muß, so hat das doch seine Annehmlichkeiten. Er arbeitet hart und kann lesen und schreiben.«

»Soweit ich weiß, hat dir das noch niemand in deinen dicken Schädel eintrichtern können«, fauchte sie. »Raine, hör auf, mich so anzusehen! Auch mit deinen Augen wirst du mich nicht erweichen. Nun zu dir, Junge. Wie heißt du?«

»Alexander Blackett.«

»Blackett?« fragte sie. »Wo habe ich diesen Namen schon mal gehört?«

Du hast ihn auf dem Pergament gelesen, das eine Belohnung für meine Ergreifung aussetzte, dachte Clarissa, von Panik ergriffen. Warum hatte sie nicht auch ihren Nachnamen geändert? Nun würde dieses unglückselige Weib sie vor Raine bloßstellen.

»Es ist ein ziemlich gewöhnlicher Name«, sagte Raine wegwerfend. »Alexander, kehre zurück zum Lager und warte dort auf mich.«

»Nein, Junge!« sagte Anne. »Raine, es ist mein Ernst. Ich möchte nicht noch einmal von dir verführt werden, und deshalb bleibt der Junge da. Du solltest mich lieber zu den anderen Jägern zurückbringen. Wenn sie merken, daß ich mich verirrt habe, werden sie nach mir suchen.«

»Ich habe Wächter«, sagte er, faßte sie um die Taille und zog sie zwischen seine Schenkel. »Wir werden so lange ungestört bleiben, wie es nötig ist. Alexander, verlasse uns!«

»Ich möchte, daß dein hübscher kleiner Knappe bei uns bleibt«, erwiderte Anne, stemmte die Hände gegen seine Schultern und schob ihn von sich. »Du lebst schon so lange in diesen Wäldern, daß du möglicherweise Geschmack an hübschen Jungen gefunden hast . . .«

Sie brachte den Satz nicht zu Ende, weil Raine sie an sich zog und ihr den Mund mit seinen Lippen verschloß.

Clarissa beobachtete die beiden ungeniert. Sie hatte noch nie zwei Menschen gesehen, die sich so küßten, die Köpfe zur Seite geneigt, die Körper aneinander gepreßt. Sie wünschte sich nichts sehnlicher auf der Welt, als an Stelle dieser Frau in Raines Armen zu liegen.

So versunken war sie in diese Szene vor ihr, daß sie sich zunächst nicht bewegte, als der erste Pfeil durch die Luft segelte und nur einen Zoll breit von Raines Bein entfernt landete.

Während sie noch gar nicht begriff, was geschah, reagierte Raine sofort und riß mit einer raschen Bewegung Clarissa und Anne auf den Waldboden.

»Sie sind hinter mir her«, sagte Raine gelassen. »Alexander, du bist so klein, daß du im Schutze des Baumstammes bis zu den Bäumen dort drüben kriechen kannst. Versuche, mein Pferd zu erreichen, und hole meine Waffen.«

»Und was ist mit Euch?« flüsterte sie ängstlich, während ein zweiter Pfeil dicht über ihren Köpfen einschlug.

»Ich muß Anne in Sicherheit bringen. Nun führe meinen Befehl aus!« sagte er.

Ohne sich lange zu besinnen, kroch Clarissa auf dem Bauch von ihnen weg und bewegte sich Zoll für Zoll auf das dichte Unterholz zu. Jedesmal, wenn ein Pfeil hinter ihr einschlug, wurde sie ganz steif vor Angst. Sie wagte nicht, einen Blick hinter sich zu werfen, weil sie fürchtete, Raine tot am Boden liegen zu sehen. Als sie das Ende des umgestürzten Baumstammes erreichte, zog sie die Beine unter den Leib und begann zu rennen. Sobald sie hörte, daß die Pfeile nicht mehr in ihrer Nähe einschlugen, bleib sie stehen und versuchte sich zu orientieren.

Das Pferd, der große feurige Hengst von Raine, tänzelte wild an der Stelle, wo er angebunden war. Ein Mann war bei ihm und versuchte die Zügel zu erhaschen. Wenn er das Pferd an sich brachte, konnten sie sich nicht mehr verteidigen, denn die meisten Waffen waren am Sattel festgebunden. Tod und Verdammnis über dich, Raine, dachte sie. Er war so scharf auf diese Dame in roter Seide, daß er alles darüber vergaß.

Nach einem kurzen stillen Gebet öffnete Clarissa den Mund und ließ den Anfang einer Melodie hören, von der sie wußte, daß das Pferd sie mochte. Sogleich spitzte es die Ohren und hielt still. In diesem Moment gelang es dem Mann, den Zügel zu ergreifen und loszubinden, und er hatte den Hengst in seiner Gewalt.

»Das Pferd ist so dumm wie sein Herr«, fluchte sie leise, ehe sie zu einer anderen Melodie ansetzte, die diesmal aus hohen scharfen und dissonanten Tönen bestand, die dem Pferd verhaßt waren. Der Hengst bedankte sich, indem er sich aufbäumte und sich von seinem Fänger losriß. Als das Tier auf sie zu galoppierte, hielt sie einen Moment lang den Atem an, bis sie ihre Angst überwand und wieder zu singen begann. Besänftigt blieb der Hengst neben ihr stehen und erlaubte ihr, in den Sattel zu steigen.

»Nun mach bitte, was ich dir sage«, flüsterte sie, als er ihr seinen mächtigen Kopf zudrehte, die Nüstern blähte und die Augen rollte. Er war dafür dressiert, einen schweren, gepanzerten Ritter in die Schlacht zu tragen und nicht so ein Federgewicht, wie sie es war.

»Geh!« befahl sie mit der Stimme, die sie zu benützen pflegte, wenn sie mit fünfundzwanzig Chorknaben einen Choral probte.

Das Pferd trottete in die falsche Richtung, und Clarissa mußte ihre ganze Kraft aufwenden, um den Hengst dorthin zu dirigieren, wo sie hergekommen war.

»Nein, Raine! Nein!«

Das war die schrille Stimme von Anne, die Clarissa hörte, als sie den Hengst endlich auf den richtigen Weg gebracht hatte. Und als sie zwischen den Bäumen hervorpreschte, sah sie Raine vor sich stehen, mit gezogenem Schwert und voller Blut über der Leiche eines Mannes, vor ihm zwei weitere Männer, die ebenfalls mit Schwertern bewaffnet waren. Anne kauerte hinter ihm und barg sich an Raines breitem Rücken.

»Es sind die Männer meines Vaters!« schrie sie. »Sie sind nur meinetwegen hierhergekommen. Ich sagte dir doch, sie würden mich suchen.« Damit löste sich Anne von Raine und ging zu dem Mann, der auf dem Boden lag. »Er ist nicht tot. Wir können ihn mit nach Hause nehmen«, sagte sie mit einem ärgerlichen Blick auf Raine. »Warum hörst du nie zu, wenn dir jemand etwas sagt?« fauchte sie. »Warum ziehst du erst dein Schwert und redest später?«

Clarissa spürte eine mächtige Zorneswelle in sich aufsteigen und sprang von dem Hengst herunter. Daß Raine sich nicht rechtfertigen würde, sah sie ihm an, denn er preßte die Lippen zu einem Strich zusammen. »Mein Lord wurde zuerst angegriffen«, sagte sie mit bitterböser Stimme. »Die Pfeile galten ihm! Muß er da erst aufstehen und fragen, wer ihr Absender ist, ehe er sein Schwert zieht? Ihr, edle Dame, habt keinen Ton von Euch gegeben, so lange er Euren kostbaren Körper mit seinem eigenen deckte; doch nun, da er Euch einen Diener beschädigte, den Ihr versorgen müßt, scheint Ihr vergessen zu haben, wie Ihr versuchtet, meinen Herrn in die Büsche zu locken.«

»Alexander«, sagte Raine hinter ihr, die Hand auf ihre Schulter legend, »es gehört sich nicht, unhöflich zu einer . . .«

»Unhöflich!« fauchte sie und wirbelte zu ihm herum. »Diese Schlampe ...«

Raine verschloß ihr mit der Hand den Mund und drückte sie fest an seine Brust, während sie mit beiden Armen ruderte, um sich aus seinem Griff zu befreien. »Anne«, sagte er ruhig, ohne auf Clarissa zu achten, »ich bitte dich für mich und den Jungen um Verzeihung. Ihm fehlt noch der Schliff. Nimm deine Männer und geh zurück zum Fluß. Ich schicke dir jemand, der dich aus dem Wald führen wird.«

»Raine«, sagte sie und richtete sich neben dem Verletzten auf. »Es war nicht meine Absicht ...«

»Geh jetzt, Anne, und wenn du einem von meiner Familie begegnest, sag ihm, mir geht es gut.«

Sie nickte, ein Mann half ihr auf sein Pferd und stieg in den Sattel. Der Verwundete wurde auf ein Pferd geladen, und dann zogen sie ab.

Als sie außer Sicht waren, ließ Raine Clarissa wieder los. »Sie versuchten, Euch zu töten«, fauchte sie ihn mit funkelnen Augen an. »Und diese Frau beschimpfte Euch, weil Ihr einen ihrer Diener verletzt habt.«

Raine zuckte mit den Achseln. »Wer versteht schon Frauen? Ihre Sorge galt schon immer dem Geld und dem Besitz.«

»Und mir schien, daß Ihr sie gut kennt«, sagte Clarissa und rieb sich das Kinn. Sie spürte noch jetzt Raines Hand auf ihrem Mund.

»Ihr Vater hatte mir vorgeschlagen, sie zu heiraten.«

Clarissa blieb betroffen stehen. »Und Ihr habt beschlossen, das nicht zu tun – oder gab sie Euch einen Korb?«

Er grinste schief, wobei sich ein Grübchen zeigte. »Sie ließ mir in jeder Hinsicht meinen Willen, doch ich bat sie nicht, mich zu heiraten. Sie ist unstet und ändert ständig ihre Meinung. Sie kann sich nicht einmal entscheiden, welches Kleid sie am Morgen anziehen soll. Ich bin sicher, daß sie nicht viel von ehelicher Treue halten würde, und es widerstrebt mir, eine Frau zu schlagen.«

»Es widerstrebt Euch ...« stotterte Clarissa.

»Wenn du deine Wißbegierde über Frauen für heute gestillt hast«, sagte er und löste sich von dem Baum, an den er sich lehnte, »wäre es mir lieb, wenn du dich um mein Bein kümmertest.«

Da sah sie nach unten und entdeckte zum erstenmal den dunklen Blutfleck, der sich auf Raines Strumpfhose ausbreitete.

7. Kapitel

Ihr seid verwundet«, sagte sie mit einer Stimme, als läge er bereits im Sterben.

»Ich glaube, es ist nur ein Kratzer, aber vielleicht sollten wir doch lieber nachsehen.«

Sie rannte zu ihm, schlug den Arm um seine Taille und lehnte sich gegen seine Brust. »Setzt Euch. Ich werde Rosamund holen, und . . .«

»Alexander«, sagte er amüsiert, »es ist keine tödliche Wunde, und ich kann damit noch ganz gut reiten. Weißt du eigentlich, daß du der schlimmste Knappe bist, den ich je hatte?«

»Der schlimmste?« hauchte sie und ließ sich auf einen Baumstumpf fallen. »Ihr seid ein undankbares . . .«

»Es dauerte endlos, bis du mit dem Pferd gekommen bist. Ich kämpfte um mein Leben und konnte dich dabei im Wald singen hören. Wolltest du meinen Feinden ein Ständchen geben?«

Kein Wort mehr wollte sie mit ihm reden, nie mehr, beschloß sie, als sie ihm den Rücken zudrehte und das Pferd holen ging. Sie hörte ihn lachen und hob das Kinn noch etwas höher.

Auch wenn es ihm schwerfiel aufzustehen, weigerte sie sich, ihm zu helfen und tat so, als bemerkte sie es nicht.

»Alexander, ich muß das Pferd diesmal von der anderen Seite besteigen, und das wird ihm nicht gefallen. Du mußt es ruhig halten. Eine heftige Erschütterung täte dem Bein nicht gut.«

Da ging sie zum Kopf des Pferdes, hielt ihn fest und sah ihm in die Augen, während sie ein Lied anstimmte und den Hengst beruhigte. Raine schien sich viel Zeit damit zu lassen, vom Rücken des Pferdes in den Sattel zu rutschen, ehe er ihr seine Hand hinhielt, um sie auf den Rücken des Tieres zu heben.

Auf dem Weg zurück ins Lager klammerte sie sich nur am Sattel fest und beobachtete, wie das Blut sich auf seinem Schenkel ausbreitete. Als der Hengst die Witterung des Blutes aufnahm, begann er zu scheuen, und instinktiv drückte Raine die Knie zusammen, damit er sich wieder seinem Willen fügte.

Clarissa merkte, wie weh ihm das tun mußte, denn sein Rücken wurde ganz steif.

»Vielleicht kannst du ihn mit deinem Gesang beruhigen«, sagte er leise. »Mit meinem Lärm, wolltet Ihr wohl sagen!« gab sie immer noch gekränkt zurück.

»Egal, wie du es nennen willst«, sagte er hölzern.

Clarissa hatte ihn noch nie in diesem Ton zu ihr sprechen hören, doch sie merkte, daß es seine Stimme war, mit der er den Schmerz verdeckte. Angeblich war seine Wunde ja nicht schlimm; doch die

Blutung schien nicht aufhören zu wollen. Das war nicht der richtige Moment, ihm böse zu sein. Sie begann zu singen, und das Pferd beruhigte sich.

»Ich muß dich meinen Brüdern vorstellen«, murmelte er. »Sie würden mir nicht glauben, wenn sie es nicht selbst erlebten.«

Als sie sich dem Lager näherten, kamen ihnen ein paar Leute entgegen, die spürten, daß etwas nicht stimmen könne.

»Es wäre besser, wenn sie nicht merkten, daß ich verwundet bin«, sagte Raine zu ihr. »Es ist schon schwierig genug, sie mit zwei gesunden Beinen zu bändigen, und im Augenblick habe ich schon genug Probleme.«

Rasch glitt sie vom Pferd und stellte sich so vor den Reiter, daß sie mit ihrem Körper den Leuten den Blick auf sein Bein verwehrte.

»Wir hörten, es habe einen Kampf gegeben«, sagte ein Mann mit schwarzen Zahnstummeln und gierigen Augen.

»Der Kampf existiert nur in deinem Verstand, Alter«, rief Clarissa, und sie erschraken alle vor der Kraft ihrer Stimme. Man konnte sogar sehen, wie die Menge zusammenzuckte, und auch Raines Pferd bäumte sich auf. »Tretet zurück!« rief sie. »Der Hengst ist wild geworden. Wir mußten die Peitsche nehmen, sonst wäre er uns durchgebrannt.«

Während die Leute ängstlich auf den riesigen Hengst starrten, der bei der Witterung von Raines Blut mit den Augen rollte, zog Raine einen Morgenstern aus der Lederschlaufe an seinem Sattel. »Habt ihr nichts zu arbeiten?« sagte er grollend. »Joss, komm mit zu meinem Zelt. Ich habe einen Auftrag für dich.«

Murrend gingen die Leute wieder zu ihren Feuern und Hütten zurück.

Als sie mit dem Hengst vor dem Zelt anhielten, stemmte Clarissa die Arme unter Raines Achseln, um ihm beim Absteigen zu helfen.

»Um Himmels willen, tu das nicht«, sagte er durch die zusammengebissenen Zähne. »Die Leute beobachten dich. Geh und halt den Kopf des Pferdes fest. Und dann singst du so laut und schön, daß sie alle nur dich ansehen.«

Clarissa tat, was er ihr befahl, und lenkte tatsächlich so viel Aufmerksamkeit auf sich, daß es fast eine halbe Stunde dauerte, bis sie sich in das Zelt zurückziehen konnte; denn die Leute wollten ein Lied nach dem anderen hören. Doch dann weigerte sie sich schließlich, denn sie hatte ja nur Raines Verwundung verschleiern wollen.

Als sie ins Zelt kam, lag er, ein paar Kissen im Rücken, auf seiner Koje und trug sein Hemd und seinen Lendenschurz.

Rosamund kniete bei seinem Schenkel, eine Schüssel voll blutigem Wasser neben ihren Knien.

»Da bist du ja!« grollte Raine. »Kannst du noch mehr als nur deine

Stimme entfalten? Der Himmel helfe uns, wenn wir in den Krieg ziehen müssen. Dein Gegner würde dich bitten, zu singen, und du würdest alle Waffen fallen lassen, um dich vor ihm zu produzieren wie ein Komödiant. Geh jetzt, Rosamund, und kümmere dich um den Mann, den ich verletzt habe. Jocelin, zeig ihr den Weg. Und du, mein wertloser Singvogel, siehst zu, ob du dieses Bein verbinden kannst, oder meinetwegen singst du auch, bis die Wunde sich schließt.«

Clarissa öffnete den Mund, um etwas zu entgegnen; doch Joss, der mit dem Rücken zu Raine stand, legte ihr rasch die Hand auf die Schulter. »Er hat große Schmerzen, denke daran«, flüsterte er, ehe er das Zelt verließ.

Ein Blick auf Raines wachsweißes Gesicht belehrte sie, daß Jocelin die Wahrheit gesagt hatte.

»Starr mich nicht so an! Mach dich nützlich«, fauchte Raine.

So eine Behandlung brauchte sie sich doch nicht gefallen zu lassen. Sein Ärger und seine Feindseligkeit konnten nur ihm schaden. »Seid still, Raine Ascott!« sagte sie mit einer Kommandostimme. »Ich lasse mich nicht mehr von Euch beleidigen. Haltet das Bein ruhig, und ich werde Eure Wunde verbinden; aber an der Tatsache, daß Ihr verwundet worden seid, könnt Ihr nichts ändern. Daß Ihr mich anfaucht, wird Euch nur elender machen.«

Er wollte sich erheben, doch ein Blick auf Clarissa ließ es ihn geraten erscheinen, sich wieder hinzulegen. »Sie werden sich gegenseitig umbringen«, sagte er niedergeschlagen, womit er die Geächteten vor seinem Zelt meinte.

»Wenn schon«, sagte sie gefühllos und ging um die Koje herum zu Raines verwundetem Bein. »Nicht fünf von ihnen sind es wert, auf dieser Erde zu leben.«

Sie kniete sich neben Raines Schenkel nieder und hob das Tuch, das Rosamund darauf gebreitet hatte. Es war das erstemal, daß sie so eine Wunde erblickte, die klaffende Haut, das rotentzündete Fleisch und das Blut, das immer noch daraus hervorquoll. Sie spürte ein Ziehen im Magen.

»Hast du vor, dein Mittagessen wieder von dir zu geben?« spöttelte Raine, als er ihre Blässe sah. »Ich habe noch viel schlimmere Wunden empfangen, nur daß diese so tief zu sitzen scheint.«

Seine Beine mit den schweren muskulösen Schenkeln, die vor ihr ausgestreckt lagen, zeigten eine Reihe von Narben. Vorsichtig berührte sie eine davon.

»Eine Axtschneide«, murmelte er, den Kopf zurücklegend. Der Blutverlust zehrte jetzt doch an seinen Kräften.

So sacht wie möglich säuberte sie die Wunde und runzelte die Stirn, als sie sah, wie schmutzig sie war. Als wäre der Pfeil in

Schmutz getaucht gewesen und hätte sich in Raines Fleisch gereinigt. Als sie die Wunde gesäubert und verbunden hatte, zog sie einen Schemel an sein Bett heran und beobachtete ihn, wie er mit geschlossenen Augen flach, doch regelmäßig atmete, und hoffte, er sei eingeschlafen.

Nach einer ziemlich langen Zeit sprach er mit geschlossenen Augen. »Alexander«, flüsterte er, und im Nu kniete sie neben ihm. »Unter der Koje ist ein Kasten. Würdest du ihn herausholen?«

Sofort zog sie den Kasten aus Leder hervor und lächelte, als sie merkte, daß er eine Laute enthielt.

»Kannst du darauf spielen?« fragte er.

Mit zuversichtlichem Lächeln nahm sie die Laute heraus. Ihr juckten schon die Finger, so begierig war sie, die Saiten zu berühren. Sacht schlug sie einen Akkord an und begann, eine ihrer eigenen Kompositionen zu spielen und zu singen.

Es dauerte Stunden, ehe sie das Gefühl hatte, daß Raine wirklich schlief. Er lag still und blaß auf der Koje, als sie die Laute beiseite legte. In der Stille, die nur von seinem rasselnden Atem im Zelt erschüttert wurde, wünschte sie sich, Rosamund würde zurückkommen. Raine schien in einer schlechteren Verfassung als je zuvor, und sie brauchte jemanden, der ihr sagte, daß er sich wieder erholen würde.

Sie sah sich im Zelt um und merkte, daß sie Wasser brauchte. Zudem war die Seite ihres Wamses von Raines Blut getränkt, und er mußte gewaschen werden. Denn morgen früh würden sie die Verbannten mit Fragen bestürmen, wo denn das Blut herkam.

Auf Zehenspitzen, in jeder Hand einen Eimer, verließ sie das Zelt und lief zum Fluß, wobei sie jeden Kontakt mit den Bewohnern der Zeltstadt mied. Mit einem Seufzer der Erleichterung bemerkte sie, daß Blanche mit ein paar Männern würfelte. Sie war beschäftigt und würde in der Zwischenzeit Raine nicht besuchen.

Es war schon fast dunkel, als sie den Fluß erreichte, die Eimer mit Wasser füllte und ihren Wams zu waschen begann. Zu ihrem Kummer war auch das Hemd blutig. Nach kurzem Zögern zog sie es aus, desgleichen das Tuch um ihre Brüste und fing an, alles zu waschen, auch ihre schmutzige Haut und ihre Haare. Schlotternd vor Kälte trocknete sie sich mit ihrem Badetuch ab und biß die Zähne zusammen, als sie in ihre noch tropfnassen Sachen schlüpfte. Sie warf das Wams über den Arm, hob die beiden Eimer an und hastete ins Lager zurück.

Im Zelt angelangt, lauschte sie mit angehaltenem Atem. Zum Glück schlief er noch. Sie stellte die Eimer ab, zog rasch wieder ihre nassen Sachen aus und streifte sich eines von Raines Hemden über, das ihr bis zu den Knien reichte. Sie wußte, daß sie damit ein Risiko einging; doch sie war sich nicht sicher, ob sie nicht insgeheim hoffte, er möge aufwachen und feststellen, daß sie ein Mädchen war.

Sie trug nur sein Hemd auf dem Leib, als sie ein Stöhnen von der Koje her hörte und sich umdrehte.

»Mary«, sagte Raine. »Mary, ich werde dich finden.«

Mit einem Satz war sie bei ihm. Er mußte still sein, damit die Leute im Lager nicht merkten, daß ihm etwas fehlte. Die Idioten bildeten sich ein, Raine habe in seinem Zelt Juwelen und Gold versteckt, und Clarissa zweifelte nicht, daß sie zu gern die Gelegenheit zu einer Suche ergreifen würden.

»Mary!« rief Raine lauter und winkte mit einem seiner mächtigen Arme, dem Clarissa nur knapp ausweichen konnte.

»Raine, wach auf«, flüsterte sie laut. »Du hast einen Alptraum.« Als sie seinen Arm faßte und seine Haut berührte, merkte sie sofort, daß er im Delirium sprach. Sein Körper war glühend heiß.

»Nein«, wimmerte sie und verfluchte Rosamund, daß sie das Lager verlassen hatte, wo Raine sie so nötig brauchte. Ein Wundfieber! Was konnte sie tun? Sie fühlte sich hilf- und nutzlos, tauchte ein Tuch in einen der mit Wasser gefüllten Eimer und legte es auf Raines Stirn. Doch Raine traf sie mit seinem Arm und schleuderte das Tuch auf den Boden. Wenn er weiter so wild die Arme bewegte, würde er noch eine Zeltstange treffen, und das Stoffgebäude würde über ihren Köpfen zusammenbrechen.

»Raine«, sagte sie heftig und beschwörend. »Du mußt still liegen.« Sie faßte seine Hände, und im nächsten Augenblick fand sie sich über dem Boden schwebend, halb über seiner Brust.

»Ich muß Mary finden«, sagte er viel lauter, die Silben verschlukkend.

»Du kapitaler Ochse«, zischte sie ihn an. »Sei endlich still!«

Das schien bis zu seinem Bewußtsein vorzudringen, denn er öffnete die Augen, und sie konnte selbst im Dunkeln den fieberhaften Glanz darauf erkennen.

Einen Moment sah er sie mit leeren Augen an, und dann schienen seine Pupillen sie zu erfassen. Er legte eine Hand in ihr Genick und zog ihren Mund zu seinem hinunter.

Ein Protest, selbst wenn Clarissa an so etwas gedacht hätte, war nicht möglich. Sobald ihre Lippen Raines Mund berührten, war alles verloren. Sie war eine Frau von großer Leidenschaft, mit großem Gefühl, und hatte diese Leidenschaft immer auf die Musik verwendet. Bei der ersten Berührung mit Raines Lippen erwachte die Musik in ihrem Körper, brach durch alle Poren – singende Engel, summende Teufel, Chöre, die ungeahnte Tonhöhen erreichten, glückliche Weisen, traurige Lieder.

Dann drehte er den Kopf, während er ihre Lippen auseinanderschob und die innere Süße ihres Mundes suchte. Ihre Zungenspitzen berührten sich. Clarissa brauchte nur eine Sekunde, um zu lernen, wie sie seinen Kuß erwidern mußte. Ein Fuß auf dem Boden, der andere in der Luft schwebend, im Himmel, ihr Körper halb über seinem, schlang sie ihre Arme um seinen Kopf und zog ihn näher an sich, während ihre Zunge immer tiefer in seinen Mund eindrang. Danach hatte sie schon immer verlangt, seit sie ihn zum erstenmal sah, nicht als Junge behandelt zu werden, sondern als die Frau.

Raine reagierte begeistert auf ihre Aggressivität. Seine Lippen saugten an den ihren, zogen sie zwischen seine Zähne, die daran knabberten, während er mit der Zunge deren süße Rundung liebkoste.

Als er mit der Hand nach unten tastete und ihre Wade berührte, zog sie heftig den Atem ein und begann, seine Wange zu küssen, mit den Lippen an seinem Hals entlangzufahren, an diesem kräftigen, muskulösen Hals, den sie so oft betrachtet hatte, als er von dem Schweiß der Waffenübungen bedeckt war.

Seine Haut, so heiß, fast kochend, versengten ihre Beine, als sie sich an seine Seite legte und mit beiden Händen begann, seine Beine zu streicheln, während er seine Finger in die festen Muskeln an der Rückseite ihrer Schenkel grub. Als er ihr Gesäß erreichte und ihre Pobacken mit den Händen umspannte, reagierte sie mit einem leisen, zufriedenen Lachen. »Süßes Ding«, murmelte er und bewegte den Kopf, damit sie seine Lippen wieder mit ihrem Mund bedecken sollte. Seine Küsse wurden feuriger, als er mit heißen Händen ihre Beine streichelte, ihr Fleisch knetete, die Kurven und Konturen ihres Körpers erforschte.

Clarissa war jedoch nicht zufrieden, passiv an diesem Spiel teilzunehmen, und ihre Hände begannen ebenfalls, ihn zu erforschen, sein Hemd hinaufzuschieben, mit wißbegierigen blutvollen Händen seine fieberheiße Haut zu berühren. Die Haare auf der Brust, diese große gelockte Masse, war so weich, wie sie sich das vorgestellt hatte, und die Muskeln seines Oberkörpers, die sich unter der Haut wölbten und Wellen schlugen, waren so aufregend, daß sie ihre kühnsten Erwartungen übertrafen.

»Raine«, murmelte sie, während ihre Lippen ihren Händen folgten und sie sich ärgerte, daß ihr das Leinenhemd im Wege war. Seine Hände hielten still, während er sich ganz auf das konzentrierte, was sie mit ihrem Mund anstellte. Als das Hemd ihr verwehrte, ihren Mund noch weiter nach unten zu bewegen, drehte sie sich, bis sie mit ihrem Mund von unten nach oben gleiten konnte.

Ihre Lippen berührten die Linie der Haare, wo sie unter seinem Lendentuch verschwanden, und Raines Atem wurde schneller, seine Hände, sie sich um ihre festen harten Schenkel spannten, ganz still.

Während sie mit ihren Lippen weiter hinaufrückte, folgte sie mit den Händen, nahm sie sein Hemd mit sich, bis sie seinen Hals erreichte und sich auf wunderbare Weise das ihn noch beengende Tuch von selbst von seinem Körper löste und all seine von der Sonne gebräunte heiße Haut ihren Blicken freigab.

Raine, träge in seinen Bewegungen, noch träger im Begreifen, wie ihm geschah und was diese Nymphe vom Himmel für ein Liebesspiel mit ihm trieb, befreite mit einer geschickten geübten Handbewegung diese Vision von ihrem Hemd und legte im gleichen Atemzug einen Arm um die winzige Taille dieser Erscheinung und zog sie neben sich auf die Koje.

Nun war Clarissa an der Reihe, scharf Luft zu holen, als ihr nackter Körper mit Raines flammender Haut zusammenkam und seine heißen Hände anfingen, ihren Körper zu erforschen und kurz an ihrer Taille anzuhalten, wo der Löwengürtel locker über den Hüften zusammengebunden war. Er schien es für natürlich zu halten, daß sie keine Kleider trug, nur diesen goldenen Gürtel ihrer Vorfahren. Während seine Hände hinaufglitten zu ihren freien Brüsten, hielt sie den Atem an aus Angst, er würde sie verschmähen, da sie zu klein waren für seinen Geschmack. Doch als er sie mit seinen Händen umschloß und mit seinen Lippen ihren Hals liebkoste, vergaß sie alle ihre eingebildete Häßlichkeit. Und als Raines Mund sich auch noch einen Pfad zu ihren Brüsten hinunterbrannte und deren rosige Spitzen mit seiner Zunge berührte, keuchte sie und wölbte sich vor, daß ihre Hüften sehr ungalant mit seinen zusammenstießen.

Ein leises, tiefes sinnliches Lachen perlte in Raines Kehle, als er ein bißchen zu heftig an ihren Brustwarzen knabberte, so daß sie mit einem leisen Schrei sich von ihm entfernte. Raine schlang rasch die Hand um ihre Taille und zog sie mühelos wieder an sich und nahm, das alles in einer Bewegung, ihr Ohrläppchen zwischen die Zähne. »Du gehörst mir, meine süße Waldfee«, flüsterte er zwischen seinen Zähnen, und sein Atem der so heiß war wie seine Haut, schien durch die Öffnung ihres Ohrs gleich zu ihrer Magengrube vorzudringen.

»Nein«, kicherte sie in einem Ton, den niemand als abschlägige Antwort hätte auslegen können, legte ihre Hände auf seinen Bauch und schob sich von ihm weg. Er ließ sie ein paar Zoll weit gewähren, doch dann zog er sie mit der Hand wieder heran, behandelte sie wie ein Kinderspielzeug, dessen Glieder man mit einer Strippe zum Tanzen bringt.

Doch sie mochte kein Spielzeug für ihn sein, zog die Knie hoch, stemmte sie gegen seine Brust und schob ihn von sich. Sie merkte voll Vergnügen, daß man inzwischen doch zwei Arme brauchte, um der Kraft ihrer Beine widerstehen zu können.

Ihm schien ihre zusamengerollte Position zu gefallen, denn er hielt sie fest und fuhr mit den Händen über ihre Wirbelsäule, liebkoste ihren Rücken und ihre Beine, spannte die Finger um ihre Pobacken, streichelte und streichelte, eine Hitzespur hinter sich herziehend, bis Clarissa spürte, daß ihr Körper so heiß war wie seiner. Und plötzlich wurde aus dem Spiel wieder Ernst, als seine Lippen die ihren fanden und er sie gegen sich drückte, fester und fester, mit zunehmender Leidenschaft, die zu einem greifbaren Ding wurde, das sie nicht nur in der Luft um sich spürte, sondern auch durch die Poren seiner Haut, während ihr Körper fest an seinem lag.

Ungeduldig schob er ihre Beine nach unten, daß sie Seite an Seite lagen, die Gesichter zueinander, und seine Hände waren nicht mehr sanft, sondern fordernd, zogen ihren schmächtigen Körper in seinen größeren hinein, schienen zu versuchen, ihre Leiber miteinander zu verschmelzen.

Geblendet von der Musik, der herrlichen Musik, die in ihrem Kopf dröhnte, suchte Clarissa noch näher an ihn heranzukommen, warf ein Bein über ihn, wickelte es um seine Schenkel, hakte ihren Fuß unter sein Knie.

Raines Hand glitt langsam an ihrem Rücken hinunter, spürte jede Nische und Spalte auf, bis er den Mittelpunkt ihres Körpers erreichte. Keuchend, mit geweiteten Augen zog sich Clarissa von ihm weg, sah, daß er die Lider geschlossen hielt und sich ganz auf sein Gefühl konzentrierte. Als sein Finger in sie eindrang, begann sie zu zittern, überwältigt von dieser neuen Erfahrung und voll Sorge, was ihr nun widerfuhr und ihr Geist und Körper empfand.

Seine Hand bewegte sich unablässlich, streichelte ihre Lenden, berührte sie sanft wie ein Hauch, daß sie ihre Beine immer mehr spreizte und sie um seine Hüften wickelte, sich so fest an ihn klammernd, daß sie fürchtete, ihn zu erdrücken.

Als seine Hände sie losließen, wimmerte sie, doch sein Mund legte sich auf ihren, sog ihn förmlich in sich hinein, während Clarissa, fast in Tränen aufgelöst, ihren Körper noch dichter an ihn drängte. Und als seine Männlichkeit dann ihre Weiblichkeit berührte, wäre sie fast auf ihn gesprungen, wenn er sie nicht zurückgehalten hätte und ganz langsam, unendlich langsam in sie eingedrungen wäre, Zoll für Zoll für Zoll.

Er hielt still, füllte sie aus, ruhte, ließ die Empfindungen von einem Körper in den anderen fließen, bis Clarissa, begierig und unerfahren, sich zu bewegen begann, hastig und ungeübt. Raines Hände umspannten ihr Gesäß und dämpften ihre Hast zu einer langsamen wiegenden, rhythmischen Bewegung, und während sie fast mühelos hin- und herglitt, wuchs dieser Wollust-Schmerz in ihr immer mehr an.

Als sie nun anfing, sich rascher zu bewegen, paßte er sich an, stieß härter und fester, tiefer und tiefer, bis Clarissa anfing, die Nägel in seinen Rücken zu graben, in seinen Hals zu beißen, ihr Körper sich schlängelte und wand, als kämpfe sie mit ihm und bettelte zugleich, sich ihm hinzugeben.

Mit einer raschen Drehung warf Raine sie auf den Rücken und senkte sein großartiges, köstliches, strahlendes Gewicht auf sie, drückte sie so fest in die Koje, daß sie fürchtete, durchzubrechen, sich mit den Beinen an ihn klammerte, die Knöchel zusammenschließend, und ihm die Hüften entgegenhob, während er mit zwei durchbohrenden, sie blendenden harten Stößen auf sie hinunterfuhr – und Clarissa starb.

Weißglühend wie Magma schoß die Musik durch ihren Körper, sprengte ihre Haut, zerschmolz in einem gewaltigen Beben ihres Körpers alle Glieder, bis sie erschauernd zurücksank und ihre Kraft in dieser flüssigen Schmelze versickerte.

Entsetzlich schwach und verwirrt über das, was ihr Körper ausgelöst und sie ihm angetan hatte, klammerte sie sich an Raine, gab sich dem Gefühl seiner heißen Haut hin, seines unregelmäßigen Atems in ihrem Ohr. Sie hob einen Arm, und während sie das Empfinden hatte, als wäre sie eben einen steilen, mit Steinen bedeckten Abhang hinuntergerollt, berührte sie das feuchte Haar an seinem Hals. Mit einer raschen, heftigen Bewegung faßte Raine ihre Hand, rollte sie an seine Seite, zog sie mit sich auf die Koje und drückte ihre Hand mit seiner so fest zusammen, daß sie fürchtete, ihre Finger würden brechen.

»Mein«, flüsterte er, führte ihre Hand an seinen Mund und küßte ihre Finger, ehe ihn der Schlaf überwältigte.

Ein paar Minuten lang döste Clarissa am Rande des Schlafs vor sich hin. Ihr Körper war erschöpft, doch irgendwie war sie lebendiger als je zuvor. Sie empfand keine Scham, daß sie sich mit einem Mann gepaart hatte, der nicht ihr Gatte war. Vielleicht sollte sie sich schämen, doch in diesem Moment gab es nichts, was sie zum Leben brauchte, als das Bein dieses teuren Mannes, das über ihr lag, während dieses klebrige Naß mehr zusammenhielt als nur ihre Körper.

»Ich liebe dich«, flüsterte sie am Gesicht des Mannes, der in ihren Armen schlief. »Ich weiß, daß du nie mein sein kannst, doch in diesem Augenblick bist du es. Ich liebe dich«, sagte sie abermals, während sie eine feuchte Locke an seinem Hals küßte und endlich einschlief, glücklicher, als sie je in ihrem Leben gewesen war.

8. Kapitel

Clarissa erwachte in einem Zelt, das von dem Licht des frühen Morgens durchflutet war, und Raines Haut an ihrem nackten Körper war heißer als in der Nacht zuvor. Er bewegte sich ruhelos im Schlaf, schien nichts zu wissen von ihrer Gegenwart und drohte, ihr die Knochen zu brechen, als er sich über sie rollte. Sie drückte ihn mit aller Kraft von sich weg, konnte sich endlich von seinem Gewicht befreien und fing an, sich rasch anzuziehen. Da ihre Kleider die ganze Nacht auf einem Haufen gelegen hatten, waren sie nur zum Teil trocken geworden. Wie sehr wünschte sie nun, sie hätte ihre Tarnung als Junge aufgeben und ein Kleid anziehen können. Männerkleider und männliche Lebensart gaben ihr zwar viel Freiheit; aber wenn sie ein Junge gewesen wäre, hätte sie auf eine Nacht, wie sie sie erlebt hatte, verzichten müssen.

Kaum hatte sie ihr Wams zugeknöpft, als die Zeltklappe hochflog und Jocelin mit Rosamund hereinkam.

»Wie geht es ihm?« fragte Joss und sah Clarissa eindringlich an.

Ehe sie ihm antworten konnte, unterbrach Rosamund sie: »Er hat Fieber, und wir müssen es heruntertreiben. Hol mir kaltes Wasser, während ich meine Kräuter besorge.«

Sofort nahm Clarissa die Eimer und ging zum Fluß.

Die nächsten drei Tage wurden für Clarissa zur Tortur. Sie und Rosamund arbeiteten unablässlich, Raines Fieber herunterzudrükken. Sein mächtiger Leib wurde mit heißem Brei gepflastert, und die beiden Frauen mußten ihm mit Gewalt Kräuteraufgüsse einflößen. Diese Prozedur war stets begleitet von schrecklichen Ausdrücken, die Clarissa ihm mit lauter Stimme ins Ohr trompetete. Rosamund kicherte und errötete zuweilen, wenn sie ihn einen wertlosen Bettler oder einen eingebildeten, saftstrotzenden Pfauenhahn nannte. Doch die meiste Zeit sang Clarissa ihm Lieder vor, zu denen sie sich auf der Laute begleitete, und tat alles, um ihn zu beruhigen, damit er nicht in seiner fieberhaften Unruhe um sich schlug.

Während Raine im Fieberwahn tobte, versuchte Jocelin die Disziplin im Lager der Verbannten aufrechtzuerhalten und setzte die täglichen Waffenübungen fort, die Raine angeordnet hatte, damit die Halsabschneider sich nicht aus Langeweile gegenseitig umbrachten.

»Ich glaube nicht, daß sie die Mühe wert sind«, sagte Joss, der zu Füßen von Raines Koje auf dem Boden saß. »Warum fühlt er sich verpflichtet«, fuhr er fort und deutete auf den schlafenden Mann neben sich, »sich ihrer Probleme anzunehmen?« Er nahm eine Schüssel voll Hirschragout entgegen, die ihm Rosamund reichte.

»Raine läßt jeden gelten«, sagte Rosamund still mit gesenktem Kopf. »Er glaubt fest daran, daß wir verdienen, gerettet zu werden.«

»Wir?« meinte Clarissa fragend, wobei sie von Raine aufsah. Sie wich nie von seiner Seite, schlief auf dem Schemel, ihren Kopf auf den Kojenrand gebettet. »Ich stelle mich nicht auf die gleiche Stufe mit einem Mörder.«

»Und du, Rose?« fragte Jocelin. »Was hast du verbrochen?«

Rosamund sagte nichts, doch als Joss den Kopf abwendete, sah sie ihn auf eine Weise an, daß Clarissa schwer atmete und das Geräusch rasch mit einem Hüsteln überdeckte. Rosamund war in Jocelin verliebt. Während Clarissa zwischen beiden hin- und hersah, ihre außergewöhnliche Schönheit miteinander verglich, erkannte sie, wie gut die beiden zueinander paßten. Sie wußte, weshalb Rosamund sich in diesem gräßlichen Lager aufhielt. Weil die Leute glaubten, der Teufel habe sie gezeichnet. Doch was hatte Joss hierher gebracht?

Im ersten Licht des nächsten Morgens bemerkte Clarissa, daß Raine das Schlimmste überstanden hatte. Er schlief, den Kopf an seinen nackten Arm gelegt, und Clarissa merkte, daß er viel ruhiger wirkte. Sie beugte sich über ihn, sah, daß er die Augen öffnete, sich im Zelt umschaute und schließlich den Blick auf ihr Gesicht heftete. Sogleich begann Clarissas Herz zu klopfen, und ihr Gesicht überzog sich mit Röte. Wie würde er auf ihre Liebesnacht reagieren?

Nach Sekunden schon wendete er den Blick von ihr ab. Seine Augen sagten ihr nichts. »Wie lange bin ich krank gewesen?«

»Drei Tage«, erwiderte sie mit einer Stimme, die aus einer zugeschnürten Kehle kam.

»Und hast du Ordnung im Lager gehalten? Oder brachten sie sich gegenseitig um?«

»Sie ... sie sind wohlauf. Jocelin hielt das Schwert über ihre Köpfe und bewahrte den Frieden.« Als er nichts sagte, atmete sie geräuschvoll ein. Nun würde er von ihnen sprechen, ihrer Leidenschaft.

Statt dessen mühte er sich, hochzukommen, und als Clarissa ihm helfen wollte, stieß er sie weg, als sei sie nicht von Bedeutung. Er warf die Wolldecken beiseite, riß die Bandage von seinem Schenkel und betrachtete gleichgültig die Wunde an seinem Bein.

»Sie verheilt«, sagte sie zaghaft. »Rosamund meinte, die Wunde wäre nicht schlimm, nur das Fieber. Wir fürchteten für Euer Leben.«

Er drehte sich ihr zu und betrachtete sie mit kalten, harten Augen. Sie hätte fast schwören können, daß Zorn darin loderte. »Hol mir etwas zu essen, Berge von Essen. Ich muß wieder zu Kräften kommen.«

Clarissa bewegte sich nicht.

»Tod und Verdammnis über dich!«, brüllte Raine, daß die Zeltwände bebten. Dieser Ausbruch raubte ihm offenbar die letzte Kraft, die noch in ihm steckte, und für einen Augenblick ging seine Hand zu seiner Stirn. »Du sollst gehorchen«, sagte er leise und legte sich auf die Koje zurück.

Als sie schon mit den Wassereimern am Zeltausgang war, rief er ihr nach: »Und bring auch heißen Wein mit, Junge.«

»Junge!« seufzte Clarissa, als sie vor dem Zelt war. »Junge!«

»Alexander?« fragte sie Joss. »War das gerade Raine, den ich hörte?«

Bedrückt nickte sie.

»Ist dir nicht gut? Warum machte er solchen Lärm?«

»Woher soll ich wissen, warum dieser große Ochse blökt?« schnappte sie. »Wie kann ein so niedriges Wesen wie ich wissen, was im Kopf eines mit dem König befreundeten Mannes vorgeht?«

Zu ihrem Verdruß lachte Jocelin laut und ließ sie stehen, während er ein freches kleines Lied vor sich hinpfiff.

»Männer!« fluchte sie, tauchte die Eimer in den Fluß, schöpfte Sand und Steine mit dem Wasser und mußte den Prozeß wiederholen. Danach kauerte sie sich nieder, Tränen in den Augen. »Junge«, flüsterte sie in das kalte strömende Wasser hinein. Bedeutete sie ihm so wenig, daß er sich nicht einmal ihrer gemeinsamen Nacht erinnerte?

Vielleicht brauchte er ein paar Stunden, um sich zu erinnern, dachte sie, als sie zum Zelt zurückging und nur bei Blanche anhielt, um ihr zu sagen, daß Raine nach Essen verlangte.

»Das weiß ich schon«, sagte Blanche mit süßer unverschämter Stimme. »Er hat mich bereits zu sich gerufen, und ich muß bekennen, Raine Ascott hat nichts von seiner Kraft eingebüßt.« Das sagte sie so laut, daß alle in der Nachbarschaft es hören konnten, und knöpfte sich dabei demonstrativ das Oberteil ihres schmutzigen Hemds zu. »Ich habe ihm bereits sein Essen gebracht.«

Das Kinn in die Höhe gereckt, kam Clarissa ins Zelt zurück, während ihre Schultern unter dem Gewicht der gefüllten Eimer nach unten sackten.

»Warum hast du so lange gebraucht?« fragte Raine mit vollem Mund.

Sie schwang zu ihm herum. »Ich habe noch anderes zu tun als Euch Essen zu holen«, sagte sie wütend. »Und wie ich sehe, hat Euch Eure Hure ja inzwischen gut versorgt.«

»Gut genug«, sagte er gleichmütig und biß heißhungrig in eine geröstete Wildschweinhaxe. »Vielleicht sollten wir dir deinen Hochmut etwas zurechtstutzen. Eine Frau ist eine Frau, ein zerbrechliches, hilfloses Ding, ein Wesen, das geliebt und geschützt werden muß, gleichgültig, auf welcher gesellschaftlichen Stufe sie steht.

Wenn ich eine Hure behandle wie eine Lady, wird sie eine Lady sein, und eine Lady kann zu einer Hure werden. Das hängt alles von dem Mann ab. Behalte das in deinem Gedächtnis. Es wird noch eine Weile dauern, bis du ein Mann bist. Doch wenn es soweit . . .«

»Wenn ich es wäre, würde ich von Euch keinen Rat annehmen«, sagte sie hitzig, ehe sie sich wieder dem Ausgang zuwandte, wo sie in Jocelin hineinrannte. Mit einem zornigen Blick drängte sie an ihm vorbei.

Joss sah ihr nach, dann auf Raine, nahm auf dem Schemel neben dem Bett Platz und begann, Akkorde auf der Laute zu greifen, während Raine stumm weiteraß. Nach einer Weile hörte Joss auf zu spielen.

»Seit wann wißt Ihr es?« fragte Joss.

Nur eine winzige Unterbrechung seiner Mahlzeit verriet, daß Raine verstanden hatte, was er meinte. »Eigentlich erst seit ein paar Stunden«, sagte er ruhig. »Und wie lange hast du es gewußt?«

»Schon immer.« Er lachte, als er Raines verdutztes Gesicht sah. »Mich wunderte, daß es sonst niemand merkte. Für mich war sie wie ein kleines Mädchen, das sich die Kleider ihres Bruders angezogen hatte. Als Ihr sie als Junge bezeichnetet, mochte ich gar nicht glauben, daß Ihr es auch so meintet.«

»Teufel, ich wünschte, du hättest es mir gleich gesagt«, sagte Raine gefühlvoll, und ein Grübchen blitzte in seiner Wange auf. »Vor ein paar Tagen schrieb sie für mich einen Brief, und ich hätte sie um ein Haar geküßt. Ich war noch stundenlang ganz krank davon.«

»Ihr habt sie schlimmer hergenommen als jeden anderen hier im Lager. Wißt Ihr das?«

»Vielleicht in der Absicht, ihre Figur zu verändern«, sagte Raine lachend. »Ihre Beine haben mich schon seit Wochen fasziniert.«

»Und was gedenkt Ihr nun mit ihr zu tun?«

Raine schob das Tablett von sich, lehnte sich auf die Koje zurück und fühlte sich sehr schwach, sehr müde. »Weißt du, wieviel von ihrer Geschichte wahr ist? Was hat Pagnell mit ihr getan?«

»Er beschuldigte sie des Diebstahls, verdammte sie als Hexe und hat eine fette Belohnung auf ihren Kopf ausgesetzt.«

Raine zog eine Augenbraue in die Höhe. Er kam sich vor wie ein Narr, daß er so blind war für das, was direkt vor seiner Nase passierte. »Wie glaubst du, wird der Abschaum des Lagers auf ein junges Mädchen in seiner Mitte reagieren? Auf eines, dessen Auslieferung viel Geld bringen würde?«

Ein Schnauben von Joss war die einzige Antwort.

»Ich glaubte, am besten bliebe sie ein Junge«, sagte Raine nachdenklich, »und zwar unter meinem Schutz. Je weniger Leute von ihrem wahren Geschlecht wissen, um so besser.«

»Aber Ihr werdet doch Alexander sagen, daß Ihr wißt, wessen Geschlecht sie ist, nicht wahr?«

»Ha!« grollte Raine. »Mag das Weibsstück doch so leiden, wie ich gelitten habe. Bei jeder Gelegenheit schwang sie kess ihr freches kleines Hinterteil, und heute morgen, als mir bewußt wurde, wie sie mich zum Narren gehalten hat, hätte ich ihr den Hals umdrehen können. Nein, wir wollen sie eine Weile im eigenen Saft schmoren lassen. Sie denkt, ich könnte mich nicht erinnern ...« Er sah rasch Joss von der Seite an. »Sie denkt, ich wüßte nicht, daß sie eine Frau ist, und so soll es eine Weile bleiben.«

Jocelin stand auf. »Ihr werdet doch nicht zu hart mit ihr umgehen, nicht wahr? Wenn mich nicht alles täuscht, glaubt sie, in Euch verliebt zu sein.«

Raines Grinsen reichte bis zu den Ohren hinauf. »Gut. Nein, schinden werde ich sie nicht, nur ihr ihre eigene Medizin zu kosten geben.«

Eine Stunde später, als Clarissa ins Zelt zurückkam, ihr Kinn so hochgereckt, daß es zum Himmel zeigte, saßen Raine und Jocelin bei einem Würfelspiel beisammen, obwohl sich keiner recht dafür zu interessieren schien.

»Alexander«, sagte Raine, ohne von den Würfeln aufzusehen, »warst du heute schon auf dem Übungsplatz? Oder soll das bißchen Muskelfleisch, das wir dir antrainiert haben, wieder verschwinden?«

»Übungsplatz«, brauste sie auf und beruhigte sich dann. »Aus Gründen, die ich nun nicht mehr verstehe, galt meine ganze Sorge, ob Ihr leben oder sterben würdet, und ich verschwendete keinen Gedanken an die Verschönerung meines schmächtigen Körpers.«

Mit einer Mischung aus Betroffenheit und Schmerz sah Raine zu ihr hoch. »Alexander, wie kannst du so zu mir sprechen? Bist du wirklich wütend, weil ich überlebte? Geh jetzt, Joss, ich bin zu müde, um weiterzuspielen. Vielleicht werde ich mir etwas Wein holen – sobald ich kräftig genug dazu bin«, fügte er hinzu und legte sich, den Erschöpften mimend, auf die Koje zurück.

Joss erstickte fast an seinem Husten, ehe er die Würfel in die Tasche steckte, die Augen zu Raine hin verdrehte und das Zelt verließ.

Clarissa versuchte, unnahbar zu bleiben, doch als sie Raine auf der Koje zusammengesunken sah, der so blaß, so hilflos vor ihr lag, gab sie nach. »Ich werde Euch Wein bringen«, seufzte sie, und als sie ihm den Becher reichte, zitterte seine Hand so sehr, daß sie den Arm um seine Schultern legte, ihn stützte und den Becher an seine Lippen hielt – an diese Lippen, die jetzt noch ihren Atem beschleunigten.

»Du bist müde«, sagte Raine voller Mitgefühl. »Und wie lange ist es her, seit du zuletzt ein Bad genommen hast? Keiner macht sich so schmutzig wie ein Junge in deinem Alter. Ah, gut«, sagte er lächelnd und lehnte sich zurück. »Eines Tages, wenn du die richtige Frau gefunden hast, wirst du sie verwöhnen wollen. Habe ich dir schon mal von der Zeit erzählt, als ich ein Turnier außerhalb von Paris besuchte? Dort waren drei Frauen, die . . .«

»Nein!« sagte sie heftig, so daß er sie mit unschuldigen Augen erschrocken ansah. »Ich möchte mir Eure schmutzigen Geschichten nicht anhören.«

»Ein Knappe sollte nicht nur im Waffenhandwerk ausgebildet sein. Wenn du zum Beispiel auf der Laute spielst, sind die Melodien und Texte, die du vorträgst, eher für eine Frau geeignet. Eine Dame möchte einen Mann, der stark ist, selbstbewußt, und nicht einen säuselnden Jungen, der sich eher wie ein Mädchen anhört.«

»Einen säuselnden . . .!« begann sie, zutiefst verletzt. Sie mochte nicht schön sein, doch über ihre Musik ließ sie nichts kommen. »Und was wißt Ihr über Frauen?« fauchte sie. »Wenn Ihr so wenig über Frauen Bescheid wißt wie über Musik, seid Ihr so dumm wie Ihr . . .«

»Wie ich was bin?« fragte er interessiert und stützte sich auf die Ellenbogen. »Hübsch? Stark? Oder lüstern?« fragte er und grinste dabei unverschämt.

»Wie eitel Ihr seid!« rief sie.

»Ah, würde doch deine Figur dem Umfang deiner Stimme entsprechen! Hast du schon einmal versucht, mit deinem Brüllen Burgmauern niederzureißen? Vielleicht könntest du dir eine Melodie ausdenken, mit der du die Schlachtrösser einer feindlichen Armee hinter dir her in einen Sumpf lockst.«

»Hört auf damit! Hört auf!« schrie sie. »Ich hasse Euch! Ihr seid nichts als ein großes, stumpfsinniges, gemeines, hochwohlgeborenes Rhinozeros!« Damit drehte sie sich zur Zeltklappe um; doch Raine rief sie mit ruhiger, aber befehlsbetonter Stimme zurück.

»Hole Rosamund hierher, hörst du? Ich fühle mich gar nicht gut.«

Sie machte wieder einen Schritt auf ihn zu, fing sich dann und verließ das Zelt. Draußen standen viele Leute, die offenbar den Streit im Zelt mitgehört hatten. Sie versuchte, nicht auf die Versammelten zu achten, als sie sich gegenseitig lachend anstießen. Sie ging zum Übungsgelände und verbrachte drei harte Stunden damit, das Schießen mit Pfeil und Bogen zu trainieren.

Schließlich ging sie erschöpft zum Fluß, badete, wusch ihre Haare und aß, ehe sie zum Zelt zurückkehrte.

Es war dunkel dort, und da sie keine Geräusche hörte, vermutete sie, daß Raine schlief. Wenn sie jetzt Courage hätte, dachte sie, würde sie das Lager verlassen und nie mehr zurückkehren. Wie kam sie nur auf die Idee, daß diesem Herrscher über Gesetzlose etwas an ihr liegen könnte? Zweifellos war er daran gewöhnt, daß die Frauen durch seine Betten marschierten, und er merkte nicht einmal den Unterschied. Was hatte da schon eine mehr oder weniger zu bedeuten? Wenn sie sich als seine letzte Eroberung offenbarte, würde er sie dann auslachen oder vielleicht versuchen, sie unter seine Mätressen einzureihen? Würde sie sich mit Blanche ablösen, seine Lust zu befriedigen?

»Alexander?« fragte Raine schlaftrunken. »Du bist lange fort gewesen. Hast du schon gegessen?«

»Einen Eimer voll«, sagte sie grob, »damit ich wachse und bald so groß bin wie Euer Pferd.«

»Alexander, sei nicht böse zu mir. Komm, setz dich zu mir und singe mir etwas vor.«

»Ich kenne kein Lied, wie es Euch gefällt.«

»Ich werde trotzdem zuhören«, sagte er, und seine Stimme klang so müde, daß sie nachgab, die Laute aufnahm und leise zu ihrem Saitenspiel summte.

»Judith wird dich mögen«, murmelte er.

»Judith? Die schöne Frau Eures Bruders? Warum sollte eine Lady wie sie an – dem Sohn eines niedrig geborenen Advokaten Gefallen finden?« Fast hätte sie »Tochter« gesagt.

»Deine Musik wird ihr gefallen«, sagte er mit schläfriger Stimme, und Clarissa fuhr mit dem Lautenspiel fort.

Als sie sicher war, daß er schlief, ging sie zu ihm, kniete sich neben das Bett und sah ihn eine Weile an, ohne sich mehr zu vergewissern, als daß er lebendig war. Schließlich ging sie zu ihrem eigenen harten Strohsack und wendete all ihre Kraft daran, nicht in Tränen auszubrechen.

Am Morgen bestand Raine darauf, zum Übungsgelände zu gehen. Weder Clarissa noch Jocelin konnten ihn davon abhalten und dazu überreden, noch einen Tag lang auszuruhen. Während sie neben ihm herging, konnte sie den Schweiß auf seiner Stirn sehen, den trüben Blick seiner Augen und wie sehr ihn das Gehen anstrengte.

»Was haben wir davon, wenn Ihr sterbt?« fragte Clarissa erbittert.

»Wenn ich sterbe, wirst du dann selbst zu meiner Familie gehen und sie benachrichtigen?« fragte er mit so ernster Stimme, daß ihr der Atem stockte. Dann zeigte sich ein Grübchen, und sie wußte, er neckte sie nur.

»Wenn Ihr sterbt, werde ich Euren großen Kadaver auf ein Pferd laden und Euch zu Eurer wundervollen Familie bringen; doch ich werde mich nicht mit Euren Schwestern hinknien, um Euch zu betrauern.«

»Es wird noch andere Frauen außer meinen Schwestern geben, die meinen Tod beweinen würden. Habe ich dir schon von Judiths Zofe Joan erzählt? Ein willigeres Kind als Joan ist mir in meinem ganzen Leben nicht begegnet.«

Clarissa wandte sich ab und zeigte ihm die kalte Schulter, als sie sein dröhnendes Gelächter hinter sich hörte.

Nachdem sie eine Stunde geübt hatte, rannte Clarissa zum Zelt zurück, um einen Becher von dem Kräutertrank, den Rosamund zubereitet hatte, für Raine zu holen. Sie ertappte Blanche dabei, wie sie Raines Kleider durchwühlte.

»Was machst du denn da?« herrschte Clarissa die Frau an, die schuldbewußt zusammenschreckte.

»Ich . . . ich suche Sachen zum Waschen heraus«, sagte sie mit unstetem Blick.

Clarissa lachte sie aus. »Seit wann weißt du, was Seife ist?« Sie glitt auf die Frau zu und packte sie am Arm. »Sag mir lieber die Wahrheit. Du weißt, welche Strafe auf Diebstahl steht – Verbannung!«

»Ich ginge gern«, jammerte Blanche und versuchte, sich von Clarissa loszureißen. »Hier hält mich nichts mehr. Laß mich los!«

Als Blanche sich gegen Clarissas Griff wehrte, gab diese ihr einen Stoß, und Blanche taumelte durch das Zelt und prallte mit dem Rücken gegen eine Stange.

»Dafür wirst du mir büßen«, sagte Blanche höhnisch. »Es wird dir noch sehr leid tun, daß du mir Lord Raine weggenommen hast.«

»Ich?« fragte Clarissa und mühte sich, ihre Freude nicht durchklingen zu lassen. »Und wie soll ich dir Raine weggenommen haben?«

»Du weißt, daß er mich nicht mehr zu sich in sein Bett nimmt«, antwortete Blanche und erhob sich vom Boden. »Jetzt, wo er einen Knaben hat . . .«

»Vorsichtig!« warnte Clarissa. »Mir scheint, daß du dich eher vor meinem Zorn in acht nehmen müßtest. Was hast du hier gesucht, als ich hereinkam?«

Blanche verweigerte ihr die Antwort.

»Dann werde ich Raine das wohl melden müssen«, sagte Clarissa und wandte sich zum Gehen.

»Nein!« rief Blanche mit tränenüberströmter Stimme. »Ich habe niemand, zu dem ich gehen könnte. Bitte, verpetze mich nicht bei ihm. Ich werde nichts stehlen. Das habe ich noch nie getan.«

»Ich verlange einen Preis dafür, daß ich Raine nichts sage.«

»Was?«fragte Blanche erschrocken.

»Erzähl mir die Wahrheit über Jocelin.« »Jocelin?« fragte Blanche, als hätte sie den Namen noch nie gehört.

Clarissa funkelte sie an. »Man wird mich bald vermissen, und wenn jemand kommt, um mich zu holen und du mir bis dahin nicht erzählt hast, was ich wissen möchte, erfährt Raine von mir, daß du gestohlen hast.«

Sofort begann Blanche zu erzählen: »Jocelin war ein Jongleur, und all die höchstgeborenen Ladys wollten ihn haben, nicht nur wegen seiner Musik, sondern seiner . . .« Sie zögerte. »Der Mann ermüdete nie«, sagte sie nachdenklich, daß Clarissa glauben mußte, sie wüßte es aus eigener Erfahrung. »Er begab sich in das Schloß der Chatworth, weil Lady Lilian ihn dorthin befahl.«

Bei dem Namen Chatworth ruckte Clarissas Kopf hoch. Chatworth war der Mann, der Raines Schwester und Schwägerin gefangenhielt.

»Lady Lilian ist eine böse Frau«, fuhr Blanche fort; »doch ihr Gatte, Lord Edmund, war noch viel schlimmer. Er machte sich ein Vergnügen daraus, Frauen zu verprügeln und sie leiden zu sehen, wenn er sie mit Gewalt nahm. Da war eine Frau, Constance, und er schlug sie, bis sie tot war – oder wenigstens glaubte er, sie sei tot. Er gab Joss ihren Körper, damit er ihn beseitigen sollte.«‹ »Und?« drängte Clarissa, »ich habe nicht mehr viel Zeit.«

»Die Frau war nicht tot, und Joss versteckte sie, pflegte sie gesund und verliebte sich in sie.«

»War das ungewöhnlich für einen Mann von Jocelins . . . Talenten?«

Blanche sah plötzlich sehr nervös aus, zog an den Fingern und trat von einem Fuß auf den anderen. »Ich glaube nicht, daß er vor Constance eine Frau geliebt hatte. Als Lord Edmund entdeckte, daß das Mädchen noch lebte, nahm er sie wieder in Besitz und warf Jocelin in ein *oubliette.* Und das Mädchen . . . diese Constance . . .«

»Ja?« sagte Clarissa ungeduldig.

»Sie dachte, Joss sei so gut wie tot, und nahm sich das Leben.«

Hier bekreuzigte sich Clarissa, da Selbstmord eine Todsünde war.

»Aber Joss konnte seinem Verlies entrinnen und kam hierher«, schloß sie.

»Zuerst tötete er Lord Edmund«, sagte Blanche mit tonloser Stimme, drängte sich an Clarissa vorbei und rannte aus dem Zelt.

»Er hat einen Lord umgebracht«, flüsterte Clarissa, obwohl ihr niemand zuhörte. Zweifellos war eine riesige Belohnung auf seinen Kopf gesetzt, und kein Wunder, daß er mit den Frauen des Lagers nichts zu tun haben wollte. Clarissa wußte sehr wohl, was es bedeutete, einen Menschen zu lieben und ihn zu verlieren.

»Was tust du denn hier?« fragte Raine wütend hinter ihrem Rücken. »Du bist vor mehr als einer Stunde weggegangen, und nun stehst du hier und tust nichts.«

»Ich werde mich sofort an die Arbeit machen«, murmelte sie und wandte sich ab.

Er faßte nach ihrem Arm, ließ ihn aber so rasch wieder los, wie er ihn berührt hatte. »Hast du etwas Schlimmes erfahren?«

»Nichts, was Euch interessieren würde«, erwiderte sie bissig, ehe sie aus dem Zelt ging.

An diesem Tag galten ihre Gedanken nur noch Jocelin. Joss war ein liebenswürdiger, freundlicher, empfindsamer Mann, der es verdiente, daß jemand ihn liebte. Sie wünschte, sie hätte sich in Joss verlieben können; wieviel einfacher wäre da alles gewesen. Eines Tages, vermutlich bald, würde Raine diesen Wald verlassen und zu seiner reichen Familie zurückkehren. Dann würde sie allein sein.

Als sie gedankenabwesend ein Schwert über den Kopf hob und versuchte, damit lotrecht zuzuschlagen, nahm sie eine Bewegung am Rand des Übungsfeldes wahr. Dort, im Schatten, stand Rosamund und sah wie gebannt herüber. Clarissa blickte in die Richtung, in die die Frau sah, und merkte, daß sie nur Jocelin beobachtete und dabei in ihren Augen ein leidenschaftliches Feuer brannte. Auch Begierde, wie Clarissa erkannte. Rosamund hielt den Kopf nicht gebeugt, und zum erstenmal war nichts Unterwürfiges an ihrer Haltung, keine Bitte um Entschuldigung, daß sie überhaupt geboren sei.

»Alexander! Du trödelst!« rief Raine ihr zu, und mit einer Grimasse konzentrierte sie sich wieder auf ihre Schwertübung.

An diesem Abend warf sich Raine, erschöpft, immer noch sehr schwach, auf seine Koje, um auszuruhen, während Clarissa sich draußen in die kalte Nachtluft setzte und eine Schüssel voll Bohnen aß. Neben ihr saß Jocelin.

»Du hast dein Hemd zerrissen«, bemerkte sie. »Jemand sollte es für dich nähen.«

Ehe Clarissa atmen konnte, fanden sich drei Frauen freudig bereit, ihm das Hemd zu flicken.

»Nein«, murmelte Joss, den Blick auf seine Schüssel gerichtet. »Mir macht der Riß nichts aus.«

»Gib einer von ihnen dein Hemd«, sagte Clarissa ungeduldig. »Ich hole inzwischen eines von Raines Hemden, das dich warm hält. Er hat mehr als genug davon.«

Widerstrebend zog Joss sein Hemd aus, während Clarissa ins Zelt eilte, einen Blick auf Raine warf, der auf seiner Koje schlief, und dann, ein Hemd unter dem Arm, wieder hinauseilte. Draußen blieb sie erst einmal stehen und betrachtete Jocelin, der mit nacktem Oberkörper vor dem Feuer saß, während die um ihn versammelten Frauen mit gierigen Augen nur auf Joss sahen auf seine Schönheit, sein melancholisches Gesicht. Rosamund stand abseits und betrachtete ihn ebenfalls; doch Jocelin sah zu keiner von den Frauen hin.

Clarissa trat ans Feuer, gab Joss das Hemd und füllte sich den Becher mit kochendem Apfelwein. Sie blies in den Becher, damit der Wein sich abkühlte.

Plötzlich gab es einem Lärm außerhalb des Lichtkreises, und alle drehten den Kopf in diese Richtung.

Später konnte Clarissa sich wirklich nicht erinnern, daß sie geplant hatte, was sie nun tat. Niemand sah her, sie stand dicht neben Jocelins bloßem Arm und hielt den Becher mit heißem Apfelwein in der Hand. Sie dachte nur daran, daß Joss zu Rosamund gehen mußte, wenn er verletzt wurde, und im nächsten Moment schüttete sie den halben Becher über Jocelins Arm.

Sogleich bereute sie ihre Tat. Jocelin sprang von ihr weg, und das Hemd fiel auf den Boden.

»Joss, ich ...«, begann sie und blickte entsetzt auf die Haut an seinem Arm, die sich rot färbte.

»Rosamund«, flüsterte jemand. »Holt Rosamund.«

Binnen Sekunden war Rosamund bei ihm, legte ihre kühlen Finger aus Jocelins Arm und führte ihn weg in den Schatten.

Clarissa merkte es nicht, doch sie hatte Tränen in den Augen und zitterte am ganzen Körper, weil sie so etwas getan hatte. Es war alles so rasch gegangen, und sie hatte keine Zeit zum Überlegen gehabt. Eine mächtige Hand faßte sie im Genick, daß sie sich nicht mehr zu rühren vermochte.

»Du folgst mir jetzt zum Fluß, und wenn du dich weigerst, bekommst du die Peitsche zu spüren«, fauchte Raine an ihrem Ohr. Seine Stimme bebte vor Zorn.

Raines Entsetzen trat an die Stelle ihrer Reue über das, was sie Joss angetan hatte. Er wollte sie verprügeln? Sie schluckte und folgte Raine in den dunklen Wald. Sie verdiente diese Strafe, denn sie hatte kein Recht dazu, ihren Freund zu verletzen.

9. Kapitel

Am Fluß wandte Raine sich ihr zu, sein hübscher Mund verzerrt, als er sie anfauchte: »Ich sollte dich verprügeln.« Doch er gab ihr nur einen leichten Stoß, daß sie sich auf den kalten Boden setzte.

»Und womit hat sich Jocelin deiner Ansicht nach so etwas verdient?« fragte er mit zusammengebissenen Zähnen. »Warst du eifersüchtig auf den Riß in seinem Wams? Hat er etwas gesagt, was dir mißfiel? Vielleicht kann er besser auf der Laute spielen als du.«

Das forderte ihren Widerspruch heraus. »Niemand spielt besser als ich«, sagte sie fest, das Kinn vorgeschoben, während sie zu ihm hinaufsah.

»Tod und Verdammnis über dich!« sagte er, packte sie vorn am Hemd und zog sie in die Höhe. »Ich vertraute dir. Ich dachte, du gehörtest zu den Ausnahmen deiner Klasse, die Ehrgefühl besitzen. Aber du bist nicht besser als sie – du schämst dich nicht, wegen kleinlicher Differenzen dein Ehrgefühl zu vergessen!«

Die beiden gaben ein seltsames Paar ab. Raine, der doppelt so groß war wie Clarissa, überragte sie wie ein Turm; doch Clarissas Stimme konnte es an Kraft mit jedem aufnehmen. »Ehre!« brüllte sie zurück. »Ihr wißt ja nicht einmal, was dieses Wort bedeutet. Und Jocelin ist mein Freund. Wir haben keine Differenzen.« Damit war klargestellt, mit wem sie Differenzen hatte.

»So! Dein gemeines Spatzengehirn goß kochenden Apfelwein aus Spaß an der Freud über seinen Arm. Du bist wie Lilian Chatworth. Diese Frau liebt es, anderen Schmerzen zuzufügen. Hätte ich gewußt, daß du so bist wie sie ...«

Hier ballte Clarissa ihre Hand zur Faust und rammte sie in Raines Magen. Während er sie betroffen anblinzelte, zog sie das Messer aus der Scheide an ihrer Seite. »Erspart mir die Geschichte Eurer stupiden Familie«, brüllte sie und setzte ihm die Messerspitze auf den Bauch. »Ich werde Jocelin erklären, was ich tat und warum ich es tat; doch Euch eitlem, aufgeblasenem Großmaul schulde ich keine Erklärung. Ihr richtet und verdammt, ohne vorher die Tatsachen zu untersuchen.«

Ungeduldig schob Raine ihren Arm zur Seite, um ihr das Messer zu entwenden, doch Clarissas Reflexe hatten sich in den letzten Wochen verbessert, und Raine war noch benommen von dem überstandenen Fieber. Die Schneide wetzte ihm den Handrücken auf, und sie hielten beide inne, um das Blut zu betrachten, das aus der Wunde quoll.

»Du dürstest nach Blut, wie?« sagte Raine. »Nach meinem Blut oder dem meiner Freunde. Ich werde dir zeigen, wie das ist, wenn man Schmerzen verteilt.« Er griff nach ihr, doch sie wich ihm aus.

Noch zweimal mußte er zupacken, ehe er sie hatte, und dann krampften sich seine Hände um ihre Schultern und schüttelten sie heftig. »Wie konntest du das tun?« forschte er. »Ich vertraute dir. Wie konntest du mich verraten?«

Es war schwer für sie, ihn anzuhören, wo ihr doch der eigene Kopf vor Wut platzen wollte; doch endlich begann sie zu begreifen, was er ihr sagen wollte. Jocelin war in seiner Obhut, und er nahm seine Verantwortung sehr ernst.

»Rosamund, Rosamund, Rosamund«, begann sie zu singen.

Als er ihr endlich zuhörte, ließ er ihre Schultern los. »Sag es mir!« brüllte er ihr ins Gesicht.

Ihr war ganz schlecht von der vielen Schüttelei. »Rosamund ist in Jocelin verliebt, und ich dachte, sie könne Constance ersetzen: jedoch nicht, wenn sie getrennt blieben.«

Für Raine ergaben diese Worte keinen Sinn. Seine Finger spannten sich um ihre Schultern, und sie fragte sich, wie lange ihre Haut seinen Nägeln standhalten konnte. Rasch erzählte sie ihm die Geschichte von Joss und Constance, ließ aber den Namen Chatworth weg.

Verblüfftes Schweigen war Raines Antwort darauf. »Du bist ein Kuppler?« krächzte er. »Du hast Jocelin verwundet wegen irgendeiner idiotischen Vorstellung von Liebe?«

»Was würdet Ihr schon von Liebe wissen?« schnaubte sie. »Ihr wißt so wenig von Frauen, daß Ihr nicht einmal eine erkennt, wenn Ihr eine seht.«

»Richtig«, konterte er rasch. »Wenn ich sehe, welcher hinterlistigen, heuchlerischen Mittel sich Frauen bedienen, bin ich ein Unschuldsengel.«

»Nicht alle Frauen sind Heuchlerinnen.«

»Nenne mir eine, die es nicht ist.«

Sie lechzte danach, sich selbst zu nennen, konnte es jedoch nicht. »Rosamund«, stotterte sie. »Sie ist eine gute, liebenswürdige Person.«

»Nicht, wenn sie solche Methoden benützt, um sich einen Mann zu angeln.«

»Zu angeln! Wer möchte sich schon so etwas Abscheuliches wie einen Mann einfangen?«

Sie unterbrach ihre Tirade, als sie das Funkeln in Raines Augen entdeckte. »Ihr wißt Bescheid«, keuchte sie. »Du weißt es!«

Sie verlor nicht viel Zeit mit Spekulationen, ob sie die Wahrheit erraten hatte, sondern erhob sich vom Boden und ging mit geballten Fäusten auf ihn los. »Du«, begann sie wütend, doch Raine schlug die Arme um ihren schmächtigen Leib, drückte sie an sich und zog ihren Mund an seine Lippen. Er küßte sie hungrig, die eine Hand in ihrem Nacken, die andere um ihre Taille, während sie mit beiden Beinen in der Luft schwebte.

»Denke daran, daß ich ein schwacher Mann bin«, flüsterte er, »und ein langer Tag auf dem Übungsfeld hat mir . . .«

Clarissa biß ihm in die Schulter. »Wie lange hast du es gewußt?«

»Nicht so lange, wie ich es gerne hätte. Warum hast du es mir nicht gleich gesagt? Ich verstehe ja, warum du dich als Junge verkleiden mußtest; doch ich hätte dein Geheimnis bewahrt.«

Sie drückte ihr Gesicht an seinen Hals, an diese weiche, süß duftende Haut. »Ich kannte dich ja nicht. Oh, Raine, bist du wirklich, wahrhaftig so schwach?«

Raines Lachen rüttelte durch ihren Körper, während er sie von sich weghielt und in die Luft warf. »Du hast den ersten Geschmack von Liebe bekommen und kannst nun nicht mehr davon lassen, nicht wahr?«

»Es ist wie Musik«, sagte sie verträumt. »Die schönste Musik von allen.«

»Das sollte sicher ein Kompliment für mich sein«, sagte er und begann, ihr Wams aufzuknöpfen.

Für einen Moment plagte sie der Gedanke, daß ihm, da das Fieber seine Sinne nicht verwirrte, ihr flachbrüstiger Körper mißfallen könnte. »Raine«, sagte sie, ihre Hand auf seiner, »ich sehe aus wie ein Knabe.«

Es dauerte eine Weile, ehe er ihre Worte begriff. »Du treibst mich mit deinen Beinen fast zum Wahnsinn, und nun sagst du, du sähest aus wie ein Junge? Ich habe alles getan, was in meiner Macht stand, um aus dir einen Mann zu machen, und es gelang mir nicht. Doch ich habe eine Frau aus dir gemacht.«

Mit angehaltenem Atem ließ Clarissa es zu, daß er sie auszog, und als er ihren schmächtigen Körper mit heißen, begehrlichen Augen betrachtete, verflogen alle ihre Minderwertigkeitsgefühle.

Mit einem Lachen riß sie an seinen Kleidern, schob alles beiseite, was ihre tastenden Händen von seiner Haut trennte. Raine legte sie auf den Boden, hielt die Hände auf ihrem bloßen Rücken, während er sich ihrem Willen überließ. Noch nie hatte er so eine Begeisterung erlebt.

»Ich tu dir doch nicht weh?« murmelte er, während er ihren schmächtigen Körper hielt.

»Nur ein bißchen und nur an den richtigen Stellen. Oh, Raine, ich dachte, du würdest dich nie mehr von deinem Fieber erholen.« Damit sprang sie auf seinen Bauch, und nachdem er sie verdutzt angesehen hatte, legte er seine Hände auf ihre schmalen Hüften.

»Sing für mich, mein kleiner Singvogel«, flüsterte er, während er sie hochhob und langsam auf sein Glied setzte.

Clarissa gab einen Laut von sich, der durchaus musikalisch war, und sie brauchte nur Sekunden, um den Rhythmus von Raines Bewegungen zu erfassen, während seine großen Hände zu ihren Brüsten hinaufglitten, sie wärmten, sie erregten. Seine Hände wanderten über ihren ganzen Körper, hielten nur kurz bei dem goldenen Löwengürtel an, bewegten sich dann weiter zu ihren Schenkeln, die damit beschäftigt waren, ihren Körper auf- und abzubewegen.

Raines Fingerspitzen erforschten, liebkosten, bis seine Erregung zunahm und seine Hände sich in ihre Hüften gruben, sie festhielten, sie dirigierten, wie er es sich wünschte. Mit einem gewaltigen Stoß nach oben ergoß er sich in ihr, während ein Schauer durch Clarissas Körper lief und sie nach vorne auf ihn fiel.

»Wie kann sich nur so eine Frau als Knabe verkleidet haben?« murmelte er, während seine Hände mit ihren Haaren spielten und er ihre Schläfe küßte. »Kein Wunder, daß du mich fast in den Wahnsinn getrieben hast.«

»Oh?« fragte sie und versuchte, ihr Interesse an seiner Antwort zu verbergen. »Wann war denn das? Ich hätte nie erraten, daß du von meiner Existenz wußtest, wenn du mich nicht hin und wieder als Laufbursche verwendet hättest.«

»Vielleicht jedesmal, wenn du dich bücktest oder mit einem deiner Beine vor meinem Gesicht herumzappeltest. Bei solchen unmännlichen Verrichtungen.«

»Herumzappeltest . . . So was ist mir nie eingefallen. Und was hast du getan? Ich mußte auf deinen Rücken steigen und mit gegrätschten Beinen darauf sitzen! Behandelst du alle Männer so?«

Er lachte sie aus. »Knaben hätten über meine Kraft gestaunt. Ist dir kalt?«

Sie schmiegte sich an ihn, sie lag mit ihrem Körper auf seinem. »Nein.«

»Alexander!«

»Clarissa«, verbesserte sie ihn.

»Clarissa!« Sein Kopf kam hoch. »Wie alt bist du?«

Sie sah die Angst auf seinem Gesicht und gab mit einem hochmütigen Blick zurück: »Ich bin zwanzig, und wenn du glaubst, ich würde noch wachsen . . .«

Mit einem leisen Lachen zog er ihren Kopf wieder an seine Brust. »Gott hat dir die Gabe der Musik gegeben, was verlangst du mehr? Ich fürchtete, du wärst noch ein Kind. Du siehst nicht älter aus als zwölf.«

»Gefällt dir meine Musik?« fragte sie unschuldig und gab ihrer Stimme dabei einen weichen und verführerischen Klang.

»Du bekommst keine Komplimente mehr von mir. Mir scheint, du hast schon viel zu viele erhalten. Wer hat dich ausgebildet?«

Sie erzählte ihm kurz von dem Priester und den Mönchen.

»Deshalb bist du also noch mit zwanzig Jungfrau gewesen, und Pagnell . . . Still«, sagte er, als sie gerade anfangen wollte, von ihm zu erzählen. »Er ist ein Feigling, und so lange du in meiner Nähe bist, wird er dir nichts tun können.«

»Oh, Raine! Ich wußte, daß du das sagen würdest. Ich wußte es! Es ist schon ein großer Vorteil, ein Edelmann zu sein. Nun kannst du zum König gehen und ihn um Verzeihung bitten, und dann werde ich mit dir in dein Haus zurückkehren. Ich werde für dich singen und spielen, und wir werden sehr glücklich sein.«

Raine schob sie mit einer Handbewegung von sich und begann sich anzuziehen. »Den König um Verzeihung bitten?« murmelte er. »Und was habe ich getan, das er mir verzeihen muß? Hast du vergessen, daß zwei Frauen aus meiner Familie gefangengehalten werden? Hast du vergessen, weshalb ich hier bin? Was soll aus den Leuten im Lager werden? Erst wetterst du gegen Einfriedungsmaßnahmen, und im nächsten Atemzug verlangst du, daß die vertriebenen Farmer die Heimat wieder aufgeben sollen, die sie hier gefunden haben.«

»Raine«, bettelte sie und hielt ihr Hemd an ihren Hals. »Ich meinte doch nicht ... Wenn König Heinrich auch deine Seite der Geschichte hörte, würde er dir gewißlich helfen. Dieser Chatworth darf sich doch nicht erlauben, deine Familie festzuhalten.«

»Heinrich!« grollte er. »Du redest über ihn, als wäre er ein Gott. Er ist ein habgieriger Mann. Weißt du, weshalb er mich ächtete? Weil er mein Land besitzen möchte. Er wünscht, alle Edelleute ihrer Macht zu berauben und sie sich selbst vorzubehalten. Natürlich wünscht deine Klasse, daß ihm das gelänge, da er euch Gutes tut; doch was geschieht, wenn ein schlechter König an die Macht kommt? Möchtest du die Befehle eines solchen Mannes befolgen?«

Hastig zog sie sich ihr Hemd an. Sie hatte Raine noch nie so wütend gesehen. »Meine Rede bezog sich nicht auf ganz England«, beruhigte sie ihn. »Ich sprach von uns. Du könntest gewiß mehr Gutes für deine Familie tun, wenn du mit ihr vereint wärest.«

»Und damit ich wieder bei meiner Familie sein kann, möchtest du, daß ich auf meinen Knien vor dem König rutsche?« flüsterte er. »Ist das dein Wunsch? Mutest du mir zu, daß ich mich vor ihm winde und den Schwur, meine Ehre als Ritter zu verteidigen, breche?«

»Ehre!« wiederholte sie laut. »Was hat Ehre denn damit zu tun? Du tatest unrecht, die Gefolgsmänner des Königs für deine Zwecke zu verwenden.«

Eine Sekunde lang war sie überzeugt zu wissen, was er sie fragen würde. Doch dann wich er nur einen Schritt vor ihr zurück und musterte sie mit flammenden Augen. »Für mich bedeutet Ehre alles«, flüsterte er, ehe er zum Lager zurückging.

So rasch sie konnte, kleidete sie sich wieder an und rannte ihm nach.

Vor Raines Zelt erwartete sie ein Gefolgsmann seines Bruders mit einer Botschaft in der Hand. Sie war froh, diesen Mann zu sehen. Vielleicht würde eine gute Nachricht Raine seinen Zorn vergessen lassen.

Sie eilte auf den Mann zu, nahm ihm die Botschaft ab, und ohne

Raine anzublicken, schlüpfte sie ins Zelt. Lächelnd öffnete sie die versiegelte Botschaft, und im nächsten Moment sackten ihre Schultern nach unten.

»Was steht darin?« fragte Raine finster. »Ist jemand krank geworden?«

Tränen blinkten in Clarissas Augen, als sie zu Raine emporsah. Seine Augen wurden hart, als er ihren glasigen Blick bemerkte.

»Was steht in dem Brief?« begehrte er zu wissen.

»Deine . . . Schwester Mary ist . . . tot«, flüsterte sie.

Raines Gesicht verriet nicht, was er empfand. Nur seine Mundwinkel verfärbten sich weiß. »Und Alicia?«

»Sie konnte Roger Chatworth entkommen; wurde jedoch bisher noch nicht aufgefunden. Deine Brüder suchen gerade nach ihr.«

»Steht noch mehr in dem Brief?«

»Nein, nichts. Raine . . .«, begann sie.

Er schob sie zur Seite. »Geh! Laß mich allein!«

Clarissa schickte sich an, seinem Befehl zu gehorchen, doch als sie auf seinen steifen Rücken zurücksah, wußte sie, daß sie ihn nicht allein lassen konnte. »Setz dich!« befahl sie, und als er ihr das Gesicht zuwandte, sah sie, daß seine Augen schwarz waren wie glühende Kohlen der Hölle.

»Setz dich«, sagte sie leiser, »und wir werden reden.«

»Laß mich allein!« brüllte er, setzte sich aber trotzdem auf einen Schemel und vergrub das Gesicht in beiden Händen.

Sofort saß Clarissa zu seinen Füßen, ohne ihn zu berühren.

»Wie war sie?« fragte sie flüsternd. »War Mary klein oder dick? Lachte sie gerne? Neckte sie dich und deine Brüder? Was tat sie, wenn du häßlich zu ihr wurdest und sie am liebsten deinen dicken Schädel mit einer Keule bearbeitet hätte?«

Er sah bei dieser Frage mit dunklen, zornigen Augen hoch. »Mary war herzensgut und immer freundlich. Sie hatte keinen Fehler.«

»Das ist gut«, sagte Clarissa. »Sie mußte ja eine Heilige sein, um deine Sturheit aushalten zu können, und zweifellos sind deine Brüder genauso schlimm.«

Raines Hand packte sie an der Kehle, als er sich auf sie stürzte, und sein Schemel polterte in eine Ecke. »Mary war ein Engel«, schrie er ihr ins Gesicht.

»Du wirst mich noch umbringen«, sagte sie mit resignierender Stimme und rang nach Luft. »Trotzdem holst du damit Mary nicht mehr ins Leben zurück.«

Nach einer Weile ließ er sie wieder los, umfing sie mit seinen Armen und drückte sie an seine Brust. Langsam begann er sie auf seinem Schoß wie ein Kind zu wiegen und streichelte ihr das Haar.

»Erzähle mir von deinem Engel. Erzähle mir von deinen Brüdern. Was für ein Mensch ist deine Schwägerin Judith? Und Alicia?«

Es war nicht einfach, ihn zum Reden zu bringen; doch als die ersten Worte über seine Lippen kamen, entfaltete sich vor ihr das Bild einer liebenswerten, in sich fest zusammengefügten Familie. Mary war die Älteste der fünf und wurde von ihren jüngeren Brüdern verehrt. Raine sprach von ihrer Selbstlosigkeit und wie sie jüngst zusammen mit Alicia ihr Leben riskiert hatte, um das Leben eines Leibeigenen-Kindes zu retten. Er sprach von Judith und wie schlimm ihr Bruder sie behandelt habe, doch ihre Liebe zu ihm war so groß, daß sie ihm verzieh.

Clarissa, die in ihrer kleinen, von Mauern geschützten Stadt nie über das Familienleben von Edelleuten nachgedacht hatte, war in der Vorstellung groß geworden, daß sie ein sorgenfreies Dasein hatten. Als sie nun Raine zuhörte, erfuhr sie von Seelenschmerzen und Trauer, von einem harten Leben und einem schlimmen Tod. Sie war froh, daß sie Gavins Botschaft Raine nicht laut vorgelesen hatte. Roger Chatworth hatte die jungfräuliche Mary vergewaltigt, und vor Entsetzen war sie aus einem Turmfenster in den Tod gesprungen.

»Clarissa«, murmelte Raine, »begreifst du nun, warum ich nicht zum König gehen kann? Chatworth gehört mir. Ich werde mir seinen Kopf holen, ehe ich mich von den Geächteten trenne.«

»Was?« keuchte sie und wich vor ihm zurück. »Du sprichst von Rache?«

»Er hat Mary ermordet.«

»Nein! Das tat er nicht!« Sie sah zur Seite, sich für diese Worte verdammend.

Er zwang sie, ihn wieder anzusehen. »Du hast mir nicht alles ausgerichtet, was Gavin schrieb. Wie ist Mary gestorben?«

»Sie . . .«

Seine Finger preßten ihre Wangen zusammen, daß ihr die Tränen kamen. »Sag es mir!« befahl er.

»Sie nahm sich selbst das Leben«, flüsterte Clarissa.

Raines Blick bohrte sich in ihre Augen. »Sie hat ihr Leben der Kirche geweiht und würde sich nie selbst getötet haben, wenn sie keinen Grund dafür besaß. Was hat er ihr angetan?«

Sie konnte sehen, daß er die Wahrheit erriet, sie jedoch mit den Augen anflehte, ihm zu sagen, daß er sich irrte. Sie konnte ihn nicht belügen. »Roger Chatworth nahm sie in sein Bett.«

Raine stieß sie heftig von sich, daß sie durch das Zelt schlidderte. Er stand da, warf den Kopf in den Nacken und stieß einen Schrei von solcher Verzweiflung, solcher Wut und solchem Haß aus, daß Clarissa sich auf dem Boden wand.

Draußen war es still. Selbst der Wind hatte zu wehen aufgehört.

Clarissa sah zu ihm hoch, und während er dastand, begann er zu zittern. Dann ließ er den Kopf hängen und bebte am ganzen Körper. Sie sah, daß purer Haß diese Muskelzuckungen verursachte. Sogleich war sie vom Boden hoch und warf die Arme um seinen Hals.

»Nein, Raine, nein!« bettelte sie. »Du kannst nicht über Chatworth herfallen. Der König . . .«

Er stieß sie erneut von sich. »Der Mann wäre froh, wenn er weniger Edelleute hätte. Er wird Chatworth' Ländereien genauso kassieren wie meine.«

»Raine, bitte.« Sie preßte sich wieder an ihn. »Du kannst nicht alleine gegen ihn zu Felde ziehen, und deine Brüder suchen gerade nach Alicia. Und was soll aus den Leuten dort draußen werden? Du kannst nicht zulassen, daß sie sich gegenseitig ermorden.«

»Seit wann kümmern dich die Leute?«

»Seit ich um dein Leben bange«, erwiderte sie ehrlich. »Wie willst du gegen Chatworth bestehen? Deine Lehnsleute sind nicht bei dir. Du hast doch Soldaten, nicht wahr? Und hat Chatworth nicht auch Ritter?«

»Hunderte«, sagte Raine durch zusamengepreßte Zähne. »Er ist stets von Männern umringt, immer von Bewaffneten geschützt.«

»Und wenn du zu ihm gingst, würde er fair gegen dich kämpfen, Mann gegen Mann; oder müßtest du dich erst durch einen Wall von Männern zu ihm vorarbeiten?«

Raine sah von ihr weg; doch sie merkte, daß ihre Worte auf ihn Eindruck machten. Bisher wünschte sie, daß sie mehr über die Edelleute wüßte. Ehre, denke an Ehre, und was du auch tust, sprich nie von Geld, warnte sie sich.

»Chatworth ist nicht ehrenhaft«, fuhr sie fort. »Du kannst ihn nicht auf ritterliche Weise behandeln. Du mußt mit deinen Brüdern zusammenarbeiten.« Im stillen betete sie, daß sie nicht so hitzköpfig wären wie Raine. »Bitte, warte, bis du etwas ruhiger bist. Wir werden deinen Brüdern schreiben und gemeinsam einen Plan ausdenken.«

»Ich bin mir nicht sicher . . .«

»Raine«, sagte sie gelassen, »Mary ist schon ein paar Tage tot. Vielleicht ist Chatworth schon vor ein Gericht gestellt worden, vielleicht ist er nach Frankreich entronnen. Vielleicht . . .«

»Du versuchst mich zu beschwichtigen. Warum?«

Sie holte tief Luft. »Ich habe dich liebgewonnen«, flüsterte sie. »Ich würde eher sterben, als untätig zusehen, wie du getötet wirst. Und das geschähe mit dir, wenn du Chatworth allein angreifen wolltest.«

»Ich fürchte den Tod nicht.«

Sie sah ihn erzürnt an. »Dann geh!« schrie sie. »Geh und opfere Chatworth dein Leben. Ihm wird das zweifellos gefallen. So kann er deine Familie nacheinander vernichten. Und du machst ihm die Sache noch einfach. Komm, ich werde dir helfen, dich zu bewaffnen. Du wirst deine schönste Rüstung tragen. Ich binde dir alle Waffen um, die du besitzt, und wenn du unbesiegbar bist, kannst du zu Chatworth reiten und dich seiner Armee stellen. Ja, mach zu«, sagte sie und faßte nach der Brustplatte seines Harnischs. »Mary wird sich freuen, wenn sie vom Himmel aus zusehen darf, wie ihr Bruder in Stücke gehackt wird. Das wird ihrer Seele großen Frieden geben.«

Raines Blick war so kalt, daß sie glaubte, ihre Haut würde zu Frost erstarren.

»Laß mich in Ruhe«, sagte er schließlich, und sie gehorchte.

Clarissa hatte noch nie solche Angst empfunden wie in diesem Augenblick. Selbst in der eisigen Luft vor dem Zelt floß ihr Schweiß reichlich.

»Alexander«, drang eine flüsternde Stimme zu ihr, die Jocelin gehörte.

Binnen Sekunden lag sie in seinen Armen, während ihre Tränen flossen. »Raines Schwester«, schluchzte sie. »Mary ist tot, und Raine möchte der Armee des Mörders allein gegenübertreten.«

»Sachte«, beruhigte Joss sie. »Er ist nicht wie wir. Wir wurden zu Feiglingen erzogen, vor einer Gefahr davonzurennen, das Leben höher zu schätzen als den Kampf. Es gibt nicht viele Männer wie Raine. Er würde lieber sterben, als ehrlos zu sein.«

»Ich möchte aber nicht, daß er stirbt. Er kann nicht sterben! Ich habe alles verloren – meine Mutter, meinen Vater. Ich weiß, ich habe kein Recht, doch ich liebe ihn.«

»Du hast das Recht, ihn davon abzuhalten. Nun sei still und denk nach, was du tun kannst, um seinen Selbstmord zu verhindern. Gewiß sind seine Brüder sich bewußt, wie hitzköpfig er ist. Kannst du Raine überreden, seinem Bruder zu schreiben und eine Fußnote anzufügen?«

»Oh, Joss«, sagte sie, seine Arme fassend. Als er zusammenzuckte, nahm sie rasch die Hände wieder fort. »Deine Schulter, auf die ich den kochenden Apfelwein goß! Es tut mir leid, ich . . .«

»Still«, sagte er und legte seine Fingerspitzen auf ihre Lippen. »Rosamund kümmert sich schon darum. Es ist eine kleine Wunde. Nun geh zu Raine, und rede mit ihm; aber verlier nicht die Beherrschung.«

Schweigend trat Clarissa ins Zelt zurück. Raine saß auf dem Rand seiner Koje, den Kopf in die Hände gelegt. »Raine«, flüsterte sie, seine Haare berührend.

Heftig griff er nach ihrer Hand und küßte sie auf den Handballen.

»Ich bin nutzlos«, sagte er. »Ein Mann tötet meine Schwester, und ich kann nichts unternehmen. Nichts!«

Sie setzte sich zu ihm, legte die Arme um ihn, stützte den Kopf in seinen Ellenbogen. »Komm zu Bett. Es ist schon spät. Morgen werden wir Gavin schreiben. Vielleicht kann er etwas unternehmen.«

Fügsam ließ sich Raine zu Bett bringen; doch als Clarissa zu ihrem Strohsack gehen wollte, hielt er sie am Arm fest. »Bleib bei mir.«

Es wäre ihr unmöglich gewesen, so ein Angebot zurückzuweisen. Die ganze Nacht merkte sie, daß er wach neben ihr lag, während sie in einen nervösen Schlummer fiel.

Am Morgen hatte er Schatten unter den Augen, und seine Laune war rabenschwarz. »Besorg mir Wein, hast du gehört?« fuhr er sie an. »Und dann hole Feder und Papier!«

Der Brief, den Raine ihr für seinen Bruder diktierte, war voller Zorn und Rachegelüste. Er schwor, daß er Roger Chatworth töten würde, und wenn Gavin ihm nicht dabei hülfe, würde er es allein tun.

Clarissa fügte ihre eigene Botschaft als Fußnote hinzu, beschwor Gavin, Raine zur Vernunft zu bringen, da er sonst bereit wäre, es mit Chatworth' Lehnsmännern ganz allein aufzunehmen. Sie versiegelte den Brief und fragte sich, was der große Lord Gavin wohl von ihrer Anmaßung halten würde.

Es dauerte zwei Tage, bis die Antwort kam. Der Bote war fast tot von dem Gewaltritt und fiel Clarissa buchstäblich in die Arme. Mit zitternden Händen erbrach sie das Siegel.

König Heinrich war wütend über die Ascotts und die Chatworths. Er hatte eine schwere Geldbuße gegen Roger Chatworth verhängt und den Bann gegen Raine, den Verräter, erneuert. Er wollte, daß beide Edelleute England verließen, und tat alles, was in seiner Macht stand, um seinen Willen durchzusetzen. Er zürnte Raine, weil er sich in England versteckte, und bei Hof ging das Gerücht um, daß Raine eine Armee aushob, um gegen den König zu streiten.

Mit angsterfüllten Augen sah Clarissa zu Raine hoch. »Du würdest doch so etwas nicht tun, nicht wahr?« flüsterte sie.

»Die Sorgen des Menschen wachsen mit dem Alter«, sagte Raine wegwerfend. »Wer kann aus diesem Abschaum eine Armee machen?«

»Das ist der Beweis, daß du in deinem Versteck bleiben mußt. Dein Bruder schreibt, König Heinrich würde nur zu gerne an dir ein Exempel statuieren, was mit den anderen Edelleuten geschähe, die nicht glauben, daß er der mächtige Mann im Land ist.«

»Gavin sorgt sich, daß er seinen Besitz verlieren könnte«, sagte Raine verächtlich. »Mein Bruder schätzt das Land höher als die Ehre. Er hat schon den Tod unserer Schwester vergessen.«

»Er hat nichts vergessen!« schrie Clarissa ihn an. »Er ist sich bewußt, daß seine Familie nicht nur aus ihm besteht. Würde es dich glücklicher machen, wenn er dich in den Tod schickte? Er hat vor noch nicht langer Zeit sein ungeborenes Kind verloren, dann seine einzige Schwester, und die Frau seines Bruders wird vermißt. Soll er dich jetzt dazu ermuntern, daß du dein Leben für so etwas Dummes wie Rache wegwerfen solltest?«

»Für das Leben meiner Schwester!« schrie er zurück. »Erwartest du von mir, daß ich stillhalte nach allem, was mir angetan wurde? Kann man einem Vertreter deines Standes nicht begreiflich machen, was Ehre bedeutet?«

»Mein Stand!« fauchte sie ihn an. »Glaubst du, daß du dank deiner hohen Geburt der einzige bist, der Gefühle hat? In einer Nacht schnitt ein Vertreter deines Standes meinem Vater die Kehle durch und brannte mein Haus nieder. Und als wäre das nicht genug, ließ er mich öffentlich zur Hexe erklären. Und das alles nur, weil ein Mann seine Lust stillen wollte. Nun rede du mir von Rache und frage mich, ob ich das begreife. Ich kann diesen Wald nicht verlassen, weil ich um mein Leben fürchte.« »Clarissa«, begann er.

»Rühr mich nicht an!« schrie sie. »Du mit deiner überlegenen Lebensart. Du verspottest uns, weil wir uns Sorgen machen, wie wir zu Geld kommen; aber was haben wir denn sonst? Wir kratzen unser ganzes Leben lang die Pfennige zusammen und geben euch einen großen Teil unserer Einnahmen ab, um euch und eure feinen Häuser zu unterhalten, damit euch Muße bleibt, eure Ehre zu pflegen und Rache zu üben. Wenn du nicht weißt, wo du deine nächste Mahlzeit hernehmen sollst, wirst du wahrscheinlich weniger Zeit haben, von Ehre zu reden.«

»Du verstehst mich nicht«, sagte er mit Verdruß.

»Ich verstehe dich vollkommen, und das weißt du sehr genau«, sagte sie, ehe sie das Zelt verließ.

10. Kapitel

Es dauerte viele Stunden, ehe Clarissa sich beruhigte. Sie saß allein am Fluß. Vielleicht haßte sie Raine zu Recht, weil er zum Adel gehörte. Es gab Barrieren zwischen ihnen, die nie fallen würden. Alles, an das er glaubte, war das Gegenteil dessen, was sie als richtig erkannte. Ihr Leben lang hatte sie sich plagen müssen, hatte nur Arbeit gekannt neben ihrer Musik. Da war immer die Sorge gewesen, daß sie nicht genug zu essen haben würden. So manchen Winter hätten sie hungern müssen, wenn der Priester nicht gewesen wäre. Manchmal klagte Raine über die Verpflegung im Lager; doch tatsächlich hatte sie in ihrem ganzen Leben noch nie so viel und abwechslungsreich gegessen wie hier.

Als Pagnell ihren Vater ermordete, hatte sie alles getan, was in ihrer Macht stand, um zu überleben. Überleben! Das war ein unbekanntes Wort für Raine und seine mächtigen Brüder. Krieg, Rache, Ehre, diese kindischen Spiele, sich gegenseitig zu entführen, waren Dinge, die in ihrem Leben nie existiert hatten.

»Darf ich mich zu dir setzen?« fragte Jocelin. »Möchtest du gern deine Gedanken mit mir teilen?«

Ihre Augen wurden feucht. »Ich stellte mir Raine gerade hinter einem Pflug vor. Müßte er sich sorgen, ob seine Felder auch Früchte tragen, bliebe ihm keine Zeit, an Rache zu denken. Und wenn Chatworth hinter einem Gespann von Ochsen herginge, hätte er keine Kraft mehr, Raines Schwester zu entführen.«

»Ah, mache jeden gleich«, sagte er. »Wie es König Heinrich am liebsten hätte. Gib alle Gewalt in die Hände eines Mannes, damit er sie mit niemandem teilen soll.«

»Du sprichst wie Raine«, sagte sie vorwurfsvoll. »Ich dachte, du stündest auf meiner Seite.«

Jocelin lehnte sich gegen einen Felsblock und lächelte. »Ich nehme für keinen Partei. Ich kenne beide Seiten der Münze, und die Armut der Niedriggeborenen sagt mir genausowenig zu wie die . . . die Dekadenz der höheren Gesellschaftsschicht. Natürlich gibt es Leute dazwischen. Am liebsten wäre ich ein reicher Kaufmann, ein Käufer und Verkäufer von seidenen Stoffen, und mästete mir einen Bauch an.«

»In Moreton gab es auch reiche Kaufleute; doch sie sahen nicht wie glückliche Menschen aus. Sie lebten in steter Furcht, daß sie ihr Geld verlieren könnten.«

»So wie Raine Angst hat, er könnte seine Ehre verlieren?«

Clarissa lächelte ihn an, weil sie merkte, daß er eine bestimmte Absicht verfolgte. »Was wolltest du mir beibringen?«

»Daß wir alle verschieden sind und nicht ganz gut oder ganz böse. Wenn du möchtest, daß Raine deine Lebensart begreift, hab Geduld mit ihm. Mit Gezänk erreichst du wenig.«

Sie lachte. »Zänkisch, wie? Vielleicht bin ich ein bißchen laut.«

Jocelin antwortete mit einem übertriebenen Stöhnen: »Begreifst du eigentlich, daß du genauso stur bist wie er? Ihr seid beide überzeugt, daß eure Ansichten die einzig richtigen sind.«

Clarissa dachte einen Moment nach. »Warum glaubst du, daß ich ihn liebe, Joss? Ich weiß, er ist herrlich anzusehen, aber das gilt auch für dich. Warum würde ich Raine lieben, wenn ich weiß, daß aus dieser Liebe niemals etwas werden kann? Bestenfalls kann ich hoffen, daß er mich als Unterhalter einstellt, um für seine Frau und Kinder Musik zu machen.«

»Wer weiß, was uns zur Liebe treibt?« sagte Joss mit einem verlorenen Ausdruck in seinen Augen.

»Mir ist, als hätte ich Raine schon gekannt, ehe ich ihn kennenlernte. Auf dem Weg in den Königsforst dachte ich immer nur daran, wie sehr ich die Edelleute haßte; aber als ich Raine sah . . .« Sie lachte. »Ich habe mich wirklich bemüht.«

»Komm, laß uns zurückgehen. Ich bin sicher, Raine hat Arbeit für uns, die wir erledigen sollen. Und wir sollten daran denken, daß er Zuspruch braucht und nicht nur Vorträge, was für ein Esel er doch ist.«

»Ich werde mich bemühen«, sagte sie und nahm seine Hand, die er ihr reichte, um ihr beim Aufstehen zu helfen.

Im Schatten der Bäume stand eine Frau, die jeder vergessen zu haben schien – Blanche. Ihr Gesicht verzerrte sich zur häßlichen Fratze, als sie beobachtete, wie Jocelin Clarissas Hand nahm. In den letzten Tagen hatten Clarissa und Raine miteinander geturtelt, wie es nur ein Liebespaar vermochte. Sie schienen zu glauben, die Wände eines Zeltes gäben ihnen Gewähr für ein Privatleben; doch ihre beiden Stimmen waren so laut, daß sie selbst durch Steinmauern gedrungen wären. Die Leute im Lager wetteten, wer bei ihren Auseinandersetzungen Sieger bleiben würde, und behaupteten, der Junge ließe sich nicht unterbuttern. Sie applaudierten, als Clarissa sagte, das gemeine Volk sei viel zu sehr mit Arbeit geplagt, als daß es Gespräche über Ehre führen könne.

Aber es gab auch Dinge, die das Lagervolk nicht hörte, Dinge, die nur Blanche vernahm, wenn sie das Ohr an die Zeltwand legte: daß Alexander zur Hexe erklärt worden sei, weil ein Mann Lust nach ihm empfand; daß Alexander Raine liebte, und in einer Nacht hatte sie die unmißverständlichen Geräusche eines Liebesakts gehört.

Sie hatte einmal einen guten Posten in einem Schloß gehabt – in Edmund Chatworth's Schloß –, und da war Jocelin ihr Liebhaber gewesen. Wenn Joss sie nun ansah, was selten geschah, so verzog sich sein Mund zu einem Fauchen, und seine Augen funkelten vor Haß. Und das alles nur wegen dieser abscheulichen Hure Constance! Constance hatte ihr Joss weggenommen, hatte ihn für alle anderen Frauen unempfindlich gemacht. Jocelin, der den ganzen Tag lachte und sang, drei Frauen zugleich in sein Bett nahm und sie alle glücklich machte, verhielt sich nun wie ein Priester, der ein Keuschheitsgelübde abgelegt hatte. Doch in jüngster Zeit betrachtete er die vom Teufel gebrandmarkte Rosamund mit nicht mehr so gleichgültigen Augen.

Und nun verlor sie auch Raine – den großartigen, gutaussehenden, mächtigen, reichen Raine. Und an wen? An einen mageren, kurzhaarigen, flachbrüstigen Jungen, der auch ein Mädchen sein konnte. Wenn sie sich Männerkleider anzog, überlegte Blanche, würde niemand sie mit einem Jungen verwechseln. Doch dieser Alexander, oder wie er auch immer heißen mochte, besaß keine weiblichen Rundungen und hatte ein Gesicht wie eine Elfe. Warum war Raine so sehr in sie vergafft? Sie war keine hochgeborene Lady, sondern stammte aus derselben Schicht wie Blanche. Ehe Alexander ins Lager gekommen war, hatte Blanche für Raines Wohl gesorgt, und einmal – was für eine herrliche Nacht! – hatte sie sein Lager geteilt. Das würde nun wahrscheinlich nie mehr geschehen – falls sie sich nicht dieses Alexanders entledigen konnte.

Mit einem neuen, entschlossenen Blick auf ihrem Gesicht kehrte sie ins Lager zurück.

Wochenlang bemühte sich Clarissa nach Kräften, Raine von einer Kriegserklärung an Roger Chatworth abzuhalten. Jede Woche gingen Briefe zwischen der Burg der Ascotts und dem Lager der Verbannten hin und her. Mehr als einmal dankte Clarissa dem Himmel, daß Lord Raine nicht lesen konnte, denn am Fuß der Briefe, die sie an Gavin schickte, fügte sie immer ein Postscriptum ihrer Version der Wahrheit bei. Sie berichtete Gavin, wie Raines Zorn mit jedem Tag wuchs, wie er sich immer härter auf dem Übungsfeld abrackerte, um sich auf den Kampf mit Chatworth vorzubereiten.

Im Gegenzug schrieb Gavin, daß Alicia inzwischen gefunden worden sei und im August ein Kind erwartete. Er schrieb von dem Zorn des jüngsten Bruders über den Tod ihrer Schwester, und daß man Miles zu Verwandten auf die Isle of Wight geschickt habe in der Hoffnung, daß ihr Onkel Miles' Jähzorn abkühlen könne. In etwas launigeren Worten schrieb Gavin, daß nun ihr Onkel von Jähzorn ergriffen sei, weil sein Mündel sich in Miles verliebt und gelobt habe, ihm bis zum Ende der Welt zu folgen.

»Was ist dein jüngster Bruder für ein Mensch?« fragte Clarissa neugierig.

»Frauen mögen Miles«, war alles, was Raine über ihn sagen wollte. Er war in diesen Tagen nur noch düsterer Stimmung. Selbst sein Liebesakt hatte etwas Verzweifeltes.

Ein anderer Bruder, Stephen, schrieb von Schottland. Der Brief berührte Clarissa seltsam, da er mit abfälligen Urteilen über die

Engländer gespickt war und die schlechte Ernte dieses Jahres beklagte.

»Ist dein Bruder Schotte?« fragte sie.

»Er ist mit der MacArran verheiratet und hat ihren Namen angenommen.«

»Er hat einen guten englischen Namen für einen schottischen aufgegeben?« meinte sie ungläubig.

»Alicia kann einen Mann dazu bringen, daß er alles für sie tut«, erwiderte Raine kurz angebunden.

Clarissa biß sich auf die Zunge, damit sie sich nicht bissig über die müßiggehenden reichen Damen ausließ, die Raine bisher geliebt hatte. Einmal machte sie doch eine solche Bemerkung und brachte Raine zum Lächeln.

»Judith«, sagte er mit soviel Sehnsucht, daß Clarissa zusammenzuckte. »Ich habe in meinem ganzen Leben nicht einen Tag so hart gearbeitet, wie sie das täglich tut.«

»Sehr ritterlich von dir«, schnaubte Clarissa, die das nicht glauben wollte.

Im April gerieten die Dinge in Bewegung. Den Winter über schien im Lager der Verbannten so etwas wie Burgfrieden zu herrschen; doch als die Bäume zu knospen begannen und ein Hauch von Frühling durch den Wald zog, begannen sie zu kämpfen. Nicht auf offene Weise Mann gegen Mann, sondern hinterlistig, indem sie unbemerkt jemand von hinten niederschlugen.

Raines Arbeit vermehrte sich um das Hundertfache. Er war entschlossen, die Ordnung im Lager aufrechtzuerhalten.

»Warum quälst du dich so?« fuhr Clarissa ihn an. »Sie sind deine Zeit nicht wert.«

Zum erstenmal seit langem sah sie eines seiner Grübchen aufblitzen. »Ich kann keinem dieser Niedriggeborenen Ehre beibringen, meinst du? Nur wir sind zu solchen Empfindungen fähig.«

»Wir?« schnaubte sie. »Seit wann gehöre ich zu deinen in Samt und Seide gekleideten Ladys? Ich möchte wetten, ich kann genauso gut mit einem Schwert umgehen wie Judith mit einer Nähnadel.«

Aus irgendeinem Grund schien das Raine sehr zu erheitern. »Du würdest die Wette gewinnen«, sagte er lachend. »Nun komm her, und gib mir einen Kuß. Ich weiß, daß du das am besten kannst.«

Begeistert klammerte sie sich an ihn. »Kann ich das, Raine?« fragte sie ernsthaft. Sie versuchte, die Tage zu nehmen, wie sie kamen; doch zuweilen dachte sie an die Zukunft, sah, wie sich Raine mit einer hochgeborenen Lady verheiratete, sich selbst im Schatten.

»Nun, warum siehst du so bekümmert aus?« fragte er und hob ihr Kinn an. »Ist es so schwer, mit mir auszukommen?«

»Ich habe nur Angst, das ist alles. Wir werden nicht immer in diesem Forst leben.«

»Für dieses Leben sollten wir dankbar sein!« antwortete er leidenschaftlich. »Zweifellos ist in den letzten Monaten der Verfall in mein Haus eingekehrt.«

»Wenn du zum König gingst«, begann sie vorsichtig.

»Laß uns nicht streiten«, flüsterte er an ihrem Mund. »Ist es möglich, eine Frau zu lieben und ihren Verstand zu hassen?«

Ehe Clarissa antworten konnte, fing er an, sie zu küssen. Da war nur noch das Gefühl seines Körpers an ihrem Leib und nichts anderes mehr in ihrem Bewußtsein. Sie waren nie sehr diskret; konnten es gar nicht sein. Obwohl Clarissa täglich zum Übungsfeld ging, tat sie es nur zum Schein und trainierte nie ganz ernsthaft. Sobald Raines Blick auf sie fiel, tat sie alles, um ihn zu verführen. Sie neckte ihn erbarmungslos.

Und was für Freiheiten ihr die Knabenkleider erlaubten! Einmal waren sie auf die Jagd gegangen und ein beträchtliches Stück vom Lager entfernt, als Clarissa sich im Sattel umdrehte und den Latz ihrer strammsitzenden Hose entfernte. Raine, zunächst verblüfft, suchte sich aber dann ihrem schöpferischen Einfall anzupassen. Binnen Sekunden hatte auch er seinen Latz entfernt und zog sie auf seinen Schoß.

Sie hatten nicht mit Raines Hengst gerechnet. Das Pferd nahm mit geblähten Nüstern die Witterung ihres Liebesaktes auf und spielte verrückt. Raine kämpfte mit dem Pferd und versuchte zugleich, Clarissas glühenden kleinen Körper festzuhalten. Doch dann kam der Punkt, wo er über beide die Beherrschung verlor. Während er sich in Clarissas Körper ergoß, bockte der gewaltige Hengst, daß Clarissa verwundert die Augen aufsperrte.

Raine lachte so heftig, als er ihr Gesicht betrachtete, daß sie ihn gekränkt ansah. »Nein, das werde ich nicht wieder tun«, sagte er grinsend. »Wenn ich bedenke, daß du die meiste Zeit deines Lebens in einer Kirche verbracht hast und jetzt sogar auf einem Hengst Gefühle bekommst . . .« Er zog beide Augenbrauen in die Höhe.

Sie versuchte zu schmollen und sich wieder so auf das Pferd zu setzen, daß sie ihm die Schultern zeigte, als sie den Latz an ihrer Hose vermißte. Eine Stunde lang mußte sie Raines Gelächter ertragen, während sie in den getrockneten Blättern wühlte, um dieses wichtige Stück Tuch wiederzufinden.

Doch wer zuletzt lacht, lacht am besten; und das war Clarissa. Denn mit ihrem fehlenden Latz bot sie einen verführerischen Anblick, so daß er bald seinen Spott vergaß und ihr süß zuredete. Sie, mit all dem Stolz, den sie von ihm gelernt hatte, verlangte, daß er vor ihr auf die Knie fallen und um ihre Gunst betteln mußte.

Natürlich hatte sie nicht bedacht, auf welcher Ebene sich sein Mund befinden würde, wenn sie stand und er vor ihr auf den Knien lag. Binnen Sekunden war es Clarissa, die um Gnade bettelte.

Nach einer langen, genußreichen Versöhnung zog Raine ihren Latz aus seiner Hosentasche – wo er die ganze Zeit gewesen war. Während sie in gemimter Empörung mit ihren Fäusten seine Brust bearbeitete, küßte er sie, bis sie keine Luft mehr bekam.

»Das soll dir zur Warnung dienen, wer hier dein Meister ist, Bürschlein«, sagte er, während er an ihrem Hals knabberte. »Nun müssen wir ins Lager zurückkehren. Das heißt, wenn mein Pferd mich noch aufsteigen läßt. Mir scheint, es platzt vor Eifersucht.«

Sie wurde puterrot bei seinem Scherz, obwohl sie versuchte, ihn entrüstet anzusehen. Raine gab ihrem strammen Hintern einen freundlichen Klaps, als er sie in den Sattel hob. Er brüllte vor Lachen, weil der Hengst tatsächlich schnaubend zu tänzeln begann, als er sich auf den Rücken schwang.

»Er sträubt sich gegen dein Gewicht, scheint mir«, sagte sie schnippisch.

»Da du dich nie beschwerst, ich wäre dir zu schwer, warum sollte er das tun?«

Da zog es Clarissa vor, ihren Mund zu halten, weil sie wußte, daß Raine Sieger bleiben würde.

Sie hielt sich schweigend an seiner Taille fest und versuchte, nicht an die Zukunft zu denken, an die Zeit, da sie nicht mehr ebenbürtig sein würden.

Ein Schrei vor dem Zelt ließ sie auseinanderfahren.

»Was ist es diesmal?« fragte Raine grollend. »Wieder ein Raub oder eine Rauferei?«

Eine wütende Menge näherte sich dem Zelt.

»Wir verlangen, daß Ihr den Räuber entdeckt«, sagte der Anführer des Mobs. »Gleichgültig, wo wir unsere Sachen verstecken, sie werden uns regelmäßig gestohlen.«

Da packte Clarissa die Wut. »Und mit welchem Recht stellst du diese Forderung, du dummer Esel?« fuhr sie ihn an. »Seit wann ist Lord Raine dein Beschützer? Du hättest vor vielen Jahren schon am Galgen hängen sollen.«

»Alexander«, sagte Raine warnend und ließ eine Hand so heftig auf ihre Schulter fallen, daß sie fast zusammengebrochen wäre. »Habt ihr eure Habseligkeiten gut versteckt?«

»Nur zu gut!« erwiderte der Mann und warf Clarissa dabei feindselige Blicke zu. »Einige von uns haben sie sogar vergraben. John versteckte sein Messer unter seinem Kissen, und am Morgen war es verschwunden.«

»Keiner von euch hat den Dieb gesehen?« fragte Raine. Blanche trat vor. »Er muß klein sein und so leicht, daß er sich unbemerkt entfernen kann.« Ihre Augen suchten Clarissa.

Die ganze Meute musterte nun den Jungen neben Raine mit bösen Blicken.

»Es muß jemand sein, der keine Angst hat«, fuhr Blanche fort. »Jemand, der glaubt, er würde beschützt.«

Unwillkürlich wich Clarissa einen Schritt zurück, dichter an Raine heran.

»Blanche«, sagte Raine ruhig, »hast du jemand in Verdacht? Sag mir seinen Namen!«

»Sicher bin ich mir nicht«, erwiderte sie und genoß es, daß alle ihr zuhörten. »Aber ich kann mir denken, wer es ist.«

Clarissa, die ihre Courage wiederfand, wollte auf sie losgehen; doch Raine hielt sie zurück.

»Wir werden den Dieb fangen«, sagte einer der Männer, »und wenn wir das tun, wird er auch bestraft.«

Clarissa war so betroffen von dem Haß, der sich in den Augen des Mannes spiegelte, daß sie Raines Antwort nur zur Hälfte verstand. Jedenfalls schien er ihnen zu versprechen, daß er Gerechtigkeit üben wollte, und die murrende Meute zerstreute sich endlich.

»Sie hassen mich«, flüsterte Clarissa, als Raine sie ins Zelt schob. »Warum tun sie das nur?«

»Du haßt sie, Clarissa«, entgegnete Raine. »Sie spüren es, obwohl du es ihnen nicht sagst. Sie glauben, du hältst dich für etwas Besseres.«

Darauf war sie nicht vorbereitet, obwohl sie meinte, sich inzwischen an Raines ungeschminkte Redeweise gewöhnt zu haben. »Ich hasse sie nicht.«

»Sie sind Menschen wie du und ich. Wir haben es nur mit unserer Familie besser getroffen. Kennst du die Frau, der die rechte Hand fehlt? Maude? Ihr Vater hackte ihr die Hand ab, als sie drei Jahre alt war, damit sie beim Betteln mehr Geld einnahm. Mit zehn war sie eine Prostituierte. Sie sind Diebe und Mörder; doch sie kennen nichts Besseres.«

Clarissa ließ sich schwer auf einen Schemel fallen. »In den letzten Monaten hast du nie darüber gesprochen. Warum nicht?«

»Du hast deine Meinung. Jeder von uns muß tun, was er tun muß.«

»Oh, Raine«, rief sie und warf die Arme um seinen Hals. »Du bist so gut, so verständnisvoll und nobel. Du scheinst sie alle zu lieben, während ich für keinen ein Herz habe.«

»Ja, ich bin ein Heiliger«, stimmte er ihr feierlich zu. »Mein erster Akt als inthronisierter Heiliger ist mein Befehl, daß ein magerer Engel meine schmutzige Rüstung säubern soll.«

»Schon wieder? Raine, könnte ich im nächsten Brief an deinen Bruder um einen echten Knappen bitten?«

»Nun los schon, du faules Kind«, rief er und belud sie mit Harnisch und Beinschienen. Als sie, unter dem Gewicht des Stahles schwankend, beim Zeltausgang stand, gab er ihr einen glühenden Kuß. »Damit du mich nicht vergißt«, flüsterte er, ehe er sie ins Freie schob.

Am Fluß traf sie Jocelin, der fünf Kaninchen an einer Schnur über der Schulter trug. Sie sprachen kurz miteinender, ehe Joss ins Lager zurückging. Er verbrachte immer mehr Zeit mit Rosamund.

Clarissa versuchte, soweit ihr das möglich war, den Vorfall vor dem Zelt aus ihrem Bewußtsein zu verdrängen. Sie mochte nicht glauben, daß die Leute die Vorwürfe ernst nahmen, die Blanche gegen sie erhob.

Zwei Tage gingen hin, in denen sich offenbar nichts ereignete, und dann wurde wieder ein Diebstahl gemeldet, und die Leute betrachteten abermals Clarissa mit Argwohn. Blanche, dachte Clarissa. Die Frau war in den letzten Tagen bestimmt nicht untätig gewesen.

Als sie am Feuer saß und das Ragout aus Kaninchenfleisch in sich hineinlöffelte, stieß jemand gegen ihren Rücken, daß sie sich mit der heißen Brühe die Hand verbrannte. Es sah wie ein unglücklicher Zufall aus; doch sie war sich nicht sicher. Ein andermal hörte sie, wie zwei Männer laut über Leute sprachen, die sich einbildeten, etwas Besseres zu sein.

Am vierten Tag, als sie über das Übungsgelände ging, traf sie ein Schwert wie zufällig am Arm. Niemand schien die Hand am Schwert gehabt zu haben, als Raine den Schuldigen suchte, und als sie alle eine Stunde länger üben mußten, fing Clarissa wütende Blicke ein.

Im Zelt verband Raine schweigend ihre Wunde.

»Sag etwas!« verlangte sie.

»Mir gefällt das nicht. Ich kann nicht zusehen, wie du verletzt wirst. Bleib fortan immer in meiner Nähe. Geh mir nie aus den Augen.«

Sie nickte nur. Vielleicht hatte sie diese Leute zu feindselig behandelt. Vielleicht verdienten sie es, von ihr beachtet zu werden. Sie wußte eigentlich nicht viel über Menschen, nur über Musik. In Moreton war sie populär gewesen, weil sie den Leuten ihre Musik geschenkt hatte; aber mehr als das hatten sie offenbar nicht von ihr gewollt. Sie wußte, daß Blanche die Leute gegen sie aufhetzte; aber wenn sie in den letzten Monaten freundlich zu den Lagerbewohnern gewesen wäre, hätte Blanche sich nicht so leicht damit getan.

Zwei Tage lang blieb sie dicht an Raines Seite. Die Verbannten hatten nun jemand, auf den sie ihren Haß richten konnten, und sie zeigten ihre Gefühle bei jeder Gelegenheit.

Es war am Abend des zweiten Tages, als Clarissa nur ein paar Ellen von Raines entfernt war und ein Mann sich plötzlich auf sie stürzte und sie zu durchsuchen begann. Ehe Clarissa schreien konnte, stieß der Mann einen Jubelruf aus und hielt ein Messer in die Höhe, das Clarissa noch nie zuvor gesehen hatte.

»Der Junge hat es genommen«, rief der Mann. »Hier haben wir den Beweis!«

Sofort war Raine an Clarissas Seite und zog sie hinter sich. »Was soll das bedeuten?« forschte er.

Die Männer grinsten, während sie einen Ring um ihn bildeten. »Euer hochnäsiger kleiner Junge kann das nicht abstreiten«, sagte der Mann, der sie durchsucht hatte, und hielt Raine das Messer hin. »Ich fand es in seiner Tasche. Ich hatte ihn schon seit einiger Zeit in Verdacht; doch nun sind wir uns sicher.« Er schob sein Gesicht ganz nahe an Clarissa heran, daß sie seinen üblen Atem riechen konnte. »Nun wirst du nicht mehr die Nase über uns rümpfen.«

In Sekunden klaubte er sich wieder vom Boden auf, wohin ein Tritt von Raine ihn befördert hatte. »Geht wieder an die Arbeit!« donnerte Raine.

Doch die Menge vor dem Zelt, die immer noch Zulauf bekam, zerstreute sich nicht. »Er ist ein Dieb«, rief jemand halsstarrig. »Schlagt ihn.«

»Zieht ihm das Fleisch von dem Rücken, und dann wollen wir sehen, wie stolz er ist.«

Clarissa versteckte sich mit geweiteten Augen hinter Raines Rücken.

»Der Junge ist kein Dieb«, gab Raine bissig zurück.

»Ihr Edelmänner redet doch immer von gerechter Behandlung«, rief jemand in der hintersten Reihe. »Dieser Junge bestiehlt uns, und Ihr wollt ihn nicht bestrafen.«

Raine zog sein Schwert und richtete es auf die Menge. »Geht jetzt! Der Junge ist kein Dieb. Wer von euch will als erster wegen einer Lüge sein Leben verlieren?«

»Wir werden den Jungen bestrafen«, schrie jemand, ehe die Menge sich aufzulösen begann.

11. Kapitel

Es dauerte lange, ehe Clarissa sich aus dem Schatten von Raines mächtigem Körper zu lösen vermochte. Ihre Knie zitterten, und sie klammerte sich an seinen Arm.

»Ich habe das Messer nicht gestohlen«, stammelte sie leise.

»Natürlich nicht«, schnappte Raine, doch sie konnte ihm ansehen, daß er damit den Vorfall nicht als erledigt betrachtete.

»Was wird jetzt geschehen?«

»Sie werden sich bemühen, zu ereichen, was sie wollen.«

»Und was ist das?«

»Eine Verhandlung und deine Verbannung. Ehe ich hierherkam, versprach ich, für Gerechtigkeit zu sorgen. Ich schwor, daß alle Übeltäter bestraft würden.«

»Aber ich habe nichts Unrechtes getan«, sagte sie, den Tränen nahe.

»Möchtest du das diesen Leuten vortragen? Sie werden dich schuldig finden, auch wenn du die heilige Maria wärest.«

»Aber weshalb denn, Raine? Ich habe ihnen nichts getan, gestern abend versuchte ich sogar, ihnen etwas vorzusingen; doch sie wandten sich ab.«

Er war ernst, als er auf sie hinunterblickte und fragte: »Hat es den Leuten immer genügt, wenn du ihnen etwas vorgesungen hast? Hat keiner mehr von dir verlangt als nur eine süße Stimme?«

Darauf wußte sie keine Antwort. Denn für sie hatte es kein Leben ohne Musik gegeben. Die Leute in ihrer Stadt hatten von ihr nichts anderes erwartet als Musik. Damit waren sie zufrieden wie sie selbst.

»Komm«, sagte Raine, »wir müssen uns etwas ausdenken.«

Bedrückt folgte sie ihm, hielt den Kopf gesenkt, damit sie keinem, dem sie begegneten, ins Auge sehen mußte. Dieser Zorn, dem sie sich ausgesetzt sah, war für sie eine ganz neue Erfahrung.

Sobald sie im Zelt waren, sagte Raine leise: »Morgen werden wir den Wald verlassen.«

»Verlassen? Wir? Ich verstehe nicht.«

»Die Leute sind vergiftet, gegen dich eingenommen, und du bist im Lager nicht mehr sicher. Ich kann dich nicht jede Minute des Tages schützen, und ich darf nicht zulassen, daß sie dir etwas tun. Morgen früh verlassen wir den Wald.«

Clarissa, die den Haß der Lagerbewohner durch die dünnen Wände des Zeltes spürte, vermochte ihn kaum anzuhören. »Du kannst den Wald nicht verlassen«, murmelte sie. »Der König wird dich aufspüren.«

»Zum Henker mit dem König!« sagte Raine zornig. »Ich kann nicht hierbleiben und vor Sorge vergehen, daß einer der Verbannten jeden Moment über dich herfallen könnte. Und du kannst dich auch nicht mit deiner Stimme aus dieser Klemme befreien, Clarissa. Denn trotz ihres verlotterten Aussehens sind sie intelligenter als die Pferde, die du mit deinem Gesang verzauberst. Sie werden alles versuchen, um dir ein Leid anzutun.«

Clarissa fing an, seine Worte zu hören. »Du würdest mit mir gehen?«

»Natürlich. Ich könnte dich doch unmöglich alleine lassen. Du würdest nicht einen Tag draußen in der Welt lebend überstehen.«

Tränen verschleierten ihre Augen »Weil auch andere Menschen sogleich entdeckten, was ich bin? Daß ich eine eitle, arrogante Person bin, die nur an sich selbst denkt?«

»Clarissa, du bist ein süßes Kind, das sich um mich Sorgen macht.«

»Wer könnte dir seine Liebe versagen?« fragte sie schlicht. »Du hast mehr Güte in deinem kleinen Finger als ich in meinem ganzen Körper. Und nun riskierst du Gefangennahme und Kerker, um mich zu retten.«

»Ich werde dich zu meinem Bruder bringen und . . .«

»Und Gavin riskiert den Zorn des Königs, weil er eine Frau, die wegen Zauberei gesucht wird, in seinem Haus versteckt. Würdest du deine ganze Familie meinetwegen gefährden, Raine? Liebst du mich so sehr?«

»Ja.«

Clarissas Blick forschte in seinem Gesicht, und als sie die Liebe darin erkannte, empfand sie keine Freude, sondern Schmerzen.

»Ich muß allein sein«, flüsterte sie. »Ich muß nachdenken.«

Er folgte ihr bis zur Zeltklappe, und als sie hinausging, rief er Jocelin zu sich.

Während sie durch den dunklen Wald zum Fluß schritt, überstürzten sich die Gedanken in ihrem Kopf. Sie setzte sich auf einen Stein und starrte in das dunkle glitzernde Wasser.

»Komm heraus, Joss«, rief sie. »Du bist ein schlechter Pirschgänger«, sagte sie niedergeschlagen, als er sich neben sie setzte. »Hat Raine dir befohlen, mich zu beschützen?«

Joss blieb stumm.

»Er muß mir jetzt einen Wächter beigesellen«, sagte sie. »Er kann mich nicht einmal für Minuten unbeobachtet lassen aus Angst, jemand würde mich bestrafen.«

»Du hast nichts Unrechtes getan.«

»Ich habe nichts gestohlen; aber auch nichts Gutes getan. Schau dir dagegen Raine an. Er könnte jetzt in einem anderen Land behaglich leben; doch er zieht es vor, in diesem kalten Forst zu bleiben und seinen Landsleuten zu helfen. Er beschützt sie, sorgt für ihre Nahrung, ist unermüdlich für sie tätig. Und doch ist für seine Ergreifung eine Belohnung ausgesetzt, und er muß sich hier verstekken, obwohl seine Familie ihn braucht. Seine Schwester wird vergewaltigt und gibt sich selbst den Tod, und vor Kummer arbeitet er den ganzen Tag und gönnt sich keine Stunde Ruhe.«

»Raine ist ein guter Mann.«

»Er ist ein vollkommener Mann«, sagte sie.

»Clarissa«, flüsterte Jocelin, seine Hand auf, ihrem Arm, »Raine wird dich vor den Geächteten schützen, und wenn er einmal nicht in deiner Nähe sein kann, bin ich es. Deine Liebe zu ihm hat ihm über seinen Kummer hinweggeholfen.«

Daß Joss wußte, daß sie eine Frau war, kam für sie nicht überraschend. »Aber bringt ihm meine Liebe Segen? Ich bin seiner nicht wert. Morgen plant er, dieses Lager zu verlassen, und bei Tageslicht durch das offene Land zu reiten, wo er eine leichte Beute für des Königs Zorn ist. Er will die Sicherheit dieses Forstes verlassen und Gefangenschaft oder gar seinen Tod riskieren, um mich zu beschützen.«

Wieder schwieg Jocelin.

»Hast du nichts darauf zu sagen? Kein beruhigendes Wort, daß Raines Leben nicht gefährdet ist?«

»Er wird in großer Gefahr sein, wenn er den Wald verläßt. Seine Erscheinung sticht überall hervor, und er ist kein Unbekannter in diesem Land.«

Clarissa seufzte tief. »Wie kann ich zulassen, daß er so viel für mich riskiert?«

»Was hast du dir ausgedacht?« fragte Joss mit scharfer Stimme.

»Ich werde mich alleine fortstehlen. Ich kann nicht bleiben und Raine mit der Sorge um mein Leben belasten; und er kann nicht mit mir fortgehen. Deshalb gehe ich allein.«

Jocelins Lachen erschreckte sie. »Ich bin sicher, Raine Ascott wird sich deinem Plan unterordnen wie ein Schoßhund. Du sagst ihm, daß du das Lager zu verlassen beabsichtigst, und er wird dir in aller Freundschaft einen Abschiedskuß geben und dir alles Gute wünschen.«

»Ich bin auf einen Kampf vorbereitet.«

»Clarissa«, lachte Jocelin. »Raine wird dich über den Rücken seines Pferdes werfen und dich aus dem Wald bringen. Du kannst so laut brüllen, wie du willst; aber über den Ausgang dieses Streits entscheiden Muskeln, nicht Worte.«

»Du hast recht«, stieß Clarissa hervor. »Oh, Joss, was kann ich tun? Er darf sein Leben nicht für mich riskieren.«

»Liebe ihn«, sagte Joss. »Das ist alles, was er sich wünscht. Geh mit ihm, bleib bei ihm. Wache über ihn bei allem, was er tut.«

Sie sprang von dem Felsblock auf, die Hände an den Hüften, und funkelte Jocelin an. »Was soll ich tun, wenn er meinetwegen getötet wird? Soll ich seine kalte Hand halten und süße Lieder für den Herrgott singen? Ich werde zweifellos eine großartige Musik erschaffen, und jeder wird sagen, wie sehr ich ihn geliebt haben muß.

Nein! Ich mag keine kalten Hände. Ich will sie heiß, und sie sollen mich streicheln – oder meinetwegen auch eine andere Frau. Ich würde Raine lieber Blanche zurückgeben, als ihn tot zu meinen Füßen liegen zu sehen.«

»Wie willst du es dann anstellen, daß er hierbleibt?« fragte Jocelin.

Sie setzte sich wieder. »Ich weiß es nicht. Es muß doch etwas geben, was ich ihm sagen könnte. Vielleicht eine Beleidigung seiner Familie . . .«

»Raine würde dich auslachen.«

»Vielleicht, wenn ich ihm sagte, er wäre ein . . .« Ihr fiel kein Name oder Schimpfwort ein, das er nicht schon von ihr gehört hatte. Offenbar konnte sie ihn damit nicht verletzen. »Oh, Joss«, sagte sie verzweifelt. »Was kann ich tun? Raine muß vor sich selbst geschützt werden. Wenn er den Wald verläßt, wird er zweifellos Jagd auf Chatworth machen, und dann würde der König in den Streit hineingezogen, und . . . Ich darf das nicht zulassen! Was kann ich tun?«

Es dauerte eine Weile, ehe Jocelin antwortete, und dann verstand sie nur mit Mühe, wie er sagte: »Geh mit mir ins Bett.«

»Was?« Sie wirbelte zu ihm herum. »Ich spreche mit dir über die Sicherheit eines Mannes, der meinetwegen den Tod erleiden könnte, und du versuchst mich in dein Bett zu locken? Wenn du eine Frau haben möchtest, suche dir eine von diesen Weibern, die dir mit hechelnden Zungen nachschauen. Oder nimm Rosamund zu dir in dein Bett. Ich bin überzeugt, sie wird das mehr genießen als ich.«

»Clarissa«, lachte er leise, die Hand auf ihrem Arm. »Ehe du noch heftiger über mich herfällst, hör mir erst zu. Wenn es dir ernst ist, daß Raine hierbleiben soll, wirst du ihn niemals dazu überreden können; aber vielleicht könntest du ihn durch eine Tat dazu bewegen. Tatsächlich kennt er dich ja nicht sehr gut, nicht genügend, um dir zu vertrauen; oder vielleicht vertraut kein Mann je ganz einer Frau. Wenn Raine dich mit einem andern Mann ertappen würde, könntest du noch so süß reden, und er würde dich nicht zurücknehmen. Er würde dich ziehen lassen und hierbleiben.«

»Er würde mich hassen«, flüsterte sie. »Er kann schrecklich jähzornig sein.«

»Ich dachte, es wäre dir ernst damit. Eben noch sagtest du, es wäre dir lieber, Blanche bekäme ihn zurück.« Er erstickte fast an dem Namen der Frau. »Machst du dir Hoffnung, daß du später, wenn der König ihm verziehen hat, wieder zu ihm zurückkommen könntest, wenn du ihn nun verläßt? So etwas würde nur in einem

Lied passieren, das du selbst komponierst. Du kannst ihn nur dazu bringen, daß er dich allein aus dem Wald ziehen läßt, indem du seine Gefühle für dich total umkehrst.«

»Indem ich seine Liebe in Haß verwandle«, flüsterte sie. »Träumst du davon, daß er unter den Bäumen steht, um dir Lebewohl zu winken, mit Tränen in den Augen?« fragte Joss sarkastisch. »Clarissa, du liebst ihn zu sehr, um ihn verletzen zu können. Laß dich beschützen, bis der König Raine begnadigt.«

»Nein, nein, nein!« schrie sie. »Niemand könnte ihn vor einem Pfeil beschützen. Selbst in diesem Wald, umgeben von Wächtern, würde er von einem Pfeilschützen verwundet. Er riskiert den Tod, wenn er sich aus seinem Versteck wagt. Wie könnte ich ihm Schlimmeres antun als den Tod?«

Sie vergrub das Gesicht in den Händen. »Aber ihn dazu zu bringen, daß er mich haßt! Oh, Joss, das ist ein hoher Preis, den ich bezahlen müßte.«

»Wünschst du dir seine Liebe oder sein Leben? Würdest du lieber an seinem Grab singen oder ihn lebendig wissen, wenn auch in den Armen einer anderen Frau?«

»Diese Vorstellung von Liebe ist mir neu; doch in diesem Augenblick wünschte ich mir eher, er wäre tot, als ihn in den Armen einer anderen Frau zu sehen.«

Joss versuchte, ein Lächeln zu unterdrücken. »Ist es das, was du dir wirklich wünschst?«

»Nein«, sagte sie leise, »ich wünsche, daß er am Leben bleibt; aber ebensogerne möchte ich ihn für mich behalten.«

»Du mußt dich zwischen beidem entscheiden.«

»Du glaubst, er bleibt nur hier, wenn ich – wenn ich ihn mit einem anderen Mann betrüge?«

»Mir fällt keine andere Lösung ein.«

Ihre Augen weiteten sich. »Aber, was würde aus dir, Joss? Raine wäre schrecklich zornig auf dich.«

Joss räusperte sich. »Wenn ich mein Leben behalten möchte, würde ich, wie ich glaube, den Wald ebenfalls verlassen müssen. Ein Duell mit Raine, nachdem ich ihn mit seiner Frau betrogen habe, wäre nicht nach meinem Geschmack.«

»Oh, Joss«, seufzte sie. »Ich würde dein Leben genauso ruinieren wie meines. Du wirst wegen Mordes gesucht. Was ist, wenn jemand dich kennt?«

Sie merkte nicht, wie Joss bei ihren Worten zusammenfuhr. Er hatte keine Ahnung, daß sie seine Geschichte kannte. »Ich werde mir einen Bart wachsen lassen, und du, als Junge, wirst bestimmt nicht erkannt. Wir werden zusammen singen und spielen und uns damit den Lebensunterhalt verdienen können.«

Pagnell würde mich vielleicht erkennen, dachte sie, doch sie schob den Gedanken beiseite. Zum erstenmal in ihrem Leben wollte sie nicht zuerst an sich denken. »Raine hat so viel Tragisches in seinem Leben erfahren. Der Tod seiner Schwester ist noch frisch, und jetzt . . .«

»Entschließe dich, Clarissa, und zieh deine Kleider aus. Wenn ich richtig höre, nähert sich Raine dem Fluß.«

»Jetzt?« erschrak sie. »Ich brauche Bedenkzeit.«

»Wähle«, sagte er, dicht bei ihr. »Tot und dein oder lebendig und einer anderen gehörig.«

Das Bild von Raines lebloser, für immer stummen Gestalt trieb sie dazu, sich an Jocelins Hals zu hängen und ihre Lippen auf seine zu drücken.

Jahrelang war Jocelin ein Experte im Entkleiden von Frauen gewesen, und diese Fähigkeit hatte er noch nicht verloren. Obwohl Clarissa Knabenkleider trug, war die Schnelligkeit verblüffend, mit der Joss sie ihrer Garderobe entledigte. Ehe sie Luft holen konnte, standen sie beide von der Hüfte aufwärts nackt da, ihre Blößen aneinandergedrückt.

Jocelin griff mit beiden Händen in Clarissas Haar, zog ihren Kopf zurück und küßte sie so hungrig, daß sie entsetzt die Augen aufsperrte.

Sie hatte nicht eine Sekunde Zeit, sich mit Jocelins Küssen auseinanderzusetzen, denn Raines Hände packten sie im Genick, zogen sie auseinander und warfen sie zu Boden.

»Ich werde dich töten«, sagte Raine mit heiserem Flüstern, während sich seine Augen in Jocelins Gesicht bohrten.

Clarissa, immer noch betäubt von der Wucht, mit der Raine sie zu Boden geschleudert hatte, schob ihre Arme in die Ärmel ihres Hemds, als sie sah, wie Raine sein Schwert zog, und brüllte: »Nein!« Ihre Stimme war laut genug, daß sie den Nachttau von den Zweigen der Bäume schüttelte. Gib mir Kraft, das durchzustehen, betete sie, während sie sich vom Boden erhob.

Sie stellte sich vor Jocelin. »Ich werde mein Leben für diesen Mann opfern«, sagste sie gefühlvoll. Sie sah, wie Raines Gesicht sich veränderte, von Betroffenheit über Schmerz, von Wut zu eisiger Entschlossenheit. Sie spürte jede Phase der Verwandlung in ihrem Herzen.

»Bin ich ein Narr gewesen?« fragte er leise.

»Männer sind wie Musik«, sagte sie so leichthin, wie sie es fertigbrachte. »Ich kann nicht nur von einseitiger Kost leben, nur von Liebesliedern oder Trauergesängen. Ich brauche Abwechslung. Ich kann mich nicht nur auf eine Gattung beschränken, und das gilt sowohl für meine Lieder wie auch für Männer. Du, ah, du bist ein mächtiger, brausender Choral mit Zimbeln und Trommeln, während Joss« – sie bewegte flatternd die Wimpern – »Joss eine Melodie für Flöten und Harfen ist.« Eine Sekunde lang dachte sie, Raine wollte ihr den Kopf vom Körper reißen, und statt sich vor ihm zu fürchten, sehnte sie sich fast danach. Ihre Seele betete, daß er ihr nicht glauben würde. Konnte er tatsächlich annehmen, daß die Musik ihr mehr bedeutete als er?

»Geh mir aus den Augen«, flüsterte er mit einer Stimme, die tief aus seinem Inneren kam. »Laß . . . deinen Freund in Zukunft für dich sorgen. Brich noch heute abend auf. Ich möchte dich nicht wiedersehen.«

Damit wandte er sich von ihr ab, und Clarissa war ihm schon ein paar Schritte nachgelaufen, ehe Joss ihr in den Arm fiel. »Was kannst du ihm noch sagen außer der Wahrheit?« fragte er leise. »Laß ihn in Ruhe. Zerreiße jetzt das Band. Warte hier, und ich werde in kurzer Zeit wieder zurückkommen. Hast du noch andere Kleider oder Habseligkeiten?«

Sie schüttelte stumm den Kopf und merkte gar nicht, wie Jocelin sie verließ.

Sie schien keinen Gedanken fassen zu können, während sie auf seine Rückkehr wartete. Raine glaubte ihr, glaubte, sie betrachtete ihre Musik als eine so überaus wichtige Sache. Die Leute im Lager waren bereit, zu glauben, sie sei ein Dieb, und drängten auf ihre Bestrafung. Doch was hatte sie schon in ihrem Leben getan, damit jemand ihr vertraute und glaubte, daß sie ein guter Mensch sei?

»Bist du bereit?« fragte Jocelin neben ihr. Rosamund war ein stummer Schatten hinter ihm.

»Es tut mir leid, daß ich dir solche Ungelegenheiten . . .« begann sie.

»Nichts mehr davon«, sagte Joss entschieden. »Wir müssen jetzt an die Zukunft denken.«

»Rosamund, du wirst dich um ihn kümmern, ja? Dafür sorgen, daß er ißt? Daß er nicht zu hart trainiert?«

»Raine wird auf mich nicht so hören wie auf dich«, sagte sie mit ihrer weichen Stimme, während ihre Augen Jocelin verschlangen.

»Küsse sie«, flüsterte Clarissa. »Jemand sollte doch seine Liebe offen zeigen können, statt sie zu verstecken.«

Damit wandte sie sich ab, und als sie über die Schulter sah, klammerte Rosamund sich verzweifelt an Jocelin. Mit Staunen auf dem Gesicht kam er dann an Clarissas Seite. »Sie liebt dich«, sagte Clarissa lakonisch, ehe sie ihren langen Weg zum Waldrand antraten.

12. Kapitel

Clarissa stemmte die Hand ins Kreuz und ließ sich auf einem mit Gras bewachsenen Erdhügel dicht neben der Straße nieder. Mit einem dankbaren kleinen Lächeln sah sie zu Joss auf, als er ihr einen Becher mit kaltem Wasser reichte.

»Wir werden hier über Nacht rasten«, sagte er, während er besorgt ihr von Müdigkeit gezeichnetes Gesicht betrachtete. »Nein, wir müssen heute abend spielen – wir brauchen das Geld.«

»Und noch dringender brauchst du Ruhe!« sagte er gereizt und setzte sich dann neben sie. »Du gewinnst. Du gewinnst immer. Hungrig?«

Clarissa blickte ihn an, bis er lächelnd hinuntersah auf ihren starken Leib, über den sich die Wolle ihres Gewandes spannte. Die Sommerhitze und die endlosen Fußmärsche setzten Clarissa arg zu.

Es waren jetzt mehr als vier Monate vergangen, seit sie Raines Lager verlassen hatten, und in dieser Zeit waren sie fast immer unterwegs. Zunächst war ihnen das Wandern nicht schwergefallen. Sie waren beide kräftig und gesund und als Musikanten überall willkommen. Doch als sie einen Monat durchs Land gezogen waren, wurde Clarissa krank. Sie mußte sich so oft übergeben, daß die Leute sich weigerten, mit ihr zu reisen, daß sie fürchteten, der Junge sei von einem bösen Leiden befallen. Und Clarissa wurde so schwach, daß sie kaum noch gehen konnte.

So blieben sie eine Woche in einem kleinen Dorf, während Jocelin am Stadttor saß und für Pfennige sang. Als Clarissa ihm Brot und Käse brachte, dachte er, sie beobachtend, wie sehr sie sich doch verändert hatte seit der Zeit, als sie noch im Wald lebten. Vielleicht erschien sie ihm nur lieblicher, weicher und hübscher zu sein, weil er inzwischen eine innige Zuneigung zu ihr gefaßt hatte. Ihr jungenhaft wippender Gang hatte sich in ein sanftes, wiegendes, betont weibliches Schreiten verwandelt. Und trotz ihrer Krankheit hatte sie stetig zugenommen.

Da wußte Joss plötzlich, was mit Clarissa »nicht stimmte«: sie trug Raines Kind unter dem Herzen. Als er den Korb neben ihr abstellte, lachte er, und wenn sie allein gewesen wären, hätte er sie gepackt und im Kreise herumgeschwenkt.

»Ich werde eine Last für dich sein«, sagte Clarissa, aber ihre Augen glänzten. Ehe Joss antworten konnte, begann sie aufgeregt: »Glaubst du, er wird Raine ähnlich sehen? Wäre es anmaßend, Gott zu bitten, daß es ein Kind mit Grübchen wird?« »Laß uns die Gebete zurückstellen und zunächst um die Mittel bitten, daß du dich wie eine Frau kleiden kannst. Wenn ich mit einem schwangeren Jungen reise, werde ich vermutlich nicht lange am Leben bleiben.«

»Ein Kleid«, lächelte Clarissa. Etwas Weiches und Hübsches, das ihr das Gefühl gab, wieder eine Frau zu sein.

Sobald Jocelin von der Angst befreit war, daß Clarissa an einer wirklichen Seuche dahinsiechen könne, wurde er zuversichtlicher und erlaubte ihr, von Herrenhaus zu Herrenhaus zu reisen. Und Clarissa war viel besserer Stimmung, nachdem sie entdeckt hatte, daß sie Raine doch nicht ganz verlor. Sie redeten ständig von dem Baby, wie es aussehen würde, ob es als Mädchen auch Raines Gesichtszüge haben könne, wenngleich sie hoffte, falls es ein Mädchen war, daß es nicht ganz so groß würde wie sein Vater.

Joss hörte sich das alles immer wieder an. So sehr freute er sich, daß sie nicht länger im mürrischen Schweigen verharrte, wie sie das monatelang nach dem Verlassen des Waldes getan hatte. Nachts, wenn sie auf den Strohsäcken auf dem Boden des Hauses, in dem sie gerade auftraten, lagen, hörte er sie oft weinen; doch am Tage erwähnte sie nie ihre Trauer.

Einmal spielten und sangen sie in einem großen Herrenhaus, das einem von Raines Vettern gehörte. Clarissa war wieder sehr schweigsam geworden, doch er konnte förmlich spüren, wie sie die Ohren spitzte, ob sie nicht eine Neuigkeit vernahm.

Jocelin hatte ein paar Andeutungen bei der Frau des Vetters gemacht, und die Lady hatte ihm ausführlich berichtet. Raine lebte immer noch im Wald, und König Heinrich hatte aus Gram über den Tod seines ältesten Sohnes die geächteten Edelleute fast vergessen. Ihn bekümmerte viel mehr, was er mit seiner Schwiegertochter, der Prinzessin Katharina von Aragon, anstellen sollte, als die Regelung einer privaten Fehde. Er ignorierte die Eingaben der Ascotts, Roger Chatworth für sein Verbrechen zu bestrafen. Schließlich hatte Chatworth Mary Ascott ja nicht getötet, sondern nur genotzüchtigt. Er hatte ihr eigentlich kein Haar gekrümmt. Das Mädchen hatte seinen Freitod selbst zu verantworten.

Da gab es die Neuigkeit, daß Judith Ascott im Juli einen Sohn zur Welt gebracht hatte und später im August Alicia MacArran ebenfalls mit einem Sohn niedergekommen war. Die Ascott-Vettern waren immer noch außer sich über Stephen, weil er einen schottischen Namen angenommen hatte und auch deren Lebensweise.

Clarissa hörte begierig zu, als Jocelin ihr das Gehörte hinterbrachte.

»Es ist gut, daß ich nicht länger bei ihm bin«, sagte sie leise, während sie ihre Laute stimmte. »In seiner Familie wimmelt es von hochgeborenen Damen, während ich die Tochter eines Advokaten bin. Wäre ich bei ihm geblieben, hätte er mich wohl unmöglich zu seiner Gattin nehmen können. Sie hätten mich nicht in ihrer Nähe geduldet, obwohl einige von diesen Edeldamen, die ich bisher genossen habe, kaltblütige Dirnen sind. Vielleicht hätte er ein bißchen Wärme gebrauchen können.«

Jocelin versuchte ihr darzulegen, daß das, was sie von den Ladys trennte, mit einem seidenen Kleid leicht zu überbrücken sei; doch Clarissa mochte das nicht einsehen. Er wußte, daß sie nicht nur über Raine brütete, sondern auch über den Haß, den ihr die Verbannten im Wald entgegengebracht hatten.

Mit fortschreitender Schwangerschaft wurde Clarissa ruhiger, nachdenklicher, und sie schien auch ihre Umgebung bewußter aufzunehmen als in der ersten Zeit ihrer Bekanntschaft. Zuweilen, wenn auch nicht oft, hörte sie sogar zu üben auf, um anderen bei ihren Verrichtungen zu helfen. Wenn sie über Land zogen, reisten sie lieber mit einer Gruppe, als sich zu zweit der Gefährdung durch Straßenräuber auszusetzen, und Clarissa nahm zuweilen ein paar Kinder auf einem Spaziergang mit, um den Müttern eine Ruhepause zu gewähren. Einmal teilte sie sogar ihr Essen mit einem zahnlosen alten Bettler. Ein andermal kochte sie ein Essen für einen Mann, dessen Frau unter ein paar Bäumen lag und ihr achtes Kind zur Welt brachte.

Die Leute lächelten dankbar, und so gewannen sie Freunde an jedem Ort, den sie auf ihrer Reise besuchten. Ein Kind schenkte Clarissa einmal einen kleinen Strauß von Wiesenblumen, und dabei waren Clarissas Augen feucht geworden.

»Sie bedeuten mir sehr viel«, hatte sie gesagt und den Strauß fest an sich gedrückt.

»Sie belohnte dich, weil du ihr gestern geholfen hast. Die Leute hier mögen dich.« Er deutete auf die Reisenden in der Nähe.

»Und nicht wegen der Musik«, flüsterte sie.

»Pardon?«

»Sie mögen mich nicht nur meiner Musik wegen. Und ich habe ihnen etwas gegeben, was nichts zu tun hatte mit Musik.«

»Du hast etwas von dir selbst gegeben.«

»Oh, ja, Joss«, lachte sie. »Ich habe versucht, Dinge zu tun, die mir schwerfielen. Singen ist ja so einfach.«

Nun, im August, als das Kind, das sie trug, eine schwere Bürde für sie war, wurden ihre Schritte immer langsamer, und Joss wünschte, sie könnten es sich leisten, längere Zeit an einem Ort zu bleiben.

»Bist du bereit zum Aufbruch?« fragte sie und versuchte, sich in die Höhe zu stemmen. »Wir erreichen, wenn wir uns beeilen, das Schloß noch vor Einbruch der Dämmerung.«

»Bleib hier, Clarissa«, hielt er dagegen. »Wir haben zu essen.«

»Und versäumen die Verlobungsfeier der Lady? Nein, wenn wir dort sind, finden wir einen reicher gedeckten Tisch, und dafür brauchen wir nur eine Hymne vorzutragen, mit der wir die bezaubernde Erscheinung der Erbin preisen. Ich hoffe sehr, diesmal ist es eine hübsche Erbin! Die letzte war so entsetzlich häßlich, daß ich dem Priester die Lügen beichten mußte, die ich mit meinem Lied verbreitete.«

»Clarissa!« sagt Joss mit gespielter Entrüstung. »Vielleicht war die Lady innerlich schön.«

»Nur du würdest auf so einen Gedanken kommen. Aber mit deinem Gesicht kannst du es dir ja auch leisten, großzügig zu sein. Ich beobachtete, wie die Mutter des häßlichen Mädchens drohte, dich mit ihren Blicken zu verschlingen. Hat sie dir nach unserem Vortrag ein Angebot gemacht?«

»Du stellst zu viele Fragen.«

»Joss, du kannst dich nicht von den Leuten und dem Leben absondern. Constance ist tot.«

Es hatte lange gedauert, bis Clarissa ihn dazu brachte, ihr von der Frau zu erzählen, die er einst geliebt hatte.

Jocelin schob den Unterkiefer auf eine Weise vor, die Clarissa zu verstehen gab, daß er nicht über sich sprechen wollte. Ihre Probleme waren ein Gut, das sie unter sich teilten; doch seine behielt er für sich.

»Natürlich ist keine von den Frauen, die ich bisher sah, so lieblich und so anmutig wie Rosamund. Wenn nur ihr Teufelszeichen nicht wäre. Dieses scheußliche Ding macht es so schwer, eine Schönheit in ihr zu sehen. Ich frage mich, ob es tatsächlich ein Satans-Brandmal ist.«

Jocelin wirbelte herum. »Es ist eher ein Zeichen von Gottes Gnade, denn sie ist eine gute, liebenswürdige, leidenschaftliche Frau.«

»Leidenschaftlich?« neckt ihn Clarissa, als er sich verärgert von ihr abwandte.

»Du bist grausam, Clarissa«, flüsterte er.

»Nein, ich wollte dir nur zeigen, daß du keinen Anlaß hast, dich mit mir vor der Welt zu vergraben. Du kannst dich nicht abkapseln. Du hast so viel zu geben.«

Als er sie ansah, waren seine Augen kalt. »Raine ist nicht hier, also warum findest du nicht einen anderen, den du lieben kannst? Ich habe viele Männer gesehen, vom Edelmann bis zum Stalljungen hinunter, die dir nachblickten. Sie würden dich selbst mit deinem dicken Bauch nehmen. Warum heiratest du nicht einen Kaufmann, der deinem Kind ein Zuhause gibt und dich jede Nacht umarmen wird?«

Nach diesem Angriff blieb sie eine Weile stumm. »Verzeih mir, Joss. Ich hatte gehofft, Rosamund könnte Constance ersetzen; doch ich sehe ein, daß sie das nicht kann.«

Jocelin wandte sich ab, weil er nicht wollte, daß Clarissa sein Gesicht sah. Zu oft gehörte das Gesicht, das ihm nachts vor Augen stand, nicht Constance, sondern Rosamund. Rosamund, so still, fast um Verzeihung bittend, daß sie existierte, tauchte viel zu oft in seiner Erinnerung auf; nicht als die stille, sanftmütige Frau, wie er sie im Lager gekannt hatte, sondern als Frau, die ihm den Abschiedskuß gegeben hatte. Zum erstenmal seit Constances Tod hatte dieser Kuß einen Funken in ihm geweckt.

Nicht, daß es nicht hin und wieder ein paar Frauen gegeben hätte, doch ehe er Constance begegnete und nach ihrem Tod war er stets unbeteiligt gewesen, hatte die Frauen nicht an sich herankommen lassen. Nur einen Moment lang, als er Rosamund in den Armen hielt, hatte er das Aufflackern eines echten Begehrens gespürt, ein aufrichtiges Interesse an einer Frau.

Joss faßte Clarissa bei der Hand, und so gingen sie auf das Schloß zu, das in einiger Entfernung vor ihnen aufragte. Es war ein altes Gemäuer mit einem Turm, von dem das Mauerwerk abbröckelte, und Clarissa wußte, sie würden wieder einmal in einem zugigen Raum schlafen müssen. In den letzten Monaten ihrer Reise hatte sie reichlich Erfahrungen sammeln können, was den Adelsstand betraf. Vielleicht war ihre wichtigste Erkenntnis, daß Edeldamen nicht mehr Freiheiten hatten als andere Frauen auch. Sie hatte hochadelige Damen mit Veilchen um die Augen gesehen, die von den Schlägen ihrer Ehemänner herrührten. Sie hatte schwache, feige Nobelmänner gesehen, die von ihren Frauen mit Verachtung gestraft wurden. Sie hatte Verbindungen großer Liebe erlebt, Paare, die sich haßten, Haushalte von großer Dekadenz und einige, die mit Liebe und Respekt aufgebaut waren. Sie war allmählich zur Einsicht gelangt, daß Edelleute Probleme hatten, die jenen des gemeinen Standes in ihrer Heimatstadt sehr ähnlich waren.

»Tagträume?«

»Gedanken an meine Heimat und was für eine behütete Kindheit ich genoß. Ich wünsche mir fast, meine Musik hätte mich nicht so von meiner Umgebung getrennt. Es gibt mir das Gefühl, als gehörte ich eigentlich nirgendwo hin.«

»Du gehörst dorthin, wo du dich zu Hause fühlst.«

»Joss«, sagte sie ernst, »ich verdiene weder dich noch Raine. Doch eines Tages kann ich hoffentlich etwas Nützliches tun.«

»Weißt du eigentlich, daß du mit deinem Reden mit jedem Tag Raine ähnlicher wirst?«

»Gut!« lachte sie. »Hoffentlich kann ich sein Kind so erziehen, daß es wenigstens halb so gut wird wie er.«

Als sie sich dem Tor des alten Schlosses näherten, mußten sie Hunderten von Leuten den Vortritt lassen, ehe sie Zutritt bekamen.

Mit dieser Verlobung sollten zwei mächtige, reiche Haushalte miteinander verbunden werden, und die Gäste und Belustigungen mußten dementsprechend prächtig sein.

Joss behielt den Arm um Clarissas Schultern, während er sie durch die schubsende Menge schob.

»Seid ihr die Sänger?« rief eine große Frau zu Clarissa hinunter.

Clarissa nickte zu ihr hinauf, zu den dunklen stahlumbänderten Haaren, der Kostbarkeit ihrer Gewänder.

»Folgt mir.«

Dankbar stiegen sie hinter ihr eine enge Wendeltreppe zu einem großen runden Raum an der Spitze des Turmes hinauf, wo mehrere Frauen unruhig auf- und abgingen und bedrückte Gesichter machten. In der Mitte des Zimmers schluchzte und klagte eine junge Frau.

»Hier ist sie«, sagte eine Frau neben Clarissa.

Clarissa sah zu einem engelgleichen Gesicht mit blonden Haaren, blauen Augen und einem feinen Lächeln hinauf.

»Ich bin Fiona Chathworth.«

Clarissas Augen weiteten sich bei dem Namen, aber sie sagte nichts.

Fiona fuhr im ärgerlichen Ton fort: »Ich fürchte, unsere zukünftige Braut hat schreckliche Angst. Glaubst du, es gelingt dir, sie so weit zu beruhigen, daß sie mit uns nach unten gehen kann?«

»Ich werde es versuchen.«

»Wenn du es nicht kannst, muß ich ihr eine Maulschelle geben und abwarten, ob die Musik sie beruhigt.«

Clarissa mußte über die Worte dieser so süß aussehenden Frau lächeln. Ihre Rede paßte so gar nicht zu ihrem Gesicht. »Wovor hat sie denn solche Angst?« fragte sie, um sich entscheiden zu können, was für eine Musik sie spielen sollte.

»Vor dem Leben. Männern. Wer weiß? Wir kommen beide direkt aus dem Kloster, und man möchte meinen, Isabella ginge aufs Schafott.«

»Vielleicht ist ihr Verlobter . . .«

»Er ist fügsam«, unterbrach Fiona sie mit einer wegwerfenden Handbewegung. Ihr Blick ging zu Jocelin, der sie ungeniert anstarrte. »Ihr seid beide hübsch genug, das Kaninchen nicht noch mehr zu erschrecken«, sagte sie. Da schluchzte Isabella so laut, daß Fiona an ihre Seite eilte.

»Du meine Güte«, sagte Clarissa gefühlvoll, als wäre sie eben einem Sturm entronnen. »Ich glaube nicht, daß ich schon jemandem wie ihr begegnet bin.«

»Und ich bete, daß es bei dem einen Mal bleibt«, fügte Joss hinzu. »Sie rief uns hierher. Der Himmel helfe dem Mann, der es wagt, dieser Frau den Gehorsam zu verweigern; obgleich . . .«

Clarissa sah ihn an und entdeckte einen nachdenklichen Schimmer in seinen Augen. »Sie wird dir die Haare ausreißen, wenn du ihr nicht folgst.«

»Es sind nicht meine Haare, die ich ihr opfern müßte, und verdammt möchte ich sein, wenn ich ihr nicht ihren Willen ließe.«

Ehe Clarissa etwas erwidern konnte, schob Joss sie auf die heulende Braut zu. Sie brauchten eine Stunde, ehe sie die Frau beruhigen konnten, und die ganze Zeit lief Fiona Chatworth hinter dem Stuhl auf und ab und musterte hin und wieder die weinende Isabella mit schmalen Augen. Einmal öffnete sie den Mund, um etwas zu sagen, doch Clarissa fürchtete, daß die Frau wieder verderben konnte, was sie und Joss erreicht hatten, und sang noch lauter, um Fionas Stimme zu übertönen.

Als Isabella endlich so weit war, daß sie nach unten gehen konnte, gingen alle ihre Dienerinnen mit ihr und ließen Jocelin und Clarissa mit Fiona Chatworth alleine.

»Du hast deine Sache gut gemacht«, sagte Fiona. »Du hast eine großartige Stimme, und wenn ich nicht fehl gehe mit meiner Vermutung, bist du auch gut ausgebildet.«

»Ich bin einige Zeit von zwei Lehrern unterrichtet worden«, sagte Clarissa bescheiden.

Fionas Augen richteten sich mit einem durchbohrenden Blick auf Jocelin. »Ich habe dich schon einmal gesehen. Wo?«

»Ich kannte Eure Schwägerin, Lilian«, antwortete er sanft.

Fionas Augen wurden hart. »Ja«, sagte sie mit einem kurzen, unverschämten Blick, der Joss von oben bis unten musterte. »Du wärst ihr Typ. Doch jeder Mann mit der entsprechenden Ausrüstung ist ihr willkommen.«

Jocelins Gesicht zeigte einen Ausdruck, den Clarissa noch nie an ihm entdeckt hatte. Sie wünschte, er würde nichts mehr sagen. Schließlich war es Joss gewesen, der Edmund Chatworth, Fionas Bruder, ermordet hatte.

»Und wie geht es Euren Brüdern?« fragte Joss in herauforderndem Ton.

Lange sah ihn Fiona durchbohrend an, und Clarissa wagte nicht zu atmen, während sie betete, Fiona möge nicht erkennen, wer Joss wirklich war.

»Mein Bruder Brian hat unser gemeinsames Heim verlassen«, sagte sie ruhig, »und wir wissen nicht, wo er steckt. Es gehen Gerüchte, daß er von einem dieser abscheulichen Ascotts gefangengehalten wird.«

Jocelins Hand drückte Clarissas Schulter mit brutaler Gewalt zusammen. »Und Roger?« fragte er.

»Roger . . . hat sich verändert. Und wenn deine Neugierde jetzt gestillt ist«, fuhr sie im selbstbewußten Ton fort, »solltest du nach unten gehen, wo du bestimmt schon erwartet wirst.« Damit rauschte sie aus dem Zimmer.

»Abscheulich!« rief Clarissa, ehe die Tür zufiel. »Ihr Bruder hat die Schwester von meinem Raine auf dem Gewissen, und sie wagt es, uns so zu beschimpfen!«

»Clarissa, beruhige dich. Du kannst es mit einer Frau wie Fiona Chatworth nicht aufnehmen. Sie würde dich bei lebendigem Leib verspeisen. Du weißt nicht, in was für einer Umgebung sie aufgewachsen ist. Ihr Bruder Edmund, der Vaterstelle bei seinen jüngeren Geschwistern vertrat, war ein gemeiner, tückischer Mann, und ich habe miterlebt, wie Fiona sich ihm zu widersetzen wagte, während nicht einmal Roger den Mut dazu fand. Und sie himmelt ihren Bruder Brian an. Wenn sie glaubt, die Ascotts hätten ihn von ihrem Familiensitz entführt, glüht sie vor Haß.«

»Aber sie hat kein Recht, die Ascotts zu hassen! Es war Chatworths Schuld.«

»Still! Laß uns jetz nach unten gehen.« Er sah sie scharf an. »Und komm mir nicht wieder auf die Idee, Lieder über verfehdete Adelsfamilien zu verfassen. Hast du mich verstanden?«

Sie nickte, aber sie machte nur ungern so ein Versprechen.

Es war schon spät nachts, und die meisten Gäste lagen betrunken auf dem Boden oder quer über den Tischen, als ein Diener dem Mann, der in der Ecke saß, etwas zuflüsterte. Mit einem Lächeln erhob sich der Mann und ging nach draußen, um die neu eingetroffenen Gäste zu begrüßen.

»Ihr werdet nie glauben, wer hier ist«, sagte der Mann zu dem Reiter, der von seinem Pferd stieg.

»Was! Keine Begrüßung?« fragte dieser sarkastisch. »Keine fürsorgliche Frage, wie es mir unterwegs ergangen ist? Komm, John, du läßt ja die Zügel schleifen.«

»Ich blieb nüchtern, damit ich dir das sagen kann. Das sollte genügen.«

»Wie wahr, das ist ein großes Opfer.« Er überließ sein Pferd einem Diener. »Also, was ist so wichtig, daß es nicht warten kann, bis ich ein paar Becher Wein getrunken habe?«

»Ah, Pagnell, du bist zu ungeduldig. Erinnerst du dich an diesen kleinen Singvogel vom vergangenen Winter? Der dir einen Schlag über den Kopf versetzt hat?«

Pagnell wurde starr, sah John mit funkelnden Augen an. Es juckte ihn in den Fingern, die häßliche Narbe an seiner Stirn zu berühren. Seit jener Nacht litt er an Kopfschmerzen, und obwohl er ein paar Leute aus der Stadt zu Tode gefoltert hatte, wollte ihm keiner verraten, wo sie steckte. Jedesmal, wenn der Schmerz wie eine glühende Nadel durch seinen Kopf fuhr, schwor er, daß er sie dafür auf den Scheiterhaufen bringen und für dieses Leiden büßen lassen würde. »Wo steckt sie?«

John lachte tief in seinem Hals. »Dort drin mit einem Fratz im Leib. Sie reist mit einem hübschen Burschen, und die beiden singen so schön, wie man es nur hören möchte.«

»Jetzt? Ich dachte, sie schliefen schon alle.«

»Das tun sie; doch ich habe die Stelle markiert, wo der Bursche und der Singvogel ihre Lagerstatt haben.«

Pagnell stand einen Moment still und überlegte sich seinen nächsten Zug. Als er mit seinen Freunden über die Stadtmauer gestiegen war und nach Clarissa gesucht hatte, waren sie betrunken gewesen und hatten die Sache verdorben. Diesen Fehler durfte er nicht wiederholen. »Wenn sie schreit«, sagte Pagnell, »wird man ihr zu Hilfe eilen?«

»Die meisten Gäste sind volltrunken; das Schnarchen ist so laut, daß selbst ein explodierendes Pulverfaß in diesem Lärm unterginge.«

Pagnell sah zu dem alten verwitterten Turm empor. »Hat dieses Schloß ein Verlies, einen Ort, wo man Gefangene festhalten kann, ehe sie dem Henker überliefert werden?«

»Warum so lange warten? Wir werden sie an einen Pfahl binden und bei Sonnenaufgang verbrennen.«

»Nein, das wird einigen mißfallen, und wer weiß, wie der König in seiner melancholischen Stimmung darauf reagieren wird? Wir werden das auf gesetzliche Weise tun. Ein Vetter von mir leitet nicht weit von hier entfernt einen Gerichtshof. Wir werden die Schlampe in den Keller sperren, dann werde ich mit meinem Vetter reden, und wenn ich zurückkomme, werden wir sie verurteilen lassen. *Dann* sehen wir zu, wie sie verbrennt. Nun zeig mir, wo sie ist.«

Clarissa lag in einem unruhigen Schlummer, versuchte, so gut es ging, ihren dicken Leib zu lagern, als ein schreckliches Wispern ihr Ohr erreichte. Die Stimme, die sie nie vergessen hatte und nie vergessen würde, schickte Schauer durch ihre Wirbelsäule und erzeugte eine Gänsehaut.

»Wenn du willst, daß dein kleiner Spielgefährte am Leben bleibt, schweig still«, sagte die Stimme.

Zugleich preßte sich eine scharfe Messerschneide gegen ihre Kehle. Sie mußte nicht erst die Augen öffnen, um die höhnische Fratze von Pagnell über ihrem Gesicht zu sehen. Es war eine Fratze, die sie in monatelangen Alpträumen heimgesucht hatte.

»Hast du an mich gedacht, Süße?« flüsterte er, sein Gesicht ganz,

ganz nahe bei ihrem. Seine Hände glitten nach unten, um ihren harten Leib zu streicheln. »Du hast einem andern gegeben, was du gewaltsam verweigertest. Dafür wirst du sterben.«

»Nein«, flüsterte Clarissa, während das Messer in ihre Haut schnitt.

»Du wirst ganz friedlich mitgehen, oder muß ich das Messer in sein Herz treiben?«

Sie wußte, wen er meinte. Jocelin schlief nicht weit von ihr entfernt. Sein Atem kam regelmäßig und tief, so daß er von der Gefahr für sein Leben nichts ahnte.

»Ich werde mitgehen«, gelang es ihr zu antworten.

Zitternd und zu entsetzt für Tränen, erhob sich Clarissa von ihrem Strohsack, wobei Pagnells Messerklinge über ihren Hals schabte. Es war nicht einfach, sich einen Weg zwischen den auf dem Boden ausgestreckten Körpern zu suchen. Jedesmal, wenn sie stolperte, verdrehte Pagnell ihr den Arm auf dem Rücken, daß er ihr fast aus dem Gelenk sprang.

Als sie die dunkle kalte Steintreppe erreichten, die in die Tiefe führte, stieß er Clarissa so heftig, daß sie gegen die Wand taumelte und vier Stufen hinunterrutschte, ehe sie ihre Balance wiederfand. Sie hielt einen Moment inne, die Hand schützend auf ihren Leib gelegt, und versuchte, Luft zu schöpfen.

»Vorwärts«, schnaubte Pagnell und stieß sie abermals.

Clarissa gelang es, den Fuß der Treppe ohne einen weiteren Sturz zu erreichen. Der Raum dort war kalt und stockdunkel, die Decke sehr niedrig. Fässer und Säcke mit Vorräten bedeckten den Boden. Sie schwang herum, als sie das Knarren einer Tür hörte. Pagnell stand vor einer schweren Tür, hinter der ein schwarzes Nichts gähnte. »Hier hinein«, fauchte er.

»Nein.« Sie wich zurück, doch der Raum war voller Hindernisse, die jede Flucht verstellten.

Er packte sie bei den Haaren und schleuderte sie in die Dunkelheit hinein.

Sie kauerte in einem Winkel, umgeben von kalter Schwärze, sah, wie die Tür geschlossen wurde und die letzten Lichtstrahlen abschnitt. Dann hörte sie, wie schwere Eisenriegel vorgeschoben wurden.

13. Kapitel

Der schreckliche kleine Raum schien der Inbegriff aller Alpträume zu sein. Da war kein Licht, und selbst nach einer Stunde konnte sie noch nicht die Hand vor den Augen sehen. Lange blieb sie in der Ecke hocken, in die Pagnell sie geschleudert hatte, weil sie sich vor Angst nicht zu bewegen wagte.

Wenn sie auch nichts sehen konnte, vermochte sie doch die Geräusche der Insekten an den Wänden und am Fußboden zu hören, die laut und gefährlich klangen. Als sie schließlich aus ihrer Erstarrung aufschreckte, war da etwas, was über das weiche Leder ihrer Schuhe huschte. Mit einem leisen Schrei fuhr sie in die Höhe und versuchte, mit den Händen die Steine der Wand hinter sich zu erfassen.

»Beruhige dich, Clarissa«, sagte sie laut, und ihre Stimme hallte von den Wänden wider. Es würde bald Morgen sein, und Jocelin würde nach ihr suchen – wenn er noch am Leben war. Nein, sie konnte sich nicht darauf verlassen, daß sie jemand hier herausholte. Sie mußte selbst nach einer Möglichkeit der Flucht suchen. Vorsichtig, die Hände vor sich hingestreckt wie eine Blinde, machte sie einen Schritt und stürzte fast über eine niedrige Bank. Sie kniete sich nieder und tastete mit den Händen darüber hin, froh, daß sie wenigstens die Umrisse zu spüren vermochte. Als sie mit der Erkundung der Bank zu Ende war, bewegte sie sich zu den Wänden und tastete sich zur Tür vor. Aber sie hätte sich ebensogut gegen eine Steinwand stemmen können, um diese Tür von der Stelle zu bewegen.

Das Verließ maß ungefähr sechs Fuß im Quadrat, und seine Wände bestanden aus Steinquadern, der Fußboden war schmutzig, und das einzige Möbel darin war diese kurze Bank. Da war kein Fenster in der Tür, und durch die Kanten sickerte kein Licht durch. Die niedrige Decke erlaubte ihr, jeden Zoll des Raumes zu erforschen. Da gab es keine Fenster, keine Gitter, nirgendwo eine schwache Stelle. Als sie mit ihrer Untersuchung zu Ende war, war die obere Hälfte ihres Körpers mit Spinnweben bedeckt, und Tränen netzten ihr Gesicht. Wütend versuchte sie die klebrigen Fäden von ihrem Gesicht und den Kleidern zu entfernen, während sie unter Tränen Pagnell und Männer seinesgleichen verfluchte.

Stunden vergingen, bis sie sich auf die Bank setzte, die Knie an den Leib gezogen, den Kopf daraufgelegt. Gedankenabwesend schob sie den Fuß des Babys von der Stelle weg, wo es gegen ihre Rippen trat, und als das Kind noch regsamer und ruheloser wurde, begann sie, ihm ein Lied vorzusingen. Allmählich beruhigte es sich und mit ihm Clarissa.

Über ihrem Kopf hörte sie Leute auf- und abgehen und wußte, daß die Decke der Fußboden der Halle sein mußte. Irgendwo dort oben versuchte Jocelin sie zu finden. Sie überlegte sich wieder Fluchtmöglichkeiten, wünschte, sie könnte ein Feuer anzünden und sich vielleicht einen Weg ins Freie brennen. Doch der Rauch würde sie vermutlich umgebracht haben, ehe das Feuer die Zellentür verbrannte.

Als die Tür sich öffnete, erschreckte sie der Knall, der in dem stillen engen Raum besonders laut wirkte, so sehr, daß sie fast von der Bank gefallen wäre. Kerzenlicht überflutete das Verlies und blendete sie förmlich.

»Da bist du ja«, sagte eine Stimme, die Fiona Chatworth gehörte.

Clarissa dachte keinen Moment an ihren gewöhnlichen Stand, als sie die Arme um Fiona schlang. »Ich bin so sehr, so überaus froh, Euch zu sehen. Wie habt Ihr mich gefunden?«

Fiona umhalste sie mit einem Arm. »Jocelin kam zu mir. Dieser Idiot Pagnell ist es gewesen, nicht wahr? Dieser Mann ist so gemein wie ein Mensch der Schöpfung nur sein kann. Jetzt komm mit, bevor dieser Schuft zurückkehrt.«

»Zu spät«, kam eine affektierte, halb amüsierte, halb zornige Stimme vom Durchgang. »Du hast dich nicht sehr verändert, Fiona. Du gibst immer noch jedem Befehle.«

»Und du, Pagnell, reißt immer noch Schmetterlingen die Flügel aus. Was hat diese Frau dir denn getan? Sich gegen Avancen gesträubt, wie jede Frau mit einigem Verstand es tun würde?«

»Deine Zunge ist zu scharf, Fiona. Wenn ich Zeit hätte, würde ich dir sanftere Weisen angewöhnen.«

»Du und wie viele andere Männer noch?« fauchte Fiona ihn an. »Du fürchtest mich wie den Tod, weil das, was ich sage, wahr ist. Geh mir aus dem Weg, und laß uns passieren. Wir haben genug von deinen häßlichen kleinen Spielen. Such dir eine andere Frau zum Spielen aus. Dieses Kind steht unter meinem Schutz.«

Er baute sich vor Fiona und Clarissa auf und ließ sie nicht aus dem Verlies heraus.

»Du gehst zu weit!« zischte Fiona. »Du wirst nicht länger eine hilflose Dienerin bedrohen. Mein Bruder trennt dir den Kopf vom Hals, wenn du mir etwas zuleide tust.«

»Roger ist zu sehr damit beschäftigt, Ränke gegen die Ascotts zu schmieden, um noch an etwas anderes denken zu können. Wie ich höre, ist er die ganze Zeit betrunken, seit dieser treue, süße, verkrüppelte Brian sich von ihm trennte und schmollend durch die Welt zieht.«

Clarissa sah nicht den kleinen Speisedolch, den Fiona aus der Scheide an ihrer Seite zog, doch Pagnell bemerkte ihn. Er wich mit einem Schritt zur Seite dem Stoß aus, packte ihren Arm und riß sie an sich. »Ich möchte dich mit meinem Körper spüren, Fiona. Bringst du das Feuer, mit dem du an alles herangehst, auch mit in dein Bett?«

Clarissa sah, daß nun ihre Chance kam. An der Wand vor der Zelle, zu ihrer Linken, hing ein Schlüsselbund. Mit einer raschen Bewegung schleuderte sie ihn gegen Pagnells Kopf und traf ihn an der Schläfe.

Pagnell ließ von Fiona ab, taumelte einen Schritt zurück und legte die Hand an den Kopf. Er starrte auf das Blut, das die Finger benetzte. Ehe er seine fünf Sinne wieder beisammen hatte, waren Fiona und Clarissa bereits auf halbem Weg nach oben.

Pagnell packte Fionas Rock und zog sie heftig, daß sie die Stufen hinunterrutschte und gegen seine Brust prallte.

»Ah, meine teure Fiona«, säuselte er ihr ins Ohr, einen Arm um ihre Taille, während er mit der anderen Hand ihre vollen Brüste begrabschte. »Ich habe schon lange von diesem Augenblick geträumt.«

Clarissa wußte, daß Pagnells Aufmerksamkeit nur noch Fiona galt, und sie hätte entfliehen können, doch sie konnte Fiona nicht mit ihm allein lassen da es offenkundig war, was er mit der jungen Edelfrau vorhatte. Ihr fiel nichts andereres ein, als sich mit ihrem vollen Körpergewicht gegen beide zu werfen.

Pagnell stolperte rückwärts, immer noch Fiona an sich pressend, während Clarissa zur Seite rollte, ihre Hände schützend auf ihren Leib gelegt. Fiona nützte die Gelegenheit und rammte ihren Ellenbogen in Pagnells Rippen, daß er vor Schmerz aufstöhnte. Rasch griff sie ein kleines Faß aus Eichenholz und ließ es mit beträchtlicher Wucht auf Pagnells Kopf fallen.

Faßdauben brachen auseinander, und dunkelroter Wein rann über sein Gesicht, über seine Kleider, während er mit einem fassungslosen Gesichtsausdruck die Besinnung verlor.

»Schade um den guten Wein«, sagte Fiona, während sie von dem regungslosen Mann zu Clarissa hinübersah. »Hoffentlich ist deinem Baby nichts geschehen, oder?«

»Nein, ich habe es so gut wie möglich beschützt.«

»Vielen Dank«, fuhr Fiona fort. »Du hättest wegrennen können, bist aber geblieben, um mir zu helfen. Wie kann ich dich belohnen?«

»Moment«, kam eine Stimme aus dem Kellergang.

Sie drehten sich um und erblickten einen großen dunklen Mann mit gezogenem Schwert.

»Es tut mir leid, daß ich bei diesem Treffen störe; aber wenn ihr meinen Freund nicht wieder zu Bewußtsein bringt, und zwar rasch, wäre es mir ein Vergnügen, euch beide zu töten.«

Fiona reagierte zuerst, sprang von Pagnells hingestrecktem Körper auf die rechte Seite des dunkelhaarigen Mannes. »Geh hinüber an seine andere Seite, Clarissa«, rief sie. »Er kann uns dann nicht gleichzeitig angreifen.«

Clarissa befolgte prompt die Anweisung, und der Mann bewegte den Kopf hin und her wie ein gereizter Bulle, um die Frauen im Auge behalten zu können. Ein Stöhnen auf dem Boden zwang ihn, zu seinem Freund zu sehen. Im selben Augenblick lief Clarissa nach vorn, und der Mann wich bis zum Eingang der Kellertreppe zurück, um ihnen den Fluchtweg zu versperren.

»Gottverflucht!« fluchte Pagnell und versuchte, seine Benommenheit zu überwinden.

»Dafür wirst du mir büßen, Fiona«, stöhnte er. »Halt sie dort fest, John. Laß sie nicht näher an dich herankommen. Sie sind beide unmenschliche Wesen. Der Tag, an dem die Frau erschaffen wurde, war ein Unglück für die Männer.«

»Du hast keine Ahnung, was eine Frau ist«, zischte ihn Fiona an. »Kein weibliches Wesen, das etwas wert ist, würde dich in seine Nähe lassen.«

Torkelnd erhob sich Pagnell vom Boden und betrachtete mißmutig seinen weinbekleckerten Wams. Plötzlich ruckte sein Kopf hoch, und er begann Fiona mit einem heimtückischen Lächeln zu mustern. »Gestern nacht, als ich hierher ritt, kam ich am Feldlager von Miles Ascott vorbei.« Er grinste noch tückischer, als er merkte, wie Fiona bei diesem Namen erstarrte. »Ich frage mich, ob Miles nicht gern einen Gast bei sich sähe? Ich hörte, er war so wütend über den Tod seiner Schwester, daß sein Bruder ihn auf die Insel Wight schickte, um ihn daran zu hindern, der Familie Chatworth den Krieg zu erklären.«

»Mein Bruder würde ihn zertreten«, sagte Fiona. »Kein Ascott ...«

»Verschone mich damit, Fiona, zumal mir berichtet wurde, daß Roger Stephen Ascott von hinten angriff.«

Fiona sprang auf ihn zu, die Finger zu Klauen gespreizt, und Pagnell riß sie wieder an sich.

»Wie ich hörte, ist Miles ein großer Liebhaber von Frauen und hat viele uneheliche Kinder in die Welt gesetzt. Wie würde es dir gefallen, meine kleine jungfräuliche Prinzessin, dich in die Schar der Frauen einzureihen, die ihm einen Bastard schenkten?«

»Ich würde eher sterben«, sagte sie empörter Stimme.

»Vielleicht. Das werde ich Miles überlassen. Ich werde mich selbst darum kümmern, doch zunächst habe ich mit der dort noch ein Hühnchen zu rupfen.« Er deutete mit dem Kopf auf Clarissa, die still dastand, Johns Schwertspitze im Rücken.

»Und wie willst du mich aus dem Schloß hinausschaffen?« fragte

Fiona lächelnd. »Glaubst du, du könntest mich durch die Halle zerren, ohne daß sich Widerspruch erhebt?«

Pagnell schien einen Moment darüber nachzudenken, während er sich im dunklen Keller umschaute. Mit einem Lächeln sah er auf sie zurück. »Ob es Miles wohl gefallen wird, die Rolle von Cäsar zu spielen?«

Fiona wußte nichts darauf zu sagen, sah ihn verständnislos an.

Pagnell riß ihr den Arm auf den Rücken. »John, paß auf die andere auf, während ich Fiona versorge. Mein Kopf schmerzt so sehr, daß ich mich nicht noch einmal mit beiden befassen kann.«

»Dir wird nicht nur der Kopf weh tun, wenn du mir ein Leid antust«, warnte ihn Fiona.

»Diese Sorge werde ich Miles überlassen. Die Ascotts sind schon viel zu hoch gestiegen, als es ihnen zusteht. Es wäre mir ein Vergnügen, sie von ihrem hohen Roß herunterzuholen und ihre Länder verteilt zu sehen.«

»Niemals!« rief Clarissa. »Kein schleimiger Madensack, wie Ihr es seid, wird es jemals fertigbringen, einen Ascott zu vernichten.«

Die Gewalt von Clarissas Stimme ließ sie alle zusammenzucken und sie anstarren. Fiona hörte auf, sich gegen Pagnells Griff zu wehren, und musterte Clarissa mit nachdenklichen Augen. Pagnells Blick wirkte berechnend.

John gab Clarissa einen Stups mit der Schwertspitze. »Raine Ascott soll sich irgendwo in den Wäldern verstecken als Anführer einer Verbrecherbande.«

»Das wäre eine Nachprüfung wert«, sagte Pagnell und drehte Fionas Arm wieder auf den Rücken. »Doch zuerst müssen wir uns mit dieser befassen.« Er zog sie mit sich, nahm einen Hanfstrick, der auf einem Stapel von Fässern lag, und begann damit Fionas Hände auf ihrem Rücken zu fesseln.

»Überleg dir gut, was du tust«, sagte Fiona. »Ich bin nicht irgendeine . . .«

»Halt den Mund!« herrschte Pagnell sie an und schlug ihr mit der Faust auf die Schulter. Als ihre Hände gefesselt waren, warf er sie auf Getreidesäcke und band ihre Fußknöchel zusammen. Mit seinem Messer schnitt er ein Stück vom Saum ihres roten Seidenkleides ab.

»Ein Kuß, Fiona?« neckte er sie, indem er den Knebel dicht vor ihre Lippen hielt. »Nur einen, ehe Miles Ascott sie alle für sich beansprucht?«

»Eher schickte ich dich in die Hölle.«

»Ich bin sicher, du wirst dich dort mit mir treffen, wenn es nicht einem Mann gelingt, die scharfen Ränder deiner Zunge abzuschleifen.«

Ehe sie noch etwas erwidern konnte, stopfte er ihr das Tuch in den Mund. »Nun gefällst du mir schon eher.«

»Was hast du jetzt mit ihr vor?« fragte John. »Wir können sie nicht gefesselt und geknebelt durch die Halle tragen.«

In einer entfernten Ecke des Kellers hob Pagnell eine schmutzige, mottenzerfressene Plane auf, und nachdem er sie ein paarmal geschüttelt und Staubwolken verbreitet hatte, legte er sie vor Fionas Füße. »Wir rollen sie in diese Plane und tragen sie wie ein Paket zum Schloß hinaus.«

Clarissa beobachtete Fiona, deren Augen sich nun vor Angst weiteten; doch Clarissa war ganz dem Gedanken hingegeben, daß Fiona bei Miles viel besser aufgehohen sei als irgend jemand sonst. »Du wirst sicher sein bei Miles«, sagte sie in dem Versuch, Fiona zu beruhigen.

Abermals starrten sie alle auf Clarissa, doch sie achtete ihrer Blicke nicht. Fiona brauchte nun ihre Hilfe.

Pagnell schob Fiona auf die schmutzige Plane und rollte sie darin ein, so daß nichts mehr von ihr zu sehen war.

»Kann sie atmen?« fragte Clarissa.

»Wen interessiert das?« erwiderte Pagnell. »Wenn sie stirbt, kann sie nichts erzählen. Wenn Miles mit ihr fertig ist, bin ich sicher, daß sie sich nicht einmal mehr an meinen Namen erinnern wird.«

»Miles wird ihr nichts tun«, sagte Clarissa leidenschaftlich. »Er ist so gut und sanftmütig wie sein Bruder.«

Pagnell lachte laut darüber. »Ich habe noch nie jemand gesehen, der sich mit Miles' Jähzorn messen könnte. Sobald er entdeckt, daß sie eine Chatworth ist . . . oh, ich beneide ihn fast, aber ich bin nicht so dumm wie Miles. Miles wird auf Roger Chatworth keine Rücksicht nehmen, und wenn Roger erfährt, was Miles seiner geliebten kleinen Schwester angetan hat . . . Der König wird alle Ländereien der Ascotts einziehen und sie jenem zur Belohnung geben, der dem König einen Gefallen tut. Und ich werde zur Stelle sein, um das Land zu kassieren.«

»Ihr seid schmutzig und gemein, ein niederträchtiges Scheusal.«

Mit dem Handrücken schlug Pagnell Clarissa ins Gesicht, daß sie gegen die Wand taumelte. »Ich werde mir die Meinung eines Untergebenen, wie du es bist, anhören, wenn ich sie verlange. Oder ist es Raine Ascott gewesen, der dir solche Flausen in den Kopf gesetzt hat? Der Mann glaubt, er könne ganz England reformieren. Er versteckt sich im Wald, verachtet Besitz und hängt den verblichenen Idealen ritterlicher Ehre und Edelmütigkeit nach, während Leute deines Standes reich und fett werden.«

Clarissa wischte sich das Blut aus dem Mundwinkel. »Raine ist mehr wert als hundert Männer wie Ihr«, sagte sie.

»Raine nennst du ihn? Nicht ›Lord Raine‹? Trägst du seinen Bastard im Leib? Ist es das, was dich auf den verstiegenen Gedanken bringt, du wärest so hoch und mächtig? Wenn die Flammen erst an deinen Beinen emporlecken, werden wir ja sehen, ob der Name Ascott dir so sanft über die Lippen kommt. John!« sagte er scharf. »Bring Fiona fort. Übergib sie Miles Ascott, und merke dir, was er mit ihr anzustellen gedenkt. Und, John«, warnte er, »Fionas Jungfrauenschaft ist eine bekannte Tatsache, und ich möchte, daß sie unbeschädigt vor Miles' Füße gelegt wird. Roger Chatworths Zorn soll sich über die Köpfe der Ascotts ergießen und nicht über meinen. Habe ich mich klar ausgedrückt?«

John warf ihm einen unverschämten Blick zu, während er die Plane, in die Fiona eingerollt war, auf seine Schultern lud. »Ascott wird sie in bestmöglichem Zustand erhalten.«

»Aber sorge dafür, daß er geneigt ist, die hohe Geburt dieser Lady zu vergessen. Sieh zu, ob du ihre Kleider so arrangieren kannst, daß sein Blut in Wallung gerät.«

Mit einem breiten Grinsen nahm John von seinem Freund Abschied und verließ den Keller.

»Was verlangt Ihr von mir?« fragte Clarissa und wich vor Pagnell zurück, als er näher kam. »Ich habe Euch nichts zuleide getan.«

Er betrachtete mit funkelnden Augen ihren schwangeren Leib. »Du hast einem anderen Mann gegeben, was eigentlich mir gehören sollte.« Er packte sie am Arm und drückte einen kleinen, scharfen Dolch gegen ihre Rippen. »Nun geh die Treppe hinauf und durch die Tür und weiter zu den Ställen. Wenn du nur einen Ton von dir gibst, wird es dein letzter sein.«

Mit stockendem Atem blieb Clarissa keine Wahl, als ihm zu gehorchen. Oben in der großen Halle wimmelte es noch von Gästen, doch keiner schenkte Pagnell und dem billig gekleideten Mädchen die geringste Aufmerksamkeit. Sie pflegten ihre verkaterten Köpfe und blauen Flecken am Körper, die von den Stuhllehnen und Tischkanten herrührten, auf denen sie geschlafen hatten.

Clarissa suchte nach Jocelin, vermochte ihn jedoch nirgends zu entdecken. Jedesmal, wenn sie den Kopf drehen wollte, spürte sie Pagnells Messer sich in ihre Rippen bohren, bis sie den Kopf wieder nach vorn richtete. Vielleicht wußte Jocelin nichts von ihrer Not. Vielleicht war er bei einer Frau und hatte noch gar nicht entdeckt, daß sie nicht mehr unter den Leuten in der Halle weilte. Trotz ihrer Nähe respektierten sie das Privatleben des anderen. Zuweilen sahen sie sich den ganzen Tag nicht und stellten danach keine Fragen.

Draußen stieß Pagnell sie auf die Ställe zu, wo er einem Diener zubrüllte, daß er sein Pferd satteln solle. Ehe Clarissa wußte, wie ihr geschah, war sie in den Sattel geworfen, saß Pagnell hinter ihr, und sie galoppierten aus dem Schloß, daß Clarissa die Zähne klapperten.

Im späten Licht der Abenddämmerung hielten sie endlich vor einem hohen steinernen Gebäude am Rand einer kleinen Ortschaft an. Pagnell zog sie vom Pferd herunter, packte ihren Arm und schleppte sie mit sich zur Tür.

Ein untersetzter, fetter, glatzköpfiger Mann begrüßte sie. »Du hast länger gebraucht, als ich dachte. Was war nun so wichtig, daß ich bis zum späten Abend auf dich warten mußte?«

»Das«, sagte Pagnell und stieß Clarissa vor sich her in das Zimmer hinein. Es war ein großer, dunkler Raum, von ein paar Kerzen erhellt, die auf einem Tisch am anderen Ende standen.

»Was geht mich eine schmutzige schwangere Frau von niedrigem Stande an? Du hättest gewiß für deinen Zeitvertreib etwas Schmackhafteres finden können als diese da.«

»Stell dich dorthin«, befahl Pagnell und stieß sie auf den Tisch zu. »Wenn du ein einziges Wort sagst, schneide ich dir die Kehle durch.«

Zu müde, um etwas darauf zu erwidern, bewegte sich Clarissa auf den Tisch zu und sank vor dem leeren Kamin auf den Boden nieder.«

»Erkläre dich«, sagte der dicke Mann zu Pagnell.

»Nanu, Onkel, kein Willkommen, kein Wein?«

»Falls das, was du mir zu berichten hast, meinen Beifall findet, werde ich dich beköstigen.«

Pagnell setzte sich auf einen Stuhl vor dem Tisch und betrachtete die flackernden Kerzen. Nicht, daß sein Onkel so arm war, sich nur billigen Talg leisten zu können; doch in den letzten drei Jahren hatte der Mann nicht viel mehr getan als auf seinen Tod zu warten.

»Was für Empfindungen hast du für Raine Ascott?« fragte Pagnell leise und beobachtete aufmerksam, wie das Gesicht seines Onkels seine Totenblässe verlor und purpurrot anlief.

»Wie kannst du es wagen, den Namen dieses Mannes in meinem eigenen Haus auszusprechen?« keuchte er. Vor drei Jahren hatte Raine das einzige Kind von Robert Digges in einem Turnier getötet. Obschon dieser Sohn versucht hatte, Raine umzubringen, statt ihn lediglich vom Pferd zu stoßen, und obwohl dieser Sohn an diesem Tag bereits einen Mann erstochen und mehrere ernsthaft verletzt hatte, war es Raines Lanze gewesen, die Roberts Sohn das Leben nahm.

»Ich dachte mir, daß du ihn genauso verabscheust«, sagte Pagnell lächelnd. »Nun habe ich einen Weg gefunden, es diesem Mann heimzuzahlen.«

»Wie kannst du das? Der Mann versteckt sich im Wald, und nicht einmal der König kann ihn dort aufspüren.«

»Aber unser guter König hat nicht den Köder, den ich besitze.«

»Nein!« rief Clarissa und stand mit letzter Kraft vom Boden auf.

»Siehst du?« sagte Pagnell amüsiert. »Mit jedem Atemzug verteidigt sie diesen Mann. Wessen Kind trägt sie wohl im Bauch?«

Clarissa hielt seinem Blick trotzig stand. Hätte sie nicht versucht, Fiona mit dem Hinweis auf den Charakter der Ascotts zu beruhigen, hätte Pagnell nie von ihrer Beziehung zu Raine erfahren. Doch Fiona hatte ihr geholfen.

»Pagnell«, befahl Robert, »erzähl mir deine Geschichte von Anfang an.«

Pagnell gab in kurzen Zügen seine Version der Geschichte zum besten, daß Clarissa ihre Stimme dazu benützt habe, ihn zu betören. Und dann, als er sich ihr näherte, habe sie sich in Luft aufgelöst. Später, als er sie suchte, habe sie ihn mit der Wut einer Furie überfallen. Er zeigte zum Beweis die Narbe auf seinem Kopf vor. »Hatte so ein schmächtiges Ding wie sie mir so eine Narbe zufügen können, wenn ihr der Teufel nicht dabei geholfen hätte?«

Robert gab mit einem schwachen Lächeln und einem spöttischen Schnauben zurück: »Das hört sich eher so an, als habe sie dich übertölpelt.«

»Sie ist eine Hexe, sage ich dir!«

Robert machte eine wegwerfende Handbewegung. »Alle Frauen sind bis zu einem gewissen Grade Hexen. Was hat dieses Mädchen mit Raine Ascott zu tun?«

»Ich glaube, sie verbrachte die letzten Monate in seinem Lager, und es ist sein Kind, das sie im Leib trägt. Wenn wir ihn wissen lassen, daß wir gedenken, sie als Hexe zu verbrennen, wird er zu ihr kommen. Und wenn er das tut, werden wir ihn gebührend empfangen. Du kannst ihn haben, und wir können uns die Belohnung des Königs teilen.«

»Moment noch, Junge«, unterbrach ihn Robert. »Schau sie dir an. Du möchtest sie als Lockvogel verwenden? Raine Ascott kann jede Frau haben, wenn er sie will. Mag sein, daß im Wald die Auswahl nicht so groß ist und sie vermutlich sein Kind unter dem Herzen trägt; aber weshalb sollte er sein Leben riskieren, um *so einer* zu Hilfe zu kommen? Und warum hast du so viel Zeit aufgewendet, um nach einem flachbrüstigen, hüftlosen Kind mit einem Durchschnittsgesicht zu suchen?«

Pagnell warf seinem Onkel einen verachtungsvollen Blick zu, ehe er sich an Clarissa wandte. »Singe!« befahl er.

»Das werd' ich nicht«, sagte sie fest. »Ihr habt doch nur vor, mich umzubringen; weshalb sollte ich Euch gehorchen?«

»Du wirst sterben«, sagte er gelassen, »doch es fragt sich, ob du vor oder nach der Geburt deines Kindes brennen wirst. Wenn du mir den Gehorsam verweigerst, werde ich dafür sorgen, daß das Kind mit dir stirbt. Nun singe für das Leben deines Kindes.«

Clarissa gehorchte ihm sofort, ihre Hände auf dem Leib, während sie die Stimme hob zu einer flehenden Bitte an den Schöpfer, das Leben ihres Kindes zu retten.

Es blieb lange still, als sie geendet hatte, wobei die beiden Männer sie aufmerksam betrachteten.

Robert, der sich die Gänsehaut von den Unterarmen rieb, faßte sich zuerst. »Ascott wird dir zu Hilfe kommen«, sagte er voller Überzeugung.

Pagnell lächelte zufrieden, froh, daß sein Onkel einsah, warum er so viele Monate darauf verwandt hatte, nach dem Mädchen zu suchen. »Morgen früh beginnen wir mit dem Prozeß, und wenn sie schuldig gesprochen wird, binden wir sie an den Pfahl. Ascott wird hierherkommen, und wir bereiten uns auf seinen Empfang vor.«

»Wie kannst du sicher sein, daß er rechtzeitig davon erfährt? Und wenn er tatsächlich käme, bist du sicher, daß wir ihn auch fangen werden?«

»Ich warf die Schlampe ein paar Stunden lang in ein Verlies und ließ den hübschen Jungen wissen, der sie begleitete, was ich mit ihr vorhätte. Er ritt wie der Blitz davon, und ich bin überzeugt, er lenkte sein Pferd nach Süden auf den Wald zu, wo Ascott sich versteckt. Und was seine Lehnsmänner betrifft, so wird er kaum Zeit haben, sie vorher um sich zu scharen. Im Wald ist er von Kriminellen und Arbeitslosen umgeben. Keiner von denen kann reiten, geschweige denn ein Schwert schwingen.«

Clarissa biß sich auf die Unterlippe, damit sie nicht Raine zu verteidigen suchte. Es war viel besser, wenn Pagnell glaubte, Raine sei hilflos. Vielleicht würde Pagnell dann nur ein paar Männer aussenden, die Raine fangen sollten.

Woran dachte sie eigentlich? Raine würde ihr nie zu Hilfe kommen nach allem, was geschehen war, und sie zweifelte sehr daran, daß er mit Jocelin reden würde. Die Wächter im Forst meldeten Raine sofort, wenn jemand sich dem Lager näherte, und Raine brauchte Joss nur den Zutritt zu verweigern – was er sicherlich tun würde. Wenn Jocelin versuchte, sich heimlich in das Lager zu schleichen, konnte Raine den Wachen befehlen, ihn zu töten. Nein! Raine würde so etwas nicht tun, oder doch? Und wenn Jocelin Raine durch einen Mittelsmann benachrichtigen ließ? Würde Raine der Botschaft glauben? Ging es ihm nahe, wenn sie auf solche Weise umkommen sollte?

»Er wird kommen«, sagte Pagnell. »Und wenn er kommt, sind wir für seinen Empfang bereit.«

14. Kapitel

Clarissa blickte aus dem Fenster des kleinen, von steinernen Mauern umschlossenen Raumes in den Burghof darunter und beobachtete mit entsetzter Faszination, wie die Zimmerleute ein Gerüst für ihre Verbrennung errichteten. Acht schreckliche Tage waren vergangen, seit sie von Pagnell gefangengenommen wurde, und in dieser Zeit war sie der Tortur einer Gerichtsverhandlung unterworfen worden.

Die Richter dieses Verfahrens waren Männer aus Pagnells Verwandtschaft, und er hatte sie leicht zu seinen Ansichten bekehren können. Clarissa hatte alles mitangehört, denn sie sprachen über sie, als wäre sie gar nicht vorhanden, und ihr Kopf hallte von Raines Worten wider.

Raine und sie hatten sich oft über den Aufstieg der Mittelklasse gestritten. Clarissa hatte stets König Heinrich verteidigt, seine Methode gepriesen, den Edelleuten die Macht zu beschneiden, sie zur Bezahlung von Löhnen zu zwingen und ihnen die Leibeigenschaft zu verbieten. Doch Raine hatte ihr entgegengehalten, der König würde die Lehnsherren in fette Kaufleute verwandeln, und wenn die herrschende Klasse Pfennige zählen müsse, würde sie ihre ritterlichen Tugenden vergessen und nicht länger wissen, was Ehre bedeutete. Sie befürwortete eine zunehmende Gleichberechtigung der Menschen, doch Raine fragte, wer denn die Verteidigung des Landes übernehmen sollte, wenn England angegriffen würde. Wenn es keinen Stand gäbe, der von der Pflicht, Geld zu verdienen, befreit sei, damit er sich auf das Waffenhandwerk vorbereiten und stark sein könne, wer würde dann England schützen?

Als Clarissa Zeuge dieser »Gerichtsverhandlung« wurde, begann sie, viel besser zu verstehen, was Raine meinte. Die Richter glaubten nicht eine Sekunde daran, daß sie eine Hexe sei, was Clarissa sehr verwunderte, denn die Leute in ihrer Stadt waren durchaus überzeugt, daß es Hexen gäbe und suchten sich auf vielfache Weise vor den bösen Verwünschungen zu schützen.

Worum es den Richtern wirklich ging, war die Buhlerei um des Königs Gunst und die Absicht, sich eine fette Belohnung zu verdienen, wenn sie dem König einen Dienst erwiesen. Pagnell erzählte den Richtern, daß sie von Raine Ascott schwanger sei, und wie Geier stürzten sie sich auf diese Aussage. Raine war zum Verräter erklärt worden, und wenn man ein bißchen nachhalf, würde er seine Ländereien an jemand anderen abtreten müssen. König Heinrich hatte eine Vorliebe dafür, sich seinen eigenen Stand aus Edelleuten zu erschaffen und jedem, der reich genug war, dafür bezahlen zu können, einen Adelstitel zu verleihen. Die Richter hofften, einen

Teil der Ascott-Ländereien für sich zu ergattern, wenn sie Raine – oder seinen Kopf – dem König auslieferten.

Clarissa saß schweigend im Saal, während ihre Richter verhandelten, Pläne und Ränke schmiedeten, lachten und sich stritten. Am Ende wurde sie auf einen Karren gestoßen und durch die kleine Stadt gefahren – sie kannte nicht einmal ihren Namen –, und ein Mann ging vor dem Karren her und erklärte, daß sie eine Hexe sei.

Als wäre sie eine unbeteiligte Zeugin und nicht die Betroffene, beobachtete Clarissa, wie die Leute sich bekreuzigten, mit den Fingern ein Kreuz bildeten und sich dann abwandten, damit sie nicht den bösen Blick bekamen, und die Kühneren unter ihnen warfen mit Küchenabfällen nach ihr. Sie wollte den Leuten ins Gesicht schreien, daß das, was man ihr antat, nichts mit Hexerei zu tun habe, sondern nur mit Habgier – der Habgier der Leute, die bereits reich waren. Doch als sie die ängstlichen Gesichter der armen, schmutzigen und kranken Leute sah, wußte sie, daß sie mit ihnen nicht vernünftig reden konnte. Man kann die Unwissenheit von Jahrhunderten nicht in ein paar Minuten beseitigen.

Am Ende dieser Prozession wurde sie in die Ruinen einer alten steinernen Burg gezerrt, von der der Turm noch stand, und die Wendeltreppe hinaufgestoßen. Erst nach vielen Stunden gab man ihr eine kleine Schüssel voll Wasser, und Clarissa wusch sich so gut sie konnte den Schmutz und Unrat vom Körper.

Dort wurde sie tagelang gefangengehalten, während Wachen vor dem Turm und oben auf der Brüstung aufgestellt wurden. Nachts versammelte sich die Stadtbevölkerung in einem Kreis um den Turm und stimmte Geisterbeschwörungen an, um sich gegen ihre böse Macht zu schützen. Clarissa saß immer nur in der Mitte des kalten kleinen Raumes und versuchte, der Musik zu lauschen, die ihr durch den Kopf ging. Sie wußte, daß die Richter ihre Hinrichtung aufschoben, um Raine Zeit zu geben, zu ihrer Rettung herbeizueilen. Sie betete inbrünstig für seine Sicherheit und flehte Gott an, ihm die Augen zu öffnen, daß er in eine Falle laufen würde. Die Richter und Pagnell hatten nur zu recht mit ihrer Meinung, daß Raine sich nicht auf die Unterstützung seiner Ritter verlassen konnte. Tatsächlich hatte Pagnell mit seinen eigenen Gefolgsleuten das Land im Norden von Raines Burg besetzt, um Raine daran zu hindern, daß er zuerst dorthin ritt.

Clarissa saß auf ihrem Schemel und dachte über die Männer in Raines Lager nach, was für armselige Soldaten sie waren, wie faul sie waren, wenn sie sich im Waffenhandwerk üben sollten – und wie sehr diese Leute sie haßten. »Bitte«, betete sie, »laß Raine nicht allein hierherkommen. Wenn er kommt, gib ihm eine Wache bei, und sorge dafür, daß die Männer ihn schützen.«

Am neunten Tag vor Sonnenaufgang kam eine fette, stinkende alte Frau mit einem einfachen weißen Leinentuch zu ihr, das sie anziehen sollte. Widerspruchslos warf Clarissa das Tuch über ihren Körper und ließ es lose über ihrem Leib hängen. Während der Verhandlung hatte sie um Gnade für das Leben ihres Kindes gefleht; doch die Männer hatten sie nur verständnislos angesehen, als wäre sie nicht die Angeklagte, sondern eine Sache ohne Bedeutung. Einer der Richter sagte zu Pagnell, er sollte sie zum Schweigen bringen, und mit einer Ohrfeige brachte er Clarissa zum Verstummen. Gleichgültig, was sie vorbringen würde – diese Leute vermochte sie nicht zu beeindrucken. Jetzt überlegte sie, daß diese Leute sie verbrennen mußten, solange ihre Gefühle noch heiß waren für sie, und das Kind zusammen mit ihr umgebracht werden sollte. Pagnell lachte und sagte, sie würden Raine festhalten, damit er zusehen mußte, wie Clarissa verbrannte.

Mit hocherhobenem Kinn stieg Clarissa die Wendeltreppe vor der alten Frau hinunter, die Clarissas Kleid über dem Arm trug – Belohnung für ihr Risiko, sich im selben Raum mit der Hexe aufzuhalten.

Sie mußte ihre ganze Willenskraft zusammennehmen, damit sie ihre wackeligen Knie zum Gehorsam brachte. Ein Priester erwartete sie am Fuß der Treppe, und rasch legte Clarissa eine Beichte ab, in der sie leugnete, daß sie eine Hexe sei oder das Kind des Teufels in sich trage. Mit ungläubiger Miene segnete er sie und schickte sie auf den Weg zum Schafott.

Es mußte sonderbar aussehen, dachte Clarissa, daß so ein schmächtiges Ding wie sie von so vielen kräftigen Männern eskortiert wurde: einer ging voran, einer marschierte hinter ihr und jeweils zwei Bewaffnete an ihrer Seite. Das Scheppern ihrer Rüstungen war das einzige Geräusch, das lauter war als das Klopfen ihres Herzens, als sie ihre Augen auf die Plattform vor sich richtete. Ein hoher Pfahl streckte sich himmelwärts, und um ihn war ein Stoß aus Zweigen und getrockneten Gräsern errichtet.

Die Menge lärmte freudig, während sie ihren Gang zum Scheiterhaufen beobachtete, frohlockend über das besondere Schauspiel, das ihnen geboten wurde. Nicht viele Hexen wurden in diesen Tagen noch verbrannt.

Als Clarissa die hölzerne Treppe hinaufstieg, schlossen die Wachen einen Kreis um sie und drehten ihr den Rücken zu, während sie mit den Augen den Horizont absuchten. Unwillkürlich blickte Clarissa ebenfalls auf das Land hinaus. Hoffnung und Angst vermischten sich in ihr. Sie fürchtete um Raines Leben, falls er versuchen sollte, sie zu retten, doch sie hoffte zugleich, daß sie nicht sterben mußte.

Ein Wächter packte sie am Arm, zog sie zum Pfahl und band die Handgelenke auf ihrem Rücken fest.

Clarissa hob die Augen himmelwärts, sich ganz dessen bewußt, daß sie zum letztenmal die Sonne erblicken würde. Die Morgendämmerung brach an, und sie sah über die hohen Büsche hin in die Menge. Es war schlimm, sehr schlimm, daß sie den Eindruck dieser Gesichter mit hinübernehmen mußte, wenn sie in den Himmel kam – oder in die Hölle.

Sie schloß die Augen und versuchte sich Raines Gesicht vorzustellen.

»Vorwärts mit dir«, drang eine Stimme zu ihr, die sie zwang, ihre Augen wieder zu öffnen. Stimmen waren für sie etwas Lebendiges; sie würde sich eher an eine Stimme erinnern als an ein Gesicht oder einen Namen. Während sie die Menge musterte, sah sie dort keinen, den sie kannte. Sie schienen alle zu einem besonders schmutzigen, gepreßt bedeckten Mob zu gehören.

»Laßt mich das Feuer anzünden«, kam diese Stimme wieder, und diesmal blickte Clarissa in Rosamunds Augen. Ein Schauder lief über ihre Haut, ihre Ohren klingelten, und eine winzige Flamme der Hoffnung glomm in ihr auf.

Die Wächter, die sie umringten, nahmen sich Zeit mit dem Entfachen des Feuers, während sie die Landschaft ringsum im Auge behielten, Ausschau hielten nach einem Ritter und seinen Gefolgsleuten.

Nicht sicher, ob sie ihren Augen trauen konnte, betrachtete sie abermals den Mob.

»Worauf wartet ihr noch?« kam eine Stimme, die Clarissa genausogut kannte wie ihre eigene. Dort, in der vordersten Reihe, mit geschwärzten Zähnen und einer schmutzigen blutigen Bandage über einem Auge, stand Jocelin. Neben ihm ein Mann, den Clarissa als Bewohner des Waldlagers wiedererkannte, einer von den Männern, die sie des Diebstahls beschuldigt hatten. Sie wirkten noch schmutziger und abstoßender, als sie sie in Erinnerung hatte, doch sie waren alle hierhergekommen, die Verbannten aus ihrem Waldlager, und sahen nun mit einem halben, verschwörerischen Lächeln zu ihr hinauf, als sie merkten, daß sie von ihr erkannt wurden.

Obwohl sie ihre ganze Willenskraft zusammennahm, begannen die Tränen ihr über die Wangen zu strömen, und obwohl ihr alles vor den Augen verschwamm, konnte sie sehen, daß Joss versuchte, ihr etwas mitzuteilen. Es dauerte Sekunden, bis sie verstand, was er ihr zuraunte.

»Dieses Feuer wird die Hexe zum lauten Singen bringen«, sagte er, und Clarissa hörte Erbitterung aus seiner Stimme heraus.

Verstohlen sah sie auf die Wachen, die mit gerunzelter Stirn in die leere Landschaft starrten und nicht einen Blick übrig hatten für die Menge, die sich am Fuß der Plattform drängte.

»Wir haben lange genug gewartet«, sagte einer der schwarzgewandeten Richter hinter Clarissa. »Laßt die Hexe brennen.«

Einer der Wächter senkte eine brennende Fackel zum Reisig hinunter, und in diesem Augenblick sog Clarissa ihre Lungen voll Luft. Verzweiflung, Angst, Hoffnung, Freude – das alles vereinigte sich in ihrer Stimme, und der Ton, den sie hervorbrachte, war so stark, so laut, daß alle einen Moment lang wie gelähmt dastanden.

Jocelin war der erste, der sich wieder bewegte. Mit einem Schrei, der Clarissas Ton um weniges nachstand, sprang er auf die Plattform hinauf, und ihm folgten zwanzig Männer und Frauen. Ein geständiger Mörder warf sich mit voller Wucht auf den Wächter, der die Fackel hielt, so daß ihm das flammende Pech aus der Hand flog und den Reisigstoß hinter Clarissas Rücken entzündete, wo sogleich eine Flamme emporzüngelte.

Sechs Wächter und vier Richter befanden sich auf der Plattform. Die Richter flüchteten beim ersten Anzeichen von Gefahr, ihre Roben bis zu den Knien hinaufgezogen, die sich hinter ihnen blähten wie schwarze Flügel.

Rauch ringelte sich um Clarissas Körper, während sie zusah, wie die Männer und Frauen mit den stahlbewehrten Rittern kämpften. Bei jedem Schlag, der auf nacktes Fleisch traf, spürte sie den Schmerz in ihrem eigenen Leib. Diese Leute, die sie so schlecht behandelt hatte, setzten ihr Leben ein, um sie zu retten.

Der Rauch wurde dichter, trieb ihr Tränen in die Augen und zwang sie zu husten. Hitze, so schlimm wie die heißeste Sonne, versengte ihr den Rücken. Sie versuchte immer noch die Leute, die sie umgaben, zu beobachten, sich deutlich bewußt, wie gebrechlich sie waren im Vergleich zu diesen Rittern in ihrer schweren Rüstung. Ihr einziger Trost war der Gedanke, daß Raine vernünftig genug gewesen war, nicht sein Leben in diesem Kampf zu riskieren. Wenigstens war er dieser Stätte ferngeblieben und hielt sich irgendwo an sicherer Stelle auf.

Es dauerte eine Weile, ehe sie gewahrte, daß einer von den Rittern nicht von den Waldleuten angegriffen wurde. Und erst, als sie seine donnernde Stimme hörte, die hohl im Helm widerhallte, begriff sie, daß einer der Wachen Raine war.

»Jocelin! Schneide sie los!« befahl Raine, während er eine doppelschneidige Axt auf die Schulter eines bewaffneten Ritters niederwuchtete, daß der Mann in die Knie brach. Eine Frau sprang auf den gefällten Ritter zu, riß ihm den Helm ab, während ein einäugiger Mann eine Keule auf den Kopf des benommenen Ritters schmetterte.

Der Rauch war so dick, daß Clarissa nicht mehr sehen konnte, und ihr Hals war rauh vom Husten. Noch mehr Tränen flossen, während Joss die Stricke durchschnitt, die ihre Handgelenke zusammenschlossen, sie am Arm faßte und von dem brennenden Reisig fortzog.

»Komm«, sagte er und zog sie bei der Hand.

Sie blieb stehen und sah auf die Plattform zurück. Raine kämpfte mit zwei Männern zugleich, schwang mit voller Wucht einen stahlbewehrten Morgenstern und wich einem Schwertstreich aus. Hinter ihm waberte das Feuer, spiegelte sich in den Rüstungen der Männer und überzog sie mit blutrotem Schein.

»Clarissa!« schrie Jocelin sie an. »Raine gab mir Befehle, wohin ich dich bringen soll. Er ist schon wütend genug auf uns beide. Wenigstens einmal solltest du ihm gehorchen.«

»Ich kann ihn nicht verlassen!« versuchte sie zu sagen, doch der Kloß, der in ihrem rauhen Hals steckte, würgte alles ab bis auf einen krächzenden Laut.

Ein kräftiger Ruck von Joss, und sie liefen beide. Nach einer langen Zeit sah sie Pferde auf sich zukommen.

»Er hat sich verspätet«, rief Joss, keuchend vor Anstrengung. »Nun komm schon, Clarissa!«

Das Laufen lenkte sie wenigstens von dem Gedanken ab, in welcher Gefahr sich Raine befand. Das zusätzliche Gewicht ihres ungeborenen Kindes ließ sie watscheln wie eine Ente, und sie brauchte jedes Quentchen Luft in ihren Lungen.

Als sie die Pferde erreichten, stieg Jocelin in den Sattel und zog sie hinter sich auf das Tier. Zu ihrem Kummer bewegten sie sich von der Stätte fort, wo Raine und die anderen kämpften. Clarissa versuchte zu protestieren, doch abermals versagte ihre Stimme. Ihr Schweigen war so untypisch, daß Joss sich zu ihr umdrehte, und sein schnaubendes Gelächter verriet ihr, daß er begriffen hatte, was sie zum Schweigen zwang.

Nach einem zweistündigen harten Ritt hielten sie endlich vor einem Tor, das zu einem Kloster gehörte. Clarissa, erschöpft von der Angst, die sie in den letzten Tagen ausgestanden hatte, konnte kaum stehen, als Joss ihr vom Pferd half.

»Hast du wirklich deine Stimme verloren?« erkundigte Joss sich halb amüsiert, halb mitleidig.

Sie versuchte abermals zu sprechen, doch nur ein Krächzen, das ihrer Kehle weh tat, kam heraus.

»Vielleicht ist es so besser. Raine ist so wütend, daß er uns beiden die Zunge ausreißen möchte. Ich hoffe doch, daß du sonst heilgeblieben bist? Oder haben sie dich während der Gefangenschaft gefoltert?«

Clarissa schüttelte den Kopf.

Ehe Joss noch etwas sagen konnte, öffnete ein Mönch mit Tonsur und brauner Kutte das schwere hölzerne Tor.

»Wollt ihr nicht hereinkommen, meine Kinder? Wir sind auf euch vorbereitet.«

Clarissa berührte Jocelins Arm und sah ihn stirnrunzelnd an. Was meinte der Mönch damit, daß er »vorbereitet« sei?

»Nur hinein. Du wirst schon sehen«, sagte Joss lächelnd.

Hinter der Mauer lag ein großer, schöner Hof, grün und schattig im frühen Sonnenlicht eines Augustmorgens. Türen gingen auf drei Seiten des Hofes ab, während hinter ihnen eine dicke Steinmauer aufragte.

»Wir haben ein paar Räume für weibliche Besucher«, sagte der Mönch, während er Clarissas rußbedecktes großes Leinenhemd betrachtete. »Lord Raine hat alles für Eure Bequemlichkeit vorbereiten lassen.«

Einen Moment später befand sich Clarissa in einem geräumigen Raum neben dem Hof, und man reichte ihr einen Becher mit dicker Buttermilch zum Trinken. Sie hatte ihn halb geleert, als das Geräusch von klirrendem Stahl durch die Tür zu ihr drang.

»Clarissa!« hörte sie eine bellende Stimme, die nur Raine gehören konnte.

Gewohnt, ihm in gleicher Lautstärke zu antworten, öffnete Clarissa den Mund, doch nur ein jämmerliches Japsen kam über ihre Lippen. Mit einer Hand an der Kehle öffnete sie die Tür. Raine schwang herum, um sie anzusehen, und einen Moment kreuzten sich ihre Blicke. Wieder lagen tiefe Schatten unter seinen Augen, und seine Haare, mit Schweiß getränkt, klebten an seinem Kopf. Sein Harnisch war mit zahllosen Dellen bedeckt. Doch was sie beängstigte, war der Zorn in seinen Augen.

»Komm hierher«, rief er grollend, und sein Ton erlaubte keine Widerrede.

Als sie neben ihm stand, packte er sie bei den Schultern, starrte einen Moment auf ihren Leib und sah dann zurück in ihre Augen. »Ich sollte dich dafür gründlich übers Knie legen«, sagte er.

Clarissa versuchte zu sprechen, doch ihr entzündeter Hals trieb ihr nur Tränen in die Augen.

Er sah sie einen Augenblick verdutzt an, dann blitzte ein Grübchen in seiner Wange auf. »Der Rauch hat dir deine Stimme genommen?«

Sie nickte.

»Gut! Das ist die beste Nachricht, die ich seit Monaten gehört habe. Wenn wir mit dieser Sache fertig sind, habe ich dir ein paar Dinge zu sagen, und dieses eine Mal wirst du mir zuhören.« Damit faßte er ihre Schulter und steuerte sie auf ein kleines Tor in der

Mauer zu. Dahinter war ein hohes, tief eingelassenes Portal, das offensichtlich zu einer Kapelle gehörte. Er wartete nicht, bis sie es aufzog, sondern öffnete selbst das Portal und schob sie in den Innenraum. Vor dem Altar standen Jocelin und ein großer schlanker Mann, den Clarissa noch nie gesehen hatte.

»In deiner Rüstung?« fragte der Fremde und betrachtete Clarissa neugierig.

»Wenn ich mir die Zeit zum Umziehen nähme, würde sie mir zweifellos wieder durch die Finger schlüpfen. Du hast den Ring bei dir, Gavin?«

Clarissas Augen öffneten sich weit bei diesem Namen. Das war also Raines älterer Bruder, dem sie geschrieben und den sie um Hilfe gebeten hatte, damit er Raines Zorn auf Roger Chatworth bändigen sollte. Als sie zu Gavin hinaufsah und überlegte, daß er der Statur nach Raine überhaupt nicht ähnlich war und Raine so viel hübscher sei, beachtete sie kaum den Priester, der vor ihr stand und redete.

»Hör zu, Clarissa«, befahl Raine, und Gavin hüstelte, um ein Lachen zu verdecken.

Verblüfft sah Clarissa auf die Männer, die sie umgaben. In Jocelins Augen stand ein Lachen, während Raines Pupillen sich im mühsam beherrschten Zorn verengten und Gavin sie alle mit amüsierter Toleranz betrachtete. Der Priester wartete geduldig, daß sie etwas sagte.

»Clarissa!« polterte Raine. »Ich weiß, daß du nicht sprechen kannst, aber du könntest wenigstens mit dem Kopf nicken – es sei denn, du möchtest mich lieber nicht heiraten. Vielleicht möchtest du eher Jocelin haben . . . wie schon einmal.«

»Heiraten?« sagte sie mühsam.

»Um Himmels willen, Raine! Entschuldigung, Vater«, sagte Gavin. »Habe Mitleid mit ihr. Sie hat einen Schock erlebt. Eben noch sollte sie auf dem Scheiterhaufen verbrannt werden, und im nächsten Augenblick wird sie geheiratet. Sie braucht ein paar Sekunden, um sich zurechtfinden zu können.«

»Und seit wann weißt du so gut über Frauen Bescheid?« erkundigte sich Raine feindselig. »Du hast Judith ein paar Minuten nach der Hochzeit vor die Tür gesetzt, und wenn ich mir nicht das Bein gebrochen hätte, wäre sie mutterseelenallein gewesen.«

»Wenn du nicht gewesen wärst, wäre sie viel früher zu mir gekommen. Aber so . . .«

»Ruhe!« rief Jocelin und wich dann einen Schritt zurück, als die beiden Ascott-Brüder ihren Zorn auf ihn abluden. Er holte tief Luft. »Clarissa hat soeben Lord Gavin angesehen, und ich bin mir nicht sicher, ob sie begriffen hat, daß sie Lord Raine das Ja-Wort geben soll. Wenn man ihr vielleicht die Sachlage erklären würde, könnte sie die Fragen richtig beantworten, auch ohne ihre Stimme.«

Die Erkenntnis dessen, was hier vorging, traf Clarissa nun mit voller Wucht. Sie riß die Augen auf und ließ den Unterkiefer herunterfallen.

»Bedeutet das Entsetzen über diese Zumutung?« meinte Gavin lachend.

Raine sah von Clarissa fort, offenbar nicht ganz sicher, was ihre Miene bedeutete. »Sie trägt mein Kind unter dem Herzen. Sie wird mich heiraten«, sagte er mürrisch.

Clarissa konnte nicht sprechen, aber sie vermochte ihn durch die Zähne anzuzischen, und als Raine sie immer noch nicht ansehen wollte, sah sie sich nach einem Instrument um, mit dem sie seine Aufmerksamkeit auf sich lenken konnte. Er bat sie nicht darum, ihn zu heiraten, gewährte ihr nicht das süße Vergnügen, sich ihm an die Brust zu werfen, um zu sagen, wie sehr sie ihn liebte, sondern stand mürrisch und zornig da und verkündete, daß sie ihn heiraten würde.

»Möchtest du dir mein Schwert ausleihen?« fragte Gavin, und seine Stimme war so voll Lachen, daß er kaum den Satz zu Ende bringen konnte. »Oh, Raine.« Er schlug seinem Bruder auf die Schulter, daß die Rüstung klirrte; doch Raine bewegte sich nicht. »Ich hoffe, sie heizt dir tüchtig ein. Judith wird eine Schwägerin in ihr Herz schließen, die ihren Gatten so ansieht, als wollte sie ihn erdolchen. Das wird ihr das Gefühl geben, daß sie nicht ganz allein auf der Welt ist.«

Raine sah seinen Bruder nicht an, und Clarissa spürte, daß hier irgendein altes Zerwürfnis zwischen den Brüdern anklang. Nie in ihrem Leben hatte sie sich so sehr die Macht ihrer Stimme gewünscht wie in diesem Moment. Damit hätte sie Raine gezwungen, sie anzusehen.

»My Lady«, sagte der Priester, und es dauerte eine Weile, ehe Clarissa begriff, daß er mit ihr redete. »Es ist nicht Sache der Kirche, zu einer unerwünschten Eheschließung zu ermuntern. Ist es Euer Wunsch, Lord Raine zu heiraten?«

Sie sah hoch zu Raines Profil, wütend, daß er sie nicht anschauen wollte. Mit zwei Schritten baute sie sich vor ihm auf, während seine Augen auf irgendeinen Punkt über ihrem Kopf gerichtet blieben. Langsam hob sie den Arm, nahm seine Hand, hielt sie in der ihren. Seine Hand zeigte an verschiedenen Stellen Schnittwunden, war blutig, voller blauer Flecken, und während sie darauf hinuntersah, wußte sie, daß er sich diese Wunden geholt hatte, um sie zu retten. Sie hob sie an ihre Lippen und küßte seine Handfläche, und als sie zu ihm aufsah, ruhten seine Augen auf ihr. Einen Moment lang schienen sie weich zu werden.

»Sie will mich heiraten«, sagte er, während er zurücksah auf den Priester.

Clarissa wollte ihn seiner Selbstgerechtigkeit wegen verfluchen und weil er sich weigerte, seinen Zorn auf sie ein wenig abzuschwächen. Schweigend ging sie zurück an seine Seite, und die Trauung wurde vollzogen.

Raine gab niemandem Zeit, sie zu beglückwünschen. »Komm, Lady Clarissa«, sagte er und grub die Finger in ihren Oberarm. »Wir haben eine Menge miteinander zu besprechen.«

»Laß sie in Ruhe, Raine«, sagte Gavin. »Kannst du nicht sehen, wie erschöpft sie ist? Außerdem ist es dein Hochzeitstag. Schimpfen kannst du mit ihr ein andermal.«

Raine gönnte seinem Bruder nicht einmal einen Blick, während er Clarissa aus der Kapelle drängte, über den Hof und in ihr Zimmer hinein. Sobald die Tür zugefallen war, lehnte sich Raine dagegen.

»Wie konntest du nur, Clarissa?« flüsterte er. »Wie konntest du sagen, du empfindest etwas für mich und mir dann die letzten Monate die Hölle auf Erden bereiten?«

Es war frustrierend, nicht reden zu können. Sie sah sich nach einer Feder und Papier um, besann sich dann jedoch darauf, daß Raine nicht lesen konnte.

»Weißt du, was ich in den letzten Monaten durchgemacht habe?« Er warf seinen Helm auf das Bett. »Jahrelang habe ich nach einer Frau gesucht, die ich lieben konnte. Eine Frau mit Courage und Ehrgefühl. Eine Frau, die weder Angst vor mir hatte noch hinter meinem Geld oder meinen Ländereien her war. Eine Frau, die mich zum Nachdenken brachte.«

Er begann, die Schnallen der Lederriemen zu lösen, die seine Rüstung zusammenhielten, und warf Stück für Stück zu einem Haufen auf das Bett.

»Zuerst treibst du mich in diesen engen Strumpfhosen fast in den Wahnsinn, stolzierst damit vor mir auf und ab und schaust mich dabei mit heißhungrigen Augen an, daß mir ganz bang wird.«

Mit einer Bewegung schob er die Teile seiner Rüstung beiseite, setzte sich auf den Bettrand und begann, die Beinschienen zu entfernen. Clarissa kniete sich vor ihn und half ihm. Raine lehnte sich auf die Ellenbogen zurück, wobei sein Redefluß nie abriß.

»Als ich entdeckte, daß du eine Frau bist, bekam ich Fieber und war mir nicht sicher, ob ich nur träumte, doch in jener Nacht erlebte ich Wonnen, wie ich sie nie gehabt hatte. Da war keine falsche Scham in dir, kein Sich-Zieren, nur begeisterter Überschwang, die Freude, Wonne zu bereiten und zu empfangen. Später war ich wütend auf dich, weil du mir so einen häßlichen Streich gespielt hast; doch ich verzieh dir.«

Er sagte das, als wäre er die großzügigste Person der Welt und ohne auf Clarissas beleidigten Blick zu achten, während er das andere Bein hob, damit sie ihm auch dort die Beinschiene losbinden sollte.

Ein Klopfen an der Tür unterbrach seine Tiraden. Mehrere Diener, so kostbar bekleidet wie sie in ihrem ganzen Leben nicht, betraten das Zimmer und trugen einen großen eichenen Zuber und mehrere Eimer mit dampfendheißem Wasser herein.

»Stellt das dorthin«, sagte Raine geistesabwesend.

Clarissa erhob sich vom Boden und beobachtete staunend diese Prozession. Nie in ihrem Leben hatte sie ein heißes Vollbad genommen. In Moreton hatte sie sich mit einer Waschschüssel begnügen müssen, und im Wald war es ein eiskalter Strom gewesen.

»Was ist mit dir, Clarissa?« fragte Raine, als sie wieder allein waren. »Du machst ein Gesicht, als hättest du einen Geist erblickt.«

Stumm deutete sie auf den dampfenden Zuber.

»Du möchtest zuerst baden? Bitte.«

Vorsichtig kniete sie sich vor den Zuber, steckte die Hand ins Wasser und lächelte zu Raine empor, während er anfing, die Lederpolster zu entfernen, die er unter der Rüstung getragen hatte.

»Versuche mich nicht abzulenken«, sagte er ein wenig zu süß. »Ich trage mich immer noch mit dem Gedanken, dir den Hintern zu versohlen. Weißt du, wie ich mich fühlte, als ich dich mit Jocelin ertappte?«

Sie sah zur Seite, als sie sich an den Schmerz in seinen Augen erinnerte.

»Ich brauchte Jahre dazu, dich zu finden, und dann muß ich mir von dir sagen lassen, daß deine . . . deine Musik dir mehr bedeutet als ich. Mach deinen Mund zu! Das war der Sinn deiner Rede. Weißt du, Clarissa, ich finde es gar nicht so schlecht, daß dir die Stimme weggeblieben ist. Mein Bruder wollte nicht glauben, daß ein so schmächtiges Ding wie du fünfzig erwachsene Männer niederschreien könne. Ich bot ihm sogar eine Wette an auf sein großes Maul; doch er lehnte ab.

Clarissa«, warnte er, »schau mich nicht so beleidigt an. Du hast kein Recht, beleidigt zu sein. Nein! Ich bin derjenige, der in diesen letzten Monaten durch die Hölle ging. Ich wußte nie, wo du stecktest, mit wieviel Männern du inzwischen geschlafen hast.«

Hier warf sie ihm einen Blick zu, wie er düsterer nicht sein konnte.

»Du warst es, der mich glauben ließ, es fehlte dir an Tugend – das ist die mildeste Art, es auszudrücken. Im Lager trieb ich die Leute fast zum Wahnsinn. Einige von ihnen meuterten und weigerten sich, in die Nähe des Übungsfeldes zu kommen.«

Er betrachtete einen Moment lang stirnrunzelnd den Finger, den sie auf ihn richtete. »Ich selbst verbrachte sehr viel Zeit dort, wenn es das ist, was du meinst. Ich versuchte mich so zu verausgaben, daß ich dich und Joss zu vergessen vermochte.«

Clarissas Augen wurden schmal, und sie benützte beide Hände, um ein großes Gewölbe über ihrer Brust zu errichten.

»Oh, Blanche«, sagte er, so rasch begreifend, daß Clarissa ihn anzischte. »Recht wäre dir geschehen, wenn ich sie in mein Bett eingeladen hätte; aber nach dir begehrte ich keine andere Frau mehr. Tod und Verdammnis über dich, Clarissa! Du siehst aus, als freutest du dich noch darüber. Mir war hundeelend, als du aus dem Lager gingst.«

Sie deutete auf sich, und all ihre Liebe spiegelte sich in ihren Augen.

Er blickte zur Seite, und seine Stimme war heiser, als er fortfuhr: »Ich hätte Joss fast umgebracht, als er zu mir kam. Ich weigerte mich, ihn zu empfangen, und die Wächter wollten ihn nicht passieren lassen, aber er kennt sich zu gut in diesem Wald aus. Eines Nachts, als ich ein bißchen zuviel getrunken hatte und am Morgen aufwachte, saß Joss auf einem Schemel neben meinem Bett. Es dauerte eine Weile, ehe ich ihm zuhören wollte.«

Clarissa hörte seiner Stimme an, wie sehr er untertrieb, und sie verdrehte die Augen.

»Ich kann dir versichern, daß es meinem schmerzenden Kopf nicht bekommen ist, als ich erfuhr, daß Pagnell dich gefangen genommen habe und dieser Schurke plane, mir eine Falle zu stellen.«

Clarissa, die neben dem Zuber saß, streckte den Arm aus und griff nach Raines Hand. Er trug jetzt nur noch ein Lendentuch. Sie war überwältigt von dem Gedanken, daß er sein Leben für sie riskiert hatte.

»Clarissa«, sagte er sanft und kniete sich vor sie hin. »Begreifst du immer noch nicht, daß ich dich liebe? Selbstverständlich wäre ich dir zu Hilfe gekommen.«

Sie versuchte ihm mit Mimik und Gesten zu zeigen, wie groß ihre Angst gewesen war, daß Pagnells Rechnung aufging.

»Was?« sagte Raine, der wieder in die Höhe schnellte. »Du dachtest, ich ahnte nichts von dieser Falle?« Er war offensichtlich beleidigt. »Du dachtest, so eine Mücke wie Pagnell könnte einen Ascott in seine Fänge locken?«

Mit einer raschen Bewegung riß er das Lendentuch ab und stieg in den Zuber. »An dem Tag, wo so ein schmutziger Halunke . . . Clarissa, du hast doch nicht wirklich geglaubt, daß Pagnell . . .?«

Sie warf ihre Hände in die Höhe und verbeugte sich vor ihm mit gespielter Demut.

»Nun, vielleicht sollte ich dir das auch verzeihen. Du weißt nicht, aus welchem Stoff dieser Mann gemacht ist. Vielleicht scherst du alle Edelleute über einen Kamm.«

Nun war sie es, die Grund hatte, beleidigt zu sein. Mit »du« meinte er alle Angehörigen ihrer Klasse, das gemeine Volk, das an Hexen glaubte und die Güte des Königs. Die dachten, daß Gerichtsverfahren gerecht und fair abgewickelt würden und noch andere dumme Sachen mehr. Sie schlug mit der Faust in das Wasser, daß es Raine ins Gesicht spritzte.

Er packte ihr Handgelenk. »Was hat das wieder zu bedeuten? Eben habe ich dir noch verziehen, daß du mich verlassen hast, habe deine Haut vor dem Feuer gerettet und dich geheiratet, und du bist mir nicht einmal dankbar.«

Oh, wie sehr, wie so sehr wünschte sie nun, reden zu können. Sie würde ihm in einer Stimme sagen, daß er seine Ohren zurücklegte, daß sie ihn nur verließ, damit er sicher war vor dem Zorn des Königs und ihr nur der Tod auf dem Scheiterhaufen drohte, weil sie *sein* Kind unter dem Herzen trug.

Was das Heiraten betraf, so hatte er das zweifellos nur seines Ehrbegriffs wegen getan.

»Mir gefällt nicht, was du denkst«, sagte er und zog sie näher an sich. »Gavin lachte mich aus, als ich sagte, du wärst mir dankbar für das, was ich für dich tat. Er sagte, Frauen reagierten nie so, wie sie sollten. Ich meine, logisch. Was habe ich jetzt wieder angerichtet?«

Sie ballte beide Hände zu Fäusten und drohte, ihn auf die Nase zu boxen.

»Clarissa, du strapazierst meine Geduld bis zum äußersten. Hast du nicht einen freundlichen Gedanken für mich? Ich habe ein paar schreckliche Tage hinter mir. Ich mußte nachts die Turmmauer hinaufklettern, den Wächter auf dem Dach töten und seine Rüstung anlegen, und das alles so leise, daß die anderen Wächter nichts merkten.«

Als er sie an beiden Handgelenken festhielt, konnte er spüren, wie sie dahinschmolz, gleichgültig, daß sie seinetwegen auf dem Scheiterhaufen brennen sollte: er hatte sehr viel gewagt, um sie zu retten.

»Freust du dich nicht ein kleines bißchen über mich?« murmelte er an ihrem Mund. »Bist du nicht ein kleines bißchen froh, mit mir verheiratet zu sein?«

Während Clarissa spürte, wie ihr Körper sich auflöste, unter seinem starken Willen dahinschwand, merkte sie nicht, wie er sie über den Rand des Zubers zog. Mit einem lauten Platschen hob er sie auf seinen Schoß, daß das Wasser über den Rand schwappte.

»Jetzt hab' ich dich«, lachte er, als sie versuchte, sich aufzusetzen. »Nun wirst du mir für den Mangel an Dankbarkeit büßen.«

Er lachte abermals, als Clarissa mit krächzender Stimme zu protestieren versuchte. Doch als er anfing, sie zu küssen, gab sie den Versuch auf.

15. Kapitel

Clarissa schlang die Arme um Raines Hals, und all ihre zornigen Gedanken waren verflogen. So viel Zeit war vergangen, seit sie ihn zum letztenmal gesehen hatte, und ihr Hunger nach ihm war überwältigend. Begierig zog sie ihn näher an sich. Ihre Lippen hingen an den seinen, ihre Zunge erforschte seinen Mund und nahm alles in Besitz, was sie zu erreichen vermochte.

»Clarissa«, flüsterte er in ihr Haar, und Tränen mischten sich in seine Stimme. »Ich sah dich, als ich die Turmwand hinaufkletterte, verlassen und einsam in deinem Gefängnis leise vor dich hinweinend, so klein und so traurig. Da wollte ich alle deine Wächter töten; aber ich konnte mich nicht auf die Unterstützung der Männer aus dem Wald verlassen. Wenn meine Brüder frei gewesen wären, hätte ich es versucht; aber ich wollte nicht riskieren, daß du dabei verletzt wurdest.«

Ihr Kopf ruckte hoch, als er seine Brüder erwähnte. Fiona!

»Was ist, Clarissa? Stimmt etwas nicht?«

Sie versuchte, »Fiona« zu sagen; doch sie brachte nur Unverständliches hervor. Nach mehreren Versuchen gelang es ihr, »Miles« zu sagen.

»Du bist meinem kleinen Bruder begegnet? Nein, das ist unmöglich. Er ist auf der Insel Wigth gewesen. Nachdem Mary . . . starb, verlor Miles fast den Verstand, und Gavin überredete ihn zu einem Besuch bei Onkel Simon. Er verließ vor ein paar Wochen die Insel.«

Raine war verwirrt von Clarissas heftigem Kopfschütteln. Miles, krächzte sie immer wieder. »Ist Miles in Gefahr?«

Clarissa nickte zustimmend, und bevor sie die Kopfbewegung wiederholen konnte, war Raine schon aus dem Zuber, Clarissa unter dem Arm. Hastig setzte er sie ab, wickelte einen Umhang um ihren Leib und streifte sein Lendentuch über die Hüften. »Wir wollen zu Gavin gehen, und du kannst schreiben, was du uns zu sagen hast.«

Clarissas Gesicht war puterrot, sobald sie ihr Zimmer verließen. Sie trug nur ein nasses Hemd unter dem Umhang, während Raine praktisch gar nichts anhatte, während er sie hinter sich her durch das ganze Kloster schleifte. Sie fanden Gavin in den Ställen.

»Du bist doch nicht gewillt, so früh loszureiten, oder doch,

Bruder?« neckte er Raine. »Sicherlich verdient deine Braut etwas mehr Aufmerksamkeit.«

Raine beachtete seine Spöttelei nicht. »Clarissa behauptet, Miles sei in Gefahr. Sie wird dir niederschreiben, was geschehen ist.«

Gavins Gesicht wurde sofort ernst. »Kommt mit in das Schreibzimmer der Mönche.«

Er ging mit so langen Schritten voraus, daß Clarissa ihm nicht hätte folgen können, wenn Raine sie nicht unter dem Arm gefaßt und sie mit sich gezogen hätte. Solange sie keine Stimme hat, muß ich das nach Kräften ausnützen, dachte er.

Der Mönch in der Schreibstube erhob Einwände gegen die Anwesenheit einer Frau, doch die beiden Männer hörten nicht zu.

»Hier!« sagte Gavin und schob ihr Papier, Feder und Tinte hin.

Sie benötigte einige Minuten für die Niederschrift der Geschichte, wie Pagnell Fiona Chatworth gefesselt hatte und sie Miles ausliefern wollte. Raine und Gavin beugten sich über ihre Schulter, bis ihre Handflächen zu schwitzen begannen.

»Fiona Chatworth«, sagte Gavin. »Ich dachte, sie sei noch ein Kind.«

Clarissa schüttelte den Kopf.

»Wie sieht sie aus?« fragte Raine ernst.

Clarissas Mimik genügte, daß sie beide verstanden.

»Dem König wird das nicht gefallen«, sagte Gavin. »Er hat dem Besitz der Chatworth eine schwere Geldbuße auferlegt und Roger verboten, das Land der Ascotts zu betreten.«

»Land!« rief Raine. »Ist das deine einzige Sorge? Chatworth entführte Alicia und tötete Mary. Wozu muß es noch kommen, damit du auch an Menschen denkst, nicht nur an den Landbesitz?«

»Ich sorge mich mehr um meine Brüder als um *jedes* Land. Was wird geschehen, wenn Miles diesem Mädchen, das den Namen Chatworth trägt, Gewalt antut? Es wird aussehen, als mißachteten wir den Erlaß des Königs, und wer wird dann darunter leiden? Du! Er wird dir nie verzeihen, und du wirst dein Leben in diesem Forst mit dieser Armee von Halsabschneidern verbringen müssen. Und wie wird der König Miles bestrafen? Mir ist bang, daß ich zwei meiner Brüder wegen Pagnells böser Machenschaften verliere.«

Raine funkelte noch immer seinen Bruder an, während Clarissa Gavin mit neuem Repekt betrachtete.

»Tage sind inzwischen vergangen«, sagte Raine schließlich. »Ich verwette mein Leben darauf, daß das Mädchen nun keine Jungfrau mehr ist, und ich möchte mich dafür verbürgen, daß Miles niemand vergewaltigt. Wenn er weiß, wer sie ist, hat er sie vielleicht freigelassen, und wir können nur hoffen und beten, daß sie nicht sein Kind unter dem Herzen trägt.«

Gavins Schnauben war vielsagend. »Ich werde nun die Hälfte meiner Männer zusammentrommeln und sofort aufbrechen. Ich werde versuchen, Miles aufzustöbern. Vielleicht kann ich ihm etwas Vernunft einreden. Vielleicht hat sich das Mädchen inzwischen in ihn verliebt und wird nicht seinen Kopf fordern.«

Clarissa faßte Gavins Arm und schüttete energisch den Kopf. Fiona Chatworth würde sich niemals binnen vierzehn Tagen in einen Ascott verlieben.

»Sie ist ein Satansbraten, wie?« deutete Gavin ihre Mimik, nahm dann Clarissas Hand und führte sie an seine Lippen. »Raine wird dich mitnehmen zu unserem Stammsitz, und dort wirst du meine Judith kennenlernen. Es tut mir leid, daß deine Hochzeit so eine überstürzte Angelegenheit geworden ist. Wenn wir das alles geregelt haben, werden wir dir zu Ehren ein Turnier veranstalten.«

Immer noch ihre Hand haltend, sah er auf seinen Bruder zurück. »Du wirst in der Ascott-Burg eine Weile lang in Sicherheit sein. Bring sie dorthin, laß sie ausruhen. Du hast auch meinen Sohn noch nicht gesehen. Und kaufe ihr ein paar Kleider!«

Clarissa war überzeugt, Raine würde über Gavins Ton beleidigt sein; doch Raine lächelte. »Es ist gut, dich wiederzusehen, Bruder«, sagte er weich und mit offenen Armen. Die Brüder faßten sich bei den Schultern und hielten sich lange umschlungen.

»Richte Miles meine innigsten Grüße aus, und versuche ihn von Dummheiten abzuhalten.« Raine lächelte. »Und wenn er zur Burg zurückkehrt, kann er meine Frau kennenlernen.«

Mit einem breiten Grinsen verließ Gavin die Frischvermählten.

Raine wandte sich wieder Clarissa zu. Ihr Umhang klaffte, und das feuchte Hemd klebte ihr auf der Haut. »Wenn ich mich recht entsinne, waren wir gerade dabei, etwas zu unternehmen, als die Probleme meines kleinen Bruders uns dabei unterbrachen.«

Clarissa wich einen Schritt vor ihm zurück und deutete auf die Wände des Raumes, in dem sie sich befanden.

Mit einem Lachen nahm Raine sie auf die Arme, trug sie durch den Hof zurück in ihr Zimmer. Den Stapel der schmutzigen Panzerplatten, die auf dem Bett verteilt waren, nicht achtend, warf er sie mitten zwischen das Eisen und streckte sich im nächsten Augenblick über ihr aus.

»Würde ich dem Kind weh tun?« murmelte er, während er sie ins Ohrläppchen biß. Ihr Kopfschütteln war so heftig, daß er es mit einem warmen, verführerischen Lachen beantwortete, während seine Hand nach unten glitt und an dem Leinenhemd riß. Das grobe, schlecht genähte Gewebe löste sich schon beim ersten, sachten Ziehen von ihrem Körper.

Clarissa war nie stolz auf ihren Körper gewesen, hatte sich immer mehr Rundungen gewünscht, doch nun, wo sie mit geschwollenem Bauch so entstellt war, mochte sie nicht, daß er sie nackt im Tageslicht betrachtete. Ihre Versuche, sich zu bedecken, wurden von Raine vereitelt.

Indem er sich von ihr löste, küßte er ihren Leib und liebkoste ihn. »Es ist mein Kind, das dich so unförmig macht, und ich liebe es genausosehr wie seine Mutter.«

»Tochter?« gelang es ihr zu sagen, wobei ihr der rauhe Hals schmerzte.

»Ich bitte nur Gott um deine Sicherheit, und wenn es ihm gefällt, auch um das Leben des Kindes. Ich würde gerne eine Tochter haben. Mit dir als Mutter, Alicia und Judith als Tanten, vermache ich ihr mit Freuden alle meine Besitzungen. Ich bin sicher, sie würde sie besser verwalten als ich es vermag.«

Sie versuchte wieder zu sprechen, aber er ließ es nicht zu, weil er abermals ihren Hals mit Küssen bedeckte. Als sie spürte, daß er sein Lendentuch entfernte und seine nackte Haut sich auf ihre legte, vergaß sie ihre Sorgen, wie entstellt sie aussah.

Sie hatte keine Vorstellung gehabt, wie sehr sie seine körperliche Nähe vermißte, wie sehr sie sich nach der Liebkosung seiner Hände gesehnt hatte. Er streichelte ihren ganzen Körper, strich mit seinen harten Fingerspitzen von den Zehen bis zum Kopf über ihre Haut und gab ihr das Gefühl der Verehrung und Liebe. Selbst jetzt, als sie die Macht seines Hungers nach ihr spürte, nahm er sich Zeit, berührte sie mit liebender Zärtlichkeit.

Sie lag mit geschlossenen Augen auf dem Rücken, ihre Arme leicht um seinen Nacken gelegt, als seine Hände über sie hinglitten. Als er die Innenseiten ihrer Schenkel berührte, öffnete sie die Lider und sah seine tiefliegenden, dunkelblauen Augen, die sie so durchbohrend ansahen, daß ein Schauder über ihre Wirbelsäule lief. Die Macht dieses Mannes, seine Stärke, seine Größe, das alles im Zaum gehalten, während er sie zärtlich streichelte, waren schrecklich aufregend für sie.

Sie wölbte ihren Leib nach oben, preßte ihn gegen ihn, küßte hungrig seinen Mund, daß sein Körper von einem Lachen erschüttert wurde, während er sich auf den Rücken wälzte und sie auf seinen Leib setzte. Die Panzerplatten, die sie umgaben, klirrten, und ein Paar Schienen kullerten auf den Boden.

Clarissa knabberte an Raines Hals, während ihre Hände in den Muskelbergen an seinen Oberarmen versanken. Herrlich! dachte sie, so ein großartiger, wundervoller Mann – und das alles gehörte ihr!

Das Lachen, das aus ihrer verbrannten Kehle kam, war nicht schön, hatte aber eine tiefe, rauhe, verführerische Qualität. Sie fuhr mit dem Daumen so heftig über Raines Rippen, daß er ihren Arm wegschob, während er ihren Mund suchte. Doch Clarissa fuhr nun mit dem Daumen über die Rippen auf seinem Rücken und lachte abermals, als er sich von ihr wegdrehte.

»Satansbraten!« murmelte er, packte sie bei den Haaren und zog ihren Kopf zurück, während er in ihren Leib biß.

Keuchend brachte Clarissa ihre Füße nach vorne und versuchte, von ihm wegzustreben. Raine fing ihren linken Fuß ein und begann, der Reihe nach in ihre Zehen zu beißen. Das erregende Gefühl, das davon ausging, brachte alle ihre Bewegungen zum Erliegen.

Sie lag gestreckt auf ihm, ihre Füße in seinem Gesicht, seine in ihrem. Zwei können dieses Spiel spielen, dachte sie, als sie mit den Zähnen die weiche Unterseite von Raines Zehen bearbeitete. Sie vermerkte mit Freuden, daß er unter ihr zuckte, und wieder fiel ein Stück der Rüstung scheppernd auf den Boden.

Raines Arme, die länger waren als ihre, glitten an ihren Beinen hinauf, kneteten und streichelten so herausfordernd, daß sie im nächsten Moment an nichts anderes denken konnte als an seine Hände auf ihrem Körper.

Sie begann zu zittern, zu erschauern, und ihre Haut schien so heiß zu sein wie das Feuer, das auf dem Scheiterhaufen an ihrem Rücken emporleckte.

Raine packte ihre Hüften, und als habe sie überhaupt kein Gewicht, hob er sie hoch und setzte sie mit solcher Zielgenauigkeit auf sein Glied, daß Clarissa ein rauhes Quietschen von sich gab.

»Schwertarbeit«, lachte Raine. »Ich treffe sehr genau mit einem Schwert.«

Clarissa lehnte sich vor, und mit ihren starken Hüften begann sie einen Rhythmus, der Raine viel zu sehr beschäftigte, als daß ihm noch Zeit zum Reden geblieben wäre. Er lag still, sein Gesicht eine fast schmerzvolle Maske, während er sich zurückhielt und all seine Sinne dem Vergnügen überließ, das Clarissa ihm bereitete.

Als er sich nicht länger beherrschen konnte, faßte er sie um die Taille, rollte sie auf den Rücken, und mit zwei harten, fast gewaltsamen Stößen, kamen sie beide zum Höhepunkt, hielten sich bebend und zitternd fest, als könnten sie sich damit noch näherkommen.

So lagen sie eine Weile, bis Raine den Kopf hob und Clarissa ein Lächeln schenkte, das mehr sagte als alle Worte dieser Welt. Mit einem zufriedenen Seufzen trennte er sich von ihr, zog sie ganz dicht an sich, während ihre verschwitzten Körper aneinanderklebten. So schliefen sie beide ein.

Es war schon Abend, als sie aufwachten und Raine ein fürchterliches Getöse veranstaltete, während er ihr spitzes, hartes Knie unter seinem Kreuz entfernte. »Wie kann so etwas Schmächtiges so gefährlich sein?« fragte er Clarissa schlaftrunken.

Mit einem kräftigen Klaps auf ihr Gesäß schob er sich von ihr weg, stand auf und streckte sich.

»Aufstehen!« befahl er. »Wir sind schon viel zu lange hiergeblieben. Wir brauchen zwei Tage, bis wir bei deinem Zustand zu Hause sind.«

Clarissa behagte die Aussicht gar nicht, dieses Zimmer mit einem Pferd zu tauschen, und ihre Miene drückte diesen Widerwillen aus. Sie wäre viel lieber noch ein paar Tage hier mit Raine in diesem Bett geblieben.

»Clarissa, fordere mich nicht heraus. Verlasse sofort das Bett, oder ich kehre in den Wald zurück und schicke ein paar von Gavins Lehnsleuten, die dich zur Burg der Ascotts begleiten sollen.«

Das zeigte Wirkung. Binnen Sekunden war sie aus dem Bett und hatte das zerrissene weiße Laken über den Kopf gestreift.

»Ein schmutziges Ding«, sagte Raine, während er es mit den Fingern befühlte. »Judith wird dir Kleider heraussuchen, die sich für eine Ascott-Lady schicken. Was für einen erfreulichen Anblick wirst du bieten, wenn du gekleidet bist, wie es dir zusteht, obwohl ich bekennen muß, daß ich dein Haar so mag, wie es ist.« Er rieb ihre Locken zwischen den Fingern, als sei sie noch sein Knappe.

Es blieb keine Zeit mehr für etwas anderes, als er sie aus der Tür schob und in den Sattel seines Pferdes hob. Außer Botengängern hatte Clarissa nie Ritter im Gefolge ihres Lehnsherrn gesehen. Raine brauchte nur ein Kommando anzudeuten, und Gavins Männer beeilten sich, es auszuführen. Rasch und mit geräuschloser Tüchtigkeit hatten sie den Harnisch, den Raine Pagnells Gefolgsmann abnahm, aus dem Zimmer entfernt, während Raine sich das dunkelgrüne Wollzeug anzog, das er im Wald getragen hatte.Einer der Ritter sah ihn so verblüfft an, daß Raine laut auflachte.

»Das Zeug kratzt«, sagte er. »Fertig, Clarissa?«

Ehe sie antworten konnte, ritten sie schon los und legten ein Tempo vor, an das sie eigentlich hätte gewöhnt sein müssen. Es überraschte sie nicht, daß Raine die halbe Nacht hindurchritt. Aber was sie erstaunte, war die Art, wie Gavins Ritter sie behandelten. Sie erkundigten sich nach ihrem Wohlbefinden und ob sie nicht müde wäre. Als sie eine Rast einlegten, um zu essen und den Pferden eine Verschnaufpause zu gönnen, schenkte ihr einer der Ritter Blumen. Ein anderer breitete seinen Mantel als Sitzfläche für sie aus. Niemand schien zu bemerken, daß der pelzgefütterte Umhang von weitaus besserer Qualität war als der Sack, den sie darunter trug.

Mit ungläubigem Staunen sah sie zu Raine hoch und bemerkte, daß die Art, mit der die Männer sie behandelten, ihn gar nicht berührte. Ein Ritter bat um die Erlaubnis, die Laute für sie zu spielen, und als drei Männer ihr ein Ständchen brachten, sah Raine sie mit gerunzelter Augenbraue an, denn ihr Gesang war nicht sehr gut. Clarissa sah fort, weil für sie die Ritter, die so höflich und so liebenswürdig waren, auch im Vortrag perfekt waren.

Als Raine sie wieder auf ihr Pferd hob, sagte er: »Sie probieren ihre Ritterlichkeit an dir aus. Ich hoffe, du wirst sie ertragen können.«

Sie ertragen können! dachte sie, als der Trupp sich wieder in Bewegung setzte. Sie hatte ein Gefühl, als habe sie einen Zipfel des Paradieses gesehen, und den konnte sie gerade noch aushalten.

Die Nacht verbrachten sie in einem Gasthof, und Clarissa empfand nun die Art, wie sie gekleidet war, als peinlich. Ihre Sorge war unbegründet. Der Gastwirt warf einen einzigen Blick auf Raine und die zwanzig Männer seines Gefolges in ihren kostbaren grün-goldenen Gewändern und bot sich buchstäblich als Teppich für ihre Füße an. Ein Essen, wie es Clarissa noch nie zuvor gesehen hatte, wurde aufgetragen in einer Fülle, daß es ihr den Atem verschlug.

»Dürfen sie sich zu dir setzen?« fragte Raine.

Sie brauchte einen Moment, um zu begreifen, daß er sie um Erlaubnis fragte, ob diese herrlichen Männer mit ihr an demselben langen Eichtisch sitzen durften. Mit einem breiten Lächeln deutete sie an, daß sie auf den Stühlen Platz nehmen sollten.

Die Tischmanieren der Ritter waren so gut, daß Clarissa mit ihrem eigenen Tafelgerät überaus vorsichtig umging. Während der Mahlzeit boten ihr die Ritter besonders saftige Stücke von Fleisch und Früchten an. Ein Mann schälte einen Apfel für sie, legte ein Stück auf einen Teller und fragte, ob ihr die Frucht auch munde.

Sie drückten ihre Anteilnahme aus, weil sie ihre Stimme verloren habe, was Raine zu einem Lachen reizte und zu der Bemerkung veranlaßte, sie würden mehr vermissen, als sie ahnten. Er sagte, sie würden nicht glauben, was er ihnen erzählte, worauf Clarissa errötete.

In ihrem Zimmer stand ein großes, weiches Bett mit schneeweißem Linnen, und Clarissa machte es sich sofort unter der leichten Decke bequem. Binnen Sekunden hatte Raine sich ihr beigesellt, zog sie dicht an sich, während sein Hände ihren Leib liebkosten und er lächelnd den Mund auseinanderzog, als das Baby hüpfte.

»Stark«, murmelte er mit schläfriger Stimme. »Ein gutes, starkes Kind.«

Morgens klopfte der Wirt an ihre Tür und trug frischgebackenes Brot und heißen Wein auf, dazu zwanzig rote Rosen, die von Gavins Rittern stammten.

»Das ist Judiths Werk«, sagte Raine, der sich gerade ankleidete. »Sie sind alle halb verliebt in sie, und mir scheint, du hast ebenfalls ihre Herzen erobert.«

Clarissa schüttelte den Kopf und deutete an, daß sie ihr nur diese Aufmerksamkeit erwiesen, weil sie nun zur Familie gehörte.

Er küßte ihre Nasenspitze. »Vielleicht verlieben sich alle Männer in Frauen, die nicht sprechen können.«

Clarissa packte ein Kissen und warf es ihm an den Kopf.

»Ist das die Aufmerksamkeit einer Lady für ihren Mann?« neckte er sie.

Trotz der launigen Art, in der er das gesagt hatte, brütete Clarissa den ganzen Tag über seine Worte. Sie war keine Lady und wußte nicht, wie man sich als solche verhalten sollte. Wie konnte sie es überhaupt wagen, diesem Ausbund von Tugend, Judith Ascott, in dieser rußigen, versengten, formlosen Kleidung von Sack unter die Augen zu treten?«

»Clarissa, was fehlt dir? Sind das Tränen, die ich sehe?« fragte Raine neben ihr.

Sie versuchte zu lächeln und deutete an, ihr wäre etwas ins Auge geflogen, und sie würde sich gleich wieder davon erholen. Danach suchte sie sich besser im Zaum zu halten; aber in Sichtweite der Ascott-Burg war sie bereit, ihr Pferd zu wenden und zu flüchten.

Diese Jahrhunderte alte massive Festung aus Felssteinen sah noch viel furchtgebietender aus, als sie sich vorgestellt hatte. Während sie näher ritten, schienen die alten Steinmauern sie förmlich zu erdrücken.

Raine führte sie zum Hintereingang, da er seine Ankunft so geheim wie möglich halten wollte. Der Pfad zum Hintertor war von hohen Steinmauern gesäumt, und als sie zwischen ihnen ritten, riefen Männer von der Brüstung Raine ein freudiges Willkommen zu. Er schien so vertraut mit diesen Leuten, daß der Mann, den sie kannte, ihr plötzlich sehr entrückt vorkam. Die Männer, die ihm prompt gehorchten, die mächtige Ausdehnung dieser Burganlage, stand dem Charakter dieses Mannes viel näher als das Lager der Geächteten mit seinen wackeligen Behausungen.

Sie ritten in den Burghof, und zu Clarissas Verwunderung fand sie dort behaglich aussehende Gebäude mit vielen Fenstern vor. In den wenigen Schlössern, wo sie und Jocelin gesungen hatten, wohnten die Leute noch in den Türmen, die als Wohnung so unbequem waren, daß die meisten Schlösser inzwischen aufgegeben worden waren.

Kaum hatten sie angehalten, als aus einem kleinen umfriedeten Garten eine atemberaubend schöne Frau hervorlief, die ein Gewand aus schimmernd roter Seide trug.

»Raine«, rief sie und breitete im Laufen die Arme aus.

Sie kann nicht singen, dachte Clarissa, um sich wieder Mut zu machen, und sah zu, wie ihr Mann vom Pferd sprang und der Frau entgegenlief.

»Judith«, sagte er, packte sie, wirbelte sie im Kreis herum und küßte sie dabei nach Clarissas Meinung viel zu leidenschaftlich auf den Mund.

»Mylady«, drang eine Stimme von links an ihr Ohr. »Darf ich Euch vom Pferd helfen?«

Während sie Raine und diese überaus schöne Judith nicht einen Moment aus den Augen ließ, ließ sie sich vom Sattel heben.

»Wo ist sie, Raine?« fragte Judith. »Deine Botschaft war so verstümmelt, daß wir sie kaum verstanden. Wir müssen wohl falsch gehört haben, denn dein Bote behauptete, deine Frau würde gerade auf dem Scheiterhaufen verbrannt.«

»Richtig. Ich rettete sie im letzten Moment.« Seine Stimme verriet, daß er darauf sehr stolz war.Einen Arm um Judith gelegt, führte er sie zu Clarissa, die er nur oberflächlich umarmte. »Das ist Clarissa, und dieser Engel ist die Frau meines unwürdigen Bruders.«

Clarissa nickte und starrte ihre Schwägerin mit großen runden Augen an. Sie hatte noch nie so etwas wie sie gesehen: goldfarbene Augen, kastanienbraune Haare, die unter der perlbestickten Haube sichtbar waren, eine zierliche, aber wohlgerundete Figur.

Judith entzog sich Raines Arm. »Du mußt müde sein. Komm mit mir, und ich werde dir gleich ein Bad zubereiten lassen.« Sie nahm Clarissas Hand in die ihre und ging mit ihr zum Haus.

»Oh, Judith«, rief Raine hinter ihnen. »Clarissa verlor im Rauch des Scheiterhaufens ihre Stimme.«

Clarissa spürte, wie Judith neben ihr erstarrte, und wußte, das kam daher, weil Raine gewagt hatte, so etwas wie sie zu heiraten. Rasch versuchte sie die Tränen wegzuwischen.

»Du bist müde«, sagte Judith voller Anteilnahme, aber ihre Stimme hatte einen schroffen Unterton.

Clarissa hatte keine Zeit, das Haus zu betrachten, weil Judith sie eine Treppe hinaufführte zu einem großen getäfelten Raum. Clarissas Haus in Moreton hätte in diesem Zimmer viermal Platz gefunden.

Schwere Schritte auf der Treppe veranlaßten Judith, sich umzudrehen. Raine stand auf der Schwelle und grinste. »Sie ist hübsch, nicht wahr? sagte er zärtlich, während er Clarissa betrachtete. »Zu schade, daß ihre Stimme verlorengegangen ist; aber ich bin sicher, der Verlust ist nur vorübergehend.«

»Worauf du dir nichts einzubilden hast«, sagte Judith, die Clarissa zu einem Sessel führte.

»Was soll das bedeuten?« fragte Raine verdutzt. »Ich rettete sie.«

Judith wirbelte herum. »Wovor? Vor Pagnells Falle? Sie wurde als Köder verwendet, um dich in seine Falle zu locken, Raine.« Sie fuhr etwas ruhiger fort: »Ich glaube, du solltest sie jetzt allein lassen. Ich bezweifle, daß deine süße kleine Frau hören möchte, was ich dir noch zu sagen gedenke.«

»Süß!« schnaubte Raine. »Was für einen Grund hast du, auf mich böse zu sein?« fuhr er beleidigt fort.

»Du stellst meine Geduld auf eine harte Probe, Raine«, warnte sie ihn. »Clarissa, hast du Hunger?«

»Hör zu, Judith, wenn du etwas zu sagen hast, dann sag es gleich.«

»Schön. Dann gehen wir erst aus dem Zimmer. Deine Frau braucht dringend Ruhe.«

Clarissa begann zu begreifen, was Judith ihrem Mann sagen wollte. Sie faßte nach der Hand ihrer Schwägerin und bettelte mit den Augen, daß sie fortfahren solle. Es gab so viele Dinge, die sie Raine gern gesagt hätte.

Judith blinzelte ihr verständnisvoll zu und drehte sich dann rasch wieder zu Raine um. »Also gut. Ich werde dir sagen, was ich dir sagen muß. Ihr Männer, du und deine drei Brüder – ihr denkt euch nichts dabei, eine Frau quer durch England zu schleppen, ohne einen Gedanken an ihre Sicherheit oder Bequemlichkeit zu verschwenden.«

Raine schob den Unterkiefer vor. »Wir übernachteten in einem sehr bequemen Gasthof.«

»Was? Du hast deine Frau in diesem Aufzug in einen öffentlichen Gasthof gebracht? Wie konntest du das wagen, Raine? Wie konntest du wagen, eine Frau so zu behandeln?«

»Was hätte ich denn sonst tun sollen? Einen Laden besuchen und Kleider kaufen? Vielleicht zuerst nach London reiten und den König um einen Ballen Seide bitten?«

»Versuche nicht, mein Mitleid damit zu erregen, daß man dich zum Verräter erklärt hat. Es war dein eigener Ascott-Sturkopf, der dir all deine Probleme einbrockte.«

Bei diesen Worten klatschte Clarissa in die Hände.

Judith warf ihr einen verständnisvollen, halb lächelnden Blick zu, während Raine ein finsteres Gesicht machte.

»Ich sehe schon, daß ich hier nicht gebraucht werde«, sagte Raine trotzig.

»Du rennst mir jetzt nicht einfach davon«, sagte Judith. »Du gehst hinunter ins Erdgeschoß, holst Joan aus der Ecke – oder dem Bett –, wo sie sich gerade die Langeweile vertreibt, und befiehlst ihr, ein Bad heraufzubringen. Oh, Raine, wie konntest du das nur diesem armen Kind antun? Der Mutter deines Kindes? Es ist schon ein paar

Tage her, seit sie dem Feuer entrann, und ihr klebt immer noch der Ruß am Körper. Und wie schnell muß sie geritten sein, wenn du so rasch zur Burg gelangt bist. Jetzt geh und wasch dich! Ich will dich erst wiedersehen, wenn du anständig gekleidet bist!«

Immer noch mit vorgeschobenem Kinn, verließ Raine das Zimmer und warf die Tür hinter sich zu.

Mit einem Seufzer sah Judith zurück auf Clarissa. »Man muß sich schon energisch zur Wehr setzen, damit die Männer einen nicht ausbeuten. Fühlst du dich gesund? Raine hat dir doch hoffentlich in seiner Hast keinen Schaden zugefügt?«

Clarissa schüttelte nur den Kopf und sah Judith bewundernd und mit aufkeimender Liebe an.

»Wir können nur froh sein, daß wir alle drei so zäh und stark sind, sonst wären wir jetzt schon alle tot.«

Clarissa hielt drei Finger in die Höhe und zog die Stirne kraus bei ihrer stummen Frage.

»Alicia, Stephens Frau. Du mußt sie unbedingt kennenlernen. Sie ist wunderbar, absolut wunderbar; aber Stephen schleppt sie ständig mit sich herum, zwingt sie, eingerollt in eine Wolldecke, auf dem Boden zu schlafen. Schrecklich, wie er sie behandelt.«

Ein Klopfen an der Tür unterbrach Judiths Rede, und Sekunden später brachten Dienstboten einen Zuber und Eimer voll heißem Wasser herein.

»Ich sollte Raine öfter schicken. Er sorgt wenigstens dafür, daß Befehle rasch ausgeführt werden.«

Clarissa kicherte leise, und Judith lächelte zurück.

»Es sind gute Männer. Ich würde Gavin gegen keinen anderen eintauschen; aber manchmal muß man schon die Stimme ein wenig erheben. Eines Tages wirst du die Ehrfurcht vor deinem Mann überwinden und genauso zurückbrüllen, wie er dich anschreit. Vielleicht magst du das jetzt nicht für möglich halten; aber eines Tages kommt es dazu.«

Clarissa lächelte nur und ließ sich zum Waschzuber führen.

16. Kapitel

Raine, bis zum Hals in das heiße Wasser eines Waschzubers eingetaucht, die Augen noch funkelnd vor Wut, sah feindselig auf, als sich die Tür seines Zimmers öffnete. Gavin eilte herein.

»Miles hat das Chatworth-Mädchen nach Schottland verschleppt, und nach allem, was ich hörte, mußte er sie an den Haaren bis dorthin ziehen, während sie ihn mit Flüchen überschüttete. Tod und Verdammnis über ihn!« sagte er leidenschaftlich. »Warum habe ich nur so viel Ärger mit meinen jüngeren Brüdern? Nur Stephen ...«

»Zügle lieber deine Zunge«, warnte ihn Raine. »Ich bin in einer Laune, daß ich jemandem ein Schwert durch den Leib rennen könnte.«

»Was ist denn nun schon wieder los?« fragte Gavin müde und ließ sich auf einen Stuhl gegenüber fallen. »Ich habe mehr Probleme, als ich bewältigen kann. Hat deine Frau dir ein unfreundliches Wort gesagt?«

»Nicht *meine* Frau.« Er hielt inne. »Was für Pläne hast du jetzt mit Miles? Glaubst du, er bringt das Mädchen zu Stephen?«

»Das kann ich nur hoffen. Sir Guy ist bei ihm. Vielleicht kann der Miles etwas Vernunft eintrichtern.

»Weißt du einen Grund, weshalb Miles das Mädchen bei sich behält? Ich meine, von seinem eigenen Vergnügen einmal abgesehen? Ich kann mir nicht vorstellen, daß unser kleiner Bruder eine Frau dazu zwingt, irgend etwas zu tun. Genausowenig, wie ich mir vorstellen kann, daß eine Frau sich ihm versagt. Ich habe nie erlebt, daß er mit Frauen irgendwelche Schwierigkeiten hatte.«

»Einer von Miles' Männern brach sich den Arm, nachdem Fiona in Miles' Zelt gebracht worden war. Deshalb blieb er in England zurück, als Miles nach Schottland aufbrach. Ich traf ihn auf der Fahrstraße.«

»Und was für schlechte Neuigkeiten konnte der Mann dir berichten? Sie konnten kaum schlimmer sein als der Blick, mit dem du mich betrachtest.«

»Es befanden sich vier Männer in Miles' Zelt, als ihm das Mädchen zugestellt wurde. Man gestattete Pagnells Boten, das Zelt zu betreten, während die vier Männer ihn dort mit gezogenen Schwertern erwarteten. Er trug einen langen Teppich auf den Armen, hielt kurz vorm Zelteingang an, warf den Teppich auf den Boden, stieß mit dem Fuß dagegen und rollte ihn auf.«

»Und?« forschte Raine.

»Er entrollte sich zu Miles' Füßen und enthüllte Fiona Chatworth, die nichts auf dem Körper trug außer ein paar Ellen blonder Haare.«

»Und was hat unser kleiner Bruder da getan?« fragte Raine, zwischen einem Lachen und Stöhnen hin- und hergerissen bei dem Bild, das sich soeben vor ihm entrollt hatte.

»Soweit ich erfahren konnte, standen alle Männer da und starrten regungslos auf Lady Fiona, bis sie aufsprang, ein Tuch von einer Koje riß und eine Axt aus einer Zeltecke nahm, um damit auf Miles loszugehen.«

»Wurde er verletzt?«

»Es gelang ihm, ihren Schlägen auszuweichen und die anderen Männer aus dem Zelt zu schicken. Als die Lady anfing, ihn mit Flüchen einzudecken, die schlimmer waren als alles, was man bisher gehört hatte, führte Sir Guy die Männer so weit von dem Zelt weg, daß man sie nicht mehr hören konnte.«

»Und zweifellos schnurrte sie am nächsten Morgen wie eine Katze«, sagte Raine lächelnd. »Unser kleiner Bruder weiß, wie man mit Frauen umzugehen hat.«

»Ich habe keine Ahnung, was danach passierte. Eine Stunde später brach sich der Mann, mit dem ich sprach, den Arm und wurde in Miles' Haus zurückgeschickt.«

»Woher weißt du dann, daß sie nach Schottland gegangen sind?« fragte Raine.

»Ich ritt zu Miles' Lagerplatz, und als ich dort niemanden antraf, erkundigte ich mich bei Kaufleuten in der Nähe. Miles und seine Männer waren schon vor einer guten Woche aufgebrochen, und mehrere Leute hatten gehört, wie sie sagten, sie wollten nach Schottland reiten.«

»Und niemand wußte, warum?«

»Wer kann schon sagen, was in Miles' Kopf vorgeht? Ich bin mir sicher, daß er dem Mädchen nichts zuleide tut; aber ich fürchte, er wird sie gefangenhalten, um Chatworth zu bestrafen.«

»Miles würde mit einem Mann kämpfen, mit vielen Männern, aber er würde nie seine Zwistigkeit auf dem Rücken einer Frau austragen. Das ist Chatworth' Werk«, sagte Raine grimmig. »Ich bin sicher, er hatte einen guten Grund dafür, sie aus England wegzubringen. Was gedenkst du nun zu tun?«

Gavin schwieg eine Weile still. »Ich werde es Stephen überlassen und abwarten, was er bei Miles auszurichten vermag. Zudem hat Alicia einen klaren und praktischen Verstand. Vielleicht kann die Miles zur Vernunft bringen.«

Raine stellte sich im Waschzuber hoch. »Ich bezweifle, daß jemand Miles zur Vernunft bringen kann, wenn es um Frauen geht. Wenn die Frau länger als zehn Minuten dazu brauchte, sich in ihn zu verlieben, wäre es das erstemal, daß so ein Wunder geschieht. Vielleicht sah Miles in diesem Wunder eine Herausforderung.«

Gavin schnaubte. »Was für Gründe er auch haben mag, er fordert damit den Zorn des Königs heraus. König Heinrich hat sich verändert, seit sein ältester Sohn starb.«

Raine frottierte sich ab, trat aus dem Zuber und gab den Kleidern, die auf einem Haufen vor seinen Füßen lagen, einen Tritt. »Ich bin froh, wenn ich eine Weile diese Lumpen nicht mehr tragen muß.«

»Wie lang, glaubst du, kannst du bleiben?«

»Drei, höchstens vier Tage. Ich muß in das Lager zurück.«

»Sind deine Verbannten dir so wichtig?«

Raine dachte einen Moment nach. »Es sind nicht alle Verbrecher, und falls du so leben müßtest wie sie, kämst du vielleicht zu anderen Vorstellungen von Recht und Unrecht.«

»Stehlen ist unrecht, egal, was du bist«, sagte Gavin entschieden.

»Würdest du ruhig dabeisitzen, wenn Judith und dein neugeborener Sohn Hungers sterben müßten? Wenn du hungerst und ein Mann käme mit einem Karren voll Brot vorbei, würdest du auf deinen hohen moralischen Ansichten sitzen bleiben und das Brot nicht beachten?«

»Ich möchte darüber mit dir nicht streiten. Weiß Clarissa, daß du planst, in den Wald zurückzukehren?«

»Nein, noch nicht. Ich bin mir nicht sicher, ob ich es ihr sage, sondern mich nicht einfach davonstehle. Wenn ich das nicht tue, bin ich überzeugt, sie wird versuchen, mich zu begleiten. Ich möchte, daß sie hier bei dir und Judith bleibt. Ich möchte, daß sie einmal so leben kann, wie es ihr noch nie vergönnt war.«

Mit einer raschen Bewegung hob er seine alten Kleider auf, warf sie in eine Ecke und griff nach einem mit Silber bestickten schwarzen Samtgewand auf seinem Bett.

»Was ist das denn?« fragte Gavin und bückte sich nach etwas, das zwischen Raines schmutzigen Sachen lag. Er hielt einen goldenen Gürtel in die Höhe.

»Das ist Clarissas Löwengürtel, wie sie ihn nennt; aber ich vermochte bis jetzt nichts darauf zu entdecken, was einem Löwen ähnlich sähe. Einer von den Wächtern bei ihrem Prozeß nahm ihr den Gürtel ab, und es hat mich eine verfluchte Anstrengung gekostet, ihn zurückzuerobern.«

Mit einem Stirnrunzeln trug Gavin den Gürtel zum Fenster und betrachtete ihn im Sonnenlicht. »Er sieht sehr alt aus. Ist er das?«

»Vermutlich. Clarissa sagt, der Gürtel wäre schon so lange von der Mutter auf die Tochter übergegangen wie das Gedächtnis in ihrer Familie zurückreicht.«

»Löwen«, murmelte Gavin. »Irgend etwas an diesem Gürtel kommt mir bekannt vor. Würdest du mich nach unten in den Wintersalon begleiten?«

Als Raine angezogen war, folgte er seinem Bruder in den getäfelten Raum. An einer Wand hing ein alter, stark verblaßter Teppich. Er hatte dort schon seit Menschengedenken gehangen und war Raine so vertraut, daß er für ihn fast unsichtbar geworden war.

»Hat dir Vater einmal die Geschichte dieses Wandteppichs erzählt?« fragte Gavin. Als Raine den Kopf schüttelte, fuhr Gavin fort: »Er ist in der Regierungszeit von Eduard dem Ersten gewebt worden und verherrlichte den größten Ritter jenes Jahrhunderts, einen Mann, der als der Schwarze Löwe in die Geschichte einging. Schau her, hier sitzt er auf seinem Pferd, und diese schöne Dame war seine Frau. Betrachte ihre Taille.«

Raine schaute auf den Wandteppich, etwas gelangweilt von Gavins Zitat aus der Familiengeschichte, vermochte aber nichts Besonderes zu erkennen. Er war ein Mann, der immer mit der Gegenwart befaßt war, mit dem Heute, und nicht mit vergangenen Jahrhunderten.

Gavin warf seinem Bruder einen entrüsteten Blick zu. »Vor langer Zeit sah ich eine Zeichnung von diesem Gürtel –«, er deutete auf den Wandteppich. »Der Name der Frau, die mit dem Schwarzen verbunden wurde, hatte also mit einem Löwen zu tun, und deshalb gab der Schwarze Löwe seiner Frau einen Gürtel mit einem Löwen und seiner Löwin als Hochzeitsgeschenk.«

»Du glaubst doch nicht, Clarissas Gürtel könnte dieses Hochzeitsgeschenk gewesen sein? Da müßte er ja ein paar Jahrhunderte alt sein.«

»Schau dir an, wie sehr er abgenützt ist«, sagte Gavin und hielt Clarissas Gürtel hoch. »Die Glieder sind mit einem eisernen Draht verbunden und das Muster darauf fast verschwunden; doch soweit ich sehen kann, könnten die Schnallen daran Löwen darstellen.«

»Wie wäre Clarissa zu diesem Gürtel gekommmen?«

Gavin mußte nicht erst über den Familienursprung seiner neuen Schwägerin belehrt werden. »Der Schwarze Löwe war ein sagenhaft reicher Mann; aber er hatte einen Sohn und acht Töchter. Er gab allen seinen Töchtern eine gewaltige Mitgift, und seine älteste Tochter bekam den Löwengürtel, den sie ihrer ältesten Tochter weitervermachen sollte.«

»Du denkst doch nicht, daß Clarissa . . .«, begann Raine.

»Der älteste Sohn des Schwarzen Löwen bekam den Namen Ascott, und von ihm stammt unsere ganze Familie ab. Erinnerst du dich nicht, wie Vater zu dir sagte, du wärst wie der Schwarze Löwe? Wir vier waren groß, schlank und blond, während du immer schon untersetzt warst, breiter und kräftiger.«

Raine entsann sich nun der vielen Neckereien, die er als Kind über sich ergehen lassen mußte, und manchmal hatte er sich gefragt, ob er nur ein Halbbruder seiner Schwester und seiner drei Brüder sei. Aber er war erst zwölf gewesen, als sein Vater starb, und dieser hatte so vieles gesagt, an das er sich nicht mehr erinnern konnte.

»Vater sagte, du seist dem Schwarzen Ritter ähnlich.« Gavin deutete auf den Wandteppich, auf dem ein massiger, schwarzhaariger Mann auf dem Rücken eines sich aufbäumenden Hengstes saß.

»Und du glaubst, dieser Gürtel, den Clarissa erbte, könnte der Frau dieses Mannes gehört haben?« Raine nahm seinem Bruder den Gürtel ab. »Sie hütet ihn wie einen Schatz, läßt ihn nie aus den

Augen. Ich wußte, daß man ihr den Gürtel bei ihrem Prozeß abnehmen würde. Sie hat es mir nicht erzählt; aber in der vergangenen Nacht muß sie davon geträumt haben, denn sie rief im Schlaf nach diesem bißchen Gold.«

»Weißt du, daß der Schwarze Ritter eine Frau heiratete, die tief unter seinem Stand war? Nicht ganz mit Clarissas Status zu vergleichen, aber im Vergleich zum Schwarzen Ritter sind die Ascotts so arm wie Wildhüter.«

Raine rieb den abgenützten Gürtel zwischen den Fingern. »Das scheint mir so weit hergeholt, daß ich es kaum glauben kann. Doch zuweilen habe ich ein Gefühl, als würde ich Clarissa schon viel länger kennen als nur ein paar Monate. Ich bin mit Frauen zusammengewesen, die viel schöner sind als sie, und gewiß mit Frauen, die mich mit mehr Respekt behandelten; doch als ich sie zum erstenmal sah . . .« Er hielt inne und lachte. »Als ich sie zum erstenmal sah, dachte ich, sie wär ein Junge, und ich dachte, wenn ich einen Sohn hätte, sollte er aussehen wie Clarissa. Da war etwas an ihr . . . ich weiß nicht, wie ich es erklären soll. Ging es dir bei Judith ebenso?«

»Nein«, sagte Gavin schroff und sah weg. Er wollte nicht daran erinnert werden, wie er Judith behandelt hatte, als sie frischvermählt waren.

»Da wir gerade von deiner Frau sprechen«, sagte Raine, »sie hat mir den Kopf gewaschen, als ich hier ankam.«

Gavin lachte bei dieser Bemerkung. »Und was hast du getan? Wenn ich mich richtig entsinne, frißt sie dir in der Regel aus der Hand.«

»Sie sagte, ich hätte meine Frau mißhandelt, weil ich sie hierherbrachte.«

»Des Königs wegen, meinte sie?« fragte Gavin. »Wir sprachen darüber, und sie war der Ansicht, daß du hier ein paar Tage lang sicher sein würdest. Es würde schon ein paar Tage dauern, bis jemand dich erkennt und es dem König hinterbringt.«

»Nein, das war nicht der Grund.« Raines Verblüffung war ehrlich. »Es ging darum, daß ich ihr nicht genügend Kleider gekauft habe. Vielleicht glaubt sie, ich trage Frauenkleider in meinen Satteltaschen herum.«

»Ich bin sehr froh, daß ich rechtzeitig dazukomme, um mich zu verteidigen«, sagte Judith lächelnd von der Schwelle her. Sofort ging sie zu ihrem Mann und küßte ihn. »Du bist gesund? Wohlauf?«

»So gesund, wie man nur sein kann«, sagte er, sie fest an sich ziehend. »Und was höre ich da von der Kopfwäsche meines Bruders? Ich hoffe, du hast ihm nicht alle Haare ausgerissen. Er ist nicht so stark wie ich.«

»Sehr zierlich«, sagte Judith süß. »Alle deine Brüder sind so zart wie Frühlingsblumen.« Sie lächelte zu Raine hoch, während beide Männer ihre zierliche Gestalt wie Türme überragten. »Ich sagte nur, daß Raine seine Frau nicht durch das ganze Land hätte schleppen sollen, wenn sie sein Kind unter dem Herzen trägt und noch krank ist von dem Rauch ihres Scheiterhaufens. Sie war schlechter gekleidet als die niedrigste Dienstmagd.«

Judith wollte noch mehr sagen, drehte sich aber um, als Clarissa im Durchgang erschien, eine Clarissa, wie noch keiner sie gesehen hatte. Sie trug ein Gewand aus dunklem, purpurrotem Samt, den tiefen, rechteckigen Halsausschnitt zierte eine schwere Silberkette mit einem großen purpurroten Amethist in der Mitte. Über dem Nacken waren die Haare von einer schlichten Silberhaube bedeckt, deren Saum aus mit roten Blumen besticktem Tuch bestand. Ihre violetten Augen blitzten wie Diamanten.

Raine ging auf sie zu, nahm ihre Hand und küßte sie. »Ich bin überwältigt von solcher Schönheit«, sagte er ehrlich.

»Du bist verändert«, flüsterte sie.

»Und du kannst reden. Kannst du schon singen?«

»Dränge sie nicht, Raine«, sagte Judith. »Ich hab ihr Honig mit Kräutern eingeflößt; aber ich glaube, es wird rascher verheilen, wenn sie ihre Stimme schont. Das Essen ist fertig. Hat jemand Hunger?«

Clarissa war froh, daß sie nicht sprechen mußte, weil sie glaubte, sie hätte sowieso nichts sagen können. Raine hatte schon immer so viel mehr dargestellt als die Leute in seiner Umgebung, selbst als er noch seine Wildhüter-Kleider trug; doch nun, in Schwarz und Silber, war er ehrfurchtgebietend. Er paßte so gut in dieses prächtige Haus und sah nichts Ungewöhnliches daran, daß so viele Leute sich vor ihm verneigten.

Als Raine sie zu der Tafel führte, die in der großen Halle gedeckt war, mußte sie sich sehr bemühen, daß ihr der Unterkiefer nicht herunterfiel. Die Mahlzeit, die man ihr im Gasthof serviert hatte, war ihr schon wie ein Fest vorgekommen; doch auf diesen Tischen war so viel aufgetragen, daß man ein ganzes Dorf damit abspeisen konnte.

»Wer sind diese Männer?« flüsterte sie Raine zu, der neben ihr ging. Da waren über hundert Leute in der Halle versammelt, die mit ihnen essen sollten.

Raine blickte hoch, sah die Leute wie durch ihre Augen. »Das sind Gavins Männer, ein paar von meinen Leuten und einige von Stephens Gefolge. Diese Männer sind Ascotts, Vettern, glaube ich. Du mußt Gavin nach ihrem genauen Verwandtschaftsgrad fragen.« Er deutete auf das Ende der Tafel. »Einige der Kostgänger sind die Männer der Burgbesatzung. Du kannst ja Judith danach fragen. Ich bin sicher, sie weiß den Namen von jedem.«

»Ist deine Gefolgschaft auch so groß?« fragte sie mit rauhem Flüstern.

»Nein«, grinste er. »Meine Ländereien sind klein im Vergleich zu diesem Besitz. Judith ist die Reiche in der Familie. Sie brachte großen Reichtum mit, als sie einen Ascott heiratete, und sie muß so viele Leute versorgen. Sie ist ständig beim Kaufen und Verkaufen und beim Zählen der Getreidesäcke in den Lagerräumen.«

»Ich?« fragte Clarissa furchtsam.

Raine brauchte eine Weile, bis er sie verstand. »Du meinst, ob du meine Ländereien verwalten mußt? Ich wüßte nicht, warum nicht. Du kannst lesen und schreiben. Das ist mehr, als ich kann.« Er sah zur Seite, als einer seiner Vettern ihn anredete.

Clarissa hatte Mühe, bei der Mahlzeit mitzuhalten, und nach einer Weile saß sie still am Tisch, während ein Gang nach dem anderen in die Halle getragen wurde. Die meisten Gerichte kannte sie gar nicht, und neue Namen und Gewürze verwirrten sie völlig.

Nach einem langen Mahl stand Raine auf und stellte sie den Leuten vor, die sie mit lauten Zurufen willkommen hießen.

Judith fragte Clarissa, ob sie sich hinlegen wolle, und zusammen gingen sie zurück auf Clarissas Zimmer.

»Es ist alles ein bißchen verwirrend, wie?« sagte Judith.

Clarissa nickte.

»Morgen haben wir Jahrmarkt im Dorf, und ich werde dafür sorgen, daß Raine ihn mit dir besucht. Du wirst Spaß daran haben, und mußt dich nicht mit so vielen Leuten befassen. Aber warum legst du dich jetzt nicht hin? Gavin und Raine bereiten eine Botschaft für Miles vor, und du kannst dich ein paar Stunden ausruhen, denn ich bin sicher, sie werden sich lange um den Text streiten.«

Als Clarissa ihr Kleid ausgezogen hatte und unter die Decke schlüpfte, nahm Judith ihre Hand. »Du hast nichts von uns zu befürchten. Wir sind von jetzt an deine Familie, und was du auch tust, wird unsere Zustimmung finden. Ich weiß, daß alles –«, sie deutete auf die elegante Ausstattung des Zimmers – »neu für dich ist; aber du wirst rasch lernen, und wir werden dir dabei helfen.«

»Vielen Dank«, flüsterte Clarissa und war schon eingeschlafen ehe Judith die Tür erreichte.

Niemand hätte Clarissa auf den Jahrmarkt vorbereiten können, der auf dem Weideland der Ascotts errichtet war. Sie hatte lange und gut geschlafen, und als sie aufwachte, war ihre Stimme halbwegs wiederhergestellt. Der Ton war da, und sie war froh darüber, selbst wenn ihr noch die Musik fehlte.

»Glaubst du, ich werde wieder singen können!«

Raine lachte über die Angst in ihrer Stimme und half ihr beim

Zuknöpfen des purpurfarbenen Kleides, das Judith für Clarissa hatte ändern lassen. »Ich bin sicher, daß die Vögel in ein paar Tagen in dein Zimmer fliegen werden, um dir zuzuhören.«

Lachend wirbelte sie im Zimmer herum, so daß sich der glockenförmige Rock um sie ausbreitete. »Ist es nicht herrlich? Es ist das schönste Kleid auf Erden.«

»Nein«, erwiderte Raine lachend und faßte nach ihr. »Du bist es, die es herrlich macht. Und nun höre auf, dich zu drehen, ehe meinem Kind schwindlig wird. Bist du bereit für den Jahrmarkt?«

Der Jahrmarkt war wie eine Stadt, eine Stadt, die von Leuten aus allen vier Ecken der Welt bevölkert war. Da gab es Ställe für Tiere, Käfige aus Blei und Zinn aus England, Buden mit spanischen Weinen, Waren aus Deutschland und italienische Tücher. Da waren Spielzeugläden, Ringwettkämpfe, Geschicklichkeitsspiele, Schlachter und Fischverkäufer.

»Wo fangen wir an?« fragte Clarissa, die sich an Raines Arm festklammerte. Sie waren von sechs Rittern aus Gavins Gefolge umgeben.

»Vielleicht ist meine Lady hungrig?« erkundigte sich ein Ritter.

»Oder durstig?«

»Würde Mylady lieber die Gaukler sehen oder die Akrobaten?«

»Ich hörte, daß dort ein guter Sänger Lieder zur Laute vorträgt.«

»Der Sänger«, entschied Clarissa, was Raine zum Lachen brachte.

»Möchtest du sehen, wie es um deine Konkurrenz bestellt ist?« neckte er sie.

Sie lächelte ihn an, zu glücklich, um sich von seinen Neckereien herausfordern zu lassen. Nach einem kurzen Besuch bei dem Sänger, der nach Clarissas Meinung nichts taugte, hielten sie am Lebkuchenstand an, und Raine kaufte ihr ein würziges, frischgebackenes Lebkuchenherz.

Während sie das Backwerk verzehrte und hierbei und dorthin sah, bemerkte sie kaum, daß Raine vor der Bude eines Italieners halt machte.

»Was hältst du davon?« fragte Raine und hielt ein Stück violetter Seide hoch.

»Herrlich«, sagte sie zerstreut. »Oh, Raine, dort ist ein Bär, der Kunststücke macht.«

»Dein Bär von einem Mann macht auch gleich Kunststücke, wenn du ihm nicht zuhörst.« Als sie zu ihm hochsah, fuhr er fort: »Ich habe genug von Judiths Vorhaltungen. Wähle die Farben, die du haben möchtest, und ich werde sie ins Schloß schicken.«

»Wählen?« fragte sie benommen, während sie den Reichtum vor sich betrachtete.

»Gib uns alles, was du an Purpur hast«, sagte Raine rasch. »Und diese grünen Farbsorten dort. Grün wird dir gut stehen, Clarissa.« Er drehte sich wieder dem Kaufmann zu. »Schneide von jedem so viel ab, daß es für ein Kleid reicht, und schicke das ins Schloß.Einer der Hofmeister wird dich dafür bezahlen.« Damit nahm er wieder Clarissas Arm und zog sie mit sich fort.

Wie ein Kind blickte Clarissa zurück, ein Stück Lebkuchen im Mund. Da mußten mindestens drei verschiedene Schattierungen von Purpur sein, vier Grüntöne in jeder Stoffart, und diese Arten umfaßten Seidenstoffe, Satin, Samt, Brokat und andere Stoffe, die Clarissa nicht bekannt waren. Raine hielt vor dem tanzenden Bären an; aber als er bemerkte, daß Clarissa gar nicht zuschaute, zog er sie weiter zum nächsten Stand – einem Rauchwarenhändler.

Diesmal wartete er gar nicht erst ihre Wahl ab, sondern bestellte einen Mantel mit Langfell als Futter und einen anderen mit Leopardenfell aus Asien. Er sagte dem Kürschner, er solle sich mit dem Tuchhändler besprechen und auch Besatzstücke für die Kleider, die er bestellt hatte, abliefern.

Inzwischen hatte sich Clarissa halbwegs wieder erholt. Sie wurde eingekleidet, ohne ein einziges Mal um ihre Meinung gefragt zu werden, was sie denn zu tragen wünschte. Hätte sie eine Vorstellung gehabt, was sie tragen wollte, hätte sie sich gegen Raines Bevormundung aufgelehnt.

»Wählst du deine Kleider auch so aus?« fragte sie. »Überläßt du den Kaufleuten die Auswahl?«

Er zuckte mit den Achseln. »Ich trage gewöhnlich Schwarz, was mir viel Zeit spart. Miles ist derjenige von uns, der sich mit Kleidern auskennt.«

»Und wie steht es mit Stephen? Was versteht er davon?« »Er unterscheidet sich sehr von Gavin und mir, weil er nur schottische Kleider trägt, die den größten Teil seines Körpers nackt lassen.«

»Klingt interessant«, murmelte Clarissa, was ihr einen scharfen Blick von Raine eintrug.

»Daß du dich benimmst! Schau dir das an. Hast du das schon mal gesehen?«

Was Clarissa sah, war eine Frau, die mit Hunderten von hölzernen Spulen auf einem festen kleinen Kissen arbeitete. »Was ist das?« Das fertige Produkt sah aus wie weiße seidene Spinnweben.

»Das ist eine Spitze, Mylady«, sagte die Frau und hielt einen Kragen hoch, damit Clarissa ihn besichtigen konnte.

Vorsichtig faßte Clarissa ihn an, aus Angst, er könne auseinanderfallen.

»Hier«, sagte Raine und zog einen Beutel voll Gold unter seinem Wams hevor. »Ich möchte drei von diesen Dingern haben.

Wähle sie dir aus, Clarissa, und wir werden eins davon Judith schenken und ein zweites Alicia.«

»Oh, ja«, hauchte sie, erfreut bei dem Gedanken, Judith ein Geschenk machen zu können.

Die Spitzenkragen wurden sorgfältig in einer dünnen Holzschachtel verpackt und einem der Ritter zum Tragen gegeben.

Die nächsten Stunden waren die glücklichsten, die Clarissa bisher erlebt hatte. Raine in seiner natürlichen Umgebung zu erleben, zu beobachten, wie er den Respekt erhielt, den er verdiente, war eine Freude für sie. Doch dieser Mann, der so geehrt wurde, konnte sich zu dem niedrigsten Bettler setzen und ihm geduldig zuhören.

»Du betrachtest mich so seltsam«, sagte Raine.

»Ich zähle die Geschenke, mit denen ich gesegnet bin.« Sie sah von ihm fort. »Wem sehen denn so viele Leute dort zu?«

»Komm mit, und wir wissen es.«

Die Menge teilte sich vor ihnen, um die sieben Ritter und die zierliche Frau durchzulassen. Innerhalb des Kreises befanden sich vier halbbekleidete Frauen mit nackten flachen Bäuchen, deren Beine hinter transparenter Seide sichtbar waren, und bewegten sich schlängelnd zu einer eigenartigen Musik. Nach einem anfänglichen Schock sah Clarissa zu ihrem Mann hoch und bemerkte, daß er völlig der Betrachtung dieser Frauen hingegeben war, als gäbe es nichts Wichtigeres auf dieser Welt. Und dabei hatte sie noch vor wenigen Sekunden geglaubt, Raine stünde den Engeln des Herrn so nahe!

Mit einem entrüsteten Aufschrei, den Raine nicht einmal hörte, begann Clarissa rückwärtsgehend sich wieder aus der Zuschauermenge zu entfernen und die Männer ihren leidenschaftlichen Betrachtungen zu überlassen.

»Mylady«, sagte jemand neben ihr, »laßt mich Euch aus diesem Gedränge führen. Ihr seid so zierlich, daß ich für Eure Sicherheit fürchte.«

Sie sah hinauf in die dunklen Augen eines sehr gut aussehenden Mannes. Er hatte blonde, von der Sonne gebleichte Haare, eine Adlernase und einen festen Mund. Da war eine gekrümmte Narbe über seinem Auge und tiefe Schatten unter seinen Lidern. »Ich bin nicht sicher . . .«, begann sie. »Mein Mann . . .«

»Laßt mich Euch vorstellen. Ich bin der Graf von Bayham, und die Familie Eures Mannes ist mit meiner Familie gut bekannt. Ich bin einen langen Weg gereist, um mit Gavin zu sprechen; aber als ich den Jahrmarkt erblickte, hoffte ich, einen von der Familie hier anzutreffen.«

Ein untersetzter Mann, der ein bißchen zu tief ins Glas geschaut haben mußte, torkelte auf sie zu, und der Graf streckte die Hand aus, um Clarissa zu schützen.

»Ich fühle mich verpflichetet, Euch vor diesem Mob zu beschützen. Gestattet, daß ich Euch von hier wegführe.«

Sie nahm den Arm, den er ihr anbot. Da war etwas an ihm, das zugleich traurig und liebenswürdig auf sie wirkte, und sie vertraute ihm instinktiv.

»Habt Ihr von meiner Heirat gehört?« fragte sie. »Sie fand erst vor ein paar Tagen statt, und ich stamme nicht aus den gleichen Kreisen, zu denen mein Mann gehört.«

»Ich habe ein besonderes Interesse an allem, was die Familie Ascott tut.«

Er führte sie weg vom Lärm des Jahrmarkts zu einer Bank, die am Rande eines kleinen Wäldchens stand. »Ihr müßt sehr müde sein, weil Ihr Euch seit Stunden nicht mehr gesetzt habt. Und das Kind muß eine schwere Last für Euch sein.«

Dankbar setzte sie sich, legte die Hände auf ihren Leib und sah zu ihm hoch. »Ihr müßt uns in der Tat sehr genau beobachtet haben. Worüber wollt Ihr nun mit mir sprechen, was mein Mann nicht hören darf?«

Bei dieser Bemerkung lächelte der Graf ein wenig. »Die Ascotts haben eine glückliche Hand in der Wahl ihrer Frauen, was deren Verstand und deren Schönheit betrifft. Vielleicht sollte ich mich mit meinem wirklichen Namen vorstellen. Ich bin Roger Chatworth.«

17. Kapitel

Clarissa, die sich so wohl gefühlt hatte, weil sie glaubte, daß dieser Mann sich ihrer bedienen wollte, damit sie Einfluß auf ihren Mann nähme, wurde plötzlich sehr ängstlich. Die Angst stand ihr im Gesicht geschrieben, als sie sich schwerfällig erheben wollte.

»Bitte«, sagte er sanft, »ich habe nichts Böses mit Euch vor. Ich wollte nur kurz mit Euch reden.« Er saß am Ende der Bank, die Beine von ihr weggestreckt, den Kopf gesenkt, die Hände gefaltet. »Geht. Ich werde Euch nicht zurückhalten.«

Clarissa war schon an ihm vorbei, als sie wieder umkehrte. »Wenn mein Mann Euch sieht, wird er Euch töten.«

Roger antwortete nicht, und Clarissa kehrte mit gerunzelter Stirn, sich im stillen eine Närrin scheltend, zur Bank zurück.»Warum habt Ihr es gewagt, hierherzukommen?« fragte sie.

»Ich würde alles wagen, um meine Schwester zu finden.«

»Fiona?«

Vielleicht war es die Art, wie sie diesen Namen aussprach, daß

Rogers Kopf in die Höhe ruckte. »Ihr kennt sie? Was wißt Ihr von ihr?« Seine Hände ballten sich zu Fäusten.

»Pagnell, der Sohn des Grafen von Waldenham . . .«

»Ich kenne diesen Auswurf von Schleim.«

Rasch erzählte Clarissa ihm die Geschichte, wie Fiona ihr geholfen hatte und wie Pagnell Fiona dafür bestrafte.

»Miles!« sagte Roger und stand auf. Er war kostbar gekleidet in dunkelblauem Samt und mit einer Brokatweste aus Satin. Seine langen, muskulösen Beine waren mit einer engsitzenden dunklen Strumpfhose bekleidet. So hatte sie sich einen Todfeind der Familie nicht vorgestellt.

»Und was hat Miles mit meiner unschuldigen Schwester angestellt?« begehrte Roger mit flammenden Augen zu wissen.

»Nicht das, was Ihr Lady Mary angetan habt«, gab Clarissa heftig zurück.

»Der Tod dieser Frau liegt schwer auf meiner Seele, und ich habe dafür mit dem Verlust meines Bruders bezahlt. Ich möchte nicht auch noch meine Schwester verlieren.«

Clarissa hatte keine Ahnung, wovon er redete. Was hatte Rogers Bruder mit dem Tod von Mary zu tun? »Ich weiß nicht, wo Miles und Fiona sich aufhalten. Mir war nicht wohl. Vielleicht hat Raine etwas über Miles herausgefunden, während ich mich ausruhte. Doch ich habe keine Ahnung.«

»Und wie steht es mit Lady Judith? Ich glaube nicht, daß im Hause etwas vorgeht, ohne daß sie darüber Bescheid weiß. Hat sie Euch etwas erzählt?«

»Nein, nichts. Warum seid ihr frei, während mein Mann sich verstecken muß, obwohl Ihr es wart, der Mary tötete?«

»Ich tötete sie nicht!« sagte er heftig. »Ich – nein! Ich möchte nicht darüber sprechen, und was meine Freiheit betrifft, so hat der König alle meine Einkünfte für die nächsten drei Jahre konfisziert. Die meisten meiner Männer haben mich verlassen, weil ich sie nicht bezahlen kann. Mir ist nur ein kleines Besitztum geblieben, in dem der Rest meiner Familie Zuflucht fand, die nur noch aus einer bösartigen Schwägerin besteht. Mein Bruder haßt mich und ist wie vom Erdboden verschwunden, und nun ist meine liebliche süße Schwester die Gefangene eines Jungen, der berüchtigt ist für das Deflorieren von Jungfrauen. Und ich bin nicht bestraft? Euer Mann ist noch Besitzer seiner Ländereien, seine Hofmeister verwalten sie, während ein Beauftragter des Königs meinen Besitz in Beschlag genommen hat. Wißt Ihr, was in drei Jahren von meinem Besitz übriggeblieben sein wird? Euer Mann hat noch seine ganze Familie. Ihm blieb sogar so viel Muße, sich zu verlieben und zu heiraten, während mir nichts geblieben ist – ein Bruder ermordet, der andere nun mein Feind, meine Schwester eine Gefangene. Und Ihr sagt, ich sei nicht bestraft? Daß ich ein freier Mann sei?«

Er hielt nach dieser Rede inne und sah mit verlorenem Blick in die Ferne.

»Ich weiß nicht, was mit Eurer Schwester Fiona geschehen ist. Gavin suchte nach Miles, kehrte jedoch sofort wieder zurück. Ich habe seither noch nicht mit ihm gesprochen.«

»Ich werde ihn töten, wenn er ihr ein Leid antut.«

»Und was werdet Ihr damit gewinnen?« schrie sie, obwohl sie damit ihrem wunden Hals schadete. Wenigstens brachte sie ihn mit ihrer Stimme dazu, sie erschrocken anzusehen. »Werdet ihr alle erst Ruhe geben, wenn jeder tot ist? Miles hat sich Fiona nicht genommen; sie wurde ihm überreicht. Er ist unschuldig an dieser Sache. Pagnell ist derjenige, auf den sich Euer Zorn richten sollte. Aber Ihr seid zu sehr daran gewöhnt, die Ascotts zu hassen und ihnen die Schuld für alle Eure Probleme zu geben.«

»Was könnte ich sonst von einem Ascott erwarten?« fragte er mürrisch. »Schon glaubt Ihr selbst, sie wären die Götter auf Erden.«

»Dummkopf!« fauchte sie. »Ich möchte nur, daß Eure Fehde ein Ende hat. Raine muß im Wald leben, umgeben von Verbrechern, und das alles nur Euretwegen.«

»Gavin fing damit an, indem er mit meiner Schwägerin tändelte. Eine Frau genügte ihm ja nicht. Er wollte auch Lilian haben.«

Clarissa legte die Hände an ihren Kopf. »Davon weiß ich nichts. Ihr müßt jetzt gehen. Raine wird nach mir suchen.«

»Habt Ihr vor, mich zu beschützen?«

»Ich habe vor, meinen Mann vor einem Kampf zu bewahren und mich vor seinem Zorn.«

»Ich kann nicht gehen, ehe ich nicht weiß, was aus Fiona geworden ist.«

Clarissa knirschte mit den Zähnen. »Ich weiß nicht, wo Fiona steckt.«

»Werdet Ihr das für mich herausfinden?«

»Keineswegs!« Sie war erstaunt, daß er dieses Ersuchen an sie richtete. »Miles ist bei ihr, und ich werde nichts tun, was ihn in Gefahr bringt.«

Rogers Mund wurde zu einer grimmigen Linie. »Ihr seid eine Törin, daß Ihr mir hierher gefolgt seid. Ich könnte Euch mitnehmen und festhalten, bis man mir Fiona zurückgibt.«

Clarissa schluckte. Sie wußte, daß sie ihm nicht ihre Furcht zeigen durfte, sondern das tapfer durchstehen mußte. »Ihr habt keine Wächter in Eurer Nähe. Wollt Ihr eine schwangere Frau schlagen? Wie weit würdet Ihr allein mit mir kommen? Fiona glaubt immer noch, daß Ihr ein guter Mann seid. Würde sie bei diesem Glauben bleiben, wenn Ihr noch eine Ascott in Eure Gewalt bringt?« Clarissa konnte seinem Gesicht ansehen, daß sie einen Nerv getroffen hatte. »Wie habt Ihr Eurer Schwester Marys Tod erklärt?«

Sie betrachtete ihn einen Moment schweigend und sagte dann: »Ihr müßt gehen.«

Ehe einer von ihnen reagieren konnte, brachen Raine und seine Wachen durch die Bäume. Sogleich waren vier Schwerter auf Roger Chatworth' Kehle gerichtet.

Raine packte Clarissa, hielt sie mit einem Arm fest, während er mit dem anderen das Schwert führte.

»Dieser Bastard hat dir hoffentlich nichts getan?« grollte Raine. »Tötet ihn«, sagte er im nächsten Atemzug.

»Nein!« schrie Clarissa mit der vollen Kraft ihrer Lungen, und es gelang ihr, die Männer von der Ausführung des Befehls abzuhalten. Sofort stellte sie sich vor Roger. »Er hat mir nichts getan. Er wollte lediglich wissen, wo seine Schwester ist.«

»Im Grab neben meiner«, sagte Raine mit schmalen Augen.

»Sie ist nicht tot«, sagte Clarissa. »Bitte, Raine, laß uns diese Fehde jetzt beenden. Schwöre, dafür zu sorgen, daß Fiona Roger zurückgegeben wird.«

»Roger, so so«, schnaubte Raine durch die Zähne und funkelte sie an, daß sie einen Schritt zurückwich, näher an Roger heran. »Wie lange kennst du ihn schon?«

»Wie lange . . .?« begann sie verwirrt. »Raine, bitte, du bist nicht bei Trost. Er ist ganz allein hierhergekommen, und ich möchte nicht zusehen, wie er getötet wird. Er möchte seine Schwester zurückhaben. Weißt du, wo sie steckt?«

»Nun bittest du mich darum, meinen Bruder an diesen Abschaum zu verraten. Hat er dir von Marys letzten Minuten ihres Lebens berichtet?« Er sah Roger an, und sein Mund verzerrte sich zu einem Fauchen: »Hast du das Geräusch genossen, als ihr Körper auf den Steinen zerschellte?«

Clarissa merkte, wie ihr übel wurde bei den Bildern, die Raine heraufbeschwor, und fast hätte sie ihm da Roger ausgeliefert. Doch der König hätte dann nur noch einen Vorwand mehr bekommen, sich Raines Ländereien anzueignen. Er würde Raine nie begnadigen, wenn ein Graf unter seinen Händen starb. »Du mußt ihn laufen lassen«, sagte sie ruhig. »Du kannst ihn nicht kaltblütig umbringen. Kommt, Roger. Ich werde Euch zu Eurem Pferd begleiten.«

Ohne ein Wort zu sagen, ging Roger Chatworth vor ihr her zum Jahrmarkt, wo sein Pferd wartete. Weder Raine noch seine Wächter folgten ihnen.

»Das wird er Euch nie verzeihen«, sagte Roger.

»Ich habe es nicht für Euch getan. Wenn Raine Euch tötete, würde der König ihm nie vergeben. Geht jetzt, und erinnert Euch daran, daß eine Ascott gut zu Euch war, als Ihr es nicht verdientet. Ich möchte nicht, daß Miles oder Fiona ein Leid geschieht, und ich werde alles in meiner Macht Stehende tun, damit Eure Schwester zu Euch zurückkehrt.«

Mit einem Blick, der sich aus Ungläubigkeit, Ehrfurcht und Dankbarkeit zusammensetzte, wendete er sein Pferd und ritt vom Weidegrund der Ascotts weg.

Clarissa stand einen Moment regunslos da, während ihr Herz wild klopfte bei dem Gedanken, daß sie nun Raine wieder vor die Augen treten mußte. Natürlich würde er wütend sein, aber wenn sie ihm erklärte, warum sie seinem Feind geholfen hatte, würde er sie verstehen. Langsam, die vor ihr liegende Auseinandersetzung fürchtend, ging sie zurück zu den Bäumen, wo die Leibwächter standen.

Es dauerte nur Sekunden, ehe sie bemerkte, daß Raine nicht bei ihnen war. »Wo ist er?« fragte sie, überzeugt, daß er sich für die kommende Schlacht einen Ort gesucht hätte, wo sie unbelauscht blieben.

»Mylady«, begann einer der Leibwächter, »Lord Raine ist in den Wald zurückgekehrt.«

»Ja, ich weiß«, sagte sie. »Wo wir allein sein können. Aber in welche Richtung ist er gegangen?«

Einen Moment sah Clarissa nur den Mann an, und nach langen Sekunden kam es ihr, was er wirklich meinte. »In den Wald? Ihr meint, in das Lager der Verbannten?«

»Ja, Mylady.«

»Holt mein Pferd! Ich werde ihm nacheilen. Wir können ihn noch einholen.«

»Nein, Mylady. Wir haben Befehl, Euch zu Lord Gavin zurückzubringen. Ihr sollt Lord Raine nicht in den Wald folgen.«

»Ich muß ihm nach«, sagte sie und sah flehentlich zu den Männern empor. »Versteht ihr denn nicht, daß ich Raine davon abhalten mußte, Chatworth zu töten? Der König hätte Raine dem Scharfrichter überantwortet, wenn er einen Grafen meuchelte. Ich muß das meinem Mann erklären. Bringt mich sofort zu ihm!«

»Das können wir nicht.« Der Ritter schob das Kinn vor, um das Mitleid in seinen Augen damit auszugleichen. »Unsere Befehle kamen von Lord Raine.«

»Vielleicht, wenn Mylady mit Lord Gavin sprechen würden«, schlug ein anderer Ritter vor.

»Ja«, sagte sie begierig, »laßt uns zur Burg zurückkehren. Gavin wird wissen, was zu tun ist.«

Sobald Clarissa im Sattel saß, legte sie ein Tempo vor, daß die Ritter ihr kaum zu folgen vermochten. Kaum berührten die Pferdehufe das Pflaster des Burghofes, als Clarissa schon aus dem Sattel glitt und ins Haus rannte.

Sie stürzte in den ersten, leeren Raum hinein, wollte zum nächsten rennen, blieb dann stehen und brüllte: »Gavin!«

Binnen Sekunden kam Gavin die Treppe heruntergelaufen, sein Gesicht eine Maske der Ungläubigkeit. Judith folgte ihm dicht auf den Fersen.

»Warst du das, der gerufen hat?« fragte Gavin tief beeindruckt. »Raine sagte, du hättest eine kräftige Stimme; aber so etwas ...«

Clarissa schnitt ihm das Wort ab: »Raine ist in das Lager der Verbannten zurückgekehrt. Ich muß ihm nachreiten. Er haßt mich. Er begreift nicht, warum ich es tat. Ich muß es ihm erklären.«

»Beruhige dich«, sagte Gavin. »Erzähle mir alles von Anfang an.«

Clarissa versuchte, tief Atem zu holen. »Roger Chatworth ...«

Der Name genügte, Gavin zur Explosion zu bringen. »Chatworth! Hat er dir etwas getan? Ist Raine ihm nachgeritten? Hol meine Männer«, sagte er zu einem der Ritter, die hinter Clarissa standen. »In voller Rüstung.«

»Nein!« rief Clarissa und legte dann ihr Gesicht in die Hände. Die Tränen überwältigten sie nun doch.

Judith legte den Arm um ihre Schultern. »Gavin, rede mit den Männern, während ich mich um Clarissa kümmere.« Sie führte Clarissa zu einer gepolsterten Nische unter einem Fenster, nahm ihre Hände in die ihren und sagte: »Nun berichte, was geschehen ist.«

Clarissas Tränen und ihr Gefühl der Dringlichkeit machten ihren Bericht fast unverständlich. Nur mit gezielten Fragen gelang es Judith, einen Zusammenhang in die Bruchstücke zu bringen.

»Ich verstand vieles nicht«, schluchzte Clarissa. »Roger redete von Dingen, die ich nicht begriff. Wer ist Lilian? Wer war sein Bruder? Was hatte er mit Marys Tod zu tun? Raine war so zornig. Er befahl, Roger zu töten, und ich mußte ihn davon abhalten. Ich mußte einfach!«

»Du hast richtig gehandelt, als du ihn daran hindertest. Nun möchte ich, daß du hier ruhig sitzen bleibst, während ich Gavin suche. Ich werde ihm deine Geschichte berichten, und Gavin wird Raine wieder zur Vernunft bringen.«

Judith fand ihren Gatten und zwanzig Ritter, die aussahen, als bereiteten sie sich zu einem Krieg vor, im Burghof. »Gavin! Was hast du vor?«

»Wir reiten Chatworth nach.«

»Chatworth? Aber was wird aus Raine? Er glaubt, Clarissa habe Chatworth' Partei ergriffen. Du mußt zu Raine reiten und ihn zur Einsicht bringen. Clarissa schützte Raine – nicht Chatworth.«

»Judith, ich habe jetzt keine Zeit dazu, Liebeshändel zu schlichten. Ich muß Miles finden und ihn vor Chatworth warnen oder Chatworth finden und dafür sorgen, daß er keine Streitmacht sammelt und meinen Bruder damit verfolgt.«

»Überrede Miles, daß er Fiona freigibt. Das ist alles, was Chatworth von ihm verlangt«, sagte Judith. »Gib ihm seine Schwester zurück.«

»So, wie er mir meine zurückgegeben hat? Über einem Pferd liegend, mit dem Gesicht nach unten?«

»Gavin, bitte«, bettelte Judith.

Er schwieg einen Moment und zog sie dann an sich. »Raine ist im Wald sicherer aufgehoben als hier. Zweifellos wird Chatworth den König wissen lassen, wie Raine ihn bedrohte, und das wird die Wut des Königs von neuem entfachen. Clarissa sollte auf jeden Fall bei uns bleiben, und so betrachtet, können wir mit dieser Entwicklung zufrieden sein. Meine Sorge gilt jetzt eher Miles. Ich glaube nicht, daß er dem Mädchen etwas angetan hat; doch ich hatte gehofft, wir hätten Zeit, noch vor Chatworth herauszufinden, wo sich seine Schwester befindet. Ich muß meinen Bruder warnen und ihm Schutz geben, wenn er ihn braucht.«

»Und was wird aus Clarissa? Raine glaubt, sie habe ihn verraten.«

»Ich weiß nicht«, sagte Gavin, dieses Problem beiseite schiebend. »Schreib ihm und schick ihm einen Boten. Raine ist sicher – wütend; doch die Wut tut ihm nicht weh. Nun muß ich reiten. Kümmere dich um Clarissa, solange ich fort bin, und füttere meinen Sohn.«

Sie lächelte, und er küßte sie lange. »Paß auf dich auf«, rief sie ihm nach, während er mit seinen Männern durch das Tor ritt.

Judiths Lächeln hielt nicht lange an, als sie in das Haus zurückeilte und Clarissa allein auf der Fensterbank sitzen sah.

»Reitet Gavin zu Raine?« flüsterte Clarissa, Hoffnung in ihrer Stimme.

»Nicht sofort. Vielleicht wird er später zu ihm reiten. Nun muß er Miles warnen, daß Roger Chatworth weiß, wer seine Schwester Fiona gefangenhält.«

Clarissa lehnte sich gegen die steinerne Brüstung zurück. »Wie konnte Raine nur glauben, daß ich ihn verraten würde? Chatworth bat mich, für ihn herauszufinden, wo Fiona steckt, doch ich weigerte mich, es ihm zu sagen. Ich wollte nur Raine helfen, der ganzen Familie helfen. Nun habe ich alles nur noch schlimmer gemacht.«

»Clarissa«, sagte Judith und nahm die kalten Hände ihrer Schwägerin in ihre. »Da sind Dinge, die du nicht weißt, Dinge, die geschahen, ehe du zur Familie gehörtest.«

»Ich kenne die Geschichte von Marys Tod. Ich war bei Raine, als er sie erfuhr.«

»Davor geschahen noch andere Dinge ...«

»Haben sie etwas mit dieser Lilian zu tun, die Roger erwähnte, und mit seinem Bruder?«

»Ja. Lilian Chatworth war der Anfang von allem.«

Clarissa war betroffen von der Kälte in Judiths Augen, von der Art, wie sich ihre lieblichen Züge veränderten. »Wer ist Lilian?« flüsterte Clarissa.

»Gavin war in Lilian Valence verliebt«, sagte Judith mit kleiner Stimme. »Aber die Frau wollte ihn nicht heiraten. Statt dessen angelte sie sich einen reichen Grafen, Edmund Chatworth.«

»Edmund Chatworth«, wiederholte Clarissa. Der Mann, den Jocelin ermordete.

»Edmund wurde eines Nachts von einem Sänger getötet, der nie gefaßt wurde«, fuhr Judith fort, ahnungslos, daß Clarissa den Täter kannte.

»Ich habe immer geglaubt, daß Lilian Chatworth mehr von dem Geschehen wußte, als sie Gavin erzählte. Als Witwe meinte sie, sie könnte es sich leisten, Gavin zu heiraten; doch Gavin weigerte sich, mich zu verstoßen und sie zu heiraten. Lilian war eine sehr schlechte Verliererin.« Judiths Stimme troff vor Sarkasmus. »Sie nahm mich gefangen und drohte, mir kochendes Öl auf das Gesicht zu gießen. Es gab ein Handgemenge, und das Öl verunstaltete Lilian.«

»Roger sagte, sein Haushalt bestehe nur noch aus einer bösen Schwägerin. Sicherlich kann er Mary doch nicht wegen ihrer Narben Schande angetan haben?«

»Nein, später war Roger in Schottland und traf dort mit der Frau zusammen, die König Heinrich Stephen als Braut versprochen hatte. Alicia ist reich und ein Preis, um den zu kämpfen sich lohnte. Roger beanspruchte sie für sich, und die beiden kämpften um sie. Roger ist ein stolzer Mann und ein berühmter Turnierritter; doch Stephen blieb Sieger in diesem Kampf, und in seiner Wut griff Roger Stephen von hinten an.«

»Stephen wurde dabei nicht verletzt, oder doch?«

»Nein; doch Rogers Ruf als Ritter war zerstört. Alle Edelleute in England lachten ihn aus und bezeichneten fortan einen Stoß aus dem Hinterhalt einen kleinen ›Chatworth‹.«

»Und so schlug Roger zurück, indem er Mary gefangennahm. Er muß in den Ascotts die Ursache all seiner Erniedrigungen gesehen haben«, sagte Clarissa.

»So ist es. Er bat Stephen auf dem Turnierfeld, ihn zu töten; doch Stephen weigerte sich, und Roger empfand das als zusätzliche Beleidigung. Deshalb nahm Roger Mary und Alicia gefangen und hielt sie eine Weile in seinem Schloß fest. Ich glaube nicht, daß er

Mary entehrt hätte, wenn nicht Brian gewesen wäre.« »Und wer ist Brian?«

»Rogers jüngerer Bruder, ein verkrüppelter junger Mann, der sich in Mary verliebte. Als Brian zu Roger sagte, daß er Mary heiraten wolle, betrank sich Roger und stieg in Marys Bett. Du weißt ja, was Mary danach tat. Brian brachte ihre Leiche hierher zu uns.«

»Und nun hat Miles Fiona in seinem Besitz«, sagte Clarissa. »Raine ist geächtet, Roger hat seine Familie und sein Vermögen verloren, und Miles Leben ist vermutlich in Gefahr. Gibt es denn keinen Weg, diesen Haß zu beenden? Was passiert, wenn Roger Miles tötet? Was wird dann geschehen? Wer wird der nächste sein? Wird einer von uns noch sicher leben können? Werden unsere Kinder in Haß auf die Chatworth aufwachsen? Wird mein Kind mit Rogers Sohn kämpfen müssen?«

»Still, Clarissa«, sagte Judith sanft. und zog Clarissa in ihre Arme. »Gavin ist fortgeritten, um Miles zu warnen, und dann wird er in Sicherheit sein. Zudem ist Alicia mit ihren Männern zur Stelle, und selbst, wenn es Chatworth gelänge, eine Armee auszuheben, könnte er den MacArrans nicht widerstehen.«

»Ich hoffe, du behältst recht. Und Raine wird in seinem Wald sicher sein.«

»Komm, wir schreiben jetzt Raine ein paar Briefe. Morgen werden wir sie ihm mit einem Boten überbringen lassen.«

»Ja«, sagte Clarissa, setzte sich auf und wischte die Tränen fort. »Sobald Raine die Wahrheit weiß, wird er mir gewißlich verzeihen.«

18. Kapitel

Raine schickte Clarissas Briefe ungeöffnet zurück. Obwohl er Judiths Erklärung las, wie sich die Sache wirklich zugetragen hatte, erwähnte er das nicht in der mündlichen Botschaft, die er ihr übermitteln ließ. Er hatte nun keinen Knappen, so daß Judith darauf achten mußte, nur Boten zu schicken, die lesen konnten.

Clarissa schien all diese Ereignisse mit stoischer Ruhe hinzunehmen; doch jeden Morgen waren ihre Augen gerötet, und ihr Appetit war so gut wie verschwunden. Als Gavin aus Schottland zurückkehrte, war er ganz entsetzt, Clarissa so zu sehen – nur noch Haut und Knochen, bis auf den Bauch, den sie vor sich hertrug.

»Was gibt es Neues?« fragte Judith, ehe er eine Bemerkung über Clarissas Erscheinung machen konnte.

»Wir fanden Chatworth und hielten ihn eine Weile fest; doch er entfloh.«

»Hast du ihm ein Leid getan?« fragte Judith.

»Wir haben ihm nicht ein Haar gekrümmt!« gab Gavin unwillig zurück. »Als er uns entronnen war, zogen wir nach Schottland weiter; aber dort ist er nicht aufgetaucht. Ich vermute, daß Chatworth zu König Heinrich reiste.«

»Hast du Miles gesprochen?«

Gavin nickte, die Stirn voller Sorgenfalten. »Er war schon immer ein Sturkopf, doch nun geht er zu weit. Er weigert sich, Fiona freizugeben, und nichts, egal von wem, bringt ihn zur Einsicht.«

»Und was ist mit Fiona?«

»Sie liegt ständig im Krieg mit ihm. Sie streiten sich sogar über die Farbe des Himmels; aber zuweilen blickt sie ihn nicht nur mit haßerfüllten Augen an. Nun zu Clarissa. Wie steht es mit ihr?«

»Raine schickt ihre Briefe ungeöffnet zurück, und er erwähnt sie mit keinem Wort in seinen Botschaften, obwohl ich ihn in meinen Briefen anflehe, auf mich zu hören. Die Boten sagen, Raine befiehlt ihnen, die Passagen auszulassen, die von Clarissa handeln.«

Gavins Stirnrunzeln besagte mehr als viele Worte. »Mein Bruder würde einem dreifachen Mörder verzeihen; aber wenn er glaubt, seine Ehre sei angetastet, ist er erbarmungslos. Ich werde ihm schreiben und ihm von Clarissas Zustand berichten. Wann ist das Kind fällig?«

»In ein paar Wochen.«

Raine beantwortete auch Gavins Brief nicht, in dem er Clarissas Zustand schilderte.

Im November wurde Clarissa von einem großen gesunden Mädchen entbunden, das schon Sekunden nach seiner Geburt lächelte und bewies, daß es Raines Grübchen geerbt hatte. »Catherine«, flüsterte Clarissa, ehe sie einschlief.

Doch in den nächsten Wochen schien dem Kind etwas zu fehlen. Catherine weinte ununterbrochen.

»Sie weint nach ihrem Vater«, sagte Clarissa düster, und Judith hätte sie fast durchgeschüttelt.

»Als wüßte ich es nicht besser«, sagte Judith. »Ich dachte, sie leidet Hunger.«

Judiths Worte erwiesen sich als prophetisch, denn sobald man eine Amme für das Kind gefunden hatte, hörte Catherine auf zu weinen.

»Wozu bin ich nütze?« jammerte Clarissa.

Diesmal schüttelte Judith sie kräftig durch. »Hör mich an! Du hast an dein Kind zu denken. Vielleicht kannst du es nicht stillen; aber es gibt andere Dinge, die du tun kannst. Und wenn das Kind dich nicht genug beschäftigt, kann ich Arbeit für dich finden.«

Clarissa nickte benommen, und ehe sie sich versah, gab Judith ihr so viel Arbeit, daß sie gar nicht mehr zu sich selbst kam. Sie mußte Kontenbücher lesen, Zahlenkolonnen addieren, Korn scheffelweise absacken lassen und ein Verzeichnis darüber führen. Da gab es Lagerräume zu säubern, die Zubereitung von Mahlzeiten zu beaufsichtigen und Hunderte von Leuten zu versorgen.

Clarissa wurde die Pflege im Hospital für zwei Wochen übertragen und erfuhr dort, wie gut sie war im Aufmuntern der Patienten. Judith war sehr angetan von Clarissas musikalischen Fähigkeiten; doch sie sah keinen Grund, daß Clarissa den Tag nur mit der Arbeit an ihrer Musik verbrachte. Sie komponierte Lieder, während sie ein verwundetes Bein bandagierte – oder wenn sie zu dem Dorf am Fuße des Burghügels der Ascotts ritt.

Es war ein kleiner Schock für Clarissa, daß weder Judith noch Gavin von ihrem Talent überwältigt waren, sondern es einfach zur Kenntnis nahmen. Sie hatten ebenfalls Talente; doch sie pflegten sie nicht auf Kosten anderer Arbeiten.

Clarissa war sich nicht sicher, wann sie einzusehen begann, wie selbstsüchtig ihr Leben bisher gewesen war. Dank ihrem Talent hatte sie unter den Bewohnern ihrer kleinen Stadt eine Ausnahmestellung eingenommen. Jeder hatte sich ihr gegenüber reserviert verhalten, hatte sie behandelt, als wäre sie eine vom Himmel begnadete Person. In ihrer Selbstgerechtigkeit hatte sie beschlossen, alle Edelleute zu hassen, nur weil einer aus diesem Kreis ihr Unrecht getan hatte. Doch in Wahrheit war sie eifersüchtig gewesen. Sie hatte immer das Gefühl gehabt, daß sie niemandem unterlegen sei, aber was hatte sie tatsächlich anderen jemals gegeben? Ihre Musik? Oder war ihre Musik tatsächlich nur für sie selbst da?

Sie erkannte, daß Gavins Männer und die Diener sie freundlich behandelten, weil sie eine Verwandte von Raine war; doch sie wollte etwas geben, was ihr nicht so leicht fiel.

Sie gründete eine Schule für die vielen Kinder im Burgkomplex und begann sie im Lesen und Schreiben zu unterrichten. Wie oft wollte sie ihre Bemühungen aufgeben, doch sie blieb beharrlich dabei und wurde hin und wieder dadurch belohnt, daß ein Kind ein neues Wort lernte.

An den Nachmittagen arbeitete sie mit den Verwundeten und Kranken. Einmal wurde das Bein eines Mannes unter einem Weinfaß zerschmettert, und es mußte ihm abgenommen werden. Clarissa legte seinen Kopf zwischen ihre Hände und nahm all ihre Kunst, all ihre Gefühle zusammen, um ihn mit ihrer Stimme zu hypnotisieren. Danach weinte sie stundenlang.

»Es tut weh, wenn man sich engagiert«, sagte sie zu Judith. »Eines meiner Kinder, ein herziges Mädchen, fiel gestern von der Mauer herunter und starb in meinen Armen.«

Judith hielt sie fest und beruhigte sie, und sie sprachen lange Zeit miteinander. Am Morgen ging Clarissa zurück in ihre Schule. Später kam der Mann, der sein Bein verloren hatte, zu ihr, und Tränen der Dankbarkeit strömten ihm über das Gesicht, als er vor Clarissa hintrat. Judith, die hinter Clarissa stand, sagte:

»Gab Gott dir dein Talent, um den Menschen zu helfen, die dich brauchen, oder solltest du es für die hübschgekleideten Leute in der Kirche aufheben?«

Zu Weihnachten kam Judiths Mutter zu ihnen zu Besuch. Helen Bassett sah nicht so alt aus, als könne sie irgend jemandes Mutter sein. An ihrer Seite war ihr zweiter Mann John, der so zufrieden aussah, wie ein Mann nur sein kann. Beide lächelten sie zu ihrer elf Monate alten Tochter hinunter, die eben das Gehen lernte.

Judiths Sohn war sechs Monte alt, Clarissas Tochter zwei Monate. Jeder versuchte, die Festtage fröhlich zu gestalten, und niemand sagte ein Wort darüber, wie viele Familienmitglieder fehlten.

»Im letzten Jahr waren wir alle beisammen«, murmelte Gavin in seinen Bierbecher.

Keine Botschaft von Raine.

Im Januar schien alles zugleich zu geschehen. Roger Chatworth war tatsächlich zu König Heinrich gereist – aber nicht allein. Ob zufällig oder absichtlich, war Pagnell zur selben Zeit bei Hof erschienen.

Roger behauptete, Miles hielte seine Schwester in Schottland gefangen, und Pagnell behauptete, er habe Beweise, daß Raine eine Armee von gemeinen Leuten ausbildete, die wie Ritter fechten sollten, und daß er versuchte, eine Armee gegen den König auszuheben.

König Heinrich sagte, er sei die Fehde zwischen den Ascotts und den Chatworth' herzlich leid und wolle, daß Lady Fiona freigegeben werde. Wenn Miles dieses Gebot nicht befolge, würde er ihn zum Verräter erklären und seine Ländereien konfiszieren lassen. Was Raine anbetraf, würde der König den Wald und alles, was darin war, verbrennen lassen, wenn er die Verbrecher mit noch mehr Waffen ausrüstete.

Gavin schickte einen Boten nach Schottland und bat Stephen dringend darum, Miles zu zwingen, dem Gebot des Königs zu gehorchen. Ehe er von dort eine Antwort bekam, traf die Nachricht in der Burg ein, daß Pagnell tot aufgefunden worden sei. Man flüsterte davon, daß die Ascotts für seinen Tod verantwortlich wären. Der König fügte das einer langen Liste von Beschwerden bei.

»Ihn gelüstet nach dem, was wir jahrhundertelang in Besitz haben«, sagte Gavin. »Andere Könige haben versucht, uns das wegzunehmen, und es gelang ihnen nicht. Diesem wird es auch nicht gelingen.« Er holte sich einen Morgenstern von der Wand. »Wenn Stephen Miles keine Vernunft eintrichtern kann – dann ich!«

Binnen einer Stunde war er wieder unterwegs nach Schottland.

»Und was wird aus Raine?« fragte Clarissa leise, während sie Catherine auf den Armen wiegte. »Wer wird ihn vor den Drohungen des Königs warnen?«

»König Heinrich wird den Forst nicht niederbrennen«, sagte Judith mit ihrem praktischen Sinn. »Es sind viel zuwenig Wälder übriggeblieben. Raine würde niemals mit seiner Bande von Halsabschneidern gegen den König marschieren, nicht wahr?«

»Vielleicht doch. Raine würde alles tun, wenn er etwas für ein Unrecht ansieht. Wenn er glaubt, sein Bruder ist in Gefahr, kann man nie voraussagen, was er unternehmen wird.«

»Miles wird diesmal auf Gavin hören – hoffentlich«, sagte Judith. »Roger wird seine Schwester zurückbekommen, und alles ist wieder im reinen.«

Sie sahen sich gegenseitig lange an, wobei sie beide Judiths Worten nicht glaubten.

»Ich werde zu Raine gehen«, sagte Clarissa leise und machte dann große Augen vor Überraschung.

»Wird er dich überhaupt in den Wald lassen? Oh, Clarissa, ich bin mir nicht sicher, ob du das tun solltest. Die Ascott-Männer können schrecklich zornig sein.«

»Hat Gavins Zorn dich je davon abgehalten, etwas zu tun, was du tun mußtest? Wenn Gavin in Gefahr wäre, würdest du zögern, ihm in jeder erdenklichen Weise zu helfen?«

Judith schwieg eine Weile still. »Ich führte einst Gavins Männer gegen einen Mann, der ihn gefangenhielt.«

»Ich reite nur in einen Wald. Würdest du dich so lange um Catherine kümmern? Sie ist zu klein dazu, daß ich sie mitnehmen könnte. Es wird kalt sein im Wald.«

»Clarissa, bist du dir sicher?«

»Ich könnte Raine vielleicht ein bißchen ablenken. Ich bin überzeugt, er brütet über allem, was geschehen ist, und denkt sich zweifellos die verschiedenartigsten Schrecken aus, die er Roger Chatworth bereiten könnte. Manchmal kann ich ihn überschreien und zwingen, mir zuzuhören. Er wird vermutlich nicht wissen, was Gavin anstellt, um Miles zur Freilassung von Lady Fiona zu überreden.«

Sie stand auf und drückte ihr Baby fest an sich. »Ich muß mich auf den Ritt vorbereiten. Ich werde ein Zelt brauchen, denn ich sehe nicht, daß Raine seines freiwillig mit mir teilt.«

»Er könnte dir im gleichen Moment verzeihen, wo er dich sieht«, sagte Judith mit tanzenden Lichtern in den Augen.

»Mir verzeihen!« sagte Clarissa und merkte erst dann, daß sie geneckt wurde. »Ich werde ihn dafür büßen lassen, daß er mich beschuldigte, ich hätte ihn verraten. Und ich werde meine Medizin brauchen. Ich schulde diesen Geächteten noch etwas, deren Anführer Raine ist. Sie halfen mir einmal, aber ich half ihnen nie. Ich möchte meine Nichtachtung und Arroganz zum Teil wiedergutmachen.«

»Wann möchtest du aufbrechen?« fragte Judith.

»Ehe Gavin zurückkehrt oder wir noch mehr Schwierigkeiten bekommen. Wie rasch können wir die Sachen besorgen?«

»An einem Tag, wenn wir uns beeilen.«

»Judith«, sagte Clarissa, »du bist ein Engel.«

»Vielleicht wünsche ich mir nur, meine Familie in Sicherheit zu wissen. Komm jetzt mit, wir haben zu arbeiten.«

Innerlich stöhnte Clarissa auf. Raine hatte einmal gesagt, Judith leistete an einem Tag zweimal soviel wie andere Leute. Clarissas Schätzung nach war es eher dreimal soviel. Rasch übergab sie Catherine einer Dienstmagd und eilte ihrer Schwägerin nach.

19. Kapitel

Mir gefällt dieser Ort nicht«, sagte Joan, die auf dem Pferd neben Clarissa saß. »Es ist so dunkel. Seid Ihr sicher, daß Lord Raine an so einem Ort lebt?«

Clarissa gab sich nicht die Mühe, ihr zu antworten. Judith hatte ihr gesagt, ihre Magd, Joan, wäre eine wertvolle Hilfe bei diesem Abenteuer, in dem Clarissa es so herrichten könne, daß Raine sie unmöglich übersehen konnte, und Joan außerdem den Leuten die Würmer aus der Nase zu ziehen vermochte. Judith hatte sie aber auch gewarnt, daß Joan einen so vertraulichen Ton anschlage und ständig an ihre untergeordnete Stellung erinnert werden müsse.

»Hallo!« rief Clarissa zu einem Baum hinauf.

Joan sah sie an, als habe sie den Verstand verloren. »Erwartet Ihr von dem Baum, daß er Euch antwortet?« Dann fügte sie noch: »Mylady« hinzu, als Clarissa ihr einen scharfen Blick zuwarf.

Von den hohen Zweigen des Baumes fiel etwas herunter, das Joan für einen göttlichen Mann hielt.

»Joss!« rief Clarissa lachend, und ehe sie vom Pferd steigen konnte, hatte Jocelin sie um die Hüfte gepackt und zog sie in seine Arme.

Einen Moment lang lachten sie nur und drückten sich, bis Clarissa ihn von sich schob und betrachtete. »Du hast dich verändert«, sagte sie ruhig. »Du hast Rosen auf deinen Wangen.«

Joan hüstelte laut. »Vielleicht würde der Gentleman nicht nur auf seinen Wangen Rosen sehen.«

»Joan!« rief Clarissa vorwurfsvoll. »Ich werde dich die Nacht über allein in diesem Wald lassen, wenn du dich nicht benimmst.«

»Ist das die Stimme des Herrn, die ich da höre?« fragte Joss und hielt sie auf Armesbreite von sich. »Du hast dich nicht nur verändert. Ich habe noch nie so eine reizende Lady gesehen. Geh ein Stück mit mir und laß uns reden.«

Als sie so weit entfernt waren, daß Joan sie nicht mehr hören konnte, fragte er: »Du hast ein Kind?«

»Eine Tochter mit Raines Grübchen und meinen Augen. Sie ist ein süßes Ding und in jeder Hinsicht vollkommen. Wie geht es ihm?«

Jocelin wußte, wen sie meinte. »Nicht gut. Warte! Er ist körperlich in guter Verfassung, aber traurig, und nie ein Lächeln. Und wenn ein Bote von seinem Bruder kommt, beherrscht ihn tagelang der Zorn.« Er legte eine Pause ein »Was geschah nach deiner Heirat?«

Kurz erzählte sie ihm von Roger Chatworth.

»Also hast du jetzt dein Kind zurückgelassen und kommst zu Raine zurück.«

»Der mich fraglos mit offenen Armen empfangen wird.« Sie verzog das Gesicht. »Es gibt mehrere Gründe, weshalb ich zurückgekommen bin. Ich bin den Leuten hier noch etwas schuldig, daß sie mich vor dem Scheiterhaufen retteten. Wie viele . . . starben?«

»Drei, und ein vierter später im Lager.«

Ihre Hand spannte sich um Jocelins Arm. »Der Zorn des Königs auf die Ascotts und die Chatworth' wächst von Tag zu Tag. Gavin ist nach Schottland gezogen, um einen der Brüder zur Vernunft zu bringen, während Raine mein Part ist.«

»Weißt du, daß er den Boten befahl, alles in den Briefen zu unterschlagen, was dich betraf?«

»Das vermutete ich. Tod und Verdammnis über Raine und seine Ehre! Wenn er nur zehn Sätze lang zuhören würde, müßte ihm einleuchten, daß ich kein Verräter bin. Ich kann mir nicht mehr versprechen, als ihm eine Weile Zerstreuung zu bieten. Ich fürchte, er könnte sich dazu entschließen, allein gegen Roger Chatworth zu Felde zu ziehen, und fraglos wird er das tun, wenn er glaubt, sein jüngster Bruder sei in Gefahr. Wenn sein ›kleiner‹ Bruder nicht so ein Verführer von Frauen wäre, würde das alles vielleicht nicht passieren. Doch die Ascott-Brüder stehen füreinander ein, gleichgültig, aus welchen Gründen.«

»Ihn zerstreuen?« fragte Joss lächelnd. »Ich denke, das wird dir gelingen. Weißt du eigentlich, wie gut du aussiehst? Das Violett deines Kleides bringt deine Augen zum Leuchten.«

»Da wir gerade von Verführen reden«, sagte sie neckend und sah ihn von oben bis unten an, »ich dachte, ich sollte schlichte Kleidung tragen, die eher zu einem Wald paßt; doch Judith war anderer Meinung. Sie sagte, schöne Gewänder würden Raine eher ins Auge springen. Habe ich mich tatsächlich verändert?«

»Ja, du bist rundlicher geworden. Und wer ist jetzt diese lüsterne Dirne, die du mitgebracht hast?«

Clarissa betrachtete Jocelin nachdenklich. In all der Zeit, die sie mit ihm zusammengewesen war, hatte sie ihn nie so fröhlich und zu Scherzen aufgelegt gesehen. »Wie geht es Rosamund?« fragte sie.

Jocelin warf den Kopf zurück und lachte. »Du bist doch eine zu kluge Frau. Sie ist großartig und wird von Tag zu Tag besser. Nun laß uns ins Lager gehen. Raine wird froh sein, dich wiederzusehen, egal, was er zu dir sagt.«

Obwohl Clarissa glaubte, auf das Wiedersehen mit Raine vorbereitet zu sein, war sie es nicht. Er war mager geworden, und die Sehnen seiner Muskeln zeichneten sich wie Stricke über den Knochen ab. Er stand beim Lagerfeuer und sah auf zwei Männer hinunter, die ernsthaft mit ihm redeten.

Einen Moment stand Clarissa regungslos und beobachtete ihn. Sie erinnerte sich an jeden Zoll seines Köpers, wollte zu ihm rennen, ihm die Arme um den Hals werden, sein Willkommen spüren.

Doch als er sich umdrehte, stockte ihr der Atem im Hals. Mit Haß hätte sie fertig werden können; doch Raines Augen zeigten nicht das warme Feuer des Hasses. Statt dessen war da nichts als eine öde Eiswüste: ein so kaltes Blau, daß ihr Blut im Körper erstarrte. Kein Zucken des Wiedererkennens und schon gar kein Willkommen.

Ohne sich zu regen, sah Clarissa zu, wie Raine ihr den Rücken zukehrte und zum Übungsfeld schritt.

»Ein bißchen wütend, nicht wahr?« sagte Joan neben ihr. »Diese Ascotts haben ihre Launen. Hab ich Euch schon erzählt, daß Lady Judith einmal in die Grube stieg, um Lord Gavin zu retten? Natürlich würde keine Frau mit Verstand so viel für einen Mann wie Lord Gavin riskieren. Und auch nicht für Miles. Allerdings habe ich Lord Raine noch nicht im Bett kennengelernt. Macht es Spaß mit ihm?«

»Du gehst zu weit!« fauchte Clarissa und wirbelte herum.

Joan sah sie mit einen katzengleichen Grinsen an. »Wenigstens habe ich Euch so weit gebracht, daß Ihr Euch nicht mehr selbst bemitleidet. Wo wollt Ihr nun Euer Zelt aufgebaut wissen? Ihr entscheidet Euch, während ich ein paar Männer suche, die uns helfen.«

Damit ging sie und mischte sich lautlos unter eine Gruppe von Leuten, die sich bereits um Clarissa und die vier Packpferde versammelten.

»Wie wir sehen, hat man Euch nicht viel weggebrannt«, sagte ein Mann und musterte Clarissa unverschämt von Kopf bis Fuß.

»Echte Hexen kann man nicht verbrennen«, sagte eine Frau.

»Ein hübsches Kleid«, kam eine andere Stimme. »Mit wem sie wohl geschlafen hat, um sich das Kleid zu verdienen?«

Clarissa hob das Kinn hoch. »Ich möchte mich bei allen bedanken, die mir zu Hilfe kamen, als ich in Not war. Ich bin sicher, ich habe die Hilfe nicht verdient, aber bedanke mich trotzdem.«

Das schien die Menge einen Moment zu verblüffen.

»Niemand hatte vor, Euch zu helfen«, sagte ein Mann mit narbenbedecktem Gesicht. »Wir gingen Lord Raine zuliebe. Und jetzt sieht es so aus, als wäre es ihm lieber gewesen, wir hätten Euch brennen lassen.«

Das löste ein großes Gelächter in der Runde aus, und während sie sich gegenseitig auf die Schultern klopften, gingen sie zurück ins Lager und ließen Clarissa allein zurück.

»Habt Ihr vor zu weinen?« zischelte Joan Clarissa ins Ohr. »Das würde ihnen passen. Hier, seht mal, was ich gefunden habe.«

Mit einem tiefen, schnüffelnden Seufzer drehte Clarissa dem Waldlager den Rücken zu. Hatte sie erwartet, daß sie ihr ansehen könnten, wie sehr sie sich verändert hatte? Sie sah zu Joan hinüber, die von vier großen, gutaussehenden jungen Männern flankiert war.

»Sie werden uns beim Aufbau des Zeltes helfen«, sagte Joan und schob die Hände durch die Arme der beiden Männer neben ihr.

Clarissa mußte über Joan lächeln, die man so leicht glücklich machen konnte. Judith hatte gesagt, Joan wäre eine Katze, die von Bett zu Bett schlich, und mit Staunen sah Clarissa zu, wie Joan anfing, den jungen Männern Befehle zu erteilen, während sie gleichzeitig hin und wieder einen Kuß verteilte. Einmal sah Joan zu Clarissa hoch und blinzelte ihr zu. Unverschämtes Mädchen! dachte Clarissa und wandte sich ab, um ein Lächeln zu verstecken.

Sie begann, die Bündel abzuladen, die sie mit Judith zusammengestellt hatte.

»Braucht Ihr Hilfe?« fragte einer von Joans jungen Männern hinter ihrem Rücken und nahm ihr eines der Bündel ab.

»Vielen Dank«, sagte sie und lächelte zu ihm hinauf. »Bist du neu im Lager?«

Darüber lachte er, und seine braunen Augen funkelten.»Ich war schon vor Raine hier, war hier, als Ihr noch ein Junge wart. Aber Ihr habt Euch inzwischen verändert«, neckte er und betrachtete sie.

»Ich weiß nicht . . .«, begann sie, ehe sie wegsah.

»Ich schätze, Ihr habt keinen von uns richtig gesehen. Ihr hattet nur Augen für ihn.« Er deutete mit dem Kopf auf Raines Zelt.

»Ich kann Euch das nicht verargen; wenn man daran denkt, daß er ein reicher Herr ist und Ihr eine . . . nun . . . eine . . .« Er brach ab.

»Hat es danach ausgesehen?« sagte Clarissa, mehr zu sich selbst.

»Als Lord Raine uns befahl, daß wir Euch retten müßten, konnte sich jeder seinen Vers darauf machen.«

»Er hat es euch befohlen, wie?« sagte sie. »Zweifellos brach das ganze Langer in Jubel aus bei dem Gedanken, mich zu retten.«

Der junge Mann räusperte sich und nahm das Bündel auf die Schulter. »Ich werde es für Euch ins Lager tragen.«

»Warte!« rief sie. »Wie heißt du?«

»Thomas Carter«, sagte er grinsend.

Nachdenklich beendete Clarissa das Abladen der Packpferde. Sie hatte Monate in diesem Lager verbracht, und ihres Wissens hatte sie keine Ahnung von Thomas Carters Existenz gehabt. Und doch war er die ganze Zeit hier gewesen und hatte sogar sein Leben riskiert, um sie zu retten.

Stirnrunzelnd ging sie ins Lager zurück und war sehr erfreut, als Thomas ihr zulächelte.

Joan und die jungen Männer hatten inzwischen das Zelt aufgebaut und begannen, die Bündel darinnen zu stapeln. Draußen flackerte ein warmes Lagerfeuer.

»Ihr seid ziemlich hochgekommen in der Welt, nicht wahr?« fragte eine Frau, die mit glitzernden Augen hinter dem Feuer stand. Sie hatte einen schrecklichen Kropf an ihrem Hals, so daß sie den Kopf schief legen mußte.

»Können wir dir von dem Essen abgeben, das wir jetzt zubereiten?« fragte Clarissa leise und drehte sich dann wütend um, weil Joan mit einem heftigen Zischen dagegen protestierte.

Die Frau schüttelte mit geweiteten Augen den Kopf und verschwand.

»Wir können doch diesen verpesteten Abschaum nicht in unsere Nähe lassen!« fauchte Joan. »Möchtet Ihr auch gern so ein Ding an Eurem Hals tragen? Sie braucht sich nur zu uns zu setzen, und schon ist es passiert . . .«

»Still!« sagte Clarissa schroff, weil sie sich in Joan wiedererkannte. »Ich dulde nicht, daß du dich in so anmaßender Weise über diese Leute äußerst. Sie retteten mein Leben, und trotz ihres Schmutzes und ihrer Gebrechen verdienen sie mehr, als ich ihnen zurückzahlen kann. Und was dich betrifft, wirst du sie alle gut behandeln – nicht nur diese vier jungen Männer.«

Joan preßte die Lippen zusammen und murmelte etwas von Standesverrat und daß sie mit jedem Tag Lady Judith ähnlicher würde. Dann verschwand sie geräuschlos in der Dunkelheit.

Wie Lady Judith, dachte Clarissa, und erkannte, daß sie bisher noch nie so ein Kompliment bekommen hatte. Lächelnd stand sie da und ging dann in ihr Zelt. Als sie allein in ihrer kleinen Koje lag, erinnerte sie sich an ihre Nächte mit Raine. Wenigstens war sie ihm nun wieder nahe, und zum erstenmal seit Monaten konnte sie gut schlafen. Ihre letzten Gedanken vor dem Einschlummern galten Catherine.

Am Morgen erwachte sie erfrischt und lächelnd. Die kalte klare Waldluft hatte ihr gutgetan und gab ihr sogar ein Gefühl von Zuhause. Joan war nicht in Sicht, also zog sich Clarissa allein an und wählte ein smaragdgrünes Wollkleid mit goldenem Besatz am Saum. Eine kleine Kappe, die sie dazu aussuchte, verbarg nicht die Locken, die ihr Gesicht umrahmten. Ihr Haar war inzwischen länger geworden, und sie haßte auch nicht mehr die ungewöhnlichen Farben, als habe man jede Strähne anders getönt.

Vor dem Zelt wurde sie von einer erschöpft aussehenden Joan begrüßt, die regungslos auf einem Baumstumpf saß. Ihr Haar hing ihr aufgelöst über den Rücken, die Schultern ihre Kleides waren zerrissen. Sie hatte blaue Flecken am Hals, und sie sah mit glänzenden Augen zu Clarissa auf. »Das sind unersättliche Männer«, sagte sie müde, doch glücklich, so daß Clarissa nur mit Mühe das Lachen zurückhalten konnte.

»Geh und ruh dich aus«, sagte sie streng. »Und wenn du wieder wach bist, werden wir über dein empörendes Verhalten reden.«

Schwerfällig erhob sich Joan und ging auf das Zelt zu.

Clarissa faßte sie am Arm. »Alle vier?« fragte sie neugierig.

Joan nickte nur mit schweren Lidern, während sie auf das Zelt zuging.

Clarissa dachte darüber nach – vier Männer auf einmal? – als Raine mit zornsprühenden Augen vor sie hintrat. Sie schluckte zweimal. »Guten Morgen«, brachte sie schließlich heraus.

»Zum Teufel mit deinem guten Morgen«, erwiderte er grollend. »Die Schlampe, die du mitgebracht hast, hat vier meiner Männer ausgelaugt. Sie taugen zu gar nichts heute morgen, können nicht einmal ein Schwert heben. Ich weiß nicht, warum du hierhergekommen bist, aber ich halte es für besser, du kehrst wieder nach Hause zurück.«

Sie lächelte ihn süß an. »Was für ein bezauberndes Willkommen, mein Gatte. Ich entschuldige mich für meine Magd; aber wie du dich erinnern wirst, hatte ich nicht viel Übung im Umgang mit Untergebenen. Wir können ja nicht alle in den Edelstand geboren werden. Was mein Hierherkommen betrifft, so möchte ich meine Schulden bezahlen.«

»Du schuldest mir nichts.«

»Dir!« spuckte Clarissa, beruhigte sich dann und zwang ein Lächeln auf ihr Gesicht. »Vielleicht schuldest eher du mir was; aber diesen Leuten bin ich verpflichtet.«

»Seit wann kümmert dich dieses Volk?« sagte er mit schmalen Augen.

»Seit sie ihr Leben riskierten, um mich zu retten«, sagte sie ruhig. »Möchtest du vielleicht an unserem Frühstück teilnehmen, um dein Fasten zu unterbrechen? Ich könnte dir eine kalte Fleischpastete anbieten.«

Er wollte offenbar noch etwas sagen, machte aber auf den Fersen kehrt und verließ sie.

Clarissa behielt mit klopfendem Herzen ihr Lächeln bei, während sie seinen breiten Rücken betrachtete.

»Bist du mit dir zufrieden?« fragte Jocelin hinter ihr.

Clarissa lachte laut. »Bin ich so durchsichtig? Raine Ascott ist ein arroganter Mann, nicht wahr? Er glaubt, ich bin nur seinetwegen hergekommen.«

»Und bist du das nicht?«

»Ich werde ihn zum Wahnsinn treiben«, sagte Clarissa vergnügt. »Möchtest du etwas mit uns essen? Hast du Zeit, bei mir Platz zu nehmen und ein paar Fragen zu beantworten?«

Die Fragen, die Clarissa an ihn richtete, betrafen die Leute im Lager, Fragen, auf die sie die Antworten hätte wissen müssen, da sie ja monatelang hier gelebt hatte. Doch sie kam sich wie ein Außenseiter vor.

»Sie werden sich nicht leicht umstimmen lassen«, sagte Jocelin. »Sie haben in vielerlei Hinsicht einen Groll auf dich. Blanche hat dafür gesorgt, daß sie dich für viele ihrer Probleme verantwortlich machen.«

»Blanche!« sagte Clarissa und setzte sich gerade auf. Ihr fiel es wie Schuppen von den Augen.

»Blanche war die Frau, die an Constances Tod schuld war. Wie hätte sie sonst so genau über Edmund Chatworth Bescheid wissen können? Du mußt sie sehr hassen.«

»Das Hassen habe ich inzwischen verlernt.« Er stand auf. »Würdest du gerne Rosamund wiedersehen? Wenn du den Leuten helfen willst, kann sie dir sagen, wo du anfangen sollst.«

Rosamund war nicht wiederzuerkennen. Ihre Augen glänzten wie Sterne, wenn sie Jocelin betrachtete, so daß das Muttermal auf ihrer

Wange fast verschwand. Und Jocelins Augen waren nicht weniger leuchtend.

»Clarissa möchte dir gerne helfen«, sagte er mit einer weichen, süßen Stimme und nahm Rosamunds Hand.

Rosamund schenkte Clarissa ein nachsichtiges Lächeln, daß ihr Rücken ganz steif wurde, und sie dankte dem Himmel, daß sie bei Judith in die Schule gegangen war.

»Ich bin sicher, wir finden schon etwas, wo du dich nützlich machen kannst«, sagte Rosamund mit ihrer weichen Stimme.

Clarissa brauchte eine Woche, um Rosamund zu überzeugen, daß sie es ernst meinte. Während dieser Zeit arbeitete Clarissa vom frühen Morgen bis späten Abend, und keine Arbeit war ihr zu schwer. Sie wusch und bandagierte schwärende Wunden. Sie entband eine Frau von ihrem Kind, die an Windpocken litt, und als ihr blindes Baby starb, beerdigte sie es; niemand sonst hatte das arme Ding angefaßt. Sie sang einer alten Frau Lieder vor, die unzusammenhängende Schreie wegen irgendwelcher Gespenster ausstieß, die nur sie zu sehen vermochte.

»Die Lady tut aber 'ne Menge für uns gemeines Volk«, sagte ein Mann, an dem sie im Dunkeln vorbeikam, als sie zu ihrem Zelt ging. »Früher mochte sie sich nicht die Hände schmutzig machen, doch nun ist ihr nichts schmutzig genug. Nur sehe ich nicht, daß Raine ihr das zugute hielte.«

In ihrem Zelt legte Clarissa die Hände an die Schläfen. Der Kopf tat ihr weh von dem großen Lärm und den üblen Gerüchen. Die Kranken ließen sich von ihr berühren; aber die Gesunden beachteten sie nicht, nur wenn sie ihren Spott über sie ausgießen wollten. Und was Raine betraf, so sah sie ihn kaum.

»Seid Ihr hierhergekommen, um Raine zurückzugewinnen oder dieses verkommene, mit Schwären bedeckte Volk?« fragte Joan sie.

»Raine«, hatte Clarissa geflüstert, sich die Schläfen reibend. Nun war das Zelt leer, da Joan offensichtlich woanders schlief. Clarissa war nicht gewohnt an Dienerschaft, und sie versagte, was die Kontrolle von Joan betraf. Als sie sah, daß die Wassereimer leer waren, nahm sie sie auf und ging damit zum Fluß.

Sie kniete am Ufer und sah um sich, auf die glitzernde Oberfläche des Wassers, Diamantstaub im Mondlicht. Ein Geräusch zwang sie zum Umdrehen, und ihr Herz sprang ihr in den Hals bei Raines Anblick, seinem mächtigen Körper – einem Körper, den sie so gut kannte –, der den Mond überschattete.

»Hast du bewiesen, was du beweisen wolltest?« fragte er tonlos, seine Stimme so hart wie Stahl. »Hast du erwartet, die Leute würden dir vor Dankbarkeit zu Füßen fallen, wenn du eine eiternde Wunde verbindest? Sie sind bessere Menschenkenner als ich.«

»Sag mir bitte, was das bedeutet«, sagte sie tief betroffen.

»Du bist eine gute Schauspielerin. Ich glaubte einmal, du wärest . . . ehrenhaft; doch ich habe bitteres Lehrgeld zahlen müssen. Ich hoffe, sie fallen nicht so gründlich auf dich herein wie ich.«

Sie stand vor ihm, die Hände in die Hüften gestemmt. »Erspare mir dein Selbstmitleid«, sagte sie mit zusammengepreßten Zähnen. »Der bedauernswerte Lord Raine hat sich erniedrigt und verliebte sich in ein Mädchen des gemeinen Standes. Und als sie ihr möglichstes tat, ihn vor dem Zorn des Königs zu retten, wußte er sofort, daß sie ihre Grenzen überschritten hatte.«

Ihre Stimme wuchs an. »Ich möchte dir eines sagen, Raine Ascott. Es spielt keine Rolle, ob diese Leute mich hassen oder nicht. Ich habe ihren Haß verdient. Aber sie sind wenigstens ehrlich. Du benimmst dich wie ein Märtyrer und willst auf niemanden hören. Statt dessen verrennst du dich in dem Glauben, daß nur dir Unrecht getan wurde und meinst, daß nur du Ehrgefühl besitzt.«

»Und was weißt du, eine Frau, von Ehre?« gab er höhnisch zurück.

»Sehr wenig. Tatsächlich verstehe ich nur etwas von Musik und habe in allen anderen Dingen wenig Erfahrung. Aber ich bin wenigstens bereit zuzugeben, daß ich Fehler mache. Ich habe diesen Leuten Unrecht getan, und ich versuche nun, mein Unrecht gutzumachen. Du aber, mein hochgeborener Lord, hast mir Unrecht getan – und deiner Tochter, nach der du dich nicht einmal erkundigst.«

»Ich habe von ihr gehört«, sagte Raine steif.

Clarissa gab einen Laut von sich, der wie eine Stahlraspel über Raines Haut fuhr.

»Wie großmütig von dir!« zischte sie. »Der große, erhabene Raine, König der Wälder, Herrscher der Verbannten, hat sogar schon von seiner eigenen Tochter gehört.«

Sie fuhr etwas ruhiger fort: »Ich kam hierher, um dich zurückzugewinnen, aber nun bin ich mir nicht so sicher, ob ich dich haben möchte. Bleibe mir vom Leib. Nimm deine kalte Ehre mit in dein Bett.«

»Es gibt andere Frauen, die bereit sind, mit mir das Bett zu teilen«, sagte er mit harten Augen.

»Ich kann ihnen nur mein Beileid aussprechen«, zwang Clarissa sich zu erwidern. »Was mich betrifft, so ziehe ich eine andere Sorte von Männern vor, einen Mann, der nicht so kalt ist. Einen Mann, in dem noch Leben ist.«

Sie merkte nicht, wie sein Arm vorschoß. Er war in jeder Hinsicht schneller und kräftiger, als sie ihn in Erinnerung hatte. Seine kräftigen Finger gruben sich in ihre Taille, und als sich ihre Blicke kreuzten, lächelte er leicht, amüsiert, während er sie an sich zog.

Er drückte ihren Kopf in den Nacken, und seine Lippen schwebten über ihrem Mund.

»Ich bin kalt, wie?« sagte er, und seine Stimme jagte ihr Schauer über den Rücken.

Ein kleiner Teil von Clarissas Gehirn konnte immer noch vernünftig denken. Er wollte ihr also eine Lektion erteilen, wie? dachte sie, während sie auf den Zehenspitzen stand und ihre Arme um seinen Nacken legte.

Als sich ihre Lippen berührten, atmeten sie beide scharf ein. Dann lösten sie sich wieder voneinander. Clarissas Lider zuckten einmal, zweimal, ehe Raines Mund sich auf ihren preßte mit dem Durst eines Verschmachtenden. Er richtete sich auf, die Arme um ihren Körper, und sie verlor den Boden unter den Füßen, während er mit starker Hand ihren Nacken packte und ihren Kopf zur Seite drehte. Seine Zunge schob sich in ihren Mund, sandte Funken durch ihren Leib, die alle Kraft aus ihrem Körper herauszubrennen schienen. Sie sackte schlaff gegen ihn, ließ ihr ganzes Gewicht von ihm tragen.

Seine Lippen bewegten sich an ihrem Mund, zogen ihn noch dichter heran, während seine Hände ihren Kopf massierten, seine Finger mit den Muskeln an ihrem Nacken spielten.

Clarissa zog die Arme noch enger um seinen Hals in dem Versuch, ihm näher zu kommen. Ihre Beine bewegten sich nach oben, bis sie um seine Hüften lagen. Sie bewegte den Kopf, übernahm die Initiative, drängte ihre Zähne gegen seine Lippen.

Das Geräusch sich nähernder Reiter, das Getrappel vieler Pferdehufe drang in Raines Bewußtsein vor und weckte den Instinkt der Gefahr. Langsam, benommen tauchte er aus dem roten Nebel auf und setzte Clarissa rauh, zornig, neben sich ab.

Einen Moment lang war sein Blick weich, doch dann wurde er wieder kalt wie Eis. »Hofftest du, mich durch Verführung zurückzugewinnen?« flüsterte er. »Hast du dieselben Waffen bei Chatworth verwendet?«

Es dauerte ein paar Sekunden, ehe Clarissa begriff, was er meinte. »Du bist ein Tor, Raine Ascott«, sagte sie leise. »Macht dich der Haß für die Liebe blind?« Damit hob sie ihre Röcke, vergaß die Wassereimer zu ihren Füßen und wandte sich zum Lager zurück. Hinter sich hörte sie Raine mit unnötig ärgerlicher Stimme mit den Reitern reden.

20. Kapitel

Zu was es auch gut sein mag«, sagte Joan, während sie Clarissas Locken auskämmte, »die Leute sind Euch jetzt nicht mehr so böse. Doch wann werdet Ihr aufhören, Eure Zeit zu vergeuden und Euch um Lord Raines Gunst bemühen? Wir sind nun zwei geschlagene Wochen hier, und immer noch funkelt er Euch nur böse an. Ihr solltet Eure Kleider ablegen und zu ihm ins Bett schlüpfen.«

»Damit ihm der Kamm schwillt vor Schadenfreude?« erwiderte Clarissa und knöpfte die Manschetten ihres purpurfarbenen Wollkleides zu. »Ich werde ihm nicht die Befriedigung eines leichten Sieges verschaffen. Er hat ein paar schreckliche Dinge zu mir gesagt.«

Darüber lachte Joan nur. »Was hat das, was ein Mann sagt, schon zu bedeuten? Ihr Verstand reicht doch nur dazu, sich gegenseitig umzubringen. Legt ein Schwert in die Hand eines Mannes, und er ist glücklich. Eine Frau muß das ihre tun, um einem Mann beizubringen, daß es noch andere Dinge im Leben gibt als Krieg.«

»Vielleicht hast du recht. Raine sorgt sich mehr darum, ob ich ihn verraten habe als um sein Kind und ob es ihm gut geht ohne seine Mutter. Vielleicht sollte ich zu meiner Catherine zurückkehren und Raine seinen brütenden Zweifeln überlassen.«

»Brüten ist richtig«, sagte Joan. »Wißt Ihr, daß er noch mit keiner Frau geschlafen hat, seit er von Lord Gavin zurückkam?«

Clarissas Lächeln begann in den Mundwinkeln und endete bei den Ohren.

»Er liebt Euch, Clarissa«, sagte Joan leise.

»Warum zeigt er es dann nicht? Warum sieht er mich finster an oder lächelt höhnisch? Wenn ich mit Rosamund arbeite, brauche ich nur einmal hochzusehen, und da steht er und beobachtet mich mit seinen kalten Blicken. Das gibt mir das Gefühl, als schüttete er eiskaltes Flußwasser über meinem Körper aus.«

Joan lachte entzückt. »Er zeigt Euch doch, daß er an Euch hängt! Was erwartet Ihr sonst von ihm – Entschuldigungen?« Joan lachte noch lauter bei dieser Vorstellung. »Der Herrgott hat die Frauen stärker gemacht als die Männer, damit sie deren Schwächen ertragen können. Ihr sagtet, Ihr hättet früher die Leute in diesem Wald nicht richtig behandelt. Also habt Ihr Euren Fehler offen zugegeben und seid hierhergekommen, um ihn gutzumachen. Glaubt Ihr etwa, ein Mann hätte die Kraft, so zu handeln?«

»Raine hat mich beschuldigt, eine Verräterin zu sein«, sagte sie starrköpfig.

»Der König hat gesagt, Lord Raine ist ein Verräter. Der König hat unrecht; doch will er das zugeben? Genausowenig, wie Euer Mann zu Euch kommen und Euch um Verzeihung bitten wird.«

»Das gefällt mir nicht«, sagte Clarissa, die Unterlippe vorgeschoben. »Ich habe Raine nichts getan. Roger Chatworth . . .«

»Tod und Verdammnis über Chatworth!« unterbrach Joan sie. »Raines Stolz ist verletzt. Ihr bliebt an der Seite eines anderen Mannes, statt für Euren eigenen Partei zu ergreifen. Männer erwarten vor allem von ihren Frauen blinde Loyalität.«

»Ich bin loyal, doch . . .«

Sie verstummte, als Jocelin atemlos ins Zelt gestürzt kam.

»Du solltest gleich mit mir kommen«, sagte er zu Clarissa. »Vielleicht kannst du einen Mord verhindern.«

Clarissa stand sofort auf und folgte Joss aus dem Zelt. »Um wen geht es?«

»Brian Chatworth hat soeben Zutritt zum Lager begehrt. Raine wappnet sich gerade, um ihm entgegenzutreten.«

»Aber Judith sagte doch, Brian habe Mary geliebt und ihre Leiche der Familie zurückgebracht.«

»Vielleicht liegt es an dem Namen Chatworth. Der allein genügt, daß Raine rot sieht vor Zorn.«

Jocelin zog Clarissa auf ein Pferd und galoppierte los, während er sich unter den Zweigen hinwegduckte. Als sie endlich anhielten, sah Clarissa voll Staunen auf die kleine Lichtung, die von der frühen Morgensonne beglänzt war. Dort stand ein junger Mann, klein, zierlich, fast zerbrechlich. Doch er trug die Züge von Roger Chatworth. Hätte Clarissa ihn zufällig irgendwo anders getroffen, hätte sie in ihm Rogers Sohn vermutet.

Clarissa glitt vom Pferd, ehe Joss sich aus dem Sattel schwingen konnte.

»Darf ich Euch willkommen heißen?« fragte sie, auf den Jungen zugehend. »Ich bin Clarissa Ascott, Lord Raines Frau. Ich habe Euren Bruder vor einiger Zeit getroffen.«

Brian richtete sich zu seiner vollen Länge auf. »Ich habe keinen Bruder«, sagte er mit einer überraschend männlichen Stimme. »Ich bin gekommen, um mich Lord Raine anzuschließen, wenn er den Tod seiner Schwester rächen will.«

»Oh, gütiger Gott«, erwiderte Clarissa betroffen. »Ich hatte gehofft, Ihr würdet uns zu einer friedlichen Lösung dieser Fehde verhelfen.«

»Das wünschen wir uns alle«, kam eine Stimme, von oben herunter.

Sie sah hoch, konnte aber niemand entdecken.

»Wer seid Ihr? Doch nicht einer von Raines Wächtern, oder?«

»Oh, aber ich bin sein Wächter, und seid Ihr wirklich Raines Frau?«

Clarissa lauschte der Stimme und war überzeugt, sie noch nie vorher gehört zu haben, obwohl sie etwas Vertrautes an sich hatte. Es war entschieden eine Stimme voller Humor. Sie blickte auf Brian und Jocelin. Brians Gesicht war unbeweglich und zu hart für einen noch so jungen Mann. Joss zuckte mit den Achseln.

Plötzlich wurde ihre Aufmerksamkeit auf Lord Raine gelenkt, der in voller Rüstung auf seinem Schlachtroß zwischen den Bäumen hervortrabte.

Er schwang sich vom Pferd und ging auf Brian Chatworth zu. Der junge Mann zuckte mit keiner Miene. Ein Schlag von Raines Hand hätte genügt, ihn zu Boden zu schleudern.

»Hast du vor, dich hinter dem Rücken meiner Frau zu verstekken?« fragte Raine mit leiser Stimme. »Sie steht in dem Ruf, die Chatworth' zu beschützen.«

Clarissa stellte sich zwischen Brian und Raine auf. »Hast du vor, Krieg gegen Kinder zu führen?« brüllte sie zu ihm hinauf. »Kannst du ihn nicht erst anhören, oder bist du schon so verbohrt, daß du einem Jungen keine Chance mehr gibst?«

Raine sagte keinen Ton, weil ein Gelächter aus den Zweigen des Baumes über ihnen erscholl.

Clarissa sah mit offenem Mund zu, wie ein Mann herunter auf den Boden sprang. Er trug die ungewöhnlichsten Kleider, die ihr bisher zu Gesicht gekommen waren: ein Hemd mit weiten Ärmeln von gelber Farbe wurde von einem hellblauen Tartan bedeckt, den er wie eine Decke um seine Hüften gewickelt hatte, daß der Saum einen Rock bildete. Ein schwerer Gürtel hielt den Stoff an den Hüften fest, während das freie Ende über eine Schulter geworfen war. Seine Knie waren bloß, seine Waden mit dicken Wollsocken bekleidet, und an den Füßen trug er dicke Schuhe.

»Stephen«, hauchte Raine, und seine Augen wurden weich.

»Aye – ich bin es«, sagte dieser seltsam bekleidete Mann. Er war groß und schlank mit dunkelblonden Haaren – ein sehr gutaussehender Mann. »Ich habe diesen Jungen zu dir gebracht. Er möchte mit dir dein Exil teilen und hätte gern etwas von dir gelernt.«

»Er ist ein Chatworth«, sagte Raine, und seine Augen wurden wieder hart.

»Ja, er ist ein Chatworth«, sagte Clarissa. »Und du wirst ihm nicht verzeihen, nicht wahr? Zweifellos wirst du diesen Mann hassen, der es wagte, ihn hierherzubringen. Geht wieder fort«, sagte sie zu Stephen. »Es hat keinen Sinn, mit ihm vernünftig zu reden. Er hat ein Stück Holz im Kopf statt ein Gehirn.«

Zu ihrer Überraschung begann Stephen herzlich und ausdauernd zu lachen. »Oh, Raine«, rief er und gab Raine mit der Hand einen Schlag auf die gepanzerte Schulter, daß er am ganzen Körper klingelte. »Wie sehr haben Gavin und ich darum gebetet, so etwas erleben zu dürfen. Also hast du dich Hals über Kopf in eine Frau verliebt, die dich mit Zehen und Klauen bekämpft? Gavin schrieb uns, was für ein süßes, hilfreiches, liebenswürdiges kleines Ding unsere neue Schwester wäre.« Er wandte sich Clarissa zu. »Judith sagte, du hättest eine kräftige Stimme; doch eben noch hättest du mich damit fast vom Baum heruntergeschüttelt.«

»Du bist Stephen Ascott«, sagte Clarissa staunend. Er sah Gavin ein wenig ähnlich; doch seine Aussprache war genauso fremdartig wie seine Kleidung.

»MacArran«, korrigierte Stephen sie lächelnd. »Ich bin mit der Chefin der MacArrans verheiratet, und mein Name ist der meines Klans. Bekomme ich nun einen Kuß, oder willst du lieber mit meinem Bruder streiten?«

»Oh, ein Kuß!« sagte Clarissa so begeistert, daß Stephen wieder in ein Gelächter ausbrach, ehe er sie in seine Arme zog. Sein Kuß war ganz und gar nicht brüderlich. »Kannst du mir helfen, ihm ein wenig Vernunft beizubringen?« flüsterte sie. »Er ist besessen von den Chatworth.«

Stephen zwinkerte ihr zu, als er sie wieder losließ und sich Raine zuwandte. »Ich bin einen langen Weg gekommen, Bruder. Willst du mir nicht eine Erfrischung anbieten?«

»Und was wird aus ihm?« Raine deutete auf Brian.

»Er kann auch eine haben«, sagte Stephen lachend. »Er kann mir helfen, dich von deiner Rüstung zu befreien. Und du, Clarissa, kommst du auch mit?«

»Falls ich eingeladen bin?« sagte sie und sah Raine fest an.

»*Ich* lade dich ein«, sagte Stephen, legte einen Arm um Clarissas Schultern und führte sie zum Pferd. »Folg uns, Brian«, rief er über die Schulter.

»Bist du immer so beherzt?« fragte Clarissa, zu Stephen hinaufsehend.

Stephens Gesicht war ernst geworden. »Wie lange ist er schon in diesem Zustand?«

»Ich bin mir nicht sicher, ob ich weiß, was du meinst.«

»Verbittert, zornig, mit Blicken, die jeden erdolchen wollen. So kenne ich Raine gar nicht.«

Sie dachte einen Moment nach, ehe sie antwortete: »Seit Marys Tod ist er so.«

Stephen nickte. »Raine traf ihr Tod besonders hart. Das ist der Grund, weshalb ich Brian hierherbrachte. Sie sind sich so ähnlich. Brian wird vom Haß auf seinen Bruder verzehrt. Und wie ist es mit dir? Die galligen Launen meines Bruders scheinen dich nicht zu schrecken, oder?«

»Er glaubt, ich hätte ihn verraten.«

»Ja, Gavin und Judith erzählten es mir.«

Ihre Stimme wurde lauter. »Er will nicht auf mich hören. Ich versuchte, es ihm zu erklären; doch er schickte meine Briefe ungeöffnet zurück. Und vor Gavin verschließt er auch die Ohren.«

Stephen drückte ihre Schulter. »Gavin wird Raine und Miles immer wie Kinder behandeln. Raine und Gavin können nicht zwei Minuten lang in einem Zimmer zusammen sein, ohne zu streiten. Halte dich an mich, und ich werde sehen, ob ich ihn nicht zur Vernunft bringen kann.«

Clarissa bedankte sich mit einem strahlenden Lächeln, und Stephen lachte: »Meine Alicia wird sich dein Herz auf einem Tablett servieren lassen, wenn du mich immer so anschaust. Kannst du wirklich so gut singen, wie Judith behauptet?«

»Besser«, sagte Clarissa mit solcher Überzeugung, daß Stephen aus dem Lachen nicht mehr herauskam.

Sie hielten vor Raines Zelt, und Stephen murmelte etwas von Geldverschwendung, was Clarissa nicht verstand. Wie ein verstockter Junge folgte Raine ihnen in seine Behausung, und nachdem er Clarissa einen übellaunigen Blick zugeworfen hatte, wandte er sich Stephen zu. »Was hat dich dazu gebracht, so weit nach Süden zu reisen? Haben diese Schotten dich vor die Tür gesetzt?«

»Ich kam wegen meiner neuen Schwägerin. Ich wollte sie natürlich kennenlernen.«

»Erzähle ihr nur, du wärst ein Chatworth.«

Stephen betrachtete Raines Helm in seiner Hand. »Ich kann nicht zulassen, daß du solche Dinge sagst«, sagte er ruhig. »Willst du auch Streit mit mir haben? Willst du mich verstoßen, weil ich einen Chatworth in dein Lager mitbrachte?«

»Du bist mein Bruder«, sagte Raine barsch.

»Du meinst, deswegen kannst du mir trauen?« entgegnete er mit einem unterschwelligen Lachen. »Sag mir, Bruder, was störte dich eigentlich mehr – daß deine Frau mit einem Chatworth sprach, oder daß sie es wagte, mit einem hübschen Mann zu sprechen?«

»Chatworth!« sagte Raine laut mit einem Seitenblick auf Clarissa, die ihre Fingernägel betrachtete.

»Hab' ich dir eigentlich schon von dem dummen Streich erzählt, den Hugh Lasco mir spielte?« Stephen kniete vor Raine hin, um ihn von seinen Beinschienen zu befreien.

Während Stephen anfing, eine langatmige, etwas phantastisch anmutende Geschichte zu erzählen, beobachtete Clarissa ihren Mann. Nach einer Weile begann sie zu begreifen, worum es Stephen dabei ging. Stephen hätte um ein Haar seine Frau verloren, weil er ihr allerlei Niederträchtigkeiten zugetraut hatte.

»Clarissa«, wandte sich Stephen ihr unvermutet zu, »bist du in

Roger Chatworth verliebt? Hast du vor, Raine seinetwegen zu verlassen?«

Dieses Ansinnen war so lächerlich, daß Clarissa vor Lachen herausplatzte – bis sie das düstere Licht in Raines Augen flackern sah. »Roger Chatworth verdient den Tod für das, was er Mary angetan hat; den er aber *nicht* aus den Händen meines Mannes empfangen darf. Er ist es nicht wert, daß wir uns ansehen müssen, wie Raine wegen Mordes gehängt wird.«

Einen Moment glaubte Clarissa, Raine würde ihr zuhören, doch der Augenblick ging vorbei, und er setzte sich auf den Rand seiner Koje und fing an, die Baumwollpolster zu entfernen, die seine Haut gegen das Scheuern des Panzers schützten. »Frauen haben glatte Zungen«, murmelte er.

Stephen sah, wie Clarissas Augen Feuer sprühten. »Du hast meine Erlaubnis, ihm mit der Axt auf den Kopf zu schlagen«, sagte er voller Mitgefühl. »Könntest du uns vielleicht etwas zu essen besorgen, Clarissa? Ich fürchte, ich sterbe fast vor Hunger.«

Sobald die Brüder unter sich waren, wandte Raine sich Stephen zu. »Warum bist du hierhergekommen? Doch nicht in der Absicht, dich zwischen mich und meine Frau zu stellen?«

»Jemand muß das tun«, gab Stephen gereizt zurück. »Ihr Herz leuchtet aus ihren Augen. Kannst du ihr nicht verzeihen? Sie weiß nicht, welche Regeln für unseren Stand gelten, und Frauen haben so seltsame Vorstellungen von Ehre. Wie ich hörte, hast du noch nicht einmal deine Tochter gesehen. Sie ist dein Ebenbild.«

Raine ließ sich von den Worten seines Bruders nicht beirren: »Warum hast du Chatworth mitgebracht?«

»Aus dem Grund, den ich bereits nannte: er möchte bei dir das Waffenhandwerk lernen. Dem König wird es nicht gefallen, wenn du einen Edelmann dazu ausbildest, mit einem anderen Edelmann zu kämpfen. Und was ist an diesem Gerücht, daß du eine Armee aus Kriminellen zusammenstellst, um den König zu stürzen?«

Raine lachte lauthals bei dieser Frage. »Wer hat dir denn diesen Bären aufgebunden?«

»Pagnell von Waldenham hat König Heinrich berichtet, daß du ihn stürzen willst. Hast du das noch nicht gehört? Ich dachte, Clarissa kam hierher, um dich zu warnen. Die Ohren des Königs werden täglich mit Lügengeschichten von den Ascotts gefüttert.«

»Clarissa hielt es nicht für passend, mich zu warnen«, sagte Raine.

»Und ich bin überzeugt, du hast dich zu ihr gesetzt und sie freundlich gefragt, warum sie ihr Kind im Stich gelassen habe und die Bequemlichkeiten von Gavins Haushalt aufgab, um in deiner Nähe hier in diesem kalten Wald zu leben.«

»Ich habe dich nicht gebeten, dich in mein Privatleben einzumischen.«

Stephen zuckte mit den Achseln. »Ich kann mich an ein paar Tritte erinnern, die ich bekam, als Alicia und ich Eheprobleme hatten.«

»Und nun ist alles eitel Sonnenschein bei dir, nicht wahr?« sagte Raine mit hochgezogener Augenbraue.

Stephen räusperte sich. »Wir haben . . . äh. . hin und wieder ein paar Meinungsverschiedenheiten, doch in wesentlichen Dingen sind wir uns einig.«

»Ich würde gern Alicias Version in dieser Sache hören«, murmelte Raine, ehe er das Thema wechselte. »Hast du Miles gesehen?«

Clarissas Erscheinen ersparte Stephen die Antwort auf die Frage. Sie kam mit einem Tablett herein, gefolgt von Joan, die ein zweites Tablett trug. Stephen wollte Raine nicht sagen, daß sein Problem mit Frauen lächerlich war im Vergleich zu Miles' Affäre.

Sobald Clarissa merkte, daß Joan sich wegen Stephen wie eine rossige Stute aufführte, schickte sie die Magd aus dem Zelt. Das Mahl nahm einen etwas peinlichen Verlauf ein, da Raine und Clarissa zum erstenmal, seit sie in den Wald zurückkehrte, beim Essen zusammensaßen und Stephen die Verlegenheit mit seinem Redefluß zu überdecken suchte, indem er sie mit Anekdoten aus Schottland unterhielt.

»Und ihr solltet meinen Sohn sehen«, prahlte Stephen. »Schon bringt Tam ihm das Reiten bei, und er kann noch gar nicht richtig sitzen. Wir beide durften erst ein Pferd besteigen, als wir schon gehen konnten. Und wie geht es deiner Tochter, Clarissa?«

Zum erstenmal seit zwei Wochen gab Clarissa sich ganz dem Gedanken an ihre Tochter hin. »Sie ist kräftig«, sagte sie verträumt, »stämmig und gesund und kräht so lustig, daß Judiths Sohn sie immer mit juchzender Stimme begleitet.«

»Er nimmt wohl seine Cousine in Schutz«, sagte Stephen. »Und sie hat deine Augen.«

»Du hast sie gesehen?« Clarissa schoß von ihrem Hocker hoch. »Wann? Ist sie noch gesund? Ist sie inzwischen gewachsen?«

»Ich glaube nicht, daß sie sich sehr verändert hat, seit du sie zum letztenmal sahst; doch was ihre Stimme anbelangt, sie ist bemerkenswert. Glaubst du, sie wird eines Tages singen können?« Er wandte sich Raine zu. »Sie hat diese Grübchen, die du von Mutters Familie geerbt hast.«

»Ich muß mich um das Lager kümmern.« Raine stand so jählings auf, daß er um ein Haar die Schüsseln umgestürzt hätte, die Clarissa auftragen ließ. Rasch verließ er das Zelt.

»Er wird sich wieder fangen«, sagte Stephen zuversichtlich und lächelte, als Clarissa ihn mit herzzerreißendem Blick ansah.

Clarissa versuchte, nicht immer an Raines Zorn zu denken, sondern lenkte ihre Aufmerksamkeit statt dessen auf Brian Chatworth. Er war ein unglücklicher junger Mann, in dessen Augen ein tiefer, brennender Haß nistete. Er lächelte nie, noch schien er an irgend etwas Gefallen zu finden. Clarissa konnte ihn nicht dazu bewegen, sich bei ihr auszusprechen oder sich in irgendeiner Hinsicht ihr anzuvertrauen. Ihre Fragen, wo er denn seit Marys Tod in den letzten Monaten gewesen sei, beantwortete er mit eisernem Schweigen.

Nach einer Weile gab Clarissa ihre Bemühungen auf und überließ ihn den Männern auf dem Übungsfeld. Was Raine betraf, so beachtete er den Jungen nicht, sprach kein einziges Wort mit ihm und verbrachte die meiste Zeit mit Stephen.

Stephen war schon drei Tage im Lager, als Joan zu Clarissa kam.

»Ich glaube, sie kämpfen«, sagte Joan aufgeregt.

»Wer? Doch nicht Raine und Brian Chatworth?«

»Natürlich nicht«, entgegnete Joan mit ungeduldiger Stimme. »Lord Raine und Lord Stephen haben sich tiefer in den Wald zurückgezogen, und einer von den Wächtern meldete, er habe laute Stimmen aus dieser Richtung gehört. Sie wollen jetzt alle dorthin gehen und zusehen.«

»Das wirst du nicht!« sagte Clarissa und drängte sich an der Magd vorbei in die kalte Luft. »Jocelin«, rief sie, als sie ihren Freund erblickte. »Halte sie zurück. Laßt Raine in Ruhe. Und du«, wandte sie sich wieder an Joan, »du hilfst mit, die Männer im Lager festzuhalten. Tue, was du tun mußt; aber nichts Schamloses, hörst du?« rief sie über die Schulter, während sie aus dem Zelt eilte.

Jocelin suchte sich unter den Exsoldaten Helfer, während einige von den Verwundeten Clarissa unterstützten. Und Joan hatte ihre eigenen Methoden, die Männer zum Gehorsam zu bringen. Mit vereinten Kräften gelang es ihnen, die Leute aus dem Lager von der Stelle fernzuhalten, wo Raine und Stephen ihre »Aussprache« hatten.

»Sie sind fast fertig damit«, sagte ein Wächter, als er von einem anderen abgelöst wurde.

Clarissa ging vom Lager fort, weil sie keine Einzelheiten wissen wollte. Raine war so viel massiger als sein Bruder, offensichtlich so viel stärker. Stephen konnte unmöglich einen Kampf gegen Raine gewinnen, und Clarissa betete, daß Raine sich zurückhielt und seinen Bruder nicht ernsthaft verletzte.

Bei Sonnenuntergang nahm Clarissa die Wassereimer mit zum Fluß, da sie die schadenfreudigen Stimmen der Leute am Lagerfeuer nicht zu ertragen vermochte. Sie drängten sich um die Wächter und hörten ihnen gebannt zu.

Sie stand regungslos am Flußufer, froh über die Stille, die sie umgab, als ein Geräusch sie aufschreckte. Sie schwang herum, und mit schweren, müden Schritten kam Raine unter den Bäumen hervor. Vielleicht hätte sie doch den Kommentaren der Lagerleute zuhören sollen, dann wäre sie besser vorbereitet gewesen auf diesen Augenblick. Die linke Seite seines Gesichts war geschwollen und verfärbte sich purpurrot. Er hatte blutunterlaufene Stellen am Kinn, und sein Auge war eine flammende Mischung unnatürlicher Farben.

»Raine«, flüsterte sie, und er hob den Kopf und vermied ihren Blick, während er sich am Wasser niederkniete. Sie vergaß all den aufgestauten Ärger zwischen ihnen, rannte zu ihm und kniete bei ihm.

»Laß mich sehen«, sagte sie.

Friedlich drehte er ihr das Gesicht zu, und sie legte kühle Finger auf seine verunstalteten Wangen. Wortlos hob sie ihren Rock, riß einen Streifen von dem leinenen Unterhemd ab, tauchte ihn in das kalte Waser und betupfte damit sein Gesicht.

»Erzähle mir alles«, sagte sie mit halblauter Kommandostimme. »Mit was für einem Knüppel hat Stephen auf dein Gesicht eingeschlagen?«

Es dauerte sehr lange, bis Raine antwortete: »Mit seiner Faust.«

Clarissa unterbrach einen Moment ihre Behandlung. »Aber ein Ritter . . .« fing sie an. Sie hatte Raine Hunderte Male auf dem Übungsfeld rufen hören, wie unritterlich, unmännlich es sei, mit seinen Händen zu kämpfen. Viele Edelmänner waren gestorben, statt sich mit ihren Fäusten zu wehren und so ihren Kodex zu verletzen.

»Stephen hat sich in Schottland seltsame Gewohnheiten zugelegt«, sagte Raine. »Er behauptet, man könne auf vielerlei Weise miteinander kämpfen.«

»Und zweifellos hast du dagestanden wie ein großer Ochse und ließtest dich lieber verprügeln, als dich auf unritterliche Weise dadurch zu wehren, daß du mit der Faust zurückschlugst.«

»Ich habe es versucht«, sagte Raine, zuckte zusammen und beruhigte sich ein wenig. »Er tanzte um mich herum wie eine Frau.«

»Beleidige nicht mein Geschlecht. Keine Frau hat dir jemals so das Gesicht zugerichtet.«

»Clarissa.« Er packte ihr Handgelenk. »Hast du denn kein Gefühl für mich? Willst du dich immer gegen mich stellen?«

Sie nahm sein Gesicht behutsam in ihre Hände und suchte mit ihren Augen die seinen. »Ich habe dich von dem Augenblick an geliebt, als ich dich zum erstenmal sah. Selbst dann, als ich mir vornahm, dich zu hassen, fühlte ich mich stets zu dir hingezogen. Ich kämpfte gegen meine Liebe zu dir an; aber als würde eine höhere

Macht meinen Willen und meine Gefühle lenken, hatte ich keinen Einfluß auf das, was ich tat. Hast du nicht begriffen, daß ich immer auf deiner Seite stehe? An dem Tag auf dem Jahrmarkt hätte man dich hängen können, wenn du Roger Chatworth umgebracht hättest. Ich tat so, als hätte ich dich mit Jocelin betrogen, um zu verhindern, daß du die Sicherheit des Waldes aufgabst. Was hätte ich mehr tun können, um dir meine Loyalität und Liebe zu beweisen?«

Er entzog sich ihr. »Vielleicht sind es deine Methoden, die mir nicht gefallen. Warum kannst du mir nicht sagen, was du vorhast? Warum mußt du die ganze Zeit mit mir kämpfen?«

»Kämpfen ist die einzige Möglichkeit, dich zum Zuhören zu zwingen«, sagte sie gereizt. »Ich sagte dir, du könntest den Wald nicht verlassen, als die Leute mich des Diebstahls beschuldigten; doch du wolltest nicht auf mich hören. Ich sagte dir, daß du Roger Chatworth nicht töten kannst; aber du standst da wie ein Bulle mit hervorquellenden Adern an deinem Hals.« Ihre Stimme nahm an Lautstärke zu.

»Ich weiß nicht, wer mich am meisten entmündigt – mein Bruder oder du.«

Er sprach wie ein kleiner Junge, tat sich selbst so sehr leid, daß Clarissa sich das Lachen verbeißen mußte. »Worüber hast du mit Stephen denn gestritten?«

Raine rieb sich die verletzte Wange. »Stephen schlug vor, ich solle mir überlegen, daß du vielleicht nicht unloyal gehandelt hast, als du diesem erbärmlichen Chatworth das Leben rettetest.«

Raine bewegte den Kopf und sah sie an. »Habe ich unrecht getan? Habe ich dich sehr schlimm behandelt? Ist denn noch eine Spur von Liebe für mich in deinem Herzen zurückgeblieben?«

Sie berührte seine Wange. »Ich werde dich immer lieben. Zuweilen glaube ich, ich wurde schon mit der Liebe zu dir geboren.«

Ein Grübchen erschien auf seiner Wange, und sie hielt den Atem an, weil sie glaubte, jetzt würde er sie in seine Arme ziehen. Statt dessen griff er in seinen Wams und kramte in seiner Tasche. »Vielleicht kann ich mir ein Lächeln erkaufen«, sagte er, während er ihr den Löwengürtel vor die Augen hielt.

»Mein Gürtel!« hauchte sie. »Wie hast du ihn gefunden? Ich dachte, er sei für immer verloren. Oh, Raine!« Sie warf die Arme um seinen Hals und begann, sein Gesicht so begeistert zu küssen, daß sie ihm große Schmerzen zufügte; doch das machte ihm nichts aus.

»Du bist der beste Ehemann«, flüsterte sie, seinen Hals küssend. »Oh, Raine, wie sehr hab' ich dich vermißt.«

Sie sagte nichts mehr, weil seine Hände in ihren Haaren wühlten und ihren Kopf nach hinten zogen, während sein Mund sich auf ihren senkte. Clarissa war sicher, sie würde in kleine Stücke zerspringen. Sie warf sich mit ihrem ganzen Gewicht gegen ihn, und da er nicht fest auf seinen Beinen stand, fiel er auf den Rücken, faßte sich wieder, brachte seinen Mund auf ihren Lippen in eine andere Lage und ließ sich fallen, wobei er Clarissa mit sich zog.

So rollten sie seitwärts, wechselten die Richtung und landeten nach einer neuen Drehung im eiskalten Flußwasser, Clarissa in der Unterlage.

»Raine!« schrie Clarissa schmerzhaft auf, als sein schwerer Körper ihren Arm gegen einen scharfen Stein drückte. »Du brichst mich entzwei.« Schon begannen ihre Zähne aufeinanderzuklappern.

»Das wäre eine kleine Entschädigung für das, was du mir angetan hast«, sagte er und lag im Wasser, als wäre es ein Federbett. »Ehe ich dich traf, war mein Leben friedlich und still. Nun verprügelt mich mein eigener Bruder.«

»Was du verdient hast!« fauchte sie. »Es ist die einzige Methode, dich zum Zuhören zu bringen. Nun laß mich loß, damit ich mich trocknen kann, ehe ich zu Eis erstarre.«

»Ich kenne eine Methode, wie man dich warmhalten kann.« Er begann, an ihrem Hals zu knabbern.

»Du großes, dummes Wildschwein«, brüllte sie in sein Ohr, so daß er zurückzuckte und den Kopf schüttelte, damit das Klingeln in seinem Kopf aufhörte. »Ich bin pitschnaß, friere mich zu Tode, und wenn du mich nicht aus dem Wasser läßt, werde ich das ganze Lager zu meiner Rettung herbeirufen.«

»Du glaubst, sie werden dir zu Hilfe kommen, oder werden sie nicht eher meine Partei ergreifen?«

Sie stupste ihn an. »Mit deinem großen, purpurroten Gesicht würden sie dich gar nicht erkennen.«

Er lachte glucksend über diese Bemerkung und ließ sie los. »Du siehst gut aus, Clarissa«, sagte er mit funkelnden Augen, während er ihr nasses Kleid betrachtete, das ihr auf der Haut klebte.

Clarissa stemmte sich mit beiden Armen hoch und merkte, daß ihre nassen Gewänder sie befrachteten wie Blei. Raine lachte abermals, stand auf, hob sie hoch und wandte sich dem dunkelsten Teil des Forstes zu ... »Das Lager liegt dort drüben«, sagte sie deutend.

»Clarissa, jemand muß dir beibringen, daß du nicht immer Befehle geben solltest. Vielleicht hast du hin und wieder recht; doch zuweilen solltest du zuhören und das Befehlen den Männern überlassen.«

»Ich muß machen, was richtig ist, und wenn man dich vor dir selbst retten muß, werde ich das tun«, sagte sie anmaßend.

»Du steuerst auf eine Tracht Prügel zu, wie du sie noch nie bekommen hast – wenn du überhaupt schon mal verprügelt wurdest, was ich bezweifle. Der Priester, der dich ausbildete, hätte ab und zu mal dein Hinterteil mit der Laute bearbeiten sollen, und vielleicht wärst du dann ein bißchen bescheidener geworden.«

»Ich bin mindestens so bescheiden wie du«, sagte sie, ihn betrachtend. »Wenn du törichte Dinge tust, soll ich dann abseits stehen und meinen Mund halten?«

»Clarissa, du gehst zu weit«, warnte er sie.

»Und wie willst du mich dafür bestrafen, daß ich die Wahrheit sage?«

»Nicht auf eine Weise, die dir gefallen wird.«

»Wie kannst du mir drohen, nach allem, was ich für dich getan habe? Ich habe dich vor Roger Chatworth gerettet. Ich wurde fast auf dem Scheiterhaufen verbrannt, weil die Richter deine Ländereien unter sich aufteilen wollten. Ich verließ mit Jocelin den Wald, damit du in Sicherheit leben konntest.«

Raine packte ihre Schultern und hielt sie auf Armeslänge von sich fort. Die eine Hälfte seines Gesichts war purpurrot geschwollen, aber die andere war rot vor Zorn.

»Du bist zu weit gegangen«, sagte er mit zusammengepreßten Zähnen. Ehe Clarissa Luft zu einer Entgegnung holen konnte, hatte Raine sich auf einen Baumstumpf gesetzt, Clarissa mit dem Hinterteil nach oben über das Knie gelegt und ihre Röcke über den Kopf geschoben. Er gab ihr einen mächtigen, schmerzhaften Schlag auf ihr Hinterteil.

»Du bist nicht meinetwegen als Hexe verurteilt worden«, sagte er. »Du hattest deinen Streit mit Pagnell, ehe ich dich kennenlernte.«

Clarissa hatte keine Chance zu einer Erwiderung, weil Raine zum zweitenmal auf ihr Hinterteil eindrosch. »Zugegeben, ich war wütend und hätte vielleicht den Befehl nicht geben dürfen, Chatworth zu töten; aber da wir uns an einer einsamen Stelle befanden, wer hätte davon erfahren und es dem König gemeldet? Ich bin nicht so dumm, wie du anscheinend glaubst, und würde seinen Körper nicht in der Nähe unseres Familienbesitzes vergraben haben.«

Abermals klatschte seine Hand auf ihr Gesäß. »Mir gefällt es nicht, wenn meine Befehle widerrufen werden, und schon gar nicht vor meinen Männern. Ist das klar?« Wieder unterstrich er diesen Satz mit einem klatschenden Hieb.

Clarissa, Schmerzenstränen in den Augen, nickte schweigend.

»Gut! Weiterhin mißfällt es mir, wenn du dich mit Jocelin über mich lustig machst. Es tut mir zu weh, dich mit einem anderen Mann zusammen zu sehen, und später, als ich entdeckte, daß das ganze nur ein Possenspiel war, als wäre ich ein Tölpel, mit dem man nach Belieben umspringen kann, hätte ich dich töten können.

Und du hast das Leben meiner Tochter mit deinen dummen Scherzen aufs Spiel gesetzt.«

Diese Passage beendete er mit einem besonders schmerzhaften Schlag. »Du hättest fast meine Tochter im Feuer verloren und hast sie mit deinen beschwerlichen Fußmärschen, als du mit Jocelin durch das Land zogst, schlimmen Strapazen unterworfen. Ich dulde so etwas nicht mehr, Clarissa.«

Wieder schlug seine Hand auf ihr Gesäß ein. »Hast du mich verstanden? Du bist meine Frau und solltest endlich anfangen, dich wie meine Frau zu benehmen, verdammt noch mal!«

Mit einem letzten, schmerzlichen Streich auf die Hinterbacken schob er sie von seinem Knie hinunter.

Clarissa setzte sich auf und zuckte vor Schmerz zusammen, als ihre Hinterbacken über den Waldboden rutschten. Da waren so viele Tränen in ihren Augen, daß die Umrisse ihres Mannes vor ihr verschwammen.

Raine stand auf, ragte über ihr wie ein Turm. »Wenn du mit deinem Schmollen fertig bist«, sagte er, »komm zurück in das Zelt, und ich werde dich so leidenschaftlich umarmen, daß du vergißt, wer du bist.«

Damit drehte er sich um und ging von ihr fort.

Einen Moment lang saß Clarissa da und starrte ihm nach. Dann schloß sie den Mund und stand auf. Um keinen Preis der Welt wollte sie ein Liebesturnier im Bett versäumen. So rasch, wie ihre steifen Beine sie tragen konnten, rannte sie hinter Raine her.

21. Kapitel

Clarissa lag auf dem Rücken, ein nacktes Bein über den Rand von Raines Lager hinausgeschoben. Alles an ihr war unglaublich glücklich von den Zehen bis hinauf zu den Haarwurzeln. Raine hatte sein Versprechen erfüllt. In der vergangenen Nacht war er unersättlich gewesen, hatte sie nicht einen Moment schlafen lassen, sie herumgeworfen wie eine Puppe. Sie war zuerst auf ihm gewesen, dann unter ihm, dann an seiner Seite, eingeklemmt zwischen seinen Beinen, und er war zärtlich und sanft gewesen, im nächsten Moment fordernd und gewaltig wie ein Feuersturm. Dann wieder fast gelangweilt, als hätte er vergessen, daß sie bei ihm lag. In diesen Momenten pflegte Clarissa irgend etwas Ungezogenes zu tun, damit sich seine Aufmerksamkeit wieder ihr zuwenden sollte. Sein sinnliches Lachen hatte ihr bedeutet, daß er nur seine Spielchen trieb und weit entfernt davon war, Langeweile zu empfinden.

Die Sonne ging bereits auf, als sie ihn endlich bat, dieses Spiel zu beenden. Er hatte nur ihre Nase geküßt, sie schief angegrinst mit seinem zerschlagenen Gesicht, war aufgestanden, hatte sich gewaschen und angezogen und das Zelt verlassen. Clarissa hatte sich mit ihrem wunden, geschundenen, erschöpften Körper ein paar Stunden zur Ruhe gelegt.

Nun, da sie endlich erwacht war, lag sie still und summte vor sich hin, während sie über die vergangene Nacht nachdachte.

»Scheint so, als hättet Ihr endlich gelernt, was man mit einem Mann anstellen muß«, sagte Joan, die leise ins Zelt gekommen war. »Ich fragte mich schon immer, ob alle Brüder so gut wären wie Lord Miles. Mir scheint, sie sind es. Habt Ihr gewußt, daß Ihr die ganze Zeit gelächelt habt im Schlaf?«

»Sei still, du unverschämtes Weibsbild«, sagte Clarissa auf eine so freundliche Weise, daß Joan nur darüber lachen konnte.

»Ihr solltet jetzt lieber aufstehen. Lord Stephen hat ein paar Neuigkeiten aus Schottland erhalten und wird das Lager bald verlassen.«

»Es ist doch hoffentlich nichts Schlimmes?« sagte Clarissa, erhob sich widerwillig und zuckte zusammen bei dem Schmerz in ihrem Rücken. Zuweilen schien Raine zu glauben, sie sei ein Tuch, das er nach Belieben um seinen Körper wickeln konnte – ein Bein hier, das andere dort und der Arm wieder woanders. Sie hatte einen steifen Hals, und als sie sich daran erinnerte, was Raine getan hatte, daß sie *dort* eine große wunde Stelle hatte, fing sie an zu grinsen.

Joan betrachtete sie mit unverhohlenem Interesse. »Meine vier Männer zusammen hätten es nicht geschafft, mich so zuzurichten, wie ihr jetzt ausseht. Ist Lord Raine wirklich so ein gewaltiger Liebhaber?«

Clarissa warf ihr einen warnenden Blick zu. »Ich lasse mir dein Herz auf einem Tablett servieren, wenn du ihm auch nur einen lüsternen Blick zuwirfst.«

Joan grinste nur. »Ich habe es jahrelang versucht, aber er zeigte kein Interesse. Was wollt Ihr heute anziehen?«

Clarissa wählte ein Kleid von blasser lavendelfarbener Seide mit Kaninchenfellbesatz, der leuchtend purpurrot gefärbt war.

»Ah«, sagte Stephen, als er sie erblickte, »soviel Schönheit in der Mitte der Wildnis.« Er nahm ihre Hand und küßte sie.

Clarissa faßte seine Finger, untersuchte die Knöchel. Sie sah rohes Fleisch, das noch nicht abzuheilen begann. »Wenn du meinen Mann noch einmal schlägst, soll dir die Hand verdorren«, flüsterte sie leidenschaftlich.

Stephen blinzelte überrascht, ehe er in ein Gelächter ausbrach. »Und mein Bruder macht sich Sorge wegen deiner Loyalität? Du mußt unbedingt nach Schottland kommen und meine Alicia kennenlernen. Sie wird dir gefallen.«

»Ich hörte, es seien Neuigkeiten eingetroffen.«

Stephens Gesicht verdüsterte sich. »Roger Chatworth fand Miles und Fiona beisammen und rannte ein Schwert durch Miles' Arm. Lady Fiona ist mit ihrem Bruder nach England zurückgekehrt.«

»Dann wird diese Fehde vielleicht bald ein Ende finden. Roger hat seine Schwester unversehrt zurückbekommen, und nun müssen wir nur noch den König dazu bringen, daß er Raine verzeiht.«

»Vielleicht«, erwiderte Stephen. »Nun muß ich wieder nach Hause und meinem Klan helfen. Mein kleiner Bruder rast vor Zorn und will mit Chatworth kämpfen.«

»Geh«, sagte sie, »halte ihn davon ab.«

Er küßte abermals ihre Hand. »Ich werde tun, was ich kann, denn nun weiß ich, daß ich Raine in guten Händen zurücklasse. Er ist ein eigensinniger Mann.«

Clarissa lachte über diese Bemerkung. »Bei euren . . . eurem Gespräch gestern – hast du da zufällig Brian Chatworth erwähnt? Wird Raine sich an Brian dafür rächen, daß Roger Miles mit dem Schwert verletzt hat?«

»Nein, das glaube ich nicht. Heute morgen hatte Raine ein langes Gespräch mit Brian, und ich glaube, Raine hat den Jungen in sein Herz geschlossen. Ich glaube nicht, daß es da noch Probleme gibt. Tatsächlich befinden sie sich im Augenblick auf dem Übungsgelände. Ich muß fort. Meine Männer warten auf mich.«

»Deine Männer?« fragte Clarissa verwundert. »Ich sah keinen. Ich dachte, du bist allein gekommen.«

Stephen schien geschmeichelt von ihrer Bemerkung. »Ich habe sechs MacArrans mitgebracht, die im Wald verteilt sind und Wache halten.«

»Aber wir haben doch unsere eigenen Wachen ausgestellt. Sie hätten ins Lager kommen, sich am Feuer wärmen und mit warmem Essen versorgt werden sollen. Sie frieren sich dort zu Tode.«

Stephen lachte darüber noch heftiger. »Die Engländer sind ein verweichlichtes Geschlecht. Unsere Sommer sind nicht so warm wie eure Winter. Du mußt uns unbedingt im Hochland besuchen. Douglas meint, dein Gesang wird seine Brüder zum Weinen bringen.«

Es gab noch so viele Fragen, die Clarissa auf der Zunge lagen, aber sie wußte nicht, wo sie anfangen sollte. Ihre Gefühle spiegelten sich auf ihrem Gesicht.

»Komm zu uns«, sagte Stephen lächelnd, küßte sie auf die Wange und verschwand zwischen den Bäumen, während der kurze Plaid über seine nackten Schenkel strich.

Es folgten für Clarissa drei relativ ruhige Tage. Raine schien den verkrüppelten Brian immer mehr ins Herz zu schließen und war beeindruckt von seiner Lernbegierde.

»Der Haß frißt ihn auf«, sagte Raine, als sie zusammen im Bett lagen. »Er glaubt, wenn er hart genug trainiert, könnte er einen Zweikampf mit seinem Bruder bestehen; doch Roger ist ein furchtbarer Krieger. Er würde Brian mit einem Schwertschlag töten.«

»Bruder gegen Bruder«, flüsterte Clarissa erschaudernd. Brian tat Clarissa leid, der getrennt von den Leuten im Lager im Wald schlief.

»Ich traue ihm nicht«, sagte Joan. »Er spricht kaum und will mit keinem etwas zu tun haben.«

»Seine Seele ist verwundet. Er wird darüber hinwegkommen«, verteidigte Clarissa den Jungen.

»Er plant etwas. Er sammelt die Wolle von den Disteln, und gestern bezahlte er einen Mann dafür, jemandem eine Botschaft zu überbringen.«

»Wem?« fragte Clarissa aus jäher Sorge. Vielleicht stand Brian doch noch loyal zu seinem Bruder und plante, Roger Chatworth zu Raine zu führen oder gar den Männern des Königs das Versteck zu verraten.

»Ich weiß nicht, wem er die Botschaft schickte.«

»Wir müssen das Raine sagen«, meinte Clarissa, packte das Handgelenk ihrer Magd und zog sie mit sich zum Übungsgelände.

»Ich weiß von der Botschaft«, sagte Raine, als Clarissa ihm die Sache meldete. »Brian möchte wissen, in welchem Zustand sich seine Schwester befindet.«

»Hast du erfahren, wie es ihr geht?«

Raine stieß mit dem Schwert nach einer Holzfigur. »Der Samen meines kleinen Bruders ist auf fruchtbaren Boden gefallen. Lady Fiona trägt sein Kind unter dem Herzen.«

Clarissa dachte an die liebliche Fiona – und an ihre scharfe Zunge. »Das wird ihr nicht gefallen. Sie würde es jedem Mann verübeln, der sie in sein Bett nimmt und anschließend verläßt.«

Raine warf ihr einen harten Blick zu. »Du scheinst meinem Bruder die ganze Schuld zu geben. Vielleicht ist diese Fiona eine kokette Dirne, die meinen Bruder verführte. Und dann, als er sie liebte, verließ sie ihn. Wenn Chatworth Miles am Arm verwundete, hat Miles darum gekämpft, die Frau für sich zu behalten, dünkt mich.«

»Vielleicht; aber Miles . . .« Sie brach ab, als Trompeten in der Entfernung schmetterten.

»Was bedeutet das?«

Raine wandte sich einem ehemaligen Soldaten in seiner Nähe zu. »Stell fest, was das Signal bedeutet.«

Binnen Sekunden saß der Mann auf seinem Pferd und ritt in den

Wald hinein. Minuten später kam er zurück. »Roger Chatworth nimmt die Herausforderung an, Mylord.«

»Raine!« brüllte Clarissa.

Nach einem strafenden Blick ignorierte er sie. »Ich habe keine Herausforderung ausgesprochen. Vielleicht will Chatworth den ersten Zug machen.«

»Nein, Mylord. Er ...«

»Ich habe ihn herausgefordert«, sagte Brian Chatworth hinter ihnen, und sie drehten sich alle zu ihm um. »Ich wußte, daß mein Bruder eine Herausforderung von mir nicht akzeptieren würde, also schickte ich sie ihm im Namen von Raine Ascott.«

»Du brauchst nur zu ihm zu gehen und zu sagen, was du getan hast«, sagte Clarissa, als spräche sie mit einem Kind.

In der Entfernung bliesen wieder die Trompeten.

»Geh jetzt«, sagte Clarissa, »und erkläre es.«

»Clarissa«, sagte Raine leise, »geh ins Zelt. Das ist keine Angelegenheit für Frauen.«

Sie sah zu ihm hoch. Sein Gesicht war immer noch von Stephens Boxhieben gezeichnet, und was sie dort sah, entsetzte sie. »Raine, du kannst doch nicht daran denken, diese Herausforderung anzunehmen? Sie stammt nicht von dir. Du hast doch genügend Verstand, daß du ...«

»Jocelin«, befahl Raine, »führe Clarissa fort.«

Clarissa wartete im Zelt auf ihren Mann, lief ungeduldig auf und ab, fuhr Joan so lange an, bis die Magd sie allein ließ.

Als Raine endlich erschien, kreuzten sich ihre Blicke, und Clarissa keuchte: »Nein, Raine!« Sie schlang die Arme um seine Taille. »Du hast ihn doch nicht herausgefordert.«

Er entzog sich ihr, legte die Hände auf ihre Arme. »Clarissa, diesmal mußt du begreifen, daß das eine Ehrensache ist, auf die die Entwicklung schon lange zusteuert. Wenn Chatworth tot ist, kann vielleicht meine Familie wieder in Frieden leben. Wenn ich ihn jetzt nicht töte, wird er Miles zur Rechenschaft ziehen, weil er seine Schwester schwängerte. Er schwört, Miles habe sie mit Gewalt genommen.«

»Dann laß Miles gegen Chatworth kämpfen«, schrie Clarissa. »Mir ist das egal. Laß alle deine Brüder kämpfen, aber nicht du!«

»Clarissa«, sagte Raine sanft, »ich begreife, daß du eine Frau bist, und mehr noch, nicht mit unseren Ehrbegriffen aufgewachsen. Doch nun muß ich dich bitten, mich nicht weiter zu beleidigen. Hilf mir beim Rüsten.«

»Dir helfen! Ehre! Wie kannst du nur von solchen Sachen reden! Was geht mich deine Ehre an, wenn der Mann, den ich liebe, umkommen könnte? Ich habe lange und hart gekämpft, um dein

Leben zu retten; doch nun sollst du den Preis für ein törichtes Spiel eines Jungen bezahlen. Laß doch Brian mit seinem Bruder kämpfen.«

Raines Hals verfärbte sich hochrot. »Brian ist Roger Chatworth niemals gewachsen. Und es ist die Familie Ascott, die beleidigt worden ist. Hast du vergessen, was Chatworth meiner Schwester antat? Daß er sie in den Tod trieb? Ich kämpfe nicht für Brian, sondern für Mary und Miles und den zukünftigen Frieden der Familie.«

Sie fiel vor Raine auf die Knie, als er sich auf den Bettrand setzte. »Bitte, geh nicht. Wenn er dich auch nicht tötet, wird er dich schwer verwunden.«

»Clarissa.« Er lächelte fast, als er ihr Haar berührte. »Vielleicht weißt du es nicht; doch alle Ländereien, die ich besitze, kaufte ich mit dem Geld, das ich in jahrelangen Turnieren erworben habe. Ich habe Hunderte von diesen Herausforderungen überstanden.«

»Nein«, sagte sie mit Gefühl. »Nicht Herausforderungen wie diese. Der Haß, den du und Chatworth aufeinander habt, fehlte bei diesen Turnieren. Bitte, Raine.«

Er stand auf. »Ich werde dir nicht mehr zuhören. Willst du mir nun beim Rüsten helfen, oder muß ich Jocelin rufen lassen?«

Sie stand ebenfalls auf. »Du bittest mich, dir bei der Vorbereitung auf deinen eigenen Tod zu helfen? Soll ich nun die pflichtbewußte Frau spielen und dich mit süßen Worten von Ehre ermuntern? Oder soll ich lieber von Mary reden, wie sie starb und noch mehr Öl in das Feuer des Hasses goß? Wenn Mary noch am Leben wäre, würde sie verlangen, daß du ihretwegen mit ihrem Verführer kämpfst? War nicht ihr ganzes Leben ein Versuch, Frieden zu stiften?«

»Ich möchte nicht, daß wir mit bösen Worten scheiden. Das ist etwas, was ich tun muß.«

Sie war so wütend, daß sie am ganzen Leib zitterte. »Wenn wir jetzt scheiden und du fortgehst, um eine Herausforderung anzunehmen, die nicht von dir stammt, dann werden es zornige Worte sein – und der Zorn wird uns scheiden.«

Ihre Blicke berührten sich eine lange schweigende Minute.

»Überlege dir sorgfältig, was du sagst«, sagte Raine leise. »Wir haben schon früher wegen dieser Sache gestritten.«

»Raine, siehst du nicht ein, wie sehr dich dieser Haß verzehrt? Selbst Stephen fiel auf, wie stark du dich verändert hast. Vergiß Roger Chatworth. Geh zum König, bitte ihn um Verzeihung, und laß uns leben. Sprich nicht dauernd von Tod und Sterben.«

»Ich bin ein Ritter. Ich habe geschworen, Unrecht zu rächen.«

»Dann tu etwas gegen die Einfriedungsgesetze!« schrie sie. »Sie sind ein Unrecht. Aber beende diese scheußliche Fehde mit Roger

Chatworth. Seine Schwester wird einen Ascott zur Welt bringen. Ein neues Leben für Marys Leben. Was kannst du mehr verlangen?«

Draußen erschollen abermals die Trompeten, und das Geräusch ging Clarissa durch und durch.

»Ich muß mich wappnen«, sagte er. »Wirst du mir dabei helfen?«

»Nein«, sagte sie leise. »Ich bringe es nicht fertig.«

»So sei es«, flüsterte er. Mit einem letzten Blick auf sie wandte er sich seiner Rüstung zu.

»Du wählst zwischen mir und Roger Chatworth«, sagte sie.

Er gab ihr keine Antwort, sondern beschäftigte sich mit seinem Harnisch. Clarissa verließ das Zelt.

»Geh zu ihm, Jocelin«, sagte sie draußen. Zu Joan gewandt, befahl sie: »Komm, wir müssen packen. Ich reite zu meiner Tochter.«

Clarissa hatte die Absicht, den Wald zu verlassen, ehe der Zweikampf begann. Natürlich konnte Raine gewinnen, überlegte sie, aber vermochte sie Zeuge zu sein, wie Stück für Stück sein Körper in Stücke gehackt wurde? Sie war überzeugt, daß Roger Chatworth genauso von Haß getrieben wurde wie Raine.

Es dauerte zwei Stunden, ehe sie die ersten Geräusche von Schwertern hörte, die aufeinanderprallten. Langsam legte sie das Gewand, das sie zusammenfalten wollte, zur Seite und verließ ihr Zelt. Was er auch tat, mit wem er auch kämpfte, welche Gründe ihn dazu bewegten – er war ihr Mann.

Sie hatten schon fast die Lichtung erreicht, wo die Männer kämpften, als Joan sie zurückhielt.

»Schaut nicht hin« sagte Joan. »Chatworth ist erbarmungslos.«

Clarissa starrte ihre Magd einen Moment an und lief dann nach vorn.

»Joss«, rief Joan, »halt sie zurück!«

Jocelin packte Clarissas Arme und hielt sie fest. »Das ist ein Schlachten«, sagte er, ihr in die Augen sehend. »Vielleicht war Rogers Wut größer und hat ihm übermenschliche Kräfte verliehen. Was auch der Grund sein mag – Raine verliert den Kampf.«

Clarissa stieß Joss von sich weg. »Raine gehört mir – im Tod wie im Leben. Laß mich gehen!«

Mit einem Blick auf Joan ließ Jocelin sie los.

Auf den Anblick, der sich nun Clarissa auf der Lichtung bot, war sie durch nichts vorbereitet. Die beiden Männer kämpften zu Fuß, und Raines Rüstung war so mit Blut bedeckt, daß die goldenen Leoparden, das Wappenzeichen der Ascotts, kaum noch zu erkennen waren. Sein linker Arm schien nur noch an einem Faden zu hängen; doch er kämpfte wacker weiter mit seinem rechten Arm. Roger Chatworth schien mit dem geschwächten, blutigen Mann zu spielen, während er ihn umkreiste.

»Er stirbt«, sagte Clarissa. Raine hatte immer so großes Vertrauen in seine Ehre gesetzt, doch nun starb er wie ein Tier in einem Käfig, hing von Chatworth' Gnade ab, wurde von ihm gedemütigt.

Sie wollte zu ihm rennen; doch Joss fing sie noch rechtzeitig ein. »Raine!« schrie sie.

Roger Chatworth drehte sich um, sah sie an, und obwohl sein Gesicht unter dem Visier nicht zu erkennen war, schien er ihr Elend zu begreifen. Er beschrieb noch einen Halbkreis und hieb dann die Schneide seiner Streitaxt in Raines Kreuz.

Raine stand still und fiel dann mit dem Gesicht nach vorne wie ein gefällter Baum, während Roger schweigend über ihm stand.

Sogleich riß sich Clarissa von Joss los und rannte auf die Lichtung. Langsam kniete sie neben Raines zerschmetterten Körper nieder und bettete seinen Kopf in ihren Schoß. Sie hatte keine Tränen, nur ein Gefühl tiefer Betäubung, als versickerte ihr eigenes Blut im Boden.

Mit großer Ehrfurcht hob sie den Kopf an und entfernte den Helm.

Der keuchende Laut, den sie von sich gab, veranlaßte Roger Chatworth, sich noch einmal umzudrehen. Nach einem langen ungläubigen Moment warf er den Kopf in den Nacken und stieß einen entsetzlichen Schrei aus – einen Schrei, der Clarissa an Raine erinnerte, als er die Nachricht von Marys Tod erfuhr. Sein Schrei war diesem sehr ähnlich gewesen.

»Ein Leben für ein Leben«, flüsterte Brian auf Clarissas Schoß. »Nun kann Mary in Frieden ruhen.«

Mit zitternder Hand berührte Clarissa Brians verschwitzte Wangen, sah zu, wie er seinen letzten Atem ausstieß und in ihren Armen starb.

»Laßt ihn«, sagte Roger, während er sich vorbeugte und die Leiche seines Bruders auf seine Arme nahm. »Er gehört jetzt mir.«

Clarissa stand mit blutdurchtränktem Gewand da und beobachtete, wie Roger Brian zu den wartenden Lehnsmännern der Chatworth' trug und ihn auf sein Pferd lud.

»Clarissa«, sagte Joss neben ihr. »Ich verstehe das nicht. Warum trägt Chatworth Raines Leiche mit sich fort?«

Ihr Körper zitterte so heftig, daß sie kaum zu sprechen vermochte. »Brian hat sich Raines Rüstung angezogen, und Roger hat seinen eigenen Bruder getötet.«

»Aber wie . . .?« begann Joss.

Joan hielt eine Disteldaune in die Höhe, die mit Blut durchtränkt war. »Er muß das schon lange geplant haben. Er hat die Daunen dafür benützt, Lord Raines Rüstung auszustopfen, damit sie ihm paßte.«

Clarissa drehte sich den beiden mit geweiteten Augen zu. »Wo ist

Raine? Er würde niemals geduldet haben, daß Brian sich seiner Rüstung bedient.«

Es dauerte eine Weile, bis sie Raine entdeckte, der schlafend in seinem Lederkoller, seiner Rüstung entkleidet, unter einem Baum ruhte. Joan lachte, als sie ihn sah, doch Clarissa blieb ernst. Die unnatürliche Lage von Raines Körper erschreckte sie. »Gift!« schrie Clarissa und rannte zu ihrem Mann. Da sein Körper noch warm war, wußte sie, daß er nicht tot sein konnte; doch wenn sie ihn nicht gefunden hätten, wäre er vermutlich gestorben.

»Hol sofort Rosamund hierher«, rief Jocelin zu Joan gewendet. Clarissa begann, Raines Wangen mit den Händen zu bearbeiten, als ihre Stimme ihn nicht aufwecken konnte. »Hilf mir, ihn aufzurichten.«

Jocelin und Clarissa mußten ihre ganze Kraft zusammennehmen, um Raines leblosen Körper auf die Beine zu stellen.

Rosamund kam herbeigeeilt, und nach einem Blick auf Raine sah sie Joss mit angstgeweiteten Augen an. »Ich hoffte, ich hätte mich geirrt. Mir wurde vor zwei Tagen mein Opium gestohlen, und ich hoffte, der Dieb wußte, wie man damit umgeht.«

»Opium?« fragte Clarissa. »Ist das nicht ein Schlafmittel? Meine Schwägerin benützte es.«

»Es ist ein ziemlich gewöhnliches Mittel«, antwortete Rosamund, »nur wissen die meisten Leute nicht, daß man nicht mehr aufwachen könnte, falls man zuviel davon nimmt.«

Clarissa sah sie entsetzt an. »Du glaubst doch nicht, daß Brian Chatworth Raine zuviel Opium eingeflößt hat, oder?«

»Ein Fingerhut voll ist zuviel. Wir müssen annehmen, daß Raine zuviel Opium eingenommen hat. Komm, wir haben sehr, sehr viel Arbeit vor uns.«

Es dauerte einen ganzen Tag, bis sie Raines Körper von dem Gift gereinigt hatten. Rosamund flößte ihm übelschmeckende Kräutermischungen ein, die ihn zum Erbrechen brachten, seine Eingeweide leerten. Und ständig lösten sich die Männer ab, die ihn im Kreis herumführten. »Schlafen, laßt mich schlafen«, war alles, was Raine lallen konnte.

Clarissa ließ nicht zu, daß die Männer aufhörten, ihn herumzuführen, und sie bestand auch darauf, daß das Einflößen der üblen Kräuterbrühen nicht unterbrochen wurde. Nach vielen Stunden begann er wieder die Macht über seine Füße zurückzugewinnen und konnte ein wenig aus eigener Kraft gehen. Sein Körper enthielt keine feste Nahrung mehr, und Rosamund zwang ihn nun, eimerweise Wasser zu trinken, weil sie hoffte, damit auch das letzte Quentchen Gift aus ihm herauszuspülen. Raine war inzwischen wach genug, um etwas lauter dagegen zu protestieren.

»Du hast mich nicht verlassen«, sagte er einmal zu Clarissa.

»Ich hätte es tun sollen, aber ich tat es nicht«, schnappte sie. »Trinke!«

Am Nachmittag des zweiten Tages gestattete Rosamund endlich, daß Raine schlafen dürfe, und dankbar legten sie und Jocelin sich ebenfalls zur Ruhe. Unglaublich erschöpft ging Clarissa zu den Leuten im Lager und bedankte sich persönlich für die Hilfe, die sie ihr und Raine geleistet hatten.

»Ihr solltet jetzt auch ein wenig schlafen«, drang eine mürrische Stimme zu ihr, und Clarissa erkannte an ihr einen der Männer, die sie des Diebstahls beschuldigt hatten. »Wir wollen nicht einen Ascott retten, damit wir dafür einen anderen verlieren.«

Sie lächelte ihn dankbar an, so daß er rot wurde und zur Seite sah. Immer noch lächelnd, taumelte sie zu Raines Zelt und schlief an seiner Seite ein.

Clarissa blieb noch eine Woche bei Raine – bis er sie dabei ertappte, wie sie das Baby einer Frau auf den Armen wiegte und still vor sich hinweinte.

»Du mußt zu Gavin zurückkehren«, sagte Raine zu ihr.

»Ich kann dich nicht allein lassen.«

Er runzelte die Brauen. »Du hast selbst erlebt, wie wenig deine Gegenwart hier den Lauf des Schicksals beeinflussen kann. Chatworth wird seinen Bruder zur Ruhe betten, und dann werden wir sehen, was geschieht. Geh heim, und kümmere dich um unsere Tochter.«

»Vielleicht ein Besuch«, sagte sie mit leuchtenden Augen. »Vielleicht nur für eine Woche oder so, und dann komme ich wieder zu dir zurück.«

»Ich glaube nicht, daß ich lange ohne dich leben kann. Geh jetzt, und sage Joan, daß sie für dich packen soll. Du wirst unsere Catherine binnen drei Tagen wiedersehen können.«

Clarissas Dank, ihre Freude bei der Vorstellung, ihre Tochter wiedersehen zu dürfen, ließ sie in Raines Arme springen. Und ihre Küsse führten bald zu weiteren Aktivitäten. Ehe sie beide wußten, wie ihnen geschah, rollten sie auf dem Boden über den Sarazenenteppich und verstreuten Kleidungsstücke in alle vier Ecken.

So liebten sie sich, und Raine sah mit Vergnügen, wie die Augen seiner Frau vor Glück strahlten. Danach hielt er sie eng an sich gedrückt. »Clarissa – es bedeutete sehr viel für mich, daß du während des Kampfes mit Chatworth hiergeblieben bist. Ob du es zugeben willst oder nicht – du hast ein hochentwickeltes Gefühl für Ehre – nicht für Ehre, wie ich sie sehe, aber für eine von deiner eigenen Sorte. Doch du vergaßt deinen Ehrbegriff aus Liebe für mich. Dafür danke ich dir.« Er lächelte, als er ihre Tränen spürte, die sein Hemd durchnäßten. »Du wirst unsere Tochter wiedersehen, doch alles, was ich dafür bekomme, sind Tränen.«

»Bin ich so selbstsüchtig, weil ich alles verlange? Ich möchte, daß du unsere Tochter siehst und daß wir drei beisammen sind.«

»Das wird bald geschehen. Nun schenke mir ein Lächeln. Möchtest du, daß ich dich mit Tränen überströmt im Gedächtnis behalte oder mit deinem dir eigenen Elfenlächeln?«

Da lächelte sie, und Raine küßte sie auf den Mund. »Komm, laß uns deinen Aufbruch vorbereiten.«

Clarissa redete sich ein, daß ihre Trennung nur ungefähr einen Monat währte; doch in ihrem Herzen spürte sie eine Ahnung, als würde sie das Lager im Wald nie wiedersehen. Die Leute schienen das gleiche zu empfinden.

»Für Euer Baby«, sagte ein Mann und reichte ihr ein Spielzeug, das er aus frischem Eichenholz geschnitzt hatte. Sie brachten ihr noch mehr Geschenke, alles selbstgemachte, simple Dinge, und jedes Geschenk trieb ihr von neuem die Tränen in die Augen.

»Ihr seid bei meinem Baby geblieben, als es krank war«, sagte eine Frau.

»Und Ihr habt meines beerdigt«, sagte eine andere.

Als die Zeit des Abschiedes kam, stand Raine still hinter Clarissa, seine Hand auf ihrer Schulter, und der Stolz auf sie strahlte aus seinen Augen.

»Bleib nicht so lange weg«, flüsterte er, gab ihr noch einen letzten Kuß und setzte sie dann auf ihr Pferd.

Clarissa ritt fort. Sie drehte sich noch einmal um und sah, wie alle Bewohner des Lagers ihr nachwinkten, bis sie zwischen den Bäumen untergetaucht war.

22. Kapitel

Zwei volle Wochen lang war Clarissa damit zufrieden, mit ihrem Kind zu spielen und Wiegenlieder für Judiths Sohn und Catherine zu komponieren. Sie schickte lange, glühende Briefe an Raine, beschrieb ihm die Vollkommenheiten ihrer Tochter und gab dem Boten Pakete mit Arzneimitteln für Rosamund mit. Einer der Boten kehrte mit der Neuigkeit zurück, daß Blanche beim Stehlen ertappt und aus dem Lager verbannt worden sei. Clarissa empfand keine Freude bei dieser Nachricht.

Nach zwei segensreichen Wochen begann sie Raine zu vermissen, und sie verließ das Kinderzimmer der Kleinen, um ihre Familie aufzusuchen.

»Wie ich hörte, bist du wieder bei uns«, neckte Gavin sie. »Aber ich war mir nicht sicher. Komm und begleite mich zum Falkner. Judith verhandelt gerade mit ihm.«

»Glaubst du, dem König wird dieser Habicht gefallen, Simon?« fragte Judith den grauhaarigen alten Falkner.

»*Aye*, Mylady. Es gibt keinen besseren in diesem Land.« Judith hielt den großen, mit einer Kapuze versehenen Raubvogel auf ihrem mit Leder geschützten Arm und studierte stirnrunzelnd den Habicht.

»Hast du vor, dem König ein Geschenk zu übersenden?« fragte Clarissa.

»Ich werde *alles* versuchen«, antwortete Judith mit heftiger Stimme. »Seit Brian Chatworth' Tod und Fionas Schwangerschaft ist dem König der Name Ascott verhaßt.

»Und seit dem Tod der Königin . . .« begann Gavin.

»Königin Elizabeth ist tot?« rief Clarissa laut, und der Habicht begann mit seinen breiten Schwingen zu flattern, bis Judith ihn wieder beruhigte. »Entschuldigung«, sagte Clarissa. Sie hatte keine Ahnung von Falkenzucht und der Abrichtung dieser Raubvögel. »Ich habe noch nicht gewußt, daß die Königin gestorben ist.«

»Er hat seinen ältesten Sohn und seine Frau innerhalb eines Jahres verloren, und die Familie seiner verwitweten Schwiegertochter droht nun, ihre Mitgift zurückzunehmen. Seither sitzt der Mann nur noch da und brütet. Sonst hätte ich zu ihm gehen und mit ihm reden können.«

»Und worum hättest du ihn gebeten?« fragte sie mit hoffnungsvoller Stimme.

»Ich möchte, daß diese Fehde beendet wird«, sagte Gavin. »Sie hat den Ascotts ein Leben genommen und den Chatworth' ebenfalls. Wenn ich mit dem König reden könnte, möchte ich ihn vielleicht dazu überreden, Raine zu begnadigen.«

»Und was geschieht dann mit Miles?« erkundigte sich Clarissa. »Er hat sich ja recht tüchtig mit Fiona Chatworth vergnügt. Ich glaube nicht, daß ihr Bruder ihm das verzeihen wird.«

Gavin und Judith wechselten einen Blick, und dann sagte Judith: »Wir haben mit Miles korrespondiert, und wenn der König die Erlaubnis dazu gibt, ist er bereit, Fiona zu heiraten.«

»Zweifellos wird es Roger Chatworth eine große Freude sein, einen Ascott in seine Familie aufnehmen zu dürfen«, sagte Clarissa lächelnd. »So! Ihr wollt dem König also diesen Habicht schenken, damit er sich euren Wünschen fügt. Geht er denn gerne auf die Vogelbeiz?«

Wieder tauschten Gavin und Judith einen Blick.

»Clarissa«, begann Gavin, »wir haben erst mit dir sprechen wollen. Wir wußten, daß du zunächst deine Zeit mit Catherine verbringen wolltest, doch jetzt dürfen wir keine Zeit mehr verlieren.«

Aus irgendeinem Grund empfand Clarissa plötzlich ein beklemmendes Gefühl. Es war natürlich absurd, aber trotzdem krochen kalte kleine Finger an ihrer Wirbelsäule hinauf. »Worüber wolltet ihr mit mir sprechen?«

»Laß uns hineingehen«, sagte Judith und gab dem Falkner den Habicht zurück.

Als sie in die Burg zurückgekehrt waren, sah Clarissa Gavin fest an. »Nun sag mir, was ich wissen muß«, begann sie mit tonloser Stimme.

»Gavin!« rief Judith. »Laß mich es ihr sagen. Clarissa, der König hat eigentlich nicht viel übrig für die Falkenjagd. Im Augenblick hat er für gar nichts etwas übrig – bis auf eines.« Sie hielt einen Moment inne. »Musik«, setzte sie dann leise hinzu.

Clarissa starrte sie einen Moment lang an. »Du möchtest, daß ich zum König von England gehe, ihm etwas vorsinge und ihn so nebenbei darum bitte, daß er meinem Mann verzeihen und die Hand einer reichen Erbin einem Todfeind der Familie geben soll?« Sie lächelte. »Ich habe nie behauptet, daß ich zaubern könne.«

»Clarissa, du könntest es erreichen«, sprach Judith ihr Mut zu. »Niemand in diesem Land hat eine Stimme oder ein Talent, das deinem gleichkommt. Er würde dir die Hälfte seines Königreiches anbieten, wenn du ihn nur eine Stunde seinen Kummer vergessen läßt.«

»Der König?« stotterte Clarissa. »Was scher ich mich um den König? Ich würde gerne für ihn spielen und singen, doch meine Sorge gilt Raine. Er hat ein Jahr lang versucht, mir sein Ehrgefühl begreiflich zu machen, und nun habe ich verstanden – jedenfalls so viel, daß ich weiß, er würde mir einen Bittgang zum König nicht danken.«

»Aber wenn du eine Begnadigung für Raine erreichst . . .«, hielt Judith dagegen.

Clarissa wandte sich an Gavin. »Wärst du an Raines Stelle, würdest du von Judith verlangen, daß sie für dich zum König geht, statt deine eigenen Kriege auszufechten?«

Gavins Gesicht war ernst. »Es wäre nicht leicht für mich, so eine Demütigung hinunterzuschlucken.«

»Demütigung!« sagte Judith. »Wenn Raine frei wäre, könnte er nach Hause kommen, und wir wären wieder eine Familie.«

»Und unser Streit würde sich zwischen unseren Wänden fortsetzen«, sagte Gavin. »Ich kann Clarissas Standpunkt verstehen. Ich halte es nicht für ratsam, daß sie gegen den Willen ihres Mannes zum König geht. Wir werden unsere Gefechte selbst austragen und den König heraushalten.«

Judith schien darauf etwas erwidern zu wollen. Doch als sie zwischen Gavin und Clarissa hin- und hersah, blieb sie stumm.

Was Clarissas Entschluß jedoch änderte, war Roger Chatworth' wachsender Groll. Gavin schickte Spione aus, und sie kamen mit der Nachricht zurück, daß Roger sowohl Miles als auch Raine den Tod geschworen hatte, um seinen jungen Bruder und den Verlust der Jungfräulichkeit seiner Schwester zu rächen.

»Raine hat keine Lehnsritter, mit denen er Chatworth bekriegen kann«, sagte Clarissa. »Und wird Miles gegen so einen erfahrenen Krieger wie Roger bestehen können?«

»Er hat die Unterstützung aller Ascott-Truppen«, sagte Gavin ruhig.

»Du sprichst von Krieg?« schrie sie. »Einem privaten Krieg, der dich all deine Ländereien kosten wird, und der König . . .« Sie hielt inne. Alles schien auf den König zurückzugehen.

Mit Tränen in den Augen floh sie aus dem Zimmer. War sie die einzige, die einen privaten Krieg zu verhindern vermochte? Sie hatte einmal zu Jocelin gesagt, daß sie alles tun würde, um Raine am Leben zu erhalten, daß sie ihn lieber mit einer anderen Frau zusammen sähe als tot. Doch er war so schrecklich zornig gewesen, wenn sie tat, was ihrem Gefühl nach das richtige war. Er wollte nicht, daß sie sich in sein Leben einmischte und schon gar nicht, wenn es um seine sogenannte Ehre ging.

Doch was geschah, wenn sie stillhielt, nicht versuchte, ein Pardon vom König zu erwirken und es zu einem Krieg kam? Wäre sie glücklich mit dem Wissen, daß Raine mit unbefleckter Ehre starb? Oder würde sie sich bis in alle Ewigkeit verfluchen, daß sie nicht wenigstens versucht hatte, die kriegerischen Auseinandersetzungen zu verhindern?

Mit stiller Würde stand sie auf, glättete ihr Kleid und ging hinunter in den Wintersalon, wo Judith und Gavin bei einem Damespiel beisammensaßen.

»Ich werde zum König gehen«, sagte Clarissa still. »Ich werde ihm mit all meiner Macht vorsingen und ihn fragen, bitten, betteln, was immer nötig ist, um eine Begnadigung für Raine zu erreichen und die Heirat zwischen Fiona und Miles zu stiften.«

Clarissa stand vor des Königs Kammer, und ihr Körper zitterte so heftig, daß sie fürchtete, ihr Kleid fiel ihr vom Leib. Was hatte sie, die Tochter eines gewöhnlichen Advokaten, hier zu suchen?

Ein Ruf, der aus der Kammer zu ihr drang, und das Geräusch von berstendem Holz brachten ihren Atem zum Stocken. Eine Sekunde später kam ein hagerer Mann auf Zehenspitzen aus dem Zimmer, einen roten Fleck auf der Wange, eine Flöte in der Hand.

Er warf Clarissa einen unverschämten Blick zu. »Er ist heut in einer schrecklichen Laune. Ich hoffe, in dir steckt mehr, als dein Aussehen verspricht.«

Clarissa richtete sich zu ihrer ganzen zierlichen Größe auf und funkelte ihn an. »Vielleicht ist es die Musik, auf die er bisher vergeblich wartete, die ihn in schlechte Laune versetzte.«

Der Mann grunzte etwas und ließ sie allein.

Clarissa zupfte zum hundertstenmal an ihrem Kleid, eine wunderbare Kreation aus tiefgrünem Samt, deren Ärmel und Rock so reich mit Gold bestickt waren, daß der Stoff ganz steif war. Das Kleid war von Judith entworfen worden, und die Stickerei war ein phantasievolles Arrangement von Zentauren und Elfen, die auf einer Vielzahl von Instrumenten spielten. »Das soll dir Glück bringen«, hatte Judith gesagt.

»Komm herein und warte«, sagte ein dunkel gekleideter Mann, der nur seinen Kopf durch die Tür steckte. »Seine Majestät wird dich gleich anhören.«

Clarissa nahm ihre Zither unter den Arm, ein großartiges Instrument aus Rosenholz, das mit Elfenbein eingelegt war, und folgte dem Mann.

Die Kammer des Königs war ein großer eichengetäfelter Raum, reich ausgestattet, aber keineswegs besser als die Zimmer im Schloß der Ascotts. Das war eine Überraschung für Clarissa. Sie hatte erwartet, daß die Zimmer des Königs aus Gold seien.

Sie nahm dort Platz, wohin der Mann deutete, und sah sich um. Der König saß in einem rotgepolsterten Sessel, und Clarissa hätte nicht gewußt, daß er der König war, wenn sich nicht gelegentlich jemand vor ihm verneigt hätte. Er war ein großer, nüchterner, müde aussehender Mann, und als er aus einem Silberbecher trank, sah sie, daß er nur wenige Zähne hatte, und die waren schwarz verfärbt. Er betrachtete stirnrunzelnd den Sänger, der sich vor ihm produzierte, und die Nervosität des jungen Mannes machte sich bei jedem Wort, das er vortrug, bemerkbar. Die Luft war spannungsgeladen, während der Musikant versuchte, den König aufzumuntern.

Bei dem Schall, der in dem großen Raum erzeugt wurde, und bei der Steifheit, mit der alle zuhörten, war es kein Wunder, daß der König mißvergnügt sein mußte, dachte Clarissa. Nichts von der Musik, die hier erzeugt wurde, konnte ihn auch nur einen Augenblick seine Traurigkeit vergessen lassen. Wenn ich hier etwas zu sagen hätte, würde ich die Musiker zu einer Gruppe vereinigen und sie mit einer neuen Musik herausfordern. Und wenn sie dann Spaß daran hätten, würde auch der König sein Vergnügen finden.

Clarissa saß noch ein paar Sekunden länger still. Elf Musiker trugen heute dem König vor. Seit einiger Zeit hielt er sich alleine in seinen Gemächern auf und weigerte sich sogar, der Beerdigung der Königin beizuwohnen. Clarissa hatte eine Woche warten müssen, ehe sie diese Chance bekam, für ihn zu spielen und zu singen. Und würde sie zittern und beben vor ihm, wie es die anderen vor ihm taten?

Denke an Raine, sagte sie sich. Denke an alle Ascotts.

Sie holte tief Luft, stand auf, und nach einem stillen Stoßgebet gab sie ihrer Stimme den Atem frei.

»Hier!« sagte sie laut zu dem Sänger. »Ihr werdet uns ja alle zu Tränen rühren. Was wir brauchen, ist Heiterkeit und nicht noch mehr Tränen.«

Jemand legte warnend die Hand auf ihren Arm; doch Clarissa sah nur auf König Heinrich. »Mit Eurer Erlaubnis, Eure Majestät.« Sie machte einen Knicks, und der König winkte ihr lässig zu.

Clarissas Herz lag in ihrer Kehle. Wenn sie jetzt nur noch die Musiker dazu bringen konnte, mitzuwirken. »Könnt Ihr eine Harfe spielen?« fragte sie einen Mann, der sie feindselig betrachtete.

»Warte ab, bis du an der Reihe bist«, zischte er.

»Ich habe mehr zu verlieren als du. Vielleicht können wir gemeinsam einen Zauber bewirken.« Sie legte den Kopf schief. »Oder ist dein Talent zu beschränkt?«

Der Mann musterte sie mit nachdenklichem Blick und ging dann zur Harfe.

Als wären die Musiker alle Chorknaben, die sie in Moreton unterrichtet hatte, begann sie die Männer herumzukommandieren und teilte ihnen verschiedene Instrumente zu, von denen es reichlich in der Kammer gab.

Sobald sie Platz genommen hatten, eilte sie umher, gab hier eine Melodie an, dort einen Rhythmus. Als sie ungefähr die Hälfte der Musiker eingewiesen hatte, begann sie zu singen, und zwei der Musikanten waren sofort auf ihrer Seite. Grinsend griffen sie die Melodie auf und begleiteten sie.

In ihrer Ungeduld schien ihr das alles viel zu lange zu dauern, und sie fühlte sich erst ermutigt, als der Mann am Cembalo seine Stimme mit ihrer vereinigte. Der Musikant an der Harfe griff ihre Melodie auf und bewies sein Talent mit diesen himmlischen Saiten.

Clarissa hatte ein altes Lied gewählt, weil sie hoffte, daß jeder es kennen würde; aber vielleicht war es ihre Art, es wiederzugeben, was die Musikanten verlegen machte. Der Mann, dem sie das Tamburin gegeben hatte, ging zur Kesselpauke, die in einem schattigen Winkel versteckt gewesen war, und das Dröhnen brachte den Boden zum Vibrieren.

Endlich, endlich schien jeder die Melodie aufgenommen zu haben, und Clarissa wagte sich umzudrehen und den König anzusehen. Sein Gesicht war unbeeindruckt; doch die Männer hinter ihm sahen sie erstaunt an. Sie wußte jetzt wenigstens, daß das, was sie tat, keine alltägliche Darbietung war.

Sie wiederholten drei Strophen dieses Liedes im Chor, und dann stimmte sie mit den Musikern etwas anderes an, Kirchenmusik diesmal, und danach ging sie über zu Volksliedern.

Es war schon eine Stunde vergangen, seit sie mit ihrer Musik begonnen hatte und nun den Musikern das Zeichen gab, still zu sein. Diesmal würde sie allein und ohne Begleitung singen. Einmal, vor vier Jahren, war ein Sänger nach Moreton gekommen, und die Bewohner der Kleinstadt hatten gesagt, jetzt habe Clarissa endlich einmal Konkurrenz bekommen. Clarissa, die Angst hatte, sie könne schlecht aussehen, blieb die ganze Nacht auf und komponierte ein Lied, das selbst für sie nicht einfach zu singen war, ein Gesang, der die gesamte Skala ihrer Fähigkeiten abdeckte. Am nächsten Tag hatte sie den Gesang vorgetragen, und der Besucher, eine ältere Frau, hatte Clarissa mit Tränen in den Augen angesehen und sie auf beide Wangen geküßt. Und dann hatte sie zu Clarissa gesagt, sie sollte täglich Gott für ihre Gabe danken.

Nun hatte Clarissa sich vorgenommen, diesen Gesang vorzutragen. Sie mußte alles tun, was in ihrer Macht stand, um des Königs Gunst zu erringen.

Der Gesang zeigte die Höhen und Tiefen von Clarissas Stimme wie auch die beherrschte Zartheit und das außerordentliche Volumen. Langsam steigerte sie sich zu ihrer totalen Stimmgewalt hinauf, trällernd, und just in dem Augenblick, wo sie offenbar nicht höhergehen konnte, legte sie alles in einen Ton hinein und hielt ihn – und hielt ihn, bis ihr die Tränen aus den Augen sprangen und ihre Lungen trocken wurden.

Als sie geendet hatte, knickste sie tief vor dem König, und um sie herrschte totale, absolute Stille.

»Komm hierher, Kind«, brach der König endlich das Schweigen.

Clarissa ging zu ihm, küßte ihm die Hand und hielt den Kopf gesenkt.

Er beugte sich vor und hob ihr Kinn an.

»Du bist also die jüngste der Ascott-Frauen.« Er lächelte bei ihrem betroffenen Blick. »Ich versuche Schritt zu halten mit allem, was in meinem Reich geschieht. Und ich muß feststellen, daß die Ascott-Männer höchst unterhaltsame Frauen heiraten. Aber dies« – er deutete auf die Musiker, die im Raum verteilt waren – »das ist ein königliches Lösegeld wert.«

»Ich bin erfreut, daß ich Euch Vergnügen bereite, Eure Majestät«, flüsterte Clarissa.

Er zeigte ihr die erste Andeutung eines Lächelns. »Du hast mehr getan, als mich nur erfreut. Was möchtest du nun dafür haben? Komm, du hast doch nicht ohne Grund Gavins Heim verlassen.«

Clarissa versuchte, ihren Mut zusammenzunehmen. »Ich möchte gern die Fehde zwischen den Ascotts und den Chatworth' beendigen. Ich schlage eine Blutsverbindung zwischen den Familien vor, indem Miles Lady Fiona Chatworth heiratet.«

König Heinrich runzelte die Stirn. »Miles ist nach dem Gesetz von 1495 ein Verbrecher. Er hat Lady Fiona entführt.«

»Das tat er nicht!« rief Clarissa auf ihre gewohnte Weise. »Verzeiht mir, Majestät.« Sie fiel vor ihm auf die Knie. »Miles hat sie nicht entführt, denn es war meinetwegen, daß Lady Fiona büßen mußte.«

»Deinetwegen? Hol dir einen Schemel!« befahl König Heinrich, und als Clarissa Platz genommen hatte, sagte er: »Nun erzähle mir die Geschichte von Anfang an.«

Clarissa erzählte, wie Pagnell sie beschuldigt hatte, ihre Stimme zu verwenden, um ihn zu verführen, wie sie sich dann im Wald versteckt und in Raine verliebt hatte. Sie beobachtete seine Augen, sah, daß er von ihrer Geschichte gefesselt war, und erzählte ihm dann, wie Pagnell sie gefangen und Fiona entführt hatte.

»Ihr sagtet, er wollte sie in einem Teppich eingerollt Lord Miles ausliefern?« unterbrach sie König Heinrich.

Sie beugte sich vor. »Bitte, behaltet das für Euch, aber wie ich höre, wurde sie ihm splitternackt übergeben, und sie griff, als sie ausgewickelt wurde, Lord Miles mit einer Axt an. Natürlich könnte es auch nur ein Gerücht sein.«

Der König gab einen Ton von sich, der einem Gelächter sehr ähnlich war. »Fahr in deiner Geschichte fort!«

Sie erzählte ihm von dem Hexenprozeß und wie die Richter sie benützt hatten, um Raine in eine Falle zu locken.

»Und hat er dich im letzten Moment gerettet?«

»Ein bißchen nach dem letzten Moment. Der Rauch war so schlimm, daß ich für einige Tage meine Stimme verlor.«

Er nahm ihre Hand in die seine. »Das«, sagte er mit großem Ernst, »war eine Tragödie. Und was geschah nach dieser großartigen Rettung?«

Ihre Stimme veränderte sich, als sie von ihrem Kind erzählte und von ihrer Rückkehr in den Wald und ihrem Zusammentreffen mit Brian Chatworth. Sie erzählte ihm, wie Brian sich mit Raines

Harnisch verkleidete und wie Raine fast an dem Opium gestorben wäre.

»Und jetzt würdest du gerne Lord Miles mit Lady Fiona verheiraten.«

»Und . . .«

»Ja?« ermutigte er sie.

»Bitte, begnadigt Raine«, sagte sie. »Er ist so gut. Er versucht gar nicht, eine Armee gegen Euch auszuheben. Die Leute in diesem Lager sind Verbannte und Arbeitslose. Raine trainiert sie nur, um die Verbrecher zu beschäftigen und sie daran zu hindern, daß sie an Melancholie sterben.«

»Melancholie«, seufzte der König. »Ja, ich kenne diese Krankheit. Aber was ist mit Lady Fiona? Ist sie willens, Lord Miles zu heiraten?«

»Sie ist intelligent und wird zweifellos den Sinn dieser Heirat einsehen. Und wenn Miles so ist wie seine Brüder, wie könnte sie ihm widerstehen?«

»Eines Tages muß ich wohl das Geheimnis der Ascott-Männer erfahren, wie sie es anstellen, daß ihnen diese Loyalität zuteil wird. Wenn Lady Fiona einverstanden ist, werde ich die Heirat gestatten. Und wenn auch aus keinem anderen Grund, als dem Kind einen Namen zu geben.«

»Und Raine?«

»Dafür wirst du arbeiten müssen. Was sagst du dazu, wenn du eine Woche bei mir verbringst und mir Tag und Nacht vorsingst?«

»Ich werde mein Leben Eurem Vergnügen widmen, wenn das meinen Mann retten kann«, sagte Clarissa heftig.

»Nein, nun bring mich nicht in Versuchung, Kind. Ich habe genug Probleme. Nun geh und sing, und ich werde die Dokumente ausfertigen lassen.«

Er winkte einem der Männer hinter sich, und dieser verließ rasch die Kammer.

Clarissa sang ihm den Rest des Tages vor, bis ihre Kehle wund wurde. Erst, nachdem die Sonne schon lange untergegangen war, schlief der König in seinem Sessel ein.

»Geht und ruht Euch nun aus«, sagte einer von des Königs Gefolgsleuten. »Lord Gavin wartet draußen auf Euch, und er wird Euch Eure Gemächer zeigen. Ich bin sicher, Seine Majestät wird Euch gleich morgen früh wieder rufen lassen.«

Sobald Clarissa Gavin sah, war ihre Müdigkeit wie verflogen. Grinsend von einem Ohr zum anderen flog sie in seine Arme. »Er hat zugestimmt! Er hat zugestimmt!« krächzte sie.

Gavin hielt sie fest umschlungen und schleuderte sie im Kreis herum. »Komm, das müssen wir gleich Judith erzählen, und dann kümmern wir uns um deine Stimme. Außerdem werden wir ein paar schreckliche Gerüchte in die Welt setzen, wenn wir uns weiter so benehmen.«

Clarissa wurde steif wie ein Stock, sobald Gavin sie losließ, und er eskortierte sie feierlich durch die langen, zugigen Korridore und brachte sie in die Zimmerflucht, die für die Familie reserviert war.

Clarissa trank die Honig-Mixtur, die Judith für sie vorbereitet hatte, und ließ sich dann in einem Sessel nieder, um zu warten – ein Warten, das viele Tage dauern sollte. König Heinrich hielt Clarissa ständig an seiner Seite und stellte sie wie einen dressierten Hund seinem Sohn Heinrich und seiner verwitweten Schwiegertochter, Catherine, vor. Clarissa wurde in die Gerüchteküche des Hofes einbezogen und erfuhr, daß König Heinrich selbst vorhatte, die junge Prinzessin zu heiraten. Ihr gefiel der große, gutaussehende zwölf Jahre alte Prinz Heinrich sehr gut. Wenn jemand wie ein König aufzutreten vermochte, dann er.

Statt einer Woche, wie König Heinrich es sich erbeten hatte, blieb Clarissa zwei Wochen am Hof, ehe die Dokumente, die Raine begnadigten, und der Befehl, der die Ehe zwischen Miles und Fiona stiftete, ausgefertigt waren. Gavin und Judith waren erfreut, als sie den Hof wieder verlassen konnten; doch Clarissa war sehr besorgt wegen des Wiedersehens mit Raine. Wie würde er auf ihre Einmischung reagieren?

Es dauerte Tage, bis sie alle ihre Habseligkeiten, die sie bei Hofe brauchten, wieder zusammengepackt hatten, und noch mehr Tage, bis sie in der Burg der Ascotts ankamen. Mit klopfendem Herzen stieg Clarissa aus dem Sattel und wartete in der Hoffnung, Raine wäre inzwischen in die Burg zurückgekehrt.

Das war er nicht. Statt Raine erwarteten sie ein paar Botschaften. Roger Chatworth hatte sich geweigert, Fiona freizugeben; doch Miles schrieb, daß er sie gefunden habe. Gavin stöhnte, als er diese Zeilen las und jammerte, daß sein kleiner Bruder so wenig Achtung vor dem Gesetz habe. Sie waren nicht weit von Chatworth' Anwesen entfernt getraut worden, und unmittelbar nach der Zeremonie war Fiona zu ihrem Bruder zurückgekehrt. Das gab ihnen ein Rätsel auf; doch Miles hatte in seinem Brief nicht einmal eine Erklärung angedeutet.

Eine Woche verstrich, und kein Wort von Raine. Am Ende der zweiten Woche schickte Gavin Boten in den Wald; doch die Männer kamen zurück und berichteten, sie wären nicht wie üblich von Wächtern angehalten worden und seien tagelang im Wald umhergewandert, ohne einem Menschen zu begegnen.

Am nächsten Tag brach Gavin mit seinen Männern selbst auf, und erst nach einer Woche kamen sie wieder in die Burg zurück. »Raine befindet sich jetzt auf seinem eigenen Landsitz«, berichtete Gavin. »Und er hat alle Leute aus dem Waldlager mitgenommen. Er muß inzwischen fünf Bauern auf jedes Feld gesetzt haben, und er besteht darauf, sie alle zu bezahlen. Spätestens in drei Jahren wird er am Bettelstab gehen.«

»Gavin . . .« begann Clarissa.

Gavin streichelte ihre Wange. »Er ist zornig; aber er wird darüber hinwegkommen.«

Stumm verließ Clarissa das Zimmer, während Gavin und Judith ihr nachsahen.

»Sag mir die Wahrheit«, sagte Judith.

»Tod und Verdammnis über meinen Bruder!« rief Gavin und hieb mit der Faust auf den Tisch. »Raine meint, Clarissa habe ihn zum letztenmal beleidigt, und er könne so etwas nicht mehr ertragen. Er sagt, er habe sie wiederholt gewarnt, aber sie wolle nicht auf ihn hören, und er weiß, daß sie auch nie auf ihn hören wird.«

»Vielleicht kann Stephen ihn dazu überreden . . .« begann Judith.

»Stephen versuchte es, aber auf ihn hört er auch nicht. Er verbringt seine ganze Zeit mit diesen Kriminellen . . .« Er hielt inne und lachte. »Etwas überaus Merkwürdiges ist geschehen. Clarissa klagte doch stets, daß sie diesen Leuten im Wald so viel schulde und sie ihnen das nie zurückzahlen könne. Da ist ein Sänger bei der Bande, Jocelin, der meines Wissens mit Clarissa durchs Land reiste, und dieser Jocelin traf einen Mann, der in der Kammer des Königs weilte an dem Tag, wo Clarissa ihm vorsang. Ich bin mir nicht sicher, was an diesem Tag geschah, aber wie dieser Zeuge berichtet, soll Clarissa großartig gesungen haben, und eines von den Dingen, die sie sich dafür erbat, war die Sicherheit für die Leute unter Raines Kommando.«

»Ich kann mich nicht entsinnen, daß Clarissa mir etwas derartiges erzählt hätte.«

»Ich glaube nicht, daß sie es auf direkte Weise tat. Doch sie brachte es später zwischen den Sätzen vor, als sie dem König die Geschichte ihres Lebens im Wald erzählte. Ich hörte, daß König Heinrich sie aufforderte, sich einmal als Knabe zu verkleiden, um zu beweisen, daß sie tatsächlich so lange unentdeckt zwischen Kriminellen leben konnte.«

»Du glaubst, Clarissa erzählte König Heinrich, daß einige von den Leuten ungerecht behandelt worden seien?«

Gavin lächelte. »Manchmal ist Clarissa so unschuldig. Bei ihrem Herkommen zweifle ich, ob sie eine Vorstellung von der Macht hatte, die sie über den König besaß. Männer haben schon getötet, damit sie nur einen Tag lang des Königs Ohr für sich hatten, und sie hatte ihn zwei Wochen lang den ganzen Tag für sich.«

Judith betrachtete ihren Mann mit einem nachdenklichen Blick. »Oder sie hätte Hunderte von Menschen retten können? Sind etwa noch mehr Gnadenerlasse vom König unterschrieben worden?«

Gavin grinste. »Raine wurde vom König dazu ermächtigt, jeden zu begnadigen, den er der Gnade würdig fand. Wie Jocelin von seinem Gewährsmann erfahren haben soll, sang Clarissa dem König Lieder von Raines Loyalität und Ehre vor, bis König Heinrich bereit war, ihn heiligzusprechen. Sie verdrehte die Dinge so, als täte Raine dem König einen Gefallen, wenn er Roger Chatworth angriff.«

»Ein gerissenes Mädchen! Was vermag sie nicht alles mit ihrer Stimme! Wissen die Leute, daß sie es war, die vom König Straffreiheit für sie erreichte?«

»Dieser Jocelin sorgte dafür, daß sie es erfuhren. Wenn es darauf ankommt, Loblieder zu singen, ist er genauso schlimm wie Clarissa. Alle diese Leute lassen Clarissa grüßen und wünschen ihr alles Gute für die Zukunft. Diese Bande ist genauso schlimm wie Stephens Schotten – die Welt verliert ihren Respekt vor ihren Obrigkeiten.«

Judith lachte darüber. »Wir müssen Clarissa sagen, daß sie etwas Gutes getan hat, und nun werden wir anfangen, Raine zu bearbeiten. Er muß einsehen, daß Clarissa ihn nicht beleidigt hat, indem sie zum König ging.«

»Hoffentlich kannst du ihm das beibringen.«

»Ich bete zu Gott, daß ich das kann.«

23. Kapitel

Ein Monat verging, und kein Wort von Raine – alle Briefe, die ihm überbracht wurden, ignorierte er. In den ersten Wochen war Clarissa traurig darüber, doch dann verwandelte sich ihre Trauer in Zorn. Wenn sein Stolz ihm mehr bedeutete als ihre Liebe und ihre Tochter, dann sollte es so sein.

Ihr Zorn fand einen ganzen Sommer lang Nahrung. Sie sah zu, wie Catherine größer wurde, daß sie tatsächlich die kompakte Figur ihres Vaters geerbt hatte.

»Wir können uns keine schlanke, elegante Lady erhoffen«, seufzte Clarissa, während sie Catherines säulenartige Beine bei deren ersten Gehversuchen betrachtete.

»Alle Babys sind fett«, lachte Judith und warf ihren Sohn in die Luft. »Catherine sieht Raine von Tag zu Tag ähnlicher. Zu schade, daß er sie nicht sehen kann. Ein Blick in die violetten Augen und auf ihre Grübchen, und er schmilzt dahin. Raine hat noch nie einem Kind widerstehen können.«

Judiths Worte verfolgten Clarissa tagelang, und am Ende der Woche traf sie eine Entscheidung. »Ich werde Catherine ihrem Vater schicken«, erklärte Clarissa eines Abends, als Judith die Rosen schnitt.

»Wie bitte?«

»Wenn er mir nicht verzeihen will, sehe ich keinen Grund, daß Catherine darunter leiden soll. Sie ist nun fast ein Jahr alt und hat noch nie ihren Vater gesehen.«

Judith stand auf und wischte sich die Hände ab. »Und wenn Raine sie nicht mehr zurückgibt? Könntest du es ertragen, Mann und Tochter zu verlieren?«

»Ich würde sagen, ich schicke sie ihm bis Weihnachten, und dann wird Gavin sie wieder zurückholen. Raine wird diese Abmachung einhalten, weil es seine Ehrenpflicht ist.«

»Wenn er zustimmt.«

Clarissa antwortete nicht darauf. Sie hoffte von ganzem Herzen, daß Catherine das Herz ihres Vaters gewinnen und es zum Schmelzen bringen würde.

Ein paar Tage später, als Catherine reisefertig war, hätte Clarissa fast ihre Entscheidung umgestoßen; doch Judith hielt sie mit Gewalt zurück, und Clarissa winkte der Tochter ein Lebewohl zu, die von zwanzig Rittern aus Gavins Gefolge und zwei Kinderschwestern begleitet wurde.

Clarissa wartete atemlos die nächsten Wochen ab. Kein Wort von Raine; doch eine der Schwestern schrieb regelmäßig und schickte ihre Briefe durch ein kompliziertes Netz, das Gavin mit Jocelins Hilfe eingerichtet hatte.

Die Schwester schrieb von einem Aufruhr, der bei Lady Catherines Ankunft entstanden war, und wie tapfer sich das kleine Mädchen verhalten habe. Raines Haus, seine Leute und er selbst hatten das Mädchen schrecklich eingeschüchtert. Anfangs glaubte die Schwester, Lord Raine würde seine Tochter ignorieren, doch einmal, als sie im Garten spielten, hatte Raine Catherines Ball aus den Sträuchern geholt und ein paar Sekunden auf einer Bank gesessen und sie beobachtet. Catherine hatte dann den Ball ihrem Vater zugeworfen, und er spielte eine Stunde lang mit ihr.

Die Briefe der Schwester wurden immer umfangreicher in Beschreibung von Zwischenfällen: Lord Raine war mit Catherine ausgeritten; Lord Raine hatte seine Tochter zu Bett gebracht; Lord Raine schwört, seine Tochter könne sprechen; Lord Raine sagt, sie ist das intelligenteste Kind in ganz England.

Clarissa war froh über diese Neuigkeiten, aber sehr unglücklich, weil sie so alleine war. Sie wollte die Freude über ihre Tochter mit ihrem Mann teilen.

Mitte November hörten die Briefe plötzlich auf, und es war erst kurz vor Weihnachten, daß sie wieder etwas von Catherine hörte. Gavin kam zu ihr und sagte, Catherine sei zurückgekehrt und wartete unten im Wintersalon.

Clarissa rannte die Treppen hinunter, während die Stufen vor ihren Augen verschwammen, und sie sah ihre Tochter in einem kostbaren Kleid aus goldener Seide ruhig vor dem Kaminfeuer stehen. Es war schon Monate her, seit sie sich zuletzt gesehen hatten, und Catherine wich einen Schritt vor ihrer Mutter zurück.

»Erinnerst du dich nicht an mich, mein Herz?« flüsterte Clarissa beschwörend.

Das Kind wich noch einen Schritt zurück, und als Clarissa es in die Arme nehmen wollte, drehte sich Catherine um, rannte zu ihrem Vater und umklammerte seine Beine.

Clarissa sah erschrocken hoch und blickte in Raines tiefblaue Augen. »Ich . . . ich . . . hab' dich nicht gesehen«, stotterte sie. »Ich dachte, Catherine sei allein.«

Raine sagt kein Wort.

Clarissas Herz sprang ihr bis in den Hals hinauf und drohte, sie zu ersticken. »Du siehst gut aus« sagte sie so ruhig wie möglich.

Er bückte sich und hob seine Tochter auf. Eifersüchtig sah Clarissa zu, wie Catherine sich wieder an ihn klammerte. »Ich wollte, daß du deine Tochter kennenlernen solltest«, flüsterte sie.

»Warum?« fragte er, und seine Stimme, diese tiefe, volle Stimme, die sie so gut kannte, brachte sie fast zum Weinen. Doch Clarissa schluckte die Tränen hinunter. »Warum?« zischte sie. »Du hast deine Tochter seit ihrer Geburt noch nicht gesehen, und du fragst mich, warum ich sie zu dir schickte?«

Seine leise, ruhige Stimme unterbrach sie: »Warum wolltest du sie einem Mann schicken, der dich im Stich ließ, der dich seine Kämpfe allein austragen ließ?«

Clarissas Augen weiteten sich.

Raine streichelte den Kopf seiner Tochter. »Sie ist ein schönes Kind, gütig und großherzig wie ihre Mutter.«

»Aber ich bin doch nicht . . .« begann Clarissa und stockte dann, als Raine sich auf sie zubewegte. Er ging an ihr vorbei, öffnete die Tür und überreichte Catherine der Schwester, die dort wartete. »Könnten wir miteinander reden?«

Stumm nickte Clarissa mit dem Kopf.

Raine ging zum Kamin und starrte einen Moment in die Flammen. »Ich glaube, ich hätte dich töten können, als du zum König gingst«, sagte er voller Inbrunst. »Es war, als würdest du der Welt verkünden, daß Raine Ascott mit seinen eigenen Problemen nicht fertig wurde.«

»Ich hatte nie vor . . .«

Er hob die Hand, um sie zum Schweigen zu bringen. »Es ist nicht leicht für mich; aber es muß gesagt werden. Während wir im Wald lebten, war es leicht für mich, zu begreifen, warum die Leute dich nicht mochten. Du hast dich so sehr über sie erhoben und diese Anmaßung empörte sie ungemein. Als du begreifen lerntest, daß dein Verhalten nicht richtig war, gingst du daran, deine Haltung zu korrigieren. Du hast an dir gearbeitet, Clarissa.«

Er schwieg einen langen Moment. »Es ist nicht so . . . nicht sehr angenehm, sich selbst zu betrachten, sein eigener Richter zu sein.«

Mit gesenktem Kopf drehte er ihr seinen breiten Rücken zu, und ihr Herz griff nach ihm. »Raine«, flüsterte sie, »ich verstehe dich. Du brauchst mir nichts mehr zu sagen.«

»Aber ich will!« Er drehte ihr nun das Gesicht zu. »Glaubst du, es ist einfach für mich – für einen Mann –, zu begreifen, daß ein kleines, schmächtiges Ding von einer Frau, wie du es bist, etwas vollbringen kann, was mir unmöglich ist?«

»Was habe ich denn getan?« fragte sie ehrlich erstaunt.

Da blieb er einen Moment stumm, lächelte, und in seinen Augen war viel Liebe. »Vielleicht dachte ich, es sollte nach meinem Willen gehen, weil ich alles, was ich hatte, für ein paar schmutzige Bettler opferte. Vielleicht fand ich Gefallen daran, ein König von Kriminellen zu sein.«

»Raine.« Sie streckte die Hand aus, um seinen Ärmel zu berühren.

Er fing ihre Hand ein und hob ihre Fingerspitzen an seine Lippen. »Warum bist du zu König Heinrich gegangen?«

»Um ihn zu bitten, daß er dir verzeihen soll. Um ihn zu überreden, Fiona und Miles heiraten zu lassen.«

»Das verletzte meinen Stolz, Clarissa«, flüsterte er. »Ich wollte in König Heinrichs Kammer mit meinem versilberten Harnisch marschieren und mit dem König als Gleichberechtigtem sprechen.« Ein Grübchen erschien auf seiner Wange. »Doch statt dessen ging meine Frau zu ihm und bettelte für mich. Das tat sehr weh.«

»Ich hatte nicht vor, zu . . . oh, Raine, ich hätte jeden angebettelt, um dich zu retten.«

Er schien nicht zu bemerken, daß er mit seiner Hand um ein Haar ihre Finger zerquetscht hätte. »Ich war verblendet von meinem Stolz. Ich möchte . . . dich um Verzeihung bitten.«

Clarissa hätte ihn am liebsten angeschrien, daß sie ihm alles verzeihen würde; doch nun war nicht der richtige Zeitpunkt für

Geplänkel und Oberflächlichkeiten. »Ich bin sicher, daß ich auch in der Zukunft Dinge tun werde, die deinen Stolz verletzen.«

»Davon bin ich überzeugt.«

Ihr Kinn hob sich um eine Idee. »Und was wirst du tun, wenn ich deinen Stolz beleidige?«

»Gegen dich wüten. Sehr, sehr zornig werden. Dir drohen, dich umzubringen.«

»Oh«, sagte Clarissa mit leiser Stimme und blinzelte, weil ihr die Tränen kamen. »Dann wäre es wohl besser . . .«

»Clarissa, ich möchte *dich* haben, nicht jemanden, der mir nach dem Mund redet.« Er schluckte und verzog das Gesicht. »Du hattest recht damit, zum König zu gehen.«

»Und im Fall von Roger Chatworth?«

Einen Moment lang sprühten Raines Augen Feuer. »Was ihn betrifft, hattest du unrecht. Wenn ich ihn getötet hätte, dann würde Miles nicht . . .«

»Wenn er tot wäre, hätte König Heinrich anschließend dich umgebracht!« brüllte Clarissa ihn an.

»Ich hätte seine Leiche beseitigen können, daß niemand sie gefunden . . .«

» Du würdest vermutlich so schwer daran getragen haben, daß du deine Sünden in der Öffentlichkeit gebeichtet hättest«, sagte sie entrüstet. »Nein, ich habe das Richtige getan.«

Raine wollte etwas dagegen sagen, unterließ es aber. »Vielleicht hast du recht.«

»Wie bitte?!« sagte Clarissa wie vom Donner gerührt und bemerkte dann Raines Grübchen. »Du neckst mich nur.« Sie schob den Unterkiefer vor.

Raine zog sie mit einem tiefen Lachen in seine Arme und hielt sie fest, als sie sich ihm zu entziehen versuchte. »Mir scheint, wir werden niemals einer Meinung sein; doch vielleicht können wir uns darauf einigen, *zusammen* zu arbeiten. Hättest du die Liebenswürdigkeit, mit mir zu besprechen, was du vorhast, ehe du etwas unternimmst?«

Sie dachte einen Moment nach. »Und was ist, wenn du mir verbietest, bestimmte Dinge zu tun? Vielleicht bin ich der Meinung, ich sollte es so machen, wie ich es bisher gemacht habe.«

»Clarissa«, sagte er mit einem halben Grollen und begann dann zu lachen. »Clarissa, Clarissa, Clarissa.« Lachend warf er sie in die Luft und fing sie wieder auf. »Ich glaube, wir werden uns immer streiten. Bist du bereit, dich damit abzufinden?«

»Wir würden uns nicht streiten, wenn du ab und zu nachdenken würdest, ehe du handelst. Nur ein einziges Mal solltest du über das Morgen nachdenken. Hättest du ein bißchen überlegt, was du damit anstellst, hättest du vielleicht nicht die Soldaten des Königs gegen ...« Sie beendete den Satz nicht, weil Raine an ihrem Hals knabberte.

»Ich bin ein Mann der Leidenschaft«, murmelte er. »Möchtest du, daß ich mich in diesem Punkt ändere?«

Sie legte den Kopf zurück, damit er besser an einige Stellen herankam. »Deine Leidenschaft hätte ich ja noch aushalten können. Raine!« Sie trat einen Schritt zurück und starrte ihn mit sehr ernsten Augen an. »Wirst du mich noch einmal verlassen? Wirst du mich und unsere Kinder noch einmal allein lassen, wenn ich etwas tue, was dir nicht gefällt?«

Auch seine Augen wurden nun ernst. »Ich gelobe Euch, Clarissa Ascott, ich gelobe Euch bei meiner Ehre als Ritter, daß ich Euch nie mehr im Zorn verlassen werde.«

Einen Moment lang betrachtete sie ihn, forschte in seinem Gesicht und lächelte schließlich, während sie ihre Arme um seinen Hals schlang. »Ich liebe dich so sehr.«

»Natürlich könnte ich dich in ein Zimmer einsperren und Wachen vor die Tür stellen, wenn es unbedingt sein muß. Aber ich werde dich nie mehr zu meinem Bruder schicken und es ihm überlassen, meine Probleme zu lösen.«

»Probleme!« brüllte sie neben seinem Ohr. »Ich bin eine Wonne für deine Familie. Du bist derjenige, der ihre Herzen gebrochen hat. Du bist ein großer halsstarriger ...«

Raine rieb sich sein klingelndes Ohr. »Oh, die zarte Stimme einer Frau, so sanft wie ein Frühlingsmorgen, so lieblich wie eine ...«

Er hielt inne, weil Clarissa ihren Mund auf den seinen legte, und er vergaß, was er sagen wollte ...

[illegible] hat bei dem [illegible]

[illegible]

[illegible]

[illegible] und unsere Kinder [illegible]

[illegible]

[illegible]

[illegible]

Natürlich kommen [illegible]

[illegible]

[illegible]

[illegible]

[illegible]

Die Ascotts

Fiona

1. Kapitel

DER SÜDEN VON ENGLAND

August 1502

Fiona Chatworth stand am Rand der steilen Klippe und sah hinunter auf das wogende Meer hoher Gerstengräser. In der Tiefe bewegten sich winzige Männer mit Sicheln auf der Schulter. Ein paar von ihnen ritten auf Pferden, und einer kutschierte ein Ochsengespann.

Doch Fiona sah diese Männer nicht wirklich, weil sie ihr Kinn zu hoch hielt. Eine Bö heißen Sommerwindes versuchte sie vom Rand der Klippe wegzudrücken; doch sie stemmte sich mit den Beinen dagegen und weigerte sich, von der Stelle zu rücken. Wenn das, was ihr heute schon widerfahren war und was ihr nun bevorstand, sie nicht zu erschüttern vermochte, würde so ein Windstoß sie schon gar nicht aus der Fassung bringen.

Ihre grünen Augen waren trocken, doch ihr Hals war wie zugedrückt. Ein Kloß aus Ärger und unvergossenen Tränen steckte darin. Ein Muskel zuckte in ihrer Wange, als sie tief Atem holte und ihr klopfendes Herz zu beruhigen versuchte.

Wieder kam ein Windstoß und hob die strähnige Masse aus honigblonden Haaren von ihrem Rücken, und dabei löste sich, ohne daß sie es merkte, eine letzte Perle und rollte über die zerrissene, schmutzige rote Seide ihres Kleides. Die Kette, die sie zur Hochzeit ihrer Freundin getragen hatte, war zerrissen, ihr Haar zerzaust und aufgelöst, ihr Gesicht voll Schmutzflecken – und ihre Hände brutal auf ihrem Rücken zusammengebunden.

Fiona hob die Augen zum Himmel, und sie blinzelte nicht, als das grelle Tageslicht vor ihren Augen flimmerte. Ihr Leben lang hatte man ihr engelgleiches Aussehen gerühmt. Und doch hatte sie noch nie so zart, so heiter, so ätherisch ausgesehen wie jetzt, als ihr schweres, schimmerndes Haar um ihre Schultern spielte wie ein seidener Umhang und ihr das zerrissene Gewand das Aussehen einer Märtyrerin gab.

Doch in Gedanken war Fiona weit entfernt von engelhaften Vorstellungen – oder von Vergebung.

»Ich werde bis zum Tode kämpfen«, murmelte sie himmelwärts, während ihre Augen sich verdunkelten und die Farbe eines Smaragds im Mondlicht annahmen. »Kein Mann wird mich unterkriegen. Kein Mann wird mich seinem Willen unterwerfen.«

»Bittest du Gott um Hilfe?« kam die Stimme des Mannes zu ihr, der sie gefesselt hatte.

Langsam, als stünde ihr die Ewigkeit zur Verfügung, drehte sich Fiona zu dem Mann um, und die Kälte in ihren Augen ließ ihn einen Schritt zurückweichen. Er war ein Prahlhans wie der scheußliche Mann, dem er diente – Pagnell von Waldenham –; doch dieser Lakai wurde zumFeigling, wenn ihm sein Meister nicht den Rücken stärkte. John hustete nervös, kam dann wieder kühn näher und packte Fiona am Oberarm. »Vielleicht hältst du dich für eine große Lady; doch im Augenblick bin ich dein Meister.«

Sie sah ihm fest in die Augen, verriet nichts von dem Schmerz, den er ihr zufügte; schließlich hatte sie in ihrem Leben mehr als genug physische und seelische Qualen ausstehen müssen. »Du wirst nie ein Meister sein«, sagte sie gelassen.

Einen Moment lockerte John seinen Griff, doch im nächsten Augenblick zog er sie heftig nach vorn und gab ihr einen Stoß.

Fiona hätte fast das Gleichgewicht verloren, doch es gelang ihr mit fast übermenschlicher Konzentration, sich aufrechtzuhalten und geradeaus zu gehen.

»Jeder Mann ist der Meister einer Frau«, sagte John hinter ihr. »Frauen wie du wollen das nur nicht begreifen. Es braucht nur einen tüchtigen Mann, der dich besteigt und zu reiten versteht, und du wirst deinen Meister kennenlernen. Nach allem, was ich über diesen Miles Ascott gehört habe, ist er der Mann, der dir gibt, was du brauchst.«

Als Fiona den Namen Ascott hörte, stolperte sie und fiel auf die Knie.

Johns Lachen war unverhältnismäßig laut, als hätte er soeben eine großartige Tat vollbracht. Er blieb stehen und sah unverschämt zu, wie Fiona sich ungeschickt wieder aufrappelte, da ihr die Hände gefesselt waren und sich ihre Füße im Rocksaum verfangen hatten.

»Der Name Ascott bringt dein Blut in Wallung, nicht wahr?« höhnte er, als er sie auf die Beine riß. Einen Moment berührte er mit der Hand ihre Wange, strich mit schmutzigen Fingerkuppen über die weiche elfenbeinfarbene Haut, über ihre samtenen Lippen. »Wie kann eine so herrliche Frau wie du so widerborstig sein? Wir beide könnten uns herrlich die Zeit vertreiben, und Lord Pagnell würde nie etwas davon erfahren. Was bedeutet es schon, wer der erste ist? Der junge Ascott wird dir sowieso die Jungfrauenschaft nehmen. Was macht also ein Tag für einen Unterschied?«

Fiona sammelte den Speichel in ihrem Mund und spuckte ihn dann in sein Gesicht. Als er die Hand hob, um sie ins Gesicht zu schlagen, stach der Schmerz wie mit tausend Nadeln in ihren wunden Körper, während sie dem Schlag geschickt auswich und zu laufen begann. Doch mit gebundenen Händen kam sie nicht schnell voran, und John holte sie spielend leicht ein. Er packte, was noch von ihrem

Rock übriggeblieben war, so daß sie wieder stürzte und mit dem Gesicht auf den Boden schlug.

»Du hinterhältige kleine Schlampe!« rief er keuchend, drehte sie um und setzte sich mit gespreizten Beinen auf ihren Leib. »Dafür wirst du mir büßen. Ich habe versucht, dich fair zu behandeln, doch jetzt hast du eine Tracht Prügel verdient.«

Fionas Hände und Arme waren unter ihrem Körper festgeklemmt, und obwohl sie sich mit all ihrer Kraft zu beherrschen versuchte, trieb ihr der Schmerz die Tränen in die Augen. »Du wirst es nicht wagen, mich zu schlagen, nicht wahr?« sagte sie mit zuversichtlicher Stimme. »Pagnell würde es nämlich erfahren, und dann bekämst du deine Prügel. Männer wie du riskieren nie, ihr kostbares Selbst einer Gefahr auszusetzen.«

John legte die Hände auf ihre Brüste und preßte seine Lippen auf ihren Mund; doch Fiona zeigte nicht die geringste Reaktion. Enttäuscht löste er sich endlich von ihr und ging wütend zurück zu den Pferden.

Fiona setzte sich auf und versuchte, ihre Ruhe wiederzugewinnen. Sie verstand es meisterhaft, ihre Gefühle zu verschleiern, und nun wollte sie ihre ganze Kraft für die Heimsuchung aufsparen, die ihr bevorstand.

Ascott! Der Name dröhnte in ihrem Kopf. Über allen Schrecken, allen Angstvorstellungen ihres Lebens schien der Name Ascott als Ursache zu stehen. Ein Ascott war schuld, daß ihre Schwägerin ihre Schönheit und fast ihren ganzen Verstand verloren hatte. Ein Ascott hatte über ihren älteren Bruder Schande gebracht und das Verschwinden ihres Bruders Brian ausgelöst. Und indirekt war auch ein Ascott schuld daran gewesen, daß sie nun eine Gefangene war.

Fiona war Gast bei der Hochzeit einer Freundin gewesen und hatte zufällig mitgehört, wie ein berüchtigter Verführer, den sie ihr ganzes Leben gekannt hatte, Pagnell, von seinem Vorhaben sprach, eine hübsche kleine Sängerin einem seiner korrupten Verwandten auszuliefern, damit sie als Hexe verurteilt werden sollte. Als Fiona dieses Mädchen zu retten versuchte, hatte Pagnell sie beide überwältigt und beschlossen, Fiona ihrem Feind auszuliefern, einem Ascott. Pagnell hielt das für einen großartigen Spaß, und vielleicht wäre die Sache nicht so schlimm gewesen, wenn die Sängerin nicht mit einer großmütigen, aber absolut törichten Geste kundgetan hätte, daß sie irgendwie mit einem Ascott verbunden war.

Pagnell hatte Fiona gefesselt und geknebelt, sie in eine schmutzige Zeltplane eingewickelt und seinem Lakaien, John, befohlen, sie diesem heißblütigen Miles Ascott auszuliefern, der berüchtigt war für seine ausschweifende, satyrhafte Lebensweise. Fiona wußte, daß der jüngste, ein Jüngling von erst zwanzig Jahren, gerade zwei Jahre älter als sie selbst, der schlimmste der vier Ascott-Brüder war. Sogar in dem Frauenstift, in dem sie die letzten Jahre lebte, hatte sie Geschichten von Miles Ascotts Liebesabenteuern gehört.

Man hatte ihr erzählt, daß er mit sechzehn Jahren seine Seele an den Teufel verkauft habe und seither eine unheimliche Gewalt über Frauen besäße. Fiona hatte über diese Geschichte gelacht, jedoch niemandem den Grund ihrer Heiterkeit verraten. Sie glaubte, daß dieser Miles Ascott sich eher wie ihr toter Bruder Edmund verhalten und den Mädchen einfach befohlen hatte, ihm zu Willen zu sein. Es war eine Schande, daß dieser Ascott-Samen offenbar sehr fruchtbar war, denn es ging das Gerücht, er habe hundert uneheliche Kinder gezeugt.

Vor drei Jahren hatte ein junges Mädchen, Bridget, das Stift verlassen, wo Fiona sich häufig aufhielt, um in der alten Burg der Ascotts als Magd zu arbeiten. Sie war ein hübsches Mädchen mit großen dunklen Augen und schwingenden Hüften. Zu Fionas Verdruß benahmen sich die anderen Bewohner des Stiftes abwechselnd so, als wäre das Mädchen eine angehende Braut oder ein Menschenopfer.

Am Tag vor ihrer Abreise verweilte Bridget zwei Stunden in der Zelle der Priorin, und bei der Abendandacht hatte das Mädchen rotgeweinte Augen.

Elf Monate später brachte ihnen ein Wandermusikant die Nachricht, daß Bridget von einem großen, gesunden Jungen entbunden worden sei, den sie James Ascott getauft habe. Es war kein Geheimnis, daß Miles der Vater des Kindes war.

Fiona hatte mit den anderen viele Stunden lang um Vergebung der Sünden dieses Mädchens gebetet. Doch im stillen verfluchte sie alle Männer wie ihren Bruder Edmund und diesen Miles Ascott – böse Männer, die glaubten, Frauen hätten keine Seele. Die sich nichts dabei dachten, wenn sie Frauen schlugen und ihnen Gewalt antaten oder sie zu allerlei abscheulichen Handlungen zwangen.

John unterbrach ihren Gedankengang, als er sie bei den Haaren packte und auf die Beine riß.

»Du hast jetzt genug gebetet«, sagte er ihr ins Gesicht. »Miles Ascott hat hier in der Nähe ein Lager errichtet, und es wird Zeit, daß er die nächste . . .«, er lächelte – »Mutter seines nächsten Bastards kennenlernt.«

Er lachte wieder laut, als Fiona gegen ihn torkelte, und als sie begriff, wie sehr er sich an ihren ungeschickten Bewegungen weidete, blieb sie stocksteif stehen und streifte ihn mit einem eiskalten Blick.

»Hexe!« höhnte er. »Wollen doch sehen, ob dieser Teufel Ascott den Engel verzaubern kann, der du nach außen hin zu sein scheinst

– oder wird er entdecken, daß deine Seele so schwarz ist wie seine eigene?«

Lächelnd, mit einer Hand in ihren Haaren, zog er einen scharfen kleinen Dolch aus der Scheide und setzte ihn gegen ihre Kehle. Als sie nicht mit der Wimper zuckte bei dem Gefühl des kalten Stahls auf ihrer Haut, wurde aus seinem Lächeln ein Grinsen.

»Zuweilen machen diese Ascotts den Fehler, mit Frauen zu sprechen, statt sie für das zu verwenden, wofür Gott sie geschaffen hat. Ich werde dafür sorgen, daß dieser Ascott nicht auf solche abwegigen Gedanken kommt.«

Langsam fuhr er mit der Dolchspitze an ihrer Kehle entlang bis zum Saum ihres hochgeschlossenen Kleides – oder was davon übriggeblieben war.

Mit angehaltenem Atem, den Zorn mit eisernem Willen beherrschend, stand sie stocksteif da, während ihre Augen die seinen nicht losließen. Sie würde ihm keinen Vorwand geben, daß er mit dem Dolch zustoßen konnte.

John ritzte nicht ihre Haut. Die Klinge zertrennte nur vorne das Kleid und das enge Korsett darunter. Als er die schöne Wölbung ihrer Brüste freigelegt hatte, sah er wieder in ihr Gesicht. »Du versteckst eine Menge unter deinem Gewand, Fiona«, flüsterte er.

Sie wurde stocksteif und sah von seinem Gesicht weg. Es stimmte, daß sie sich konservativ kleidete, ihre Brüste flachpreßte, ihre Hüften verstärkte. Ihr Gesicht zog mehr Männer an, als ihr lieb war; doch sie konnte nichts an ihrem Gesicht ändern, nur die Haare unter einem Tuch verbergen.

John war nicht länger an ihrem Gesicht interessiert, als er sich darauf konzentrierte, den Rest ihres Kleides herunterzuschneiden. Er hatte noch nicht viele Frauen nackt gesehen und nie eine von dem Stande, dem Fiona Chatworth angehörte – schon gar nicht so eine schöne Frau.

Fionas Rückgrat war so steif, als wäre es aus Stahl gemacht. Als ihre Kleider von ihrem Körper fielen und sie die warme Augustsonne auf der bloßen Haut spürte, wußte sie, daß das qualvoller war als alles, was man ihr bisher angetan hatte.

Ein häßlicher gurgelnder Laut von John, der tief aus seinem Inneren kam, brachte ihre Lider zum Flattern.

»Verfluchter Pagnell!« fluchte der Mann und griff nach ihr.

Fiona wich vor ihm zurück und versuchte, ihre Würde zu bewahren, während sie John mit finsterem Blick musterte und sah, daß ihm förmlich der Schaum vor dem Mund stand. »Wenn du mich anfaßt, bist du ein toter Mann«, sagte sie laut. »Wenn du mich tötest, wird dir Pagnell den Kopf abschlagen lassen – und wenn du es nicht tust, werde ich dafür sorgen, daß er erfährt, was du mir angetan hast. Und hast du den Zorn meines Bruders vergessen? Schätzt du dein Leben nicht höher als das Paaren mit einer Frau?«

Es dauerte einen Moment, ehe John wieder nüchtern wurde und die Augen zu ihrem Gesicht hob. »Ich hoffe, dieser Ascott bereitet dir endloses Elend«, sagte er gefühlvoll und ging zu dem Teppich, der auf der Kruppe seines Pferdes festgebunden war. Ohne zu ihr aufzusehen, rollte er ihn auf dem Boden auf.

»Leg dich hin«, befahl er, den Blick auf den Teppich gerichtet, »und laß dir gesagt sein, Frau, daß ich Pagnell, Ascott und den Zorn deines Bruders vergessen werde, wenn du dich weigerst.«

Gehorsam legte Fiona sich auf den Teppich und spürte die geschorene Wolle kitzelnd auf ihrer Haut, und als John sich über sie kniete, hielt sie den Atem an.

Grob drehte er sie auf den Bauch, schnitt ihre Fesseln durch, und ehe Fiona blinzeln konnte, hatte er schon die Ränder des Teppichs über sie geworfen und begann, sie darin einzuwickeln. Ihr blieb keine Zeit mehr zum Nachdenken. Sie war ganz von dem primitiven Instinkt beherrscht, sich die zum Leben nötige Luft zu schaffen.

Eine Ewigkeit schien sie da zu liegen, den Kopf in den Nacken gelegt, damit sie eher an die Luft herankam, die am oberen Ende des zusammengerollten Teppichs hereinsickerte. Als sie endlich bewegt und hochgehoben wurde, mußte sie wieder um Luft kämpfen, und als er sie über den Rücken des Pferdes warf, dachte sie, ihre Lungen würden zerspringen.

Johns Worte kamen gedämpft durch die gewebten Schichten des Teppichs. »Der nächste Mann, den du sehen wirst, wird Miles Ascott sein. Denke daran, während wir zu ihm reiten. Er wird nicht so sanft mit dir umgehen wie ich.«

In gewisser Hinsicht taten diese Worte Fiona gut, weil die Vorstellung von Miles Ascott, von seinen bösen Gewohnheiten, ihr Blut anregte und ihren Körper besser mit Luft versorgte. Und als sie die Stöße des Pferdes im Rücken fühlte, verfluchte sie die Ascotts, ihr Haus, ihre Gefolgsleute – und sie betete für die unschuldigen Ascott-Kinder, die den Samen dieses unmoralischen Geschlechts weitertrugen.

Das Zelt von Miles Ascott war eine großartige Angelegenheit: dunkelgrüner Seidentaft mit Goldbesatz, der Zelthimmel mit den Wappentieren der Ascotts bemalt, die Standarte mit den goldenen Leoparden auf der Zeltspitze. Im Inneren waren die Wände mit hellgrüner Seide bezogen, ein paar zusammenklappbare Stühle standen dort, darauf Kissen aus blauem Samt und goldenem Brokat, ein großer Tisch, in den die Ascott-Leoparden geschnitzt waren, und an den entlegenen Wänden zwei Kojen, die eine davon übermäßig lang, beide mit den Pelzen langhaariger roter Füchse drapiert.

Vier Männer standen um den Tisch herum, zwei davon in der reichen Uniform der Ascott-Ritter. Die Aufmerksamkeit der anderen beiden Männer galt einem ihrer Lehnsleute.

»Er sagt, er habe ein Geschenk für Euch, Mylord«, sagte der Ritter zu dem stummen Mann vor ihm. »Es könnte eine List sein. Was hätte Lord Pagnell zu bieten, das Ihr gerne als Geschenk entgegennehmen würdet?«

Miles Ascott wölbte eine dunkle Augenbraue, und das genügte, daß der Mann vor ihm katzbuckelte. Zuweilen dachten die Männer, die neu in seinen Dienst getreten waren, daß sie sich Freiheiten herausnehmen konnten, weil ihr Meister noch so jung war.

»Könnte ein Mensch in diesen Teppich eingerollt sein?« erkundigte sich der Mann neben Miles.

Der eingeschüchterte Lehnsritter verrenkte den Hals, um zu Sir Guy aufschauen zu können.

»Ein sehr zierlicher Mensch vielleicht.«

Sir Guy sah auf Miles herunter, und die beiden schienen ihre Gedanken auszutauschen. »Schick ihn und sein Geschenk herein«, sagte Sir Guy dann. »Wir werden ihn mit gezogenen Schwertern empfangen.«

Der Lehnsritter ging und kam binnen Sekunden wieder zurück, mit gezogenem Schwert einen Mann vor sich hertreibend, der einen Teppich trug. Mit einem unverschämten Grinsen warf John sein Bündel auf den mit Teppichen ausgeschlagenen Boden, hob den Fuß und gab dem Teppich einen Tritt, daß er sich vor Miles Ascotts Füßen entrollte.

Als der Teppich endlich stillag, starrten vier Männer mit offenem Mund auf das, was vor ihnen lag: eine nackte Frau mit geschlossenen Augen, lange dichte Wimpern, sanft gerötete Wangen, üppige Kaskaden aus honigblondem Haar, das sich über ihre Hüften und Oberschenkel ringelte. Sie hatte große, feste Brüste, herrlich gerundete Hüften unter einer winzigen Taille und lange Beine. Und ihr Gesicht war etwas, das die Menschen eigentlich nur im Himmel zu sehen erwarteten – ebenmäßig, wie gemeißelt und von einem ätherischen Ausdruck, der nicht von dieser Welt zu sein schien.

Mit einem triumphierenden Lächeln glitt John wieder unbemerkt aus dem Zelt.

Fiona, halb ohnmächtig von dem Mangel an Luft, öffnete langsam die Augen und sah vier Männer mit gezogenen Schwertern über sich stehen, die mit der Spitze auf den Boden zeigten. Zwei von den Männern waren offensichtlich Lehnsleute, und diese verdrängte sie sofort aus ihrem Bewußtsein. Der dritte Mann war ein Riese, etliche

Zoll über sechs Fuß groß, mit stahlgrauen Haaren und einer Narbe, die diagonal über sein ganzes Gesicht lief. Obwohl dieser Mann wahrhaft furchtgebietend aussah, spürte sie irgendwie, daß er nicht der Anführer dieser Männer war.

Neben dem Riesen stand ein Mann, prächtig bekleidet mit dunkelblauem Satin. Fiona war an den Anblick von starken, hübschen Männern gewöhnt, doch dieser mit seiner gebändigten Kraft, die er so mühelos zu beherrschen wußte, zog nun doch ihren Blick auf sich. Die anderen Männer schienen sich an ihrer Nacktheit zu ergötzen, doch dieser Mann drehte sich um, und sie sah zum erstenmal in das Gesicht von Miles Ascott, während ihre Blicke sich berührten.

Er war ein gutaussehender Mann, ein sehr, sehr gutaussehender junger Mann mit dunkelgrauen Augen unter buschigen, gewölbten Brauen, einer dünnen Nase mit leicht geblähten Löchern und einem vollen, sinnlichen Mund.

Gefahr! war Fionas erster Gedanke. Dieser Mann wurde Frauen genauso gefährlich wie Männern.

Sie brach den Augenkontakt mit ihm ab, und binnen Sekunden stand sie auf den Beinen, packte einen Fuchspelz, der auf der Bettstatt zu ihrer Linken lag, und mit der rechten Hand eine Streitaxt, die sie auf dem Tisch liegen sah. »Ich werde den ersten Mann töten, der mir zu nahekommt«, sagte sie, während sie die Axt mit der rechten Hand hochhob und mit der Linken den Pelz über ihre Schulter warf, so daß er quer über ihre Brüste hing und das eine Bein entblößt blieb.

Der Riese machte einen Schritt auf sie zu, und sie hob die Axt über den Kopf.

»Ich weiß, wie man damit umgehen muß«, warnte sie ihn und sah furchtlos zu dem Riesen hinauf.

Die beiden Ritter kamen nun auch einen Schritt näher, und Fiona wich zurück, während ihre Augen von einem zum anderen gingen. Sie berührte mit den Kniekehlen den Rand einer Bettstatt und konnte nun nicht mehr ausweichen. Einer der beiden Ritter lächelte sie an, und sie quittierte das mit einem Fauchen.

»Verlaßt uns!«

Die Worte wurden mit ruhiger, leiser Stimme geäußert, doch sie drückten Autorität aus, und sie sahen alle zu Ascott hin.

Der Hüne streifte Fiona mit einem letzten Blick, nickte dann den beiden Rittern zu, und die drei verließen das Zelt.

Fiona packte den Griff der Axt fester. Ihre Knöchel traten weiß hervor, während sie Miles Ascott anfunkelte.

»Ich werde Euch töten«, sagte sie durch zusammengepreßte Zähne. »Täuscht Euch nicht in mir, nur weil ich eine Frau bin. Ich würde einen Mann mit Vergnügen in Stücke hacken. Ich sehe nur zu gerne zu, wie die Erde das Blut eines Ascott trinkt.«

Miles rührte sich nicht von der Stelle und sah sie nur unverwandt an. Dann hob er sein Schwert, und Fiona hielt den Atem an. Sie bereitete sich auf den Kampf vor, der nun kommen mußte. Ganz langsam legte er sein Schwert auf den Tisch und wandte sich ab, so daß sie sein Profil sah. Mit der gleichen Bedachtsamkeit entfernte er den juwelenbesetzten Dolch, den er an der Seite trug, und legte ihn neben das Schwert auf den Tisch.

Nun drehte er sich wieder mit ausdruckslosem Gesicht zu ihr, und seine Augen gaben nicht preis, was ihn bewegte, als er einen Schritt auf sie zu machte.

Fiona hob die schwere Axt und hielt sie schlagbereit über den Kopf. Sie würde bis aufs Blut kämpfen, denn sie zog den Tod der Schande vor, die dieser böse Mann ihr zufügen wollte.

Miles setzte sich auf einen Schemel, ein paar Fuß von ihr entfernt. Er sagte kein Wort und beobachtete sie nur.

So! Er hielt eine Frau nicht für einen ebenbürtigen Gegner, sondern entwaffnete sich und setzte sich hin, während sie eine tödliche Waffe über seinen Kopf hielt. Mit einem Satz war sie bei ihm und zielte mit der Axt auf seinen Hals.

Mühelos fing er den Stiel mit der rechten Hand ab und hielt ihn fest, als wäre es ein Strohhalm. Dann blickte er ihr in die Augen. Eine Sekunde lang war sie gelähmt, hypnotisiert von seinem Blick. Er schien in ihrem Gesicht nach etwas zu forschen, als hielte er stumme Zwiesprache mit ihr.

Sie entriß die Axt wieder seinem Griff und wäre fast gestürzt, als er sie endlich losließ. Sie suchte am Tischrand Halt und sagte atemlos: »Verdammnis über Euch! Möge der Herr und alle seine Engel den Tag verfluchen, wo ein Ascott zur Welt kam. Mögt Ihr und alle Eure Nachkommen für immer im Feuer der Hölle schmoren.«

Ihre Stimme hatte sich fast zu einem Schrei erhoben, und draußen konnte sie die Männer sich bewegen hören.

Doch Miles saß immer noch regungslos da, beobachtete sie schweigend, und Fiona konnte spüren, wie ihr Blut zu kochen begann. Als sie bemerkte, wie ihre Hände zu zittern begannen, wußte sie, daß sie sich beruhigen mußte. Wo war die kühle Gelassenheit, die sie jahrelang kultiviert hatte?

Wenn dieser Mann ruhigbleiben konnte, vermochte sie das auch. Sie horchte, und wenn sie das Geräusch richtig deutete, bewegten sich die Männer draußen vom Zelt fort. Vielleicht konnte sie an diesem Mann vorbei ins Freie flüchten und zu ihrem Bruder heimkehren.

Den Blick auf Miles gerichtet, begann sie rückwärts zu gehen und einen Bogen in Richtung Zelteingang zu machen. Langsam drehte er sich auf dem Schemel und sah ihr dabei zu. Draußen hörte sie ein Pferd wiehern, und sie betete, daß es ihr gelingen mochte, das Pferd zu erreichen.

Obwohl ihre Augen Miles keinen Moment losließen, sah sie doch nicht, wie er sich bewegte. Eben noch saß er entspannt auf dem Schemel, und im nächsten Moment, als ihre Hand die Zeltklappe berührte, war er neben ihr, die Finger um ihr Handgelenk gelegt. Sie hieb mit der Axt zu und brachte sie senkrecht auf seine Schulter; doch er packte auch ihr anderes Handgelenk und hielt es fest.

Sie stand regungslos da und funkelte ihn an. Er war ihr so nahe, daß sie seinen Atem auf ihrer Stirn spüren konnte. Als er auf sie heruntersah, schien er auf etwas zu warten, und dann zeigten seine Augen ein verwirrtes Staunen.

Mit Augen, die so hart waren wie Diamanten, denen sie ähnelten, starrte sie zu ihm hinauf. »Und was kommt nun?« fragte sie mit haßerfüllter Stimme. »Schlagt Ihr mich erst, ehe Ihr mich mit Gewalt nehmt? Oder macht es Euch Spaß, beides gleichzeitig zu tun? Ich bin noch Jungfrau, und ich habe gehört, es täte beim erstenmal am meisten weh. Zweifellos ist der Schmerz, den Ihr mir zufügen wollt, für Euch ein Extravergnügen.«

Eine Sekunde lang weiteten sich seine Augen vor Erstaunen, und das war der erste unverhüllte Ausdruck, den Fiona auf seinem Gesicht sah. Seine grauen Augen bohrten sich in die ihren, daß sie wegsehen mußte.

»Ich kann ertragen, was Ihr mir zugedacht habt«, sagte sie ruhig, »aber wenn Ihr erwartet, daß ich Euch um Schonung anflehe, hofft Ihr vergeblich.«

Seine Hand ließ ihre Linke los, mit der sie die Zeltklappe anhob, und legte seine Rechte an ihre Wange und drehte sacht ihr Gesicht, daß sie ihn wieder ansehen mußte.

Sie wurde steif bei seiner Berührung und haßte seine Hand auf ihrer Haut.

»Wer seid Ihr?« fragte er halb im Flüsterton.

Sie drückte ihren Rücken noch mehr durch, und der Haß sprühte aus ihren Augen. »Ich bin Euer Feind. Ich bin Fiona Chatworth.«

Etwas huschte wie ein Schatten über sein Gesicht und war dann verflogen. Nach einer langen Pause nahm er die Hand von ihrer Wange und ließ, während er einen Schritt rückwärts ging, auch ihre andere Hand los. »Ihr könnt die Axt behalten, wenn Ihr Euch damit sicherer fühlt, aber ich kann Euch nicht ziehen lassen.«

Als wäre ihr Gespräch damit beendet, drehte er ihr den Rücken zu und ging in die Mitte des Zeltes. Sofort lief Fiona ins Freie, und ebenso rasch war Miles wieder neben ihr, die Finger um ihr Handgelenk gespannt.

»Ich kann Euch nicht ziehen lassen«, wiederholte er, diesmal etwas entschiedener. Sein Blick wanderte an ihren nackten Beinen auf und ab. »Ihr seid nicht dafür angezogen, wegzulaufen. Kommt herein, und ich werde einen Mann losschicken, damit er Euch Kleider kauft.«

Sie riß sich von ihm los. Die Sonne ging gerade unter, und im Zwielicht sah er noch dunkler aus. »Ich will keine Kleider von Euch haben. Ich nehme nichts von einem Ascott an. Mein Bruder wird . . .«

Sie stockte unter seinem Blick.

»Erwähnt nicht den Namen Eures Bruders vor mir. Er tötete meine Schwester.«

Miles fing ihr Handgelenk wieder ein und preßte es leicht zusammen. »Nun muß ich darauf bestehen, daß Ihr mir in das Zelt folgt. Meine Männer werden bald wieder zurückkommen, und ich halte es nicht für schicklich, daß sie Euch in diesem Zustand stehen.«

Sie sträubte sich: »Was spielt das für eine Rolle? Ist es nicht Gewohnheit von Männern wie Euch, weibliche Gefangene ihren Rittern vorzuwerfen, wenn sie mit ihnen fertig sind?«

Sie war sich nicht sicher, doch sie glaubte, ein flüchtiges Lächeln auf Miles' Lippen gesehen zu haben. »Fiona«, begann er und hielt dann inne. »Kommt ins Zelt, und wir werden dort weiterreden.« Er drehte sich den von bläulichen Schatten überzogenen Bäumen in ihrer Nähe zu. »Guy!« brüllte er, daß Fiona zusammenzuckte.

Sogleich trat der Hüne auf die Lichtung heraus. Nach einem beiläufigen Blick auf Fiona sah er Miles an.

»Schicke jemand ins Dorf, damit er anständige Frauenkleider besorgt. Gebt aus, was Ihr dafür benötigt.« Die Stimme, die er bei diesem Mann gebrauchte, unterschied sich sehr stark von dem Ton, in dem er mit ihr redete.

»Schickt mich mit ihm ins Dorf«, sagte Fiona rasch. »Ich werde mit meinem Bruder reden, und er wird dankbar sein, daß Ihr mich unbeschädigt freigegeben habt. Er wird sogleich die Fehde zwischen den Chatworth' und Ascotts beenden.«

Miles wandte sich ihr zu, und seine Augen wurden hart. »Bettelt mich nicht an, Fiona.«

Ohne nachzudenken hob sie mit einem Wutschrei ihre Axt und zielte auf seinen Kopf. Mit einer offenbar langgeübten Bewegung riß er ihr die Axt aus der Hand, schleuderte sie zur Seite und riß sie in seine Arme.

Sie war nicht bereit, ihm die Genugtuung eines Widerstands zu geben, wurde statt dessen stocksteif und haßte die Berührung seiner

Kleider auf ihrer Haut. Der Fuchspelz hing locker von ihrer Schulter und entblößte das Bein, das sich an seinen Körper drückte.

Er trug sie in das Zelt und legte sie sacht auf eine der beiden Kojen.

»Warum gebt Ihr Euch Mühe, mir Kleider zu beschaffen?« zischelte sie. »Vielleicht solltet Ihr Euch auf dem Feld mit mir paaren wie ein Tier, das Ihr doch seid.«

Er ging, ihr den Rücken zukehrend, von ihr weg und schenkte aus einem silbernen Pokal zwei Becher voll Wein.

»Fiona«, sagte er, »wenn Ihr mich dauernd auffordert, Euch zu lieben, werde ich schließlich Euren Reizen erliegen.« Er drehte sich um, ging auf sie zu und setzte sich ein paar Fuß entfernt auf einen Schemel. »Ihr habt einen anstrengenden Tag hinter Euch und müßt müde und hungrig sein.« Er streckte ihr den gefüllten Becher ihn.

Fiona schlug ihn zur Seite, so daß der Wein überschwappte und die kostbaren Teppiche befleckte, die auf dem Zeltboden lagen.

Miles sah achtlos auf den Fleck und trank seinen Wein. »Und was soll ich jetzt mit Euch anfangen, Fiona?«

2. Kapitel

Fiona saß auf der Koje, ihre Blöße so sorgfältig verdeckt, daß nur noch Schulter und Kopf frei waren. Sie weigerte sich, Miles Ascott anzusehen. Sie würde sich nicht so weit demütigen und ein Gespräch mit ihm anfangen, da er ihre Argumente offenbar für Bettelei hielt.

Nach einigem Schweigen stand Miles auf und trat vor das Zelt. Sie hörte, wie er den Befehl gab, ein Becken voll heißem Wasser ins Zelt zu bringen.

Fiona nützte seine Abwesenheit nicht aus. Sie überlegte, daß sie irgendwann schlafen mußte, und danach wollte sie flüchten. Vielleicht war es doch besser, zu warten, bis sie ein paar ordentliche Kleider auf dem Leib hatte.

Miles ließ den Mann mit dem Wasser nicht ins Zelt treten, sondern brachte das Becken selbst herein und stellte es neben der Koje nieder.

»Das Wasser ist für Euch, Fiona. Ich dachte, Ihr wollt Euch vielleicht gerne waschen.«

Sie behielt die Arme vor der Brust gekreuzt und drehte den Kopf von ihm weg. »Ich will nichts von Euch haben.«

»Fiona«, sagte er mit betroffener Stimme. Er setzte sich neben sie, nahm ihre Hände und wartete geduldig, bis sie ihn mit ihren zornigen Augen anblickte. »Ich werde Euch nichts tun«, sagte er sacht. »Ich habe in meinem Leben noch nie eine Frau geschlagen und gedenke nicht, mit Euch einen Anfang zu machen. Ich kann nicht zulassen, daß Ihr praktisch nackt auf ein Pferd springt und quer über die Felder reitet. Es würde keine Stunde dauern, bis Ihr von Straßenräubern angegriffen werdet.«

»Soll ich Euch für etwas Besseres halten?« Seine Hände zuckten, und ihre Augen wurden weicher. »Werdet Ihr mich meinem Bruder zurückgeben?«

Miles' Augen sahen sie mit einer fast erschreckenden Eindringlichkeit an. »Ich . . . werde mir das überlegen.«

Sie schüttelte seine Hände ab und blickte zur Seite. »Was könnte ich schon von einem Ascott erwarten? Geht aus meiner Nähe!«

Miles erhob sich. »Das Wasser wird kalt.«

Sie sah mit einem kleinen Lächeln zu ihm hoch. »Warum sollte ich mich waschen? Für Euch? Möchtet Ihr Eure Frauen sauber und nach Frische duftend? Wenn ja, werde ich mich niemals waschen! Ich werde so schmutzig werden, daß ich aussehe wie eine nubische Sklavin, und mein Haar wird nur so wimmeln vor Ungeziefer, mit dem ich Eure hübschen Kleider verseuche.«

Miles sah sie wieder einen Moment stumm an, ehe er sprach: »Das Zelt ist von Männern umstellt, und ich werde nach draußen gehen. Wenn Ihr versucht, zu fliehen, wird man Euch zu mir zurückbringen.« Damit ließ er sie allein.

Wie Miles sich gedacht hatte, erwartete Sir Guy ihn bereits vor dem Zelt. Miles nickte einmal, und der Hüne folgte ihm unter die Bäume.

»Ich schickte zwei Männer nach Kleidern«, sagte Sir Guy. Als Miles' Vater starb, war er neun Jahre alt, und auf dem Totenbett bat sein Vater die Familie, den jungen Knaben in die Obhut von Sir Guy zu geben, da er zuweilen in seiner eigenen Familie wie ein Fremder war. Miles besprach alles mit Sir Guy, wenn er sich einem anderen Menschen anvertrauen wollte.

»Wer ist sie?« erkundigte sich Sir Guy, eine Hand auf der Rinde einer gewaltigen alten Eiche.

»Fiona Chatworth.«

Sir Guy nickte einmal. Das Mondlicht zeichnete unheimliche Schatten auf die Narbe, die quer über sein Gesicht lief.

»Dachte ich es mir doch. Das entspricht Lord Pagnells Sinn für Humor, eine Chatworth einem Ascott auszuliefern.« Er hielt inne und sah Miles lange an. »Geben wir sie morgen ihrem Bruder zurück?«

Miles ging ein paar Schritte von dem Hünen fort. »Was weißt du von ihrem Bruder, Edmund Chatworth?«

Sir Guy spuckte heftig aus, ehe er antwortete. »Verglichen mit

Chatworth ist Pagnell ein Heiliger. Chatworth liebte es, Frauen zu quälen. Er pflegte sie zu fesseln und dann zu vergewaltigen. In der Nacht, als er ermordet wurde – und Gott segne den Mann, der die Tat vollbrachte –, schnitt sich eine junge Frau in seiner Kammer die Pulsadern durch.«

Sir Guy sah zu, wie Miles die Fäuste ballte, und bereute seine Worte. Miles liebte Frauen über alles in der Welt. Schon Hunderte Male hatte Guy Miles von einem Mann trennen müssen, der es gewagt hatte, einer Frau weh zu tun. Schon als Junge hatte er erwachsene Männer angegriffen, und wenn sein Zorn entflammt war, hatte Guy alle Mühe, Miles festzuhalten. Erst im letzten Jahr hatte Guy nicht mehr verhindern können, daß Miles einen Mann tötete, der seine Frau ohrfeigte. Der König hätte Miles für diese Tat fast gerichtet.

»Ihr Bruder Roger ist nicht wie Edmund«, sagte Sir Guy.

Miles wirbelte mit schwarzen Augen zu ihm herum.

»Roger Chatworth vergewaltigte meine Schwester und ist schuld an ihrem Selbstmord. Hast du das vergessen?«

Guy wußte, daß man am besten schwieg zu dem Thema, das Miles erzürnte, wenn man ihn besänftigen wollte. »Was gedenkst du mit dem Mädchen zu tun?«

Miles wandte sich ab und fuhr mit der Hand über die Borke eines Baumes. »Weißt du, daß sie den Namen Ascott haßt? Wir sind unschuldig an all den bösen Gefühlen zwischen den Ascotts und Chatworth'; und doch haßt sie uns.« Er wandte sich wieder Sir Guy zu. »Mich scheint sie ganz besonders zu hassen. Wenn ich sie berühre, empfindet sie Ekel. Wischt sich die Haut mit dem Tuch ab, wo ich sie anfaßte, als hätte ich sie beschmutzt.«

Als es Sir Guy endlich gelang, seinen Mund wieder zu schließen, wäre er vor Lachen fast herausgeplatzt. Soweit es überhaupt möglich war, liebten Frauen Miles noch mehr als er sie. Als Kind war er ständig von Mädchen umlagert gewesen, und das war einer der Gründe, warum Miles in die Obhut von Sir Guy gegeben wurde – damit aus ihm auch wirklich ein Mann wurde. Doch Guy hatte von Anfang an erkannt, daß es an der Männlichkeit des jungen Miles nichts zu zweifeln gab. Er mochte nur Frauen. Es war ihm angeboren wie die Liebe zu einem guten Pferd oder zu einem scharfen Schwert. Zuweilen konnte Miles' absurde sanfte Behandlung von Frauen zu einem Ärgernis werden, zum Beispiel nach einer Schlacht, wenn er jedem, der eine Frau notzüchtigen wollte, die Todesstrafe androhte; doch alles in allem war er in Ordnung. Sir Guy hatte sich angewöhnt, mit dieser Schwäche des Jungen zu leben.

Doch Sir Guy hatte nie, noch *nie* von einer Frau gehört, die nicht bereit war, ihr Leben für Miles zu opfern. Junge, alte, Frauen in der

Blüte ihrer Jahre, sogar Mädchen hingen sich an ihn. Und Fiona Chatworth wischte sich die Haut ab, wo er sie berührt hatte!

Sir Guy versuchte, diese Mitteilung in eine Perspektive zu bringen. Vielleicht war es wie die erste Niederlage in einer Schlacht. Er streckte den Arm aus und legte eine Hand auf Miles Schulter. »Wir alle verlieren hin und wieder. Deshalb bist du nicht ein geringerer Mann. Vielleicht haßt dieses Mädchen alle Männer. Mit ihrem Bruder als Vorbild vor Augen ...«

Miles schüttelte die Hand ab. »Sie ist verwundet! Tief verwundet! Nicht nur an ihrem Körper, der mit Blutergüssen und Schrammen bedeckt ist, sondern in ihrer Seele, um die sie eine Wand aus Haß und Zorn errichtet hat.«

Sir Guy hatte das Gefühl, als stünde er am Rand einer tiefen Schlucht. »Dieses Mädchen ist eine hochgeborene Lady«, sagte er leise. »Ihr könnt sie nicht gefangenhalten. Der König hat bereits Euren Bruder geächtet. Ihr dürft ihn nicht noch mehr herausfordern. Ihr müßt Lady Fiona ihrem Bruder zurückgeben.«

»Sie zu einem Ort zurückschicken, wo Frauen gemartert wurden? Dort hat sie gelernt zu hassen. Und wenn ich sie zurückgebe – was wird sie von den Ascotts denken? Wird sie begriffen haben, daß wir nicht so böse wir ihr Bruder sind?«

»Ihr könnt nicht daran denken, sie hierzubehalten!« sagte Sir Guy entsetzt.

Miles schien darüber nachzudenken. »Es wird Tage dauern, bis jemand erfährt, wo sie steckt. Vielleicht kann ich ihr in dieser Zeit beweisen ...«

»Und was halten Eure Brüder davon?« unterbrach Sir Guy ihn. »Sie erwarten Euch zu Hause. Es wird nicht lange dauern, bis Gavin herausfindet, daß Ihr Fiona Chatworth gefangenhaltet.« Er hielt inne und senkte die Stimme. »Das Mädchen wird nur Gutes über die Ascotts sagen können, wenn Ihr sie unbeschädigt zurückgebt.«

Miles' Augen funkelten. »Ich glaube, Fiona wird behaupten, sie habe mich mit der Axt gezwungen, sie zurückzugeben.« Er lächelte schwach. »Mein Entschluß steht fest. Ich werde sie noch ein Weilchen bei mir behalten – lange genug, um ihr zu beweisen, daß ein Ascott nicht so ist wie ihr toter Bruder. und jetzt muß ich zurück ins Zelt, und –« er lächelte breit – »meine kleine schmutzige Gefangene baden. Komm, Guy, schau nicht so finster drein. Es ist nur für ein paar Tage.«

Sir Guy folgte seinem jungen Meister stumm zurück ins Lager, doch er war sehr im Zweifel, daß Fiona Chatworth schon in ein paar Tagen erobert werden konnte.

Sobald Fiona Gewißheit hatte, daß Miles sich vom Zelt entfernte, lief sie zur entlegenen Wand, hob den schweren Stoff und sah Füße von Männern draußen. Sie spionierte nun an allen Wänden des Zeltes, doch da schien es keine Lücke zwischen den Füßen der Wächter zu geben. Es sah so aus, als hielten sie sich bei der Hand, um sich gegen den Angriff einer schwachen Frau zu schützen.

Sie kratzte sich ihren schmutzigen Kopf, als Miles mit zwei Eimern voll dampfend heißem Wasser zurückkam. Sogleich wurde ihr Rückgrat steif, während sie die Arme vor der Brust kreuzte. Als er sich neben sie auf die Koje setzte, sah sie ihn nicht an.

Erst als er ihre Hand nahm und sie mit einem warmen seifigen Lappen abrieb, betrachtete sie ihn. Nach einem kurzen staunenden Blick zuckte sie wieder von ihm weg.

Er faßte sie unter das Kinn und begann, ihr Gesicht zu waschen.

»Ihr werdet Euch viel besser fühlen, wenn Ihr sauber seid«, sagte er sanft.

Sie schlug seine Hand fort. »Ich möchte nicht, daß Ihr mich anfaßt. Entfernt Euch!«

Geduldig faßte er sie wieder unter dem Kinn und fuhr fort, sie zu waschen. »Ihr seid eine wunderschöne Frau, Fiona, und solltet stolz sein auf Euer Aussehen.«

Fiona sah ihn an und dachte, daß sie ihn jetzt hassen würde, wenn sie nicht schon Miles Ascott verabscheut hätte. Er war ein Mann, der offensichtlich gewohnt schien, daß Frauen sich für ihn die Beine ausrissen. Er dachte, er müsse nur einer Frau unter das Kinn fassen, und schon würde sie vor Begierde nach ihm keuchen. Er sah gut aus, zugegeben, und seine Stimme war süß; doch viele Männer waren noch hübscher und hatten jahrelange Erfahrung mit Frauen – eine Reihe von solchen Männern hatte vergeblich versucht, Fiona zu verführen.

Sie sah in seine Augen, ließ sie schmelzen, und als sie sein kleines zufriedenes Lächeln sah, lächelte sie ebenfalls – und schlug dann ihre Zähne in seine Hand.

Miles war so verblüfft, daß es Sekunden dauerte, ehe er reagierte. Er packte ihr Kinn und grub die Finger so tief in ihre Wangenmuskeln, daß sie gezwungen war, ihren Mund zu öffnen. Offensichtlich noch immer verblüfft, bog er die Finger nach innen und betrachtete die tiefen Zahnmale in seiner Haut. Als er wieder in ihr Gesicht sah, spiegelte sich Triumph in ihren Augen.

»Glaubt Ihr, ich wäre dumm?« fragte sie. »Glaubt Ihr, ich wußte nicht, was für ein Spiel Ihr treibt? Ihr hofft, die Tigerin zu besänftigen, und wenn Ihr mich so weit habt, daß ich Euch aus der Hand fresse, gebt Ihr mich meinem Bruder zurück, zweifellos mit einem neuen Bastard von Euch unter meinem Herzen. Es wäre ein großer Triumph für Euch, sowohl als Ascott wie als Mann.«

Sein Blick hielt den ihren einen Moment fest. »Ihr seid eine kluge Frau, Fiona. Vielleicht möchte ich Euch beweisen, daß Männer nicht nur wilde Bestien sind.«

»Und wie wollt Ihr das anstellen? Indem Ihr mich gefangenhaltet? Indem Ihr mich zwingt, Eure Berührungen über mich ergehen zu lassen? Ihr seht doch, daß ich nicht vor Begierde zittere, sobald Ihr mir nahekommt. Ist es so, daß Ihr nicht gerne Eure Niederlage eingestehen wollt? Pagnell liebt Gewalttätigkeit und Vergewaltigungen von Frauen. Was reizt Euch? Die Jagd? Und sobald Ihr die Frau erobert habt, werft Ihr sie fort wie ein benütztes Kleidungsstück?«

Sie konnte sehen, daß sie ihm Fragen stellte, die er nicht zu beantworten vermochte, und alles bäumte sich bei dem Gedanken in ihr auf, daß ihre eigenen Geschlechtsgenossinnen ihm stets so leicht erlegen waren. »Kann ein Mann nicht einmal etwas Anständiges tun? Schickt mich zu meinem Bruder!«

»Nein!« schrie Miles ihr ins Gesicht, und dann weiteten sich seine Augen. Noch nie hatte eine Frau seinen Zorn herausgefordert. »Dreht Euch um, Fiona. Ich werde Euch die Haare waschen.«

Sie betrachtete ihn abschätzend. »Und wenn ich mich weigere – werdet Ihr mich schlagen?«

»Ich bin versucht, diese Möglichkeit in Betracht zu ziehen.« Er packte sie bei der Schulter, drehte sie herum und drückte sie auf die Koje nieder, so daß ihre langen Haare über den Rand des Bettes hingen.

Fiona lag ganz still, während er ihre Haare einseifte und spülte, und sie fragte sich, ob sie ihn nicht zu sehr gereizt hatte. Doch sein Betragen empörte sie. Er war so still, so selbstsicher, daß sie unbedingt seine Schwäche herausfinden wollte. Sie hatte schon gesehen, daß er nur einen Befehl andeuten mußte, und schon sprangen seine Männer, ihm jeden Wunsch zu erfüllen. Waren die Frauen ihm auch so willfährig?

Vielleicht war es ein Fehler, wenn sie versuchte, seinen Zorn herauszufordern. Vielleicht würde er sie freigeben, wenn sie so tat, als wäre sie wirklich in ihn verliebt. Wenn sie an seiner Schulter weinte, würde sie möglicherweise erreichen, um was sie ihn bat; doch abgesehen von der ekelhaften Vorstellung, ihn freiwillig zu berühren, widerstrebte es ihr, irgendeinen Mann um etwas zu bitten.

Miles kämmte ihre nassen Haare mit einem kleinen Kamm aus Elfenbein, und als er damit fertig war, verließ er das Zelt und kam sogleich mit einem herrlichen Gewand aus Brokat wieder, einer Mischung aus Seide und Wolle. Er brachte ihr auch Unterwäsche aus feinem Batist.

»Ihr mögt nun Euer Bad beenden oder nicht, wie es Euch beliebt«, sagte er. »Aber ich würde vorschlagen, daß Ihr diese Kleider anzieht.« Und damit ließ er sie allein.

Fiona wusch sich nun hastig und zuckte ein paarmal zusammen, als sie zu einer blutunterlaufenen Stelle kam, die ihr bisher entgangen war. Sie war froh um die Kleider, denn sie erleichterten ihr die Ausführung ihrer Fluchtpläne.

Miles kam mit einem Tablett voller Speisen zurück und zündete Kerzen in dem dunklen Zelt an. »Ich brachte Euch ein bißchen von jedem, da ich nicht weiß, was Euch schmeckt.«

Sie gab sich nicht die Mühe, ihm zu antworten.

»Gefällt Euch das Kleid?« Er betrachtete sie eingehend, doch sie sah zur Seite. Es war ein teures Gewand, an den Säumen mit Golddraht-Stickereien besetzt. Die meisten Frauen wären über dieses Kleid entzückt gewesen; doch Fiona schien es gleichgültig zu sein, ob sie Seide trug oder Sackleinwand.

»Das Essen wird kalt. Kommt und eßt hier an dem Tisch mit mir.«

Sie sah ihn an. »Ich habe keine Lust, etwas gemeinsam mit Euch an einem Tisch zu essen.«

Miles wollte etwas erwidern, schloß aber wieder den Mund. »Wenn Euer Hunger groß genug ist – hier steht das Essen.«

Fiona setzte sich auf die Koje, die Beine steif von sich gestreckt, die Arme gefaltet, und konzentrierte sich auf den großen, reichverzierten Kerzenhalter vor ihr auf dem Tisch. Morgen würde sie schon eine Möglichkeit zur Flucht finden.

Sie ignorierte die appetitlichen Gerüche des Essens, das Miles verzehrte, legte sich hin und zwang ihren Körper dazu, sich zu entspannen. Sie mußte ihre ganze Kraft für morgen sammeln. Die Erlebnisse des Tages hatten sie so erschöpft, daß sie rasch einschlief.

Sie erwachte mitten in der Nacht, spannte sofort all ihre Muskeln an, als spürte sie eine Gefahr, an die sich sich jedoch in ihrer Schlaftrunkenheit nicht zu erinnern vermochte. Binnen Minuten war ihr Kopf klar, und sie bewegte leise den Kopf, um zu Miles hinüberzusehen, der auf der Koje an der gegenüberliegenden Zeltwand schlief.

Als Kind, das in einem Haushalt voller Schrecken aufgewachsen war, hatte sie die Kunst gelernt, sich lautlos zu bewegen. Verstohlen, daß der Stoff ihres Kleides nicht raschelte, ging sie auf Zehenspitzen zur Rückwand des Zeltes. Zweifellos waren draußen Wachen ausgestellt. doch an der Rückseite des Zeltes würden sie weniger aufmerksam sein.

Es dauerte lange Minuten, bis sie die Zeltleinwand so weit angehoben hatte, daß sie darunter hindurchkriechen konnte. Sie drückte ihren Körper zu einer dünnen Linie zusammen und bewegte sich

Zoll für Zoll. Ein Wächter kam vorbei, aber sie barg sich hinter einem kleinen Strauch ins Gras und verschmolz mit dessen Schatten. Als der Wächter ihr den Rücken zudrehte, rannte sie zum Wald und suchte sich dort im tiefsten Schatten zu verstecken. Nur jahrelanger Übung, wenn sie ihrem Bruder Edmund und seinen Freunden ausweichen mußte, hatte sie es zu verdanken, daß sie so lautlos davonhuschen konnte. Roger hatte sie deswegen gehänselt und behauptet, sie würde eine vorzügliche Spionin abgeben.

Sobald sie im Wald war, atmete sie zum erstenmal kräftig durch und konzentrierte ihren Willen darauf, ihr klopfendes Herz zu beruhigen. Es war nichts Ungewöhnliches für sie, sich nachts im Wald aufzuhalten, und sie begann mit energischen, leichtfüßigen Schritten zwischen den Stämmen zu wandern. Es war verblüffend, wie wenig Geräusche sie dabei machte.

Als die Sonne aufging, war Fiona bereits zwei Stunden gegangen, und ihre Schritte wurden etwas schleppender. Sie hatte seit vierundzwanzig Stunden nichts mehr gegessen, und ihre Kräfte ließen nach. Als ihre Füße über den Boden schleppten, verfingen sich ihre Röcke in Büschen, und Zweige in ihren Haaren.

Noch eine Stunde, und sie begann zu zittern. Sie setzte sich auf einen umgestürzten Baum und versuchte, ihren Gleichmut wiederzufinden. Vielleicht war es verständlich, daß sie nicht so viel Kraft besaß, da der Mangel an Nahrung und die Heimsuchungen des vergangenen Tages ihre Reserven fast aufgezehrt hatten. Bei dem Gedanken an Rast wurden ihre Augen schwer, und sie wußte, daß sie ihren Marsch nicht mehr fortsetzen konnte, wenn sie jetzt nicht ausruhte.

Müde legte sie sich auf den Waldboden und ignorierte die kleinen Krabbelwesen unter dem Baumstamm. Es war nicht das erstemal, daß sie die Nacht in einem Wald verbrachte. Sie machte einen schwachen Versuch, sich mit Laub zu bedecken, hatte ihr Werk jedoch nur zur Hälfte getan, als sie schlafend zurückfiel.

Sie erwachte von einem scharfen Stoß in die Rippen. Ein kräftiger, vierschrötiger Mann, der nicht viel mehr als Lumpen auf dem Leib trug, grinste auf sie hinunter. Im Oberkiefer fehlten die Vorderzähne. Zwei andere Männer, schmutzig wie er, standen neben ihm.

»Sagte euch doch, daß sie nicht tot ist«, sagte der vierschrötige Mann, während er Fionas Arm packte und sie in die Höhe zog.

»Eine hübsche Lady«, sagte ein anderer und legte Fiona die Hand auf die Schulter. Sie wich vor ihm zurück, aber seine Hand blieb, wo sie war; ihr Kleid zerriß und entblößte ihre Schulter.

»Ich zuerst!« keuchte der dritte Mann.

»Eine echte Lady«, sagte der Vierschrötige, die Hand auf Fionas nackter Schulter.

»Ich bin Fiona Chatworth, und wenn ihr mir ein Leid tut, läßt euch der Graf von Bayham köpfen.«

»Das war ein Graf, der mich von meinem Hof vertrieb«, entgegnete einer der Männer. »Meine Frau und Tochter starben an der Winterkälte. Sie erfroren.« Mit einer häßlichen Fratze betrachtete er Fiona. Sie wäre noch weiter zurückgewichen, doch der Baumstamm hinter ihr hinderte sie daran.

Der Vierschrötige legte Fiona eine Hand an die Kehle.

»Ich mag es, wenn meine Frauen mich bitten.«

»Die meisten Männer mögen das«, sagte sie kalt, und der Mann blinzelte.

»Sie ist tückisch, Bill«, sagte der dritte. »Laßt sie mich zuerst haben.«

Plötzlich veränderte sich der Gesichtsausdruck des Mannes. Er gab ein seltsames Gurgeln von sich und fiel vor Fionas Füße. Geschickt wich sie dem stürzenden Mann aus und achtete kaum auf den Pfeil, der aus seinem Rücken ragte. Während die beiden anderen mit offenem Mund auf ihren toten Genossen starrten, hob Fiona die Röcke und sprang über den Baumstamm.

Miles kam zwischen den Bäumen hervor. Er packte Fionas Arm, und ihr stockte der Atem, als sie sein Gesicht sah. Es war verzerrt vor Wut, die Lippen ein dünner Strich, die Augen tiefschwarz, die Brauen zusammengezogen und die Nasenlöcher gebläht. »Bleibt hier!« befahl er.

Eine Sekunde lang gehorchte sie, und dieses Zögern zeigte ihr, warum Miles Ascott die Rittersporen auf dem Schlachtfeld verliehen wurden, ehe er achtzehn war. Die Männer, denen er sich gegenübersah, waren nicht unbewaffnet. Einer schwang eine mit Eisendornen bewehrte Kugel an einer Kette geschickt gegen Miles' Kopf. Miles duckte darunter hinweg, während er mit seinem Schwert den anderen Mann angriff.

Binnen Sekunden hatte er die beiden Männer getötet, während sein eigener Puls sich kaum beschleunigte. Es schien ihr unglaublich, daß dieser Mensch ihr Haar gewaschen hatte, ohne auch nur eine Strähne zu knicken.

Doch Fiona hielt sich nicht damit auf, über die Eigenschaften ihres Feindes nachzudenken, sondern rannte vom Kampffeld fort. Sie wußte, daß sie nicht schneller rennen konnte als Miles, hoffte ihn aber zu überlisten. Als sie den nächstbesten niedrighängenden Ast erreichte, packte sie ihn und schwang sich hinauf.

Binnen Sekunden erschien Miles unter ihr. Da war Blut auf seinem Samtwams, Blut auf seinem gezogenen Schwert. Wie ein gereizter Bär schwang er den Kopf hin und her, hielt dann inne und lauschte.

Fiona hielt den Atem an und machte kein Geräusch.

Dann hob Miles plötzlich den Kopf unter ihren Fersen und sah zu ihr hinauf. »Komm herunter, Fiona«, sagte er mit tödlicher Stimme.

Einmal, als sie dreizehn gewesen war, war eine ähnliche Geschichte passiert. Damals war sie vom Baum gesprungen, direkt auf diesen scheußlichen Mann, der ihr nachstellte, hatte ihn zu Boden geworfen, und ehe er wieder atmen konnte, war sie ihm entkommen. Ohne weiter nachzudenken, warf sie sich auf Miles hinunter.

Aber er stürzte nicht. Er stand kerzengerade und hielt sie an sich gepreßt.

»Diese Männer hätten Euch töten können«, sagte er. Er schien gar nicht gemerkt zu haben, daß sie ihn zu Boden stoßen wollte. »Wie seid Ihr an meinen Wachen vorbeigekommen?«

»Laßt mich los!« forderte sie, während sie ihn von sich wegzustemmen versuchte. Doch er hielt sie mühelos fest.

»Warum habt Ihr nicht gehorcht, als ich Euch sagte, Ihr sollt auf mich warten?«

Bei dieser idiotischen Frage hörte sie auf, sich gegen ihn zu stemmen: »Hätte ich warten sollen, wenn einer von diesen Halunken mich vergewaltigt hätte? Wo ist der Unterschied zwischen diesen und Euch?«

In seinen Augen glomm der Zorn auf. »Verdammnis über Euch, Fiona! Was soll das heißen, daß ich diesem Abschaum ähnlich sei? Hab' ich Euch in irgendeiner Weise ein Leid getan?«

»Also habt Ihr sie gefunden«, drang die Stimme von Sir Guy zu ihnen, und eine Spur von Heiterkeit lag darin. »Ich bin Sir Guy Linacre, Mylady.«

Fiona, die wieder mit den Händen Miles' Schultern wegzustemmen versuchte, nickte Sir Guy zu. »Habt Ihr mich jetzt genug gedrückt?« fuhr sie Miles an.

Er ließ sie so jählings los, daß sie fast zu Boden gestürzt wäre. Dieser rasche Bewegungswechsel war zuviel für Fionas leeren Magen. Sie legte die Hand gegen die Stirn, und als die Dinge um sie zu einer schwarzen Wolke wurden, streckte sie die Hand aus, um einen Halt zu suchen.

Diesmal fing Sir Guy sie auf und hielt sie in seinen Armen.

»Faßt mich nicht an«, flüsterte sie aus dem Nebel, der ihr Bewußtsein umfing.

Als Miles sie Sir Guy abnahm, sagte er: »Wenigstens bin es nicht *nur* ich, den sie nicht ausstehen kann.« Fiona öffnete wieder die Augen, und Miles musterte sie kritisch: »Wie lange ist es her, daß Ihr zum letztenmal gegessen habt?«

»Nicht lange genug, um Euch gefällig zu sein«, antwortete sie schnippisch.

Da brach Miles in ein Gelächter aus, das tief aus seiner Brust kam, während er bisher kaum die Lippen bei seinem Lächeln verzogen hatte. und ehe Fiona sich wehren konnte, neigte er den Kopf zu ihr hinunter und küßte sie kräftig auf den Mund. »Ihr seid einmalig, Fiona.«

Sie wischte sich den Mund so heftig mit dem Handrücken ab, daß sie fast die Haut abgescheuert hätte. »Setzt mich sofort auf den Boden! Ich habe zwei Beine zum Gehen.«

»Damit Ihr mir wieder wegzulaufen versucht? Nein, ich denke, ich sollte Euch fortan an mich ketten.« Und damit setzte Miles Fiona auf sein Pferd, und so ritten sie zurück zum Lager.

3. Kapitel

Zu ihrer Überraschung sah sie dort, daß die Zelte abgebrochen und die Maultiere bepackt waren. Fiona wollte Miles fragen, wohin er sie zu bringen beabsichtigte, doch sie hielt sich stocksteif im Sattel, damit sie mit ihm so wenig wie möglich in Berührung kam, und weigerte sich, mit ihm zu reden.

Er führte das Pferd von den wartenden Männern weg in den Wald. Sir Guy blieb auf dem Lagerplatz zurück. Im Wald war ein Tisch gedeckt, mit dampfenden Schüsseln vollgestellt. Ein kleiner alter Mann, der die Bestecke zurechtlegte, zog sich sofort zurück, als Miles ihm einen Wink mit der Hand gab.

Miles stieg vom Pferd und hielt Fiona die Arme hin; doch sie ignorierte ihn und glitt ohne Hilfe zu Boden. Sie machte es sehr behutsam, damit sie nicht zum zweitenmal in Ohnmacht fiel.

»Mein Koch hat eine Mahlzeit für uns zubereitet«, sagte Miles, während er sie an der Hand nahm und zum Tisch führte.

Sie sah auf die Speisen, während sie ihm ihre Hand entwand. Winzige geröstete Wachteln lagen auf einem Bett aus Reis, umgeben von Rahmsoße. Auf einer Platte häuften sich frische Austern, und sie sah kleingeschnittene, hartgekochte Eier in einer Safransoße, Scheiben von gesalzenem Schinken, Frischrogen auf zweimal gebackenem Brot, Flundern, die mit Nüssen und Zwiebeln gefüllt waren, geröstete Birnen, Cremetörtchen und eine Pastete mit Heidelbeeren.

Als Fiona das alles erstaunt in sich aufgenommen hatte, wandte sie sich ab: »Ihr reist aber gut versorgt.«

Miles faßte sie am Arm, und als sie herumwirbelte, überkam sie wieder ein Schwindel, und sie suchte Halt an einem Schemel zu ihren Füßen. »Das Essen ist für Euch zubereitet«, sagte er und half ihr, sich zu setzen. »Ich lasse nicht zu, daß Ihr noch weiter hungert.«

»Und was werdet Ihr tun?« fragte sie müde. »Meine Fußsohlen in heiße Kohlen stecken? Oder vielleicht habt Ihr Eure eigene Methode, Frauen zu dem zu zwingen, was Ihr von ihnen wünscht.«

Ein Schatten glitt über Miles' Gesicht und seine Brauen wurden zu einem Strich. Er packte sie bei den Oberarmen und zog sie von ihrem Sitz in die Höhe. »Ja, ich habe meine eigene Art zu strafen.«

Fiona hatte noch nie diesen Ausdruck bei ihm gesehen: seine Augen nur noch ein Hauch von Grau, als brannten kleine blaue Feuer dahinter. Er beugte sich vor, berührte ihren Nacken mit den Lippen und achtete nicht auf ihre Reaktion, als sie steif wurde und sich von ihm zu lösen suchte.

»Habt Ihr eine Ahnung, wie begehrenswert Ihr seid, Fiona?« murmelte er an ihrem Hals. Seine Lippen glitten nach oben, berührten kaum ihre Haut, hauchten ihr nur Wärme ein, während seine rechte Hand mit ihrer entblößten Schulter spielte. Seine Finger krochen langsam unter den zerrissenen Stoff und liebkosten den oberen Ansatz ihrer Brust, während seine Zähne sacht in ihr Ohrläppchen bissen.

»Ich würde Euch zu gern in meine Arme nehmen, Fiona«, flüsterte er so leise, daß sie seine Worte mehr ahnte als hörte. »Ich möchte zu gern Euren Eispanzer schmelzen. Ich möchte jede Pore Eurer Haut berühren und liebkosen. Euch betrachten und erreichen, daß Ihr mich mit der gleichen Sehnsucht anseht, die ich für Euch empfinde.«

Fiona hatte ganz still gestanden, während Miles sie mit seiner Berührung liebkoste, und wie immer nichts dabei empfunden. Er stieß sie nicht eigentlich ab, da sein Atem frisch war und er ihr nicht wehtat; doch sie fühlte keine Wallung ihres Blutes wie die Mädchen, die im Stift kichernd so viel davon erzählt hatten.

»Wenn ich schwöre, daß ich esse, werdet Ihr dann damit aufhören?« fragte sie kühl.

Miles wich von ihr zurück und studierte einen Moment ihr Gesicht. Fiona bereitete sich im stillen darauf vor, daß er sie mit Schimpfworten überschüttete. Alle Männer hatten bisher mit Beleidigungen reagiert, wenn sie entdecken mußten, daß sie nicht überwältigt war von ihren Zudringlichkeiten.

Doch Miles lächelte nur still, liebkoste noch einmal ihre Wange und bot ihr dann den Arm, um sie zur Tafel zu führen. Sie ignorierte sein Angebot und ging allein zu Tisch, wobei sie den Kopf etwas zur Seite drehte, damit Miles ihre Verwirrung nicht sah.

Er bediente sie selbst, legte die besten Stücke auf einen prächtigen Silberteller und lächelte, als sie den ersten Bissen zu sich nahm.

»Und jetzt lobt Ihr Euch wohl, daß Ihr mich vom Hungertod gerettet habt?« sagte sie. »Mein Bruder wird es Euch danken, wenn Ihr mich in guter Verfassung zurückgebt.«

»Ich gebe Euch noch nicht zurück«, sagte Miles leise.

Fiona nahm sich zusammen, daß er ihre Angst nicht bemerkte, während sie fortfuhr, zu essen. »Roger wird Euch ein Lösegeld in jeder Höhe zahlen, wenn Ihr mich zurückgebt.«

»Ich nehme vom Mörder meiner Schwester kein Geld entgegen«, sagte Miles mit gepreßter Stimme.

Sie warf den Wachtelschenkel, an dem sie knabberte, auf den Teller zurück. »Ihr habt das schon einmal gesagt. Ich weiß nichts von Eurer Schwester!«

Miles drehte ihr das Gesicht zu, und seine Augen waren wie Stahl. »Roger Chatworth versuchte meinem Bruder Stephen die Frau wegzunehmen, die ihm versprochen war; und als Stephen um seine Braut kämpfte, griff Euer Bruder ihn von hinten an.«

»Nein!« keuchte Fiona und schoß von ihrem Schemel in die Höhe.

»Stephen besiegte Chatworth im Turnier, weigerte sich aber, ihn zu töten; und aus Rache entführte Chatworth meine Schwester und später Stephens Braut. Er vergewaltigte meine Schwester, und aus Entsetzen darüber stürzte sie sich aus einem Fenster.«

»Nein, nein, nein!« schrie Fiona und preßte die Hände gegen die Ohren.

Miles stand auf, faßte ihre Hände und hielt sie fest. »Euer Bruder Brian liebte meine Schwester, und als sie sich selbst tötete, befreite er meine Schwägerin und brachte die Leiche meiner Schwester zu unserer Burg.«

»Ihr lügt! Ihr seid böse! Laßt mich los!«

Miles zog sie nur dichter heran und hielt sie locker in seinen Armen. »Es ist nicht angenehm, wenn man hört, daß ein Mensch, den man liebt, so viel Böses getan hat.«

Fiona hatte viel Erfahrung darin, sich von Männern zu befreien, und Miles hatte noch keine Frau gekannt, die sich gegen seine Umarmung sträubte. Rasch brachte sie ihr Knie hoch, schlug es zwischen seine Beine, und sofort ließ er sie los.

»Verdammnis über Euch, Fiona«, keuchte er und lehnte sich gegen den Tisch.

»Verdammnis über Euch, Ascott«, gab sie mit gleichen Worten zurück, nahm eine Karaffe Wein vom Tisch und schleuderte sie gegen seinen Kopf, ehe sie sich zur Flucht wandte.

Er duckte sich unter der Karaffe hinweg und faßte mit der gleichen Bewegung ihren Arm. »Ihr werdet mir nicht entwischen«, sagte er, sie wieder zu sich heranziehend. »Ich werde Euch lehren, daß die Ascotts an dieser Fehde unschuldig sind, und wenn ich darüber sterben muß.«

»Die Vorstellung von Eurem Tod ist der erste angenehme Gedanke seit Tagen.«

Eine Sekunde lang schloß Miles die Augen, als betete er im stillen um Hilfe. Er schien die Fassung wiedergefunden zu haben, als er auf sie zurücksah. »Wenn Ihr gegessen habt, müssen wir reiten. Wir reisen nach Schottland.«

»Zu . . .!« begann sie, doch er legte ihr den Finger auf die Lippen.

»Ja, mein Engel«, seine Stimme troff vor Sarkasmus, »wir werden einige Zeit bei meinem Bruder und seiner Frau verbringen. Ich möchte, daß du meine Familie kennenlernst.«

»Ich weiß mehr als genug über Eure Familie. Sie sind . . .«

Diesmal küßte Miles sie, und wenn sie auch nicht darauf reagierte, so protestierte sie auch nicht.

Viele Stunden ritten sie in einem langsamen, stetigen Tempo. Die vielen Packmulis, die mit Möbeln, Kleidern, Nahrungsmitteln, Rüstungen und Waffen beladen waren, ließen keine schnellere Reise zu.

Fiona hatte ihr eigenes Pferd, doch es war mit einer Leine an Miles' Sattel gebunden. Zweimal versuchte er, ein Gespräch anzubahnen, doch sie weigerte sich, mit ihm ein Wort zu wechseln. Ihr Verstand war viel zu sehr damit beschäftigt, was Miles über ihren Bruder berichtet hatte oder sie versuchte eher, nicht daran zu denken.

In den letzten beiden Jahren hatte sich ihr Kontakt mit der Familie auf einen Briefwechsel mit Roger beschränkt und auf das, was herumziehende Musikanten an Klatsch mitbrachten. Natürlich hatten die Musikanten gewußt, daß sie eine Chatworth war, und so hatten sie weder Nachteiliges noch Vorteilhaftes über ihre Familie berichtet.

Die ausgedehnte Ascott-Familie war jedoch eine andere Sache. Sie war ein Lieblingsthema für Gesänge und Gerüchte. Der älteste Bruder, Gavin, gab der schönen Lilian Valence einen Korb, und im Gegenzug heiratete sie Fionas Bruder Edmund. Fiona bat Roger, die Heirat zu hintertreiben, da die arme Frau es nicht verdiente, an den heimtückischen Edmund gekettet zu sein. Roger erwiderte, daß er nicht in der Lage wäre, diese Heirat zu verhindern. Ein paar Monate darauf ehelichte Gavin Ascott die unglaublich reiche Erbin der Revedoune, und nach Edmunds Ermordung schüttete die eifersüchtige Erbin kochendes Öl über das Gesicht der armen Lilian Chatworth. Fiona schickte ihrem Bruder Roger aus dem Stift einen Brief und bat ihn, sich der Witwe seines Bruders anzunehmen, und Roger erklärte sich sofort dazu bereit.

Ein knappes Jahr später schrieb Roger ihr, daß die schottische Erbin, Alicia MacArran, darum gebeten habe, Roger heiraten zu dürfen, Stephen Ascott jedoch die arme Frau dazu zwang, seine Braut zu werden. Roger forderte Stephen zum Duell heraus, um die MacArran zu schützen, und dem Ascott sei es bei dem Turnier gelungen, Roger mit einem Trick so hinzustellen, als habe er ihn feige von hinten angegriffen. So habe er Roger in Verruf gebracht.

Sie war sich nicht sicher, weshalb Brian sein Familienhaus verließ; Roger wollte sich nie darüber aussprechen. Sie war sich jedoch sicher, daß es mit den Ascotts zu tun hatte. Brian war gütig und sensibel. Vielleicht hatte er die Schrecken nicht länger ertragen können, die der Familie wegen der Ascotts zugefügt wurden. Weshalb Brian auch gegangen sein mochte, es hatte nichts mit den Lügen zu tun, die sie heute zu hören bekam. Sie zweifelte, ob Roger überhaupt wußte, daß die Ascotts eine Schwester hatten.

Während des langen Rittes hatte sie immer wieder an dem zerrissenen Stoff ihres Kleides an der Schulter gezupft. Als Miles dem Trupp befahl, anzuhalten, sah sie zu ihrem Schrecken, daß es bereits dunkel wurde. Sie mußte viele Stunden lang ihre Umgebung vergessen haben.

Vor ihnen ragte ein Gasthof auf, ein Fachwerkhaus – alt, aber offensichtlich wohlhabend. Der Gastwirt stand vor der Tür, und sein rundes rotes Gesicht spiegelte die Freude über so hohe zahlreiche Gäste wider.

Miles stand neben ihr. »Fiona« – er hielt ihr die Arme entgegen –, »macht Euch nicht lächerlich, indem Ihr meine Hilfe ablehnt«, sagte er und betrachtete augenzwinkernd den Fuß, den sie zu einem Tritt anhob.

Fiona dachte kurz nach und gestattete ihm dann, ihr vom Pferd zu helfen. Doch sofort löste sie sich von ihm, als sie mit beiden Beinen auf der Erde war. Zwei von Miles' Gefolgsleuten betraten zuerst den Gasthof, während Miles Fiona den Arm bot.

»Ich habe etwas für Euch.« Er beobachtete sie eindringlich, während er eine wunderhübsche, kunstreich geschmiedete Goldbrosche in Form eines Pelikans vor ihre Augen hielt, der auf einem Band aus Diamanten stand und den Schnabel unter den ausgestreckten Flügel streckte.

Fionas Augen zuckten nicht. »Ich möchte sie nicht haben.«

Mit verdrossenem Gesicht heftete Miles mit der Brosche ihr zerrissenes Gewand an der Schulter zusammen.

»Kommt, Fiona«, sagte er dann tonlos.

Offensichtlich hatte der Gastwirt sie erwartet, denn im Gebäude herrschte eine hektische Betriebsamkeit. Fiona hielt sich abseits, während Miles mit Sir Guy konferierte und der Gastwirt auf ihre Befehle wartete.

Sie standen in einem großen Raum, in dem Tische und Stühle aufgebaut waren. An einer Schmalseite brannte ein großes Kaminfeuer. Zum erstenmal musterte Fiona Miles' Männer etwas genauer. Sie waren ein rundes Dutzend und schienen sich bemerkenswert züchtig zu benehmen. Jetzt gingen sie umher, öffneten Türen und suchten unauffällig nach versteckten Gefahren. Hatte Miles Ascott so viele Feinde, daß er ständig auf der Hut sein mußte – oder war es nur Vorsicht?

Eine hübsche junge Magd knickste vor Miles, und er bedankte sich mit seinem typischen kleinen Lächeln. Fiona sah neugierig zu, wie die Magd errötete und sich unter Miles' Blick vorteilhaft zur Geltung bringen wollte.

»Ja, Mylord«, sagte sie lächelnd und hüpfte auf und nieder. »Ich hoffe, Euch schmeckt das Essen, das ich gekocht habe.«

»Das wird es«, sagte Miles mit einer Selbstverständlichkeit, als habe er bereits von den Speisen gekostet.

Das Mädchen errötete wieder und ging in die Küche zurück.

»Seid Ihr hungrig, Fiona?« fragte Miles, sich ihr zuwendend.

»Nicht auf das, was Ihr zu erwecken scheint.« Sie deutete mit dem Kopf auf den Rücken des Mädchens, das sich in die Küche zurückzog.

»Wie sehr wünschte ich, daß Euch die Eifersucht diese Worte eingäbe. Aber ich bin geduldig«, fügte er mit einem Lächeln hinzu und gab ihr einen kleinen Schubs auf den Tisch zu, ehe sie antworten konnte.

Miles und sie saßen an einem kleinen Tisch, getrennt von seinen Männern, doch in demselben Raum. Schüssel für Schüssel wurde aufgetragen, doch Fiona nippte nur an ihrem Essen.

»Ihr scheint ja nicht an einem Wolfshunger zu leiden.«

»Würdet Ihr als Gefangener das Essen Eures Gefängniswärters hinunterschlingen?«

»Ich würde vermutlich nicht eine Sekunde verlieren, auf den Tod meines Fängers zu sinnen«, antwortete er aufrichtig.

Fiona funkelte Miles schweigend an, während er sich auf seine Mahlzeit konzentrierte.

Ungefähr in der Mitte ihres langen, stummen Mahls faßte Miles nach der Hand einer Magd, die ihnen eine Platte mit frischem Lachs auf den Tisch stellte. Als Fiona überrascht aufsah, bemerkte sie, daß die Hände der Magd zerkratzt und rauh waren.

»Du hast dich verletzt?« fragte Miles voller Anteilnahme. »Es waren die Brombeeren, Mylord«, antwortete sie halb ängstlich, halb fasziniert von Miles' Anteilnahme.

»Wirt!« rief Miles laut. »Seht zu, daß die Hände des Mädchens versorgt werden und nicht mit Wasser in Berührung kommen, solange sie nicht verheilt sind.«

»Aber Mylord!« protestierte der Mann. »Sie ist nur eine Spülmagd. Sie serviert heute abend, weil meine eigentliche Bedienung an den Pocken darniederliegt.«

Sir Guy erhob sich langsam am Kopfende des Tisches, wo Miles' Lehnsritter saßen, und schon der Anblick des Hünen genügte, daß der Wirt einen Schritt zurückwich.

»Komm, Mädchen«, sagte der Wirt wütend.

»Ich . . . danke Euch, Mylord.« Sie knickste, ehe sie aus dem Raum floh.

Fiona schnitt sich ein Stück französischen Käses ab. »Wollte Sir Guy Euch beispringen, weil Ihr für das Mädchen eingetreten seid, oder wollte er sich nur mit dem Wirt anlegen?«

Miles sah sie verwirrt und dann amüsiert an. Er faßte ihre Hand und küßte sie auf der Innenseite. »Guy würde sich nur ungern wegen einer Spülmagd streiten.«

»Und Ihr?«

Er zuckte lächelnd mit den Achseln. »Ich gehe jedem Streit aus dem Weg, wenn er sich vermeiden läßt. Ich bin ein friedlicher Mann.«

»Doch Ihr hättet Euch mit einem feisten, gastfreundlichen Wirt überworfen, nur weil eine wertlose Magd aus einer Hautschramme blutet.« Das war eine Feststellung, kein Vorwurf.

»Ich betrachte sie nicht als wertlos. Ihr müßt« – wechselte er das Thema – »jetzt müde sein. Wollt Ihr Euch in Euer Gemach zurückziehen?«

Miles' Gefolgsleute wünschten ihr alle eine gute Nacht, und sie nickte ihnen kurz zu, während sie Miles und dem Wirt zu einer Treppe folgte. Sie führte hinauf zu einem Zimmer, in dem nur ein Bett stand.

»So! Ihr habt bis jetzt gewartet, um mich jetzt mit Gewalt in Euer Bett zu bringen«, sagte sie, als sie allein waren. »Vielleicht waren die Zeltwände zu dünn, um meine Schreie zu dämpfen.«

»Fiona«, erwiderte er und nahm ihre Hand, »ich werde auf der Fensterbank schlafen, und Ihr könnt das Bett haben. Ich kann nicht zulassen, daß Ihr ein Zimmer nur für Euch habt, weil Ihr das zur Flucht ausnützen würdet.«

»Meinem Gefängnis entrinnen, meint Ihr.«

»Schön, wenn Euch das lieber ist. Nun kommt hierher. Ich möchte mit Euch sprechen.« Er ging zum Fenstersitz, nahm dort Platz und zog sie neben sich nieder. Als er sie an seine Brust drücken wollte, begann sie zu protestieren.

»Entspannt Euch, Fiona. Ich werde meine Hände hier an Eurer Taille lassen und sie nicht bewegen; aber ich gebe Euch nicht frei, bis Ihr Euch entspannt und mit mir redet.«

»Ich kann auch im Stehen sprechen – getrennt von Euch.«

»Aber ich kann es nicht ertragen, Euch loszulassen«, sagte er gefühlvoll. »Ich möchte Euch streicheln, damit Eure Wunden heilen.«

»Ich bin nicht verwundet.« Sie stieß gegen seine Arme, mit denen er sie festhielt. Er war ein großer Mann, breitschultrig und kräftig, und seine gewölbte Brust füllte die Höhlung ihres Rückens aus.

»Ihr seid verwundet, Fiona – viel schlimmer, als Ihr zu wissen scheint.«

»Ja, ja, ich verstehe jetzt. Mir muß ja etwas fehlen, weil ich nicht vor Anbetung speichle, sobald Ihr in meine Nähe kommt.«

Miles küßte mit einem leisen Lachen ihren Nacken. »Vielleicht verdiene ich diese Antwort. Haltet still, oder ich küsse Euch noch mehr.« Ihre jähe Regungslosigkeit ließ ihn zusammenzucken. »Ich möchte, daß Ihr mir sagt, was Euch gefällt. Das Essen scheint Euch nicht zu interessieren, desgleichen nicht hübsche Kleider. Gold und Diamanten bringen Euch nicht einmal zum Blinzeln. Männern gönnt Ihr überhaupt keinen Blick. Was ist Eure Schwäche?«

»Meine Schwäche?« wiederholte sie und dachte darüber nach. Er streichelte das Haar an ihrer Schläfe, und gegen ihren Willen begann sie sich zu entspannen. Die letzten beiden Tage waren voll Widerwärtigkeiten und Reibereien gewesen und hatten ihre Kraft erschöpft. Er hatte seine langen Beine auf dem Fenstersitz ausgestreckt, und sie saß zwischen ihnen. »Was ist Eure Schwäche, Ascott?«

»Frauen«, murmelte er, ihre Frage prompt beantwortend. »Erzählt mir von Euch.«

Die Muskeln in ihrem Nacken lockerten sich, und langsam sank ihr Gewicht gegen ihn. Es war kein ungutes Gefühl, sich in der Sicherheit von so starken Armen zu finden, solange der Mann ihr nicht Gewalt antat. »Ich lebe mit meinen zwei Brüdern, die ich beide liebe und von denen ich geliebt werde. Ich bin keinesfalls unvermögend und brauche nur auf ein Kleid oder ein Kleinod zu deuten, und schon kauft mein Bruder Roger, was ich mir wünsche.«

»Und . . . Roger« – er stolperte über diesen Namen »ist gut zu Euch?«

»Er schützt mich.« Sie lächelte und schloß die Augen. Miles massierte die verkrampften Muskeln an ihrem Rücken. »Roger hat stets seine schützende Hand über Brian und mich gehalten.«

»Wovor hat er Euch geschützt?«

Vor Edmund, hätte sie fast gesagt, schluckte es aber noch rechtzeitig hinunter. Sie öffnete die Augen und setzte sich gerade. »Vor Männern!« fauchte sie. »Männer warfen schon immer begehrliche Blicke auf mich; doch Roger hielt sie mir vom Leib.«

Er hielt ihre Hände gefangen. »Ihr beherrscht viele Tricks, Euch die Männer vom Leib zu halten, und habt Euch in Stahl eingekapselt. Ihr seid offensichtlich von Natur aus eine leidenschaftliche Frau. Was hat also Eure Leidenschaft getötet? War Roger doch nicht immer in Eurer Nähe, damit er Euch schützen konnte?«

Fiona verweigerte ihm die Antwort darauf und verfluchte sich für ihre Vertrauensseligkeit. Nach einer Weile ließ Miles einen übertriebenen Seufzer hören und gab sie frei. Sofort sprang sie von ihm weg.

»Geht zu Bett«, sagte er müde, stand auf und wandte ihr den Rücken zu.

Fiona glaubte nicht, daß er sein Wort, nicht mit ihr zu schlafen, halten würde. Doch sie wollte nichts tun, um ihn zu reizen. Voll bekleidet, bis auf ihre weichen Lederschuhe, schlüpfte sie in das breite Bett.

Miles blies die Kerze aus und stand lange als Silhouette vor dem mondbeschienenen Fenster.

Als Fiona kein Geräusch aus seiner Richtung hörte, drehte sie sich leise auf den Rücken und beobachtete ihn. Ihr ganzer Körper war verkrampft vor Angst, was nun kommen sollte. Resigniert sah sie zu, wie er sich entkleidete, und als er nackt unter dem Fenster stand, hielt sie den Atem an. Doch Miles hob nur die dünne Decke auf dem Fenstersitz und streckte sich darauf aus. Er versuchte es jedenfalls. Er fluchte, als seine Füße gegen die Täfelung am Ende des Polsters prallten.

Es dauerte Minuten, ehe Fiona zu begreifen begann, daß Miles Ascott sich ihr nicht aufzwingen würde. Doch sie argwöhnte, daß er über sie herfallen würde, sobald sie einschlief. So döste sie nur und schreckte beim geringsten Geräusch auf. Als Miles sich auf seinem schmalen Bett drehte, erwachte sie und erstarrte einen Moment, aber als sie seinen regelmäßigen Atem hörte, entspannte sie sich wieder und döste ein – bis das nächste Geräusch sie weckte.

4. Kapitel

Habt Ihr nicht gut geschlafen?« fragte Miles am nächsten Morgen, während er sich anzog. Eine knappsitzende schwarze Strumpfhose umschmeichelte seine kräftigen Beine, ein besticktes Wams reichte knapp bis zum oberen Rand seiner Schenkel.

»Ich schlafe nie gut in Gegenwart meiner Feinde«, gab sie zurück.

Mit einem glucksenden Lachen schob er ihre Hände beiseite, wand für sie die Haare zu Zöpfen und band sie im Nacken mit einem Band zusammen. Als er damit fertig war, küßte er sie auf den Nacken, daß sie mit einem Satz von ihm wegsprang und sich heftig die Halswirbel rieb.

Er hielt ihr den Arm hin. »Ich weiß, daß Ihr nur ungern meine Gesellschaft entbehrt; doch meine Männer erwarten uns bereits unten.«

Sie achtete nicht seines Arms und ging vor ihm aus dem Zimmer. Es war noch sehr früh am Morgen, die Sonne nur eine warme Glut am Horizont. Miles murmelte, daß sie ein Stück weiter an der Straße eine Mahlzeit erwartete und daß sie zunächst ein paar Stunden reiten wollten.

Miles und Fiona standen nebeneinander auf der schmalen Veranda des kleinen Gasthofes, vor ihnen Sir Guy und dahinter Miles' Gefolgsleute mit den Pferden und den Packmulis.

»Ist alles bereit?« fragte Miles Sir Guy. »Hat der Gastwirt seinen Lohn bekommen?«

Ehe Sir Guy antworten konnte, kam ein kleines Mädchen, das ungefähr vier Jahre alt sein mochte, aus dem Gasthof herausgeschossen und wich zur Seite, um Miles nicht gegen die Beine zu laufen. Dabei fiel es die Vortreppe hinunter. Sofort lag Miles auf den Knien und zog das in Lumpen gekleidete Kind in seine Arme.

»Sei still, Kleines«, flüsterte er und richtete sich auf, während das Kind sich an ihn klammerte.

Für Sir Guy und seine Ritter war das ein vertrauter Anblick, und sie warteten geduldig mit gelangweilter Miene, während Miles das Kind beruhigte. Fiona achtete überhaupt nicht auf Miles. Ihr einziger Gedanke galt dem verletzten Kind. Sie streckte den Arm aus und legte die Hand auf den Hinterkopf des weinenden Kindes.

Das Kind löste das Gesicht von Miles' Schulter und blickte Fiona mit tränenverschleierten Augen an. Mit einem neuen Tränenausbruch hob das Kind die Arme und warf sich an Fionas Hals.

Es war schwer zu unterscheiden, wer erstaunter war: Miles, Sir Guy oder die Ascott-Ritter. Miles starrte Fiona mit offenem Mund an, und einen Moment lang schien sein Stolz einen Dämpfer zu erfahren.

»Still jetzt«, sagte Fiona mit einer so gütigen Stimme, wie Miles sie noch nie bei ihr gehört hatte. »Wenn du zu weinen aufhörst, wird Sir Guy dich auf seinen Schultern reiten lassen.«

Miles hüstelte, um das Lachen zu überdecken, das ihn zu ersticken drohte. Die häßliche Narbe und die hünenhafte Gestalt von Sir Guy schreckten die meisten Leute ab, und ganz besonders Frauen. Er hatte noch niemand gesehen, der es gewagt hätte, den Riesen einem Kind als Reitpferd anzubieten.

»Du wirst so groß sein«, fuhr Fiona fort, das Kind zu überreden, »daß du bis zum Himmel langen und dir einen Stern pflücken kannst.«

Das Kind schniefte, zog sich etwas von Fiona zurück und sah sie an. »Einen Stern?« sagte es mit einem Schluckauf.

Fiona streichelte die nasse Wange des Kindes. »Und wenn du den Stern gepflückt hast, kannst du ihn Sir Miles schenken als Belohnung für das neue Kleid, das er dir kaufen wird.«

Die Blicke von Miles' Gefolgsleuten wanderten zu ihrem Herrn, um seine Reaktion zu beobachten – und keiner wagte, über seine entrüstete Miene zu lachen.

Das Kind schniefte abermals und bog sich zur Seite, um Lord Miles ansehen zu können. Es lächelte Miles zu, aber als es zu Sir Guy hinübersah, klammerte es sich wieder an Fiona.

»Du brauchst keine Angst vor ihm zu haben«, sagte Fiona. »Er mag Kinder sehr gern, nicht war, Sir Guy?« Sir Guy betrachtete Lady Fiona mit einem harten, abschätzenden Blick. »Tatsächlich habe ich Kinder von Herzen gern, Mylady; aber sie haben wenig für mich übrig.«

»Das werden wir jetzt abstellen. Nun, Kind, jetzt steigst du auf Sir Guys Rücken und bringst uns einen Stern zurück.«

Das Kind, zunächst ein wenig zögernd, ging zu Sir Guy und klammerte sich an dessen Kopf, als er es auf seine Schultern setzte.

»Ich bin das größte Kind der Welt«, jubelte es, als Sir Guy mit ihm fortging.

»Ich habe Euch noch nie lächeln sehen«, sagte Miles.

Sofort erlosch Fionas Lächeln wieder. »Ich werde Euch für das Kleid des Kindes entschädigen, wenn ich nach Hause zurückkehre.« Sie wandte sich ab.

Miles faßte ihre Hand und führte sie aus der Hörweite der Männer. »Die Kleine ist doch nur ein Bettelkind.«

»Oh?« gab sie leichthin zurück. »Ich dachte mir, vielleicht sei es eines von Euren Kindern.«

»Von meinen?« fragte er verwirrt. »Glaubt Ihr, ich würde eines meiner Kinder in Lumpen herumlaufen lassen, ohne Aufsicht?«

Sie wandte sich ihm zu. »Und wie könnt Ihr wissen, wo Ihr überall Kinder habt? Führt Ihr Buch darüber? Über ihren Verbleib?«

Miles' Gesicht spiegelte verschiedene Gefühle wider: Ungläubigkeit, leichter Zorn, Belustigung. »Fiona, wie viele Kinder habe ich denn Eurer Vermutung nach?«

Sie reckte das Kinn in die Luft. »Ich weiß nicht, wie viele Bastarde Ihr gezeugt habt, noch kümmert es mich.«

Er faßte ihren Arm und zwang sie, ihn anzusehen. »Selbst meine eigenen Brüder übertreiben, was meine Kinder betrifft. Wie kann ich also erwarten, daß ein Außenseiter die Wahrheit wüßte? Ich habe drei Söhne: Christopher, Philip und James. Und eines Tages erwarte ich von einem weiteren Kind zu hören. Ich hoffe, es wird diesmal eine Tochter.«

»Ihr hofft. . .« fauchte sie. »Ihr verschwendet keinen Gedanken an ihre Mütter? Daß Ihr die Frauen mißbraucht und dann wegwerft? Und was wird aus den Kindern? Sie müssen doch mit der Schmach eines Bastards aufwachsen! Als Geächtete, nur weil ein schrecklicher Mann einen Moment des Vergnügens erlebte.«

Sein Griff auf ihrem Arm wurde fester, und Zorn blitzte in seinen Augen auf. »Ich mißbrauche keine Frauen«, sagte er mit zusammengepreßten Zähnen. »Die Frauen, die mir Kinder schenkten, kamen freiwillig zu mir. Und alle meine Kinder leben bei mir und werden von erfahrenen Schwestern versorgt.«

»Schwestern!« Sie versuchte, sich von ihm zu lösen; aber es gelang ihr nicht. »Werft Ihr die Mütter der Kinder auf die Straße? Oder gebt Ihr ihnen bei bißchen Zehrgeld wie Bridget und schickt sie dann ihrer Wege?«

»Bridget?« Miles blickte ihr einen Moment forschend ins Gesicht. Sein Zorn legte sich wieder. »Ich vermute, Ihr meint die Bridget, die mir meinen James geschenkt hat?« Er wartete nicht auf ihre Antwort. »Ich werde Euch die Wahrheit über Bridget sagen. Mein Bruder Gavin schickte einen Boten zum St.-Catherinen-Stift, weil er sich dort eine Dienstmagd besorgen wollte. Er wünschte sich ein Mädchen von gutem Ruf, das seine Männer nicht herausfordern und Streitigkeiten hervorrufen würde. Von dem Augenblick an, wo diese Bridget in unseren Haushalt kam, hat sie mir nachgestellt.«

Fiona versuchte wieder, sich aus seinem Griff zu befreien. »Ihr seid ein Lügner.«

Miles faßte nun auch ihren anderen Arm. »Einmal sagte sie mir, sie hätte so viel von mir gehört, daß sie sich wie ein Kind vorkäme, dem man verboten habe, mit dem Feuer zu spielen. Eines Nachts fand ich sie in meinem Bett.«

»Und Ihr nahmt sie.«

»Ich liebte sie, ja, diese Nacht und noch mehrere Nächte lang. Als sie bemerkte, daß sie von mir schwanger war, mußte ich mir eine Menge Anzüglichkeiten von meinen Brüdern gefallen lassen.«

»Und dann habt Ihr sie auf die Straße geworfen – nachdem Ihr der Mutter das Kind weggenommen habt.«

Er antwortete mit einem kleinen Lächeln: »Tatsächlich hat sie mich hinausgeworfen. Ich mußte vier Monate außerhalb der Burg verbringen, und in der Zeit verliebte sie sich in Gavins zweiten

Gärtner. Als ich zurückkam, sprach ich mit den beiden, sagte ihnen, ich würde gern mein Kind haben und es zu einem Ritter erziehen. Bridget erklärte sich sogleich einverstanden.

»Und wieviel Geld habt Ihr ihnen gegeben? Sicherlich müßt Ihr doch der Mutter etwas zum Trost gegeben haben, daß sie auf ihr Kind verzichtete.«

Miles gab ihre Arme frei und funkelte sie an. »Habt Ihr Bridget wirklich gut gekannt? Sonst müßtet Ihr wissen, daß sie mehr an ihrem Vergnügen als an Mutterschaft Interesse hatte. Der Gärtner, den sie heiratete, wollte weder Bridget noch ihr Kind haben, und später bat er mich um Geld für das, ›auf das er verzichten mußte‹. Ich gab ihm nichts. James gehört mir.«

Sie schwieg einen Moment. »Und was wurde aus den Müttern Eurer anderen Kinder?« fragte sie leise.

Er ging ein Stück von ihr weg. »Ich verliebte mich in die jüngere Schwester eines von Gavins Gefolgsleuten, als ich noch ein Junge war. Christopher kam zur Welt, als Margaret und ich erst sechzehn Jahre alt waren. Ich würde sie geheiratet haben; doch ihr Bruder schickte mich weg. Ich wußte nichts von Kit, bis Margaret einen Monat nach Kits Geburt an Windpocken starb.«

Er sah auf Fiona zurück und grinste. »Philips Mutter war eine Tänzerin, ein exotisches Geschöpf, das mein Bett zwei« – er seufzte – »zwei sehr interessante Wochen lang teilte. Dann schickte sie mir neun Monate darauf einen Boten mit Philip. Ich habe seither nie mehr etwas von ihr gehört.«

Fiona war fasziniert von seinen Geschichten. »Und dieses neue Kind?«

Miles zog den Kopf ein, und wäre er eine Frau gewesen, wäre er vermutlich schamrot geworden, dachte sie. »Ich fürchte, dieses Kind wird einige Probleme aufwerfen. Die Mutter ist eine entfernte Kusine von mir. Ich habe mich so lange wie möglich gegen sie gesträubt . . .« Er zuckte mit den Achseln. »Ihr Vater ist sehr erzürnt über mich. Er drohte, daß er mir das Kind ins Haus schicken würde; aber . . . ich bin nicht so sicher, daß er das tut.«

Fiona konnte nur ungläubig den Kopf über ihn schütteln.

»Es muß doch auch noch andere Kinder geben.« Ihre Stimme troff vor Sarkasmus.

Er runzelte leicht die Stirn. »Ich glaube nicht. Ich versuche, meine Frauen nicht aus dem Auge zu verlieren und nach Kindern Ausschau zu halten.«

»Als würdet Ihr Hühnereier sammeln«, sagte sie mit geweiteten Augen.

Miles legte den Kopf schief und sah sie eindringlich an.

»Erst verdammt Ihr mich dafür, daß ich meine Kinder in Lumpen aufwachsen ließe und sie über die Landschaft verstreute wie Abfall; und nun beschimpft Ihr mich, weil ich für sie sorge. Ich bin kein enthaltsamer Mann und möchte es auch nicht sein; aber ich nehme meine Verantwortung sehr ernst. Ich liebe meine Kinder und sorge für sie. Am liebsten hätte ich fünfzig davon.«

»Ihr habt einen guten Start«, sagte sie und ging an ihm vorbei.

Miles verharrte an seinem Platz und sah ihr nach, wie sie zu den Männern und Pferden ging. Sie hielt sich ein wenig abseits von den Männern und stand dort, hochaufgerichtet und sehr gerade. Sie ähnelte nicht ihren beiden Schwägerinnen, die an Autorität gewöhnt waren und ungezwungen mit den Leuten umgingen, die für sie arbeiteten. Fiona Chatworth verkrampfte sich sofort, wenn Männer in ihrer Nähe waren. Gestern, als zufällig ein Reiter Fiona streifte, hatte sie so heftig reagiert, so ungestüm am Zügel ihres Pferdes gezogen, daß es sich unter ihr aufbäumte. Es war ihr gelungen, das Tier wieder unter ihre Kontrolle zu bringen; doch dieses Ereignis hatte Miles sehr befremdet. Keine Frau – natürlich auch kein Mann – sollte sich bei der Berührung eines anderen Menschen so sehr erschrecken.

Sir Guy kam jetzt allein zu den Männern zurück, und sogleich suchte er nach Miles, kam auf ihn zu, als er ihn entdeckte. »Es wird spät. Wir sollten aufbrechen.« Er hielt inne. »Oder vielleicht habt Ihr es Euch anders überlegt, und gebt die Lady ihrem Bruder zurück.«

Miles beobachtete unterdessen Fiona, die nun mit der Mutter des kleinen Kindes sprach, das von der Treppe gefallen war. Er wandte Guy den Kopf zu. »Ich möchte, daß du zwei Männer zu meinen nördlichen Besitzungen schickst. Sie sollen mir Kit bringen.«

»Euren Sohn?« fragte Sir Guy.

»Ja, meinen Sohn. Und schickt seine Amme mit. Nein! Sie sollen ihn lieber alleine bringen, aber mit einer starken Eskorte. Lady Fiona wird sich seiner annehmen.«

»Wißt Ihr genau, was Ihr da tut?« fragte Sir Guy.

»Lady Fiona liebt Kinder, und deshalb will ich eines meiner Kinder mit ihr teilen. Wenn ich ihr Herz nicht auf die eine Weise rühren kann, werde ich es auf eine andere versuchen.«

»Und was werdet Ihr mit dieser Frau anstellen, sobald Ihr sie gezähmt habt? Als ich noch ein Junge war, lebte in unserer Nähe eine wilde Katze, die den Bereich um einen Schuppen für sich beanspruchte. Sobald sich jemand diesem Schuppen näherte, kratzte und biß diese Katze. Ich nahm mir vor, sie zu zähmen. Es dauerte Wochen, bis ich das Zutrauen der Katze erworben hatte und den Triumph genoß, daß sie mir aus der Hand fraß. Doch dann begann die Katze, mir überallhin zu folgen. Ich stolperte ständig über sie, und sie wurde mir nun immer lästiger. Nach ein paar Monaten stieß ich mit dem Fuß nach der Katze und haßte sie, weil sie jetzt nicht mehr das wilde Tier war, das ich anfangs so liebte, sondern nur eine ganz gewöhnliche Katze wie die anderen auch.«

Miles fuhr fort, Fiona nachdenklich zu betrachten. »Vielleicht ist es die Jagd«, sagte er leise. »Oder vielleicht bin ich wie mein Bruder Raine, der Ungerechtigkeit nicht ertragen kann. Bisher weiß ich nur, daß Fiona Chatworth mich fasziniert. Vielleicht möchte ich, daß sie mir aus der Hand frißt, doch wenn es eines Tages dazu kommen sollte, tut sie es vielleicht, weil ich ihr Sklave bin.«

Er wandte Sir Guy wieder das Gesicht zu. »Fiona wird Kit mögen, und mein Sohn kann nur davon profitieren, wenn er sie kennenlernt. Und zudem möchte ich gerne meinen Sohn sehen. Schick einen Boten.«

Sir Guy nickte zustimmend, ehe er Miles alleine ließ.

Minuten später saßen sie auf den Pferden und brachen auf. Miles versuchte kein Gespräch mit Fiona anzufangen, sondern ritt stumm neben ihr her. Sie zeigte wieder Anzeichen von Erschöpfung, und mittags war er schon halb entschlossen, sie doch ihrem Bruder zurückzugeben.

Eine halbe Stunde später wurde sie plötzlich quicklebendig. Während Miles Mitleid für sie empfand, hatte sie heimlich an dem Seil geschabt, das ihre Pferde verband. Sie gab ihrem Roß die Sporen, benützte das lose Ende ihres Zügels, um auf den Rumpf der beiden Pferde vor ihr einzuschlagen, und während diese Pferde scheuten und den anderen den Weg verstellten, gewann sie kostbare Sekunden für ihre Flucht. Sie hatte schon eine halbe Meile Vorsprung auf der mit Unkraut überwucherten Fahrspur, ehe Miles seine Männer um sich sammeln und ihr folgen konnte.

»Ich werde sie zurückbringen«, rief Miles über die Schulter Sir Guy zu.

Miles wußte, daß Fionas Pferd kein großartiger Renner war, aber sie holte alles aus ihm heraus, was sie vermochte. Er war schon so dicht heran, daß er sie fast mit der Hand zu berühren vermochte, als der Sattelgurt unter ihm nachgab und er auf die Seite seines Pferdes rutschte. »Verdammnis über sie«, keuchte er, wohl wissend, wer den Sattelgurt gelockert hatte. Doch gleichzeitig mußte er über ihren Einfallsreichtum lächeln.

Nur hatte Fiona Chatworth nicht bedacht, daß dieser Mann mit drei älteren Brüdern aufgewachsen war. Miles war an allerlei Streiche gewöhnt, wozu auch ein gelockerter Sattelgurt gehörte, und wußte, wie er sich in diesem Fall verhalten mußte. Geschickt verlagerte er sein Gewicht auf den Hals des Pferdes und klammerte sich mit den Knien an dessen Flanken, während der Sattel hinter ihm auf dem Pferderücken hing.

Er verlor etwas Tempo, als das Pferd sich gegen diese neue Position aufzulehnen drohte; doch Miles brachte das Tier wieder unter seine Kontrolle.

Fiona lenkte ihr Reittier in ein Kornfeld, als die primitive Straße sich vor ihr in nichts auflöste, und war sehr betroffen, daß Miles ihr so dicht auf den Fersen folgte.

Er fing sie im Kornfeld ein, packte sie um die Taille, und sie kämpften wild miteinander, bis Miles, dem die Steigbügel fehlten, zu fallen begann. Als er vom Pferd glitt, hatte er seinen Arm immer noch um Fionas Taille gelegt.

Bei ihrem gemeinsamen Sturz drehte sich Miles so, daß er mit seinem Körper die Wucht des Aufpralls auffing und Fiona als Unterlage diente. Dabei legte er den Arm um sie, um ihren Rücken vor den trommelnden Hufen zu schützen. Die Pferde rannten noch ein paar Schritte und standen dann keuchend still.

»Laßt mich los«, forderte Fiona, als sie wieder bei Atem war. Sie lag auf Miles.

Seine Arme hielten sie fest. »Wann habt Ihr meinen Sattelgurt gelockert?« Als sie ihm nicht antwortete, preßte er seine Arme um ihren Brustkorb, bis die Rippen zu brechen drohten.

»Beim Mittagessen«, keuchte sie.

Er legte eine Hand in ihren Nacken und zwang ihren Kopf an seine Schulter. »Fiona, Ihr seid eine gerissene Frau. Wie ist es Euch gelungen, durch die Postenkette meiner Männer zu schleichen? Wann habt Ihr Euch aus meinem Lager gestohlen?«

Sein Hals war verschwitzt, und sein Herz klopfte gegen ihres. Der scharfe Ritt hatte ihre Müdigkeit vertrieben, und sie war froh über ihren Fluchtversuch, obwohl er mißlungen war.

»Ihr habt mir ein tüchtiges Rennen geliefert«, sagte er amüsiert. »Wenn meine Brüder mir nicht so oft den boshaften Streich gespielt hätten, mich mit gelockertem Sattelgurt auf einen Ausritt mitzunehmen, hätte ich nicht gewußt, wie ich mich verhalten muß. Selbstverständlich sorgten sie dafür, daß ich ein langsames Pferd bekam, damit ich mir nicht den Hals brach, sobald ich stürzte.« Er bewegte sich so, daß er ihr ins Gesicht schauen konnte. »Wäre es für Euch eine große Freude, zusehen zu können, wie ich mir den Hals breche?«

»Ja, und wie«, sagte sie lächelnd, praktisch Nase an Nase mit ihm.

Miles lachte darüber, küßte sie rasch, schob sie von sich weg und stand auf. Er runzelte die Stirn, als sie sich mit dem Handrücken die Lippen abwischte. »Kommt, da ist ein Gasthof, nicht weit von hier entfernt, wo wir über Nacht bleiben wollen.« Er bot ihr nicht die Hand, um ihr beim Aufstehen zu helfen.

Als sie zu Miles' Gefolge zurückkehrten, warf Sir Guy Fiona

einen kurzen, bewundernden Blick zu, und sie vermutete, daß er in Zukunft wachsamer sein würde. Sie bekam wohl kaum noch Gelegenheit, sich am Sattelzeug der Männer zu vergreifen.

Erst als sie wieder zu Pferde saßen, bemerkte Fiona, daß Miles am Unterarm verletzt war und blutete. Sie wußte, daß es passiert sein mußte, als er schützend den Arm zwischen sie und den Pferdehuf hielt. Sir Guy untersuchte die Fleischwunde und verband sie, während Fiona vom Pferderücken aus zusah. Es erschien ihr seltsam, daß dieser Mann, ein Ascott, eine Chatworth vor Schaden schützte.

Miles bemerkte, wie sie ihn beobachtete. »Ein Lächeln von Euch, Fiona, würde den Heilungsprozeß beschleunigen.«

»Ich hoffe, Ihr vergiftet Euer Blut und verliert Euren Arm.« Sie gab ihrem Pferd die Sporen.

Wieder ritten sie stumm nebeneinander her, bis sie bei dem Gasthof eintrafen, zu dem, wie schon einmal, Miles einen Boten vorausgeschickt hatte, damit er sich auf ihre Ankunft vorbereitete. Diesmal wurde für Miles und Fiona in einem eigenen Eßzimmer serviert.

»Erzählt mir von Eurer Familie«, sagte er.

»Nein«, weigerte sie sich schlicht und langte nach einer Schüssel mit Schnecken in Knoblauchsoße.

»Dann werde ich eben von meiner erzählen. Ich habe drei ältere Brüder und . . .«

»Ich kenne sie. Ihr und Eure Brüder seid berüchtigt.«

Er zog eine Augenbraue in die Höhe. »Dann erzählt mir, was Ihr über uns gehört habt.«

»Mit Vergnügen.« Sie schnitt eine Hühnerpastete entzwei. »Euer Bruder Gavin ist der Älteste. Er sollte Lilian Valence heiraten, verstieß sie jedoch und heiratete statt dessen die reiche Judith Revedoune, eine Frau von bösartigem Charakter. Mit vereinten Kräften gelang es Eurem Bruder und seiner Frau, Lilian – nun eine Chatworth – in den Wahnsinn zu treiben.«

»Kennt Ihr Eure Schwägerin?«

Fiona betrachtete das Fleisch auf ihrem Teller. »Sie war nicht immer so, wie sie heute ist.«

»Diese Kanaille wurde schon als Hure geboren. Sie verschmähte meinen Bruder. Nun erzählt mir, was Ihr von Stephen wißt.«

»Er zwang eine Frau zur Ehe, die meinen Bruder zum Bräutigam haben wollte.«

»Und Raine?«

»Ich weiß wenig von diesem Mann, nur, daß er ein großartiger Kämpfer auf dem Schlachtfeld sein soll.«

Miles' Augen bohrten sich in die ihren. »Nachdem Euer Bruder meine Schwester vergewaltigte und Mary sich selbst den Tod gab, führte Raine einen Trupp Soldaten des Königs gegen Euren Bruder Roger, um ihn anzugreifen. Deshalb hat der König Raine zum Verräter erklärt, und mein Bruder lebt nun mit einer Horde von Verbrechern in einem Wald.« Er hielt inne. »Und was wißt Ihr über mich?«

»Ihr seid ein Wüstling, ein Verführer junger Mädchen.«

»Ich fühle mich geschmeichelt, daß meine Männlichkeit so überschätzt wird. Nun laßt mich die Wahrheit über meine Familie erzählen. Gavin mußte seine drei jüngeren Brüder aufziehen und zugleich den Familienbesitz verwalten, als er erst sechzehn Jahre alt war. Er hatte kaum Zeit, sich um Frauen zu kümmern und sie kennenzulernen. Er verliebte sich in Lilian Valence, bat sie, ihn zu heiraten, bekam jedoch einen Korb. Er heiratete statt dessen Judith Revedoune, und es dauerte eine Zeit, ehe er merkte, daß er seine Frau wirklich liebte. Lilian versuchte Judiths Gesicht mit kochendem Öl zu entstellen; doch die Sache ging schief, und statt dessen schüttete sich Lilian das Öl ins Gesicht.«

»Ihr seid ein notorischer Lügner«, sagte Fiona.

»Nein, ich lüge nicht. Stephen ist der Friedensstifter in unserer Familie und hat sich besonders eng an Gavin angeschlossen. Und Raine . . .« Er unterbrach sich kurz und lächelte. »Raine glaubt, die Last der Welt ruht auf seinen breiten Schultern. Er ist ein guter Mann, aber ein unglaublicher Sturkopf.«

»Und Ihr?« fragte Fiona sacht.

Er ließ sich Zeit mit der Antwort. »Ich bin allein. Meine Brüder scheinen so sicher, was sie wollen. Gavin liebt das Land; Stephen ist ein Kreuzfahrer für seine Schotten; Raine möchte die Welt verändern; doch ich . . .«

Sie sah ihn an, und einen Moment gab es eine stumme Zwiesprache zwischen ihnen. Auch sie hatte sich als Außenseiterin empfunden. Edmund war böse, Roger immer wütend, und sie hatte ihr Leben damit verbracht, Edmund und seinen Freunden auszuweichen, während sie gleichzeitig Brian zu beschützen suchte.

Miles nahm ihre Hand, und diesmal entzog sie sie ihm nicht. »Wir beide mußten wohl rasch erwachsen werden. Erinnert Ihr Euch noch an Eure Kinderzeit?«

»Nur zu gut«, sagte sie tonlos und nahm ihm ihre Hand weg.

Eine Weile lang aßen sie schweigend. »War Euer Vaterhaus . . . glücklich?« fragte sie, als wäre es nur eine nichtige Frage.

»Ja.« Er lächelte. »Jeder von uns wurde von Stiefeltern aufgezogen; aber wir verbrachten trotzdem sehr viel Zeit miteinander. Es ist nicht so einfach, der jüngste Sohn zu sein. Man wird ganz hübsch herumgeschubst. Und wart Ihr glücklich?«

»Nein. Ich war viel zu sehr damit beschäftigt, Edmunds Nachstellungen zu entgehen, um über solche törichten Dinge wie Glück nachzudenken. Ich möchte mich jetzt gern zurückziehen.«

Miles begleitete sie zu ihrem gemeinsamen Zimmer, und sie sah, daß diesmal eine Bettstatt an der anderen Wand aufgebaut war.

»Keine Fensterbank«, sagte er munter, doch Fiona lachte nicht. Er nahm ihre beiden Hände. »Wann werdet Ihr mir endlich vertrauen? Ich bin nicht wie Edmund oder Pagnell oder irgendeiner von den abscheulichen Männern, die Ihr kennengelernt habt.«

»Ihr haltet mich gefangen. Rauben Männer, die so gut sind, wie Ihr Euch haltet, unschuldigen Frauen die Freiheit?«

Er küßte ihre Hände. »Aber wenn ich Euch Eurem Bruder zurückgäbe, was würdet Ihr tun? Würdet Ihr warten, bis Roger Euch einen Gatten aussucht, und Euch dann als glückliche Ehefrau zur Ruhe setzen?«

Sie wich vor ihm zurück. »Roger hat mir erlaubt, unverheiratet zu bleiben. Ich dachte daran, das Gelübde als Nonne abzulegen.«

Miles musterte sie mit einem entsetzten Blick. Ehe sie protestieren konnte, zog er sie in seine Arme und streichelte ihren Rücken. »Ihr habt so viel Liebe zu verschenken. Wie könnt Ihr daran denken, sie für Euch zu behalten? Würdet Ihr nicht gerne Kinder haben, zusehen, wie sie groß werden? Es gibt nichts Schöneres als ein Kind, das Euch mit Hingabe und Vertrauen betrachtet.«

Sie hob den Kopf von seiner Schulter. Sie hatte sich inzwischen fast daran gewöhnt, daß er sie berührte und in seinen Armen festhielt. »Ich habe noch nie zuvor einen Mann kennengelernt, der Kinder liebte. Alle Männer, die mir begegnet sind, dachten nur ans Kämpfen, Trinken und an Frauen, die sie für ihre Lust mißbrauchten.«

»Es spricht manches für einen guten Kampf für eine gute Sache, und hin und wieder habe ich auch getrunken; aber ich möchte willige Frauen in meinem Bett haben. Nun laßt Euch aus Eurem Kleid helfen.«

Sie riß sich von ihm los und musterte ihn mit feindseligem Blick.

»Ich gedenke auf dieser kalten, harten, einsamen Koje zu schlafen; doch vermute ich, daß Euch das Kleid allmählich lästig wird. Jedenfalls schlaft Ihr ohne Kleid bequemer.«

»Ich habe es recht bequem *in* meinen Kleidern. Vielen Dank.«

»Schön, wie Ihr wollt.« Er drehte sich um und begann sich auszuziehen, während Fiona in ihrem Bett Zuflucht suchte.

Die einzige Kerze im Raum brannte noch, und als Miles sich bis auf sein Lendentuch entkleidet hatte, beugte er sich über sie und zog die Decke von ihrem Gesicht. Sie lag stocksteif da mit angespannten Muskeln, während er sich auf den Bettrand setzte und mit der Hand über ihre Haare an der Schläfe strich. Er sah sie nur stumm an und genoß die Berührung ihrer Haut.

»Gute Nacht, Fiona«, flüsterte er, während er ihr sacht einen Kuß auf die Lippen gab.

Ihre Hand schoß hoch, um den Mund abzuwischen, doch er packte sie beim Handgelenk. »Was muß geschehen, damit Ihr einen Mann liebt?« murmelte er.

»Ich glaube nicht, daß ich das könnte«, antwortete sie ihm aufrichtig. »Wenigstens nicht so, wie Ihr es meint.«

»Ihr bringt mich auf den Gedanken, das auszuprobieren. Gute Nacht, mein zerbrechlicher Engel.«

Er küßte sie abermals, ehe sie protestieren konnte, daß sie ganz und gar nicht zerbrechlich war; doch diesmal vermochte sie wenigstens den Kuß wegzuwischen.

5. Kapitel

Miles, Fiona, Sir Guy und die Ascott-Ritter reisten noch zwei Tage, ehe sie die Südgrenze von Schottland erreichten. Fiona versuchte abermals zu fliehen – nachts während Miles dicht neben ihr schlief –; aber sie kam nur bis zur Tür, ehe er sie wieder einfing und zu ihrem Bett zurückbrachte.

Fiona lag danach noch lange wach und dachte darüber nach, daß sie eine Gefangene war und doch keine Gefangene. Sie war noch nie mit so großer Aufmerksamkeit behandelt worden, wie Miles Ascott es tat. Nur nützte er jede Gelegenheit aus, sie anzufassen; doch daran gewöhnte sie sich allmählich. Es war bestimmt kein Vergnügen für sie; aber auch nicht so abstoßend, wie es ihr zunächst erschienen war. Einmal, in einem Gasthof, wo sie zum Essen eingekehrt waren, war ein Betrunkener auf Fiona zugetorkelt, und in einer Reflexbewegung ging sie schutzsuchend auf Miles zu. Er hatte ihren Reflex mit einem gänzlich unangemessenen Vergnügen registriert.

Heute hatte er ihr mitgeteilt, daß sie von nun an in seinem Zelt übernachten würden, da Gasthöfe in Schottland dünn gesät wären. Er deutete auch an, daß es Zusammenstöße geben könnte, sobald sie die Berge überquert hätten, da die Hochländer die Engländer nicht mochten.

Während des Abendessens schien er mit seinen Gedanken woanders und beriet sich mehrere Male flüsternd mit Sir Guy.

»Sind die Schotten tatsächlich so blutdürstig?« fragte sie, nachdem er den Abendbrottisch zum zweitenmal verlassen hatte.

Er schien nicht zu verstehen, wovon sie sprach. »Ich soll mich mit jemandem hier treffen, und er hat sich verspätet. Er hätte längst hier sein sollen.«

»Einer von Euren Brüdern – oder ist es vielleicht eine Frau?«

»Keines von beiden«, erwiderte er rasch.

Fiona stellte keine Fragen mehr. Als sie in ihr Bett kroch, immer noch mit dem Kleid angetan, das Miles ihr geschenkt hatte, drehte sie sich auf die Seite, um ihn auf seiner Koje zu betrachten. Er warf sich unruhig hin und her.

Als es laut an der Tür klopfte, sprang Fiona fast genauso rasch aus dem Bett wie Miles. Sir Guy trat ein, hinter ihm ein kleiner Junge.

»Kit!« rief Miles, faßte das Kind und drückte es an sich, daß er es zu zerquetschen drohte. Doch den Jungen schien das nicht zu stören, weil er sich ebenso fest an Miles klammerte.

»Weshalb haben sie so lange gebraucht?« erkundigte sich Miles bei Sir Guy.

»Sie wurden von einem schrecklichen Gewitter überrascht und verloren drei Pferde.«

»Keine Männer?«

»Jeder wurde gerettet, nur dauerte es eine Weile, bis sie die Pferde ersetzt hatten. Junker Kit hielt sich im Sattel, wo zwei Ritter dem Sturm nicht standhalten konnten«, sagte Sir Guy voller Stolz.

»Ist das wahr?« fragte Miles und drehte den Jungen herum. Fiona sah ein kleines Ebenbild von Miles, aber mit braunen statt grauen Augen – ein hübscher Junge mit ernsthaftem Gesicht.

»Ja, Papa«, antwortete Kit. »Onkel Gavin sagt, daß ein Ritter immer auf seinem Pferd bleiben muß. Später half ich den Männern, das Gepäck aus dem Wasser zu fischen.«

»Du bist ein guter Junge.« Miles grinste und umhalste den Knaben abermals. »Du kannst gehen, Guy. Sieh zu, daß die Männer versorgt werden. Wir brechen gleich in aller Frühe auf.«

Kit lächelte Sir Guy zum Abschied nochmal zu und flüsterte dann mit seinem Vater: »Wer ist sie?«

Miles stellte Kit auf den Boden. »Lady Fiona«, sagte er feierlich, »darf ich Euch Christopher Gavin Ascott vorstellen?«

»Wie geht es dir?« sagte sie und ergriff die ausgestreckte Hand des Kindes. »Ich bin Lady Fiona Chatworth.«

»Ihr seid sehr hübsch«, sagte er. »Mein Vater mag hübsche Frauen.«

»Kit . . .« begann Miles; doch Fiona unterbrach ihn.

»Magst du denn hübsche Frauen?« fragte sie.

»Oh, ja. Meine Kinderschwester ist sehr, sehr hübsch.«

»Davon bin ich überzeugt, wenn dein Vater sie anheuerte. Bist du hungrig? Müde?«

»Ich habe einen ganzen Sack voll gezuckerter Pflaumen gegessen«, sagte Kit stolz. »Oh, Papa! Ich habe eine Botschaft für dich. Sie stammt von einem Mann namens Simon.«

Ein Schatten huschte über Miles' Gesicht; doch als er den Brief las, grinste er von einem Ohr zum andern.

»Eine gute Nachricht?« fragte Fiona, die ihre Neugierde nicht unterdrücken konnte.

Miles warf die Botschaft auf seine zerknitterte Bettdecke und antwortete nüchtern: »Ja und nein. Meine Kusine ist von meiner Tochter entbunden worden; doch mein Onkel Simon droht mir den Tod an.«

Fiona wußte nicht, ob sie lachen oder entrüstet sein sollte.

»Du hast eine kleine Schwester, Kit«, sagte sie schließlich.

»Ich habe schon zwei Brüder. Ich möchte keine Schwester haben.«

»Ich glaube, darüber entscheidet dein Vater. Es ist schon spät, und ich denke, du solltest ins Bett gehen.«

»Kit kann ja mein Bett haben, und ich werde . . .« begann Miles mit zwinkernden Augen.

»Kit wird bei mir schlafen«, sagte Fiona von oben herab und reichte dem Kind ihre Hand.

Kit war sofort bereit, bei ihr zu schlafen, und er gähnte, als sie ihn um das Bett führte.

Miles sah lächelnd und auch ein bißchen triumphierend zu, wie Fiona den schlaftrunkenen kleinen Jungen bis auf die Unterwäsche auszog. Er kam bereitwillig in ihre Arme, als sie ihn ins Bett hob. Fiona kroch neben ihn und zog Kit an sich heran.

Einen Moment stand Miles neben dem Bett und sah die beiden an. Dann beugte er sich lächelnd vor und küßte sie beide auf die Stirn. »Gute Nacht«, flüsterte er, ehe er zu seiner Koje zurückging.

Am nächsten Tag merkte Miles sehr bald, daß Fionas Interesse sich nur auf Kit beschränkte. Und das Kind schloß sich so eng an Fiona an, als hätte es Fiona schon von der Wiege an gekannt. Diese erstaunliche Tatsache quittierte Fiona nur mit dem Satz: »Ich habe schon immer Kinder gern gehabt, und sie scheinen das zu wissen.« Was auch der Grund sein mochte, Kit schien sich bei Fiona wie zu Hause zu fühlen. Nachmittags ritt er mit ihr zusammen auf einem Pferd und schlief an ihrer Brust. Als Miles ihr anbot, ihr das schwere Kind abzunehmen, fauchte sie ihn buchstäblich an.

Nachts schliefen die beiden zusammengerollt in einem Bett, und Miles betrachtete die beiden Umschlungenen und fühlte sich wie ein Ausgestoßener.

Sie reisten weitere drei Tage nach Norden, und Fiona wußte, daß sie das Gebiet des MacArran-Clans fast erreicht haben mußten.

Miles war den ganzen Tag über sehr nachdenklich gewesen, und zweimal hatte sie ihn in einem heftigen Wortwechsel mit Sir Guy gesehen. An dem Stirnrunzeln von Sir Guy erkannte Fiona, daß Miles offensichtlich etwas vorhatte, das dem Hünen nicht gefiel. Doch jedesmal, wenn Fiona bis auf Hörweite herankam, verstummten die beiden Männer.

Mittags hielt Miles den Trupp an und fragte, ob Fiona und Kit mit ihm zusammen speisen möchten. In der Regel aßen sie alle zusammen in Sichtweite der Männer, so daß jeder dem anderen im Falle einer Gefahr beispringen konnte.

»Ihr scheint mit Euch sehr zufrieden zu sein«, sagte Fiona, die Miles von der Seite beobachtete.

»Wir sind nur noch einen Tagesritt von meinem Bruder und seiner Frau entfernt«, antwortete Miles vergnügt und hob Kit von Fionas Pferd herunter.

»Onkel Stephen trägt einen Rock, und Lady Alicia kann ein Pferd so schnell reiten wie der Wind«, belehrte sie Kit.

»Stephen trägt ein Plaid«, korrigierte Miles, während er Fiona vom Pferd zog und ihren Versuch, seine Hände fortzuschieben, übersah. »Mein Koch hat im Wald für uns eine Tafel gedeckt.«

Kit nahm Fionas Hand, und Miles ergriff die Linke seines Sohnes, und so gingen sie zusammen in den Wald.

»Was haltet Ihr von Schottland?« fragte Miles und stützte ihren Arm, als sie über einen umgestürzten Baum hinwegstieg.

»Es ist eine unberührte Landschaft, als habe sich von Anbeginn der Menschheit nichts getan. Sie ist sehr rauh und ... urwüchsig.«

»So wie ihre Bewohner.« Miles lachte. »Mein Bruder hat sich sein Haar bis zur Schulter hinunterwachsen lassen, und seine Kleider ... nein, nun, Ihr könnt Euch ja selbst ein Urteil bilden.«

»Gehen wir nicht ein bißchen weit von Euren Männern weg?« Der Wald schloß sich um sie, das zähe, unberührte Unterholz machte das Gehen sehr beschwerlich.

Miles zog eine Axt aus einer Lederschlaufe am Rücken und begann, einen Pfad für sie auszuhauen.

Fiona betrachtete ihn. Er trug jetzt ein schlichtes Gewand aus dunkelgrünem Stoff mit einem braunen Umhang über den Schultern – und er war schwer bewaffnet. Auf den Rücken hatte er einen langen Bogen geschnallt und einen Köcher mit Pfeilen, dazu die Axt, das Schwert an der Hüfte und einen Dolch an der Taille.

»Stimmt etwas nicht?« fragte sie.

»Nein«, sagte er, während er an ihr vorbeisah. »Tatsächlich erhielt ich eine Botschaft, Fiona, daß ich jemand hier treffen sollte; aber wir sind zu weit gegangen.«

Sie hob eine Augenbraue. »Ihr würdet für so ein geheimes Treffen das Leben Eures Sohnes auf das Spiel setzen?« Er schob die Axt in ihr Futteral auf seinem Rücken zurück. »Meine Männer bilden ja einen Ring um uns. Ich wollte Euch nur in meiner Nähe haben, statt Euch und Kit bei meinen Männern zu lassen.«

»Schau, Papa!« sagte Kit aufgeregt. »Dort ist ein Reh.«

»Sollen wir das Reh aus der Nähe betrachten?« fragte sie ruhig. »Lauf schon einmal voraus, und wir fangen dich wieder ein.« Während sie Kit im Auge behielt, sagte sie zu Miles: »Ich werde bei Kit bleiben, und Ihr schaut nach Euren Männern. Ich habe das Gefühl, diese Verabredung war nur ein übler Trick, um uns von unserer Begleitung zu trennen.«

Miles' Augen weiteten sich, als sie ihm diese Anweisung gab; doch binnen Sekunden tauchte er im Wald unter, während Fiona dem Jungen nacheilte. Es schien eine Ewigkeit zu dauern, ehe Miles wieder zurückkam, und sie sah mit besorgten Augen um sich.

»Bist du unglücklich, Fiona?« fragte Kit und faßte nach ihrer Hand.

Sie kniete sich neben ihm nieder, damit sie auf gleicher Höhe mit ihm wir. »Ich wundere mich nur, wo dein Vater bleibt.«

»Er kommt schon wieder«, sagte Kit zuversichtlich. »Mein Vater wird uns beschützen.«

Fiona versuchte, nicht ihr Mißtrauen zu zeigen. »Ich bin überzeugt, daß er das wird. Ich höre ein fließendes Wasser dort drüben. Sollen wir es suchen?«

Sie hatten einige Mühe, durch das Unterholz zu waten, doch sie erreichten den Fluß. Es war ein wildes, raschfließendes Gewässer, das über Felsen schäumte und am steinigen Ufer strudelte.

»Es ist kalt«, sagte Kit und wich vom Wasser zurück. »Glaubst du, es sind Fische darin?«

»Lachse vermutlich«, sagte Miles hinter Fiona, und sie fuhr tüchtig zusammen. Miles legte einen Arm um ihre Schulter. »Ich wollte Euch nicht erschrecken.«

Sie löste sich von ihm. »Was ist mit Euren Männern?«

Er sah Kit zu, der Zweige und Stöcke ins Wasser warf und beobachtete, wie die Wellen sie forttrugen. Er nahm ihre Hand in die seinen. »Meine Männer sind verschwunden. Ich habe keine Spur mehr von ihnen gesehen. Ihr werdet doch jetzt keine Panik bekommen, nicht wahr, Fiona?«

Sie sah ihm in die Augen. Sie fürchtete sich in einem fremden Land, allein mit einem Kind und diesem Mann, dem sie nicht traute. »Nein«, sagte sie fest. »Ich möchte nicht, daß Kit sich ängstigt.«

»Gut.« Er lächelte und drückte ihre Hände. »Wir sind an der Südgrenze des MacArran-Gebietes, und wenn wir nach Norden wandern, werden wir bis morgen abend die ersten Bauernhütten erreicht haben.«

»Aber wenn jemand Eure Männer fortgezaubert hat . . .«

»Meine Sorge gilt jetzt Euch und Kit. Wenn wir uns im Wald verstecken, bleiben wir vielleicht unentdeckt. Ich habe keine Angst vor einem Kampf, möchte aber nicht, daß Euch oder Kit ein Leid geschieht. Werdet Ihr mir helfen?«

Sie entzog ihm nicht ihre Hände. »Ja«, sagte sie leise, »ich werde Euch helfen.«

Er gab eine ihrer Hände frei. »In diesen Bergen ist es selbst im Sommer kalt. Legt Euch das um.« Er hielt ein großes Stück wollenes Tuch in die Höhe, das ein dunkelblaues und grünes Löffelmuster zeigte.

»Wo habt Ihr das her?«

»Das war alles, was auf dem Tisch zurückgeblieben ist, den mein Koch für uns gedeckt hatte. Es ist eines von den Plaids, die Alicia mir schenkte. Er benutzte ihn als Tischtuch. Wir können ihn heute nacht gut gebrauchen.« Er hielt ihre Hand fest, während sie das Wolltuch über den Arm warf, und dann gingen sie gemeinsam zu Kit.

»Würdest du gerne zu Fuß bis zu Onkel Stephens Haus gehen?« fragte Miles seinen Sohn.

Kit betrachtete seinen Vater tiefsinnig: »Wo ist Sir Guy? Ein Ritter geht nicht zu Fuß.«

»Ein Ritter tut, was zum Schutz seiner Frauen nötig ist.«

Vater und Sohn tauschten einen langen Blick. Obwohl Kit erst vier Jahre alt war, wußte er doch seit seiner Geburt, daß er ein Ritter werden würde. Man hatte ihm mit zwei Jahren ein hölzernes Schwert verliehen; und alle Geschichten, die man ihm erzählt hatte, handelten von Rittertum und ritterlichem Verhalten. Kit nahm Fionas Hand. »Wir werden Euch beschützen, Mylady«, sagte er feierlich und küßte ihr die Hand.

Miles legte seinem Sohn voller Stolz die Hand auf die Schulter. »Und nun läufst du voraus, Kit, und siehst dich nach einem Wildbret um. Selbst ein Kaninchen verschmähen wir nicht.«

»Ja, Papa.« Kit grinste und lief am Ufer des Flusses davon.

»Ihr laßt den Jungen unbeaufsichtigt herumtollen?«

»Nein. Kit ist nicht so unvernünftig, sich zu weit zu entfernen.«

»Ihr scheint über den Verlust Eurer Männer nicht sehr besorgt. Habt Ihr Hinweise auf einen Kampf gesehen?«

»Nichts.« Er schien seine Männer zu vergessen, während er sich bückte, eine zierliche gelbe Blume aus dem Moos pflückte und sie ihr hinter das Ohr steckte. »Ihr seht aus, als gehörtet Ihr hierher in diese Wildnis mit Euren aufgelösten Haaren und Eurem zerrissenen Kleid, das von Diamanten zusammengehalten wird. Ich hätte nichts dagegen, Euch mit noch vielen Diamanten zu schmücken, Fiona.«

»Die Freiheit ist mir lieber.«

Er trat einen Schritt von ihr zurück. »Ihr seid nicht länger meine Gefangene, Fiona Chatworth«, erklärte er. »Ihr könnt mich für immer verlassen.«

Sie sah sich in dem wilden, urwüchsigen Wald um. »Ihr seid sehr gerissen, Ascott«, sagte sie unwillig.

»Was bedeutet, daß Ihr lieber bei mir bleibt«, sagte er augenzwinkernd, und ehe sie etwas zu erwidern vermochte, hob er sie hoch, schwang sie in seinen Armen im Kreis herum und drückte ihr einen Kuß auf die Wange.

»Laßt mich los«, sagte sie, aber mit dem Hauch eines Lächelns auf den Lippen.

Er liebkoste ihr Ohrläppchen. »Ich glaube, ich könnte Euch zu Füßen liegen, wenn Ihr das möchtet«, flüsterte er.

»Gefesselt und geknebelt, hoffe ich«, entgegnete sie und drückte ihn nun von sich. »Gedenkt Ihr, für unsere Nahrung zu sorgen, oder tragt Ihr diesen Bogen lediglich auf dem Rücken, weil er Euch gut steht?«

»Papa!« rief Kit, ehe Miles antworten konnte. »Ich habe ein Kaninchen gesehen.«

»Sicherlich wartet es auf mich, damit ich es schlachten soll«, sagte Miles leise, während Kit, durch die Büsche watend, auf sie zukam.

Ein Geräusch von Fiona, das man nur als Kichern beschreiben konnte, ließ Miles aufhorchen. Er wandte ihr ein verblüfftes Gesicht zu.

Fiona wich seinem Blick aus. »Wo ist denn das Kaninchen, Kit? Dein tapferer Vater will sich dem Tier stellen, und vielleicht bekommen wir etwas zu knabbern, wenn nicht ein richtiges Essen.«

Nachdem sie eine Stunde gegangen waren, wobei Miles offenbar mehr daran interessiert schien, mit Fionas Fingern zu spielen, als an der Jagd, hatten sie keine Kaninchen mehr gesehen. Es war später, als sie geglaubt hatte, und es wurde bereits dunkel – oder vielleicht erschien ihr nur der Wald so düster.

»Wir werden hier unser Nachtlager aufschlagen. Kit, sammle Holz für ein Feuer.« Als das Kind sich entfernt hatte, wandte Miles sich Fiona zu. »Laßt ihn nicht aus den Augen. Ich werde inzwischen ein Wild für uns besorgen.« Damit glitt er in den Wald hinein.

Sobald Miles sich entfernt hatte, spürte Fiona die bedrückende Einsamkeit des Waldes. Sie folgte Kit und belud ihre Arme mit trockenen Zweigen. Und war es ihr bisher nicht aufgefallen, so hatte sie nun das Gefühl, als würden Augen aus dem Wald sie beobachten. Im Haus ihres Bruders hatte sie gelernt, einen sechsten Sinn für

Männer zu entwickeln, die sich in Ecken versteckten und dort darauf warteten, über sie herzufallen.

»Hast du Angst, Fiona?« fragte Kit mit großen Augen.

»Natürlich nicht.« Sie zwang sich zu einem Lächeln, doch dabei fielen ihr all die Geschichten ein, die sie über die Barbarei der Schotten gehört hatte. Sie waren ein wildes Volk, das kleine Kinder folterte.

»Mein Papa wird dich beschützen«, sagte Kit. »Man gab ihm seine Rittersporen, als er noch ein Knabe war. Mein Onkel Raine sagt, Papa ist einer der größten Ritter Englands. Er wird nicht zulassen, daß dich jemand überfällt.«

Sie nahm den Jungen in ihre Arme. »Dein Papa ist wahrhaftig ein großer Kämpe. Weißt du, daß mich vor ein paar Tagen drei Männer überfielen? Dein Vater hat sie in wenigen Minuten erschlagen und wurde nicht einmal verletzt.« Fiona konnte dem Jungen ansehen, daß er trotz seiner Beteuerungen Angst hatte. »Ich glaube, dein Vater könnte alle Männer Schottlands ganz allein besiegen. Es gibt niemanden, der so tapfer und stark ist wie dein Papa.«

Ein leises Kichern erschreckte Fiona. Sie sah sich um und erblickte Miles hinter sich, der zwei tote Kaninchen bei den Ohren hielt. »Ich danke Euch für Euer Loblied, Mylady.«

»Fiona hatte Angst«, erklärte Kit.

»Und du hast recht getan, sie zu trösten. Wir müssen stets unsere Frauen schützen. Wäre es möglich, daß Ihr wißt, wie man ein Kaninchen häuten muß, Fiona?«

Sie setzte Kit auf den Boden und nahm mit zuversichtlicher Miene die Kaninchen entgegen. »Ihr werdet feststellen, daß eine Chatworth nicht wie eine Ascott-Lady auf Seidenkissen herumsitzt und wartet, bis die Dienerschaft das Essen serviert.«

»Ihr habt eine vortreffliche Beschreibung von Stephens und Gavins Frauen geliefert. Komm, Kit, laß mal sehen, ob die Ascott-Männer sich nützlich machen können.«

In kürzester Zeit hatten Miles und Kit ein Feuer entfacht, und Fiona hatte die Kaninchen gehäutet und ausgeweidet. Miles benützte seine Axt, um Pfähle in den Boden zu treiben und einen Drehspieß für die Kaninchen herzurichten. Auf die Ellenbogen zurückgelehnt, sah er zu, wie Kit das Fleisch über dem Feuer drehte.

»Ihr wirkt sehr entspannt«, sagte Fiona stirnrunzelnd mit leiser Stimme. »Wir lagern hier schutzlos in einem fremden Land, doch Ihr schürt ein Feuer an. Man kann uns meilenweit sehen.«

Er zog an ihrem Rock, bis sie sich ein paar Fuß von ihm entfernt niedersetzte. »Dieses Land gehört meinem Bruder und dessen Frau, und wenn die MacArrans uns entdecken, erkennen sie auch die Ascott-Leoparden auf meinem Umhang. Die Schotten pflegen nicht einfach über Frauen und Kinder herzufallen und sie zu töten. Man wird Euch zu Stephen bringen, und Ihr müßt ihm nur erklären, wer Ihr seid.«

»Aber was ist mit Euren Rittern geschehen?«

»Fiona, meine Gefolgsleute sind ohne Spuren eines Kampfes verschwunden. Ich vermute, sie wurden nach Larenston eskortiert, zu Alicias Burg. Im Augenblick gilt meine Sorge nur Eurer und Kits Sicherheit. Wenn wir nach Larenston kommen, und meine Männer befinden sich nicht dort, werde ich mir auch ihretwegen Sorgen machen. Kit! du läßt das Fleisch auf einer Seite anbrennen!«

Er rückte dichter an sie heran. »Fiona, hier seid Ihr so sicher, wie man das nur sein kann. Ich habe die Umgebung erkundet und keine Menschenseele gesehen. Ihr friert«, sagte er, als sie erschauerte. Er nahm das Plaid vom Boden, legte es um ihre Schultern und zog sie an sich.

»Es ist nur der Wärme wegen«, sagte er, als sie sich gegen ihn sträubte, und weigerte sich, seinen Griff zu lockern.

»Das habe ich schon einmal gehört«, fauchte sie. »Die Wärme ist nur der Anfang. Macht es Euch Spaß, mich mit Gewalt zu nehmen?«

»Mir gefallen Eure Andeutungen gar nicht, daß Ihr mich mit den schleimigen Freunden Eures Bruders vergleicht«, fauchte er zurück.

Fiona hörte auf, sich zu wehren. »Vielleicht hat das Leben mit Edmund tatsächlich mein Denken etwas verdreht; aber ich mag nicht, daß man mich anfaßt.«

»Das habt Ihr mir oft genug gesagt; aber wenn wir die Nacht überleben wollen, müssen wir uns aneinander wärmen, denke ich. Kit, brich eine von den Keulen ab. Das Fleisch scheint gar zu sein.«

Die Kaninchen waren innen fast roh, außen verkohlt; doch die drei waren zu hungrig, um sich daran zu stören.

»Mir gefällt es, Papa«, sagte Kit. »Ich bin gerne hier im Wald.«

»Es ist schrecklich kalt hier«, sagte Fiona, die sich in ihrem Plaid zusammenkauerte. »Wenn es schon im Sommer so ist, wie wird es dann erst im Winter zugehen?«

»Alicia meint, England wäre ein Treibhaus. Im Winter wickelt sie sich in eines ihrer Plaids und schläft im Schnee.«

»Nein!« hauchte Fiona. »Ist sie wirklich so eine Barbarin?«

Lächelnd wandte Miles sich seinem Sohn zu und sah, daß ihm die Augen zuzufallen drohten.

»Komm, leg dich neben mich«, sagte Fiona, und das Kind ging zu ihr.

Miles breitete seinen Umhang aus, winkte Fiona und Kit zu, sich daraufzulegen, und deckte sie mit dem Plaid zu. Nachdem er noch Holz aufs Feuer gelegt hatte, hob er das Plaid und kroch neben Kit.

»Ihr könnt nicht ...« begann sie und hielt dann inne. Es gab keinen anderen Platz für ihn zum Schlafen. Das schlafende Kind zwischen ihnen hielt sie warm. Fiona war sich sehr wohl Miles' Nähe bewußt; doch diesmal war sie eher beruhigend als erschreckend.

Den Kopf auf einen Arm gestützt, beobachtete sie das Feuer. »Was für eine Frau war Kits Mutter?« fragte sie leise. »Hat sie sich auf der Stelle in Euch verliebt, als sie Euch zum erstenmal in Eurer Rüstung sah?«

Miles gab ein schnaubendes Lachen von sich. »Margaret Sidney hob ihre hübsche kleine Nase in die Höhe und weigerte sich, mit mir zu sprechen. Ich tat alles, was ich konnte, um bei ihr Eindruck zu schinden. Als sie einmal auf das Turnierfeld kam, um ihrem Vater Wasser zu bringen, drehte ich mich um, gaffte ihr nach, verlor meinen Steigbügel, und Raine traf mich mit seiner Lanze an der Hüfte. Ich habe immer noch die Narbe davon.«

»Aber ich dachte . . .«

»Ihr dachtet, ich hätte meine Seele dem Teufel verkauft, und dafür könnte ich nun jede Frau haben, die ich begehre.«

»Ich habe diese Geschichte gehört«, sagte sie obenhin, während sie auf das Feuer sah.

Er hob ihre freie Hand von Kits Seite und küßte ihre Fingerspitzen. »Der Teufel hat mir kein Angebot für meine Seele gemacht; aber wenn er es täte, würde ich mir das überlegen.«

»Ihr lästert Gott!« sagte sie und entzog ihm ihre Hand. Sie schwieg eine Weile. »Aber eure Margaret Sidney änderte ihre Meinung.«

»Sie war sechzehn und so schön, so in Gavin verliebt damals. Sie wollte nichts mit einem Jungen wie mir zu tun haben.«

»Und was änderte ihren Sinn?«

Er grinste breit. »Ich war beharrlich.«

Fiona wurde steif. »Und als Ihr sie bekamt, wie habt Ihr das gefeiert?«

»Indem ich sie bat, mich zu heiraten«, gab Miles zurück. »Ich sagte Euch schon, daß ich sie liebte.«

»Ihr verschenkt Eure Liebe sehr leichtfertig. Warum hat Bridget Euch nicht geheiratet oder diese Kusine, die Euch soeben eine Tochter zur Welt brachte?«

Er blieb ein paar Sekunden stumm. »Ich habe nur eine Frau geliebt, hatte jedoch mit vielen Frauen Liebesbeziehungen. Ich bat nur Kits Mutter, mich zu heiraten, und wenn ich wieder eine Frau darum bitte, dann nur, weil ich sie liebe.«

»Sie tut mir schon jetzt leid.« Fiona seufzte. »Sie wird sich mit Euren Bastarden abfinden müssen, die Ihr zwei- oder dreimal jährlich zeugt.«

»Ihr schient Euch nicht an diesem Kind zu stören, und Ihr habt das Mädchen im Gasthof auf dem Arm getragen, als Ihr glaubtet, es wäre meine Tochter.«

»Aber ich bin glücklicherweise nicht mit Euch verheiratet.«

Miles' Simme senkte sich: »Wenn Ihr meine Frau wäret, würde es Euch stören, wenn Ihr alle paar Monate ein neues Kind von mir empfänget?«

»Ich würde Euch nicht die vier Kinder vorwerfen, die Ihr als unreifer Mann in der Vergangenheit zeugtet. Aber wenn ich einen Mann heiratete, was nicht geschehen wird, und wenn mein Ehemann mich damit erniedrigte, indem er jede Dienstmagd in England schwängerte, würde ich, glaube ich, für seinen Tod sorgen.«

»Das ist fair«, sagte Miles mit belustigtem Unterton in der Stimme. Er drehte sich auf die Seite, legte einen Arm über Kit und um Fionas Schultern und zog sie beide an sich heran.

»Gute Nacht, mein Engel«, flüsterte er und schlief ein.

6. Kapitel

Miles wurde von Kits Fuß geweckt, mit dem er ihn in die Rippen trat, während er versuchte, über seinen Vater hinwegzuklettern. »Lieg ganz still, Papa«, flüsterte Kit feucht in der Nähe von Miles' Ohr. »Wecke Fiona nicht auf.« Damit war er über seinen Vater hinweggestiegen und lief in den Schatten des Waldes hinein.

Miles sah seinem Sohn nach und rieb sich den schmerzenden Brustkorb.

»Werdet Ihr das überstehen?« fragte Fiona lachend neben ihm.

Er drehte sich zur Seite, und ihre Blicke berührten sich. Fionas Haar war um sie gebreitet, und ihr Gesicht war weich vom Schlaf. Nie hätte er geglaubt, daß sie sich so unerbittlich zu beherrschen wußte. Vorsichtig, mit einem leichten Lächeln, bewegte er die Hand von ihrer Schulter zu ihrer Wange hinauf, fuhr sacht an der Linie ihres Kinns entlang.

Er hielt den Atem an, als sie sich dieser Liebkosung nicht entzog. Ihm war, als wäre sie ein wildes Tier, das er zu zähmen versuchte, und daß er sich sehr behutsam bewegen mußte, um sie nicht zu verscheuchen.

Fiona beobachtete Miles, und das Gefühl seiner Hand auf ihrem Gesicht erschien ihr wie ein Wunder. Seine Augen waren feucht, seine Lippen voll und weich. Sie hatte noch nie einem Mann gestattet, sie zu berühren, und sich nie gefragt, was die Liebkosung eines Mannes für eine Empfindung in ihr auszulösen vermochte. Doch nun lag sie ausgestreckt, das Gesicht Miles Ascott zugewandt, während ihre Körper nur eine Handspanne voneinander getrennt waren? Und sie fragte sich, wie es wäre, wenn sie ihn berührte. Auf seinen Wangen zeigte sich dunkel der Ansatz eines Bartes und betonte die scharfen Linien der Jochbeine. Eine Locke schwarzen Haares berührte sein Ohr.

Als könne Miles ihre Gedanken lesen, nahm er Fionas Hand und legte sie auf seine Wange. Sie ließ sie einen Moment dort ruhen, während ihr Herz heftig klopfte. Ihr war, als täte sie etwas Verbotenes. Nach einem langen Moment bewegte sie ihre Hand, um seine Haare zu berühren. Sie waren weich und sauber, und sie fragte sich, wie sie rochen.

Ihr Blick suchte wieder seine Augen, und sie spürte, daß er sie küssen würde. Weich vor ihm zurück, dachte sie, aber sie bewegte sich nicht.

Langsam, während seine Augen ihr sagten, daß sie sich ihm verweigern könne, kam er näher, und als seine Lippen die ihren berührten, hielt sie die Augen offen. Was für ein angenehmes Gefühl, dachte sie.

Er legte nur seinen Mund auf den ihren und behielt ihn dort. Er zwang sie nicht, die Lippen zu öffnen, faßte sie auch nicht an oder versuchte, sich mit seinem Gewicht auf sie zu werfen, wie das andere Männer getan hatten. Er hielt sie nur mit diesem leichten, höchst angenehmen Kuß.

Und er war es, der zuerst seine Lippen von ihrem Mund löste, und da war ein Licht von solcher Wärme in seinen Augen, daß sie steif zu werden begann. Jetzt würde er sich auf sie werfen.

»Still«, sagte er leise, seine Hand auf ihrer Wange. »Niemand wird dich jemals mehr verletzen, meine Fiona.«

»Papa!« rief Kit, und der Bann war gebrochen.

»Zweifellos hat er diesmal ein Einhorn entdeckt«, sagte Miles mit unterdrückter Stimme, während er sich widerwillig erhob. Sein Scherz wurde durch ein angedeutetes Lächeln von Fiona belohnt.

Als Fiona aufstand, zuckte sie unter einem stechenden Schmerz in ihrer Schulter zusammen. Sie war nicht gewohnt, auf der harten Erde zu schlafen.

Als wäre es die natürlichste Sache der Welt, begann Miles Fionas Schultern zu kneten. »Was hast du jetzt gefunden, Kit?« rief er über ihren Kopf hinweg.

»Einen Pfad«, schrie Kit zurück. »Darf ich ihm folgen?«

»Nicht, bis wir dich begleiten. Besser?« fragte er Fiona, und als sie nickte, küßte er ihren Nacken und begann rasch, ihre Habseligkeiten zusammenzuraffen.

»Geht Ihr immer so freizügig mit Frauen um?« fragte sie, und ihre

Stimme drückte echte Neugierde aus. »Wenn Ihr das Haus eines Fremden besucht – küßt Ihr da unverfroren die Frauen ab?«

Miles nahm sich nicht die Mühe, die Asche des Feuers zu vergraben. »Ich kann mich sehr zivilisiert betragen, versichere ich Euch, und in der Regel beschränke ich meine Küsse auf die Hände – wenigstens in der Öffentlichkeit.« Er sah sie lächelnd mit blitzenden Augen an. »Aber bei Euch, meine wunderschöne Fiona, war von unserer ersten ... äh ... Begegnung an nichts, was man als gewöhnlich bezeichnen könnte. Ich kann mich des Gefühls nicht erwehren, daß Ihr ein Geschenk für mich wart – ein sehr kostbares Geschenk, das ich dennoch nicht ablehnen, sondern behalten müsse.«

Bevor sie antworten konnte – und tatsächlich war sie viel zu verblüfft für eine Antwort –, faßte er ihre Hand und begann sie zu der Stelle zu ziehen, wo Kit schon ungeduldig wartete. »Wollen mal sehen, wohin dieser Pfad uns führt.«

Miles hielt ihre Hand fest, während Kit sie den engen, lang nicht mehr benützten Pfad hinunterführte. »Was denkt Ihr von meinem Sohn?«

Fiona lächelte zu dem Knaben hinunter, der einen Pilz am Boden untersuchte. Während sie ihm zusah richtete er sich auf und rannte wieder vor ihnen her. »Er ist sehr selbständig, intelligent und sehr erwachsen für sein Alter. Ihr müßt überaus stolz auf ihn sein.«

Miles' Brust schwoll sichtlich an. »Ich habe noch zwei Söhne zu Hause. Philip Stephen sieht so exotisch aus wie seine Mutter und hat ein Temperament, das selbst seine Amme das Fürchten lehrt, obwohl er erst ein Jahr alt ist.«

»Und Euer anderer Sohn? Den Ihr mit Bridget zeugtet?«

»James Raine ist das genaue Gegenteil von Philip, und die beiden hängen wie Kletten aneinander. Ich habe das Gefühl, daß es vielleicht immer so bleiben wird. James tritt Philip seine Spielzeuge ab, wenn Philip sie verlangt.« Er lachte glucksend. »Das einzige, was James nicht zu teilen bereit ist, ist seine Kinderschwester. Er schreit schon, wenn ich ihr nur die Hand gebe.«

»Dann kommt er aus dem Brüllen wohl nicht heraus«, meinte Fiona ironisch.

»James gibt den ganzen Tag kaum einen Mucks von sich«, sagte Miles lachend. Er beugte sich näher zu ihr. »Aber schließlich geht er ja sehr früh zu Bett.«

Sie stupste ihn übermütig.

»Papa«, rief Kit und rannte zu ihnen zurück. »Das mußt du dir anschauen! Ich habe ein Haus gefunden, aber es ist teilweise abgebrannt.«

Als sie um einen Knick herumkamen, sahen sie die verbrannte

Hütte eines Hochlandbauern, von der nur noch eine Ecke stand, während das Dach größtenteils eingestürzt war.

»Nein, Kit«, sagte Miles, als sein Sohn die Ruine betreten wollte. Schwere, verkohlte Balken hingen schräg aus der noch stehenden Wand. »Laß mich das erst testen.«

Fiona und Kit standen beieinander, während Miles der Reihe nach die Balken packte und sich mit seinem ganzen Gewicht daranhing. Ein bißchen Lehm löste sich aus der Wand; aber die Balken rührten sich nicht.

»Scheint ja sicher genug zu sein«, sagte Miles, während Kit nun in die Ruine rannte und in alle Ecken spähte.

Miles nahm Fionas Arm. »Laßt uns den Hügel hinaufgehen, denn wenn ich mich nicht irre, scheinen die Bäume dort oben Äpfel zu tragen.«

Tatsächlich befand sich ein kleiner Obstgarten auf der Hügelkuppe, und obwohl die meisten Bäume abgestorben waren, fanden sie doch ein Dutzend kümmerlicher, aber fast reifer Apfel an den Zweigen. Als Fiona einen von ihnen zu pflücken versuchte, glitt Miles' Arm um ihre Taille und hob sie hoch. So konnte sie den Apfel erreichen, und er ließ sie langsam wieder auf die Erde, wobei sie mit der Vorderseite ihres Leibes an seiner Brust entlangrutschte. Seine Lippen berührten eben die ihren, als Kit rief: »Schau mal, was ich gefunden habe, Papa!«

Fiona drehte den Kopf, um Kit zuzulächeln. »Was ist es denn?«

Mit einem übertriebenen Seufzer setzte Miles Fiona wieder ab.

»Es ist eine Schaukel!« rief Kit.

»Tatsächlich«, sagte Miles, Fiona bei der Hand haltend. Er packte die Seile der Schaukel und zog ein paarmal heftig daran. »Wollen mal sehen, wie hoch du schaukeln kannst«, sagte er zu seinem Sohn.

Fiona und Miles traten beiseite, während Kit sich auf das Schaukelbrett setzte und heftig mit den Beinen nachhalf, bis er mit den Zehen einen Ast berührte.

»Er wird sich verletzen«, sagte Fiona, doch Miles hielt sie am Arm fest.

»Nun zeig Fiona mal, was du alles kannst.«

Ihr stockte der Atem, als Kit, während die Schaukel hoch über dem Boden schwebte, seine Beine auf das Brett hinaufzog und sich in der Schaukel aufstellte.

»Jetzt!« rief Miles mit ausgebreiteten Armen.

Fiona mochte ihren Augen nicht trauen, als Kit plötzlich durch die Luft segelte und in Miles' Armen landete. Während Kit vor Vergnügen krähte, spürte Fiona ihre Knie schwach werden.

Miles stellte seinen Sohn auf die Erde und langte nach ihrem Arm. »Was ist mit Euch, Fiona? Es war doch nur ein Kinderspiel. Als ich so alt war wie Kit, pflegte ich fast genauso von der Schaukel in die Arme meines Vaters zu springen.«

»Aber wenn Ihr zur Seite gegangen wäret . . .« begann sie.

»Zur Seite gegangen!« wiederholte er entsetzt. »Damit Kit zur Erde stürzte?« Er zog sie in seine Arme und beruhigte sie. »Hat denn niemand mit Euch gespielt, als Ihr noch ein Kind wart?« fragte er leise.

»Meine Eltern starben kurz nach meiner Geburt. Edmund war mein Vormund.«

Diese schlichte Feststellung sagte Miles eine Menge. Er hielt sie mit beiden Armen vor sich hin, damit er sie betrachten konnte. »Nun werden wir versuchen, nachzuholen, was Ihr als Kind entbehren mußtet. Setzt Euch auf die Schaukel. Ich werde Euch anschieben.«

Froh, daß er sie von den Erinnerungen an Edmund ablenkte, ging sie bereitwillig zur Schaukel.

»Laßt mich das machen, Papa«, rief Kit und stemmte sich gegen das Holzbrett der Schaukel. Doch er erreichte nicht viel. »Sie ist zu schwer«, flüsterte Kit laut.

»Nicht für mich.« Miles lachte, küßte Fiona aufs Ohr und faßte die Seile. »Wischt es ab, Fiona!« sagte er, während er sie weit nach hinten zog.

»Das kann ich jetzt nicht, aber ich werde es nachholen!« gab sie ihm über die Schulter zurück.

Miles ließ die Schaukel los, und sie schwang wie ein Pendel auf die andere Seite hinüber. Jedesmal, wenn sie auf seiner Höhe war, gab er ihrer Kehrseite einen Schubs, statt das Brett anzufassen, doch konnte Fiona darüber nur lachen. Ihr Rock hob sich bis zu ihren Knien hinauf, sie schleuderte ihre Schuhe beiseite und streckte die Beine aus.

»Spring, Fiona!« rief Kit.

»Ich bin zu schwer, erinnerst du dich?« rief sie scherzend.

Miles stand nun neben der Schaukel. Je mehr Zeit er mit ihr verbrachte, um so schöner wurde sie. Ihr Kopf lag im Nacken, und sie lachte so vergnügt, wie er sie noch nie erlebt hatte.

»Papa kann dich auffangen«, meinte Kit beharrlich.

»Ja, Papa ist mehr als bereit, Lady Fiona einzufangen«, sagte Miles grinsend und stellte sich vor sie hin. Er sah, wie ein Schatten des Zweifels über ihr Gesicht wanderte. »Vertraut mir, Fiona.« Er lächelte, aber seine Stimme war todernst. »Ich trete nicht zur Seite; ich werde Euch auffangen, gleichgültig, wie hart Euer Fall sein mag.«

Fiona wiederholte nicht den Trick von Kit und stellte sich auf das Schaukelbrett; doch sie ließ die Seile los und flog kopfüber in Miles'

Arme. Als sie gegen ihn prallte, drückte ihr die Wucht des Stoßes fast den Atem aus den Lungen.

Miles schlang ihr die Arme um den Oberkörper, und dann sagte er mit einem entsetzten Blick: »Ihr seid zu schwer, Fiona.«

Sein Fall war eine perfekte Schauspielerei, und als er mit lautem Stöhnen zu Boden sank, kicherte sie und klammerte sich an ihn. Mit einem lauten, aus dem Herzen kommenden »Oh, ah« aus Miles' Mund begannen sie den steilen Abhang hinunterzurollen. Es war eine schrecklich einseitige Rolle. Wenn Miles den Boden berührte, hielt er Fiona fest, während seine Hände an ihren Seiten entlangglitten, und wenn sie in der Unterlage war, hielt er sie mit den Armen und Knien vom Boden weg, daß ihr nicht ein Stein die Haut verletzen konnte.

Fionas Kichern verwandelte sich in ein Lachen, das sie so schwächte daß sie ihn nicht mehr mit den Händen von sich wegstoßen konnte. In der Unterlage hielt Miles so lange an, bis sie mit ihren Händen gegen seine Arme stieß, und setzte dann die Rolle fort, damit sie sich wieder an ihn klammern mußte.

Am Fuß des Hügels warf er die Arme zur Seite und schloß die Augen. »Ihr habt mir sämtliche Knochen gebrochen, Fiona«, sagte er in klagendem Ton.

Kit, der auch an dem Vergnügen teilhaben wollte, raste den Hügel hinunter und sprang mitten auf den Unterleib seines Vaters, der darauf allerdings nicht vorbereitet war.

Das Stöhnen, das Miles nun von sich gab, war echt, und Fiona bekam wieder einen Lachanfall.

Mit großem Gehabe entfernte Miles seinen Sohn von seinem Bauch und drehte sich Fiona zu. »Es gefällt Euch, wenn ich Schmerzen leide, nicht wahr?« Seine Stimme war ernst, doch in seinen Augen tanzte der Spott. »Komm, Kit, wir wollen Lady Fiona zeigen, daß sie nicht ungestraft zwei Ritter des Königreiches auslachen darf.«

Mit geweiteten Augen wich Fiona vor den beiden zurück, doch Miles und Kit waren zu schnell für sie. Miles packte sie an den Schultern, während Kit sich mit seinem Körpergewicht gegen ihre Beine warf. Fiona stolperte über ihren Rocksaum, Miles über seinen Sohn, und Kit fuhr fort, mit aller Kraft zu schieben. Und so purzelten sie lachend übereinander, während Miles begann, Fionas Rippen zu kitzeln und Kit das Beispiel seines Vaters nachahmte.

»Genug?« fragte Miles vor Fionas Gesicht, der vor Lachen die Tränen über die Wangen strömten. »Seid Ihr bereit, zuzugeben, daß wir die besten Ritter im Lande sind?«

»Ich . . . hab' das nie bestritten«, keuchte sie.

Miles' Kitzeln wurde noch intensiver. »Sagt uns, was wir sind.«

»Die tapfersten und hübschesten Ritter in ganz England – in der ganzen Welt.«

Er hielt die Hände still, schob sie um ihre Taille, und seine Daumen ruhten knapp unter ihren Brüsten. »Und wie heiße ich?« flüsterte er vollkommen nüchtern.

»Miles«, flüsterte sie zurück, ihm in die Augen sehend. »Miles Ascott.« Ihre Arme lagen auf seiner Schulter, und nun schob sie sie ganz locker in seinen Nacken.

Miles beugte sich vor und küßte sie, sanft, aber zum erstenmal mit einem winzigen Funken, der zwischen ihnen übersprang.

Kit sprang seinem Vater auf den Rücken, Miles' Gesicht glitt von Fiona weg, und um ein Haar wäre er mit der Nase in den Schlamm gefallen.

»Wir wollen wieder schaukeln, Papa.«

»Und so was habe ich nun geliebt«, flüsterte Miles in Fionas Ohr, ehe er aufstand, seinen Sohn auf dem Rücken, der sich mit beiden Armen an seinen Hals klammerte.

Keiner der drei hatte bemerkt, daß sich der Himmel in den letzten Minuten überzog. Sie waren ganz überrascht, als die ersten kalten Regentropfen sie trafen. Dann öffnete der Himmel seine Schleusen und ertränkte sie fast.

»Zu der Hütte«, rief Miles, zog Fiona auf die Füße, und, seinen Arm um ihre Schultern gelegt, rannten sie gemeinsam zur Behausung.

»Seid Ihr naß geworden?« fragte er, während er Kit von seinem Rücken lud.

»Nein, nicht sehr.« Sie lächelte zu ihm hoch, ehe sie sich Kit zudrehte.

Miles legte die Hand leicht auf Fionas Schulter. »Warum schürt ihr beiden nicht ein Feuer, während ich uns etwas zu essen suche?«

Kit war sofort mit dem Vorschlag einverstanden, während Fiona etwas zaghaft in den strömenden Regen hinausblickte. »Solltet Ihr nicht lieber warten, bis das Schütten ein wenig nachläßt?«

Miles lächelte erfreut. »Der Regen macht mir nichts aus. Bleibt ihr beide hier unter dem Dach, und ich werde nicht sehr weit weggehen.« Damit schlüpfte er zwischen den verkohlten Balken hindurch und lief zum Wald.

Fiona ging bis zum Rand ihrer Unterkunft und sah ihm nach. Sie war überzeugt, daß Miles Ascott sich nicht vorzustellen vermochte, wie ungewöhnlich dieser Tag für sie begonnen hatte. Sie hatte einen ganzen Vormittag mit einem Mann verbracht, und nicht ein einziges Mal war es zu Gewalttätigkeiten gekommen. Und das Gelächter! Sie hatte schon immer gerne gelacht; doch ihre Brüder waren so ernst – jeder, der mit Edmund Chatworth unter demselben Dach wohnen mußte, verlernte nur zu schnell das Lachen. Doch heute hatte sie mit einem Mann gelacht, und er hatte nicht versucht, ihr die Kleider vom Leib zu reißen. Bisher hatte sie einem Mann nur zulächeln müssen, und sofort hatte er sie gepackt, ihr weh getan.

Es war nicht so, daß Fiona mit ihrer Schönheit zu einer unbeherrschbaren Leidenschaft hingerissen hätte. Sie wußte, daß sie hübsch war; doch wenn die Gerüchte zutrafen, die sie gehört hatte, konnte sie in dieser Hinsicht der Revedoune-Erbin nicht das Wasser reichen. Was Fiona stets zum Opfer männlicher Aggressionen gemacht hatte, war ihr Bruder Edmund. Sein makabrer Sinn für Humor hatte ihn dazu gebracht, mit seinen Gästen zu wetten, wer von ihnen als erster Fiona in sein Bett ziehen könne. Edmund haßte an seiner Schwester, daß sie vor ihm aus Angst im Boden versank. Als sie ein Kind war, pflegte er sie oft von dem Stift, wo sie die meiste Zeit wohnte, nach Hause zu bringen, und dort hatte er sie dann geschlagen und die Treppe hinuntergeworfen. Doch stets war es Fiona gelungen, diesen Anschlägen unverletzt zu entkommen.

Als sie zwölf war, begann sie sich gegen ihren Bruder zu wehren. Sie hatte sich Edmund erfolgreich mit einer brennenden Fackel vom Leib gehalten. Danach wurden die Spiele, die Edmund mit ihr trieb, ernsthafter, und Fiona wurde immer vorsichtiger, immer geschickter in der Methode, ihre Angreifer abzuwehren. Sie lernte, wie man Männern empfindlich weh tun konnte, die versuchten, sie zu mißbrauchen. Sie hatte Roger dazu überredet, ihr den Gebrauch einer Kriegsaxt beizubringen, wie man ein Schwert führen muß und einen Dolch. Sie wuße auch, wie man sich mit einer rasiermesserscharfen Zunge zu verteidigen vermochte.

Wenn sie ein paar Wochen mit Edmund und den Männern gelebt hatte, mit denen er sich umgab, floh sie regelmäßig zu ihrem Stift zurück, in der Regel mit Rogers Hilfe, und dort vermochte sie sich dann ein paar Wochen lang zu erholen, bis Edmund sie wieder in sein Haus holte.

»Das Feuer brennt, Lady Fiona«, sagte Kit hinter ihr.

Sie drehte sich mit einem warmen Lächeln zu ihm um. Kinder hatte sie schon immer leidenschaftlich gern gehabt. Kinder waren das, was sie zu sein schienen, versuchten nie, einem etwas wegzunehmen und gaben, ohne etwas dafür zu verlangen. »Du hast die ganze Arbeit getan, während ich nur herumgestanden habe.« Sie ging zu ihm. »Vielleicht möchtest du, daß ich dir eine Geschichte erzähle, während wir auf deinen Vater warten.«

Sie setzte sich nieder, lehnte sich gegen die Wand und streckte ihre Füße dem Feuer entgegen, den Arm um Kits Schultern gelegt. Sie warf den Umhang von Miles über sie beide und begann, Kit dann von Moses und seinem Volk Israel zu erzählen. Ehe sie bei dem Zug durch das Rote Meer angekommen war, war Kit, an ihre Brust gelehnt, schon eingeschlafen.

Der Regen trommelte auf das bißchen Dach, das sie noch über dem Kopf hatten, und tropfte durch ein paar undichte Stellen. Während sie auf das Feuer achtete, tauchte Miles aus dem Sprühnebel auf, schenkte ihr ein Lächeln und schürte Holz nach. Stumm enthäutete und tranchierte er ein junges Schwein, spießte die Fleischstücke auf Stöckchen und röstete sie über dem Feuer.

Sie sah zu und überlegte, was für ein seltsamer Mann er doch sei. Oder waren die meisten Männer wie er? Roger hatte stets zu ihr gesagt, daß sie nur den Abschaum der Männer kennengelernt habe, und wenn sie an die Loblieder dachte, die einige der jungen Damen im Frauenstift auf ihre Liebhaber sangen, mußte sie doch zu dem Schluß kommen, daß es unter den Männern auch einige geben mußte, gegen die sie sich nicht mit Zähnen und Nägeln zu wehren brauchte.

Miles kniete beim Feuer, während seine Hände geschickt die Spieße mit dem Fleisch drehten. Sein Bogen lag griffbereit neben ihm, seine Pfeile steckten im Köcher auf seinem Rücken, und sein Schwert hing, wie immer, an seiner Seite. Sogar, als sie den Hügel hinuntergerollt waren, hatte Miles das Schwert an der Hüfte behalten. Was war das für ein Mann, der mit einer Frau scherzen und zur gleichen Zeit auf eine Gefahr vorbereitet sein konnte?

»Was denkt Ihr?« fragte Miles mit leiser Stimme und flammenden Augen.

Sie kehrte mit ihren Gedanken in die Gegenwart zurück.

»Daß Ihr fast das Feuer erstickt mit Euren triefend nassen Kleidern.«

Er stand auf und streckte sich. »Das ist ein kaltes Land, nicht wahr?« Damit begann er langsam seine nassen Kleider auszuziehen und vor dem Feuer auszubreiten.

Fiona verfolgte den Vorgang mit mäßigem Interesse. Nackte Männer waren nichts Neues für sie, und die Lehnsritter ihres Bruders hatten oft nur mit einem Lendentuch bekleidet unter ihrem Fenster geübt. Doch sie bezweifelte, ob sie einen dieser Männer jemals richtig angesehen hatte.

Miles war schlank, aber muskulös, und als er sich ihr zuwendete, nur mit einem Lendentuch um die Hüften, sah sie eine große Menge dunkler Haare auf seiner Brust. Seine Schenkel waren groß und muskelbepackt vom Training in eiserner Rüstung, und seine Waden waren gut entwickelt.

»Fiona«, flüsterte Miles, »Ihr bringt mich zum Erröten.«

Doch es war Fiona, die rot wurde und ihm nicht in die Augen sehen konnte, als sie ihn lachen hörte.

»Papa«, sagte Kit, aus dem Schlummer erwachend, »ich habe Hunger.«

Widerwillig gab Fiona das Kind frei. So sehr sie Kinder liebte, so wenige hatten in ihrem Leben bisher eine Rolle gespielt. Es gab nichts, was einem Kind vergleichbar war, das sich in ihren Arm kuschelte, ihre Wärme suchte, ihr vertraute, sie berührte.

»Wir haben Schweinefleisch und ein paar Äpfel«, sagte Miles zu seinem Sohn.

»Frierst du, Papa?« fragte Kit.

Miles sah nicht zu Fiona hin. »Die warmen Blicke einer Lady halten mich warm. Kommt, und eßt mit uns, Lady Fiona.«

Immer noch mit blutroten Wangen setzte Fiona sich zu den beiden; doch es dauerte nicht lange, bis sie ihre Verlegenheit überwand. Kit bestand darauf, daß Miles Geschichten aus seiner Jugendzeit mit seinen Brüdern erzahlte. In jeder Geschichte war er der Held, der seine Brüder rettete, ihnen als Vorbild diente. Kits Augen funkelten wie Sterne.

»Und als Ihr Eure Gelübde ablegtet«, sagte Fiona mit scheinheiliger Stimme, »habt Ihr da nicht jeder Lüge abgeschworen?«

Miles sagte augenzwinkernd: »Ich glaube nicht, daß mein Gelübde es mir untersagte, meinem Sohn oder meiner . . .« Er schien nach einem Wort zu suchen.

». . . Gefangenen zu imponieren?« schlug sie vor.

»Ah, Fiona«, sagte er gedehnt. »Was würde eine Lady von einem Mann halten, dessen ältere Brüder ständig versuchten, ihm das Leben zu verleiden?«

»Haben sie das getan?«

Sie stellte ihre Frage in einem so ernsten Ton, daß er annehmen mußte, sie traute seinen Brüdern nur das Schlimmste zu. »Nein, nicht eigentlich«, beruhigte er sie. »Wir waren schon in früher Jugend uns selbst überlassen, und ich glaube, ein paar unserer Scherze waren ein bißchen gewagt; aber wir haben alle überlebt.«

»Und lebt glücklich bis zum Ende Eurer Tage«, sagte sie mit belegter Stimme.

»Und wie war das Leben mit Edmund Chatworth?« fragte er beiläufig.

Fiona zog die Beine an den Leib. »Er trieb auch seinen . . . Spaß«, war ihre ganze Antwort darauf.

»Bist du schon satt, Kit?« fragte Miles, und als er die Hand ausstreckte, um sich ein Stück Braten vom Spieß zu nehmen, sah sie eine lange Schnittwunde auf der Innenseite seines Handgelenks. Der Schorf hatte sich im Regen abgelöst, und die Wunde blutete.

Miles schien jeden Blick, mit dem sie ihn streifte, sofort zu spüren. »Die Bogensehne hat die Haut aufgerissen. Ihr könnt die Wunde verarzten, wenn Ihr wollt«, sagte er so eifrig, mit so viel Hoffnung, daß sie ihn auslachte.

Sie hob ihren Rock, riß ein langes Stück vom Unterrock ab und hielt den Stoff in den Regen. Miles saß mit gekreuzten Beinen vor ihr, streckte ihr den Arm hin, und sie begann, das Blut abzuwaschen.

»Ich kann Euch gar nicht sagen, wie gut das tut, wenn man Euch lächeln sieht«, sagte er. »Kit! Kletter mir ja nicht an diesen Balken hinauf. Nimm das Tuch aus meinem Köcher und säubere mein Schwert. Paß auf, daß du die Schneide nicht schartig machst.«

Er sah auf Fiona zuruck. »Ich betrachte es als eine Ehre, daß Ihr mir zulächelt. Ich bin mir nicht sicher, habe jedoch das Gefühl, daß Ihr wenigen Männern ein Lächeln gönnt.«

»Sehr wenigen«, war ihre ganze Antwort.

Er hob ihre Hand von seinem Gelenk und küßte ihre Handfläche. »Ich beginne zu glauben, daß Ihr so engelhaft seid, wie Ihr ausseht. Kit himmelt Euch an.«

»Ich habe das Gefühl, daß Kit noch keine fremde Person kennengelernt hat – daß er jeden anhimmelt.«

»Ich tu das nicht.« Er küßte abermals ihre Hand.

»Hört auf damit!« Sie nahm ihre Hand weg. »Ihr nehmt Euch mit Euren Küssen zu große Freiheiten heraus.«

»Ich betrage mich sehr gesittet, indem ich mich auf Küsse beschränke. Ich würde Euch viel lieber in den Arm nehmen. Kit!« rief er seinem Sohn zu, der das Schwert über seinem Kopf hin- und herschwang. »Ich lege dich über das Knie, wenn du versuchen solltest, mit meinem Schwert einen Holzbalken zu spalten.«

Unwillkürlich mußte Fiona lachen, als sie Miles' sauber bandagierten Arm von sich wegschob. »Ich denke, Ihr solltet Euren Sohn lieber zu Hause lassen, wenn Ihr versucht, einer Dame den Hof zu machen.«

»Oh, nein.« Er lächelte. »Kit hat mehr erreicht, als ich in Monaten geschafft hätte.«

Mit dieser geheimnisvollen Bemerkung ging er zu seinem Sohn hinüber, um ihm sein kostbares Schwert wieder abzunehmen.

7. Kapitel

In dieser Nacht schliefen die drei wieder zusammen, Kit zwischen den beiden Erwachsenen eingekeilt. Fiona lag lange wach und lauschte den Atemzügen von Miles und Kit. Die beiden zurückliegenden Tage waren so ungewöhnlich gewesen, so ganz anders als alles, was sie bisher erlebt hatte. Es war wie ein bißchen Sonnenschein nach jahrelangem Regen.

Als sie erwachte, lag sie allein unter dem Umhang, während das Plaid um sie festgesteckt war. Sie lächelte verschlafen, schob sich tiefer unter die Decke, und sekundenlang wünschte sie sich, sie könnte immer an diesem Ort bleiben, und daß jeder Tag mit Lachen erfüllt sein würde.

Sie drehte sich auf den Rücken, streckte sich, sah sich in der Ruine um und bemerkte, daß sie leer war. Ihre Sinne waren in den letzten Tagen abgestumpft. In der Regel schlief sie mit einem wachen Ohr, doch irgendwie war es Miles und Kit gelungen, sie unbemerkt zu verlassen. Sie lauschte nun auf ein Geräusch von den beiden und lächelte, als sie leise, langsame Schritte nicht weit von sich entfernt vernahm.

Geräuschlos, verstohlen, verließ sie die Ruine und tauchte in dem Schatten des Waldes unter. Als sie sich hinter den Bäumen verbarg, hörte sie die unmißverständlichen Geräusche von Kit und Miles zu ihrer Linken. Wer pirschte also im Unterholz direkt vor ihr umher?

Sie nahm ihre ganze Erfahrung zusammen, die sie sich jahrelang dabei erworben hatte, als sie den Nachstellungen der Freunde ihres Bruders entgehen mußte, und schlüpfte lautlos durch den Forst.

Es dauerte einige Minuten, ehe sie sah, wer sich da so große Mühe gab, sich an die Ruine heranzupirschen.

Da lag ein Mann bäuchlings auf dem Waldboden, der lange Körper regungslos hingestreckt, während der Kopf sich von einer Seite zur anderen bewegte. Sir Guy suchte den Horizont an der Stelle ab, wo Kit und Miles durch das Unterholz huschten.

So leise wie der Wind kroch Fiona hinter Sir Guy. Sie bückte sich, hob einen länglichen, faustkeilartigen Stein auf und schloß ihre Finger zur Faust darüber. Roger hatte ihr beigebracht, daß sie selbst mit ihrer zierlichen, schwachen Faust etwas auszurichten vermochte, wenn sie mit einem harten Gegenstand zuschlug. Den Stein schlagbereit in der einen Hand, bückte sie sich und zog Sir Guy den kleinen Dolch aus der Scheide an seiner Seite.

Der Hüne erhob sich mit einer fließenden, raschen Bewegung. »Lady Fiona!« flüsterte er erstaunt.

Fiona machte einen Satz, um den Mann auf Armeslänge von sich fernzuhalten. »Warum folgt Ihr uns? Habt Ihr Euren Herrn verraten und kommt jetzt hierher, um ihn umzubringen?«

Die Narbe auf Sir Guys Gesicht verfärbte sich, doch er gab ihr keine Antwort. Statt dessen drehte er den Kopf in die Richtung von Miles und ließ einen ohrendurchdringenden Pfiff hören.

Fiona wußte, daß Miles auf diesen Pfiff hin zu ihm kommen

würde, daß es ein Signal war zwischen diesen beiden Männern. Wenn Sir Guy es für richtig hielt, seinen Herrn zu benachrichtigen, mußte Miles auch den Grund wissen, weshalb der Hüne sich hier versteckte.

In bemerkenswert kurzer Zeit tauchte Miles mit gezogenem Schwert vor den beiden auf.

»Die Lady fragte mich, ob ich beabsichtigte, Euch zu töten«, sagte Sir Guy mit feierlicher Stimme.

Miles blickte zwischen den beiden hin und her. »Wie hat sie dich gefunden?«

Sir Guys Augen ließen nicht einen Moment Fionas Gesicht los. Er schien verlegen und zugleich von Bewunderung erfüllt. »Ich habe sie nicht gehört.«

Miles sagte augenzwinkernd: »Gebt ihm den Dolch zurück, Fiona. Ihr braucht keine Sorge zu haben, was Guys Loyalität betrifft.«

Fiona rührte sich nicht. Ihre Hand umspannte den Stein, der in den Falten ihres Rocks verborgen war, und zur gleichen Zeit bemerkte sie den flachen Fels, auf dem Sir Guys in weichem Leder steckender Fuß ruhte. Füße waren sogar bei dem stärksten Mann verwundbar.

»Wo sind Eure Männer?« fragte sie Miles, während ihr Blick auf Sir Guy haften blieb.

»Nun ... Fiona«, begann er, »ich dachte, vielleicht ...«

An der leichten Grimasse von Sir Guy erkannte Fiona, daß alles, was der Hüne getan hatte, Miles Ascotts Idee gewesen sein mußte.

»Nun redet schon!« befahl sie.

»Wir befinden uns auf dem Land der MacArran, und ich wußte, daß wir hier sicher sein würden, also beschloß ich, mit Euch und Kit zu Fuß weiterzugehen. Wir befanden uns nie in Gefahr.«

Sie schwang herum, behielt jedoch Sir Guy im Blickfeld.

»Das war alles ein Trick«, sagte sie erbittert. »Daß Eure Männer verschwunden wären, war eine Lüge. Ihr habt nur vorgegaukelt, daß wir in Gefahr seien. Das habt Ihr alles nur getan, um mich für Euch allein zu haben.«

»Fiona«, erwiderte er beschwichtigend, »wir waren ständig von Leuten umgeben. Ich dachte, wenn wir eine Weile alleine sein könnten, würdet Ihr mich vielleicht besser kennenlernen. Und Kit ...«

»Beschmutzt nicht den Namen Eures Kindes! Er war nicht in dieses häßliche Komplott verwickelt.«

»Es war kein Komplott«, sagte er mit sanften, flehenden Augen.

»Aber wie stand es mit der Gefährlichkeit? Ihr habt mein Leben und das Eures Sohnes gefährdet. Diese Wälder sind voll wilder Männer!«

Miles lächelte gönnerhaft. »Richtig; doch diese Wilden sind durch Heirat mit mir verwandt. Ich bin sicher, wir sind sogar jetzt von den MacArrans umgeben.«

»Ich habe keinen gehört, bis auf diesen großen tapsigen Bären.«

Sir Guy wurde steif neben ihr.

»Aber es ist ja nichts Unrechtes geschehen.« Miles lächelte sie an. »Gebt mir den Dolch, Fiona.«

»Nichts Unrechtes bis auf Lügen, die Ihr einer Frau erzählt habt«, fauchte sie.

Danach schien alles in einer einzigen, blitzartigen Bewegung abzulaufen. Sie ging mit dem Dolch auf Miles los. Sir Guy schlug ihr den Dolch aus der Hand, und das kleine Messer flog durchs Unterholz. Gleichzeitig schmetterte Fionas Absatz auf die zwei kleinsten Zehen an Sir Guys linkem Fuß hinunter. Miles, der bei Sir Guys Schmerzensschrei den Hünen verblüfft ansah, bemerkte nicht den Stein in Fionas Faust, den sie ihm in den Magen wuchtete. Mit einem schmerzlichen Geheul knickte Miles nach vorne.

Fiona wich zurück und behielt Sir Guy im Auge, der auf dem Boden saß und versuchte, mit schmerzverzerrtem Gesicht seinen Stiefel auszuziehen. Miles sah aus, als müsse er jeden Moment das gestrige Abendessen von sich geben.

»Gut gemacht«, sprach eine Stimme hinter ihr. Sie wirbelte herum und sah eine bemerkenswert schöne Frau vor sich mit schwarzen Haaren und blauen Augen, so groß wie Fiona selbst, was eine Seltenheit war. Ein mächtiger Hund hechelte an ihrer Seite.

»Das soll dir eine Lehre sein, Miles«, fuhr die Fremde fort, »daß nicht alle Frauen die Rolle schätzen, die ihnen ein Mann aufzudrängen versucht.«

Fionas Augen weiteten sich, als von den Bäumen ringsum die Männer herunterfielen wie reife Früchte, und aus der Richtung der Ruine kam ein älterer Mann, der Kit bei der Hand führte.

»Lady Fiona Chatworth«, sagte die Fremde, »ich bin Alicia MacArran, die Chefin des Clans MacArran und Schwägerin dieses ränkesüchtigen jungen Mannes.«

Miles erholte sich langsam von dem Schlag in den Magen.

»Alicia, es ist gut, dich wiederzusehen.«

»Tam«, sagte Alicia zu dem älteren Mann, »kümmere dich um Sir Guys Fuß. Ist etwas gebrochen?«

»Vermutlich«, sagte Fiona. »Mit diesem Tritt habe ich früher in der Regel die kleinsten Zehen eines Mannes zerbrochen.«

Alicia warf Fiona einen verständnisvollen Blick zu. »Das sind meine Männer, Douglas.« Während sie die Namen ihrer Clansleute aufrief, traten sie vor und begrüßten Lady Fiona mit einem kurzen Nicken. »Alex, Jarl und Francis.«

Fiona betrachtete jeden Mann mit einem harten, abschätzenden Blick. Sie mochte es nicht, von Männern umgeben zu sein, und sie bewegte sich so, daß Sir Guy nicht mehr hinter ihr stand. Die vielen Männer in ihrer Nähe gaben ihr das Gefühl, als wäre sie in einer kleinen Zelle eingesperrt.

Miles, der sich noch den schmerzenden Magen rieb, bemerkte Fionas Unruhe und trat näher an sie heran. Als Tam einen Schritt näherkam, berührte Miles dessen Arm und warf ihm einen warnenden Blick zu. Mit einem raschen, verwunderten Stirnrunzeln ließ Tam Kits Hand los und trat von Fiona zurück, als er in ihren Augen einen lauernden, wachsamen Ausdruck bemerkte.

»Und wo steckt mein wertloser Bruder?« fragte Miles Alicia, die gelassen die Szene vor sich betrachtete.

»Er ist auf Patrouille an der Nordgrenze; doch ich erwarte ihn zurück, ehe wir Larenston erreichen.«

Miles nahm Fionas Arm und verstärkte seinen Griff, als sie versuchte, sich loszuwinden. »Alicia hat ein Baby«, sagte er laut. Und dann, im Flüsterton: »Ihr seid sicher bei diesen Leuten. Bleibt in meiner Nähe.«

Fiona musterte ihn mit einem flammenden Blick, der ihm bedeutete, daß sie sich in seiner Nähe nicht sicherer fühlte als bei jedem anderen Mann; doch sie blieb an seiner Seite. Die Männer, die in einer Gruppe bei Alicia standen, trugen seltsame Kleider, die ihre Knie freiließen. Ihre Haare fielen bis über die Schultern herunter, und an ihren Gürteln trugen sie lange, breite Schwerter.

Alicia hatte das Gefühl, daß die Verstimmung zwischen Miles und der jungen Lady nicht nur diesen kindischen Scherz zur Ursache hatte, den er mit Fiona veranstaltet hatte. Doch sie hatte keine Ahnung, was noch dahintersteckte. Vielleicht konnte sie herausfinden, was diese Spannung in der Luft bedeutete, wenn sie nach Larenston zurückkehrten. »Sollen wir reiten?«

Fiona stand still und bewegte sich nicht eher, bis sie alle Gefolgsleute von Alicia vor sich wußte. Sie hatten einen langen Weg bis zu der Stelle, wo die Pferde versteckt waren, und die Männer bildeten eine schweigende Gruppe. Sir Guy humpelte langsam voran und lehnte sich auf einen dicken Stock.

»Ich möchte hinter diesen Männern bleiben«, sagte Fiona zu Miles und schob das Kinn vor.

Er wollte widersprechen, änderte aber seinen Sinn und unterhielt sich murmelnd mit Alicia, und auf ihr Nicken hin ritten die Schotten und Sir Guy an der Spitze, während Tam den Jungen auf sein Pferd nahm.

»Fiona«, begann Miles, sich im Sattel ihr zudrehend, »Alicias Männer haben nichts Böses vor. Ihr habt keinen Grund, sie zu fürchten.«

Sie funkelte ihn an. »Ich soll mich auf Euer Wort verlassen? Vertrauen haben, wo ich belogen wurde? Einem Mann glauben, der zu einer Familie gehört, die mit meiner in Fehde liegt?«

Miles sah einen Moment zum Himmel empor. »Vielleicht war es ein Fehler von mir, etwas vorzugaukeln, was nicht existierte; aber hätte ich Euch gebeten, ein paar Tage mit Kit und mir unbeschwert im Wald zu verbringen, was hättet Ihr mir darauf geantwortet?«

Sie sah von ihm weg.

»Fiona, Ihr müßt zugeben, daß Ihr die Zeit genossen habt. Ein paar Stunden lang hattet Ihr keine Angst vor Männern.«

»Ich habe *nie* Angst vor Männern«, fauchte sie. »Ich habe nur gelernt, vor ihnen auf der Hut zu sein.«

»Eure Vorsicht beherrscht Euer ganzes Leben«, sagte er düster. »Zum Beispiel schlucken wir jetzt den Staub, den Alicias Männer aufwirbeln, nur weil Ihr Angst habt, einer von ihnen könnte Euch angreifen. Weil Ihr sie unbedingt im Auge haben wollt.«

»Ich habe gelernt . . .« begann sie.

»Ihr habt nur die schlechte Seite des Lebens erfahren! Die meisten Männer sind nicht so wie Edmund Chatworth oder Panell. In der Zeit, die wir hier in Schottland verbringen, werdet ihr lernen, daß es Männer gibt, denen man vertrauen kann. Nein!« sagte er, während sich ihre Blicke kreuzten. »Ihr werdet lernen, daß man *mir* vertrauen kann.« Dann trieb er sein Pferd an, lenkte es an Sir Guys Seite und ließ Fiona am Ende der Kolonne zurück.

Alicia drehte den Kopf und sah Fiona allein reiten. Sie wendete ihr Pferd und lenkte es neben die blonde Frau. Sie waren ein bemerkenswertes Paar: Fiona mit ihren feinen hellen Zügen; Alicia daneben mit dem ausgeprägten, wie gemeißelten Profil.

»Ein Streit zwischen Liebenden?« erkundigte sich Alicia, während sie Fiona forschend ins Gesicht sah.

»Wir sind kein Liebespaar«, erwiderte Fiona kalt.

Hierbei wölbte Alicia erstaunt die Augenbrauen in die Höhe, denn ihres Wissens hatte Miles noch nie ein paar Tage mit einer Frau verbracht, ohne sie zu besitzen. »Und wie kommt es, daß eine Chatworth mit einem Ascott reitet?« fragte sie in dem gleichen schroffen Ton, den Fiona ihr gegenüber angewandt hatte.

Fiona warf Alicia einen bösen Blick zu: »Wenn Ihr vorhabt, Gift über meinen Bruder Roger zu verspritzen, solltet Ihr Euch das zweimal überlegen.«

Alicia und Fiona musterten sich einen Moment lang über die Köpfe ihrer Pferde hinweg – wobei viele stumme Signale zwischen ihnen ausgetauscht wurden –, und dann nickte Alicia schroff. »Fragt Euren Bruder nach seinen schottischen Verwandten«, sagte sie frostig, ehe sie ihrem Pferd wieder die Sporen gab und Fiona alleine ließ.

»Habt Ihr Alicia geärgert?« fragte Miles, als er wieder neben Fiona ritt.

»Muß ich mir anhören, wie man meinen eigenen Bruder verleumdet? Diese Frau gab Roger das Eheversprechen, hielt jedoch ihr Wort nicht ein. Und deshalb . . .«

»Deshalb griff Roger Chatworth meinen Bruder von hinten an«, unterbrach Miles sie. Er lehnte sich über den Hals seines Pferdes und ergriff ihre Hand. »Gebt uns eine Chance, Fiona«, sagte er weich, während sein schmelzender Blick sie anbettelte. »Ich bitte Euch ja nur um ein bißchen Zeit, damit wir beweisen können, daß man uns vertrauen kann.«

Ehe Fiona etwas erwidern konnte, drangen pochende Hufschläge an ihr Ohr. Fiona blickte auf und sah, daß jeder Mann vor ihr sein zweischneidiges Schwert gezogen hatte, und bevor sie protestieren konnte, hatten Alicias Schotten einen Kreis um die beiden Frauen gebildet. Miles drängte sein Pferd näher an Fiona heran.

»Es ist dieser Dummkopf, mein Ehemann«, sagte Alicia, doch der freudige Ton ihrer Stimme stand im krassen Gegensatz zu ihren Worten.

Fünf Männer zügelten ihre Pferde vor dem Trupp, ihr Anführer ein schlanker, großer Mann mit dunkelblonden Haaren, die ihm über die Schultern fielen – ein gutaussehender Mann, der offensichtlich die funkelnden Blicke genoß, die ihm seine Frau zuwarf.

»Du wirst alt, Tam«, sagte der blonde Mann gelassen, während er sich auf den Sattelknopf stützte.

Tam grunzte nur und schob seinen Claymore in die Scheide zurück.

»Verdammnis über dich, Stephen«, zischelte Alicia. »Warum bist du an der Klippe entlanggeritten? Und warum hast du dein Kommen nicht angekündigt?«

Langsam stieg er vom Pferd, warf dessen Zügel einem Mann hinter ihm zu und ging zu seiner Frau. Er legte ihr beiläufig eine Hand auf den Knöchel und strich mit den Fingern an ihrem Bein hinauf.

Alicia trat mit dem Fuß nach ihm. »Laß mich in Ruhe!« herrschte sie ihren Mann an. »Ich habe Wichtigeres zu bedenken, als mit dir zu turteln.«

Doch blitzschnell ergriff Stephen ihre Taille und hob sie aus dem Sattel. »Du hast dir meinetwegen Sorgen gemacht, weil ich an der Klippe entlanggeritten bin«, murmelte er und zog sie an sich.

»Tam!« keuchte Alicia und trommelte gegen Stephens Brust.

»Der Junge braucht meine Hilfe nicht«, antwortete Tam.

»Aber ich wäre zur Hilfe bereit«, sagte Miles leise.

Stephen ließ sofort seine Frau los. »Miles«, keuchte er und umarmte seinen Bruder, als dieser vom Pferd gestiegen war. »Wann bist du hier eingetroffen? Warum bist du in Schottland? Ich dachte, du wärst auf Besuch bei Onkel Simon – und was ist an diesem Gerücht, daß Onkel Simon deinen Kopf auf einem Silbertablett serviert haben möchte?«

Miles lächelte flüchtig und zuckte mit den Achseln.

Stephen schnitt eine Grimasse, da er wußte, daß er von seinem jüngeren Bruder nie eine richtige Antwort bekam. Miles war ein so redefauler Bursche, daß man sich wirklich über ihn ärgern konnte.

»Miles hat Fiona Chatworth mitgebracht«, sagte Alicia tonlos.

Stephen drehte sich um und sah durch die Reihen der Männer auf Fiona. Trotz ihrer sanften Züge sah sie schroff und abweisend aus, wenn sie mit steifem Rücken im Sattel saß. Stephen wollte auf sie zugehen, doch Miles hielt ihn am Arm fest.

»Faß sie nicht an«, sagte Miles im sachlichen Ton, während er näher an Fiona heranrückte.

Stephen machte ein verblüfftes Gesicht und grinste dann. Er hatte großes Verständnis für Eifersucht; er hatte sie nur noch nie bei seinem Bruder erlebt.

Während Miles die Arme zu Fiona hob, um ihr aus dem Sattel zu helfen, sagte er: »Stephen wird Euch nichts tun, und er erwartet von Euch dasselbe.« Ein spöttischer Funke glomm in Miles' Augen.

Fiona konnte ein leises Lächeln nicht unterdrücken, als sie zu Sir Guy hinübersah, der ihr Blicke zuwarf, die verrieten, daß er sie teils für ein Monster, teils für eine Hexe hielt. Sie mußte warten, daß sie Stephen vorgestellt wurde, weil Kit, der an Tams Brust eingeschlafen war, nun erwachte und sich auf seinen Lieblingsonkel stürzte. Stephen hatte Kit auf dem linken Arm, während er Fiona die rechte Hand hinstreckte.

Fiona stand stocksteif vor ihm und weigerte sich, seine Hand zu ergreifen.

Miles schickte seinem Bruder abermals einen warnenden Blick zu, und mit einem wissenden Lächeln zog Stephen seine Hand zurück.

»Ihr seid in unserer Heimat willkommen«, sagte Stephen.

»Ich bin eine Chatworth.«

»Und ich bin ein Ascott *und*« – er blickte zu Alicia hinüber – »ein MacArran. Ihr *seid* hier willkommen. Sollen wir zu Fuß an der Klippe entlanggehen? Sie ist sehr steil und für manchen beängstigend.«

»Ich kann reiten«, sagte Fiona schroff.

Miles nahm ihren Arm und hob ihre Finger an seine Lippen.

»Natürlich könnte Ihr reiten. Mein tapsiger Bruder sucht doch nur einen Vorwand, um mit Euch ins Gespräch zu kommen.«

»Onkel Stephen«, krähte Kit. Er hatte sich so bemüht, zu warten, bis die Erwachsenen ausgeredet hatten. »Lady Fiona hat Papa geschlagen und Sir Guy zum Humpeln gebracht. Wir schliefen im Wald ohne Zelt oder ein Dach über dem Kopf.« Er lächelte zu Fiona hinüber, die ihm zublinzelte.

»Sir Guy zum Humpeln gebracht?« lachte Stephen. »Das kann ich gar nicht glauben.«

»Lady Fiona Chatworth hat Sir Guy die Zehen gebrochen«, sagte Alicia mit kalter Stimme.

Stephen sah seine Frau mit schmalen Augen an. »Ich weiß nicht, ob mir dein Ton gefällt.«

Miles sprach rasch dazwischen, um Öl auf die Wogen zu gießen: »Wie geht es den MacGregors?«

Nun erzählten Alicia und Stephen von dem Clan, der jahrhundertelang der Feind der MacArrans gewesen war – bis vor einigen Monaten ein Waffenstillstand geschlossen wurde. Alicias Bruder Davy hatte die Tochter des MacGregor geheiratet.

Während sie redeten, gingen sie auf dem tückischen Pfad am Klippenrand entlang – auf der einen Seite eine steile Felswand, auf der anderen ein Abgrund. Fiona, die an Miles' Seite ging, hörte mit nicht geringer Faszination dem Dialog zwischen Stephen und Alicia zu, die vor ihnen hergingen. Sie stritten sich heftig; jedoch spürte sie nicht einen Hauch von Feindseligkeit zwischen den Ehepartnern. Die Männer hinter ihr sprachen über andere Dinge; also war dieses Geplänkel für sie offenbar nichts Neues. Alicia höhnte Stephen, belegte ihn mit einigen nicht sehr schmeichelhaften Namen, und Stephen lächelte sie nur an und sagte, daß sie sich ganz falsche Vorstellungen von ihm machen würde. Nach ihrer Erfahrung, überlegte Fiona, hätten andere Ehemänner ihren Frauen längst ein blaues Auge geschlagen, wenn sie nur die Hälfte von dem einstecken mußten, was Alicia ihrem Mann an den Kopf warf.

Fiona sah zu Miles hinüber und bemerkte, daß er das Gespräch zwischen Alicia und seinem Bruder mit gütigem Lächeln verfolgte. Kit begann sich an dem Gespräch zu beteiligen, schlug sich auf Alicias Seite und lief nach vorne, um ihre Hand zu fassen.

»Typisch dein Sohn«, sagte Stephen lachend und sah auf seinen Bruder.

Da Stephen Miles das Gesicht zudrehte, also zur Felswand hinübersah, bemerkte er auch die Steine, die von oben herunterkamen – direkt auf Fiona zu. Mit dem Instinkt eines Ritters reagierte er in Gedankenschnelle mit einem Satz auf Fiona zu, warf sie mit seinem Körper gegen die Felswand, klemmte sie dort fest, damit die Steinlawine sie nicht erfassen und in den Abgrund hinunterreißen konnte.

Fiona reagierte ebenfalls ohne nachzudenken. Sekundenlang war sie nicht auf der Hut gewesen – obwohl die Nähe der Männer neben und hinter ihr sie nervös machte. Ihre Sinne hatten den Grund nicht erkannt, weshalb Stephen sie so jählings angriff, sie wußte nur, daß ein Mann sie wieder einmal bedrohte.

Sie geriet in Panik. Es war nicht nur ein kleiner Tumult, sondern Fiona stieß einen so gellenden Schrei aus, daß die bereits nervösen Pferde scheu wurden. Und sie ließ es nicht bei dem Schrei, sondern begann zu kratzen und um sich zu schlagen wie ein wildes Tier, das man in einen Käfig sperren will.

Stephen, der wie gelähmt war von ihrer Reaktion, versuchte sie an den Schultern zu fassen. »Fiona!« brüllte er in ihr verzerrtes Gesicht.

Miles war von der Steinlawine an der Schulter und auf dem Rücken getroffen worden und lag auf den Knien. Kaum hörte er Fiona schreien, lief er zu ihr.

»Verdammt noch mal!« brüllte er seinen Bruder an. »Ich sagte dir doch, du sollst sie nicht anfassen.« Mit einer heftigen Bewegung schob er Stephen beiseite und versuchte, Fiona festzuhalten.

»Seid still!« befahl er.

Fiona war immer noch in Panik, zerkratzte Miles das Gesicht und versuchte, sich von ihm loszureißen.

Er faßte ihre Schultern und schüttelte sie heftig. »Fiona!« sagte er geduldig und laut. »Ihr seid in Sicherheit. Hört Ihr mich? In Sicherheit.« Er mußte sie noch einmal schütteln, ehe sie ihm in die Augen sah – mit einem Blick, den Miles noch nie bei ihr bemerkt hatte – mit den entsetzten, hilflosen Augen eines gemarterten Kindes. Einen Moment lang sahen sie sich so in die Augen, und Miles bot seine ganze Charakterstärke auf, um sie zu einem friedlichen Verhalten zu bringen. »Ihr seid jetzt sicher, mein Liebes. Ihr werdet immer bei mir sicher sein.«

Ihr Körper begann zu zittern, und er zog sie in seine Arme, hielt sie an sich gepreßt und streichelte ihre Haare. Als er Stephen sah, der in ihrer Nähe stand, sagte er: »Laß uns ein Pferd zurück. Wir kommen später nach.«

Fiona bemerkte kaum etwas von dieser leichenzugähnlichen Prozession, die an ihnen vorüberkam. Ihre Angst hatte sie schwach gemacht, und sie konnte sich nur noch hilfesuchend an Miles lehnen, während er ihre Wangen streichelte. Nach langen Minuten löste sie sich von ihm.

»Ich habe einen Narren aus mir gemacht«, sagte sie mit solcher Verzweiflung, daß Miles lächeln mußte.

»Stephen hat nichts begriffen, als ich ihm sagte, er solle dich nicht berühren. Ich bin überzeugt, er glaubte, es sei nur Eifersucht.«

»Seid Ihr nicht eifersüchtig?« fragte sie in dem Versuch, das Thema zu wechseln.

»Vielleicht. Aber Eure Ängste sind viel wichtiger als meine Eifersucht.«

»Meine Ängste, wie Ihr sie zu bezeichnen beliebt, gehen Euch nichts an.« Es gelang ihr, sich nun vollständig von ihm zu lösen.

»Fiona.« Seine Stimme war sehr leise und eindringlich.

»Freßt das nicht alles in Euch hinein. Ich habe schon einmal gesagt, daß ich ein guter Zuhörer bin. Redet darüber. Sagt mir, was Euch so furchtbar verstört hat.«

Sie berührte die Felswand mit der Hand auf ihrem Rücken. Der solide Stein beruhigte sie, gab ihr ein Gefühl der Realität. »Warum habt Ihr die anderen weggeschickt?«

Ein ärgerlicher Schatten wanderte über sein Gesicht.

»Damit ich keine Zeugen habe, wenn ich Euch vergewaltige. Weshalb sonst?«

Als er bemerkte, daß sie gar nicht sicher war, ob er es ernst oder sarkastisch meinte, warf er verzweifelt die Hände in die Luft. »Kommt, laßt uns nun weiter nach Larenston ziehen.« Er packte ihren Arm viel zu heftig. »Wißt Ihr, was Ihr braucht, Fiona? Ihr braucht jemand, der Euch in die Arme nimmt, der Euch zeigt, daß Eure Furcht viel schlimmer ist als die Wirklichkeit.«

»Ich hatte schon viele Männer, die sich freiwillig für diese Aufgabe meldeten«, zischelte sie ihn an.

»Nach Euren Reaktionen zu urteilen, habt Ihr nur Frauenschänder gekannt – keine Liebhaber.«

Und damit warf er sie buchstäblich in den Sattel und schwang sich hinter ihr aufs Pferd.

8. Kapitel

Fiona legte die Hand an die Stirn und öffnete langsam die Augen. Das große Zimmer, in dem sie auf dem Bett lag, war leer und dunkel. Vor vielen Stunden war sie mit Miles durch das Tor der Festung des Clan MacArran geritten. Es war eine uralte Festung, an den Rand einer Klippe gebaut, einem riesigen Adler vergleichbar, der sich mit seinen Fängen an der Wand festkrallt. Eine Frau, die so alt aussah wie die Burg, gab Fiona einen Becher mit einem heißen, mit Kräutern versetzten Trank, und als die Frau ihr den Rücken zudrehte, kippte sie das Gebräu zwischen die Binsen hinter einer Bank. Fiona kannte sich mit Kräutern recht gut aus, und es war nicht schwer zu erraten, was dieser Becher enthielt.

Die runzlige kleine Frau, die Alicia mit Morag anredete, betrachtete Fiona mit scharfen Augen, und nach ein paar Minuten schützte Fiona Schläfrigkeit vor und legte sich auf das Bett.

»Sie braucht Ruhe«, sagte Alicia über ihr. »Ich habe noch nie jemanden gesehen, der so außer sich war wie diese Lady, als Stephen sie vor der Steinlawine rettete. Als sei sie von einem Dämon besessen.«

Morag antwortete mit einem leisen Schnauben: »Ihr habt mit Stephen einen langen, erbitterten Kampf geführt, als Ihr ihm zuerst begegnet seid.«

»Das war nicht dasselbe«, meine Alicia energisch. »Miles brachte sie endlich zur Ruhe, aber nur nach langem Zureden und Schütteln. Weißt du, daß sie Sir Guy die Zehen gebrochen hat?«

»Und ich hörte auch, daß Ihr Euch mit Stephen gezankt habt«, gab Morag gereizt zurück.

Alicia rechtfertigte sich mit entschiedenem Ton: »Sie wagte, Roger Chatworth gegen mich zu verteidigen. Nach allem, was er mir angetan hat . . .«

»Er ist ihr Bruder!« rief Morag. »Ihr würdet doch von ihr erwarten, daß sie loyal zu ihrer Familie steht und wollt doch, daß sie sogleich Eure geheimen Gedanken läse. Alicia, es gibt mehr als nur eine Sicht der Dinge auf dieser Welt.« Sie beugte sich vor und breitete ein großes, blau und grün gemustertes Wolltuch über Fionas regungslose Gestalt.

»Lassen wir sie vorläufig in Ruhe. Ein Bote ist von Stephens ältestem Bruder eingetroffen.«

»Warum hast du mir das nicht gesagt?« fragte Alicia, wütend, weil sie von ihrer Amme wie ein Kind behandelt wurde, und noch wütender, weil sie diese Behandlung verdiente.

Fiona lag ganz still, nachdem die Tür sich hinter den Frauen geschlossen hatte, und horchte auf Atemgeräusche. Zuweilen taten Männer so, als hätten sie ein Zimmer verlassen, aber in Wahrheit versteckten sie sich nur in einem dunklen Winkel. Als sie sicher war, daß sie das Zimmer mit keinem teilte, drehte sie sich auf die Seite und öffnete vorsichtig die Augen. Sie war tatsächlich allein im Raum.

Sie sprang vom Bett herunter und ging zum Fenster. Draußen wurde es gerade dunkel, und das Mondlicht überzog die steilen Mauern der grauen steinernen Burg mit Silber. Nun war die richtige Zeit zur Flucht gekommen, ehe die Routine einkehrte und alle Clansleute der MacArrans wußten, daß sie eine Gefangene war.

Während sie am Fenster stand und die Umgebung beobachtete,

sah sie vier Männer unten vorbeikommen, deren Körper in Plaids gehüllt waren. Lächelnd begann sie, einen Plan zu entwickeln. Eine rasche, lautlose Suche förderte eine Truhe mit Männerkleidung zutage. Sie zog den Seidenrock ihres Kleides in die Höhe, band ihn um die Taille fest, streifte ein viel zu großes Männerhemd über und zog schwere Wollsocken über ihre Füße. Einen Moment lang sah sie auf ihre Knie hinunter und blinzelte bei der Vorstellung, daß sie sich mit bloßen Beinen in der Öffentlichkeit zeigen mußte – fast nackt. Sie fand keine Schuhe in der Truhe, also mußte sie mit ihren weichen Sandalen vorliebnehmen und zwängte die dicken Stoffsocken mit ihren Zehen unter das Oberleder. Sie wickelte das Plaid um ihren Körper, daß es einen kurzen Rock bildete. Sie mußte mehrmals ansetzen, bis der Zipfel des Plaids über die Schulter fiel. Wahrscheinlich saß er immer noch nicht richtig, dachte sie, als sie einen Gürtel um ihre Taille band. Er war viel zu lang, so daß sie ihn doppelt um den Leib binden mußte.

Mit angehaltenem Atem öffnete sie vorsichtig die Tür, bat im stillen, daß man ihr nicht einen Wächter vor das Zimmer gestellt habe. Ihr Glück hielt an, und sie schlüpfte durch die schmale Tür hinaus in einen dunklen Korridor. Sie hatte sich den Weg zu ihrem Zimmer gemerkt, als Miles sie in diesen Raum begleitete, und nun, während sie stillstand, um sich zu orientieren, hörte sie Stimmen.

Sie kamen aus dem Erdgeschoß. Langsam, mit dem Schatten der Wand verschmelzend, stieg sie die Treppe hinunter zum Hauptausgang. Als sie an dem Zimmer vorbeiwollte, aus dem die Stimmen kamen, hörte sie den Namen Chatworth. Schon lag der Ausgang vor ihr, doch gleichzeitig regte sich die Begierde, Neuigkeiten zu erfahren. Sie bewegte sich, lautlos wie ein Schatten, zu einer Stelle, wo sie besser hören konnte.

Es war Stephens Stimme: »Tod und Verdammnis über *euch beide*, Miles!« Der Zorn brachte seine Stimme zum Vibrieren. »Gavin hat nicht mehr Verstand als du. Ihr beide helft Chatworth, sein Ziel zu erreichen. Es fehlt nicht mehr viel, und er hat unsere Familie zerstört.«

Miles blieb stumm.

Alicia legte eine Hand auf Miles' Arm: »Bitte, gib sie frei. Lady Fiona kann mit einer bewaffneten Eskorte nach England zurückkehren, und wenn Gavin erfährt, daß sie freigelassen wurde, wird er auch Roger Chatworth ziehen lassen.«

Immer noch sagte Miles kein Wort.

»Du gottverdammter Sturkopf!« bellte Stephen. »Nun sag schon was!«

Miles' Augen fingen Feuer. »Ich werde Fiona nicht freilassen. Was Gavin mit Roger Chatworth anstellt, ist seine Angelegenheit. Fiona ist meine.«

»Wenn du nicht mein Bruder wärst . . .« begann Stephen.

»Wenn ich nicht dein Bruder wäre, hätte das, was ich täte, für dich keine Bedeutung.« Miles war ganz ruhig, nur seine Augen spiegelten seinen Zorn wider.

Stephen warf die Hände aus Verzweiflung in die Höhe.

»Rede du mit ihm«, sagte er zu Alicia. »Keiner meiner Brüder hat auch nur eine Spur von Vernunft.«

Alicia pflanzte sich vor ihren Gatten hin: »Du hast einmal mit Roger Chatworth gekämpft um das, was du für dein Eigentum hieltest. Nun macht Miles genau dasselbe, und du zürnst mit ihm.«

»Das war eine andere Geschichte«, sagte Stephen mürrisch. »Du wurdest mir vom König zur Frau bestimmt.«

»Und Fiona wurde mir als Geschenk überreicht!« warf Miles mit großer Leidenschaft dazwischen. »Alicia, bin ich in deinem Schloß willkommen? Wenn nicht, werde ich mit meinen Leuten deine Burg wieder verlassen – mit Lady Fiona.«

»Du weißt, daß du bei mir willkommen bist«, sagte Alicia mit weicher Stimme. »Wenn Chatworth nicht auf einen Krieg vorbereitet ist, wird er niemals die MacArrans angreifen.« Sie wandte sich Stephen zu. »Und was Gavin betrifft, so bin ich froh, daß er Chatworth gefangenhält. Hast du vergessen, was Chatworth deiner Schwester Mary antat; oder daß er mich monatelang gefangenhielt?«

Fiona glitt weiter zum Ausgang, nachdem sie diese Worte vernommen hatte. Sie würden bald feststellen, daß sie nicht ein so friedlicher Gefangener war, wie sie das angenommen hatten.

Draußen rollte ein Nebel vom Meer herein, und sie lächelte, während sie dem Herrgott im stillen für seine Hilfe dankte. Zuallererst brauchte sie ein Pferd, denn sie konnte Schottland nicht zu Fuß verlassen. Sie stand still, lauschte gebannt und suchte herauszufinden, in welcher Richtung sich die Ställe befanden.

Fiona war recht geschickt im Stehlen von Pferden; sie hatte in ihrem kurzen Leben viel Übung darin erworben. Pferde waren wie Kinder. Man mußte freundlich mit ihnen reden, schlicht und ohne rasche Bewegungen. Sie sah zwei Männer am anderen Ende des Stalles, die sich lachend mit leiser Stimme ihrer letzten Liebesabenteuer brüsteten.

Lautlos schlich Fiona zu einem mit einem Halfter versehenen Pferd, das sich in ihrer Nähe befand. Sie hob einen Sattel von einem Balken herunter und wartete, bis sie das Pferd aus dem Stall geführt hatte, ehe sie dem Tier das Lederzeug überwarf. Sie dankte dem Himmel dafür, daß so viele Menschen auf so kleinem Raum lebten und es daher verhältnismäßig laut auf der Burg zuging. Ein Wagen rumpelte knarrend vorbei; ein Mann führte vier Pferde an einer Leine, band sie unweit an, und sogleich begannen zwei der Pferde, sich mit gebleckten Zähnen zu bearbeiten. Das erzeugte einen Tumult, und drei Männer ließen ihre Peitschen knallen und brüllten den Pferden etwas zu. Keiner von den Leuten, die sich auf dem Hof bewegten, warf auch nur einen Blick auf die zierliche Gestalt im Schatten der Stallwand, die ihren Kopf mit dem Plaid verdeckt hielt.

Fiona stieg auf das gestohlene Pferd und folgte gemächlich dem Wagen durch die offenen Burgtore hinaus. Sie hob, wie der Kutscher, stumm die Hand, um die Torwächter über sich zu grüßen. Die Wächter wohnten im Torhaus, um fremde Personen am Betreten der Burg zu hindern, aber nicht, um sie dort zurückzuhalten.

Die einzige Möglichkeit, in die Festung der MacArrans zu gelangen, war eine beängstigend schmale Landbrücke. Fionas klopfendes Herz wurde zu einem Dröhnen, daß ihre Rippen zu zerspringen drohten. Der Wagen vor ihr war ungewöhnlich schmal, und trotzdem hingen die Eisenreifen der Räder zur Hälfte über dem Abgrund; es genügte eine kleine Abweichung nach links oder rechts, und der Mann würde mit Roß und Wagen in die Tiefe stürzen.

Als sie das andere Ende der Felsbrücke erreichte, atmete sie erleichtert auf: einmal hatte sie diesen tückischen Pfad hinter sich gebracht, und zum zweiten war in der Burg kein Alarm geschlagen worden.

Der Kutscher sah über die Schulter und grinste. »Bin immer froh, wenn ich diesen Pfad hinter mir habe. Reitest du in diese Richtung?«

Geradeaus führte eine bequeme Straße an den Hütten der Weinbauern vorbei, wo man sie sehen würde und einem Suchtrupp genaue Angaben machen konnte. Zu ihrer Rechten lag die Straße an der Steilwand, auf der sie mit Miles hierher gekommen war. Nachts am Rand des Abgrunds entlangzureiten . . .

»Nein!« sagte sie mit ihrer dunkelsten Stimme zu dem Wagenkutscher. Zweifellos wollte der Mann mit ihr einen Schwatz halten, wenn sie in die gleiche Richtung ritt. Sie deutete mit dem rechten Arm zur Klippe.

»Diese jungen Kerle!« meinte der Mann glucksend. »Nun, viel Glück, mein Junge. Es ist eine mondhelle Nacht; aber der Weg ist tückisch.« Dann trieb er sein Pferd mit einem Schnalzen voran und entfernte sich in der Dunkelheit.

Fiona verlor keine Zeit damit, sich Angstvorstellungen hinzugeben, sondern trieb ihre Mähre auf das schwarze Nichts vor ihr zu.

Nachts sah der Klippenpfad noch schlimmer aus, als sie ihn in der Erinnerung hatte. Ihr Pferd schlug nervös mit dem Kopf, nach kurzem Zögern stieg sie ab und begann, das Tier am Zügel zu führen.

»Tod und Verdammnis über Miles Ascott!« murmelte sie. Warum hatte er sie zu einem so wilden Ort entführen müssen? Wenn er schon eine Frau in Gefangenschaft hielt, hätte er das wenigstens in zivilisierter Umgebung tun können.

Das Heulen eines Wolfes direkt über ihrem Kopf ließ ihr den Atem in der Kehle stocken. Über der Felswand zeichneten sich die Silhouetten dreier Wölfe im Mondlicht ab, die mit gesenkten Köpfen auf sie herabsahen. Das Pferd begann zu tänzeln, und Fiona wand sich die Zügel um das Handgelenk. Während sie weiterging, blieben die Wölfe stets auf ihrer Höhe. Noch einer stieß zu dem Rudel.

Es kam Fiona so vor, als wäre sie meilenweit gereist, konnte aber dennoch nicht das Ende der Klippenstraße erkennen. Eine Sekunde lang lehnte sie sich gegen die Felswand und versuchte, ihr rasendes Herz zu beruhigen.

Die Wölfe, die offenbar glaubten, ihr Opfer gäbe seine Niederlage zu, begannen im Chor zu knurren. Das Pferd scheute und entriß Fiona den Zügel, und als sie versuchte, das Tier wieder einzufangen, verlor sie den Halt unter den Füßen und rutschte über den Rand der Klippe. Das Pferd sprengte mit hängendem Zügel den Pfad hinunter.

Sie lag einen Moment still und versuchte, ihre Fassung wiederzugewinnen und sich zu überlegen, wie sie aus dieser gefährlichen Lage herauskam. Ein Bein hing über dem Abgrund, das andere stand geknickt auf dem Pfad und versuchte, ihr Körpergewicht in die Höhe zu ziehen. Mit ihren Armen umschlang sie den Fels und drückte das Kinn nach unten. Sie bewegte den linken Arm, und im gleichen Moment bröckelte der Fels unter ihr. Mit einem entsetzten Keuchen tastete sie mit ihrem rechten Bein nach einem Halt, fand jedoch keinen. Wieder brach ein Stück der Felswand unter ihr ab, und sie wußte, daß sie nun rasch etwas unternehmen mußte.

Indem sie jedes Quentchen Kraft in ihren Armen aufbot, versuchte sie sich auf den Pfad hinaufzuziehen und bewegte dabei ihre Hüften Zentimeter um Zentimeter nach links. Als sie eine ebene Fläche unter ihrem linken Knie spürte, blinzelte sie, um die Tränen der Erleichterung zu unterdrücken. Langsam, ganz langsam zog sie ihren schmerzenden, geschundenen Körper zurück auf den Pfad.

Auf Händen und Knien kroch sie dann hinüber in die Geborgenheit der Steilwand, setzte sich dort hin, während ihr die Tränen über die Wangen liefen und ihre Brust sich keuchend senkte und hob. Blut rieselte warm über ihre Arme, und ihre aufgeschundenen Knie brannten wie Feuer.

Über ihr kam das heftige Knurren von Tieren, die miteinander kämpften. Sie stemmte sich ein wenig von der Wand ab und sah ein großes Tier, das die Wölfe angriff. »Der Hünenhund von Alicia«, sagte sie staunend und schloß die Augen, um ihm in einem stillen Gebet beizustehen.

Sie saß nicht lange an der Wand. Bald würde man ihr Verschwinden entdecken, und sie mußte einen großen Vorsprung vor ihren Ascott-Feinden gewinnen.

Als sie sich aufrichtete, merkte sie, daß sie viel schlimmer verletzt war, als sie geglaubt hatte. Ihr linkes Bein war steif, ihr Knöchel geschwollen. Als sie sich die Tränen von den Wangen wischte, sah sie Blutflecken auf ihrer Hand im Mondlicht. Mit blutenden Handflächen tappte sie an der Wand entlang. Sie traute ihren Augen nicht mehr und wollte sich nur noch dem festen Stein anvertrauen.

Inzwischen war auch der Mond untergegangen, als sie endlich das Ende des Klippenpfads erreichte. Sie zog das Plaid enger um sich, achtete nicht auf ihre zitternden Beine und begann, mit zusammengebissenen Zähnen auszuschreiten.

Als zwei stecknadelgroße Lichter vor ihr auftauchten, blieb sie erschrocken stehen und sah sich nach einer Waffe um. Sekundenlang tauchte sie ihren Blick in die Augen des Tieres, das ihr fast bis zu den Schultern reichte. Das Tier berührte sie fast, ehe sie begriff, daß es Alicias Wolfshund war.

Der Hund sah sie mit geneigtem Kopf fragend an, und Fiona hätte am liebsten gejubelt vor Erleichterung.

»Du hast die Wölfe getötet, nicht war?« fragte sie leise. »Guter Junge. Bist du freundlich?« Vorsichtig streckte sie die Hand mit der Handfläche nach oben aus und wurde von einer leckenden Hundezunge belohnt. Als sie den großen Zottelkopf des Tieres zu streicheln begann, stupste er mit der Nase ihre Hand und schob sie gegen die Steilwand zurück.

»Nein, Junge«, flüsterte sie. Wenn sie stehen blieb, spürte sie nur ihre Schnitte und Hautabschürfungen um so mehr. Und es schienen Tage vergangen zu sein, seit sie zum letztenmal geschlafen hatte. »Ich möchte in diese Richtung gehen, nicht zurück zu Alicia.«

Der Hund fiepte laut, als er den Namen seiner Herrin hörte.

»Nein!« sagte sie energisch.

Der Hund sah sie eine Weile an, als überlegte er sich ihre Worte, drehte sich dann dem Wald zu und ging vor ihr her.

»Guter Junge.« Sie lächelte. »Vielleicht kannst du mich von diesem schrecklichen Ort wegführen. Bring mich zu einem anderen Clan, der mich meinem Bruder gegen ein Lösegeld ausliefern wird.«

Sie ging hinter dem Hund her, doch als sie zu stolpern begann, blieb er stehen und schob seine Schnauze unter ihren Arm, bis sie sich auf ihn zu lehnen begann. »Wie heißt du, Junge?« flüsterte sie müde. »Bist du George, Oliver oder hast du irgendeinen schottischen Namen, den ich noch nie gehört habe?«

Der Hund paßte sein Tempo noch mehr ihren schleppenden Schritten an.

»Wie wäre es mit ›Charlie‹?« sagte sie. »Mir gefällt dieser Name.«

Und dann torkelte sie plötzlich und brach neben dem Tier zusammen.

Der Hund beschnüffelte sie, stupste sie mit der Nase, leckte ihr das blutige Gesicht, und als er sie damit nicht mehr in die Höhe brachte, ließ er sich neben ihr nieder und schlief.

Die Sonne stand schon hoch am Horizont, als Fiona wieder erwachte und den zotteligen, mächtigen Kopf des Hundes über sich sah. Die Augen des Tieres waren fragend auf sie gerichtet, als sei er ein menschliches Wesen, das sich um sie sorgte. Sie bemerkte einen häßlichen, mit gestocktem Blut gefüllten Riß unter dem linken Auge des Hundes.

»Hast du dir das beim Kampf mit den Wölfen geholt?« Sie lächelte zu dem Hund hinauf und kraulte ihn hinter den Ohren. Als sie versuchte, aufzustehen, gaben die Beine unter ihr nach, und sie klammerte sich an den Hund. »Was für ein Glück, daß du so stark bist, Charlie«, sagte sie und zog sich am Rückenfell des Tieres in die Höhe.

Als sie endlich auf einem Bein stand, sah sie an sich herab und stöhnte. Ihr Rock war zur Hälfte hochgebunden, zur Hälfte hing er ihr über die Knöchel herab. Eine lange Schnittwunde klaffte an ihrem linken Knie, die immer noch Blut ausschwitzte, während ihr rechtes Knie nur eine rohe Fleischmasse war. Mit großer Willensanstrengung warf sie das Plaid über ihre Arme, da sie nicht sehen wollte, welchen Schaden ihre Glieder erlitten hatten. Als sie vorsichtig ihren Kopf betastete, spürte sie gestocktes Blut unter ihren Fingern und zog rasch wieder die Hand zurück.

»Kannst du mich zu einer Wasserstelle bringen, Charlie?« fragte sie den Hund. »Wasser?«

Der Hund raste sogleich über die steinige Ebene und kehrte wieder zu ihr zurück, weil sie ihm nur im Schneckentempo zu folgen vermochte. Der frischverheilte Schorf war wieder aufgesprungen, und sie spürte, wie ihr das warme Blut über den Körper rieselte.

Der Hund führte sie zu einem kleinen Bach, wo sie sich so gut wusch, wie es möglich war. Wenn sie mit ihren Befreiern zusammentraf, wollte sie sich so zivilisiert wie möglich darbieten.

Stundenlang ging sie mit dem Hund über die steinbestreute Hochebene, auf der nur vereinzelt Bäume wuchsen. Einmal hörte sie Hufschläge und versteckte sich instinktiv, während sie den Hund an ihre Seite zog. Sie hätte das starke Tier unmöglich festhalten können, wenn es sein Wille gewesen wäre, sie allein zu lassen; doch im Augenblick schien der Hund zufrieden mit ihrer Gesellschaft.

Bei Sonnenuntergang waren auch ihre letzten Kraftreserven erschöpft, und es schien ihr nichts mehr auszumachen, als der Hund plötzlich etwas zu verbellen begann, das sie nicht zu sehen vermochte. »Zweifellos wird es Miles oder deine Herrin sein«, sagte sie erschöpft und fiel mit geschlossenen Augen auf die Erde.

Als die die Lider wieder öffnete, stand ein Mann, den sie noch nie zuvor gesehen hatte, über sie gebeugt, die Beine gespreizt, die Hände in den Hüften. Die untergehende Sonne überzog seine grauen Haare mit einem goldenen Licht.

»Hallo, Rab«, sagte er mit einer tiefen Stimme und streichelte den Hund, »was hast du mir denn diesmal gebracht?«

»Faßt mich nicht an«, flüsterte Fiona, als der Mann sich zu ihr hinunterbeugte.

»Wenn Ihr fürchtet, ich würde Euch etwas tun, junge Dame, so ist das unnötig. Ich bin der MacGregor, und Ihr befindet Euch auf meinem Land. Was sucht denn Alicias Hund bei *Euch?«* Er betrachtete ihre englischen Kleider.

Fiona war müde, schwach und hungrig, aber noch nicht tot. So, wie dieser Mann sich ausdrückte, schien er mit Alicia befreundet zu sein. Tränen rannen ihr über die Wangen. Nun würde sie nie mehr nach Hause kommen. Kein Freund der MacArran würde sie nach England ausliefern, und daß Roger von einem Ascott gefangengesetzt konnte den Ausbruch eines privaten Krieges bedeuten.

»Nun weine nicht, Kleine«, sagte der MacGregor, »denn bald wirst du dich an einem hübschen sicheren Platz befinden. Jemand wird deine Wunden versorgen, und wir werden deinen Hunger stillen und – Tod und Verdammnis!«

Als der Mann sich noch weiter herunterbückte, hatte Fiona seinen Dolch aus der Scheide gezogen und ihn gegen seinen Unterleib gestoßen. Doch aus schierer Erschöpfung war der Stich danebengegangen.

Lachlan MacGregor wich rasch zur Seite, nahm ihr den Dolch ab und warf sie mit einer raschen Bewegung über die Schulter. »Mach mir nur keine Schwierigkeiten, Kleine«, befahl er, als sie sich in seinem Griff zu wehren begann. »In Schottland vergelten wir Gastfreundlichkeit nicht mit einem Dolchstoß.«

Er warf Fiona auf sein Pferd, pfiff nach Rab, daß er ihm folgen sollte, und die drei jagten in einem mörderischen Tempo davon.

9. Kapitel

Fiona saß allein in einem großen Zimmer in der Burg des MacGregor. Die Eichentür war verriegelt. Der Raum war fast kahl, bis auf ein riesiges Bett, eine Truhe und drei Stühle. An der Seitenwand befand sich ein Kamin, der mit Scheiten gefüllt war, und doch erwärmte kein Feuer die kalten Steine.

Fiona saß zitternd auf einem der Stühle, das Plaid von Alicia um ihre Schultern gewickelt, die Knie an den Leib gezogen. Es war schon ein paar Stunden her, daß der MacGregor sie hier in diesem Zimmer auf das Bett geworfen hatte und ohne sich noch einmal nach ihr umzusehen, das Zimmer verließ. Kein Essen war ihr serviert worden, kein Wasser, damit sie sich waschen konnte, und der Hund, Rab, war beim Anblick der Festung des MacGregor wieder umgekehrt. Fiona war so zerschlagen, daß sie nicht schlafen konnte. Ihr Verstand war in Aufruhr.

Als sie eine ihr vertraute Stimme gedämpft durch die schwere Eichentür hörte, war ihre erste Reaktion Erleichterung. Doch sie faßte sich rasch. Miles Ascott war genauso wie jeder andere ihr Feind.

Als Miles die Tür öffnete und mit energischen Schritten hereinkam, war sie für ihn bereit. Sie schleuderte einen kupfernen, mit Silber ausgelegten Becher vom Kaminsims gegen seinen Kopf.

Miles fing den Gegenstand mit der linken Hand auf und schritt weiter auf sie zu.

Da packte sie einen kleinen Schild, der an der Wand hing, und diesen parierte er mit der rechten Hand.

Mit einem kleinen triumphierenden Lächeln holte Fiona einen zerbeulten Helm vom Kaminsims und zog den Arm zurück, um ihn als Wurfgeschoß zu benützen. Er hatte keine Hände mehr frei, mit denen er diesen Gegenstand auffangen konnte.

Doch bevor sie den Helm werfen konnte, war er bei ihr und nahm sie in die Arme.

»Ich machte mir große Sorgen deinetwegen«, flüsterte er, sein Gesicht an ihrer Wange vergraben. »Warum rennst du immer weg? Schottland ist nicht wie England. Es ist ein hinterhältiges Land.«

Er hielt sie nicht sehr fest, nicht so, daß sie den Wunsch verspürt hätte, sich dagegen zu wehren. Im Gegenteil, sie wünschte sich fast, er hätte sie enger an sich gezogen. Jedenfalls mußte sie ganz still stehen, oder seine mit Metall belasteten Arme fielen von ihr ab. Als sie jedoch seine dumme Bemerkung hörte, wich sie von ihm zurück. »Ich werde von Wölfen angegriffen, stürze fast in das Meer, ein Mann wirft mich über die Schulter wie einen Sack Getreide – und Ihr sagt mir, das wäre ein tückisches Land!«

Miles strich mit den Fingerspitzen über ihre Schläfe, und sie entzog sich der Berührung nicht. Er hatte ein ungewöhnliches Licht in seinen Augen. »Fiona, du schaffst dir deine eigenen Probleme.«

»Ich habe Euch nicht gebeten, mich den Händen meiner Feinde auszuliefern oder mich als Gefangene in ein feindliches Land zu verschleppen. Und was diesen Mann anbelangt . . .«

Miles unterbrach sie: »Der MacGregor war sehr wütend, weil Ihr mit einem Messer auf ihn losgegangen seid. Vor ein paar Monaten wäre er fast gestorben, als Alicia ihn mit einem Messer ritzte.«

»Aber sie scheinen befreundet zu sein.«

Ehe er antworten konnte, öffnete sich wieder die Kammertür, und zwei sonnenverbrannte Schotten kamen mit einem eichenen Waschzuber herein. Dahinter eine Prozession von Frauen, die Eimer mit heißem Wasser trugen. Die letzte dieser Frauen trug ein Tablett mit drei Karaffen und zwei Bechern.

»Da ich Eure wasserscheue Einstellung kenne, habe ich mir die Freiheit genommen, ein Bad anzuordnen«, sagte Miles lächelnd.

Fiona antwortete ihm nicht, reckte die Nase in die Luft und drehte sich dem kalten Kamin zu.

Als die Frauen das Zimmer wieder verlassen hatten und sie allein waren, legte Miles ihr eine Hand auf die Schulter.

»Kommt und badet, solange das Wasser heiß ist, Fiona.«

Sie wirbelte herum. »Warum glaubt Ihr, daß ich etwas für Euch tue, das ich für andere Männer nicht getan habe? Ich rannte vor Euch weg, und nun scheint Ihr zu erwarten, daß ich Euch in die Arme falle, weil Ihr mir hierher gefolgt seid. Welcher Unterschied besteht in der Gefangenschaft eines MacGregor oder eines Ascott? Wenn ich ehrlich sein soll, ziehe ich die Gefangenschaft des MacGregor vor.«

Miles schob das Kinn vor, und seine Augen wurden dunkel. »Ich glaube, es wird Zeit, daß ein paar Dinge zwischen uns geklärt werden. Ich bin mehr als geduldig mit Euch gewesen. Ich habe stumm dabeigestanden, während Ihr Sir Guy die Zehen bracht. Ich habe meinen Sohn mit Euch geteilt, ehe Ihr den ganzen MacArran-Clan in Aufregung versetzt habt, und nun hättet Ihr fast den MacGregor schwer verletzt. Der Frieden zwischen den beiden Clans ist zu neu und zerbrechlich. Ihr hättet zerstören können, was Stephen in einer jahrelangen Arbeit erreichte. Und seht Euch an, Fiona! Habt Ihr Euch selbst betrachtet? Überall klebt gestocktes Blut an Euch, Ihr seid offensichtlich erschöpft und habt viel Gewicht verloren. Ich glaube, es ist Zeit, daß ich Euren Eigenwillen ein wenig bremse.«

»Mein . . .!« stotterte sie. »Ich möchte nicht gefangengehalten werden! Versteht Ihr mich? Geht das nicht in Euren Dickschädel hinein? Ich möchte nach Hause zu meinem Bruder und werde alles tun, damit ich dort hingelange.«

»Nach Hause!« sagte Miles durch zusammengepreßte Zähne. »Habt Ihr eine Vorstellung, was das Wort bedeutet? Wo habt Ihr gelernt, wie man einem Mann die Zehen brechen muß? Wie kommt es, daß Ihr mit einem Messer so geschickt umgehen könnt? Wer brachte Euch zur Überzeugung, daß alle Männer böse Kreaturen seien? Warum ist jede Berührung eines Mannes Schmutz für Euch?«

Fiona sah ihn nur mürrisch an. »Edmund ist tot«, sagte sie nach einer Weile.

»Wollt Ihr immer unter einer Wolke leben, Fiona?« flüsterte er mit weichen Augen. »Wollt Ihr immer nur sehen, was Ihr zu sehen wünscht?« Nach einem langen Seufzer hielt er ihr die Hand hin. »Kommt und badet, ehe das Wasser kalt wird.«

»Nein«, sagte sie gedehnt, »ich möchte nicht baden.«

Inzwischen hätte sie ja auf Miles' außerordentliche Reaktionsschnelligkeit eingestellt sein können; doch wie immer war sie unvorbereitet darauf.

»Mir reicht es jetzt, Fiona«, sagte er, ehe er ihr das feuchte Plaid von den Schultern löste. »Ich war langmütig und freundlich; doch von nun an werdet Ihr auch ein bißchen Gehorsam lernen müssen – und Vertrauen. Ich werde Euch nichts tun, ich habe *nie* einer Frau etwas getan. Aber ich kann nicht zulassen, daß Ihr Euch selbst weh tut.«

Damit riß er das Vorderteil ihres Kleides fort und entblößte ihre Brüste. Fiona sog geräuschvoll die Luft ein, kreuzte die Arme vor der Brust und sprang von ihm weg.

Miles fing sie mühelos ein, und mit zwei weiteren Bewegungen hatte er sie gänzlich entkleidet. Er schien keinen Blick für ihren Körper zu haben, als er sie hochhob und zum Zuber trug, wo er sie sachte im Wasser absetzte.

Stumm nahm er ein Tuch auf, seifte es ein und begann, sacht ihr Gesicht zu waschen. »Wenn Ihr Euch wehrt, habt Ihr die Augen voller Seife«, sagte er und brachte sie so zum Stillhalten.

Sie weigerte sich, mit ihm zu sprechen, während er die obere Hälfte ihres Körpers wusch. Sie war froh, daß der Seifenschaum ihr rotes Gesicht bedeckte, als seine Hände über ihre hohen, festen Brüste glitten.

»Wie habt Ihr Euch verletzt?« fragte er im sachlichen Ton, während er ihr linkes Bein einseifte und behutsam das Knie aussparte, wo eine häßliche Schramme das Fleisch bloßlegte.

Das Wasser tat ihr gut, und sie hatte keinen Grund, ihm die Antwort zu verweigern. Sie legte sich im Zuber zurück, schloß die Augen und berichtete ihm von der Nacht, die sie auf dem Klippenpfad verbracht hatte. Als sie ungefähr in der Mitte ihrer Erzählung angelangt war, spürte sie ein Glas zwischen den Fingern und trank durstig den kühlen Wein. Sogleich stieg ihr der Alkohol zu Kopf, und in traumhafter Stimmung fuhr sie mit ihrem Bericht fort.

»Rab blieb bei mir«, schloß sie, das Glas leerend. »Der Hund begriff, daß ich nicht zu Alicia zurückkehren wollte, und führte mich so zu Alicias Freunden.« Der Wein tat ihr so gut, daß sie keine zornige Aufwallung über den Hund, den MacGregor oder einen anderen Mann spürte.

»Miles«, sagte sie im gemütlichen Ton und merkte gar nicht, wie sehr er sich freute, daß sie seinen Vornamen verwendete. »Warum schlagt Ihr die Frauen nicht? Ich glaube, ich habe noch nie einen Mann gekannt, der nicht Gewalt anwendete, um seinen Willen zu erreichen.«

Er wusch nun sacht ihre Zehen. »Vielleicht verwende ich eine andere Art von Gewalt.«

Mehr wollte er zunächst nicht sagen, und eine Weile blieben sie stumm. Fiona merkte gar nicht, daß sie sich ununterbrochen von dem Wein nachschenkte und fast eine ganze Karaffe ausgetrunken hatte.

»Warum habt Ihr heute Eurem Bruder nicht widersprochen? Oder war es gestern morgen?«

Miles' kurze Unterbrechung des Waschvorgangs war das einzige Zeichen, daß er ihre Frage verstanden hatte. Sie hatte noch nicht so etwas Persönliches von ihm erfahren wollen, als nähme sie nun Anteil an ihm.

»Meine drei älteren Brüder sind außerordentlich sture Männer. Gavin läßt immer nur seine eigene Meinung gelten, und Raine bildet sich ein, er müsse den Märtyrer für alle verlorenen Sachen spielen.«

»Und Stephen?« fragte sie, nippte am Glas und beobachtete ihn durch gesenkte Wimpern. Seine Hände auf ihrem Körper fühlten sich sehr, sehr gut an.

»Stephen blendet die Leute damit, daß er immer zu einem gutwilligen Vergleich bereit sei; doch wenn man es näher betrachtet, beharrt er doch auf seine eigene Weise. Nur für Alicia ist er bereit, auch andere Meinungen ernsthaft zu prüfen; und sie mußte ihm alles – auch heute noch – abringen. Er macht sich lustig über Dinge, die für sie so wichtig sind wie Leben und Tod.«

Fiona dachte einen Moment über seine Antwort nach. »Und Ihr seid deren kleiner Bruder. Zweifellos betrachten sie Euch als unreifen Jungen, den man belehren und um den man sich kümmern muß.«

»Hat man Euch auch so behandelt?« fragte er im Flüsterton.

Der Wein, das heiße Wasser lockerten ihre Zunge. »Roger meint, ich hätte nur einen Fingerhut voll Verstand. Eine Hälfte meines Gehirns fehlt, weil ich eine Frau bin, die andere Hälfte nimmt er nicht zur Kenntnis, weil er sich noch daran erinnert, wie ich in Windeln auf seinen Knien saß. Als ich ihm einiges von dem erzählte, was Edmund mir antat, wußte er nicht, ob er mir glauben sollte. Oder vielleicht wollte er die Dinge nicht wissen, die sein eigener Bruder anstellte oder geschehen ließ.«

»Verdammt!« sagte sie, sich halb aus dem Zuber erhebend. Mit einer heftigen Bewegung schleuderte sie den Becher durch den Raum und schmetterte ihn gegen die steinerne Wand. »Ich *bin* zur Hälfte eine Frau. Wißt Ihr, was es bedeutet, wenn man Alicia und Eurem Bruder zusieht, sie beobachtet, wie sie miteinander lachen und flirten? Die beiden tauschen kleine Zärtlichkeiten aus, wenn sie meinen, niemand sähe hin. Jedesmal, wenn ein Mann mich berührt . . . werde ich . . .«

Sie brach mit geweiteten Augen ab, während ihr der Kopf schwindelte vom Alkohol. »Liebt mich, Miles Ascott«, flüsterte sie rauh. »Nehmt mir meine Furcht.«

»Das hatte ich vor«, sagte er mit gepreßter Stimme, während er sie in seine Arme zog.

Sie stand immer noch im Zuber, und als Miles' Mund zu ihren Lippen herunterkam, erwiderte sie seine Küsse – küßte ihn mit aller Leidenschaft, all dem Zorn, den sie empfand, weil sie um die normale Einstellung zur Liebe betrogen worden war. Während andere Frauen lernten, wie man flirtet, hatte Fionas Bruder mit ihr gespielt, die Unschuld seiner kleinen Schwester dem Gewinner versprochen, und Fiona hatte gelernt, wie man sich mit einem Messer verteidigte. Sie hatte ihre kostbare Unschuld bewahrt – und wofür? Für das Kloster? Für ein Leben, wo sie mit jedem Tag härter und zorniger wurde, bis sie sich in Stein verwandelte – eine ungeliebte, nutzlose alte Frau?

Miles hielt sich zurück, dämpfte ihre ungestüme Art, verhinderte, daß sie sich weh tat, indem sie ihre Lippen gegen seine Zähne preßte. Seine Hände fuhren liebkosend auf ihrem nassen Rücken auf und ab, seine Fingerspitzen streichelten die Höhlung ihrer Wirbelsäule.

Seine Lippen bewegten sich zu ihren Mundwinkeln, seine Zunge berührte ihre Zungenspitze, ehe sie über ihre Wangen tastete und ihre Haut küßte, während seine Hände mit ihrem Rücken spielten.

Fiona legte den Kopf zurück und auf die Seite, während Miles sacht mit den Zähnen an ihrem Hals und an ihrer Schulter knabberte. Vielleicht war das der wahre Grund, weshalb sie nie einem Mann erlaubt hatte, sie zu berühren. Vielleicht hatte sie immer gewußt, daß sie sich auf verwerfliche, schamlose Weise einem Mann ergeben würde, wenn sie ihn nicht wie eine Furie bekämpfte.

»Miles«, flüsterte sie. »Miles.«

»Immer der deine«, murmelte er und knabberte an ihrem Ohrläppchen.

Mit einer raschen Bewegung hob er sie aus dem Zuber und trug sie zum Bett. Ihr Körper war naß, ihr Haar klamm und kalt; doch Miles wickelte ein Handtuch um sie und begann zu rubbeln. Seine energischen Bewegungen schickten neue Wärme durch ihren Körper, und überall, jedesmal, wenn er sie berührte, verlangte sie mehr davon. Sie hatte ein ganzes Leben entgangener Berührungen nachzuholen.

Plötzlich war Miles neben ihr, nackt, seine herrliche Haut warm, dunkel und einladend.

»Ich gehöre dir, Fiona, wie du mir gehörst«, flüsterte er, während er seine Hand auf ihre Brust legte.

»So viele Haare.« Sie kicherte. »So schrecklich viel Haare.« Sie vergrub ihre Finger im kurzen gelockten Vlies auf seiner Brust und zog daran. Gehorsam rollte Miles zu ihr heran, kuschelte ihren goldenen Körper an seine Seite.

»Wie fühlt sich das an?« fragte sie begierig.

»Das wirst du eine Weile lang noch nicht wissen.« Er lächelte. »Wenn wir eins werden, wird es keine Angst mehr in deinen Augen geben.«

»Eins werden«, flüsterte sie, während Miles begann, ihren Nacken zu küssen. Lange verweilte er mit seinen Lippen an ihrem Hals, ehe er sie an ihrem Arm entlangbewegte und seine Zunge kleine wirbelnde Bewegungen in ihrem Ellenbogen machte. Seltsam, wie kleine Vibrationen von ihren Fingerspitzen auszugehen schienen, über ihre Brüste wanderten bis zu den Fingerspitzen der anderen Hand.

Sie lag still, mit offenen Armen und geschlossenen Augen, die Beine ausgebreitet, als Miles sie berührte. Diese starken Hände, die so schnell ein Schwert zu ziehen vermochten, die ein Kind vor Verletzungen schützten, ein scheues Pferd bändigten, waren ganz behutsam und setzten ihren Körper langsam in Brand.

Als seine Hand von ihrer Kehle glitt, bewegte sie den Kopf zur Seite und küßte seine Handfläche, legte ihre beiden Hände auf seine Hand und koste sie, schabte mit ihren Zähnen daran, schmeckte seine Haut, berührte mit ihrer Zunge die Härchen auf dem Handrücken.

Sie wurde von einem primitiven Laut belohnt, der ihr Herz zum Klopfen brachte.

»Fiona«, stöhnte er, »Fiona, wie sehr ich auf dich gewartet habe.«

Fiona dachte, daß sie auch nicht mehr in der Stimmung war, noch länger zu warten. Instinktiv versuchte sie sich weiter unter Miles' Körper zu schlängeln; doch er weigerte sich, ihr das zu gestatten. Statt dessen brachte er seinen Mund auf ihre Brust, und Fiona wäre um ein Haar vom Bett gefallen.

Miles lachte leise über ihre Reaktion, und sie spürte, wie das Lachen sich durch ihren ganzen Körper fortpflanzte. Liebe und Lachen, dachte sie. Das war es, was Miles in ihr Leben gebracht hatte.

Miles' Lippen auf ihrer Brust löschten bald jeden Gedanken in ihrem Bewußtsein aus. Er setzte sich rittlings auf ihre Hüften, stemmte sie auf ihre Knie, während seine Hände ihre Taille umspannten. Sie drückten, sie liebkosten, und dann benützte er seine Finger dazu, ihre Hüften in eine langsame, wiegende Bewegung zu versetzen.

Mühelos nahm sie den Rhythmus auf. Ihr Atmen wurde kräftiger, ihre Hände spannten sich heftiger um Miles' Arme, ihre Finger vergruben sich in seine Muskeln. Sie spürte nur noch seinen Körper, der sie warm und hart umgab, während sie sich diesem sinnlichen Rhythmus hingab.

»Miles«, flüsterte sie, während ihre Hände durch sein Haar glitten. Es war keine sanfte Bewegung, mit der sie sein Gesicht an ihres heranzog, seinen Mund mit ihren Lippen zu einem Kuß suchte, wie sie sich ihn in ihren kühnsten Träumen nicht vorgestellt hätte. Ihre Haut war mit Schweiß bedeckt, mit salzigem, heißem Schweiß.

Fiona stemmte ihre Knie in die Höhe, umfaßte Miles' Hüften, und als sie ihn umfing, drang er in sie ein.

Sie spürte keinen Schmerz, da sie mehr als bereit war, ihn zu empfangen; doch einen Moment lang zitterte sie unter der Gewalt ihrer Reaktion. Miles hielt still, obwohl er ebenfalls zitterte, bis Fiona behutsam mit dem Rhythmus einsetzte, den er ihr mit seinen Händen beigebracht hatte.

Langsam bewegten sie sich im Liebesakt. Nach Sekunden verlor Fiona sich auf einem Meer von Leidenschaft, von deren Existenz sie bisher nichts geahnt hatte. Während Miles den Rhythmus beschleunigte, schlang sie ihre Beine um ihn und gab sich ganz ihren Sinnen hin. Mit einem blendenden Blitz explodierte Fionas Körper, und ihre Beine begannen heftig zu beben.

»Still«, sagte Miles, während er sich auf einen Ellenbogen stützte und ihre Schläfe streichelte. »Still, mein Engel. Du bist jetzt sicher.«

Er löste sich von ihr und zog sie in seine Arme. »Mein mir versprochener Engel«, flüsterte er. »Mein Engel des Regens und des Blitzes.«

Fiona verstand den Sinn seiner Worte nicht ganz; doch sie begriff, daß sie vielleicht zum erstenmal in ihrem Leben in Sicherheit war. Sie schlief sofort ein, ihren Körper so eng an Miles gepreßt, daß sie kaum noch zu atmen vermochte.

Als Fiona aufwachte, streckte sie sich wohlig, spürte jeden einzelnen Muskel ihres Körpers und zuckte zusammen, als sie an den verschorften Stellen ihrer Knie zupfte. Als sie die Augen aufschlug, sah sie zunächst einen langen Tisch, der mit dampfenden Schüsseln bedeckt war. Sie war überzeugt, noch nie in ihrem Leben so hungrig gewesen zu sein wie jetzt. Sie raffte Alicias Plaid vom Boden, warf es achtlos über ihren Körper und ging zum Tisch.

Sie hatte gerade ein Stück geräucherten Lachs im Mund, als die Tür sich öffnete und Miles hereinkam. Fiona erstarrte, die Hand auf halbem Wege zum Mund, als sie sich an die vergangene Nacht zu erinnern begann. Da war so ein widerlich wissender Blick in Miles' dunklen Augen, der Fionas Zorn entfachte. Ehe sie sich über ihre Gefühle klarwerden konnte, begann Miles, sie von den schottischen Tüchern zu befreien, die sie auf dem Leib trug.

Was für ein Recht hatte er . . .! dachte Fiona und erstickte fast an dem Lachs, als sie zu widersprechen versuchte. Er hatte doch ein Recht dazu. Nach der Art, wie sie sich gestern abend aufgeführt hatte, hatte er jedes Recht dazu, das Schlimmste von ihr anzunehmen. Aber trotzdem würde sie zu gern dieses selbstgefällige Lächeln von seinem Gesicht tilgen.

Fiona dachte gar nicht nach über das, was sie tat; doch neben ihr standen Teller mit warmen, weichen Törtchen, goldgelb gebacken, mit schweren Sommerfrüchten belegt. Während sich ihre Augen lächelnd berührten, fuhr sie mit der Hand unter eine Torte und warf sie ihm, immer noch lächelnd, ins Gesicht.

Er war nicht auf derartige Geschosse gefaßt, und das Törtchen traf sein Schlüsselbein, spritzte seine Wange voll, lief in einer warmen, klebrigen Flüssigkeit aus Kirschsaft und Gelee an seiner Brust hinunter.

Fiona wußte, daß Miles' Gesichtsausdruck sie für alles entschädigte, was nun geschah. Er war total und rückhaltlos schockiert. Während sie mit einer Hand ein Kichern unterdrückte, warf sie ihm mit der anderen noch weitere Obsttörtchen an den Kopf, dann an seine nackte Hüfte und schließlich auf den Stuhl, der hinter ihm stand.

Miles sah Fiona mit einem seltsamen Ausdruck an, schüttelte den Rest seiner Kleider ab und ging auf sie zu. Das Plaid, das Fiona sich achtlos über den Körper geworfen hatte, glitt nun zu Boden, und Fiona begann jetzt, mit ernsthaft geweiteten Augen, Pasteten zu schmeißen. Sie war sich nicht sicher, glaubte aber, Mordlust in diesen grauen Augen zu erkennen.

Miles ließ sich von den Geschossen nicht abhalten, duckte sich nur, wenn die Törtchen sein Gesicht zu treffen drohten. Sein ganzer Körper war mit einer Mischung aus Pfirsichen, Kirschen, Äpfeln, Datteln und Pflaumen bedeckt, die an seinem muskulösen Körper entlanglief und ihm auch eine besondere Duftnote gab, dachte Fiona respektlos.

Als er den Tisch erreichte, hielten seine durchbohrenden Augen ihren Blick fest, und sie wagte nicht, sich von der Stelle zu rühren. Er sprang über den Tisch, landete neben ihr, und Fiona sah mit angehaltenem Atem zu ihm hoch. Doch während sie ihn betrachtete, lief eine dicke, saftige Kirsche über seine Stirn, sein Nasenbein und hing einen Moment an seiner Nasenspitze, ehe sie auf den Boden Platschte. Wieder begann Fiona zu kichern.

Langsam, zärtlich, zog Miles sie in seine Arme. »Ah, Fiona«, sagte er, »was für eine Wonne du doch bist.«

Als seine Lippen näherkamen, schloß sie die Augen, und zugleich erinnerte sie sich nur zu gut an die Empfindungen der letzten Nacht. Er bog sie in seinen Armen nach hinten, und Fiona gab sich seiner Stärke hin. Er hatte Gewalt über sie. Er brauchte sie nur zu berühren, und sie begann zu zittern.

Doch sie wartete vergeblich auf seinen Kuß. Statt dessen spürte sie eine klebrige, süße Masse auf ihrem Gesicht der Belag eines Pfirsichtörtchens. Während die Früchte ihr in die Ohren rannen, riß sie die Augen auf. Nach Luft dringend, sah sie das teuflische Grinsen auf Miles' Gesicht über sich.

Ehe sie ein Wort des Protestes äußern konnte, hob er sie mit einem hintergründigen kleinen Lächeln hoch und setzte sie mitten auf den Tisch – exakt in die Mitte der zweiten Platte mit Fruchttörtchen. Die Früchte quollen zwischen ihren Beinen hervor, liefen sogar an ihrer Wirbelsäule hinauf. Ihre Hände waren mit Früchten bedeckt, Pfirsiche tropften von ihrem Kinn, und ihre Haare klebten am Körper.

Von heftigem Widerwillen erfüllt, hob sie die Hände und rieb sie aneinander. Doch als sie merkte, daß sie damit gar nichts erreichte, überlegte sie es sich anders und aß zwei Apfelscheiben, die an ihrem Handgelenk klebten.

»Ein bißchen zu süß«, sagte sie ernsthaft, während sie Miles ansah. »Vielleicht sollten wir uns beim Koch beschweren.«

Miles, der nackt vor ihr stand, zeigte deutlich, daß er mit seinen Gedanken nicht beim Backen weilte. Fionas Augen weiteten sich mit gespielter Entrüstung. Es war schwierig, wenn nicht unmöglich, Würde zu bewahren, solange man in einer Schüssel aus Fruchttörtchen saß. Sie öffnete ihre Arme, und ihr Liebhaber kam zu ihr.

Als Fiona Miles' Nacken küßte und dabei fast an einem Kirschkern erstickte, begann das Gelächter. Miles fing an, geräuschvoll Pfirsiche von ihrer Stirn zu essen, während Fiona in Pflaumen biß, die Miles' auf der Schulter klebten.

Miles packte sie, rollte sie unter dem Geklirr der Schüsseln und Teller auf den Rücken und setzte sie auf seiner erigierten Männlichkeit ab. Es gab kein Gelächter mehr, als sie sich mit ernsthafteren

Problemen beschäftigten, und sie liebten sich mit großer Heftigkeit, wobei sie zweimal die Stellung wechselten.

Fiona lag ganz still, erschöpft und schwach auf ihm, und glaubte, sie würde eher sterben, als die Kraft aufbringen, sich von seinem Körper zu erheben.

Doch Miles hob sie mit einem Grunzen in die Höhe und entfernte eine kleine Tonschüssel, die zuvor irgendeine Soße enthalten haben mußte und einen roten Ring in sein Kreuz drückte, und warf sie auf die Erde.

Fiona stand auf und kratzte sich gedankenabwesend am Schenkel. »Ihr seht komisch aus, Miles Ascott«, sagte sie mit spöttischem Lächeln und klaubte ein pochiertes Ei aus seinen Haaren. Das Eigelb sickerte bereits auf seine Kopfhaut hinunter.

»In Eurem Aufzug würde man Euch nicht bei Hofe vorlassen«, erwiderte Miles Ascott.

»Was wird wohl dein MacGregor dazu sagen?« fragte Fiona, löste sich von ihm und setzte sich mit gekreuzten Beinen neben ihn, während sie den Raum musterte. Die Wände, der Boden und die Möbel waren mit zerschmetterten Törtchen bedeckt, und der Tisch war ein einziges Chaos, alles Geschirr umgestürzt, während der Inhalt ineinanderfloß – mit Ausnahme zweier Schüsseln am Ende der Tafel. Fiona kroch auf Händen und Knien zum Tafelende und quietschte laut, als Miles sie liebevoll in die Kehrseite kniff. Dann kam sie mit einer Schüssel voll Hühnerfleisch, das in einer Mandelsoße gekocht war, und einem kleinen Wecken Weißbrot zurück.

Miles, der immer noch in der Rückenlage auf dem Tisch ausgestreckt war, stützte sich auf die Hände. »Immer noch hungrig?« spöttelte er.

»Dem Tod nahe.« Sie holte einen Löffel unter Miles' Rücken hervor und tauchte ihn in die Hühnerbrühe. Als Miles seelenvolle Blicke auf sie richtete, begann sie ihn zu füttern. »Aber daß du dich nicht daran gewöhnst«, sagte sie, als sie wieder einen Happen in seinen Mund schaufelte.

Miles lächelte nur und küßte hin und wieder ihre Finger.

Alles in allem brachten sie doch eine zufriedenstellende Menge leckerer Nahrungsmittel zusammen. Fiona hing über dem Tischrand, während Miles sie an den Fußknöcheln festhielt, und rettete ein gebratenes Rebhuhn, das sich unter der geflochtenen Auflage eines Stuhles verfangen hatte. Miles weigerte sich, die Nahrung selbständig zu sich zu nehmen, und Fiona war »gezwungen«, ihn zu füttern.

»Du bist ein Nichtsnutz«, sagte Fiona und streckte sich. Das Essen auf ihrem Körper begann zu trocknen, und es *juckte*!

»Was du jetzt brauchst«, murmelte Miles und knabberte an ihrem Arm, »ist ein . . .«

»Ich möchte nichts mehr von Euren unverschämten Ratschlägen hören, Ascott!« warnte sie ihn. »Gestern nacht habt Ihr mich betrunken gemacht und seid über mich in einem Badezuber hergefallen. und jetzt . . . das da!« Es gab keine Worte, mit denen sie das duftende Chaos um sie herum zu beschreiben vermochte. »Tod und Verdammnis!« fluchte sie und kratzte sich mit beiden Händen an der Hüfte. »Gibt es denn nichts Normales an dir?«

»Nichts«, versicherte er, während er lässig vom Tisch herabstieg und sich anzukleiden begann. »Da ist ein See, nicht weit von hier entfernt. Wie wäre es, wenn wir eine Runde schwimmen?«

»Ich kann nicht schwimmen.«

Er faßte ihr Handgelenk und hob sie vom Tisch. »Ich werde es dir zeigen«, sagte er in einem so lüsternen Ton, daß Fiona lachte und sich an ihn schmiegte.

»Unter Wasser?« sagte sie, und als Miles diese Frage ernsthaft zu durchdenken schien, wäre sie fast von ihm fortgerannt und glitt in einer Pfütze aus Kabeljauleber aus. Sie konnte sich aber noch rechtzeitig am Tischrand festhalten. In Rekordzeit glitt sie in einen Tartanrock, warf ein safranfarbenes Hemd über und schwang ein gemustertes Plaid über die Schulter. Der Schottenrock hatte sich einem Sperrfeuer von Käsetörtchen unterziehen müssen.

»Seh' ich so schlimm aus wie du?« fragte sie, während sie Kuchenreste aus dem Haar klaubte.

»Schlimmer. Aber niemand wird uns sehen.« Mit dieser geheimnisvollen Bemerkung ging er zur Tapete an der gegenüberliegenden Wand, zog sie zur Seite und enthüllte eine Treppe, die in die dicke Steinwand hineingebaut war. Er nahm Fiona bei der Hand und führte sie in den dunklen kalten Geheimgang.

10. Kapitel

Zwei Stunden später waren sie sauber gewaschen, und Miles trocknete Fiona mit einem Plaid ab.

»Recht nützlich, nicht wahr?« murmelte sie, während sie das gemusterte Tuch um ihren fröstelnden Körper wickelte. Der schottische Sommer war einem nackten Sonnenbad nicht förderlich.

»Viele Dinge in Schottland sind nicht nur praktisch, sondern auch angenehm – wenn man sie nur ernsthaft ausprobiert.«

Sie hörte auf, sich das Haar zu trocknen. »Was spielt es für dich eine Rolle, ob ich die Schotten mag oder nicht? Ich verstehe, daß du mich in dein Bett ziehen wolltest; aber ich begreife nicht dieses dauernde . . . Interesse an meinem Wohlbehagen.«

»Fiona, wenn ich dich nur in meinem Bett haben wollte, hätte ich das am ersten Tag haben können, nachdem man dich mir auslieferte.«

»Und du hättest einen wichtigen Teil deines Körpers unter meiner Axtschneide verloren«, fauchte sie.

Nach einer kurzen Verblüffung begann Miles zu lachen.

»Du und diese Axt! Oh, Fiona, du warst so ein bezaubernder Anblick, als du mit deinen nackten Füßen aus dem Teppich herausschautest. Du warst . . .«

»Du mußt nicht unbedingt so *laut* lachen«, sagte sie steif. »Für mich war es kein Scherz. Und ich könnte dir immer noch entrinnen.«

Das ernüchterte ihn. Er zog sie neben sich auf den Boden. herunter. »Ich möchte nicht noch einmal so eine Nacht erleben wie vorgestern. Rab war nicht in der Burg, und wir fanden tote Wölfe auf der Klippe. Und das Pferd, das du gestohlen hast, kam lahmend in die Burg zurück. Wir hatten wirklich Angst, daß du über die Klippe in das Meer hinuntergefallen wärst.«

Sie stemmte ihre Hände gegen seine Brust, weil er sie so eng umschlungen hielt, daß sie kaum noch atmen konnte. Als sie zu ihm aufsah, runzelte sie die Stirn. Sie hatte immer gedacht, daß sie den Mann hassen würde, der ihr die Unschuld raubte; doch Haß war ganz und gar nicht das Gefühl, das sie für Miles empfand. Zwischen ihnen gab es so etwas wie Kameradschaftsgeist, als wären sie immer zusammen gewesen und würden immer zusammen bleiben.

»Ist das immer so?« flüsterte sie und sah zu den Baumwipfeln hoch.

Ein paar Sekunden gingen hin, ehe Miles antwortete. »Nein«, sagte er so weich, als hätte der Wind an ihrem Ohr geflüstert.

Sie wußte, daß er verstanden hatte, was sie meinte. Vielleicht belog er sie, vielleicht würde er morgen wieder ihr Feind werden; doch im Augenblick war er es nicht.

»Tage wie diese habe ich zu meines Bruders Lebzeiten nicht erfahren«, sagte sie, und sobald sie mit ihren Bekenntnissen begonnen hatte, vermochte sie nicht mehr aufzuhören. Obwohl sie Miles bei jeder Gelegenheit Widerstand entgegengesetzt hatte, wußte sie nun, daß sie sich niemals in einer echten Gefahr befand – nicht in einer Gefahr, wie sie sie den größten Teil ihres Lebens hatte ausstehen müssen. In den letzten Wochen hatte sie Ritterlichkeit erfahren; hatte Liebe zwischen Alicia und Stephen gesehen, zwischen

Miles und seinem Sohn – eine Liebe, die nicht belohnt werden wollte. Es war eine ganz neue Erfahrung in ihrem Leben.

Statt Horrorgeschichten von all den Gräßlichkeiten zu erzählen, die Edmund begangen hatte, sprach sie von den Bindungen an ihre beiden Brüder. Roger war noch sehr jung gewesen, als seine Eltern starben und er dem Regiment seines tückischen älteren Bruders ausgesetzt war. Er hatte alles getan, was in seiner Möglichkeit stand, um seine jüngeren Geschwister vor den Nachstellungen des Ältesten zu bewahren, wollte aber gleichzeitig sein eigenes Leben führen. Jedesmal, wenn Roger in seiner Wachsamkeit nachließ, wurde Fiona aus ihrem Frauenstift geholt und als Spielzeug in seinen bösartigen Ränken verwendet. Roger pflegte dann aus Schuldgefühlen und Gewissensbissen über sein Versäumnis zurückzuschlagen und seine Gelübde zu erneuern, daß er Brian und Fiona schützen wollte; doch stets machten ihm Edmunds schleimige Methoden einen Strich durch die Rechnung und untergruben seine guten Vorsätze.

»Er hatte nie jemanden außer uns gehabt«, sagte Fiona. »Roger ist siebenundzwanzig; doch er war nie verliebt, hatte nicht einmal Muße, einen Sommernachmittag auszuspannen. Er war schon mit zwölf ein alter Mann.«

»Und wie steht es mit dir?« fragte Miles. »Hast du nicht daran gedacht, daß du auch einmal lachen mochtest?«

»Lachen.« Sie schmiegte sich lächelnd an ihn. »Ich glaube nicht, daß ich in meinem Leben gelacht habe, bis ein gewisser junger Mann mit mir einen Abhang hinunterrollte.«

»Kit ist ein entzückendes Kind«, sagte Miles stolz.

»Kit, ha! Es war eine größere Gestalt, die selbst beim Rollen ihr feines Schwert vor Schaden schützte.«

»Auch das hast du bemerkt«, sagte er leise und schob eine Haarsträhne hinter ihr Ohr.

Eine Weile lang blieben sie stumm, während Fiona ihn mit verwirrten Augen betrachtete. »Du bist kein Entführer«, sagte sie schließlich. »Ich habe dich mit Männern und mit Frauen zusammen gesehen. Wenn du sonst nichts bist im Leben, so bist du jedenfalls gut zu Frauen. Warum läßt du mich also nicht frei? Nur weil, wie du sagtest, ich so viele . . . Probleme habe?«

Er nahm ihre Frage sehr ernst, und es dauerte eine Weile, ehe er antwortete. »Mein ganzes Leben lang schien ich die Gesellschaft von Frauen genossen zu haben. Mir gefiel nichts besser, als eine schöne Frau in meinen Armen zu halten. Meine Brüder schienen zu glauben, daß mich das zu einem geringeren Mann machte; doch ich vermute, man kann an seiner Veranlagung nichts ändern. Was dich betrifft, Fiona, sah ich etwas an dir, das ich noch nie zuvor bemerkt hatte – den Haß und Zorn eines Mannes. Meine Schwägerin Judith könnte vermutlich ganz England mobilisieren; doch sie ist auf die Kraft und Liebe meines Bruders angewiesen. Alicia liebt die Menschen und könnte jeden dazu bringen, ihre Befehle auszuführen; doch sie ist sich selbst nicht sicher und braucht Stephens unerschütterliches Selbstvertrauen, an dem sie sich aufrichtet.«

Er hielt kurz inne. »Aber du, Fiona, bist anders. Du könntest vermutlich allein existieren und würdest nicht einmal wissen, daß es noch andere Dinge im Leben gibt.«

»Warum dann ...«, begann sie. »Warum hältst du dann so jemanden wie mich als Gefangene? Sicherlich würde eine weichere, fügsamere Frau deinen Wünschen eher entsprechen.«

Er lächelte über den beleidigenden Ton, in dem sie diese Worte vorbrachte. »Leidenschaft, Fiona. Ich glaube, du bist entschieden das leidenschaftlichste menschliche Wesen auf Erden. Du haßt leidenschaftlich, und ich bin sicher, du wirst genauso leidenschaftlich lieben.«

Sie versuchte, von ihm wegzurücken, aber er drückte sie auf die Erde nieder und hielt sein Gesicht vor ihre Augen. »Du wirst nur ein einziges Mal in deinem Leben lieben«, sagte er. »Du wirst eine Zeit brauchen, ehe du deine Liebe verschenkst. Doch wenn sie einmal verschenkt ist, wird keine Macht der Erde – oder Hölle – diese Liebe zerbrechen.«

Sie lag ganz still unter ihm und sah in diese tiefen, grauen Pupillen hinauf, die über ihr brannten.

»Ich möchte dieser Mann sein«, sagte er leise. »Ich verlange mehr als deinen Körper, Fiona Chatworth. Ich verlange deine Liebe, deinen Geist, deine Seele.«

Als er sich vorbeugte, um sie zu küssen, drehte sie den Kopf zur Seite. »Du verlangst nicht viel, nicht wahr, Ascott? Ich habe dir mehr gegeben als irgendeinem anderen Mann – aber du denkst, ich hab' noch mehr zu verschenken. Meine Seele gehört Gott, mein Verstand mir, und meine Liebe gilt meiner Familie.«

Er rollte sich von ihr weg und begann, sich anzukleiden. »Du fragtest mich, warum ich dich gefangenhalte, und ich hab' es dir gesagt. Nun werden wir zu den MacGregor zurückkehren, und du wirst seine Leute kennenlernen. Der MacGregor ist sehr erzürnt darüber, daß du ein Messer gegen ihn gezogen hast, und du wirst dich dafür entschuldigen.«

Sie schüttelte den Kopf. »Er ist ein Freund der MacArrans, die mit meinen Feinden verwandt sind, den Ascotts« – sie lächelte süß –, »deshalb hatte ich jedes Recht dazu, mich zu schützen.«

»Richtig«, stimmte er ihr bei und reichte ihr ihre Kleider, »aber wenn der MacGregor nicht versöhnt wird, könnte das Probleme zwischen den Clans aufwerfen.«

Sie begann mürrisch, sich anzukleiden. »Das gefällt mir nicht«, murmelte sie. »Ich betrete nicht eine Halle, die mit fremden Männern bevölkert ist, ohne eine Waffe bei mir zu tragen.«

»Fiona«, sagte Miles geduldig, »du kannst nicht jedesmal eine Axt schwingen, wenn du zufällig auf eine Versammlung von Männern stößt. Zudem haben diese Schotten ihre eigenen schönen Frauen. Vielleicht sind sie gar nicht so hingerissen von deinem Charme, daß sie den Verstand verlieren und dich vergewaltigen wollen.«

»Das habe ich nicht gemeint!« fauchte sie und drehte sich von ihm weg. »Mußt du mich immer auslachen?«

Er legte seine Hand auf ihre Schulter. »Ich wollte nicht über dich lachen; aber du mußt anfangen zu begreifen, was normal ist und was nicht. Außerdem werde ich dir beistehen.«

»Und wer wird mir gegen dich beistehen?«

Hier leuchteten seine Augen auf, während er sacht mit der Hand an ihrer Brust entlangfuhr. »Du wirst Gefallen finden an dem Gedanken, daß niemand dich vor mir schützt.«

Sie entzog sich ihm und kleidete sich vollständig an.

Was Miles mit Fiona vorhatte, war ihrer Meinung nach die reinste Marter. Er drückte mit den Fingern ihren Ellenbogen zusammen, bis der Schmerz zu ihren Schultern hinaufschoß, und zwang sie, über einhundert Männern des MacGregor-Clans die Hand zu schütteln. Als sie mit dieser Prozedur fertig war, brach sie in einem Sessel an der Wand zusammen und führte mit zitternder Hand den Wein zu den Lippen, den Miles ihr reichte. Als er sie beglückwünschte, als wäre sie ein Hund, der einen dressierten Trick richtig ausgeführt hatte, sah sie ihn höhnisch an. Doch er küßte nur ihre Fingerspitzen und lachte.

»Du wirst dich daran gewöhnen«, sagte er zuversichtlich.

Tatsächlich gewöhnte sie sich allmählich daran; doch das dauerte Wochen. Miles ließ keinen Moment in seinen Bemühungen nach. Er weigerte sich, sie hinter den Männern gehen zu lassen, und als sie sich dauernd umdrehte und die Männer hinter sich verstört musterte, gewöhnte er ihr auch das allmählich ab. Eines Tages ritten sie auf eine Jagd, und Fiona wurde von Miles getrennt. Drei Männer des MacGregor fanden sie und behandelten sie sehr zuvorkommend, aber als sie Fiona zu Miles brachten, sah er den nackten Terror in ihren Augen. Sogleich zog er sie auf sein Pferd, wiegte sie hin und her und redete ihr beruhigend zu. Doch als das nicht ausreichte, liebte er sie unter einem Birkenbaum.

Da war ein Mann im Clan des MacGregor, vor dem Miles sie nachhaltig warnte: vor Davy MacArran, dem Bruder von Alicia. Miles hatte eine entschiedene Antipathie gegen den Jungen, der tatsächlich jünger war als er selbst. Miles sagte mit tiefer Verachtung in der Stimme, daß Davy versucht hätte, seine eigene Schwester zu töten.

»Trotz aller Arroganz würden meine Brüder«, sagte Miles, »ihr Leben für mich opfern, wie ich es für sie hingäbe. Ich habe nichts übrig für Menschen, die sich gegen ihre eigene Familie stellen.«

»Wie du es von mir erwartest?« gab sie zurück. »Du verlangst, daß ich meine Brüder aufgebe und dir meinen Körper und meine Seele überlasse.«

Da glomm ein zorniger Funken in Miles' Augen auf, ehe er sie in dem Zimmer, das sie teilten, allein ließ.

Fiona ging zum Fenster und sah auf die Männer im Burghof hinunter. Was für ein seltsames Gefühl, zu wissen, daß sie sich dort unten zwischen den Männern bewegen konnte, wann sie wollte, ohne belästigt zu werden. Sie brauchte keine Angst zu haben, daß sie um ihr Leben kämpfen mußte. Sie fühlte keinen Drang, dieses Wissen auf die Probe zu stellen, doch es war angenehm, daran zu denken.

Der MacGregor schritt unter dem Fenster vorbei. Fast mußte sie lächeln, als sie das imponierende Gehabe des kolossalen Mannes beobachtete. Seine Eitelkeit hatte durch Alicia eine Niederlage erfahren, und später dann durch sie selbst; und als Miles sie praktisch vor ihn gestoßen hatte, würdigte der Clan-Chef sie kaum eines Blickes. Das war ihr noch nie zuvor passiert. Ehe sie wußte, was sie tat, hatte sie ihm Honig ums Maul geschmiert und ihn so weit gebracht, daß er sich in ein Gespräch verwickeln ließ. Das Gespräch hatte nur Minuten gedauert; doch sie hatte gespürt, daß sie ihn um den Finger wickeln konnte. Er mochte hübsche Frauen, und er war alt genug, sich zu überlegen, ob hübsche Frauen auch ihn mochten. Fiona schlug sich diesen Gedanken rasch aus dem Kopf.

Später hatte Miles sie empört angesehen. »Du verwandelst dich ja rasch von einem verängstigten Kaninchen in eine Verführerin.«

»Meinst du, ich würde eine gute Verführerin abgeben?« spöttelte sie. »Lachlan MacGregor ist Witwer. Vielleicht . . .«

Sie konnte den Satz nicht beenden, weil Miles sie so heftig küßte, daß ihr fast die Lippen aufplatzten. Die Fingerspitze an die Unterlippe gelegt, sah sie seinem breiten Rücken nach, als er sich von ihr entfernte – und lächelte. Sie begann zu begreifen, daß sie eine gewisse Macht über Miles besaß; aber sie wußte bisher noch nicht, wie groß ihre Macht war.

Während sie in den Burghof hinuntersah, kamen Männer, die die Kokarde der MacArran trugen, durch das Burgtor. Die MacGregors zeigten sich unbefangen; doch Fiona sah, daß das nur vorgetäuscht war, denn die Hände der Männer blieben immer in der Nähe ihrer

Schwertgürtel. Miles trat aus dem steinernen Haus des MacGregor hinaus und redete auf die MacArrans ein.

Fiona sah ihm eine Weile zu, ehe sie sich mit einem Seufzer abwendete und begann, Miles' Habseligkeiten zusammenzusuchen. Sie wußte, daß sie nun bald aufbrechen würden.

Miles öffnete die Tür, blieb einen Moment stehen, sah, was sie tat, und begann ihr zu helfen. »Mein Bruder Gavin ist nach Larenston gekommen.«

»Mit Roger?« Sie hatte gerade das Samtcape in der Hand und hielt es still zwischen den Fingern.

»Nein, dein Bruder ist entflohen.«

Sie wirbelte zu ihm herum. »Unverletzt? Mit all seinen Gliedern?«

Miles' Augen weiteten sich einen Moment lang. »Soweit ich weiß, hat er noch all seine Glieder beisammen.« Er faßte ihre Hände. »Fiona.«

Sie entzog ihm ihre Hand. »Vielleicht solltest du eine von den hübschen Mägden des MacGregor hierher bestellen, daß sie dir beim Packen hilft.« Damit flüchtete sie zu dem Geheimgang hinter der Tapete.

Dort, obwohl sie sich mit aller Macht dagegen sträubte, schossen ihr die Tränen in die Augen. Sie stolperte in die schwarze Leere, konnte sich gerade noch an der Wand abstützen und setzte sich dann auf eine Steintreppe, während ein paar Ratten sich quietschend über diese Störung beschwerten.

Sie saß da und weinte, als wäre ihr Leben zu Ende. Sie wußte, daß sie gar keinen Anlaß zum Weinen hatte. Ihr Bruder war kein Gefangener mehr wie sie; es war ihm kein Leid geschehen. Und nun war Gavin Ascott hierhergekommen, zweifellos, um seinen jüngeren Bruder zu zwingen, sie freizulassen. Morgen um diese Zeit würde sie vermutlich schon auf ihrem Heimweg sein. Sie würde nie wieder fremden Männern die Hand schütteln müssen. Nie wieder würde sie eine Gefangene sein, sondern es stand ihr frei, zu ihrer eigenen Familie zurückzukehren.

Ein Geräusch auf den Stufen über ihr ließ sie zusammenzucken. Obwohl sie ihn nicht sehen konnte, wußte sie, daß Miles über ihr stand. Instinktiv streckte sie die Arme nach ihm aus.

Miles packte sie so fest, daß sie glaubte, ihr müßten die Rippen zerspringen, und doch tat sie nichts anderes, als sich um so fester an ihn zu klammern. Sie waren wie zwei Kinder, die sich vor ihren Eltern verstecken.

Für sie gab es keinen Staub oder Schmutz, keine zornig funkelnden kleinen Augen, die sie beobachteten, während sie an ihren Kleidern zerrten, die Lippen aufeinandergepreßt, die sich keine

Sekunde voneinander lösten. Die Heftigkeit, mit der sie zusammenkamen, war etwas Neues für Fiona, da Miles bisher sehr vorsichtig mit ihr umgegangen war; doch als sie ihm die Nägel in den Rücken grub, reagierte er prompt. Die Kante der Treppe schnitt in ihren Rücken, als Miles ihre Hüften anhob und sie mit einer heftigen Leidenschaft nahm, doch die Gewalt der Leidenschaft, mit der sie ihn suchte, war um nichts geringer. Sie stemmte ihre Füße gegen die Treppe und schob sich mit der ganzen Kraft ihres jungen, zähen Körpers ihm entgegen.

Der Blitz, der sie durchschnitt, ließ sie schwach und zitternd zurück. Sie hielten sich umklammert, als müßten sie sterben, wenn sie sich wieder losließen.

Miles erholte sich zuerst. »Wir müssen gehen«, flüsterte er müde. »Sie warten unten auf uns.«

»Ja«, sagte sie. »Der große Bruder ruft.« Selbst in der pechschwarzen Dunkelheit spürte sie Miles' Blick auf sich ruhen.

»Habe keine Angst vor Gavin, Fiona.«

»Der Tag, an dem eine Chatworth Angst hat vor einem Ascott, ist noch nicht . . .«

Er brachte sie mit einem Kuß zum Verstummen. »So gefällst du mir. Und wenn du deine Hände lange genug von mir nimmst, könnten wir nach Larenston reiten.«

»Du!« Sie versuchte, ihn zu schlagen, aber er raste vor ihr die Treppe hinauf, und als Fiona ihm zu folgen versuchte, zuckte sie zusammen, weil ihr ganzer Körper überall zugleich zu schmerzen begann. Sie kam hinkend durch die Tapetentür und hielt sich mit der Hand die Kehrseite. Miles' spöttisches Gelächter zwang sie, sich aufzurichten, was ihr noch mehr Schmerzen bereitete. »Wenn Frauen nicht immer unter dem Mann liegen müßten . . .«, fuhr sie ihn an und hielt abrupt inne, als sie den MacGregor entdeckte, der gegen eine Truhe gelehnt stand.

»Ich wollte sagen, daß ich hoffe, Ihr habt Euren Besuch bei mir genossen, Lady Fiona.« Der hünenhafte Mann zwinkerte ihr so lustig zu, daß Fiona mit hochrotem Gesicht zu packen begann und ihn geflissentlich übersah, so geflissentlich, daß sie gar nicht merkte, wie er sich hinter sie stellte.

Als seine Hände ihre Schultern berührten, fuhr sie keuchend zusammen, doch Miles faßte ihren Arm und warf ihr einen warnenden Blick zu.

»Auch Ihr habt uns Spaß gemacht, Fiona«, sagte der MacGregor, während er die grobe Nadel entfernte, die sie an ihrer Schulter trug, und sie durch eine große, runde silberne ersetzte, die die Kokarde des MacGregor trug.

»Vielen Dank«, sagte sie leise. Zu ihrer eigenen Überraschung und zur Verblüffung der beiden Männer, stellte sie sich auf die Zehenspitzen und küßte rasch die Wange des MacGregor.

Miles' Hand umspannte ihren Arm, und er sah sie mit solcher Freude an, daß sein ganzer Körper förmlich zu glühen schien.

»Süßes Mädchen, komm bald wieder zu uns zu Besuch.«

»Das werde ich tun«, sagte sie und lächelte offen, denn sie meinte, was sie sagte.

Gemeinsam stiegen die drei die Treppe zum Hof hinunter, wo die Pferde sie erwarteten. Fiona sah die Männer des MacGregor mit lebhafter Neugierde an, weil sie wußte, daß sie diese Männer vermissen würde. Freiwillig schüttelte sie einer Reihe von Männern die Hand, was ihr selbst wie ein Wunder erschien. Miles blieb dicht neben ihr, und sie war sich seiner Nähe durchaus bewußt, ihm sogar dankbar für seine Gegenwart; doch die Angst, Männer zu berühren und von ihnen berührt zu werden, war jetzt nur noch – Angst, kein Entsetzen mehr.

Sie war froh, als sie das Ende der Reihe erreichte und auf ihr Pferd steigen konnte. Hinter ihr versammelten sich Alicias Männer, Fremde für sie. Und sie hätte über die Ungerechtigkeit heulen können, daß sie einen Platz verlassen mußte, zu dem sie eben erst Zutrauen gewonnen hatte.

Miles beugte sich zu ihr hinüber und drückte ihr die Hand. »Denk daran, daß ich in deiner Nähe bin«, sagte er.

Sie nickte einmal, gab ihrem Pferd die Sporen und galoppierte davon.

›Wie lange wirst du an meiner Seite bleiben?‹ wollte sie ihn fragen. Sie wußte eine Menge über Gavin Ascott. Er war ein habgieriger, treuloser Mann, der Alice Chatworth verschmäht und sie fast in den Wahnsinn getrieben hatte. Und Gavin war das Oberhaupt der Ascott-Familie. Obwohl Miles ein mutiger Mann war, war er doch erst zwanzig Jahre alt, und Gavin war der Vormund seines jüngeren Bruders. Würde Gavin sie Miles wegnehmen, sie als Figur in seinem eigenen Spiel gegen die Chatworth-Familie verwenden? Miles glaubte, daß Roger seine Schwester Mary Ascott umgebracht hatte. Würde dieser Gavin Fiona nun dafür verwenden, daß die Chatworth' die Ascotts entschädigten?

»Fiona«, fragte Miles, »was denkst du?«

Sie gab sich nicht die Mühe, ihm zu antworten, sondern hielt den Kopf hochgereckt, als sie in Larenston einritten.

Miles half ihr vom Pferd herunter. »Zweifellos befindet sich mein ältester Bruder in der Burg und brennt darauf, mir eine Abreibung zu geben«, sagte er augenzwinkernd.

»Wie kannst du nur darüber lachen?«

»Die einzige Art, mit meinem Bruder umzugehen, ist zu lachen«, sagte er ernsthaft. »Ich komme später zu dir zurück.«

»Nein!« keuchte sie. »Ich werde mit dir zusammen deinem Bruder entgegentreten.«

Miles legte den Kopf schief und betrachtete sie. »Ich glaube fast, du willst mich vor meinem Bruder schützen.«

»Du bist ein sanfter Mann, und ...«

Darüber lachte Miles so laut, daß die Pferde scheuten, und gab ihr einen schallenden Kuß auf die Wange. »Du bist ein süßes, gutes Kind. Komm mit, und beschütze mich, wenn du willst; aber ich werde Gavins Zehen im Auge behalten.«

Gavin, Stephen und Sir Guy erwarteten sie im oberen Erkerzimmer. Gavin war so groß wie Miles, aber seine Züge waren noch ausgeprägter, habichtartiger. Der nackte Zorn leuchtete aus seinen Augen.

»Ist das Fiona Chatworth?« fragte Gavin durch zusammengepreßte Zähne. Er wartete die Antwort nicht ab. »Schick sie fort. Guy, kümmere dich darum!«

»Sie bleibt«, sagte Miles mit kühler Stimme und gab sich nicht die Mühe, seine beiden Brüder anzusehen. »Nimm Platz, Fiona.«

Sie gehorchte und sank in einen Sessel, in dem sie fast ertrank.

Nach einem wütenden Blick auf Fiona drehte sich Gavin Miles zu, der sich ein Glas Wein eingoß. »Tod und Verdammnis über dich, Miles!« brüllte Gavin. »Du kommst hier herein, als hättest du nicht um ein Haar einen Privatkrieg zwischen unseren Familien vom Zaun gebrochen. Und du bringst diese ... diese ...«

»Lady«, sagte Miles, während seine Augen dunkel wurden.

»Falls sie eine Lady war, möchte ich schwören, daß sie es jetzt nicht mehr ist, nachdem sie ein paar Wochen mit dir verbracht hat.«

Miles' Augen wurden tiefschwarz. Seine Hand ging zum Schwert; doch Sir Guy legte ihm rasch seine Hand auf die Schulter.

»Gavin«, warnte Stephen, »du hast kein Recht, irgend jemanden zu beleidigen. Sage, was du zu sagen hast.«

Gavin rückte dichter an Miles heran. »Weißt du, was deine kleine Eskapade unsere Familie kostet? Raine kann nicht einmal mehr sein Gesicht in der Öffentlichkeit zeigen, sondern muß sich in einem Wald verstecken; und ich habe den letzten Monat in der Gesellschaft dieses Bastards Chatworth verbracht – alles in dem Versuch, deine wertlose Haut zu retten.«

Fiona wartete darauf, daß Miles seinem Bruder erwiderte, Raines Ächtung sei nicht seine Schuld; doch Miles blieb stumm, während sich seine immer noch schwarzen Augen in die seines ältesten Bruders hineinbohrten.

Ein Muskel an Gavins Wange zuckte heftig. »Du wirst sie mir

übergeben, und ich werde sie anschließend an ihren Bruder zurückreichen. Ich möchte hoffen, daß du inzwischen wieder zu Besinnung gekommen bist und sie freigibst. Ich bin sicher, daß du ihr die Unschuld geraubt hast, und das wird uns zweifellos ein wenig Geld kosten; aber . . .«

»Wird es dein oder Judiths Geld kosten?« fragte Miles ruhig und drehte seinem Bruder den Rücken zu.

Ein Schweigen senkte sich auf das Zimmer herunter, und selbst Fiona hielt den Atem an.

»Hört auf damit, ihr beiden«, rief Stephen endlich. »Und um Gotteswillen, Gavin beruhige dich! Du weißt, wie Miles sich aufführt, wenn du seine augenblickliche Favoritin beleidigst. Und du, Miles, du treibst Gavin zu weit. Miles, Gavin hat den Chatworth festgehalten, um dir eine Frist zu ermöglichen, in der du Lady Fiona freigeben konntest. Du kannst dir vorstellen, daß er – äh – enttäuscht war, als Chatworth flüchtete und du immer noch Fiona in deinem Besitz hattest. Du mußt sie jetzt lediglich mit Gavin zurückschicken, und alles wird wieder gut sein.«

Wieder hielt Fiona den Atem an, während sie Miles' Rücken betrachtete. Und nach einer Sekunde spürte sie, daß Gavin sie ebenfalls musterte. In diesem Augenblick entschied sie, daß sie den Mann nicht mochte. Sie gab ihm seinen arroganten Blick mit gleicher Hochmut zurück. Dann sah sie zur Seite und bemerkte, daß Miles sie beobachtete.

»Ich werde sie nicht freilassen«, sagte Miles leise.

»Nein!« brüllte Gavin. »Bedeutet dir deine Familie überhaupt nichts? Möchtest du unseren Namen, den Namen von Generationen der Ascotts, dafür riskieren, daß eine Frau für dich die Beine breitmacht?«

Gavin war nicht auf den Schlag gefaßt, den Miles ihm mitten ins Gesicht pflanzte; aber es dauerte nur Sekunden, bis er sich faßte und seinerseits über Miles herfiel.

11. Kapitel

Stephen und Sir Guy wandten ihre ganze Kraft auf, um die beiden Männer zu bändigen.

Es war Gavin, der sich zuerst beruhigte. Er schüttelte Stephens Arme ab, ging zum Fenster, und als er in den Raum zurücksah, hatte er sich wieder in der Gewalt. »Schickt Lady Fiona aus dem Zimmer«, sagte er ruhig.

Sir Guy ließ Miles los, und Miles nickte Fiona zu. Sie wollte protestieren, wußte aber, daß dafür jetzt nicht der richtige Zeitpunkt war. Miles würde sie nicht ihrem Bruder übergeben, dessen war sie sich sicher.

Als die Männer unter sich waren, sank Gavin in einen Sessel. »Bruder gegen Bruder«, sagte er ächzend. »Chatworth würde vor Freude juchzen, wenn er wüßte, was er uns antut. Stephen, schenk mir einen Becher Wein ein.«

Als er den gefüllten Becher in der Hand hielt, fuhr er fort: »König Heinrich hat angeordnet, daß diese Fehde zwischen den Ascotts und den Chatworth' aufhören müsse. Ich habe erklärt, daß unsere Familie an allen Zwistigkeiten unschuldig ist. Raine griff Chatworth erst an, nachdem er Mary vergewaltigt hatte und sie sich selbst das Leben nahm. Und ich weiß, daß du unschuldig bist an der Entführung dieser Lady Fiona.«

Gavin nahm einen mächtigen Schluck. Er war an diese einseitigen Gespräche mit seinem jüngsten Bruder gewöhnt. Es war viel schwieriger, Miles ein Wort zu entlocken, als ihm einen Zahn zu ziehen. »Hat dir diese Fiona von der jungen Sängerin erzählt, die bei ihr im Keller war, als Pagnell sie in einen Teppich einrollte? Du solltest sie danach fragen, denn inzwischen hat Raine diese Sängerin geheiratet.«

Miles' Augen weiteten sich ein wenig.

»Ah! Endlich bekomme ich eine Reaktion von meinem Bruder.«

»Gavin«, warnte Stephen, »was hat Raines Frau mit dem allen zu tun?«

Gavin schwenkte seine Hand hin und her. »Pagnell war aus irgendeinem Grund hinter ihr her, warf sie in ein Verlies, und Fiona Chatworth versuchte, sie zu retten. Dabei fiel sie Pagnell in die Hande, und aus Spaß lieferte dieser die Lady unserem lüsternen kleinen Bruder aus. Um Himmelswillen, warum hast du sie nicht gleich Roger Chatworth zurückgegeben, sobald du entdecktest, wer sie war?«

»Wie er uns unsere Schwester zurückgab?« erkundigte sich Miles ruhig. »Seit wann bist du so ein gewaltiger Friedensstifter?«

»Seit ich mitansehen mußte, wie unsere Familie durch den Haß auseinandergerissen wird. Ist dir noch nicht aufgegangen, daß der König auch ein Wort bei dieser Geschichte zu sagen hat? Er hat Raine geächtet, und er und Chatworth sind mit schweren Geldbußen belegt worden. Was wird er erst mit dir anstellen, wenn er hört, daß du die Chatworth-Schwester gefangenhältst?«

»Miles«, sagte Stephen, »Gavin macht sich deinetwegen Sorgen. Ich weiß, daß du eine große Zuneigung zu dem Mädchen gefaßt hast; aber an dieser Sache ist mehr, als du zu denken scheinst.«

»Fiona verdient ein besseres Los, als in dieses Teufelsloch der Chatworth zurückgeschickt zu werden«, sagte Miles.

Da stöhnte Gavin laut auf und schloß einen Moment die Augen. »Du bist zu lange in Raines Gesellschaft gewesen. Egal, was du von Roger Chatworth halten magst, egal, was er getan hat, er hat es in dem Glauben getan, daß er im Recht sei. Ich habe Wochen mit ihm verbracht, und . . .«

»Es ist bekannt, daß du dazu neigst, die Partei der Chatworth zu ergreifen«, sagte Miles unverfroren und spielte damit auf Gavins lange Affäre mit Lilian Chatworth an. »Ich werde sie nicht freilassen, und kein Wort, auch das des Königs nicht, wird mich dazu zwingen, meine Meinung zu ändern. Die Frau gehört mir. Wenn ihr mich jetzt entschuldigen wollt, ich möchte Alicia meine Aufwartung machen.«

Obwohl sie genau wußte, daß sie bei Miles bleiben durfte, lief Fiona unruhig im Zimmer auf und ab. Sie verfluchte sich, weil sie wußte, daß sie in Schottland bleiben wollte, an dem Ort bleiben wollte, wo sie zu lernen vermochte, keine Angst vor Menschen zu haben. Roger, dachte sie, teurer, wütender Roger, der nun irgendwo in England weilte und nach ihr suchte, halb wahnsinnig, daß er sie nicht fand. Doch sie hoffte von ganzem Herzen, daß er keinen Erfolg haben möge.

»Nur noch ein bißchen Zeit«, flüsterte sie. »Wenn ich noch einen Monat Frist bekäme, würde ich Schottland gerne wieder verlassen. Und ich werde Erinnerungen mitnehmen, die für mein ganzes Leben reichen.«

Sie war so vertieft in ihre Gedanken, daß sie gar nicht hörte, wie die Tür hinter ihr aufging, und als sie leichte Schritte vernahm, wirbelte sie herum, bereit, sich zu verteidigen.

»Hat es dir . . . dir bei den MacGregors gefallen?« stammelte Kit, betroffen von der Wut in ihren Augen.

Sofort wurde Fionas Gesicht weich. Sie kniete sich nieder, öffnete die Arme und preßte das Kind fest an sich. »Ich habe dich so sehr vermißt, Kit«, flüsterte sie. Und als ihre Augen wieder klar wurden, hielt sie ihn auf Armlänge von sich weg.

»Ich wohnte in einem großen Zimmer mit einem geheimen Treppengang hinter einer Tapete, und dein Papa und ich hatten eine Pastetenschlacht, und anschließend gingen wir in einem sehr kalten See schwimmen.«

»Alicia hat mir ein Pony geschenkt«, sagte Kit. »Und Onkel Stephen bringt mir nun das Reiten bei. Was waren es denn für Pasteten?« Er beugte sich vor und flüsterte: »Hast du Papa wütend gemacht?«

»Nein.« Sie lächelte. »Nicht einmal dann, als ich ihn mit einer Kirschtorte mitten im Gesicht traf. Komm, setz dich zu mir, und ich werde dir erzählen, wie Alicias Hund mich vor den Wölfen rettete.«

Eine ganze Weile später fand Miles sie schlafend beisammen, beide mit vollkommen zufriedenen Gesichtern. Lange stand Miles über den beiden und betrachtete sie still. Als er gedämpfte Hufschläge im Burghof hörte und wußte, daß Gavin aufbrach, beugte er sich vor und küßte Fiona auf die Stirn. »Ich werde dir noch viele Kinder schenken, Fiona«, murmelte er und berührte Kits Wange. »Wollen doch mal sehen, nicht wahr?«

»Ich möchte das aber nicht!« sagte Fiona heftig und blickte Miles mit grimmigem Gesicht an. »Ich habe mich fast umgebracht, um alles zu tun, was du von mir verlangtest; aber ich bleibe nicht hier allein in der Burg, während du in der Gegend herumreitest und dir auf angenehme Weise die Zeit vertreibst.«

»Fiona«, sagte Miles geduldig, »ich gehe auf die Jagd, und du wirst nicht allein in der Burg sein. Alle MacArrans . . .«

»MacArrans!« schleuderte sie ihm ins Gesicht. »All diese Männer drei Tage lang in meiner Nähe! Nein, ich bleibe nicht hier. Ich begleite dich auf die Jagd.«

»Du weißt, ich würde dich liebend gern mitnehmen, aber ich denke, du mußt hierbleiben. Es gibt Zeiten, wo ich nicht bei dir sein kann, und du mußt lernen. ..« Er hielt inne, als sie sich abwendete.

»Ich brauche weder dich noch irgendeinen anderen Mann, Ascott«, sagte sie mit steifen Schultern.

Miles berührte sie mit der Hand, doch sie wich aus. »Fiona, wir haben viel zu viel durchgemacht, um uns wegen so einer Kleinigkeit zu entzweien. Ich denke, du solltest mit Kit bei den Männern bleiben und versuchen, deine Angst allmählich zu überwinden. Wenn du meinst, das wäre unmöglich, sag es mir, und selbstverständlich nehme ich dich dann mit auf die Jagd. Ich bin im Erdgeschoß.«

Fiona sah ihn nicht mehr an, bis er das Zimmer verlassen hatte. Inzwischen waren fast zwei Monate vergangen, seit Gavin Fionas Rückkehr gefordert hatte. In dieser Zeit hatte Fiona entdeckt, was das Wort ›Glück‹ bedeutete. Sie, Miles und Kit hatten wunderschöne lange Tage verbracht, hatten im frisch gefallenen Schnee gespielt und zusammen gelacht. Und das Weihnachtsfest war so schön gewesen, wie sie es noch nie zuvor erlebt hatte – eine Familie vereint unterm Tannenbaum.

Alicia hatte ihr eine Menge beigebracht, nicht durch Vorträge, sondern durch ihr Vorbild. Fiona ritt zuweilen mit Alicia aus, um die Kleinbauern zu besuchen. Dabei hatte es immer wieder Momente der Panik gegeben, und einmal, als ein Mann ihr zu nahe kam, hatte sie ein Messer gezogen. Alicia war rasch eingeschritten und hatte Fiona beruhigt. Danach hatte es nie mehr feindselige Töne zwischen den beiden Frauen gegeben. Alicia schien Fiona als jüngere Schwester adoptiert zu haben und sah keinesfalls eine mögliche Rivalin in ihr. Als Alicia anfing, Fiona herumzukommandieren, wie sie das mit jedem zu tun pflegte, lehnten Miles und Stephen sich beruhigt zurück. Dreimal sagte Fiona zu Alicia, wo sie sich ihretwegen von der Klippe ins Meer stürzen könne, und Alicia hatte herzlich darüber gelacht.

Rab schien Fiona ebenfalls adoptiert zu haben, und oft weigerte er sich, beiden Frauen zu gehorchen und zog sich statt dessen schmollend in einen Winkel zurück.

Als Stephen den Hund einen Feigling schalt, fielen beide Frauen über ihn her.

Mit jedem Tag kamen Miles und Fiona sich näher. Manchmal, wenn sie Miles beim Training beobachtete und seinen nackten, vor Schweiß glitzernden Oberkörper sah, spürte sie, wie ihr die Knie weich wurden. Immer spürte Miles ihre Gegenwart in diesen Momenten, und die heißen Blicke, die er ihr dann zuwarf, brachten sie zum Beben. Einmal verfehlte Stephens Lanze Miles' Kopf nur um Haaresbreite, weil Miles sich von Fionas begehrlichen Blicken ablenken ließ. Stephen war so wütend gewesen, daß er Miles am Hals würgte.

»Noch einen Zoll mehr, und ich hätte dich töten können«, brüllte Stephen vor Wut.

Alicia und Fiona, Rab und Sir Guy – alle wurden in diesen Tumult hineingezogen. Stephen, der vor Zorn am ganzen Körper rot anlief, forderte von Miles, daß er Fiona sofort vom Übungsfeld entfernen solle. Miles ließ sich von der Wut seines Bruders nicht aus der Ruhe bringen, war aber sofort bereit, Stephens Begehren zu erfüllen. Und was für ein denkwürdiger Nachmittag das gewesen war! Denn trotz seiner äußerlichen Gelassenheit hatte Stephens ungewöhnlicher Zorn Miles so aufgeregt, daß er Fiona abwechselnd attackierte und sich an sie klammerte. Sie liebten sich im Bett, quer über einem Sessel, wobei ihr die Lehne fast das Rückgrat zerbrach, und gegen eine Wand gelehnt. Unglücklicherweise drückte Miles Fiona gegen einen Wandteppich, und sie klammerte sich daran fest. Der schwere, verstaubte Gobelin fiel auf sie herunter und riß sie zu Boden; doch sie machten dort weiter, bis sie an ihrem Hustenanfall fast erstickten. Aneinandergekoppelt, krochen sie unter dem Gobelin hervor und machten auf dem kalten Steinboden weiter. Als sie, erhitzt und erschöpft, an diesem Abend zum Essen in der Halle erschienen, stimmte der gesamte MacArran-Clan ein heulendes Gelächter an. Stephen war immer noch zornig und erneuerte sein Gebot, daß Fiona sich vom Übungsgelände fernzuhalten habe.

Zwei ganze Monate und eine Woche waren sie nun zusammen, dachte sie – fast fünf Monate seit ihrer »Gefangennahme«.

Aber sie wußte, daß diese Episode nun zu Ende ging.

Gavin schickte Miles einen Boten. Roger Chatworth und Pagnell waren zusammen zum König geritten, und Roger hatte König Heinrich erzählt, daß Raine Ascott versuche, eine Armee gegen den König auszuheben und daß Miles Fiona als Geisel festhielte. Der König erklärte, wenn Miles Fiona nicht freiließe, würde er ihn als Verräter ächten lassen und alle seine Ländereien konfiszieren. Und was Raine betraf, so drohte der König, den Wald niederzubrennen.

Gavin hatte Miles gebeten, Fiona freizulassen. Miles sprach tagelang kein Wort mehr mit ihr; doch zuweilen sah er sie mit großer Sehnsucht an, und Fiona spürte nun, daß ihre Tage der Zweisamkeit gezählt seien. Miles drängte sie, mehr Zeit mit den MacArrans zu verbringen, als versuchte er, sie auf eine Zukunft vorzubereiten – eine Zukunft ohne ihn.

Fiona lebte nun in einem Zwiespalt. Einerseits wollte sie lernen, wie man furchtlos mit Männern umgehen konnte; doch gleichzeitig wollte sie jede Minute mit Kit und Miles verbringen.

»Tod und Verdammnis!« murmelte sie, als sie allein im Zimmer war. Wie hatte sie zulassen können, daß sie als unabhängige Frau in diese totale Abhängigkeit geraten war?

Gavin war wieder nach Schottland gekommen, so wutgeladen diesmal, daß sein erster Besuch dagegen freundlich genannt werden mußte. Und zum erstenmal empfand Fiona Gewissensbisse, daß sie in der friedlichen Hausgemeinschaft der MacArrans bleiben wollte.

Als Miles in ihr gemeinsames Zimmer kam, bat sie ihn, ihr zu gestatten, daß sie mit Gavin nach England zurückkehrte. Sie hatte sich vorgenommen, ihm zu sagen, sie wollte beide Familien retten – die Ascotts wie die Chatworth' –, doch Miles ließ sie gar nicht erst zu Wort kommen. Stephens und Gavins Wutausbrüche waren ein mildes Säuseln im Vergleich zu Miles' Toben. Er fluchte in drei Sprachen, warf mit Gegenständen um sich, zerlegte mit bloßen Händen einen Stuhl und hieb mit einer Axt einen Tisch entzwei. Tam und Sir Guy mußten ihre ganze Kraft aufwenden, um ihn zu bändigen.

Gavin und Stephen hatten offensichtlich ihren kleinen Bruder schon öfter in diesem Zustand erlebt. Selbst Gavin gab nach Miles' Wutanfall auf und kehrte nach England zurück. Und Fiona fühlte sich elend, betrachtete mit tränennassen Augen Miles, der mit Drogen betäubt war. Roger und Miles, dachte sie immer wieder, Roger und Miles. Sie hatte ein Heim mit zwei Brüdern, und einer davon drehte jeden Stein auf den Inseln um, um sie zu finden; doch sie saß hier und vergoß Tränen über ihren Feind, einen Mann, der sie auch beschützt hatte, sie mit Geduld und Güte behandelt und ihr bewiesen hatte, daß das Leben auch gut sein konnte.

Schlaftrunken öffnete Miles die Augen. »Hab' ich dich erschreckt?« fragte er heiser.

Sie konnte nur nicken.

»Ich erschrecke mich selbst. Doch diese Anfälle kommen nicht oft.« Er nahm ihre Hand und drückte sie an seine Wange wie ein Kinderspielzeug. »Verlaß mich nicht mehr, Fiona. Du wurdest mir geschenkt; du gehörst mir.« Nach diesem so oft wiederholten Refrain glitt er wieder in den Schlaf hinüber.

Das war vor vier Tagen gewesen, knappe vier Tage erst, doch nun hatte er beschlossen, sie drei Tage allein zu lassen, während er und Stephen Wildschweine jagten. Vielleicht hatte Miles kein Gespür mehr für die Angst, die sie immer noch empfand. Vielleicht war er sich seiner Sache so sehr sicher, daß er glaubte, er könne sie immer an seiner Seite behalten. Doch Roger war unterwegs nach Schottland, und wenn er mit seiner Armee hier eintraf, was würde sie dann tun? Konnte sie zusehen, wie die MacArrans gegen ihren Bruder kämpften? Konnte sie zusehen, wie Roger und Miles sich im Zweikampf zerfleischten? Würde sie Kit auf ihren Armen halten und zusehen, wie Miles starb, oder würde sie Miles nachts in ihren Armen halten und das Blut ihres Bruders auf seiner Haut schmecken?

»Fiona?« fragte Alicia von der Tür her. »Miles sagte, du gehst nicht mit auf die Jagd.«

»Nein«, sagte sie mit einer Spur von Bitterkeit. »Ich muß hierbleiben und mich mit Männern umgeben. Männer hinter mir, Männer neben mir – Männer, die mir auf Schritt und Tritt nachsehen.«

Alicia beobachtete einen Moment lang schweigend die blonde Frau. »Machst du dir Sorgen um Miles oder deinen Bruder?«

»Um beide«, erwiderte Fiona aufrichtig. »War es für dich so einfach, mit einem englischen Ehemann zu deinen Schotten heimzukehren? Hast du dich nie gefragt, ob du ihm trauen kannst?«

In Alicias Augen tanzte der Schalk. »Dieser Gedanke ist mir tatsächlich gekommen. Stephen verlangte lediglich von mir das Bekenntnis, daß ich ihn liebte. Aber ich war überzeugt, daß Liebe mehr ist als nur ein unbestimmtes Gefühl.«

»Und ist es mehr?«

»Ja«, sagte Alicia. »Es gibt Frauen, glaube ich, die einen Mann lieben trotz allem, was er ist; doch für mich war es wichtig zu wissen, daß Stephen nicht nur das war, was ich brauchte, sondern auch mein Clan.«

»Wenn du ihn aber geliebt hättest, von ganzem Herzen, und dein Clan hätte ihn gehaßt? Wenn du dich deinem Clan entfremdet hättest, indem du bei Stephen geblieben wärst?«

»Dann hätte ich mich für meinen Clan entschieden«, antwortete Alicia, während sie Fiona eindringlich musterte. »Ich hätte vieles aufgegeben, sogar mein eigenes Leben, um einen Krieg in meiner Familie zu verhindern.«

»Und das ist es, was ich deiner Meinung nach ebenfalls tun sollte!« schnaubte sie. »Du bist der Meinung, ich sollte zu meinem Bruder zurückkehren. Und jetzt, während Miles auf der Jagd ist, ist die Gelegenheit dafür ideal. Mit ein paar deiner Männer als Begleitung könnte ich . . .« Sie hielt inne, als Alicia ihr fest in die Augen sah.

Schließlich sagte Alicia: »Ich respektiere den Willen meines Schwagers. Ich werde dir nicht zur Flucht verhelfen.«

Fiona schlang die Arme um Alicias Hals. »Was soll ich tun? Du hast selbst erlebt, wie Miles sich aufführte, als ich sagte, ich würde zu Roger zurückkehren. Sollte ich versuchen, ihm noch einmal zu entfliehen? Oh, Himmel!« Sie schob Alicia wieder von sich fort. »Du bist auch nur eine von meinen Feinden.«

»Nein«, widersprach Alicia lächelnd. »Ich bin nicht dein Feind. Und auch die Ascotts sind nicht deine Feinde. Wir haben dich alle lieben gelernt. Kit würde dir bis zum Ende der Welt folgen. Doch die Zeit wird kommen, wo du zu wählen hast. Und niemand von uns kann dir diese Entscheidung abnehmen. Nun komm nach unten, und gib Miles einen Abschiedskuß, ehe er wieder anfängt, meine Möbel zu demolieren. Wir sind damit nicht gerade reich gesegnet. Übrigens, weißt du, wie der Wandteppich auf den Boden gelangte?«

Fiona wurde glühendrot im Gesicht, und Alicia prustete vor Lachen, als sie zusammen die Treppe hinuntergingen.

»Fiona.« Miles lachte und zog sie in die dunkelste Ecke der Halle, wo er sie leidenschaftlich abküßte. »Ich bin doch nur drei Tage fort. Wirst du mich so sehr vermissen?«

»Du bist immer noch der beste von allen Teufeln. Wenn du zurückkommst, und ein halbes Dutzend Männer humpeln mit gebrochenen Zehen durch die Halle, ist das deine Schuld.«

Er streichelte ihre Wange. »Nachdem Sir Guy es so gut getroffen hat, werden sie dagegen nichts einzuwenden haben.«

»Was meinst du damit?«

»Alicia gab den häßlichen Riesen in die Pflege eines munteren, hübschen Mädchens, und nun sind die beiden unzertrennlich. Er muß für sie jeden Tag das Wasser holen, und wenn er mit einer Nadel umgehen könnte, würde er zweifellos ihre Hemdkragen besticken.«

Es fehlte nicht viel, und Fiona hätte Miles gegen das Schienbein getreten, denn das Hemd, das er unter dem schottischen Plaid trug, hatte sie für ihn mit Stickereien versehen.

»Holla, meine kleine Gefangene, benimm dich, oder ich schicke dich wieder nach Hause.«

Bei diesen Worten wurden ihre Augen hart; doch Miles lachte

nur und küßte sie sanft in den Nacken. »Was du empfindest, steht in deinen Augen. Nun küsse mich noch einmal, und um so schneller werde ich zurück sein.«

Minuten später stand sie mit leeren Armen und schwerem Herzen da. Etwas würde passieren. Das wußte sie. Am liebsten hätte sie sich nun in ihrem Zimmer versteckt und wäre drei Tage dort geblieben; doch sie wußte, daß Miles recht hatte. Nun war die Zeit günstig dafür, die Furcht vor fremden Männern ein wenig abzubauen.

Am frühen Nachmittag arrangierte sie einen eigenen Ausflug. Sie wollte mit Kit und zehn Clans-Männern, Tam einbegriffen, zu einer Ruine reiten, von der Alicia ihr erzählt hatte. Kit konnte dort die Ruine erforschen, während sie daran arbeitete, ihre Angst zu überwinden.

Als sie die Ruine erreichten, hatte Fiona schon schreckliches Herzklopfen, vermochte aber Tam zuzulächeln, als er ihr vom Pferd herunterhalf. Als sie einen Mann hinter sich hörte, drehte sie sich nicht sofort um, sondern versuchte, ganz normal darauf zu reagieren. Als sie Jarl hinter sich sah, wurde sie mit einem stolzen Lächeln von dem jungen Mann belohnt, und Fiona wandte sich mit einem kurzen Lachen an Tam.

»Weiß denn jeder über mich Bescheid?«

»Mein Clan hat großen Respekt vor Euch, weil ihr Euch genauso lautlos in den Wäldern bewegen könnt wie jede schottische Frau, und wir mögen Leute, die ein Kämpferherz haben.«

»Ein Kämpferherz! Aber ich habe mich meinen Feinden ergeben.«

»Nein, Mylady«, erwiderte Tam lachend, »Ihr seid nur zur Vernunft gekommen und habt begriffen, was für feine Menschen wir Schotten doch sind – und im geringeren Maße auch die Ascotts.«

Fiona schloß sich dem allgemeinen Gelächter an.

Später, als sie auf einem Stein inmitten der alten Burgruine saß, beobachtete sie die Männer unter sich und begriff, daß sie eigentlich gar keine Angst vor ihnen hatte und wie gut ihr diese entkrampfte Haltung bekam. Sie hatte Miles Ascott viel zu verdanken.

Entweder war sie zu sehr in die Betrachtung der Männer vor sich versunken, oder vielleicht hatte ihre Wachsamkeit in den letzten paar Monaten nachgelassen, jedenfalls hörte sie zunächst das Pfeifen nicht, das aus den Bäumen hinter ihr kam. Als es in ihr Gehirn eindrang, wurde jede Zelle ihres Körpers hellwach. Zunächst schaute sie sich um, ob einer von den MacArrans auf das Signal aufmerksam geworden war. Kit spielte mit dem jungen Alex, und die beiden machten großen Lärm beim Spielen, während die Männer ihnen wohlwollend zusahen.

Langsam, als habe sie eigentlich kein Ziel vor Augen, verließ Fiona die Ruine und tauchte dann so lautlos wie eine Rauchwolke zwischen den Bäumen unter. Sobald sie sich im Schatten des Waldes befand, stand sie still und wartete, während die Tage ihrer Kindheit in ihrem Bewußtsein wieder lebendig wurden.

Brian war stets von seinen Geschwistern beschützt worden. Er war zwar älter als sie, wirkte jedoch jünger und hatte es nie geschafft, sich zu wehren wie Fiona. Wenn ein Mann Fiona angriff, hatte sie keine Gewissensbisse, ihm ein Messer in den Leib zu rammen; doch Brian brachte das nicht fertig. Unzählige Male hatte Fiona Brian zu Hilfe kommen müssen, wenn die Männer, die Edmund mit nach Hause brachte, sich ihre rüden Scherze mit ihm erlaubten. Während Edmund sich ausschüttete vor Lachen und seinen kleinen Bruder als Schwächling beschimpfte, hatten Roger und Fiona den jungen, verkrüppelten Brian zu trösten versucht.

Tagelang hatte Brian sich in ein Versteck verkrochen und dort ohne Nahrung und Wasser gelebt, und für solche Gelegenheiten hatten sie ein Signal vereinbart. Roger und Fiona waren die einzigen, die dieses schrille hohe Pfeifsignal kannten, und sie waren stets zu Brians Versteck gekommen, wenn er sie mit diesem Pfeifsignal rief.

Nun wartete Fiona darauf, daß Brian sich zeigte. War er allein hier oder in Begleitung von Roger?

Der junge Mann, der nun auf der Lichtung erschien, war ein Fremder für Fiona, und einen Moment lang starrte sie ihn mit offenem Mund an. Er war immer auf eine zarte Weise gutaussehend gewesen, doch nun hatte er etwas Gespenstisches an sich mit seinem geisterblassen Gesicht.

»Brian?« flüsterte sie.

Er nickte schroff. »Du siehst gesund aus. Bekommt dir die Gefangenschaft so gut?«

Fiona war sprachlos über diese Begrüßung. So hatte sie ihren jüngeren Bruder noch nie reden hören. »Ist . . . ist Roger bei dir?« fragte sie.

Brians hageres Gesicht wurde noch düsterer. »Sprich diesen elenden Namen nicht in meiner Gegenwart aus.«

»Was?« rief sie keuchend und ging auf ihn zu. »Wie redest du von deinem Bruder?«

Einen Moment lang wurden seine Augen weich, und er hob eine Hand, als wollte er Fiona über die Schläfe streichen; doch ehe er ihr Gesicht berührte, fiel seine Hand wieder herab. »Vieles ist geschehen, seit wir uns zuletzt gesehen haben.«

»Erzähl es mir«, flüsterte sie.

Brian rückte einen Schritt von ihr weg. »Roger kidnappte Mary Ascott.«

»Ich hörte davon. Ich kann mir jedoch nicht vorstellen, daß Roger . . .«

Brian sah sie mit flackernden Augen an: »Glaubst du, Edmunds böses Blut fließt nicht auch in den Adern seiner Verwandten? Glaubst du, wir könnten der bösen Macht entrinnen, die unseren ältesten Bruder beherrschte?«

»Aber Roger . . .« begann sie.

»Erwähne diesen Namen nicht noch einmal vor mir. Ich liebte diese Mary, liebte sie so sehr, wie ich nie mehr einen Menschen lieben kann. Sie war gütig, engelsgut, wünschte niemandem ein Leid; doch er – dein Bruder – vergewaltigte sie, und aus Scham und Entsetzen stürzte sie sich aus dem Fenster.«

»Nein«, entgegnete Fiona ruhig. »Ich kann das nicht glauben. Roger ist gut. Er tut keinem etwas Böses. Er hat diesen Krieg zwischen den Ascotts und Chatworth' niemals gewollt. Er nahm Lilian bei sich auf, als ihre eigene Familie sie nicht mehr haben wollte. Und er . . .«

»Er griff Stephen Ascott von hinten an. Er lockte Alicia MacArran mit einer Lüge von ihrer Burg fort und hielt sie eine Weile lang gefangen. Als Mary starb, befreite ich Alicia aus ihrer Zelle und brachte den Leichnam von Mary zu ihrer Familie zurück. Haben sie dir von dem rasenden Zorn berichtet, der Miles Ascott überfiel, als er seine tote Schwester sah? Tagelang raste er vor Zorn.«

»Nein«, flüsterte Fiona und dachte dabei an Miles' jüngsten Wutanfall. »Sie haben sehr wenig mit mir über diese Fehde gesprochen.« Nach den ersten paar Tagen ihres Zusammenseins schien sie mit Miles ein stilles Abkommen getroffen zu haben, daß sie nicht über die Probleme ihrer Familien sprechen wollten.

»Brian«, sagte sie leise, »du siehst müde und abgezehrt aus. Komm mit mir nach Larenston, und ruh dich aus. Alicia wird dir . . .«

»Ich werde keine Ruhe finden, solange mein Bruder noch am Leben ist.«

Fiona sah ihn entgeistert an. »Brian, du kannst doch nicht meinen, was du da sagst. Wir werden uns mit Roger in Verbindung setzen und über alles reden.«

»Du willst mich nicht verstehen, nicht wahr? Ich habe vor, Roger Chatworth zu töten.«

»Brian! Du kannst doch nicht an einem Tag vergessen, was er dir ein Leben lang Gutes getan hat. Erinnerst du dich noch, wie Roger uns immer beschützt hat? Wie er sein Leben riskierte, um dich an dem Tag zu retten, als Edmund dich niederritt und dein Bein zerquetschte?«

Brians Gesicht verlor nicht ein Quentchen von seiner Härte. »Ich liebte Mary, und Roger tötete sie. Eines Tages wirst du verstehen, was das bedeutet.«

»Ich mag hundert Leute lieben; aber das wird mir nicht meine Zuneigung für Roger nehmen, der so viel für mich getan hat. Selbst jetzt sucht er nach mir.«

Brian blickte sie fragend an. »War es nicht ein Kinderspiel für dich, deiner Wache zu entkommen? Wenn man dir so viel Freiheit läßt, warum flüchtest du nicht und kehrst zu Roger zurück?«

Fiona bewegte sich von Brian fort, doch er packte ihren Arm. »Sind es die Ascott-Männer, die dich hier festhalten? Welcher von ihnen ist es? Der verheiratete oder der junge?«

»Miles ist schon lange kein Junge mehr«, schnaubte sie. »Alter kann zuweilen täuschen.« Sie hielt inne, als sie Brians Gesichtsausdruck sah.

»Du hast wohl vergessen, daß ich selbst die Familienburg der Ascotts besucht habe. Also ist es Miles, in den du dich verliebt hast. Eine gute Wahl. Er ist ein Mann, dessen feuriges Temperament dem deinen ebenbürtig ist.«

»Was ich für einen Ascott empfinde, ändert nichts an meinen Gefühlen für Roger.«

»Tatsächlich? Was hindert dich also, zu ihm zu gehen? Es kann doch nicht so schwierig sein, diesen Schotten zu entkommen. Du hast Edmund jahrelang zum Narren gehalten.«

Sie schwieg eine Weile. »Es ist nicht nur Miles' wegen. Hier herrscht eine Friedfertigkeit, wie ich sie noch nie zuvor gekannt habe. Niemand setzt mir ein Messer an die Kehle. In Larenston gibt es nachts keine unheimlichen Schreie. Ich kann offen einen Korridor hinuntergehen und muß nicht von einem schattigen Winkel zum anderen huschen.«

»Auch ich sah einmal einen Zipfel solchen Seelenfriedens«, flüsterte Brian, »doch Roger tötete ihn, und nun bin ich entschlossen, ihn zu töten.«

»Brian! Du mußt dich ausruhen und alles noch einmal überdenken, was du jetzt sagst.«

Er hörte nicht auf sie. »Weißt du, wo Raine Ascott ist?«

»Nein«, sagte sie erschrocken. »Er befindet sich irgendwo in einem Wald. Ich lernte eine Sängerin kennen, die bei ihm war.«

»Weißt du, wo ich sie finden kann?«

»Was kümmert es dich, wo dieser Raine sich aufhält? Hat er dir etwas angetan?«

»Ich möchte ihn bitten, mir das Ritterhandwerk beizubringen.«

»Damit du mit Roger kämpfen kannst?« fragte sie betroffen und lächelte dann. »Brian, Roger wird niemals mit dir kämpfen. Und schau dich doch an. Du bist noch nicht halb so groß wie Roger und siehst aus, als hättest du eine Menge Gewicht verloren. Bleib hier, erhole dich ein paar Tage, und dann werden wir . . .«

»Versuche nicht, mich zu bevormunden, Fiona. Ich weiß, was ich tue. Raine Ascott ist stark und weiß, wie man einen Mann zum Krieger ausbildet. Er wird mir beibringen, was ich wissen muß.«

»Erwartest du wirklich von mir, daß ich dir helfe?« fragte sie zornig. »Glaubst du ernsthaft daran, ich würde dir sagen, wo dieser Ascott steckt, selbst wenn ich es wüßte? Ich werde deinen Wahnsinn nicht unterstützen.«

»Fiona«, sagte er weich, »ich kam hierher, um dir Lebewohl zu sagen. Ich habe wochenlang in diesen Wäldern gelebt, auf den richtigen Zeitpunkt gewartet, um mit dir zu sprechen; aber du bist immer streng bewacht worden. Nun, da ich dich gesehen und gesprochen habe, kann ich nach England zurückkehren. Ich werde mit Roger kämpfen, und einer von uns beiden wird sterben.«

»Brian, bitte, überlege dir das anders.«

Als wäre er ein alter Mann, küßte er sie auf die Stirn.

»Lebe in Frieden, meine kleine Schwester, und bewahre mir eine freundliche Erinnerung.«

Fiona war zu betäubt, um etwas darauf antworten zu können; doch als Brian sich abwandte, fielen plötzlich Schotten von den Bäumen herunter. Stephen Ascott pflanzte sich mit gezogenem Schwert vor Brian Chatworth auf.

12. Kapitel

Tu ihm nichts zuleide«, sagte Fiona mit belegter Stimme, obwohl sie nicht im geringsten fürchtete, daß Stephen ihrem jungen Bruder ein Haar krümmen würde.

Stephen sah sie kurz an und schob dann sein Schwert in die Scheide zurück. »Geht mit meinen Männern, und sie werden Euch zu essen geben«, sagte er zu Brian.

Mit einem letzten Blick auf Fiona verließ Brian die Lichtung, umgeben von den Männern des MacArran-Clans.

Fiona blickte Stephen einen Moment lang mit funkelnden Augen an, und in diesen Sekunden wurde ihr eine Menge klar.

Stephen besaß die Höflichkeit, ein wenig verlegen auszusehen. Mit einem schiefen Grinsen lehnte er sich gegen einen Baum, zog einen Dolch aus der Scheide an seiner Wade und begann, an einem Stock herumzuschnitzen.

»Miles weiß nichts davon«, begann er.

»Du hast mich als Köder verwendet, um meinen Bruder zu fangen, nicht wahr?« stieß sie hervor.

»So könnte man es vermutlich nennen. Er trieb sich schon seit Tagen im Wald herum, lebte von Wurzeln und Beeren, und wir waren neugierig, wer dieser menschenscheue Bursche war und was er wollte. Zweimal, als du mit Miles zusammenwarst, kam er dir nahe; doch meine Männer vergraulten ihn wieder. Wir beschlossen, ihn zu dir zu lassen. Du warst nie allein; meine Männer und ich waren direkt über dir und hatten die Pfeile schußbereit auf der Sehne.«

Fiona setze sich auf einen großen Felsblock. »Es paßt mir nicht, daß ich als Köder mißbraucht werde.«

»Wäre es dir lieber gewesen, wir hätten nicht lange gefackelt und ihn getötet? Vor ein paar Jahren hätte kein Engländer, der das Land der MacArran betrat, lange genug gelebt, um zu Hause davon zu berichten. Doch der Junge schien so . . . besessen, daß wir herausfinden wollten, was ihn hierhertrieb.«

Sie dachte einen Moment über seine Worte nach. Es gefiel ihr nicht, was er getan hatte, aber sie wußte, daß er im Recht war. »Und was gedenkt Ihr nun mit ihm zu tun, nachdem Ihr ihn gefangengenommen habt?« Sie reckte das Kinn in die Höhe. »Weiß Alicia von deinem Katz-und-Maus-Spiel?«

Sie war sich nicht sicher, glaubte aber zu sehen, wie Stephens Mundwinkel sich weiß färbten. »So, wie ich das Leben liebe, bin ich dankbar, daß sie es nicht weiß«, sagte er gefühlvoll. »Alicia hält nie etwas im Verborgenen – wenigstens tut sie so etwas sehr selten. Sie hätte den Jungen nach Larenston verschleppt, und Miles . . .« Er beendete den Satz nicht.

»Miles' Haß auf die Chatworth' sitzt tief«, ergänzte sie.

»Nur auf die Männer.« Er lächelte. »Roger Chatworth war schuld am Tod unserer Schwester, und Miles wird das vermutlich nicht so rasch vergessen. Du hast nur die Seite von ihm kennengelernt, die er den Frauen zeigt. Stelle ihn einem Mann gegenüber, der eine Frau verletzt hat, und du kennst ihn nicht wieder.«

»Du warst dir also sicher, daß Brian ein Chatworth ist?«

»Er sah mir danach aus.«

Fiona schwieg eine Weile. Brian hatte eben tatsächlich eine gewisse Ähnlichkeit mit Roger gehabt, diesen trotzigen Blick und einen Zorn, der sich hinter einem Ausdruck unbekümmerter Rücksichtslosigkeit versteckte. »Du hast gehört, was Brian sagte. Können wir ihn hier festhalten, damit er sich nicht mit Roger anlegt?«

»Ich denke, das könnte ihn seinen Verstand kosten. Er macht schon jetzt einen ziemlich wirren Eindruck.«

»Ja«, sagte sie mit belegter Stimme. »Er hat sich sehr verändert.« Sie sah fragend zu Stephen hoch.

»Ich glaube, ich werde genau das tun, was Brian verlangte: ich werde ihn zu meinem Bruder Raine bringen.«

»Nein!« rief Fiona und stand auf. »Raine Ascott wird ihn töten. Hat er nicht Roger angegriffen?«

»Fiona«, begütigte Stephen sie, »Raine wird den Jungen in sein Herz schließen, weil er Mary half. Man mag vieles an Raine auszusetzen haben, doch er ist fair. Und zudem«, fügte er mit einem leichten Lächeln hinzu, »wird mein Bruder den jungen Mann so hart hernehmen, daß ihm keine Zeit mehr bleibt für Haßgefühle. Spätestens nach drei Tagen wird er so erschöpft sein, daß er nur noch ans Schlafen denkt.«

Sie sah ihn einen Moment nachdenklich an. »Warum solltest du einem Chatworth zu Hilfe kommen? Mary war auch deine Schwester.«

»Ich dachte, wir Ascotts hätten dich belogen, was den Anteil deines Bruders an ihrem Tod betrifft.«

»Wenn Miles die Schwester eines fremden Mannes umbrachte, würdest du deinen Bruder hassen, ohne ihn auch nur zu fragen, warum er die Tat beging? Vielleicht war Roger an der Tat beteiligt; aber vielleicht gab es Gründe für sein Verhalten. Ich werde und will keinen meiner beiden Brüder ohne gerechtfertigten Grund verdammen.«

»Gut gesprochen«, sagte Stephen mit einem zustimmenden Nikken. »Ich empfinde keine Sympathie für deinen Bruder Roger für das, was er getan hat; doch das verarge ich ihm allein, nicht seiner Familie. Meine Brüder denken nicht so wie ich, was Gavins schroffes Verhalten dir gegenüber erklärt. Für ihn bedeutet die Familie alles.«

»Und hat Raine die gleiche Einstellung? Wird er Brian verdammen, wenn er ihm vor die Augen kommt?«

»Das wäre möglich. Deshalb werde ich Brian begleiten. Denn auf mich wird er hören, und, wie ich meinen Bruder kenne, wird unser Gespräch damit enden, daß er deinen Bruder adoptiert.« Er warf den Stock beiseite und steckte das Messer in die Scheide zurück. »Und nun muß ich mich verabschieden. Es wird Tage dauern, bis ich meinen Bruder finde.«

»Jetzt?« fragte sie. »Du willst fort, ehe Alicia und Miles von der Jagd zurückgekommen sind?«

»Oh, ja.« Er schnitt eine Grimasse. »Ich habe keine Lust, meiner reizenden Frau unter die Augen zu treten, wenn sie herausfindet, daß ich sie mit einem Trick von Larenston weggelockt habe, damit ich mir diesen englischen Eindringling allein vorknöpfen konnte.«

»Miles wird das auch nicht so gelassen hinnehmen, glaube ich«, sagte sie mit funkelnden Augen.

Stephen stöhnte, und sie meinte lachend: »Du bist ein Feigling, Ascott.«

»Von der schlimmsten Sorte«, stimmte er ihr sofort zu und wurde dann ernst. »Wirst du für mich beten, während ich fort bin? Wenn Raine und Brian sich vertragen, könnten wir vielleicht etwas bewegen, damit dieser Familienzwist ein Ende hat.«

»Das würde mir gefallen«, antwortete sie. »Brian ist ein liebenswürdiger, gütiger junger Mann, und Roger liebt ihn sehr. Stephen«, sagte sie mit leiser Stimme, »würdest du mir eine ehrliche Antwort geben, wenn ich dich etwas frage?«

»Das bin ich dir schuldig.«

»Hat einer von euch Roger gesehen?«

»Nein«, antwortete Stephen. »Er ist wie vom Erdboden verschwunden. Die MacGregors halten Ausschau nach ihm, und meine Männer sind ebenfalls gewarnt. Wir hätten dich um ein Haar schon einmal verloren, und das wird uns nicht mehr passieren. Aber bisher – nein, wir haben keine Spur von Roger Chatworth entdeckt.«

Einen Moment lang standen sie stumm voreinander und sahen sich an. Vor wenigen Monaten war dieser Mann noch ihr Feind gewesen – ein Feind wie alle Männer. Da ging sie einen Schritt auf ihn zu, trat dicht an ihn heran, streckte den Arm aus und legte die Hand an seine Wange.

Stephen schien zu verstehen, was für eine Ehre sie ihm damit antat. Er nahm ihre Hand und küßte sie auf der Innenseite. »Wir Ascotts sind Herzensbrecher«, sagte er mit einem Augenzwinkern. »Wir werden diese Fehde nicht mit Schwertstreichen, sondern mit Liebesschwüren beenden.«

Sie wich vor ihm zurück, als wäre sie beleidigt; doch sie konnte ein Lächeln nicht unterdrücken. »Ich werde gern für dich beten. Aber geh jetzt, ehe Miles dich mit mir ertappt und dir eine Tracht Prügel verabfolgt.«

Er zog ironisch eine Augenbraue in die Höhe. »Armer kleiner Bruder, das hast du davon, wenn eine Frau sich entschlossen hat, dich zu ihrem Eigentum zu erklären.« Damit ließ er sie auf der Lichtung zurück.

Fiona saß noch eine Weile allein im Wald, und jetzt, wenn sie genau hinhörte, vermochte sie auch die MacArrans auszumachen, die sich noch in ihrer Nähe befanden. Zwei Männer saßen in den Bäumen über ihr. Weit entfernt konnte sie Kits Lachen hören und Tams Baßstimme, die ihm Antwort gab.

In den letzten Monaten hatte die Schärfe ihrer Sinne erheblich nachgelassen. Sie sah das zornige Gesicht ihres jungen Bruders vor ihrem inneren Auge, und sie wußte, daß sie früher ebenfalls von so starken Haßgefühlen erfüllt gewesen war. Sie hoffte von ganzem Herzen, daß es Stephen gelingen möge, Brians Haß zu mildern. Oder vielleicht gelang es diesem Raine Ascott, in diesem Sinne auf ihren Bruder einzuwirken.

Mit schwerem Herzen kehrte sie zu der Burgruine und dem Gelächter von Kit zurück. In ein paar Tagen würde sie sich mit Miles' Zorn auseinandersetzen müssen. Das würde sie von ihren Problemen ablenken.

Alicia kehrte am folgenden Tag nach Larenston zurück. Als erstes suchte sie ihren fünf Monate alten Sohn Alexander auf. Das Kind hatte eine Amme, da Alicia viel zu oft von der Burg abwesend war, um ihn regelmäßig stillen zu können; doch sie sorgte dafür, daß der Junge genau wußte, wer seine Mutter war. Als sie nun ihren Sohn auf ihren Armen wiegte, während Rab ihr zu Füßen lag, berichtete ihr Fiona von Brian und Stephens Entschluß, ihn zu Raine zu bringen.

Alicias Augen sprühten Blitze. »Verdammnis über ihn«, murmelte sie, beruhigte sich aber sofort, als Alex zu greinen begann. »Still, mein Kleiner«, summte sie zärtlich. Als Alexander zu weinen aufhörte, sah sie wieder zu Fiona hoch.

»Es gefällt mir nicht, daß er dich als Köder mißbrauchte. Er hätte deinen Bruder hierher bringen sollen. Stephen vergißt wohl, daß Brian Chatworth mich aus den Klauen deines Bruders befreite. Ich hätte dem Jungen kein Härchen gekrümmt.«

»Ich glaube eher, Stephen machte sich Miles' wegen Sorgen – daß *er* Brian etwas antun könnte.« Fiona beugte sich vor und strich über das seidenweiche Haar auf Alexanders Kopf.

Alicias scharfem Blick entging nichts. »Und wann wirst du dein Baby bekommen?« fragte sie leichthin.

Fiona sah ihr nur stumm in die Augen.

Alicia stand auf und trug ihren Sohn zur Wiege zurück.

»Morag berichtete mir, seit du hier bist, hättest du nicht einmal geblutet. Du bist doch nicht krank, oder?«

»Bin es nie gewesen. Ich war mir nur nicht sicher, was mit mir nicht stimmen könne; doch es dauerte nicht lange, bis ich begriff. Wem hast du davon erzählt?«

»Niemandem. Nicht einmal Stephen. Oder, vor allem nicht Stephen. Er würde zweifellos das Ereignis sofort feiern wollen. Hast du vor, Miles zu heiraten?«

Fiona steckte das weiche Plaid um Alexanders Füße fest.

»Er hat mich nicht um meine Hand gebeten; doch selbst wenn er das täte, würde uns nicht nur der Heiratsschwur und das Kinderkriegen verbinden. Für Roger wäre die Tatsache, daß ich eine Ascott würde, kein hinreichender Grund, mich freizugeben. Er müßte erst wissen, daß ich aus freien Stücken sein Haus verließ und nicht gezwungen wurde.«

»Und würde Miles dich denn gezwungen haben?« erkundigte sich Alicia mit ruhiger Stimme.

Fiona lächelte. »Du weißt so gut wie ich, daß er mich zu gar nichts zwang. Aber ich glaube nicht, daß Miles so gerne mit mir verheiratet wäre. Ich würde von meinem Ehemann Treue verlangen, und Miles Ascott weiß gar nicht, was dieses Wort bedeutet.«

»Ich würde an deiner Stelle keinen der Ascott-Männer unterschätzen«, antwortete Alicia. »Sie mögen dir arrogant erscheinen, unbeugsam; aber es ist mehr an ihnen als nur ein hübsches Gesicht und ein männlicher Körper.«

»Soso«, meinte Fiona lachend und verließ das Zimmer.

Am nächsten Tag kehrte Alicia wieder zur Jagdgesellschaft zurück, und während Fiona als hilflose Jungfrau in Nöten die Hände rang und Kit sie von einem feuerspeienden dreiköpfigen Drachen befreite, fiel Fiona plötzlich aus der Rolle.

»Fiona!«, wies Kit sie zurecht, während er ein Holzschwert über seinem Kopf schwang.

Sie konnte ihm nicht erklären, weshalb ihr plötzlich eiskalte Schauer über den Körper liefen. »Miles«, flüsterte sie dann. Und zu der Amme gewandt, die Alex auf ihren Armen hielt, rief sie: »Ihr paßt auf Kit auf!« Damit stürmte sie die Treppe hinunter und hinaus auf den Burghof.

Als sie die Ställe erreichte, hatte sie die Hand bereits auf einem Sattel, ehe Douglas sie einholen konnte. »Ich kann Euch nicht fortlassen«, sagte Douglas mit bedauernder Stimme.

»Geh mir aus dem Weg, du Tor!« fuhr sie ihn an. »Miles ist in Schwierigkeiten, und ich reite zu ihm.«

Douglas verlor keine Zeit damit, sie auszufragen, woher sie denn das wisse, da kein Bote von der Jagdgesellschaft in die Burg gekommen war; sondern er verließ den Stall wieder, ließ drei leise Pfiffe hören, und binnen Sekunden standen zwei seiner Brüder neben ihm.

Fiona war nicht daran gewöhnt, ihr Pferd selbst zu satteln, und sie brauchte ungebührlich lange dafür; doch die Männer halfen ihr nicht dabei. Douglas prüfte nur den Sitz des Sattelgurtes, ehe er ihren Fuß packte und sie praktisch in den Sattel warf. Fiona zuckte nicht einmal mit der Wimper, als er ihren Körper berührte.

Als sie durch das Burgtor sprengten, hatte Fiona keine Ahnung, wohin sie reiten sollte, doch dann sammelte sie sich in Gedanken, beschwor Miles' Angesicht vor ihr inneres Auge und gab ihrem Pferd die Sporen, daß Douglas, Jarl und Francis ihr kaum zu folgen vermochten. Die vier Pferde donnerten über die enge Landbrücke, lenkten nach rechts und nahmen den Pfad auf der Klippe.

Fiona hatte keine Angst vor dem Abgrund neben dem steinigen Pfad, noch vor den Männern hinter ihr. Als sie wieder auf flachem, breitem Boden ritten, hielt sie nur sekundenlang an. Links von ihr befand sich das Territorium der MacGregors, und zu ihrer Rechten dehnte sich unbekanntes Gebiet. Sie lenkte ihr Pferd nach rechts, als habe ihr jemand den richtigen Weg zugeflüstert.

Einmal riefen die Männer ihr eine Warnung zu; sie bückte sich tief über den verschwitzten Hals ihres Pferdes und vermied mit knapper Not einen Zusammenstoß mit einem niedrig hängenden Ast. Bis auf diesen Warnschrei blieben die Männer hinter ihr stumm, da sie sich darauf konzentrieren mußten, ihr auf den Fersen zu bleiben.

Nach einem langen Ritt kam Rab bellend aus dem Unterholz gesprungen. Er schien Fiona bereits zu erwarten und war ihr entgegengeeilt, um auf dem letzten Teil des Weges die Führung zu übernehmen.

Fiona mußte nun ihr Pferd zu einer langsamen Gangart zwingen, und die vier Reiter und Rab mühten sich durch dichtes Unterholz zu einer Stelle, wo die Bäume so dicht zusammen standen, daß selbst die Sonne nicht hindurchzudringen vermochte.

Rab begann wieder zu bellen, ehe ihnen Menschen zu Gesicht kamen. Alicia und ihre Männer standen in einer Gruppe beisammen und blickten auf etwas am Boden nieder. Sir Guy kniete im Moos.

Alicia drehte sich um, als der Hund anschlug, und sah überrascht zu Fiona hoch.

Fionas Pferd war noch in Bewegung, als sie bereits zu Boden glitt und die Männer, die ihr im Weg standen, mit den Armen beiseiteschob.

Miles lag mit geschlossenen Augen am Boden. Sein ganzer Körper war voll Blut. Seine Kleider waren zerrissen, und sie konnte tiefe klaffende Wunden in seinem Fleisch sehen, an seiner linken Hüfte und an seiner rechten Seite.

Sie schob auch Sir Guy zur Seite, kniete nieder, zog Miles' Kopf in ihren Schoß und begann, mit ihrem Rocksaum das Blut von seinem Gesicht abzuwischen.

»Wach auf, Ascott«, sagte sie mit fester Stimme, ohne Mitleid und Anteilnahme. »Wach auf und schau mich an.«

Es schien eine Ewigkeit zu dauern, ehe Miles' Wimpern zu flattern begannen. Als er sie erblickte, lächelte er ein wenig und schloß die Augen wieder. »Engel«, flüsterte er und lag still.

»Wasser«, rief Fiona zu den verblüfften Gesichtern über ihr hinauf. »Ich brauche Wasser, um seine Wunden waschen zu können. Befindet sich ein Bauernhaus in der Nähe?«

Alicia hatte nur Zeit zum Nicken, ehe Fiona fortfuhr: »Geht und räumt das Haus für ihn. Bringt die Bauern nach Larenston; aber laßt mich mit ihm alleine dort. Schickt Morag mit ihren Kräutern hierher, und ich brauche scharfe Stahlnadeln und Faden. Guy! Holt ein großes Plaid, und darin werden wir ihn zu der Hütte tragen. Nun!« fuhr sie die Männer an. »Bewegt euch, an die Arbeit!«

Sogleich liefen die Männer in alle Richtungen auseinander.

Alicia warf Fiona lächelnd einen Blick zu: »Bist du sicher, daß du nicht eine Schottin bist?« sagte sie, und dann war sie schon unterwegs nach Larenston.

Fiona, die jetzt ein paar Minuten lang alleine war, flüsterte, ihn in den Armen haltend: »Es wird alles gut werden, Ascott. Dafür sorge ich schon.«

Sie verschwendete keine Zeit mehr an Sentimentalitäten, sondern nahm den Dolch, der neben ihr auf dem Boden lag, und schnitt damit den Stoff seiner Kleider entzwei, damit sie seine Wunden untersuchen konnte. Es schien mehr Blut an ihnen zu kleben, als der Körper eines Mannes überhaupt zu fassen vermochte.

Rab kam zu ihr, als sie Miles' Hemd über der Brust auftrennte. »Woher stammt das viele Blut, Rab?« fragte sie. »Geh und finde mir den Übeltäter, der ihm das angetan hat.«

Der Hund bellte zweimal laut und ließ sie dann allein.

Fiona atmete erleichtert auf, als sie an Miles' Oberkörper nur eine einzige Schnittwunde entdeckte, die zudem nicht sehr tief war, aber dennoch genäht werden mußte. Sie entdeckte mehrere lange blutende Schnittwunden an seinem linken Arm, die jedoch nicht lebensgefährlich waren. Die Verletzungen an seinen Beinen waren eine andere Sache. Die Wunde an seinem Schenkel war sehr tief und häßlich, und sie entdeckte noch weitere Verletzungen an seinem Körper.

Sie hob ihn sachte an und versuchte, unter ihn zu kriechen, um auch den Rücken nach Wunden abzusuchen.

Mit einem schmerzlichen Stöhnen öffnete Miles die Augen, sah sie an und dann seinen nackten Körper. »Du mußt in der Oberlage bleiben, Fiona, oder ich mache dich ganz voller Blut.«

»Still!« schalt sie ihn. »Wahre deine Kräfte für den Tag auf, wo du wieder gesund bist.« Während sie noch mit ihm redete, zerrte Rab den Kadaver eines riesigen Keilers mit langen Hauern aus dem Unterholz hervor. Die Schnauze des toten Tieres war voller Blut, und sie sah mehrere klaffende Schwertwunden in seiner Seite.

»Du hast also ein Turnier mit einem Eber ausgetragen«, sagte sie unwillig, während sie das Plaid von ihren Schultern nahm und ihn vorsichtig darin einwickelte. »Aber du hast ja darauf bestanden, allein auf die Jagd zu gehen.«

Ehe sie noch ein Wort sagen konnte, zerrte Rab abermals einen Eber hervor, den er neben den ersten legte. Auch dieser war von Schwerthieben zerfetzt.

Fiona begann, Miles' schmutziges Gesicht zu säubern. »Wir

werden dich nur ein kurzes Stück weit tragen, zu einer Stelle, wo es warm ist und wo du deine Ruhe haben wirst. Und jetzt bleibst du ganz ruhig liegen.«

Sir Guy trat mit einem Mann und einer Frau durch das Unterholz. Sie hatten ihre Arme mit großen schweren Plaids behängt.

»Ich habe eine kräftige Fleischbrühe mit Gerstengrütze auf dem Feuer«, sagte die Frau. »Und ein paar Haferkuchen im Herd. Alicia wird noch mehr Plaids hierher schicken, wenn Ihr sie benötigt.«

Sir Guy kniete sich neben Miles nieder, hob das Plaid an und betrachtete stirnrunzelnd die Wunden. Er blickte überrascht hoch, als Rab einen dritten Wildschwein-Kadaver auf die Lichtung zerrte.

»Wie viele von ihnen liegen dort im Gebüsch?« fragte Fiona.

»Fünf«, antwortete Sir Guy. »Sein Pferd muß ihn mitten zwischen eine Familie von Wildschweinen geworfen haben. Er hatte nur sein Schwert und den kleinen Dolch bei sich; doch es gelang ihm, alle fünf Wildschweine zu töten und sich anschließend noch hierher zu schleppen. Rab führte uns zu den Wildschweinen, rannte aber wieder fort, ehe wir Lord Miles fanden.«

»Er lief mir entgegen«, sagte Fiona. »Könnt Ihr Miles tragen?«

Scheinbar mühelos hob Sir Guy den Verletzten vom Boden und nahm seinen jungen Meister auf die Arme, als wäre er ein kleines Kind. Sogleich begannen seine Wunden wieder zu bluten.

»Vorsichtig!« rief Fiona schrill, doch Sir Guy brachte sie mit einem Blick wieder zum Schweigen.

Er ging, Miles auf den Armen, voran, suchte sich einen Weg zwischen den Bäumen bis zur Hütte der Kleinbauern und bettete ihn dort vorsichtig auf eine Pritsche an einer Wand. Es war eine winzige, dunkle, aus einem Raum bestehende Hütte, in der die offene Feuerstelle die einzige Lichtquelle darstellte. Ein roh gezimmerter Tisch, zwei Stühle und die Pritsche bildeten das Mobiliar. Ein Wasserkessel summte über dem Feuer. Fiona nahm das Tuch, daß man für sie bereitgelegt hatte, tauchte es in das Wasser und begann, Miles zu waschen. Sir Guy hob den Verwundeten an, half ihr, die noch auf Miles' Körper klebenden Kleiderfetzen zu entfernen, und zu Fionas Erleichterung stellten sich die Verletzungen auf seinem Rücken nur als geringfügige Prellungen und Kratzer heraus.

Sie war fast fertig mit der Reinigung, als Morag mit Alicia eintraf. Morag hatte einen großen Korb mit Heilmitteln bei sich.

»Ich sehe nicht mehr so gut wie früher«, sagte Morag, als sie Miles' nackten Körper betrachtete, auf dem sich die klaffenden Wunden rot abzeichneten. »Ich kann ihn nicht allein versorgen.«

»Das übernehme ich«, sagte Fiona rasch. »Sag mir nur, was ich tun muß.«

Ein Stoff ließ sich leichter zuammennähen als Fleisch und Sehnen, mußte Fiona bald erfahren. Jedesmal, wenn sie mit der Nadel in Miles' Haut stach, zogen sich die Muskeln in ihrem Körper zusammen.

Miles lag stumm und regungslos auf der Pritsche und atmete kaum, während Fiona die Wunden an seinem Körper vernähte. Der große Blutverlust hatte seiner Haut eine graue Farbe verliehen. Alicia fädelte die Garne ein, schnitt die Fäden ab und half beim Verknoten.

Als Fiona mit ihrer Arbeit endlich fertig war, zitterte sie am ganzen Körper.

»Trink das!« befahl Alicia.

»Was ist das?« fragte Fiona.

»Das weiß der Himmel. Ich habe mir schon lange abgewöhnt zu fragen, was Morag in ihren Heiltränken als Zutaten verwendet. Was es auch ist, es wird abscheulich schmecken, doch du wirst dich danach viel besser fühlen.«

Fiona trank von der Brühe, lehnte sich gegen die Wand und ließ Miles nicht aus den Augen. Als Morag einen Becher von dem Arzneitrank an Miles' blasse Lippen hielt, drückte sie rasch ihren eigenen Becher Alicia in die Hand und ging zu ihm.

»Trink das«, flüsterte sie und stützte seinen Kopf. »Du mußt deine Kraft wiedergewinnen.«

Seine Augen bewegten sich, seine Wimpern teilten sich kaum, als er zu ihr hochsah. »Es lohnte sich«, flüsterte er, während er Morags Gebräu langsam hinunterschluckte.

Morag schnaubte spöttisch. »Er wird ein Jahr lang im Bett bleiben, wenn Ihr ihn verhätschelt.«

»Nun, wenn schon!« gab Fiona schroff zurück.

Alicia lachte. »Komm zu mir, Fiona. Setz dich, und ruh dich aus. Ich möchte gerne von dir erfahren, woher du wußtest, daß Miles verwundet war. Wir hatten ihn eben erst entdeckt, als du mit dem Pferd bei uns ankamst.«

Fiona setzte sich neben Miles' Kopf auf den Boden, lehnte sich gegen die Wand und zuckte mit den Achseln. Sie hatte keine Ahnung, woher sie wußte, daß er verletzt war; doch sie *hatte* es gewußt.

Ihre Ruhepause war nur von kurzer Dauer. Schon nach Minuten, wie es ihr schien, hatte Morag etwas Neues vorbereitet, das sie Miles mit dem Löffel eingeben mußte.

Die Nacht brach herein, und Alicia ritt nach Larenston zurück. Fiona saß neben Miles und beobachtete ihn. Sie wußte, daß er nicht schlief, während Morag schlaftrunken auf einem Stuhl einnickte.

»Was . . .«, flüsterte Miles. »Was ist das für eine Frau, die Raine hat?«

Fiona dachte, er phantasierte im Fieber, da sie weder Raine noch dessen Frau kannte.

»Sängerin«, flüsterte Miles, »Pagnell.«

Diese Worte waren Hinweis genug, daß sie verstand. Sie war überrascht, daß einer von den Ascott-Lords eine niedriggeborene kleine Sängerin heiratete. Fiona erzählte Miles die Geschichte, wie sie Clarissa kennengelernt, ihre außergewöhnliche Stimme gehört und später versucht hatte, die Sängerin vor Pagnells Klauen zu retten – was zu ihrer eigenen Gefangenschaft geführt hatte.

Miles lächelte über ihre Schlußbemerkung und tastete nach ihrer Hand. Er hielt sie immer noch fest, als er kurz vor Sonnenaufgang einschlief.

Morag erwachte und begann, ein anderes Bündel von Kräutern, getrocknete Pilze und mehrere Zutaten, die Fiona nicht kannte, zu einer Mixtur zu vermengen.

Gemeinsam nahmen sie dann die durchbluteten Verbände ab, und Morag legte auf die vernähten Wunden warme, feuchte, mit Kräutern vermischte Packungen.

Miles schlief am Nachmittag noch einmal ein, und Fiona verließ die Bauernhütte zum ersten Mal. Sir Guy saß draußen unter einem Baum und sah nur fragend hoch, als sie ins Freie trat.

»Er schläft jetzt«, sagte sie.

Sir Guy nickte und blickte in die Ferne. »Nicht viele junge Männer könnten in eine Horde von fünf Wildschweinen fallen und lebend davonkommen«, sagte er voller Stolz.

Tränen blinkten in Fionas Augen, als sie eine zitternde Hand auf die Schultern des Hünen legte. »Ich werde alles tun, was in meinen Kräften steht, damit er wieder gesund wird.«

Sir Guy nickte, ohne sie anzusehen. »Ihr habt keinen Grund, ihm zu helfen. Wir haben Euch schnöde behandelt.«

»Nein«, widersprach sie, »ich habe mehr bekommen als eine zuvorkommende Behandlung. Man hat mich mit Liebe beschenkt.« Und damit wandte sie sich ab, ging zu dem Fluß, der das Land der MacArrans durchquerte, wusch sich, kämmte sich die Haare, und setzte sich, in ihr Plaid gewickelt, einen Moment hin, um Luft zu schöpfen. Als sie wieder aufwachte, war es Nacht. Sir Guy saß nicht weit von ihr entfernt.

Schlaftrunken eilte sie in die Hütte zurück.

Miles war wach, und sein Stirnrunzeln verschwand sofort, als er sie unter der Tür sah.

»Da ist sie ja«, schimpfte Morag. »Vielleicht werdet Ihr jetzt Eure Medizin trinken.«

»Fiona«, sagte Miles.

Sie ging zu ihm hin und hielt seinen Kopf, während er fast einen

Becher von dem Gebräu austrank, und hielt ihn fest, bis er wieder einschlief.

13. Kapitel

Du wirst nicht gehen«, sagte Fiona mit stählerner Entschlossenheit. »Ich habe zu viele Nächte geopfert, damit deine Wunden heilen sollten, um jetzt mit anzusehen, wie du sie wieder aufbrichst.«

Er sah mit schmelzend sanften Augen zu ihr hoch. »Bitte, Fiona.«

Einen Moment lang hätte sie fast nachgegeben, verdrängte die Anfechtung aber mit einem Lachen. »Du bist ein hinterlistiger Mann. Nun lieg still, oder ich werde dich ans Bett fesseln.«

»Oh?« sagte er mit hochgezogenen Augenbrauen.

Fiona errötete über das, was er offensichtlich dachte.

»Nimm dich zusammen! Ich möchte, daß du mehr ißt. Du wirst nie gesund werden, wenn du nicht mehr futterst.«

Er faßte ihre Hand und zog sie mit überraschender Kraft neben sich nieder. Oder vielleicht hatte Fiona sich diesem Zug nicht widersetzen wollen. Er hatte sich zur Hälfte aufgesetzt und lehnte sich, von Kissen unterstützt, gegen eine Ecke des Raumes, die Beine auf der Pritsche ausgestreckt. Vorsichtig bettete sie sich neben ihn. Es war vier Tage her, daß Miles von Wildschweinen aufgespießt wurde; doch seine Jugend und seine natürliche Widerstandskraft hatten eine schnelle Erholung bewirkt. Er war immer noch schwach und hatte immer noch Schmerzen; doch seine Genesung war nur eine Frage der Zeit.

»Warum bist du bei mir geblieben?« fragte er. »Eine von Alicias Frauen hätte mich doch pflegen können.«

»Damit sie mit dir ins Bett springt und deine Wunden wieder aufreißt?« fragte sie ungehalten.

»Wenn du mich zum Lachen bringst, platzen meine Nähte. Wie hätte ich wohl eine andere Frau berühren können, wenn du so nahe bist?«

»Wenn ich fort bin, wirst du sicherlich wieder zu deiner alten Lebensart zurückfinden.«

Seine Hand spielte mit ihrem Haar, zog ihren Kopf zurück, und sein Mund legte sich besitzergreifend auf den ihren.

»Hast du noch nicht gelernt, daß du mein bist?« sagte er mit einem halben Grollen. »Wann wirst du das zugeben?«

Er gab ihr keine Chance zur Antwort, als er sie wieder küßte, und vieles von dem, was Fiona in den vergangenen Tagen bedrückt hatte, floß in diesen Kuß ein.

Als sich kalter Stahl gegen Miles' Kehle legte, fuhren sie auseinander. Instinktiv griff Miles nach seinem eigenen Schwert, doch er trug unter seinem Plaid nur nacktes Fleisch.

Über ihnen stand Roger Chatworth. Die Augen voller Haß, sein Schwert gegen die Schlagader an Miles' Hals gelegt.

»Nein«, sagte Fiona, die sich von Miles wegbewegte. »Füg ihm kein Leid zu.«

»Ich würde zu gern alle Ascotts töten«, sagte Roger Chatworth.

Miles bewegte sich rasch zur Seite und packte Chatworth' Handgelenk.

»Nein!« schrie Fiona und klammerte sich an den Arm ihres Bruders.

Miles' Bandagen begannen sich zu röten.

»Er ist verletzt«, sagte Fiona. »Willst du einen Mann töten, der sich nicht wehren kann?«

Roger konzentrierte sich jetzt voll auf sie. »Bist du zu einer von ihnen geworden? Haben die Ascotts dich gegen deine eigenen Blutsverwandten vergiftet?«

»Nein, Roger, natürlich nicht.« Sie versuchte, ruhig zu bleiben. Da war so ein wilder Ausdruck in Rogers Augen, daß sie Angst hatte, ihn noch mehr zu reizen. Miles lag gegen die Wand gelehnt und rang nach Atem, doch sie wußte, daß er in jedem Moment wieder losspringen konnte und seine Wunden damit noch weiter aufriß.

»Bist du meinetwegen gekommen?«

Da war es plötzlich still in der kleinen Hütte, als beide Männer sie beobachteten. Sie mußte mit Roger das Hochland verlassen. Wenn sie es nicht tat, würde er Miles töten. Das wußte sie genau. Roger war müde und wütend, jenseits jeder vernünftigen Einsicht.

»Es wird gut sein, wenn ich wieder zu Hause bin«, sagte sie und zwang sich zu einem Lächeln.

»Fiona!« rief Miles warnend.

Sie achtete nicht auf ihn. »Komm, Roger, worauf wartest du noch?« Ihr Herz klopfte so heftig, daß sie kaum ihre eigene Stimme hören konnte.

»Fiona!« rief Miles abermals und krampfte die Hand auf das Loch in seiner Brust.

Einen Moment sah Roger verunsichert von einem zum anderen.

»Ich werde ungeduldig, Roger! Bin ich nicht lang genug fortgewesen?« Sie drehte sich auf dem Absatz, um die Hütte zu verlassen, hielt unter der Tür noch einmal an. Ihre Augen waren auf Roger geheftet, da sie nicht wagte, Miles anzusehen. Nicht einen Blick auf ihn konnte sie riskieren, oder sie würde ihre Entschlußkraft verlieren.

Langsam und verwirrt begann Roger ihr zu folgen. Ein Pferd wartete gehorsam unweit der Hütte. Fiona hielt den Blick auf das Tier gerichtet und wagte nicht, umherzusehen, weil sie wußte, daß sie dann die Leiche von Sir Guy erblicken würde. Nur der Tod konnte den Riesen davon abgehalten haben, seinen Herrn zu beschützen.

Wieder ein Schrei, daß die Balken zitterten: »FIONA!!«

Fiona schluckte den Kloß in ihrem Hals hinunter und erlaubte Roger, ihr aufs Pferd zu helfen.

»Wir müssen etwas zu essen haben«, sagte Roger und wandte sich von ihr ab.

»Roger!« schrie sie ihm nach. »Wenn du ihm etwas tust, werde ich ...« begann sie und sah, daß er gar nicht zuhörte. Wie der Blitz war sie wieder vom Pferd und rannte hinter ihm her; doch nicht rasch genug.

Roger Chatworth rammte sein Schwert durch Miles' Arm, und als Miles blutend auf der Erde lag, sagte Roger: »Raines Frau verschonte mein Leben, und ihr verdankst du es jetzt, daß du deine schmutzige Seele nicht aushauchen mußt.« Er drehte sich Fiona zu, die unter der Tür stand.

»Steig auf dein Pferd, oder ich erledige ihn doch noch, wenn er nicht sowieso verblutet.«

Zitternd und ganz schwach vor Übelkeit verließ Fiona die Hütte wieder und stieg auf das Pferd. Binnen Sekunden saß Roger hinter ihr, und sie sprengten in atemberaubendem Tempo davon.

Fiona saß vor einem Stickrahmen und arbeitete an einem Altartuch, das den Heiligen Georg beim Drachentöten darstellte. In einer Ecke war ein Knabe, der Kit bemerkenswert ähnlich sah, und der Heilige Georg ... der hatte die Züge von Miles Ascott. Fiona unterbrach einen Moment ihre Handarbeit, als das Kind in ihrem Leib sie stieß.

Lilian Chatworth saß ihr gegenüber und hielt einen Spiegel so, daß er die unversehrte Hälfte ihres Gesichtes zeigte.

»Ich war damals so schön«, sagte Lilian. »Nicht ein Mann konnte mir widerstehen. Alle waren bereit, mir ihr Leben zu Füßen zu legen. Ich brauchte nur auf etwas zu deuten, und schon wurde es mir geschenkt.«

Sie bewegte den Spiegel auf die entstellte Seite ihres Gesichts hinüber. »Bis die Ascotts mir das antaten!« zischte sie. »Judith Revedoune war eifersüchtig auf meine Schönheit. Sie ist ein so häßliches, sommersprossiges, rothaariges Ding, daß sie um die Zuneigung meines lieben Gavin bangte. Und ihre Sorge war nur zu sehr begründet.«

Fiona reagierte mit einem übertriebenen Gähnen, ignorierte

Lilians haßerfüllten Blick und wandte sich an Roger, der mit brütendem Gesicht, einen Becher Wein in der Hand, vor dem Kamin stand. »Roger, würdest du mit mir ein Stück im Garten spazierengehen?«

Wie gewöhnlich sah Roger erst auf ihren Leib, bevor er den Blick auf ihr Gesicht richtete.

»Nein, ich muß etwas mit meinem Verwalter besprechen«, sagte er mit einem halben Murmeln, während seine Augen in ihrem Gesicht forschten.

Sie konnte fühlen, was er sagen wollte, was er schon so viele Male gesagt hatte: du hast dich verändert.

Sie war nun seit zwei Wochen wieder bei ihrem Bruder und ihrer »Familie«, und erst hier wurde ihr bewußt, wie sehr sie sich in den fünf Monaten bei den Ascotts verändert hatte. Die Zeit hatte nicht ausgereicht, um im Haushalt der Chatworth' irgendeinen Wechsel herbeizuführen; doch für Fiona waren diese fünf Monate ausreichend gewesen, um den Keim für eine neue Persönlichkeit zu legen.

Trotz aller hartnäckigen Beteuerungen, daß Roger sich sehr von Edmund unterschied, sah sie nun, daß Roger mit seinen eigenen Ansichten in seinem Haus nicht durchgedrungen war. In vielerlei Beziehungen war das Haus der Chatworth' noch so, wie es zu Edmunds Lebzeiten gewesen war. Der Grund, weshalb Roger so unkompliziert mit Lilian unter einem Dach leben konnte, war die Tatsache, daß er sie gar nicht richtig bemerkte. Roger, innerlich so aufgewühlt, konzentrierte all seine Liebe und Fürsorge so sehr auf Fiona und Brian, daß er eigentlich das meiste, was um ihn herum geschah, überhaupt nicht bemerkte.

Fiona, erschöpft von der tagelangen Reise, war von ihrem Pferd gestiegen, als zwei von Rogers Gefolgsleuten, die vorher Edmund gedient hatten, sogleich anzügliche Bemerkungen über sie machten. Sie deuteten an, daß sie es kaum erwarten konnten, sie allein in einer Ecke zu ertappen.

Fionas erste Reaktion war Angst gewesen. So, als hätte sie nie den Besitz der Chatworth' verlassen. In ihrem Kopf ging sie fieberhaft das Repertoire ihrer Tricks durch, mit denen sie sich früher die Männer vom Leib gehalten hatte. Doch dann fiel ihr Sir Guy wieder ein und wie sie ihm die Zehen gebrochen hatte, wie er wochenlang am Stock gehumpelt war – und wie er dann neben ihr saß, Tränen des Kummers über einen Mann in den Augen, den sie beide liebten.

Sie wollte nicht mehr zu ihren tückischen Methoden zurückkehren. Es hatte zu viel Zeit und Anstrengung gekostet, die Angst vor Männern zu überwinden, und sie würde nicht das aufgeben, was sie so mühsam erlernt hatte.

Sie wandte sich zu Roger um und verlangte, daß er die Männer sofort entließe.

Roger war überrascht gewesen und hatte sie schnell aus dem Stall gedrängt. Er hatte versucht, sie zu bevormunden, doch Fiona war auf diesen Ton nicht eingegangen. Die Vorstellung, daß seine teure kleine Schwester ihm widersprach, hatte ihn gleichzeitig schockiert und verletzt. Nach seiner Auffassung hatte er sie soeben aus der Hölle befreit, und nun bewies sie Undankbarkeit, indem sie sich beklagte.

Zum erstenmal in ihren Leben erzählte Fiona ihrem Bruder die ganze Wahrheit über Edmund. Rogers Gesicht war totenblaß geworden, er war gegen einen Sessel zurückgetaumelt und hatte ausgesehen, als hätte jemand ihn ins Gesicht geschlagen. Die ganzen Jahre über hatte er sich eingebildet, daß er seine teure kleine Schwester beschützt hätte; doch in Wahrheit hatte sie hier in der Hölle gelebt. Er hatte keine Ahnung gehabt, daß Edmund sie sofort aus dem Kloster holte, sobald Roger den Familiensitz verließ. Er hatte nicht gewußt, daß sie sich selbst gegen Edmunds Männer hatte verteidigen müssen.

Sobald Fiona mit ihrer Geschichte geendet hatte, war Roger bereit, die Männer im Stall zu töten.

Roger Chatworth' Zorn durfte man nicht unterschätzen. Binnen drei Tagen hatte er seinen Haushalt das Fürchten gelehrt. Viele Männer waren entlassen worden, und wenn ein Mann es auch nur wagte, Fiona schief anzusehen, ging sie sofort zu Roger. Sie wollte sich solche Unverschämtheiten nicht mehr bieten lassen. Früher hatte sie nicht gewußt, wie eine Lady behandelt werden sollte, da sie ja nur Erfahrungen mit Edmund hatte; doch nun war sie fünf Monate an einem Ort gewesen, wo sie keine Angst haben mußte, allein im Garten spazierenzugehen.

Roger war zunächst erschrocken gewesen über ihre Forderungen; und da begriff sie, wie sehr sie und Brian immer Roger in Schutz genommen hatten. Roger konnte so gütig sein und gleichzeitig so grausam. Sie versuchte nur ein einziges Mal, mit ihm über die Ascotts zu reden; doch Roger reagierte mit einem solchen Haßausbruch, daß sie um sein Leben bangte.

Da er sie seit Monaten nicht mehr gesehen hatte, erkannte er sofort die Veränderung an ihrem Körper und dachte, sie habe zugenommen. Fiona hatte das Kinn in die Luft gehoben und ohne Reue festgestellt, daß sie Miles Ascotts Kind unter dem Herzen trug.

Sie hatte Empörung erwartet – war auf seine Wut vorbereitet; doch der tiefe Schmerz in Rogers Augen warf sie aus dem Gleichgewicht.

»Geh. Laß mich allein«, hatte er geflüstert, und sie gehorchte.

Allein in ihrem Zimmer, hatte sich Fiona in den Schlaf geweint, wie sie das an jedem Abend tat, seit sie Miles verlassen hatte. Würde

Miles begreifen, daß sie mit Roger gegangen war, um ihren Liebhaber zu retten? Oder würde Miles sie hassen? Was würden sie Kit sagen? Sie lag auf ihrem Bett und dachte an all diese Leute, die ihr in Schottland ans Herz gewachsen waren.

Es verlangte sie, eine Botschaft nach Schottland zu schicken; doch da war niemand in ihrer Nähe, dem sie einen Brief anzuvertrauen wagte. Aber gestern, als sie ihren Nachmittagsspaziergang machte, hatte ihr eine alte Frau, die sie noch nie gesehen hatte, einen Korb mit Brot angeboten. Sie hatte ihn zurückweisen wollen, bis die Frau das Tuch anhob und ihr eine MacArran-Kokarde zeigte. Fiona hatte rasch den Korb genommen, und die Alte war gegangen, ehe Fiona sich bedanken konnte. Begierig hatte sie in dem Korb gewühlt.

Da war eine Botschaft von Alicia gewesen, in der sie ihr mitteilte, daß sie sehr wohl verstand, weshalb Fiona mit Roger nach England zurückgekehrt sei; nur Miles verstünde es nicht. Sir Guy war von drei Pfeilen getroffen worden, doch sie glaubten, er würde überleben. Als Miles ohne Aufsicht geblieben war, hatte er einen Wutanfall bekommen und alle Nähte aufgerissen. Als Morag ihn fand, hatte er Wundfieber, und drei Tage lang zweifelten sie, daß er überleben würde. Stephen war sogleich von Raines Lager der Verbannten zurückgekommen, als er von Miles' Verletzung erfuhr. Er brachte die Neuigkeit mit, daß Raine den jungen Brian unter seine Fittiche genommen habe, und Stephen sei sehr zuversichtlich, daß es bald Frieden zwischen den beiden Familien geben würde. Alicia hatte am Ende den Satz hinzugefügt, daß Miles sich nur langsam erhole und sich weigere, Fionas Namen auszusprechen.

Als Fiona heute noch einmal an diesen Satz dachte, wurde ihre Haut kalt, so daß sie erschauerte.

»Du solltest dir einen Mantel umlegen«, sagte Roger hinter ihr.

»Nein«, murmelte sie, »mein Plaid reicht vollkommen.« »Warum stolzierst du immer mit diesem Ding vor meinen Augen auf und ab?« explodierte Roger. »Genügt es nicht, daß du einen Ascott in deinem Bauch trägst? Mußt du mir das auch jedesmal ins Gesicht schlagen, wenn ich dich sehe?«

»Roger, ich möchte, daß dieser Haß ein Ende hat. Ich will . . .«

»Du möchtest die Hure meines Feindes sein!« fauchte er.

Mit einem raschen zornigen Blick wandte sie sich von ihm weg.

Er faßte ihren Arm und sah sie mit weichen Augen an.

»Kannst du die Sache nicht von meiner Warte aus betrachten? Ich habe monatelang in der Hölle gelebt, als ich nach dir suchte. Ich ging zu Raine Ascott, um mich bei ihm zu erkundigen, wo du steckst, doch er zog nur das Schwert gegen mich. Wenn seine neue Frau nicht dazwischengegangen wäre, wäre ich jetzt tot. Ich rutschte auf den Knien vor dem König, und glaubst du, das wäre mir leicht gefallen? Ich empfinde keine Sympathie für diesen Mann, seit er mich so hart für das, was Mary Ascott geschah, bestrafte; doch für dich wäre ich sogar vor dem Teufel auf den Knien gerutscht.«

Er hielt inne und legte seine Hände nun auf ihre beiden Arme. »Es war auch nicht leicht, nach Schottland zu reiten und dich über die Grenze zurückzubringen, doch als ich dich fand, schmiegtest du dich an diesen Ascott, als wolltest du ein Teil von ihm werden. Und was für ein Drama du aufgeführt hast! Ich kam mir vor, als wäre ich dein Feind, weil ich meine eigene Schwester von einem Mann befreite, der sie als Gefangene hielt und ihr die Unschuld raubte. Erklär mir das alles, Fiona«, flüsterte er.

Sie lehnte sich vor, bis ihr Kopf seine Brust berührte. »Wie kann ich das? Wie kann ich dir erzählen, was in den letzten Monaten mit mir geschehen ist? Ich habe Liebe erlebt und . . .«

»Liebe!« sagte er. »Glaubst du, wenn ein Mann dich in sein Bett nimmt, daß er dich liebt? Hat Ascott dir unsterbliche Liebe geschworen? Hat er dich gefragt, ob er eine Chatworth zu seiner Frau machen darf?«

»Nein, aber . . .« begann sie.

»Fiona, du weißt so wenig von Männern. Du warst ein Pfand in seiner Fehde. Weißt du nicht, daß die Ascotts lachen, weil eine Chatworth das Kind eines Ascotts unter dem Herzen trägt? Sie werden glauben, sie haben gewonnen.«

»Gewonnen!« rief sie gereizt und wich vor ihm zurück. »Wie abscheulich, daß das alles nur für ein Spiel gehalten wird. Was soll ich meinem Kind sagen? Daß es nur eine Schachfigur ist, die von zwei Familien in einer törichten Fehde mißbraucht wird?«

»Töricht? Wie kannst du das sagen, wenn Brian irgendwo dort draußen ist, mich vermutlich haßt – der Ascotts wegen?«

Sie hatte ihm noch nichts von ihrem Zusammentreffen mit Brian in Schottland erzählt. »Ist dir noch nicht der Gedanke gekommen, Roger, daß *du* vielleicht der Grund sein könntest, daß Brian das Haus verließ? Ich möchte gerne deine Version der Geschichte hören, wie Mary Ascott zu Tode kam.«

Er wandte sich von ihr ab. »Ich war betrunken. Es war ein scheußlicher . . . Unfall.« Er sah sie wieder mit bettelnden Augen an. »Ich kann die Frau nicht ins Leben zurückbringen, und der König hat mich mehr als genug dafür bestraft. Brian hat mich verlassen, und du kehrst von meinem Feind zurück, geschwollen von seinem Samen, und statt der Liebe, die du mir früher gegeben hast, bist du nur noch voller Zweifel. Was für Strafen möchtest du mir noch zufügen?«

»Es tut mir leid, Roger«, sagte sie weich. »Vielleicht habe ich mich verändert. Ich weiß nicht, ob Miles mich liebt. Ich weiß nicht, ob er mich heiraten möchte, um unserem Kind einen Namen zu geben. Doch ich weiß, daß ich ihn liebe, und wenn er mich um meine Hand bittet, werde ich ihm bis in jeden Winkel dieser Erde folgen.«

Nur Rogers Augen verrieten den Schmerz, den er bei ihren Worten empfand. »Wie konntest du dich nur so entschieden gegen mich wenden? Ist dieser Mann so gut im Bett, daß du bei deinen entzückten Schreien die Liebe vergißt, die ich dir entgegenbringe und dir stets entgegengebracht habe? Löschen fünf Monate mit ihm achtzehn Jahre mit mir aus?«

»Nein, Roger. Ich liebe dich. Ich werde dich immer lieben, aber ich möchte euch beide.«

Darüber lächelte er. »Wie jung du doch noch bist, Fiona. Du möchtest einen Mann haben, der, wie ich höre, von der Hälfte aller Frauen in England begehrt wird. Du möchtest einen Mann haben, der dich mit in sein Bett nimmt, dir ein Kind macht und nie von Heirat spricht. Was für eine Heirat würde das sein? Wirst du für alle seine Bastarde so sorgen, wie du das für seinen ältesten Sohn getan hast?«

»Was weißt du von Kit?«

»Ich weiß eine Menge über meine Feinde. Miles Ascott mag Frauen. Du bist für ihn eine von vielen, und ich respektiere den Mann dafür, daß er dich wenigstens nicht belogen hat und dir weismachte, du wärst seine einzige und ausschließliche Liebe.«

Er berührte ihren Arm. »Fiona, wenn du einen Ehemann haben willst, kann ich einen für dich finden. Ich kenne mehrere Männer, die dich auch mit dem Kind eines anderen Mannes unter dem Herzen nehmen und dich auch gut behandeln würden. Mit dem jüngsten Ascott wärst du spätestens in einem Jahr unglücklich.«

»Vielleicht«, erwiderte sie und versuchte, die Sache vernünftig zu betrachten. Vielleicht hatte die Berührung von Miles' Händen sie um ihren Verstand gebracht. Er war stets gütig zu ihr gewesen, aber auch die Serviermädchen hatte er gut behandelt. Wenn sie ihren Bruder wegen eines Ascott verließ, würde Roger sie hassen, und was mochte sie nach Jahren für Miles empfinden? Wenn nun jemand anders ihm zum Scherz ebenfalls ein hübsches junges Mädchen »überreichte«? Würde er beschließen, daß sie ebenfalls sein Eigentum sei? Würde er sie nach Hause bringen und von ihr, Fiona, erwarten, daß sie für das Mädchen sorgte wie für seine unehelichen Kinder?

»Laß mich jemanden für dich finden. Ich werde dir viele Männer vorstellen, damit du sie prüfst, und du kannst unter ihnen wählen, wen du willst. Schau sie dir wenigstens an. Wenn du jedoch unverheiratet bleiben willst, kannst du das auch.«

Sie sah ihn liebevoll an. Man würde ihn auslachen, weil er seiner Schwester erlaubte, ein Kind im ledigen Stand auszutragen. Einige würden sagen, sie sollte getötet werden, wenn sie sich nicht verheiraten ließe. Roger hatte in den letzten Jahren viel Schande ertragen müssen, doch er war bereit, ihretwegen noch mehr Schande auf sich zu nehmen.

Ihrem Lächeln begegnete er mit einem Grinsen, und zum erstenmal sah er aus, als hätte er einen Grund zu leben.

»Ja, ich werde mir deine Männer anschauen«, sagte sie aus dem Grunde ihres Herzens. Sie würde ihr möglichstes versuchen, sich in einen von ihnen zu verlieben. Sie würde einen gütigen, liebevollen Mann haben, Kinder, die sie liebte, und ihre Brüder, denn irgendwie würde sie Brian und Roger schon wieder zusammenbringen.

An den nächsten Tagen lernte Fiona sehr viel über Liebe. Niemals, ehe sie Miles kennengelernt hatte, hatte sie einen Begriff davon gehabt, was Liebe bedeutete. Sie hatte nicht einmal theoretisch daran gedacht, daß sie einen Mann lieben würde. Doch dann war Miles gekommen und hatte alles geändert. Fünf Monate Geduld und Nachsehen hatten genügt, sie dazu zu bringen, ihn zu lieben. Sie wußte, daß sie von Anfang an eine Schwäche für Miles gehabt hatte, doch es gab so viele Männer in der Welt, die gut und liebenswürdig waren. Alles, was sie zu tun hatte, war, sich in einen von ihnen zu verlieben, und damit waren alle Probleme gelöst.

Doch Fiona unterschätzte sich.

Roger begann, ihr Männer vorzuführen wie Hengste, die bereit waren, sie zu bedienen. Da waren große Männer, kleine Männer, dünne Männer, fette Männer, häßliche Männer, Männer, die so schön waren, daß einem der Mund offenstehen blieb; Männer, die von sich überzeugt waren; kühne Männer, Männer, die sie zum Lachen brachten, und einer, der wunderschön singen konnte. Es war eine endlose Kette von Männern.

Zuerst fühlte sich Fiona von ihrer Aufmerksamkeit geschmeichelt, doch schon nach wenigen Tagen kehrten ihre alten Phobien wieder zurück. Ein Mann berührte sie an der Schulter, und sie fuhr fast aus der Haut, während sie die Hand an ihren Dolch an ihrer Seite legte. Nach einer Woche schützte sie einen Grund vor, damit sie in ihrem Zimmer bleiben konnte, oder zeigte sich nur in Rogers Gesellschaft vor den Männern.

Dann verließ Roger plötzlich das Herrenhaus. Er sagte kein Wort zu ihr; ritt nur mit acht Männern in größter Eile davon. Ein Diener erzählte ihr, Roger habe von einem schmutzigen Mann mit schwarzen Zahnstummeln eine Botschaft bekommen und binnen Sekunden das Haus verlassen. Die Botschaft habe er ins Kaminfeuer geworfen.

Fiona war den Tränen nahe, weil sie wußte, daß elf männliche Gäste unten in der Halle warteten und sie die Gastgeberin war. Sie konnte mit keinem Mann zusammenhängend reden, weil sie stets beobachten mußte, wo sich die anderen zehn Männer aufhielten.

Miles' monatelange, geduldige Bemühungen verloren nun rasch ihre Wirkung. Einmal schmetterte sie eine Messingvase auf den Kopf eines Mannes, der es gewagt hatte, von hinten an sie heranzutreten.

Mit wehenden Röcken floh sie in ihr Zimmer und weigerte sich, in die Halle zurückzukehren.

Sie lag lange auf ihrem Bett, und das einzige, woran sie denken konnte, war Miles. Jedesmal, wenn sie einen Mann kennenlernte, verglich sie ihn mit Miles. Stellte man ihr einen außerordentlich eindrucksvollen Mann vor, so fiel ihr an ihm nur auf, daß er seine Hände zu rasch bewegte oder irgendein anderer Unsinn. Und eines Abends hatte sie einem Mann gestattet, sie im Garten zu küssen. Sie hatte sich gerade noch rechtzeitig gefangen, ehe sie ihren Absatz auf seinen kleinen Zeh schmetterte; doch sie hatte sich nicht soweit beherrschen können, daß sie ihren Mund nicht mit dem Handrücken abwischte. Der Bedauernswerte hatte sich schrecklich beleidigt gefühlt.

Fiona bemühte sich sehr, doch kein einziger Mann konnte auch nur so etwas wie Interesse in ihr wecken. Als die Tage vergingen, wünschte sie sich, sie könnte mit Alicia sprechen und sie um Rat fragen. Sie spielte mit dem Gedanken, ihr einen Brief zu schreiben, als ihre kleine Welt zusammenstürzte.

Ein ausgemergelter, versteinerter Roger kehrte mit der verstümmelten Leiche von Brian nach Hause zurück.

Fiona begrüßte ihn, doch Roger sah nur durch sie hindurch, während er Brians Leiche behutsam die Treppe hinauftrug und sich mit ihr in einem Zimmer einschloß. Zwei Tage lang blieb er mit Brians Leiche eingeschlossen, und als er wieder herauskam, saßen seine Augen tief in ihren Höhlen und wirkten wie Asche.

»Deine Ascotts haben das getan«, sagte er heiser, während er an Fiona und Lilian vorbeischritt.

Sie beerdigten Brian noch am selben Nachmittag, doch Roger ließ sich beim Begräbnis nicht sehen. Fiona pflanzte Rosen auf das Grab und vergoß Tränen für ihre beiden Brüder.

Lilian setzte Fiona erbarmungslos zu, kreischte, daß die Ascotts für alle ihre Untaten sterben sollten. Sie war fasziniert von Lampen, die mit heißem Öl gefüllt waren, und fuchtelte damit herum wie eine Wahnsinnige. Sie sagte, Fionas Kind würde mit dem Zeichen des Satans geboren werden und wäre verflucht in alle Ewigkeit.

Nach und nach verließen die männlichen Gäste den um den Verlust eines Familienmitgliedes trauernden Haushalt, und Fiona blieb allein mit ihrer Schwägerin.

Anfang März traf ein Bote ein, der mit den Insignien des königlichen Herolds geschmückt war.

Es dauerte einen Tag, ehe die Männer, die Fiona ausschickte,

Roger in seinem Versteck finden konnten – allein in der steinernen Hütte eines Schäfers. Er sah aus wie sein eigenes Skelett, hohle Wangen unter einem Bart, schmutzige Haare, die ihm bis auf die Schulter fielen und die Augen wild und von einer schrecklichen Verstörtheit.

Er las in Fionas Gegenwart die Botschaft des Königs und warf sie ins Feuer.

»Sag dem König nein«, sagte er ruhig, ehe er das Zimmer verließ.

Fiona konnte nur erschrocken die Luft anhalten und sich fragen, was die Botschaft des Königs wohl enthalten haben mochte. Mit so viel Gelassenheit, wie sie aufbringen konnte, entließ sie den Herold des Königs und richtete sich auf eine längere Wartezeit ein. Was Roger dem König auch verweigert haben mochte, würde zweifellos bekannt werden, wenn der König von Rogers abschlägiger Antwort erfuhr. Sie legte die Hand auf ihren wachsenden Leib und fragte sich, ob ihr Kind mit dem Makel leben müßte, daß man es als Bastard bezeichnete.

14. Kapitel

Sechs Tage, nachdem der Herold des Königs gekommen und wieder gegangen war, befand sich Fiona allein im Garten. Sie hatte inzwischen weder etwas von Roger gesehen noch gehört, und Brians Tod raubte Lilian das bißchen Verstand, das sie noch hatte. Nicht der Kummer über Brian, aus dem sie sich nicht viel gemacht hatte, setzte ihr so zu, sondern die Tatsache, daß ein Ascott Brian getötet hatte. Fiona konnte nur voller Haß an diesen Raine denken.

Ein Schatten bewegte sich über den Pfad, und unwillkürlich faßte sie sich an die Brust, ehe sie aufsah – in die dunklen, brennenden Augen von Miles Ascott. Sein verächtlicher Blick glitt an ihr hinauf und hinunter, nahm Notiz von dem elfenbeinfarbenen Satin ihres Kleides, der doppelreihigen Perlenkette und dem blutroten Rubin an ihrem Hals.

Fiona hatte das Gefühl, als wollte sie ihn in sich hineintrinken, daß sie ihn nicht genug betrachten konnte. Da waren dunkle, schwachgelbe Schatten unter seinen Augen, und er war hagerer, als sie ihn gekannt hatte. Offensichtlich hatte er sich noch nicht ganz von seinem Fieber erholt.

»Komm«, sagte er heiser.

Fiona zögerte nicht, ihm durch den Garten in das angrenzende Parkwäldchen des Chatworth-Herrenhauses zu folgen. Vermutlich waren die Grenzen des Grundstücks bewacht, doch irgendwie war es Miles gelungen, unbemerkt auf den Besitz vorzudringen.

Er sprach kein Wort mit ihr, sah sie nicht einmal an, und erst, als sie die wartenden Pferde erreichten, begriff sie, was da nicht stimmte: er haßte sie. Sein steifer Körper, seine kalten Augen schrien ihr das ins Gesicht.

Sie wurde nun selbst starr, als sie die Pferde erreichten.

»Wo bringst du mich hin?«

Er wandte sich ihr zu. »Der König hat befohlen, daß wir heiraten müssen. Dein Bruder hat sich geweigert, den Befehl zu erfüllen. Wenn ich den Befehl nicht befolge, werden wir beide, dein Bruder und ich, zu Hochverrätern erklärt, und unsere Ländereien werden eingezogen.« Sein Blick blieb an dem Rubin hängen. »Du brauchst keine Angst zu haben. Nach der Eheschließung werde ich dich deinem kostbaren Bruder wieder zurückgeben, aber nicht einmal du würdest dir gerne Dinge wegnehmen lassen, die dir so viel bedeuten.«

Er drehte sich wieder von ihr weg. Fiona versuchte, auf das Pferd zu steigen; doch ihr langer Rock und ihre zitternden Hände machten das unmöglich.

Miles trat hinter sie, berührte sie so wenig wie möglich und schleuderte sie in den Sattel.

Sie war viel zu betäubt, um auch nur einen Gedanken fassen zu können, während sie in raschem Tempo nach Norden ritten. Ihre Augen waren so trocken, daß sie brannten, und sie betrachtete nur die Mähne ihres Pferdes, die im Winde flatterte.

Eine knappe Stunde später hielten sie am Rand eines kleinen Dorfes vor einem hübschen kleinen Haus neben der Kirche. Miles stieg aus dem Sattel und sah nicht zu ihr hin, als sie sich bemühte, von ihrem Pferd herunterzukommen.

Ein Priester öffnete ihnen die Tür. »Das ist also die liebliche Braut, Miles«, sagte er. »Kommt, ich weiß, wie ungeduldig ihr seid.«

Während Miles vorausging, als gehörte sie gar nicht dazu, rannte sie ihm nach und faßte seinen Arm. Der Blick, mit dem er sie von der Hand bis zum Gesicht hinauf musterte, verschlug ihr den Atem. Sie zog ihre Hand zurück. »Wenn das vorbei ist – können wir dann reden?« flüsterte sie.

»Wenn es nicht zu lange dauert«, erwiderte er kalt. »Mein Bruder erwartet mich.«

»Nein«, sagte sie mit dem Versuch, ihre Fassung wiederzugewinnen. »Ich werde dich nicht lange aufhalten.« Damit sammelte sie ihre Röcke auf und ging voraus.

Die Trauung war in wenigen Minuten vorüber. Es gab keine

Trauzeugen, die sie gekannt hätte, nur ein paar Fremde, die der Priester geholt hatte. Was das Gefühl anbelangte, das bei dem Ja-Wort der beiden Beteiligten mitschwang, so hätten sie ebensogut einen Getreide-Lieferungsvertrag abschließen können.

Sobald sie für Mann und Frau erklärt waren, drehte Miles sich ihr zu, und Fiona hielt den Atem an. »Ich glaube, wir können in der Sakristei reden«, das war alles, was er sagte. Mit hochgerecktem Kinn ging Fiona voran.

Als sie sich allein in der Sakristei befanden, lehnte Miles sich gelassen an die Wand. »Nun hast du deine Chance zu sagen, was du sagen willst.«

Ihre erste Regung war, ihm zu sagen, wo er den Rest seines Lebens verbringen könne; doch sie konnte diesen Impuls unterdrükken. »Ich wußte nichts von des Königs Befehl, daß wir heiraten sollten. Wenn ich etwas davon gewußt hätte, würde ich mich nicht geweigert haben. Ich würde eine Menge tun, um diese Fehde zu beenden.«

»Selbst mit deinem Feind schlafen?« raunte er.

Sie knirschte mit den Zähnen. »Roger war sehr erregt über Brians Tod.« Einen Moment lang sprühten ihre Augen Feuer.

Miles' Nasenlöcher blähten sich. »Vielleicht hat man dir verschwiegen, daß Raine mit Mühe und Not das Gift deines Bruders überlebte.«

»Gift!« rief sie keuchend. »Was wirfst du nun wieder meinem Bruder Roger vor?«

»Nicht Roger«, antwortete Miles, »sondern dein Bruder Brian hat Raine vergiftet.«

»Nun, Brian hat für diesen Anschlag genug bezahlt! Wie ich höre, ist Raine ein Riese. Hat es ihm Spaß gemacht, meinen kleinen Bruder in Stücke zu hacken? Hat er es genossen, Brians zarte Knochen brechen zu hören?«

Miles' Augen wurden hart. »Wie ich höre, hast du wieder einmal nur die eine Version der Geschichte gehört. Hat Roger dir gesagt, daß Raine Brian getötet hat?«

»Nicht ausdrücklich, aber . . .«

Miles stieß sich von der Wand ab. »Dann frage ihn. Zwinge deinen vollkommenen Bruder dazu, dir die Wahrheit zu sagen, wer Brian Chatworth getötet hat. Wenn du mir nicht noch andere Schandtaten vorzuwerfen hast, muß ich jetzt gehen.«

»Warte!« rief sie. »Bitte, berichte mir die Neuigkeiten. Wie geht es Sir Guy?«

Miles' Augen wurden schwarz. »Was, zum Teufel, kümmert dich dieser Mann? Seit wann verschwendest du Gedanken auch an andere Menschen und nicht nur an deinen verräterischen Bruder? Guy starb fast an den Pfeilen deines Bruders. Vielleicht sollte er seine Schießkunst verbessern. Noch einen Zoll, und er hätte Guys Herz getroffen.«

»Und Kit?«

»Kit«, sagte Miles durch zusammengepreßte Zähne, »Kit weinte drei Tage lang, nachdem du uns verlassen hattest, doch nun läßt er nicht einmal Philips Kinderschwester ins Zimmer. Der Name der Schwester ist Fiona.«

»Ich hatte nie vor . . .«, begann sie. »Ich liebe Kit.«

»Nein, Fiona, das tust du nicht. Wir bedeuteten dir nichts. Du hast uns alle dafür büßen lassen, daß wir dich gegen deinen Willen festgehalten haben. Du bist schließlich doch nur eine Chatworth.«

Ihr Zorn explodierte: »Ich lasse mir nicht noch weitere Beleidigungen von dir gefallen! Was sollte ich denn tun, als mein Bruder ein Schwert an deine Kehle hielt? Hätte ich bei dir bleiben sollen? Er hätte dich umgebracht! Kannst du nicht begreifen, daß ich mit ihm fortritt, um dein undankbares Leben zu retten?«

»Soll ich dir das vielleicht glauben?« sagte er leise. »Du stehst vor mir, mit Perlen behängt, einen Rubin am Hals, der mehr kostet, als ich überhaupt besitze, und du sagst mir, du seist mit deinem Bruder fortgeritten, um mich zu retten? Was hat dich auf die Idee gebracht, daß ich ein Dummkopf bin?«

»Dann sage mir«, schoß sie zurück, »was ich hätte tun sollen?«

Seine Augen wurden schmal. »Du behauptest, dein Bruder liebt dich so sehr. Du hättest ihm sagen sollen, daß du bei mir bleiben willst.«

Sie warf ihre Hände in die Höhe. »O ja, das hätte aber etwas gebracht! Roger hätte zweifellos sein Schwert eingesteckt und wäre ganz zahm nach Hause geritten. Rogers Jähzorn steht deinem keineswegs nach. Und, Ascott, wie sollte ich wissen, daß es dein *Wunsch* war, daß ich bei dir bleiben sollte?«

Er schwieg einen Moment. »Meine Wünsche habe ich immer deutlich gezeigt. Wie ich hörte, hast du in letzter Zeit mit vielen Männern geschlafen. Dein neuer Status wird sicherlich diese Entfaltung deiner Tätigkeit kaum beschneiden, obwohl mein Kind dir sicherlich eine Weile lang ein Hemmnis ist.«

Sehr ruhig, sehr bedächtig, ging Fiona an ihn heran und schlug ihn ins Gesicht.

Miles' Kopf flog zu einer Seite, und als er sie wieder ansah, waren seine Augen flammende Kohlen. Mit einer raschen, gewaltsamen Geste fing er ihre beiden Hände ein und schob sie gegen die Steinwand. Seine Lippen drückten sich heftig auf ihren Mund.

Fiona reagierte mit all ihrer aufgestauten Leidenschaft und schob ihren Körper hungrig seinem entgegen.

Seine Lippen zogen eine heiße Spur an ihrem Hals hinunter.

»Du liebst mich, nicht wahr, Fiona?«

»Ja«, murmelte sie.

»Wie sehr?« flüsterte er und berührte ihr Ohrläppchen mit der Zungenspitze.

»Miles«, murmelte sie, »bitte.« Ihre Hände wurden über ihrem Kopf gegen die Wand gedrückt, und sie verlangte verzweifelt danach, ihre Arme um ihn zu schlingen. »Bitte«, raunte sie.

Abrupt zog er sich wieder von ihr zurück und ließ ihre Hände fallen. »Wie fühlt man sich, wenn man verschmäht wird?« sagte er kalt, doch eine Ader in seinem Nacken zuckte. »Wie fühlt man sich, wenn man jemand liebt und zurückgewiesen wird? Ich bettelte, daß du bei mir bleiben solltest, doch du hast deinen Bruder gewählt. Nun sieh zu, ob er dir geben kann, was du brauchst. Leb wohl, Fiona . . . Ascott.« Damit verließ er die Sakristei und schloß die Tür hinter sich.

Lange war Fiona zu schwach zu einer Bewegung, doch sie brachte es schließlich fertig, einen Stuhl zu erreichen und sich darauf niederzulassen. Da saß sie verwirrt und betäubt, als der Priester, offensichtlich sehr verstört, die Sakristei betrat.

»Lord Miles mußte wieder abreisen, doch eine Eskorte erwartet Euch draußen. und das soll ich Euch überbringen.« Als Fiona sich nicht rührte, nahm der Priester ihre Hand und schloß sie um etwas Schweres, Kaltes. »Laßt Euch Zeit, meine Liebe, die Männer werden so lange warten.«

Es dauerte Minuten, ehe Fiona die Kraft fand, wieder aufzustehen. Der Gegenstand in Ihrer Hand fiel klirrend auf den Steinboden. Sie kniete sich hin und nahm ihn wieder hoch. Es war ein schwerer Goldring, dessen Durchmesser klein genug war, damit er an ihren Finger paßte, und mit einem großen Smaragd, in den die drei Ascott-Leoparden eingeritzt waren.

Roger erwartete sie eine halbe Meile vor der Grenze des Herrensitzes mit einem Wächter, das gezogene Schwert in der Hand. Sie trieb ihr Pferd an, um sich ihm in den Weg zu stellen.

»Tod allen Ascotts!« rief er.

Fiona fiel seinem Pferd in die Zügel, daß ihr der Arm fast aus dem Schultergelenk sprang und Rogers Pferd mit den Vorderbeinen in die Luft stieg. Beide hatten einen Moment lang zu kämpfen, damit sie nicht abgeworfen wurden.

»Wieso kommst du in Begleitung einer Ascott-Eskorte?« brüllte Roger.

»Weil *ich* eine Ascott bin!« schrie sie zurück.

Diese Feststellung hatte den gewünschten Erfolg, daß Roger eine Weile wie erstarrt im Sattel sitzen blieb.

»Wie kannst du es wagen, mir den Befehl des Königs zu verschweigen, daß ich Miles heiraten sollte!« brüllte sie ihn an. »Was hast du mir sonst noch vorgelogen? Wer tötete meinen Bruder Brian?«

Rogers Zorn verfärbte sein Gesicht kirschrot. »Ein Ascott . . .«, begann er.

»Nein! Ich will die Wahrheit wissen!«

Roger blickte auf die Eskorte hinter ihr, als plante er, sie alle zu töten.

»Du sagst mir hier und jetzt die Wahrheit, oder ich reite mit ihnen zurück nach Schottland. Ich bin soeben mit einem Ascott getraut worden, und mein Kind hat das Recht, als ein Ascott aufzuwachsen.«

Roger atmete heftig, und seine Brust schwoll auf den Umfang eines Fasses an. »*Ich* tötete Brian«, schrie er und wurde dann etwas ruhiger. »Ich tötete meinen eigenen Bruder. Ist es das, was du hören wolltest?«

Fiona hatte fast jede Antwort erwartet, nur diese nicht, und sie fühlte sich wie zerschmettert. »Komm zurück ins Haus, Roger, und wir werden dort weiterreden.«

Als sie allein im Söller waren, forderte Fiona Roger auf, ihr alles über die Kriege der Chatworth' und Ascotts zu erzählen. Es war keine Geschichte, bei der man ruhig zuhören konnte, und es war noch schwieriger, Roger zu einem Bericht der ungeschminkten Wahrheit zu bewegen. Rogers Betrachtungsweise war von seinen Gefühlen beeinflußt.

In Schottland hatte er eine Chance gesehen, Alicia MacArran zu heiraten, die ausgezeichnet zu ihm zu passen schien. Er erzählte dieser Frau ein paar Unwahrheiten, die ihn vor ihr in ein günstigeres Licht rücken sollten – aber was bedeuteten schon ein paar Lügen bei einer Brautwerbung? Er hatte sogar Stephen Ascott dazu gezwungen, um sie zu kämpfen; doch als Stephen den Zweikampf so leicht gewann, war Rogers Jähzorn aufgeflammt, und er hatte Stephen von hinten angegriffen. Rogers Demütigung nach diesem unritterlichen Verhalten war für ihn unerträglich groß. Er hatte Alicia und Mary nur gekidnappt, um den Ascotts zu beweisen, daß er eine Macht sei, mit der man rechnen müsse. Er hatte niemals den beiden Frauen ein Leid antun wollen.

»Aber du hast Mary ein Leid angetan«, sagte Fiona wütend.

»Brian wollte sie heiraten!« verteidigte Roger sich. »Nach allem, was ich mir von den Ascotts bieten lassen mußte, wollte Brian ihre alte, hausbackene, fade Schwester heiraten. Keiner sonst in England wollte sie haben. Kannst du dir vorstellen, wie man die Chatworth' ausgelacht hätte?«

»Dein Stolz macht mich krank. Brian liegt in der Gruft statt in seinem Hochzeitsbett. Hast du bekommen, was du wolltest?«

»Nein«, wisperte er.

»Ich ebenfalls nicht.« Sie setzte sich. »Roger, ich möchte, daß du mir jetzt sehr genau zuhörst. Der Zwist zwischen den Ascotts und den Chatworth' ist zu Ende. Ich trage nun den Namen Ascott, und mein Kind wird ein Ascott sein. Es wird keinen Kampf mehr zwischen den Familien geben.«

»Wenn er noch einmal versucht, dich zu rauben ...«, begann Roger.

»Mich zu rauben!« Sie stand so rasch auf, daß der Stuhl umkippte. »Heute morgen bat ich Miles Ascott, mich mitzunehmen, doch er weigerte sich. Ich kann ihm das nicht ankreiden! Seine Familie hat deinetwegen einen Menschen verloren, den sie liebte, doch sie haben dich nicht getötet, wie sie das vermutlich hätten tun sollen.«

»Brian ...«

»*Du* hast Brian getötet!« schrie sie. »Du bist an all diesem Unglück schuld, und so wahr mir Gott helfe, wenn du einen Ascott auch nur schief ansiehst, werde ich selbst mit dem Schwert auf dich losgehen.« Damit verließ sie den Söller und stolperte fast über Lilian, die wie gewöhnlich vor der Tür gehorcht hatte.

Es dauerte drei Tage, ehe Fiona ihren Zorn soweit zu beherrschen vermochte, daß sie zu einem Gedanken fähig war. Als die Vernunft die Oberhand gewann, beschloß sie, Bilanz zu ziehen und aus dem, was sie hatte, etwas zu machen. Sie würde nicht zulassen, daß ihr Kind so aufwuchs wie sie. Sie würde vermutlich niemals mit Miles zusammenleben, so daß Roger ihm so weit wie möglich den Vater ersetzen mußte.

Sie fand Roger vor dem Kamin, wo er vor sich hinbrütete, und wäre sie ein Mann gewesen, hätte sie ihn aus seinem Sessel gezogen und seiner Kehrseite einen kräftigen Tritt gegeben.

»Roger«, sagte sie mit honigsüßer Stimme, »es ist mir bisher gar nicht aufgefallen, aber du bekommst ein Fettpolster an der Taille.«

Er legte verblüfft die Hand auf seinen flachen Magen.

Fiona mußte ihr Lächeln unterdrücken. Roger war ein sehr gutaussehender Mann und gewohnt, daß Frauen ihm nachsahen. »Vielleicht wird ein Mann in deinem Alter etwas behäbiger«, fuhr sie fort, »und seine Muskeln schwach.«

»Ich bin nicht so alt«, sagte er, stand auf und zog den Bauch ein.

»Das gefiel mir in Schottland ganz besonders: daß sich die Männer schlank und rank hielten.«

Er sah sie mit schräggelegtem Kopf an. »Was willst du mir damit sagen, Fiona?«

»Ich versuche, dich von einem Leben in einer Welt des Selbstmitleides abzuhalten. Brian ist tot, und wenn du für den Rest deines Lebens jeden Abend betrunken in dein Bett fallen würdest, könntest du ihn damit nicht zurückholen. Also trommle deine faulen Ritter zusammen und schick sie an die Arbeit.«

Da war nur eine Andeutung eines Lächelns in seinen Augen. »Vielleicht brauche ich selbst ein bißchen Übung«, sagte er, ehe er den Raum verließ.

Sechs Wochen später wurde Fiona von einem sehr großen, gesunden Knaben entbunden, den sie Nicholas Roger taufte. Man konnte schon dem Säugling ansehen, daß er Gavin Ascotts hohe Wangenknochen geerbt hatte. Roger faßte eine Zuneigung zu dem Kind, als wäre es sein eigenes.

Als sie von ihrem Wochenbett aufstand, ging sie daran, für den kleinen Nicholas ein Heim zu schaffen. Als erstes befahl sie, daß das Baby Tag und Nacht bewacht werden mußte, weil Lilian zu glauben schien, das Kind habe Judith und Gavin als Eltern, und Fiona traute dieser verrückten Frau nicht über den Weg.

Nicholas war noch keinen Monat alt, als der erste Brief von Judith Ascott eintraf. Es war ein zurückhaltender Brief, der sich nach dem Wohlergehen des Kindes erkundigte und in dem Judith bedauerte, daß sie Fiona nicht kennengelernt habe; aber Alicia ihr Loblied sänge. Kein Wort von Miles stand in dem Brief.

Sogleich setzte Fiona sich hin und beantwortete den Brief, indem sie von dem kleinen Nick schwärmte und sagte, er sähe Gavin sehr ähnlich, und ob Judith einen Rat für eine unerfahrene Mutter habe?

Judith antwortete mit einer Kiste voll wunderschöner Babysachen, die ihrem Sohn, der inzwischen zehn Monate alt war, nicht mehr paßten.

Fiona zeigte Roger mit einem gewissen trotzigen Stolz die Babykleider und offenbarte ihm, daß sie den Briefverkehr mit Judith Ascott aufgenommen habe. Roger, schweißgebadet von den Übungen auf dem Turnierfeld, sagte nichts; doch Lilian hatte eine Menge zu sagen, obwohl ihr niemand zuhörte.

Erst im fünften Brief erwähnte Judith Miles, und dann auch nur beiläufig. Sie schrieb, Miles lebte bei Raine, beide Männer wären ohne ihre Frauen, und daher sehr unglücklich. Diese Neuigkeit versetzte Fiona eine Woche lang in eine wunderbare Stimmung. Sie lachte über Nick und erzählte ihm alles über seinen Vater und seinen Stiefbruder Kit.

Im September schickte Fiona Judith Blumenzwiebeln für ihren Garten, und als Unterlage war ein Wams beigelegt, das, sehr im Stil eines Erwachsenen, Fiona für Kit geschneidert hatte. Judith schrieb zurück, daß Kit ganz verliebt sei in das Wams, aber daß er und Miles glaubten, Judith habe es angefertigt, was Gavin sehr erheiterte, weil Judith viel zu beschäftigt sei, um die Geduld zum Nähen aufbringen zu können.

Kurz nach Weihnachten schickte Judith einen langen, ernsthaften Brief. Raine habe sich mit seiner Frau wieder vereint, und Miles habe sie besucht, ehe er zu seinem eigenen Landsitz zurückgekehrt sei. Judith sei erschrocken über Miles' Veränderung. Er war stets ein Außenseiter gewesen, doch nun spräche er nur noch selten ein Wort. und, was am schlimmsten war – seine Liebe für Frauen schien ihm abhanden gekommen zu sein. Zwar fühlten sich die Frauen immer noch zu ihm hingezogen, doch sähe er sie mißtrauisch an, und sie ließen ihn gänzlich kalt. Judith hatte versucht, mit ihm darüber zu sprechen, doch alles, was er darauf zu sagen wußte, war: »Ich bin verheiratet, wie du dich erinnern wirst. Frau und Mann sollten sich treu bleiben.« Und damit sei er lachend weggegangen. Judith bat dann Fiona inständig, Miles zu verzeihen, und zugleich warnte sie Fiona, daß alle Ascott-Männer wahnsinnig eifersüchtig seien.

Fiona antwortete mit einem langen, langen Brief voller Zorn. Miles sei der einzige Mann, der sie jemals berührt habe. Sie habe ihn gebeten, sie mitzunehmen, als sie getraut wurden, doch er hatte ihre Bitte abgeschlagen. Sie betonte, daß sie nur mit Roger mitgegangen sei, um Miles' Leben zu retten. Seitenlang beklagte sie sich dann bitter über ihre eigene Dummheit, daß sie ihrem Bruder so blind geglaubt habe; doch Miles sei es, der sie getrennt hielt, nicht sie selbst.

Sobald Fiona den Brief mit dem Boten abgeschickt hatte, verlangte sie ihn zurück. Schließlich kannte sie ihre Schwägerin ja gar nicht. Wenn nur eine Winzigkeit von dem, was Lilian dieser Frau zutraute, stimmte, war Judith ein Monster. Sie konnte Fionas Chancen bei Miles erheblich schaden.

Es dauerte einen Monat, ehe eine Antwort kam, und in dieser Zeit verlor Fiona fast den Verstand. Roger fragte ständig, was ihr denn fehle. Lilian tat noch mehr – sie stöberte heimlich in Fionas Zimmer herum, entdeckte Judiths Briefe, las sie und berichtete Roger deren Inhalt später in aller Ausführlichkeit. Als Roger sich nur stumm abwandte, bekam Lilian einen Wutanfall, der fast einen ganzen Tag andauerte.

Judiths Antwort an Fiona war kurz: Miles würde am sechzehnten Februar zwanzig Meilen vom Herrensitz der Chatworth' entfernt vor dem Dorf von Westmore ein Lager aufschlagen. Sir Guy war bereit, Fiona in jeder nur möglichen Hinsicht zu helfen.

Mit diesem Brief schlief Fiona, trug ihn am Tag mit sich herum und versteckte ihn schließlich hinter einem Stein im Kamin. Einige Tage lang schritt sie dahin wie auf Wolken und kehrte dann auf die

Erde zurück. Wie kam sie auf den Gedanken, daß Miles sie zurückhaben wollte? Was konnte sie tun, damit er sie wieder begehrte?

»Du bist mein, Fiona«, hatte er gesagt. »Du wurdest mir geschenkt.«

Ein Plan begann sich in ihrem Geist zu formen. Nein, das konnte sie nicht tun, dachte sie. Ein Kichern entschlüpfte ihr. Dazu würde sie einfach nicht den Nerv haben. Wie wäre es, wenn sie sich Miles abermals »schenkte«?

Als Fiona im Söller ihren Visionen nachhing, schlüpfte Lilian in Fionas Zimmer und suchte in allen Ecken. Als sie endlich Judiths letzten Brief entdeckt hatte, brachte sie ihn zu Roger, doch diesmal drehte er ihr nicht einfach den Rücken zu. In den nächsten Tagen gab es drei Leute im Herrenhaus der Chatworth', die Pläne schmiedeten, wobei sie alle im krassen Gegensatz zueinander standen.

15. Kapitel

Dazu bin ich keinesfalls bereit«, sagte Sir Guy, während er auf Fiona hinuntersah. Seine Stimme war leise, aber in ihrer Entschlossenheit wirkte sie lauter als ein Schrei.

»Judith schrieb mir, daß Ihr bereit seid, mir in jeder Hinsicht zu helfen.«

Sir Guy richtete sich zu seiner ganzen beträchtlichen Höhe auf. Die Narbe auf seinem Gesicht war ein glitzernder, purpurroter Strich. »*Lady* Judith« – er betonte die beiden Worte – »hatte keine Ahnung, daß Ihr so etwas Unglaubliches von mir verlangen würdet. Wie könnt Ihr nur auf so eine Idee kommen?« sagte er mir entrüsteter Stimme.

Fiona wandte sich von ihm weg, wobei sie dem Teppich auf dem Boden einen kräftigen Tritt gab. Sie hatte es für eine großartige Idee gehalten: daß Sir Guy sie nackt, eingerollt in einen Teppich, Miles ausliefern sollte. Vielleicht würde die Wiederholung dieser Szene ihn zum Lachen bringen und seine Verzeihung erwirken. Doch Sir Guy weigerte sich, dabei mitzuspielen.

»Was werde ich dann anstellen?« fragte sie schweren Herzens. »Ich weiß, daß er mich nicht sehen will, wenn ich ihn direkt darum bitte.«

»Lady Clarissa schickte ihre Tochter zu Lord Raine, und das Kind betätigte sich als Vermittler.«

»Oh, nein! Ich möchte nicht, daß Miles Nick in die Hände bekommt. Miles würde nur eine weitere Kinderschwester anheuern und den Jungen in seine Sammlung einreihen. Ich würde weder Miles *noch* Nick wiedersehen.« Sie lehnte sich gegen einen Baum und versuchte nachzudenken. Wenn sie ein Treffen mit Miles arrangierte, hatte sie Zweifel, ob er ihr zuhörte. Ihre einzige echte Chance bestand darin, daß seine Augen sich vor Leidenschaft verdunkelten, und dann würde er sich nicht mehr dagegen wehren können. Vielleicht konnte sie mit ihm reden, nachdem sie sich geliebt hatten.

Während sie darüber nachdachte, spielte sie mit ihrem langen schwarzen Umhang, ein herrliches Bekleidungsstück aus Samt, das mit schwarzem Nerz gefüttert war. Er bedeckte sie vom Hals bis zu den Füßen. Ein neues Licht trat in ihre Augen, als sie auf Sir Guy zurücksah. »Könnt Ihr es so einrichten, daß ich eine Zeitlang mit Miles allein bin? Nicht in seinem Zelt, sondern im Wald? Und wenn ich sage, allein, meine ich das auch! Zweifellos wird er nach seinem Wächter rufen, doch ich möchte nicht, daß der Mann auch erscheint.«

»Mir gefällt dieser Vorschlag nicht«, sagte Sir Guy eigensinnig. »Wenn er in eine echte Gefahr gerät?«

»Wahrhaftig«, sagte sie sarkastisch, »ich könnte ihn ja in einen Ringkampf verwickeln und ihm mit einem Messer die Kehle durchschneiden.«

Sir Guy zog eine Augenbraue in die Höhe, wobei er den Fuß nach hinten schob, den Fiona mit ihrem Absatz verstümmelt hatte.

Fiona quittierte das mit einem kleinen Lächeln. »Bitte, Guy, ich habe schon lange keinen Mann mehr verletzt. Miles ist mein Ehemann, und ich liebe ihn. Ich möchte ihn dahin bringen, daß seine Liebe zu mir wieder erwacht.«

»Ich glaube, daß Lord Miles Euch nicht nur liebt, sondern von Euch besessen ist. Aber Ihr habt seinen Stolz verletzt. Keine Frau hat ihm jemals so viele Schwierigkeiten bereitet.«

»Ich werde mich nicht dafür entschuldigen, daß ich mit Roger Schottland verlassen habe. Damals mußte ich so handeln. Werdet Ihr mich jetzt einige Zeit mit meinem Mann allein lassen?«

Sir Guy sah sie lange an, ehe er einmal nickte. »Ich werde das zweifellos zu bereuen haben.«

Fiona lächelte ihn strahlend an, daß ihr ganzes Gesicht aufleuchtete. »Ich werde Euch zum Patenonkel unseres nächsten Kindes machen.«

Sir Guy schnaubte: »In einer Stunde wird Lord Miles an dieser Stelle stehen. Ich werde Euch eine Stunde mit ihm alleinlassen.«

»Dann werdet Ihr uns in einer peinlichen Situation vorfinden«, sagte sie freimütig. »Ich habe vor, meinen Ehemann zu verführen. Gebt uns wenigstens drei Stunden Zeit zum Alleinsein.«

»Ihr seid keine Lady, Fiona Ascott«, sagte er, aber nicht ohne Augenzwinkern.

»Und ich habe auch keinen Stolz«, bekannte sie freimütig. »Jetzt geht, damit ich mich auf das Treffen vorbereiten kann.«

Als sie allein war, verlor sie wieder etwas von ihrer Zuversicht. Es war vielleicht ihre einzige Chance, ihren Mann zurückzugewinnen, und sie betete, daß alles gutgehen möge. Mit zitternden Händen begann sie, ihr Kleid aufzuknöpfen. Sie hoffte, Miles gut genug zu kennen; daß er ihr zwar mit dem Verstand erfolgreich zu widerstehen vermochte, aber mit seinen Sinnen unterlag.

Sie versteckte ihre Kleider unter Blättern und wickelte sich den Umhang um den nackten Körper. Für die Außenwelt war sie der Erscheinung nach eine sittsame Lady. Als sie mit ihren Vorbereitungen fertig war, setzte sie sich auf einen Baumstumpf und wartete.

Als sie jemand auf sich zukommen hörte, erstarrte sie, bis sie Miles' raschen, leichten, zielstrebigen Schritt erkannte. Sie stand auf, um ihn zu begrüßen.

Auf den ersten Blick schien er bereit, sie willkommen zu heißen, doch dann verlor sich dieser Eindruck, und er sah sie kalt an. »Hast du diesmal deinen Bruder versetzt?« fragte er.

»Miles, ich habe dieses Treffen arrangiert, um dich zu fragen, ob wir nicht als Mann und Frau zusammenleben könnten?«

»Wir alle drei?«

»Ja.« Sie lächelte. »Wir beide mit unserem Sohn Nicholas.«

»Ich verstehe. Und was, sage mir bitte, wird dein Bruder ohne seine Schwester anstellen, für die er so oft getötet hat?«

Sie trat näher zu ihm. »Viel Zeit ist vergangen, seit wir uns zum letztenmal gesehen haben, und ich hatte gehofft, daß du inzwischen einen Teil deiner Eifersucht überwunden hast.«

»Ich bin nicht eifersüchtig!« fauchte er. »Du hattest eine Entscheidung zu treffen, und du hast dich entschieden. Nun werde ich jemanden rufen, der dich zu deinem Bruder zurückbringt. Wache!«

Ein verwirrter Ausdruck zeigte sich auf Miles' Gesicht, als auf seinen Ruf hin keine Männer erschienen. Doch ehe er ein Wort sagen konnte, öffnete Fiona ihren Mantel und enthüllte ihren nackten Körper. Miles konnte nur einen gurgelnden Laut hervorbringen, während er sie mit offenem Mund angaffte.

Fiona ließ den Umhang wieder zufallen, ließ jedoch einen klaffenden Spalt offen, der sie von der Hüfte bis zu den Zehen entblößte, was ihn an ihr erstes Zusammentreffen erinnern mußte, als sie sich in einen Fuchspelz eingewickelt hatte. Verstohlen, wie eine Jägerin, ging sie auf ihn zu und legte ihm die Hand in den Nacken.

Unwillkürlich ging seine Hand nach vorne, um die samtweiche Haut über ihrer Hüfte zu berühren.

»Muß ich dich erst anbetteln, Miles?« flüsterte sie, den Blick auf seine Lippen gerichtet. »Ich habe mich in so vielen Dingen geirrt. Ich habe keinen Stolz mehr. Ich liebe dich und möchte mit dir leben. Ich möchte noch mehr Kinder haben.«

Langsam bewegten sich Miles' Lippen dichter an ihren Mund. Er schien seine ganze Willenskraft aufbringen zu müssen, um ihr widerstehen zu können. »Fiona«, murmelte er, während seine Lippen sacht die ihren berührten.

Unterdrückte und unter der Asche schwelende Leidenschaft entzündete sich zwischen ihnen. Miles' Arme glitten unter ihren Mantel, hoben sie vom Boden, während er sie an sich drückte und ihre Küsse sich vertieften. Sein Mund glitt über ihr Gesicht, als wollte er sie verschlingen. »Ich habe dich vermißt. Oh, Gott, es gab Zeiten, wo ich glaubte, ich würde wahnsinnig.«

»Und ich bin sicher, daß ich den Verstand verloren habe«, sagte sie, halb lachend, halb weinend. »Warum konntest du nicht begreifen, daß ich nur dich liebte? Ich konnte keinem anderen Mann gestatten, mich zu berühren.«

Er küßte ihre Tranen weg. »Wie ich hörte, mußte sich John Bascum den Kopf an vier Stellen nähen lassen, nachdem du ihn mit der Vase geschlagen hast.«

Sie küßte seinen Mund und brachte ihn so zum Verstummen. Ohne, daß es ihnen beiden bewußt wurde, bewegten sie sich auf die Erde zu. Fionas Finger vergruben sich in den Schnallen von Miles' Kleidern, während seine Hände begierig über ihren Körper glitten.

»Ergreift sie!« drang eine tödliche Stimme von oben herunter.

Fiona und Miles brauchten eine Sekunde, ehe sie begriffen, wer da sprach.

Roger Chatworth hielt sein gezogenes Schwert über Miles.

Miles warf Fiona einen bösen Blick zu und begann sich aufzurichten. »Sie gehört dir«, sagte er mit wogender Brust zu Roger.

»Verdammnis über dich, Roger!« schrie Fiona zu ihrem Bruder hinauf, raffte eine Handvoll Steine zusammen und warf sie ihm an den Kopf. »Kannst du dich nicht wenigstens dieses Mal aus meinem Leben heraushalten? Steck das Schwert fort, ehe jemand verletzt wird!«

»Ich werde einen Ascott verletzen, falls er ...«

»Du kannst es ja versuchen«, höhnte Miles, sein Schwert ziehend.

»Nein!« schrie Fiona und sprang auf die Beine, um sich zwischen die beiden Männer zu stellen. Sie funkelte ihren Bruder an: »Damit du klar siehst, Roger, Miles ist mein Mann, dem ich in sein Heim folgen werde. Das heißt, wenn er mich bei sich haben möchte, nachdem du uns beide so oft zum Narren gehalten hast.«

»Er ist mir ein schöner Ehemann«, höhnte Roger. »Monatelang ist er dir ferngeblieben und hat noch nicht einmal seinen eigenen Sohn gesehen. Ist es das, was du haben möchtest, Fiona? Du willst das

Heim, das ich für dich geschaffen habe, für einen Mann aufgeben, der nichts für dich übrighat? Wie viele Frauen hast du inzwischen geschwängert, Ascott?«

»Mehr als du in deinem ganzen Leben schwängern könntest«, erwiderte Miles gelassen.

Fiona trat dichter an Miles heran, als Roger sich auf ihn werfen wollte. »Wenn ich einen Funken Vernunft hätte, würde ich euch beiden sagen, daß ihr zur Hölle gehen sollt.«

»Laß mich zu ihm, damit ich dich von ihm befreie«, sagte Roger, doch als die Schwertspitze Fionas Umhang streifte, blieb er stehen. »Hast du kein Schamgefühl? Hast du diesen Mann auf diese . . . so begrüßt?«

»Roger, du bist ein dickfelliger Narr, der nur begreift, was man in seinen Schädel hämmert.« In einem Wirbel aus Samt und Nerz drehte sie sich um, stellte sich auf die Zehen und pflanzte einen Kuß auf Miles' Mund. Miles begann zu begreifen, daß Fiona diesmal ihm den Vorzug vor ihrem Bruder gab. Er drückte sie mit einer zermalmenden Umarmung an sich.

Roger, so wütend, daß er zitterte, bemerkte den Mann nicht, der sich hinter ihm anpirschte, noch hörte er das sausende Geräusch, als die Keule seitlich auf seinen Kopf herunterkam. Stumm sank er mit geknickten Beinen zu Boden.

Miles und Fiona hätten nicht einmal bemerkt, wenn der Baum über ihnen umgestürzt wäre; doch etwas brachte Fiona dazu, die Augen zu öffnen. Eine Keule kam auf Miles' Kopf herunter. Sie schob ihn gerade weit genug nach links, daß die Keule sie statt ihn traf.

Miles begriff zunächst nicht, was Fiona so total schlaff gemacht hatte. Sie mit einer Hand stützend, drehte er sich um, doch zu spät, um noch dem Hieb ausweichen zu können, der ihn fällte.

Die drei Männer, schmutzige, finstere Gestalten, standen über die beiden Männer und die Frau gebeugt, die auf dem Boden lagen.

»Welcher ist nun Ascott?« fragte einer.

»Wie soll ich das wissen?«

»Welchen nehmen wir also mit?«

»Beide!« entschied der dritte.

»Und die Puppe?« fragte einer und teilte mit seiner Keule Fionas Umhang.

»Die werfen wir zu den beiden. Die Chatworth sagte, es könne auch eine Frau dabeisein, und die sollten wir ebenfalls beseitigen. Ich gedenke ihr die Rechnung für alle drei zu präsentieren. Und jetzt zieh dem Mann dort die Kleider aus, während ich mich um diesen da kümmere.«

Der dritte schnitt von Fionas blonden Haaren eine lange Locke ab und steckte sie in die Tasche. »Kommt, beeilt euch. Der Wagen wartet nicht den ganzen Tag.«

Als Fiona aufwachte, war der hämmernde Schmerz in ihrem Kopf so schlimm, daß sie sich nicht sicher war, ob sie überhaupt noch aufwachen wollte. Sogar der Boden unter ihr schien sich zu bewegen. Als sie sich aufzusetzen begann, fiel sie wieder zurück und schlug mit dem Kopf nicht auf die Erde, sondern auf Holz.

»Still, Liebes«, kam die Stimme von ihrem Rücken her.

Sie drehte sich um und blickte in Miles' brennende Augen. Er war nackt bis auf sein Lendentuch, die Arme in einem unnatürlichen Winkel hinter seinem Rücken gefesselt. Neben ihm schnarchte Roger, ebenfalls gefesselt.

Als sich der Nebel in Fionas Kopf einigermaßen lichtete, erkannte sie, daß ihr die Gelenke und Knöchel ebenfalls zusammengebunden waren. »Wo sind wir?« flüsterte sie, während sie versuchte, sich ihre Furcht nicht anmerken zu lassen.

Miles' Stimme war tief, stark und beruhigend: »Wir befinden uns im Laderaum eines Schiffes, und ich könnte mir vorstellen, daß wir nach Frankreich unterwegs sind.«

»Aber wer? Warum?« stammelte sie.

»Vielleicht weiß dein Bruder das«, sagte Miles tonlos. »Zunächst müssen wir uns von den Fesseln befreien. Ich wälze mich zu dir und benütze meine Zähne, um deine Hände loszubinden. Dann kannst du meine Fesseln lösen.«

Fiona nickte und zwang sich zur Ruhe. Falls Roger etwas mit ihrer Gefangennahme zu tun hatte, läge er nicht gefesselt neben ihnen, sagte sie sich. Als ihre Hände frei waren, seufzte sie erleichtert auf und wandte sich Miles zu. Statt seine Fesseln abzunehmen, öffnete sie ihren Umhang, preßte ihren nackten Leib gegen den seinen und küßte ihn.

»Hast du an mich gedacht?« flüsterte sie an seinem Mund.

»Jede Sekunde.« Begierig beugte er sich vor und küßte sie abermals.

Lachend stieß sie ihn von sich. »Sollte ich dich nicht von deinen Fesseln befreien?«

»Jene Glieder, die nun der Freiheit bedürfen, sind nicht gefesselt«, sagte er, während er seine Hüften näher an die ihren heranbrachte.

Fiona vergrub ihre Finger in seinen Schultern und drang mit Zunge und Lippen in seinen Mund ein.

Nur das laute, erwachende Stöhnen von Roger zwang sie wieder zum Rückzug.

»Hätte ich deinen Bruder nicht schon früher gehaßt, würde ich es jetzt«, sagte Miles herzhaft, während Fiona sich aufsetzte, sich über ihn beugte und anfing, die Stricke von seinen Handgelenken zu entfernen.

»Was ist denn das?« fragte Roger. Er setzte sich auf, fiel wieder auf den Rücken, und richtete sich abermals auf.

»Was hast du diesmal angerichtet, Ascott?«

Miles ging auf diese herausfordernde Frage nicht ein, sondern massierte seine Gelenke, während Fiona sich mit den Fesseln an ihren Knöcheln beschäftigte. Als Miles sich anschickte, die Knoten an seinen Knöcheln zu lösen, explodierte Roger abermals.

»Habt ihr beiden vor, euch zu befreien und mich hier gebunden zurückzulassen? Fiona, wie kannst du vergessen . . .«

»Sei still, Roger«, sagte Fiona. »Du hast schon mehr als genug Schaden angerichtet. Weißt du vielleicht, wohin dieses Schiff uns bringt?«

»Erkundige dich bei deinem Liebhaber. Ich bin überzeugt, er hat dieses Bubenstück geplant.«

Miles ging auf Rogers Anspielung nicht ein, sondern wandte sich Fiona zu. »Ich möchte wissen, ob ich diesmal mit deiner Loyalität rechnen kann. Falls jemand die Luke öffnet, werde ich ihn anspringen, und du nimmst die Stricke und fesselst ihn. Kann ich mich auf dich verlassen?«

»Ob du es glaubst oder nicht – ich habe stets zu dir gehalten«, sagte Fiona mit kalter Stimme.

»Hast du schon versucht, uns freizukaufen?« erkundigte sich Roger. »Biete ihnen Geld an.«

»Und wo sind deine Taschen, die du für sie leeren willst?« fragte Miles und blickte auf den schmalen Tuchstreifen, den Roger an seinen Lenden trug.

Niemand sagte etwas, als die Luke sich zu öffnen begann und ein Fuß auf der Leiter erschien.

»Duckt euch!« befahl Miles leise, und sogleich stellten Roger und Fiona sich schlafend, indem sie sich der Länge nach auf dem hölzernen Deck ausstreckten. Miles glitt lautlos auf die andere Seite der Leiter hinüber.

Der Matrose steckte seinen Kopf durch die Luke, schien zufrieden, daß die beiden Gefangenen stumm waren und rückte einen weiteren Schritt auf der Leiter vor. Im gleichen Moment wurde ihm bewußt, daß ein Gefangener fehlte. Miles packte den Mann an beiden Füßen und warf ihn von der Leiter. Außer einem dumpfen Aufprall war nichts zu hören, und dieses Geräusch ging in dem Knarren und Stöhnen des Schiffes unter.

Roger wurde sofort lebendig, sprang hinzu und packte des Matrosen Kopf bei den Haaren. »Er wird eine Weile nicht bei sich sein.«

Miles knöpfte die Kleider des Matrosen auf. »Erwartest du, daß ich hierbleibe, während du dem Mann die Kleider abnimmst und damit entkommst?« forschte Roger. »Ich liefere mich doch nicht auf Gnade und Barmherzigkeit einem Ascott aus.«

»Das wirst du!« zischte Fiona. »Roger, ich habe dein Mißtrauen satt. Du bist derjenige, der die meisten Probleme zwischen den Ascotts und Chatworth' geschaffen hat, und wenn wir uns nun aus dieser Klemme befreien wollen, mußt du lernen, mit anderen zusammenzuarbeiten. Was können wir tun, Miles?«

Miles sah sie an, während er sich mühte, in die viel zu kleinen Kleider hineinzuschlüpfen. Matrosen wurden oft ihrer Winzigkeit wegen für diese Tätigkeit ausgesucht, da kleine Männer sich viel besser in der Enge eines Schiffes bewegen konnten. »Ich komme sofort wieder zurück, wenn ich etwas entdeckt habe.« Damit kletterte er die Leiter hinauf und durch die Luke.

Fiona und Roger fesselten und knebelten den bewußtlosen Matrosen und schoben ihn in eine Ecke.

»Wirst du stets seine Partei ergreifen?« fragte Roger mürrisch.

Fiona lehnte sich gegen die Schiffswand zurück. Ihr Kopf schmerzte, und ihr leerer Magen zeigte erste Symptome von Seekrankheit. »Ich habe bei meinem Mann viel gutzumachen. Vielleicht hatte Miles recht, und ich hätte an dem Tag, wo du uns in der Hütte im Hochland überrascht hast, etwas tun können. Du hast nie auf die Stimme der Vernunft gehört; doch vielleicht hätte ich es zumindest versuchen sollen.«

»Du beleidigst mich! Ich bin stets gut zu dir gewesen.«

»Nein! Du hast stets die Tatsache, daß du einmal etwas Gutes für mich getan hast, zu deinem Vorteil ausgebeutet. Jetzt höre mir zu. Wie wir auch in diese Klemme geraten sein mögen, wir müssen uns daraus befreien. Du mußt dich diesem Ziel unterordnen.«

»Mit einem Ascott zusammenarbeiten?«

»Mit *zwei* Ascotts!« fauchte sie.

Ein paar Sekunden lang schwieg Roger. »Lilian«, murmelte er, »sie brachte mir den Brief von Gavin Ascotts Frau. Sie wußte, wo du deinen . . .«

»Meinen Mann treffen würde«, ergänzte Fiona. »Oh, Roger!« sagte sie dann beklommen. »Nicholas. Er ist allein Lilian ausgeliefert. Wir müssen zurück zu meinem Sohn.«

Roger legte die Hand auf ihren Arm. »Das Kind wird bewacht, und die Wächter haben Befehl, Lilian nicht an den Jungen heranzulassen. Sie werden mir gehorsam sein.«

»Aber was wird geschehen, wenn wir nicht zurückkehren?«

»Dann werden sich zweifellos die Ascotts seiner annehmen.«

Ihre Blicke kreuzten sich, und es dauerte einen Moment, ehe Roger begriff, was er da gesagt hatte. Er war dem Eingeständnis sehr nahegekommen, daß er – vielleicht – nicht recht hatte in allem, was er den Ascotts vorwarf. Vielleicht zeigten endlich die unzähligen Worte, mit denen Fiona auf ihn eingeredet hatte, ihre Wirkung.

Sie drehte sich mit angehaltenem Atem um, als die Luke sich öffnete, und stieß die Luft wieder aus, als Miles auf der Leiter erschien.

Fiona flog ihm entgegen, umhalste ihn und stieß ihm dabei fast die Bündel aus den Händen. »Wir glauben, daß Lilian hinter diesem Bubenstreich steckt. Oh, Miles, bist du verletzt?«

Miles sah sie mißtrauisch an. »Du wechselst rasch zwischen heiß und kalt. Nein, ich hatte keine Mühe. Ich bringe Kleider und etwas zu essen mit.« Er warf Roger einen Laib Hartbrot zu und überreichte Fiona ein Bündel mit Kleidern. Nach einem Blick auf den gefesselten und geknebelten Matrosen, der sie mit furchtgeweiteten Augen beobachtete, setzte Miles sich zwischen Roger und Fiona.

Außer dem Brot hatte er noch Trockenfleisch und einen übelschmeckenden Grog mitgebracht, der Fiona im Hals würgte.

»Was hast du dort oben gesehen?« erkundigte sich Roger.

Miles begriff, daß Roger eine erhebliche Menge Stolz hinunterschluckte, wenn er so eine Frage stellte. »Es ist ein altes Schiff, nur noch von Holzwürmern zusammengehalten und bedient von einer Mannschaft, die größtenteils betrunken oder schon halbtot ist. Wenn sie weiß, daß wir Gefangene sind, interessiert sie das wenig.«

»Das hört sich nach dem Typ von Männern an, mit dem Lilian sich vertraut macht«, sagte Fiona voll Abscheu. »Sind wir unterwegs nach Frankreich, wie du gedacht hast?«

»Ja. Ich habe die Küste erkannt. Wenn es dunkel ist, schleichen wir aus dem Laderaum, bemächtigen uns eines der Ruderboote und pullen an Land. Ich möchte nicht einem Empfangskomitee in die Arme fallen, wenn das Schiff im Hafen anlegt.« Er sah zu Roger hin, und Roger nickte zustimmend.

»Und wie kommen wir nach England zurück?« fragte Fiona.

»Ich habe Verwandte, ungefähr vier Tagesritte von der Stelle entfernt, wo wir landen werden. Wenn wir zu ihnen gelangen, sollten wir dort einigermaßen sicher sein.«

»Natürlich haben wir keine Pferde oder Nahrungsmittel, die für so einen Marsch ausreichen«, sagte Roger und nahm einen tiefen Schluck von der schrecklichen Brühe.

»Vielleicht kommen wir zurecht«, sagte Miles gelassen und nahm Roger den Krug ab. Da war eine leichte Betonung des Wortes »wir«.

»Ja, vielleicht kommen wir zurecht«, antwortete Roger ebenso gelassen.

Sie aßen stumm das Hartbrot und Trockenfleisch, und als sie ihre Mahlzeit beendet hatten, zogen Roger und Fiona die Kleider der

Matrosen an. Das gestreifte Baumwollhemd saß stramm über Fionas Brüsten, und sie freute sich, ein interessiertes Flackern in Miles' Augen zu bemerken. Sie hatte bereits bewiesen, daß er trotz des Grolls, den er noch gegen sie hegen mochte, nicht aufgehört hatte, sie zu begehren. Und hatte er nicht gesagt, er habe »jede Sekunde« an sie gedacht?

Als es in dem kleinen, muffigen Laderaum noch dunkler geworden war, glitt Miles abermals zur Leiter, und diesmal blieb er eine entsetzlich lange Zeit weg. Er kam mit leeren Händen zurück.

»Ich verstaute alle Nahrungsmittel, die ich zu fassen bekam, im Ruderboot.« Er sah Roger an. »Ich muß dir den Schutz meines Rückens anvertrauen. Fiona wird zwischen uns gehen.«

Roger war wie Miles zu groß, um aufrecht in der Ladeducht stehen zu können. Miles konnte in seinen schlechtsitzenden Kleidern, mit seinem einen Tag alten schwarzen Stoppelbart und seinem wilden, dräuenden Blick durchaus als Matrose durchgehen; aber Roger nicht. Rogers stattlichere Figur hatte die Säume des Hemds gesprengt, und seine aristokratische blonde Erscheinung paßte keineswegs zu dem schmutzigen Wesen eines Seemanns. Und Fiona in den Kleidern, die ihre Kurven betonten, war gar ein hoffnungsloser Fall. Ihre Züge waren so fein, daß sie selbst zu einem Jüngling nicht gepaßt hätten.

Unter dem wachsamen Blick des gefesselten Seemanns, der versuchte, sich vor den Planken unsichtbar zu machen, kletterten sie die Leiter hinauf. Miles blieb ein paar Schritte voraus, ein kleines Messer in der Hand. Es war die einzige Waffe, die er von seinem Streifzug mitgebracht hatte.

Kalte Nachtluft brachte Fiona zu Bewußtsein, wie scheußlich muffig es im Laderaum gewesen war, und ihr Kopf wurde wieder klar, als die kühle Brise sie umschmeichelte. Miles faßte ihren Arm, gab ihm einen kurzen, ungeduldigen Ruck, und sie richtete ihre Aufmerksamkeit wieder auf den Augenblick.

Da waren drei Männer an Deck – einer am Ruder, und zwei andere, die an entgegengesetzten Seiten des Schiffes umherschlenderten.

Miles duckte sich und verschmolz mit einem Gewirr mächtiger Hanftrosse, und sogleich folgten Roger und Fiona seinem Beispiel. Geduckt, bis ihre Beine schmerzhaft pochten, bewegten sie sich Zoll für Zoll an der Bordwand entlang, langsam und vorsichtig, um ja kein Geräusch zu machen.

Als Miles anhielt, bewegte er einen Arm, und Roger schien die Bewegung zu verstehen. Er glitt über die Bordwand, und Fiona hielt den Atem an, da sie den Aufprall seines Körpers auf dem Wasser erwartete; doch das Platschen blieb aus. Im nächsten Moment gab

Miles ihr ebenfalls das Zeichen, über die Bordwand zu steigen. Ohne nachzudenken, schwang sie ein Bein über die Bordwand, und der Rest ihres Körpers folgte. Roger fing sie auf und senkte sie leise auf eine Ducht im Ruderboot.

Ihr Herz klopfte heftig, während sie Roger zusah, wie er das Boot langsam an der Bordwand zum Wasser hinunterließ, wobei Miles oben an Deck die Taue bediente. Die Muskeln in Rogers Armen traten unter der Haut hervor, als er das Gewicht des Bootes an den Tauen allein übernehmen mußte. Fiona wollte ihm zu Hilfe kommen, doch Roger winkte sie ungeduldig von sich fort. Als sie zu ihrer Ducht zurückkehrte, stolperte sie plötzlich. Sie hielt sich die Hand vor den Mund, um einen Schrei zu unterdrücken, als sie eine Hand neben ihrem Fuß entdeckte – die Hand eines toten Matrosen.

Plötzlich sackte das Ruderboot nach unten, und sie hörte, wie Roger die Luft scharf einatmete, während er mit den Tauen kämpfte, um das Boot nicht ins Wasser platschen zu lassen. Aus irgendeinem Grund hatte Miles die Führungsseile über ihnen jählings losgelassen. Es gelang Roger, das Boot mit einem Flüstergeräusch aufs Wasser zu bringen. Dann lehnte er sich zurück und sah hinauf zum Deck.

Miles war nirgends zu sehen, und einen Moment lang überkam Fiona die Panik. Wie tief saß Rogers Haß auf ihren Mann? Konnte sie Roger daran hindern, mit dem Boot vom Schiff wegzurudern, falls er sich dazu entschloß, Miles zurückzulassen?

Doch Roger stand nur mit gegrätschten Beinen im Boot, glich die Schlingerbewegungen des kleinen Schiffes aus und sah erwartungsvoll nach oben.

Als Fiona schon den Tränen nahe war aus Sorge um Miles, blickte dieser über die Bordwand, sah, wo Roger sich befand, und im nächsten Augenblick warf er einen leblosen Körper in Rogers fangbereite Arme. Roger schien nur auf so etwas gewartet zu haben, und er stürzte nicht ins Wasser, als der Körper auf seinen Armen landete. Im nächsten Moment kletterte Miles wie der Blitz am Tau herunter, das das Ruderboot noch mit dem Schiff verband, und kaum war er halbwegs im Boot, als Roger von der Bordwand abstieß und zu rudern begann. Miles gab dem zweiten toten Matrosen einen Tritt, daß er neben dem ersten landete, packte das zweite Paar Ruder und tauchte es ebenfalls ins Wasser.

Fiona brachte kein Wort über die Lippen, während sie den beiden Männern zusah, die im Takt ruderten, während das Schiff hinter ihnen in der Dunkelheit verschwand.

16. Kapitel

Schaffen wir sie uns vom Hals«, waren die ersten Worte, die nach einer Stunde des Schweigens gesprochen wurden.

Miles nickte zustimmend und fuhr fort zu rudern, während Roger die beiden Leichen ins Wasser warf.

Dann nahm auch Roger wieder die Riemen auf. »Wir müssen uns andere Kleider besorgen. Etwas Unauffälliges, das keinen Verdacht erregen wird.«

»Was für einen Verdacht?« fragte Fiona. »Glaubst du, die Matrosen werden nach uns suchen?«

Roger und Miles wechselten einen Blick, der Fiona das Gefühl gab, sie habe etwas Naives gefragt.

»Wenn wir durchsickern lassen, daß wir den Namen Ascott oder Chatworth tragen«, sagte Roger geduldig, »werden wir binnen Minuten festgehalten, damit man ein Lösegeld für uns erpressen kann. Und da wir ohne bewaffnete Eskorte reisen, müssen wir inkognito bleiben.«

»Vielleicht sollten wir uns als Musiker ausgeben«, sagte Fiona. »Clarissa fehlt uns jetzt.«

Als sie den Namen von Miles' neuer Schwägerin erwähnte, erinnerte sich Roger daran, wie Clarissa sein Leben rettete. Als er mit dem Bericht dieser Episode zu Ende kam, wurde es bereits hell, und sie erreichten endlich die Küste.

»Zieh dir den Umhang fest um den Leib und bleib dicht hinter mir«, befahl Miles mit halblauter Stimme. »Sie werden bald einen Markt eröffnen, und wir wollen zusehen, ob wir dort nicht andere Kleider besorgen konnen.«

Obwohl der Morgen eben erst anbrach, herrschte bereits reges Leben auf dem Marktplatz der Stadt, da die Leute aus der Umgebung mit ihrer Ware von allen Seiten herbeikamen. Roger lenkte mit seinen an den Säumen geplatzten Kleidern und seiner arroganten Haltung viel Aufmerksamkeit auf sich, desgleichen Fiona, deren schmutzige, strähnige Haare einen merkwürdigen Kontrast zu dem teuren Mantel bildeten, mit dem sie ihren Körper verhüllte. Doch die meisten Blicke fing Miles auf – durchweg von Frauen.

Eine hübsche junge Frau, die von jungen Männern umgeben war, sah von ihren Waren auf und sah in Miles' dunkle Augen.

Fiona trat vor, die Hände zu Klauen gespreizt, doch mit einem glucksenden Lachen hielt Miles sie am Arm fest.

»Würden dir die Kleider der Lady gefallen?«

»Ich würde am liebsten ihre Haut an meine Haustür nageln.«

Miles warf Fiona einen so heißen Blick zu, daß sie spürte, wie ihr Herz schneller zu schlagen begann. »Benimm dich, und gehorche mir«, sagte er und ging auf die Frau zu, die ihm so begehrliche Blicke zuwarf.

»Und was kann ich für Euch tun?« fragte die Frau, schnurrend wie eine Katze.

»Könnte ich Euch dazu überreden, Eure Kleider abzulegen?« fragte Miles im Flüsterton, während er einen großen Kohlkopf mit den Fingern liebkoste. Er sprach ein perfektes, klassisches Französisch.

Fiona hätte ein Teil des Straßenbelages sein können, so groß war die Beachtung, die diese Frau ihr schenkte.

»Ja, die könntet Ihr haben«, flüsterte sie, während sich ihre Hand über Miles' Fingern schloß. »Und was würdet Ihr mir dafür anbieten?«

Miles zog seine Hand zurück. Seine Augen leuchteten, und um seine Lippen spielte dieses ungewisse Lächeln, das Fiona so gut an ihm kannte. »Wir werden dafür einen pelzgefütterten Mantel anbieten und dagegen drei Anzüge und Nahrungsmittel eintauschen.«

Die Frau sah Fiona von Kopf bis Fuß an. »*Ihren* Mantel?« fauchte sie.

Doch nun waren zwei der jungen Männer hinzugekommen, und ihrem Aussehen nach mußten sie die Brüder der Frau sein. Fiona, die wütend war über Miles' Gehabe, sah durch ihre Wimpern hindurch die Männer an. »Wir hatten einen höchst unglücklichen Unfall«, sagte sie in einem Französisch, das nicht ganz so gut war wie das von Miles.

»Wir hofften, diesen unwürdigen Mantel gegen ein paar Kleider eintauschen zu können, obwohl das Kleid Eurer Schwester vielleicht ein bißchen klein ist.« Damit ließ sie beiläufig ihren Umhang bis zu den Hüften herunterfallen und enthüllte ein hautenges Hemd und Hosen, die noch strammer saßen. Miles zog ihr wütend den Mantel wieder über die Schulter, jedoch erst, nachdem die Männer geschluckt und den knappen Sitz von Hemd und Hose bewundert hatten.

»Wird es zu einem Handel kommen?« stieß Miles durch zusammengepreßte Zähne hervor, während er vermied, Fiona dabei anzusehen.

Die Brüder nickten rasch, während ihre Schwester offenbar nur noch eine Statistenrolle spielen durfte.

Ein paar Minuten später trat Fiona in einen Torweg und wechselte unter dem Schutz ihres Umhangs die Kleider. Das Kleid, das sie nun anzog, war ein schlichtes, selbstgewebtes Gewand, das ihre Reize verhüllte und in dem man sich bequem bewegen konnte.

Als Miles und Roger ebenfalls in einer einfachen, aber engsitzenden Strumpfhose steckten, die ihre muskulösen Schenkel zur Geltung brachte, füllten sie zwei Säcke mit Nahrungsmitteln und setzten sich zu Fuß in südlicher Richtung in Bewegung.

Sie waren ein gutes Stück außerhalb der Stadt, ehe Miles das Wort an Fiona richtete. »Hast du diesen Trick in der Zeit gelernt, als du im Haus deines Bruders wohntest? Du scheinst dich ja rasch von deiner Angst vor Männern erholt zu haben.«

»Und was hätte ich deiner Meinung nach tun sollen? Dabeistehen und zusehen, wie diese Schlampe dich mit den Augen verschlang? Zweifellos würdest du sie gegen die Mauer gedrückt und es ihr gegeben haben, wenn das der Preis gewesen wäre, den sie verlangte.«

»Vielleicht«, war alles, was Miles darauf sagte, und er verfiel dann in ein vielsagendes Schweigen, das Fiona bis aufs Blut reizte.

»Woher kommt es, daß du mir alle möglichen Schlechtigkeiten vorwirfst? Ich habe nie etwas getan, um dein Mißtrauen zu verdienen. Ich blieb bei dir in Schottland und ...«

»Ranntest mitten in der Nacht weg und hättest fast MacGregor umgebracht. Anschließend hast du mit deinem Bruder Schottland verlassen«, sagte Miles mit tonloser Stimme.

»Aber das mußte ich tun!« setzte Fiona heftig dagegen.

Roger war bisher schweigend links neben den beiden gegangen. »Ich hätte dich getötet, Ascott, wenn sie nicht mit mir nach England zurückgeritten wäre. Und ich hätte ihr nicht ein Wort geglaubt, wenn sie versucht hätte, ihren Wunsch, bei dir zu bleiben, zu begründen.«

»Warum erzählst du mir das?« fragte Miles Roger nach kurzem Schweigen.

»Weil Fiona mir lange Predigten hielt, wie ... wie falsch ich mich verhalten hätte. Vielleicht hatte sie in einigen Punkten recht.«

Dann gingen sie wieder einige Zeit stumm nebeneinander her, jeder mit seinen Gedanken beschäftigt.

Als die Sonne höherkletterte, legten sie eine Rast ein und aßen und tranken das Wasser von einem Bach, der neben der Straße herlief. Fiona ertappte Miles ein paarmal dabei, wie er sie beobachtete, und sie wunderte sich, was in seinem Kopf vorging.

Es begegneten ihnen viele Reisende auf der Straße, reiche Kaufleute mit Eseln, die mit Gold beladen waren, viele Bauern auf der Wanderschaft, Musikanten, Hufschmiede und sogar ein Adeliger, der von zwanzig bewaffneten Rittern begleitet war. Danach ließen sicn Roger und Miles eine Stunde lang in abfälliger Weise über die Ritter aus, bekrittelten alles an ihnen, angefangen bei den Farben ihrer Helmbüschel bis hinunter zu den altmodischen Steigbügeln.

Als die Sonne sich dem Horizont zuneigte, schauten sich die Männer nach einem Platz um, wo sie die Nacht verbringen konnten. Obwohl sie eine Festnahme als Wilderer riskierten, beschlossen

Roger und Miles, im Wald des Königs zu übernachten, abseits von den anderen Reisenden, die am Wegrand lagerten.

Während sie aßen, unterhielten sich Miles und Roger über ihre Waffenübungen und erwähnten ein paar Leute, die sie beide kannten. Überhaupt benahmen sie sich, als wären sie alte Freunde, und als Fiona aus dem Schein des Feuers in den Schatten der Bäume ging, bemerkten die beiden gar nicht, daß sie sich vom Lagerplatz entfernte. Ein paar Minuten später war sie den Tränen nahe, während sie sich an einen Baum lehnte und den nächtlichen Geräuschen des Waldes lauschte.

Als Miles' Hand ihre Schulter berührte, sprang sie mit einem Satz von ihm weg.

»Ist etwas nicht in Ordnung?« fragte er.

»Nicht in Ordnung!« zischte sie ihn an, während ihre Augen sich mit Tränen füllten. »Wieso sollte etwas nicht in Ordnung sein? Du hast mich monatelang gefangengehalten, hast mich in dich verliebt gemacht. Doch als ich alles opferte, um dein wertloses Leben zu retten, hast du mich mit deinem Haß verfolgt. Ich habe dir ein Kind zur Welt gebracht, mit deinen Verwandten und deinem eigenen Gefolgsmann konspiriert, um dich zurückzugewinnen, doch alles, was ich dafür bekomme, ist Kälte. Ich habe dich geküßt, und du hast darauf reagiert, doch du hast mir nichts von dir selbst dafür angeboten. Was muß ich tun, damit du begreifst, daß ich dich nicht verraten habe? Meinen Bruder nicht dir vorgezogen habe? Du hast selbst gehört, wie Roger sagte, er hätte dich getötet, wenn ich nicht mit ihm gegangen wäre.« Sie konnte nicht weitersprechen, weil die Tränen ihre Stimme erstickten.

Miles lehnte, ein paar Schritte von ihr entfernt, an einem Baum. Das Mondlicht versilberte seine Haare und Augen.

»Ich dachte, nur meine Brüder wären dem alten Dämon des Stolzes verfallen. Ich dachte, Raine wäre von Dummheit verblendet, als er sich weigerte seiner Frau zu verzeihen, weil sie zum König ging und dort um eine Begnadigung bettelte. Ich hätte dir einen König vergeben, doch du hast mir einen Mann vorgezogen, dich für das Heim eines anderen statt für meines entschieden. Und als ich die Geschichte von den vielen Männern hörte, denen du beigewohnt hast, hätte ich dich töten können.«

Als sie dagegen protestieren wollte, hob er die Hand.

»Vielleicht kommt es daher, daß ich mit zu vielen untreuen Frauen zu tun hatte, Frauen, die aus meinem Bett stiegen und dann das Hochzeitskleid für einen anderen anzogen. Vielleicht hat mir das meine unbefangene Einstellung den Frauen gegenüber genommen. Und schließlich bist du zwar meine Gefangene gewesen, hast dich aber nicht zu sehr gegen mich gewehrt.«

»Ich sträubte mich mit allem, was ich hatte«, sagte sie hitzig und beleidigt.

Miles hatte dafür nur ein Lächeln übrig. »Raine sagte, ich wäre eifersüchtig; und der Witz an der Sache war, daß ich auf den gleichen Mann eifersüchtig war wie er. Raine glaubte, seine Frau Clarissa hätte sich in Roger vergafft.«

»Ich bin sicher, Roger hatte gar keine Ahnung davon.«

»Den Eindruck hatte ich auch, als er die Geschichte erzählte, wie Clarissa sein Leben rettete. Clarissa mußte so handeln, um Raine zu retten, weil mein Bruder ein hitzköpfiger, sturer Mann ist, der nie auf die Stimme der Vernunft hört.«

»Raine!« sprudelte Fiona hervor. »Hat er auch so gerast und seine vernähten Wunden aufgerissen? Mußte er mit einem Betäubungsmittel behandelt werden, damit er Schlaf fand?«

Miles warf ihr mit blitzenden Zähnen einen lächelnden Blick zu. »Raine verbraucht Stöße von Lanzen, wenn er wütend ist. Ich habe eine andere Methode.« Er schwieg eine Weile. »Wie sieht unser Sohn aus?« fragte er leise.

»Er hat hohe Wangenknochen wie dein Bruder Gavin. An seiner Familienähnlichkeit besteht kein Zweifel.«

»Daran habe ich auch nicht gezweifelt, nicht wirklich. Fiona . . .«

»Ja«, flüsterte sie.

»Warum hast du mich verlassen? Warum bist du nicht nach einer Woche zurückgekommen? Ich habe jeden Tag auf dich gewartet. Ich betete um deine Rückkehr. Kit weinte sich in den Schlaf. So viele Mütter haben ihn verlassen.«

Tränen rollten über Fionas Wangen. »Ich hatte Angst vor Roger. Er war nicht bei Sinnen. Brian hatte geschworen, Roger zu töten, und ich hatte Angst, wenn ich nicht bei ihm bliebe, um ihn von Torheiten abzuhalten, würde Roger allen Ascotts den Krieg erklären. Ich hoffte, ihn zur Einkehr zu bewegen, ihn dahinzubringen, daß er die Wahrheit erkennt. Ich hoffte, ich würde den wahren Grund des Hasses zwischen den beiden Familien erkennen.«

»Und die Männer?« fragte Miles. »Pagnell erzählte jedem, der es gar nicht wissen wollte, wie er dich mir auslieferte, und jeder Mann, der sich um deine Hand bewarb, sorgte dafür, daß diese Freierparade mir in allen Einzelheiten hinterbracht wurde.«

Fiona hob die Hand. »Du warst nicht nur der erste Mann, dem ich mich schenkte; du warst der erste Mann, der ohne Hintergedanken mit mir redete, ohne einen lüsternen Ausdruck auf seinem Gesicht. Der erste Mann, der mich zum Lachen brachte, der erste Mann, der mir Güte zeigte. Selbst du sagtest, ich wüßte nichts von Männern.«

»Doch inzwischen hast du sie kennengelernt«, sagte Miles bitter.

»In gewisser Weise stimmt das. Ich dachte leidenschaftslos darüber nach, und ich wußte, es wäre besser, wenn ich einen Mann liebte, der nicht den Namen Ascott trug. Wenn ich einen anderen Mann heiratete, überlegte ich, würde Roger vielleicht vergessen, daß ich das Kind eines Ascott unter dem Herzen trug, und vielleicht würde sich dann sein Haß legen. Also beschloß ich, auch andere Männer kennenzulernen, damit ich mir darüber klarwerden konnte, ob ich dich vielleicht nur liebte, weil du der erste Mann gewesen bist.«

Miles schwieg und sah sie mit brennenden Augen an.

»Einige dieser Männer brachten mich zum Lachen; einige waren gütig, einige gaben mir das Gefühl, daß ich schön sei; doch keiner vermochte das alles zu bewirken. Während die Wochen dahingingen, wurde mein Bild von dir klarer, statt zu erblassen. Ich erinnerte mich an jede deiner Gesten, und ich begann, dich mit den Männern, die sich mir vorstellten, zu vergleichen.«

»Bis hinunter zur Größe meines . . .«

»Verdammnis über dich!« unterbrach ihn Fiona heftig. »Ich schlief nicht mit einem dieser Männer, und ich habe das Gefühl, du weißt das, doch du willst, daß ich es dir ausdrücklich sage.«

»Warum hast du sie nicht in dein Bett genommen? Einige der Männer, die du kennengelernt hast, sind sehr erfolgreich bei Frauen.«

»So wie du?« spuckte sie. »Hier stehst du und verlangst Keuschheit von mir, doch wie steht es da bei dir? Wenn ich dir sage, es hat nie einen anderen Mann gegeben, wirst du mir dann erlauben, zu dir in dein keusches Bett zu kommen? Heute morgen mußte ich dich von einer Frau fortreißen. Wie, glaubst du, war mir zumute, als ich deinen Sohn hielt und wußte, daß du in diesem Moment mit einer, oder zwei – oder sogar mehr Frauen im Bett liegen könntest?«

»Noch mehr?« spottete er und senkte dann seine Stimme verführerisch. »Es hat seit dir keine Frau mehr in meinem Leben gegeben.«

Fiona glaubte, nicht richtig gehört zu haben. »Keine . . .« begann sie mit geweiteten Augen.

»Mein Bruder Raine und ich zogen in eines seiner Häuser, und in einem Wutanfall entließen wir jede Frau, sogar die Wäscherinnen. Wir übten uns den ganzen Tag im Waffenhandwerk, tranken die ganze Nacht hindurch und verfluchten das Weibervolk. Raine kam erst wieder zur Vernunft, als seine Frau ihm ihre gemeinsame Tochter schickte. Die kleine Catherine weckte in mir die Sehnsucht nach meinen eigenen Kindern, und so kehrte ich in Gavins Haus zurück, um mit ihm und Judith Weihnachten zu feiern . . .« Er fuhr sich mit der Hand durch die Haare.

»Ich war stets der Meinung, daß Gavin nicht gerade sanft mit seiner süßen kleinen Frau umsprang; doch ich habe nie die scharfe

Seite ihrer Zunge zu spüren bekommen. Die Frau ließ mich keine Sekunde in Ruhe. Sie war erbarmungslos. Sie redete ununterbrochen von unserem Sohn, seufzte und klagte, daß ihr Sohn nie seinen Vetter kennenlernen würde, und engagierte sogar einen Mann, der Gemälde von einem Engel mit langen blonden Haaren malte, der einen kleinen Jungen in meinem Schild auf den Armen hielt – in *meinem Schild*! Ich sagte zu Gavin, ich würde seiner Frau den Hals umdrehen, wenn sie mir weiterhin so zusetzte; doch Gavin lachte so heftig über mein Begehren, daß ich nie mehr davon sprach. Als Judith den Brief von dir bekam, in dem du dich bereiterklärtest, mir zu vergeben, fiel Judith mit erneuter Kraft über mich her.«

Miles schloß, von der Erinnerung bedrängt, einen Moment die Augen. »Sie nahm sich Clarissas Talent zu Hilfe, und Clarissa komponierte ein Dutzend Lieder von zwei Liebenden, die durch einen dummen, eitlen Mann auseinandergehalten wurden, der aus purem Zufall eine bemerkenswerte Ähnlichkeit mit mir besaß. Eines Abends, beim Essen, dirigierte Clarissa einen Chor aus zweiundzwanzig Musikanten, die ein Lied zum besten gaben, über das alle Zuhörer vor Lachen brüllten, so daß zwei Männer von ihren Stühlen fielen und sich eine Rippe brachen. Clarissa hatte sich selbst übertroffen.«

Fiona war so verblüfft über diese Geschichte, daß sie sich erst nach einer Weile zu der Frage aufraffte: »Und was hast du getan?«

Er zuckte bei der Erinnerung zusammen: »Ich sprang sehr gefaßt über einen Tisch und packte Clarissa bei der Kehle.«

»Nein!« sagte sie entsetzt. »Clarissa ist so winzig, so . . .«

»Sowohl Raine wie Gavin zogen ihr Schwert, und als ich dastand, die beiden Hände um den Hals dieses hübschen kleinen Singvogels gekrampft, die Schwertspitzen meiner Brüder im Nacken, begriff ich, daß ich nicht mehr ich selbst war. Am nächsten Tag arrangierte Judith das Treffen zwischen uns beiden.« Seine Augenlider zuckten. »Das Treffen, zu dem Sir Guy dich in einen Teppich einwickeln und mir zu Füßen legen sollte.«

Fiona vermied es, ihn anzusehen. Sie hatte geglaubt, Sir Guy stünde auf ihrer Seite; doch die ganze Zeit hatte er sie bei Miles verpetzt. Wie müssen die beiden sich amüsiert haben, daß sie ihren eigenen Mann verführen wollte? Was war aus der stolzen Frau geworden, die einmal am Rand einer Klippe gestanden und geschworen hatte, daß sie sich nie einem Mann ergeben würde?

»Entschuldige mich«, flüsterte sie, während sie an Miles vorbeidrängte und sich anschickte, zum Feuer und zu Roger zurückzukehren.

Miles umfing sie mit seinen Armen und zog sie an sich.

Als Fiona sah, daß er sie mit so einem *wissenden* kleinen Grinsen betrachtete, schlug sie ihm heftig mit dem Ellenbogen in die Rippen und wurde von einem kleinen Wehschrei seinerseits belohnt. »Ich hasse dich, Ascott!« schrie sie ihm ins Gesicht. »Du hast mir meinen Stolz genommen und mich dazu gebracht, daß ich eines Mannes wegen weinte und bettelte.« Sie versuchte, ihn abermals zu schlagen, doch er drückte ihre beiden Arme gegen den Leib, daß sie sich nicht mehr zu rühren vermochte.

»Nein, Lady Ascott«, sagte er, während er seine Lippen auf ihren Mund zubewegte. »Du liebst mich. Du liebst mich so sehr, daß du bereit bist, für mich betteln zu gehen. Ich habe dich dazu gebracht, daß du geweint hast vor Leidenschaft; und ich habe dich Tränen der Liebe vergießen lassen.«

»Du hast mich erniedrigt.«

»Wie du mich erniedrigt hast.« Als sie sich gegen ihn sträuben wollte, drückte er sie noch fester an sich. »Nicht eine Frau, die nicht zu mir gekommen wäre, als wäre es die natürlichste Sache der Welt. Nur du hast mir zu schaffen gemacht. Nur bei dir bin ich zornig geworden, eifersüchtig, besitzergreifend. Du wurdest mir geschenkt und gehörst mir, Fiona, und niemals wieder sei es dir erlaubt, das zu vergessen.«

»Ich habe es niemals vergessen . . .« begann sie, aber er schnitt ihr mit einem Kuß das Wort ab. Sobald seine Lippen die ihren berührten, war sie verloren. Sie konnte genausowenig mehr streiten mir ihm, wie sie hätte weglaufen können.

Seine Arme lockerten sich nur weit genug, damit sie ihre Arme um seinen Hals legen und er sie noch dichter an sich heranziehen konnte.

»Niemals, niemals sollst du das wieder vergessen, Lady Ascott«, flüsterte er neben ihrem Ohr. »Du wirst immer zu mir gehören – in diesem Jahrhundert und im nächsten. Immer!«

Fiona hörte ihn kaum, während sie auf den Zehenspitzen stand und ihren Mund dem seinen näherte.

Sie hatte nicht geahnt, wie sehr sie ihn körperlich vermißt hatte. Er war der einzige Mann auf Erden, mit dem sie so vertraut umgehen konnte, der einzige Mann, vor dem sie keine Angst hatte. All die Jahre, in denen sie sich aufgespart hatte, zeigten sich nun in ihrem Eifer, ihrer Intensität. Sie fuhr mit ihren Fingern in seine Haare, spürte die Locken in ihren Händen, zog seinen Kopf dichter heran und flüsterte ihm etwas ins Ohr.

Ein tiefes, kehliges Lachen kam von Miles. »Ein Baum, sagtest du? Nimm eine Frau an einem Baum?«

Miles wußte, was sie verlangte – nicht einen süßen, sachten Liebesakt; sondern einen mit der ganzen Wut, die sie empfand. Seine Hände begannen an ihren Kleidern zu zerren, eine Hand an den

Bändern ihrer leinenen Unterwäsche, die andere an dem Bund seiner eigenen Hose. Fiona fuhr fort, ihn zu küssen, ihren Mund an seinen gepreßt, ihre Zungen miteinander verschlungen.

Als ihr Rücken gegen einen Baum prallte, senkte sie nur kurz die Lider und grub ihre Zähne in Miles' Hals, zog an seiner Haut, als wollte sie sein rohes Fleisch kosten.

Miles hob sie an, legte sich ihre Beine um die Taille, während ihr Rock sich zwischen ihnen bauschte. Sie machten sich beide nicht die Mühe, zuerst ihre Kleider zu entfernen. Seine Hände auf ihrem Gesäß, hob er sie hoch und setzte sie auf sein Glied mit der Wucht eines fallenden Ankers.

Fiona zog geräuschvoll den Atem ein, vergrub ihr Gesicht an Miles' Hals und klammerte sich mit aller Macht an ihn, während seine starken Arme sie hoben und senkten. Ihr Kopf fiel in den Nacken, und sie spürte, wie ein Schrei in ihr anwuchs. Der Schweiß begann Miles von der Stirne zu tropfen, und er rieb das salzige Naß an ihre Haut, verklebte ihr Haar mit dem seinen. Mit einem letzten wuchtigen Stoß, der Fiona in Ekstase versetzte, zog Miles sie an seine Lenden, erschauerte, während sein heißer Körper immer wieder mit vulkanischer Gewalt sich in ihr entlud.

Fiona, durch deren gespannten Leib Wellen der Wollust krampfartig pulsierten, spürte, wie sich ihre Augen mit heißen Tränen füllten, und langsam kam sie auf die Erde zurück, spürte, wie ihre Beine schwach wurden, den Schmerz in ihren Händen, mit denen sie sich mit all ihrer Kraft an Miles klammerte.

Er lehnte sich zurück, um sie betrachten zu können, liebkoste ihre nassen Haare, küßte ihre Schläfen. »Ich liebe dich«, sagte er zart und lächelte dann spitzbübisch. »Abgesehen davon, daß du die beste . . .«

»Ich verstehe.« Sie lachte. »Wirst du mich jetzt wieder auf den Boden stellen, oder hast du vor, mir das Rückgrat zu brechen?«

Mit einem letzten Kuß stellte Miles sie auf den Boden zurück und lachte auf eine sehr stolze, ungalante Weise, als Fionas Beine einknickten und er sie festhalten mußte, damit sie nicht der Länge nach hinschlug.

»Prahlhans!« zischte sie und hielt sich an seinem Arm fest, doch dann drückte sie einen Kuß auf die Hand des Arms, der sie stützte. »Bin ich wirklich die Beste?« fragte sie leichthin, als messe sie seiner Antwort keine große Bedeutung bei. »Findest du mich immer noch reizvoll, obwohl ich inzwischen ein Kind ausgetragen habe?«

»Einigermaßen«, sagte Miles mit ernster Stimme.

Fiona lachte, glättete ihre Röcke und versuchte, ihre damenhafte Haltung wiederzufinden, als sie zum Feuer zurückgingen, wo Roger sie erwartete.

17. Kapitel

Zwei Tage zogen sie zu dritt über das Land, und es waren gesegnete Tage für Fiona. Nächte voll leidenschaftlicher Hingabe und tagsüber Stunden voller Zärtlichkeit. Miles war die Aufmerksamkeit in Person. Sie hielten sich an den Händen, redeten leise miteinander oder lachten über die törichsten Dinge, daß ihnen die Tränen kamen. Sie liebten sich neben einem Fluß und badeten danach in seinem eiskalten Wasser.

Roger beobachtete sie mit einer Miene überlegener Skepsis, und zuweilen spürte Fiona Gewissensbisse der Schmerzen wegen, die sie ihm durch ihr Verhalten zufügen mußte.

Sie kamen nur langsam voran, und die vier Tage, die sie auf einem Pferderücken für die Strecke gebraucht hätten, dehnten sich nun, wo sie zu Fuß gehen mußten, über weitere Tage aus.

Am vierten Tag verließ das Trio kurz vor Mittag die Straße, um zu rasten und sich zu erfrischen. Nachdem Roger noch einmal einen, von beiden unbemerkten, verächtlichen Blick auf seine Schwester und Miles geworfen hatte, schritt er von ihnen weg, tiefer in den Wald hinein. Als er zum ersten Mal von der Gefangennahme seiner Schwester gehört hatte, war seine Seelenqual groß gewesen; doch nun hatte er erkennen müssen, daß sie als Gefangene für ihn nicht so endgültig verloren war wie jetzt.

Während er über dieses Problem nachdachte, ging er am Rand einer kleinen Senke entlang, wo die Erde abgerissen war, ohne auf den Weg zu achten. Er war ein paar Schritte über diese offensichtlichen Spuren eines Kampfes hinaus, ehe ihm die Bedeutung dieser Zeichen bewußt wurde. Er kehrte um und untersuchte die Erde.

Er war am Rand eines Steilufers entlanggegangen, das zu einem Fluß mit starker Strömung hinunterfiel, und daß ein Stück Erde aus der Böschung herausgebrochen war, ließ nur eine Deutung zu: hier war jemand den Abhang hinuntergestürzt. Roger hatte oft nach einer Schlacht nach Männern suchen müssen, die verwundet oder vermißt waren; und nun meldete sich der Instinkt des Ritters, der sich als Prickeln in seinem Nacken kundtat. Sofort kletterte er den Steilhang hinunter, rutschte in seiner Hast auf dem lockeren Boden aus.

Was er am Fuß der Böschung fand, war nicht das, was er dort erwartete. Da saß auf einem verfaulenden, umgestürzten Baumstamm, die Füße unter einem Haufen großer Steine versteckt, eine hübsche junge Frau, reich gekleidet in burgunderroten Samt, mit großen goldgefaßten Amethysten als Besatz am Halsausschnitt. Ihre dunklen Augen, die fast zu groß für ihr Gesicht waren, sahen heiter zu Roger auf.

»Ich wußte, daß Ihr kommen würdet«, sagte sie in einem Englisch, das sich mit seinem weichen Akzent angenehm anhörte.

Roger blinzelte sie verwirrt an, überging jedoch ihre Bemerkung. »Seid Ihr gestürzt? Seid Ihr verletzt?«

Sie lächelte ihn an, sie sah noch sehr jung aus, eher wie ein Kind, das ein Kleid trug, für das es eigentlich nicht alt genug war. Dunkle Haare lugten unter einer mit Perlen bestickten Kapuze hervor. Noch mehr Perlen schmückten den breiten Besatz an der Vorderseite ihres Kleides.

»Mein Fuß ist eingeklemmt, und ich kann ihn nicht bewegen.«

Frauen! dachte Roger und bückte sich, um die Steine zu untersuchen, die ihren Fuß festhielten. »Ihr müßt gehört haben, wie ich oben vorüberkam. Warum habt Ihr nicht um Hilfe gerufen?«

»Weil ich wußte, daß Ihr zu mir kommen würdet.«

Verrückt, dachte Roger. Die arme Kleine war von Dämonen besessen. »Wenn ich diesen Stein anhebe, möchte ich, daß Ihr den Fuß anhebt. Habt Ihr mich verstanden?« sagte er, als redete er mit einer Beschränkten.

Sie lächelte nur als Antwort, und als er den Stein rückte, zog sie den Fuß darunter hervor.

Der andere Fuß befand sich in einer schwierigeren Lage. Wenn er einen Stein rückte, würden andere nachrutschen und ihr vielleicht den Knöchel brechen, überlegte Roger. Sie war ein schmächtiges Ding, und er bezweifelte, daß ihre zierlichen Knochen viel auszustehen vermochten.

»Fürchtet Euch nicht, mir die Wahrheit zu sagen«, flüsterte sie. »Mir sind Schmerzen nicht fremd.«

Roger drehte sich um und sah sie an. Er merkte, wie sie ihn mit ihren großen Augen mit so viel Vertrauen anblickte, und dieses Vertrauen erschreckte ihn und gab ihm gleichzeitig das Gefühl der Stärke.

»Wie heißt Ihr?« fragte er, während er die Steine um ihren kleinen Fuß betrachtete.

»Christiana, Mylord.«

Rogers Kopf ruckte in die Höhe. Sein schmutziges Bauerngewand hatte sie nicht getäuscht. Also war sie vielleicht gar nicht so dumm. »Chris also.« Er lächelte. »Darf ich mir Euren Eßdolch ausborgen? Ich muß mir etwas zurechtschneiden, mit dem ich diese Steine festhalten kann, wenn ich diesen dort bewege.« Er deutete auf den Stein über ihrem Fuß.

Sie überreichte ihm ihr Messer, und er biß sich auf die Lippen, weil ihn ihre Vertrauensseligkeit so erschreckte. Doch er sprach die Warnung nicht aus, daß sie niemals einem Fremden ein Messer anvertrauen dürfte. Die Juwelen an ihrem Kleid waren ein Vermögen wert, und die Perlenkette um ihren Hals hatte wohl nicht ihresgleichen.

Er bewegte sich einige Schritte von ihr fort, um ein paar Zweige von den Bäumen zu schneiden. Dann legte er sein Wams ab, zog sein Hemd aus der Strumpfhose und schnitt Tuchstreifen vom Saum ab, mit denen er eine Plattform bastelte, die er unter die Steine schob.

»Warum sucht niemand nach Euch?« fragte er, während er Zweige und Stoff zusammenfügte.

»Vielleicht tun sie es, ich weiß es nicht. Ich habe in der vergangenen Nacht von Euch geträumt.«

Er warf ihr einen scharfen Blick zu, sagte aber nichts. Mädchen schienen überall von der romantischen Idee erfüllt, daß Ritter sie aus einer Notlage befreiten. Es war schwer für einen Mann, solchen romantischen Hirngespinsten gerecht zu werden.

»Ich träumte«, fuhr sie fort, »von diesem Wald und diesem Fluß. Ich sah Euch in meinem Traum und wußte, daß Ihr kommen würdet.«

»Vielleicht war der Mann in Euren Träumen blondhaarig und hatte daher eine Ähnlichkeit mit mir«, sagte Roger im gönnerhaften Ton.

»Ich habe viele Dinge im Traum gesehen. Die Narbe unter Eurem Auge – Ihr habt sie bekommen, als Ihr noch ein Knabe wart. Euer Bruder hat sie verschuldet.«

Unwillkürlich ging Rogers Hand zu der halbmondförmigen Narbe unter seinem linken Auge. Er hatte damals fast sein Auge verloren, und nur wenige Leute, die wußten, wie er zu dieser Narbe gekommen war, lebten noch. Er bezweifelte sogar, daß Fiona den Hergang kannte.

Christiana lächelte nur über seinen überraschten Blick. »Ich habe mein ganzes Leben lang auf Euch gewartet.«

Roger schüttelte den Kopf, damit sein Verstand wieder klar wurde. »Das war ein glücklicher Zufall«, sagte er. »Das mit der Narbe, meine ich, daß Ihr das erraten habt. Nun haltet ganz still, während ich diese Steine abstütze.« Es war eigentlich nicht nötig, ihr einzuschärfen, stillzuhalten, da sie sich seit seiner Ankunft kaum bewegt hatte.

Es waren ziemlich große Steine, und Roger kam sogar ins Schwitzen, ehe er den größten davon zu bewegen vermochte. Und selbst dann rollte er ihm aus den Händen, und noch weitere Steine polterten von oben auf die schwache, improvisierte Plattform herunter, die er sich zurechtgebastelt hatte. So schnell wie ein Blitz sprang er Christiana an, warf sie nach hinten und rollte sie von den herunterpolternden Felsblöcken weg. Noch mitten in der Bewegung hörte er, wie sie scharf die Luft einsog, weil die Steinlawine ein Stückchen Haut von ihren Beinen riß.

Das Poltern der Steine erfüllte die Luft, und Roger bedeckte Christianas Körper mit seinem eigenen und schützte sie vor fliegenden Steinsplittern. Als die Gefahr vorbei war, schickte er sich an, sich wieder von ihr zu lösen, doch sie legte ihm die Hände seitlich an den Kopf und zog seine Lippen zu ihrem Mund hinunter.

Lange hatte Rogers ganzes Sinnen und Trachten dem Ziel gegolten, seinen Bruder und seine Schwester zu sich zurückzuholen, und er hatte nie Zeit für Frauen gehabt. Er hatte nicht gewußt, wie sehr sich geheime Wünsche in ihm aufgestaut hatten. Einmal, vor Jahren, war er fast ein unbekümmerter Mann gewesen, der mit den hübschen jungen Mädchen gelacht, sich bei geheimen Verabredungen mit ihnen gebalgt hatte. Doch sein Zorn auf die Ascotts hatte ihm diese Unbekümmertheit geraubt.

Als seine und die Lippen des Mädchens sich berührten, war Rogers erster Gedanke: sie ist eine Frau. Sie mochte vielleicht noch ein bißchen kindlich wirken, doch sie war ein weibliches Wesen und hatte ernsthafte Absichten. Sie küßte ihn mit solcher Leidenschaft, daß er vor ihr zurückwich.

»Wer seid Ihr?« flüsterte er.

»Ich liebe dich, und ich habe mein ganzes Leben auf dich gewartet.«

Roger, der über ihr lag, blickte ihr tief in die dunklen Augen – Augen, die offenbar versuchten, seine Seele aus seinem Leib herauszuziehen, und das erschreckte ihn. Er löste sich von ihr. »Wir sollten Euch jetzt lieber zu Euren Eltern zurückbringen.«

»Ich habe keine Eltern«, sagte sie, sich aufsetzend.

Roger wich ihrem Blick aus, der ihm Verrat vorzuwerfen schien. Eine Hälfte von ihm wollte vor dieser seltsamen Frau flüchten, und die andere Hälfte wollte auf Leben und Tod darum kämpfen, daß sie an seiner Seite blieb.

»Laßt mich Euren Knöchel untersuchen«, sagte er schließlich.

Gehorsam hob sie das Bein und hielt ihm den Fuß unter die Augen.

Er runzelte die Stirn, als er die Prellungen und Schnitte sah und das Blut, das ihr über den Fuß lief. »Warum habt Ihr mir diesen Fuß nicht sofort gezeigt?« fuhr er sie an.

»Hier« – er gab ihr den Dolch zurück –, »schneidet ein Stück von Eurem Unterrock ab. Ich kann mir nicht leisten, mein Hemd noch mehr zu verkürzen. Es ist das einzige, das ich im Augenblick besitze.«

Sie lächelte über seine Bemerkung und begann, auf ihren Unterrock aus kostbarem Batist einzuhacken.

»Warum seid Ihr hier in Frankreich und so schäbig gekleidet? Wo sind Eure Männer?«

»Das möchte ich auch wissen«, sagte er schroff und nahm ihr die Stoffstreifen ab. »Vielleicht werdet Ihr heute nacht träumen, wie es in meinem Leben weitergeht.«

Noch während er sich dem Wasser zudrehte, bereute er bereits seine Worte. Doch verdammt noch mal, die Frau brachte seine Haut zum Prickeln! Er konnte immer noch ihren Kuß auf seinen Lippen spüren – eine eigenartige Kombination aus einer Frau, die in sein Bett springen wollte, und einer Hexe, die seine Seele in Besitz zu nehmen suchte.

Bei diesem Gedanken lächelte er. Er sah auch schon Gespenster. Sie war ein junges Mädchen, das seine Hilfe brauchte, nicht mehr oder weniger. Das beste, was er tun konnte, war, ihren Knöchel zu verbinden und sie dann ihrem Vormund zurückzugeben.

Als er mit den nassen Tüchern zu ihr zurückkehrte und die Tränen an ihren Wimpern hängen sah, bereute er sofort seine Barschheit. »Es tut mir leid, Chris«, sagte er, als hätte er sie sein Leben lang gekannt. »Verdammt! Nun haltet Euren Fuß hoch.«

Hinter ihren Tränen zeigte sich ein kleines Lächeln, und er konnte nicht umhin, das Lächeln zu erwidern. Sie strahlte jetzt, als sie ihren Fuß in seine Hand legte.

»Borgt mir noch einmal Euren Dolch, und ich werde ein Stück von Eurer Strumpfhose wegschneiden«, sagte er, nachdem er vorsichtig ihre mit Stickereien besetzten Pantoffeln entfernt hatte.

Wortlos hob Christiana ihr Kleid bis zum Oberschenkel hinauf und löste das Band ihrer Strumpfhose. Den Blick auf Roger geheftet, schob sie langsam die Strumpfhose zu ihrem blutigen Knöchel hinunter. Als sie den Stoff bis zur Wade aufgewickelt hatte, hielt sie ihr Bein hoch. »Den Rest könnt Ihr selbst besorgen.«

Roger spürte, wie ihm plötzlich der Schweiß am ganzen Körper ausbrach und eine sengendheiße Flamme der Begierde in ihm aufflackerte, als flösse glühendheißes Blut durch seine Adern. Mit bebenden Händen entfernte er die Strumpfhose, die eine Hand auf dem Stoff, die andere in ihrer Kniekehle.

Der Anblick des Blutes an ihrem Knöchel ernüchterte ihn ein wenig, und er begann sich zu beruhigen. »Ihr spielt mit Dingen, von denen Ihr nichts versteht«, sagte er mit gepreßter Stimme, während er ihren Knöchel mit Wasser benetzte, um die zerrissene Strumpfhose ganz entfernen zu können.

»Ich treibe keine kindlichen Spiele mit Euch«, sagte sie leise.

Roger versuchte, sich ganz auf den Verband zu konzentrieren, den er ihr nun anlegen mußte. Vorsichtig wusch er das Blut von ihrem Knöchel und wickelte dann die Stoffstreifen um den verletzten Fuß.

»Nun müssen wir Euch wieder zu Hause abliefern«, sagte er, als wäre er ihr Vater, doch seine linke Hand ruhte immer noch auf ihrem Knöchel, und er begann, ihr Bein zu liebkosen, während seine Finger sich an ihrer Wade hinaufbewegten. Er steckte den Dolch in die Scheide an ihrer Seite zurück.

Ihre Blicke berührten sich. Sie zuckte nicht zurück, als schien sie seine Berührung zu genießen.

Roger kam jählings wieder zur Vernunft. Gleichgültig, wie anziehend dieses elfenhafte Wesen auf ihn wirkte, sie war es nicht wert, daß er sein Leben für sie opferte. Jemand war bestimmt schon auf der Suche nach ihr, und wenn er ihre Spur bis zum Fluß verfolgte und dort entdeckte, daß ein Mann, der wie ein Bauer aussah, eine Frau umarmte, die offensichtlich von edler Geburt war, würde man gar nicht erst lange fragen, sondern ihm sofort ein Schwert ins Herz stoßen. Überdies war er sich gar nicht so sicher, ob ihm der Gedanke gefiel, mit dieser seltsamen jungen Frau intim zu werden. Wenn sie nun eine Hexe war und es auf seine Seele abgesehen hatte?

»Warum hört Ihr auf, mich zu streicheln, Mylord?« flüsterte sie mit belegter Stimme.

Energisch zog er ihren Rock wieder zu den Knöcheln hinunter. »Weil Ihr ein Kind seid, und ich ... bietet Ihr Euch immer so fremden Männern an?«

Sie beantwortete diese Frage nicht, sagte ihm jedoch mit den Augen, was sie bewegte. »Ich habe dich immer geliebt und werde dich immer lieben. Ich stehe Euch ganz zur Verfügung.«

Roger spürte, wie sein Zorn sich gegen die Versuchung auflehnte: »Nun hört mir mal zu, junge Frau. Ich weiß nicht, für wen Ihr mich haltet, noch wer Ihr seid; doch ich halte es für das beste, daß Ihr zu Euren Leuten zurückgeht und ich zu den meinen. Und ich hoffe, Ihr betet zu Gott – falls Ihr an Gott glaubt –, daß er Euch Eure Handlungen verzeiht.«

Damit beugte er sich vor, warf ihren schmächtigen Körper über die Schulter und begann, die steile Böschung hinaufzuklettern.

Ehe er den Abhang erklettert hatte, legten sich sein Zorn und seine Leidenschaft wieder. Er war zu alt und zu vernünftig, um sich von so einem romantischen kleinen Mädchen aus der Fassung bringen zu lassen.

Er stellte sie vor sich hin, hielt sie an den Schultern, damit sie nicht mit dem verletzten Fuß einknickte, und lächelte.

»Wo darf ich Euch jetzt hinbringen? Wißt Ihr noch, aus welcher Richtung Ihr gekommen seid?«

Sie sah einen Moment verwirrt aus. »Natürlich erinnere ich mich an den Weg hierher. Warum schickt Ihr mich fort? Würdet Ihr mich wieder küssen? Würdet Ihr mich küssen, als ob Ihr meine Liebe erwidertet?«

Roger hielt sie auf Armeslänge von sich. »Ihr seid zu direkt. Oh nein, ich werde Euch nicht mehr küssen. Ihr müßt mir sagen, wohin Ihr gehört.«

»Ich gehöre zu Euch; aber . . .« Sie hielt inne, als sie ein Jagdhorn blasen hörte. Ihre Augen wurden wild und verstört. »Ich muß gehen. Mein Mann ruft nach mir. Er darf Euch nicht mit mir zusammen finden. Hier!«

Bevor er etwas sagen konnte, hatte sie ihren kleinen Dolch aus der Scheide gezogen und schnitt hastig und ungeschickt den größten Amethyst von der Vorderseite ihres Kleides ab. Ein häßliches, irreparables Loch blieb im teuren Samt zurück.

»Nehmt das«, bestürmte sie ihn.

Rogers Rücken wurde steif. »Ich nehme keine Bezahlung von Frauen entgegen.«

Abermals ertönte das Jagdhorn, und Christianas Furcht nahm sichtlich zu. »Ich muß gehen!« Sie stellte sich auf die Zehenspitzen und küßte ihn rasch auf seine zusammengepreßten Lippen. »Ich habe einen schönen Körper«, sagte sie, »und wunderbar weiches Haar. Ich werde dir eines Tages beides zeigen.«

Als das Horn zum drittenmal ertönte, sammelte sie ihre Röcke auf und begann ungeschickt zu rennen, wobei ihr verwundeter Knöchel bei jedem Schritt einknickte. Sie war erst zwei oder drei Schritte von ihm entfernt, als sie sich wieder umdrehte und ihm den Amethyst zuwarf. Er machte keine Anstalten, ihn aufzufangen. »Gebt das der Frau, die mit Euch reist. Ist sie Eure Schwester oder Eure Mutter?«

Die letzten Worte rief sie über die Schulter, während sie aus seinem Blickfeld verschwand.

Roger blieb noch lange stehen, als hätte er auf der Böschung Wurzeln geschlagen, und sah mit leeren Augen auf die Stelle, wo sie zwischen den Baumen untergetaucht war. Er fühlte einen eigenartigen Schwindel im Kopf, als habe er soeben etwas Unwirkliches erlebt. Hatte dieses Mädchen tatsächlich existiert, oder war er eben aus einem Schlaf erwacht und hatte nur von ihr geträumt?

»Roger!« kam Fionas Stimme von seinem Rücken her. »Wir suchen dich schon seit einer Stunde. Bist du reisefertig? In ein paar Stunden bricht bereits die Dämmerung herein.«

Langsam drehte er sich zu ihr um.

»Roger, ist dir nicht gut?«

Miles, der links neben seiner Frau stand, setzte sich wieder in Bewegung und suchte den Boden ab. Zuweilen hatten Männer, die verwundet waren, diesen eigenartigen Gesichtsausdruck wie Roger – kurz bevor sie zusammenbrachen. Miles sah den Amethyst vor

Rogers Füßen, doch ehe er ihn aufheben konnte, bückte Roger sich rasch und schloß die Finger fest um den Stein.

»Ja, ich bin reisefertig«, sagte er schroff. Ehe er die Böschung verließ, sah er sich noch einmal im Wald um, während er mit dem Daumen das Juwel in seiner Hand rieb. »Ihr Mann!« murmelte er wütend. »Das ist also die Liebe.« Er spielte mit dem Gedanken, den Amethyst wieder wegzuwerfen, brachte es jedoch nicht fertig.

Es war Miles, dem an diesem Abend Rogers Zerstreutheit auffiel. Miles hatte ein Kaninchen mit einer Falle gefangen – gesetzwidrig –, und er drehte es an einem Spieß über dem Feuer, als sie zu dritt um die Flammen saßen. Er wollte Fiona nicht beunruhigen und hatte ihr versichert, daß keine Gefahr bestünde, doch Miles war stets auf der Hut, immer bereit, einer möglichen Gefahr zu begegnen. Nachts erwachte er bei dem leisesten Geräusch, und sein Respekt für Roger nahm zu, als er bemerkte, daß der Ritter auch nur einen leichten Schlaf hatte.

Fiona hatte ihren Kopf im Schoße ihres Mannes gebettet und schien von der Wachsamkeit der Männer nichts zu ahnen. Roger saß ein Stück von den beiden getrennt und drehte immer wieder etwas in seiner Hand um. Miles war kein Mann, der neugierige Fragen stellte, wenn ihn etwas nichts anging; doch Roger spürte das Interesse des jüngeren Mannes.

»Frauen!« sagte Roger endlich mit verdrossener Stimme, während er den Amethyst wieder in die Tasche schob. Doch als er sich auf dem kalten Waldboden ausstreckte, tasteten seine Finger wieder nach dem Juwel und hielten es die ganze Nacht fest.

Der Morgen dämmerte klar und hell herauf, und Fiona war, wie gewöhnlich, außerordentlich glücklich. Noch eine Tageswanderung, und sie hatten den Landsitz der französischen Ascotts erreicht. Dann würden sie wieder nach England und zu ihrem Sohn zurückkehren und wie im Märchen bis zu ihrem Ende glücklich zusammenleben.

»Du scheinst außerordentlich guter Laune zu sein.« Miles lächelte auf sie hinunter. »Ich glaube, dir gefällt das Bauerndasein.«

»Eine Weile lang«, sagte sie schnippisch, »gefällt es mir, aber daß du mir nicht auf die Idee kommst, ich würde mein Leben lang Lumpen tragen. Ich bin eine teure Frau.« Sie verdrehte kokett die Augen vor ihm.

»Du wirst deinen Lebensunterhalt verdienen müssen«, sagte er im arroganten Ton und sah sie von Kopf bis Fuß an.

»Das tue ich doch schon. Ich ...«

Sie verstummte, als das Klappern zahlreicher Pferdehufe und das Rollen vieler Räder sie zwang, an den Rand der Straße zu treten. Es war offenbar das Gefolge eines reichen Herrn, das nun an ihnen vorbeizog: die Pferde mit seidenen Decken, die Rüstungen und Waffen der Ritter mit bunten Farben geziert und wohlgepflegt. Es waren ungefähr hundert Männer und Packwagen, die an ihnen vorbeizogen, und in der Mitte des Zuges befand sich ein junges Mädchen, dessen Hände auf dem Rücken gefesselt waren und die Spuren von Mißhandlung im Gesicht trug. Doch sie hielt den Kopf hoch erhoben.

Fiona erschauerte, da sie sich nur zu gut daran erinnerte, wie ihr als Gefangene zumute gewesen war. Doch dieses Mädchen sah aus, als wäre es geschlagen worden.

»Jesus«, flüsterte Roger neben ihr, und das schien aus tiefstem Herzen zu kommen.

Miles sah Roger gespannt von der Seite an, und als Roger sich zwischen die Pferde stürzen wollte, packte Miles ihn am Arm. »Nicht jetzt«, sagte Miles leise zu ihm.

Fiona blickte der Prozession nach, die an ihnen vorbeigekommen war. So viele Männer für so ein kleines Mädchen, dachte sie traurig. Dann warf sie den Kopf zur Seite.

»Nein!« rief sie, zu Miles hinaufsehend. »Du wirst doch hoffentlich nicht daran denken, dieses Mädchen zu retten?«

Miles gab ihr keine Antwort, sondern sah wieder auf die Ritter, die sich auf der Straße entfernten. Als sie auf ihn einzureden versuchte, sah er sie mit einem flammenden Blick an, daß sie sogleich verstummte.

Die drei standen noch eine Weile am Straßenrand, nachdem die Ritter vorbeigezogen waren. In Gedanken fuhr Fiona fort, Miles ihr Nein ins Gesicht zu schreien. Er konnte unmöglich sein Leben für eine Frau aufs Spiel setzen, die er nicht einmal kannte.

Als sie ihren Fußmarsch fortsetzten, begann Fiona ihren Appell so ruhig und vernünftig, wie sie es vermochte, vorzutragen: »Wir werden bald bei deinen Verwandten sein, und sie werden wissen, wer das Mädchen ist, wer sie gefangenhält – und warum. Vielleicht hat sie Hunderte von Menschen auf dem Gewissen, vielleicht verdient sie ihre Strafe.«

Miles und Roger sahen nur stumm geradeaus.

Fiona klammerte sich an Miles' Arm. »Ich bin auch deine Gefangene gewesen, und daraus ist etwas Gutes entstanden. Vielleicht . . .«

»Sei still, Fiona!« befahl Miles. »Ich kann nicht nachdenken, wenn du so viel redest.«

Fiona spürte einen kalten Schauer über ihren Rücken laufen. Wie konnte er ohne Waffen ein Mädchen retten, das von hundert gepanzerten Rittern bewacht wurde?

Miles wandte sich an Roger: »Sollten wir ihnen unsere Dienste als

Holzsammler anbieten? So bekämen wir wenigstens Zutritt zu ihrem Lager.«

Roger warf Miles einen abschätzenden Blick zu. »Das ist nicht deine Fehde, Ascott. Das Mädchen wurde meinetwegen geschlagen, und ich werde sie allein aus ihrer Zwangslage befreien.«

Miles sah Roger mit lodernden Augen an, und nach einer Weile gab Roger nach. Er nickte kurz und sah zu Boden.

»Ich weiß nicht, wer sie ist, nur, daß sie Christiana heißt. Sie schenkte mir einen Edelstein, schnitt ihn von ihrem Kleid ab, und zweifellos ist das der Grund, weshalb sie geschlagen wurde. Sie hat einen Ehemann, vor dem sie sich fürchtet.«

»Einen Ehemann!« rief Fiona erschrocken. »Roger, bitte, ihr beide, seid doch vernünftig! Ihr könnt euer Leben nicht für eine verheiratete Frau aufs Spiel setzen. Wie lange hast du sie gekannt, Roger? Was bedeutet dir diese Frau?«

»Ich habe sie gestern zum erstenmal gesehen«, sagte Roger im Flüsterton. »Und sie bedeutet mir nichts – oder vielleicht bedeutet sie mir doch etwas. Doch ich kann nicht zulassen, daß sie meinetwegen geschlagen wird.«

Fiona begann einzusehen, daß weitere Argumente sinnlos waren. Daß Roger einer fremden Frau wegen etwas Tollkühnes wagen würde, war ihr neu; doch sie war sicher, daß Miles sogar für eine Spülmagd sein Leben riskieren würde. Sie holte tief Luft. »Als ich einmal über Land fuhr, bot mir eine Bauersfrau einen Blumenstrauß an, und man ließ sie an den Wachen vorbei, damit sie mir die Blumen überreichen konnte.«

»Du mischst dich da nicht ein«, sagte Miles in entschiedenem Ton.

Fiona schwieg, schob aber ihr Kinn vor. Die Chancen standen günstiger, wenn drei Leute eine Schar von hundert Rittern angriffen, als wenn nur zwei diesen Angriff riskierten.

18. Kapitel

Sie folgten dem Zug der bewaffneten Männer, bis die Sonne schon fast untergegangen war und die Ritter ein Lager errichteten. Miles und Roger konnten sich mit Leichtigkeit unter die Ritter mischen, ihre Arme mit Feuerholz beladen, nachdem sie ihre gewohnte, steifnackige, aristokratische Haltung aufgegeben hatten. Fiona stand im Schatten der Bäume und beobachtete das Treiben vor sich. Ihr Angebot vom Morgen, daß sie den beiden Männern helfen wollte, schien nur ein leeres Geplapper gewesen zu sein, die Worte einer Hochstaplerin. Denn als sie jetzt diese vielen Männer beobachtete, war ihr, als hätte sie nie das Haus ihres Bruders verlassen. Selbst jetzt, als sie die Baumstämme im Rücken hatte, sah sie sich immer wieder verstohlen um, um sich zu vergewissern, daß keiner von diesen bewaffneten Männern sich an sie heranpirschte und in den Büschen auf eine Gelegenheit lauerte, über sie herzufallen.

Miles und Roger hatten ihr den strikten Befehl gegeben, daß sie unter keinen Umständen ihr Versteck verlassen dürfe. Sie hatten ihr zu verstehen gegeben, daß sie schon genug zu bedenken hatten und sich nicht auch noch wegen ihr Sorgen machen wollten. Roger hatte ihr den Amethyst des Mädchens gegeben, und Miles beschrieb ihr, wie sie zu seinen Verwandten gelangen konnte – falls einem von ihnen etwas zustieße. Fiona war es bei dieser Andeutung ganz schlecht geworden, doch sie hatte ihre Ängste für sich behalten. Die Männer verlangten, daß sie ein tüchtiges Stück vom Lager der Ritter entfernt auf sie warten solle, doch sie hatte eigensinnig auf einem Ort bestanden, von wo aus sie die beiden Männer beobachten konnte. Die beiden hatten sich geweigert, sie in ihren Plan einzuweihen, und Fiona argwöhnte, daß sie sich gar keinen richtigen Plan zurechtgelegt hatten. Zweifellos beabsichtigte Miles, die hundert Ritter mit einem Schwert in Schach zu halten, während Roger mit dem Mädchen fliehen sollte.

Als sie nun hinüberschaute in das Lager der Ritter, sah sie einen schwerfällig schlürfenden, gebeugten alten Mann und mochte gar nicht recht glauben, daß das ihr stolzer Bruder war, der sich langsam der Stelle näherte, wo das Mädchen angebunden war. Sie saß, an Händen und Füßen gebunden, mit gesenktem Kopf an einen Baum gelehnt.

Als Roger stolperte und das gesammelte Feuerholz, das er auf den Armen hielt, dem Mädchen vor die Füße warf, hielt Fiona den Atem an. Sie wußte nicht, wie eng der Kontakt zwischen Roger und dem Mädchen gewesen war, und sie sah auch noch so jung aus, als habe sie noch nicht viel Verstand. Würde sie Roger verraten?

Da sah sie eine kurze Erschütterung auf dem Gesicht des Mädchens – ein Zucken, aber das konnte auch von einem Schmerz herrühren –, und dann war das Gesicht wieder ruhig. Fiona lächelte im stillen. Das Mädchen war alles andere als ein Dummkopf. Ihr Gesicht blieb ausdruckslos, ihre Glieder unbeweglich, als Roger begann, das verstreute Holz wieder aufzusammeln. Ein Ritter trat Roger fluchend gegen das Bein, und als Roger sich um seine Achse drehte, gab der Ritter ihm noch einen Tritt in die Rippen. Noch während Roger diese Tritte entgegennahm, sah Fiona das Blitzen eines Messers, als er, die Hände unter dem Feuerholz verborgen, die Fesseln an den Füßen des Mädchens zerschnitt.

Doch Fiona bemerkte noch etwas, das Roger nicht sehen konnte: hinter ihm stand ein älterer Mann, reich gekleidet, mit Juwelen behängt, der Stoff seiner Gewänder mit Golddraht durchwirkt, der seine tiefliegenden kleinen Augen nicht eine Sekunde von dem gefesselten Mädchen abwendete. Das verlöschende Sonnenlicht spiegelte sich eine winzige Sekunde lang in dem blanken Stahl von Rogers Messer.

Auf der entfernten Seite des Lagers schleuderte Miles einen brennenden Holzscheit aus dem Feuer und setzte das dürre Gras daneben in Brand. Er glitt davon, ehe er für seine Ungeschicklichkeit bestraft werden konnte, und mehrere Ritter schickten sich an, den Brand zu löschen.

Doch diese Ablenkung genügte nicht. Die Männer, die das gefesselte Mädchen bewachten, hatten keinen Blick für das Feuer übrig – und der alte Mann fuhr fort, das Mädchen mit seinen haßerfüllten Blicken anzustarren.

Die Dunkelheit schien sich jetzt rasch über das Lager zu senken; doch das Feuer spendete genügend Licht, daß Fiona erkennen konnte, wie Miles im Schatten eines Wagens ein Schwert aus einer Scheide zog.

Er hatte tatsächlich vor zu kämpfen! dachte sie. Er wollte Verwirrung stiften, Männer auf sich ziehen, damit Roger mit dem Mädchen aus dem Lager flüchten konnte. Wenn das Feuer versagte, erreichte vielleicht das Klirren von Stahl den gewünschten Zweck.

Fiona erhob sich aus dem Graben, in dem sie sich versteckt hielt, sprach ein rasches Gebet, daß man ihr ihre Sünden verzeihen möge, und begann dann, ihr grobes Wollgewand vom Hals bis zur Hüfte hinunter aufzuknöpfen. Vielleicht konnte sie die Aufmerksamkeit der Männer auf sich lenken – und besonders die Blicke des alten Mannes in seinem Goldgewand.

Ihr Auftritt war rasch und dramatisch. Sie rannte auf die Lichtung hinaus, sprang mit kurzen, schnellen Sätzen in die Höhe, so dicht über eines der Lagerfeuer, daß sie fast mit gespreizten Beinen darin landete. Die Hände auf die Hüften gelegt, die Beine gespreizt, beugte sie sich nach vorne, daß sich ihr Leibchen weit öffnete und sie mit ihren nackten Brüsten fast den Kopf des alten Mannes berührte.

Langsam, verführerisch, begann sie, ihre Schultern zu wiegen, vor und zurück, von einer Seite zur anderen, die eine erhoben, die andere noch ein Stückchen höher, wobei sie langsam rückwärts ging, bis sie sich fast über das Feuer lehnte. Mit einer Hand nahm sie die Baumwollkappe vom Kopf und ließ ihr Haar bis zu ihren Knien herunterfallen. Es hing über dem Feuer, färbte sich fast rot über der Glut und schien sich in eine lodernde Fackel zu verwandeln.

Als sie sich wieder geraderichtete, die Hände herausfordernd auf den Hüften, öffnete sie den Mund zu einem Lachen – einem lauten, arroganten, herausfordernden Lachen – und lenkte damit die Blicke aller Männer auf sich. Der alte Mann beäugte sie neugierig, und zum erstenmal ließen seine Augen das Mädchen los, das ein paar Schritte entfernt von Fiona am Baum lehnte.

Fiona hatte noch nie vor Zuschauern getanzt; doch sie hatte im Haus ihres Bruders bei Lüsternheit erregenden Veranstaltungen oft genug zusehen müssen, um zu wissen, was man mit einem Tanz erreichen konnte. Einer von den Rittern begann auf einer Laute zu schlagen und ein anderer auf einer Trommel. Fiona fing an, sich langsam in schlangengleichen Bewegungen zu wiegen – nicht nur mit den Hüften, sondern mit dem ganzen Körper, wobei von den Fingerspitzen bis zu den Zehen hinunter jeder Zoll ihres Körpers in Bewegung geriet. Und sie brachte ihre prächtigen Haare dabei vorteilhaft zur Geltung, wirbelte sie um ihren Körper, klatschte sie den Männern quer durch das Gesicht. Als ein Ritter ihr zu nahe kam, raffte sie einen Stein vom Boden auf und schlug dem Mann den Stein, den sie mit der Faust umschloß, in den Unterleib.

Alle lachten wiehernd über den Ritter, der sich vor Schmerzen krümmte, und von da an war es mehr eine Jagd als ein Tanz. Für Fiona wurde ein Alptraum wieder lebendig. Sie sah sich in das Haus ihres Bruders zurückversetzt, wo die männlichen Gäste darin wetteiferten, sie einzufangen. Sie vergaß die letzten Worte, mit denen sie ihre Angst überwunden hatte, und kehrte zurück in eine Zeit, wo sie um ihr Leben hatte kämpfen müssen.

Auf Zehenspitzen wirbelte sie um einen Ritter herum und hob sein Schwert aus seinem Gürtel. Mit wehenden Gewändern, das Haar wie ein Netz um ihren Körper, wich sie den Männern aus, die sie zu erhaschen versuchten. Sie verletzte sie nicht, obwohl sie hin und wieder einem Mann die Haut ritzte, daß das Blut lief. Doch dabei behielt sie die Phase des Tanzens aufrecht, tat, als hätte sie Spaß an dieser Jagd, sprang lachend auf einen Tisch und schleuderte Schüsseln, Becher und Teller mit Speisen nach allen Richtungen. Als die Hand eines Ritters sie am Knöchel faßte, glitt sie zur Seite, während sie »zufällig« ihre Ferse auf seine Finger hieb. Mit einem Schmerzensschrei ließ er von ihr ab.

Fionas Nerven waren einem Zusammenbruch nahe, als die Männer rhythmisch zu klatschen begannen. Sich vorbeugend wirbelte sie ihr Haar im Takt zu ihrem Applaus im Kreis herum. Sie hoffte, daß Roger und Miles die Zeit genutzt hatten, das gefesselte Mädchen aus seiner Notlage zu befreien, drehte sich, daß ihre Röcke in die Höhe flogen und die Männer beim Anblick ihrer Beine in Jubel ausbrachen. Dann sprang sie dem alten Mann direkt vor die Füße.

Sie landete mit einem tiefen Knicks vor ihm, hielt den Kopf

gesenkt, daß ihre Haare einen Vorhang um sie bildeten. Keuchend, mit fliegenden Flanken, wartete sie.

Mit großem, feierlichem Gehabe erhob sich der Mann von seinem Platz und hob mit einer knochigen Hand Fionas Kinn, damit sie ihm ins Gesicht sehen mußte.

Aus dem Augenwinkel sah Fiona, daß die Stelle, wo das Mädchen gesessen hatte, leer war. Es konnte nur noch Sekunden dauern, bis alle Ritter das Fehlen des Mädchens bemerkten.

Fiona stand auf, betete darum, daß sie noch eine Frist ertrotzen konnte, und in der Hoffnung, daß sie damit die Männer zu fesseln vermochte, bewegte sie die Schulter und ließ das Oberteil ihres Kleides zu den Hüften herunterfallen.

Es wurde ganz still unter den Zuschauern, die sich fast alle hinter ihr zusammendrängten. Die lüsternen Augen des alten Mannes weideten sich an ihren festen, hohen Brüsten. Und dann zeigte er lächelnd seine schwarzen Zahnstummel, nahm seinen eigenen schweren Umhang ab und legte ihn Fiona um die Schultern.

Während er auf eine beschämende Weise die Schnüre des Umhangs festhielt, begann er, Fiona mit den Bändern in den Schatten des Waldes hineinzuziehen.

Sie hielt in der Hand ein Messer versteckt, das sie einem der Ritter abgenommen hatte. Als der alte Mann sich umwandte, sah er, daß das gefesselte Mädchen verschwunden war, doch ehe er seine Männer alarmieren konnte, trat Fiona an ihn heran, nahm sein Ohrläppchen zwischen die Zähne, preßte das Messer gegen seine Rippen und knurrte: »Geht!«

Sie waren im Dunkel des Waldes untergetaucht, ehe der Ruf im Lager erschallte, daß die Gefangene entkommen sei.

»Rennt!« befahl Fiona dem alten Mann und drohte ihm mit dem Messer.

Rasch wandte er sich um und schlug Fiona mit dem Handrücken ins Gesicht.

Doch bevor er sich auf Fiona stürzen konnte, sprang Roger von einem Baum herunter, und seine mächtigen Hände legten sich um den Hals des alten Mannes. Vielleicht war es die Überraschung oder die Aufregung über Fionas Tanz; denn Roger hatte ihn kaum berührt, als der alte häßliche Mann tot zu seinen Füßen niederstürzte.

Roger verlor keine Zeit, faßte Fiona um die Taille und schob sie einen Baum hinauf.

Unter ihnen schwärmten nun die Ritter durch den Wald, und ihre gezogenen Schwerter glitzerten im Mondlicht. Roger legte seinen Arm um Fiona und drückte sie an seine Brust, ihren Kopf an seiner Schulter vergraben. Sie flog am ganzen Körper, und selbst jetzt, in der Geborgenheit der Arme ihres Bruders, konnte sie immer noch die Hände der Männer spüren, die nach ihr grapschten.

»Miles«, flüsterte sie an Rogers Hals.

»In Sicherheit«, war alles, was Roger ihr sagen wollte, während er sie noch fester an sich zog.

Sie warteten eine Weile und hörten sich das Jammergeschrei an, als der alte Mann tot im Wald gefunden wurde. Schließlich trugen zwei Ritter den Toten in das Lager zurück, und die Suche nach dem Mädchen schien zu Ende zu sein, denn die Männer sattelten ihre Pferde und begannen, von der Lichtung fortzureiten.

Roger hielt Fiona noch eine Weile fest, nachdem es ganz still geworden war im Wald.

»Komm«, befahl er, »der Ascott erwartet uns.«

Roger stieg zuerst vom Baum herunter und fing dann Fiona auf, die immer noch den Umhang des alten Mannes trug. Während der Samt um sie her raschelte, rannte sie hinter Roger her durch den kalten, feuchten Wald.

Fiona war es bisher nicht bewußt geworden, wie sehr sie um Miles' Sicherheit besorgt gewesen war, bis sie ihn wiedersah. Er tauchte aus einem stehenden Tümpel auf und hielt das Mädchen an der Hand. Beide waren naß, über und über mit Schmutz bedeckt, und dem Mädchen schnatterten die Zähne.

Nach einem dankbaren Blick auf Miles, daß er mit heilen Gliedern vor ihr stand, entfernte Fiona den Mantel des alten Mannes von ihrer Schulter und legte ihn dem Mädchen um.

»Es ist seiner!« sagte Christiana und wich vor dem Umhang zurück, als habe ihn der Teufel getragen.

Roger fing den Mantel auf, warf ihn wieder Fiona zu, zog sein eigenes Wams aus und legte es dem Mädchen über die Schultern. Sie schmolz in Rogers Armen, als wäre sie ein Teil seiner Haut.

»Wir müssen weiter«, sagte Miles und nahm Fionas Hand. »Sie werden bald zurückkehren und ihre Suche fortsetzen.«

Sie marschierten die ganze Nacht hindurch. Fiona wußte, daß sie eigentlich vor Erschöpfung hätte zusammenbrechen müssen, doch sie fuhr fort, einen Fuß vor den anderen zu setzen und warf zuweilen einen verstohlenen Blick auf das Mädchen, das sie zu diesem Gewaltmarsch gezwungen hatte. Sie trug immer noch Rogers Wams, in dem sie fast ertrank, und sah noch jünger und zerbrechlicher aus, als sie zunächst gewirkt hatte. Sie wich nie weiter als zwei Zoll von Rogers Seite, selbst wenn sie so riskierte, daß ihr zuweilen die Zweige ins Gesicht peitschten. Was Roger anlangte, so schien es ihm nicht angenehm, wenn sich der Abstand zwischen ihnen vergrößerte.

Fiona vermied es, Miles anzusehen, weil seine Augen vor Zorn loderten, und ein paarmal drohte er sogar ihre Hand in seiner zu zerquetschen. Einmal, als sie ihm zu erklären versuchte, warum sie seine Gefühle mißachtet und an der Rettungsaktion teilgenommen hatte, sah Miles sie mit so zornigen Augen an, daß Fiona buchstäblich in den Umhang des alten Mannes zurückkroch.

Gegen Morgen sagte Miles: »Wir werden uns den Reisenden auf der Straße wieder anschließen und müssen ihr andere Kleider besorgen.«

Christiana trug immer noch ihr juwelenbesetztes Gewand und die Perlenschnüre um den Hals. Irgendwie betonte der Schmuck ihren gefallenen Status – sie trug zwar noch ihre Juwelen; doch nun war ihr kostbares Kleid zerrissen, ihre Haare verfilzt, ihre Wangen voll blauer und roter Flecke, und der Dreck klebte jetzt getrocknet auf ihrer Haut.

Als sie endlich die Straße erreichten und neben einer großen Gruppe von Reisenden anhielten, die eben aus dem Schlaf erwachten, wäre Fiona fast vor Erschöpfung zusammengebrochen. Miles fing sie auf und zog sie auf seinen Schoß. »Wenn du noch einmal so etwas tust wie gestern abend, Weib . . .« begann er, hielt dann mitten im Satz inne und küßte sie so heftig, daß ihr Mund schmerzte.

Tränen schossen ihr in die Augen, Tränen der Freude, daß er in Sicherheit war. Es hatte eine Zeit gegeben, wo sie überzeugt war, sie würde Miles nicht mehr lebendig wiedersehen, wenn er ein Schwert aus der Scheide zog. »Ich würde alles für dich riskieren«, flüsterte sie und schlief dann in seinen Armen ein.

Es schienen erst Sekunden vergangen, als Fiona wieder aufwachte und sie mit einem kurzen Abstand zu den anderen Reisenden auf der Straße ihren Weg fortsetzten. Das Mädchen Christiana trug nun ein grobes Wollkleid mit einer großen, ihr Gesicht beschattenden Kapuze.

Mittags machten sie Rast, und die Männer ließen die Frauen am Straßenrand alleine, während sie zu den anderen Reisenden gingen, um für den verhaßten Mantel Brot und Käse einzutauschen.

Fiona lehnte sich gegen einen Baum und versuchte sich zu entspannen, doch Christianas Nähe verhinderte das. Sie vermochte den Haß auf das Mädchen nicht zu unterdrücken, das fast ihren Untergang bedeutet hätte.

»Werdet Ihr mich lange hassen, Fiona?« erkundigte sich Christiana mit leiser Stimme.

Fiona warf ihr einen betroffenen Blick zu, ehe sie sich abwandte. »Ich hasse Euch nicht.«

»Ihr seid es nicht gewohnt, zu lügen«, erwiderte das Mädchen.

Fiona wandte sich Christian wieder zu. »Mein Mann hätte getötet werden können, als er Euch rettete!« sagte sie heftig. »Das gleiche gilt für meinen Bruder! Was für eine Macht habt Ihr über Roger? Habt Ihr ihn verhext?«

Christiana lächelte nicht, noch zeigte sie sich verstimmt. Sie sah Fiona nur mit ihren großen Augen eindringlich an.

»Ich habe immer von einem Mann wie Roger geträumt. Ich habe immer gewußt, daß er zu mir kommen wird. Im vergangenen Jahr verheiratete mein Onkel mich mit einem grausamen Mann; doch ich wußte noch immer, daß Roger kommen würde. Vor drei Nächten träumte ich und sah sein Gesicht. Er reiste in groben Kleidern und hatte eine Frau bei sich, die mit ihm verwandt war. Ich wußte, daß er endlich gekommen war.«

Fiona betrachtete das Mädchen, als wäre es eine Hexe.

Chris fuhr fort: »Ihr verflucht mich, weil ich den Mann, den Ihr liebt, in Gefahr gebracht habe; aber was würdet Ihr riskieren, um mit Eurem Mann zusammen sein zu können? Ich wäre vielleicht in die Folterkammer gegangen und in den Tod, den mein Mann mir bestimmte. Doch ich saß im Lager, gefesselt an den Baum, und betete mit aller Inbrunst, daß Roger zu mir käme.«

Sie sah fort, die Straße hinunter, wo Miles und Roger sich wieder näherten, und ein inneres Licht erschien in ihren Augen. »Gott hat mir Roger gegeben, um mich für das, was mir vorher angetan wurde, zu entschädigen. Heute nacht werde ich bei Roger liegen, und danach werde ich gerne auf mein Glück verzichten, falls mir das abverlangt wird. Ich habe sein Leben, Eures und das Eures lieben Mannes riskiert für eine einzige Nacht mit meinem geliebten Roger.«

Sie legte ihre Hand auf Fionas Rechte, und ihre Augen blickten Fiona flehend an. »Verzeiht mir, wenn ich Euch allen zuviel abverlangt habe.«

Fionas Ärger verflog. Sie nahm nun Christianas Hand in die ihre. »Redet nicht vom Tod. Roger braucht die Liebe vielleicht noch nötiger als Ihr. Bleibt an seiner Seite.«

Zum ersten Mal zeigte Chris so etwas wie ein Lächeln, und ein Grübchen erschien auf ihrer linken Wange. »Nur Gewalt kann mich jetzt noch von ihm trennen.«

Fiona blickte hoch und sah Roger über sich stehen, einen verdutzten Ausdruck auf seinem Gesicht. »Er ist von alldem verwirrt«, dachte Fiona. »Chris ist ihm genau so ein Rätsel wie uns.«

Sie rasteten nur ein paar Minuten, aßen hastig, und dann waren sie schon wieder unterwegs. Am Abend, als Fiona sich in Miles' Arme schmiegte, hatte sie zum ersten Mal Gelegenheit, mit ihm zu sprechen. »Was hältst du von dieser jungen Frau, für die du dein Leben riskiert hast?« fragte sie.

»Ich weiß, daß sie gefährdet ist«, antwortete er. »Sie war mit dem Herzog von Lorillard verheiratet. Schon als Kind hörte ich

Geschichten von seiner Grausamkeit. Er hat inzwischen sieben oder acht reiche hochgeborene Frauen unter die Erde gebracht. Sie scheinen alle nach ein paar Ehejahren wegzusterben.«

»Ist Chris von hoher Geburt?«

Miles schnaubte. »Sie hat eine lange Ahnenreihe von Königen.«

»Woher weißt du das alles?«

»Von meinen französischen Verwandten. Sie hatten ein paarmal mit der Familie Lorillard zu tun. Fiona«, sagte er feierlich, »ich möchte, daß du das behältst.« Er schloß Hand über der langen Perlenkette, die Christiana gestern getragen hatte. »Morgen werden wir spät am Tage den Herrensitz meiner Verwandten erreichen; aber falls wir nicht so weit kommen sollten ... Nein!« Er legte ihr einen Finger auf die Lippen, um sie zum Verstummen zu bringen. »Ich möchte dir die Wahrheit sagen, damit du darauf vorbereitet bist. Die Familie Lorillard ist sehr mächtig, und wir haben ein Mitglied der Familie ums Leben gebracht und ein anderes entführt. Sie werden die Wälder umpflügen, wenn es sein müßte, um uns aufzustöbern. Wenn irgend etwas passiert, nimmst du die Perlen und kehrst zu meinen Brüdern nach England zurück. Sie werden für dich sorgen.«

»Aber was ist mit deinen französischen Verwandten? Könnte ich nicht bei ihnen Schutz suchen?«

»Ich werde dir die Geschichte von meinen französischen Verwandten eines Tages erzählen; doch vorläufig genügt es, wenn du weißt, daß die Lorillards mich kennen. Wenn sie mich gefangen nehmen, ist der Weg zu meinen Verwandten in Frankreich blockiert. Fahre heim zu meinen Brüdern. Wirst du mir das versprechen? Keine weiteren Versuche mehr, mich zu retten, sondern Heimkehr in die Sicherheit.«

Sie weigerte sich, ihm darauf zu antworten.

»Fiona!«

»Ich schwöre, daß ich nach Hause zu deinen Brüdern zurückkehre.« Sie seufzte.

»Und wie steht es mit dem Rest?«

»Ich mache dir keine weiteren Versprechungen!« zischte sie, hob das Gesicht zu ihm empor und küßte ihn.

Sie liebten sich langsam und mit Vorbedacht, als gäbe es kein Morgen mehr. Miles' warnende Worte hatten Fiona in einen Zustand der Verzweiflung versetzt, als wären sie nur noch wenige Stunden beisammen. Zweimal traten ihr Tränen in die Augen, Tränen der Ohnmacht, da sie der Rettung schon so nahe gewesen waren und alles nun durch die Wollust einer Frau wieder gefährdet schien.

Miles küßte ihr die Tränen ab und flüsterte, daß sie den Augenblick genießen und Ärger und Haß für später aufheben sollte, wenn sie mehr Muße dafür hatten.

Sie schlief ein, sich so fest an Miles klammernd, wie sie konnte, und während der Nacht schob sie sich auf ihn hinauf. Er erwachte, lächelte, küßte sie auf den Scheitel, entfernte eine Haarsträhne aus seinem Mund, drückte sie noch einmal an sich und schlief wieder ein.

Roger weckte sie kurz vor Tagesanbruch, und nach einem Blick auf ihren Bruder war Fiona überzeugt, daß er keine Sekunde geschlafen hatte. Christiana kam unter den Bäumen hervor, ihre Augen voller Leben und ihre Lippen prall von Blut. Als sie sich wieder auf den Weg machten, bemerkte Fiona, wie Roger Chris ununterbrochen von der Seite ansah – voller Ehrfurcht und Glück. Mittags hatte er seinen Arm um das Mädchen gelegt und zog sie dicht an sich. Und einmal schloß er zu Fionas Überraschung das Mädchen sogar in seine Arme und küßte sie leidenschaftlich. Roger hatte immer auf schickliches Betragen großen Wert gelegt, war sich seiner Stellung im Leben bewußt gewesen, seiner Gelübde als Ritter, und nie hatte er in der Öffentlichkeit seine Gefühle gezeigt.

Miles hakte Fiona unter und zog sie von der Stelle weg, wo sie mit offenem Munde ihren Bruder anstarrte.

Es war eine Stunde vor Sonnenuntergang, als Männer mit gezogenen Schwertern unter den Bäumen hervorstürzten und die Spitzen ihrer Waffen auf die Kehlen der vier Reisenden setzten.

Ein häßlicher, alter Mann trat hinter seinen Rittern hervor.

»Nun, Ascott, so sehen wir uns wieder. Ergreift sie!« befahl er.

19. Kapitel

Fiona saß einen Moment lang regungslos auf ihrem Pferd, als sie durch einen Tränenschleier hindurch die uralte Ascott-Feste betrachtete. So viele Dinge hatten sich in den letzten Wochen verändert, daß sie schon zweifelte, ob England oder die massive Ascott-Burg noch an ihrem alten Platz waren.

Eines der Pferde ihrer drei stattlichen Begleiter hinter ihr scharrte ungeduldig und brachte Fiona in die Gegenwart zurück. Mit einem lauten Schrei benützte sie die Enden ihrer Zügel als Peitsche und trieb das Pferd voran. Obwohl sie die Burg der Ascotts nie besucht hatte, kannte sie deren Lage und Aussehen gut. In Schottland hatte ihr Miles viel von seinem Familiensitz erzählt und sogar eine Skizze davon in den Lehm gekratzt.

Sie lenkte auf das schwerbewachte hintere Tor zu, den Eingang für Familienmitglieder. Als sie die Mauern erreichte, die den schmalen Zugang flankierten, verringerte sie kaum das Tempo ihres Pferdes.

Sogleich riefen sie Wachen an, die mit Pfeilen auf sie zielten. »Die Frau von Miles Ascott«, brüllte einer der Männer hinter Fiona zur Mauerzinne hinauf.

Sechs Pfeile schlugen vor Fionas Pferd in den Boden ein, und das erschöpfte Tier bäumte sich auf und zerschmetterte mit einem Huf zwei Pfeilschäfte. Fiona mußte ihre ganze Kraft aufwenden, um das scheuende Tier wieder unter ihre Kontrolle zu bringen.

Drei bewaffnete Ritter standen nun zwischen ihr und dem geschlossenen Tor.

»Ich bin Fiona Ascott, und diese Männer sind meine Begleiter«, sagte sie ungeduldig, aber mit einigem Respekt. Nicht viele Burgen im Land wurden noch so gut bewacht wie diese.

Als wären sie Standbilder verharrten die Ritter an ihrem Standort, während noch mehrere Männer von den Mauern heruntersprangen und ihre gezogenen Schwerter auf die Männer hinter Fiona richteten.

Als zwanzig Ascott-Ritter die Ankömmlinge umzingelt hatten, sagte einer der Torwächter zu Fiona: »Ihr allein dürft eintreten. Eure Männer bleiben hier.«

»Ja, natürlich. Bringt mich zu Gavin. Er kann meine Angaben bestätigen.«

Man nahm ihr den Zügel ab, und sie wurde in einen sauberen, geräumigen Burghof vor dem großen Herrenhaus geführt. Viele Gebäude reihten sich an der Innenseite der hohen Umfriedungsmauer aneinander.

Einer der Torwächter betrat das Herrenhaus, und Sekunden später erschien eine hübsche Frau, ihr Gesicht mit Mehl bestäubt, Sesamkörner im Haar.

»Bringt mich zu Eurem Meister«, sagte Fiona im befehlenden Ton zu der Frau. »Ich habe Nachrichten, die ihn betreffen.«

»Seid Ihr Fiona?« fragte die zierliche Frau. »Bringt Ihr Nachrichten von Miles mit? Man hat uns berichtet, daß Ihr beide nicht mehr am Leben seid. Henry! Hilf Ihr vom Pferd herunter, geleite die Männer Ihres Gefolges in die Burg und gebt Ihnen zu essen.«

In diesem Augenblick erschien Alicia, und hinter ihr die kleine Sängerin, die Fiona vor Jahren bei einer Hochzeit kennengelernt hatte.

»Fiona!« rief Alicia und eilte auf sie zu.

Fiona fiel fast in die Arme ihrer Schwägerin. »Ich bin so froh, dich wiederzusehen! Es war so eine lange Reise. Wo ist Stephen? Wir müssen nach Frankreich zurück und Miles und Roger befreien. Ein französischer Herzog hat sie gefangengenommen, und wir müssen sie auslösen oder mit Gewalt befreien oder . . .«

»Beruhige dich erst mal«, sagte Alicia. »Komm ins Haus, und iß etwas, und dann werden wir Pläne schmieden.«

»Henry!« befahl die Frau hinter Fiona. »Hol meinen Stiefvater und Sir Guy herbei. Schick sie zu mir, und bereite sieben Pferde für eine Reise vor. Schick sofort einen Reiter voraus, der ein Schiff für die Überfahrt nach Frankreich mieten und vorbereiten soll. Ich wünsche keine Verzögerung. Hast du verstanden?«

Fiona hatte sich umgedreht und starrte nun mit offenem Mund die Frau an, die sie zunächst für eine Dienerin gehalten hatte.

»Darf ich dir Lady Judith vorstellen?« sagte Alicia mit belustigter Stimme.

Judith schob eine lockere Haarsträhne hinter das Ohr, daß die goldenen Sesamkörner auf den Boden fielen.

»Weißt du, wo Miles festgehalten wird?«

»Ja, ich komme direkt von dort.«

»Und hast dich und dein Pferd nicht geschont«, sagte Alicia. »Man sieht es dir an.«

»Hallo, Clarissa«, sagte Fiona und streckte der schweigsamen, zierlichen Frau die Hand hin, die nun neben Alicia getreten war.

Clarissa nickte zum Gruß und lächelte scheu. Sie war sich noch nie so überflüssig vorgekommen wie jetzt, da sie von ihren prächtigen Schwägerinnen umgeben war.

In diesem Moment kam Sir Guy auf den Hof gelaufen. Er schien viel von seinem früheren Gewicht eingebüßt zu haben. Ihm auf den Fersen folgte Tam, der schottische Koloß, unter dessen Tritten die Erde zu beben schien.

»Bringt Ihr Nachricht von meinem Lord Miles?« rief Sir Guy, während er Fiona fast flehentlich ansah. »Man sagte uns, Ihr seid nicht mehr am Leben.«

»Und wer hat Euch das gesagt?« fragte Fiona mit erhobener Stimme. »Habt Ihr nicht nach uns geforscht?«

»Komm ins Haus«, sagte Judith, ihre Hand auf Fionas Arm. »Erzähl uns, was ihr inzwischen erlebt habt.«

Minuten später saß Fiona an einem großen Tisch, umgeben von Schüsseln und Platten. Sie langte energisch zu und erzählte mit vollem Mund ihre Geschichte. Um sie herum standen ihre drei Schwägerinnen und ein Mann, den sie nicht kannte – John Bassett, der Ehemann von Judiths Mutter –, Sir Guy und Tam.

Während sie das Essen hinunterschlang, berichtete sie in abgerissenen Sätzen, wie man sie gefesselt in den Laderaum eines Schiffes geworfen hatte, wie sie mit dem Ruderboot entkommen konnten und zu Fuß nach Süden marschierten, bis Roger sich dazu entschloß, ihr Leben für eine halbe Portion eines Mädchens aufs Spiel zu setzen, die überdies die Ehefrau eines anderen Mannes war.

Alicia unterbrach Fionas Bericht mit einer Salve gehässiger

Bemerkungen über Roger Chatworth; doch Tam befahl ihr, den Mund zu halten. Zu Fionas Überraschung gehorchte Alicia sofort.

Fiona schilderte dann in kurzen Zügen die Rettung der jungen Christiana.

Judith richtete nun eine Reihe von Fragen an sie, welche Rolle Fiona bei der Befreiung des jungen Mädchens gespielt habe und was für ein Mädchen diese Christiana sei. »Ich habe von ihr gehört«, sagte Judith. »Auch von ihrem Mann und dessen Familie. Es ist der jüngere Bruder, nicht der Herzog, der auf Miles nicht gut zu sprechen ist.«

»Weshalb?« platzte Fiona heraus.

»Da war einmal eine junge Frau, die . . .«

Fiona hob die Hand. »Genug! Sprich nicht weiter. Ich glaube, es ist der jüngere Mann, der Miles und Roger gefangenhält. Der Herzog starb Roger unter den Händen.«

»Ja – töten macht ihm Spaß!« rief Alicia.

Fiona hielt sich nicht damit auf, ihren Bruder vor ihren Schwägerinnen zu rechtfertigen, sondern fuhr mit ihrer Geschichte fort und berichtete, wie der alte Herzog gestorben war. Sie vergaß das Essen, als sie schilderte, wie der jüngere Bruder des toten Herzogs mit seinen Rittern über sie herfiel. Miles war verwundet worden, als er einen Ritter von seinem Pferd zog, an dessen Stelle Fiona in den Sattel setzte und dem Pferd einen kräftigen Schlag auf die Hinterbakken gab. Sie war im gestreckten Galopp die mit Unkräutern überwucherte und mit Schlaglöchern übersäte Fahrstraße hinuntergerast und hatte große Mühe gehabt, die schleifenden Zügel aufzunehmen. Als sie endlich das durchgehende Pferd unter Kontrolle brachte, hatte sie über die Schulter gesehen und bemerkt, daß ein halbes Dutzend Ritter sie verfolgte. Da hatte sie ihr Pferd zu noch größerer Eile angetrieben und die nächsten beiden Stunden damit verbracht, ihren Verfolgern zu entwischen.

Die nächsten zehn Tage ihrer Geschichte handelte sie nur in Stichworten ab. Sie benützte die Perlen von Christianas Halskette, um sich den Weg zurück nach England zu erkaufen. Nach einem Gebet, daß sie damit nicht ihren eigenen Tod beschleunigen möge, mietete sie sich drei Männer von der Straße weg, Männer, die früher Soldaten gewesen waren, aber nach dem Tod ihres Herrn entlassen wurden, da der Nachfolger sich jüngere Krieger wünschte.

Zu viert waren sie dann Tag und Nacht geritten, hatten oft die Pferde gewechselt und nur zwischendurch ein paar Stunden geschlafen.

Als sie die Küste erreichten, hatte Fiona zehn Perlen für ein Schiff und die nötige Mannschaft bezahlt, die sie nach England übersetzen sollte, und während der drei Tage, die die Überfahrt dauerte, hatte sie nur geschlafen. Sie erreichten die Südküste von England, kauften dort frische Pferde und ein paar Nahrungsmittel und machten sich wieder auf den Weg. Sie hatten nicht früher angehalten, bis sie die Mauern der Ascott-Feste vor sich sahen.

»Ich bin also hergekommen«, schloß Fiona ihren Bericht, »um Miles' Brüder zu holen. Wir müssen sofort nach Frankreich aufbrechen.«

Ein Ritter trat ein, flüsterte Judith etwas zu und verließ wieder den Raum.

»Lady Fiona«, sagte Judith, »da ist einiges, was du wissen mußt. Nicht lange, nachdem du, Miles und dein Bruder auf ein Schiff verschleppt wurden, konnte Lilian Chatworth« – Judith erstickte fast an diesem Namen – »der Versuchung nicht widerstehen, mit ihrer Tat zu prahlen. Sie schickte einen Boten mit einem Brief hierher, der uns alles offenbarte.«

Clarissa ergriff nun zum erstenmal das Wort, mit leiser, aber sehr klarer Stimme: »Raine, Stephen und Gavin brachen sofort nach Frankreich auf, während wir« – sie deutete mit dem Kopf auf Judith und Alicia – »hierher kamen, um auf Neuigkeiten zu warten.«

»Dann sind die Männer also schon in Frankreich?« fragte Fiona und erhob sich vom Tisch. »Ich muß sofort aufbrechen. Wenn ich ein paar Männer mitnehmen dürfte, würde ich mit ihnen nach Miles' Brüdern suchen und sie zu dem Ort bringen, wo Miles festgehalten wird.«

»Kennst du das Schloß des Herzogs von Lorillard? Weißt du, wo sein Bruder wohnt?« fragte Judith, sich vorbeugend.

»Nein, aber sicherlich ist es das Schloß . . .«, begann Fiona.

»Wir können es riskieren. Der Herzog war ein ›Freund‹ meines Vaters.« Judith kräuselte höhnisch die Lippen. »Ich weiß, wo sich die vier Landsitze der Lorillards befinden, und ich bezweifle, daß einer von den Ascotts sie alle vier kennt. Raine vielleicht, da er mehrere Turniere in Frankreich ausgetragen hat; aber wenn sich die Männer getrennt haben . . . Nein, es ist beschlossen.« Sie stand auf.

»Einen Teufel ist es!« donnerte der Mann an ihrer Seite, John Bassett, während er aufstand und wie ein Turm über ihr aufragte.

Judith senkte nur kurz die Lider, während ihr die Ohren von seiner Stimme gellten, doch sie blieb ruhig. »Die Pferde stehen bereit, und wir werden bald aufbrechen. Alicia, hast du genug von deinen Tartan-Hemden mitgebracht? Sie kämen uns auf der langen Reise zupaß.«

John packte energisch ihren Arm. »Du wirst nicht noch einmal dein Leben aufs Spiel setzen«, sagte er. »Du hättest uns damals fast umgebracht, als du Gavin aus seinem Gefängnis befreitest. Doch diesmal, junge Dame, bleibst du hier und überläßt das Geschäft den Männern!«

Judiths Augen wurden heiß wie geschmolzenes Gold.

»Und wo willst du nach meinem Mann suchen?« fragte sie hitzig. »Bist du jemals in Frankreich gewesen? Und wenn du ihn durch einen glücklichen Zufall finden würdest, kannst du ihm dann sagen, wo er nach Miles suchen muß? Gebrauche deinen Verstand, wenn du einen hast, John! Meinetwegen laß die anderen Frauen hier, doch Fiona und ich müssen mit dir reiten.«

Clarissa sah Alicia an und ließ dann mit gellender Stimme ein »NEIN!« los, daß der Verputz von der Decke bröckelte.

Sogleich färbte sich Clarissas Gesicht vor Scham, was ihr allerliebst stand, und sie sah auf ihre Hände hinunter. »Ich meine, daß Alicia und ich auch lieber mitreiten wollten. Vielleicht können wir euch helfen«, flüsterte sie.

»Alicia«, begann Tam, während Sir Guy Fiona auf eine Weise ansah, die ihr vermutlich Respekt abnötigen sollte. Sogleich gab es im Zimmer einen heftigen Streit. Clarissa, neben der kein Mann stand, der sie um Haupteslänge überragte, entfernte sich unbemerkt, rannte die Treppe zu Alicias und Stephens Zimmer hinauf und zog mehrere Plaids aus einer Truhe. Selbst im ersten Stock konnte sie noch die lauten Stimmen aus dem Erdgeschoß hören.

Einem Impuls folgend nahm sie einen Dudelsack von der Wand. Farbige Tartans über der Schulter, drückte sie auf die Luftsäcke, während sie wieder hinunterging. Als sie die große Halle erreichte, wo sie alle um den Tisch standen und ihr entgegensahen, herrschte nun Stille.

Sie setzte das Instrument ab und sagte: »Wenn ihr Männer ohne uns losreiten wollt, werden wir eine Stunde später alleine aufbrechen. Reitet ihr nun mit uns oder vor uns?«

Die Männer schwiegen. Nur ihre Wangenmuskeln spielten, und ihre Lippen waren dünne Striche.

»Während wir uns hier streiten«, fuhr Clarissa fort, »sitzt Miles in einem Verlies in Frankreich oder wird vielleicht in diesem Moment gefoltert. Ich schlage vor, wir reiten – JETZT!«

Judith trat vor, nahm Clarissas Gesicht in beide Hände – und küßte ihre Schwägerin auf beide Wangen. »Wir reiten«, erklärte Judith, nahm die Plaids von Clarissas Schulter und warf einen davon Fiona zu. »John, du kümmerst dich um die Verpflegung. Guy, du gehst zu meinem Verwalter. Wir brauchen Gold für diese Reise. Tam, du überprüfst die Bogensehnen und nimmst so viele Pfeile mit, daß wir eine Armee damit spicken könnten. Alicia, du suchst uns Pferde aus, die so eine lange Reise auch durchhalten. Clarissa, nimm etwas mit, mit dem du Musik machen kannst. Wir werden so etwas vielleicht bitter nötig brauchen.«

Fiona lächelte, als Judith begann, Aufträge zu verteilen.

»Und ich?« fragte sie, als sie alle auf Judiths Befehl hin in die verschiedensten Richtungen davoneilten.

»Du kommst mit mir«, sagte Judith und stieg vor ihr die Treppe hinauf. Auf halber Höhe blieb sie wieder stehen und sah Fiona fest in die Augen. »Lilian Chatworth erkrankte an Pocken, und obwohl sie die Krankheit überstand, blieben häßliche Narben auf der unverbrannten Seite ihres Gesichts zuruck.« Judith fuhr nach kurzem Zögern fort: »Sie nahm sich das Leben, indem sie sich von den Zinnen eines ihrer Güter herabstürzte.« Sie sah zur Seite und sagte mit leiser Stimme: »Die gleiche Wand, wo die arme Ela sich zu Tode stürzte.«

Fiona verstand den letzten Satz nicht, doch während sie Judith weiter die Treppe hinauffolgte, empfand sie ein Gefühl der Erleichterung, daß Lilian tot war. Nun brauchte sie wenigstens nicht um die Sicherheit ihres Sohnes zu bangen.

Fiona hatte schon viel davon gehört, was für ein Arbeitstier Judith Ascott sein sollte; doch alsbald kam sie zu dem Schluß, daß Judith von rasender Arbeitswut besessen sei. Das Wort ›Schwäche‹ kannte sie nicht – und ›rasten‹ kam in ihrem Wortschatz auch nicht vor.

Sie legten den Weg bis zur Südküste Englands in knapp zwei Tagen zurück, wobei sie oft die Pferde wechselten. Niemand redete, sondern sie ritten alle so schnell und hart wie möglich. An vielen Stellen waren die Straßen so schlecht, daß sie praktisch gar nicht existierten, und dann lenkten sie ihre Pferde einfach quer über frisch gepflügte Felder, während die Bauern mit den Fäusten hinter ihnen herdrohten. Zweimal sprangen Tam und Guy von ihren Pferden und hieben mit ihren Schlachtäxten Zäune nieder. Dahinter grasten Schafe.

»Der Besitzer wird Judith vor Gericht bringen«, sagte Fiona, denn die riesigen Schafpferche gehörten offensichtlich einem reichen Mann.

»Dieses Land gehört Judith«, rief Alicia über die Schulter, während sie ihrem Pferd wieder die Sporen gab. Clarissa und Fiona tauschten ehrfürchtige Blicke, ehe sie auch ihre Pferde wieder zu diesem atemberaubenden Tempo antrieben.

Als sie die Südspitze von England in der Morgendämmerung des dritten Tages erreichten, wartete bereits eine Fähre auf sie, um sie zu einer Insel zu bringen, wo noch mehr Familienmitglieder der Ascotts wohnten.

»Mein Clan ist winzig im Vergleich zu dieser Familie«, sagte

Alicia müde, ehe sie sich auf den nassen Boden der Fähre setzte, das Plaid über ihren Kopf zog und einschlief.

Eine Stunde später wurden sie geweckt und stiegen wie Schlafwandler auf frische Pferde, die sie zu den Besitzungen der Ascotts brachten. Trotz ihrer Müdigkeit war Fiona vom Alter und der Erhabenheit dieser Festung beeindruckt, die vor über zweihundert Jahren von dem Ritter, der als »Schwarzer Löwe« bekannt war, erbaut wurde.

Nachdem sie das Burgtor passiert hatten, faßte Judith Fionas Arm und deutete mit dem Kopf auf ein Kind, das aus einem Torweg hervorlugte. Es war ungefähr anderthalb Jahre alt, hatte schmutzige Haare, zerlumpte Kleider und den wachsamen Blick eines hungrigen Hundes.

»Eines von Miles' Kindern«, sagte Judith und beobachtete dabei Fionas Gesicht.

Eine zornige Blutwelle schoß in Fionas Wangen. »Das wird mein Kind sein, wenn ich zurückkomme.« Mit einem letzten Blick auf das Kind ging Fiona an den anderen vorbei in die Burg hinein.

Sie hielten sich nur so lange in der alten Burg auf, bis sie gegessen hatten, und fuhren dann mit dem Schiff weiter, das sie erwartete. Sogleich wickelten sie sich alle in ihre Plaids und schliefen ein.

Viele Stunden später, als die Frauen erfrischt aufwachten, setzten sie sich zusammen und begannen, Pläne zu schmieden.

»Wir müssen zunächst Zutritt zur Burg bekommen«, sagte Judith. »Clarissas Musik wird uns jede Tür öffnen. Kann einer von euch spielen oder singen?«

Alicia versicherte, sie habe eine Stimme wie Blei; Judith mußte zugeben, daß sie falsche und richtige Töne nicht voneinander unterscheiden könne, und Fiona wisperte mit trockener Kehle: »Ich kann tanzen.«

»Gut«, erklärte Judith. »Sobald wir in der Burg sind . . .«

»Werdet Ihr nichts tun«, fiel ihr John Bassett, der hinter ihr stand, ins Wort. »Ihr werdet uns die Burg des neuen Herzogs zeigen, und wir werden Eure Ehemänner finden und sie zu der Burg lotsen. Sie werden dann Lord Miles befreien.« Damit machte er auf dem Absatz kehrt und ließ sie allein.

Judith sah ihre Schwägerinnen mit einem kleinen Lächeln an. »Vor einigen Jahren hatte ich ein bißchen Pech, als ich versuchte, Gavin zu retten. John hat mir das nie verziehen, und seit er meine Mutter heiratete, fühlt er sich für mich verantwortlich.« Sie lehnte sich vor. »Wir müssen mit unseren Plänen etwas diskreter verfahren.«

Fiona lehnte sich gegen die Schiffswand und unterdrückte ein Lachen. Da saß diese so überaus hübsche, so zierliche Judith, die Hände im Schoß gefaltet, und bot aller Welt den Anblick einer schüchternen, hilflosen, jungen Dame. Schwer zu glauben, daß ein so feuriger Geist in ihr wohnte. Alicia stand an der Reling, während sich die Sonne im Wasser spiegelte und ihren klaren schönen Zügen goldene Glanzlichter aufsetzte. Fiona wußte aus Erfahrung, was für eine leidenschaftliche, tapfere, loyale Frau Alicia war. Und Clarissa, so stumm und scheu, die aussah, als habe sie Angst vor ihren Schwägerinnen; doch wenn sie ihre prächtige Stimme erhob, brachte sie selbst Mauern zum Zittern.

Und Fiona? Paßte sie zu diesen Frauen? Sie fragte sich im stillen, ob sie vor Judiths kritischem Blick bestehen könne.

Sobald sie französischen Boden betraten, kauften sie sich Pferde, und Judith führte sie in südwestlicher Richtung von der Küste weg. Am letzten Tag vor der Landung hatte Judith sich in alles gefügt, was die Männer ihr befahlen. Einmal hatte Alicia Fiona heimlich einen Rippenstoß gegeben, damit sie aufsah und John Bassett bemerkte, der mit stolzgeschwellter Brust Judith einen Vortrag hielt. Tam erteilte Alicia ebenfalls mit barscher Stimme Befehle. Sir Guy sprach nur ein einzigesmal mit Fiona.

Sie sah züchtig und engelhaft durch ihre langen Wimpern zu ihm auf und erkundigte sich, wie es seinen Zehen ginge. Die Narbe im Gesicht des Riesen verfärbte sich weiß, und er ging davon. Alicia drückte die Hände gegen die Seiten, während sie sich vor Lachen nicht zu fassen wußte. Judith warf Fiona einen nachdenklichen und bewundernden Blick zu, als sie die Geschichte von Sir Guys Zehen erfuhr.

Clarissa stimmte nur ihre Laute, und dieser Vorgang zeigte mehr als viele Worte, wer ihrer Meinung nach den Zweikampf rivalisierender Kräfte gewinnen würde.

John Bassett mietete Zimmer in einem Gasthof, der sich in der Nähe des herzoglichen Schlosses befand – jenes Schlosses, wo, nach Auskunft der Einheimischen, der Herzog im Augenblick wohnte. Die drei Männer waren gezwungen, die Frauen allein zu lassen, da sie zunächst ja die Ehemänner suchen mußten. John machte ein Gesicht, als würde er jeden Moment losheulen, weil Judith hartnäkkig schwieg, nachdem er sie aufgefordert hatte, bei Gott zu schwören, sie würde auf die Rückkehr der Männer warten.

»Muß ich dir einen Wächter vor die Tür stellen?« fragte John außer sich.

Judith sah ihn nur züchtig an.

»Ich hätte gute Lust, dich mitzunehmen, aber wir müssen uns unterwegs trennen, und es braucht mehr als nur einen Mann, so einen Teufelsbraten wie dich zu bändigen. Ich glaube, Ehemänner wie Gavin brauchen einen besonders geharnischten Schutzengel.«

»Du vergeudest nur deine Zeit, John«, sagte Judith geduldig.

»Sie hat recht«, sagte Guy und vermied es, eine von den vier Schwägerinnen dabei anzusehen.

John zog Judith an sich, küßte sie auf die Stirn und sagte: »Möge der Herr dich beschützen.« Dann ritten die drei Männer davon.

Judith lehnte sich gegen die Tür und gab einen tiefen Seufzer von sich. »Er meint es gut. Wollen wir jetzt an die Arbeit gehen?«

Fiona erfuhr sehr rasch, was für ein überragendes Organisationstalent Judith war – und sie wußte, wie sie ihr Gold zu verwenden hatte. Insgesamt heuerte sie fünfundzwanzig Leute an, die überall verbreiteten, daß die größte Sängerin der Welt und die exotischste Tänzerin des Universums in diesem Gasthof abgestiegen seien. Sie wollte eine so fieberhafte Erwartung und Aufregung erzeugen, daß bei Clarissas und Fionas Auftritt alle Augen auf die beiden Künstlerinnen gerichtet waren, damit sie und Alicia sich unbemerkt entfernen konnten.

Am frühen Nachmittag zog Judith sich ein paar Lumpen an, schwärzte einen Schneidezahn mit einer abscheulichen Mischung aus Gummi und Ruß und stellte frischgebackenes Brot dem Herzog in dessen Schloß zu. Sie kam mit einer wunderbaren Neuigkeit zurück.

»Miles ist am Leben«, sagte sie, kratzte sich und riß sich die schmutzigen Lumpen vom Leib. »Der Herzog scheint unentwegt Gefangene in seinem Schloß zu beherbergen und bringt sie immer in der Spitze des Turmes unter. Das schmeckt scheußlich!« sagte sie und scheuerte an ihrem Zahn.

»Offenbar ist die ganze Familie Lorillard in der Kunst der Folter sehr bewandert, und im Augenblick haben sie das Mädchen in der Mangel.«

»Tut mir leid, Fiona«, fügte Judith rasch hinzu. »Ich konnte dem Geschwätz des Küchenpersonals nicht entnehmen, ob sie noch am Leben ist, aber die beiden Männer sind es ganz bestimmt.«

»Wie steht es mit Miles' Wunde?« fragte Fiona.

Judith hob beide Hände, die Handflächen nach außen. »So genau konnte ich die Leute nicht danach fragen. Ich weiß nur, daß die Gefangenen immer in der Spitze des Turmes eingekerkert sind.«

»Also wird es kinderleicht«, sagte Alicia. »Wir binden unseren Pferden nur Flügel an die Beine und fliegen auf den Turm.«

»Eine Treppe führt hinauf«, sagte Judith.

»Unbewacht?« fragte Alicia.

»Die Tür zu den Zellen der Gefangenen wird bewacht, doch der Turm hat zwei Treppen, von denen eine zum Dach hinaufführt.« Judith schlüpfte in ein frisches Hemd. »Die Zellen haben Fenster, und wenn wir uns vom Dach hinunterlassen . . .«

Nur Alicia sah die straffen, weißen Linien, die sich in Judiths

Mundwinkeln bildeten. Mochte Judith sich auch noch so furchtlos benehmen, sie hatte doch eine schreckliche Angst. Alicia berührte Judiths Arm.

»Du bleibst unten im Saal und tanzt zu Clarissas Musik. Fiona und ich werden uns vom Turm abseilen . . .«

Judith hob die Hand. »Ich kann genau so gut tanzen, wie ich Pferde zum Fliegen zu bringen vermag. Clarissa wird singen, doch ich könnte nie den Takt einhalten, würde mich auf den Tischen umsehen und mir überlegen, wie viele Fässer Getreide für so eine üppige Mahlzeit vergeudet worden sind. Vermutlich würde ich das Tanzen vergessen und anfangen, die Diener herumzukommandieren.«

Alle drei Frauen versuchten vergeblich, ihr Kichern zu unterdrükken, als sie Judiths kleinlaute Bemerkungen hörten und ihre verzagte Miene betrachteten.

Judith sah sie mit rollenden Augen an. »Ich bin kräftig und klein und werde wohl noch an einem Seil herunterklettern und durch ein Fenster schlüpfen können.«

Alles Zureden half nichts. Sie konnten Judith nicht von ihrem Vorhaben abbringen, und so setzten sie sich, um auszuruhen, wobei jede sich in Gedanken mit den kommenden Gefahren auseinandersetzte. Fiona erwähnte mit keiner Silbe ihre Furcht vor der Berührung von Männern, und Judiths Höhenangst kam auch nicht mehr zur Sprache.

Als die Dämmerung hereinbrach, sank Judith auf die Knie und begann zu beten, und alsbald folgten die anderen drei Frauen ihrem Beispiel.

20. Kapitel

Clarissa war es, die für die größte Überraschung bei den Frauen sorgte. In den letzten Tagen hatte sie kaum ein Wort gesagt und sich von ihren entschieden auftretenden, schönen Schwägerinnen herumkommandieren lassen, ohne zu klagen oder selbst etwas beizusteuern. Doch sobald Clarissa ein Musikinstrument in der Hand hielt und aufgefordert wurde, etwas vorzutragen, übertraf sie ihre Schwägerinnen an Eifer und Einsatz bei weitem.

Judith und Alicia, die sich mit schmutzigen, ihre Schönheit verbergenden Lumpen verkleidet hatten, tauchten in der Prozession unter, die Clarissa und Fiona in den großen Saal des Schlosses begleitete. Fiona, die die Hüfte schwenkend durch ein Spalier von

Männern ging, zog bereits mit ihrem reizvollen Körper die Blicke aller Anwesenden auf sich. Sie trug ein billiges, schreiend buntes Flittergewand, dessen exotischer Schnitt allein schon gereicht hätte, die Blicke auf sich zu lenken.

Sobald Clarissa die große Halle des alten Schlosses betrat, gab sie einen Ton von sich, der alle zum Aufhorchen brachte. Alicia und Judith hatten noch nie den vollen Umfang von Clarissas Stimme gehört, und sie blieben einen Moment stehen und hörten ehrfürchtig zu.

»Ich gebe dir den Takt an«, flüsterte Clarissa Fiona ins Ohr. »Du nimmst den Rhythmus mit deinem Körper auf.«

Alle sahen nun auf Clarissa und die schöne Frau neben ihr. Jählings senkte Clarissa ihre Stimme zu einem Pianissimo, und sogleich holten die Zuschauer wieder Luft und begannen mit einer Mischung aus Gelächter und Applaus sich zwanglos in der Halle zu bewegen. »Jetzt!« zischte Judith Alicia zu, und die beiden Frauen verschwanden in einem dunklen Loch in der Wand.

Sie warfen ihre schweren Röcke über die Arme und eilten die alte Wendeltreppe hinauf, zwei Treppen, drei Treppen, und als sie sich dem Kopfende der Treppe näherten, warnte sie ein Geräusch, und sie drückten sich flach gegen die Wand. Während sie angestrengt lauschten, warteten sie auf den Wächter, der jeden Moment aus einem Durchgang hervortreten konnte.

Judith deutete auf einen breiten, rußgeschwärzten Riß in der Mauer zu ihrer Linken, der von dem Wächter nicht eingesehen werden konnte. Sie schlüpften lautlos in die Mauerbresche. Ratten beschwerten sich quiekend, und Alicia schleuderte mit dem Fuß eines von diesen häßlichen Biestern die Treppe hinunter.

Am Kopfende der Treppe befand sich eine Falltür – eine verschlossene Tür.

»Verdammt!« flüsterte Judith. »Wir brauchen einen Schlüssel.«

Doch noch ehe sie den Satz ausgesprochen hatte, tastete Alicia an dem Rand der rechteckigen Falltüre entlang, und als sie mit dem Finger die vordere Schmalseite abtastete, drehte sie sich um und zeigte Judith ein triumphierendes Lächeln, daß ihre Zähne und Augen in der Dunkelheit weiß leuchteten. Alicia zog an einem eisernen Bolzen, und die Tür ließ sich leicht nach innen bewegen. Noch ein lautes Quieken, daß sie regungslos verharrten und nach unten horchten; doch keine Schritte klangen auf der Treppe auf. Sie quetschten sich durch die Öffnung der Falltür und standen auf dem Dach.

Einen Moment lang blieben sie keuchend stehen und atmeten tief die kühle Nachtluft in die Lungen. Als Alicia sich Judith zuwandte, sah sie, daß die zierliche Frau mit furchtsamen Augen die Zinnen betrachtete.

»Laß *mich* gehen«, sagte Alicia.

»Nein.« Judith schüttelte den Kopf. »Wenn etwas passiert und ich dich wieder auf das Dach hinaufziehen müßte, brächte ich das nicht fertig. Aber du bist dafür kräftig genug.«

Alicia nickte, weil sie einsehen mußte, daß Judiths Erklärung richtig war. Und so gingen sie nun daran, ihre äußeren, groben Wollröcke auszuziehen und das dicke Seil abzuwickeln, das an der Innenseite der Röcke befestigt war. Judith hatte vier Frauen angeheuert, die den ganzen Nachmittag an diesen Röcken arbeiteten. Nun fiel das Mondlicht auf ihre Plaidröcke, blau- und grünkarierte Muster von Alicia und das golden- und braunkarierte Muster von Judith.

Sobald Alicias Seil wie eine zusammengerollte Schlange vor ihr lag, ging sie am Rand des Daches entlang und sah über die Zinnen an der Mauer des runden Turms hinunter. »Dort unten sind vier Fenster«, berichtete sie Judith. »Hinter welchem steckt Miles?«

»Laß mich nachdenken«, sagte Judith, ihr Seil über den Unterarm gelegt. »Das Fenster dort befindet sich an der Wendeltreppe, das gegenüberliegende Fenster im Zellendurchgang, also müssen diese beiden zu den Zellen gehören.« Sie deutete nach rechts und nach links.

Keine von beiden mußte erst erwähnen, daß es für Judith den Tod bedeuten konnte, wenn sie sich an dem falschen Fenster abseilte.

»Komm, ans Werk«, sagte Judith, als müßte sie sich auf ihre eigene Hinrichtung vorbereiten.

Alicia hatte von Kindesbeinen an mit Seilen zu tun gehabt, und mühelos band sie das Seilende mit ein paar Knoten zu einem Sitz für Judith zusammen. Sie zog ihr den Tartan-Rock zwischen den Beinen hindurch und befestigte die Enden unter dem breiten Ledergurt. Mit wild pochendem Herzen trat Judith in die doppelte Seilschlinge, befestigte die eine Hälfte um ihre Taille und die andere zwischen ihren Beinen.

Als sie nun auf den Zinnen stand, lächelte Alicia ihr zu.

»Konzentriere dich auf deine Arbeit, und denke nicht daran, wo du dich befindest.«

Judith konnte nur nicken, da ihr die Angst bereits die Kehle zuschnürte.

Alicia wickelte nun das andere Ende des Seiles um eine Zinne und benützte sie als Hebel, um Judith langsam am Turm hinunterlassen zu können.

Judith betete im stillen einen Psalm nach dem anderen, beschwor ihr Gottvertrauen und sah sich nach einem Halt für ihre Zehen um. Dreimal bröckelte das Mauerwerk unter ihren Füßen ab, und jedesmal sprang ihr das Herz in die Kehle hinauf, während sie lauschend innehielt und darauf wartete, daß jeden Moment ein Wächter über ihr erschien und das Seil durchschnitt, an dem ihr Leben hing.

Nach einem langen, langsamen Abstieg erreichte sie das Fenster, und als sie den Fuß auf das Fenstersims stellte, packte eine Hand ihren Knöchel.

»Still!« befahl eine Stimme, als Judith ein entsetztes Keuchen hören ließ.

Starke Hände umfingen ihre Waden, dann ihre Hüften, und zogen sie durch das Fenster. Judith, die so froh war, wieder auf festem Boden stehen zu können, klammerte sich so heftig an die Innenseite des Simses, daß ihre Finger zu brechen drohten.

»Seid Ihr nicht die Lady, die sich so sehr vor Höhen fürchtet?«

Judith drehte sich um und sah in Roger Chatworth ruhiges Gesicht. Sein Hemd hing in Fetzen an seinem kräftigen Körper. »Wo ist Miles?« fragte sie mit halb seufzender, halb krächzender Stimme.

Ein Geräusch vor der Zellentür veranlaßte Roger, sich schützend vor Judith zu stellen.

»Redest du mit dir selbst, Chatworth?« fragte der Wächter, machte aber keine Anstalten, die Zelle zu betreten.

»Hab' ja niemand sonst, mit dem ich reden könnte«, rief Roger zurück und hielt Judiths bebenden Körper umschlungen.

»Wer ist oben auf dem Dach?« fragte Roger flüsternd an ihrem Ohr.

»Alicia.«

Judiths Antwort wurde von einem halblauten Fluch von Roger belohnt. Sie wollte sich von ihm lösen, doch in diesem Moment tat ihr jeder Trost gut. Roger zog sie mit dem Seil, an dem sie noch hing, in eine entlegene Ecke der kleinen Zelle. »Miles sitzt in dem Verlies gegenüber«, flüsterte er. »Er ist verwundet, und ich bin mir nicht sicher, ob er die Kraft besitzt, an Eurem Seil emporzuklettern. Der Wächter wird sich bald zum Schlafen niederlegen, und dann brechen wir aus. Ich klettere zuerst hinauf und ziehe Euch dann wieder auf das Dach. Doch Ihr könnt nicht allein in dieser Zelle bleiben. Ihr müßt Euch auf das Sims setzen, und wenn der Wächter in die Zelle schaut, müßt Ihr vom Fenster herunterspringen. Versteht Ihr mich? Sobald ich das Dach erreicht habe, ziehe ich Euch hinauf«, wiederholte er.

Judith ließ seine Worte in sich einsickern. Das war der Feind ihrer Familie, die Ursache von Mary Ascotts Tod. Vielleicht beabsichtigte er, Alicia umzubringen und dann das Seil zu kappen, an dem sie hing. »Nein . . .« begann sie.

»Ihr müßt mir vertrauen, Lady Ascott! Alicia kann Euch nicht allein mit dem Seil auf das Dach ziehen, und Ihr könnt unmöglich mit dem Seil an der Mauer hinaufklettern. Verdammte Frauen! Warum haben sie nicht ein paar Männer hierhergeschickt?«

Das wirkte. Ihre Augen sprühten Blitze. »Was für ein undankbares Scheusal . . .«

Er legte ihr die Hand über den Mund. »Gutes Mädchen! Mag mir auch vieles an den Ascotts mißfallen, ihre Frauen sind mir sympathisch. Nun wollen wir nicht noch mehr Zeit vergeuden.« Damit schob er Judith wieder zum Fenster, hob sie hoch und setzte sie auf das Sims. »Legt Eure Hände hierher« – er deutete auf den Rand des Simses – »und haltet Euch dort fest. Wenn ich anfange, Euch hinaufzuziehen, benützt Eure Hände und Füße, um Euch von der Wand abzustemmen.« Er rüttelte sie ein wenig an den Schultern, weil sie mit glasigen Augen hinuntersah, auf den Boden, der so weit, weit unter ihr lag. »Denkt an den Zorn Eures Mannes, wenn er entdeckt, daß Ihr einen Chatworth vor Eurem Bruder gerettet habt.«

Judith hätte fast darüber gelächelt – fast. Sie hob den Kopf und beschwor Gavin vor ihr inneres Auge – bildete sich ein, daß sie in seinen sicheren Armen ruhte. Sie schwor, daß sie nie wieder so etwas Törichtes unternehmen wollte, nie mehr versuchen würde, einen Mann zu retten. Es sei denn, Gavin wäre der Mann, den sie retten müßte. Oder ihre Brüder. Oder eine von ihren Schwägerinnen. Oder vielleicht auch ihre Mutter. Und selbstverständlich ihre Kinder. Und . . .

Der Zug an dem Seil, das Roger über ihrem Kopf packte, riß sie fast durch das Fenster. »Konzentriert Euch auf Eure Arbeit, Frau!« befahl er.

Sie zog den Kopf ein, als er die Füße durch das Fenster nachzog, über ihr am Seil baumelte und dann, als sie mit ihren Sinnen wieder ganz bei der Sache war, legte sie den Kopf zurück und schaute zu, wie er Hand über Hand am Seil emporkletterte.

Alicia empfing Roger am Dachrand mit einem Messer, mit dem sie auf seine Kehle zielte. Und so hielt sie ihn dort fest, mit den Beinen über dem Abgrund hängend, während er sein Körpergewicht mit beiden Armen abstützte.

»Was habt Ihr mit Judith gemacht?« fauchte Alicia.

»Sie wartet dort unten, damit ich sie auf das Dach ziehe, und jede Minute, die Ihr mich aufhaltet, bringt sie nur in Lebensgefahr.«

In diesem Moment geschahen mehrere Dinge gleichzeitig.

»Die Wächter!« kam ein Schrei von unten.

»Die Tür!« rief Roger und krallte sich an der Zinne fest, damit er nicht von der Mauer rutschte. »Verrammelt die Tür!« Alicia reagierte sofort, doch als sie zur Falltür kam, hatte sich bereits ein Wächter hindurchgezwängt. Sie zögerte keinen Moment, sondern stieß ihm ihr Messer zwischen die Rippen. Er fiel auf die Tür, und

Alicia mußte ihn erst zur Seite schieben, damit sie an den Riegel herankam.

Dann rannte sie wieder zur Zinne, wo Roger soeben das Seil einholte, an dem Judith hing, und sie beugte sich über die Zinne, um ihm beim Ziehen zu helfen.

»Was ist passiert?« fragte Alicia, ehe Judith noch ganz auf dem Dach war.

»Clarissa und Fiona wurden in die Zelle gesperrt, in der Miles sich befindet. Ich blieb in der Zelle und lauschte solange ich konnte, doch als der Wächter nach Chatworth sehen wollte, rief er die anderen Wächter herbei. Was ist aus ihm geworden?«

Alicia half Judith auf das Dach hinauf. »Dort ist er«, sagte sie und deutete mit dem Kopf auf den Toten, der neben der Falltür lag.

»Wer hat ihn rufen hören?« fragte Roger.

»Ich weiß nicht, ob ihn jemand gehört hat«, sagte Judith.

»Jedenfalls müssen wir uns sputen, sonst kommen wir nicht mehr aus dem Schloß heraus.«

»Die Zeit reicht nicht dazu. Wo sind Eure Ehemänner?« fragte Roger.

»Hier in Frankreich, aber ...« begann Judith, brach jedoch mitten im Wort ab, als sie sah, wie Roger das zweite Seil vom Dachboden aufhob und es an eine Zinne band.

»Das Fenster der Zelle, wo sie eingesperrt sind, liegt auf der anderen Seite.«

Roger ignorierte sie. »Dafür ist jetzt keine Zeit. Jeden Augenblick kann der Schloßherr hier oben im Turm erscheinen. Wir müssen hinunterklettern und uns Hilfe besorgen.«

»Ihr seid ein Feigling«, zischte Alicia, »Ihr flieht, während Judith und ich Eure Familie retten.«

Roger packte sie grob am Arm. »Seid still, Ihr schwätzt dummes Zeug! Habt Ihr vergessen, daß Fiona meine Schwester ist? Ich habe keine Zeit, mit Euch zu streiten, doch wenn wir alle hier oben eingesperrt sind, bleibt niemand mehr übrig, der eine Rettung organisieren könnte. Also, könnt Ihr selbst an diesem Seil hinuntersteigen?«

»Ja, aber ...« begann Alicia.

»Dann klettert!« Dann half er ihr über den Rand der Mauer, obwohl er sie mit sicherem Griff an den Armen hielt. »Los, Alicia!« befahl er, und dann huschte ein Lächeln über sein Gesicht. »Zeigt uns mal, daß Ihr schottisches Blut in den Adern habt.«

Nachdem Roger Alicia auf den Weg gebracht hatte, faßte er Judith unter die Achseln und stemmte sie hoch. »Gut. Ihr seid nicht schwerer als meine Rüstung.« Er ging in die Hocke. »Steigt auf meinen Rücken und haltet Euch fest.«

Judith nickte und gehorchte. Sie vergrub ihr Gesicht an Rogers Schulter und schloß die Augen. Sie sah nicht nach unten, als er über den Dachrand kletterte. Sein Nacken wurde feucht von Schweiß, und sie spürte, wie sehr ihn das Klettern anstrengte. »Wollt Ihr Euch von einem Engländer besiegen lassen?« raunte er Alicia zu, die neben ihm über dem Abgrund hing.

Judith öffnete ein Auge und sah voller Bewunderung zu ihrer Schwägerin hinüber. Alicia hatte sich das Seil um einen Knöchel gewickelt, den anderen Fuß darauf gestemmt, und eine Hand unter die andere setzend sie sich am Seil hinunter. Auf Rogers Zuruf hin beschleunigte sie das Tempo.

Judith dachte gar nicht daran, Rogers sicheren breiten Rücken zu verlassen, nur weil sie wieder auf festem Boden standen. Als wäre das eine Sache, die er täglich verrichtete, schälte er ihre Hände und dann ihre Beine von seinem Körper.

Zitternd sah Judith zu, wie er zum anderen Seil rannte, das lose über dem Boden hing. Alicia war noch ein gutes Stück vom Boden entfernt.

»Springt, Schottin!« rief er zu ihr hinauf.

Ein kurzes Zögern, doch dann ließ Alicia das Seil los und landete wuchtig in Roger Chatworth' ausgebreiteten Armen. »Ihr müßt so viel wiegen wie mein Pferd«, murmelte er, während er sie auf die Beine stellte. »Würde ich zuviel erwartet haben, als ich hoffte, die Frauen hätten auch Pferde in der Nähe versteckt?«

»Komm, Feind!« sagte Alicia und winkte ihm mit dem Arm zu.

Roger packte Judith an der Schulter, weil sie stocksteif dastand und mit entsetzten Augen hinaufstarrte zu der Stelle, wo das Seil an den Zinnen hing. »Lauft!« sagte er und gab ihr einen aufmunternden Klaps auf die Kehrseite. »Nun wollen wir meine Schwester und Chris aus den Händen ihrer Peiniger befreien!«

Miles stand in der Mitte der Zelle wie in Erwartung von Gästen, als die Tür aufgestoßen wurde und Fiona und Clarissa hereinstolperten.

»Du bekommst Gesellschaft, Ascott!« rief der Wächter lachend. »Genieße diese Nacht, weil es vermutlich die letzte Nacht deines Lebens sein wird.«

Miles fing Fiona auf, ehe sie zu Boden stürzte, und langte dann nach Clarissas Arm.

Mit der Erfahrung eines Frauenkenners setzte er sich auf den Boden, die Arme um die Schultern beider Frauen gelegt, während Fiona begann, ihm begeistert das Gesicht abzuküssen.

»Man hat deinen Brüdern erzählt, daß du tot seist«, sagte Fiona zwischen Küssen. »Oh, Miles, ich hätte nicht geglaubt, daß ich dich jemals wiedersehen würde.«

Miles, ein leises Lächeln auf den Lippen, ein Leuchten in den Augen, küßte beide Frauen auf die Stirn. »Jetzt kann ich in Frieden sterben.«

»Wie kannst du nur über so etwas Witze machen . . .?« begann Fiona, doch Miles küßte sie auf den Mund, um sie zu beruhigen.

Die drei spitzten die Ohren, als der Wächter vor der Zelle einen Alarmruf ausstieß, und die Treppe zum Dach hinaufrannte. Danach hörten sie einen dumpfen Fall.

In der Stille, die dem Poltern folgte, richtete Miles die Augen an die Decke und sagte: »Alicia?«

Beide Frauen nickten.

Miles holte tief Luft und seufzte. »Nun erzählt mir mal, was ihr angestellt habt.«

Clarissa schwieg, während Fiona Miles von ihrem Plan erzählte, daß Judith an der Mauer hinunter in Miles' Zelle klettern sollte. Clarissa, an Miles' starke Schulter gelehnt, an der sie sich geborgen fühlte, beobachtete sein Gesicht und sah, wie seine Augen dunkel wurden. »Raine würde mir den Hals umdrehen, wenn ich ihm von unserem Plan erzählte«, dachte Clarissa, und heiße Tränen stiegen ihr in die Augen.

»Clarissa?« sagte Miles, Fionas Bericht unterbrechend, »wir kommen hier wieder heraus. Dafür werden meine Brüder schon sorgen . . .«

Sie wischte sich mit dem Handrücken die Augen aus. »Ich weiß. Ich dachte nur daran, daß Raine mir für das, was ich getan habe, die Haut abziehen wird.«

In Miles' Augen irrlichterte es. »Ja, das wird er.«

»Du bist verletzt!« rief Fiona plötzlich, als ihre Hand über einen schmutzigen Verband um seinen Brustkorb tastete. Miles' Hemd war nur noch ein kümmerlicher Fetzen, und das, was dieser Fetzen noch bedeckte, hatte Fiona inzwischen mit ihrer Hand erkundet.

Sie lehnte sich zurück. Die Zelle wurde nur vom Mondlicht erhellt, doch selbst in diesem spärlichen Licht konnte sie, als sie sein Hemd auseinanderfaltete, alle seine Narben sehen. Während sie mit der Fingerkuppe darüberfuhr, sagte sie: »Du hattest keine Narben, als ich dich kennenlernte, und alle diese Wunden hast du meinetwegen empfangen.«

Er küßte die Innenseite ihrer Hand. »Ich werde dir ein paar Narben abgeben – Narben, die dich an die zwanzig Kinder erinnern, die du mir gebären wirst. Nun möchte ich, daß ihr beide euch ausruht, weil der Morgen vermutlich . . . neue Ereignisse bringen wird.«

Die wichtigste Sorge ihres Lebens war gewesen, Miles gesund wiederzusehen, und als sie sich nun gegen ihn lehnte und wußte, er war stark und wohlauf, war sie zufrieden. Sie schloß die Augen und schlief sofort ein.

Nicht so Clarissa. Sie hatte nicht eine so lange Reise hinter sich wie Fiona und war nicht so müde. So schloß sie die Augen und hielt still, doch ihre Gedanken rasten.

Nach einer Stunde, als das frühe Licht der Dämmerung sich in die Zelle stahl, löste sich Miles vorsichtig von den beiden Frauen und ging zum Fenster. Durch halbgeöffnete Lider beobachtete Clarissa ihn und seine etwas unbeholfenen Bewegungen.

»Komm zu mir, Clarissa!« flüsterte er und überraschte sie mit seinem Wissen, daß sie wach war.

Clarissa stieg vorsichtig über die schlafende Fiona hinweg, und als sie an Miles' Seite trat, zog er sie an sich, ihren Rücken an seine Brust gelehnt. »Du hast viel riskiert, um mich zu retten, Clarissa, und ich danke dir dafür.«

Sie lächelte und legte ihre Wange an sein Handgelenk.

»Ich bin daran schuld, daß man uns gefangen nahm. Der Herzog war in England gewesen, als ich dort als Sängerin auftrat. Er erinnerte sich an mich und auch daran, gehört zu haben, ich sei nun mit einem Ascott verheiratet. Was glaubst du, hat Alicia gesagt, als sie statt deiner Roger auf dem Dach auftauchen sah?« Sie drehte sich in seinen Armen um. »Glaubst du, ihnen ist die Flucht gelungen? Keine Wächter warteten unten bei den Seilen, nicht wahr? Raine wird uns zu Hilfe kommen?«

Mit einem Lächeln drehte er ihr Gesicht wieder dem Fenster zu. »Ich *weiß*, daß sie zu meinen Brüdern durchgekommen sind. Schau dort hinüber, nach Westen.«

»Ich sehe nichts.«

»Siehst du nicht die kleinen Funken im Morgendunst?«

»Ja«, sagte sie aufgeregt. »Was bedeuten sie?«

»Ich könnte mich täuschen, aber ich glaube, es sind Männer in Rüstungen. Und schau mal dort hinüber, nach Norden.«

»Noch mehr Funken! Oh, Miles.« Sie drehte sich um, schlang die Arme um seine Rippen und ließ ihn dann plötzlich wieder los. »Du bist schlimmer verletzt, als du es Fiona eingestehen wolltest«, sagte sie vorwurfsvoll.

Er versuchte zu lächeln, aber damit konnte er den Schmerz in seinen Augen nicht verdrängen. »Willst du ihr das sagen und ihr neue Sorgen bereiten? Hat sie nicht genug Tapferkeit bewiesen, daß sie vor all diesen fremden Männern tanzte?« sagte er stolz.

»Ja«, antwortete Clarissa und wandte sich wieder dem Fenster zu. So standen sie beieinander, als der Tag hereinbrach, und beobachteten die kleinen Stecknadelköpfe aus Licht, die wuchsen und immer näher kamen.

»Wer sind diese Leute?« fragte Clarissa. »Ich weiß, daß es auch Ascotts in Frankreich gibt; aber es müssen ja Hunderte von Rittern sein, die da heranziehen. Wer sind die anderen?«

»Ich zweifle, daß es andere sind«, antwortete er. »Die Ascotts sind über ganz Frankreich verstreut, und in Spanien und Italien haben wir auch Verwandte. Als ich noch ein Knabe war und mir meine ersten Sporen verdiente, störte es mich, daß ich nirgendwo hingehen konnte, ohne einem Onkel oder ein paar Vettern zu begegnen, die mich bevormundeten. Doch nun glaube ich, daß es nichts Schöneres gibt als eine so zahlreiche Verwandtschaft.«

»Da muß ich dir recht geben.«

»Dort!« sagte er und streckte den Arm aus. »Hast du das gesehen?«

»Nein, ich sah nichts.«

Er grinste vergnügt. »Das ist es, worauf ich gewartet habe. Da ist es wieder!«

Flüchtig, nicht einmal eine Sekunde, sah Clarissa nun einen Blitz zwischen den Funken.

»Es ist das Banner meines Onkels Etienne. Wir haben uns immer lustig gemacht über das Ascott-Banner, das er mit sich führt. Es ist fast so groß wie ein Haus, doch Etienne behauptet, schon der bloße Anblick dieser drei goldenen Leoparden würde die meisten Leute dazu bewegen, Fersengeld zu geben . . . und er möchte ihnen auch Zeit lassen für die Flucht.«

»Ich sah es!« rief Clarissa keuchend. Am Horizont waren nun drei goldene Blitze aufgetaucht, einer über dem anderen. »Die Leoparden«, sagte sie ergriffen. »Was hältst du davon . . .?«

»Daß Raine die Truppe von Onkel Etienne anführt. Stephen kommt mit seiner Streitmacht von Norden, und Gavin wird die Männer von Süden heranführen.«

»Wie kannst du das wissen?«

»Ich kenne meine Brüder.« Er lächelte. »Gavin wird ein paar Meilen entfernt auf seine Brüder warten, und dann werden alle drei Armeen gleichzeitig angreifen.«

»Angreifen?« sagte sie durch zusammengepreßte Zähne.

»Mach dir keine Sorgen.« Er strich mit der Hand über ihre Schläfe. »Ich glaube, nicht einmal der Herzog von Lorillard wird es wagen, den vereinten Streitkräften der Ascotts Widerstand zu leisten. Man gibt ihm die Chance, sich friedlich unseren Rittern zu ergeben. Außerdem liegt er mit Christiana in Fehde, nicht mit den Ascotts.«

»Christiana? Das Mädchen, das Roger Chatworth rettete? Was ist aus ihr geworden?«

»Das weiß ich nicht, aber wir werden das bald herausfinden«, sagte Miles mit so grimmiger Betonung, daß Clarissa eingeschüchtert schwieg. Sie wußte aus Erfahrung, daß man nicht versuchen durfte, einem Ascott etwas auszureden, was er sich in den Kopf gesetzt hatte. Gemeinsam beobachteten sie die heranrückenden Ritterscharen, und als Fiona aufwachte, hielt Miles sie ebenfalls an seiner Brust.

In dem Versuch, sie aufzumuntern, machte er obszöne Bemerkungen über Fionas schreiend buntes Gewand.

»Wenn Judith und Alicia Roger Chatworth aus seiner Zelle befreit haben und sie zu dritt losritten, um Hilfe herbeizuholen – welchen deiner Brüder, glaubst du erreichten sie zuerst?« fragte Clarissa.

Weder Miles noch Fiona konnten ihr darauf eine Antwort geben.

»Ich bete zu Gott, es war nicht Raine«, flüsterte Clarissa.

»Ich glaube, Raine würde zuerst zuschlagen und dann zuhören.«

Schweigend sahen sie zu, wie ihre Retter heranzogen.

21. Kapitel

Auf gleicher Höhe mit Raine und Etienne Ascott ritt Roger Chatworth, sein Mund eine grimmige Linie, sein rechter Arm dick verbunden, aber immer noch blutend. Und neben ihm ritt Alicia mit einer Schwellung, die sich zu einem außerordentlich großen »Veilchen« über ihrem rechten Auge zu entwickeln schien. Rogers verbundener Arm war das Ergebnis des Wiedersehens zwischen Raine und seinem Feind, und Alicias blaues Auge kam dadurch zustande, daß sie sich zwischen Raine und Roger warf. Judith hatte sich ebenfalls an dem Handgemenge beteiligt, doch John Bassett sprang von seinem Pferd, warf sie zu Boden und hielt sie dort fest.

Vier Männer bedurfte es, um Raine daran zu hindern, Chatworth in Stücke zu hauen; doch er beruhigte sich schließlich soweit, daß Judith und Alicia ihm berichten konnten, was geschehen war. Alle Ascotts saßen wieder zu Pferde, als die beiden erst die Hälfte der Geschichte erzählt hatten. Als Judith schilderte, wie Clarissa zu Miles in die Zelle geworfen wurde, sprang Raine abermals auf Roger los. Roger hielt ihn sich mit dem Schwert vom Leib, das er in der linken Hand hielt, während Raines Verwandte sie beide zu beruhigen suchten.

Jetzt waren sie alle stumm, während sie sich dem alten Schloß der Lorillards näherten.

Gavin Ascott saß, in Stahl und Schweigen gehüllt, auf seinem

Pferd, hinter sich dreihundert bewaffnete Männer, und beobachtete die heranrückenden Ascotts. Neben ihm saß Sir Guy, in dessen narbenbedecktem Gesicht sich kein Muskel rührte. Guy erinnerte sich ungern an Gavins Wutausbruch, als er ihm meldete, Judith sei mit den Männern nach Frankreich gekommen.

»In diesen Sachen hat sie nicht einen Funken von Vernunft!« hatte Gavin gebrüllt. »Sie verwechselt den Krieg mit einem Fischteich! Sie meint, man braucht nur das Wasser abzulassen und die Karpfen einzusammeln. Oh, gütiger Gott!« betete er mit inbrünstiger Stimme, »wenn sie noch am Leben ist und ich sie wiederfinde, bringe ich sie um. Los, wir reiten!«

Stephen dirigierte seine Männer zur Ostseite des Schlosses, während er und Tam zu der Stelle im Süden ritten, wo Gavin mit seiner Streitmacht wartete.

»Frauen?« brüllte er, als er noch zehn Pferdelängen von Gavin entfernt war.

»Nicht bei mir!« erwiderte Gavin mit so lauter Stimme, daß sein Pferd mit den Vorderbeinen in die Luft stieg.

In einer Staubwolke drehten Stephen und Tam nun nach Westen ab und ritten auf Raine zu. Als Stephen Alicia erblickte, hätte er vor Erleichterung fast geweint, runzelte dann aber die Stirn, als er ihr geschwollenes Auge sah.

»Was ist passiert?« brüllte er, die Hufschläge der Pferde übertönend. Er faßte sie nicht an, verschlang sie aber mit seinen Augen.

»Raine ...« war alles, was Alicia hervorbringen konnte, ehe Stephen in ein bellendes Gelächter verfiel. Er betrachtete liebevoll Raines kolossale Gestalt, die kerzengerade im Sattel saß.

Alicia lenkte ihr Pferd zu Tam hinüber, ohne ihren Mann noch einmal anzusehen.

»Stephen«, rief Judith, »ist Gavin bei den Rittern dort drüben?« Sie deutete nach Süden.

Stephen nickte einmal, und Judith, John dicht hinter ihr, schoß wie der Blitz auf die Streitmacht der Ascotts zu, die sich im Süden zum Angriff formierte.

Aber es kam nicht zur Schlacht.

Der neue Herzog von Lorillard, den man eben aus dem Bett geholt hatte, wollte sein Leben offenbar nicht aufs Spiel setzen, indem er sich mit fast tausend wütenden Männern anlegte, die sein Schloß umzingelt hatten. Voll Vertrauen darauf, daß der Name Ascott der Inbegriff ritterlicher Tugend sei, begab er sich mitten zwischen die bewaffneten Ritter und sagte zu Gavin, falls er ihm die Freiheit schenkte, könnten die Ascotts haben, was oder wen sie aus seinem Schloß haben wollten, ohne auch nur ein Menschenleben dafür opfern zu müssen.

Raine wollte die Bedingungen des Herzogs nicht annehmen, weil der Edelmann nicht nur sein Land aufgeben wollte, sondern auch zwei seiner Söhne. Raine war der Ansicht, daß ein Mann, der so etwas fertigbrachte, sterben sollte.

Alicia und Judith setzten sich dafür ein, daß die Befreiung der Leute aus dem Turm auf die bequemste, sprich unblutigste Weise erfolgen sollte.

Am Ende traf Gavin, der älteste Ascott, die Entscheidung. Der Herzog durfte mit fünf seiner Leibwächter abziehen, nachdem er alle Tore der Burg hatte öffnen lassen.

Trotz heftiger Proteste wurde den Frauen befohlen, zurückzubleiben, während die drei Brüder, Roger und ein Dutzend Vettern in die baufällige Feste des Herzogs einritten.

Entweder wußten die Bewohner der Burg nichts davon oder wollten es nicht wissen –, daß es sich bei den einrückenden Rittern um Eroberer handelte, oder vielleicht war es für sie, wie Stephen meinte, ein alltägliches Ereignis. Jedenfalls mochten sie nicht dabei gestört werden, ihren Rausch auszuschlafen. Männlein und Weiblein lagen ausgestreckt auf dem Boden und quer über den Bänken.

Vorsichtig stiegen die Ritter mit gezogenen Schwertern über die Schlafenden hinweg und suchten nach der Treppe, von der ihnen Alicia und Judith erzählt hatten.

Als sie die Tür am Kopfende der Treppe erreicht hatten, die zu den Zellen führte, stemmten die drei Brüder die Schultern dagegen, um das Schloß aufzubrechen.

»Hier!« rief Roger, holte einen Schlüsselbund von der Wand herunter und schloß die schwere Eichentür auf.

Sie wurden von Miles begrüßt, der gelassen und sehr zufrieden mit sich in der Zelle saß, in jedem Arm eine Frau.

Clarissa sprang Raine in die Arme, der sie fest an sich preßte und dem die Augen feucht wurden, als er sein Gesicht in ihrem Nacken vergrub. »Jedesmal, wenn du in die Nähe deiner Schwägerinnen kommst«, begann er, »machst du solche Dummheiten. Von jetzt an . . .«

Lachend küßte Clarissa ihn auf den Mund, daß er seinen Satz nicht zu Ende bringen konnte.

Fiona löste sich aus Miles' Armen und ging zu Roger, streichelte seine Wange und strich vorsichtig über seinen blutigen Arm. »Vielen Dank«, flüsterte sie. Sie drehte sich zu Gavin um, und als ihre Blicke sich trafen, nickte sie schroff. Sie konnte die Worte nicht vergessen, mit denen er sie beleidigt hatte.

Da verklärte ein Grinsen seine scharfen Züge, und er öffnete die Arme für sie. »Könnten wir beide einen neuen Anfang machen, Fiona?« fragte er.

Fiona ging zu ihm, ließ sich von ihm umhalsen, und als Alicia und Judith dazukamen, wurden noch mehr Umarmungen und Küsse ausgetauscht.

Miles war es, der das Glück der wiedervereinten Familie mit der an Roger gerichteten Frage störte: »Sollen wir jetzt gehen?«

Auf Rogers schroffes Nicken hin nahm Miles einem jungen Vetter das Schwert aus der Hand.

»Jetzt ist doch nicht die richtige Zeit für ein Duell«, begann Stephen, verstummte aber, als Miles ihn ansah.

»Chatworth hat mir geholfen. Jetzt gehe ich mit ihm.«

»Mit ihm?« explodierte Raine. »Hast du vergessen, daß er Mary umbrachte?«

Miles gab ihm keine Antwort, sondern verließ hinter Roger die Zelle.

»Raine«, sagte Clarissa mit ihrer sanftesten Stimme, »Miles ist verwundet, und Roger ebenfalls. Ich bin sicher, sie wollen diese Frau befreien, die von Roger träumte.«

»Christiana!« rief Fiona und befreite sich aus ihrer glücklichen Betäubung. Sie hatte keine Ahnung, wohin ihr Bruder und ihr Mann jetzt gingen. »Judith, Alicia!« Sie sah sich suchend um.

Ohne einen Moment zu zögern, bewegten sich alle vier Frauen auf die Tür zu.

Ohne ein Wort zu sagen und wie auf Kommando packten die Männer ihre Frauen um die Taille, wobei Raine auch noch Fiona übernahm, trugen sie in die Zelle zurück, warfen die Tür hinter ihnen zu und schlossen sie ab. Einen Moment lang verharrten sie ergriffen im Zellengang, staunend über die Vielseitigkeit und Lautstärke der Flüche, mit denen die Frauen sie belegten. Judith zitierte aus der Bibel, Alicia fluchte gälisch, Fiona hatte sich Landsknechte zum Vorbild genommen, und Clarissa verwendete ihre großartige Stimme dazu, den Turm zum Beben zu bringen.

Die Männer grinsten sich triumphierend an. Dann gaben sie ihren jungen Vettern ein Zeichen, ihnen zu folgen, und verließen den Zellenblock.

»Ich hätte nie gedacht, daß ich den Tag erleben würde, wo ich einem Chatworth helfe«, murmelte Raine und blieb dann stehen, als er das Klirren von Stahl hörte.

Sechs Wächter, hellwach und nüchtern, standen vor dem Zimmer Posten, in dem Christiana festgehalten wurde, und als sie Roger und Miles erblickten, griffen sie sofort an.

Miles' Wunde an seiner Brust brach sofort wieder auf, als er einen der Wächter mit seinem Schwert durchbohrte. Er stieg über die Leiche hinweg und griff den nächsten Wächter an. Roger wurde das Schwert aus der linken Hand geschlagen, als er über die Leiche des Mannes stolperte, den Miles soeben getötet hatte. Er stürzte, faßte das Schwert mit der rechten Hand, kam wieder hoch und tötete den Mann, der über ihm aufragte. Sogleich öffnete sich die Wunde an seinem rechten Arm.

Als Roger nun von einem anderen Wächter angegriffen wurde, hob er hilflos seinen verwundeten Arm. Schon war das Schwert des Wächters nur noch einen Zoll von Rogers Bauch entfernt, als der Mann tot zusammenstürzte. Roger rollte sich zur Seite und sah gerade noch, wie Raine sein Schwert aus dem Rücken des toten Mannes herauszog.

Die drei Brüder schlossen sich zu einem Wall zusammen, um Roger und Miles abzuschirmen, und erledigten rasch die noch lebenden Wächter. Dann wischten sie ihre Schwerter an einem Betthimmel in ihrer Nähe ab.

Es war Raine, der Roger seine Hand hinstreckte, und einen Moment lang sah Chatworth sie an, als würde ihm eine tödliche Giftschlange ihre Freundschaft anbieten. Dann, mit noch etwas ungewissem Blick, nahm Roger doch die ihm dargebotene Hand an und ließ sich von Raine von dem mit Leichen bedeckten Boden aufhelfen. Einen Moment lang sahen sie sich in die Augen, ehe Roger zum Bett ging und die Bettvorhänge zur Seite riß.

Dahinter, zusammengerollt zu einem Ball, nur mit einem winzigen Fetzen aus Wolle bedeckt, lag Christiana. Ihr Körper war eine Mischung aus Schwarz und Blau. Ihre Augen waren zugeschwollen, ihre Lippen aufgeplatzt.

Langsam kniete sich Roger neben das Bett und berührte ihre Schläfe.

»Roger?« flüsterte sie und versuchte zu lächeln, worauf ihre Unterlippe sofort zu bluten begann.

Mit vor Wut lodernden Augen beugte Roger sich vor und hob sie aus dem Bett.

Raines Hand legte sich auf seine Schulter. »Wir bringen sie nach Süden zu unserer Familie.«

Roger nickte nur und trug Chris auf seinen Armen aus dem Zimmer.

Gavin half Miles vom Boden auf. »Wo sind die Frauen?« fragte Miles.

Seine Brüder schwiegen betreten und wirkten sogar ein bißchen ängstlich.

»Wir . . . äh . . .« begann Stephen.

Gavins Kopf ruckte hoch. »Ich glaube, wir werden schon mal

vorausreiten. Hier!« Er warf Miles einen Schlüssel zu. »Vielleicht schaust du mal nach den Frauen.«

»Ja«, stimmten Stephen und Raine ihm hastig zu, und dann stolperten sie fast übereinander, als sie aus dem Zimmer drängten.

Miles betrachtete den Schlüssel in seiner Hand und begriff, daß es der Schlüssel zu der Zelle war, wo er eingesperrt gewesen war. »Ihr habt doch wohl nicht . . .!« rief er, doch seine Brüder waren schon die Treppe hinuntergeeilt.

Einen Moment stand er da und dann begann er zu lachen, lachte, wie er noch nie zuvor gelacht hatte. Vor ein paar Jahren hatten er und seine Brüder allein gelebt in ihrer kleinen, heilen Welt, die nur Schlachten und Kriege kannte. Und dann hatten sie einer nach dem anderen vier schöne, bezaubernde Frauen geehelicht – und erst dann erfahren, was Krieg wirklich bedeutete.

Soeben hatten er und seine Brüder eine Burg erobert, mehrere Männer getötet und sich nichts aus der Gefahr gemacht. Doch als sie sich vier wütenden Ehefrauen stellen sollten, die sie in eine Zelle gesperrt hatten, wurden sie zu Feiglingen und flüchteten.

Miles ging hinaus zur Treppe. Gott sei Dank war er nicht dabei gewesen, als die Frauen eingesperrt wurden! Er empfand Mitleid für seine Brüder, wenn es diesmal zu einem Wiedersehen mit ihren Frauen kam.

Warum sollte er sie bemitleiden? Er dachte daran, wie sie ihn als »kleinen Bruder« behandelt hatten. Nun sollten sie jeden Streich, den sie ihm in seinem Leben gespielt hatten, teuer bezahlen.

Er warf den Schlüssel in die Luft, fing ihn wieder auf und steckte ihn grinsend in das Schloß der Zelle, in der vier schöne Frauen eingesperrt waren. Wie wäre es, wenn er sich ein paar Tage lang mit ihnen in der Zelle einriegelte?

Was später aus ihnen wurde

Christiana trug keinen bleibenden Schaden von ihren Martern davon. Sie heiratete Roger Chatworth, und zehn Jahre später, nachdem sie schon fast jede Hoffnung aufgegeben hatte, wurde ihnen eine Tochter geschenkt, die zu Rogers Kummer einen Ascott von der Südküste Englands heiratete. Der Name Chatworth starb aus. Nur gelegentlich wurde ein Nachkomme Chatworth-Ascott getauft.

Miles und Fiona bekamen dreiundzwanzig Kinder, und einer ihrer Söhne, Philip, brachte es als Günstling König Heinrichs VIII. zu hohen Ehren. Später besuchten zwei von Miles' Enkeln den neuen Kontinent Amerika und blieben dort.

Raine wurde von König Heinrich VIII. zum Ausbilder seiner jungen Ritter berufen, und Clarissa wurde zur Hofdame von Königin Catherine bestellt. Am Hof des Königs ging es sehr vergnügt zu, und der König hörte auf Raines Wort und setzte einige von den Reformen, die Raine verlangte, in die Tat um. Raine und Clarissa hatten drei Töchter, von denen die mittlere Clarissas musikalisches Talent erbte. Angeblich stammen einige der heute weltberühmten Sängerinnen von Clarissa Ascott ab.

Alicia und Stephen hatten sechs Kinder, fünf Knaben und ein Mädchen. Alicias Name wurde in ihrem Clan zur Legende, und selbst heute noch singen die Kinder des Clan MacArran ihr Loblied. Alicias Tochter heiratete den Sohn von Kirsty MacGregor. Er nahm den Namen MacArran an und wurde schließlich deren Chef.

Lachlan MacGregor heiratete eine von Tams Töchtern und war so bezaubert von ihr, daß er die Geschäfte seines Clans seinen Männern überließ. Davy MacArran kämpfte um die Macht, siegte und wurde neuer Chef der MacGregor. Doch Lachlans Tochter, Davys Ehefrau, war nicht das kleine, friedliche Ding, für das sie jeder hielt, und am Ende war sie es, die tatsächlich den Clan MacGregor regierte.

Judith und Gavin hielten zäh an dem Besitz der Ascotts fest. Sie hinterließen ihren Nachkommen ein so großes finanzielles Polster, daß der Landsitz auch heute noch zu den größten und reichsten Privathäusern der Welt gehört. Eine von Judiths Nachkommen bewirtschaftet das Anwesen. Sie ist eine zierliche, hübsche junge Dame mit seltsam getönten Augen, unverheiratet, weil sie nie einem Mann begegnet ist, der in seinem Leben auch nur die Hälfte von dem erreicht hat, was sie bisher in ihrem schaffte. In der nächsten Woche hat sie eine Verabredung mit einem dreißigjährigen Amerikaner, einem Self-Made-Millionär, der behauptet, ein Nachkomme eines Ritters namens Miles Ascott zu sein.

Ich verspreche mir vieles von dieser Zusammenkunft.

Jude Deveraux
Santa Fe, New Mexico
Juni 1982

Jude Deveraux

zählt zu den populärsten und meistgelesenen amerikanischen Autorinnen. Mit ihren historischen Liebesromanen steht sie immer auf den Bestseller-Listen. Allein in den USA wurden von ihren Romanen über 6,5 Millionen Exemplare verkauft. Die berühmte Schriftstellerin lebt in Santa Fe, New Mexico.

Bei BASTEI-LÜBBE sind von Jude Deveraux außerdem erschienen:

10 746

10 772

10 849

10 886

10 932

10 993